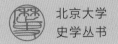

北京大学
史学丛书

欧阳哲生　主编

胡适与中国新文化
史事与诠释　（上　册）

社会科学文献出版社
SOCIAL SCIENCES ACADEMIC PRESS (CHINA)

《北京大学史学丛书》 出版说明

　　《北京大学史学丛书》是 2018 年北京大学百廿周年校庆之际，我系在学校财政大力支持下启动出版的一套历史学研究丛书。与已经开始出版的《北京大学人文学科文库·北大中国史研究丛书》《北京大学人文学科文库·北大世界史研究丛书》《北京大学中国古代史研究中心丛刊》《未名中国史丛刊》相比，《北京大学史学丛书》选题范围更为广泛，除新撰专著外，也包括旧作增订、学术集刊、专题论文集、个人论文集等，旨在更加全面和充分地展示我系的学科建设成就。

　　北京大学历史学系渊源于 1899 年京师大学堂设立的史学堂，是全国高等教育中最早建立的史学教育机构。其学术实力在全国高校历史学院系中长期居于领先地位，在国际学术界也具有很高的声誉。近年来，随着兄弟院校历史学学科建设的不断加强，我系原有优势地位渐趋微弱，面临巨大的挑战。在未来的时间里，我们将保持和发扬前辈师长的优秀学术传统，在已有基础上继续补充力量，整合队伍，拓展研究领域，明确学术标准，树立竞争意识，创造良好的学术氛围，鼓励和保护学术创新，力争产生更多的高水平学术成果，为北京大学的"双一流"建设做出应有的贡献。《北京大学史学丛书》出版的意义，亦在于此。

　　本套丛书出版，得到了社会科学文献出版社的大力支持，谨致谢意。

北京大学历史学系

2019 年 3 月

本书为国家社会科学基金重大项目"胡适年谱新编"

（项目号：18ZDA198）

阶段性成果

目　录

上　册

下 册

·胡适与新教育研究·

·胡适的人际关系研究·

引　论

《新青年》同人分裂过程中的
一个重要细节

耿云志[*]

　　《新青年》同人在五四后，逐渐走向分裂，已有很多人论及。最主要的说法是胡适与陈独秀思想路向不同，又各不相让，遂致分裂。也有人注意到，同人中多少有些派系的分别，也是分裂的一个原因。有一点却一直被忽略，那就是，在1919年初，胡适曾有意将《新青年》收归自己一人独办，但遭到沈尹默等人的反对。这是分裂迹象的第一次显露。过去，因只有沈尹默的回忆文章中谈及这一点，未得其他证据。而沈尹默的回忆文章是在大规模批判胡适运动之后所写，其中对胡适贬损过甚，多有不实之词，所以对他所说，胡适曾要一人独办《新青年》的话，大家都不予注意。2014年，梁勤峰、杨永平先生将他们刚刚搜集到的原亚东图书馆准备编辑出版的胡适与其好友许怡荪之间通信的抄清稿复印一份送给我看。我看到胡适1919年1月20日写给许怡荪的信最后有一句："《新青年》事，我决意收回归我一人担任。"这句话显得有些突兀。前无"缘引"，后无"结果"。但这确是胡适自己所说，他确曾有此打算。当时我忙于他事，未曾细细追究此事。近来，有机会转到这个问题上来，重新细读从前读过而没有联系起来思索的材料，从中理出线索，可以明了胡适想将《新青年》收归自己独办想法的产生缘由，及其未能如愿而促使反对他的人对他更加防范。我觉得，这件事对于更深入地了解《新青年》的最终分裂及其意义，以及分裂过程中各人所表现出的态度是一个不可忽视的细节。

---

* 耿云志，中国社会科学院学部委员，近代史研究所研究员。

一 《新青年》的编辑到底有哪些人

《新青年》原是陈独秀一人主创、一人主编的刊物。1917 年，蔡元培出长北大，经人推荐，决请因主编《新青年》而声名鹊起的陈独秀来北大任文科学长。陈独秀遂将《新青年》带到北京来编辑。在这里，他和他的《新青年》，得到了一批具有新思想、学问优秀的北大教授的支持，《新青年》在思想上、学术上的影响力大大提升。从 1918 年开始，《新青年》改由陈独秀和北大几个教授轮流编辑，成为同人刊物。现在已确知：《新青年》第 4 卷第 1 号，陈独秀编；第 2 号，钱玄同编；第 3 号，刘半农编；第 4 号，陶孟和编；第 5 号，沈尹默编；第 6 号，胡适编。第 5 卷第 1 号，陈独秀编；第 2 号，钱玄同编；第 3 号，刘半农编；第 4 号，胡适编；第 5 号，沈尹默编；第 6 号，陶孟和编。第 6 卷第 1 号，陈独秀编；第 2 号，钱玄同编；第 3 号，高一涵编；第 4 号，胡适编；第 5 号，李大钊编；第 6 号，沈尹默编。这当中，凡沈尹默担名的，实际都是别人代他编的。第 4 卷第 5 号和第 5 卷第 5 号，都是钱玄同与刘半农代他编的；第 6 卷第 6 号，则是钱玄同一个人替他编的。①

除了上述直接参与轮值编辑的《新青年》同人之外，经常为《新青年》供稿且与《新青年》编辑关系密切的还有鲁迅、周作人、沈兼士、陈大齐、朱希祖、王星拱等，其中尤以周氏兄弟最为重要。一则他们供稿比较多，二则他们都是浙江人，与沈尹默、钱玄同极熟悉。钱玄同是个胸无城府、性情直率的人，而沈尹默则是城府甚深、善于周旋的人。他担着《新青年》编者的名义，却不亲自动手，由他人代编，而他人竟也愿意如此做，可见沈尹默非一般人可比。据记载，蔡元培很倚重他的几个浙江同乡，尤其是沈尹默、汤尔和（时任北京医学专科学校校长）两人。请来陈独秀，以及后来赶走陈独秀，都是这两个人的主意。在周氏兄弟是否曾是《新青年》编辑的问题上，只有鲁迅和沈尹默两人认定周氏兄弟都是《新青年》的编辑，并且参加该刊的编辑会议。而这一点连周作人本人都不予承认。

沈尹默说："《新青年》杂志由独秀带到北京之后，有一时期，曾交由

---

① 参见张耀杰《北大教授与〈新青年〉》，新星出版社，2014，第 2—13 页。

鲁迅弟兄、玄同、胡适和我分期担任编辑。"①

鲁迅则说："《新青年》每出一期，就开一次编辑会议，商定下一期的稿件。其时最惹我注意的是陈独秀和胡适之。"②

而周作人却是这样说的："鲁迅写文态度本是严肃、紧张，有时戏剧性的，所说不免有小说化之处，即是失实——多有歌德自传'诗与真实'中之诗的成分。例如《新青年》会议好象是参加过的样子。其实只有某一年中由六个人分编，每人担任一期，我们均不在内。会议可能是有的，我们是'客师'的地位，向不参加的。"③

周作人日记中记载他参加过个别几次《新青年》编辑同人的会议。例如，1919 年 6 月 23 日，胡适做东，邀请《新青年》同人餐聚，商量陈独秀被捕后《每周评论》的编辑问题，结果由胡适接编。又如 1919 年 10 月 5 日，在胡适家里举行《新青年》同人会议，商量陈独秀出狱后《新青年》的编辑问题，结果决议，重归陈独秀一人编辑。这两次会议，周作人参加了，但鲁迅并没有参加。至今，人们没有发现鲁迅参加编辑《新青年》或参加其编辑会议的直接证据。

但《新青年》同人之间有个不成文的规矩：凡遇到重大问题，常常向编辑以外经常供稿的朋友征求意见。鲁迅就是这样的朋友之一。1920 年末至 1921 年上半年，在《新青年》办刊方针发生重大分歧时，鲁迅就曾提供意见。

二 《新青年》同人内部分歧的由来

在外人看来，《新青年》的编辑群体，是精兵强将的组合，是一个坚强的堡垒，外人是无法攻破的。但在这个群体的内部，从没有什么共同的戒约，一直都是一个自由结合的小团体。他们能够走到一起，主要是因为对自由的追求和救起一代青年的共同愿望。实际上，他们在政治态度和思想趋向上，原无任何默契。他们的出身地域、门第，教育背景以及生活经历

---

① 转引自张耀杰《北大教授与〈新青年〉》，第 18 页。
② 鲁迅：《忆刘半农君》，《鲁迅全集》第 6 卷，人民文学出版社，1981，第 71 页。
③ 张菊香主编《周作人年谱》，南开大学出版社，1985，第 636 页。

各不相同，因而对许多问题的反应、态度不完全相同。这些不同，在平时大家都会互相包容，相忍为过，一旦形势逼人而来，分歧就会公开暴露出来。

《新青年》同人内部分歧的主要来源有二。一是出身地域和教育背景不同。在中国传统社会，地域观念是非常重要的。同乡之间保持联络，相互援引，相互照应，是很自然的事。关键时刻，患难与共，拔刀相助，也是常有的情谊。

研究新文化运动、研究北京大学校史的人都注意到，在1920年前后的一段时间里，籍隶浙江的章太炎的门生故旧占据着北京大学国学教授队伍的优势地位。在《新青年》编辑群体中，他们的优势地位虽不甚明显，但相对于其他分子比较分散而言，还是颇能构成有影响的一股势力。

在《新青年》编辑同人中，沈尹默和钱玄同是浙江人，太炎门生。刘半农虽不是浙江人，亦非太炎门生，但他与钱玄同关系最密。而他肯与钱玄同一起为沈尹默代编《新青年》，可见他同沈尹默的关系也非常不错。我前面说过，沈尹默是城府甚深、善于周旋的人。他们三人结合在一起，相对于没有城府的陈独秀和其他人而言，就拥有了一定的优势。编辑中的另外两位——胡适与陶孟和，两人相较，胡适可能更世故一些，但他们都有一点西方绅士派头，不做激烈主张，也不会像沈尹默那样伺隙搞名堂。后来加入的李大钊，在思想上与陈独秀最近。但他作为后来者，似乎不愿意太出头。高一涵和陈独秀、胡适是同乡，与他们两人的关系都不错。在《新青年》分裂前，在思想上他与胡适更近一些，态度比较平和。

以上的叙述是想说，因地域和门派关系，沈尹默、钱玄同与刘半农意气比较相投，他们同胡适、陶孟和在思想上、情感上有些距离。[①] 陈独秀因思想比较激进，所以，沈尹默、钱玄同、刘半农对他应该没有明显的疏离感。而这正是下面要谈的分歧的第二个来源。

分歧的第二个来源就是思想倾向的不同。

这种思想倾向的不同，简单说来，就是一部分人比较激进，一部分人

---

① 顾颉刚有一说法亦颇近是。他认为，在北大，浙派与皖派几乎处处对立，皖派与留学英、美一派相合，浙派与留学日、法、德一派相合（见顾颉刚为其1925年10月20日的日记所加的补注，写于1973年7月）。

比较稳健。激进者如钱玄同、刘半农，不但思想激进，态度上、文风上也趋向激烈，不容人反驳，甚至常常取攻击谩骂的笔法。稳健者如胡适，主张平心讨论问题，允许发表反对的意见，反对攻击谩骂的方式。

《新青年》编者们这种不同的倾向，外间也清楚地看到了。

《新青年》第4卷第3号有一个标题叫作"文学革命之反响"，在此标题下，发表钱玄同假托王敬轩之名写给《新青年》编者的一封信，大唱反对文学革命的论调。同期发表刘半农答复王敬轩的信。刘半农在答复中，极尽嬉笑怒骂之能事。这一出双簧戏，外人未必知道。但看到刘半农的答复，态度如此激烈而文辞又极轻慢，颇有不以为然者。其中有一位"崇拜王敬轩先生者"写信给编者，质问："贵志记者对于王君议论，肆口污骂，自由讨论学理，固应又（如）是乎？"①《新青年》第5卷第1号的"通信"栏，又登载了汪懋祖的一封信，信中说："两党讨论是非，各有其所持之理由，不务以真理争胜，而徒相目以'妖'，则是滔滔者妖满国中也，岂特如尊论所云，桐城派为妖于文界哉！"又说："独秀先生答钱君书（见《新青年》第3卷第4号——原注）亦有'焚十三经毁孔庙'之说。知十三经之不适于共和，不读可也；以孔子为不足尊崇，不祀可也，焚经毁庙果有裨于思想之革新耶？"又说，《新青年》记者之文有"如村妪泼骂，似不容人以讨论者，其何以折服人心？"②汪懋祖这封信，原不是直接投给《新青年》杂志的，而是先揭载于《季报》，胡适见到了，以为既是对《新青年》提出意见，应当转载过来，并做出答复。胡适也正好借此机会，表明自己的态度。

胡适说，汪懋祖的"净言"，可见他是"爱本报"的，"故肯进此忠告"。胡适接着说："从前我在美国时，也曾写信与独秀先生，提及此理。那时，独秀先生答书说，文学革命一事，是'天经地义'，不容更有异议。我如今想来，这话似乎太偏执了。……所以，本报将来的政策，主张尽管趋于极端，议论定须平心静气。一切有理由的反对，本报一定欢迎，绝不致'不容人以讨论'。"③胡适提起这段往事，一则表明，在《新青年》内

---

① 《通信》，《新青年》第4卷第6号，1918年6月15日。
② 《通信》，《新青年》第5卷第1号，1918年7月15日。
③ 《通信》，《新青年》第5卷第1号，1918年7月15日。

部，态度上的不同是早已存在的。二则进一步申明，他一直都不同意那种激进和偏颇的态度，提倡反对意见之间展开讨论。正是本着这种态度，他邀请反对文学革命、反对戏剧改革的张厚载写文章给《新青年》发表。对此，钱玄同曾激烈表示反对。钱氏说："至于张厚载，则吾期期以为他的文章不足以污我《新青年》（如其通信却是可以）。"信中还说："老兄的思想，我原是极佩服的。然而我却有一点不以为然之处：即对于千年积腐的旧社会，未免太同他周旋了。平日对外的议论，很该旗帜鲜明，不必和那些腐臭的人去周旋。"按照钱玄同的意思，反对我们的主张的人，就是积腐的旧社会中人，是我们的敌人，不应和他们周旋，更不应在我们的杂志《新青年》上发表他们的文章。这是一种绝对划清界限的主张。这好像是在做政治斗争，必须敌我界限分明。我在二十多年前关于《新青年》的一篇文章里曾说："钱玄同本是章太炎的学生，原是弄旧学的，思想并不很新。但自从同陈独秀、胡适等人相交，思想为之巨变，从一个极端走上另一个极端。这是许多从旧学藩笼冲出来的人常有的思想轨迹。"①胡适则认为，凡思想学术上的问题，都应当取讨论的态度。我们确信自己的主张是对的，别人的反对是错的，我们就应该努力把我们的道理讲得更明白、更透彻，以便说服对方，而不应将对方拒之千里。胡适答复钱玄同的信中说："至于老兄说我'对于千年积腐的旧社会，未免太同他周旋了'。我用不着替自己辩护。我所有的主张，目的并不止于主张，乃在实行这主张。故我不屑'立异以为高'。我'立异'并不'以为高'。我要人知道我为什么要'立异'，换言之，我'立异'的目的在于使人同于我的'异'。"②胡适还说道："吾辈不当乱骂人，乱骂人实在无益于事。"并进一步解释说："我请他（张厚载——引者注）作文章，也不过是替我自己找作文的材料。我以为，这种材料无论如何总比凭空闭户造出一个王敬轩的材料要值得辩论些。老兄肯造王敬轩，却不许我找张缪子（张厚载笔名——引者注）作文章，未免太不公了。老兄请想想我这话对不对？"③言者无心，听者有意。刘半农后来知道了这话，心中极为不满。这次争论发生在1918

---

① 耿云志：《胡适与〈新青年〉》，《胡适研究丛刊》第2辑，中国青年出版社，1996。

② 胡适致钱玄同的信，季羡林主编《胡适全集》第23卷，安徽教育出版社，2003，第226页。

③ 胡适致钱玄同的信，季羡林主编《胡适全集》第23卷，第238页。

年夏间，① 当时《新青年》第 5 卷第 2 号正准备齐稿交付出版，第 3 号正在集稿之时。第 2 号是钱玄同编的，第 3 号是刘半农编的，第 4 号则归胡适编辑。胡适在第 5 卷第 4 号上，把张厚载的《我的中国旧戏观》作为附录发表出来。作为附录发表的还有拥护戏剧改革的欧阳予倩的文章，更突出表明了胡适对于学术问题平心地展开讨论的主张。

《新青年》编者间这种主张平心讨论问题的和态度激进、时作攻击谩骂之语的两者之间的分别，连身在外国留学的人们也是看得很清楚的。

例如，在美国留学的张奚若在写给胡适的信中就说到，《新青年》中有些人，"他们说话好持一种挑战的态度——谩骂更无论了——所以人家看了，只记着无道理的，而忘却有道理的，这因人类心理如此，是不能怪的。此外，这些脑筋简单的先生们又喜作一笔抹杀之论。……盖吾人发言在欲令人信我，此种不通之论，欲人之信，得乎？"信中指出："老胡在他们这一党里，要算是顶顽固的了。"而"陶履恭（陶孟和——引者注）似乎还属学有根底"的。② 他看出，胡适与陶孟和两人在思想学问上是最相近的。又如在日本留学的张黄（张凤举——引者注）在给胡适的信中说："《新青年》、《新潮》，听说在内地各省奏效很大。此地留学生都极为敬爱先生，因为先生所持的纯粹是学者的态度，不像钱先生他们常常怒骂。"不过，他又说："我以为，钱先生们也是少不得的，他并不是喜欢骂，实在是不得不骂。"③ 这位张黄先生对钱玄同等人的谩骂态度表示理解，但毫无疑问，他也明白看出，胡适与钱玄同等代表了不同的倾向和风格。这两种不同的倾向和风格，遇到问题时，就会有不同的反应。

---

① 上面所引两封信，谈的是同一件事。现在在《胡适全集》中被分排在 1918 年和 1919 年两个年份里，时间判断上肯定有误。实际上都应是 1918 年夏间，很可能是 8 月内。我还进一步推想，这两封信很可能是一封信，分两次写完的，被无意间分拆开了。前一信未写完，故有头无尾，没有标示时间。后一信无头有尾，末尾署明"廿夜"。此两信本来都收在中国社会科学院近代史研究所档案中，当年我都见过，但后来再查时，竟不见了（还有周作人给胡适的一些信件也不见了）。这也是我后来坚持向研究所建议必须重新彻底整理胡适档案的原因，所有文献逐一登录，避免再有丢失。因为原件不在，详细考订有些困难。我在这里只是先提出这一假定，待后来者进一步证实或否证。

② 张奚若致胡适的信（1919 年 3 月 13 日），耿云志编《胡适遗稿及秘藏书信》第 34 册，黄山书社，1994，第 278—281 页。

③ 张黄致胡适的信（1919 年 5 月 23 日），耿云志编《胡适遗稿及秘藏书信》第 34 册，第 17—18 页。

三　胡适想把《新青年》收归自己独办

　　1918 年下半年到 1919 年初，胡适无论在北京大学校内，还是在全国学界与思想界，都成了拥有很大影响力的领袖人物。不但在文学革命方面如此，在思想革命方面也是如此。大概此时的胡适，自己也很得意。于是，1919 年 1 月 20 日在给他的好朋友许怡荪的信中说出了自己的打算："《新青年》事，我决意收回归我一人担任。"① 这是胡适给许怡荪的最后一封信。这句话显得很突兀。但看了许怡荪 2 月 23 日给胡适的信，以及许怡荪 2 月 20 日给高一涵的信便可知道，胡适在南京与许怡荪畅叙两日，很认真地讨论过《新青年》的问题。在给高一涵的信中，许怡荪说："《新青年》之事，适之前过此间曾与讨论过的。本是偶尔结合，基础不稳固的，既是意见参差，何妨另外组织。"② 而且许怡荪相信，胡适回北京后就会把《新青年》收归自己办的打算付诸行动。他在给胡适的信中说："以后，《新青年》将由足下一人负责，即将内容刷新，自然会博多数人的同情。"接着并谈他对办杂志的看法说："办杂志本要觑定二三十年后的国民要有什么思想，于是以少数的议论去转移那多数国民的思想，关系如何重要！虽是为二三十年后国民思想的前驱，须要放开眼界偏重急进的一方面，但不可过走极端，致生阻力。此于登载议论不可不慎选择也。盖办杂志固须杂收并蓄，以求内容丰富；而最要的，尤在于有一贯的主张耳。以后办法，政治可暂避不谈，对于社会各种问题不可不提出讨论。能够多多的介绍些西洋最新的学说，以为今日的馈贫粮，那就更好了。"③ 可以看出，这位被胡适视为知己的朋友，看法与胡适极为相近。

　　胡适对好友坦然说出自己的打算，但他是否在《新青年》同人中公开说出这一打算，现在没有证据可以证明。过去，我们只在沈尹默的回忆

---

①　胡适致许怡荪的信（1919 年 1 月 20 日），梁勤峰、杨永平、梁正坤整理《胡适许怡荪通信集》，上海人民出版社，2017，第 91 页。

②　许怡荪致高一涵的信（1919 年 2 月 20 日），梁勤峰、杨永平、梁正坤整理《胡适许怡荪通信集》，"附录三：许怡荪致高一涵的信"，第 192 页。

③　许怡荪致胡适的信（1919 年 2 月 23 日），梁勤峰、杨永平、梁正坤整理《胡适许怡荪通信集》，第 161—162 页。

文章里见到胡适想自己独办《新青年》的说法。由于沈氏的话是在大规模批判胡适运动之后所写，而且种种迹象表明，沈氏与胡适个人之间颇有嫌隙，所以他的说法大家不肯遽信。过去，完全不相信胡适有过这种打算，显然是失之片面了。下面我们重新引录沈氏的回忆，看其中有哪些可信和不可信的说法。沈尹默回忆说："胡适是在美国留学时投稿《新青年》，得到陈独秀赏识的。回国以后，在北大教书。《新青年》在北京出版后，曾发生一件事，钱玄同、刘半农化名写文章在《新青年》发表，驳林琴南复古谬论。玄同、半农的文笔犀利，讽刺挖苦（当时，打倒孔家店的口号已经出来——原注），胡适大加反对，认为'化名写这种游戏文章，不是正人君子做的'，并且不许半农再编《新青年》，要由他一个人独编。我对胡适说：'你不要这样做，要么我们大家都不编，还是给独秀一个人编吧。'二周兄弟（树人、作人）对胡适这种态度也大加反对，他们对胡适说：'你来编，我们都不投稿。'胡乃缩手。由这件事也可看出，胡适从'文学改良'到逐渐复古，走到梁任公、林琴南一边，不是偶然的。"①

　　根据最近四十年来相关研究取得的进展，我们已经可以明白指出沈氏的回忆中一些不合事实的地方。其一，他说，胡适投稿《新青年》，这不准确。事实是，陈独秀再三恳请汪孟邹写信要求胡适给《新青年》写稿。其二，他说，胡适对钱玄同、刘半农化名写文章的事大加反对，也不准确。事实是，胡适认为，与其假造一个反对文学革命的王敬轩，再来批驳他，不如请一个真实反对文学革命的人写出文章来，我们再加批驳，这样更有实际价值。其三，不许刘半农再编《新青年》，这话没有根据。《钱玄同日记》中记载，1 月 24 日"下午三时，半农来，说已与《新青年》脱离关系。其故因适之与他有意见，他又不久将往欧洲去，因此不复在《新青年》上撰稿"。关于刘半农与胡适的关系，曾有种种说法，基本是说胡适看不起刘半农。但还不曾有胡适明确不让刘半农再参与编辑《新青年》的说法。钱氏记载应当属实。刘半农与胡适之间有意见，刘半农不高兴，加之不久要去欧洲，于是干脆不愿再参与《新青年》的事了。刘半农是个性情直率

---

① 沈尹默：《我和北大》，中国社会科学院近代史研究所编《五四运动回忆录（续）》，中国社会科学出版社，1979，第 166 页。

的人，也是个容易受刺激的人。按胡适的作风，当不至于当面说出让对方下不了台的话。刘氏反应比较强烈，或是其中有误解，或是有人从中挑拨。再说，若照沈氏所说，问题是由"化名王敬轩"作文一事引起，那么合乎逻辑的是，胡适也会不许钱玄同再编《新青年》，何独不许刘半农再编《新青年》？况且，照沈氏所说，胡适不许刘半农再编《新青年》，目的是自己独编《新青年》。那样的话，胡适就不是单单不许刘半农再编《新青年》，而是不许其他所有同人再编《新青年》，才合乎逻辑。于此也可见沈氏的说法是后来根据需要编出来的，而不是当时的实际情况。其四，说二周兄弟对胡适说，你来编，我们都不投稿。一来，我们从周氏兄弟的记载中完全看不到这样的痕迹。二则，这种说法也太贬低周氏兄弟了。若周氏兄弟知道胡适要一人独编《新青年》的事，他们顶多会在浙籍朋友间表明此种态度，不会特地找到胡适去对他说这样一句颇像小孩子斗气一样的话。我们已经知道，周氏兄弟是不参加《新青年》的编辑会议的，所以他们没有机会在争论现场对胡适说这句话。其五，沈氏说，胡适后来逐渐复古，走到梁任公、林琴南一边，这话更不靠谱。这里无须赘述了。

沈氏回忆中所说胡适打算一人独编《新青年》，现在得到证实，胡适确曾有此打算。但沈氏究竟是如何知道胡适有此打算的，现在没有看到有关的直接记载。估计不出三种可能。其一，胡适曾在编辑会议上公开提出这一主张。这种可能性不大，因为倘若如此，应该不止沈氏一人留此记忆。其二，胡适向同人中的某个人透露过此想法，沈氏从此人处得知胡适之意，或胡适曾直接首先向沈氏试探此意。其三，胡适在言语、行为中流露出此意，被多疑的沈氏首先看出。

由于材料不足，不能做出进一步的推论。我觉得重要的是，胡适何以会产生要把《新青年》收归他一人独编的想法。

那个时期，胡适没有日记，除给许怡荪的书信以外，也未见向他人提起要自己独编《新青年》的打算。现在见到的材料，唯一可供探索的只有钱玄同的日记。

钱玄同日记1919年1月22日有一段未写完就轻轻涂抹的话，这段话在杨天石整理的排印本中未录，现依据影印本，把这段话全文引录：

　　　　适之此次来京，路过南京、上海一带，不知怎样挨了人家的骂，

一到就和独秀说，有人劝我，为什么要同这班人合在一起办报。适之
自己也发了多（原文到此止——引者注）。①

原来，胡适的母亲于 1918 年 11 月 23 日病逝，25 日，胡适与江冬秀及
侄子回绩溪奔母丧。丧事办完，胡适回京途中，在上海、南京停留。其间
会见一些朋友，可能有不少人对《新青年》中较激烈的一派人的文章颇有
微词。其中比较亲近的朋友，比如许怡荪，就觉得与这些人一起蒙受外界
的疵议，未免不值，希望胡适独立出来。上面所引许怡荪的信中这个意思
就表达得很清楚。照钱玄同的说法，胡适回京以后，首先向陈独秀说了他
在上海、南京所受到的批评与劝告，似有发牢骚的意思。但应该不止于此，
胡适若不把自己想接办《新青年》的意思，或用委婉的方式，或用直截了
当的方式向陈独秀说明，只停留于发牢骚，那就没有任何意义了。而胡适
的打算没有继续进行下去，我们有理由推断，陈独秀不赞成他的想法。以
陈独秀在《新青年》编辑同人中的地位，陈氏一人一票否决，就足以打消
胡适的念头。所以，沈尹默所说他如何劝说胡适、周氏兄弟又如何威胁胡
适的话，都是画蛇添足了。

钱玄同日记中的这条材料相当重要，它说明了胡适产生独办《新青年》
想法的来由，那就是他觉得和一些思想、做派不同的人一起勉强合作，于
己不利。

钱玄同日记中还有一条材料与此有关。1919 年 1 月 27 日，钱氏记道：
"《新青年》为社会主义的问题，已经内部有了赞成和反对两派的意见。现
在《每周评论》上也发生了这个争端了。"② 这里虽未指明对社会主义谁赞
成，谁反对，但这已是学界皆知的事情了。当时，在这类争端上，钱玄同
是中立的，主要是胡适与陈独秀、李大钊之间的争论。

这条材料说明，引起胡适独办《新青年》想法的，除了上面说的缘由
之外，还有他与陈独秀、李大钊的政治思想分歧。按钱玄同后来的归纳便
是："一则主张介绍劳农，又主张谈政；一则反对劳农，又主张不谈

---

① 北京鲁迅博物馆编《钱玄同日记（影印本）》第 4 册，福建教育出版社，2002，第 1749 页。
② 杨天石主编《钱玄同日记（整理本）》上册，北京大学出版社，2014，第 344 页。

政治。"①

　　我觉得，这后一个缘由应该是更为根本的。前一个缘由可能主要是一个刺激因素。后来《新青年》同人终于公开分裂，其根本原因正是后者。

四　事未果而引起负面影响

　　中国有句古话，叫作"谋定而后动"。胡适想把《新青年》收归自己独办，这在《新青年》内部绝不是一件小事，必须做相当多的筹谋和预备功夫。第一，《新青年》自实行轮流编辑以来，虽有时略有愆期的情况，但总的来说运作良好。在其他同人看来，不存在必须大改变的危机情况。第二，若改变，首先亦须征得陈独秀的同意，因为这个刊物原是属于他的。而且，要改回一人独编，也首先要交给陈独秀，除非他本人放弃。我想，照人们习惯的思想观念，这应该是同人之间最可能的心理运势。如果这个推论不为大谬，那么就可见，在这种情形下，胡适提出自己独办《新青年》是不合时宜、不切实际的。照前文所说，胡适应该还没有公开地、直接地提出他的主张，但肯定有所流露，有所试探。而敏感多疑的沈尹默必定已经看出胡适的打算，也就必定有所活动，使胡适知难而退。胡适自己说，他对沈氏一向开诚相待，我也相信他确实是这样做的。但沈氏却是受旧社会熏陶很厉害的一个人。他城府太深，工于算计，在人际关系上总想伺机寻隙，利用他人，发展自己。不单对胡适如此，对他人亦然。在北大的历史上，几乎每一次的人事纠葛，都有他参与。因为这里不是详细讨论沈尹默，故不一一列述，只做如此概括的交代。沈氏既是这样的一个人，用他惯用的手段来对付胡适，想让胡适为己所用。胡适是何等人！他颇能看出沈氏所用的这一套旧社会的处事伎俩，而他作为一个具有绅士风度的人，不屑与沈氏计较。沈氏确定胡适终不能成为其圈内人，不能为其所用。既非己类，必须防范。

　　胡适独办《新青年》的打算不能实现，但当时他在北大校内外声名甚盛。在1919—1920年度北大校评议会评议员选举中，胡适在文本科获得最

---

　　①　杨天石主编《钱玄同日记（整理本）》上册，第371页。

高的 20 票，在全校各科系互选中竟以 60 票的最高票当选。① 1919 年 4 月，北大要提前废除各科学长制，实行文理合并、新设本科教务长的办法。当时胡适当选教务长的呼声甚高。沈尹默不能坐视不为己用的胡适的影响力如此快速提升，于是大力展开活动。胡适在记载他同几个朋友闲谈北大历史掌故时谈及此事，说："当时原议教务长只限于文理二科合并的本科，而不管法科。尹默又怕我当选，故又用诡计，使蔡先生于选举之日打电话把政治、经济两系的主任加入。一面尹默亲来我家，说百年（陈大齐）等的意思不希望我第一次当选为教务长。他们明说要举马寅初（经济系主任）。我本来不愿当选，但这种手段是我不能忍耐的。当时我声明要推举俞星枢。开会时我自己先声明不当选，提出星枢来。当时景阳（秦景阳——引者注）不曾投票，故结果为星枢与寅初各三票，蔡先生加寅初一票，遂举寅初。但后来尹默与寅初又成冤家，至今不已。"②

这次，阻止胡适当选北大教务长的计谋，沈尹默成功了。

这年的 6 月，陈独秀被捕。胡适接编《每周评论》。根据周作人日记，这事是经过开会决定的，也就是说，胡适获取接编《每周评论》的权力，是由同人公推的。对胡适而言，在他独编《新青年》的打算破灭后，这是一个可喜的机会。但不幸该刊于是年 8 月底被警察局封禁。9 月，陈独秀出狱。这时，《新青年》已停刊 3 个多月。如果不是陈独秀思想进一步激化，要利用《新青年》大展其宏愿，则此时胡适接编《新青年》倒是有一点机会。但这个机会又被剥夺了。值得注意的是，周作人在日记里明确记载道："（10 月）5 日晴，上午得尹默函，往厂甸，至公园。下午二时，至适之寓，议《新青年》事，自七卷始，由仲甫一人编辑。"③ 沈尹默特在商议《新青年》今后编辑办法的会议之前，将周作人约出来，我们有理由怀疑，他是要与周氏有所沟通。沟通的目的自然是设法阻止胡适接编《新青年》。这当然只是个推论。但如果这个推论成立，则沈尹默一定不只与周作人一人做

---

① 据北京大学档案馆藏《八年至九年度评议会评议员（下注票数）》：胡适 60，蒋梦麟 52，俞同奎 52，马寅初 48，陶履恭 47，马叙伦 43，陈大齐 39，张大椿 37，沈尹默 36，温宗禹 33，何育杰 33，朱希祖 32，贺之才 32，马裕藻 31，黄振生 29，朱锡龄 28。此条材料在中国社会科学院近代史研究所藏胡适档案中亦有副本。

② 曹伯言整理《胡适日记全集》第 3 册，台北，联经出版事业有限公司，2004，第 655 页。

③ 《周作人日记》中册，大象出版社，1996 年影印本，第 52 页。

这种事前沟通的工作。不过话说回来，即使沈氏不做这些活动，只要陈独秀一人坚持要收回《新青年》由自己一人主编，其他人也无法公然反对。《新青年》与《每周评论》不同，《每周评论》是陈独秀与大家合作办起来的，所以，大家可以公决如何办理。《新青年》是陈独秀一人创办起来的，辛苦经营两年之后才搬到北京，吸收北大同人合作续办下来。因此在大家的心目中，《新青年》基本上是属于陈独秀的。没有陈独秀的同意，大家是不好决定如何办理的。前文指出的当时人的心理运势是确实存在的。

五　《新青年》同人最终分裂，是两年前隐而未发的危机的总爆发

陈独秀出狱后，在北京停留一段时间，于 1920 年 2 月南下上海，把《新青年》也带到上海去编辑。5 月，与共产国际代表维经斯基接触，经过几次深谈之后，陈独秀完成了从一个民主自由主义的知识领袖到从事共产革命的领袖的转变。他带到上海编辑的《新青年》也由一份广受大学教授和青年读者欢迎的自由主义的思想文艺性的杂志，变成宣传马克思主义、社会主义和俄国革命的刊物。但这一巨大转变，使陈独秀和《新青年》面临两大困难。第一，稿源问题。《新青年》在北京编辑时，编辑阵容强大，供稿人众多，稿源不曾发生很大的问题。《新青年》被陈独秀带到上海后，他本人忙于革命活动，忙于组党，平时将编辑工作交给两三个经验不多、人脉不广的小青年来做。况且，因其内容的巨大变化，北京原来的《新青年》同人，跟不上陈独秀及其青年伙伴思想快速转变的步伐，很少再提供新的稿件。第二，经费问题。陈独秀奔走革命，亟须《新青年》配合宣传。第 7 卷第 6 号做成"五一劳动节专号"，篇幅大为膨胀。一直担任《新青年》出版发行的上海群益书社，要求提高杂志的定价。陈独秀出于广为宣传的需要，不肯提高定价。为此双方大为争吵一番。一气之下，陈独秀要摆脱"资本家的压迫"，解除与群益书社的合同关系，这就造成了经费无源的大问题。为了这两个问题，陈独秀不得不向北京的朋友，原来的《新青年》同人求助。还在"五一劳动节专号"出版发行，以及与群益书社发生冲突之前，陈独秀以颇为温和的态度给北京同人（包括李大钊、胡适、钱玄同等 12 人，有周作人，没有鲁迅）写信说：

本卷（指第 7 卷——引者注）已有结束，以后拟如何办法，尚请公同讨论赐复：

（1）是否接续出版？

（2）倘续出，对发行部初次所定合同已满期，有无应与交涉的事？

（3）编辑人问题：

（一）由在京诸人轮流担任；

（二）由在京一人担任；

（三）由弟在沪担任。

为时已迫，以上各条，请速赐复。①

这是陈独秀与胡适等在北京的《新青年》同人讨论《新青年》今后出路问题的第一封信。值得注意的有几点：陈独秀提出的第一个可能的办法就是停刊；第二个是与群益书社老板的关系问题；第三个是编辑人问题。于此，有三个方案：第一个方案是恢复 1918 年至 1919 年的轮流编辑办法；第二个方案是"由在京一人担任"，如前文曾推论，胡适于 1919 年 1 月向陈独秀表露了他想接办《新青年》的意思，那么这时陈独秀提出"由在京一人担任"的备选方案，肯定会想到此一人就是胡适；第三个方案，"由弟在沪担任"，这肯定是陈独秀最想要的结果。

陈独秀急于知道北京同人的反应。十天之后，他再发一信，此信只给胡适和李大钊。信中重申："《新青年》或停刊，或独立改归京办，或在沪由我设法接办（我打算招股办一书局）。兄等意见如何，请速速赐知。"②《新青年》停办，是陈独秀两次信中都作为一个可能的选项提出来的。

因为陈独秀与多年来一直担任《新青年》出版发行的群益书社闹翻，出版发行成了最紧迫的问题。如果解决不了，就只有停刊。正因如此，胡适与李大钊等北京同人首先关注的也是这个问题。从陈独秀 5 月 19 日给胡适一个人写的信，我们知道胡适曾有两封信与陈独秀商量办书局或书社以及招股的事。并不像有些人以为的那样，胡适对《新青年》遇到的困难不

---

① 陈独秀给北京同人的信（1920 年 4 月 26 日），任建树主编《陈独秀著作选编》第 2 卷，上海人民出版社，2009，第 224 页。

② 据原件照片。

管不顾，只做自己的打算。

　　但恰好就在这前后，陈独秀与共产国际代表维经斯基见面，从此，陈接受共产国际的帮助和领导，着手创立中国共产党，《新青年》的经费问题也有了着落。到 1920 年 8 月，《新青年》第 8 卷第 1 号得以出版，从此，它便成了以陈独秀为首的共产主义者的刊物。陈本人忙于建党事务，《新青年》交给几个年轻的共产主义者具体负责，他们是陈望道、沈雁冰、李达、李汉俊，陈望道主持日常编务。《新青年》的这一发展态势，大概除了李大钊以外，北京同人都不很清楚，即使李大钊也未必完全清楚。直到 1920 年 12 月，陈独秀应广东的陈炯明之招，前往广东接受其委任之前夕，才给胡适与高一涵写信，① 告知《新青年》编辑部已交由陈望道负责。同时承认："《新青年》色彩过于鲜明，弟近亦不以为然；陈望道君亦主张稍改内容，以后仍以趋重哲学文学为是。"《新青年》一向以思想学术和文艺为主要内容，其读者也是以这些方面的爱好者为主。现在骤然改为以宣传马克思主义、社会主义和俄国革命为主要内容，势必会失掉一部分读者。陈独秀感觉到要做出调整，尽管经费已无问题，但稿源和发行量仍然有问题。他说："近几册内容稍稍与前不同，京中同人来文太少也是一个重大原因。"这显然是倒果为因了。不是京中同人来文太少，才迫使陈独秀去宣传马克思主义、社会主义和俄国革命，恰是因为习惯于以思想学术和文艺为主旨内容的北京同人一时适应不了《新青年》的骤然变化，有些跟不上需要，所以才"来文太少"。

　　胡适以为，陈独秀及其追随者既然感到"（政治）色彩过于鲜明"不好，希望"仍以趋重哲学文学为是"，那么最好不过的办法就是将《新青年》移回北京编辑。但是，陈独秀原来提出三种办法，胡适也不便武断地只提一种办法，令对方无选择的余地。他也提了三条办法：

　　　1. 听《新青年》流为一种有特别色彩之杂志，而另创一个哲学文学的杂志。……

　　　2. 若要《新青年》"改变内容"，非恢复我们"不谈政治"的戒约，不能做到。但此时上海同人似不便做此一着，兄似更不便，因为

――――――――――

① 此信见张静庐辑注《中国现代出版史料（甲编）》，中华书局，1954，第 7 页。

不愿示人以弱。但北京同人正不妨如此宣言。故我主张趁兄离沪的机会，将《新青年》编辑的事，自九卷一号移到北京来。由北京同人于九卷一号内发表一个新宣言，略根据七卷一号的宣言，而注重学术思想艺文的改造，声明不谈政治。

孟和说，《新青年》既被邮局停寄，何不暂时停办，此是第三办法。但此法与新青年社的营业似有妨碍，故不如前两法。①

胡适告诉陈独秀，他的这封复信，"一涵、慰慈见过。守常、孟和、玄同三人知道此信的内容。他们对于前两条办法都赞成，以为都可行。余人我明天通知"。又补充道："抚五看过，'深表赞同'。"②

这封信里说"色彩过于鲜明……是已成之事实。今虽有意抹淡，似亦非易事。北京同人抹淡的工夫，决赶不上上海同人染浓的手段之神速"。这段话似稍涉意气，但全信都是很平和的。却不想，陈独秀见到此信竟大为光火。他于1921年1月9日回信给胡适，并列出"适之、一涵（高一涵）、慰慈（张慰慈）、守常（李大钊）、孟和（陶孟和）、豫才（鲁迅）、启明（周作人）、抚五（王星拱）、玄同（钱玄同）"九人的名字，特别是加上了鲁迅的名字。

陈独秀的信中说：

第三条办法，孟和先生言之甚易。此次《新青年》续出，弟为之甚难。且官厅禁寄，吾辈仍有他法寄出，与之奋斗，销数并不减少。自己停刊，不知孟和先生主张出此办法的理由何在。阅适之先生信，北京同人主张停刊的并没有多少人，此层可不成问题。

第二条办法，弟虽离沪，却不是死了。弟在世一日，绝对不赞成第二条办法。因为我们不是无政府党人，便没有理由可以宣言不谈政治。

第一条办法，诸君尽可为之。此事与《新青年》无关。更不必商之于弟。若以为别办一杂志更无力再为《新青年》作文章，此层亦请

---

① 张静庐辑注《中国现代出版史料（甲编）》，第8页。
② 张静庐辑注《中国现代出版史料（甲编）》，第8页。

诸君自决。弟甚希望诸君中仍有几位能继续为《新青年》做点文章。因为反对弟本人，便牵连到《新青年》似乎不大好。

仔细阅读陈、胡两人的信，可以看出，陈独秀大为生气的根本原因，是他看出胡适的根本目的是跟他争夺《新青年》的主编权。

对于第三条"停办"的办法，陈独秀虽也很生气，但幸好北京没有多少人赞成此一条，所以可视为"不成问题"。胡适也认为，这一条不成问题。不过我们要注意，"停刊"本来是陈独秀第一次写信时首先提出的。那时，《新青年》面临极其严重的危机，经费与稿源都成问题，所以他有此一说。现在，有了共产国际的支持，经费已无问题，顶多是稿源与销量有所影响。所以他可以完全不考虑"停刊"的办法了。

对于第一条办法，陈独秀看出北京同人多数有此想法，他不便公然反对。唯独对于胡适最力争的第二条办法，陈独秀简直怒狠决绝。他竟说出："弟虽离沪，却不是死了。弟在世一日，绝对不赞成第二条办法。"但第二条包括两点内容。陈独秀整个地反对第二条办法，具体的，却只说到反对不谈政治，而不提及将《新青年》移回北京编辑的话。谁都看得出，陈独秀坚决不同意将《新青年》移回北京编辑。因为那样，就是把《新青年》交到胡适的手上，自己便失去了宣传马克思主义、社会主义和俄国革命的阵地，也便失去了建立共产党进行革命运动的舆论凭借。当时的陈独秀，已经把这视为他终生以之的事业，焉能放弃？

其实，胡适也未必看不出陈独秀是绝对不赞成"移回北京编辑"的办法。但只要有一线希望，他还是要奋力争取。

胡适说："独秀对于后者（指'宣言不谈政治'——引者注）似太生气，我很愿意取消'宣言不谈政治'之说，单提出'移回北京编辑'一法。理由是：《新青年》在北京编辑或可以多逼迫北京同人做点文章。否则，独秀在上海时尚不易催稿，何况此时在素不相识的人的手里呢！岂非与独秀临行时的希望——'非北京同人多做文章不可'——相背吗？"为了争取《新青年》移回北京编辑，胡适不惜放弃另办一个杂志的希望。他说："独秀对于第一办法——另办一杂志——也有一层大误解。他以为这个提议是反对他个人。我并不反对他个人，亦不反对《新青年》，不过我认为今日有一个文学哲学的杂志的必要。今《新青年》差不多成了 Soviet Russia 的汉译本。故我想另创一个专关学术艺文的杂志。今独秀既如此生气，并且认为反对他个人的表示，我很愿意取消此议，专提出'移回北京编辑'一个办法。"①

倘胡适最想要的结果是另办一个杂志，则他与陈独秀的争论就没有多大必要了。他真正想要的是《新青年》移回北京，归他一人掌握。这是他两年前想争取而无法实现的目标，他觉得现在是一个机会。所以，他宁愿放弃其他一切要求，只坚持一条——将《新青年》移回北京编辑。

在当时，尽管有一定程度的言论出版自由，办杂志获得立案批准并无太大困难，但办杂志需要经费，需要相对稳定的稿源，需要有人愿意担任发行，等等，皆非易事。更何况，《新青年》已是拥有广大读者、享有很高声誉的"金字招牌"！

胡适与陈独秀所争之焦点是《新青年》归谁办的问题。所以我们看当时参与表态的各个同人，就看他们对这个焦点采取什么态度。

从北京同人签署的意见来看，完全无条件地赞成胡适的意见的，是高一涵、张慰慈；有条件，但实际上是赞成胡适的，是陶孟和与王星拱。也就是说，在北京有四个人站在胡适一边。

其他人，需要逐个分析一下。

钱玄同，他是个性情率真、不会有意"左右袒"的人。当得知胡适与陈独秀为《新青年》事已到短兵相接地步时，他在给周氏兄弟的信中说："初不料陈、胡二公已到短兵相接的时候！……我对于此事决不愿为左右袒，若问我的良心，则以为适之所主张者为近是。（但适之反对谈'宝雪维儿'这层我不敢以为然。——原注）"② 他所谓"适之所主张者为近是"应是指胡适坚持《新青年》仍以思想学术为主这一点。至于对三种方案的意见，他在胡适征求意见的信上签注的是"觉得还是分裂为两个杂志的好"。特别值得注意的是，钱氏非常强调"绝对地不赞成""停办"之说。他的理由是："我以为我们对于仲甫兄的友谊，今昔一样，本未丝毫受伤。但'新青年'这个团体，本是自由组合的，即此其中有人彼此意见相左，也只有

---

① 胡适征求北京同人意见的信（1921年1月22日），张静庐辑注《中国现代出版史料（甲编）》，第9—10页。

② 沈永宝编《钱玄同五四时期言论集》，东方出版中心，1998，第215页。

照'临时退席'的办法，断不可提出解散的话。极而言之，即使大家对于仲甫兄感情真坏极了，友谊也断绝了，只有他一个人还是要办下去，我们也不能要他停办。"这里表达出来的中心意思，无非是说，《新青年》原本是陈独秀的，别人可以"临时退席"，绝不可令陈独秀停办。有这种心理的，应该不止钱氏一个人。如此一来，就是本来同情胡适，以为他的主张"为近是"的钱玄同，也不赞成胡适与陈独秀争夺《新青年》。

钱玄同对胡适的同情还表现于替胡适澄清陈独秀误认为胡适接近研究系一事上。在上述给周氏兄弟的信中，他指出："仲甫疑心适之受了贤人系的运动，甚至谓北大已入贤掌之中，这是他神经过敏。"① 钱氏还另外专门写一便笺给胡适，对此一点表示慰解。他说道："仲甫本是一个卤莽的人。他所说那什么研究系的话，我以为可以不必介意。我很希望你们两人别为了这误会而伤了几年来朋友的感情。"又在信纸边幅的一侧加注道："广东、上海本来是一班浮浪浅薄的滑头的世界，国民党和研究系，都是'一丘之貉'。我想，仲甫本是老同盟会出身，自然容易和国民党人接近，一和他们接近，则冤枉别人为研究系的论调，就不知不觉说出口了。"②

周作人，此人与他的大哥鲁迅性情截然不同，温润柔和，对事对人从不以挑战的态度。

在胡适征求意见的信上，周作人因病请他的大哥鲁迅代签，意思是，《新青年》要分裂，已是无法挽回，"所以索性任他分裂，照第一条做，或者倒还好一点"，③ 即他赞成在北京另办一个杂志。鲁迅又加上自己的一句话："但不必争《新青年》这个名目。"鲁迅看出胡适与陈独秀争的，就是《新青年》这个名目，他不赞成胡适争这个本属于陈独秀的《新青年》。但过了没几天，鲁迅又专写一信给胡适，表示：其一，作人"以为照第二个

---

① 沈永宝编《钱玄同五四时期言论集》，第216页。

② 钱玄同给胡适的信（据原件照片），许多学者误认为此信是陶孟和给胡适的信，其根据就是把这张便笺上一个西文字判定为陶孟和的英文签字。这是很不妥当的，第一，我们谁也不曾见过陶孟和的英文签字是什么样，如何断定此字便是陶孟和的英文签字？而且，陶孟和是给自己的好友胡适写信，有何必要加上英文签字？再细看这个西文字，未必就是英文，很可能是钱玄同当时喜欢提倡的世界语的字母拼合。第二，信的内容完全不像是陶孟和所说的话，如谈《诗经》的双声叠韵谱，这恰是钱玄同的本行。第三，我曾在这批信件拍卖前，特地赶到北京大学图书馆看过这批信件的展览，我现在手中还有这张便笺的照片，信的笔迹确是钱玄同无疑。

③ 《关于〈新青年〉问题的几封信》，张静庐辑注《中国现代出版史料（甲编）》，第11页。

办法最好";其二,他自己认为,"三个(办法)都可以"。此语近于"和稀泥",这应该不是他的本意。他接着说:"如北京同人一定要办,便可以用上两办法,而第二个办法更为顺当。至于发表新宣言,说明不谈政治,我却以为不必。"①看这话的意思,似乎鲁迅改而赞成将《新青年》移回北京编辑,只要不做"不谈政治"的宣言。但他前边加了一句"如北京同人一定要办",他似乎觉得,北京同人不大可能真的会支持胡适将《新青年》争回到北京来办,所以才顺水推舟地说了这么一句。他最主要的意思是不赞成胡适向陈独秀争《新青年》这个名目。

我们看后来周作人给李大钊的两封信(1921年2月25日和27日),都是强调,《新青年》"只有任其分裂,仲甫移到广东去办,适之另发起乙种杂志。此外实在没有法子了"。他绝不赞成将《新青年》一分为二,南方一个,北方一个。周作人的态度,是前后如一的。他还表示,一旦办成两个杂志,只要陈独秀还要哲学文艺方面的稿子,他会力所能及地予以支持,对于胡适所办的杂志,他也同样尽力给予支持。②

至此,我们看出,周作人与钱玄同在陈、胡冲突中比较倾向于中立的立场。钱氏准备对陈与胡各自办的杂志都不供稿,③周作人则都尽力支持。他们只是不赞成胡适争《新青年》的名目。

李大钊在这场冲突中,态度颇有点耐人寻味。

首先,他在胡适第一次回复陈独秀的信稿上签署意见时,便很犹豫。他先是表示:"我还是主张从前的第一办法(北京另办杂志——引者注)。但如果不致'破坏新青年精神之团结',我对于改归北京编辑之议亦不反对,而绝对地不赞成停办,因停办比分裂还不好。"随后他又"取消此议,改主移京编辑之说"。

但陈独秀看过胡适给他的回信——这封回信附有北京同人签注的意见——之后,竟大发雷霆。胡适做出种种让步之后,仍坚持一条——将《新青年》移回北京编辑。

---

① 《关于〈新青年〉问题的几封信》,张静庐辑注《中国现代出版史料(甲编)》,第12页。

② 参见欧阳哲生《新发现的一组关于〈新青年〉同人的来往书信》,《历史研究》2009年第3期。

③ 钱玄同致胡适的信(1921年2月1日),信上说:"无论陈独秀、陈望道、胡适之……办,我是一概不做文章的。绝非反对谁某,实在是自己觉得浅陋。"(据原件照片)

这时，李大钊给胡适写信说："我不是说仲甫应该主张在粤办，你不应该主张在京办。不过仲甫的性情我们都该谅解他的，——他的性情很固执——总之，我很愿意你等他的回信再决定办法。"他不赞成胡适与陈独秀互争《新青年》。他没有说《新青年》本该就是陈独秀的，但他说："若是与《新青年》有关的人都争起来，岂不同时出十几个《新青年》，岂不是一场大笑话！"这话说得很厉害！这等于说，你胡适一定要争《新青年》这个名目，那其他与《新青年》有关的人，岂不都可以出来争？这是把胡适置于很不义的地位。李大钊承认，他个人的主张"与仲甫的主张相近"，但"绝不赞成你们这样争《新青年》"。①

归结起来，李大钊不赞成胡适争《新青年》，他又要求胡适谅解陈独秀的固执。明显地是倾向于陈独秀的立场，但他又不愿意让胡适觉得他不公平，始终表现出劝慰的态度。他还表示，北京同人要一起向陈独秀说明，他责备胡适与研究系接近的话是冤枉了朋友。② 但是有一件事最令人不解：陈独秀回复胡适报告北京同人的意见的那封令他大发雷霆的信，胡适是第一收信人，李大钊却先接拆此信，并将信给其他北京同人传观，后仍收在自己手里，最后才给胡适看。这样做的结果是："独秀答书颇多误解。守常兄已将此书传观，我至今日始见之，未及加以解释，恐误会更深。"③ 李大钊这样做，据说是他要当面将此信交给胡适，以便和胡适好好谈谈。不用说，在当时，对于新青年同人来说，此事是至关重要的事。李大钊要当面和胡适交换意见，本属好意，但何以必须在其他所有人传观之后，再去找胡适？又何以为了不甚相干的《北京晓报》的一位先生而耽搁去见胡适，面交陈独秀的信？④ 即使不去深论李大钊到底出于何种动机不使胡适早日见到此信，但这样做的结果，会让胡适处于更加被动的地位，则是谁都看得

---

① 李大钊致胡适的信（未署时间，应是陈独秀回复胡适报告北京同人的意见的信到北京，各同人均看过此信之后，即 1921 年 1 月下旬至 2 月初），此据原件照片，参见欧阳哲生《新发现的一组有关〈新青年〉同人的来往书信》，《历史研究》2009 年第 3 期。

② 李大钊致胡适的信，张静庐辑注《中国现代出版史料（甲编）》，第 12 页。

③ 胡适致守常、豫才、玄同、孟和、慰慈、启明、抚五、一涵的信，张静庐辑注《中国现代出版史料（甲编）》，第 9 页。

④ 李大钊致胡适的信［未署日期，时间应在李大钊给胡适以外的北京同人传观陈独秀回复胡适的信之后，约在胡适见到此信（1921 年 1 月 22 日）之前的一两天］，张静庐辑注《中国现代出版史料（甲编）》，第 12 页。

出来的。

　　至此为止，陈独秀致信北京同人作为收信人的九个人，对这次争执所取的态度已经明了。无条件支持胡适的，只有高一涵和张慰慈两位。陶孟和与王星拱虽有条件，但实际上是支持胡适的。钱玄同与周作人两人倾向于中立的立场，但他们不赞成胡适争《新青年》这个名目，因此实际上有利于陈独秀。鲁迅和李大钊两人实际上是支持陈独秀的。这样，如果真是投票的话，就是4：4。这时，那个反对胡适的沈尹默和对胡适有意见的刘半农都不在北京，一个在日本，一个在法国。他们若在的话，情形会是另一番景象。

六　小结

　　这次争办《新青年》，胡适又失败了。事后不久，他确想另办一个杂志，名字都起好了，叫"读书杂志"。但如前文说过的，新创办一个杂志绝不是很容易的事。直到第二年，1922年5月，胡适才办起《努力周报》，而且也不是"专关学术艺文的杂志"，而主要是谈政治的杂志。这就是说，争《新青年》的失败，也促使胡适破戒走上谈政治的"歧路"。

　　我认为，胡适与陈独秀争夺《新青年》的冲突，在两年前的1919年1月就隐然开始了。那时，冲突的表面原因或者说直接刺激因素，是绅士做派与非绅士做派之间的矛盾，实际上乃是政治思想的分歧，钱玄同当时就已经看出这一点。不久，五四运动爆发，政治问题逼人而来。陈独秀被捕，思想进一步激化，出狱之后，他把《新青年》收归自己来办，把它变成为政治革命服务的刊物。《新青年》一向以思想学术与文艺为主旨内容，虽然大家隐然都有自己的政治理想，而这理想，基本是一致的，那就是走科学、民主的路。为了走上这条路，须做一番持久的思想启蒙工作。胡适的不谈政治就是基于此种考虑。思想启蒙是一项长期的工作，是为社会变革积蓄力量的过程。陈独秀没有耐心陪着胡适一类教授长期隐忍地做这种立竿不见影的工作。特别是他在被捕受到强烈的现实政治刺激之后，已经决心要走革命的路。收回《新青年》自己办，就是为实施他的革命路线服务。而国内外的形势又恰好促使多数人因对现实失望而朦胧中怀有对革命的期待。陈独秀到南方后不久就有许多青年聚集到他的周围，就说明了这个问题。

所谓"形势比人强"就是这样。胡适想把陈独秀拉回来，想把《新青年》拉回来，尽管他不是没有理由，也不是没有人支持，但终究还是做不到。

陈独秀走的是革命的路线，胡适选择启蒙—和平改革的路线。在这次冲突中，分歧更明显。陈独秀已经选择了走俄国人的路。

在这次冲突中，陈独秀隐然以家长的态度，居高临下。他宣称，他还没有死，别人就不能改变他的方针。胡适虽是秉持新道德观，但他可以承认家长的地位，可以不直接"犯上"，可是他要求允许讨论，允许商量。他可以放弃一切令陈独秀大为生气的条件，唯独不放弃将《新青年》移回北京编辑的要求。这是西方绅士的派头，可以不闹翻，可以退让和妥协，但底线不放弃。然而这一套做派在陈独秀这里行不通。他在争论的最后告诉胡适："现在《新青年》已被封禁，非移粤不能出版，移京已不成问题了。"① 根本不存在移京的可能性了。

在这场冲突中，还有一个观念起了重大作用，那就是"物归原主"。《新青年》的多数同人认为《新青年》原是陈独秀一人所创，因此这个杂志就应该归属于他。实际上从 1918 年开始，《新青年》由各同人轮流执编，编辑人不拿稿费，出版发行者所给的编辑费成为编辑部的公共财产。这种情况下，按现代观念，它就已经不属于陈独秀个人了，它是同人共同所有的刊物，个别人不得同人授权，不能改变刊物的宗旨。依此而论，两年前胡适要将《新青年》争归自己办，实是欠缺理据。而这一次不同了，是陈独秀将《新青年》由一个思想学术文艺的刊物变成了政治革命的刊物，甚至变成了共产党的刊物。胡适要求恢复《新青年》的原有宗旨，在道理上是站得住的，这正是钱玄同所说"若问我的良心，则以为适之所主张者较为近是"的道理。然而，尽管胡适主张"较为近是"，怎奈大家多数还是以为《新青年》是陈独秀的，他们隐然放弃了自己作为《新青年》一分子的权力。李大钊说，若像胡适这样与陈独秀争《新青年》，岂不要办出十几个《新青年》了！他的意思就是大家都不应该争这个权力。按现代社会，大家合作办团体、办公司、办杂志，都应采取集体合议制的办法，而不管原来谁为先，谁为大。可是按传统，谁在先，谁是老大，这是天经地义的事，

① 陈独秀致胡适的信（1921 年 2 月 15 日），张静庐辑注《中国现代出版史料（甲编）》，第 13 页。

不能动摇的。《新青年》的同人搞了几年的新文化运动，到了关键时候，新观念还是不如传统观念来得根深势大。

胡适与陈独秀争《新青年》，失败了。将近十年之后，胡适在日记中追述此事说："理出我和陈独秀争论《新青年》移北京编辑事的来往书信一束，此事甚有关近年思想史。"[1] 我以为，其意义恐怕远较陈独秀被迫离开北大的意义要深刻重大得多。启蒙与和平改革的路线远不如暴力革命更能鼓动人心；绅士派头斗不过"土豪"（不是恶霸土豪的意思，是指本土的强势力量）；新观念不如传统旧观念根深势大。这是近代中国的宿命，只有超越这个宿命，中国才真正有希望。

---

[1]　曹伯言整理《胡适日记全集》第 6 册，第 404 页。

胡适与新文化运动：功与过

汪荣祖[*]

导　论

常言道：英雄创造时代，时代创造英雄；若无英雄，虽有时代风潮，难觅弄潮儿；若风潮不兴，英雄亦无用武之地，故英雄与时代乃相辅相成。从历史看，时代愈进步，体制愈复杂，个人因素愈渺小。近代之前，不世出之英雄人物或能鼓动风潮，独创新局，如亚历山大大帝、秦始皇、项羽、成吉思汗、拿破仑，可称历史上的奇才。20世纪政坛巨子如罗斯福、丘吉尔、斯大林，虽也叱咤风云，影响深远，但若辈所创之时代多由时代所创。罗氏因美国经济大萧条后之新政；邱氏因英国有难临危受命，竟能转危为安；斯氏因苏联受强敌入侵，护国成功而臻世界超强。然而，无论英雄创造时代或时代创造英雄，其功固班班可考，其过也难以掩饰，英谚有云"百万生灵造就恺撒的伟大"（What millions died that Ceasar might be great），亦即所谓"一将功成万骨枯"也。

在百年前的五四新文化运动中，胡适带动风潮，提倡白话、批判传统、主张西化、宣传自由与民主，足称文化英雄，使他英年就爆得大名，至老不衰。在他生前，固然已有人说他"名满天下，谤亦随之"，然谤多由其盛名而来，而谤时而反增其名。光阴荏苒，今胡适辞世已逾半世纪，较长的时间宜更能以宏观看往事、做理性检讨、以客观评功过，或可以其功论其过。胡适为人友善，性情温和，据何炳棣的观察，他永远不给人

* 汪荣祖，山东大学儒家文明省部共建协同创新中心访问学者。

看一张难看的脸，所以颇有人缘。他学崇杜威（John Dewey），实未窥其师堂奥；[1] 他信奉自由主义，但在思想上有激烈的一面，尤见于他激新文化运动之波、扬其澜之时。

五四常被视为解放思想的启蒙运动，如美国学者舒衡哲（Vera Schwarcz）认为五四启中国封建之蒙，使中国从三纲五常的社会中解放出来。[2] 李泽厚也认为五四是启蒙的，但是由于与救亡的反帝运动合流，先是"相互促进"，后因危机感，迫使救亡"全面压倒了启蒙"，"个人自由、人格、尊严之类的思想"在"钢铁般的纪律、统一的意志和集体的力量"之下，"都变得渺小而不切实际"，李氏称之为"启蒙与救亡的双重变奏"。[3] 其实，救亡与启蒙在意识形态上是相悖的，因救亡实具浪漫主义情调。所以，使胡适成名的时代风潮是浪漫主义而非理性的启蒙精神。

启蒙思潮盛于18世纪的欧洲，强调科学与理性。法国大革命号称启蒙的"女儿"，实与"母亲"渐行渐远。至19世纪中叶欧陆革命之后，讲究理性，认为个人是人生的主宰，理性可照亮个人的知识，以及伦理与科学的启蒙精神，已被讲究意志、权力、群众以及国族主义的浪漫精神所取代，直接影响到20世纪盛极一时的浪漫思潮，认为理性作为分析工具，不足以理解知识之源，而需要直觉、灵感、想象与同情，强调知识里的情感因素，喜好自然表达、毫无拘束，故视规范为障碍。"浪漫氛围"（Romantic Weltanschanung），影响波及文艺、哲学与政治各方面。令人瞩目的1848年革命发生之后，欧洲进入群众、意志与权力的时代，挑战既有的伦理与美学准则，启蒙已到穷途。浪漫思潮中的一个大潮流便是带有热情的"国族主义"（nationalism），19世纪已经极盛。欧洲自18世纪中叶到19世纪中叶是一重要的历史转折时期，在此百年间革命一词不绝于耳。在思想上则是对启蒙时代理性主义的反动，拒斥学院派而倾向公众，趋向于意志、情绪、民主、权力、又回归到原始的浪漫风潮，认为文明污染人性以及追求感性的法国

---

[1] 参见吴森《杜威思想与中国文化》，汪荣祖编《五四研究论文集》，台北，联经出版事业有限公司，1979，第125—156页。

[2] 参见 Vera Schwarcz, *The Chinese Enlightenment: Intellectuals and the Legacy of the May Fourth Movement of 1919* (Berkeley: University of California Press, 1986)。

[3] 参见李泽厚《启蒙与救亡的双重变奏》，《中国现代思想史论》，台北，天元图书公司，1988，第7—57页。

哲学家卢梭（Jean Rousseau，1712 – 1778）成为浪漫运动的先知。浪漫风潮
开启了以感性为主的文化时代，与理性文化针锋相对，可称之为一场文化
革命，也就是要革普世伦理价值之命、革科学实证之命、革普世人文之命。
诚如西班牙艺术家戈雅（Francisco de Goya y Lucientes）所说，浪漫乃"理
性沉睡后生出来的一个怪兽"（*El sueño de la razón produce monstrous*）。① 戈雅
所谓的"怪兽"指艺术上的幻想与想象，但亦可泛指整个反理性的文化氛
围。浪漫风潮在现代西方影响广大，并非没有有识之士洞悉其流弊。班达
（Julien Benda，1867 – 1956）于 1928 年出版的畅销书《知识人的叛逆》
（*The Treason of the Intellectuals*），就是有分量的批判，声讨知识阶级之放弃
理性与共同价值。② 班达之后，美国哈佛大学的白璧德（Irving Babbitt，
1865 – 1933）与文评家摩尔（Paul Elmer More，1864 – 1937）共同发起"新
人文主义运动"（Neo-humanistic Movement），正是要回归古典，重视教育，
强调道德之培养与行为之端庄，以"古典主义"（Classicism）与当时流行的
浪漫思潮针锋相对，针砭奇特的、强烈的、夸张的、情绪的浪漫主义，贬之
为"浪漫的忧郁症"（Romantic Melancholy）。白璧德更视浪漫主义的"始作
俑者"卢梭为狂徒，其名著《卢梭与浪漫主义》（*Rousseau and Romanticism*）
抨之尤力，称浪漫主义为西方文明颓废之源，因其抛弃准则、逾越界限、嘲
讽习俗，而卢梭乃浪漫运动最具代表性之人物，有谓："攻防卢梭可等同抨击
或守护浪漫运动。"③ 这一派新人文主义者面对现代物质文明之兴起，中下层
社会的质鲁无文，拟以教育为手段，文学为工具，**挽浪漫主义的颓风**，以提
升行为规范与社会融洽。白氏亦因而欣赏儒家的君子之风、道德规范与重视
教育，引孔子为知己，这令白氏的中国门生梅光迪、吴宓等感动不已，于是
益增他们对儒学的信心，深信中华古典与西方古典有可以相通之处，而欲融
儒学于新人文主义之中而成为"儒家人文主义"（Confucian Humanism）。④ 然

---

① Tim Blanning, *The Romantic Revolution：A History*（New York：Modern Library，2011），pp. 73 –
77.

② Julien Benda, *The Treason of the Intellectuals*（New York：WW Norton，1969）.

③ Irving Babbitt, *Rousseau and Romanticism*（New Brunswick：Transaction，1991），p. 3（参见中
译本，〔美〕欧文·白璧德：《卢梭与浪漫主义》，孙宜学译，河北教育出版社，2003，第
11、18、39、53、61 页）。

④ 此词见诸梅氏文字，Mei Guangdi，"Humanism and Modern China，"收入《梅光迪文录》，台
北，联合出版中心，1988，第 13 页。

而白璧德在西方难抗浪漫主流，梅、吴回国后虽一再宣扬新人文主义，[①] 亦不能撼动当时充满激情的新文化运动。

即使举世闻名的自由主义思想大师穆勒（John Stuart Mill，1806 - 1873），认为政治尤其需要理性，意见须扎根于坚实的证据，但他也只手难以挽澜。虽然现实的客观环境，如惨烈的欧战造成难以估计的生命与财产之损失，更突出人类的"野性"，引发西方文明陷入危机的呼声，应有所反省，但浪漫风潮仍难以遏止。

从上述西方背景可知，五四新文化运动所迎接的西潮，显然就是流行于西方的浪漫风潮。连思想与文学都需要革命，完全是充满情绪的浪漫心态。舒衡哲在其书中提到西欧的启蒙导致法国大革命，而中国的辛亥革命却导致五四启蒙，但她对此一逆反现象并无解释。[②] 其实她所谓的"启蒙"在晚清已略见端倪，多少影响到辛亥革命的发生。辛亥革命之后，国运并未好转，中国危亡无日的情势并无改善，甚至每况愈下，救亡与持续革命势所必至。当时的"思想气候"（climate of opinion）仍然是顺国族主义之势而追求更深入的革命，包括思想与文学在内，完全是充满情绪的浪漫心态。作家们在新文学的号召下，感情的宣泄多而理念的追求少。李欧梵研究五四时代的郁达夫、徐志摩、郭沫若、蒋光慈、萧军，也称之为"浪漫时代的中国现代作家"。[③] 于此可见，五四新文化运动是一场不断推动革命与救亡的浪漫主义风潮。对旧文化的强烈批判也是因救亡而起，时人认为中国若不从封建威权体制中解放出来，就无以立足于现代世界，更不能走向富强。此一强烈的文化批判并不是基于理性而是基于激情，见诸"全盘西化""打倒孔家店""桐城谬种，选学妖孽""万恶孝为先"等口号，可以略见非理性的、激情的一面。总之，革命的本质不属于启蒙而属于浪漫。五四爱国运动的本质就是在外力刺激下引发出来的强烈国族主义，由此产生的新文化运动自然具有无可磨灭的浪漫色彩。胡适参与领导的新文化运动，

---

① 张其昀：《白璧德——当代一人师》，《宜兴徐子明先生遗稿》，台北，华岗出版部，1975，第 16 页。

② Vera Schwarcz, *The Chinese Enlightenment: Intellectuals and the Legacy of the May fourth Movement of 1919*, p. 297.

③ Leo Ou-fan Lee, *The Romantic Generation of Modern Chinese Writers* (Cambridge, Mass.: Harvard University Press, 1973).

所呈现的也就不可能是理性的启蒙精神，而是感性的浪漫激情。

五四宣扬的科学与民主，当然需要理性，也能代表启蒙精神；然而当年所宣扬的科学，并不是真正的科学，而是用科学及其所蕴含的价值来抨击中国传统价值观，希望以科学的世界观取代传统的生命哲学，这无异于将有限的科学原则无限扩大，视之为文化公理，认为宗教、社会、心理、物质、生理诸方面的知识，唯有从科学方法上得知。可以略见此乃伪科学，或欧文（R. G. Owen）所说的"科学主义"（Scientism），以科学为万能，以为科学能救世，直将科学当偶像来崇拜，[①] 那就很浪漫了。曾执教于美国夏威夷大学的郭颖颐，进而论述科学主义在现代中国的兴起。中国由于科技落后，对科学的热情尤其高涨，胡适、陈独秀、吴稚晖等都非科学家，但都相信科学万能，为现代价值的全部，也因而反对宗教、民间信仰以及传统价值，最后形成"物质一元论"（Materialistic Monism）。郭教授认为科学主义经过五四到1923年科学与人生观的论战后，更为严重，即崇拜科学，影响虽大，并无助于科学本身之发展。[②] 故知五四提倡的科学乃科学主义，热情多而理性少，渴望科学能解决中国的落后问题，而少从事研究与发展科学的计划。科学成为一种信仰，已非启蒙精神。至于民主，像科学一样被崇拜，被视为救治中国政治病的万灵丹，并作为抨击传统专制的利器，殊乏民主理念与实践的理性思考与批判，也少考虑袭用西方制度的条件与可行性，但凭仰慕科学的热情，一厢情愿地拥抱，仍然是浪漫情怀，可说是非理性的"民粹主义"（Populism）。所以我们所熟知的新文化运动的本质，本来就是很浪漫的，无所谓救亡压倒启蒙。

胡适于新文化运动中所倡导的重要议题，莫不可见浪漫主义风潮的影子，也就不足为奇。本文先分述胡适在新文化运动中所扮演的角色及其主张，然后于结论中论其功过。

一　高唱文学革命

胡适为了倡导文学革命，于1916年给陈独秀的信里提出所谓"八不主

---

① R. G. Owen, *Scientism, Man and Religion* (Philadelphia, 1950), p. 20.

② 参见 D. W. Y. Kwok, *Scientism in Chinese Thought, 1900 – 1950* (New Haven: Yale University Press, 1965), pp. 3, 29, 30, 69, 190, 193, 200。

义"。① 其中"不用典""不用陈套语""不作无病之呻吟""不摹仿古人"
"须言之有物"，古今中外凡善文者无不心知肚明此五项，实毋庸提醒。"不
讲对仗（文当废骈，诗当废律）"，对仗、骈、律，牵涉到艺术，不能者可
不必为，似无因其艺高难为而废除之理。"须讲求文法之结构"，文法乃文
字成熟后所归纳出来的规则，而规则并非铁律，仍必须顺从文字通行的习
惯，能文之士下笔有神，自不必外求文法。观乎胡著《尔汝篇》，实欲以
英国纳氏文法来牢笼中国文字，硬定规则，直如陈寅恪所说"认贼作父，
自乱宗统也"的非理性之举。② 此非理性，实在呼应胡适的西化思维，直欲
将吾华文字套用西洋文法，不足为训，而此思维至其晚年未曾稍变，于
1960 年仍说："像我的'尔汝篇'、'吾我篇'，各字都有一定的用法。所谓
文法，是后人从活的语言之中分析出来的东西。我是从《马氏文通》读通
文法的。"③

　　"八不"之中最关紧要的仅是"不避俗字俗语"，也就是提倡白话文。
且不论白话文是否由胡适最先提倡，他无疑提倡白话甚力，呼吁"国语的
文学，文学的国语"，拟用国语（白话）造文学。他举例说，意大利诗人但
丁（Alighieri Dante，1265－1321）弃拉丁而用俗语编曲，同时巴黎的俚语
成为法国的国语，英国乔叟（Geoffrey Chaucer，1343－1400）以土语作文写
诗，以及英岛中部的俚语成为英国的国语，法、德亦复如此。④ 胡氏此说只
知其一，不知其二。罗马帝国原通用拉丁文，北方蛮族入侵，拉丁乃拼音
文字，各族以其土语拼音，渐成各国语，遂启列国之势，罗马帝国也一溃
而不可复合。中国文字据六书而造，有其特性，不能拼音，入侵者唯有接
受方块字，久而汉化，成为中国人，中华帝国遂屡分而终合。于此可见，
中国文字的特性不仅有统一之功，且有"用夏变夷"之效。奈何舍己从人，
取短截长？幸而汉语拼音化只是纸上谈兵，未付诸实施，否则各省以方

① "八不"见胡适《寄陈独秀》，耿云志、欧阳哲生编《胡适书信集》上册，北京大学出版
　　社，1996，第 84 页。原信载《新青年》第 2 卷第 2 号，1916 年 10 月 1 日。
② 陈寅恪：《与刘叔雅论国文试题书》，《金明馆丛稿二编》，上海古籍出版社，1980，第
　　223 页。
③ 语见胡颂平编著《胡适之先生晚年谈话录》，台北，联经出版事业有限公司，1984，第 61
　　页。陈寅恪曾直说：《马氏文通》不通。
④ 参见胡适，"Literary Revolution in China，"周质平编《胡适英文文存》第 1 册，外语教学与
　　研究出版社，2012，第 8—9 页。

言拼音，中国岂非要四分五裂了？是犹章太炎所谓："素无疮痍，无故灼以成瘢。"①

　　胡适在其《白话文学史》一书中，想要界定"白话文"，就出了问题。他所谓的白话文是"听得懂的""不加粉饰的""明白畅晓的"，自然包括那些浅显易懂的古文在内，至于所有深奥华丽、老百姓看不懂的古文都是应该被"排斥"的、不及格的"僵死文学了"。②但他完全忘了如何处理不明白畅晓的白话文。钱锺书曾说，"白话至高甚美之作，亦断非可家喻户晓，为道听途说之资，往往钩深索引，难有倍于文言者"，又说"以繁简判优劣者，算博士之见耳"，"以难易判优劣者，惰夫懦夫因陋苟安之见耳"。③若按胡适的说法，内容艰深不容易看懂的白话文也都成了"僵死文学了"，这如何自解？

　　胡适更坚持以死活来界定文言与白话，认为文言是"死文字"，白话才是"活文学"，活文学理当取代死文字。其实西方人所谓"dead language"指的是"已废文字"（language no longer in use），然而文言在当时仍然是"通行的现行文字"（language still in use），绝不可能是"已废文字"，废弃不用之后才会死亡。据曾任南京中央大学教授的徐子明回忆，刘半农在巴黎学位口试时，曾说中国文字（古文）已废，"被法国汉学教授 Vissiere 驳斥如下：'中国文字是已废的文字吗？呸！它全没有废，它是极其通行'（La langue chinoise est-elle une langue morte？Non，ellen' est pas du tout une langue morte，mais elle est une langue vivante par excellence）"。④胡适自定文字的生死之余，却又以一己的主观价值在《白话文学史》里收集了一些自称"已死"的古文。其实，"文学之死活，以其自身的价值而定，而不以其所用文字之今古为死活"。⑤所以，凭难易、繁简来判定文字的死活，殊难立足。而且文言与白话都是汉文，并非鱼与熊掌不可兼得。白话是"口语"（spoken language）而文言是"雅言"（written language），口语成为可读的白

---

① 《太炎文录初编》，《章太炎全集》，上海人民出版社，2014，第 201 页。
② 胡适：《白话文学史》上册，台北，启明书局，1957，"自序"，第 13 页。
③ 钱锺书：《与张君晓峰书》，《钱锺书散文》，浙江文艺出版社，1997，第 409—410 页。
④ 徐子明：《何谓文学革命》，《宜兴徐子明先生遗稿》，第 127 页。
⑤ 老中央大学植物学教授胡先骕语，见胡先骕《评尝试集（上）》，《学衡》第 1 期，1922 年 1 月，第 141 页。

话文，仍需要雅言作为根底与资源，诚如梅光迪所说："欲加用新字，须先用美术以锻炼之，非仅以俗语白话代之，即可了事也。"① 同时，白话也可使古文除去陈腔滥调而更具弹性。换言之，白话可使文学普及，但无须废止讲究"贵族的""美学的"菁英文学，两者原可双轨并行而不悖，如吴宓所说："文言白话，各有其用，分野文言，白话殊途，本可并存。"② 徐子明更明言："夫岂知英、美、德、法，其政令公牍及学人著述所用之文字，与寻常之语言绝殊。伦敦、纽约、巴黎，其贩夫走卒孰不能各操其国语。然而授之以通人之撰述，则茫然不解。何则？著述之文字，简洁精窍，不似口语之俗俚畏琐，故未加研习则不能解。"③ 然则，口语与行文不可能合一，中外皆然。但是胡适独尊白话，扬文学革命之风潮，以至于在 1920 年教育部通令全国各校改用白话教学，自此白话文逐渐取代文言文，最后导致文言成为一般读书人难以索解的"古代汉语"。此一转折影响深远，称之为"文学革命"或"文化革命"，并不为过。更具体而言，可说白话革了文言之命。其实，白话并非新创，古已有之，只是古来视白话为俚语、为难登大雅之堂的俗文学，而文言则是典雅的文字。至今主客早已易位，胡适推广之功断不可没，革命形势所趋，胡适成为识时务的英雄。他于战前就已大胆宣布："文学革命已过了讨论的时期，反对党已破产了；从此以后，完全是新文学的创造时期。"④ 其激情见乎其词。

百年后之今日回顾，白话文普及得极为成功，但普及白话是否必须废除文言？新文体是否必须完全取代旧文体？值得深思。平心而论，白话俗语诚然已被证明可成为精致的白话文，但白话文的精粗好坏与能否取法古文大有关系。使拖沓繁复的白话成为简洁明畅的文字，仍有赖于善用文言。与吴宓精神相契的历史学家陈寅恪虽未参与文白论战，但毕生不用白话作文，以贯彻其信念。钱锺书虽以白话文创作，但不废文言，晚年巨著《管锥编》即以典雅的古文书之。证诸百年来写白话文的能手，无不从古文泉

---

① 语见后增梅觐庄寄胡适书，载《胡适留学日记》第 4 册，台北，台湾商务印书馆，1980，第 978 页。另见曹伯言整理《胡适日记全集》第 2 册，台北，联经出版事业有限公司，2004，第 381 页。

② 见吴宓译者识语，《钮康氏家传》，《学衡》第 8 期，1922 年 8 月，第 1120 页。

③ 《宜兴徐子明先生遗稿》，第 4 页。

④ 胡适：《五十年来中国之文学》，《胡适文存二集》卷 1，台北，远东图书公司，1953，第 259 页。

水中获得滋养。只因古文遭到废弃与漠视，能够借文言使白话文写得精简雅洁者日少，能写文言者更是日见凋零。偏废古文不仅枯竭了白话文的泉源，而且舍弃了汉文化的宝筏，因数千年古文所载，乃整个传统文化精神之所寄，也就是吴宓所说"民族特性与生命之所寄"。① 然而对绝大多数的国人而言，古文几已成为枯井竭泉，读来犹如有字天书，反而因受到西语影响，外国语法污染了白话文的写作。今有人呼吁加强国文，岂不晚矣！胡适当年视古文为死文字，大搞文学革命，是否有欠深思熟虑？然其废文言之意志似至老未稍改。② 但有趣的是，胡适固然自觉地总是用白话作文，但在批注钱穆《中国近三百年学术史》时，不自觉地偶用文言，诸如"先生作史乎？讲道德乎？""不闻有颜李乎？""朱氏竟不知嘉道后是何等时世耶！""是也！是也"，③ 之乎者也都出笼了，岂非自认文言不可废耶？

二　主张充分西化

胡适确实提出过"全盘西化"的主张，后来因"全盘"过于绝对受到批评，乃改称"充分世界化"或"充分西化"。其实，诚如胡适自己所说，完全是名词之争；换言之，名词不同，实质内容是一样的。至于说"世界化"，他显然将世界化等同于西化，所以说"充分西化"比较正确。所谓"充分"，他说"在数量上即是尽量的意思，在精神上即是用全力的意思"。④ 他在《介绍我自己的思想》一文中说得更加明白："如果还希望这个族在世界上占有一个地位，只有一条生路，就是我们自己要认错，我们必须承认自己百事不如人；不但物质机械上不如人，不但政治制度不如人，

---

① Mi Wu, "Old and New in China," in *Chinese Students' Monthly*, Vol. 16, No. 3 (June, 1921), pp. 200 – 202.

② 犹忆 1959 年我随台湾大学历史系师生往访胡适于南港寓所（今胡适纪念馆），我曾问胡适如何学好文言文？胡适回答说"根本不必读文言"，我无言以对，然他至老未改的态度令人印象深刻。他晚年所读多文言，背诵旧诗（参见胡颂平编著《胡适之先生晚年谈话录》），却不欲后生分享其阅读的乐趣。

③ 见南港胡适纪念馆胡适藏书之钱穆《中国近三百年学术史》，第 252、274、328、331、622、623 页。

④ 胡适《充分世界化与全盘西化》一文初刊于 1935 年 6 月 23 日的天津《大公报》星期论文版，旧文新刊于《文星》第 57 期，1962 年 7 月 1 日，第 24—25 页。

并且道德不如人，文学不如人，音乐不如人，艺术不如人，身体不如人。"①
已经非常接近全盘西化了。不过，依梅光迪之见，胡适一厢情愿的西化会
给中国带来"一种中国式的自杀"（a Chinese suicide）。②

当胡适见到进步的西方现代文明，反观中国的落后，他真诚地要弃旧
迎新了。在他的心目中，文化是一元的，中国文化是旧文化，西方文化是
新文化，新旧不能并立，他认为即使是中西文化折中论，也是"变相的保
守论"，不足为法。然而要如何充分西化呢？最具体的答案是，他同陈独秀
一样，要请西方的赛先生与德先生到中国来。

赛先生指的是"科学"（science），此词原指专门知识。西方古代的聪
慧之士观察自然界，对客观现实力求合理的解释，毕竟是多推测而少实证。
及摆脱中古宗教的束缚，思想得以解放，验证古人知识，开启文艺复兴学
术、更新时代科学研究之新纪元，英国遂借用拉丁文 scientia 一词，日本人
译之为科学，吾国取而用之。近代西方科学之成就多能突破窠臼，经实验
而得出结果，自 16 世纪以后，科学逐渐发扬光大。所以科学的特点就是人
类对外界事物进行观察、理出秩序、求其因果、得出定例、不断验证，而
后产生理论。理论之有效有赖于屡试不爽，如牛顿的万有引力理论。于此
可见，科学是专门知识之累积，必须按部就班、实事求是，靠科学家在研
究室、实验室孜孜不倦，持续发展，不可能靠喊口号、搞运动有所作为。
即使把赛先生请进来，又安能越俎代庖？

然而胡适平生锲而不舍"对科学和技术的近代文明的热忱颂赞"，一再
说必须"应当学习了解、赏识科学与技术绝对不是唯物，乃是高度理想主
义的（idealistic），乃是高度精神的（spiritual）；科学和技术确然代表我们
东方文明中不幸不很发达的一种真正的理想主义，真正的精神"。其实在同
一篇文章中，他何止说"不很发达"，根本是说"老文明中很少精神价值或
完全没有精神价值"。这篇文章发表于胡适逝世前一年的 1961 年 11 月 6 日，
重申数十年来他对东西文明的基本看法。③ 所以胡适不仅将现代文明定性为
西方的科技文明而大加颂赞，而且视"没有精神价值"的东方文明为理想

---

① 胡适：《介绍我自己的思想》，《胡适文选》，中国长安出版社，2014，第 9 页。
② Mei Guangdi, "Humanism and Modern China,"《梅光迪文录》，第 18 页。
③ 胡适：《科学发展所需要的社会改革》，《文星》第 50 期，1961 年 12 月 1 日，第 5—6 页。

主义的现代文明之障碍。换言之，他是有心要清除落后的东方文明，以便充分接纳进步的西方文明。胡适于辞世之前，三复斯言，可视为盖棺定论，他对西方文化无保留的赞美以及对东方文明的极度鄙视，故其本质仍然是"全盘西化"，所谓已放弃"全盘"之说，并无实质意义，充分西化与全盘西化差别不大，更何况胡适自称不用"全盘"，只是要避免无谓的名词之争。

胡适高唱充分西化，其用心在于推动国家的进步与繁荣，固无可疑；其无心之过在于只见当前西方的科技文明，对整个西方文化的认识仍有不足之处。当前的文明乃由文化不断累积而成，科技文明不过是文化发展的成果之一。在西方，自然科学与人文学科早已分途，科学在英美意指自然科学，然而胡适仍混两者为一，如他在 1922 年明言，今日人类最大的责任与需要莫过于用科学方法解决人生问题。[①] 他不仅谈科学的人生观，而且要以科学方法治文史之学，如谈史学方法却大谈化学。科学范围甚广，可分基础科学与应用科学，方法不一，而胡适将之浓缩为"大胆假设、小心求证"，口号虽响亮，但不很科学，因无论假设或求证都要小心谨慎。大胆的假设叫"空泛的假设"（barren hypothesis），非科学家所取，假设既然空泛，何需费时去小心求证？故科学家必求有望"丰收的假设"（fruitful hypothesis），始冀有成。其实，杜威所谓的假设也是"聪敏"的假设，如在森林中迷路，看到溪水，可得溪水必流出林外的假设。胡适也未留意二战后盛行的社会科学，[②] 以及研究新兴国家西化的成果，故昧于传统因素的重要性，以及误将现代化等同西化，因而未能考虑到传统未必是现代化的阻力。现代学者研究日本现代化发现，传统不仅不是阻力，反而有其助力。事实上，文化有延续性，安能切断文化的脐带？

新文化运动的另一重要诉求就是民主自由，也就是那位德先生。胡适无疑毕生都在倡导民主与自由，成为现代中国主张民主政治与自由主义的一个极具有代表性的人物。具体来说，他信奉的是美国"威尔逊式民主"

---

① 胡适：《五十年来之世界哲学》，《胡适文存二集》，第 ii、287 页。

② 何炳棣回忆道："胡适说：我根本就不懂多少西洋史和社会科学，我自己都做不到的事，怎能要求史语所做到。"见何炳棣《读史阅世六十年》，中华书局，2012，第 310 页。唐德刚也直言："胡公的社会科学还停滞在赫胥黎阶段罢了。"语见唐德刚《胡适杂忆》，台北，传记文学出版社，1979，第 110 页。

（Wilsonian democracy），曾仰望威尔逊弥高。他倾倒美国民主，主要在于选举，由公民自由选出领导人。他在新文化运动期间曾与李大钊有"问题与主义"的辩论。他批评马克思主义源自19世纪的欧洲工业社会，不适合20世纪的中国，但产自欧美民主社会的"实验主义"又何尝适合当时的中国社会？

胡适对民主与自由的信念，可说终身不移，在一个没有民主与自由的社会里，他不能不把民主与自由挂在嘴边，不能不说不中听的话，所以他自比乌鸦，认为至少先要争取言论自由。胡适倡导民主与自由之余，失在不知如何付诸实施，他既没有在书斋里考虑中国的现状，建构中国民主制度与自由主义的理论与步骤，也没有师法杜威全力从教育入手培养民主的下一代，最后选择了与威权的当政者建立关系，进入蒋介石的圈子，无非想从体制内改变威权体制，但结果与虎谋皮不成，反遭奚落。胡适在压力下，为了爱惜羽毛，不愿挺身而出，反而以"容忍比自由更重要"来自解。

三　全面抨击传统

中国传统文化不仅未得五四爱国运动的青睐，而且受到新文化运动无情的攻击。原因不外是面对当时国家对抗帝国主义，危亡无日，国势陵夷，国人在激情的号召下，感情的宣泄远多于理念的追求，愤激之士为救亡而归罪于传统。同时有憾于以儒家为主的传统受到保守势力的尊奉，如民国以后康有为仍力推孔教，袁世凯更以尊孔为其洪宪帝制张目。再说，自清末民初以来各种外国思潮纷杂入华，新旧俨然对立，形成势不两立的态势。激进派主导的新文化运动乘救亡的浪漫主义风潮而起，认为中国若不从封建威权体制中解放出来，无以立足于现代世界，更不能追求富强。传统既然一无可取，直欲弃如敝屣而后已。然而此一强烈的文化批判并不是基于理性而是基于激情，诸如"全盘西化""打倒孔家店""桐城谬种，选学妖孽"等，都是激情的革命口号。其结果势必是摧毁中国学界对传统文化的信念，以传承自家文化为耻，怀忧丧志，失去信心。此一趋向极端的态势，导致国人陷入前所未有的精神迷茫与心灵空虚。主张充分西化的胡适在全面抨击传统上扮演了关键的角色。在他文化一元论的理念下，先进的西方文化理当取代落后的中国文化。

　　儒家伦理是中国传统文化的核心，持续两千余年之久；抨击传统，孔子势必成为众矢之的。吴虞批孔尤其严厉，胡适称之为"只手打孔家店的老英雄"，赞美他的胆识，"打倒孔家店"遂成为不胫而走的口号。较为年轻一辈的打孔英雄包括鲁迅、钱玄同、胡适在内。孔子被戴上"封建余孽"的大帽子，儒家被视为专制极权压迫的渊薮，孝道也是家庭对个人自由的束缚。胡适就指责孝使得父母子女相互依赖，以为是亡国的根源。① 孔家店被砸，店内岂能有幸存的货色？

　　自汉武帝独尊儒术，不仅历代王朝多尊孔，而且儒家对制度与社会的影响与日俱增。其间流弊自不可免，新文化运动的批判并非完全无的放矢。但集矢于负面而全面否定儒教，未见其可。当时一位旁观者、英国著名哲学家罗素（Bertrand Russell）对中国传统之理解未必深入，但凭其冷静思考之能力，且于五四后访问中国，自有其异于浪漫激情之理性与客观的观察。他将孔子对中国社会的影响与基督和佛祖并论，却能见其与其他教主之异，认为儒教更为入世，孔子也更具历史性格。他也注意到新文化运动为开新纪元抨击儒教所重视的孝道，以为孝重家不利于"公众精神"（public spirit），尊亲又涉及尊君，确具强化威权体制之效。但他认为孝再可议，其害远不如西方的"爱国主义"（patriotism）。两者虽各自为特定人群效忠，但孝不会像爱国主义那样走向军国主义与帝国主义。② 罗素还肯定儒家在实践上主要是教人"彬彬有礼"（a code of civilized behaviour），即使时而无效，也是像"一部礼仪书"（an etiquette book），告诉人们自制、谦和，特别是"有礼"（courtesy）。③

　　若像罗素那样冷静思考，我们可以发现秦汉以来约两千年的专制政体并不是孔子的理想政治，他的理想是"祖述尧舜，宪章文武"，也就是说，尧、舜、禹、汤、文、武、周公才是他心目中人君的典范，才能实现治平之道；然而秦汉以来，历代帝王名为尊孔，实背道而驰，故南宋朱熹曾说："八百年来圣人之道，未尝一日行于天地间。"历代所行的专制主要是基于讲求严刑峻法的法家思想；不过，儒家思想在中国传统社会里愈来愈受到

---

① 参见曹伯言整理《胡适日记全集》第 2 册，第 250—252、390—393 页。

② 参见 Bertrand Russell, *The Problem of China*（London：George Allen & Unwin Ltd, 1966），pp. 38 – 41。

③ Bertrand Russell, *The Problem of China*, p. 42.

重视，也得到帝王的尊重，因而一方面多少起了"软化"冷酷专制政体的作用。按，"儒"之一字，即有"濡化"之义。另一方面，儒家道德规范与伦常关系也多少起了稳定国家与社会的作用，似难以坐实孔子赞同独裁之罪。更何况维持社会的礼法很可能因打孔而毁灭，或如梅光迪所忧虑的："此非孔孟之厄，实中国文化之厄也。"① 经书被视为无用的渣滓，打孔的口号响彻云霄。

胡适在新文化运动期间猛烈攻击儒家，显然犯了感情用事的"心粗胆大的毛病"，因孔子教义"自有其不可诬者"。② 要因儒家的经典经过几千年的涵化，犹如基督教之于欧美人，已成为中国人所尊奉的行为准则。人有行为准则才能异于禽兽，摆脱丛林法则，使礼法制度与民生日用随时日进。中国至西周文物已大备，即《论语》所说："周监于二代，郁郁乎文哉！"此处所谓"文"，指的就是礼制法令之著于典籍者。然至东周，诸侯征伐，纲纪荡然，孔子遂述哲王之业，定礼乐，欲行治平之道，以冀拨乱反正；然因生不逢时，难展身手，所以只好"述而不作"，以备后王有所遵循。后王应该遵循之道，也就是哲王所用治国的礼制与法令。《大学》讲的就是修己治人之道，《中庸》也是始言修己，终言治国平天下。故一言以蔽之，儒家经典要在致用，所谓"儒教"，乃儒者的教化，并非宗教。其教除治国平天下之外，以"五伦"与"五常"修身齐家，使行为有所依归，社会和谐稳定。所以徐子明教授明言，反孔不啻是要破坏伦理，摧毁社会秩序与安宁，因而导致五四以来动乱不已，山河变色。徐氏有言："治世之大经，终莫逃乎六籍。何则？理义悦心，人情所同，非是则纲纪必紊，是非无准，家国必丧也。"③ 依徐先生之意，尊孔或反孔更关系到人心之正邪与国家之治乱。

胡适后来虽然曾写《说儒》，并对若干儒家人物表示尊敬，但既无补于之前激烈的反孔言论，亦无意重新肯定儒家价值，至于他晚年对传统与西化的看法是否有所改变，也不无可疑。例如他逝世前一年 1961 年的 11 月 6 日，东亚四国科学教育会议在台北召开，他以中研院院长的身份应主办单

① 参见王焕镳《梅迪生先生文录序》，《梅光迪文录》，卷首语。
② 参见张寿朋《文学改良与孔教》，《新青年》第 5 卷第 6 号，1918 年 12 月 15 日，第 650 页。
③ 《宜兴徐子明先生遗稿》，第 1 页。

位之请，发表题为"Social Changes Necessary for the Growth of Science"（《科学发展所需要的社会改革》）的英文演讲，其中自称"魔鬼辩士"（advocatus diaboli），严厉谴责包括中国在内的东方文明，认为要发展西方科学，东方人一方面必须承认古老的东方文明几乎没有多少精神价值，诸如持续千年残忍的（中国）缠足、（印度的）世袭阶级、对女性的歧视、视贫穷为美德、把疾病看作天祸等；另一方面必须认识到西方现代科技文明不仅仅是"物质文明"，而且是"人类真正伟大的精神上的成就"（the truly great spiritual achievement of men）。① 他仍然强调小脚与迷信来贬斥中国传统文化，从而引发徐复观等人的"围剿"，以及引发台湾的中西文化论战。他一贯的全心全意西化的立场，基本未变。

四　结语

胡适的生前盛名绝对与新文化运动有关，他倡导新文化之功在许多人心目中远超过其当年伙伴如陈独秀、李大钊诸人，有谓："没有他，我们就不可能写出一部完整的新文化史。"② 胡适自己也以提倡新文化运动最感自豪，他在美国芝加哥大学以"中国文艺复兴"（Chinese Renaissance）为题现身说法，发表演说。其实，他借用西方文艺复兴的概念，并非妥帖。文艺复兴在欧洲的实质内容是经过中古黑暗时期的学术复苏，明显是在复古的基础上振兴。更何况文艺复兴是欧洲文化自身的复兴。但胡适所谓的"文艺复兴"是中国文化的新生，他所期盼的新文化是西方现代文化，以取代旧文化，即弃古从洋。所以他的"中国文艺复兴"是"现代化"（实即西化）进程的结果，从引进西方的物质文明如船舰、器械等，到采用西方政治制度，最后进入中国的文艺复兴，而以文学革命为先导。③ 然则，胡适思想一方面是全心全意地现代化或西化，另一方面则是全心全意地否定传统价值。

胡适提倡为中国文艺复兴铺路的文学革命，不遗余力。在他的努力下，

---

① 原文收入周质平编《胡适英文文存》第 2 册，第 438—443 页；引文见第 440—441 页。
② 语见欧阳哲生《探寻胡适的精神世界》，北京大学出版社，2012，第 327 页。
③ 参见胡适 "The Renaissance in China"（1926），收入周质平编《胡适英文文存》第 2 册，第 20—37 页。

以及大势所趋，白话文得到蓬勃发展。然而他一再强调只有白话才是"活语言"或"活文学"，并向英文读者力陈"文言"（literary language）不再能够作为创作之用，唯有活的白话才能写出活的文学。① 胡适高唱文学革命，名满天下，影响深远，但他高度自信的论断并不实在。他身后十余年后，钱锺书出版《管锥编》，证明古文不仅未死而且极具创造力，甚至无碍表达西方的哲学思维。不过，五四之后出身的学者虽有钱氏之才，已难以运用被白话取代的文言作为书写工具，甚至有阅读上的困难。胡适宣布当时仍然通行之文言为"死文字"而使之渐遭废止，百年之后的今日确有灭绝之虞。今后几人有清人所谓"读书先识字"的能耐，或恐如章太炎所预言的"今后无人不识字，无人真识字"。换言之，人人识得白话，而文言难读，一知半解，甚至犹如有字天书。然则，文言之所以难读、难写，非文言之过，而是吾辈不学则殆、自弃通解之途。当年胡适以文言为"死文字"，力主废除，于今视之，即无有心之罪，至少有无心之过。若仍有人只讲胡适之功，不讲其过，讲其过则谓夸大其词，亦属有违理智、诉诸情绪的浪漫之徒耳。

自先秦至清末民初，吾华思想文化之精华以文言为载具，能读懂赵翼的《廿二史札记》，便能读懂史、汉。一旦文言成为如胡适所说的"死文字"而遭灭绝，则胡适全面攻击传统之目的将彻底达成。几千年的传统既失，唯有全盘西化或充分西化，其结果只能受制于西方文化霸权，丧失学术上的话语权。近年中国在经济与军事上快速发展，但在学术上无法与西方匹敌，后遗症已经出现。2016 年杭州峰会展现出中国作为全球第二经济体的话语权。② 峰会之后，有识之士在上海举办"全球性百家争鸣时代的中国学术"讨论会，检讨为何中国国力增强而文化仍然入超，为何仍然用西方理论来解读中国学术。复旦大学汪涌豪教授感叹学术话语权由西方掌握，说是"中国人很少有自己的声音"，发现有"忽视文化传统和自己的价值"，出现"自我文化认同的危机，使得我们无法对自己所秉持的文化传统集聚和彰显"，进而"影响到全球化的安排"。③ 忽视文化传统的价值、出现文化

① 胡适，"A Literary Revolution in China，"收入周质平编《胡适英文文存》第 1 册，第 2 页。
② 参见熊玠《浮现的杭州共识：G20 杭州峰会辑要》，《海峡评论》2016 年 10 月 1 日。
③ 据 2016 年 10 月 8 日媒体报道。

认同的危机以及学术话语权的丧失，包括胡适在内的否定传统、高唱西化诸公，岂非始作俑者？中国原有数千年的文化经验，而民初新文化运动尽情批判传统文化，折损悠久的历史经验。西方掌握学术话语权的理论，并非凭空而来，而是来自西方经验。我们若轻忽传统或更弃之，则又如何有足够的经验或资源建构自己的理论？如今胡适谢世已近 60 年，我们以后见之明，不宜继续只谈胡适参与五四新文化运动之功，亦应论其过，始足以吸取历史教训。

胡适的北京情缘[*]

——一个新文化人在北京的日常生活史

欧阳哲生[**]

引子：一个人与一座城

城市的生命是与人联系在一起的。文化名城自然会与文化名人发生交集。一座城市纵有丰厚的历史遗迹供人观赏，至多只是一座博物馆而已。如果这座城市有一群活跃的文化人，那这座城市的活力和生命才会真正大放异彩。

清末民国时期一批又一批文化界、学界名流的名字与北京联系在一起。清末，康有为、梁启超、谭嗣同、严复、吴汝纶、林纾、罗振玉在北京的竞相登台，民国初年蔡元培、钱玄同、朱希祖、周氏兄弟等浙江籍、章太炎派学人的北上，五四时期胡适等一批留美海归的加盟，1930年代京派作家和以《独立评论》为核心的自由派学人群体的活跃，都给北京这座文化名城注入新的血液，增强其文化生命力。北京与这些文化人相辅相成、相得益彰。

在研究文人学者与北京城的关系时，以往提供的个案研究主要偏于作家，如曹雪芹、鲁迅、老舍等，[①] 对于学者型的文人明显关注不够。胡适研

* 本文为国家社科基金重大项目"胡适年谱新编"（项目号：18ZDA198）、首都师范大学文化研究院一般研究项目"胡适在北京研究"（项目号：ICS－2016－B08）的阶段性成果。

** 欧阳哲生，北京大学历史学系教授。

① 有关文人学者与北京关系的研究成果，研究鲁迅者堪称最多，代表性成果有山东师院聊城分院中文系、图书馆编《鲁迅在北京》（1）（2），1977—1978；陈漱渝：《鲁迅在北京》，天津人民出版社，1978；薛绥之主编《鲁迅生平史料汇编》第3辑《鲁迅在北京》，天津人民出版社，1983；刘丽华、郑智：《鲁迅在北京》，北京工业大学，1996；邓云乡：《鲁迅与北京风土》，河北教育出版社，2004；萧振鸣：《鲁迅与他的北京》，北京燕山出版社，2015。鲁迅在北京生活了14年（1912年5月至1926年8月），其中有9年多时间与胡适重叠，两人在京生活情形有相当的可比性。

究尽管在近二三十年来风气甚盛，但对于胡适与地域的关系，除了他的老家安徽给予较多的关注，以拥有胡适这样的文化名人兼尊贵乡贤为荣外，其他地方（如上海、北京、台湾以及美国）似乎都并不太在意胡适与它们的关系，何况居留北京的文化名人实在太多！

研究胡适在北京的日常生活史，具有双重意义。从胡适的个案研究来看，丰富对胡适基本面相的认识。胡适不仅是常被人们研究的学者、思想家、教育家，还是一个与常人一样实实在在、过着世俗生活的"人"。作为一个与旧文化人不同的新文化人，胡适的生活常态与生活方式有什么特点？这是值得我们研究的课题。① 从北京文化研究来看，北京是胡适一生居住时间最长的城市，是他事业成长的关键地点。胡适是民国时期新文化的灵魂人物，也是北京学人圈的核心人物，在民国北京舞台这出大剧中，胡适算是一个要角。现今对胡适在北京的生活与活动，仅有一些随笔、报道加以介绍，② 人们在利用胡适日记、书信等材料时，往往是"着眼其大"，找寻胡适与中国文化、政治相关重要事件的历史材料。③ 本文意在"着眼其小"，发掘胡适那些琐碎的生活细节，以展现他作为一个新文化人的生活方式和生存状态。④ 在我看来，胡适在"大事"上可能有意塑造自己的形象，在小事上倒可能展现自己的真情实感。过去人们对这些材料之间的关联性往往习焉不察。当我们通览 1920—1930 年代胡适日记、书信后，结合北京的"地方知识"，即会发现其中蕴含了丰富的北京社会史、文化史材料，它真是一座有待开掘的宝藏。

---

① 过去研究胡适的个人生活，都注重其情感、家庭生活。如周质平《胡适与韦莲司——深情五十年》，北京大学出版社，1998；江勇振：《星星、月亮、太阳：胡适的情感世界》，新星出版社，2006。

② 如逯耀东《胡适逛公园》，收入氏著《胡适与当代史学》，台北，东大图书公司，1998，第37—63 页。

③ 这方面的例证可以余英时《从〈日记〉看胡适的一生》为代表，收入氏著《重寻胡适历程：胡适生平与思想再认识》，台北，联经出版事业有限公司，2004，第1—155 页。

④ 有关北京生活的开拓性研究可以上溯到 1920—1930 年代，代表性成果有 Sidney D. Gamble, *Peking: A Social Survey* (New York: George H. Doran Company, 1921); Sidney D. Gamble, Ho-chên Wang, Jên-ho Liang, *How Chinese Families Live in Peiping: A Study of the Income and Expenditure of 283 Chinese Families* (New York, London: Funk & Wagnalls Company, 1933); 陶孟和：《北平生活费之分析》，北平社会调查所，1933。

一　胡适在北京生活的时段与背景

从 1910 年 7 月 3 日，胡适为参加赴美庚款留学考试初次北上来到北京，到 1948 年 12 月 15 日搭上国民党派来接他的飞机，匆匆离开北京南下，从此告别北京，他在北京共度过了 18 个春秋。他初到北京时恰逢清朝即将垮台的前夕，而他离开北京时又正是国民党政权分崩离析的时刻，可以说他在北京经历的时段正是中华民国的潮起潮落。

胡适在北京的日子可以分为四段：第一段是 1910 年 7 月 3 日至 8 月初，为参加选拔第二批庚款留美官费生考试在京迎考；第二段是 1917 年 9 月 10 日到 1926 年 7 月 17 日，胡适被聘任为北京大学教授，中间除了有几次出京回乡，或去异地出差、讲学、养病外，大部分时间都在北京，这时他是新文化阵营的主要代表；第三段是 1930 年 11 月 30 日到 1937 年 6 月 18 日，胡适再次回到北大任教，其间担任文学院院长，成为北大"中兴期"的主将；第四段是从 1946 年 7 月 29 日到 1948 年 12 月 15 日，此期胡适担任北京大学校长。

胡适初次进京是为参加留美庚款考试。关于这次赶考过程，胡适本有《北游日记》，可惜不存，现今我们可依据的是他的《四十自述·我怎样到外国去》和两封《致母亲》信。

胡适在 1910 年 6 月 30 日《致母亲》信中交代了自己为何选择赴美留学：

> 儿今年本在华童公学教授国文。后，二兄自京中来函，言此次六月京中举行留学美国之考试，被取者留在京中肄业馆预备半年或一年，即行送至美国留学。儿思此次机会甚好，不可错过。后又承许多友人极力相劝，甚且有人允为儿担任养家之费。……且吾家家声衰微极矣，振兴之责惟在儿辈，而现在时势，科举既停，上进之阶惟有出洋留学一途。且此次如果被取，则一切费用皆由国家出之。闻官费甚宽，每年可节省二三百金，则出洋一事于学问既有益，于家用又可无忧，岂非一举两得乎。儿既决此策，遂将华童之事辞去，一面将各种科学温

习，以为入京之计。①

7月12日（六月初六日）胡适《致母亲》信中告其抵京后情形："儿于廿七日抵京，二哥于二十九日乘火车往奉天矣。儿抵京后始知肄业馆尚不能开办，今年所取各生考取后即送出洋。儿既已来京不能不考，如幸而被取，则八月内便须放洋。"② 由此信可知，胡适是7月3日（五月廿七日）到达北京，而从其6月27日（五月二十一日）日记最末一句"以下入《北游日记》"推断，③ 胡适应是6月28日动身北上，因其乘坐的是"新铭"轮，需时6天。胡适到达北京后，蒙其二哥好友杨景苏（志洵）的介绍，住在"新在建筑中的女子师范学校（后来的女师大）校舍里，所以费用极省"。④

民国时期的北京，可以说少了一些帝都时期的威严、恢宏，多了几分凝重、古朴。昔日中华帝都巍峨厚重的城阙，经过第二次鸦片战争、八国联军侵华战争两次外敌铁蹄的践踏，渐渐显得残破、平实。神秘高深的紫禁城不再具有皇家象征的意义，只是清朝遗室的一处私宅。街头神气十足、飞扬跋扈的八旗子弟已不见踪影，剩下的是出入琉璃厂倒卖遗产古董、文墨字画的清朝后裔。传统士人学子频繁出没的国子监、孔庙，已荒无人迹，悄然无声。作为帝都的北京只是一个历史的符号，帝制时代的辉煌渐渐褪去，借用英人庄士敦的话来形容清末民初的北京——"紫禁城的黄昏"。"夕阳无限好，只是近黄昏"，用这句古诗所呈现的意境来表达民国北京人的心境可谓再贴切不过了。

民国时期的北京经历了前所未有的动荡和变幻。民国初建的前16年，北洋当政，政府轮替像走马灯似的一个接一个上场又下场。袁世凯施弄权术，重建帝制；张勋率辫子军进京，扶植溥仪复辟；段祺瑞执政，制造三一八惨案；曹锟贿选，猪仔议员捧场；张作霖入关，屠戮革命志士。民国

<hr>

① 耿云志、欧阳哲生编《胡适书信集》上册，北京大学出版社，1996，第13—14页。
② 耿云志、欧阳哲生编《胡适书信集》上册，第15页。
③ 季羡林主编《胡适全集》第27卷，安徽教育出版社，2003，第96页。
④ 欧阳哲生编《胡适文集》第1册，北京大学出版社，2013，第91页。另据曹立先《胡适与北京绩溪会馆》（《北京青年报》2013年1月30日）一文，绩溪会馆是胡适首次进京应试住地。此说与胡适本人在《四十自述》中的回忆有出入。

早期 16 年的北京政府或为北洋所主控，或为军阀所操纵，如一个新旧结合的怪胎，在国人眼中，延续清王朝那副极其负面的形象。政治冲突、政党竞争、武装斗争导致这时期的国家四分五裂，政治资源分散，北京身为首善之区失去了其作为凝聚国力的一国之都的政治中心意义。民国若如历史上的五代十国一样，成为两个时代之间的过渡。

京城的人对政治有着特殊的敏感，胡适亦不例外。他在家信中，常常留下自己对政治动向的观察：

> 此时政局一日千变，北京尤不安稳，决不可更有家累。故儿决计此时不带家眷同来，约五月中再回家去带家眷，亦未为迟也。（1917 年 11 月 26 日《致母亲》）
>
> 时局更纷乱不可收拾。北京钞票跌至五七八折，若再跌下去，则一块钱仅可作半块钱用矣。（1918 年 2 月 4 日《致母亲》）
>
> 北京情形如旧，虽不很好，但无乱事。（1918 年 3 月 16 日《致母亲》）
>
> 现在政府有变动，内阁换了人。昨天纸票价长了一些，今天又跌下去，但此时颇可望抬高一些。（1918 年 3 月 27 日《致母亲》）
>
> 此时时局危急得很，北京市面坏极，票价跌到六四四折，故不能多寄钱，下月底定可多寄钱来。（1918 年 9 月 1 日《致母亲》）
>
> 今天（九月初四）是选举大总统的日子，总统已举出，是徐世昌。今天居然没有闹什么乱子，京城太平无事，可称侥幸，家中尽可放心。（1918 年 9 月 4 日《致母亲》）①

胡母其实是一个对政治一无所知且没有兴趣的农村妇女，胡适与母亲"谈政治"，完全是交代自己的状况，让家人放心。胡母于 1918 年 11 月 23 日病逝，从此胡适不必每周一信给母亲汇报。遗憾的是，这也就使我们失去了解他在京生活的一个重要材料来源。

在与亲友的交流中，胡适对当时政局乱象之评论，则表现了他作为一个局外"好人"内心的焦虑：

---

① 耿云志、欧阳哲生编《胡适书信集》上册，第 118、124、139、144—145、189、190 页。

在君说，北京的《晨报》近受新交通系（曹汝霖、陆宗舆）的津贴，他有证据可以证明。此事大概不诬。此次内阁更动，《晨报》力攻叶恭绰，而不攻张弧，亦大可疑。（1921 年 5 月 18 日日记）①

梦麟说，北京的教育界像一个好女子；那些反对我们的，是要强奸我们；那些帮助我们的，是要和奸我们。我说，梦麟错了，北京教育界是一个妓女，有钱就好说话，无钱免开尊口。（1921 年 6 月 10 日日记）②

今天教育部全体罢工。此为行政机关对政府实行罢工的第一次。此事大可纪念。北京政府之破产，久已成事实。（1921 年 11 月 14 日日记）③

北京局面已很难维持了。社会的秩序全靠中级人士为中坚，今中级人士已无守秩序的能力；昨日国会与国务院的情形便是明证。（1922 年 9 月 6 日《致罗文干》）④

现在北京政局大不安宁，昨天京城警察竟不站岗。似此情形，我们一时也不能回去了。（1923 年 6 月 10 日《致胡思聪》）⑤

到北京的前三年，胡适因家事两度返回家乡（1917 年 12 月 13 日至 1918 年 2 月 2 日回家完婚，1918 年 11 月 25 日至 1919 年 1 月下旬奔母丧⑥）。1920 年 9 月 10 日，胡适自我总结道："民国六年（1917）九月十日我到北京。今三年了。感念三年来所经历，颇有伤感，想作一诗记之。匆匆中心绪又不佳，遂不果。"⑦ 此时胡适尚未到而立之年，已功成名就，应是踌躇满志，居然无心作诗，显示出其心情抑郁、复杂的一面。此后，胡适有过几次离京南下之行。其中一次是因商务印书馆欲高薪聘请他担任该馆编译所所长，胡适在对方再三敦请之下，决定亲自考察，1921 年 7 月 15 日他南下到上海、南京等地，直到 9 月 8 日才返回北京。7 月 20 日，马寅初在沪请他吃饭，郭秉文、张子高等出席。据胡适日记载，席间，"郭君要我留在商务，而兼任东南大学事。我说，'东南大学是不能容我的。我在北

①　季羡林主编《胡适全集》第 29 卷，第 256 页。
②　季羡林主编《胡适全集》第 29 卷，第 301 页。
③　季羡林主编《胡适全集》第 29 卷，第 501 页。
④　耿云志、欧阳哲生编《胡适书信集》上册，第 305 页。
⑤　耿云志、欧阳哲生编《胡适书信集》上册，第 317 页。
⑥　参见《致蓝公武》，耿云志、欧阳哲生编《胡适书信集》上册，第 200 页。
⑦　季羡林主编《胡适全集》第 29 卷，第 209 页。

京，反对我的人是旧学者与古文家，这是很在意中的事；但在南京反对我的人都是留学生，未免使人失望"。下午，与杨端六交换意见，杨告"改良编译所不容易，因为须从全部的组织改良起"。胡适以为"杨君所言，极中肯要"。① 胡适决定推辞不就，转而推荐王云五替代自己。

又据 1922 年 2 月 23 日胡适日记，"哥伦比亚大学校长 Nicholas Monroe Butler 正式写信来聘我去大学教授两科，一为中国哲学，一为中国文学。年俸美金四千元。此事颇费踌躇。我已决计明年不教书，以全年著书。若去美国，《哲学史》中下卷必不能成，至多能作一部英文的《古代哲学史》罢了，拟辞不去"。② 这当然也是一次难得的机会，胡适选择放弃，我们只能这样解释：胡适眷顾北大，挚爱北京。1923 年 4 月 21 日至 12 月 5 日，胡适在南方养病，"这一年没有在北大上课，也没有什么重要的著述"。③ 1924年上半年"教了一学期的书，此外什么事都没有做"。④ 1925 年 9 月离开北大，不再教课。⑤ 1926 年 7 月 17 日，胡适赴欧美访问。临行为他送别的"除家里人外，约四十人"。⑥ 这一走，胡适差不多两年半光景没有回京。

1927 年 4 月，国民政府定都南京。翌年，北京改为北平，政治地位急剧下降，随之而来的是大批文人学子的南下。1928 年至 1930 年胡适因在《新月》与罗隆基、梁实秋倡谈"人权"，遭到国民党的围攻，在国民党的强势压力下，他在上海中国公学的生存遇到危机，因而他的去留引发外界的猜测。1929 年 1 月 19 日至 2 月 25 日，胡适北上北平，其中即隐含另谋出路之计。关于此行，1929 年 2 月 25 日胡适在日记中写道："我一月十九日到北京，今日出京，在京住了三十六天，在叔永家住了三星期，在在君家住二星期，天天受许多朋友的优待，吃了一百几十顿酒饭，见了无数熟人。也认得了几个新朋友，如合肥阚铎先生，如白崇禧先生。"⑦ 不过，在半年后的 9 月 4 日《致周作人》信中，胡适谈及自己进退维谷的境况时做了另一番解示："我此时不想到北京来，有几层原因：一是因为怕'搬穷'，我

① 季羡林主编《胡适全集》第 29 卷，第 373 页。
② 季羡林主编《胡适全集》第 29 卷，第 523 页。
③ 季羡林主编《胡适全集》第 30 卷，第 161 页。
④ 季羡林主编《胡适全集》第 30 卷，第 192 页。
⑤ 参见 1931 年 2 月 10 日胡适日记，季羡林主编《胡适全集》第 32 卷，第 53 页。
⑥ 季羡林主编《胡适全集》第 30 卷，第 211 页。
⑦ 季羡林主编《胡适全集》第 31 卷，第 330 页。

此刻的经济状况，真禁不起再搬家了。二是因为二年以来住惯了物质设备较高的上海，回看北京的尘土有点畏惧。三是因为党部有人攻击我，我不愿连累北大做反革命的逋逃薮。前几天百年兄来邀我回北京去，正是上海市党部二次决议要严办我的议案发表的一天，我请他看，说明此时不愿回去的理由，他也能谅解。俟将来局面稍稍安定，我大概总还是回来的。"①虽有政治压力，这时胡适还是不情愿舍南就北，这可能是他在北京考察一个月后所做的抉择。但当一年以后，胡适被迫辞去中国公学校长职务时，北平似乎成为他唯一可行的出路。

1930 年 10 月 4 日，胡适再次来到北平，这次行程紧张，主要是安排他来北平的工作起居。5 日，会见傅斯年、赵元任夫妇、任鸿隽夫妇，他们是胡适的挚友。7 日，"去看米粮库四号的房子，颇愿居此"。到北大会见陈百年、何海秋、张真如、朱继庵，听艾略特·史密斯教授讲演脊椎动物的脑部演进。②9 日，会见林宰平、黄秋岳、林颂河、金家凤，以及北大英文学系、教育学系代表团。10 日，会见王小航，北大送聘书来，下午参观地质调查所。13 日，下午会见顾养吾、陈百年、梅兰芳、冯友兰、王家松。夜至历史语言研究所，与陈寅恪、徐中舒、董作宾、罗常培一起吃饭。14 日，应博晨光之邀往燕京大学吃饭。胡适感叹，"燕京大学在几年之中完成新建筑，共费美金约二百五十万元，规模好极了，中国学校的建筑，当以此为第一"。③15 日，与任鸿隽同上香山赴熊希龄（秉三）之约。17 日，陈百年在东兴楼请客，晚上在协和医学校讲演。18 日，晚上到欧美同学会，会见太平洋会议的一班人。19 日，在欧美同学会与编译会同人会面。20 日，看朱我农夫妇及家人，到地质调查所。21 日，参加协和医学校董事会会议。22 日，到北平图书馆看史学书目。26 日，离开北平。北平以其新的强大的学界阵营：最好的大学——北京大学、清华大学，最好的教会大学——燕京大学，最好的医学院——协和医学校，最先进的学术机构——地质调查所、历史语言研究所，张开双臂欢迎胡适的到来。胡适感受到北平知识界的力量，他对这里的一切再熟悉不过，他的老朋友似乎都还镇守在这里。

---

① 耿云志、欧阳哲生编《胡适书信集》上册，第 489 页。
② 季羡林主编《胡适全集》第 31 卷，第 742 页。
③ 季羡林主编《胡适全集》第 31 卷，第 754 页。

这对胡适重返北大自然是一个极大的鼓励，胡适终于再次做出北上的抉择。

胡适怀着依依不舍的心情离开上海。1930 年 11 月 25 日，他在日记中表达了这一心情："住上海三年半，今将远行了，颇念念不忍去。最可念者是几个好朋友，最不能忘者是高梦旦先生，其次则志摩、新六。"① 11 月 28 日又记："在上海住了三年半（1927 年 5 月 17 日回国住此），今始北行。此三年半之中，我的生活自成一个片断，不算是草草过去的，此时离去，最舍不得此地的一些朋友，很有惜别之意。"② 11 月 30 日，胡适抵达北平，"借车送我们到米粮库四号新寓"。从此他安居此处六年。11 月 25 日，胡适先致信胡汉民："我本月廿八日搭津浦快车搬家到北平居住，倘蒙先生赐答，请寄北平后门内米粮库四号。"③ 他向周围朋友宣告他的新寓地址。在 12 月 23 日《致梁实秋》信中，胡适又告知，"编译事，我现在已正式任事了"，④ 显示他北上不仅接受了北大的聘任，而且同时到中华教育文化基金董事会编译委员会上班。罗尔纲谈到胡适到北平后的日常生活安排时，明确说明胡适日常在北大、中基会两处上班："他每天的生活如下安排。上午 7 时起床，7 时 40 分去北京大学上班，中午回家吃午餐。下午 1 时 40 分去中华教育文化基金董事会上班。晚餐在外面吃。晚 11 时回家。到家即入书房，至次晨 2 时才睡觉。"在罗看来，这样的生活，"胡适只有成为一个社会活动家，而不可能成为学者"。⑤ 的确，胡适在北平的这六年时光（1930 年 11 月 30 日至 1937 年 6 月 18 日），除了撰写《说儒》等几篇学术论文外，确无重头的学术著作问世。他每天深夜躲进书斋成一统，加班加点为《独立评论》赶写时评政论，挑起了一个公共知识分子的责任。⑥

---

① 季羡林主编《胡适全集》第 31 卷，第 813 页。

② 季羡林主编《胡适全集》第 31 卷，第 822 页。

③ 耿云志、欧阳哲生编《胡适书信集》上册，第 523 页。

④ 耿云志、欧阳哲生编《胡适书信集》上册，第 527 页。

⑤ 罗尔纲：《师门五年记·胡适琐忆》，三联书店，1998，第 103—104 页。

⑥ 胡适日记多处记载其为《独立评论》写稿、编稿熬夜的情形。如 1934 年 4 月 9 日："近几个月来，《独立》全是我一个人负责，每星期一总是终日为《独立》工作，夜间总是写文字到次晨三点钟。冬秀常常怪我，劝我早早停刊。"4 月 30 日："编辑《独立》的稿子，拟作一文，——《今日的危机》，——直到次晨四点半才写成。"5 月 28 日："星期一我向来因《独立》报事终日不出门，也不见客，今天有许多事不能不出门……所以到夜里十点半才动手作文，写了一篇《信心与反省》……写成已天明四点半了！""我七天之中，把一天送给《独立评论》，不能说是做了什么有益的事，但心里总觉得这一天是我尽了一点公民义务的一天。"参见季羡林主编《胡适全集》第 32 卷，第 346—347、361、372 页。

　　胡适接受北大的聘任，可他并不在北大支薪，而是由中基会编译委员会付给薪水。1932 年 2 月，胡适就任北大文学院院长。不久，传出蒋梦麟可能出任教育部部长、胡适接任北大校长之职的消息。胡适坚决拒受，也劝蒋不要离开北大。他致信蒋梦麟说："北大的事，我深感吾兄的厚意。但我决不能接受这种厚意，前夜已与兄说过了。我是不客气的人，如北大文学院长的事，我肯干时，自己先告诉你，不等你向我开口。但那番举动，只是要劝吾兄回北大，只是要维持北大的计划可以实现；只是要在这几个月计划明年的改革。""我现在担任文学院事，既不受薪俸，又不用全日办公，这是'玩票'式的帮忙，来去比较自由。北大校长的事，就大不同了。中基会的董事，编译会的委员长，都发生了问题，我自己的生活与工作两项也根本上发生问题。自由变为义务，上台容易，下台就很难了。"① 同时任北大校长、中基会董事、编译会委员长，胡适感觉难以兼顾，无法胜任。

　　随着日军的步步进逼，中日在华北形成紧张的对峙局面，华北危机，北平危机，偌大的华北已容不下一张平静的书桌。胡适感同身受，切身体会到这一点。1935 年 6 月 10 日，胡适在日记中写道："连日华北风浪甚大，日本军人的气焰高的不得了，报纸又不登真消息，故谣言极多。"② 6 月 11 日，他致信丁文江说："此十余日中，北平人士过的生活是地狱生活，精神上的苦痛是不得救济的。""北平昨夜事势略'好转'，或可苟安一时，但以后此地更不是有人气的人能久居的了。"③ 6 月 13 日，胡适日记称："时局沉闷的可怕。谣言极多。"④ 华北的形势急转直下，1937 年 6 月 18 日下午，胡适悄然离开北平南下。行前，"料理行事，写女儿素斐与侄儿思聪墓碣。冬秀把他们改葬在万安公墓"。⑤ 这时正是卢沟桥事变的前夕。从此，胡适离开北平达九年之久。

　　身在他方，胡适只能遥想北平。当他得知周作人身在沦陷区可能附逆时，作诗《寄给北平的一个朋友》，诗中以"只为智者识得重与轻"一语警示周氏不要轻举妄动。可惜，周作人未能听从胡适忠告，失足附敌。抗战

---

　　①　耿云志、欧阳哲生编《胡适书信集》上册，第 567 页。
　　②　季羡林主编《胡适全集》第 32 卷，第 469 页。
　　③　耿云志、欧阳哲生编《胡适书信集》中册，第 641—642 页。
　　④　季羡林主编《胡适全集》第 32 卷，第 476 页。
　　⑤　季羡林主编《胡适全集》第 32 卷，第 660 页。

胜利后，国民政府任命胡适担任北大校长，1946 年 7 月 29 日下午一点，胡适回到久阔的北平。相比 1930 年胡适到达北平火车站那种冷场的气氛，这天"来机场欢迎者众多"，政界要人"有李德邻主任、萧一山、吴铸人、成之弟，北大同人有毅生、孟真、锡予、召亭、华炽、素萱诸君"。抗战前后，北平大变，胡适不胜感慨，"九年前今晨，二十九军退出北平。九年前昨日，我从庐山飞到南京，次早始知平津皆失陷了"。① 从山河沦陷到光复河山，世事之变，让人生发无限的感慨！然上任北大校长一个多月，胡适即感受到这一岗位对自己的压力，他告诉章希吕说，"我到北平已一个半月了，颇感觉做校长远没有做教授的舒服了"。②

胡适上任北大校长之日，国共内战已拉开序幕。胡适在繁忙的工作之余，仍继续醉心于他的《水经注》考注，以此来排解内心的紧张。他利用自己的声望，广搜《水经注》的各种版本，1947 年 3 月 27 日，王重民带来来薰阁陈济川卖给胡适的黄省曾刻本《水经注》。胡适不无得意地写道："此书刻于嘉靖十三年甲午（1534），距今年已四百十三年了。此是我收买《水经注》的最后一部，凡《水经注》的刻本，除宋元刻本外，我全收得了。"③

时局显得异常紧张。1947 年 8 月 1 日，胡适生平第一次在国内发表广播演讲——《眼前世界文化的趋向》。第二天发生了一件令胡适颇感意外的事情，他的日记记录了大致过程："今晚沈兼士先生约杭立武兄吃饭，八点十分入座。入座之前，兼士意态很高兴，拿出三个手卷给我看。入座后，才吃第二个菜，兼士忽觉头疼，用手抓住脑后。大家请他休息，有人扶他进卧房。医生来时，我已先走——到美国总领馆晚会。——半夜始知沈兼士已于十点半钟时死了！"④ 沈兼士是北大的老人，胡适初到北大时即与其相识。9 月 23 日"北大开'教授会'，到了教授约百人。我作了三个半钟头的主席，回家来心理颇感悲观：这样的校长真不值得做！大家谈的，想的，都是吃饭！向达先生说的更使我生气"。⑤ 北平的教育界笼罩在一片阴沉的

---

① 季羡林主编《胡适全集》第 33 卷，第 604—605 页。
② 耿云志、欧阳哲生编《胡适书信集》中册，第 1076 页。
③ 季羡林主编《胡适全集》第 33 卷，第 628—629 页。
④ 季羡林主编《胡适全集》第 33 卷，第 639 页。
⑤ 季羡林主编《胡适全集》第 33 卷，第 658 页。

气氛之中。这时期，北平的学生运动风起云涌，一浪高过一浪，可我们在胡适的日记中几乎不见相关的记载。身处政治旋涡的胡适当然不会漠视这些，他日常处理的事务几乎都与政治运动有关，他显然有些心灰意冷，谨慎而行，日记写得极为克制、简略。①

辽沈战役即将落幕时，胡适行走南北，感到局势不妙。1948 年 10 月 22 日，他从上海回到北平，感叹"此次出外三十六日，真有沧桑之感。局势一坏至此！"② 10 月 28 日晚上，蒋介石约胡适吃饭，这次胡适"很质直的谈了一点多钟的话，都是很逆耳的话，但他很和气的听受"。③ 11 月 22 日，胡适日记写道："陶希圣从南京来，奉有使命来看我。可惜我没有力量接受这个使命。"④ 陶希圣所奉的使命是什么？蒋介石希望胡适出面"组阁"。陶希圣日记对此事略有记载。11 月 22 日："总统于上午八时四十五分召见，嘱即往平征适之先生同意出任行政院长或美大使。"11 月 23 日，"昨日下午十时至十一时半，今日上午十一时至一时，两度与适之先生长谈，彼坚决不同意组阁。下午三时半送电稿交空军第二军区司令部周主任秘书（□□）发呈总统"，"两次访谈均以体力能力不胜繁剧恳辞，愿于适当时期入京以较为闲散地位表示支持中央并竭尽心力以求有助于国家"，并谓"□星期四回京详陈复命"。11 月 25 日："下午四时往官邸报告胡先生不同意组阁事。"⑤ 话说到此结止。不过，在胡适 11 月 26 日日记中还载有一份郑天挺"意想中的人才内阁"名单，这也许是胡适的自嘲。12 月 4 日的日记更显示出他的情绪低落："晚上公宴钱端升，主人是北大的行政首领居多，故我们大谈。我最后说，我过了十二月十七日（五十周年纪念日），我想到政府所在地去做点有用的工作，不想再做校长了。不做校长时，我也决不做《哲学史》或《水经注》！至于我能做什么，我自己也不知道。"⑥ 茫然不知所措的心境跃然纸上。形势的急剧变化，使胡适已有在北平难以再待下去的预感。12 月 15 日是胡适离开北平的日子，他在日记中记叙了当天离别的一

---

① 胡适担任北大校长期间的日记，缺记甚多，是胡适本人未记，还是影印他的日记时做了删除处理，尚有待复核原稿确证。

② 季羡林主编《胡适全集》第 33 卷，第 697 页。

③ 季羡林主编《胡适全集》第 33 卷，第 698 页。

④ 季羡林主编《胡适全集》第 33 卷，第 700 页。

⑤ 陶晋生编《陶希圣日记》上册，台北，联经出版事业有限公司，2014，第 186—187 页。

⑥ 季羡林主编《胡适全集》第 33 卷，第 701 页。

幕："今天上午八点到勤政殿，但总部劝我们等待消息，直到下午两点才起程，三点多到南苑机场，有两机，分载二十五人。我们的飞机直飞南京，晚六点半到，有许多朋友来接。儿子思杜留在北平，没有同行。"①

胡适在北京的四段日子，除了第一段赴京赶考外，其他三段都是与北京大学任教重叠。如果没有北京大学，胡适是否会选择北京作为自己安身立命之处，这是一个值得提出的疑问。胡适每次奔赴北京，都是怀抱使命与理想而来，而最终离开北京，似乎又是悻悻而去，出于无奈。1948 年底他匆匆离开北平，与当时许多南撤的学人一样，他几乎没有做好离开北平的心理准备。

二　胡适的收入与支出

胡适的收入有四大来源：（1）薪俸；（2）稿费；（3）兼课、演讲费；（4）兼职差费。其中前两项为主要来源。

先看薪俸。1918 年 9 月 10 日胡适到北大报到，初定薪金为每月 260 元。第二月即上调至 280 元。10 月 25 日胡适致信母亲，告其加薪之事："适在此上月所得薪俸为二百六十元，本月加至二百八十元，此为教授最高级之薪俸。适初入大学便得此数，不为不多矣。他日能兼任他处之事，所得或尚可增加。即仅有此数亦尽够养吾兄弟全家，从此吾家分而再合，更成一家，岂非大好事乎！"② 可见，胡适在北大所得薪水养活全家不成问题。"二百八十元"这个薪额维持到 1919 年没有变化，这个标准系根据 1917 年 5 月 3 日公布的《国立大学职员任用及俸薪规程》而定，按照这一规程，校长俸薪分三级：第一级 600 元，第二级 500 元，第三级 400 元。北大校长蔡元培拿的是一级。学长俸薪分四级，分别是 450 元、400 元、350 元、300 元。理科学长夏元瑮拿的是三级，文科学长陈独秀拿的是四级。正教授俸薪分六级，分别为 400 元、380 元、360 元、340 元、320 元、300 元。沈兼士、马叙伦等拿的是六级。本科教授俸薪分六级，分别为 280 元、260 元、240

---

① 季羡林主编《胡适全集》第 33 卷，第 702 页。
② 耿云志、欧阳哲生编《胡适书信集》上册，第 111—112 页。

元、220 元、200 元、180 元。① 胡适为"文本科教授兼哲学门研究所主任又兼国文英文二门研究所教员"，被定为本科教授一级。在北京大学档案馆收藏的 1919 年发放薪酬存根中，还保留着 1919 年 10 月 24 日、31 日分两次补发的 9 月份"胡适薪俸"，每次 140 元。1920 年以后常常出现教育部拖欠大学教职员薪水情形，胡适实际所得薪水的数额就不得而知了。1920 年 8 月 15 日江冬秀《致胡适》信告："我今天收了大学发来现洋 800，前天收高师 50。"一次发 800 大洋，这应是补发几个月的欠薪。1923 年 6 月 21 日江冬秀《致胡适》信又告："学堂里发出一个月的泉来，他们还是送来的二百八十元。这是二月份的，我不肯全收。郑阳和先生说，大家都是全薪，你又和［何］必呢？我说适之说过。他说，说过也等他回来再说罢，这个你先收下来，不好那［拿］回去。我只好收下来。"② 这时胡适在南方养病，这一年他没有在北大上课，因此招呼江冬秀不要接受北大的薪水。可能胡适的招呼没有奏效，江冬秀只好又告："学堂的薪水，我想一定叶［叫］他们改为半薪，你下学期决不能来京上稞［课］。我想劝你无论什么事，你都不要管，专门养病，把病养好。"胡适赴欧洲访问时，江冬秀还"收大学九十九元"。③ 北大对胡适体贴入微之人性化表现可见一斑。陈明远以为胡适的"本科教授"相当于副教授，"预科教授"为后来的讲师，江勇振亦援引此说。④ 此喻并不太恰当。因北大当时确定职称，除了能力、水平因素的估衡，还包含上课钟点的要求，在北大兼课者只能聘任讲师，鲁迅即是一例。

1930 年 11 月胡适重返北大后，先是在中基会支薪。这在他 1931 年 2 月 7 日《致蒋梦麟》信中有明确说明："上学期百年先生与真如先生要我担任北大的中国中古思想史，我允于这学期讲两点钟。当时我曾说明，这两点钟我不愿受薪俸：一来是因为我在文化基金会是专任，不应另受薪俸；二来是北大为两点钟而送我教授半俸，殊属浪费，此例殊不可开，即有此例，我也不愿受。所以我很诚恳的请求先生允许我不受薪俸。"⑤ 中基会支给胡

---

① 参见《大学令》，国立北京大学编印《国立北京大学廿周年纪念册》，1918，第 6—7 页。

② 陈漱渝、李致编《一对小兔子——胡适夫妇两地书》，湖南教育出版社，2006，第 25、34 页。

③ 陈漱渝、李致编《一对小兔子——胡适夫妇两地书》，第 47、80 页。

④ 参见陈明远《文化人的经济生活》，陕西人民出版社，2013，第 155—157 页；江勇振：《舍我其谁：胡适》第二部《日正当中，1917—1927》上篇，浙江人民出版社，2013，第 73 页。

⑤ 耿云志、欧阳哲生编《胡适书信集》上册，第 535 页。

适薪水的档案材料没有公布，具体数额不详。据 1931 年 4 月 9 日胡适日记，中基会资助北大研究教授月俸最高 600 元，最低 400 元。又据 1931 年 8 月 5 日胡适日记，中基会资助北大聘请 15 位研究教授。[①] 胡适所得薪水应与研究教授相等。1934 年后情况发生了变化，胡适在《一九三四年的回忆》中交代："我自己〔在中基会〕的月俸停止，改为公费二百元。我从七月起，在北大支一个中国文学系教授的薪俸，每月四百元。文学院长每月公费一百元。"[②] 月入达 700 元（内含"公费"300 元）。胡适的这一说法可在《国立北京大学核发薪金清册（俸给簿，民国二十四年二月份）》中得到确证，当时北大校长蒋梦麟的薪额为 600 元。[③] 胡适月薪 500 元，薪额与周作人、汤用彤、梁实秋这些"研究教授"相等。这可能也是他们此前所拿的薪额。而这时北大的一些老教授，如中文系的马裕藻、史学系的孟森、哲学系的马叙伦，因未进入"研究教授"行列，月薪为 400 元。

胡适担任北京大学校长时的"薪给"从 1946 年 8 月开始，每月 710 元。[④] 而当时教授的"薪额"（如中国语文系教授杨振声、沈兼士）为 600 元。1947 年胡适的"薪额"为 710/800 元。[⑤] 1948 年胡适的"薪额"调到 810 元。[⑥] 由于出现通货膨胀的危机，这样的收入实际上也不够花销。1947 年 10 月 21 日，胡适在考试院演讲时罕见地发牢骚道："我有三十二张博士文凭（有一张是自己用功得来，另外三十一张是名誉博士），又当了大学校长，但是我所拿的薪津，和一个银行练习生相差不多。"[⑦] 行业之间的待遇差异居然与学历、考诠无关，这样的薪金制度在胡适看来很不合理。

次看稿费。稿费可分报刊稿费和著作稿费两类。在报刊发表文章的稿费标准不一，在报纸上（如《申报》《大公报》）发表文字稿费较高；在同人刊物，如《新青年》《努力周报》《独立评论》发表文章则不支稿费；在英文报刊发表文章，稿费相对较优，但这非一般教授所能做到。胡适在报

① 参见季羡林主编《胡适全集》第 32 卷，第 104、135 页。
② 季羡林主编《胡适全集》第 32 卷，第 411 页。
③ 参见《国立北京大学核发薪金清册（俸给簿，民国二十四年二月份）》，收入王学珍、郭建荣主编《北京大学史料》第 2 卷（1），北京大学出版社，2000，第 502、510 页。
④ 参见《国立北京大学三十五年（1946）职员名册》，北京大学档案馆藏。
⑤ 参见《北京大学教职员名册》（1947 年），北京大学档案馆藏。
⑥ 参见《北京大学在职教员名单》（1948 年），北京大学档案馆藏。
⑦ 《考试与教育》，欧阳哲生编《胡适文集》第 12 册，第 454 页。

刊发表文章所得稿费因他自己不留记录，我们难以统计。

胡适著作主要在亚东图书馆和商务印书馆两处出版。在亚东图书馆出版的著作有《胡适文存》初集、二集、三集，《尝试集》，《短篇小说》一、二集，以及《胡适文选》《四十自述》《藏晖室札记》。1926年胡适赴欧洲访问时，没有其他固定收入，亚东图书馆每月定期给胡家送款，江冬秀"收进来亚东八、九、十、十一、十二共五个月乙千元"。① 胡适在1928年12月15日日记中记录了他从亚东图书馆所得报酬账单：（1）版税（十七年十一月底止），共23820元，除去未售书版税759.39元，存23060.61元。（2）酬劳，6320元。"付过十六年底止24237.04，付过十七年十一月底止2901.47，共付27138.52元。两比存2242元。"② 胡适是亚东图书馆的第一作者，他所获报酬几乎超过了同期在北大任教所得的薪酬。

胡适与亚东图书馆除了在出版业务上关系密切，经济上也相互依赖。1922年胡适可能因学校欠薪、拖发薪水，手头需钱，写信向亚东图书馆求援。8月28日胡适日记写道："窘极了，写信到上海叫亚东寄了一百元来，今天向银行取出，为思永、泽涵学费。"③ 1923年4月28日，胡适至亚东图书馆与汪孟邹商洽，汪"告以每月送他一百元：一是报他已往助我们的劳绩；一是托他以后介绍并审查各稿"。④ 亚东图书馆在兴盛时期一度与商务印书馆、中华书局鼎足而三，甚至发生与商务印书馆争办《努力周报》之事。⑤ 到30年代后，其业务大幅度下滑，江河日下，这时，亚东图书馆反过来向胡适求助。经胡适介绍，汪孟邹在浙江兴业银行开了一个透支户头，1930年12月中到期，如要续开，须要担保。结果汪以送3000元存单作为担保才得以继续。胡适感叹："其实汪孟邹何必在我面前装穷！"⑥ 但这时亚

---

① 陈漱渝、李致编《一对小兔子——胡适夫妇两地书》，第80页。
② 季羡林主编《胡适全集》第31卷，第300—301页。
③ 季羡林主编《胡适全集》第29卷，第728—729页。
④ 汪原放：《回忆亚东图书馆》，学林出版社，1983，第68页。
⑤ 据胡适1923年10月16日日记："到亚东，与孟邹谈，《努力》改为月刊，孟邹、原放、鉴初、希吕诸人都要我把他交给亚东出版发行。我也愿意这样办。但商务印书馆方面知道了此事，云五力争此报归商务出版。今夜我劝亚东不必争。亚东此时在出版界已渐渐到了第三位，只因所做事业不与商务、中华冲突，故他们不和他争。此时亚东公然与商务争此报，即使我们给了他，也不是亚东之福，因为亚东从此要遭忌了。孟邹终不肯让。"参见季羡林主编《胡适全集》第30卷，第72页。
⑥ 季羡林主编《胡适全集》第32卷，第39页。

东图书馆确已开始走下坡路了。1934 年除夕，胡适与汪原放兄弟谈亚东图书馆事，始知"他们有五千元的银行欠款，二千四百元的零星欠款，必须归还"。当天，胡适赶到徐新六处，"托他把亚东欠兴业行的二千元透支再转一期；又托他打电话给陈光甫兄，把亚东的三千元上海银行透支再转一期"。① 1934 年、1935 年亚东图书馆真正陷入支大于收的困境。②

胡适在商务印书馆出版的著作有《中国哲学史大纲》《章实斋先生年谱》《戴东原的哲学》《胡适论学近著》。胡适与商务印书馆产生联系的时间甚早，1918 年 2 月 2 日张元济日记载："胡适之寄来东方投稿一篇，约不及万字。前寄行严信，允千字六元。此连空行在内。与梦翁商送五十元。""7/2/15 有回信，谢收到润资五十元。"③ 这大概是胡适第一次从商务印书馆拿稿费。3 月 8 日胡适《致母亲》信中提到："昨日商务印书馆又送来第二次稿费现洋四十五元，正好应用。这时候的四十五元，真抵得八十五元的票子。"④ 这是商务印书馆付给胡适的第二笔稿费。这时胡适是商务印书馆追赶的作者了。1921 年 7 月 18 日至 9 月 7 日，胡适在上海考察商务印书馆业务，离前自称："商务送我一千元，我不愿受，力劝梦旦收回，我只消五百元便可供这一个半月的费用了。我并不想做短工得钱。"⑤ 显然，商务印书馆对胡适的待遇从优。《中国哲学史大纲》1919 年 2 月由商务印书馆初版，到 1930 年印行 15 版。1930 年改题《中国古代哲学史》，收入"万有文库"。此书给胡适带来的版税收入应在万元以上。尽管如此，江冬秀 1926 年 8 月 15 日《致胡适》信中依然口吐怨言："商务里送来乙千块泉稿费，我想这个稿子卖的大〔太〕吃亏点。"⑥ 实际上，在胡适出访欧美的近一年岁月里，胡家的经济来源主要仰仗亚东图书馆、商务印书馆两家供给。从胡适与江冬秀后来的通信可知，胡适在商务印书馆还购置了股票。⑦

---

① 季羡林主编《胡适全集》第 32 卷，第 404—405 页。
② 参见汪原放《回忆亚东图书馆》，第 173 页。
③ 《张元济日记》上册，商务印书馆，1981，第 353—354 页。
④ 耿云志、欧阳哲生编《胡适书信集》上册，第 137 页。
⑤ 季羡林主编《胡适全集》第 29 卷，第 443 页。
⑥ 陈漱渝、李致编《一对小兔子——胡适夫妇两地书》，第 68 页。
⑦ 参见胡适《致江冬秀》（1937 年 10 月 19 日），信中说："听人说你的小箱子找到了。商务股票，我已有人托王云五挂失票。如股票尚在，我想你可以通知商务一声。"收入耿云志、欧阳哲生编《胡适书信集》中册，第 736 页。

　　胡适与《大公报》的张季鸾、胡政之、王芸生关系密切，《大公报》采纳他的建议设置"星期论文"，集聚了一批名流作者为其撰稿，每篇稿费40元。从1934年1月7日胡适开始在《大公报》"星期论文"上发表《报纸文字完全应该用白话》起，总计他在《大公报》历年发表的时评政论，1934年发表了10篇，1935年发表了11篇，1936年7篇，1937年5篇。《大公报》是胡适在《独立评论》之外又一块重要言论阵地。胡适对时局最有影响的政论常常在《独立评论》、《大公报》（有时是在隶属《大公报》的《国闻周报》）两处同时刊发。1936年10月16日，《大公报》开设《文史》副刊，胡适应约主编此刊，并发表《"文史"的引子》一文，自称"《文史》副刊是我们几个爱读书的朋友们凑合的一个'读书俱乐部'。我们想在这里提出我们自己研究文史的一些小问题，一些小成绩"。1946年胡适回到北平任北大校长后，《大公报》再邀胡适主编《文史》周刊，胡适因事忙，找来郑天挺、唐兰、张政烺、邓广铭、周祖谟会商，因邓广铭在校长室帮忙，故推由其具体负责此事。①

　　陆费逵谈及1930年代初期的出版界支出稿费状况时说："抽版税的作家，除有特别情形如林语堂、周越然、鲁迅等外，每每不过数十百元。胡适也不过二三千元，甚至有一年只得几角几分的。"② 江勇振称胡适"待遇世界第一，版税中国第一"，③ 显有言过其实之嫌。胡适发表文字、撰写著作，多为学术论文、专著、政论，与通俗流行的小说、普及性的教科书不可相提并论。从版税收入比较，林语堂撰写的英文作品、周越然编撰的《英语模范读本》等教科书、鲁迅后期发表的杂文小品，所获版税都在胡适之上。这也是陆费逵为什么在文中谓"特别情形如林语堂、周越然、鲁迅等外"。清末十年在学界享有盛誉的著名翻译家、教育家严复以及民国前期驰骋政学两界的梁启超，其所得各种收入也在胡适之上。

　　再看兼课、演讲。北京是民国时期中国的大学城，这里汇聚了一批著名的大学、专科学校。各校教授（特别是名牌教授）在他校兼课是京城大学的常见现象。胡适初到北大任教，担任英文学、英文修辞学和中国古代

---

①　参见邓广铭《我与胡适》，《胡适研究丛刊》第1辑，北京大学出版社，1995，第217页。

②　参见陆费逵《六十年来中国之出版业与印刷业》，《申报月刊》第1卷第1号，1932年7月。

③　参见江勇振《舍我其谁：胡适》第二部《日正当中，1917—1927》下篇，第5—15页。

哲学等课，每周 12 节课，"事体本不甚繁，本可兼任外间工课。但此番来京已迟了，各学堂都已聘定了教员"。① 所以胡适初到北大的第一年，没有在外兼课。

胡适擅长演讲，加上他学有所长，北京的大学、中学很快慕名找上门来邀请他演讲，这些演讲除公益性的外，可能会有一定报酬。11 月 26 日，他致信母亲说："儿此时太忙，两星期内除正课外，尚有四处演说（一在农业专门学校，一高等师范，一在大学，一在天津南开学校），故不能作长书。"② 1918 年，胡适应邀做了数场演讲，3、4 月在教育部会场连讲四场"墨子哲学"，③ 4 月 24 日在女子师范学校演说"美国的妇女"，④ 8 月 8 日在学术讲演会演说"新文学"，⑤ 11 月 22 日应邀在天津南开学校演讲。⑥ 1919 年以后，胡适的演讲活动骤增，加上杜威来华讲学，胡适陪侍左右，为之译述，简直忙得不亦乐乎。

京城各大学校的教授喜欢在外兼课，以捞取外快。胡适对捞外快并没有太大兴趣，但各校仰慕他的名声邀请他上课是情理中事。从《日程与日记》中可以看出，1919 年 11 月到 12 月，他在北大每周一上午有一节"英美诗"，下午有两节"中国哲学史大纲"。周二、三上午有两节"中国哲学史大纲"。周五上午有三节"西洋哲学史大纲"。此外他在三处兼课：在高师周三下午有两节"文法"，在女高师周四上午有三节"中国哲学史"，在中国大学周四下午有三节"中国哲学史"。一周排课很满。周末还常有讲演活动。

1920 年上半年，胡适除在北大讲授"中国哲学史大纲""西方哲学史大纲"两课外，还有两处兼课：每周三下午在高师兼课"中国哲学史"，周四上午在女高师兼课"方法论"。由于繁重的教学任务，胡适终于积劳成疾，下半年在家病休。恰在这时，顾临（Greene）来信托胡适为哥伦比亚大学"觅一中国文教授"，胡适"实在想不出人来，遂决计推荐我自己。我实在

---

① 耿云志、欧阳哲生编《胡适书信集》上册，第 107 页。
② 耿云志、欧阳哲生编《胡适书信集》上册，第 119 页。
③ 耿云志、欧阳哲生编《胡适书信集》上册，第 152 页。
④ 耿云志、欧阳哲生编《胡适书信集》上册，第 154 页。
⑤ 耿云志、欧阳哲生编《胡适书信集》上册，第 181 页。
⑥ 参见丁文江、赵丰田《梁启超年谱长编》，上海人民出版社，1983，第 872 页。

想休息两年了"。① 但当哥大校长来信邀请他赴哥大讲学时，他又婉言推辞了。

1921 年上半年胡适没有上课，只在其他学校做过几次演讲。4 月 28 日在燕京大学演讲"诗经的研究"。5 月 6 日在高师演讲"哲学与人生的关系，及研究的方法"。5 月 9 日在清华演讲"废止国耻纪念的提议"。6 月 10 日在燕京大学女校演讲"易卜生主义"。9 月，胡适在北大恢复上课，讲授"中国哲学史大纲"（周三、四、五上午）、"西方哲学史大纲"（周二、六上午）、"英诗"（周三、五上午）。10 月，他开设"杜威著作选读"，另为钢和泰上课译述。

1922 年又是胡适忙碌的一年。上半年胡适在北大讲授"近世哲学"（周二、三）、"中国哲学史大纲"（周五），② 每周一上午为钢和泰"印度古宗教史"一课译述两小时。下半年在北大讲"中国哲学史大纲"（周二上午）、文法（周三、六上午）、论理（周三下午）、小说（周六上午）。另有多场演讲：3 月 25 日在法政专门演说"科学的人生观"；③ 5 月 23 日在"中国事物会"（The "Things Chinese" Club）讲"中国诗中的社会问题诗"；④ 5 月 29 日在女高师附属中学讲演"科学的人生观"；⑤ 8 月 11 日"到小学女教员讲习会讲演'国语教学的兴趣'"；⑥ 8 月 26 日"到北京平民自治协会讲演，题为'平民自治的精神'"。⑦

1923 年胡适没有在北大上课，也没有兼课和演讲。从 4 月 21 日到 12 月 5 日，他在南方养病。

1924 年胡适在北大"教了一学期的课"，⑧ 但这一年胡适日记缺记，故对其教学情形不详。

30 年代胡适重返北大后，不再在他校兼课。北大英文系教授温源宁在

① 季羡林主编《胡适全集》第 29 卷，第 203 页。
② 据 1922 年 6 月 7 日胡适日记，"自今日起，早七时增讲近世哲学一时，每周共五时。今天讲杨简完"。季羡林主编《胡适全集》第 29 卷，第 645 页。
③ 季羡林主编《胡适全集》第 29 卷，第 553 页。
④ 季羡林主编《胡适全集》第 29 卷，第 629 页。
⑤ 季羡林主编《胡适全集》第 29 卷，第 635 页。
⑥ 季羡林主编《胡适全集》第 29 卷，第 709 页。
⑦ 季羡林主编《胡适全集》第 29 卷，第 726 页。
⑧ 季羡林主编《胡适全集》第 30 卷，第 192 页。

外有"身兼三主任、五教授"的名声，胡适当面"劝他不可自己毁了自己"。① 胡适仅在他处有过几次演讲：1934 年 2 月 20 日在燕京大学讲演"中国的传记文学"；② 6 月 23 日上午到汇文中学做毕业演说，下午四点到辅仁大学做毕业演讲；③ 1935 年 5 月 9 日、16 日、23 日三个下午在燕京大学连讲三场"颜李学派"；④ 6 月 21 日到崇实、崇慈两中学校做毕业演说"做工的人生观"。⑤

总之，胡适兼课不多，演讲不少，这方面所获报酬相对前两项不会太多，也就是说，它不构成胡适收入的主要来源。胡适日记几不记讲演所获收入，唯有一次例外。1932 年 12 月 4 日，应时任湖南省教育厅厅长朱经农之邀，胡适到长沙参观、讲学，下榻在省政府招待所。12 月 6 日中午时分回到招待所，省政府主席何键打发招待所职员送胡适"四百元旅费"，胡适辞别时面告何，"此次旅费已由各方面购买车票，几乎不费我一分钱，不能再受旅费了"。下午三点半到车站，招待所职员"仍把旅费送来"，胡适"因为在车站推来推去不像样子，所以终于收下了"。⑥ 此事不知什么原因外传变异，第二年 3 月 6 日，《申报·自由谈》刊发署名"干"的《王道诗话》一文，后收入鲁迅《伪自由书》。文中说："鹦鹉会救火，人权可以粉饰一下反动的统治。这是不会没有报酬的。胡博士到长沙去演讲一次，何将军就送上五千元程仪。价钱不算小，这叫做'实验主义'。"⑦ "四百元旅费"讹传变成了"五千元程仪"，让人产生胡适"被收买"之嫌，数目差别之大足以破坏、颠覆胡适的形象。

最后是兼职。胡适的兼职有两大类：一类是兼任其他学校董事，或其他学术机构研究员；一类是社会兼职或政治机构任职，如"国大代表"。一般来说，出任这些职务或参加相关会议，会有相应的报酬。

胡适兼任校董的主要有协和医学院和辅仁大学。1929 年 7 月，胡适当选为协和医学院新一届董事会董事。1930 年 2 月 8 日，胡适首次参加协和

---

① 季羡林主编《胡适全集》第 32 卷，第 51 页。
② 季羡林主编《胡适全集》第 32 卷，第 316 页。
③ 季羡林主编《胡适全集》第 32 卷，第 387 页。
④ 季羡林主编《胡适全集》第 32 卷，第 447、454、457 页。
⑤ 季羡林主编《胡适全集》第 32 卷，第 486 页。
⑥ 参见季羡林主编《胡适全集》第 32 卷，第 184 页。
⑦ 《鲁迅全集》第 5 卷，人民文学出版社，1982，第 46 页。

医学院董事会，"Astor House，只开一点半钟，一切皆备"。① 此后，胡适常常出席协和医学院董事会的活动。1946 年 3 月 27 日胡适日记载："协和医学校董事会今天开年会。昨天上午我（们）的 Committee 集会（此是最后一会，我们凡开了九次会），我的报告稿被通过，作为 Committee report（为推举校长事，董事会举我们三人，Ballon and Standey Wilson 与我，为 Special committee，与各方面商讨此问题）。""董事会改选职员，推我为本年度主席。"② 这时胡适尚在美国，他连任董事会主席这一职务直到 1948 年。胡适重返北平后，挑起了协和医学院董事会主席这一重任。1947 年 2 月 24 日，"九点半到协和医学院，与 Mr. Trevor Bower，Miss Mary Ferguson 商协和校务"。3 月 6 日，"与协和医学院校医董事会秘书 Mary Ferguson 与护士学校主任聂女士都搭美国军用飞机南下。八点一刻起飞，十二时到上海的江湾机场。住国际大饭店 1563 号。召开协和医学院董事会的'提名委员会'：刘瑞恒、李铭、Dunlap 与我"。3 月 7 日、8 日召开提名委员会第二、三次会。1948 年 3 月 24 日 "PUMC 的董事会，我主席"。③ 胡适离开大陆后，他与协和医学院的关系也随之终结。

辅仁大学是一所天主教教会大学。1925 年由美国本笃会在北京创办，1929 年董事会呈请教育部立案获准，陈垣就任校长。1933 年改由圣言会接办。陈垣与胡适关系密切，1934 年 12 月 30 日陈垣拜访胡适，请胡适担任校董会董事。1937 年 5 月 31 日 "辅仁大学开董事会。因董事会张溥泉不在"，胡适代主席。④ 胡适与陈垣的关系一直保持到 1948 年 12 月他离开北平为止，胡适给陈垣的最后一封信是写在 1948 年 12 月 13 日深夜，而陈垣回复胡适的却是一封公诸《人民日报》（1949 年 5 月 11 日）的公开信，两人因江山变色而反目。

中央研究院 1928 年在南京创立时，胡适即被聘为该院历史语言研究所特约研究员。1935 年 6 月设立评议会，胡适又被选为评议员，以后常常参与院内事务的决策和咨询。1948 年，胡适当选中研院第一届院士。胡适与中研院的关系可谓既长且深。

---

① 季羡林主编《胡适全集》第 32 卷，第 607 页。
② 季羡林主编《胡适全集》第 33 卷，第 567 页。
③ 季羡林主编《胡适全集》第 33 卷，第 620、622—623、682 页。
④ 季羡林主编《胡适全集》第 32 卷，第 254、657 页。

　　胡适自 1927 年始出任中基会董事，以后长期连任。胡适在 1929 年 1 月 10 日回答《金刚钻》刊登的一则《胡适之扫兴而回》的不实新闻时明确说："文化基金会的委员全是名誉的，不支俸给，也不支公费。只有到会时可支旅费。"① 这是中基会前几年的实情。1930 年 7 月 2 日，中基会董事会举行第六次年会，选举胡适为"名誉秘书"；将科学教育顾问委员会改组为编译委员会，胡适取代了王琎成为该会委员长，② 从此他成为中基会的"专任"，领取专职薪额，直到 1934 年 6 月，刚好是四年。这可能是一个例外。1934 年 7 月北大给胡适支薪后，因胡适在中基会还兼任秘书，他每月在中基会还保留领取"公费"200 元。直到 1937 年 9 月 28 日江冬秀告诉胡适："还有会（中基会——引者注）里薪水，还存四百元。"胡适因人在美国，自感不宜再领取中基会这笔"公费"，1938 年 7 月 30 日写信告诉江冬秀："会里的钱，决不可再受。泽涵来信说，他已代受了大学薪水乙千五百元。"9 月 24 日再次特别叮嘱："基金会的钱，请你叫孙先生不要再送了。我想会里预算上定的是名誉秘书的公费，每月一百元。新六代理我的名誉秘书职务，他死了，谁代我，此款应归谁收。编译会的钱，应该请任先生收。"③ 胡适对不配接受的"公费"还是讲究原则的。据胡适晚年回忆，"在中华教育文化基金会担任职务，从来没有接受报酬"。"我是个有心脏病的人，保险公司没有接受我的人寿保险。后来中基会改用'分年储蓄保险'方法，一年两千元，分两次缴费。一年一年的储蓄下去，是照复利计算的，如果满了十年，连利息算起来有两万多元。我去年到此地来了，我叫中基会停止我的分年储蓄保险，他们没有答应，今年又给他们说，他们还要照往年照付。"④ 这可能是 50 年代后胡适在美国纽约做寓公时的情形。

　　胡适担任的其他职务还有两个。（1）久大盐业公司董事。1947 年 11 月 12 日胡适日记载："久大盐业公司举我作董事，今天到天津去开会，董事会举我作董事长，我坚辞，但无成。""我并无股东资格，由李烛尘、任致远诸先生用公司股份挂名于我名下，始能产生我的董事。"（2）美国在华教育

---

① 耿云志、欧阳哲生编《胡适书信集》上册，第 477 页。
② 参见杨翠华《中基会对科学的赞助》，《中央研究院近代史研究所专刊》第 65 辑，台北，中研院近代史所，1991，第 34、127 页。
③ 陈漱渝、李致编《一对小兔子——胡适夫妇两地书》，第 121、136、139 页。
④ 胡颂平编著《胡适之先生晚年谈话录》，台北，联经出版事业有限公司，1984，第 51 页。

基金委员会中国顾问。这是根据美国参议员富布莱特（Senator Fubllbright）提案在剩余物资售价中提出美金 2000 万元（分 20 年）设立，中国顾问有胡适、萨本栋、吴贻芳和韩庆濂。胡适"初坚不肯就，因教部与外部逼迫，不得已就此职"。[①] 富布莱特计划后来成为中美教育文化交流的一个重要渠道。不过，这两个职务对胡适来说，都有点无奈而就的味道。

1948 年 5 月 24 日，胡适致信赵元任说："我们在平津，待遇比京沪高一级。但北大的教授本月可得二千万元，约等于黑市上十二块美元！（燕京大学的教授，五月份最高可得八千万多，约等于北大、清华的四倍，但也只是生活费，够不上薪俸。）但敝校长住房子，坐汽车，都是北大供给，故觉比一般同事们'阔'多了。我有点'外快'可以贴补。此次去南方开会，除去开支，还余三千多万元。我这一期的商务版税就有六千多万元（因为我的《留学日记》现由商务印行）。我这回真把纸烟戒掉了（为了心脏，有点小警报），也省了不少的钱！"[②] 这样看，胡适的收入和待遇除了他那份工资外，还应包括北大校长待遇、出差开会、版税，综合来看算是上流人士的"待遇"。

胡适刚到北大任教的第一年，其收入所得除了供自己日常开销以外，相当一部分寄给母亲贴补家用，他给母亲的信中常常提及寄款之事。如 1917 年 11 月 26 日《致母亲》告："款子明日即汇二百元，由上海转，想可于十日半月间汇到。儿归时当另带些款子来，想共得三四百元足矣。"[③] 这次寄款主要是为筹办婚礼之用，故数目较大。1918 年 2 月 28 日《致母亲》道："我在家时，曾答应铭彝兄于二月中写汇寄四百元至芜湖，以二百元还联奎兄，以一百四十元还铭彝，余六十元则托其寄家。现正在筹备，此四百元尚未筹齐也。"[④] 3 月 6 日《致母亲》："昨日已由银行汇寄现洋六十元，由芜湖转寄家中。明知此数不够用，且先寄此数，至下月再寄六十元。此时票价五八折，六十元合票洋一百零五元，连汇费在内。"[⑤] 5 月 3 日《致母亲》："耘圃有信来令我将款汇到芜湖一家钱庄转交，此法亦不错，一二

---

①　季羡林主编《胡适全集》第 33 卷，第 664—667 页。

②　季羡林主编《胡适全集》第 25 卷，第 327 页。

③　耿云志、欧阳哲生编《胡适书信集》上册，第 118 页。

④　耿云志、欧阳哲生编《胡适书信集》上册，第 133 页。

⑤　耿云志、欧阳哲生编《胡适书信集》上册，第 136 页。

日内即当汇寄现洋五十元与票洋六十元至芜，家用随后另寄，但须稍迟耳。过此一月后，家用一切，当按月抽寄。这几个月以来，因有意外的开支，故令吾母受窘，心甚不安也。"① 5 月 11 日《致母亲》："今日托芜湖胡开文寄上现洋三十元暂时应用，随时筹寄。"6 月 27 日《致母亲》："今日由开文汇上六十元，到日望写信告知。"9 月 1 日《致母亲》："今日由芜湖汇上三十元，暂应家中急用。"9 月 10 日《致母亲》："昨日收到芜湖开文来信，知所寄的三十元已收到了。不知此款已到家吗？日内再当筹寄三十元，不久就可寄上。"② 从这些信中可知，胡适每月汇给母亲的款项大约为 60 元，他算是尽到了一个儿子的责任。

胡适在缎库后胡同 8 号时，雇了一名厨子阎海，一名女工王妈，一名拉人力车的车夫。日常的伙食开支为"每天付给阎海一元钱买菜，每两天一元钱买米，每三天一元钱买面，供给五个人的伙食就行了"。③ 每月的吃饭开销约为 55 元。这是江冬秀不在时的开销。江冬秀在时，特别是生子后开支自然增大了。胡适的家庭开支，他本人日记、书信并不记录，但是管家的江冬秀给胡适的家信，主题大多是家庭开销。花钱、缺钱、寄钱、收钱，可能是她信中谈论最多的事。例如，1923 年 8 月 23 日信中告："我付了房租一百〇贰元；付了戴岳先生六十元；付了泽涵廿元，医牙齿用的；付了党先生十五元。""我还要家用二三百元，要买物送医生的节礼，节下又要多开消［销］，泽涵又要九十块泉的下半年的学费。泽涵家今年汇了一百廿元到上川。""再还有你欠下了六七百元的书账，八月节快到了，还是怎样办，请你告诉我。这账我完全不清处［楚］。"④ 1923 年，战祸横被京城，致使物价腾涨。11 月 20 日，江冬秀向在南方养病的胡适抱怨道："我的米面煤油都买的多，可以吃到明年二三月里。我买的红煤价泉十六元五角，现在卖到二十六七元还没有地方买去。我买了七包米，十三元二五角，两样的价，现在照这样的来，卖到十六元了。""不过我这几个月，用泉用的狠多。上两个月付了四个月的房泉一百多，米面一百多，煤球红煤一百元，还有多少账不写了。今年北京白菜卖到九、十个子一斤，头一个苦年没有

① 耿云志、欧阳哲生编《胡适书信集》上册，第 157 页。
② 耿云志、欧阳哲生编《胡适书信集》上册，第 158、165、189、190 页。
③ 参见江泽涵《回忆胡适的几件事》，颜振吾《胡适研究丛录》，三联书店，1989，第 6 页。
④ 陈漱渝、李致编《一对小兔子——胡适夫妇两地书》，第 43—44 页。

菜。他们都说披［被］兵买去了，故此小菜都狠贵。"① 江冬秀信中所提供的这些数据应是当年北京极有价值的生活史材料。1926 年上半年，胡适不在北大教课，因此没有固定的薪水，他的经济来源主要是商务印书馆和亚东图书馆。江冬秀在信中不断叫"穷"：

> 不过我现在穷的不得了。我的单子寄把你看，你一定知我用泉的数目。我存在邮局共有一千元，这几个月来，我实在不就［够］用，去取点，这一次取了三百元把秀之，再这一次买了林家一百七十元家用东西，我一看存款上面只有五十元泉了。（1926 年 3 月 4 日《致胡适》）

> 希望你把那几千块泉，分千把寄来给我们用用。我当东西应用，可是穷的不得了。我请你替我办祭仪十元、祭幛一个，送南京伯华伯父，你替我寄去没有？

> 我现在连当带欠，差不多有六百元借了。再我们这一次搬家，有廿多家送礼物来，我不能不请酒呀，又要用卅多块泉，我实在（穷的）不得了。（1926 年 3 月 14 日《致胡适》）

> 我这三个月家用，每月要三百元有零，我去年八月买的米，我算要吃到今年三月低［底］，那知道正月廿六就吃完了。现在一包米要贵三块多泉，我们一包米只吃廿天，菜一天一块多泉，还没有多少菜，我们一包米只吃廿天，菜一天一块多泉，还没有多少菜吃，因乡下来的少，故此贵的不得了，望你见信想法寄点泉，要紧要紧。

> 房子住大点什么费用都多出来了，我大不该搬大房子，我算算这一个月要多用一百元用费。（1926 年 4 月 4 日《致胡适》）②

看了江冬秀的这些信，不禁有那句老话之叹——家家都有一本难念的经！胡适虽在外风光，但其家中之窘况真是让人叹息。

1927 年上半年，胡适出国在外。1 月 11 日江冬秀《致胡适》信中详列胡适出国后的"付出账目表"，"家用五个月连应酬、过节、过冬、煤、水、

---

① 陈漱渝、李致编《一对小兔子——胡适夫妇两地书》，第 52—53 页。
② 陈漱渝、李致编《一对小兔子——胡适夫妇两地书》，第 61、64—65 页。

共用乙千乙百五元，平均廿三元"。家用如此之大，主要是用于日常生活开支，书费、学费，家中雇用厨子、车夫，资助亲友。2 月 26 日江冬秀的信中甚至说自己靠借钱度日："保险费五月要付乙百多元，商务里的泉到今天也没有寄来。我告诉你，我这阵穷的不得了，问陶太太借了二百元作为这个月的家用。"① 1926 年至 1927 年上半年是胡适一家生活比较困难的时期，这也可能是他 1927 年出国回来后留在上海的一大原因。

胡适开支中另一笔较大的费用是看病，包括帮亲友找医生看病。其日记中常有这方面的记载：如 1921 年 5 月 12 日 "至银行取支票簿，至首善医院看洛声病"。5 月 24 日 "又送四件衣料去谢陆仲安医生（此君即治愈我的病的医生）"。② 1922 年 11 月、12 月，胡适持续犯病，怀疑是糖尿病，住进协和医院，直到 1 月 6 日才排除出院。1923 年从 4 月 21 日到 12 月 5 日，胡适在南方养病。1924 年对胡适来说，可谓病魔缠身。上半年医生说他本人 "有肺病的象征"。女儿素斐在医院住了半年多，"初病肺炎，转成肺病与脊骨炎"，次年 5 月不幸夭折。侄儿思聪、思永两人先后在协和病故。胡适沉痛之极，"他们跟着我许多年，如此下梢，真使我愧恨"。③ 医药费是胡适这一年很大的负担。1937 年 2 月 1 日胡适因病做手术，再次在协和医院住院达 15 天半之久。④ 协和医院是中国当时最好的医院，其费用相对昂贵，胡适和他的亲戚主要在此处看病、治病，这里至今保存有他的看病档案，可以想象这是他花销不菲的一个原因。

胡适与传统学人的不同之处是他有很强的 "保险" 意识，这可能与他积劳成疾，身体常常患病有关。据其 1921 年 7 月 6 日日记载："我于上月保了二千元的人寿险。保的是上海金星公司。今天又有宏利人寿保险公司来谈，这是一个加拿大公司，稍胜金星。"⑤ 他所愿购买的人寿保险费额度是较高的。1930 年代以后，胡适与浙江兴业银行关系密切。在该行他拥有一个可透支的户头，据其 1937 年 1 月 11 日日记，"到兴业银行，还欠账。其

---

①　陈漱渝、李致编《一对小兔子——胡适夫妇两地书》，第 80、83 页。
②　季羡林主编《胡适全集》第 29 卷，第 245、267 页。
③　参见《一九二四年的年谱》，季羡林主编《胡适全集》第 30 卷，第 192—193 页。
④　参见季羡林主编《胡适全集》第 32 卷，第 618—623 页。
⑤　季羡林主编《胡适全集》第 29 卷，第 348 页。

实并没有还，只是把'透支'转了一期"。① 石原皋称："浙江兴业银行的总经理是徐新六。他与胡适是老朋友，交情很深。他与金融界有经济关系的，仅兴业一家。他可以代人担保，也可以透支。"② 此话不虚。胡适不仅与兴业银行保持金融上的关系，抗战全面爆发后，甚至将他的贵重物品和书籍存放在该行分仓库，请他们代管。1937 年 8 月 26 日，胡适写信给寄居在天津朱继圣家的江冬秀："你们此时最好是安心暂住天津。我当托兴业设法随时寄钱给你们。"9 月 6 日写信又告："我托兴业送六百元给你，你可问天津兴业行长朱振之先生取。我起身时，当另留一笔钱给你。"③ 胡适与兴业银行的关系的确不同寻常。

资助友人、学生和家乡亲友是胡适一笔不小的开支，这方面已有同时代的人和后来的研究者提及，④ 在此不再赘述。需要补充的是，胡适具有深厚的乡情意识，资助乡友是他乐意为之的。胡适家乡兴办小学，1923 年 6 月 2 日乡人找上门来，胡适捐了建筑费百元，常费 500 元（分五年付）。⑤ 更多的相关事例，胡适可能没有留下记录，像石原皋所提胡适代胡卓林赔偿兴业银行借贷 2000 元，代他侄女婿程治平为开设铺成毛巾厂向兴业银行担保几千元，⑥ 在胡适的日记、书信中均未见提及。

作为一个现代型的学者，胡适有"投资"意识。1947 年 10 月 26 日《致徐公肃、曾世英》的信中透露了他参股遇到的困窘：

> 华夏的股票与临时收据，已由在京友人交到，但在弟填给收条之前，我想请问两兄，我的股款原数美金五百元，是否可以退还给我？如蒙两兄允许可以退还，我很想将此款收回，不作股东了。
>
> 我想退股的理由有两桩：（一）我是贫士，颇想在这时候留点美币作国外买书之用。（二）我在上海三天，颇听得朋友说华夏的闲话，使我感觉公司的前途可忧。其中一种闲话是说公司最近卖出自存印书纸

---

① 季羡林主编《胡适全集》第 32 卷，第 606 页。
② 石原皋：《闲话胡适》，中国人民大学出版社，2011，第 187 页。
③ 耿云志、欧阳哲生《胡适书信集》中册，第 731、732—733 页。
④ 参见胡成业《胡适捐款的"清单"》，《国家人文历史》2014 年第 14 期。
⑤ 季羡林主编《胡适全集》第 30 卷，第 23 页。
⑥ 参见石原皋《闲话胡适》，第 187 页。

几百令，得价不及市价的一半。如果此等闲话属实，我这个小股东有何机会可以抗议！

世英兄当日邀我们入股，对于我们一般穷朋友的血本更应该负责任。①

这里的"华夏"是指上海华夏图书出版公司，1946—1947 年曾世英筹划并出任总经理，胡适投资五百美金作为股份。在时局动荡的情况下，该公司的经营十分困难，这是一次失败的投资。

胡适曾写过一篇题为《拜金主义》的文章，表示赞同吴稚晖在《一个新信仰的宇宙观与人生观》中所表达的"拜金主义"教义："第一，要自己能挣饭吃。第二，不可抢别人的饭吃。第三，要能想出法子来，开出生路来，叫别人有挣饭吃的机会。"胡适盛赞"上海青年会里的朋友们现在办了一种职业学校，要造成一些能自己挣饭吃的人才，这真是大做好事。功德无量"。② 胡适对待金钱的态度与传统的"君子爱财，取之有道"的原则契合，不仅"取之有道"，对于他不该或不配领受的金钱，他会有原则地拒领或退还，而且讲究合理使用。他洁身自好，慷慨解囊帮助亲友、学生，真正展现了理想的君子风范。

三　胡适的业余娱乐和运动

胡适曾说："我的一个朋友对我说过一句很深刻的话：'你看一个国家的文明，只消考察三件事：第一，看他们怎样待小孩子；第二，看他们怎样待女人；第三，看他们怎样利用闲暇的时间。'"③ 他还说："凡一个人用他的闲暇来做的事业，都是他的业余活动。往往他的业余活动比他的职业更重要，因为一个人的前程往往全靠他怎样用他的闲暇时间。"④ 胡适重视对闲暇时间的利用，他利用闲暇时间所做的运动和娱乐活动有：洗浴、打球、公园散步、爬山游览、看戏、打牌。下面我们逐项来加以介绍。

---

① 耿云志、欧阳哲生编《胡适书信集》中册，第 1114—1115 页。
② 欧阳哲生编《胡适文集》第 11 册，第 133 页。
③ 《慈幼的问题》，《胡适文存三集》，收入欧阳哲生编《胡适文集》第 4 册，第 587 页。
④ 欧阳哲生编《胡适文集》第 5 册，第 425 页。

　　洗浴、打球。1920—1930 年代，北京澡堂业兴盛，人们去澡堂洗浴以洁身健体。胡适有此爱好，在工作紧张之余，他会抽暇去泡澡堂。在他的日记中，常常留有"洗浴"的记载。① 1918 年 2 月 18 日，北大开学第一天，胡适上了一天课后出城，先到照相馆取照片，然后"出城洗浴。吃了一大盘虾仁炒面当夜饭。又到绩溪会馆去坐了一刻，便回来睡了"。② 就这样新的学期开始了。4 月 16 日，他写信告诉母亲，"今天下午出城洗了一个浴。这几天忙得很，连洗浴的工夫都没有"。③ 洗浴似乎成为他日常的习惯。1921 年 3 月 18 日，"因足伤，久不洗浴，今日洗浴，也是一件快事"。④ 6 月 29 日，他到升平园洗浴，⑤ 这是北京一家高档澡堂，鲁迅亦曾到此处洗浴。西升平在观音寺，东升平在杨梅竹斜街，辟有专门盆堂，价目在五角到一元。⑥ 如此高的价格，自然不是普通人消费的场所。有时他也与朋友结伴去洗浴健身，7 月 12 日，他"与一涵同去洗浴，浴后同至大欲社打球"。⑦ 胡适有时出城洗浴，1922 年 5 月 27 日，他"出城买帽子、剪发、洗浴。一个月没有出城了"。⑧ 根据美国社会学家甘博先生对北京澡堂业所进行的调查，"澡堂是北京人娱乐生活的一部分，人们除了在这里洗澡休息以外，还把它当成朋友之间联络感情、进行社交的地方。许多男人，当他们遇到比较重要的事情需要相互商量时就去澡堂，先洗澡，然后再商量事情"。"这些澡堂的经营运作都是奉公守法的，它们与妓院毫无瓜葛。"⑨

　　胡适健身的主要方式之一是打球。他是行健会的会员，据朱启钤《中央公园记》载："设行健会于外坛东门驰道之内，为公共讲习体育之地。"又据《北京市志稿》，中央公园"迤东为研究古建筑机关中国营造学社旧址，今为国医职业分会；北有行健会，为讲习体育之所"。⑩ 1919 年 11 月 24 日胡适日记载："行健会为科学社事，到者十人，决定在下星期日开成立

---

①　季羡林主编《胡适全集》第 29 卷，第 37、82、147、163、185、199 页。
②　耿云志、欧阳哲生编《胡适书信集》上册，第 128 页。
③　耿云志、欧阳哲生编《胡适书信集》上册，第 153 页。
④　季羡林主编《胡适全集》第 29 卷，第 545 页。
⑤　季羡林主编《胡适全集》第 29 卷，第 327 页。
⑥　参见马芷庠《老北京旅行指南》，北京燕山出版社，1997，第 275 页。
⑦　季羡林主编《胡适全集》第 29 卷，第 357 页。
⑧　季羡林主编《胡适全集》第 29 卷，第 633 页。
⑨　Sidney D. Gamble, *Peking: A Social Survey*, p. 232.
⑩　《北京市志稿》第 1 册，北京燕山出版社，1998，第 587 页。

大会。"① 行健会会员似为科学社的骨干。1921 年 5 月 16 日，胡适与颜任光同去中央公园，恰遇天下大雨，他们"到行健会躲雨"，遇见杨景苏，胡适与杨一起打球，晚上"十时半归"。② 6 月 28 日，胡适与陶孟和一家到中央公园吃饭，饭后大雨，他们"同到行健会打球避雨，到夜深才归去"。③ 胡适日记中留有多处"打球"的记录。如 1919 年 11 月 15 日、19 日、20 日、24 日、27 日、29 日、30 日，12 月 2 日、4 日、5 日、7 日、8 日、14 日、15 日、16 日、18 日、20 日、22 日；1920 年 1 月 8 日、13 日、25 日、28 日，2 月 3 日、13 日、20 日、21 日、22 日，3 月 10 日、20 日、24 日，4 月 3 日、24 日，5 月 9 日、13 日，6 月 12 日，8 月 28 日，9 月 14 日。胡适打的是什么球呢？台球（桌球）、地球、高尔夫球。胡适打球的地点有时需出城，更多的时候是在中央公园，公园里辟有高尔夫球场、网球场。1921 年 5 月 23 日"夜与原放、一涵出城到第一楼打球"。④ 6 月 2 日下午"饭后打球一盘"。⑤ 6 月 24 日，"下午，与二哥到公园，遇着景苏、梁和钧，同吃饭。饭后与景苏、和钧、王兼善同打球"。⑥ 9 月 10 日"与任光同去打球"。⑦ 11 月 12 日"玩公园。晚赴梦旦邀吃饭。饭后与一涵再到公园打球"。⑧ 1922 年 2 月 7 日晚"饭后与文伯打台球两盘，居然胜了他"。⑨ 2 月 12 日中午饭后，与费家禄、王抚五同去公园打了一点半钟的球。⑩ 6 月 7 日"与文伯游公园，打球一点钟"。⑪ 6 月 12 日"下午，开教务会议。与任光、孟和打球"。⑫ 打球既是胡适的一种健身方式，也是他与朋友消遣的一项活动。这项活动可能一度在京城的新派知识分子中比较流行，据载："台球、地球、高尔夫球等，皆系锻炼身体运动之良具。教育界多喜之，球技亦较娴熟，普通人民

① 季羡林主编《胡适全集》第 29 卷，第 20 页。
② 季羡林主编《胡适全集》第 29 卷，第 252 页。
③ 季羡林主编《胡适全集》第 29 卷，第 326 页。
④ 季羡林主编《胡适全集》第 29 卷，第 267 页。
⑤ 季羡林主编《胡适全集》第 29 卷，第 281 页。
⑥ 季羡林主编《胡适全集》第 29 卷，第 320 页。
⑦ 季羡林主编《胡适全集》第 29 卷，第 450 页。
⑧ 季羡林主编《胡适全集》第 29 卷，第 500 页。
⑨ 季羡林主编《胡适全集》第 29 卷，第 512 页。
⑩ 季羡林主编《胡适全集》第 29 卷，第 515 页。
⑪ 季羡林主编《胡适全集》第 29 卷，第 647 页。
⑫ 季羡林主编《胡适全集》第 29 卷，第 654 页。

不与焉。近年各球房为营业竞进计，多添女店员，陪同打球。顾客中亦多有醉翁之意不在酒者，故营业发达与否，恒视女侍者之优劣为转移。"① 原来打球还暗藏玄机。胡适日记中 1918—1923 年常常出现这方面的活动记载，以后就没有了。1931 年 8 月 10 日，胡适日记又载，"同在君的七弟及瀛儿打网球；我十六年不曾打网球了。打的浑身是大汗"。② 由此语可推断，胡适大概在留美时期打过网球。

除了打球，胡适还做体操、举哑铃。1918 年 5 月 11 日，他致信母亲："前天出去买了一对九磅重的铁哑铃，回来做体操出了些汗，身体也爽快些。用心思的人若不运动身体，最易得病。这几天但鼻孔尚不通，别的病都没有了。"③

1922 年 4 月 23 日，北京大学举行运动会，胡适充当评判员。这天胡适的"精神很好"，后来还乘兴参加了教职员的半英里赛跑。《北京大学日刊》特出增刊，胡适应约撰稿——《我对于运动会的感想》："希望许多同学都来这运动会场上尝尝少年的高兴，——把那斯文的老景暂时丢在讲堂上或寄宿舍里！"

看戏。看戏是胡适娱乐的主要方式。胡适早在上海求学时期，就养成了看戏的习惯，他第一次赴京赶考的一个月期间，因忙于考试没有看戏，也不忘留下一笔。"在北京一个月，我不曾看过一次戏。"④ 这大概是他当时忍耐的限度了。

胡适来北大任教之初，因工作繁忙，无暇看戏。来京后第一次看戏是在 1918 年 4 月 26 日，当天他致信母亲："今天有一位朋友请我看戏，看的是名角梅兰芳的《玉堂春》，我自从回到北京直到如今，不曾看过一次戏，都因为太忙之故。胜之在京，我也没有工夫陪他游玩，心甚不安。"⑤ 也许是梅兰芳的京戏重新燃起胡适对戏剧的热情，一周后他又尽兴地玩了一晚。"今天六点钟起来，忙了一天。晚上不高兴在家读书，坐了车出城，到会馆里拉了同乡章君去游新世界（北京新开的游戏场），看人打桌球，又看了两

---

① 马芷庠：《老北京旅行指南》，第 279 页。
② 季羡林主编《胡适全集》第 32 卷，第 138 页。
③ 耿云志、欧阳哲生编《胡适书信集》上册，第 158 页。
④ 欧阳哲生编《胡适文集》第 1 册，第 91 页。
⑤ 耿云志、欧阳哲生编《胡适书信集》上册，第 155 页。

套戏法，又去听北方的大鼓书，南方的滩簧，到半夜才回来。我最不爱玩，今天实在不耐烦，故玩了一夜，倒觉得很高兴。"① 这算是一次对京城夜晚娱乐生活的考察。

胡适是戏剧改革的提倡者，1918 年 10 月 15 日在《新青年》第 5 卷第 4 号上发表过《文学进化观念与戏剧改良》。因此，每当新剧上演，他常出面捧场。他评论当时北京、天津的新剧界：

> 北京也没有新剧团。天津的南开学校有一个很好的新剧团。他们所编的戏，如《一元钱一念差》之类，都是"过渡戏"的一类，新编的一本《新村正》，颇有新剧的意味。……以我个人所知，这个新剧团要算中国顶好的了。②

胡适回国第一次看外国戏可能是在 1920 年 2 月 19 日，当天胡适日记写道："看戏 Pavilion。" "看戏 Up in Mabel's Room 是一本很好的 farce。"③ 毕善功（L. R. O. Bevan）是胡适熟识的一位英国朋友，两人常常约会。他在北大任教，教过英国戏剧，对戏剧颇有雅兴。胡适日记载，1921 年 6 月 10 日"夜间，毕善功先生请我看戏。北京新到一个英国戏班，名 Waring Co.，有四天的演戏。今天演的是小仲马的《方便的结婚》（*A Marriage of Convenience*），写法国十八世纪中叶的风俗，颇使人发笑。有几个人做的很不坏。我自从八年除夕去看过一回英国戏，一年半没有看外国戏了"。④ 1922 年 2 月 16 日，毕善功又邀胡适看北京美术会会员演剧。是夜共演两出独幕剧：第一折为爱尔兰诗人伊慈（William B. Yeats）的《如愿之乡》，第二折为苏格兰文人裴里的《罗刹林》。胡适评论第一折"戏文是韵文的，情节又带神秘主义，不甚可观"；第二折"戏情既佳，做工也极好"。⑤ 5 月 30 日，"毕善功邀去看 American College Womens' Club 演的新剧：（1）Suppressed Desires, a farce by Sussan Glaspell；（2）Alice Sit by the Fire, a comedy by

---

① 耿云志、欧阳哲生编《胡适书信集》上册，第 156—157 页。
② 耿云志、欧阳哲生编《胡适书信集》上册，第 199 页。
③ 季羡林主编《胡适全集》第 29 卷，第 90 页。
④ 季羡林主编《胡适全集》第 29 卷，第 301 页。
⑤ 季羡林主编《胡适全集》第 29 卷，第 519 页。

J. M. Barrie，第二本尤好，我很高兴"。①

克罗兹（General William C. Crozier）将军毕业于美国西点陆军大学，第一次世界大战时曾任美国兵工署署长，退休后"每年同他的夫人总来北京住几个月"，胡适成了他们的忘年交。② 1931 年 11 月 13 日，胡适与丁文江共赴克罗兹将军的晚餐，饭后同听海费兹（Heifetz）的提琴独奏。胡适大为感动，"此君在今日算是最伟大的提琴家，我今天听他奏琴，虽不懂此道，也极倾倒"。③ 胡适偶尔对外人表演的剧目表示不满，1934 年 4 月 24 日晚上，他去看 Vinceng Hundhansen（洪涛生）译的《琵琶记》的德文本的公演，共摘出八幕，原本四十二出，看完后，胡适以为"真是笨的可以了！如此摘演，已很够了"。④

有些外国戏剧团来京表演节目，胡适甚至出面为其做广告。1923 年 4 月 19 日，他致信《晨报》副刊：

> 平安电影戏园在这几天之内有一个班得曼戏班要演四晚的新戏，戏目如下：
>
> 四月二十日 The Man from Toronto
>
> 四月二十一日 The Second Mrs. Tanqueray（第二个汤格雷夫人）
>
> 四月二十三日 The Bat
>
> 四月二十四日 Abraham Lincoln（林肯）
>
> （每晚九时十五分开幕）
>
> 第二种是 Pinero 的名剧，似乎有人译过。第四种是 Drinkwater 的名剧，沈性仁女士曾译为世界丛书之一。
>
> 我很盼望国中提倡新戏的人多看西洋人演做的新戏。因为我不能不承认国中所谓新戏实在不很高明。然而这种缺陷不是笔墨讨论能补救的，只有多读好戏，多看好戏，或可使一班新剧家得点借镜的材料和反省的机会。⑤

---

① 季羡林主编《胡适全集》第 29 卷，第 637 页。
② 参见欧阳哲生编《胡适文集》第 7 册，第 476 页。
③ 季羡林主编《胡适全集》第 32 卷，第 158 页。
④ 季羡林主编《胡适全集》第 32 卷，第 358 页。
⑤ 耿云志、欧阳哲生编《胡适书信集》上册，第 312—313 页。

胡适有时观看本土上演的新戏或电影，但大多评价不高。1921 年 10 月 5 日，他的日记写道："到南园吃饭。饭后到江西会馆看汉调的戏。戏也不见好，我就早走了。我现在真没有耐性看这种鹦鹉式的戏。"① 表现出少有的不耐烦的做派。1922 年 2 月 18 日，"夜到模范讲演所，赴国语运动游艺大会。我演说《国语为什么应该研究》。是夜有中华书局编的国语独幕戏一种，用《探亲家》的调子，实在可笑得很"。② 10 月 30 日晚，胡适与黄国聪去开明剧场观看上海新亚公司新演出的《红粉骷髅》。看后他感到失望，"此影是袁克文编的，情节绝无道理，幼稚的很"。③ 但也有一次例外，1931 年 7 月 11 日晚上，胡适去北平小剧院看公演赵元任译的《软体动物》。对此剧，胡适评价甚高："这是小剧院的空前大成功。扮演的四人之中，马静蕴女士扮白太太，姿态好极了；顾曼侠女士扮罗小姐，也很好。两位男角，邓承勋与王麟君，稍逊，但也很卖气力。元任译此剧，成绩最大。"④ 第三天，他撰写剧评《"软体动物"的公演》，大力推介此剧。

胡适有时也与戏剧界的名流切磋。梅兰芳访美前，曾向胡适讨教，两人因此结下了情谊。1931 年 7 月 27 日，李释戡邀请胡适吃饭，席上有梅兰芳、余上沅、熊佛西诸人。大家畅谈戏剧，胡适建议："北京可设一国立剧场，用新法管理，每周开演二三次，集各班之名角合演最拿手的好戏，每夜八点半到半夜止。每人有固定的月俸，其余日子不妨各自在别处演戏卖艺，但此剧场例定开演日子他们必须来。其余日子，剧场可借作新剧试演及公演场。"⑤ 为在北京开设剧场出谋划策。

随着两个儿子年龄的增长，胡适尽其为父之责，陪小孩看戏也成了生活的一部分。1934 年 1 月 27 日，"同祖望、思杜去看电影 *Road to Life*，是苏俄的影片，写一群流浪的无赖孩子，被一个大教育家收去做工；先在工厂做工，后来这班孩子筑成一条铁路。这里面有一种教育哲学：做工是教育，是生路。片子很动人，有力量。音乐也极好。说话很少"。⑥ 这是我们

---

① 季羡林主编《胡适全集》第 29 卷，第 478 页。
② 季羡林主编《胡适全集》第 29 卷，第 521 页。
③ 季羡林主编《胡适全集》第 29 卷，第 822 页。
④ 季羡林主编《胡适全集》第 32 卷，第 117 页。
⑤ 季羡林主编《胡适全集》第 32 卷，第 130 页。
⑥ 季羡林主编《胡适全集》第 32 卷，第 292 页。

仅见的胡适赞扬苏联电影的文字。1935 年最后一天，"实秋送了两张戏票，我与小三看《中夏夜之梦》（莎翁原著，Felix Mendelssohn's Music，Max Reinhardt 导演），演得甚好。这一年就在这《中夏夜之梦》里过去了！"① 显然，胡适带小孩去看电影或看戏剧，都是选择具有教育意义的剧目。

石原皋回忆："北京最漂亮的电影院仅有真光电影院，院址在东长安街，主要是放映外国影片，胡适去看的，偶尔也看一看中国的影片。"② 证之胡适日记，至少有过四次去真光看戏的记载。第一次是 1921 年 11 月 6 日，胡适与张慰慈、王徵、金岳霖下午在张家打牌，"晚上与他们同到真光去看俄国戏班的游戏的歌剧"。③ 第二次是 1922 年 3 月 5 日晚上，胡适与张竞生去真光影院观看达洛夫的俄国轻歌剧团（Daroff's Russian Light Opera Co）演奏 *The Sinful Vestal*。胡适评论道："这种戏的情节与演奏，与中国旧戏有同样的幼稚。但音乐方面，他们远胜我们了。扮 Vestal 的 Miss Rootkovskaia 唱的最好。"④ 第三次是 1923 年 4 月 6 日，"下午到真光剧场去看女高师学生演戏，演的是《赖婚》，即是套着电影 *Way Down East* 敷演出来的。演的真坏极了；生平不知'肉麻'是怎样的，今天真有此经验了！第十一幕稍好，我赶快走了。近年新剧实在糟极，我们竟无法分身出来做点救济的工夫，实在可愧"。⑤ 第四次是 1924 年 1 月 13 日，"进城后，与冬秀、仰之、成之同在真光看《茶花女》（*Camille*）影戏，悲楚动人，乡间养病一幕尤佳。全剧至马克抱漫郎摄实戈而死，即闭幕，剪裁也还好"。⑥

石原皋还提到胡适去同乐园看戏的经历："胡适不会唱歌，也不会唱戏，但戏还是要看的，无论京戏、昆曲、话剧等等，他都看的。他不是戏迷，也不捧什么艺人。""到北京后，他也到同乐园看过韩世昌的《游园惊梦》，陶显庭的《山门》，侯益隆的《闯帐》。但他特别赞赏的是京剧名坤孟小冬的演出。"⑦ 胡适赞赏孟小冬的情节并不见载于他的文字，但去同乐园看戏确有其事。1921 年 5 月 29 日下午 3 点，胡适到同乐园看戏。同乐园是

①　季羡林主编《胡适全集》第 32 卷，第 538 页。
②　石原皋：《闲话胡适》，第 108 页。
③　季羡林主编《胡适全集》第 29 卷，第 496 页。
④　季羡林主编《胡适全集》第 29 卷，第 531—532 页。
⑤　季羡林主编《胡适全集》第 30 卷，第 7 页。
⑥　季羡林主编《胡适全集》第 30 卷，第 153 页。
⑦　石原皋：《闲话胡适》，第 107 页。

当时北京仅存的三个老式戏园之一。胡适以为它有三点可记之处："(1) 不卖女座。(北京稍新之戏园，楼上包厢均卖女座。)(2) 正厅只设长条单板，板之两旁为座位，看客皆东西向坐，侧身北向，方可看戏。(3) 包厢劣极，只有单凳，凳面约有三寸阔！包厢如此，余座可想。"①

胡适担任北大校长期间，紧张的工作完全占满了他的时间，故这时期未见他在北平有看戏或进电影院的记载。1949 年 2 月 21 日，胡适与朱经农夫人、梅贻琦同去看电影《与父亲一起生活》(*Life with Father*)，他自白"我三年不看电影了"。3 月 9 日又去看电影《疯狂》(*Possessed*)，胡适与男主角 Raymond Massey 相识。② 这时他闲居沪上，显然是借此打发时光，聊作消遣。

胡适不会跳舞，但有时被朋友拉去陪观。③ 1930 年 12 月 6 日晚上，他去德国医院看望生命垂危的朱我农，走出医院，"到六国饭店，赴扶轮社年宴，主宾男女二百人，欢欣笑舞，与顷闻所见朋友垂死，家人暗泣的惨状，如同隔世。这便是人生了！"④ 1931 年 3 月 20 日"在东兴楼吃饭，客为 Miss M. G. Jones。饭后与志摩、郑颖孙同到东安饭店的白宫舞场看跳舞。北京近二年中跳舞场开了不少。前门外的妓女有改业做舞女的"。⑤ 1934 年除夕，胡适在上海舞厅所见的另一幕让他大跌眼镜。"到百乐门，看见宋子文、顾少川、陈光甫、李铭、夏小芳诸人。在那个狂乐的跳舞场上，谁也不感觉空前的经济大恐慌逼人而来，谁也不感觉国家的绝大危险即在眼前！"⑥ 上层社会纸醉金迷般的生活，着实让胡适感到震惊。这六七年，上海、北平这些大城市的中上阶层尽情地享受南北统一后短暂的"太平"日子，对到来的中日战争漠不关心。

打牌。打牌作为一般性消遣，在广大民众中颇为流行，胡适太太江冬秀别无他好，在牌座上算是一个行家里手。石原皋接触胡适时，"没有看见

---

① 季羡林主编《胡适全集》第 29 卷，第 271—272 页。
② 季羡林主编《胡适全集》第 33 卷，第 717、721 页。
③ 1934 年 2 月 8 日，胡适与徐新六到百乐门，自称："我不会跳舞，看他们跳舞。"参见季羡林主编《胡适全集》第 32 卷，第 303 页。
④ 季羡林主编《胡适全集》第 31 卷，第 826 页。
⑤ 季羡林主编《胡适全集》第 32 卷，第 96—97 页。
⑥ 季羡林主编《胡适全集》第 32 卷，第 406 页。

他打扑克，打麻将是偶一为之"。① 胡适的确说不上爱好麻将，但在家里三缺一时，陪夫人玩上几局也是常有之事。在他的日记中，我们不乏看到打牌的记录。1919 年 11 月 20、30 日，1920 年 2 月 22 日、3 月 4 日、27 日都有"打牌"的记载。1921 年 6 月 16 日，"晚间，与冬秀等打牌"。② 1922 年 2 月 6 日"夜与冬秀、一涵、洛声玩牌"。③ 12 月 24 日"下午回家，家中有客打牌，我也打了几圈"。1922 年 6 月 28 日，"下午冬秀与几位女亲戚打牌，我也打了四圈"。④ 9 月 2 日，"与芷龄、子慎、香谷打牌。久不做此事了；近来太忙，每日做十几点钟的工，很想休息，又不得休息"。⑤ 这种情形似乎维持到 1930 年代，1934 年 4 月 3 日，"到张丽门家吃饭，打了几圈牌"。⑥ 1934 年 6 月 10 日，"竹垚生邀在君、汪伯潜与我打牌"。⑦ 参加牌局，胡适多为被动加入。

　　胡适玩牌纯为消遣娱乐，并不赌博狎妓。1922 年 2 月 10 日，胡适应严敬斋之约吃饭。"席上一班都是俗不可耐的人。吃了饭，他们便大赌，推三百元的牌九，一点钟之内，输赢几百！我与文伯、淮钟又不便就走，只得看他们赌。……和这一班人作无谓的酬应，远不如听两个妓女唱小曲子！"⑧ 1923 年 5 月 30 日，胡适听说高一涵娶一个妓女做老婆，因高一涵与他同住一院，怕妻子江冬秀嫌弃，一方面特别写信嘱咐江冬秀，希望"劝他善待此女"；一方面"另作一信与一涵，劝他新娶之后，戒绝赌博，多读书，继续学问的事业"。⑨ 算是尽了一个知心朋友的情分。

　　京城的娱乐生活到民国时期已一分为二：传统的娱乐方式有看京戏，听说书，观赏歌女演唱、赛马，逛妓院，宴饮茶叙；新式的娱乐方式有打球（台球、桌球、网球、高尔夫球），看电影、歌剧、话剧，游览公园，泡澡堂。由于娱乐方式不一，传统与新式的娱乐空间也不一样，娱乐群体遵

---

①　石原皋：《闲话胡适》，第 106 页。
②　季羡林主编《胡适全集》第 29 卷，第 309 页。
③　季羡林主编《胡适全集》第 29 卷，第 511 页。
④　季羡林主编《胡适全集》第 29 卷，第 666 页。
⑤　季羡林主编《胡适全集》第 29 卷，第 735 页。
⑥　季羡林主编《胡适全集》第 32 卷，第 344 页。
⑦　季羡林主编《胡适全集》第 32 卷，第 381 页。
⑧　季羡林主编《胡适全集》第 29 卷，第 513 页。
⑨　季羡林主编《胡适全集》第 30 卷，第 19—20 页。

循"物以类聚"的原则大体分成传统（旧派）与新式（新派）两类，胡适属于新派这一类。关于自己的业余娱乐消遣，胡适有一段自白："我的天性不能以无事为休息的；换一件好玩的事，便是休息。打球打牌，都是我的玩意儿；但'打茶围'，——坐在妓女房里，嗑瓜子、吸香烟，谈极不相干的天，——于我的性情最不相近。在公园里闲坐喝茶，于我也不相宜。"①他的性情比较近于打球、打牌、洗浴这类活动，这些活动除了具有娱乐消遣的效果，还带有社交、会友甚至公共交往的功用，胡适的业余活动比人们想象的确要丰富，他过的主要是新式的娱乐生活。

四　胡适在北京的日常社交活动

胡适不是纯然书斋里的学者，他有自己对社会关怀的一面，今之所谓公共知识分子。作为"公知"的胡适，除了在公共论坛的媒体，诸如报纸、杂志发表言论外，还以其广泛的社交活动涉足于世，发挥其对社会的作用。

叙乡情、攀宗亲、讲祖籍，这是宗法社会的传统规则，也是闯荡异乡的首要可靠社会关系。布满京城的大小各地会馆，是来京各地人士的聚会场所，也是构织社会关系的重要网络。胡适的社交圈首先是安徽同乡。在他来北京的前几年日记中，多处出现其出入绩溪会馆的记录。1919年11月13日，"会馆"。②1920年2月19日，在预算栏"算会馆账"。③2月21日，在预算栏"算会馆账"。④3月23日，"出城至会馆"。⑤5月24日，"出城到绩溪会馆、胡开文、金仍珠（还）先生家"。⑥7月6日，"在明湖春请绩溪同乡吃饭。到者十六人。天忽大风暴雨，为今年最大的雨"。⑦绩溪会馆位于原宣武区椿树上头条1号院，由徽商出资筹建。据传，胡适父亲胡传1881年赴京赶考时曾寄宿于此处，并为会馆捐过款。胡适常在此处设宴招

① 季羡林主编《胡适全集》第29卷，第735页。
② 季羡林主编《胡适全集》第29卷，第9页。
③ 季羡林主编《胡适全集》第29卷，第90页。
④ 季羡林主编《胡适全集》第29卷，第92页。
⑤ 季羡林主编《胡适全集》第29卷，第123页。
⑥ 季羡林主编《胡适全集》第29卷，第267页。胡开文为制造、经营徽墨的墨店，胡适喜用胡开文的墨，故常往该店。
⑦ 季羡林主编《胡适全集》第29卷，第348页。

待同乡，其日记中出现的"算会馆账"应是他偿还饭局欠款的记录。与江冬秀结婚后，1918 年 3 月 9 日，胡适"在会馆中请北京的同乡吃喜酒，大约有两桌人"，① 随后被推任会馆董事（馆长），同时兼任绩溪旅平同乡会会长，任职达 20 年之久。② 显然，胡适被推为董事，无非是因为他作为京城绩溪同乡会人中"豪杰"，拥有广泛的人脉，具有吸纳、号召、凝聚绩溪同乡的能力，同时还能承担相应的经济责任。1921 年 11 月 6 日，胡适与胡煕卿、章洛声"同去看新修的绩溪会馆义园。地点在崇文门外，乃乾隆时所置办"。"此次费去二百四十元左右。"③ 1926 年 3 月 4 日江冬秀《致胡适》信中提及绩溪会馆的事项时表露出厌烦的情绪："你徽州会馆快到交的日期了。你究竟怎么办，你要决定办法。绩溪会馆，又要到请客日期了，你究竟交不交？秀之走了，到天津去了，成之不敢到会馆去，我是不去。闫海母亲时时来说，这个要修房子，他个要做门，这个要裱糊。你这个会馆到底怎样办，我实在替你着急。我想我进你家的门，只故〔顾〕自己快乐，弄到人人忌狠〔恨〕，自己又不明白，还要爱管不相干的事。"④ 显然，应对会馆的各种事宜和费用并不简单。据 1936 年 4 月 18 日章希吕日记载："适之兄管绩溪会馆管了二十年，今年辞去，所有帐目及帐簿拟为他顺序理一清单，以备移交。"4 月 26 日又载："费了十余天工夫，把适兄所管绩溪会馆帐目从六年十二月到十五年六月理出一个头绪。他是无工夫管这种事的，帐中不免有用去而忘记登记的，所以他管会馆不免要赔钱。"⑤ 会馆赔钱大概需要胡适自掏腰包来解决，这是他作为"董事"的职责。1924 年 1 月 19 日在安徽会馆举行了纪念戴震诞辰二百周年演讲会，胡适主席，梁启超等六人出席并演讲，⑥ 这是一次震动北京学界的文化活动。

　　胡适的第二层重要社会关系是他留学欧美的同学，在这个圈子里，他是活跃的一员。北京是聚集欧美留学归来学人最多的城市，来京的"海归"将在异域养成的生活方式带回国内，成立具有各种不同功能的社团组织或

---

① 参见《致母亲》1918 年 3 月 8 日，收入耿云志、欧阳哲生编《胡适书信集》上册，第 137 页。

② 参见曹立先《胡适与北京绩溪会馆》，《北京青年报》2013 年 1 月 30 日。

③ 季羡林主编《胡适全集》第 29 卷，第 496 页。

④ 陈漱渝、李致编《一对小兔子——胡适夫妇两地书》，第 61—62 页。

⑤ 《章希吕日记》（摘录），颜振吾编《胡适研究丛录》，第 269—270 页。

⑥ 季羡林主编《胡适全集》第 30 卷，第 156 页。

机构。如欧美同学会、科学社、文友会、中美协进社、孔德学校等，胡适是活跃在这些社团中的积极分子。

文友会是一个主要由在京西方人士和留学欧美的中国学人组成的社团，胡适是这个组织的会员。1920 年 1 月 17 日晚上，"文友会讲演。文友会餐"。① 1921 年 5 月 27 日，"文友会在来今雨轩开会，到者二十七人，钢男爵（Baron Stäel-Holstein）演说'什么是佛陀传说中的历史部分'（What is historical in the Buddha legend?）。钢先生是俄国第一流学者，专治印度史与佛教史"。② 6 月 14 日，"八点，文友会会餐"。③ 9 月 24 日 "晚七时半，文友会开会，罗氏基金团的主任 Vincent 博士讲演'Social Groups（Classes）and Their Effects'。此君为演讲大家，庄谐杂出，真不易得。讲毕，略有讨论"。④ 1922 年 2 月 15 日 "夜赴文友会，会员 Philip de Vargas 读一文论 Some Aspects of the Chinese Renaissance；我也加入讨论"，⑤ 这是一次对胡适颇有启发的讨论。6 月 28 日，"七时，到公园，赴文友会。是夜的讲演为德国汉学者尉礼贤（Richard Wihlelm），讲《易经》的哲学，大旨用我的解释，没有什么发明"。⑥ 11 月 17 日 "晚上文友会在中央公园开本年第二次会，我演说'中国小说发达史'"。⑦ 1924 年 1 月 23 日，"文友会聚餐，讲演者为 Prof. Janes B. Pratt，他说'暹罗的佛教'，颇有趣味"。⑧ 文友会称得上是五四时期在京最为活跃、定期开展活动较多的中外人士学会组织。

康南耳同学会是康奈尔大学在京的同学会组织。1920 年 1 月 18 日，胡适日记载："Cornell Dinner（桃李园）。"⑨ 这是他有关康南耳同学聚会的最早记录。1921 年 5 月 29 日日记："午间赴康南耳大学同学会的聚餐。我们的同学在京的很不少，今天到的约有三十人。"⑩ 9 月 28 日日记："康耐尔同学会在银行公会公宴新任美国公使许满先生，他是康耐尔大学的前校长。

① 季羡林主编《胡适全集》第 29 卷，第 57 页。
② 季羡林主编《胡适全集》第 29 卷，第 270—271 页。
③ 季羡林主编《胡适全集》第 29 卷，第 308 页。
④ 季羡林主编《胡适全集》第 29 卷，第 463 页。
⑤ 季羡林主编《胡适全集》第 29 卷，第 518 页。
⑥ 季羡林主编《胡适全集》第 29 卷，第 666 页。
⑦ 季羡林主编《胡适全集》第 29 卷，第 834 页。
⑧ 季羡林主编《胡适全集》第 30 卷，第 158 页。
⑨ 季羡林主编《胡适全集》第 29 卷，第 58 页。
⑩ 季羡林主编《胡适全集》第 29 卷，第 271 页。

我演说二十分钟。"①

　　科学社是胡适和一群致力于发展中国科学事业的留美学生 1915 年在美成立的一个组织，随着大批同学的归国，他们的活动由美国转向国内。胡适日记载，1921 年 6 月 12 日 "下午二时，科学社开会，杜威先生演说'科学的教授'"。② 1923 年 4 月 1 日 "下午，北京中国科学社社友会开会，袁复礼先生讲演河南、奉天两处发现的石器时代文化，到者止六人，可见北京讲学之风之不振"。③

　　欧美同学会是 1913 年由留学欧美归国的学生在京成立的一个组织，也是京城最大、最具影响力的留学生组织，胡适常常参加该会的活动。其日记载，1920 年 9 月 25 日 "到欧美同学会看'中国画学研究会'的展览会"。④ 1922 年 3 月 26 日 "到欧美同学会会餐"。⑤ 6 月 1 日 "上午，到欧美同学会开职员会"。⑥ 1925 年 1 月 19 日 "晚上颜骏人请吃饭，有一班政客。席设欧美同学会。同学会的建筑已完功；此次建筑由周季梅、贝季眉、颜骏人等主其事，成绩极好。此会在北京要算一个最华丽的会所了"。⑦ 1937 年 2 月 27 日 "到欧美同学会的大会，主席"。⑧ "主席" 二字足以显示胡适这时已是欧美同学会的头面人物。

　　哥伦比亚大学同学会在京成员很多，似不太经常开展活动。1921 年 7 月 1 日，哥伦比亚大学同学会在来今雨轩为杜威一家饯行，没想到席间 "竟闹出争主席的笑话来！"⑨ 结果是不欢而散。1922 年 6 月 7 日 "七时，到银行公会，赴哥伦比亚大学同学欢迎顾少川的会餐"。⑩

　　扶轮国际分社是一个国际商人俱乐部。胡适日记载，1922 年 1 月 10 日 "午刻与在君、显光同到 Rotary Club 吃饭。这是一个商人俱乐部，每职业只许有一人。各大城皆有这种会，互相联络，总部设在芝加哥。此地的分会

① 季羡林主编《胡适全集》第 29 卷，第 473 页。
② 季羡林主编《胡适全集》第 29 卷，第 302 页。
③ 季羡林主编《胡适全集》第 30 卷，第 1 页。
④ 季羡林主编《胡适全集》第 29 卷，第 464 页。
⑤ 季羡林主编《胡适全集》第 29 卷，第 554 页。
⑥ 季羡林主编《胡适全集》第 29 卷，第 638 页。
⑦ 季羡林主编《胡适全集》第 30 卷，第 191 页。
⑧ 季羡林主编《胡适全集》第 32 卷，第 627 页。
⑨ 季羡林主编《胡适全集》第 29 卷，第 339 页。
⑩ 季羡林主编《胡适全集》第 29 卷，第 647 页。

中，中国人甚少。会期每星期四午会餐一次，不到者有罚。会餐时大家唱歌，时杂以笑谑。有时亦请人演说"。①

孔德学校是 1917 年 12 月 25 日由蔡元培、李石曾与北大教授李大钊、沈尹默、马幼渔、马叔平等在北京东城方巾巷的华法教育会的会址创办的一所学校，胡适是该校董事。1922 年 6 月 27 日，胡适参加"孔德学校常务董事会，没有什么事"。②

协和医学校是 1917 年 9 月由美国洛克菲勒基金会建立的一所医学校，胡适担任该校董事。1921 年 9 月 19 日 "三时，到协和医学校，代表北大，参与正式开幕典礼。是日典礼极严肃，颇似欧美大学行毕业式时。是日着学位制服参加列队者，约有一百余人，大多数皆博士服，欧洲各大学之博士服更浓丽壮观。自有北京以来，不曾有这样一个庄严仪式"。③ 以后，胡适常常出席协和医学校董事会会议，1934 年 4 月 11 日 "协和医学校董事会年会，凡三点钟开完"。1937 年 3 月 27 日 "下午协和医学校校董事会开会，从两点半到七点"，会后胡适与林斐成、方石珊合宴协和的董事、教授与副教授，"到客五十人"。④

中美协进社是一个致力于促进中美友好的民间组织。胡适日记载，1921年 5 月 5 日 "八时，赴中美协进社的年宴，有熊秉三先生（希龄）演说'中国整理财政与新银行团'，颇有可取之论"。⑤ 10 月 29 日 "到香山。今天中美协进社开会欢迎美公使，熊秉三先生为主人，请他一家吃饭"。⑥

美国大学同学会是一个留美同学会组织，胡适是这个组织的会长。胡适日记载，1934 年 5 月 12 日，"美国大学同学会（American College Club）在颐和园开年会，我是会长，不能不去。邀了陈受颐、陈受康兄弟两对夫妇同去"。应与会者的要求，胡适演说了颐和园的历史。⑦

---

① 季羡林主编《胡适全集》第 30 卷，第 151 页。
② 季羡林主编《胡适全集》第 29 卷，第 664 页。
③ 季羡林主编《胡适全集》第 29 卷，第 456 页。有关这次开幕典礼的详细报道，参见中国协和医科大学编《中国协和医科大学校史》，北京科学技术出版社，1987，第 9—11 页。
④ 季羡林主编《胡适全集》第 32 卷，第 349、637 页。
⑤ 季羡林主编《胡适全集》第 29 卷，第 236 页。
⑥ 季羡林主编《胡适全集》第 29 卷，第 491 页。
⑦ 季羡林主编《胡适全集》第 32 卷，第 367 页。

　　在胡适结交的西人中有一位特别值得一提，这就是瑞典著名汉学家喜龙仁（Osvald Sirén），此人以研究中国考古艺术史见长。1922 年喜龙仁访问北京时，多次与胡适会晤，双方互动频繁，就中西美术展开过深入的讨论。胡适日记载，3 月 18 日，"到六国饭店访斯托洪（Stockholm）大学教授西伦（Osvald Sirén）。此君专治美术史，很注意中国的美术；他说中国的美术品所代表的精神的意境，比西洋美术品更多，因为中国美术不拘守物质上的限制，技术更自由，故能表现抽象的观念更深刻。我们谈的很畅快，他把他的的书 *Essentials in Art* 送给我"。[①] 3 月 22 日，"到六国饭店 Professor Sirén 处吃饭。他谈及蚌埠瑞典人某君及教士 Morris 与他曾议组织一个古物学会，拟在涂州发掘古物。近年此地出土古物甚多，故引起人的注意。此事尚未成，因官厅方面尚迟疑，以土匪为推托"。[②] 3 月 26 日，"至钢（和泰）先生家吃饭，Prof. O. Sirén, Mon. Kristian Schijelderup（Christiania）, Mon. Robert des Rotours 皆在座"。[③] 4 月 13 日，"读 Sirén's *Essentials in Art*。此君很推崇中国画，所言亦有独到处。书中引南齐谢赫的《古画品录》的'六法'，第一条'气韵生动'便不好译。在美术史上，中文的'气韵'、'神韵'无法译西文；西文的 tone, rhythm, form 也无法译中文。晚间为 Sirén 译述他的讲演：'Characteristic of Western and Eastern Painting。'"[④] 喜龙仁此次北京之行，详细考察了北京的城门、城墙、故宫，离京后将其研究所得撰成《北京的城门与城墙》（*The Walls and Gates of Peking*, 1924）、《北京帝宫》（*Les palais imperiaux de Pekin*, 1926）。[⑤] 胡适是他在京接触的最主要的中国学者，对他的研究应有一定助益。1935 年 6 月、7 月喜龙仁访问北平时，6 月 11 日、7 月 22 日两度请胡适吃饭叙谈。[⑥] 胡适显然是喜龙仁看重的一位中国学者，只要来北京，他都不会放过与胡适会谈的机会。

　　在京城的欧美文化圈里，因留学国别背景差异，常常出现各种矛盾，胡适似对"法国文化派"心存芥蒂。1925 年 1 月 17 日日记载："通伯又谈

[①]　季羡林主编《胡适全集》第 29 卷，第 545 页。

[②]　季羡林主编《胡适全集》第 29 卷，第 549 页。

[③]　季羡林主编《胡适全集》第 29 卷，第 554 页。

[④]　季羡林主编《胡适全集》第 29 卷，第 575—576 页。

[⑤]　有关喜龙仁这次访问北京的情形，参见 Minna Törmä, *Enchanted by Lohans*: *Osvald Sirén Journey into Chinese Art*（Hong Kong: Hong Kong University Press, 2013）, pp. 72 – 79。

[⑥]　季羡林主编《胡适全集》第 32 卷，第 472、506 页。

北大所谓'法国文化派'结党把持，倾轧梦麟的情形，闻之一叹。梦麟方倚此辈为心腹朋友呢！我虽早窥破此辈的趋势，但我终不料他们会阴险下流到这步田地！此辈者，李石曾、顾孟余、沈尹默一班人也"。①

胡适的第三层重要社会关系是他编辑刊物的同人，胡适在北京参与编辑的刊物主要有《新青年》《努力周报》《现代评论》《独立评论》《大公报·文史》等，为编辑这些刊物，同人常有聚餐和会谈活动。因相关评介较多，在此不再赘述。

胡适还有一个特殊的交友圈——女友。留美时期，胡适喜欢结交女性，与韦莲司等多位女性交往密切。来京的最初一段时期，胡适孤身一人，倍感寂寞，寻找异性朋友自然成为他排解乡愁的心理需要。1918 年 4 月 6 日，他致信母亲提到自己新近结交的几位异性朋友："今天有一位丁先生的夫妇请我吃夜饭。丁先生是英国留学生，现在高等师范教书，他的夫人也是英国留学生（无锡人，他的母舅和我是朋友），现在女子师范教书。同席的有一位陶孟和先生是我的好友，还有一位嘉兴的沈女士，是陶先生的朋友，现在差不多要和他订婚了。此外还有一位上海的沈女士，是女子师范的教员，是我的同学顾君（尚在美国）的聘妻，大家都是熟人，很可谈谈。我在外国惯了，回国后没有女朋友可谈，觉得好像社会上缺了一种重要的分子。在北京几个月，只认得章行严先生的夫人吴弱男女士。吴夫人是安徽大诗人吴君遂（北诗楼主人）先生的女儿，曾在英国住了六年，很有学问，故我常去和他谈谈。近来才认得上面说的几个女朋友。可见中国男女交际还不曾十分发达。"② 信中的"丁先生"是丁巽甫，"沈女士"是沈性仁，章士钊夫人吴弱男，都是出身名门。胡适向往的是一种西方中产阶级罗曼蒂克似的沙龙生活，他对待男女交际的这种开放态度，对当时追求个性解放的一代新青年具有相当的影响。

频繁的社交活动对胡适是一大消耗。1921 年 7 月 9 日，胡适在日记中写道："我近来做了许多很无谓的社交生活，真没有道理。我的时间，以后若不经济，都要糟蹋在社交上了！"③ 他甚至私下抱怨，"来客甚多，甚可

---

① 季羡林主编《胡适全集》第 30 卷，第 190 页。
② 耿云志、欧阳哲生编《胡适书信集》上册，第 148 页。
③ 季羡林主编《胡适全集》第 29 卷，第 354 页。

厌"。① 事实上，以后他的社交活动不但没有减少，反而与日俱增。平时他在家常常接待知名或不知名的来客，解答他们提出的各种问题。1930 年代，在北平，胡适自定每周日上午在家接待来客，1934 年 1 月 7 日日记称："今天来客甚少。我五年来，每星期日上午九点到十二点，为公开见客时期，无论什么客来都见。冬秀戏称为'胡适之做礼拜！'有时候一个早晨见二三十个客，今天只有三位。"② 如此诚挚地对待各方来客，难怪坊间流行"我的朋友胡适之"一语，大家都引胡适为自己的知心朋友。

五　胡适笔下的北京风光

　　胡适喜欢游览北京的风景名胜（特别是西山），他所到之处，日记都留下了相关记载。1927 年 11 月 21 日，陈衡哲致信胡适说："叔永屡举北京的好处，想来打动你的心；但我知道是用不着的，因为在我们的朋友中间，你可以算是最爱北京的一个人了。"③ 陈衡哲说这话的时候，胡适尚在上海。胡适把任、陈夫妇引诱到了北京，而自己却留在上海不肯北归，这让陈衡哲不解。胡适是在何时何地给陈衡哲留下他热爱北京的印象，我们无法考证。不过，从胡适有关北京的评介文字可以看出他的确是挚爱这座文化古城的，也就是陈信中引用他所称的"最文明的北京城"。胡适对北京的好感甚至传染到江冬秀身上，1925 年 12 月 11 日江冬秀给在上海治痔的胡适信中表示："上海过冬不如北京，什么地方都没有北京好。我们到京住惯了，我想别的地方过夏天也不好是［似］北京，早晚一点不热，都是狠凉的。你天天这样的受痛苦，怎样好呢？"④ 正因为对北京感觉如此之好，在胡适第二年出访欧美时，江冬秀仍留守北京。

　　胡适没有留存关于北京的长篇大论，只是在他的日记、书信和其他体裁的文字中常见他有观察北京的文字议论，从这些只言片语的评论中可以看出他的审美情趣、文化品位和对北京的真实情感。

---

① 季羡林主编《胡适全集》第 29 卷，第 455 页。
② 季羡林主编《胡适全集》第 32 卷，第 264—265 页。
③ 耿云志主编《胡适遗稿及秘藏书信》第 36 册，黄山书社，1994，第 178 页。
④ 陈漱渝、李致编《一对小兔子——胡适夫妇两地书》，第 56 页。

厂甸的庙会是北京正月最热闹的地方。1920 年 2 月 20 日（大年初一），胡适日记写道："与梦麟去厂甸，玩了两点多钟，买了一点玩物。"① 这可能是胡适第一次逛厂甸春节的庙会。

北海离胡家不远，尤其是胡适搬到米粮库 4 号后，相距咫尺。1921 年 6 月 27 日，胡适才首次游玩北海。当天他的日记写道："出门到北京饭店，看昨晚到的 Mr & Mrs. H. K. Murply（茂费），吃一会茶，他们邀我同去玩北海，这是我第一次玩北海。我们三个人都是很忙的；茂费先生是一位建筑工程大家，他只要看一个大概，故我们只到了永安寺一处。我们走上正觉殿的顶上，四望北京的全城都在眼底，西北、东北诸山也极分明。斜日照在宫墙上，那红墙与黄琉璃瓦好看的很！我不曾见过北京像今天这样标致。"② 胡适陪同的这位茂费（今译墨菲）先生可是一位了不起的美国建筑家，在中国设计过许多著名的近代建筑，1929 年应南京国民政府之请主持制定首都规划。③ 1922 年 9 月 19 日下午，胡适与江冬秀、胡祖望再游北海。④ 1930 年 10 月 7 日晚上，胡适在北海仿膳等候任鸿隽夫妇，"看月亮起来，清光逼人，南方只有西湖偶有此种气象"。⑤ 他在上海生活了三年，从北海联想到杭州的西湖，可谓浮想联翩。

城南有先农坛和新辟的城南公园。1922 年 9 月 3 日，胡适与邓芝园找蔡元培谈教育经费事，恰逢蔡先生带儿女去先农坛游玩，胡适借教育部车追踪到先农坛，找到蔡先生。随即"游览一周"，"又到城南公园游一次"，此地自重开以来，胡适还未来过。⑥

西山是北京西边的风景名胜，胡适在北京的岁月里，去得最多的风景区就是西山。他去西山的日期并不一定，春夏秋冬四季都留下了他游览西山的足迹。不管是什么季节去西山，胡适对之都有一种愉悦的感受。

1918 年初秋，胡适打算利用开学前的空暇，到西山做一休整。9 月 14 日他致信母亲说："我因今年以来，不有一天休息，故觉得精神有点疲倦。

---

① 季羡林主编《胡适全集》第 29 卷，第 91 页。
② 季羡林主编《胡适全集》第 29 卷，第 323 页。
③ 有关墨菲在华建筑事业，参见 Jeffrey W. Cody, *Building in China: Henry K. Morphy's "Adaptive Architecture" 1914 – 1935*（Hong Kong: The Chines University Press, 2001）。
④ 季羡林主编《胡适全集》第 29 卷，第 755 页。
⑤ 季羡林主编《胡适全集》第 31 卷，第 742 页。
⑥ 季羡林主编《胡适全集》第 29 卷，第 738 页。

现定明日出京，到京城西边的西山去养息七八天。那边空气很好，风景也好，可以每天上山去玩玩，也不会客，也不办事，也不操心。养了几天回来，定然身体更好了，精神也更好了。"① 9 月 17 日，胡适去香山游玩，住在静宜园。午饭后先看碧云寺，"此寺乃是乾隆时重建的，今虽倒坏，还有很壮大的规模。有一座塔，工程极伟大"。傍晚去游静宜园，"此园很大，一时走不完。我们走到一座很高的茅亭上，月亮刚出来，那时的景致真美"。18 日早晨骑驴去游"八大处"。"'八大处'乃是八个有名的寺院、庙宇，离此地约有三十多里路。我骑驴到山下，独自上山。从上午十点多钟起，爬山过岭，直到下午三点钟，方才回到山下，寻着骑来的驴子，又骑着回来。我十几年不曾骑驴子，今回颇有点痛苦。我们瘦的人骑驴骑马都要吃亏的。山上吃的水颇好，远胜城里的水。"② 在西山一住就是五天，天天爬山，面色晒黑，精神大好。③ 一个星期后，胡适还写信告诉母亲"我从西山回来已有一个礼拜了。身体很好，精神也还好"。④ 可见这次西山之行对他的调养之效。以后，几乎每年都能看到胡适去畅游西山的记录。《论语》曰："知者乐水，仁者乐山；知者动，仁者静；知者乐，仁者寿。"如以胡适喜欢爬山的这一取向来看，他应属仁者一类。

1920 年 3 月 14 日，"青年会会齐，赴西山开讨论会"。⑤ 正是在这次会上，胡适、蔡元培、蒋梦麟、李大钊在卧佛寺留下了珍贵的合影。⑥

1921 年 6 月 10 日，这天是端午节。蒋梦麟邀胡适、王徵到西山散步，带有排忧解闷之意。胡适当日写道："梦麟此次处境最难，憔悴也最甚。今天我们同到八大处脚下的西山旅馆坐谈三个多钟头，也可算是偷闲寻快活了。"⑦ 6 月 19 日，胡适与陶孟和、Merz "同游西山，先游颐和园，次至静宜园吃饭，饭后游香山几走遍全园，又参观香山慈幼院。后到八大处脚下第一旅馆少歇"。胡适自去年病后，这天"走路最多，故颇觉疲乏，遂独留

① 耿云志、欧阳哲生编《胡适书信集》上册，第 191 页。
② 耿云志、欧阳哲生编《胡适书信集》上册，第 191—192 页。
③ 耿云志、欧阳哲生编《胡适书信集》上册，第 192 页。
④ 耿云志、欧阳哲生编《胡适书信集》上册，第 192—193 页。
⑤ 季羡林主编《胡适全集》第 29 卷，第 114 页。
⑥ 参见欧阳哲生编《胡适文集》第 2 册照片。
⑦ 季羡林主编《胡适全集》第 29 卷，第 301 页。

在旅馆里看书"。① 10月9日上午9时，胡适"与文伯、擘黄、叔永、莎菲同坐汽车往西山'八大处'，上秘魔崖一游，回至西山旅馆吃中饭。饭后，同至香山园。今日为香山慈幼院开周年纪念大会的日子，故往参观"。"游了一些地方，到昭庙时，始知这个破败的庙已在几个月之中变成一个很好的女红十字会的新会所了。此种成绩确可惊异。"② 胡适与熊希龄关系密切，他是香山慈幼院的评议员。③ 10月29日，胡适与朱经农去西山，在香山住了一晚，与刚刚来京的美国旧金山商会游历团一起参观熊希龄的香山慈幼院，游览碧云寺，"甚乐"。秋天的香山层林尽染，满山枫林，风景迷人。胡适睹此景物，不胜感慨：

> 香山秋色此时最好。山上有红叶，但不甚多。最好的是白果树，树叶嫩黄，其美无比。我想做一首诗，竟不能成。④

10月30日，胡适与朱经农游香山，参观慈幼院图书馆熊氏藏书。胡适感觉"这两天的游玩，于我甚有益，脚上的肿也消了"。⑤

1922年3月12日，胡适与张慰慈、黄国聪、颜任光同游香山。这天的日记写道："久不游山，今日畅游，甚乐。出香山后，又到西山脚下的西山旅馆吃茶。"⑥ 4月4日，胡适一家与高一涵、江泽涵、章洛声同游西山。第二天，他"与经农、任光同去寻辽皇坟，竟寻不着"。⑦ 他的游玩还伴随着考古的任务。7月29日下午，王徵（文伯）、严敬斋（庄）、朱继圣这些老朋友邀胡适坐汽车同去游览西山。"先到甘露旅馆，次到西山旅馆，晚九时半始进城。今年雨多，西山无一处不绿，为往年所未有"。⑧

1923年12月22日，胡适去西山看丁文江、徐新六为他借得刘厚生在

---

① 季羡林主编《胡适全集》第29卷，第314页。
② 季羡林主编《胡适全集》第29卷，第479—480页。
③ 参见季羡林主编《胡适全集》第29卷，第215页。
④ 季羡林主编《胡适全集》第29卷，第492页。
⑤ 季羡林主编《胡适全集》第29卷，第492页。
⑥ 季羡林主编《胡适全集》第29卷，第537页。
⑦ 季羡林主编《胡适全集》第29卷，第566页。
⑧ 季羡林主编《胡适全集》第29卷，第698页。

秘魔崖的房子，① 随行的有胡祖望、王徵、张慰慈，傍晚在西山饭店吃饭。
晚上胡适独自"步行回山。是夜为阴历十五日，月色佳绝，颇得诗意"。前
天他曾收到曹诚英的信，两人这年在杭州烟霞洞过了几个月的"神仙生
活"，触景生情，胡适写下了那凄婉的诗句："山风吹乱了窗纸上的松痕，
吹不散我心头的人影。"② 这次出游西山，可能与丁文江的建议有关。1923
年10月19日，胡适与丁文江在沪会谈，内容涉及《努力周报》与北大事，
丁为胡献策："移家南方，专事著作，为上策。北回后，住西山，专事著
书，为中策。北回后回北大，加入漩涡，为下策。"胡适以为，"上策势有
所不能，而下策心有所不欲，大概中策能实行已算侥幸的了"。③ 胡适此
次西山之行，实为考察在西山租借房子之可行性。

　　1930年10月6日（中秋节），胡适与任鸿隽、陈衡哲一家去游西山。
"从西山脚下，上到老虎山顶。此山在西山八大处之最西，前后无遮拦，故
能望的最远。前面可见北京城及万寿、玉泉诸山，后面可见浑河、十景山，
及戒台寺。"④ 胡适一到北平，就做此秋游，旧地重游，沉浸在西山的大好
美景之中。当晚他们又做"久谈。月色极好"。胡适留有残诗一首，似是抒
发当时的情怀：

> 许久没有看见星儿这么大，
> 也没有觉得他们离我这么近。
> 秋风吹过山坡上七八棵白杨，
> 在满天星光里做出雨声一阵。⑤

---

① 丁文江为胡适在西山借房子之事，在1923年11月1日丁文江致胡适信中有说明："西山的
　房子，仍旧是秘魔岩刘宅最为合宜，因为不但房间较多、较大，于带书、带家眷方便，而
　且离黄村车站很近，来往不必定要汽车。梦麟说碧云寺李石贞［曾］的房子可以借，文伯
　说房子不好，不如刘宅。等你回来自己决定罢。"收入欧阳哲生主编《丁文江文集》第7
　卷，湖南教育出版社，2008，第215页。此事为鲁迅闻知，1923年12月31日，鲁迅致信
　胡适："闻先生已看定西山某处的养息之地，不知现在何处？我现搬在'西四砖塔胡同六
　十一号'，明年春天还要搬。"此信收入季羡林主编《胡适全集》第30卷，第141页。
② 季羡林主编《胡适全集》第30卷，第134—135页。
③ 季羡林主编《胡适全集》第30卷，第74—75页。
④ 季羡林主编《胡适全集》第31卷，第741页。
⑤ 《十月九夜在西山》，收入欧阳哲生编《胡适文集》第9册，第258页。此诗将日期系于
　"十月九夜"，疑有误。

1931 年 3 月 15 日，胡适与任鸿隽、陈衡哲夫妇再游西山。他的日记写道："先到玉泉山，刚上山，忽大雨，我们在玉泉傍一个亭子上避雨，雨中景致绝好，在北方春天不可多得。雨后到西山饭店吃饭，饭后同游秘魔崖。"①

1932 年 8 月，胡适赋诗《读了鹫峰寺的新旧碑记，敬题小诗，呈主人林行规先生》，结合 1934 年 4 月 15 日胡适日记所记："前年我与丁在君住秀峰寺，林君嘱题山上新旧各碑拓本册子，我与在君各有诗，皆未留稿。今日见原题册子，尔纲代抄一份，附在此。"② 可知，胡适与丁文江 1932 年有西山之行。胡适同丁文江、翁文灏与新成立的鹫峰地震研究室成员的合影可能亦摄于此行。

1934 年 1 月 2 日，胡适陪张蜀川、章希吕、胡铁严去游西山。先到西山饭店，上山到灵光寺，游至秘魔崖，下山到饭店中吃午饭。饭后再去游香山，到双清、甘露旅馆、十八盘三处。据胡适日记所载，在回程路途，他们专门去凭吊了李大钊，"路上过万安公墓，我们进去看李守常（大钊）的坟。去年他葬时，我不曾去送。今天是第一次来凭吊。他葬后不久，他的夫人又死了，也葬在此。两坟俱无碑碣。当嘱梦麟补立一碑"。"今日之游甚畅快。"③ 当天随行的章希吕也留有日记，据载，这天九点半他们一行乘了胡适新买的汽车出阜成门，十点二十分到西山，下午六时半回到胡适家。章氏也提到李大钊墓，"香山左近有个万安公墓，规模很大，是三四年前几个开通人士新创，已葬下去的有百余棺，李大钊夫妇亦葬在里面"。此行"计适兄今天约花二十余元，汽车费用尚未算在内。来回约百里以外"。④ 这次西山之行，胡适特意去"凭吊"李守常，足见他对这位亡友的情感。

4 月 15 日，林行规夫妇邀请胡适一家游览西山，罗尔纲、章希吕随行。林行规曾任北大法科学长，与丁文江交谊甚深，胡适与他的结交可能系丁促成。胡适一行先访黑龙潭，次到大觉寺，然后上秀峰寺就餐。"此寺为明朝一个交南和尚智深创立的。林君买得此山，改名为鹫峰山庄，种树造林，修路甚多，山色一新。他又捐地捐款，由地质调查所在山上设地震研究室，

---

① 季羡林主编《胡适全集》第 32 卷，第 94 页。
② 季羡林主编《胡适全集》第 32 卷，第 352 页。
③ 季羡林主编《胡适全集》第 32 卷，第 261 页。
④ 参见《章希吕日记（摘录）》，颜振吾编《胡适研究丛录》，第 249—250 页。

成绩甚好。现在山上多花树果树。今天我们来时杏花正开，比大觉寺多的多。"饭后，胡适一行从寺中出发去山顶，"山顶眺望甚远；山下有大村，名白阳河。有河道，无水，远望去只见白沙一带"。四点下山，六点到家。①

1935 年 5 月 26 日，胡适与霍尔考比教授、福斯特教授、蒋梦麟、陈受颐同游西山。先后游览玉泉山、白松林、秘魔崖，中午在西山饭店吃饭，饭后再到香山，游双清，沿十八盘下山，到碧云寺。此次出游西山，胡适感慨："游山有可谈的伴侣是很可喜的事。玉泉山上的石塔，碧云寺的石塔，雕刻都还工致，但不是很生动的艺术。中国雕塑都是匠人工作，不是士大夫工作，故程度不高。"②

胡适最后一次去香山可能是 1937 年 1 月 31 日。当天"与冬秀、小三、郭绛侯夫人、郭丽兰同去游香山，天太冷，游的不舒服，就没有到别处去了"。③

胡适实地游览长城的时间较晚。据其 1934 年 5 月 26 日日记："与丁在君、徐新六、竹垚生、杨珠山同游长城，前年我曾坐飞机游览长城与明陵，但我不曾走上长城过，今天是第一次。火车到青龙桥，有坐轿子的，有步行的，都上八达岭去。"在长城上时，恰遇天下冰雹，胡适一行遍体淋湿。"岭上长城，我试用脚步横走，量得七步半。约两丈。工程自是浩大。但我们真有点不解当日何以需用这样笨的防御工作，遇到重要时期，长城始终不曾有大得力处。"④ 从军事防御的角度，胡适并不看好长城的作用。这与他 1932 年 12 月 6 日在长沙参观"要塞"后所发的议论如出一辙："要塞凡六十八里，共费九十万元。设计者为法国留学生刘运乾，实则德国军事顾问也很参有意见。""我们今天所看，不过'要塞'的一部分。此种建筑，用以抵御共产党军及匪军，自然就够了。用于御现代强敌，则丝毫无用。"⑤

北戴河虽不属北京，但它是北京人暑假常去度假的海边浴场。胡适曾两次赴北戴河休整，这都出自他的密友丁文江的安排。第一次是 1924 年 8 月，他在北戴河度过一月，住在丁文江夫妇寓里，常常与丁结伴游山下海。

---

① 季羡林主编《胡适全集》第 32 卷，第 351—352 页。
② 季羡林主编《胡适全集》第 32 卷，第 459 页。
③ 季羡林主编《胡适全集》第 32 卷，第 617 页。
④ 季羡林主编《胡适全集》第 32 卷，第 371 页。
⑤ 季羡林主编《胡适全集》第 32 卷，第 182—183 页。

胡适感叹"这一个月要算是今年最快活的日子"。① 第二次是从 1931 年 8 月
6 日到 17 日，胡适后来在《丁文江的传记》里深情地回忆起他与丁文江度
过的这段美好时光："这十天里，我们常赤脚在沙滩上散步，有时也下水去
洗海水浴或浮在水上谈天，有时我们坐在沙滩上谈天看孩子们游泳。晚上
我们总在海边坐着谈天，有时候老友顾湛然〔震〕也来加入谈天。这十天
是我们最快乐的十天。——一个月之后，就是'九一八'的日本暴行了!"②
北戴河作为度假胜地，给胡适带来了极其愉悦的享受。

胡适是南方人，来到北京，对这里的气候自然相当敏感。北京的天气
之变幻常常显露在他的笔下。初到北京，胡适并没有太多不适的感觉。1917
年 10 月 15 日，他致信母亲说："北方虽冷，然与纽约与绮色佳均差不多。
儿当自己留意，望吾母勿念也。"③ 北京与纽约、绮色佳的纬度相差无几，
这也许可以解释胡适为何能适应北京的气候。胡适写作此语时是在秋季，
这是北京一年四季中最宜人、最舒适的时节。

北京的冬天气候寒冷，常降大雪，胡适特别欣赏北京的雪景。1933 年
12 月 28 日，他在日记中表现了这一心态：

> 前夜大雪，昨日又下了大半天的雪，故一路雪景很美。昨夜有大
> 雾，今日树枝皆成玉树，此即崔东壁所谓"雾树"也。此景为北方冬
> 天最美的，古人惟东壁特别注意到它，并说明其理。
>
> 今夜到福开森家吃饭。他的女儿 Mary 谈到雪景，说昨夜大雾，故
> 今天树枝皆成奇景。我心里不禁叹服西洋人的观察力。崔东壁说"雾
> 树"，破旧说而立新说，我们都佩服他的细心。不料西洋人早已认此现
> 状为大雾冰凝的结果了。④

春夏的北京可是另一番模样：春天多雨，夏天太热，胡适对此感到特
别不爽。"北京有几个月没下雨了，今晚忽然下雨，终夜不歇。"（1918 年 3

---

① 季羡林主编《胡适全集》第 30 卷，第 193 页。
② 欧阳哲生编《胡适文集》第 7 册，第 498 页。
③ 耿云志、欧阳哲生编《胡适书信集》上册，第 110 页。
④ 季羡林主编《胡适全集》第 32 卷，第 252 页。

月23日《致母亲》)① "昨日今日天雨可厌，北京最怕雨。一下雨，路便不可行了，车价贵至一倍多。"（1918年5月11日《致母亲》)② "大雨了两天，可厌之至。"（1918年5月24日《致母亲》)③ 下雨给出行带来极大不便。"这时天气已有点热了。此间太寂寞，闷得很，精神也不好。我又不喜欢出门看朋友，故格外无聊。北京的春天，天气真有点讨厌，我从来没过过这种讨厌的春天。"（1918年5月15日《致母亲》)④ 夏天的北京时雨时热，亦让胡适不适。"这几天天气极热，不能做什么事，可厌得很。"（1918年7月13日《致母亲》)⑤ "连日北京有大雨，天气骤凉，容易伤风。冬秀近有小伤风，头痛终日，但无他病，想不日可愈也。"（1918年7月21日《致母亲》)⑥ "连日大热，今日更甚，什么事都不能做。上午草一函与顾季高，竟汗下遍体。"（1931年7月28日）⑦ 从胡适这些记录北京天气的文字里，可以发现，那时的北京雨水并不少，夏天的气温也不低。在当时的条件下，胡适确实克服了一些困难，以适应北京的气候。

五四时期是民俗研究兴起的时期。胡适极力扶植民间文学，对流行北京的民间歌谣颇为推崇。1919年，常惠送他一册意大利驻华使馆文化参赞卫太尔男爵（Baron Guido Vitale）搜集的《北京歌谣》（Peking Rhymes），两年后他特别撰文《北京的平民文学》加以推介。"此书收了一百七十首，真是一部宝书。他的注释颇有趣的，如释葫芦为 Pumpkin。但他的大功劳是不可没的。中如'槐树槐'（页37）、'小小子儿'（页41），都是我家中的老妈子们教给祖儿们唱的，字句几乎完全相同，可见当日搜集时记载的正确。"⑧ 1922年7月30日，北京《益世报》刊载了一篇歌谣，胡适特别以"一篇绝妙的平民文学"为题加以推荐，将之刊登在《努力周报》上。

1927年，上海商务印书馆出版了美国摄影师赫伯特·C.怀特（Herbert C. White）拍摄的《燕京胜迹》（Peking：The Beautiful）影集。书内收集了

---

① 耿云志、欧阳哲生编《胡适书信集》上册，第142页。
② 耿云志、欧阳哲生编《胡适书信集》上册，第158页。
③ 耿云志、欧阳哲生编《胡适书信集》上册，第161页。
④ 耿云志、欧阳哲生编《胡适书信集》上册，第159—160页。
⑤ 耿云志、欧阳哲生编《胡适书信集》上册，第167页。
⑥ 耿云志、欧阳哲生编《胡适书信集》上册，第172页。
⑦ 季羡林主编《胡适全集》第32卷，第130页。
⑧ 季羡林主编《胡适全集》第29卷，第756—757页。

作者拍摄的 70 多张黑白和彩色照片，照片四周配有丝绸刺绣的图案。扉页题词"献给所有热爱中国光辉灿烂的艺术遗产的人们"。1927 年 11 月 10 日，身在上海的胡适应约为该书引介，这篇文字表现了胡适的审美情趣和对中国建筑艺术的独特见解，因未收入《胡适全集》，屡见人引错，现试译全文如下：

在她那本极具价值的关于北京的著作中，裴丽珠（Juliet Bredon）女士在序言里有一段非常谦逊的评述："对北京进行恰到好处的欣赏并不是一个西方人力所能及的。……若想做到这一点，就必须对中国的过往有通透的了解；对中国人的特性和宗教具有无限同情；不只要了解文人阶层的精神气质和统治者们的治国之道，还要对中国的至理名言、百姓俚语、街谈巷议都非常亲切和相当熟悉。"

我完全赞同这段精到的评语，而且愿为裴丽珠女士的观察做些补充。相比于本地居民，来北京的西方游客常常能更好地欣赏北京的艺术魅力和建筑之美。当然这不是说中国人爱北京不如西方人，而是究其心营目注，中国人往往关注的是北京温和的气候、晴朗的天空，或者是她的悠闲自在、浓郁的文化氛围，很少有人注意到在这些之上的艺术之美和建筑之富丽堂皇。

有几点显见的理由可以说明中国人在艺术和建筑方面缺乏欣赏力。中国的帝王宫殿和皇家园囿几百年来都是一般人甚至高级官员所不能涉足的禁地。到处是连绵的高墙，它给人们带来诸多不便，以致人们不得不走出北门再绕回南门。人们朝夕相望的只不过是一些颓圮碎瓦和红墙黄顶，这对他们早已丧失了吸引力。帝制时代的诗人墨客除去在偏僻的城南一座荒寂孤零的凉亭——陶然亭外，在城里没有地方游览和聚会。无怪乎长居北京的人们丧失了对建筑之美的欣赏力，从来没有认识到这一点。

但是真正的原因还深藏在这个国家的哲学、艺术背景之中。中国人是一个讲求实用性的民族，过度沉湎于功利主义，看重事物的实用价值而非内在的美学价值。孔子因为崇尚音乐与舞蹈而被墨家大加讥议，然而即使是孔子，也难逃短视的功利主义。在他颂扬伟大、传奇的大禹时，孔子对禹"卑宫室，而尽力乎沟洫"的懿行给予了特别的赞颂。由此也生出了很多传说，说尧、舜在"茅茨不翦，采椽不斫"的宫室中治理国家。每当后世的文人士大夫要批评专制君主的奢侈时，就会频繁征引这些关于节俭美德的例证。

自然派的哲学家们（通称道家），也反对发展精致的艺术。老子走得如此之远，以至于非难所有文化，认为文化是引导人们背离自然。在这些哲学家眼中，万事万物皆应道法自然，艺术是反自然的，就是不善。的确，这种推崇自然、反对艺术的哲学观也产生了其自身的艺术形式。"田园诗人"的产生即受此影响很大，他们歌颂静默的花朵、奔涌的溪流、壮丽的河山以及男耕女织的田园生活。这些诗人又引发产生了自然画家——"山水自然"派画家——这些画家寄情于泉石松林，通过艺术化地描绘那些不期而遇的自然片段表达他们自己的情感和理想。

正如自然派哲学家时常居住在蓬户柴门的陋室，自然派艺术家也只从乱石、泣柳和苍松当中去汲取灵感。建筑之美并不能唤起他们的兴趣，因此建筑也不被置于好的艺术行列。他们认为，建筑只不过是工匠迎合富豪和权贵们穷奢极欲的技艺而已。

这种本土的哲学和艺术传统，似乎在有意抹杀建筑艺术的辉煌和伟大。正是艺术和知识阶层（不包括山水画派）这种漠不关心的态度，使得中国的建筑至今仍然保留着传统的工艺和式样。《营造法式》初版于1103年，是一本讲述建筑方法和设计的图书。研究这部书就会发现，中国的建筑几百年来没有任何改进，没有超越工匠的经验传统而有所突破。艺术家们轻视建筑，功利主义的儒学家更认为这种靡费就是虚耗民脂民膏。今日北京的伟大建筑，不正是承受着这种传统观念的裁判吗？

举例来说，提起颐和园，许多人就会想起昏庸的西太后曾经挪用本来用于兴建新海军的240万两白银。真正壮观的班禅喇嘛纪念碑，被裴丽珠女士认为是北京周边最具代表性的现代石刻艺术典范（本书第49页），而在中国人眼中，它不过是少数民族建筑中一件最豪侈的碑碣，用以纪念一个粗俗宗教的野蛮领袖而已。中国的长城是世界七大奇迹之一，而在中国多少年来还不是产生了千百支哀怨反抗的民歌，哀痛那些无名奴隶劳工的悲惨命运；或是用来谴责统治者的黩武和领土野心，他们因此为长城的建造和重建寻找理由。

对于西方旅行者而言，因为没有这种艺术和道德的成见，他一踏入北京就会立刻爱上这里。他会为北京城的红墙、斑驳的匾额、秀美的荷池、耸立的松柏，尤其是建筑的雄伟壮丽而欣悦不已。他会迫不及待地向本国使馆申请去访问寺庙和宫殿，这些地方直到最近几年还不曾向公众开放。他会马上去探访北海和颐和园、狩猎园、西山内外的寺庙，然后踏上去长城和明陵的路。他寻找一处可以栖居的住所，他已在北京逛够，因此沉醉于北京之美而不能自拔。他必须深入研究这些宏伟建筑所具的宗教、权力和富贵的意涵。

这本《燕京胜迹》影集的作者赫伯特·C. 怀特就是这样一位北京的狂热爱好者，他是上海时代出版社的景观艺术负责人，1922 年来到这个城市，很快就跟随他在北京的哥哥学习语言。兄弟俩都承认他们从到北京的第一天起就深深地爱上了这里。在他们一年的语言学习期间，他们花费了每一个假日和每一个空余时间去探究宏伟的纪念碑和艺术、建筑胜地。那一年，他们拍摄了七百张北京及其风景照片。

在上海做完工作后，怀特先生每年夏天都会返回北京。他拍摄的照片已累积到三千张，从这一巨大的积累中选择了七十张照片编入此影集。1925 年，他有两张照片被哈德逊摄影竞赛（Henderson photographic competetion）授予一等奖，这两张照片收入本书的首页和最后一页。

从使用 Graflex 相机起，怀特先生就不断地研究普通相机在拍摄物体时光线不足、距离太远或场景太宽的难题。通过对艺术的刻苦钻研，他逐渐使自己能够处理所遇到的各种紧急的状况。杰出的美丽照片是在第 87 页，它显示出宫殿与大理石如果不借助一个特别镜头的帮助，将不可能被拍出来。从高耸的白塔拍摄鼓楼景象（第 41 页），几乎是奇迹般的效果，只有使用特殊的器材才有可能。

在这本影集里有些景观已经变成历史的记录。例如，圆明园里保留的蒋友仁（Benoist）描绘的喷泉大理石展示在第 33 页，现在已经从他们照相的景点消失了。圆明园——耶稣会士蒋友仁神父在 1767 年写道："没有哪里能与这座花园媲美，它确实是一座地上的天堂。"——在 1860 年被销毁。它的荣耀现在只是存在于蒋友仁、王致诚（Attiret）和其他访问过它的人们遗留给我们的记录之中。这是多么遗憾啊！它是最早的东西建筑结合纪念碑。如此小的一块历史残垣被一幅现代艺术照片记录下来了。

我确信，像这样呈现在这册影集里所收集的北京照片，将不仅是为了向西方的朋友介绍或深入地玩味北京，也是帮助和教育中国人将他们的传统偏见放在一边，学习欣赏北京作为他们最有价值的艺术遗产的纪念品。

让我们忘记隐藏在这些宫殿里的罪恶，让我们忘记那些杖死在锦衣卫的棍棒之下的明朝大臣和御史大夫，让我们忘记慈禧太后为了营建度假胜地而挪用海军军费，庆幸在海军战败，清朝归为历史陈迹之后，还能有些美景得以留存；让我们以平静的心情登上白塔，让思绪超越密宗宗教的魔力，追忆鞑靼皇帝（即辽道宗耶律洪基——译者注）为萧皇后（抑或李夫人？）在琼华岛之上建筑妆洗楼的美丽动人传说。让我们忘记，至少在此刻，所有环绕我们周围的人们的苦痛和哭泣，沉浸在欣赏《燕京胜迹》的遐想之中！

北京——美丽的北京，这个题材没想到也能勾起胡适一连串哲学的、历史的、艺术的思考。胡适对中国传统排斥宏大建筑和精致艺术的批评，作为一家之言，有其深刻的一面。

1936 年 5 月胡适作诗《题北京皇城全景》，诗曰：

> 殿宇崔嵬一望中，依然金碧映晴空，
> 才人秀笔描摹得，六百年来大国风。
> 赫威史女士为克罗希夫人作此皇城全景，笔意壮丽细密，作此题之。①

可惜胡适所言这幅"皇城全景"不得而见，可能已不存于世。赫威史女士为何许人也，亦不得而知。仅从"壮丽细密"四字可以揣摩，这应是一幅金碧辉煌、气势壮丽的北京画卷。

胡适在北京的游览空间，城里主要是中央公园、北海，城外则是西山，北京的风景名胜分布内外城和京郊各处，胡适在北京 18 年，光顾的景点并

---

① 季羡林主编《胡适全集》第 32 卷，第 568 页。

不太多。以胡适的才性和考据癖，本应有机会撰写《西山游记》一类的游记。令人惋惜的是，他没有留下类似《庐山游记》《南游杂忆》那样的有关北京风景名胜的长篇游记散文。究其原因，胡适虽多次在中央公园、北海"闲庭散步"，或攀登西山游览，大多为健身消遣之用。他偶有乘游兴赋诗抒发胸臆之作，但终无心铺陈长篇游记散文，毕竟他可能是为教学、研究所困，这是胡适的遗憾！也是北京的遗憾！

六　结语

在胡适 71 年的人生中，上海 12 年（1891 年 12 月 17 日至 1893 年 4 月、1894 年春至 1910 年 6 月、1927 年 5 月至 1930 年 11 月）、台湾 6 年（1893 年 4 月至 1895 年 2 月、1958 年 4 月至 1962 年 2 月）、安徽 9 年（1895 年至 1904 年春）、北京 18 年、欧美 26 年。胡适出生于上海，祖籍安徽，留学美国，成名北京，颠簸台湾。如就胡适的生活时间而言，北京是他居住时间最长的城市，他一生最重要的创作时光大都在这里度过。

胡适在各地生活的经验，给他带来的影响不太一样。上海赋予他细腻、精致、灵巧的个性，安徽造就他实干、勤勉、精明的一面，北京涵养他的包容、厚重、大气。1930 年代京沪两地有所谓"京派"与"海派"之争，胡适未置一词。也许在内心世界里，他就不想将自己归属于京派或海派的某一方。胡适的文化世界确实包含多重地缘元素。胡适晚年谈起自己的语言时说："徽州话是我的第一语言，当然还会说。上海话是我的第二语言。官话是我的第三语言。现在如果和上海人在一起，听他们谈了半小时之后，我也可以很流利地谈了。"[①] 从语言来看，胡适也可以说是"南腔北调"的结晶。

不过，若就地缘背景、文化风格而言，北京与上海的确是两座截然不同的城市。我们以与胡适归宿不同的鲁迅为例可能看得更为清楚。鲁迅的创作生涯主要是在北京和上海度过，这两座城市因为文化风格不一，对鲁迅的影响是不一样的。北京的鲁迅是冷峻、深沉、忧郁的，上海的鲁迅是辛辣、奋激、狂放的。如果鲁迅留在北京不去上海，他就不会成为左翼文化的旗手。就像陈独秀如果不离开北大南下上海，他也许就不会走上共产

---

① 胡颂平编著《胡适之先生晚年谈话录》，第 107—108 页。

主义之路。胡适在致汤尔和的信中曾经感慨地指出这一点。① 1931 年，面对北平与上海两地的文化差异，胡适与徐志摩商量搬迁《新月》到北平来时慨叹地说："《新月》的事，将来总须把重心移到北方来。南方人才太缺乏，所余都是不能与人合作的人。志摩很有见地，托邵洵美与光旦照料《新月》，稍可放心。"② 应该说，不是南方缺乏人才，而是在沪难找"与人合作的人"，这是胡适面临的窘境。两城的文化风格迥然相异，的确也造就了生活在这两座城市的学人的不同生活轨迹。

民国时期，北京作为文化名城，除了依凭它所传承的丰厚的历史遗产和古典资源外，还与它具有近代意义的文化拓展密切相关。如果说，上海依靠其通商口岸和大片租界地的地利，主要获取外来文化资源，创建了大批近代新兴文化产业，诸如出版、报刊、娱乐、电影等，北京则不同，它主要是靠创办大学，以大学为依托，重建其作为文化名城的地位。

北京拥有北京大学、清华大学、北京高等师范学校、燕京大学、中国大学、辅仁大学、中法大学、协和医学校、法政专科学校等一批著名高等学校。胡适除了在北大任教外，还在其他大学讲演（如清华、燕京、北京高师、中国大学、辅仁），或担任校董（协和、辅仁）。正是通过大学，北京吸收、集聚全国的学术人才，成为文化的重心所在。也正是因为大学文化是北京的文化支柱产业，所以北京的文化带有浓厚的学术气息，这与上海的文化弥漫着商业、娱乐的气息不同。京、沪两城若如民国时期的双子星座，导演了一场曲目不同的"双城记"。

北京赋予胡适的是历史使命感——引领一国风气，推动新文化事业向前发展，从《新青年》到《努力周报》再到《独立评论》，身在北京的胡适始终自觉地肩负这一使命。北京带给胡适的是文化承载感，北京作为千年古都，遗存有丰厚的历史文化资源，当它与新的、外来的文化发生对接时，会激发出新的活力。胡适在北京获取各种文化资源，长久浸泡于京城文化之中，体验那种"会当凌绝顶，一览众山小"似的巅峰感，以自己丰厚的学养和中西合璧的优势，创造了新文化的辉煌。

---

①　胡适在《致汤尔和》信中说："独秀在北大，颇受我与孟和（英美派）的影响，故不致十分左倾。独秀离开北大之后，渐渐脱离自由主义者的立场，就更左倾了。"收入耿云志、欧阳哲生主编《胡适书信集》中册，第 667 页。

②　季羡林主编《胡适全集》第 32 卷，第 66—67 页。

读者·作者·编者：三重维度下的
胡适与《新青年》

张宝明[*]

胡适这位名人与《新青年》杂志这份名刊的关系，可以用缠绕和纠结来概括。两者何以有着如此"说不尽"的盘根错节？这，正乃本文关切的问题。如果进一步追问，两者的关系既然如此纠结，为何一直在持续而未曾中断？这，则是本文的立意所在。

众所周知，胡适是靠《新青年》出道并起家的。为此，胡适每每言及《新青年》这一老伙计都会喜形于色、手舞足蹈。应该说，对于《新青年》，在情感上的独钟与在价值上的认同，无论是在辉煌的"前世"还是黯淡的"今生"，他都是一如既往的情深雨蒙、逢人说项。这一情感和价值的流露无处不在，尤其是在1923年10月写给同人高一涵等人的信中的一段话，表露得淋漓尽致："二十五年来，只有三个杂志可代表三个时代，可以说是创造了三个新时代。一是《时务报》，一是《新民丛报》，一是《新青年》。"[①]撇开胡适个人观点的自我性，我们至少可以从中捕捉到一个重要信息——胡适对于《新青年》的认同、钟爱和力挺。本文就是要从当事人带有自我意识并伴有情感色彩的捧毂推轮说起，以此来解读一个人物、一个杂志与一个时代的变迁。

在进入本题之前，一个值得说明的学术考察还需要在这里赘述。一个世纪以来，胡适与《新青年》的关系研究前浪后浪纷至沓来，研究者不乏

---

 * 张宝明，河南大学历史文化学院教授。

① 《胡适致高一涵、陶孟和等》，中国社会科学院近代史研究所中华民国史研究室编《胡适来往书信选》上册，社会科学文献出版社，2013，第157页。

一以贯之、自圆其说的单向度系统以及纯粹的学术叙论。譬如欧阳哲生根据同人往来的书信解读胡适与《新青年》同人的关系，以此显示胡适在轮流编辑过程中的"编者"作用;① 钱理群以杂志广告为主线引出胡适与"新青年派"知识群体的聚合;② 宋剑华从现代性的演进这一视角探寻了胡适这一金牌作者对杂志的贡献。③ 除了上面几篇侧重作者维度的叙论，张宝明也曾从"精神股份制"的角度对胡适在其中扮演的作者、编者双重角色进行论证;④ 耿云志则梳理了胡适与《新青年》关系的来龙去脉，并通过胡适在《新青年》杂志上所发表的文章，重点探讨了胡适对《新青年》杂志所做的特别贡献。⑤ 应该说，作为一维或二维砝码的评论视角无可厚非，在某种程度上还更有利于单刀直入而把问题引向深入。但同时，我们也不能不看到，胡适与《新青年》的关系并非单向度的一维关系，多重面相可以说既是历史的真实，也是能够将问题呈现的多焦点透镜。将读者、作者、编者的多重面相以三重维度的形式提拎出来，则能更精准贴近胡适与《新青年》的历史真实。具体说来，这一立体的观察全方位透视了胡适作为见证者（读者）、参与者（作者）、投入者（入股者——精神上）的心路，由此也将新文化运动的路径进行重新梳理。

一

　　就阅读的互动过程而言，一位读者选择什么样的杂志作为阅读对象固然能够彰显其品位;反过来也一样，一本杂志吸引什么样的读者也是权衡读物的一个重要观测点。今天来看，作为读者的胡适确非等闲之辈。事实上，尽管当年初读《新青年》的胡适还名不见经传，但他也可以算作出人头地的凤毛麟角了。之所以这样说，撇开已经在美国留学名校这一点，还有两个理由可以支撑：一是训练有素的办刊资历;二是早出茅庐的写作

---

①　欧阳哲生:《〈新青年〉编辑演变之历史考辨——以 1920—1921 年同人书信为中心的探讨》，《历史研究》2009 年第 3 期。

②　钱理群:《〈新青年〉知识分子群体的形成——以杂志广告为线索》，《北京社会科学》2013年第 3 期。

③　宋剑华:《胡适与〈新青年〉:中国文化的现代言说》，《福建论坛》2005 年第 9 期。

④　张宝明:《"公同担任":精神股份制打造的"金字招牌"》，《探索与争鸣》2015 年第 8 期。

⑤　耿云志:《胡适与〈新青年〉》，《胡适新论》，湖南出版社，1996，第 1—22 页。

经历。

对此，我们不妨从他的"编辑"履历说起。以陈独秀 1904 年领衔创办《安徽俗话报》为坐标，1906 年 10 月 28 日，只有 15 岁的胡适就在上海的中国公学与同校精英们创办了同人性质的《竞业旬报》并任主笔。这个不定期刊物"以新思想灌输于未受教育的民众，系以白话刊行"。① 从创刊号以及后来的一系列白话文章来看，胡适少年出道的舆论能力在"眼光、识力与笔力"上已经出类拔萃、咄咄逼人。② 如果以上的胡适是自编自导、自说自话的"作者"，那么 1914 年在著名社会人士章士钊主编的《甲寅》杂志上崭露头角，则证明了他的地位和实力。胡适在《甲寅》杂志第 1 卷第 4 号上的译文《柏林之围》③ 与第 1 卷第 10 号上的《非留学（致〈甲寅〉杂志记者)》④ 虽然只能算是"只言"与"片语"，但就是这样一个颇有边角料性质的"言语"，不但入了大主笔章士钊的法眼，也令当时在日本任助编的陈独秀叹为观止，于是才有日后《新青年》上的飞鸿传书、隔空对话。

不难理解，以胡适小试牛刀的身份和地位，虽然没有如日中天的显赫，但毕竟已经让他值得心高气傲。面对未曾谋面之青年才俊胡适的读后感，飞扬叱咤的陈独秀也不免忐忑纠结：毕竟，第一次的对话并不是面对面的接触，也不是简单的以文会友，而是地地道道的悬线诊脉。按照"同行必姤"的逻辑，⑤ 陈独秀对胡适于《新青年》的读后感还是心存疑虑、七上八下的。这也是他通过乡友汪孟邹寄去刊物和约稿函并隔三岔五地催逼回信的根本原因。

细说起来，陈独秀与胡适这两位难舍难分之"老朋友"的姻缘相牵，⑥应该归功于一位在出版界纵横捭阖的生意人汪孟邹。汪氏与陈、胡同为安徽的乡里乡亲，只不过胡适与汪氏是小老乡，出生于怀宁的陈独秀与其是大老乡。而汪氏作为陈、胡共同信任的朋友，在两人的"神交"初期，起到了"千里姻缘一线牵"的作用。在陈独秀那里，我有情而你是否有意不

---

① 胡适：《我的信仰》，《胡适来往书信选》下册，"附录二"，第 1215—1216 页。
② 胡适：《历史的文学观念论》，《新青年》第 3 卷第 3 号，1917 年 5 月 1 日。
③ 都德：《柏林之围》，胡适译，《甲寅》第 1 卷第 4 号，1914 年 11 月 10 日。
④ 胡适：《非留学（致〈甲寅〉杂志记者)》，《甲寅》第 1 卷第 10 号，1915 年 10 月 10 日。
⑤ 汪原放：《回忆亚东图书馆》，学林出版社，1983，第 36 页。
⑥ 《胡适致陈独秀》，《胡适来往书信选》上册，第 258 页。

得而知，寄去的《新青年》固然是为了约稿和宣传，其中的投石问路或说抛砖引玉成分也是每每可见。这一切在"主撰"委托中间人汪孟邹的信件中可以窥见一斑："陈君盼吾兄文字有如大旱之望云霓，来函云新年中当有见赐，何以至今仍然寂寂，务请吾兄陆续撰寄。"① 这段文字给我们的信息是：胡适已经看到杂志，而且已经有过文字相寄；问题不在于"主撰"贪得无厌，其根本的底牌还在于胡适能否"陆续"赐文；在这"得寸进尺"的心态背后，还有着对"寂寂"的如坐针毡。事实上，在陈独秀看来，写还是不写是一种态度，写多写少更是关键的态度，否则就是根本看不起这份杂志。与其说是对作者的求贤若渴，毋宁说是创刊初期"吾谁与归"的煎熬。要知道，对拍着胸脯打包票并夸下"让我办十年杂志，全国思想都全改观"海口的总编辑陈独秀来说，② 群益书社的那 200 元钱不好拿，这也是他集写作、编辑、发行三者于一身而南征北战的原因所在。陈独秀的这一压力从他与胡适成为"神交"后的信中可以略知一二："弟与孟邹兄为书局招股事，于去年十一月底来北京勾留月余，约可得十余万元，南方约可得数万元，有现金二十万元，合之亚东、群益旧有财产约三十余万元，亦可暂时勉强成立，大扩充尚须忍待二三年也。"③ "主撰"一开始就将自己摆进去，不但是精神上的"股东"，而且是经济上掰不开、分不清的捆绑式"股东"了。

面对承诺，《新青年》初期遇到了两大瓶颈：一是资本，二是人才。首先是北上集资，为杂志的运转奔波。汪原放这样回忆："1915、1916 年间，酝酿过一个'大书店'计划。起初曾有群益书社、亚东图书馆、通俗图书局三家合办之议，未果。后又打算群益、亚东合并改公司，并由此而有仲甫、孟邹北上之行。"④ 而这一切尤以人才为重。如果读者寥寥、没有好评、缺乏销量，那将前功尽弃、功亏一篑。不难想见，能否得到海内外舆论的认同，是一块至关重要的试金石。而胡适的参与与否，也无疑是衡量《新青年》何去何从的风向标。

早在 1915 年 10 月 6 日，总编陈独秀就通过汪孟邹将新出炉的《青年杂

---

① 唐宝林、林茂生编《陈独秀年谱》，上海人民出版社，1988，第 72 页。
② 唐宝林、林茂生编《陈独秀年谱》，第 65 页。
③ 《陈独秀致胡适》，《胡适来往书信选》上册，第 5 页。
④ 汪原放：《回忆亚东图书馆》，第 34 页。

志》（《新青年》原名）寄送给了大洋彼岸的胡适："今日邮呈群益出版青年杂志一册，乃炼（指汪自己——引者注）友人皖城陈独秀君主撰。"① 虽然远隔重洋，但陈独秀每期必寄，胡适也是每期必读。②

如同我们看到的那样，胡适一开始与《新青年》发生联系就以读者的身份抒发了自己的感想。胡适连连的点赞让陈独秀信心满满。关键在于，这不单是鼓掌，更是陈、胡之间的互动击掌。看看两位"神交"的你来我往，真有点"互捧够友"的意思。

一边是橄榄枝，一边是鲜花。与其说是孤掌难鸣，毋宁说是一个巴掌拍不响。胡适每每看到《新青年》都会有切中肯綮的读后感。这读后感一旦如约而至，为了烘托人气，哪怕是只言片语有时也会被一字不漏地付梓于杂志。一封关于《决斗》稿件的往来书信表明，胡适对《新青年》"误译""校阅"的"指斥"也可说是直言不讳。"主撰"也以自己"大糊涂"自省，这样的编、读互动在《新青年》迈向"金牌"的过程中堪称功不可没。③ 待到胡适以读者身份指出《新青年》的自家冲撞并加以"质正"时，一个以"现实主义"为趋向的杂志，竟然将"长律一首"之"古典主义之诗"推为"稀世之音"，岂不笑话！④ 面对读者胡博士的"足下难免自相矛盾之诮"的毫不留情，主编陈独秀也是虚心接受、诚恳矫正，如他夫子自道所言："一经足下指斥，曷胜惭感！"⑤ 正是在"一个愿打一个愿挨"编读磨合的往来中，我们看到了《新青年》稳扎稳打的行进路径。与此同时，如同我们看到的那样，"记者"兼"主撰"的陈独秀对"读者"（也是潜在的"作者"）胡适的读后意见和建议简直就是言听计从。1916 年春，胡适的一纸文字将本来尚处"切实"幻想中的陈独秀引到了"世界"的平台上："今日欲为祖国造新文学，宜从输入欧西名著入手，使国中人士有所取法，有所观摩，然后乃有自己创造之新文学可言也。"⑥ 从本土的情怀转向世界的胸怀，格局上的转变使得境界骤然提升。新文学的发生正是在这两位安

① 唐宝林、林茂生编《陈独秀年谱》，第 69 页。
② 参见张宝明《〈新青年〉与中国现代文学谱系的生成》，《文学评论》2005 年第 5 期。
③ 《陈独秀致胡适》，水如编《陈独秀书信集》，新华出版社，1987，第 27 页。
④ 《胡适之致陈独秀》，水如编《陈独秀书信集》，第 40—41 页。
⑤ 《陈独秀答胡适之》，水如编《陈独秀书信集》，第 39 页。
⑥ 唐宝林、林茂生编《陈独秀年谱》，第 71 页。

徽乡友的一唱一和、吁请逗引下进行的。当然，本土的情怀（祖国）与天下的胸怀（世界）从来都是一对相辅相成的孪生兄弟，身在国外的胡适上阵之后也是以"打虎"的拼劲履行了"直接唤起国人"的"切实"诺言。① 1916 年底，胡适经受不住陈独秀那"切实"的召唤，《文学改良刍议》漂洋过海来到了编辑部的案头。陈独秀在回信中以这样的开头表达了谢意和尊敬："奉手书并大作《文学改良刍议》，快慰无似。"② 两人未曾谋面、即将"共事"的"神交"的投桃报李，颇有让人肉麻的成分。就在读过陈独秀《文学革命论》后，胡适也是即刻回复，报以厚爱："今晨得《新青年》第六号，奉读大著《文学革命论》，快慰无似！足下所主张之三大主义，适均极赞同。"③ 陈独秀收到后还特意放在了《新青年》的"通信"一栏中以示自我奖掖："阆苑仙葩"与"美玉无瑕"对上了眼。

作为"读者"，胡适被高架于《新青年》之上，因此这一特殊"读者"的点评与指点，哪怕是一点点的圈阅也会引发同人的急应。就此而言，作为读者的胡适一开始就是《新青年》主撰陈独秀潜伏的对手。但是，试想一下，当年倘若没有作为读者的胡适的深度介入，也许《新青年》及新文化运动将会呈现出另外一种我们想象不到的成色吧。有人说两人"难分难舍"，④ 有人说"互相补充"，⑤ 当事人自己说两人是"尽管不同"但"仍不失其为老朋友"云云，⑥ 这大概应验了中西都有的箴言"Opposites attract"，中文的表达即为"不是冤家不聚头"。对陈独秀来说，他与胡适在"反对"与"互依"的相克相生中互相成就，这完全可以用引"郎"入室来形容。作为读者，胡适以其情感与理性的才情激励了《新青年》同人及其他读者。但饶有情趣的是，纵观陈独秀的文字，我们从来不曾发现一句懊悔和遗憾的话。这，也许就叫作格局吧。

---

① 唐宝林、林茂生编《陈独秀年谱》，第 74 页。
② 《陈独秀致胡适》，《胡适来往书信选》上册，第 5 页。
③ 《通信》，《新青年》第 3 卷第 3 号，1917 年 5 月 1 日。
④ 参见唐宝林《陈独秀与胡适难分难舍的历史记录——关于新发现的陈独秀等致胡适的 13 封信》，引自陈独秀研究网，http://www.chenduxiu.net/ReadNews.asp? NewsID = 1230，2009 年 11 月 10 日。
⑤ 参见陈平原《序三》，张宝明、王中江主编《回眸〈新青年〉·社会思想卷》，河南文艺出版社，1998，"序言"，第 11 页。
⑥ 《胡适致陈独秀》，《胡适来往书信选》上册，第 258 页。

二

胡适最早直接与陈独秀通信是在 1916 年 2 月 3 日的《胡适寄陈独秀》，之前都是通过汪孟邹联系。这封千呼万唤始出来的信件，对陈独秀来说是如获至宝：胡适的这封信还有一个附件，那就是一篇译文《决斗》。这"买一送一"的文章同时发表在第 2 卷第 1 号的《新青年》上。① 这"买一"是说陈独秀赢得了信任、认可与赞誉，这"送一"则是在招"才"心切的背景下，尚未成为"大梧桐"的《新青年》就引来了"金凤凰"。

这从汪孟邹左右逢源、两头讨好的紧张中就能感受到"作者"受到的礼遇。

对胡适有没有信件、有没有稿件寄来一事，陈独秀亲自过问，并作为头等大事予以落实。这从汪孟邹对胡适讲的"见面必问""甚于望岁"的殷切期盼情形看，"炼"就一身本事的他也有"穷于应付"的局促了。② 汪孟邹的从中周旋，颇有好话说完、义气用尽的味道：这边是吁请、顿首，那边则还是确保、勿念，一副大包大揽的样子。以汪孟邹给胡适的一封回信为例，其中的"《决斗》一首炼与群益交谊极深，定无异词。《百愁门》一首候再与中华面述，以理度之，当无不可也"。③ 似乎，胡适对这两篇文章的下落也是十分在意，恐怕有水落石不出的水漂结局。这才有了"中介"掷地有声的"担保"。不难看出，这位"作者"对杂志还是在意、看重的。

说起来这事还颇有一些曲折。既然是"千呼万唤"出来的不易之稿，本应早早刊发，不料稿件来得不是时候：《新青年》因护国运动的爆发停刊竟有半年之久。于是，稿件拖到 9 月的第 2 卷第 1 号才发表出来。饶有趣味的是，那时《青年杂志》已经改为《新青年》，陈主编赶忙回信谢罪："适之先生左右：奉读惠书，久未作复，罪甚罪甚。《青年》以战事延刊多日，兹已拟仍续刊。依发行者之意，已改名《新青年》，本月内可以出版。大作《决斗》迟至今始登出，甚愧甚愧。尊论改造新文学意见，甚佩甚佩。"④ 在

---

① 泰来夏甫：《决斗》，胡适译，《新青年》第 2 卷第 1 号，1916 年 9 月 1 日。
② 耿云志编《胡适年谱》，四川人民出版社，1989，第 45—46 页。
③ 《汪孟邹致胡适》，《胡适来往书信选》上册，第 2 页。
④ 《陈独秀致胡适》，《胡适来往书信选》上册，第 3 页。

这一段文字中，陈独秀重点传达了三重信息：一是迟复为歉，所以"罪甚罪甚"；二是怠慢稿件，所以"甚愧甚愧"；三是文学新见，所以"甚佩甚佩"。胡适的文字实属真金白银，但陈独秀字里行间的语气也不乏真诚和坦率。"主撰"在第 2 卷第 1 号扉页上亲力亲为地广而告之就足见其用心良苦："得当代名流之助，如温宗尧、吴敬恒、张继、马君武、胡适、苏曼殊诸君，允许关于青年文字，皆由本志发表。嗣后内容，当较前尤有精彩。此不独本志之私幸，亦读者诸君文字之缘也。"① 这个"广告之后更精彩"的自我标榜看似简单，其实它是将"一时名彦"作为卖点捆绑推销。从这种以名家托举品牌的销售战略中，我们看到的恰恰是对胡适的重视，将刚刚出道之不足 25 岁的青年才俊胡适和辛亥元老吴敬恒、张继、马君武相提并论，这多少也流露出主撰的欣赏之情。尤其是他在信中流布的"他处有约者倘无深交，可不必应之"的祈求，大有"不要和陌生人说话"的意味。这也为胡适日后在《新青年》阵营中具有一言九鼎的地位做了旁注。

看看胡适出道的情形就不难理解这位"作者"的大腕身份及不凡身价了。

一开始，作为"主撰"的陈独秀就把胡适抬举得高之又高，简直就是今天流行歌词里那句"不能没有你"的翻版。这在他通过汪孟邹的穷追不舍过程中已经表露无遗，写给胡适的书信中更是未曾怠慢："编译之事尚待足下为柱石，月费至少可有百元。……《青年》（《新青年》前身——引者注）、《甲寅》均求足下为文。足下回国必甚忙迫，事畜之资可勿顾虑。他处有约者倘无深交，可不必应之。中国社会可与共事之人，实不易得。恃在神交颇契，故敢直率陈之。"② 短短百余字，"主撰"求贤若渴的心态溢于言表、跃然纸上。细读陈独秀的这封邀请信，不但有"足下"是"编译之事"的"柱石"之内化于心的感情留人方式——其实也是一种"政治"待遇，还有外化于行的经济待遇。诚意何在？那就是看得见、摸得着的"月费至少可有百元"的承诺。一个"求"字将对作者的尊重、器重、倚重溢于言表。我们说可以尊重一个人，也可以器重一个人，还可以倚重一个人，而陈独秀对胡适的态度，这三"重"全都包括了，而且相当的"大"字蕴

① 《通告》，《新青年》第 2 卷第 1 号，1916 年 9 月 1 日。
② 《陈独秀致胡适》，《胡适来往书信选》上册，第 5 页。

含其中。尤其接下来"足下回国必甚忙迫，事畜之资可勿顾虑"的大包大揽，完全是上了一个拿对方不当外人的近乎台阶。最终落脚点的和盘托出则完全暴露了"主撰"的处心积虑："他处有约者倘无深交，可不必应之。中国社会可与共事之人，实不易得。恃在神交颇契，故敢直率陈之。"对远在美国的胡适可以说是软硬兼施：在物质上"勿虑"，一副仗义疏财的慷慨；在精神上"从一"，大有"不要和陌生人说话"为我所有的强梁；一句"神交颇契"乃是多年以文会友资本的流露，也是"老乡见老乡"的仗己之言，一下子将大洋彼岸的准"海归"拉到同位的战壕和阵线。

"天下英雄只有你和我。"此时的《新青年》两位同人就是这样一个格局。在主撰，舍我其谁——"飞扬跋扈为谁雄"——的同时，他也在质问对方：这位"作者"，舍"你"其谁。1917 年，胡适到北京大学任教，同时担任《新青年》的重要作者和专题策划人，这也为日后成为轮流值编的人选埋下了伏笔。这里需要补充的是，就在从哥伦比亚大学履行完博士学位程序后，胡适在纠结和忐忑之下于《将归之诗》中为艰难的选择做出了一个合情合理的心灵注解："此身非吾有：一半属父母，一半属朋友。便即此一念，足鞭策吾后。今当重归来，为国效奔走。"① 应该说，在"不能没有你"的千呼下，在"不要和陌生人说话"的万唤下，胡适的"为国效奔"成为陈独秀的另一种"语言"。陈独秀与胡适，自此形影不离，难舍难分。如果说陈独秀是扛鼎者，那胡适就是顶梁者。继"这一个"的到来之后，利用北京大学和北京的大学之"才"源滚滚、左右逢源之得天环境和独厚条件——"海龟"和"土鳖"的会合——《新青年》真乃如虎添翼，一个精彩纷呈的新文化时代即将到来。

胡适，作为名副其实编者之前的"作者"，在陈独秀逗引下干的惊天动地的第一件大事就是发起以白话文为正宗的文学改良与革命。当然，胡适对《新青年》的托举及其由此对新文化运动的贡献不可从"一"而终，但纵观其众多的角色和担当，单就"作者"一维而言，这一改变 20 世纪中国现代性走向的书写体变革至今还在影响着国家、民族和社会，可以说每一个人，包括你我都在分享着这份果实。这一切，都源自 20 世纪初年的那场

① 胡适：《〈朋友篇〉寄怡苏、经农——将归之诗一》，《胡适留学日记》下册，安徽教育出版社，2006，第 360 页。

以《新青年》为平台的逗引与唱和。

1916 年 8 月 21 日，胡适与陈独秀的越洋对话中有如此的你鼓我呼：既然中国"今日文学之腐败极矣"，那么我们何不联袂携手——"适以足下洞晓世界文学之趋势，又有文学改革之宏愿，故敢贡其一得之愚"。① 基于英雄所见略同之上的你情我愿，胡适的"故敢"之谦以及对陈独秀的"洞晓"之举也正中当事人的下怀，于是两人开始了一拍即合的打造新文学之路。陈独秀的积极、主动、果敢非常反映一位革命党人的性情，这也符合"主撰"的常态：既然"文学改革，为吾国目前切要之事。此非戏言，更非空言，如何如何？"——有了这样如何是好的迫切铺垫，那么"此事务求足下赐以所作写实文字，切实作一改良文学论文，寄登《青年》，均所至盼"。② 原来，陈独秀对前信中胡适的"一得之愚"一直念念不忘，于是做出了急不可耐的大胆请求。

胡适的"一得"究竟为何使得陈独秀一直念念不忘呢？原来，文学革新的底牌都包裹在胡适跃跃欲试、铿锵作响的鼓中。究竟何时出牌、如何出牌，一直是陈主编急不可耐的念想。这就是我们熟悉的"八事"的底版，只是胡适是以私人通信的形式征求陈主编的意见（其实也是陈独秀逗引的结果）："年来思虑观察所得，以为今日欲言文学革命，须从八事入手：……一曰不用典；二曰不用陈套语；三曰不讲对仗（文当废骈，诗当废律）；四曰不避俗字俗语（不嫌以白话作诗词）；五曰须讲求文法之结构。此皆形式上之革命也。六曰不作无病之呻吟；七曰不摹仿古人，语语须有个我在；八曰须言之有物。此皆精神上之革命也。"对于自己的心得，即使是私人信件也显得心有余悸，最后补充说："此八事略具要领而已。其详细节目非一书所能尽，当俟诸他日再为足下详言之。"胡适不但小心翼翼地讲"八事"，而且主动承担责任："以上所言，或有过激之处。然心所谓是，不敢不言。倘蒙揭之贵报，或可供当世人士之讨论。此一问题关系甚大，当有直言不讳之讨论，始可定是非。"③ 陈主编将私人信件公开在了《新青年》上。

念念不忘，必有回响。尽管胡适一直觉得还没有做好心理准备，但面

---

① 《通信》，《新青年》第 2 卷第 2 号，1916 年 10 月 1 日。
② 《陈独秀致胡适》，《胡适来往书信选》上册，第 4 页。
③ 《通信》，《新青年》第 2 卷第 2 号，1916 年 10 月 1 日。

对木已成舟的事实，他也只有以"做了过河卒"的心态"切实"为文了，《文学改良刍议》被"明媒正娶"到了《新青年》上。而陈独秀那接踵而来的《文学革命论》就此一跃而上，成为"先声"之后的"四十二生大炮"发出的振聋发聩的雷音。

就在胡适受捧应邀"切实"为文之后，便有了正经八百的"八事"。而主编对这"八事"的要领也是"合十赞叹"并称之为"今日中国文界之雷音"。① 在《文学革命论》中，陈独秀也以"吃水不忘挖井人"的心态将胡适置于"首举义旗"的地位。两人的取长补短、互为表里一举将以文学为抓手的新文化运动推向高潮。经过同人你来我往的"文白不争"的激烈厮杀，② 由胡适倡导的白话文学理论终于在其亲力亲为的"尝试"实践中取得了相应的"实验""实绩"（鲁迅语）。胡适的"白话文的局面，若没有'胡适之、陈独秀一班人'，至少也得迟出现二三十年"之"夫子自道"，③ 陈独秀晚年在《蔡孑民先生逝世后感言》中回忆起当年的情形，不无自豪地说"蔡先生、适之和我，乃是当时在思想言论上负主要责任的人"，④ 更是将后起之秀胡适置于与自己以及蔡元培同等的地位。

应该说，作为作者，除却胡适对以白话文为书写体之新文学的促成，一个不容否认的事实——胡适对杜威实验主义、易卜生主义等诸多思潮的引进和介绍，为 20 世纪中国现代性的演进开辟了全新的平台，创制了崭新的空间。

三

就"编者"一维的理念，无非是说胡适参与"经营"的成分或权重。对此，应该说胡适是总编之外的"第一人"。这个"第一人"有两种含义：一是权重最大（成分最重、入群最深）；二是说参与最早（策划最多、点子

---

① 《陈独秀答胡适之》，水如编《陈独秀书信集》，第 39 页。
② 张宝明：《"文白不争"引发的历史悲情——从文化社会学的视角看现代性的两副面孔》，《学术界》2005 年第 2 期。
③ 胡适：《〈中国新文学大系·建设理论集〉导言》，季羡林主编《胡适全集》第 12 卷，安徽教育出版社，2003，第 276 页。
④ 陈独秀：《蔡孑民先生逝世后感言》，中国蔡元培研究会编《蔡元培纪念集》，浙江教育出版社，1998，第 151 页。

最多）。对此，我们要从胡适作为编外的编辑或说隐形的编者说起。

严格地说，胡适进入《新青年》编辑部正式"轮流值编"应该始于1918 年元月。一份编辑部的"启事"已经真相大白于读者和作者："本志自第四卷一号起，投稿章程业已取消，所有撰译，悉由编辑部同人，公同担任。"① 然而，作为"柱石"作者的一个重要条件，胡适从与陈独秀成为"共事之人"起，② 君子协定式的"契约"就已经落定，而且这个约定在很大程度上约束甚至限制了陈独秀我行我素的"绝对"自由，从此有了"戴着镣铐跳舞"的同人之旅。这个君子协议简单地说就是"不谈政治"。杂志创刊之初，陈独秀就认识到要造成社会轰动效应，必须结伴而行、重拳出击。"海归"的如约回国却给了政治情怀满满的"主撰"陈独秀一盆冷水。胡适这样回忆说："在民国六年，大家办《新青年》的时候，本有一个理想，就是二十年不谈政治，二十年离开政治，而从教育思想文化等等，非政治的因子上建设政治基础。"③ 然而，陈独秀是那种不喜欢拐弯抹角之辈。连《新青年》的读者都看出杂志僭越宗旨、不安本分的地方了。无奈，为了寻求"同一战壕里战友"的协同，陈独秀也不得不耐着性子、绕着弯子地在求同存异中见缝插针。"本志主旨，固不在批评时政。青年修养，亦不在讨论政治。然有关国命存亡之大政，安忍默不一言？"④ 这乃是他不忘初心的真实写照。如同我们看到的那样，尽管轮流值编的编者不少，而且采用了"集议制度"，⑤ 但细说起来，真正有号召力并有影响力的还要数陈、胡两位。恰恰在这里，"陈独秀们"的编辑风格与"胡适们"的编辑情趣总是那样的大同小异：政治味的文化与文化味的政治并存。即使是压低调门地向外转，"陈独秀们"与将"学术思想艺文的改造"（胡适语）作为"志业"（马克斯·韦伯语）的"胡适们"总是显得那样的颉颃、龃龉。

如果说刚开始的合作还有蜜月期成分的话，那么天长日久，各自的诉求终是难以协调，最终还是以陈独秀的"食言"而将"暗斗"转化为"明

---

① 《本志编辑部启事》，《新青年》第 4 卷第 3 号，1918 年 3 月 15 日。

② 《陈独秀致胡适》，《胡适来往书信选》上册，第 5 页。

③ 胡适：《陈独秀与文学革命》，1932 年 10 月 30 日胡适在北大演讲，转引自王树棣等编《陈独秀评论选编》下册，河南人民出版社，1982，第 289 页。

④ 《通信》，《新青年》第 3 卷第 5 号，1917 年 7 月 1 日。

⑤ 鲁迅：《忆刘半农君》，《鲁迅全集》第 6 卷，人民文学出版社，1981，第 71 页。原文为："《新青年》每出一期，就开一次编辑会，商定下一期的稿件。"

争"。尤其是到了轮流值编的同人时期，陈独秀更是毫无顾忌地公然申明："本志（即《新青年》——引者注）同人及读者，往往不以我谈政治为然。有人说：我辈青年，重在修养学识，从根本上改造社会，何必谈甚么政治呢？有人说：本志曾宣言志在辅导青年，不议时政，现在何必谈甚么政治惹出事来呢？呀呀！这些话却都说错了。"① 对陈独秀"食言"的行为，胡适一开始就进行过抵制。其实，"民国六年"的"理想"是胡适的主张，陈独秀只是加以认可而已。理想归理想，实际上，《新青年》内部的两种编辑方针一直相持不下。1918 年底，陈、李筹划创办了《每周评论》，以缓和同人内部的冲突。为了《新青年》团体的团结，李大钊写信给胡适说："在这团体中，固然也有许多主张不尽相同，可是要再想找一个团结像这样颜色相同的，恐怕不大容易了。"② 实际上，该团体已经到了濒于解散的境地。1919 年 5 月 4 日以后，《新青年》团体由编辑方针的磨合发展到直接的冲突。历经"问题与主义"之争的几个回合，随着 1920 年秋《新青年》的南下，分化已在所难免。

在编辑宗旨、方针等问题上的紧张并没有从根本上影响《新青年》这一"金字招牌"（钱玄同语）的启蒙生意。事实上，回头看看，无论是陈独秀还是胡适，都是具有大智慧和手腕的时代人物。撇开那些观点上的分歧——那毕竟是受家庭背景、留学经历、知识储备等影响形成的，作为共执一个平台的作者也无可厚非，不可强求。然而一旦具体到办刊策略、经营方法与用人原则，那可就不是一般意义上的"乌合"能够"聚众"的了。求同存异不但是一种胸怀，更是一种谋略。一开始的君子协议就暗含着互相迁就、相互牵制的共赢布局。既然有难舍难分的情怀，那就更应该有"天下英雄"的胸怀。因此，在这方面，陈独秀的让步更大一些。毕竟，他是以主场的身份办刊，胡适则是友情出演的身份客串。当然，胡适反客为主的情形也不在少数。不过，"主撰"以松散"联邦制"的"集议"形式让天下英才聚集麾下，不免要"礼让三先"。这也是我们不时发现这样一个"不峻之坡弗上"（章士钊语）之雄于事、力于行的铮铮汉子每每在温文尔雅的博士面前退避三舍的根本原因：要与同人共襄"全国思想都全改观"

---

① 陈独秀：《今日中国之政治问题》，《新青年》第 5 卷第 1 号，1918 年 7 月 15 日。
② 《致胡适》，中国李大钊研究会编注《李大钊全集》第 5 卷，人民出版社，2013，第 379 页。

盛举，那就有必要对青年才俊"悠悠我心"的吁请进行"绑架"。这个绑架不是生拉硬扯，而是情感、礼遇并举的软着陆。所谓的"公同担任"，所谓的"公同意见"，①所谓的"颜色相同"，都是在"联邦"或说"绑架"意义上的"此地无银三百两"。在那一而再再而三的"公同"背后，更多的是分庭抗礼、各司其事。陈、胡可以联合发表声明，甚至联袂给读者回信、同仇敌忾与对手论辩，但这并不能掩盖各自内在的思想真实。1918年10月15日，两人联名写给易宗夔的公开信固然显示了方向上的大局意识："旧文学、旧政治、旧伦理，本是一家眷属，固不得去此而取彼；欲谋改革，乃畏阻力而牵就之，此东方人之思想，此改革数十年而毫无进步之最大原因也。"②然而在这感同身受的背后，还有着无法言说的差异。诸如此类"集议"下的"启事""通告""宣言"，往往是在大势已去后"挽大厦于将倾"的努力。在言不由衷的流布中，我们看到的是更多的"召回"心声。即是说，在意志"绑架"背后，陈独秀始终怀揣"笼络"的韬略。不然，胡适不会在时隔16年后还在对汤尔和耿耿于怀的同时留下如此悔恨不已的心声："独秀在北大，颇受我与孟和（英美派）的影响，故不致十分左倾。独秀离开北大之后，渐渐脱离自由主义者的立场，就更左倾了。"③这封信的主题是对汤尔和与陈独秀"成也萧何败也萧何"的问责，不经意之间却透露出一个更为重要的信息：在"胡适们"的牵制下，陈独秀的那份偏执和猖狂还是有所收敛的。进一步说，《新青年》的编辑方针和宗旨在双向合力的作用下，形成的是一个不左不右、不偏不倚的平行四边形走势。

从"不谈政治"的隐形遥控到轮流值编的实际操刀，尤其是在"公同担任"后，胡适及其同人与陈独秀一同为这份"金字招牌"付出了无偿的心血和汗水。正是这个原因，一旦牵涉到共同浇灌的"精神股份制"权杖的位移，便会生出很多唇枪舌剑的文字。其中既有政治的，也有经济的原因，但更多的是思想与文化诉求引发的歧义和紧张。在这里，编辑权、所有权以及知识产权缠绕在一起，究竟鹿死谁手——是南下上海还是留在北京，是让左翼文化人坐享其成还是让北京文化人共享分成，是让其寿终正

---

① 《本志宣言》，《新青年》第7卷第1号，1919年12月1日。
② 胡适之、陈独秀：《答易宗夔》，《新青年》第5卷第4号，1918年10月15日。
③ 《胡适致汤尔和》，《胡适来往书信选》中册，第600页。

寝还是沦落他乡——《新青年》已经成为同人生命中的一部分。① 对胡适，尤为关紧。

结　语

综上，笔者从读者、作者、编者的三重维度论述了胡适与《新青年》的关系，一个显见的事实摆在这里：作为读者，胡适最大限度地激活、激励了《新青年》的主撰者；作为作者，胡适以其学贯中西的文化，开创了一个时代的思想格局；作为编者，胡适引领、引渡了 20 世纪中国的现代性走向。鉴于此，笔者无法再用以上"三者"的关系概括和总结胡适对新文化运动的贡献。最后，笔者意在强调，胡适的"三者"固化为一个词，那就是青年的导师。我们看到，无论是作为读者，还是作者，抑或编者，胡适都在一个链条上牵引着"青年运动的方向"。他的《新思潮的意义》② 与陈独秀的《新文化运动是什么？》③ 形成的反差再次让我们更清楚地知道，谁是胡适以及胡适是谁。也许，这个方向未能如愿甚至事与愿违，但是在终极意义上他雁过留声、碾地有痕。有人用"自由主义之累"状描他，④ 有人用"无地自由"形容他，⑤ 还有人用"再造文明之梦"概括他，⑥ 凡此种种，不一而足。一言以蔽之：胡适，他来过。最后我想用毛子水为先生撰写的墓志铭来结束本文："这个为学术和文化的进步，为思想和言论的自由，为民族的尊荣，为人类的幸福而苦心焦思，敝精劳神以致身死的人，现在在这里安息了。我们相信，形骸终要化灭，陵谷也会变易，但现在墓中这位哲人所给予世界的光明，将永远存在。"

---

① 参见张宝明《"公同担任"：精神股份制打造的"金字招牌"》，《探索与争鸣》2015 年第 8 期。

② 胡适：《新思潮的意义》，《新青年》第 7 卷第 1 号，1919 年 12 月 1 日。

③ 陈独秀：《新文化运动是什么？》，《新青年》第 7 卷第 5 号，1920 年 4 月 1 日。

④ 欧阳哲生：《自由主义之累——胡适思想之现代阐释》，上海人民出版社，1993。

⑤ 沈卫威：《无地自由——胡适传》，上海文艺出版社，1994。

⑥ 罗志田：《再造文明之梦——胡适传》，四川人民出版社，1995。

论胡适的国际影响和地位

——以 1917—1937 年《纽约时报》的报道为中心

王晴佳[*]

　　胡适堪称民国学人中一位当之无愧的领袖。而胡适的成功，又与他的留美经历切切相关。日本发动七七事变全面侵华之后，胡适被任命为中国驻美大使。他曾经留学美国的背景，显然是其中一大原因。胡适在1938 年出任驻美大使之后，为中国抗战奔走呼号、为中国文化仗义执言，学界对此已经有相当多的研究。[①] 本文的写作，想变换一个角度，侧重考察胡适自 1917 年留学回国之后到 1937 年抗战全面开始之前这二十年间与西方学界的种种互动。笔者认为，在担任驻美大使之前，胡适与西方学界的交流，已经让他成为中国学界的代表人物，他不但在西方学术界和新闻界扮演了一个"中国文化大使"的角色，其学术成就也在世界上得到了高度认可。

　　胡适在民国留美学人中出类拔萃，其中一个重要原因就是他在美国虽然待了七年，时间不算太长，却交友广泛、经历丰富，竭尽所能地去充分、全面地感受、体验和融入美国的社会。同时，与其他留美同学相比，胡适在英文学习上花了更多功夫，进步很快，成绩傲人。举例而言，胡适发表的第一篇英文习作，题为"中国要共和"（A Republic for China），于 1912

---

　　* 王晴佳，美国罗文大学历史系教授。
　　① 相关论著可参见《欧阳哲生讲胡适》，北京大学出版社，2008，第一章。

年 1 月发表于他那时就读的康奈尔大学校报《康奈尔时代》(*Cornell Era*)上,此时距他抵美仅仅 16 个月。换言之,当许多初到美国的中国留学生还在为写作英文作业发愁的时候,胡适便已经尝试在英文报刊上发表文章了。值得一提的是,此文写作的时候,清帝尚未正式退位,而胡适已经充分肯定了辛亥革命的成果,并且旁征博引,向美国同学论证这一革命已经为中国带来了"新生"(new birth)。更有意味的是,他在文中还指出,虽然共和国的第一任总统可能是袁世凯,但他认为袁无异于"国贼"(traitor);在他眼中,更好的总统人选应该是孙中山、伍廷芳或者黄兴。此文还有点睛之笔,那就是胡适引用了 19 世纪美国的国歌《我的国家属于你》(*My Country, 'Tis of Thee*)中的两句作为结尾:"万岁千秋德惠溥,自由灵光耀吾土"(Long may our land be bright, with freedom's holy light)。[①] 那时的胡适,年仅 21 岁。他之早熟、早慧,的确不同凡响。胡适之后在康奈尔大学求学和哥伦比亚大学攻读博士期间,还继续为其校刊写稿,并与美国友人(女友)频繁通信。[②] 他在 1915 年又以一篇研究英国诗人罗伯特·布朗宁(Robert Browning, 1812 – 1889)的英文论文而获奖。他在哥大写作博士论文期间,还发表了两篇比较像样的学术论文,一篇讨论国际关系中暴力之外的选项,另一篇则披露和批判袁世凯政权如何强奸民意。[③] 除了英文写作之外,胡适还注意锻炼自己的口才,提高自己英语演说的技能,并在美国

---

① 此文收入周质平教授主编的 *English Writings of Hu Shih*: *National Crisis and Public Diplomacy* (Beijing: Foreign Language Teaching and Research Press & Springer, 2013), Vol. 3, pp. 1 – 4. 此处引用的《我的国家属于你》歌词,为陈独秀的译文。当时留美的同辈人中,梅光迪与胡适也许形成了一个鲜明的对比。虽然梅光迪后来英文精湛,但在留学的最初几年,他的英文写作遇到许多问题。而梅所遇到的困难,在大多数留学的同学中并不少见。参见梅与胡适的通信,收入罗岗、陈春燕编《梅光迪文录》,辽宁教育出版社,2001,第 153 页。

② 根据周质平和江勇振的研究,胡适在康奈尔大学读书时结识了比他年长 6 岁的韦莲司(Edith Clifford Williams, 1885 – 1971)小姐。从他到哥伦比亚大学读书开始,两人一直保持通信联系,相恋、知交长达半个世纪。见周质平《胡适与韦莲司:深情五十年》(台北,联经出版事业有限公司,1998)和江勇振《星星、月亮、太阳:胡适的情感世界》(新星出版社,2006)。

③ *English Writings of Hu Shih*: *National Crisis and Public Diplomacy*, Vol. 3, pp. 9 – 23. 胡适对国际关系中的非暴力手段那篇文章,在自传中有不少介绍。也许是第一篇发表的学术论文,所以他的印象比较深刻。参见《胡适口述自传》,唐德刚译注,华东师范大学出版社,1992,第 69—70 页。

东部各地多次演讲。①

　　胡适在英文运用上的不懈努力，使得他在同辈学人中脱颖而出，为他之后对外宣讲中国文化奠定了坚实的基础。笔者还想指出，胡适之钻研英语，也是他提倡"文学改良"的原因之一。以书面语和口语之间的距离而言，书面英语与文言文相比，前者显然小于后者。胡适练习英语的演讲，有助于他看到中国语言中书面文字和口头表达之间的距离，而他对美国民主制度的观摩和欣赏，也让他看到有必要做到"言文合一"，以求启发民智。他在留学期间写作的《文学改良刍议》，指出了文言文的多种弊病，并指出自宋代开始，白话已入韵文，而到了元代，则基本形成了一种"通俗行远之文学"。② 这里胡适看到了"通俗"与"行远"之间的自然联系。这一认识，与他精研英语，注意到英语的口语化特质，显然有不小的关系。

　　《文学改良刍议》写完之后寄回国内，得到陈独秀的激赏，不但在《新青年》上发表，而且陈加了《文学革命论》的附言，由此在中国掀起了一场白话文运动。这一运动也让胡适声誉鹊起，在1917年回国的时候，年仅25岁，便成为学界的风云人物。作为北京大学的哲学教授，他的讲课和第一部著作《中国哲学史大纲》的出版，对一代青年学生起到了振聋发聩的作用。这些青年学生中，不少人成了五四运动的领袖人物。胡适也就理所当然地成为五四新文化运动中一位重要的精神导师。

一　初试锋芒

　　胡适作为中国学界的领袖，不但在国内已成共识，也渐渐名闻海外。

---

① 胡适在与梅光迪通信的时候表达了这个愿望，梅光迪对此颇为赞赏和钦佩，但也表示不解："所示数事，令我神往，皆在此间万想不到者也。英语演说，固亦应有之事。然归去后为祖国办事，所与游者皆祖国之人也。若用英语演说，势必先使祖国四万万人尽通英语始可，岂非一大笑话乎？"罗岗、陈春燕编《梅光迪文录》，第117页。梅那时显然未能体会胡适的鸿鹄之志。胡适在自传中回忆道，由于同学的偶然邀请，他为美国同学讲解中国革命，做了许多准备，经过多次练习，成了一个"英语演说家"。欧阳哲生编《胡适文集》第1册，北京大学出版社，1998，第212页。胡适晚年对自己练习公开讲演，还是十分得意。他总结讲演的最大好处是："要使你所得印象变成你自己的，最有效的法子是记录或表现成文章。"他在大学期间曾应邀就中国问题在美国东海岸各地讲演，可见他在这方面取得的成功。《胡适口述自传》，第51—54页。
② 欧阳哲生编《胡适文集》第2册，第14页。

众所周知，胡适 1917 年在哥大的博士论文答辩，并不十分顺利。据哥大校友、胡适同乡唐德刚先生的考证，胡适答辩的时候，或许得到的是"大修通过"（pass with major revision）的评分。不过这本来也并不少见，因为很少有博士生的论文，答辩委员会会认为白玉无瑕，无须做任何修改就能通过。而哥大当时又遵照德国大学的旧习，需要答辩者在将其论文修改之后，由出版社出版并交 100 本给母校，才能顺利获得博士学位。胡适回国之后，不但将论文做了修改，还写成了中文的《中国哲学史大纲》，获得了诸多学界耆老的认可。不过如果是"大修通过"的评分，那么胡适还得返校再考。用唐先生的话来形容，"那时中美之间又无喷气客机，返校补考，谈何容易！"所以胡适的博士学位一拖就是十年。1919—1921 年胡适的老师杜威（John Dewey，1859 – 1952）访华两年，已经看到了弟子的辉煌成功。用唐德刚先生的话说就是：杜威"亲眼见到胡著《中国哲学史大纲》在学术界的声势，这才自愧有眼不识泰山"。然后唐猜测，杜威有感自己有眼无珠，所以回校之后将给胡适的评分从"大修通过"改为"小修通过"，因为后者只要老师同意便可获得学位。于是胡适在 1927 年去美国的时候，交给了哥大 100 本《先秦名学史》（*The Development of the Logical Method in Ancient China*），即他改写的英文博士论文，便顺利拿到了博士学位。① 唐先生的分析，或许有道理，但也掺杂想象。笔者以为还有另一个可能，胡适答辩的时候拿到的就是"小修通过"（pass with minor revision）。他之所以迟拿学位，可能只是因为回国之后，路途遥远，自己又诸事缠身，没能顾及学位的事情。②

---

① 《胡适口述自传》，第 100—102 页。胡适的《先秦名学史》由上海亚东图书馆 1922 年出版。

② 笔者的主要依据就是，胡适本人对于别人质疑他的学位问题，从不感到有什么必要回应。他在自传中简单说道："在 1917 年夏季，我就考过我论文最后口试。"这一毫不犹疑的态度和口气，可以让人觉得他获得的是"小修通过"的评分，自视拿到学位并无障碍。他在 1950 年就任普林斯顿大学葛思德（Gest）中文图书馆馆长时填的表格，也自填其获取哥大博士学位年份为 1917 年。见周质平《胡适的暗淡岁月》，收入耿云志编《胡适评传》，上海古籍出版社，1999，第 248 页。如果像唐德刚先生所言，杜威回国以后胡适改了分数，那么哥大应该有相应的记录。余英时先生在《重寻胡适历程：胡适生平与思想再认识》中也持相同的看法（台北，联经出版事业有限公司，2004，第 3—15 页）。欧阳哲生对胡适的学位问题，有过更为详细的交代，见《欧阳哲生讲胡适》，第 85—97 页。江勇振在其《舍我其谁：胡适》第一部《璞玉成璧，1891—1917》中指出，胡适转学哥伦比亚大学时间不长，其实对杜威的哲学思想并不十分熟悉，因此博士论文答辩的时候出现了问题。但除此猜测性的分析之外，他没有提供更多的证据（新星出版社，2012，第 338—348 页）。

　　胡适 1917 年归国之后，第一次再度回到美国是于 1926 年 7 月到英国出席庚款咨询委员会的会议，然后从 1927 年的 1 月到 4 月，顺道访美三个月，并在其间补办了哥大的博士学位。那时胡适虽然甫获学位，但在西方的学界已经享有一定的声誉。胡适在这三个月期间，在母校哥伦比亚大学、哈佛大学、旧金山、波特兰等地做了多场演讲。比如《纽约时报》报道，胡适刚到美国几个星期，便于 1 月 30 日在哥伦比亚大学与燕京大学神学院院长刘廷芳（T. T. Lew，1891 – 1947）一起，以"中国思想"为题做了演讲。他们的演讲由美国传教士、汉学家何乐益（Lewis Hodous，1872 – 1949）组织安排，当时何已从中国传教结束回美有十年，在哈特福德神学院的纽约肯尼迪分校担任中文教师，并在哥大兼职讲授中文。① 与胡适一样，刘廷芳亦为哥大毕业，获得过心理学、教育学博士，并有耶鲁大学的神学学位。1925 年孙中山去世时，他以燕大神学院院长和牧师的身份主持了祭奠仪式。但刘更大的功绩在于创办了中国的心理学学会。

　　1927 年 3 月 27 日，《纽约时报》发表了路易斯·甘纳特（Lewis Gannett，1891 – 1966）的长篇报道，题为《胡适：年轻中国的年轻先知》（Hu Shih：Young Prophet of Young China）。那时中华民国建立不久，所以可以称之为"年轻的中国"。而作者把胡适称为一位"先知"，可见其对胡适颇为推崇。此篇文章的作者甘纳特与胡适同年，是一位新闻记者和作家，也是纽约报刊的专栏作家。他过世之后其书信、书稿交予哈佛大学收藏。甘纳特的文章以此开头："1917 年，一位 25 岁的中国年轻人完成了自己在美国七年的学习，乘船归国。1919 年米腊德出版社在上海出版的《每周评论》做了一次调查，让读者评选当今最伟大的十二位中国人。回国仅仅两年的胡适便名列其中。"甘纳特在文中提到自己在胡适求学的时期便听过他的讲演，十分钦佩这位中国年轻人的爱国热情和对中国社会弊病的分析。作为胡适的旧识，甘纳特对他的人品和学问均很熟悉。他不但称胡适为"中国文艺复兴之父"，也向读者详细解释了文言与白话的区别以及胡适提倡白话文的种种努力。甘纳特还将胡适的一些诗作译成了英文，以便读者了解他的努力。他首先选的是胡适《文学篇》中的四句："明年任与杨，远道来就

---

① "Chinese Educators to Lecture Here," *New York Times*，Jan. 30，1927.

我。山城风雪夜，枯坐殊未可。烹茶更赋诗，有倡还须和。诗炉久灰冷，从此生新火。"然后他又翻译了胡适的白话诗《蝴蝶》："两个黄蝴蝶，双双飞上天。不知为什么，一个忽飞还。剩下那一个，孤单怪可怜。也无心上天，天上太孤单。"甘纳特选译这两首诗，颇有意思，可以让读者看出胡适实验用白话写诗的过程。他的前一首虽然貌似五言律诗，但语言已经相当浅近，而后一首则显然更为浅显，几近大白话了。

甘纳特向美国读者指出，胡适领导的文学革命，从表面上看似乎只是一种文字改革，但有着深厚的社会意义。他指出，因为使用了白话，知识阶层可以让大字不识的中国劳动者了解他们的思想，而如果要求他们继续写作文言，则会强化阶级之间的分化。因此，胡适的白话文运动，与另一位留美学者晏阳初（1890—1990）那时在中国开展的平民教育运动（晏编写了《平民千字课》帮助扫盲），不但异曲同工、目标一致，而且为晏的工作铺平了道路。甘纳特总结道："这一激进的国语改造运动，像欧洲的文艺复兴一样，会带来（中国）社会和思想的变迁。"

既然称胡适为中国的先知，甘纳特在文章的结尾概括了胡适的功绩及对中国未来的影响。甘纳特写道：

> 当代的中国人，正走向政治民族主义，但胡适在这场运动中置身度外，因为他无意政治。胡适在过去的两年中，虽然过着一种退隐的生活，但像希腊神话中的安泰俄斯一样，他在这两年中，从大地母亲那里汲取了力量。他这次访问欧美，也为他带来了新的视角……胡适作为学者，在尊重知识的东方获得了崇敬，也在西方拥有了许多听众。如此，他或许能在一个新的基础上，建筑一座沟通中西文化的桥梁。当然，我们很难预知在未来，胡适是否还能像十年以前那样，在文学改良上扮演如此重要的角色。但他还年轻，头脑清新、思维丰富，更深知自己所拥有的影响力。①

在甘纳特笔下，胡适作为中国先知的角色，跃然纸上；他对胡适的殷

---

① Lewis S. Gannett, "Hu Shih: Young Prophet of Young China," *New York Times*, March 27, 1927.

切期望，溢于言表。①

　　胡适那次访美，还不全都在学界活动。2 月 28 日他在纽约参加了一场颇为有趣的讨论会，参与者有工会领袖、商界人士、大学教授和教会牧师，讨论主题为"究竟如何称呼当今的时代？"，内容涉及胡适本人十分关心的物质文明与精神文明之间的关系。有些讨论者发言指出，随着科技的不断进步，人们的精神水平也会不断提高，但也有参与者指出，一战的爆发已经表明，物质和科技的进步，不但没有带来文明的进步，反而造成了道德和精神的崩溃。胡适的发言比较谨慎，但也清晰地表明了自己的态度，那就是当今大多数人热衷发展科技文明，而他的希望是"如果物质进步能征服自然而造福人类，那么这种物质进步就有了精神的因素"。② 换言之，胡适此处重申了他在国内"科学与人生观"讨论中的立场，希望推进科学，促进人生。笔者在下文还要指出，胡适不主张将东西方文明强做对比，把东方文明视为精神文明而西方文明为物质文明。他认为这种划分是荒唐的，因为西方文明含有许多精神的、宗教的和人文的因素。

　　总之，胡适回国任教十年以后，于 1927 年第一次回美访问，便已渐渐建立了自己是中国问题发言人的角色，得到了美国学界和社会的认可（抵美之前他在欧洲访问的五个月中，也常常高朋满座，与政界和学界的名流多方交流③）。对胡适而言，这并不容易，因为民国时代留美的学生不少，而哥大毕业生更是其中的多数。举例而言，在胡适此次访美的半年多以前，美国左翼记者、以后成为中国共产党老朋友并身后葬在中国的安娜·路易斯·斯特朗（Anna Louise Strong，1885－1970）为《纽约时报》写过一个特稿，内容讲到五卅运动之后，中国掀起了抵制日货、英货的运动，美国受到牵连，利益也有所受损。她在文中提到其实从庚款赔偿的处理开始，美

---

① 胡适在 1926 年 8 月 23 日的日记中写道，甘纳特与他 2 月在上海见过面，为了让甘纳特体验一下中国，胡适带他去逛了一下妓院。甘纳特离开上海之后于 3 月 5 日给胡适写了一信，感谢胡适的好客，但又诚恳地劝胡适不要浪费光阴，而是尽快离开上海，专心治学，为改造中国做贡献。他在《纽约时报》上的这篇报道，与他信中对胡适的好言规劝如出一辙。胡适将他的来信收入日记本中，并写道，收到甘纳特的来信，"很感动"，认为这样的朋友"很不易得"，留藏他的信是为了"以记吾过，并记吾悔"。曹伯言整理《胡适日记全编》第 4 册，安徽教育出版社，2001，第 252—256 页。

② "Disagree on Title for Age We Live in," *New York Times*, Feb. 28, 1927.

③ 《胡适日记全编》第 4 册中对胡适在欧洲的活动有许多记载。另外白吉庵《胡适传》描述了留英学生对胡适那时在英活动的目睹情形和回忆（人民出版社，1993，第 252 页）。

国与中国便有比较亲密的关系，其中包括不少留美学生在中国各界都取得了成就，如曾任北大代理校长的蒋梦麟（1886—1964）、中华教育改进社的总干事陶行知（1891—1946），以及前司法院院长、耶鲁大学毕业的王宠惠（1881—1958）等。斯特朗也提到了胡适，称他为康奈尔大学的毕业生、"中国文艺复兴"的领袖。有趣的是，她称胡适为博士，但又不提他亦在哥大学习，可见她对胡适尚欠缺了解。①

胡适能在1926—1927年访问西方的时候，在诸多留美学人中脱颖而出，或许他的老师杜威推荐有功，但杜威有不少中国弟子，如蒋梦麟、陶行知、冯友兰（1895—1990）等，所以胡适的过人之处，还在于他本人的不懈努力。与许多留学生特别不同的是，胡适在回国之后，不但出版了大量中文论著和评论，还在英文写作上笔耕不辍，继续与西方人士口述、笔谈，多方位交流。仅1917—1927年这十年间，他就写作了英文论文、社论、序言和书评等十多篇。胡适在英文上用力之深，在中国留学史上不仅史无前例，亦后无来者，不必说在20世纪初年，即使在当今的时代——自西方"海归"人数已经大大增加、中外交流愈益频繁，也十分罕见。所以胡适能在西方人的心目中成为中国文化的代言人，更多的是仰赖他对自己的高度期许和努力。

此处试举一例。胡适1917年回国之后，在西方杂志上发表了多篇书评，也为西方人士出版的著作写序。1928年2月，当时美国驻中国的商务参赞J.安立德（Julean Arnold，1875－1946）出版了《中国问题的几个更大要点》，胡适为之写了一个短序。作为中国社会的旁观者，安立德指出当时的中国存在几大问题：交通设施落后、劳动生产力及机械化水平低下和公民意识薄弱。他认为解决的办法就是普及教育，提高工业化的程度。有趣的是，胡适的序言虽短，对中国的批评却比安立德还要严厉，并将之提高到文化、文明的层面来解析。胡适写道，中国社会的问题就是麻木不仁、执迷不悟，还觉得自己的文明高高在上，殊不料世界已经产生巨大变化了。所以他认为"当今需要的是一种近似宗教忏悔的信念，那就是我们在一切方面都落后了；其他近代国家都比我们要好"。《纽约时报》的报道于是评

---

① Anna Louise Strong, "American Influence in China Threatened," *New York Times*, July 25, 1927. 斯特朗可能不知道，胡适那时尚未正式拿到哥伦比亚大学的博士学位。

论道：胡适序言如此尖锐，其声势已经盖过了安立德书本身的内容了。[1]

胡适在其序言中不但批评中国社会，而且将矛头指向孙中山的理论。《纽约时报》引用胡适的话说："孙逸仙博士的哲学是让民众服从那些有学问的人的领导，但它的失败就在于让人盲目服从，因为那些领导者自己也不知道何去何从。"[2] 胡适的此番言论，即刻在那时受到了不少国民党人的讨伐。1928 年 8 月，北伐尚未完全成功，而蒋介石为了寻求建立自己的威权统治，已经宣布实施"训政"。1929 年 3 月，国民党党代会更通过决议，将孙中山的《三民主义》、《五权宪法》、《建国方略》、《建国大纲》及《地方自治开始实行法》视为"训政时期中华民国最高之根本法"，等同于宪法。胡适对此做法极不满意，写了《人权与约法》《知难，行亦不易》等文章，并致信再度出任司法院院长的耶鲁法学博士王宠惠，强烈要求国民党政府从"党治"改为"法治"，尽快制定宪法，以保障人权。胡适的这些批评，反映了他在美国留学期间所接受的教育及对美国民主制度和社会的深入考察。终其一生，胡适一直没有改变他的自由知识分子的立场。而他对国民党政府的批评，在抗战之前的阶段尤其严厉。1930 年，他与同样留美归国的罗隆基（1896—1965）、梁实秋（1903—1987）等人一起出版了《人权论集》，收集了他们提倡宪政、伸张人权的文章。[3]

美国《纽约时报》对胡适的这些做法，显然颇有兴趣，因为对之所做的报道符合美国公众的口味。上面那篇胡适为 J. 安立德书写序的报道，由斯坦福大学肄业、刚在《纽约时报》工作不久的哈雷特·阿班（Hallett Abend，1884 – 1955）执笔。阿班在中国持续待了 15 年，成为美国媒体当时的"中国通"，也曾向世界披露了南京大屠杀。他在 1920—1930 年代《纽约时报》的报道中，常常涉及胡适的种种活动。比如在胡适与国民党的

---

① Hallett Abend，"（Hu Shih）Says China Should Admit Inferiority，"*New York Times*，March 31，1929. 胡适的序言有此成功，也是他自己努力的结果。胡适自己记道："此文颇用力，不是酬应之作。"曹伯言整理《胡适日记全编》第 5 册，第 164 页。

② Hallett Abend，"（Hu Shih）Says China Should Admit Inferiority，"*New York Times*，March 31，1929. 另外，《胡适日记全编》第 5 册对此阶段国民党对胡适的声讨有许多记载，并收入了不少国民党人士笔伐的剪报。

③ 见胡适等《人权论集》（新月书店，1930）。有关胡适与国民党的关系，或可参见李又宁主编《胡适与国民党》（纽约，天外出版社，1998），其中收入的杨天石《胡适和国民党的一段纠纷》一文，描述了这段时期胡适与国民党的冲突。

矛盾不断升级的时候，阿班于 1929 年 8 月 30 日和 31 日在《纽约时报》连续发表了两篇报道，一篇简单写到上海的国民党党部正准备惩戒胡适，另一篇则以《捂住讲真话者之嘴》为题，更为详细地描述胡适与国民党的冲突。他在结尾指出："如果他（胡适）是一个捣乱者，那么这是当前不确定的情势所致。但作为中国文学改良的领袖和最杰出的思想家，他的声音应该被听到，而不应被抑制，因为他正努力告诉国人真相。"据说阿班的后一篇报道，还让胡适逃过了国民党的牢狱之灾。① 胡适的日记没有提到自己有可能入狱，但从日记本中保留的国民党对他的许多严厉批评及处罚建议来看，那时他与上海国民党党部的关系的确剑拔弩张。不过，如同阿班在 8 月 30 日的报道中指出的那样，国民党对拘押胡适这样一位国际知名的学者，毕竟还是有所顾虑，而他 31 日的报道，更将事情的经过比较详细地告诉了世界，让国民党更为难堪、无可奈何。②

哈雷特·阿班在《纽约时报》上就胡适的事件不厌其烦地报道，一方面是事件本身的戏剧性，另一方面也是因为胡适本人在该报读者群中的知名度。胡适在 1926—1927 年到英美访问期间，虽然年仅 35—36 岁，但已经被认可为中国学界的代表。从他的日记中可以看出，他在欧美所交往和接触的人物，不但有西方汉学界的一流人物如伯希和（Paul Pelliot, 1878 – 1945）、亚瑟·韦利（Arthur Waley, 1889 – 1966）、庄士敦（Reginald Fleming Johnston, 1874 – 1938）、翟林奈（Lionel Giles, 1875 – 1958）、戴密微（Paul Demiévielle, 1894 – 1979）、卫礼贤（Richard Wilhelm, 1873 – 1930）和苏慧廉（William Edward Soothill, 1861 – 1935），更有在整个西方学界名闻遐迩或崭露头角的人物如哲学家罗素（Bertrand Russell, 1872 – 1970）、

①　阿班著有回忆录，提到胡适批评国民党和孙中山之后被拘押了四天。他为此在《纽约时报》上连续发文，如《捂住讲真话者之嘴》一文，帮助了胡适的释放。Hallett Abend, *My Life in China, 1926 – 1941* （New York：Harcourt, Brace and Company, 1943），pp. 141 – 145. 阿班在书中还提到，胡适之后多次说《纽约时报》救了他。不过在胡适的日记中，并没有相关的记载，所以此事是否属实，尚待证实。不过胡适向阿班致谢，或许确有可能，因为曹伯言整理《胡适日记全编》第 5 册，第 844—845 页提到，《人权论集》的另一位留美学者罗隆基，1930 年 11 月的确曾被国民党拘押，经过朋友疏通才获释。所以当时他们批评国民党，可能会引发牢狱之灾。阿班多年后写作回忆录，细节上也许记忆有误。

②　Hallett Abend, "Kuomintang Denounces Hu Shih" 和 "Muzzling the Truth-Teller," *New York Times*, August 30 & 31, 1929。另见曹伯言整理《胡适日记全编》第 5 册和 Hallett Abend, *Tortured China* （New York：Ives Washburn, 1930），pp. 238 – 242。

史学家查尔斯·比尔德（Charles A. Beard，1874－1948）与阿诺德·汤因比
（Arnold Toynbee，1889－1975）、著名无神论者伯恩斯（C. Lelisle Burns，
1879－1942）、小说家伦纳德·赫胥黎（Leonard Huxley，1860－1933，《天
演论》作者托马斯·赫胥黎之子）以及英国诗人劳伦斯·宾扬（Laurence
Binyon，1869－1943）等，再加上不少政界名流。他也结识了东京大学的中
国哲学教授宇野哲人（1875—1974）等亚洲学者。因此胡适此次的欧美之
行，可谓"谈笑皆鸿儒，往来无白丁"。更确切一点说，胡适的和蔼可亲，
也让他获得了普通人的青睐，比如在他下榻的英国旅馆中，就发生过女侍
向他索吻的趣事。①

二　论道东西

胡适成为中国文化的代言人，由上讨论应该可以得到确认。不过他在
1920年代访问欧美期间受到西方学界人士如此大的关注，还与当时西方世
界的文化氛围有关。那时距第一次世界大战结束不久，世界经济似乎在走
向复苏，但也存在不少问题——此后于1929年爆发的世界范围的经济大萧
条，就是一个说明。还有就是虽然大战已经结束，但对于战争的惨烈仍然
记忆犹新，不少西方人士感叹自己的文明似乎已经走到了一个尽头，抑或
至少走向了一个拐点。由此他们对非西方文明和文化，比以往更为关注，
试图从中发现一些不同的发展途径。西方学界和媒体当时对胡适的介绍，
几乎众口一词地说他是"中国文艺复兴的领袖"或"倡导者"。但可以想
见，使用这一称呼的西方人中，没有多少人真正了解胡适改造中国文字到
底里面有什么内容并有多少实际意义。他们更关心的还是胡适作为中国哲
学家，是否能为西方文明的未来发展提供一些看法。

胡适在1927年1月25日的日记中提到他应路易斯·甘纳特之邀到他家
吃饭，同桌的还有"查尔斯·比尔德夫妇和他们的女儿，谈甚久"。比尔德
是美国著名历史学家，1913年出版了《美国宪法的一个经济解释》，其中对
美国"建国之父"的尖锐批评让他在史学界名闻遐迩，1933年更被选为美
国历史学会的主席。他也曾是哥大的历史教授，但在胡适毕业的那一年

---

①　参见白吉庵《胡适传》，第252页。

（1917），为了抗议校方对学术的干预，辞职离开了哥大，之后与他夫人玛丽·比尔德（Mary Beard）一起，以写作为生，夫妇合著有《美国文明的兴起》（1927）。胡适与甘纳特的这顿饭，显然为后者写作《胡适：年轻中国的年轻先知》这篇文章做了准备。但胡适日记中主要记载的是他与比尔德先生的谈话，从内容来看，胡适在哥大求学期间，应该没有修过比尔德的课。比尔德在谈话中问了胡适有关中国文明为何没有发展出近代科学的问题，然后他们共同讨论历史发展的动因及其特点。听了胡适的详细解答，比尔德还总结出一个历史发展的公式"偶然＋模仿＝历史"，也即偶然的发明创造，引起了众人的模仿，然后推进了历史的发展。[①] 总之，两人讨论的是中西文明的差异及对两个文明将来的展望。

胡适日记没有提及的是，次年比尔德主编出版了《人类往何处去》（*Whither Mankind*）的论文集，其中第一篇就是胡适写的《东西方文明》，可见他们两人那天的见面，便是让胡适参与此书写作的一个契机，而将胡适写作的文章列为首篇，既反映了比尔德对改造西方文明的兴趣，也是对胡适文章内容本身的一种高度认可，因为该书的其他写作者都是那时西方学界的一时之选，堪称群英荟萃。该书的编排是按主题分别让专家撰写，如"哲学"篇就由胡适的老师杜威执笔，"劳动"篇由著名的费边社领袖西德尼和碧翠丝·韦伯夫妇（Sidney Webb，1859－1947；Beatrice Webb，1858－1943）写就，"科学"篇的作者是伯特兰·罗素，"宗教"篇由哥大历史教授、《新史学》的作者鲁滨逊（James Harvey Robinson，1863－1936）撰写，"文学"篇的作者是美国传记作家和普利策奖获得者卡尔·范·多伦（Carl Van Doren，1885－1950），"艺术"篇则由"通才"路易斯·蒙福德（Lewis Mumford，1895－1990）写就，"教育"篇的作者是成人教育的倡导者艾佛瑞特·马丁（Everett Dean Marin，1880－1941）。而在胡适《东西方文明》之后的为《古代和中世纪文明》，其执笔者为出名的多产史家和作家亨德里克·威廉·房龙（Henrik Willem van Loon，1882－1944）。

作为主编，比尔德为此书写了导言和跋。他在导言中开宗明义地写道，

① 曹伯言整理《胡适日记全编》第4册，第495—496页。不过该书此处将路易斯·甘纳特的英文名字记为"Llouis S. Gaunett"，有可能是编者没有认清胡适的笔迹所致。笔者认为那日的 Gaunett 就是 Gannett，因为他的中间名字的第一个字母是 S，而且在那次吃饭之后不久就在《纽约时报》上发表了《胡适：年轻中国的年轻先知》一文。

在当时的整个世界，很多思想家都在考虑人类文明的未来出路。欧洲更是如此，因为它刚刚经历了一场浩劫，又在担忧下一场灾难何时降临（比尔德此处的观察颇有预见性，因为第二次世界大战在之后不到十年就爆发了）。美国和日本那时也在思索"我们将往何处去"的问题。然后他举了一些人的名字，认为他们是这一潮流的代表。他说中国有辜鸿铭和胡适，印度有甘地和泰戈尔，日本有鹤见佑辅和刚过世的有岛武郎，以及意大利的克罗齐，德国的史宾格勒，英国的 H. G. 威尔斯、萧伯纳，俄国的托洛茨基，等等。这些人的著作也有惊世的标题，如《西方的没落》《处于十字路口的人类》《人生的悲剧》等。他说该书的主旨不在于特别赞同或支持某种观点，而是想摆出事实，检讨近三百年来历史演变的成就和缺失。比尔德指出，此书的编辑"基于这样一个信念，那就是历史已经表明，过去并不存在一个黄金时代，而最近三百年的发展有好有坏，但也并不是人们有意终结完美中世纪的结果"。比尔德此处所谓的"最近三百年"，也就是世界范围的近代化历程。他在当时已经看到了近代化、工业化导致的恶果（世界大战），但还是认为回到中世纪也不是一个选项，因为那也不是一个"黄金时代"。由是，他才邀请世界范围的有识之士共同思考，编写了此书，探讨"人类往何处去"的问题。①

　　从书的内容而言，讨论的主要部分就是在近代化之后，人类是否还需要宗教、哲学、艺术、文化等"上层建筑"的东西。从该书的作者背景来看，他们自然是赞成的。但其实里面还牵涉一个更为重大的问题，那就是在西方近代物质文明长足发展之后，这些精神文明的因素是否需要在西方之外的文明中去寻找和发掘。换言之，近代科技的发展是否可以自然而然地推动文明的进程。由于世界大战的阴影犹在，许多人——包括胡适的老师杜威——的立场和说辞均相对含混，对西方近代文明的前景不很乐观，并由此论证东西方文明沟通的必要。其中伯特兰·罗素表现得最为明显。作为"科学"篇的作者，罗素花了不少篇幅讨论科学的进展及其对社会、人类的积极作用。但他强调指出，即使在科学发达的近代，许多问题仍然存在；人们不要也不能对机器盲目崇拜，而是要"建立更为人化、更加稳

---

①　Charles A. Beard ed., *Whither Mankind* (New York: Longmans, Green & Co. 1928), "Introduction," pp. 1 – 11.

定和更为真实的科学文明"，这是他希望的"世界走向"。① 罗素的观点，与该书的多数作者相似。第一次世界大战之后，西方学界的人士大多对自身文明的发展抱持一种怀疑和批评的态度。

在这样的思想、文化背景下，非西方人士大都会积极推广自己的文明，强调其长处。比如梁启超（1873—1929）在一战之后访问欧洲，面对那里满目疮痍，写了《欧游心影录》，指出西方文明已成明日黄花，中国文明需要振作起来，提升自身的地位。辜鸿铭（1857—1928）在那时和以前发表的多数言论，也大致推崇中国文明的伟大，并以此来教训西方人士目光短浅，有眼不识泰山。② 与他们相比，胡适的立场迥然不同。他在《东西方文明》中，采取了一种干脆利落、毫不含糊的立场，强调西方近代科技和工业文明代表了人类文明的走向，而包括中国文明在内的所谓"精神文明"，其实都不能对人类历史的发展提供什么有益的帮助。他在文章的起始举例说，欧洲有人认为西方文明是物质的文明，而东方文明不但是精神的，而且高人一头。针对这些说法，胡适指出，这种思维已经在西方让不少人没有办法认清自身文明的价值——他们无法看到，西方文明其实"正在迅速成为一种世界文明"（着重号为引者所加）。这种截然了当的说法，由胡适这位东方学者说出，对那时犹豫不决的西方人士来说，无疑是一剂醒药。然后胡适摆出了自己的一个基本理由，那就是用物质文明和精神文明来区分、概括东西方文明，是一种荒唐的做法，因为文明的进展，基本都是形上和形下相互作用的结果。他引用《易经·系辞》说"见乃谓之象，形乃谓之器，制而用之谓之法。利用出入，民咸用之，谓之神"。胡适将此处的第一句理解为理念或思想的形成，然后推论说其实一切变化都源自思想，而思想的结果就是发明各种器具，而推广使用这些器具，则有助于推动文

---

①　Charles A. Beard ed. , *Whither Mankind*, "Introduction," p. 82. 胡适在 1926 年 10 月 17 日造访罗素，后者对西方文明是否可以输入其他国家表示出怀疑的态度，认为像俄国和中国等，也许只有接受专制政权。胡适在日记中记道："此言也有道理，未必全认为不忠恕。"胡适的评论显示出他人品的忠厚，但显然他是不同意罗素的观点。参见曹伯言整理《胡适日记全编》第 4 册，第 394 页。

②　梁启超的《欧游心影录》收入张品兴主编《梁启超全集》第 10 卷，北京出版社，1999。辜鸿铭的论著可见黄兴涛等译《辜鸿铭文集》，海南出版社，1996，特别是下卷中的《中国人的精神》。

明的进步①（胡适此处的基本观点，和他与比尔德之间的谈话，颇为一致）。

胡适指出，如果没有科技的进步，空谈精神、道德和宗教，颇为荒谬，因为一个人力车夫或一个老乞妇，即使信仰虔诚、品德无缺，对人类的文明有何助益？相反，近代科技的发展、工业文明的进步，让人看到了自己的力量："我独自奋斗，胜败我独自承当，我用不着谁来放我自由，我用不着什么耶稣基督，妄想他能替我赎罪替我死。"这几句由意大利裔的美国工会领袖、诗人阿图罗·乔万尼蒂（Arturo Giovannitti，1884-1959）撰写的诗句，被胡适视作近代"人化宗教"的宣言，因为它尊崇人的力量——"信任天不如信任人，靠上帝不如靠自己"。此外，胡适还认为近代西方文明发展造就的另一种宗教，那就是对民主制度的信仰。总之，胡适在比较东西方文明之后得出的结论就是，近代科技、工业文明或许有缺陷，需要进一步成长和完善，"但它的成长和完善并不能靠回归东方的精神理念来得以实现，而是要沿着这个文明的进步已经指出的方向，有意、执意地去努力充分以实现其真正的精神潜能"。②

熟悉胡适论著的人都知道，他在这里表现出的态度，与在国内"科学与人生观"的论争中所持的立场，保持了高度的一致。"科学与人生观"的论战，虽然早几年出现在中国，但其渊源和背景与比尔德编写《人类往何处去》，都有不少共同和可比之处。如张君劢（1887—1969）、梁启超等人主张科学无法解决人生观的问题，而丁文江（1887—1936）、胡适等人对之的批驳，其实反映的是对西方文明是否能代表人类历史走向的一种高度关注。由于第一次世界大战带来的破坏，世界范围内出现了文化相对主义的潮流。张君劢、梁启超等人认为科学发展无法解决人生观的问题，折射出的是西方学界对自身文明的普遍价值的一种怀疑态度。胡适坚定认为科学发展是人类文明的共同走向和唯一道路，其主张本身可以商榷、探讨，但他那种内

---

① Hu Shih, "The Civilizations of the East and the West," *Whither Mankind*, pp. 25-26. 胡适在文中说他引的《易经·系辞》是孔子的教导，或许有人会提出质疑。但如果承认孔子"订六经"，那么《易经》也称得上是儒家经典。此文的中文版见胡适《东西文化之比较》，收入欧阳哲生编《胡适文集》第11册，第182—193页。

② Hu Shih, "The Civilizations of the East and the West," *Whither Mankind*, p. 41. 胡适的这些想法，包括引用的乔万尼蒂的诗句，也在他的中文文章《我们对于近代西洋文明的态度》中出现，他在其中写道，这一人化的宗教就是"信任天不如信任人"等，见欧阳哲生编《胡适文集》第4册，第9页。

外一致，不人云亦云、特意讨好西方的态度，值得中国学者的尊敬和学习。

换句话说，在当时西方学界普遍对近代文明表示质疑而对东方文明充满兴趣的时候，胡适完全可以采取另一种做法，乘机在西方宣讲中国文化的长处。比如梁启超在《欧游心影录》中就表达了这样的愿望，梁用他一贯的感人笔调向国人呼吁：

> 我们人数居全世界人口四分之一，我们对于人类全体的幸福，该负四分之一的责任。不尽这责任，就是对不起祖宗，对不起同时的人类，其实是对不起自己。我们可爱的青年啊！立正！开步走！大海对岸那边有好几万万人，愁着物质文明破产，哀哀欲绝的喊救命，等着你来超拔他哩。我们在天的祖宗三大圣和许多前辈，眼巴巴盼望你完成他的事业，正在拿他的精神来加佑你哩。①

胡适其实与梁启超一样，都是民族主义者，自然也希望中国富强。他在1938年出任驻美大使，违反自己不做官的许诺，努力为国效力，便是一个证明。但他在学术上不愿迎合西方的潮流，利用时机为自己壮大声势，以抬高自己的地位。相反，他在那时持续指出中国社会的种种弊病，批评国民党的政策，呼吁制定宪法、依法治国的必要性。《纽约时报》的哈雷特·阿班对他的言论和国民党对他的威胁，仍时有报道。1929年12月15日，阿班还以《1900年前中国社会主义试验的失败》为题，报道了胡适发表于《皇家亚洲文会北华支会会刊》上的英文论文——《王莽：中国1900年前的社会主义皇帝》。胡适在文中指出，汉代王莽的许多经济政策可以与现代社会主义相比仿。② 但他在那时研究王莽复辟，提出这种观点，显然还

---

① 张品兴主编《梁启超全集》第10卷，第2987页。

② 见 Hallett Abend，"Nanking Tells Hu Shih to Cease Criticizing" 和 "China's Test of Socialism that Failed 1900 Years Ago," *New York Times*, Oct. 1, 1929 & Dec. 15, 1929。胡适的英文论文 "Wang Mang: The Socialist Emperor of Nineteen Centuries Ago," 收入 *English Writings of Hu Shih: Chinese Philosophy and Intellectual History*, Vol. 2, pp. 39 – 47。胡适写作此文，是应邀在皇家亚洲文会演讲，之后也在该学会的刊物上发表。胡适在1922年研究过王莽，认为他的措施很像社会主义。但他几年后重拾旧题，显然不完全是出于学术的考量，而很有可能是希望回应那时西方学界对东方文明的过度热衷。见曹伯言整理《胡适日记全编》第3册，第646—654页；第5册，第56—59页。

另有用意，那就是像他在《东西方文明》一文结尾中写的那样，近代文明的出路"并不能靠回归东方的精神理念来得以实现"，而是必须沿着近代文明开辟的道路，继续大踏步向前。胡适用英文写作此文的目的显然在于告诉西方读者，近代工业文明纵有危机，但解决的办法不应往回看，也不在东方传统中。

三　享誉海外

1990 年代，中国学界掀起了一股"陈寅恪热"，至今余热未消。而对陈寅恪（1890—1969）的推崇，也包括陈之学问如何受到西方汉学界的尊重。1938 年牛津大学延聘陈寅恪去任教，便作为一件美事而受人注意。笔者曾就此事撰文指出，牛津大学虽然是世界名校，但汉学研究在英国并不特别受到重视。上面提到的亚瑟·韦利和苏慧廉，加上与胡适多有交往的翟林奈和其父翟理斯（Herbert A. Giles，1845–1935，韦氏音标的发明人之一），均为当时英国的汉学名家，但其中国学问仍难免有错误。[1] 换言之，民国时代的中国学人，对受到牛津、剑桥等名校的延聘，担任汉学教授，并不觉得特别荣幸、无上荣光。陈寅恪当时如果不是身陷国难，又想到西方治疗眼疾，可能都不会接受牛津大学的聘书。[2]

不过能得到一所名校的聘请而做系列讲座，毕竟在很大程度上代表了该学者的治学水平，因为此类机会，即使对西方学者来说，也往往是可遇不可求的。此处无意比较陈寅恪和胡适学问之高下，不过就民国学者的国际影响而言，胡适显然更胜一筹。在陈寅恪获得牛津大学聘请的十年前，胡适便获得了芝加哥大学的邀约，希望他就"儒家文化的现代趋势"做"哈斯克尔系列讲座"，演讲稿之后也会出版成书。同时，芝大还希望胡适在他擅长的领域，开设春天学季的"中国哲学史"。这一待遇，在今天的西

---

① 胡适曾看过苏慧廉花多年编就的中文书目，发现"其中错误大可骇人听闻"。有天，苏慧廉在家中办茶会欢迎胡适，胡适记道："其意甚可感。"曹伯言整理《胡适日记全编》第 4 册，第 433—434 页。

② 参见王晴佳《陈寅恪没去牛津之后》，收入刘小磊编《原来如彼：〈南方周末〉往事版文录》，南方日报出版社，2006，第 178—182 页。《胡适日记全编》第 5 册中对此事亦有记载。

方学界，也只对少数成功人士开放。从金钱上来考量，芝大说给胡适 2000 美金，若以今天的标准衡量，是 27000 多美元，还是不错的报酬。① 但收到芝大代理校长 1928 年 10 月 2 日的来信，胡适在考虑了一个多月之后，婉言谢绝了。他给出的理由是自己那时正努力写作《中国哲学史大纲》的第二卷，无暇出访。然后胡适又写道："我也考虑了一下您指定的讲题'儒家文化的现代趋势'。我的结论是，如果不包括三百年的时间跨度，那么六次演讲便没有足够的材料，而若（时间跨度长），则又与您所指的'现代'概念不符了。"② 胡适的回信，不卑不亢，从学术观点上对芝大代理校长的观点提出了自己的商榷意见。自认有很强的"历史癖"和"考据癖"的胡适，显然认为要考察儒家的现代命运，必须从明清文化的转型开始，也即必须考虑清代考据学对宋明理学的批评和扬弃。

　　胡适谢绝了芝大之后，对方并未放弃，而是在一年之后再度向胡适发出邀请。也许是因为胡适说他事忙，所以这次只是邀请他做六场"哈斯克尔系列讲座"，题目如旧，再做哈里斯基金会的三次系列演讲和参加一次圆桌会议，酬金升至 3500 美元（合今天 48400 多美元）。同时，耶鲁大学也请他在 1931 年春天的学期担任访问教授。胡适收到这些邀请以后，有些心动，在日记中写道："我颇踌躇，今天不能决定。"其实胡适除了写作事忙之外，自 1928 年起还担任了上海中国公学的校长。但他对此从一开始就没有兴趣，只是由于中国公学是其母校，人情难却，勉强接任。③ 而这些来自国外的讲学邀请，给了他一个能辞去这个职位的借口，所以他有些动心。之后他也

---

① 有关 2000 美元在 1928—1929 年的价值，笔者的估算依据见 http://www. dollartimes. com/inflation/inflation. php？amount = 2000&year = 1928。芝加哥大学实行学季制（quarter），比学期制（semester）短。胡适被要求做六次系列演讲，加上一学季（约 10 周）的"中国哲学史"课程的主讲，获得这样的报酬还不错，因为芝大想来还会提供旅费和住宿。而且他的系列演讲估计也会算在课程内，所以他不用讲 16 次，加上他的讲演出版成书将获得版税。参见曹伯言整理《胡适日记全编》第 5 册，第 290—291 页。顺便提一下，胡适曾在 1922 年接到母校哥伦比亚大学之邀，讲授一学期的"中国哲学"和"中国文学"两门课，薪俸为 4000 美金，他最后未去。不过这个邀请与芝加哥大学的邀请级别不同，仅是一般的访问教授，没有为讲演出书的待遇，而且还是胡适在 1920 年自荐的。见曹伯言整理《胡适日记全编》第 3 册，第 209、563—564 页。

② 曹伯言整理《胡适日记全编》第 5 册，第 293 页。笔者对译文做了较大的更动。

③ 胡适在 1928 年 4 月答应出任中国公学校长之后，便在日记中记道："今天套上一件镣铐，答应去做中国公学的校长……此事殊不智，事后思思甚懊悔。"曹伯言整理《胡适日记全编》第 5 册，第 64 页。

的确照此计划执行，先是在 1930 年 2 月 5 日致电芝大校长，说自己将去耶鲁大学任教，顺便到芝大做哈斯克尔的系列讲座，但不参加其他活动。然后又辞去了中国公学的校长，让马君武接任。①

　　虽然胡适借机辞去了中国公学的校长一职，但事实上他没有在 1931 年春天赴美，而是一直到 1933 年才赴芝加哥大学，在那里做了哈斯克尔的系列讲座，出版了英文著作《中国的文艺复兴》（*The Chinese Renaissance*），但没有去耶鲁大学任客座教授。② 在 30 年代初，还有不少美国大学向胡适发出邀请，希望他能去那里讲学，如加州大学伯克利分校、南加州大学和哥伦比亚大学等。③ 胡适拖延不去美国讲学的原因似乎有多种。他在那段时间，虽然时时受到威胁，却仍然在《新月》和《独立评论》等刊物上持续批评国民党的许多政策，希望能有助于中国民主化的建设。这些工作，加上各种各样的应酬，牵涉了他许多精力。胡适虽然希望能继续完成对中国佛教和中古思想的研究，但进度很慢，以致在日记中多次自责。如他在 1931 年 4 月 12 日的日记中写道："一九二七年此日，我在 Seattle（西雅图）上船回国……四年之中，我的成绩很少，回想很可惭愧。"其实胡适在那段时期，还是相对较多产的。1930 年 11 月底他从上海到北京，任教北大又担任文学院院长之后，繁忙的行政事务加上日本侵略的威胁，让他更无法专心写作了。④ 作为一个公众人物，胡适的一举一动都让人注意。比如他在 1930 年宣布赴美讲学之后，一位读者对他提出了尖锐的批评，认为像他这样的学者，不必像梅兰芳那样，去美国博取掌声，而是应该继续自己的学术研究。胡适

---

① 曹伯言整理《胡适日记全编》第 5 册，第 620、630、663 页。

② 胡适于 1931 年 3 月 5 日电告耶鲁大学，说无法去那里讲学。参见曹伯言整理《胡适日记全编》第 6 册，第 82 页。胡适 1933 年去美国的时候，也没有去耶鲁大学。

③ 南加州大学于 1931 年 10 月 11 日找到胡适，希望他能去讲学，胡适即刻谢绝了。然后在 1933 年 3 月 3 日，加州大学伯克利分校派人邀请胡适去那里讲学一年，年俸 7000 美金，胡适也没有接受。1934 年 4 月 11 日，哥伦比亚大学也托多人向胡适发出邀请。见曹伯言整理《胡适日记全编》第 6 册，第 90—91、200、346 页。顺便说一下，胡适在 1930 年代获得的这些讲座教授的待遇，都相当不错，而到了 1950 年普林斯顿大学葛思德中文图书馆聘他为馆长的时候，他的年薪仅为 5000 美金。见周质平《胡适的暗淡岁月》，耿云志编《胡适评传》，第 245—269 页。

④ 曹伯言整理《胡适日记全编》第 6 册，第 112 页。胡适去世之前为《淮南王书》写序，说 1927 年至 1930 年"这三年半的时间，我住在上海。那是我一生最闲暇的时期，也是我最努力写作的事情。在那时期里，我写了约莫有一百万字的稿子"。转引自余英时《重寻胡适历程：胡适生平与思想再认识》，第 21 页。

将此文剪下收藏于日记本中，但想来不会是他推延不去美国的主要原因。①

虽然胡适迟迟不去美国，西方学术界、出版界和新闻界对他的关注却没有减少。胡适也没有故意冷落西方，而是尽量保持与其不断的互动和交流。这里仅举一例。1930 年 1 月 19 日，胡适应邀在上海为美国大学妇女联合会（American Assocation of University Women）做一演讲，题为《中国问题之所在》（The Real Problem），对当时中国社会的现状和政府的做法提出了自己的分析和见解。《纽约时报》的哈雷特·阿班在该报 2 月 23 日对此做了颇为详尽的报道。如在《东西方文明》一文中的立场一样，胡适在演讲中指出在中国还在为"贫穷、疾病、无知和腐败"这四大弊病困扰的时候，侈谈中国文明的精神性，并据此批评西方文明的物质性，无疑是荒谬之论。胡适强调，正是这种闭目塞听、异想天开的做法，才使得中国的进步脚步缓慢、迟疑不前。② 需要指出的是，这不是胡适第一次为美国大学妇女联合会做演讲；在这之前和往后，他为该会的成员就中国文学、思想和社会问题，做过多次英文演讲。美国大学妇女联合会成立于 1881 年，其宗旨是推进妇女的高等教育、提高妇女的社会和政治地位，让其享有与男性同样的权利。1919 年该学会的前身曾出资帮助居里夫人的研究，所以该学会不但在美国，而且在其他国家颇具地位和影响，至今仍经久不衰。

除了演讲、交谈和讲学，胡适还不断在西方出版论著。他在 1922 年 5 月想将以前做的英文演讲，修改结集成书，题为"文化的中国"（Cultural China）。而巧合的是，一个月之后，美国 Harcourt, Brace & Co. 出版社托人向他约稿，题目正好是他想写的有关中国文化的特性和发展。胡适记道："书还没有动手，已有了出版者，也是一件好事。"③ Harcourt, Brace & Co. 是美国一家老牌出版公司，声誉不错，在 2008 年被 Pearson 合并之前，出版过大量有影响的小说和非小说类著作（哈雷特·阿班的中国回忆录，便由该公司于 1943 年出版）。在胡适参与比尔德的《人类往何处去》的论文集之后，出版该书的 Longmans 公司的编辑也来信，希望他能就《东西方文明》所谈的要点，结合其他的建议，扩展成一本书。信中写道："我们觉得，

---

① 曹伯言整理《胡适日记全编》第 5 册，第 668—669 页。
② 见曹伯言整理《胡适日记全编》第 5 册，第 725 页。另见 Hallett Abend, "Hesitancy Causing Chinese Decadence," *New York Times*, Feb. 23, 1931。
③ 曹伯言整理《胡适日记全编》第 3 册，第 674—675、699—700 页。

您是最有资格向西方世界介绍东方的人。我们很有兴趣一起合作。"①

众所周知，胡适没有写出上述著作，甚至终其一生也未能完成其中文《中国哲学史大纲》的下卷，这让他的许多读者颇感失望。但他在 1930—1931 年却履行了美国《论坛》（The Forum）杂志的约请，认真写作了一篇《我的信仰及其演变》（My Credo and Its Evolution）的长文。胡适在 1930 年 2 月 16 日写道："今天开始作 My Credo 一文。"然后在 3 月 4 日又记说，已经完成了初稿。以胡适这位大忙人来看，此文的写作可谓一挥而就，而且超出预计的字数一倍有余。他在 1931 年 3 月 4 日拿到文章校样之后，又分送给朋友，可见他自己对此文也很满意。②

向他约稿的《论坛》杂志于 1885 年创刊，与《大西洋月刊》（Atlantic Monthly）和《哈泼斯杂志》（Harper's Magazine）齐名，是美国最著名的三大人文杂志之一，可惜在 1950 年关闭了。除了胡适以外，当时的《论坛》杂志还向多位世界名人约稿，希望他们就"人生信仰"一题，谈谈他们的经历和看法。之后这些稿件又汇集成册，由著名的 Simon and Schuster 出版公司于 1931 年出版，书名定为《人生哲学：个人信仰系列》（Living Philosophies：A Series of Intimate Credos）。胡适于 1931 年 7 月 15 日收到此书之后写道："此书本月出版，今天收到第一册。印的很好。听说销路不恶。"③ 的确，那时虽然仍在经济大萧条中，此书却用了精致的丝绸面包装，开本也较一般著作大一些，想来出版商认定此书会热销。

出版商有此预测，因为此书的作者在当时声名显赫。该书前三篇的作者分别是埃尔伯特·爱因斯坦（Albert Einstein，1879 - 1955）、伯特兰·罗素和约翰·杜威，然后还有参与比尔德《人类往何处去》的 H. G. 威尔斯、碧翠丝·韦伯和路易斯·蒙福德等。在爱因斯坦之外，还有两位诺贝尔奖获得者罗伯特·密立根（Robert Andrews Millikan，1868 - 1953）和弗里德特乔夫·南森（Fridtjof Nansen，1861 - 1930），普利策奖获得者茱莉娅·彼得金（Julia Peterkin，1880 - 1961），中国学界熟知的欧文·白璧德（Irving Babbitt，1865 - 1933）及其他著名作家、诗人、史学家、出版家、批评家等。而胡适不但名列

---

① 曹伯言整理《胡适日记全编》第 5 册，第 619—620 页。
② 曹伯言整理《胡适日记全编》第 5 册，第 675、680 页；第 6 册，第 80 页。
③ 曹伯言整理《胡适日记全编》第 6 册，第 128 页。

其中，还是唯一的一位非西方学者，充分显示他那时已居世界一流的学术地位。

胡适收入《人生哲学：个人信仰系列》的文章，同年就被译成中文，以《我的信仰》为题，收入《中国四大思想家的信仰之自述》而出版，以后又有了另一个译本。虽然胡适没有自己翻译，但也反映了他有意让该文与中文读者见面。他在文中详细回顾了自己的成长经历：幼年丧父，由坚毅的母亲培养成人，然后又如何在上海接受不完整的中学教育，甚至过了一段荒唐无稽的日子。他显然将自己能考取庚款留学视为人生的一大转折，所以交代了自己留学期间思想的种种变化。而其中一个重要的变化，就是从原来相信个人的成功，追求"三不朽"（立功、立德、立言）到追求社会的不朽（social immortality），也即从实现"小我"到促成"大我"。胡适回国之后，以自己的名声和地位，为改革中国社会奔走呼号，为改进中国政治献计献策，乃至耽搁了自己的研究和写作，在一定程度上正与实践这一信仰有关。①

《纽约时报》对《人生哲学：个人信仰系列》一书的出版，自然有所报道，其中特别强调爱因斯坦的信仰。爱因斯坦在文中说，他的政治理想是民主制，所以美国民选总统的制度得到了他的赞赏。同时他说德国政府对失业和患病人士的照顾，也值得称道。但爱因斯坦写道："我应该说，人生最有价值的不是国家，而是富有创造性又朝气蓬勃的个性。当众人无动于衷、麻木不仁的时候，正是这种个性能产生高尚和崇高。"在爱因斯坦之外，还有两位收入该书的著名科学家的信仰也为《纽约时报》所特别注意，一位是詹姆斯·吉恩斯（James Hopwood Jeans，1877－1946），以物理、天文和数学的成就著称；另一位是亚瑟·基思爵士（Sir Arthur Keith，1866－1955），是一位杰出的生物人类学家。另外，该报还对杜威、罗素等人的观点有所介绍。② 总

---

① 胡适：《我的信仰》，欧阳哲生编《胡适文集》第 1 册，第 3—26 页。

② "Einstein Upholds Rule of Democracy," *New York Times*, July 6, 1931. 然后该报在 12 日又发表了一篇更为详细的报道，题为 "Modern Men and the Faiths by Which They Live," 其中虽然没有引用胡适的观点，但把他和罗素、弗里德特乔夫·南森、碧翠丝·韦伯、H. G. 威尔斯等人一同视为"国际主义者"（internationalists）。该文唯一批评的是白璧德的文章，认为他所讲的无非是老生常谈、了无新意（*New York Times*, July 12, 1931）。爱因斯坦引文见 *Living Philosophies: A Series of Intimate Credos*（New York: Simon & Schuster, 1931），pp. 5 - 6。《人生哲学：个人信仰系列》一书为"每月读书会"（Book of the Month Club）的 7 月选书，但具体销量如何，未能了解。不过胡适曾在 1939 年写了一篇 "Living Philosophies Ten Years After" 的 1500 字的短文，估计是出版社邀约的，由此可以推测该书的销售应该是颇为成功的。参见曹伯言整理《胡适日记全编》第 7 册，第 263 页。

之，《人生哲学：个人信仰系列》一书的结集出版，目的与《人类往何处去》相似，希求在一战阴影未消、国际冲突日增的情势下，请这些世界一流的成功人士现身说法，为许多盲目彷徨、无所适从的西方人士指点迷津。胡适跻身其中，与导师杜威平起平坐，俨然一位世界范围的"精神导师"。

但这并不是胡适国际影响的顶点。众所周知，胡适一生获得了美国35所大学的荣誉博士学位。他在担任驻美大使期间，演讲、讲学的邀约不计其数。这一成绩，非但在中国学人中首屈一指，在世界上也屈指可数，此处不赘。但有必要提一下的是，1932年胡适荣膺美国文理科学院（American Academy of Arts and Sciences）的外籍院士，又获得德国普鲁士科学院（Königlich-Preußische Akademie der Wissenschaften）通讯院士的荣誉，均是华人中的首位。[1] 同年圣诞节的《纽约时报》上还有一篇有趣的报道，说美国雕塑家梅尔维娜·霍夫曼（Malvina Hoffman，1885－1966）甫从东方回来，完成了75尊雕像。她的东方之行是为芝加哥的菲尔德博物馆办一个仿真人雕塑展，题为"人类的各种族"，为此她找世界各地的人士作为对象。《纽约时报》的报道提到，她和她丈夫在中国的时候，正好爆发九一八事变，战争一触即发，但他们没有选择离开中国，因为她要为胡适塑一头像，放入上面提到的展览。《纽约时报》写道，因为胡适本人也为日本人所追踪，所以雕像的工作进行得十分艰难。完成头像的雕塑之后他们立即离开，两天之后他们所停留的旅店就被日本人彻查（sacked）了。[2]

胡适于1937年9月作为中国政府特使抵美，之后不久成为驻美大使，在此之前，他还出访过美国两次。一次在1933年去芝加哥大学主持哈斯克尔的系列讲座，又去加拿大开太平洋关系学会（Institute of Pacific Relations）的第五次会议，还有一次于1936年再度参加太平洋关系学会的会议，然后

---

[1]　见中文维基百科"美国文理科学院"条，https://zh. wikipedia. org/wiki/美国文理科学院；范劲：《二十世纪二三十年代德国汉学对胡适的接受》，《文艺理论研究》2006年第5期。胡适获得普鲁士科学院的通讯院士，汉学家傅兰克（Otto Franke，1863－1946）出力甚多，虽然两人直到1938年胡适参加国际历史科学大会时才有机会遇到，并多次晤谈。曹伯言整理《胡适日记全编》第7册，第160—166页。

[2]　"Finishes 75 Models of World Peoples," New York Times, Dec. 25, 1932. 有趣的是，霍夫曼女士在1938年6月15日邀胡适去她家晚宴，庆祝她的生日。胡适记道："她在1932年为我雕像，在Field Museum陈列，但我不喜欢那像。"曹伯言整理《胡适日记全编》第7册，第118页。

应邀参加哈佛大学建校 300 周年的纪念活动。胡适所参加和出席的这些活动，《纽约时报》都有追踪报道。太平洋关系学会（或太平洋学会）是一个非营利性的国际组织，成立于 1925 年。哈佛毕业、传教士出身的爱德华·卡特（Edward E. Carter, 1878 – 1954）为其创始人之一，其宗旨是促进亚洲地区的和平和交流。卡特热情高涨，做事执着，没有他的努力，太平洋关系学会也许会夭折，因为其初创时期，正好是中日关系日益紧张的阶段。那时野心勃勃的日本在学会活动中扮演着重要的角色，比如太平洋关系学会的第三次会议，就在京都召开。但胡适、丁文江、陈衡哲、王世杰、颜惠庆、陶孟和等中国留洋人士不甘人后，将第四次会议搬到了杭州和上海，并派出了 40 人的代表团。未料会议召开的前几天，九一八事变爆发。鉴于中日关系恶化，胡适等人曾建议推迟会议，但卡特等人到达上海之后仍然主张会议如期召开。在他们的坚持之下，此次会议还是在 1931 年 11 月开成了。①

胡适 1933 年和 1936 年两次访美，都与参加太平洋关系学会的会议有关。他在那一阶段，一方面谴责日本的侵略，为中国争取国际奥援；另一方面又希望事态平稳，不再恶化，致力于通过外交手段解决两国的冲突。1933 年在加拿大班夫（Banff）召开的太平洋关系学会会议，中方由胡适领队，日方的领队为资深外交家新渡户稻造（1862—1933），美方则是前国防部长牛顿·贝克（Newton Baker, 1871 – 1937）。新渡户稻造和贝克都很支持国联，前者还曾在国联任职多年，所以在某种程度上，他们的想法与胡适有一致性，都不想军事冲突进一步升级。贝克在会上强调，西方人应该吸收东方的智慧，寻求调和冲突之道。② 不过会上的讨论，还是火药味十足。日本的侵略行径想必在会上受到了强烈的谴责。日本领队新渡户稻造未能在会后回国——他因肺炎发作，病死于维多利亚的一家医院。

1936 年 8 月中，太平洋关系学会在旧金山优胜美地国家公园（Yusemite National Park）开会，胡适再度率领中国代表团参会。9 月，哈佛大学召开了建校 300 周年的纪念会，胡适不但应邀参加，还被授予荣誉博士学位。与

---

① 参见曹伯言整理《胡适日记全编》第 6 册，第 137—138、156—159 页。中方代表的名单也在日记中。

② "Oriental Philosophy Held Hope by Baker," *New York Times*, August 16, 1933.

他担任中国驻美大使之后获得的许多荣誉博士学位相比，哈佛的这个荣誉博士显然有更高的含金量。因为后面的荣誉学位，与胡适担任中国驻美大使一职有关，而这个来自战前、出自哈佛的学位，主要是对他学术地位的肯定。哈佛大学为这次建校 300 年的纪念活动，早早做了精心的准备。《纽约时报》在 1936 年 5 月 27 日便有详细的报道，提到哈佛届时将授予 66 位世界一流学者荣誉博士学位，其中包括 12 位诺贝尔奖获得者。他们对胡适如此介绍："国立北京大学中国哲学教授，中国哲学、诗歌领域的杰出权威学者和中国白话诗歌运动的领袖。"与胡适同时获得荣誉学位的文科类学者还有法国汉学名家伯希和、德国思想史家弗里德里希·梅尼克（Friedrich Meinecke，1862 – 1954）和波兰人类学家布罗尼斯拉夫·马林诺夫斯基（Bronislaw Kasper Malinowski，1884 – 1942）等。①

　　胡适此次访美，身兼两任，一是在太平洋关系学会的会议上争取国际同情，谴责日本，二是在哈佛大学的纪念活动中，与其他著名学者探讨人类的未来走向。鉴于太平洋区域局势紧张，这次在优胜美地国家公园召开的太平洋关系学会第六次会议，有 10 个国家参加，英、美、法等国都派出了资深政治家，包括法国前总理和英国多位国会议员。日本代表团同样阵容强大，由军方和政界人士组成，领队是一年前刚卸任外相的芳泽谦吉（1874—1965），军方代表则是陆军中将、"中国通"坂西利八郎（1870—1950）——他曾于 1923—1927 年出任黎元洪等北洋政府总统的顾问。与他们相比，胡适并没有从政经历，更无军方的背景。他作为中方代表团的领队，主要是因为他的国际学术地位和影响。《纽约时报》对胡适这样介绍："胡适博士不但是当代中国首屈一指的哲学家，还被公认为是中国大规模反日学生活动的精神支柱。"②

　　1936 年哈佛大学的建校纪念包括一项重大的学术活动，那就是让那些参会的世界一流学者共同探讨人类思维的奥秘及共存之道。如 8 月 31 日的《纽约时报》报道，哈佛这次召开的建校纪念活动，将希图研制出一种"显

---

①　"Harvard to Honor World Scholars," *New York Times*，May 27，1936.

②　"Conferees Tackle Pacific Problems," *New York Times*，August 16，1936. 美国媒体如此看待胡适，与当时国内对他的评价略有差别。当时的学生对于日本的侵略行径群情激昂，胡适希图通过外交手段解决争端的做法颇受他们的责备，但胡适没有让步。对此，《胡适日记全编》第 6 册中多有记录。

宏镜"（macroscope），即从宏观的角度，以最近 300 年的历史为背景，借助世界上 72 位杰出人士的大脑，展现人类共同的心理特征。这些入选的人士有爱因斯坦、杜威、罗伯特·密立根、马林诺夫斯基、亚瑟·爱丁顿（Arthur Eddington，1882 – 1944）、鲁道夫·卡尔纳普（Rudolf Carnap，1891 – 1970）等，再加上中国的胡适。该报 9 月 12 日又以《东方对我们文化的反叛》为题，报道了姊崎正治（1873—1949）和胡适在哈佛纪念活动上的演讲。姊崎正治是日本明治时期著名的宗教家和思想家，为日莲宗的信徒，又曾在欧洲留学，翻译了叔本华的《作为意志与表象的世界》。姊崎正治在演讲中指出，西方文明已经为机器所控制，丧失了精神和宗教的因素，正走向灭亡，所以东方人不应该盲目崇拜西方，而应该注意发掘、发扬自身的文化传统。①

　　胡适的演讲反其道而行之，以《中国的印度化——文化借鉴的范例研究》为题，旁征博引，用中国历史的发展历程说明，汉代以后佛教进入中国，导致了中国文化的转型，其表现就是 11 世纪以降理学的兴起。理学从抵制佛教、恢复儒学出发，同时又吸收了佛教的因素，从而让中国文明得以再生，进入了一个"文艺复兴"的时期。胡适的这篇演讲如同一篇历史论文，似乎在陈述一段中国历史，立论显得不太明确。但他在其中表述的立场其实与他为《人类往何处去》写作《东西方文明》时一样，那就是强调东方人在那时不应该妄自尊大，看到西方文明面临危机就认定它一无是处。相反，胡适仍然主张科技的发展代表了人类文明的前途。他用佛教进入中国为例，证明文化之间相互借鉴会促成新生，不但向东方人强调文化沟通、交流的重要性，同时似乎也在提醒西方人不必为自身文明面临的困境而丧失信心。②

　　胡适不随波逐流、人云亦云的态度，在哈佛大学的另一场会议中也有明确的表现。9 月 14 日的《纽约时报》报道，哈佛的 300 年建校纪念还举行了一场"超级论坛"（super symposium），参加者一共四位：约翰·杜威、布罗尼斯拉夫·马林诺夫斯基、艾蒂安·吉尔松（Étienne Gilson，1884 –

---

①　"See East in Revolt over Our Culture," *New York Times*, Sept. 12, 1936.

②　"See East in Revolt over Our Culture," *New York Times*, Sept. 12, 1936. 胡适的《中国的印度化——文化借鉴的范例研究》一文，见 *English Writings of Hu Shih*：*Chinese Philosophy and Intellectual History*，Vol. 2，pp. 147 – 164。

1978）和胡适。这场论坛的主旨是希望他们这四位声誉卓著的人文社会科学学者（吉尔松为法国著名的哲学家和史学家）实验一下"显宏镜"，用他们的智慧指导人类的生活。会议的组织者甚至提议，成立一个"智慧法庭"（Court of Wisdom），让全世界公认的有识之士来对世界事务及其纠纷，做出他们的裁判。饶有趣味的是，这四位被邀的大学者中，只有吉尔松比较赞成此事，杜威和马林诺夫斯基都表示谦虚，认为自己的知识不够，建议让科学家一同参与。相比之下，胡适的发言直截了当。他说当时世界上已经有国联在日内瓦成立的国际知识合作委员会（International Committee on Intellectual Co-operation，1922 – 1946），再成立这一"智慧法庭"显得有点叠床架屋，没有必要，还不如加强现有的组织，使其具有更高的国际性。[1]

四　小结

行文至此，胡适作为"中国文化大使"的角色，已经显露无遗。胡适以自己充分的学识、流畅的表达，为当时贫弱的中国在世界学术界占据了一个一流乃至超一流的位置，其功劳与成就与他出任驻美大使之后的外交活动相比，有过之而无不及。胡适在中外交流上所获得的这一成绩，在中国留学史上十分突出，极为罕见。胡适能高人一头，自然有多种原因。笔者只想就其一个方面，在此略做分析，权作本文的结尾。如前所言，从 20 世纪初年到现在，留学生在回国之后，仍能继续从事英文写作、与外界持续保持沟通者，为数甚少。胡适是一大例外。胡适能与众不同，和他 26 岁"暴得大名"，以开展中国的白话文运动而一跃成为西方人士眼中的"中国文艺复兴的领袖"，备受他们关注，显然有不小的关系。

但除了运气和天赋之外，笔者认为胡适的成功还有一个更重要的原因，那就是他对自己的高度期许和不懈努力。就英语学习而言，胡适留学前的准备绝对称不上完备。他在上海读了三所中学，学习时有中断，英语学习

---

[1]　"Scholars Favor Court of Wisdom to Guide the World," *New York Times*, Sept. 14, 1936. 这里的标题显然与会议的发言有所出入，因为胡适抱持不赞成的态度。日内瓦的国际知识合作委员会是国联下面的一个组织，其委员有爱因斯坦、居里夫人、亨利·伯格森（Henri-Louis Bergson，1859 – 1941）、罗伯特·密立根等。

想来也不例外。① 他能考取庚款留学，或许靠的是他的天赋，而他到美国之后，在英语上很快能脱颖而出，应邀到处演讲，更说明他才气过人。不过，胡适的英语表达并非完美无缺。曾经听过胡适演讲的唐德刚回忆道：

> 笔者这一辈的中国知识分子，三、四十年代在国内受大中学教育时，震之于胡适之、蒋廷黻诸先生的盛名，总以为他们对中西语文的运用都是得心应口，白璧无瑕的。及长亲炙教诲，才知道幼年时代的幻觉与真实相去甚远。我第一次听到蒋先生在联合国大会讲演，他那一口的宝庆英语，殊出我意料之外。胡先生英语的发音远在蒋氏之上，但是胡先生英语讲演时的中国"腔"（intonation），也是相当的重。他二人都是十八、九岁以后才正式运用英语会话的，因而英语也就始终是他们的"第二语言"，说起来总归不像早期留学的"幼童"们，或现在"进美国学校"的孩子们说得那么自然。②

唐德刚是胡适的安徽同乡，也许对胡讲英语时的安徽口音比较敏感。但他的上述言辞，至少说明了一个事实，胡适的英语口语表达绝非十全十美。胡适从大学时代开始便能用英语自如地演讲，与西方人士流畅交谈，阐述自己的见解，靠的是他自己对演讲的高度重视和精心准备。胡适的日记中对他如何准备各种演讲，保存了许多记录，得以让后人一窥其用功和用心。归纳而言，这些记录可以分为两个方面：一是他自己如何注意学习、揣摩别人的演说技巧，并向别人传授演讲的技巧；二是他对演讲的重视和每次被邀做演讲时花大量的功夫准备。

胡适对演讲的重视，贯穿一生。这一重视，其实也反映出相较众多留学西方的人士，胡适对西方文明的特性有一种更深入的认知。与中国的象形文字不同，西方的大多数语言是字母或拼音文字。两者相较，后者更注重言语的表达，也即人与人之间通过现场口语交流所获得的直接沟通。而对于使用象形文字的中国人来说，沟通与交流往往可以通过眼神或心领神

---

① 江勇振在《舍我其谁：胡适》第一部《璞玉成璧，1891—1917》（第123—124页）中比照了胡适在中学时期做的英文翻译，发现其中多有错误，说明胡适赴美之前英文基础并不好。
② 《胡适口述自传》，第74页，唐德刚注1。

会，有人甚至追求和欣赏千言万语尽在不言中的境界。《道德经》中著名的
"道可道，非常道；名可名，非常名"一句，更是为人所熟知。而与之几乎
截然相反的是，西方文明从古希腊开始，就强调"逻各斯"（logos）的概
念，其含义颇多样，但包含了争论、论说及其背后展现的逻辑思维。简言
之，语言表达的明晰和思维逻辑的缜密，在西方文化中形成一种高度的一
致。胡适对此有深刻体认，他尝言："在我当学生时我便一直认为公开讲演
对我大有裨益。我发现公开讲演时常强迫我对一个讲题作有系统的和合乎
逻辑的构想，然后再作有系统的又合乎逻辑和文化气味的陈述。"① 此话无
异是胡适对"逻各斯"的理解和实践。

　　胡适晚年回忆自己在康奈尔大学求学的时候特意修过一门训练讲演的
课程。第一次在课上练习讲演的时候，他紧张得"浑身发抖"，只能扶着桌
子。但下一次老师把桌子移走了，让他无所依靠。最后他经过不断练习，
克服了不安情绪，"开始了我后来有训练的讲演生涯"，并"乐此不疲，这
一兴趣对我真是历四、五十年而不衰"。胡适回国教书之后，曾多次为学生
讲授演讲的技巧（有时用英文），并总结了"演说的学理"，一共有四个原
则：（1）演说是放大的谈话；（2）演说是需要练习的技术；（3）演说需有
话要说；（4）演说要全神贯注。②

　　胡适回国之后，多次为外国学者口译，比如他老师杜威的访华演讲，
大都由他翻译。但胡适认为杜威口才比较一般，并非"好演说家"。③ 1922
年，美国女权运动的先驱玛格丽特·桑格夫人（Margaret Sanger，1879 -
1966）访华，胡适为她的演讲口译，并在日记中写道："他［她］的演说力

---

① 《胡适口述自传》，第52—53页。笔者觉得，由于中国人不太重视通过言语交流甚至辩论来
　　获得思想的沟通，乃至英文中的"argue"或"argument"一词，都没有合适的对应词，一
　　般常用的"辩论"和"争论"，似乎太强调争辩。其实在英文中比较注重的是提出论点并
　　加以论证，这常常是一种平心静气的过程。有关中西语言文化的不同，可参见香港城市大
　　学翻译系张隆溪教授《道与逻各斯》一书，但此书更注重的是后现代主义思想家（雅克·
　　德里达等人）如何想挑战和跳出"逻各斯"的传统，看到西方语言的局限。见 Zhang
　　Longxi, *The Tao and the Logos*: *Literary Hermeneutics*, *East and West*（Durham: Duke University
　　Press, 1992）。

② 《胡适口述自传》，第51页；曹伯言整理《胡适日记全编》第3册，第506、585页。

③ 胡适回忆道："杜威不善辞令。许多学生都认为他的课讲得枯燥无味。"《胡适口述自传》，
　　第92页。

甚好。女子演说甚少他［她］这样的有条理层次。"① 这一评论，现在看来有歧视妇女之嫌，属于"政治不正确"之言论，不过胡适关注演说的质量和水平，由此可见一斑。

既然看重别人演说的成功与否，胡适对自己的演说也十分投入，从不怠慢。以胡适演讲的次数和题目来看，有的重复次数很多，比如有关"中国的文艺复兴"、"文学革命"及"科学的人生观"等，但胡适对此仍做认真准备。他在 1922 年 10 月 18 日记道："在一中讲演《科学的人生观》。我三年来讲此题，凡五次了，至今不敢写定。今天讲的稍有不同，似胜往日。"由此可见，他希望每次演讲同一论题都能有所改进。而对一些学术性更强的题目，他的准备更是充分。1927 年他应德国汉学家卫礼贤之邀，做有关"中国小说"的讲演。胡适曾多次称赞卫礼贤治学严谨，所以对这次在德国大学的演讲做了特别认真的准备，写讲演稿而通宵达旦，最后在讲演的当天才将其完成。他在日记中写道："终日作（讲）演稿，计这个讲演足足费了我四十个钟头的功夫。若不是自己有所长进，若单为了三百个 mark（马克）而来，殊不值得。三百 mark 仅足供行旅之费而已。"为了了解德国听众是否能听懂他的英文演说，他还特意"插入三个笑话，做个试验，居然三次都有人笑了，我才安心了。我讲了一点三刻钟"。② 为了这两小时不到的演讲，胡适如此精心准备，实在令人叹服。

胡适的日记也透露，他对自己花大量时间准备讲演，有时也觉得烦恼，认为这样做影响了他的其他工作，③ 但他并没有因此而马虎对待。他说道："向来我用英文作正式讲演，总先写定演稿。"却也觉得如果认真准备，有讲演稿但不照本宣读，效果反而更好。1933 年他最终成行，去芝加哥大学做哈斯克尔的系列讲座，又去加拿大班夫参加太平洋关系学会的会议，事情很多，日程太紧，没顾得上记日记。但他在给女友韦莲司的信中说道："这次在芝加哥，我真是受了一次体能上的折磨。我差不多每天都得工作到

①　曹伯言整理《胡适日记全编》第 3 册，第 628 页。
②　曹伯言整理《胡适日记全编》第 3 册，第 846、406、412 页。
③　曹伯言整理《胡适日记全编》第 3 册，第 406 页。胡适在留学期间就曾因为到处演讲而失去了康奈尔大学哲学系的奖学金。参见《胡适口述自传》，第 52—53 页。根据江勇振的研究，胡适失去了这个奖学金，才匆促转学哥伦比亚大学，从学杜威。见江勇振《舍我其谁：胡适》第一部《璞玉成璧，1891—1917》，第 266 页以降。

天明，再加上有几天热的不得了。"他所指的"工作"，就是写讲演稿。那时美国没有空调，所以在 7 月的盛暑，胡适还是如此投入，以致体力上颇受折磨。①

功夫不负有心人。这次讲演的成果——《中国的文艺复兴》一书，是胡适在西方最成功和畅销的著作。1934 年该书由芝加哥大学出版社出版之后，广受好评。1963 年，也即此书发行 30 周年之后，再度出版，并由布鲁克林大学历史系的海曼·库柏林（Hyman Kublin，1919 – 1982）教授写序推荐，称赞胡适为"现代中国最杰出的学者、哲学家和教育家之一"。汉学家贾祖麟（Jerome Grieder）1970 年为胡适写的传记，亦取名《胡适与中国的文艺复兴》（*Hu Shih and the Chinese Renaissance*）。② 作为本文的结束，笔者想引用 1934 年该书出版的时候，芝加哥大学那时的宗教系主任、美国著名的人文主义学者尤斯泰斯·海登（A. Eustace Hayden，1880 – 1975）写的前言中的一段话：

> 作为中国文化复兴的诠释者和跨种族、跨文化沟通的大使，胡适是哈斯克尔讲座的理想主讲人。在文化上，他兼通中西。他年轻的岁月就目睹了中国文化近年发生的巨大变迁，并是其中许多运动的首倡者和公认的领袖。他所受的西方教育和在国际调和上所做的努力，使得他有必要的背景和客观的视角，能对其祖国正发生的跨文化渗透的过程，做出一种评估。③

一言以蔽之，胡适在出任外交大使之前，在世界上已经是公认的"中国文化大使"了。

---

① 周质平：《胡适与韦莲司》，第 96 页。

② Hu Shih, *The Chinese Renaissance*（New York：Paragon Book Reprint Corp.，1963），库柏林的第二版导言（无页码）。贾祖麟的 *Hu Shih and the Chinese Renaissance*（Cambridge MA：Harvard University Press，1970）已经有两个中文译本，分别由江苏人民出版社 1989 年和南海出版社 1992 年出版，前者按英文书名直译，后者改名为《胡适之评传》。

③ Hu Shih, *The Chinese Renaissance*，尤斯泰斯·海登的"前言"（foreword），无页码。

从胡适与居卡尔看中国和土耳其的
新文化运动[*]

陈方正^{**}

在 19、20 世纪之交，奥斯曼帝国与清朝分别被称为"近东病夫"和"东亚病夫"，在西方列强侵逼下，两国都摇摇欲坠，大有土崩瓦解之势。它们同在 1910 年前后发生革命，由是脱胎换骨，逐步蜕变成民族国家，至终安定下来，立足于现代世界。它们的革命虽然以军队起义为开端，但其实都是以广泛和持续的文化更新运动为背景——具有现代意识的军人本身，正是文化更新运动的产物。国人对于土耳其的新文化运动并不熟悉，对那场运动的中坚人物居卡尔更感陌生，而且土耳其的幅员和历史都迥异于中国。那么，本文将两个新文化运动特别是它们的领袖人物胡适和居卡尔做比较，其意义何在呢？

这可以从四个方面来回答。首先，土耳其也曾经是个极其庞大的帝国，它在 17 世纪末全盛时期的版图其实和今日中国相差不远。^① 其次，奥斯曼帝国的历史虽然很短，只能够追溯到 14 世纪即中国明代初年，但它的文化

---

* 本文原载于《中国文化》2017 年春季号。

** 陈方正，香港中文大学中国文化研究所荣誉高级研究员。

① 在 19 世纪前期，奥斯曼帝国的人口大约为 4000 万，仅及中国 1/10，到了 20 世纪初，由于丧失大量土地，其人口更锐减一半。见 Carter V. Findley, *Turkey, Islam, Nationalism, and Modernity: A History, 1789 - 2007* (New Haven: Yale University Press, 2010), pp. 115 - 116. 在 17 世纪末，奥斯曼帝国的版图大约为 700 万平方公里，与今日中国大致相伴，这是根据 Stanford J. Shaw & Ezel K. Shaw, *History of the Ottoman Empire and Modern Turkey*, 2 Vols. (Cambridge University Press, 1976 - 1977) Vol. 1 卷首的地图粗略估计的。

渊源相当深远，和整个伊斯兰传统是分不开的。再次，在 20 世纪初的前后
数十年间，中土两国的处境和所面临的问题非常相似，而且土耳其比中国
更早脱出困境，因此在 1920 年代孙中山、胡汉民、蒋介石等都对凯末尔和
他所建立的土耳其共和国表露出钦佩、羡慕之情。最后，以今日的后见之
明来看，土耳其当日之所以能够"脱困"，主要是避开了根本问题，即伊斯
兰教所具有的保守性，但未能够谋求它的全面解决。同样，今日之中国仍
必须面对历史遗留的一个根本问题，即如此庞大国家的管理稳定与否有赖
于高度中央集权与现代社会蓬勃发展的关系。从这几方面来看，中土两国
的新文化运动之比较，当是很有意义、很重要的，而胡适和居卡尔，正各
为其代表人物。

　　以下首先对奥斯曼帝国蜕变为现代土耳其的历史过程做一简述，并介
绍它的两个新文化运动，即纳默克·凯末尔所领导的"奥斯曼青年运动"，
以及"土耳其青年运动"（同时也是革命运动）及其思想领袖居卡尔；接着
转入本题，从四方面比较中国与土耳其的新文化运动，即白话文运动、新学
术运动、对传统文化的态度，以及胡适与居卡尔各自对国家前途的影响；
最后，则以中土两国今后的长远文化问题做结。

一　从奥斯曼帝国到现代土耳其

　　胡适认为，中国固有文化的优长之处不多，其中一项是"宗教迷信的
比较薄弱，也可算是世界稀有的"，"是可以在世界上占数一数二的地位
的"。[1] 将这话反过来应用于奥斯曼帝国，却也是再恰当不过了。奥斯曼帝
国是以伊斯兰教和突厥游牧民族争战精神为根基的，它在 14 世纪初起源于
小亚细亚半岛中西部，此后 400 年间，不断向东西两方向扩张，于 15 世纪
中叶攻陷君士坦丁堡，覆灭东罗马帝国，然后在巴尔干半岛和希腊、匈牙
利、黑海北岸，以及中东、巴勒斯坦、北非等各处攻城略地，建立起一个
庞大的多民族帝国。到 17 世纪末，欧洲在军事和其他许多方面获得革命性
突破，形势由是逆转，至卡罗维茨之役（Battle of Carlowitz, 1716），欧洲更
完全确立了军事与外交优势——那场战役和鸦片战争具有相同意义。这时，

---

① 《三论信心与反省》，见下引《胡适文存》卷四，第 476 页。

帝国的苏丹、大臣和有识之士才从梦中惊醒。在此后百年间，他们一共发动了五次不同形式的体制改革，然而每次都功败垂成，主事者甚至以身殉难。究其失败的根本原因，则是改革触动了伊斯兰守旧势力与近卫兵团（Janissary Corps）的根本利益，这两者紧密结合，从中作梗，令新政无从布展。①

最后获得突破的，是苏丹马穆二世（Mahmud Ⅱ）。他秘密操练新军，多年之后，着意挑动近卫兵团叛乱，然后以雷霆手段将他们一举歼灭，并且顺势摧毁旧军事与宗教体制，代之以中央政府的官僚机构，由是建立起类似中国和俄罗斯的高度集权皇朝，② 这就是历史上有名的"吉祥事变"（Auspicious Event，1826）。但摧毁旧体制只是开端而已，此后 80 年间，改革的道路仍然曲折漫长，它一共经历了三个阶段。第一阶段为时仅十数年（1926—1839），它基本上可以视为在马穆独裁体制下推行的"洋务运动"，包括设立翻译局、派遣留学生、组建新军、办报、办邮政、开设新式学堂等，然而成效不彰。这主要是因为根基薄弱、人才缺乏，更兼守旧教士消极抵制，列强不断进逼，属土纷纷乘势叛变、独立，帝国风雨飘摇，大有迟早被瓜分的危险。

第二阶段是长达 40 年（1839—1878）的"新秩序运动"（Tanzimat）。它的开端是开明仁惠的继任苏丹颁下所谓"居赫恩御诏"（Gülhane Rescript），宣布自由平等原则，以及尊重人权、产权和法治的方针，由是将改革从军事推向政治与社会体制，借以赢得西方各国的好感与支持。同时，施政大权也从苏丹下移到"国务院"（The Sublime Porte），交付给经过翻译局洗礼，具有外交经验的大臣、官员，其中勒雪（Mustafa Reşid）、阿里

---

① 有关奥斯曼帝国与土耳其的历史，见 Stanford J. Shaw & Ezel K. Shaw, *History of the Ottoman Empire and Modern Turkey*, 2 Vols. 。其中第一卷是关于帝国早期历史以及历次失败改革的。对这段历史，笔者有专文讨论（《毁灭与新生Ⅰ——奥图曼帝国的现代化历程》，《站在美妙新世纪的门槛上》，辽宁教育出版社，2002，第 117—143 页）。此外，Norman Itzkowitz, *Ottoman Empire and Islamic Tradition*（The University of Chicago Press，1972）是一部极精到的奥斯曼早期历史和体制简介。

② 奥斯曼帝国的苏丹虽然予人以极权君主的印象，其实他的权力颇受制于两个根深蒂固的体制，即以大教长（sheikulislam）为首的教士，以及本为苏丹精锐卫队的近卫兵团。后者在 17 世纪初大肆扩充之后日渐废弛堕落，往往因不满待遇或者体制变革而叛乱，甚至多次废立苏丹。此后这两个团体互通声气甚至互相勾结，由是成为掣肘苏丹的重要力量。

（Mehmet Ali）和富亚（Keçecizade Fuad）三人是中坚。他们大权在握，轮流执掌首相与外相职位凡 30 年。这一转变赢得了英法两国的好感，同时它们也亟须防范俄国穿过伊斯坦布尔海峡与达达尼尔海峡南下地中海，所以对其由敌视转为友好与支持。在这段相对宽松自由的时期，帝国出现了所谓"奥斯曼青年"（Ottoman Youth）运动，其主要人物出身与上述官员相差不大，只是较为年轻，因为种种原因他们未能进入权力核心，从而走上完全不同的道路。他们的主要活动是办报、办杂志、探讨帝国出路、鼓吹宪政。最后，因缘际会，在苏丹阿都哈密二世（Abdülhamit Ⅱ，1876 – 1909）被拥戴登基之后，宪政终于得以实现——但它仅仅是昙花一现而已，在一年多（1876 年底至 1878 年初）之后就宣告结束。自此改革进入第三阶段，帝国回到苏丹哈密大权独揽的局面。他努力不懈，继续推行多方面的实务改革，前后有足足 30 年之久（1878—1908），而且颇见成效。但这仍然无法挽回帝国颓势和阻止革命爆发。[①]

革命的种子是在奥斯曼青年运动失败时播下的，正如戊戌变法的失败导致辛亥革命一样，而相当于同盟会的秘密革命团体则是"联进会"（Committee of Union and Progress，CUP）。这两者稍为不同之处在于，前者的最高领导层仍然以传统士人亦即精英分子为主，后者的主导力量则已经转为从中下层涌现的爱国志士，特别是中下级军官，即所谓"土耳其青年"（Young Turks）。他们在 1908 年起义，但目标很保守，仅限于温和的君主立宪而已。联进会掌权只有短短 10 年（1908—1918），在前半期，他们与军政元老组织联合政府，但由于在军事劣势下众议纷纭，举棋不定，至终帝国丧失了整个巴尔干和马其顿广大地区；在后半期，他们下决心以革命党

---

① 奥斯曼帝国的改革历史见 Stanford J. Shaw & Ezel K. Shaw, *History of the Ottoman Empire and Modern Turkey*, 2 Vols. 以及笔者的论文《毁灭与新生 I——奥图曼帝国的现代化历程》《毁灭与新生 Ⅱ——土耳其的威权体制与民主历程》（见《站在美妙新世纪的门槛上》）；此外并见 Reşat Kasaba, ed., *The Cambridge History of Turkey*, Vol. 4, *Turkey in the Modern World* （Cambridge University Press, 2008）。有关土耳其现代化的历史见下列著作。Bernard Lewis, *The Emergence of Modern Turkey*（Oxford University Press, 1968）（中译本：刘易斯《现代土耳其的兴起》，范中廉译，商务印书馆，1982）；M. Şükrü Hanioğlu, *A Brief History of the Late Ottoman Empire*（Princeton University Press, 2008）；Carter V. Findley, *Turkey, Islam, Nationalism, and Modernity: A History, 1789 – 2007*（New Haven: Yale University Press, 2010）；昝涛：《现代国家与民族建构：20 世纪前期土耳其民族主义研究》，三联书店，2011。

专政，在内政方面建树良多，在外交上却犯了致命错误，即在第一次世界大战中投向德、奥一方，由是导致大战结束后伊斯坦布尔为同盟国军队进驻，帝国面临被瓜分的命运。在此千钧一发之际，联进会中一个被战友排挤的军官凯末尔（Mustafa Kemal）逃脱到小亚细亚半岛东部，发起召开"国民会议"，领导国民军击溃入侵的希腊大军，由是当选总统，大权在握。他极有决断，进一步废除苏丹与"哈里发"（Caliph）制度，以高压手段改变各种社会体制、习俗乃至文字，缔造了一个高度世俗化的国家，他也成为土耳其共和国之父。这样，现代土耳其才如浴火凤凰般，从奥斯曼帝国的废墟中诞生。

二　土耳其的两个新文化运动

在上述蜕变过程中，与中国新文化运动大致相当的有两个阶段，即"奥斯曼青年运动"与联进会时期的"土耳其主义"运动。前者的代表人物是纳默克·凯末尔，后者的领袖是居卡尔，他们是土耳其现代化进程中主要的思想领袖，可以分别与梁启超和胡适相提并论。

（一）奥斯曼青年运动

在谈到纳默克·凯末尔之前，我们首先要提到他的前驱诗人——辛纳西（Ibrahim Şinasi, 1826 – 1871），他们两位都是前述"新秩序运动"的产物。[1] 辛纳西出身于军官家庭，本来在皇家炮兵局当书记，因为学会法文，得以结识前述当政大臣勒雪，从而获派留学巴黎。在法四年间（1849—1853），他广泛交结文人和自由主义分子，勒雪去世后仕途受阻，遂在公

---

[1]　有关奥斯曼青年运动最重要和详细的著作是 Şerif Mardin, *The Genesis of Young Ottoman Thought: A Study in the Modernization of Turkish Political Ideas* (Princeton University Press, 1962)，它对整个运动的来龙去脉以及思想与政治事件的互动有深入分析。该书 1—7 章是综述，其余各章为重要人物的专章分述。至于此运动的政治、文化与社会背景，见 Stanford J. Shaw & Ezel K. Shaw, *History of the Ottoman Empire and Modern Turkey*, 2 Vols., Ch. 2; 此外并见 Reşat Kasaba, ed., *The Cambridge History of Turkey*, Vol. 4, *Turkey in the Modern World*, Pt. 1, Ch. 2; Carter V. Findley, *Turkey, Islam, Nationalism, and Modernity: A History, 1789 – 2007* (New Haven: Yale University Press, 2010), Ch. 2.

职之余发表诗集、翻译流行的法文诗，并在 1862 年出版《思潮前驱报》（*Tasvir-i Efkâr*）半周刊，那是最早的土耳其私人报章之一。他开始向土耳其输入各种西方观念，诸如理性、权利、公众、人民、无代表不纳税等。此时，为了增强一般民众的阅读能力，"新秩序运动"已经着手于文字的简化，《思潮前驱报》则顺着这一趋势，进一步摒弃奥斯曼古文（波斯、阿拉伯和土耳其语混合体）那种典雅、华丽、公式化的文风，提倡更直接、具体、切合实际的语文，作为土耳其文学的基础。① 换言之，《思潮前驱报》可谓土耳其"新文化运动"的先声，它在思想和语文两方面所产生的作用，和梁启超的《清议报》以及陈独秀的《新青年》都颇为相近。但辛纳西活跃于文坛，其实只有两三年时间。1863 年，他由于言论大胆被政府解雇；1865 年初，他似乎参加了某种推倒首相阿里的阴谋，事败后出亡巴黎。自此他性情大变，一意潜心研究学问，不再论政。②

　　纳默克·凯末尔（Namik Kemal，1840 – 1888）则出身于显赫的奥斯曼世家。③ 他先祖对征服波斯有功，祖父是苏丹近侍，父亲在宫中担任类似钦天监的职务，外祖父曾经带领他周游帝国各地。他所就读的，是建立未久的西式八年制中学（Rüşdiye），17 岁毕业后进入海关和中央翻译局工作。通过外祖父的关系，凯末尔结识了代表伊斯兰正统思想的古典诗人噶立（Leskofçali Galib），加入诗社（The Council），在那里又结识了辛纳西，受他的影响深刻。纳默克·凯末尔在 1864 年前后开始主持《思潮前驱报》，此后迅速卷入通过出版、言论和各种政治活动来与当局对抗的旋涡。1865年，他与其他五位具有在翻译局工作和留学法国等相同经历的朋友（即所谓"奥斯曼青年"）在伊斯坦布尔东郊的"贝尔莱德丛林"（Belgrade Forests）聚会，成立"爱国同盟"（Patriotic Alliance）秘密团体。它以反对首相阿里、争取君主立宪为目标，在思想和组织上都颇受当时活跃于意大利的"烧炭党"（Carbonari）影响。1867 年 5 月，由于《思潮前驱报》在克

---

① 有关土耳其语文问题，见 David Kushner, *The Rise of Turkish Nationalism 1876 – 1908*（London：Frank Cass，1977），Ch. 6 & 8。

② 有关辛纳西，见 Şerif Mardin, *The Genesis of Young Ottoman Thought：A Study in the Modernization of Turkish Political Ideas*，Ch. 8。

③ 有关纳默克·凯末尔，见 Şerif Mardin, *The Genesis of Young Ottoman Thought：A Study in the Modernization of Turkish Political Ideas*，Ch. 10；Carter V. Findley, *Turkey，Islam，Nationalism，and Modernity：A History，1789 – 2007*，pp. 123 – 132。

里特岛问题上的激烈立场，纳默克·凯末尔和其他两位盟友被迫接受贵族法炽（Mustafa Fazil)[1] 的邀请出亡巴黎，在那里出版《自由报》（Hürriyet)，其后又转到伦敦继续此项工作。此后他短暂回国（1870)，出版《教育报》（Ibret)，鼓吹泛伊斯兰主义，但三年后由于干犯忌讳，不但报纸被查封，人也被流放到塞浦路斯并遭软禁，直至 1876 年方被召还。其时由于帝国遭受财政和军事上的巨大压力，在短短三个月内两位苏丹先后被废黜，最后计谋深远的阿都哈密二世得以登基。阿都哈密二世虚与委蛇，同意立宪以挽救帝国，纳默克·凯末尔甚至被委任为宪法起草委员会成员。然而，这只不过是阿都哈密二世分别击破对手的伎俩而已。几个月后，宪法虽然颁布了，阿都哈密二世却得以先后废黜两位有影响力的大臣，一年多之后更断然废除宪法，恢复君主大权独揽的局面。至于纳默克·凯末尔，则在 1877 年被流放到小亚细亚西岸，先后在莱斯博斯（Lesbos)、罗得（Rhodes)、希俄斯（Chios）等小岛担任行政长官，至 1888 年郁郁而终，享年和辛纳西相若，仅 44 岁。

（二）纳默克·凯末尔的思想

纳默克·凯末尔是"奥斯曼青年"的最杰出代表，他对西方的了解、理论分析的深度以及著作的丰富在国内无人能及。例如，他对启蒙运动的主要人物伏尔泰、孟德斯鸠、卢梭，甚至英国清教徒革命中的关键人物柯克（Edward Coke）等都很熟悉；除了在《自由报》和《教育报》上的大量论著之外，他还有三部小说、六部戏剧、多篇人物传记、一卷奥斯曼历史和多种译作。当然，他最重要的贡献还是政治和文化论述。

他的思想基本上是要回答帝国在 19 世纪所面临的两个根本问题，即如何看待显然更先进的欧洲文化，以及如何解决属下基督教地区（主要是巴尔干半岛、克里特岛、塞浦路斯等地）如火如荼的独立运动。他对这两大问题的看法很复杂，但都离不开一个基本观念，那就是奥斯曼帝国虽然以征服和扩张立国，但它是以长达千年，内涵极其深厚和丰富的伊斯兰文明

---

[1]　法炽是埃及世袭总督伊斯梅（Khedive Ismail）的堂弟，他虽然在伊斯坦布尔出任财政部委员会主席的高职，却一直有意继承世袭总督的职位，故十分关心奥斯曼政局，与"爱国同盟"有秘密往来，将他们称为"青年土耳其党"（Young Turkey)。详见 Şerif Mardin, *The Genesis of Young Ottoman Thought*: *A Study in the Modernization of Turkish Political Ideas*, Ch. 9。

为文化基础的。其实，从家庭渊源和教育背景来说，纳默克·凯末尔本人就是深深浸淫于这一大传统之中。因此，他对第一个问题的看法是：欧洲文明虽然有许多可钦羡、可学习之处，例如其科学、进步观、宪法制度等，但政治体制和法律仍然应当以"教法"（Şeriat）为依归，而绝不应该如"新秩序运动"之推行俗世法（secular law）——虽然某些在教义中可以找到依据的西方制度，如代议政治，也是可以接受的。因此，他的文化观相当杂糅，而政治观则非常保守而矛盾，其改革限度就是君主立宪。至于第二个大问题，即属国的独立运动，他最初只是提倡不切实际的"奥斯曼一统主义"（Ottomanism），后来形势日趋严重，则改为"泛伊斯兰主义"（Pan-Islamism），也就是各伊斯兰民族的融合，但具体内容也未及发挥。总体而言，纳默克·凯末尔在思想上的贡献主要在于西方观念和学说的输入，对帝国所面临的困境，则未能突破传统，提出新见解来。

（三）土耳其青年运动与联进会

土耳其革新运动最重要的思想领袖无疑是居卡尔，由于他和联进会密不可分，我们必须先略述后者的来龙去脉。[1] 联进会基本上和俄国的布尔什维克、中国的共产党一样，是从秘密革命组织转变而来。在三者之中它虽然成功最早，持续时间却也最短促。它起源于皇家医学院学生所组织的秘密会社，他们深受无神论、进化论、唯物质主义、彻底西化等思想感染，目标在于抗拒列强，挽救帝国于危亡。与他们相呼应的，还有原农学院学生理查德（Ahmed Riza，1859－1930）在巴黎所办的《咨议报》（Meşveret）。此后将近 20 年间（1889—1908），联进会曾经试图发动政变，但由于被告密而失败（1896）；曾经蓬勃发展，在帝国各地遍设分支，然后在巴黎举行联盟大会（1902），却被许多目标与之相反的混杂派系（如主张招引列强干涉者或者少数民族独立者）占上风；最后它吸取教训，回归到

---

[1]　联进会的早期（直至其1902年的联盟大会为止）详细历史见 M. Şükrü Hanioğlu, *The Young Turks in Opposition* (Oxford University Press, 1995)。至于它成为秘密革命党和执政以后的历史，则见 Feroz Ahmad, *The Young Turks: The Committee of Union and Progress in Turkish Politics 1908－1914* (Oxford: Clarendon Press, 1969)，该书后面附有七八十位联进会重要人物的生平简述；并见 Reşat Kasaba, ed., *The Cambridge History of Turkey*, Vol. 4, *Turkey in the Modern World*, Pt. I, Ch. 4，该篇作者亦为 M. Şükrü Hanioğlu。

精英秘密组织形态，一意在巴尔干山区的第二军和第三军中间发展，这才成为具有明确目标的一股力量。

联进会在 1908 年发动叛变，以军事力量逼使阿都哈密二世恢复行宪，召开国会，由是进入长达五年的"幕后执政"阶段（1908—1913）。在此时期他们的中央委员会仍然设在萨洛尼卡（Salonica，今马其顿一带）。它只有十多位隐秘的成员，却要间接遥控伊斯坦布尔的宫廷、国务院、国会等多个权力机构，所以遇到多次挑战，包括政变、选举失利、首相拒绝听命等。因此它最后被迫进入"直接执政"阶段（1913—1918），此时其三位军事领袖泰勒（Talât Paşa）、安伐（Enver Paşa）和策马尔（Ahmet Cemal Paşa）赴伊斯坦布尔，公开担任重要职务。他们的噩运在于，不但经历了两次损失惨重的巴尔干战争（1912—1913），而且其后无法在西方国家中求得任何同盟，因此被迫投向德国。这样，在随后爆发的第一次世界大战中，奥斯曼帝国终于沦为战败国而解体，联进会也随之烟消云散。

（四）居卡尔的生平

居卡尔（Ziya Gökalp，1876 - 1924）是在联进会鼎盛时期冒出头来的思想家。[①] 他生于土耳其东部偏僻的库尔德人（Kurds）城市迪亚巴克尔（Diyarbakir）一个中等公务员家庭，自幼聪颖，酷爱数学，又沉迷文学、诗歌，故博览群书。他从哲学家叔父那里学会阿拉伯语和波斯语，在学校精研法语，土耳其语和库尔德语则是母语，所以无论对于传统文化、乡土文化或者西方文化，他都有所涉猎。他父亲是笃实的读书人，在纳默克·凯末尔逝世之后为他讲述这位伟人的事迹，又勉励他兼习传统与西方学术，以寻求救国之道。这些都深深影响着他。此外，他曾被一位军医哲学家约柯基

① 关于居卡尔的生平和思想见以下两部专书：Niyazi Berkes, trans. & ed., *Turkish Nationalism and Western Civilization：Selected Essays of Ziya Gökalp*（Westcourt, Conn：Greenwood Press, 1959），特别是书前所附他的自传；Uriel Heyd, *Foundations of Turkish Nationalism：The Life and Teachings of Ziya Gökalp*（London：Luzac and Harvill, 1950）。并见下列章节：昝涛《现代国家与民族建构：20 世纪前期土耳其民族主义研究》，第 4 章；Carter V. Findley, *Turkey, Islam, Nationalism, and Modernity：A History, 1789 - 2007*, pp. 236 - 239；Stanford J. Shaw & Ezel K. Shaw, *History of the Ottoman Empire and Modern Turkey*, 2 Vols., Vol. 2, pp. 301 - 310。

（Dr. Yorgi）看重，从而受到自由与爱国思想的感染。他于 1896 年赴伊斯坦布尔入读兽医学院，参加尚在草创时期的联进会，其后重会约柯基，却被质问既然有志为土耳其制定宪章，那么对于他这些同胞的社会和心理是否有深入研究，否则如何能够为他们制定合适的法规呢？此问亦令他如五雷轰顶，终生难忘。一年后他被捕，坐牢十个月，在狱中遇到老革命家乃穆（Naim Bey）。后者预言，自由终将来临，但不会持久，要获得真正和长久的自由，唯有发现治国的根本之道并且公之于世，使国人有所遵循，那样才是正道。①

出狱后他回到迪亚巴克尔结婚生子，由于妻子家道殷实，得以半隐居状态潜心读书，精研涂尔干（Émile Durkheim）的社会学，积十年之功成就大学问。至 1909 年，他开始演讲和发表文章，声名鹊起。当年联进会在萨洛尼卡召开大会，他以本城代表身份参加，被推举进入中央委员会，自此与闻政务，在教育、民政、民族事务等方面多有建树，并且成为新成立的伊斯坦布尔大学第一任社会学教授。第一次世界大战结束后联进会解散，他和会中要员一同被流放到马耳他岛，两年后（1921）方获释。那时土耳其对希腊的独立战争仍在进行，所以他回到本城致力著述，以迄 1924 年去世，刚好见及共和国的成立。

（五）居卡尔的思想与学说

比起纳默克·凯末尔，居卡尔的知识底蕴和生活的时代背景已经大不相同。他在本城韬光养晦，积累近十年精研沉思之功，所以见解更为成熟、切合实际。就纳默克·凯末尔所面对的那两个大问题而言，由于奥斯曼帝国实际上已经丧失了小亚细亚半岛以外的绝大部分土地，所以属国要求独

---

① 以上诸多训诲是取于居卡尔的自传，即 Niyazi Berkes, trans. & ed. , *Turkish Nationalism and Western Civilization*：*Selected Essays of Ziya Gökalp*, pp. 35 – 42。由于它们颇有"夫子自道"意味，所以极可能是居卡尔将日后抱负和作为投射于过去经历的结果。又，此处所说他到达和离开伊斯坦布尔的年份是根据 Stanford J. Shaw & Ezel K. Shaw, *History of the Ottoman Empire and Modern Turkey*, 2 Vols. , p. 301 与 Feroz Ahmad, *The Young Turks*：*The Committee of Union and Progress in Turkish Politics 1908 – 1914*, p. 181，但与居卡尔的自传以及 Niyazi Berkes, trans. & ed. , *Turkish Nationalism and Western Civilization*：*Selected Essays of Ziya Gökalp*, p. 314, Note 5 所述并不一致。

立就不再成为主要问题；"奥斯曼主义"与"泛伊斯兰主义"则顺理成章地转变为更实际的"土耳其主义"——因为它不必再面对多种不同民族与宗教了。因此，居卡尔的真正贡献是在另外两方面：解决传统与现代之间的矛盾；对"土耳其主义"的内涵提出新看法。

他的理论贡献与涂尔干的学说有密切关系。涂尔干的学说看重社会整体，特别是集体意识，认为这是产生凝聚力亦即团结力量，使整体得以运转的基础，所以往往被称为"团结主义"（Solidarism），这和着重个体自由、权利的"自由主义"（Liberalism）恰好对立。由此出发，居卡尔的学说有两个特征。其一，它着重分析社会体制的内在联结和历史渊源，即其复杂和具体的一面，而不是它理性、正规，表现为规则、法律的一面。换言之，它看重不成文的制度内涵远过于成文法律。其二，它着重体制的演变，因为在不断变化的大环境中，具体体制的地位和适用性必须随之改变，否则就会僵化和失效。

将这些原则应用到现实问题中，"土耳其主义"有三个向度：一是追寻突厥民族从中亚进入波斯、中东，然后进入小亚细亚半岛，扩张成为帝国的悠久复杂历史，以及它与伊斯兰文明之间的互动关系；二是发掘它的语言、习俗、故事、传说、音乐、工艺等；三是将这些具体的"民族记忆"通过小区中心和会堂传播给大众，唤起人们的自豪和认同感，塑造民族团结的力量。在这个将民族记忆大众化的运动中，极为重要的一环是提倡和发展土耳其语，这包括编纂土耳其字典、词典，创造与科学、政治、哲学新观念对应的词汇，以及逐步减省乃至清理、消除混杂在奥斯曼语中的波斯和阿拉伯词汇。

至于在解决传统（即伊斯兰教）与现代（即以科学和民主为中心的西方文明）的冲突这个大问题上，他采用了一个层次分类的方法来消融冲突。他提出，文明是普遍、抽象、不牵扯具体内涵的一套观念和准则；至于文化，则是各民族所独有的整套具体生活方式，包括语言、习俗、饮食、礼仪等。具有不同文化的民族，可以服膺于一个共同的文明。在过去，对于土耳其民族而言，他们从中亚和波斯、中东带来了自己的文化，但服膺于伊斯兰文明，包括宗教、政治观念和（中古伊斯兰的）科学。但到了20世纪，世界形势大变，因此，土耳其虽然仍然要保存自己的传统文化，却必须改为服膺于西方（主要是欧洲）所建立的现代文明。至于伊斯兰教的地位，需要从"普适文明"转变为土耳其传统文化的一部分，而其重要性，则转移到道德规范方面——但这不至于引起冲突，因为现代文明的观念（例如科学或者代议政制），仍然是可以在原始伊斯兰教义中找到根据的。以上是居卡尔思想的核心，但他不仅仅是思想家，也是文人和社会活动家：为了语文改良，他写过新体诗集《红苹果》，此外又当过青年部部长，做过伊斯坦布尔大学社会学教授，晚年还为国家复兴而独立办过一份《小杂志》。[①]

（六）联进会时代的新文化运动

在 1910—1920 年的十多年间，土耳其的新文化运动可谓风起云涌。领导这场运动的，除了居卡尔以外，还有不少和他同时代但思想各异的学者，例如历史学家阿克楚拉（Yusuf Akçura, 1876 – 1935）、诗人菲克雷特（Tevfik Fikret, 1867 – 1915）、联进会最早创始人也是最坚定的物质主义者贾夫达（Abdullah Cevdet, 1869 – 1932）等。此外还有许多受他深刻影响的追随者，例如历史学家克普鲁律（Fuat Köprülü, 1890 – 1966）、小说家艾迪普（Halide Edib, 1882 – 1964）、新闻记者立夫其（Talih Rifki, 1894 – 1971）等。艾迪普以异国爱情小说《小丑与女儿》和爱国战争小说《浴火战衣》知名，是土耳其少有的女性作家，也是女权运动家、教育家、爱国志士和传奇人物，曾经积极参与对抗伊斯坦布尔的英法占领军以及参加后来对希腊的护国战争。阿克楚拉则是俄国鞑靼族移民，青年时在军事学院接受教育，曾经被流放，从 1899 年开始在巴黎宣扬民族主义，在 1904 年以主张放弃奥斯曼帝国的多民族主义而知名，后来更趋向激进，认为需要放弃伊斯兰教，建立世俗国家，由是成为凯末尔主义的先声。

联进会在 1908 年成立"土耳其学社"（Turkish Homeland Society），它的目的主要在于研究土耳其学术与文化；四年后它被改为俱乐部式的"土

---

① 有关居卡尔的思想，详见前引 Berkes 所收他各篇文章以及翻译者在卷首的导言，即 Niyazi Berkes, trans. & ed., *Turkish Nationalism and Western Civilization: Selected Essays of Ziya Gök-alp*, pp. 13 – 31。并见昝涛《现代国家与民族建构：20 世纪前期土耳其民族主义研究》，第 170—194 页；Stanford J. Shaw & Ezel K. Shaw, *History of the Ottoman Empire and Modern Turkey*, 2 Vols., pp. 302 – 304；Carter V. Findley, *Turkey, Islam, Nationalism, and Modernity: A History, 1789 – 2007*, pp. 237 – 239。

耳其家园"（Turkish Hearth），在全国各地遍设分支。这些宣扬土耳其主义的组织和它们出版的刊物，无论在思想、文宣工作还是精神上，都是凭借居卡尔和上述知识分子的力量。在建立土耳其共和国之后，凯末尔将建国思想分为六项（即所谓"六支箭"）写入宪法第二条，那就是共和主义、民族主义、大众主义、革命主义、俗世主义和国家主义。它们比此前关键十年间如火如荼地推行以土耳其主义为核心的新文化运动更为清晰和激进，却正是在其所奠定的基础上发展出来的。①

三　胡适和居卡尔的比较

如上所述，居卡尔在他的自传中借一位医生哲学家和一位老革命家之口，讲述他深入了解本国社会和寻觅新的治国之道以挽救土耳其命运的大志；同样，在留美七年期间，胡适也念念不忘"为中国造不亡的远因"，要为"作国人导师"做准备。② 所以，他们都以拯救国家于危急存亡之秋自任，他们所要解决的大问题，即如何看待传统文化，如何应付列强的咄咄进逼，如何将西方所建立的现代文化移植于本国传统文化土壤中，等等，基本相同；然而，他们对这些问题的见解和反应，却由于个人处境、文化背景以及政治环境的差异而完全不一样。简而言之，胡适学成归国之后有长达33年（1916—1949）的活跃期，其中除了四年担任驻美大使的公职以外，都是以在野学者身份发挥影响力；至于居卡尔，则在自学成名"出山"之后，只有短短9年（1909—1918）的活跃期，在此期间，他担任伊斯坦布尔大学教职，但同样重要的，则是作为执政党联进会的核心人物，负责相当于青年部和文化部的工作。最终结果是，胡适对于中国的影响虽然大，却都是在文化层面，以"立言"为主；居卡尔则是直接参与缔造现代土耳其的几位灵魂人物之一，"立功"与"立言"兼而有之。以下笔者以胡适最

---

① 见 Stanford J. Shaw & Ezel K. Shaw, *History of the Ottoman Empire and Modern Turkey*, 2 Vols., pp. 305 - 310；昝涛：《现代国家与民族建构：20 世纪前期土耳其民族主义研究》，第137—165 页。在 Carter V. Findley, *Turkey, Islam, Nationalism, and Modernity: A History, 1789 - 2007*（pp. 239 - 246）中有关于可谓"英雌"的传奇人物艾迪普的详细介绍。

② 见罗志田《再造文明的尝试：胡适传（1891—1929）》（中华书局，2006）第 5 章的详细讨论。

主要的三方面贡献为线索，① 将他与居卡尔做一个初步比较。

（一）新语文运动的比较

对于中国新文化运动，胡适最显著也最为人称道的大贡献，当是他在 1915—1917 年归国前后发动的文学革命。最初在留学生中间掀起激烈争议，继而在《新青年》上发表《文学改良刍议》，大力提倡白话文，使它蔚为一时风尚，在很短时间内为大众甚至政府所接受，自此彻底改变了中国的文风。不能不承认，这是了不得的大事。当然，笔者在此是仅就语文而言，也就是着眼于他提倡以浅近明了的白话文作为通讯、说理、议论乃至文学创作的工具这一点。至于他在《文学改良刍议》中所提出的文学观和他文以载道的观念是否有当，他的白话诗是否成功，等等，亦即他的文学观、文学创作成就，则不在论列。② 诚然，众所周知，在他之前的十几二十年中，白话文运动已经展开，而那是革命运动的需要，即与"唤起民众之觉醒"有关，故在安徽早就有《白话报》《俗话报》出现。③ 所以，他的成就并非纯粹的个人洞见，而是代表了一个酝酿已久的运动之高潮。他的大贡献在于深切感觉到、看到了这个趋势，并且有足够的信心和勇气把握时机，以石破天惊的方式，把它向上层知识分子（而不再仅仅是平民大众）郑重宣示，亦即倡议以白话文为一种新文化的载体、新文学的正宗。观乎他之前的严复、林纾等传播新思想、新文学的大家仍然以古文为理所当然的工

---

① 胡适研究无论是资料还是论著都可谓浩如烟海，本文直接参考和引用的包括以下数种：《胡适文存》四集（初集至三集由上海亚东图书馆 1921—1930 年印行，四集由上海商务印书馆 1935 年印行，全 4 集由台北远东图书公司 1953 年重印）；曹伯言整理《胡适日记全集》十册本（台北，联经出版事业有限公司，2004）；Jerome B. Grieder, *Hu Shih and the Chinese Renaissance: Liberalism in the Chinese Revolution 1917 – 1937*（Cambridge：Harvard University Press，1970）；唐德刚《胡适杂忆》（台北，传记文学出版社，1980）；余英时《中国近代思想史上的胡适》（台北，联经出版事业有限公司，1984）；胡颂平编著《胡适之先生晚年谈话录》（台北，联经出版事业有限公司，1984）；章清《胡适评传》（百花洲文艺出版社，1992）；胡明《胡适传论》上、下卷（人民文学出版社，1996）；欧阳哲生选编《解析胡适》（社会科学文献出版社，2000）；欧阳哲生《自由主义之累——胡适思想之现代阐释》（江西教育出版社，2003）；罗志田《再造文明的尝试：胡适传（1891—1929）》。

② 有关那场文学革命的论述甚多，争议亦大，此不具论。例如唐德刚《胡适杂忆》，第 56—61、83—100 页；罗志田：《再造文明的尝试：胡适传（1891—1929）》，第 6 章。

③ 参见李孝悌《清末的下层社会启蒙运动（1901—1911）》（台北，中研院近代史研究所，1992），特别是第 2 章"白话报刊与宣传品"；陈万雄：《五四新文化的源流》（香港三联书店，1992），特别是第 6 章"清末民初的文学革新运动"。

具，则他的这个贡献是绝对不容低估的。①

相比之下，居卡尔在这方面的贡献并不突出，比之他的前驱，即主办《思潮前驱报》的纳默克·凯末尔，恐怕犹有不及。他的新诗集《红苹果》是个应用新格律的尝试，但在土耳其语文改革长河中，也只是个插曲而已。之所以如此，主要是因为奥斯曼帝国所面临的语文困境比中国严重得多，而居卡尔在土耳其文化体系中，是个毫无凭借、平地崛起的苍头异军，他所面临的更是奥斯曼帝国分崩离析的生死存亡关头，因此无暇顾及语文问题是十分自然的。

其实，在20世纪之初，土耳其的语文现代化问题比中国要严重和复杂得多。他们的"文言文"亦即奥斯曼土耳其语（Ottoman Turkish）是个极其繁杂的复合体。它从原来的朴素突厥语经过多个世纪逐渐发展出来，其间吸收、杂糅了大量波斯语和阿拉伯语成分（包括它的文法以及将近90%的词语），并且是借用波斯－阿拉伯字母（Perso-Arabic alphabet）书写；在文化上，它与"高等伊斯兰文明"（所谓的"High Islam"）的观念、风格、感情、传统又密不可分。因此，帝国一般民众对它完全无法了解或者应用，他们所用仍然是所谓"纯朴土耳其语"（rough Turkish），亦即其"白话文"。

奥斯曼帝国远在19世纪之初，亦即马穆二世以至"新秩序运动"的年代，就开始出现某种意义的"白话文"运动了。当时为了推行军事现代化，一般下级军官和士兵都要接受严格训练，因此必须掌握起码的读写能力；此外，在医学、法律、行政等各方面，也同样有在下层民众间普及教育的需要。所以，从那时就开始了简化语文和为此编纂字典、词典的工作。当然，那时完全以实用为主，纯粹是为实际技能训练而做的改革。到19世纪中叶，语文改革进入第二阶段。由于辛纳西和纳默克·凯末尔的努力，民间报刊（如上文提到的《思潮前驱报》）出现，因此新型知识分子感到了向大众说理、论政的需要，文风从而趋向切实简明，大致和梁启超的浅白文言相似。到了联进会亦即居卡尔时代，这种文风进一步发展。在"土耳其主义"的新思潮影响下，政府开始大力提倡土耳其语文，尽量减少应用波

① 对胡适发动文学革命的经过，前引诸书都有讨论，余英时《中国近代思想史上的胡适》第29—35页对此有扼要指陈，罗志田《再造文明的尝试：胡适传（1891—1929）》第6章对胡适的心态及当时的文学论战则有详细与深入的分析。

斯和阿拉伯词语。但语文改革的高潮出现于第四阶段，即凯末尔建立共和国以后。他延续联进会的语文政策，不但设立"土耳其语文协会"（1926），在所有学校中废止阿拉伯和波斯语文教育，大力扫除土耳其语文中的外来语成分，更力排众议，明令从 1929 年开始，在一切官方文书中废止应用波斯和阿拉伯字母，一律改用西欧通行的拉丁字母书写。至此，土耳其的语文才算是真正得到"清洗"以回归古代民族传统，改革方大功告成。

平心而论，"奥斯曼土耳其语"是根深蒂固的，和奥斯曼帝国的历史、文化、政治血肉相连，无从分割。要将它连根铲除，代之以纯粹的、用拉丁字母书写的土耳其语，那真是翻天覆地的文化与政治大革命，必须一个土耳其共和国（而非奥斯曼帝国）的政府，以无比决心和雷霆万钧之力才能够完成，而绝非民间文化运动所能为功。相比之下，中国的文言文和白话文无论在字体还是根源上都完全相同，它们长期相互渗透，彼此影响，由是形成了宽广的语文"光谱"，在其中两者可以因应不同需要而并行不悖。所以中国的白话文运动实际上要比土耳其的相类运动轻松简单。

（二）新学术运动的比较

胡适不但改变了中国的文风，也改变了中国的学风，这是他对中国新文化的第二个大贡献。他提倡新学风的标志，自然就是在任教北京大学之初所出版的《中国哲学史大纲》上卷。此书对当时仍然为旧学风所笼罩，而正在四处寻觅出路的中国学术界，不啻投下一枚炸弹，随即引起巨大争论，至终则奠定了他以后 40 年的学术地位。他这部书之所以能够石破天惊，具有划时代意义，当代学者已经论证綦详。[①] 统而言之，即是应用西方哲学史的方法与观点，为整理国故亦即清代考证学提出了一个库恩意义上的所谓"典范转移"（paradigm shift）；具体地讲，就是蔡元培在该书序言中所提出的四点，即证明的方法、扼要的手段、平等眼光、系统研究等。[②]

---

① 余英时在《中国近代思想史上的胡适》第 35—48 页指出，胡适之所以能够以一个 27 岁的青年人身份，一举获取全国思想界的领导地位，正是因为他能够为传统的核心学术问题，即乾嘉训诂考证之学提出一个崭新的方法来，那就是从赫胥黎的存疑论和杜威的实验哲学那里得来的所谓"科学方法"，而这方法最初便是在《中国哲学史大纲》上卷提出来和实际运用于古代思想史的重新审视的。罗志田《再造文明的尝试：胡适传（1891—1929）》第 159—170 页对此也有详细讨论。

② 参见胡适《中国哲学史大纲》上卷，商务印书馆，1947，第 2—3 页。

倘若从更为根本的层面看，则可以说，胡适所带来的转变，是不再以敬畏、崇奉、诠释的心态和眼光对待古代经典，而是以好奇、分析、排比的方式来审视它们，将它们的性质从大经大法、圣贤之言，改变为可以放在天平上衡量，放在显微镜下观察的事物；甚至，在衡量、观察之余，顺便对圣人开点小玩笑，说点俏皮话，例如"他老人家气得胡子发抖的神气"之类，① 也显得无伤大雅。一言以蔽之，他是以现代观念颠覆中国古代经典的主体性和神圣性，将它们通过"解魅"（disenchantment）而"还原"为学术研究的"对象"（object），然后放置于新的架构之中来审视。当然，这一方面是因为中国学术界对于传统经典的信念已经根本动摇，而且正在寻觅出路，另一方面则是因为胡适在西方文明中浸淫七年之久，师从当时名声无两（至少在美国）的哲学大师杜威，并且是国内第一位得到哲学博士学位的年轻人，所以才能够挟着无比的自信与气概来挑战整个传统学术架构。他的"暴得大名"不但有赖于自身的禀赋和努力，更是因缘际会，在全国学术中心碰上了千载难逢的时机。

相比之下，居卡尔在学术方面的贡献就似乎小得多，无法相提并论，因为他根本没有机会出洋留学，甚至也无缘跟随明师，只是在偏远山城长年闭门自学。更关键的是，他在苦学有成，并锥处囊中，为人赏识以后，仍然不能够找到一个发挥才华的学术舞台——毕竟，他在伊斯坦布尔大学出任社会学教授是属于筚路蓝缕性质，而且为时短暂。因此他的影响力主要是在联进会内部和社会大众之间，而并不是在"学术界"。其所以如此，原因颇为微妙：奥斯曼帝国的诗歌、历史、地理、政治等学问只可谓学术的"外围"，它的"核心"即思想和哲学则在于伊斯兰教义，因此无可避免是受保守教士特别是"教长"所掌握和宰制的。②

伊斯兰教的特别之处，在于它具有极强的抗拒变异能力。据说，先知

---

① 参见胡适《中国哲学史大纲》上卷，第100页。

② 伊斯兰文明本来还有非常强大、蓬勃和独立的科学、数学和医学传统，这些在中世纪（9—15世纪）曾经有非常辉煌的成就。但不知为何，这些传统在13—15世纪缓慢衰落，从16世纪开始，就几乎完全丧失创造力。更不幸的是，就奥斯曼帝国而言，它从未承接这个科学传统，它在这方面唯一的短暂努力（即建造一个天文观测台）只在16世纪末持续了三年左右就为保守教长摧毁了。此外，伊斯兰哲学也的确由于9—10世纪的阿拉伯翻译运动，而受希腊哲学深刻影响，从而发展出独立于神学以外的观念，但这不久也为保守的思想家和哲学家压制下去。见陈方正《继承与叛逆》（三联书店，2009），第8章。

穆罕默德说过："最坏莫过于新奇事物。每桩新奇事物都是一种革新，每种革新都是个错误，每个错误都可以导向地狱之火。"① 这种根深蒂固的观念多少说明为何马穆革新要采取那么强暴、不由分说的方式；它也同样说明为何奥斯曼的新文化运动一直是在传统学术之外，以另起炉灶的方式进行，而从来没有冒着危险和顶着阻力去碰触传统学术。这不但在纳默克·凯末尔的时代如此，在联进会时代如此，到了国父凯末尔的时代，也仍然如此。他虽然获得了无比的威望和权力，却也只能以政治和行政手段去强硬推行他的"俗世化"政策，包括废除一切伊斯兰政治、法律和社会体制，乃至哈里发制度，却从来没有触碰过伊斯兰教义本身，也就是从来没有去攻击旧思想，提出任何应当改变它的理据。

因此，国父凯末尔的俗世化大革命只是将一个"新现实"（fait accompli）强加于土耳其这个新兴国度，它是没有一个类似法国启蒙运动或者中国五四运动那样的根本思想革命作为基础的。这样，一个很自然的结果就是学术的分裂：传统伊斯兰信仰、教义那旧一套和从西方传入然后发展起来的政治社会思想那新一套，变为截然分割、渺不相涉的两个部分。前者不能够与后者衔接，后者也无从对前者施加影响力或者发挥改造之功。这多少就是居卡尔的社会学以及他有关国家、民族、文明、文化那一大套论述的命运：它缺乏与传统思想的交锋，所以在社会上未能深根固柢（这是高度简单化的说法，见下文）。说到底，无论是居卡尔还是凯末尔，都没有足够的能力、魄力去将伊斯兰教"解魅"——当然，我们知道得很清楚，一直到今天，也仍然没有人敢于尝试（更不用说能够）这样做。

不过，话说回来，也不全然如此。胡适是为国故"解魅"，亦即把它放到一个新平台上、一个新架构中，以新的眼光和态度来看待它；居卡尔则是通过"文明"与"文化"的整体论述，将未经解剖、改造的"国故"原封不动地从"普适文明"挪移到"民族文化"的位置上，以冀土耳其人可以心安理得地接受新文化与旧宗教并存，从而消解传统与现代之间的紧张。虽然他并没有深入触动伊斯兰教，可是这样借着涂尔干的新学术、新观念来为它重新定位，也可以视为一种间接的、无形的"解魅"。在此，我们不妨套用一句老话：倘若说胡适的《中国哲学史大纲》上卷是"商量旧学"，

---

① 转引自刘易斯《现代土耳其的兴起》，第115页，此处文字略加修饰。

那么居卡尔的民族主义与现代化论述也可谓"涵养新知"。

（三）对传统文化以及国家前途态度的比较

在语文和学术以外，中、土两国的新文化运动还有一个重要部分，那就是对于传统文化整体所采取的态度。在这方面，我们不妨从居卡尔开始，因为上文其实已经触及这个问题了。首先，必须承认，以上两段的说法是有点简单化。居卡尔在他的论述中，其实并没有完全回避伊斯兰观念与现代国家体制，包括法律、教育、哈里发等之间的关系，否则他的伊斯兰教"移位"说就会变为空洞、缺乏意义，难以取信于人。事实上，就伊斯兰传统在社会、政治、法律等各方面的思想、教训，他做了相当多的讨论。这些我们无法在此详述，只能笼统地说，他采取了一个高度调和、兼容的态度，也就是论证"伊斯兰诸多原始教义与现代观念是可以相通而并非矛盾的"。当然，要这样做，他就得被迫忽略原始教义在随后上千年间的具体发展，以及由此产生的复杂与精微之处。换言之，他必须回到并且重新诠释原典。①

相比之下，他的前驱纳默克·凯末则尔则保守得多，几乎仍然处处以传统为依归；而和他同时代的贾夫达则激进得多，是个彻底的反宗教唯物质主义者（materialist）。居卡尔不愧为认真严谨的学者，他的学说不但有西方学术的深厚底蕴，而且戛戛独造，是从精研沉思中得来。其能够引领风骚，被当时大部分知识分子接受绝非偶然。当然，他也不可能料到，更没有机会见到，挟着救国英雄无比声势的凯末尔，在对待旧传统也就是伊斯兰教的政策上，实际上会比他所主张的走得更远，改革得更彻底。但这到底是否明智，是否就可以成为"最后解决方案"，抑或居卡尔原来的渐进、包容方案更能够持久呢？在整个20世纪大部分时间里，答案似乎都倾向于凯末尔的明快决断，但到了21世纪，在以伊斯兰为号召的政党重新在土耳其崛起的今天，我们不能不承认，天平似乎又再度倾向居卡尔的折中调和那一方了。无论如何，可以肯定的是，居卡尔对于传统与现代文化这两者都是采取正面与调和的态度，在促使两者的融合上，他不但做出许多努力，

---

① 参见 Niyazi Berkes, trans. & ed., *Turkish Nationalism and Western Civilization: Selected Essays of Ziya Gökalp*, Ch. 7, 这里不详细讨论。

而且有实际和巨大贡献。

对于胡适，我们却无法如此评价。正如他自己所说，中国传统文化的特征是宗教心薄弱，因此，一旦专制皇权被推翻，作为传统文化核心的儒学就再没有任何力量支撑，从而可以无所忌惮地肆意批判了。而在新文化运动以及随之而来的五四运动之中，在"打倒孔家店"的口号下，它也的确被批判得体无完肤。在这些批判（如新思潮的讨论和科玄论战）中，胡适的态度是很坚决、很清晰的。他指出，"要拥护德先生和赛先生便不能不反对国粹和旧文学"，"孔教的讨论只是要重新估定孔教的价值"。而重新估定价值的结果，就是他后来所说："我们所有的，人家也都有；我们所没有的，人家所独有，人家都比我们强。至于我们所独有的宝贝，骈文、律诗、八股、小脚……又都是使我们抬不起头来的文明制度。"这就是他希望中国人所听到的、所感觉到的自责，以"认清了我们的祖宗和我们自己的罪孽深重……然后肯死心塌地的去学人家的长处"。[①] 当然，如许多学者已经指出的，这只是他当日故意的鞭策，因此要把话说重，但在这背后，还有种种的个人情结和苦心在起作用，而且日后他虽然始终不愿意直接否定当日的这些言论，态度却也变得更圆熟、调和、通达了。[②] 平心而论，这些话固然偏激，是宣传家、煽动家（pamphleteer）之言，而非学贯中西的哲学家深思熟虑之言，不过，揆诸当日情势，他认为矫枉必须过正，温良恭俭让无济于事，非"一掴一掌血，一鞭一条痕"无以救国，无以唤醒国人，自然也是可以理解的。

至于对现代学术文化的态度，他的看法则是颇为单纯的，即不应好高骛远，应当切实虚心学习。至于应当学习何种学术，他很少提到具体内容。他所注重的是基础性的方法论，亦即他从杜威和赫胥黎处得来，归纳为"大胆假设，小心求证"的"科学方法"。作为示范，他也仅仅将此方法应用于向来熟悉的考据问题，例如对《红楼梦》和《水经注》的考证，而未曾应用于和国家前途关系更密切的政治体制、社会结构、实际科学诸问题，或者结构性的历史问题。所以，余英时很敏锐地指出，他在 1930 年那篇

---

① 见《新思潮的意义》和《再论信心与反省》，分别在《胡适文存》初集，第728—729页；四集，第465页。

② 唐德刚《胡适杂忆》论及此问题者散见全书，但第71页颇有画龙点睛之妙；罗志田《再造文明的尝试：胡适传（1891—1929）》第129—144页是专门讨论此问题的一节。

《我们走那条路》的著名文章中所讲，无非都是没有具体内容的主观愿望，对解决当时政治路向的大争论，其实毫无帮助，也难以服人。而问题之症结，即在于他所提倡的"科学方法"其实并不适用于解决紧迫的社会政治问题。[①] 不但社会政治问题如此，他所谓的"科学方法"，其实与自然科学本身也没有多大关系——前者所真正适用的，只不过是他所熟悉的考证工作而已。他终生宣扬科学的重要性，提倡"科学方法"，但对科学本身到底是怎么一回事，坦白地说，其实亦不甚了了，而且从未用功深究。[②]

　　之所以如此，大概有两个原因。第一，胡适留学七年，真正所学所感染到的，是杜威的哲学理论与美国的政治文化气息，而这两者可借以冲击、转变中国的学术文化氛围，却不可能用以解决中国的政治社会问题，因为两者的历史、社会背景相去太远，可以说是渺不相涉。第二，胡适虽然志气高昂，聪明绝顶，但自26岁归国之后，就再也没有能够在学术上更上一层楼，获得新进境。为什么呢？最可能的原因，自然是他不到而立之年就"暴得大名"，此后诸事猬集，公私繁忙，再也没有功夫静下来潜心探讨一门在归国之前未曾充分掌握的学问——即使他认为无比重要，应当大力提倡、宣扬的科学也不例外。他写成《章实斋年谱》之后自叹：那"是我的一种玩意儿"，为它"费了半年的闲功夫"，"作史学真不容易！"可谓道尽此中消息。因此，他对自己的期望就是"开山辟地，大刀阔斧的砍去"。[③]而所谓"开山辟地"也者，则很自然地选择了自己最熟悉又最有把握的考证学，至于它是否果为中国所迫切需要，对中国走出困境究竟有无帮助，则没有多做考虑，这可以说是"最小抗阻之道"（path of least resistance）的选择。在这一点上，他和平稳踏实的居卡尔完全不一样，这既来自禀赋和性格上的差异，更是因为两人的际遇、所处环境完全不同。胡适在学术舞台上引领风骚20余年之久，国难当头之际则领清望职位远赴海外；而居卡

---

① 参见余英时《中国近代思想史上的胡适》，第63—71页。

② 有关胡适对自然科学的了解与态度，参见陈方正《论胡适对科学的认识与态度》，耿云志、宋广波主编《纪念胡适先生诞辰120周年国际学术研讨会专辑》，社会科学文献出版社，2012。

③ 参见曹伯言整理《胡适日记全集》第3册，1922年2月26日，第448页；罗志田：《再造文明的尝试：胡适传（1891—1929）》，第181页。

尔从崭露头角开始，国家便已经濒临崩溃边缘，他自己也被卷到政权核心，所以毫无选择地必须面对最迫切的社会政治问题，绝不可能从容论学，讲究如考证那样的不急之务。

（四）两位新文化运动领袖的整体比较

胡适与居卡尔各自生活于本国的危急存亡之秋，都有过人天赋，年轻时既能承受本国的文化传统，亦有机缘（虽然是以完全不同的方式）亲炙西方文明部分精髓，更同样立志通过文化更新（也就是文明再造）来挽救濒临解体的祖国，成为本国新文化运动的领袖人物。可是他们的相类之处就仅止于此了。中国的新文化运动固然在知识分子和民众中都产生了巨大影响，可是，这个影响主要是在文化和学术上，它对于中国后来的政治发展并无多大直接影响，甚至可谓背道而驰。胡适所服膺、羡慕的自由主义体制和北伐之后的国民政府已经格格不入（虽然胡适与此政府仍然是若即若离，经常维持客卿关系），和新中国最终所选择的道路更是南辕北辙。更吊诡的是，我们不得不承认，中国最后免于被日本征服、分割，或者免于实际上为外国势力如英美所操纵，反而得以独立自强，很难说是和新文化运动有必然或者深刻关系。胡适对抗战的直接贡献，主要在于做了几年驻美大使，除此之外，他的救国宏愿是落空的——即使并非完全落空，其结果也是很间接而难以衡量的。居卡尔就大不一样了。在 1910 年代，他不但成为土耳其无可争辩的思想领袖，更进入联进会的核心即其中央委员会；他的土耳其主义和建国理论在实际上深刻影响了联进会的内政方针，更重要的是，它后来成为凯末尔建国思想的基础，至少也是踏脚石。

胡适与居卡尔在这方面何以有如此巨大分野，是很值得深思的。这可能与胡适始终坚持论政而不从政有点关系，但从梁启超从政而并无建树的例子来看，即使他毅然从"论政"走向"从政"，也不见得就能够对中国的日后发展产生更大、更深远的影响。这样看来，居卡尔能够影响政治乃至国家前途，似乎不仅仅是由于进入了联进会核心（虽然也很重要），而且更可能是因为他的学说与主张平稳、扎实、切合时势，的确能够为当时陷入困境的土耳其提供出路，即放下大奥斯曼和泛伊斯兰主义的包袱，回归民族本源。

四　总结与反思

最后，我们还需要反思的是，凯末尔越过了居卡尔的新旧融合构想，代之以大刀阔斧的全盘俗世化改革，亦即名副其实的"文明再造"，那到底这样做是否明智？他以雷霆万钧之势推行如此激进的政策，当时好像非常成功。但伊斯兰信仰在土耳其民众中是源远流长、根深蒂固的。它貌似被压制，但其实并未消失，而只是潜伏待时，到了21世纪又乘着西方（包括美国和欧洲）大力推行"民主化"政治的机会，以不可遏制之势全面冒出头来。在它旗帜下的"正义发展党"遂顺势逐步废除凯末尔当年为保障社会俗世化而制定的各种法律与体制，所以，很自然的，它如今又浸浸然有恢复国教地位和权力的趋势了。那么，是否居卡尔当日迂回渐进的策略，会更为合乎民意和经得起时间考验呢？这是今日土耳其不能不反思的了。当然，中国没有这个问题，因为儒家（或曰儒教）并没有像一些宗教那样有广泛的民众基础。在传统皇朝消失之后，它的政治基础随之瓦解，恢复儒家传统政治地位的呼声虽然存在，但力量很薄弱，和其他宗教远远不能相比。

胡适研究小议

胡　明[*]

2016 年，胡适 125 周年诞辰，或许也可以算是一个值得纪念或缅怀的历史年轮。海内外胡适研究者聚集一堂，开这么一个会，又是在胡适生前梦魂萦绕的北京大学，我心里不免很有感触。我回想起 1991 年胡适 100 周年诞辰时举办的香港会议和绩溪会议，25 年来关于胡适研究我们写了多少文章，出了多少书，开了多少会！在我的印象中正是这两个会议之后胡适研究形成气象的，或者说热起来的。接到这个会议通知，我不由想，胡适研究还有什么话可说？还有什么文章可写？还有什么意义积极的命题可设计和申报？但这个会议按规划开了，它对今后的胡适研究恐怕会有不小的影响——这是我的预测。走过了寻路、探索的阶段，以后是寻对的路该怎么走了，须走多远了。

检阅一下最近 25 年来，或者再长一点，30 年来的胡适研究历程和成果，我大抵有这样一个印象：关乎胡适与"新文化"——新文学、新哲学、新伦理——所谓"文艺复兴"命题层面，胡适被肯定的多，否定的少，而转入思想体系或者思想路线层面，特别是加上"自由主义"头衔的称谓时，则公开正面肯定的不多，否定的不少，怀疑的最多。"思想"与"文化"，或者说"胡适思想"与"中国文化"的是非新旧，我这里不拟（当然也无法）做出疏解和厘清，也不想就整个胡适研究的格局与气候做出自己的判断。这里似乎有一个认识的误区，事实上"胡适思想"与"中国文化"并不是平行的两个范畴，它们应是形态上接连一体、血肉不分的，精神上则

---

* 胡明，中国社会科学院文学所研究员。

又是紧密联系、内在统一的。我们不能在意识形态的板块上把"胡适思想"与"中国文化"清晰地剥离出来，孤立地悬置起来。胡适在"中国文化"上的许多意见与主张实际上正建立在"胡适思想"的理论构架上，换句话说，胡适倘若在"中国文化"上有什么建设性意见、精巧的设计和大胆的评判，均来源于其思想的基本精神和认识范畴。在这里，"胡适思想"是根本，是基础，是灵魂，是胡适改造和建设文化的外部世界和人的内在世界，即所谓"再造文明"唯一倚仗的武器。

在现代中国，"胡适思想"以个人姓名冠名，拥有完整自足的阐释结构和方法论体系，并且得到严肃的思想界、学术界、教育界公认。胡适十分看重自己的"思想"，他认为他的历史存在与哲学是非全由于他的"思想"。他也常说，除去了"思想"，什么是"我"？剥夺了、剔除了其"思想"的哲学含义，也就不存在"胡适"了，"胡适"这个姓名也就毫无意义了。胡适之所以是现在中国思想文化史上的"胡适"，就是由于他的"思想"的活力与光亮，胡适正是依赖着他的"思想"而存活，而有价值，而发生影响，而进入文化史。因此胡适一生也最看重他的"思想"，他在给朋友的信中经常强调"我宁可保持我无力的思想，决不肯换取任何有力而不思想的宗教"（《致陈之藩的信》，1948 年 3 月 3 日）。胡适整理中国哲学史、中国文学史、中国理学史、中国禅宗史，从批判孔孟、弹劾程朱到发现戴震、奖掖吴虞，从介绍实验主义到引导自由主义，从提倡"不朽"到打倒"名教"，无一不是落眼在"思想"上，他深深觉得他生活着的中国及其沉重的历史文化的清理需要独立的思想；他在《介绍我自己的思想》中要求青年不要被别人牵着鼻子走，在给北京大学的毕业生纪念赠言中常引用一个禅宗和尚的名言，"达摩东来只是要寻一个不受人惑的人"，而"我们应该努力做个不受人惑的人"。真正有了思想，才能做到不受人惑，不被别人牵着鼻子走，才能做到独立思考、自由选择。他常常说："不思想的心理习惯是我们最大的敌人。"他主张我们宁可宽恕政治上的敌人，但万不可纵容这个"不思想"的敌人。"因为在这种恶劣根性之上，决不会有好政治出来，决不会有高文明起来。"（《致李幼春、常燕生的信》，1929 年 7 月 1 日）他甚至宣言：一个人只要肯独立思想，便是他的同志。然而当时的中国社会包括知识界"不思想"的人太多，甘心被别人牵着鼻子走的大有人在，所谓的思想界则更是懒人一堆，糊涂人一堆，头脑混乱的人一堆，这是最令胡适感到悲哀的。他在《从思想上看中国问题》一文中悲叹："今日的中国，从极左到极右，都看不见一点自己想过的思想，也看不见一点根据现实状况的思想。做尧舜禹汤周公孔子的梦的，固然不曾思想，囫囵吞下马克思、考茨基、列宁、孙中山的，也算不得曾经思想。"可见胡适对真正的"思想"要求是很高的。

胡适在《我的信仰》一文中断言，"人生最神圣的责任是努力思想得好"，切忌"把人家的思想糊里糊涂认作自己的思想"。在他看来，"努力思想得好"，主要表现在两个方面：一是"智能的个性"，"就是独立思想，独立观察，独立判断的能力"（《实验主义》）；一是"创造的思想力"，拥有解放自己、不断追求真理的能力（《杜威论思想》）。我在《论胡适思想的奠基》一文中专门对"胡适思想"本身完整的哲学学理做过一番条分缕析的寻绎。"胡适思想"孕育成熟于大洋彼岸的美国，但它的认识论基础与方法论内核仍可以从中国传统哲学文化中找到其一脉相承的合理因素，即是说，中国文化融合进了"胡适思想"，丰富完成了"胡适思想"，回过头来又指导了胡适对中国文化的解释与改造。"胡适思想"改造旧的中国文化、重建中国新文化的思路便是胡适在总结"五四"精神和历史任务的《新思潮的意义》一文中归纳出的著名的四条口号。

胡适当年号召研究的"问题"，是当时急需解决的问题，有些仍是我们今天需要完满解决的问题；胡适当年带头输入的"学理"，是当时急需启蒙并广泛传播的学理，其合理内核特别是它的真理观与方法论至今仍有理性逻辑的巨大力量；胡适当年提倡的"整理国故"，虽然今天已经蔚成气象，硕果累累，但胡适当年设计并期盼的"再造文明"未曾实现，而且在再造的方法、途径的选择上仍是众声喧哗、各有主张。清议争论过了度，观念形态横其中，有时还酿成政治上的冲突。

胡适"五四"时代的蓝图无疑包括了所谓自由主义的思想路线和文艺复兴的战略目标，胡适已经逝世59年，他的思想路线与战略实践却未能找到传人，即梁实秋所谓"但恨不见替人"。从传人、替人必须扛大旗的历史要求来看，从思想醇度、学养厚度、胸襟识力的博雅广大、品格操行的表里莹澈来甄别判断，可以说是"后不见来者"。"胡适"之"道"也可以说是"及身而绝"，尽管纸面上的群贤毕至、言论纷纷还会持续很长一段时间。胡适理想中的"文艺复兴"无疑是中国文化建设的一项浩大的系统工程，光芒万丈，功埒汉唐，但由于胡适的原创精神、设计主旨和文化思路没有得到很好的解析与协调，奠基后即多头开工，旗号林立，它的竣工似乎遥遥无期。或许正是出于这个原因，我们还要开胡适的会，讨论胡适，研究胡适，我们还要做一些耐心细腻的诠释与疏解，做一些逻辑严密的论证与发挥。

胡适的"文艺复兴"虽没有完工，但他的建设思路是正确的，做出的贡献也是受人敬仰的；胡适的文化建设事业虽无合格的替人，他的衣钵无人可传，但蓝图是可用的，贯穿于其间的思想理念和哲学精神是可取的，也即是说它建构基底的"胡适思想"还有细心辨识的必要，他的负面评价还需重新评估。1950 年代初的大批判固然连累了胡适对中国文化改造设计的价值与效能，但不应从根本方向上否定"胡适思想"实际上蕴含的积极内涵。

前些年我在编选《胡适精品集》时在"主编的话"中将"胡适思想"的核心精神，尤其是与中国现代新文化建构紧切相关的哲学主旨归纳为三条：一条是积极开放的，既保持民族性又充分世界化的文化立场；一条是实事求是、服从证验、有几分证据说几分话、不相信任何没有充分证据的东西的思想方法；一条是不苟且、不媚俗、独立的、审慎而负责任的言论态度。

说到海外胡适研究不由得会想到它的"冷"，它的"冷"曾与中国一段时期的胡适"热"恰成鲜明的对照。海外早已走过了"胡适"的历史阶段与实验形态，即便说是"批判"的声音，从 1950—1960 年代的《民主评论》派到 1970—1980 年代现代新儒家的热闹之后，也早已沉寂下来。他们更多关注的是对胡适文化哲学中内在学理的挑剔，以及从宏观上对胡适"西化"主张与自由主义的指责，甚至是胡适与"五四"对中国现代政治历史发展脉络的负面影响的反思。今天在海外，胡适已经走进了历史，"胡适思想"的是非，这个上一个时代延续下来的学术命题已经很少有人关注。但在北京大学，今天居然聚集了这么多的学者、教授，听说海外来的就有几十位，不少是 20 世纪就沉潜于胡适研究的老朋友、老同行、老专家。会上会下气氛热烈，大家认真细心地做着胡适老师留下的功课，布置的作业。——胡适的"余热"未退，至少在中国最有名气的北京大学余热未退。胡适的话题包括了他们的大部分文化主张与学术意见，今天仍启人深思，仍诱人入彀，胡适研究在人们的思维与信仰的世界仍有十分宽广的探索空间。尽管胡适研究的成果已可以说是不胜枚举，我们此刻仍在增量，仍在深化、细化。

还是在"主编的话"中，我说："胡适的学术意见与思想遗产在中国现代文化史上发生过深远的影响，并且持续着特定的历史生命力。"又说他是"现代中国最具声望同时又争论最大的文化宗师与思想巨人"。胡适的"特定的历史生命力"的"持续"正是由于他的"最具声望"又"争论最大"，这些"争议"的东西便是我们今天在思想文化的新建设中急迫需要深入研究的，需要弄明白、找到答案的。他的"声望"则保证了他的认知结构的完整、意义延伸和思想增值。

疏解、厘清胡适思想的任务很重，拓宽胡适研究的路也可以形式多样。2016 年 11 月，我们编选的一本普及型读物《胡适名言精选》出版。读着胡适那些明白畅晓、条理清晰、深入浅出、风格平实的名言，自然会联想起个人文化品德与思想素质的升华，联想起国民现代性格与崇高心灵的养成——这一类案头床边、随手一本、车马闲隙、随意浏览的小书也是胡适研究工程中的小小成绩，可以汇入我们思想建设的时代潮流。

1932 年 12 月，胡适在《东方杂志·新年的梦想》应征答卷时说出了他的"梦想"："我梦想一个理想的牢狱，我在那里面受十年或十五年的监禁。在那里面，我不许见客，不许见亲属，只有星期日可以会见他们。可是我可以读书，可以向外面各图书馆借书进来看，可以把我自己的藏书搬一部分进来用。我可以有纸墨笔砚，可以每天做八小时的读书著述工作。每天有人监督我做一点钟的体操，或一两点钟的室外手工，如锄地、扫园子、种花、挑水一类的工作。我想我如果有这样十年或十五年的梦想生活，我可以把我能做的工作全部都做出来，岂不快哉。"

我愿意相信，这正是胡适的梦想，但梦想未能成真，哪怕是这样简单素朴。这是胡适的遗憾，也是历史的遗憾，更是我们后人的遗憾。胡适不能把他"能做的工作全部都做出来"，他已止步，进入了历史，刻上了墓碑，我们后人还得继续前行。——我们的胡适研究在今天来说并不是想急于做一种评判的订正或得出什么历史的结论，我们只希望胡适研究界更加成熟、更加有思想。胡适的"思想"有一句核心的名言："实验是真理的唯一试金石。"对于"胡适思想"，我们同样可以用这块"试金石"来检验，这方面我们做了许多很好的工作。胡适是第一个考证出"实事求是"四个字的语源出处并积极身体力行的人，他努力教人做一个会思想的人，文化上合格的人，勇于追求真理、积极进取而脱离低级趣味的人。——这无疑又是社会的一份正能量。毕竟，一个有高度文化自信、有精致文化伦理和充盈创造精神的社会需要胡适，也能包容他的"思想"。

21 世纪已经过去了 20 余年，我们大概可以翻开"胡适"新的一页了。

秉性率真的学者

——纪念胡适诞生 125 周年

张翼星[*]

一　两颗璀璨的明星

　　一百多年前，蔡元培把胡适请到北大当文科教授，那时胡适在美国还没有获得正式的博士学位，年方 26 岁。这是中国现代史上一个很有文化价值的事件。一百多年过去了，社会历史的沧桑与灰尘，也掩盖不住、撼动不了他们两人在中国现代教育、学术史上的重要地位。北大走过 120 多个年头，任过正校长的不下数十人，功绩卓著者，我看还是首推"五大校长"——严复、蔡元培、蒋梦麟、胡适、马寅初。中国一度风起云涌的新文化运动，知名人物很多，也有五员主将——蔡元培、陈独秀、胡适、李大钊、鲁迅。在这两个方面，蔡元培与胡适都有着举足轻重的作用。两人的功绩与成就各有侧重，蔡元培侧重于教育，胡适侧重于学术。

　　蔡元培的教育思想很丰富，可以谈论很多个方面，但最基本、最突出的还是两个方面：一是在管理体制上，争取教育独立，实行教授治校；二是在学术领域中，实行"兼容并包，思想自由"的方针。争取学术独立和教育独立，是他一生努力的理想目标。我个人感觉，学术独立，比较好争取一些，因为学术领域有很多东西是中性的，可以不带政治色彩；至于教育独立，按蔡元培的说法，就是不受任何政党或宗教的干预，但至少在中国这块土地上是很难完全实现的。因为每个政党或执政者，都要培养自己

*　张翼星，北京大学哲学系教授。

的支持者和接班人（"接班人"的说法，早在柏拉图的《理想国》中就有了，主要是如何培养城邦的"护卫者"）。当然，教育的相对独立性，还是有一些空间可以尽力争取。蔡元培最突出的贡献，就是他在学术领域明确阐述并坚决贯彻"兼容并包，思想自由"的方针，这是一个融合中西思想长处、最见成效的方针。它为学术繁荣、人才涌现开辟了一条康庄大道。正如梁漱溟所说，它酿成一股潮流，影响到全国。它也为北大奠定了一个基本传统，成为北大的一种精神血脉。我个人认为，"兼容并包，思想自由"可以看作北大的校训。什么时候继承、实施了这个传统，北大就兴旺，就前进；什么时候践踏、背弃了这个传统，北大就衰退，就落后。现在有一种流行的说法：北大的传统是"爱国"，是"科学、民主、改革、进步"。这当然也没错，但这类提法对别的学校也适用，不能表现北大的特色，没有把握北大传统的要义。

胡适是完全同意并积极贯彻蔡元培的大学理念和办学方针的。并且他提出，包容甚至比自由更重要，因为包容是自由的前提条件。几十年来的经验教训也证明了这一点。胡适教育思想的一个鲜明特色，便是特别强调培养兴趣、弘扬个性。首先把自己铸造成才，方能对社会和人类做出贡献。学生选择专业或职业，他主张"个人标准"先于"社会标准"，就是要把个人的爱好、天赋看得高于社会的习俗、风尚。这显然也是对蔡元培"顺自然，展个性"思想的重要发挥，胡适为人才的成长进一步发掘了潜在的动力。他们的共同目标，是在中国加快建设现代新型大学，培养一批又一批大学问家、大科学家、大思想家，使中华民族自强、自立于世界民族之林。"争创世界一流大学"，胡适在70多年前就提出来了。在西南联大时期，实际已经达到或接近于世界一流水平了。

胡适一生与蔡元培的合作，将近20年，在北大的合作共事，也将近10年。在北大早期的1917—1926年，大致正是蔡元培任校长的时期，他与蒋梦麟、马寅初、傅斯年等同人一道，紧密配合蔡元培，在北大集聚人才，锐意改革，使北大面貌焕然一新，学术繁荣，人才涌现，蜚声中外。也正是在这个时期，胡适利用北大和《新青年》等平台大显身手，充分发挥了他的才能和作用，在30岁左右，便"暴得大名"，誉满全国。他的一系列富于开创性的著作，比如中国哲学史领域的开山之作《中国哲学史大纲》上卷、白话文运动的扛鼎之作《白话文学史》、开"新红学"先河的《红楼梦考证》、白话文新诗集的尝试《尝试集》等，大都是在这个时期问世的。这就使得胡适成为新文化运动中一员叱咤风云的主将，如陈独秀所说，胡适是文学革命中"首举义旗之急先锋"。实际上，不仅在北京，而且在上海，不仅在北大，而且在中国公学，不仅在教育领域，而且在公益事业中，胡适与蔡元培都是互相支撑，生息与共，配合得十分默契的。

应当看到，胡适与蔡元培的思想并不是没有差别和分歧。首先在年龄上，两人相差24岁，几乎是两辈人，但他们之间丝毫没有我们现在所说的"代沟"。从接受的外来思想看，一个主要来源于德国，来源于康德哲学和洪堡的教育思想；一个主要来源于美国，来源于杜威的实验主义。这在西方思想史上，是分别属于理性派与经验派两个截然不同的系列。但他们二人之间，毫无派别门户之见。在某些学术观点上，比如在《红楼梦》的考证与研究上，蔡元培属传统的"索隐派"，胡适则另创"自传"或"自叙"派，他们都做了不少考证，都很自信，并有激烈争议。在中西文化关系等问题上，显然也有不同见解。但学术上的分歧，正如冯友兰所说："学问之道，各崇所见，当仁不让。"这不但没有影响他们事业上的合作，而且促进了他们的学术研究。据说，当时蔡元培还曾帮助寻找有利于胡适观点的资料。这种坦然求真的胸怀，实在是学术史上的佳话。此外，在个人性格上，一个显得敦厚、稳健，一个则显得灵动、潇洒，但他们都严以律己，宽以待人，互相包涵，共享"一代人师"的美誉。他们之所以能长期携手，互为知己，配合默契，就是因为他们有更多的共同点。首先，他们都面临中国社会从前现代向现代转型的时期，都面临如何处理中西文化关系的时代课题，又都有中西兼长的思想优势。作为一代社会精英的代表人物，他们以天下为己任，能够突破"中体西用"的传统模式，做出融会中西的创新成果。其次，他们始终是坚定的"学术救国""教育救国"论者，都对教育和学术事业怀有高度的热忱和社会责任感，志同道合，志趣相投，因而能撇开差别和分歧，形成一致的大学理念和办学方针。再次，他们都有自由主义的共同主张，又都兼有儒家的人文情怀。治学、待人，都有极大的宽恕性和包容性，即使有分歧，也容易互相体谅和包容。最后，在辈分关系上，蔡对胡是器重，是提携；胡对蔡是敬重，是配合。胡适在台湾时，经常称颂蔡元培治学、待人的风格，每逢蔡元培生辰，胡适都要亲自主持纪念会，发表演说。他相信"学术平等，思想自由"的传统在北大不会消失。

1947 年，胡适还在任北大校长期间，在一次纪念校庆的会上，谈到蔡元培对他的知遇之恩，要不是蔡元培聘请他，他不可能来北大施展才智，是蔡元培和北大成全了他。据说他说到这里，声泪俱下。可见他们感情之深。我们经常称颂马克思与恩格斯之间的感情与友谊，那是革命领袖兼理论家的崇高友谊，蔡、胡之间则是人文大师兼教育家之间的感情与友谊。

总之，在中国现代教育、学术史上，蔡元培与胡适是两位不可绕开、不可忽视的关键人物。或者说，在 20 世纪上半叶，胡适与蔡元培是闪烁在中国现代学术、教育界上空的两颗互相辉映的明星。

二　胡适精神的魅力

胡适被视为自由主义在中国的重要代表人物。他将自由主义概括为四个要点：自由，民主，包容反对派意见，主张社会和平渐进的改革。尽管胡适也曾竭力从中国历史上寻找适合这种思潮的土壤，发掘争取自由的历史人物，但在 20 世纪上半叶的中国这块土地上，终究缺乏滋长这种思潮的根基。这就使他们在"议政"和"治学"的关系问题上经常会处于十分纠结的地位。胡适与蔡元培，都既不是那种从事纯学术研究，完全与政治相隔离的知识分子，像陈寅恪、熊十力，以至钱锺书那样；不是那种一心从事政治，使学术完全服从于政治的知识分子，像陈伯达那样；也不是那种表面从事学术，却总想升官发财的那类知识分子。他们是把学术研究看作生命、看作本职，但也关心政治、议论政治，所谓"治学并议政"。无论是治学，还是议政，他们都有自己的倾向——自由主义。但他们的特点是想使政治服从于学术，服从于真理。这就不免要遇到学术与政治的矛盾。由于与某种政治或党派的特殊瓜葛和牵连，胡适与蔡元培的一生都难以摆脱这种矛盾。对待这种矛盾，蔡元培常以辞职的方式，甚至遽然挂冠离去。如他自己所说："性近于学术而不宜于政治。"胡适呢？则更好议政。不管哪个政党，只要他认为有缺点、有错误，便要率直地提出批评。所以，季羡林先生说，胡适批评国民党的话比批评共产党的还多。对于唾手可得的政府高位，他兴趣索然，一再推却，始终保持"一介书生"的品格。但他与蔡元培的最后命运，都不免郁悒而终。蔡元培之墓，仍处于香港的一座荒山之角，北大校园内的半身塑像，也安置在偏僻之处，络绎不绝的参观者和游览者往往擦肩而过。偌大的一座北大校园，却容不下一座胡适的塑像。不过，胡适令人惊叹的学术遗产和精神魅力总会永久留在人们的心中。这种矛盾和纠结，不仅是他们二人的，也是一百多年来中国知识分子遭遇的最大的沧桑和纠结，个人和国家都为此付出了巨大的代价，包含着沉重的经验教训。

胡适的精神魅力究竟何在？他的品格，可以用两个字来概括——"率真"或"纯真"。胡适一心扑在学术和教育事业上，你看他，学而不厌，手不释卷，诲人不倦，热忱一片。他为追求学术独立，建设现代新型大学而奋斗一生。在学术和教育上，他尊重不同意见，宽容不同学派的观点。同时他始终保持一种独立的人格。在待人接物上，有人说，胡适有一双"坦率的大眼"。也有人说，他有一种"磁性"的性格，对人特别具有吸引力，特别善于与人交往。在校内或校外，他都曾规定星期日为接待日，不论是谁，来者不拒，一律热诚相待，虚心听取不同意见。有人说，他有"三多"：荣誉博士学位多、天下朋友多、去世时送葬者多。据说当时台北市"万人空巷"，送葬的队伍排得很长很长。一个学者，在普通百姓中有这么大的影响力，是很少见到的。钱穆先生有句话"真情畅遂，一片天机"，胡适的个性和影响正是这样。

我想到《中庸》里的话："天命之谓性，率性之谓道，修道之谓教。"我个人认为，这似乎是我国传统教育优秀遗产的一个纲要或精髓。人性中确有许多自然的、天赋的方面，应当顺其自然地发展，教育的使命，就是要按照这种规律去发展人的才能。教育的奥秘，就在于发掘和实现人的各种潜能。蔡元培和胡适的教育思想，如同他们的个性那样，都有其"率真""率性"的一面，这是特别值得我们深思和回味的。

胡适思想研究

文明与文化：五四后梁漱溟与胡适的一次争论

罗志田[*]

辛亥鼎革后，中国接纳了西方的共和政制，当政者又一度采取了祭孔等貌似"复古"的举措，而趋新者则努力推动文化的更新，再加上第一次世界大战引起西方自身的文化反省，这些因素会合在一起，使东西文化问题成为一个众皆关注的焦点。梁漱溟在此恰当时候使用合宜的术语出版《东西文化及其哲学》一书，因而"暴得大名"，改变了后五四时代思想界的版图。[①]

梁漱溟的声誉鹊起及其广泛影响，对新文化运动的"盟主"胡适，形成了某种"功高震主"式的冲击，可以说是后五四时代一件大事。两人随后曾有正式的言论交锋，[②] 却不是因为个人的声望和影响，而是涉及文化的定义和性质等基本认知。

一 引言

要说五四前后对读书人的影响，胡适恐怕是一时之最。他在那些年的开风气影响是显著的：提倡文学革命之后，又转向思想革命，同时以"重新估定一切价值"的态度推动整理国故，并以《中国哲学史大纲》示范了

---

[*] 罗志田，四川大学历史文化学院教授。

[①] 关于后五四时代，参见罗志田《体相和个性：以五四为标识的新文化运动再认识》，《近代史研究》2017 年第 3 期。

[②] 参见艾恺《最后的儒家——梁漱溟与中国现代化的两难》，王宗昱、冀建中译，江苏人民出版社，1996，第 127—131 页；郑大华：《梁漱溟与胡适：文化保守主义与西化思潮的比较》，中华书局，1994，第 178—219 页。

新的治学取向，在思想上和学术上都可以说造成了具有库恩（Thomas S. Ku-hn）所谓"典范转移"（paradigm shift）性质的转变，建立了新的典范。①

在此期间，"文学"因文学革命的推动而流行，② 而《中国哲学史大纲》则对"哲学"一词在当时的流行有直接的贡献，两者皆可见胡适的身影。他在此典范转移进程中的影响，得到时人和后之研究者的承认。吴稚晖当年就曾说，胡适的《中国哲学史大纲》所发生的一个"流弊"，就是"引出了梁漱溟的文化哲学及梁启超的学术讲演"。③ 半个多世纪后，余英时师也指出："梁漱溟之所以能畅谈'东西文化及其哲学'这样的问题，正是由于胡适所倡导的'评判的态度'打破了长期以来的思想僵局。"④

他们的具体指向不甚同，然而时隔半个多世纪，两人同以梁漱溟的言说来反证胡适对时代的影响，提示出梁漱溟的一系列演讲及随后成书的《东西文化及其哲学》，的确是那时一个标志性的"事件"。这超越半个世纪的共鸣或许是偶然的，却并非无因而至。

五四时就读于北大的黄日葵，就曾这样认知时代的变化。他在 1923 年说，五四运动之前，北大学生有两大倾向，一以《新潮》为代表，侧重哲学、文学方面，隐然以胡适为首领；一以《国民》为代表，注重政治、社会方面，隐然以陈独秀为首领。"最近又有足以支配一时代的大分化在北大孕育出来了"，可以预期"中国的学术思想界在最近的将来将分成两个大的阵容"，一派是梁漱溟，一派是胡适。⑤

这虽是从学生视角看的，但学生背后有老师，大体也可看到新文化运

---

① 详见余英时《中国近代思想史上的胡适——〈胡适之先生年谱长编初稿〉序》，《现代学人与学术》，沈志佳编《余英时文集》第 5 卷，广西师范大学出版社，2006，第 242—255 页。

② 那时在中国文学门任教的朱希祖，学问在文史之间，后来更以史学见长，恰当文科学长陈独秀希望朱氏"至日本考察史学一二年，归为史学门主任，改革一切"时，他表示"方专研究新文学，曾著《文学论》及《白话文之价值》等文从事鼓吹，不愿改入史学门"。朱希祖：《北京大学史学系过去之略史与将来之希望》（1929 年 12 月），周文玖选编《朱希祖文存》，上海古籍出版社，2006，第 329 页。从朱先生后来的著作看，所谓专门研究新文学只能是一种说辞。他的选择可能出于多种考虑，至少从"社会"视角提供了文学流行的一证。

③ 吴稚晖：《箴洋八股化之理学》，《科学与人生观》，山东人民出版社 1997 年横排新版（亚东图书馆本），第 309 页。

④ 余英时：《中国近代思想史上的胡适——〈胡适之先生年谱长编初稿〉序》，《现代学人与学术》，沈志佳编《余英时文集》第 5 卷，第 249 页。

⑤ 黄日葵：《在中国近代思想史演进中的北大》，《北京大学廿五周年纪念刊》，1923，第 48—51 页。

动的整体倾向。那时黄日葵已是中共党员，仍承认胡适在五四前后的持续领袖地位。特别值得注意的是，在后五四时期，梁漱溟取代了陈独秀，成为与胡适对应一派的代表。这或许是历来对梁漱溟影响最高的评估，虽然后来的发展未必全如黄日葵所预期，却已表现出《东西文化及其哲学》的出版，就像一道劲吹的疾风，给时人以极深的印象。

胡适当时就注意到黄日葵的论述，并将其摘抄在日记中，视为"身历其境、身受其影响的人"做出的"旁观的观察"。他说自己"一方面不能有独秀那样狠干，一方面又没有漱溟那样蛮干"，不过在两次大分化里"从容慢步"而已。① 在微醺的自得中，温婉地表述了对陈、梁取向的不赞同。尽管如此，胡适似乎并不反对黄日葵以五四学生运动为界的两次分化之说，且也不认为梁漱溟不足以和他并列而为一个时代的表征。

五四前后，东西文化问题引发了广泛的争论。在西强中弱的背景下，文化的东与西究竟是一元的人类文化之多样表现，还是人类文化本身就是多元的？如果文化是各自独立的，那它是否可以借鉴甚或嫁接？假如借鉴已成必不可免之势，文化是可分的还是不可分的？这些都是从西潮冲击中国之后很多读书人一直在思考和担忧的问题，梁漱溟只是进一步将其揭破罢了。而在"暴得大名"的同时，他的观念和主张也引起不少争议。②

由于东西文化牵及根本，又指涉宽泛，虽众皆关注，却又缺乏共识，往往人各一说，互不相让。这方面的思辨和评论，又与"文明"与"文化"的概念辨析相关。

在20世纪初年，外来的新概念"文明"与"文化"取代了既存的"教"和"学"。③ 大概受日本的影响，晚清的士人更多说"文明"。而新文化运动前后的读书人则明显更爱说"文化"。④ 在欧洲，以文明（civiliza-

---

① 曹伯言整理《胡适日记全集》第4册，1923年12月19日，台北，联经出版事业有限公司，2004，第205—207页。
② 最近的一些看法，可参见罗志田《异化的保守者：梁漱溟与"东方文化派"》，《社会科学战线》2016年第3期；《守旧的趋新者：梁漱溟与民初新旧东西的缠结》，《学术月刊》2016年第12期。
③ 关于"文明"和"文化"，参见方维规《论近现代中国"文明"、"文化"观的嬗变》，《史林》1999年第4期；黄兴涛：《晚清民初现代"文明"和"文化"概念的形成及其历史实践》，《近代史研究》2006年第6期。
④ 这部分可能是因为《新青年》引入很多留美学生的言说，使留美学生成为中国思想界一支生力军。参见罗志田《再造文明之梦：胡适传》，社会科学文献出版社，2015，第147页。

tion）为考察单位的历史著作大体出现在 18、19 世纪。① 据威廉斯（Raymond Williams）的研究，现代用法的"文化"观念从工业革命时期进入英语思想，从 19 世纪起便不断扩张。② 在 20 世纪的中国，"文化"的扩张也是一个隐而不显的重要现象。③

　　而第一次世界大战期间西方人对自身文明的反省，对五四前后的中国人影响很大。大战的发生使"世界"本身的现状和历史成为思考的对象，世界性的文明和文化一度更受关注，斯宾格勒（Oswald A. G. Spengler）的《西方的没落》④、韦尔斯（Herbert G. Wells）的《世界史纲》⑤ 和后来汤因比（Arnold J. Toynbee）的《历史研究》⑥ 等，都是这一倾向的代表作品。⑦

　　这类反思对中国思想界有直接的冲击，不过中国读书人对这一思潮也并非亦步亦趋。上述各书多少都有些对今日所谓"现代性"的反思，例如表述出对机器、机械至上和人的不能自主等因素（也就是所谓"人的物化"）等现象的不满。而在中国，梁漱溟有意无意间一直表现出对机器或机械的兴趣（且往往是负面的），视之为或表述为一种带有文化意味的象征（详另文）；而胡适就相反，他在五四后一段时间里特别把机械作为正面文化象征而加以强调（详后）。

　　或可以说，西人对自身文明的反思已成为一股新的西潮，中国思想界受此新的冲击，又有新的反应——那段时间中国读书人对物质文明和精神文明的辨析，就多少可以看作不同角度的反应。而这样一种有中国特色的思绪也曾传到西方，胡适在 1926—1927 年到欧美对西方人说法，便多次强

---

①　此承台北史语所西洋史专家张谷铭兄提示，谨此致谢！

②　参见威廉斯（Raymond Williams）《文化与社会，1780 至 1950》，此书至少有三个中译本，一是彭淮栋译，台北，联经出版事业有限公司，1985；一是吴松江、张文定译，北京大学出版社，1991；一是高晓玲译，吉林出版集团，2011，此译本多一篇新版前言。"文化"的扩张是那本书的一个主题。

③　作为人类学、考古学的专用术语，"文明"一直坚守其地位。但即使在人类学中，近几十年也可见"文化"扩张而"文明"退缩的现象。

④　其第 2 卷中有齐世荣等译《西方的没落：世界历史的透视》，商务印书馆，1963。上海三联书店 2006 年出版了吴琼翻译的全译本。

⑤　至少有两个中译本：梁思成等译，商务印书馆，1929；吴文藻等译，人民出版社，1982。

⑥　其节本有多个中译本，如费孝风译，上海人民出版社，1959。

⑦　参见 William H. McNeill, *The Rise of the West*: *A History of the Human Community*, *with a Retrospective Essay*（University of Chicago Press, 1991）。此书近有中译本：《西方的兴起：人类共同体史》，孙岳等译，中信出版社，2015。

调：第一次世界大战后流行的关于西方文明是物质文明、东方文明才是精神文明的说法导致西方人不能正确认识自己文明的优点，即不能认识社会主义的价值。[①] 实则物质和精神文明的辨析更多发生在中国，但隐约中确实呼应着西人对所谓"现代性"的反思。

无论如何，从新文化运动起，在中国思想言说中的确可见"文化"日益扩张而"文明"日渐退缩的趋势。民初是两者攻守势异的转折期，当年便不时有人辨析二者的差别，且提出各式各样的区分标准。那时中国读书人的探讨虽以中国为辩论场域，但因思想资源多自西来，实际是以西人的言说为依据。经常是各人先引西人论著表明自己的主张，然后进行商榷。然而西人自己在这方面并未形成共识，对此认识本不一致。[②] 故中国学人的争论，不必全从文字表面解读，其意义恐怕更多潜存于字里行间，表现在与当时中国思想的关联之上。

或可以说，当年多数讨论者已经意识到他们的争论是在缺乏共识的基础上进行，却也可以进行互相分享的探讨，毕竟他们对时代问题的关怀非常接近。不过，他们虽大都从西方寻找依据，基于相近的概念立说，其论述的动机和想要阐明的意思，却有较大的不同。所以更重要的，毋宁说是立言者的指向。我们不仅要看他们说出了什么，也要看他们想要说什么。从他们之所言观其所欲言，各人言说中的小差别，也就有了大意思。

梁漱溟与胡适都曾借"文明"与"文化"的概念辨析来强化自己的论旨，可以借助他们的争论去认识和厘清围绕这个问题的相关言说。下面就侧重考察他们两人就此的争论，并略及其他人的相关言说。

二　文明与文化——梁漱溟与胡适的观念异同

对于"文化"，梁漱溟界定说："文化并非别的，乃是人类生活的样法。"他进而声明：

---

① 参见罗志田《再造文明之梦：胡适传》，第303页。
② 参见张申府《文明或文化》（1926年），《张申府文集》第2卷，河北人民出版社，2005，第85—94页。

　　文化与文明有别。所谓文明是我们在生活中的成绩品——譬如中国所制造的器皿和中国的政治制度等都是中国文明的一部分。生活中呆实的制作品算是文明，生活上抽象的样法是文化。不过文化与文明也可以说是一个东西的两方面，如一种政治制度亦可说是一民族的制作品——文明，亦可以说一民族生活的样法——文化。①

　　胡适表示可以接受梁漱溟关于文化是生活样法的定义，但认为他对文化和文明的区别"是不能自圆其说的"（因为梁自己说过，文化主要包括精神生活、社会生活和物质生活三方面，② 与此区分便"互相矛盾"），故他这区分只能算"一时高兴的辨析"，可以不必理会。③ 稍后，针对很多人口中西方和东方分别以物质文明和精神文明见长的见解，胡适自己也"提出几个基本观念来做讨论的标准"：

　　第一，文明（Civilization）是一个民族应付他的环境的总成绩。第二，文化（Culture）是一种文明所形成的生活的方式。第三，凡一种文明的造成，必有两个因子：一是物质的（Material），包括种种自然界的势力与质料；一是精神的（Spiritual），包括一个民族的聪明才智，感情和理想。④

　　这一区分当时就遭到张申府的质疑，因为西人对此并无共识。⑤ 很多年后，胡适重新辨析文化与文明的异同，以为两者"有时可解释为两个意思，

---

① 梁漱溟：《东西文化及其哲学》，《梁漱溟全集》第 1 卷，山东人民出版社，1989，第 380—381 页。

② 梁漱溟：《东西文化及其哲学》，《梁漱溟全集》第 1 卷，第 339 页。

③ 胡适：《读梁漱冥先生的〈东西文化及其哲学〉》，季羡林主编《胡适全集》第 2 卷，安徽教育出版社，2003，第 250 页。

④ 胡适：《我们对于西洋近代文明的态度》（1926 年 6 月），季羡林主编《胡适全集》第 3 卷，第 2 页。

⑤ 参见张申府《文明或文化》（1926 年），《张申府文集》第 2 卷，第 85—93 页。张先生在文中特别指出，德语之 Kultur 更近于英语的 civilization。不过他的这一说法也未必精确，据吴景超稍后的介绍，在德国学者韦伯（Alfred Weber）关于文明和文化的辨析中，德语之 Kultur 便大致等同于英语的 culture。按，这位韦伯是更著名的马克斯·韦伯（Max Weber）的弟弟。参见吴景超《评 Hartmann, K. J., Soziologie》，《清华学报》第 10 卷第 1 期，1935 年 1 月，第 242 页。

也有时可看作一件事"。分解为二时，"'文明'比较具体，看得见的东西如文明发明，属于物质的；'文化'比较抽象，看不见不易捉摸"。但两者即使分开，也有联系。"某一民族为应付环境而创造发明的，是'文明'"，如发明火；"在某种文明中所过的生活形态、生活方式，这是'文化'"。而一般所言的文化是广义的，包括了分解的文化与文明。[①]

从上面的界定看，两人的主张似无根本的冲突，胡适后来的辨析尤与梁漱溟相近，两人都指出了文化与文明的兼容性。不过在梁漱溟的论述中，文明更多是文化的附带品；而在胡适1920年代的表述中，双方的地位恰好颠倒，文明占据了主要的位置。

在梁漱溟的界定里，相对于文化，文明是虚悬的，所以他愿意承认孔子的人生哲学"可为中国文明最重要之一部，却非即中国人所适用之文化"。用他自己的术语说，孔子的人生哲学可以是中国"生活中的成绩品"，却算不上中国"生活上抽象的样法"。但他是在代孔子抱不平的意义上这样说的，即"中国人所适用之文化，就历史上看来，数千年间，盖鲜能采用孔子意者"。而"维系数千年以迄于今，加赐于吾人"的，不过是其"所遗的糟粕形式与呆板训条"。[②]

这样以虚实区分文明与文化实暗藏玄机。李石岑后来质疑说，"孔家哲学究竟在中国是否行之而无弊"，本身还成问题；而梁漱溟设想的在全盘西化后"拿出孔子原来的态度，则中国可以无问题、世界从此亦无问题"，实在像是天方夜谭。[③] 其实他可能没感知到梁氏区分文明与文化的深意，梁漱溟正是要让孔子的人生哲学在中国从虚悬抽象的文明变为实际影响生活的文化，并推广到世界，以解决全人类的问题。

基于这样的区分，梁漱溟承认中国人精神生活不如西洋，即使在音乐、绘画等艺术方面"或有非常可贵之处，然似只为偶然一现之文明，而非普遍流行之文化"。[④] 可知文明虽不是梁书的论述重点，却是他讨论文化的重要伏笔。两者的区分既能解释过去，也可针对未来。梁漱溟特别解释说，

①　胡适讲，居正修记《当前中国文化问题》（1948年9月），季羡林主编《胡适全集》第22卷，第741—742页。
②　梁漱溟：《东西文化及其哲学》，《梁漱溟全集》第1卷，第472页。
③　李石岑：《人生哲学》，上海商务印书馆，1926，第95页。
④　梁漱溟：《东西文化及其哲学》，《梁漱溟全集》第1卷，第480页。

既然人类生活"是一样的，为什么生活的样法不同呢？"这是因为，"文明的不同就是成绩品的不同"，也就是"某一民族对于某方面成功的多少不同"；而"文化的不同纯乎是抽象样法的，进一步说就是生活中解决问题方法之不同"。①

这就揭出了他暗藏的玄机，成绩品能够以成功的多少计量，而解决生活问题的方法是抽象的，不能以现时可见的成功与否计。作为成绩品，文明是既成的甚至已过去的；而作为生活中解决问题的方法，文化是方兴未艾的，因为生活中遇到的问题本身是发展的。不过，解决生活中的新问题，又需要借助既存的旧文明，特别是那些提出过早、生不逢时却可能解决现世问题的文明。中国的成绩品不如西方，并不意味着生活样法不如西方。如果生活问题转变了，解决问题方法也会随之转变，生不逢时的文明便可能转为生逢其时的文化。

不论胡适是否看出了梁漱溟的隐意，他对此采取存而不论的方式，表示不必理会。胡适也同意文化是生活的样法，在他看来，既然人类生活大体相近，则生活的样法也不应有太大差别，故"民族生活的样法是根本大同小异的"。② 不过，这些"小异"也自有其主体性，不能为"大同"所掩盖。胡适强调："凡文明都是人的心思智力运用自然界的质与力的作品。没有一种文明单是精神的，也没有一种文明单是物质的。"因此，任何人造的生活物品，"都是人的智慧利用自然界的质力制造出来的文明，同有物质的基础，同有人类的心思才智"。故"一部摩托车所代表的人类的心思智慧，决不亚于一首诗所代表的心思智慧"。③

这是胡适长期坚持的观点，他一直努力要突破时人心目中"科学"的物质倾向，还在1919年就强调"学问是平等的，发明一个字的古义，与发现一颗恒星，都是一大功绩"。④ 不过这一次语境不同，论述的对象也各异，故他转而强调物质文明的精神意义。既然任何文明的表征都兼具形上和形

---

① 梁漱溟：《东西文化及其哲学》，《梁漱溟全集》第 1 卷，第 381 页。

② 胡适：《读梁漱冥先生的〈东西文化及其哲学〉》，季羡林主编《胡适全集》第 2 卷，第 251 页。

③ 胡适：《我们对于西洋近代文明的态度》（1926 年 6 月），季羡林主编《胡适全集》第 3 卷，第 2—3 页。

④ 胡适致毛子水，1919 年 8 月 16 日，《新潮》第 2 卷第 1 号，1919 年 10 月，上海书店 1986 年影印本，第 56 页。

下两面的意义，作为物质文明指征的摩托车（指今日所说的汽车，是胡适当时最爱用的象征性符号）有着超过其物质形体的意义，则一首诗也不仅反映了其所代表的心思智慧，同样有着超过其物质形体的意义。

一年后胡适出游欧美，在他途中所写的《漫游的感想》一文中有"东西文化的界线"一节，说"东西洋文明的界线只是人力车文明与摩托车文明的界线——这是我的一大发现"。① 从文章小节题目和内容的对应看，他在发表《我们对于西洋近代文明的态度》之后，开始把文化和文明互换使用，可能他的看法已有所转变。而这关于文化界限的"一大发现"，也成了他后来立论的一个重要基础。

又一年后，胡适将其《我们对于西洋近代文明的态度》改写成英文，这次他略去对文明和文化异同的辨析，而仅用了 civilization 一词。② 稍后于熙俭将其译成中文，并说译文曾送胡适"亲自校对一过"。③ 此所谓"校对"，究竟是实有校改，还是仅匆匆一看，我尚存疑。在中译本书中所附胡适给于熙俭的信里，看不出他曾做校改的意思。而中译文与英文间不时小有不同，个别字显然译错；英文中一些微妙的极有分寸的表述，在中文里往往简化得干脆直接。且胡适在文中引了一首外国诗，他自己的翻译与中译本大为不同。这样看来，我更倾向于认为胡适并未对中译文本进行校对，姑存疑待考。

重要的是，在《我们对于西洋近代文明的态度》中，胡适明确以"文明"对应 civilization，以"文化"对应 culture；而这次英文题目"Civilizations of East and West"却被译为"东西文化之比较"；译文中频繁出现的"文化"，原文也皆为 civilization。胡适再粗疏，也不至于题目都不看，故即使他对译文仅仅浏览了一下，也表示他同意于熙俭用"文化"译 civilization，至少他可以接受在中文语境中用"文化"来进行统一表述。

无论如何，胡适既然就译文写给译者一信，并公布，意味着中译文本似乎得到了他的"授权"。由于这一中译文本从那时起已在中文世界里流

① 胡适：《漫游的感想》（1927 年 8 月），季羡林主编《胡适全集》第 3 卷，第 35 页。
② Hu Shih, "Civilizations of East and West," in Charles A. Beard ed. , *Whither Mankind* (New York: Longmans, Green, 1928), pp. 37 – 41.
③ 胡适：《东西文化之比较》，收入俾耳德（Charles A. Beard）编《人类的前程》，于熙俭译，商务印书馆，1931，第 31—48 页。

通，下面对此文的正式征引（即引号中的引文），仍用中译，不过要注意引文中的"文化"皆是 civilization，而不是 culture。

在给于熙俭的信中，胡适说他的文章在"用英文重做时，稍稍有点改动"。而其英文文章的一个要点，即强调器械是文明（或"文化"）的基础。胡适提出，"人是一种制造器具的动物，所以器具就构成了文化"。具体言，人"发明新的器具，以胜过物质的环境"，就构成了文明（或文化）。"一切文化的工具都是利用天然的质与力，加以理智的解析，然后创造成功，以满足人的欲望、美感、好奇心等。"因此，"一切器具都是思想的表现"，任何物质文明也都"兼有物体与思想两意义"。①

一个民族的文明，可说是他们适应环境成绩的总和。而"适应环境之成败，要看他们发明器具的智力如何。文化之进步，就基于器具进步"。所谓石器时代、铜器时代、钢铁时代、机电时代等，都是以器具说明文明发展的时期。若以观时之眼光观空，各文明之地域的差异，与历史的发展成正比。基于其此前的"一大发现"，胡适转写道，"东方文明是建筑在人力上面的，而西方文明是建筑在机械力上面的"。故"东西文化之区别，就在于所用的器具不同"，这是双方真正不同之处。

这次胡适用相对抽象的"机械力"替代了更直观的"摩托车"，于是摩托车文明也就成了更宽泛的器械文明。他所说的器械（tools），近于今日电脑术语中的硬件，但似乎也包括软件。按照胡适对"唯物文明"（materialistic civilization）和"物质文明"（material civilization）的区分，前者是"为物质所限，不能胜过物质"；而后者则能"充分运用人的聪明智慧来寻求真理以解放人的心灵，来制服天行以供人用，来改造物质的环境，来改革社会、政治的制度，来谋人类最大多数的最大幸福"，因而也是"真正的精神文明"。② 既然物质文明"兼有物体与思想两意义"，并包括"改革社会、政治的制度"（甚至革命），那它可说是把软件也包含在内的硬件。

而前引梁漱溟的意思，政治制度既可说是民族的制作品，也可说是民族生活的样法，一身兼文明与文化，也涵容了硬件和软件。其实章太炎早

---

① 本段与下段，胡适《东西文化之比较》，俾耳德编《人类的前程》，第32—49页。
② 胡适：《我们对于西洋近代文明的态度》（1926年6月），季羡林主编《胡适全集》第3卷，第12—14页；胡适：《东西文化之比较》，俾耳德编《人类的前程》，第48页。

就指出："'文明'本此邦旧语，多以法度、文物为言。"① 则梁漱溟所谓制度兼具文化与文明的说法，似亦渊源有自。

从表面看，梁漱溟注意到文化与文明的相互兼容，胡适则更看重文明本身的兼容性（不过他多年后也论及文化可以涵容文明，详后），以物质文明兼容精神文明，似乎只有微小的不同。但这小异后面，隐伏着大不同。

按梁漱溟的说法，中国的既存政治制度确已被"证明"不佳，因为像孔子生活哲学这样的"文明"被悬置了（原因是路径虽高明但提出过早），结果长期运行的只是其"糟粕形式与呆板训条"。但若中国实行全盘西化，社会转变之后，"早熟"者也就从生不逢时转为生逢其时，中国制度中优秀的"文明"一面就可能被唤醒，变为可以行远的"文化"。② 这样一种让政治制度兼具软硬件的设定，不一定是刻意的。然其提示的前景，即使不过是一种理论上潜在的可能，也是胡适完全不能同意的。

实际上，胡适把中国文明归入他所谓"唯物文明"一类，其特点是"不求物质享受的提高"，"不注意真理的发现与技艺器械的发明"，"不想征服自然"，"不想改革制度"，同时也"不想革命"。③ 换言之，受"唯物文明"制约的中国人本没有多少"精神文明"，也不想改革既存制度。制度既然沿袭不变，则过去已被"证明"不行的，今后自无"翻身"的可能。不过胡适也不完全是在为西方正名，如果西方的精神文明体现为在科学背后的方法，也就提示出了中国赶上西方的道路，因为从战国到清代的考据就是科学的方法。④

尽管梁、胡二位都对制度着墨不多，中国过去的制度在文明与文化间的归宿，在一定程度上隐喻着传统在当代社会中的地位和作用，暴露出这

---

① 章太炎：《复仇是非论》（1907 年），《章太炎全集》第 4 卷，上海人民出版社，1985，第 274 页。
② 中国文化"早熟"是梁漱溟长期坚持的一个基本观念，参见《东西文化及其哲学》，《梁漱溟全集》第 1 卷，第 526 页；《朝话·中西学术之不同》（1932—1935 年），《梁漱溟全集》第 2 卷，第 132 页；《中国文化要义》（1949 年），《梁漱溟全集》第 3 卷，第 260 页；《试论中国社会的历史发展属于马克思所谓亚洲社会生产方式》（1974 年），《梁漱溟全集》第 7 卷，第 268—270 页。
③ 胡适：《我们对于西洋近代文明的态度》（1926 年 6 月），季羡林主编《胡适全集》第 3 卷，第 13 页。
④ 胡适：《读梁漱溟先生的〈东西文化及其哲学〉》，季羡林主编《胡适全集》第 2 卷，第 252—255 页。

次辨析的一个隐意，也彰显出两人的大差别：梁漱溟把传统的希望寄托在遥远的未来，中国须通过西化提升物质文明，才能让此前超越时代的孔子生活哲学可以适用；而对胡适来说，传统中有着当下就可以"整理"的东西，即考据背后的科学方法，因而可以从整理国故走向"再造文明"。

这样看来，民初关于文明与文化的辨析就与清末的思虑不同，成为一个"与时俱进"的言说。或即因此，其他很多人也从不同视角关注这一问题。

三　文化与文明——他人的呼应

在那时不少人看来，文化确实高于文明一筹，往往与精神文明是同义词。如北大学生罗家伦在 1920 年说：

> 世界总是进化的。前一个时代中国人虽然觉得西洋的物质文明以及政治法律的组织比中国高，但是所谓精神文明以及各种社会伦理的组织总是不及中国的。到这个时代大家才恍然大悟，觉得西洋人不但有文明，而且有文化；不但有政治，而且有社会；不但有法律，而且有伦理。这些东西不但不比中国的坏，而且比中国的好，比中国的合理，比中国的近情。①

这里"不但有文明，而且有文化"一语，明确了文化高于文明，似更接近梁漱溟的看法；而两者分别对应于"社会伦理的组织"和"政治法律的组织"，则是把政治制度放在文明一边，又近于胡适。罗家伦显然特别注意作为各类"组织"的制度，这思路或许受到北大老师李大钊的影响，李大钊在此前一年提出，"少年中国"之"少年运动"的第一步，"是要作两种的文化运动：一个是精神改造的运动，一个是物质改造的运动"。而后者就是"本着勤工主义的精神，创造一种'劳工神圣'的组织，改造现代游

---

① 罗家伦：《近代中国文学思想的变迁》，《新潮》第 2 卷第 5 号，1920 年 9 月 1 日，第 873 页。

惰本位、掠夺主义的经济制度"。① 作为制度的各类组织，似乎也带有软硬件兼具的性质。

罗家伦与胡适一样，想要表明西洋在各方面都比中国好。而他所针对的观念，即中国也有长于西洋之处，后来还在延续。几年后西北边防督办张之江发表"主张整顿学风"的通电，强调中国"物质虽不及他国，而文化之优异有足多者"。陈源就感觉张之江是"把'文化'二字，来代表一般人所谓'精神文明'"，以说明中国"物质文明虽然不及他国，精神文明实在别国的上面"。可知张之江的立场虽然与罗家伦对立，却分享着文化略同于精神文明的认知。陈源借此申论说，他一向认为"'物质'也是'文化'里的一部分，不能完全分开"。而胡适以器具表述文明发展阶段的石器、铜器等，"看来虽然不过'物质'的不同"，实则是"人类文化史里面的大关键"。②

陈源是胡适的朋友，文化立场也接近，但他眼中与物质关联的是文化而不是文明，却与胡适的看法有些不同，相对接近梁漱溟的意思。不喜欢胡适的任卓宣也注意到，胡适"在实际上把文明和文化混淆成一物，这虽与他底文明定义相违"，却又是"可同意的。因为它们实为一物底二面：制度和思想"。③ 他的意思，似乎文明反映制度，而文化表现思想，胡适虽将其一分为二，无意中又因错而对。

上述文化偏精神而文明偏物质故文化高于文明的看法那时比较流行，姜琦也认为，文明"表现某时代人类社会上物质的及幸福的状态"，而文化"在社会方面是说明文明上种种精神的状态"。两者是有区别的，又是有关系的。"'文化'是文明现象的发动力，'文明'是文化作用的目的物。'文明'是一时的静止的固定的，'文化'是继续的活动的进取的。'文化'就是把现在的文明现象改造为一种再优美的文明现象。"而这样的文明改造，就"叫做'文化运动'"。④

---

① 李大钊：《"少年中国"的"少年运动"》（1919 年 9 月），李大钊研究会编《李大钊全集》第 3 卷，人民出版社，2006，第 11—12 页。
② 西滢（陈源）：《闲话》，《现代评论》第 3 卷第 66 期，1926 年 3 月 13 日，第 9—10 页。
③ 叶青：《胡适批判（九续）》，《二十世纪》第 2 卷第 7 期，1933 年，第 104 页。按，原刊仅标年未标月，该期最后有《编后杂记》，末署"1933 年 10 月 29 日"，可参考。
④ 姜琦：《新文化运动和教育》，《解放与改造》第 2 卷第 5 期，1920 年 3 月 1 日，第 74—76页。

陈独秀则认为，文化运动的内容是"文学、美术、音乐、哲学、科学这一类的事"。他反对有些人"把政治、实业、交通，都拉到文化里面"，主张文化不应"如此广泛至于无所不包"——尽管"政治、实业、交通，都是我们生活所必需，文化是跟着他们发达而发生的"，但"不能说政治、实业、交通就是文化"。这时陈独秀已在创建中国共产党，所论依稀可见经济基础和上层建筑的区分，但他言文化时显然更看重上层建筑。其所引的学理依据，则是罗素演讲中关于"什么叫作文明"的一段话。[①]

可知对陈独秀而言，文化和文明就是同义词。不过陈氏此文的立意是要区分文化运动和社会运动，以为二者不必混同。他此时更多从事着社会运动，而此前也曾提出重实利而非虚文的取向，以为尚虚文的中国传统处处与重实利的现代世界冲突，"倘不改弦而更张之，则国力将莫由昭苏"。[②]所以陈独秀在此对文化的界定，更多是一种学理的诠释，而不必代表其行为的选择。

前引吴景超介绍的韦伯关于文明与文化的辨析指出：

> 文明是发明（Entdecken）出来的，而文化是创造（Erschaffen）出来的。发明的东西，可以传授，可以从一个民族传播到另一民族，而不失其特性；可以从这一代传到那一代，而依然保存其用途。……文化既然是创造的，所以他是一个地方一个时代民族性的表现，只有在一定的时间与空间内，能保存其原有的意义。别个地方的人，如抄袭过去，总会把原意失去的。[③]

在韦伯看来，举凡自然科学及物质的工具等，可以看作文明；而宗教、哲学、艺术等，则属于文化。吴景超并就两者的可传播性引申说，"电灯传到中国来，依然具有电灯之用；但基督教传到中国来，便改头换面，与西方的基督教不同"。可知这种关于文明与文化的分别，"是有深刻的意义

---

①　陈独秀：《随感录·文化运动与社会运动》（1921 年 5 月），任建树主编《陈独秀著作选编》第 2 卷，上海人民出版社，2009，第 377—378 页。

②　陈独秀：《敬告青年》（1915 年 9 月），任建树主编《陈独秀著作选编》第 1 卷，第 162 页。

③　本段与下段，吴景超：《评 Hartmann, K. J., Soziologie》，《清华学报》第 10 卷第 1 期，1935 年 1 月，第 242 页。

的"。稍后孙本文也提到韦伯的这一区分，并据此做出他自己关于"自足文化"和"利用文化"的区别。①

再后来钱穆的见解或受此说影响，他以为，文明与文化"皆自西方移译而来"，虽"国人每多混用"，其实应有所别。两者"皆指人类群体生活言。文明偏在外，属物质方面；文化偏在内，属精神方面"。如近代工业机械等，体现了"欧美人之文明，亦即其文化精神"。但欧美工业文明传播到世界各地，却不能说各地传播和接受的是"近代欧美文化"。因为"文明可以向外传播与接受，文化则必由其群体内部精神累积而产生"。而"文化可以产出文明来，文明却不一定能产出文化来"。工业文明因"欧美近代的科学精神"而产出，但非欧美人虽采用其新机械、新工业，却未必"能与欧美人同具此项科学精神"。②

对不少中国读书人而言，辨析文明与文化的一个要点恐怕就在传播和接受的可能性之上。但也有人兼及其根本性质，如张东荪提出，中西文化的异同，"就社会组织与经济状态来讲，诚然只有古今的纵式区别：即欧美是现代，而中国是古代。但就思想而言，则确有东西的不同。不能以古今来概括之。因为东西双方的思想同发源于古代，而二者思想却不相同"。西方的古代思想发展出了"以物界为主"的科学和"以上帝为主"的宗教，中国却只有一个包括政治、经济、法律的人生哲学，"一切都从做人来出发。这便是梁漱溟先生所谓重心在内。就是以自己这个人为中心"。因此"在思想方面，我们决不能说只有古今而无中外"。③

既然承认中国与欧美在社会组织和经济状态方面是古代与现代的差别，则就制度言，张东荪基本否定了中国制度"翻身"的可能性，似乎更偏向胡适。而就思想言，中西之差更多表现为空间的，即特定地域的人对梁漱溟所谓"生活样法"的用力不同，形成了不可否认的中外差别。同时张东

---

① 孙本文：《中国文化建设之初步研究》（1938 年），《孙本文文集》第 9 卷，社会科学文献出版社，2012，第 46—47、68—69 页。

② 钱穆：《中国文化史导论（修订本）》，商务印书馆，1994，第 1 页（弁言页）。按，"弁言"写于 1948 年。

③ 张东荪：《现代的中国怎样要孔子？》（1934 年 12 月），《正风》第 1 卷第 2 期，1935 年 1 月 16 日，第 17 页。

苏似乎也暗示，西方的思想在不断变化，而中国的思想则几千年如一日。

惟若稍知西方思想史的进程，"以人为中心"是文艺复兴时代对"以上帝为主"的中世纪的一大"进步"，那中国岂不是早就走在西方前面了？但张东荪字里行间对中国思想的长久不变仍带有某种抱歉的意思在，仿佛视为一种不能"进步"的停滞，有些像梁漱溟所说的文化早熟。然而，同样是"以人为中心"，何以在西方起到极大推动的作用，在中国反成了导致永不变迁的弊端？难道中国在"物界"和社会组织、经济状态等方面的进步缓慢，使一切从做人出发的优秀思想也受到牵累？

从学理言，张东荪分别以上帝、物界和人为中心来认识东西文化，实抓住了人类文化不可忽视的基本点。但对此极有启发的睿见，时人似皆视而不见。这就表明在那时的中国，文化的区分和认知不仅是一个学理的问题。人们更关心的，毋宁说是文化或文明所关涉的精神和物质面相，以及其中隐喻的中西文化甚或族群（人种）的孰优孰劣，再就是文化的"相师"是否可能，尤其是中国师法西方会有什么样的后果。

对一些人而言，辨析"文化"与"文明"其实侧重文化，尤其意在新文化。如章锡琛也说，"文化一语，于英文为'culture'，与'civilization'之译为'文明'者有别。通常所谓文明，盖指制度、文物、风俗、习惯等外的状态而言。至于文化，则兼有内的精神的之意味"。但他真正关注的是"今日之所谓新文化"，因为"今日之新文化，乃十九世纪文明之反抗，所以补其偏而救其弊者也"，故"可由此反动的方面观察"新文化。①

这样一种从历史观察文化的眼光为沈泽民所发扬，他认为"文明应该有综括的与分析的两种界说"：前者是"一个民族的共同的生活意向与生活状态"，后者是"民族的衣、食、住、风俗、习惯等等的集合名称"。可知他说的文明也涵盖了其他很多人所说的文化。沈泽民强调，开始于19世纪"工业革命开始以后"的现代西洋文明，应当"从历史的方面来看"。而"十八世纪以前的欧洲，和今日的亚洲各国并无多大差别"。尽管他也承认欧洲"那时的风俗习惯比现在要敦厚些"，"人民比现在还要有些闲暇"，尤

---

① 章锡琛（君实）：《新文化之内容》，《东方杂志》第17卷第19号，1920年10月10日，第1—2页。

其"那时他们也不到海外来作强迫的通商，如像今日一般"，① 但他的基本立论是建立在进化论基础上的，即中国也应走上人类共同的工业化之路，而不能像泰戈尔那样以精神和物质区分东西方文明。

类似这样意在新文化或以古今区分中外的言说还不少，其实也在或直接或婉转地回应传统在当代社会中的地位和作用问题。我们不要忘了近代中国的特殊语境，即随着西强中弱局面下以强弱定文野观念的引入，在相当一段时间里，"文明"曾是西方文化的同义词，并通过"公理"、"公例"以及今日仍在使用的公里、公斤、公尺等词语，隐喻着貌似共通却为西方所主宰的"世界"。就像手杖获得了"文明棍"的提升而从协助行走的工具转换为身份象征的装饰，那"文明"正提示着身份后面的文化认同意味。其间的余韵，仍隐约潜存于当时及后来的辩论之中，不时闪现。

所以，尽管文化的上升和文明的淡化是百年来世界的趋势，当年那些把文化看得高于文明的，实不排除带有些微"亲东方"的隐意。胡适和陈独秀都是钱穆所谓"混用"文化和文明的国人之一，而陈又特别强调文化的非物质面相，意味着文明也一样；② 与他昔日的盟友胡适想用文明的"物质"来涵容其"精神"，有着不小的差距。然而在意识层面，陈独秀显然是"亲西方"的，绝对没有"亲东方"的意思在。

从这些纷歧的认知看，似乎每个人都有可以和其他人分享甚或相同的一面，又都有不同甚或对立的一面。大体上，时人关于文明和文化的辨析更多表现在精神和物质的对立之上，而内里则指向时间的过去与现在（表述为传统与现代）和空间的东方与西方。在不少人心目中，东方与精神相连，而西方与物质挂钩。但像胡适这样的人，又力图打破这一近于约定俗成的关联。还有一些人努力想要建立东方与传统和西方与现代的关联，胡适看似倾向于这些人，其实仍有所保留。

尤其制度和组织这类形态，非常难以归类。其东西认同是明确的，似

---

① 泽民：《评"人类第三期之世界"》，原刊《中国青年》第 31 期，1924 年 5 月 17 日，收入陈崧编《五四前后东西文化问题论战文选（增订本）》，中国社会科学出版社，1989，第 649—650 页。

② 陈独秀所引罗素对文明的界定，就是"要求生存竞争上不必要的目的"，或"生存竞争范围以外之目的"。陈独秀：《随感录·文化运动与社会运动》（1921 年 5 月），任建树主编《陈独秀著作选编》第 2 卷，第 378 页。

又兼具精神和物质的品性，可以出入于文明和文化，隐喻着传统与现代。如果文化和文明有高下之分，而改造文明就叫作文化运动，意味着文化可以改造文明，则理论上不排除东方自我改造的可能。梁漱溟其实就有这样的意思，尽管按照他的设计，东方的自我改造需要先经过阶段性的西化。胡适则强调中国式的"唯物文明"既不想"征服自然"，也无意"改革制度"；这样一个"不想革命"的文化，几乎没有自我改造的可能。

或可以说，后五四人对于文明和文化，大致呈现出"一对概念，各自表述"的意味。如胡适和梁漱溟便各有其所欲言，也各有其不可退让的民族底线。两人都有着强烈的文化危机感，也都一度提倡类似全盘西化的主张。他们都有一般所谓世界主义的倾向，虽表现不一；也都有一般所谓民族主义的倾向，仍表现不一。我们很难用新与旧、进步与落后、激进与保守等类别将他们简单划分，只能从他们区分、界定和诠释文明与文化的努力中，理解其希望提高中国在世界地位的深意。

"造新因"：胡适对建构
"社会重心"的省思

章　清[*]

1932 年胡适撰文检讨中国民族自救运动的失败，集中表达了这样一层意思：中国这六七十年之所以一事无成，一切工作都成虚掷而不能永久，只是因为"我们把六七十年的光阴抛掷在寻求一个社会重心而终不可得"。在其看来，帝制时代的重心当在帝室，但经过太平天国其早已失去政治重心的资格。自此以后，无论是"中兴"将相、戊戌维新领袖还是后来的国民党，都曾努力造成新的社会重心，然往往只一二年或三五年，又渐渐失去担纲社会重心的资格了。[①] 注意到此一问题，非自胡适始，章太炎 1918 年在一次演讲中对民国成立以来"中坚主干"之虚位也曾阐述其看法："六七年来所见国中人物，皆暴起一时，小成即堕"，"一国人物，未有可保五年之人，而中坚主干之位遂虚矣"。[②]

胡适勾画近代中国追求"社会重心"而终不可得的历史，并以此为最突出、最急迫的问题，对于检讨胡适对中国问题的思考，自是提供了值得重视的视野。显而易见，胡适试图表明，他与他的朋友们为之奋斗的，正

* 　章清，复旦大学历史学系教授、中外现代化进程研究中心研究员。
① 　胡适：《惨痛的回忆与反省》，《独立评论》第 18 号，1932 年 9 月 18 日，第 11 页。
② 　太炎心目中能成伟大人物的乃曾国藩、胡林翼、左宗棠辈，"今世果有如曾、胡、左者，则人自依倚以为主干，就不能然，但得张之洞辈，亦可保任数岁，赖以支持。而偏观近世人物，如此数君者无有也"。章太炎：《在四川学界之演说》（1918 年春讲于重庆），《章太炎全集·演讲集》上册，上海人民出版社，2015，第 269—270 页。研究者也注意到近代中国失去重心的这一现象。罗志田：《失去重心的近代中国：清末民初思想权势与社会权势的转移及其互动关系》，《民族主义与近代中国思想》，台北，东大图书公司，1998，第 149—192 页。

是为中国创造一个"社会重心"。这样的关切，既浓缩了胡适省思中国问题的心路历程，也昭示了"国难"之际读书人的自我担当。那么，胡适所理解的"社会重心"有哪些具体的体现呢？同时，胡适在1930年代形成这样的思考，回溯过往，又经历了怎样的曲折呢？这正是本文期望略加申论的。

有必要说明的是，本文只是笔者针对"社会"进行概念史分析的个案之一。"社会"作为理解近代中国变动的关键性概念，早已引起众多研究者的关注。从语词的翻译来说，论者颇为关注由"群"到"社会"的转变。[①]新近的研究还分别立足中国和日本对"社会"作为概念的成长有所解析。[②]笔者针对"社会"这一概念展开分析，是试图揭示"社会"对塑造近代中国的历史图景所产生的重要影响：其一，"社会"概念的成长，其语境紧扣近代意义上的"国家"意识的浮现，"国家—社会"架构的形成，也表明此二者是相互依存的；其二，"社会"的成长有其基本的标识——"合群"，有别于以往的组织形态，这也成为"社会"由"虚"转向"实"的象征所在；其三，"话语"之外，"社会"概念也构成近代历史演进的基本呈现，映射出"各界"所表征的"社会力量"逐渐浮出水面；其四，个人之"人"社会，同样是"社会"成长的写照，并成为检验"社会"之实质性意义的基础。换言之，在前人研究的基础上，笔者期望能揭示概念成长的另一面。依拙见，类似于"社会"这样的概念，对此的清晰把握固然是重要的一面，没有认知上的转变，势必影响到对此的接纳；然而，"社会"概念的另一面同样值得关注，那就是其所映射的"巨变"具有实质性意义，

---

① 王汎森指明："'群'与'社会'虽然几乎同时出现，但两个观念有一更迭期。大体上从甲午之后到义和团之间是'群'流行的时期，此后有一段时间，'群'与'社会'交迭使用；大致要到辛亥革命前四、五年，'社会'一词才渐流行。"金观涛、刘青峰也指出，戊戌前后以"社会"翻译 society 已从日本引入中国，但流行的是"群"，鲜少用"社会"指称 society。从"群"到"社会"的转变，大致发生在1901年至1904年。王汎森：《傅斯年早期的"造社会"论——从两份未刊残稿谈起》，《中国文化》1996年第2期，第203—212页。金观涛、刘青峰：《从"群"、"社会"到"社会主义"》，《中央研究院近代史研究所集刊》第35期，2000年6月，第1—66页。

② 参见冯凯《中国"社会"：一个扰人概念的历史》；木村直惠：《"社会"概念翻译始末——明治日本的社会概念与社会想象》，均刊于孙江、陈力卫主编《亚洲概念史研究》第2辑，三联书店，2014，第99—137、138—153页。笔者对此的分析见章清《"社会"的从无到有——晚清中国新名词、新概念的另面历史》，该文曾提交德国汉堡大学于2015年7月17—18日举办的工作坊"Conceptual and Intellectual History：Recent Trends in East Asian Studies"，待刊。

构成把握近代中国历史的枢机所在。对此加以探讨，对于重新认识近代中国以及生活在那个时代的人，或不无裨益。胡适作为 20 世纪最具影响力的读书人之一，其如何使用"社会"这一概念并基于此规划自己的角色，如何认识与分析中国"社会"的基本架构，又如何阐明"社会重心"的建构乃中国所面临的最突出、最急迫的问题，凡此种种，皆构成揭示"社会"这一概念重要的维度。

一　"社会"浮现的意义及影响

现代意义上的"社会"一词在晚清的浮现，已为相关研究者所揭示。透过晚清读书人的言说，不难了解"社会"概念的浮现所映射的是读书人对"合群"的关注。耐人寻味的是，读书人尽管对于"合群"从各个方面都予以肯定，但如何"合群"，未必能找到合适的办法。大致说来，学会、学校与报章成为此一时期思考如何"合群"的主要载体，经历种种曲折，固然有其原因，但关键在于，"社会"的缺失导致了"合群"难以找到依凭，进而将各种组织或团体置于相应架构中，赋予其地位。而"社会"的成长，则与形成具有近代意义的国家观念密切相关；缺乏对"国家"的认知，所谓"社会"也是难以有所依托的。可以说，基于"合群"进一步产生对"国家"与"社会"新的认知，影响深远；正是有了近代意义的国家观念，对"社会"的认知也有逐步清晰的呈现。

"合群"的主张固然推动着对"社会"与"国家"的认知发展，不过，仅由此言之，仍不能完全揭示"社会"成长的实质性意义。这里值得强调的是，社会重新组织后形成的"业界"，构成"社会"的基本元素，也成为社会力量成长的写照。亦可以说，正是"社会"概念的浮现，促成斯时的读书人思考中国应该如何组织起来。换言之，立足于近代意义上的国家观念认识"社会"，并辨析"国家"与"社会"的分野，只是问题的一方面。进一步的，在获得"社会"概念后，"社会"如何组织，成为时人所关注的焦点。正是这样的思考，推动了"社会"构成实质性的概念，由"虚"走向"实"，成为近代中国发生深刻变动的象征。结合另一汉语新词"×界"或"××界"的浮现，即大致可理解其中之枢机。"×界"同样构成把握中国如何重新组织的关键所在，它昭示着这是以与以往不同的方式描绘中国，并推动所谓的"社会"按照"业界"的方式重新组织起来。①

略说"社会"浮现的意义及影响，检讨胡适如何在这样的思想脉络中成长，并结合"社会"这一概念思考与之相关的问题，也有了相应的基础。从时间上说，"社会"在19世纪末20世纪初年浮现于中文世界，并构成揭示重大转变的关键性概念，自会影响到正处于成长中的年轻人。胡适1904年春天来到上海，就深深卷入读书人所积极推动的"合群"的潮流，而"×界""社会"这些概念也构成其思考的重要符号。

胡适最初留下的日记，就显示出其所受到的影响。1906年3月4日记："今日为本斋自治会第一次开会之纪念日。"② 3月18日的日记又说明有一茶社，每当星期日，"学生至者极多，几为学界中一会集之所焉"。也正是这一天，胡适在日记中还表示："与余君及赵君敬承等议拟发起一阅书社，赞成者颇多。"③ 过了几日，胡适在日记中又说明："西四学生前议发起一讲书会。幼稚学生具社会思想诚不易得，故杨师于集益会曾提议，此事请举一代表人为厘定章程。"④ 这是目前所知胡适最早使用"社会"一词的例证，也许更重要的是，"社会"成为其参与各种集会，以及组织"阅书社"等活动的形象说明。

不惟如此，胡适之介入"社会"，还体现在对于同乡会的活动表现出浓厚兴趣。1906年5月6日记："得悉吾皖旅沪同人组织一'安徽旅沪学会'，此为吾皖人创举，闻之大快意。闻此事主动者为方君守六，定今日开会，布告章程。余本欲赴会，后读《时报》，知已缓期（日未定），乃罢。"⑤ 5月13日，胡适出席了安徽旅沪学会第一次活动，该会吸引了百数十人参加，"到会者皆签名，颇形踊跃也"。⑥ 1903年发刊的《湖北学生界》成为斯时由"省界"向"业界"过渡的象征，显示超越"省界"之"业界"逐渐成

① 这方面的讨论参见章清《省界、业界与阶级：近代中国集团力量的兴起及其难局》，《中国社会科学》2003年第2期；《"界"的虚与实——略论汉语新词与晚清社会的演进》，《东亚文化交涉研究》别册第7号，2011年3月，日本关西大学，第55—76页。

② 胡适：《澄衷日记》，1906年3月4日，季羡林主编《胡适全集》第27卷，安徽教育出版社，2003，第2页。

③ 胡适：《澄衷日记》，1906年3月18日，次日又记："批阅书社简章程稿。"季羡林主编《胡适全集》第27卷，第3页。

④ 胡适：《澄衷日记》，1906年3月26日，季羡林主编《胡适全集》第27卷，第7页。

⑤ 胡适：《澄衷日记》，1906年5月6日，季羡林主编《胡适全集》第27卷，第26页。

⑥ 胡适：《澄衷日记》，1906年5月13日，季羡林主编《胡适全集》第27卷，第28—29页。

为读书人聚集起来的标志，胡适参与的"安徽旅沪学会"也具有类似的属性。参与其中，胡适对如何会聚安徽在沪人士也有所思考，并且对于各界别中之"学界"尤为看重：

> 旅沪学会章程，原文注重"学界"，故曰"本会为在上海各学校之安徽人组织而成"，嗣由会员改定，将"各学校"三字除去。范围诚广矣，然吾皖人除学界外，流品至杂，程度至不齐，即以商界而论，非特不能相团结相维持，甚且相嫉也，相害也，以此等资格而欲与之办事，其偾事也必矣。故余欲先从学界着手，拟执此说以驳此章程，俟一有暇，即当从事于此也。①

为此，胡适也向该会之组织者明确表达其异议。日记中写道："寄方守六及学会发起诸人之书成，凡三千言。"其中特别阐明"先就学界入手，不属他界"；"学界外，各业各举一代表，每次与会旁听"。② 只是，胡适的主张并未被安徽旅沪学会的组织者接纳，该会第二次开会时，之前所议改之处，"均未改正"。③ 胡适对此显然是颇为失望的，稍后，方守六提议每县各举代表一人，胡适就"不表同情"，为此还致书方辩论此事。胡适阐明"不能举"之理由："代表必深悉选举者之利害。今商、学界不分，则利害不同，趋向异宜。苟一县之人，二界皆有之，则举学界人乎？抑举商界人乎？故不能举。"其主张"当用二界分举法"，"学界：各校分举"，"商界：各业分举"。④

1906 年 2—7 月胡适留下的《澄衷日记》，记录下其对于如何"合群"的思考，"社会"之用例并不多。进入中国公学后，胡适加入竞业学会，成

---

① 胡适：《澄衷日记》，1906 年 5 月 14 日，季羡林主编《胡适全集》第 27 卷，第 29 页。
② 胡适：《澄衷日记》，1906 年 5 月 25 日，季羡林主编《胡适全集》第 27 卷，第 36 页。
③ 胡适：《澄衷日记》，1906 年 5 月 27 日，季羡林主编《胡适全集》第 27 卷，第 37 页。
④ 胡适：《澄衷日记》，1906 年 6 月 1 日，季羡林主编《胡适全集》第 27 卷，第 42 页。胡适对家乡事务之关切，此一时期已有充分体现。与家乡同学的通信就显示胡适在思考创办《绩溪报》事，并向同学借阅《绩溪县志》一书。令其颇感欣慰的是，"吾邑来沪诸人无不争自濯磨，争自树立，殊足为桑梓庆"。而在留学西洋研究文学还只是妄想之际，胡适也表示愿意继续留在上海，益处即体现在"可为吾绩旅沪旅淞诸人作一机关部"。胡适：《致程玉樨》（1908 年 12 月 30 日），季羡林主编《胡适全集》第 23 卷，第 11—12 页。在未来的日子里，"同乡"因素也成为胡适重要的"社会资源"。

为《竞业旬报》主要撰稿人。胡适在该报发表的文字，即显示出"社会"成为其思考相关问题的重要概念。

1906 年 9 月创刊的《竞业旬报》，其《凡例》明确阐明"本报发生之原因"："愚智既殊，文野斯判，社会阶级之差别尚已。本报意在通行于下等社会，故措词不欲其奥，陈义无取甚高，街谈巷议，樵唱渔歌，皆本报之材料也。"对于"本报注意之重点"，则有这样的阐述："一、振兴教育"，"二、提倡民气"，"三、改良社会"，"四、主张自治"。① 该报第 2 期登载的《竞业学会章程》又表示："本会由学界同志所组成，对于社会，竞与改良，对于个人，争自濯磨。"还要求其会员"一言一行，一动一静，必于公理有合，于社会有益"。② 《竞业旬报》《竞业学会章程》中频频出现的"社会"字眼，算不上特殊，当时创办报章、组织学会的活动往往都致力于表达类似的诉求，于此也可见"社会"这一概念产生的影响，成为体现读书人关切的基本话语。胡适考入中国公学后不久就经人介绍加入了竞业学会，在《竞业旬报》1908 年停刊之前，胡适对该刊的介入程度颇深，甚至有时整期整本的文字几乎全出自其手笔，这些文字中也包含不少"社会"的用例。

从胡适在《竞业旬报》发表的近百篇诗文来看，其思想路数是自觉追随梁启超的思想主张，尤其注重"破除迷信，开通民智"的工作。③ 胡适悲叹中国处于迷信状态，"惑世诬民之学说得以大行，遂举我神州民族投诸极黑暗暗世界！"④ 在这一时期一篇重要文章《论毁除神佛》中，胡适就将公共与个人生活中迷信的盛行揭露出来：

> 现在文明世界，只可怜我国上至皇帝下至小官，都是重重迷信的。什么拈香哪！大庙哪！黄河安澜哪！祈雪哪！祭社稷哪！日蚀哪！月蚀哪！还是缠一个不清楚。就是上海，那真是极文明的了，然而那些上海道哪，上海县哪，遇着什么上元节、中元节、日蚀、月蚀，依旧

---

① 《凡例》，《竞业旬报》第 1 期，1906 年 9 月 11 日，第 5—9 页。
② 《竞业学会章程》，《竞业旬报》第 2 期，1906 年 11 月 7 日，第 45—46 页。
③ 最能体现胡适此种关切的，无过于其所撰写的《真如岛》。这是胡适写的第一部章回小说，从《竞业旬报》第 3 期开始登载，以后断断续续刊登至第 37 期，计 11 回，未完。
④ 胡适：《无鬼丛话（二）》，《竞业旬报》第 26 期，1908 年 9 月 6 日，第 29—30 页。

守他野蛮的风俗。①

　　也许是不经意间，胡适所描绘的正是过去日常生活中"会""社"的情形，只是并没有明确阐明"会""社"与"社会"之区别。②在《论承继之不近人情》这篇稿子中，胡适倒是产生了对"社会"较为朦胧的认识。文章将"人死无后，把兄弟之子来承继"一事，作为"最伤天理最伤伦理"的风俗，为此表示："我如今要荐一个极孝顺永远孝顺的儿子给我们中国四万万同胞，这个儿子是谁呢？便是社会。"文章试图回答"社会是大家公共给合成功的，怎么可以做我的儿子呢"这一问题，为此还举例说明，孔子死后许多年，仍得到人们的敬重，人们一直纪念他，"这可并不是因为孔子的子孙的原故，都只为孔子发明许多道理，有益于社会，所以社会都感谢他，纪念他。这不是把全社会都做他的子孙了么？"不独孔子如此，那些英雄豪杰、仁人义士，之所以能万古流传，同样是源于他们"有功于社会"。因此，"一个人能做许多有益于大众有功于大众的事业，便可以把全社会都成了我的孝子贤孙"。③胡适批判家族承继中的陋习，成为其十年后鼓吹"大我"观念的滥觞。也许更重要的是，此时的胡适已立足于"社会"，重新思考人的"不朽"。

　　必须承认，此一时期的胡适对于"社会"并没有更多论述，相较说来，"爱国"是这一时期其言说的重心所在。他有一篇名为《爱国》的文字，就表达了这样的看法："一个人本分内第一件要事，便是爱国。"还引述《荷马史诗》的一句格言："为祖国而战者，最高尚之事业也。"④在《本报周年之大纪念》中，胡适又集中阐述了面对时势的危急、国民的愚暗，他和朋友们宁可劳心劳力来办这份报，正是寄望于国民"革除从前种种恶习

①　胡适：《论毁除神佛》，《竞业旬报》第 28 期，1908 年 9 月 25 日，第 5 页。

②　《申报》创刊后不久刊发的文字中即有"社会"的用例，但往往都是传统意义上的"社"与"会"的表述。如 1875 年刊发的《闹社会》一文，描绘的即是中元鬼节期间所举办的近似于庙会的活动。《闹社会》，《申报》1875 年 9 月 8 日，第 2 版。

③　铁儿：《论承继之不近人情》，《竞业旬报》第 29 期，1908 年 10 月 5 日，第 1—5 页。该文又题作《论承继之非理》，刊《安徽白话报》第 1 期，1908 年 10 月 5 日，第 4—7 页。文字略有差异。

④　铁儿：《白话（一）爱国》，《竞业旬报》第 34 期，1908 年 11 月 24 日，第 6 页。论者为此亦阐明，这一时期胡适所崇尚的美德之本，"一言以蔽之，就是爱国"。江勇振：《舍我其谁：胡适》第一部《璞玉成璧，1891—1917》，新星出版社，2011，第 138 页。

惯"，"革除从前种种野蛮思想"，"要爱我们的祖国"，"要讲道德"，"要有独立的精神"。①

胡适投身于《竞业旬报》的编辑、撰文工作，使他忝为"民国前革命报人"的代表之一。②但就当时的社会改革与思想启蒙事业来说，并没有产生很大影响。不过，对胡适本人来说，这段经历倒是非同一般。也许最重要的是，胡适在这些文章中把他后来思想成熟的基本倾向预现出来了，以致他在撰写《四十自述》时，还不无感叹：

> 今年回头看看这些文字，真有如同隔世之感。但我很诧异的是有一些思想后来成为我的重要出发点的，在那十七八岁的时期已有了很明白的倾向了。③

二 "造新因"："社会改良"主张之酝酿

1910 年后在美七年，是胡适思想与志业的定型期。到异域留学，首先意味着横跨两种文化，参与两种文化的冲突与对立，这是留学生定位于边缘人的基础。对于此种在个人价值体系中产生的两面性，文化人类学家许烺光曾做过这样的自省："我自承是一个'边缘人'（marginal man）。因为我是在一种不尚变而大半人生都可以全然预测的文化中出生和成长，但我却又在一个好变，并以变为进步的文化中生活和工作。介于这两种完全不同文化生活中的人……可以体会出两种不同文化面在内心相互摩擦的边界。"④结合这番自省，有助于认清近代中国的留学生，在接触到两种不同文化时所产生的"问题意识"。紧扣"社会"这一概念，也可发现胡适围绕此是如何思考相关问题的。

---

① 胡适：《本报周年之大纪念》，《竞业旬报》第 37 期，1908 年 12 月 23 日，第 4—5 页。
② 冯自由：《革命逸史》第 4 集，中华书局，1981，第 241 页。
③ 胡适：《四十自述》，《胡适作品集》第 1 集，台北，远流出版事业股份有限公司，1986，第 71 页。
④ 许烺光：《中国人与美国人》，徐德隆译，台北，巨流出版公司，1988，第 20 页。对此的检讨参见章清《近代中国留学生发言位置转换的学术意义》，《历史研究》1996 年第 4 期。

"余每居一地，辄视其地之政治社会事业如吾乡吾邑之政治社会事业。以故每逢其地有政治活动，社会改良之事，辄喜与闻之。不独与闻之也，又将投身其中，研究其利害是非，自附于吾所以为近是之一派，与之同其得失喜惧……此种阅历，可养成一种留心公益事业之习惯，今人身居一地，乃视其地之利害得失若不相关，则其人他日归国，岂遽尔便能热心于其一乡一邑之利害得失乎？"① 这是胡适对自己在美国生活的概括，显然，来到一个不一样的"社会"，除了获得观察新社会的机会外，还意味着其思想与志业也正是在这样随时随地潜心观察中得以成型。② 到美国后不久，胡适在一通信函中，对读书人之介入"社会"于成长大有意义就有这样的描绘：

> 天下学问不必即在校舍讲堂之中，不必即在书中纸上，凡社会交际，观人论世，教人授学，治一乡一国，皆是学问也。社会乃吾人之讲坛，人类皆吾人之导师，国家即吾人之实验室也。③

基于可以理解的缘由，留美时期胡适更为关注"国家主义"的问题，对此也有不少检讨，以"大同主义"进行对抗。换言之，胡适所思考的问题，居于国家层面的较多。不过在此期间，"社会"也构成胡适思考问题之重点所在。在一则札记中胡适描绘了其如何逐步走向"社会"。他先是表示："吾之去妇人之社会也，为日久矣。"这里所谓的"社会"，显然指向其幼时之生活环境，指明其所受教益全系"诸妇人（吾母，吾外祖母，诸姨，大姊）陶冶之功"。进一步的，他将进入澄衷学堂视作"投身社会之始"。原因在于，"居澄衷之第二年，已敢结会演说，是为投身社会之始"。而最近之十年，"遂令余成一社会中人，深于世故，思想颇锐，而未尝不用权

---

① 《留学日记》卷15，1916年11月9日，季羡林主编《胡适全集》第28卷，第481页。
② 胡适从这些经历中所获得的启示是他在上海的经历所无法比拟的，正像1915年他离开寄居五年之久的绮色佳时在日记中所说明的："吾尝谓绮色佳为'第二故乡'……此五年之岁月，在吾生为最有关系之时代。其间所交朋友，所受待遇，所结人士，所得感遇，所得阅历，所求学问，皆吾所自为，与自外来之梓桑观念不可同日而语。其影响于将来之行实，亦当较儿时阅历更大。"见《留学日记》卷11，1915年9月21日，季羡林主编《胡适全集》第28卷，第271页。
③ 胡适：《致章希吕》（1911年12月15日），季羡林主编《胡适全集》第23卷，第36页。

术，天真未全漓，而无高尚纯洁之思想，亦无灵敏之感情"。① 这里传达的对"社会"的看法，是外在于"家庭"的。而且，言语之间其对于"社会"不无负面的看法。在前日的日记中，胡适即指明"吾国之家庭对于社会，俨若一敌国然"。② 与此相应，这一时期胡适留下的文字，也对中国社会如何组织起来有所考量，并揭示出其中之流弊。在《政党概论》这篇文字中，胡适述及其在美国之感受，就指出政党之功用正体现在"遂令人人心目都知有国家，而暂忘其省界、府界、县界，种种界限"。③ 对于"省界"所带来的负面影响，胡适在一则日记中也有所反省："留学之广东学生每每自成一党，不与他处人来往，最是恶习。"④

更为重要的是，留学期间胡适对于将来所要从事的工作，已结合"社会"这一因素有大致的定位，并不断进行反省。在一则札记里胡适就表示："余近来读书多所涉猎而不专精，泛滥无方而无所专注，所得皆皮毛也，可以入世而不足以用世，可以欺人而无以益人，可以自欺而非所以自修也。后此宜痛改之。"⑤ 这里所谓之"入世""用世"，乃过去时代的读书人思考问题的常用语，所谓"世"，与"社会"意思相近。⑥ 一年以后，胡适在日记中，即立足于"社会"规划其未来的角色。一则日记就表示："自今以往，当屏绝万事，专治哲学，中西兼治，此吾所择业也。"为此还特别强调："吾所贡献于社会者，惟在吾所择业耳。吾之天职，吾对于社会之责任，唯在竭吾所能，为吾所能为。吾所不能，人其舍诸？"⑦ 后面这段话，

---

① 《留学日记》卷4，1914年6月8日，季羡林主编《胡适全集》第27卷，第329—330页。

② 《留学日记》卷4，1914年6月7日，季羡林主编《胡适全集》第27卷，第329页。

③ 胡适：《政党概论》，《留美学生年报》第3本年，1914年1月，第60页。

④ 《留学日记》卷7，1914年9月28日，季羡林主编《胡适全集》第27卷，第518页。

⑤ 《留学日记》卷3，1914年1月25日，季羡林主编《胡适全集》第27卷，第261页。

⑥ 有必要强调的是，在获得"社会"概念之前，中国读书人并非没有相关问题的论述，也有与所谓的"社会"发生关联的一幕。尤有甚者，与"社会"密切相关的"天下"与"世"，还堪称构成中国读书人思考的重心所在。所谓"穷则独善其身，达则兼济天下"，以及宋儒围绕"格致诚正，修齐治平"阐述的看法，凡此种种，皆构成读书人成就功业的关键所在。相应的，所谓"入世"与"出世"，也构成检讨中国文化、分析过去读书人的焦点所在。参见余英时《从价值系统看中国文化的现代意义》，台北，时报出版公司，1984。不过，无论是"天下"，还是"入世"与"出世"之"世"，所指向的"外部世界"往往是虚指，与"社会"概念的具象化，不可相提并论。

⑦ 《留学日记》卷9，1915年5月28日，季羡林主编《胡适全集》第28卷，第148页。

稍后胡适在日记中又录了一遍，以自警。①

可以说，胡适在美国进行"为他日国人导师之预备"时，"社会"已构成关键性的概念。尤其重要的是，胡适对于中国之变革当立足于"社会革命"展开，也有所认识。"七年之病求三年之艾"语出《孟子·离娄》，胡适在日记中多次引述这句话，也成为其解决中国问题所确立的基本信念的写照：当致力于探索治本之道，唯有在"社会"层面多下功夫，才能慢慢地为中国造下"不能亡之因"，造下能产生新的结果的新的原因。

在《论"造新因"》这篇英文札记中，胡适就表达了其所关注的重点，强调吾辈之职责，体现在准备必要的先决条件——"造新因"（create new causes）。② 只是这种"新因"，这里并没有清楚论述。接下来在《再论造因》札记（给老友许怡荪的信）中，胡适就阐述了所谓"造因"的含义："适近来劝人，不但勿以帝制撄心，即外患亡国亦不足顾虑。倘祖国有不能亡之资，则祖国决不致亡。倘其无之，则吾辈今日之纷纷，亦不能阻其不亡。不如打定主意，从根本下手，为祖国造不能亡之因，庶几犹有虽亡而终存之一日耳。"在其看来，面对当下的危机，吾辈青年学生纷纷扰扰，也于事无补，重点应思考如何从"根本"下手，"造不能亡之因"。胡适也给出了其对此的基本方针："今日造因之道，首在树人；树人之道，端赖教育。故适近来别无奢望，但求归国后能以一张苦口，一支秃笔，从事于社会教育，以为百年树人之计：如是而已。"又重复原来的话说："明知树人乃最迂远之图。然近来洞见国事与天下事均非捷径所能为功。七年之病当求三年之艾。倘以三年之艾为迂远而不为，则终亦必亡而已矣。"③

对于如何"造新因"，此时的胡适显然不能说已了然于胸，但其中留下了值得观察的重点，那就是胡适确信这个"新因"，绝不可能一蹴而就。为此，他更偏向于在思想文化层面做长期的努力。胡适对晚清以降思想演进的评价，就体现出这样的用心。

在梁启超结束 14 年的流亡生活从日本归国之际，胡适即感慨地说："阅《时报》，知梁任公归国，京津人士都欢迎之，读之深叹公道之尚在人

---

① 《留学日记》卷 10，1915 年 6 月 16 日，季羡林主编《胡适全集》第 28 卷，第 159 页。
② 《留学日记》卷 12，1916 年 1 月 11 日，季羡林主编《胡适全集》第 28 卷，第 297—298 页。
③ 《留学日记》卷 12，1916 年 1 月 25 日，季羡林主编《胡适全集》第 28 卷，第 306 页。

心也。梁任公为吾国革命第一大功臣，其功在革新吾国之思想界。十五年来，吾国人士所以稍知民族思想主义及世界大势者，皆梁氏之赐，此百喙所不能诬也。去年武汉革命，所以能一举而全国响应者，民族思想政治思想入人已深，故势如破竹耳。"他还表示："使无梁氏之笔，虽有百十孙中山、黄克强，岂能成功如此之速耶！近人诗'文字收功日，全球革命时'，此二语惟梁氏可以当之无愧。"① 像这样颂扬梁氏之功而轻视孙中山、黄克强诸人之力，并把文字之功尽归梁氏一人，实属偏宕，但正反映出胡适已深信对中国问题的解决，观念的变革当是比武力更根本的措施。正是秉持这样的认知，在《非留学篇》这篇也许是胡适留学时期最重要的文章中，他严厉批评中国的留学政策偏重实业而轻视文科是"忘本而逐末"："吾国人所受梁任公、严几道之影响为大乎？抑受詹天佑、胡栋朝之影响为大乎？晚近革命之功，成于言论家、理想家乎？抑成于工程之师、机械之匠乎？吾国苟深思其故，当有憬然于实业之不当偏重，而文科之不可轻视者矣。"因为有这样的自觉，胡适对其角色也有这样的期许："留学生不独有求学之责，亦有观风问政之责。"②

以思想文化建设作为"造新因"的基础，成为胡适留学期间最主要的收获。胡适在日记中还曾记录他与英文教师的一段对话，老师问"中国有大学乎？"胡适"无以对也"。老师表示："如中国欲保全固有之文明而创造新文明，非有国家的大学不可。一国之大学，乃一国文学思想之中心，无之则所谓新文学新知识皆无所附丽。国之先务，莫大于是。"这正是胡适当日考虑最多的，他也发愿说："吾他日能生见中国有一国家的大学可比此邦之哈佛，英国之康桥、牛津，德之柏林，法之巴黎，吾死瞑目矣。嗟夫！世安可容无大学之四百万方里四万万人口之大国乎！世安可容无大学之国乎！"撰写好此一札记的第二日，胡适仍难以平静，为此再表感叹："国无海军，不足耻也；国无陆军，不足耻也！国无大学，无公共藏书楼，无博物院，无美术馆，乃可耻耳。我国人其洗此耻哉！"③ 不仅如此，胡适还将思想文化建设视作政治改革的基础。在给一位大学教授的信中，他就写道：

---

① 《留学日记》卷 4，1912 年 11 月 10 日，季羡林主编《胡适全集》第 27 卷，第 222—223 页。
② 胡适：《非留学篇》，《留美学生年报》第 3 年本，1914 年 1 月，第 13、20 页。
③ 《留学日记》卷 9，1915 年 2 月 20—21 日，季羡林主编《胡适全集》第 28 卷，第 56—57 页。

"通向开明而有效之政治，无捷径可走。"其个人对此的态度是，不管怎样，总该以教育民众为基础，唯其如此，才能为下一代"打一个扎实之基础"。①

胡适在留学期间一再言及"七年之病当求三年之艾"，正可以看出其如何定位思想与志业。其一再论述所谓的"造新因"，也是确信唯有通过教育使民众逐步觉悟而后实行缓慢的改革，才是治本的不二法门。尽管没有立足"社会"进行更多论辩，但结合胡适在留美期间的所思所想，或许可以这样理解其对此的基本考量：中国之病在于"社会"，拯救之道也须着眼于"社会"。

三　"恶社会"下守望"不朽"

胡适留学日记最后阶段留下这样的记录："吾数月以来，但安排归去后之建设事业，以为破坏事业已粗粗就绪，可不须吾与闻矣。何意日来国中警电纷至，南北之分争已成事实，时势似不许我归来作建设事。"② 胡适有这样的担忧，也算不辜负其获得的"知国内情形最悉"的赞誉。在他留学美国这段时间，中国正经历一场重大变革。在人们还没有从旧王朝覆灭的"震惊"中走出时，热闹非凡的民主宪政很快如昙花一现。白鲁恂（Lucian W. Pye）曾形象地用"共和幻象"（phantom republic）描绘革命光辉的式微，揭示出甫经成立的中华民国，不仅未能重建社会秩序，反倒加重了社会整合的危机。③ 这也难怪，一个古老帝国以往行之有效的统治方式随着王权的崩溃骤然失去效应后，要在较短的时间内重建社会秩序，既不可能，也不现实。聚焦于"社会"这一关键词，也可看出危机的具体表现。在"社会"已构成中心话语之际，"恶社会"这一提法频频出现，就显示出对于"社会"往往偏向负面的评价。影响所及，用心于"社会"的改造，也成为主导性的思潮。归国后的胡适，在此背景下"暴得大名"，成为受各方关注的人物，其对于"社会"的思考也不乏值得检讨的地方。

---

① 《留学日记》卷12，1916年1月31日，季羡林主编《胡适全集》第28卷，第315—316页。

② 《留学日记》卷17，1917年6月9日至7月10日，季羡林主编《胡适全集》第28卷，第565页。

③ Lucian W. Pye, *The Spirit of Chinese Politics: A Psychocultural Study of the Authority Crisis in Political Development* (New Edition, Cambridge, Mass.: Harvard University Press, 1992), p. 3.

　　1915 年《青年杂志》的创办一向被视作具有象征意义的事件，陈独秀发表的作为发刊词的《敬告青年》，就言明之所以将目光投向青年，是缘于唯有青年"自度度人"，"社会庶几其有清宁之日也"。文章谨陈六义，供青年抉择，其中之一为"进取的而非退隐的"，明确阐明："人之生也，应战胜恶社会，而不可为恶社会所征服；应超出恶社会，进冒险苦斗之兵，而不可逃循恶社会，作退避安闲之想。"① 陈鼓励青年向"恶社会"进行抗争，正在成长的青年人，也随处感受到"恶社会"施加的种种压力，1920 年顾颉刚致函罗家伦，就表示自己的事业能否顺利开展，有赖于相应的"境遇"，"倘使因为生计的逼迫，世俗的牵掣，埋首在恶社会里头，便永远没有这种的希望了"。② 鲁迅在小说《端午节》中也曾描绘身处"恶社会"的读书人，不免时时疑心"自己没有和恶社会奋斗的勇气，所以瞒心昧己的故意造出的一条逃路，很近于'无是非之心'，不如改正了好"。③

　　针对"恶社会"的指控甚嚣尘上，胡适也不例外。1918 年 6 月《新青年》出版的"易卜生专号"上，其撰写的《易卜生主义》，同样立足于"社会"的负面意义阐述了看法，充满对"社会"的控诉："若要改良社会，须先知道现今的社会实在是男盗女娼的社会！"故此，"易卜生把家庭社会的实在情形都写了出来，叫人看了动心，叫人看了觉得我们的家庭社会原来是如此黑暗腐败，叫人看了觉得家庭社会真正不得不维新革命——这就是易卜生主义"。④ 对于当时的学生卷入种种运动之中，胡适也视之为"变态的社会"硬逼出来的。⑤ 此外，他还表彰吴虞对于斯时社会所做的示范，是敢于向"恶社会"宣战：

　　　　先生廿年来日与恶社会宣战，恶社会现在借刀报复，自是意中之事。但此乃我们必不可免的牺牲——我们若怕社会的报复，决不来干这种与社会宣战的事了。⑥

① 陈独秀：《敬告青年》，《青年杂志》第 1 卷第 1 号，1915 年 9 月 15 日，第 4 页。
② 顾颉刚：《致罗家伦》（1920 年 5 月 5 日），中国社会科学院近代史研究所中华民国史组编《胡适来往书信选》下册，中华书局，1979，"附录一"，第 520 页。
③ 鲁迅：《端午节》，《小说月报》第 13 卷第 9 号，1922 年 9 月 10 日，第 1 页。
④ 胡适：《易卜生主义》，《新青年》第 4 卷第 6 号，1918 年 6 月 15 日，第 490—507 页。
⑤ 胡适、蒋梦麟：《我们对于学生的希望》，《新教育》第 2 卷第 5 期，1920 年 1 月，第 592 页。
⑥ 胡适：《致吴虞》（1920 年 9 月 3 日），季羡林主编《胡适全集》第 23 卷，第 309—310 页。

如同 1924 年一篇短文发出的感叹："恶社会，恶社会，这种声浪简直成了廿世纪的一句口头禅了。好好的一个社会，为何这样不满人们的意，是诚令人大费思索。"作者为此也强调："社会的不良，就是人们不善的结果。社会是人们的影子，人们是社会的根源。先有人们的不善，后有社会的罪恶。"① 很显然，"恶社会"之说广泛流行，很大程度上是现实政治之令人失望造就的。但不管原因如何，这毕竟影响到读书人的角色定位，所谓"打破政治救国的迷梦而从事于社会事业"，也成为读书人普遍的追求。②

1915 年，中华书局聘请梁启超任《大中华》杂志主任撰述，梁所撰《发刊辞》就试图说明政治不是事业的全部："政治者，社会之产物也，社会凡百现象皆凝滞痹败，而独欲求政治之充实而有光辉，此又大惑也。"相应的，梁也将该杂志定位为"赞助我国民从事个人事业社会事业者于万一"。③ 成立于 1919 年 7 月 1 日的少年中国学会，更清楚地昭示了类似的选择。作为学会灵魂的王光祈，区分出不同的改革方案，明确说明"吾辈所主张者"有二：其一，就政治改革论，则为"社会的政治改革"，反对"政治的政治改革"；其二，就社会改革论，则为"社会的社会改革"，反对"政治的社会改革"。④ 该会对于会员也提出不可与"政党接近"的要求，王光祈为此还明确表示："本会主张社会活动，反对政治活动，为本会精神之所在。"⑤ 这也成为当时读书人普遍的坚守。翻阅吴虞的日记即可发现饶

---

① 程觉非：《恶社会》，《近思》第 17 期，1924 年 4 月，第 21 页。
② 燕生：《反动中的思想界》，《晨报副镌》1922 年 5 月 25 日，第 1—2 版。发表于《新潮》杂志的文章，尽管将"思想改造"作为优先的选择，但也明确将"社会改造"作为长远的目标。吴康：《从思想改造到社会改造》，《新潮》第 3 卷第 1 号，1921 年 10 月 1 日，第 27 页。
③ 梁启超：《发刊辞》，《大中华》第 1 卷第 1 期，1915 年 1 月 20 日，第 14—16 页。次年在与记者谈话中，梁又明确指出："非亟从社会教育上痛下工夫，则宪政基础终无由确立。"此着虽似迂远，却是必要的。为此还同样引述了孟子所谓"七年之病，求三年之艾，苟为不畜，终身不得"。《纪梁任公先生谈话》，《大中华》第 2 卷第 8 期，1916 年 8 月 16 日，"附录"，第 1 页。又见《与报馆记者谈话》，《饮冰室合集》第 4 册"专集之三十三"，中华书局，1989，第 133 页。
④ 内中还指出，"知第一义者"，今日在野人物中共有四例：黄炎培与胡适之，另二人梁启超与汪精卫，属"知之而不能守者"。"知第二义者"，求之于邻国，亦共有四例：一为创造帝国基础之福泽谕吉、嘉纳治五郎；一为树立劳农根基之托尔斯泰、俄国大学生。王光祈：《"社会的政治改革"与"社会的社会改革"》，《少年中国》第 3 卷第 8 期，1922 年 3 月 1 日，第 53 页。
⑤ 《少年中国学会规约修正案》，《少年中国》第 3 卷第 2 期，1921 年 9 月 1 日，第 62—63 页。

有兴味的一幕，此一时期吴每年在日记中差不多都要宣示其宗旨乃"专主研究学术，不问政治"。① 杨树达则以个人的经验表明，当日读书人每以从政为畏途，"见纯洁士人一涉宦途，便腐坏堕落，不可挽救，遂畏政治如蛇蝎"。②

将目光聚焦于"社会"，也引出对中国现状的思考。傅斯年在《新潮》第 1 卷第 2 号所写的一篇短文《社会—群众》，就提供了独特的视野——直指中国实际处于"无社会"的状态，"中国一般的社会，有社会实质的绝少，大多数的社会，不过是群众罢了"。凡名副其实的"社会"，体现为有"密细的组织""健全的活动力"。对比中西就不难看出，"西洋人所凭托的社会，是健全的，所以个人的能力，有机会发展；中国人所凭托的社会，只是群众，只是有名无实，所以个人的能力，就无从发展"。③ 这里傅区分"社会"与"群众"，尤其强调中国实际处于"社会其名，群众其实"的情形之中，正是试图阐明就中国来说仍系"无社会"之状。当然，与其说傅指称中国"无社会"，毋宁说其更为关切应该建构一个怎样的"社会"。实际上，差不多同时傅留下的另一份文稿，就说明"社会"如何受到读书人特别的关注："中国人从发明世界以后，这觉悟是一串的：第一层是国力的觉悟；第二层是政治的觉悟；现在是文化的觉悟，将来是社会的觉悟。"尤其强调："凡相信改造是自上而下的，就是以政治的力量改社会，都不免有几分专制的臭味；凡相信改造是自下而上的，就是以社会的培养促进政治，才算有彻底的觉悟了。"④

在"社会"成为广为关注的话语之际，胡适又阐述了怎样的见解呢？有一点值得重视，尽管胡适对国内的情形不算陌生，但毕竟甫回国不久，尤其还缺乏对现实社会更多的体验，因此这一时期胡适对"社会"的讨论

① 1917 年吴就写道："余去年即有不入党、不任主笔之宣言，今年又加不谈政事一条。处此乱世，总以不开罪于人、少与人交涉、和光共尘、不露头角为要。"1920 年他又强调："予平日宗旨不入党，不任主笔，不以文字谈法律、政治，近年尤以不涉足政界为要件。"《吴虞日记》上册，1917 年 6 月 11 日、1920 年 9 月 25 日，四川人民出版社，1986，第 315、557 页。

② 杨树达：《杨树达文集之十七——积微翁回忆录》，上海古籍出版社，1986，第 1 页。

③ 傅斯年：《社会—群众》，《新潮》第 1 卷第 2 号，1919 年 2 月 1 日，第 345—347 页。

④ 傅斯年：《时代与曙光与危机》，原件藏台北中研院历史语言研究所"傅斯年档案"，此据王汎森《傅斯年早期的"造社会"论——从两份未刊残稿谈起》，《中国文化》1996 年第 2 期，第 203—221 页。

更多是在"表达"层面，较为突出的是，他在价值的追求上颇为重视在"个人"与"社会"之间寻求一种平衡。前述《易卜生主义》，堪称斯时宣扬个人主义最倾动一时的文章，就显示出胡适所关注的，集中于"社会"对"个人"的摧残："社会最爱专制，往往用强力摧折个人的个性（individuality），压制个人自由独立的精神。等到个人的个性都消灭了，等到自由独立的精神都完了，社会自身也没有生气了，也不会进步了。"耐人寻味的是，这篇高扬个人主义的文章，并没有把个人的价值视作目的本身，相反胡适在论证中仍将"社会"置于更高地位，而"个人"只是作为再造"新社会"的分子："社会是个人组成的，多救出一个人便是多备下一个再造新社会的分子。"文章还借用易卜生的话指明"个人"价值是如何通过"社会"得以实现的："你要想有益于社会，最妙的法子莫如把你自己这块材料铸造成器。"①

到 1919 年胡适所写的《不朽——我的宗教》，又进一步阐述了有关个人与社会的观点。文章特别阐明了对"社会的性质"的认知——"社会是一种有机的组织"，无论是从纵剖面，还是横截面，都可看出"社会"这一特质：从纵剖面看，"没有我们的祖宗和那无数的古人，又哪里有今日的我和你？没有今日的我和你，又哪里有将来的后人"；从横截面看，"若没有那样这样的社会，决不会有这样那样的我和你；若没有无数的我和你，社会决不是这个样子"。正是基于这样的认知，胡适声称其宗教信仰是"社会不朽论"，从而在个人与社会之间——他用"小我"与"大我"来表述，建立起不可分的观念：

> 我这个现在的"小我"，对于那永远不朽的"大我"的无穷过去，须负重大的责任；对于那永远不朽的"大我"的无穷未来，也须负重大的责任。我须要时时想着，我应该如何努力利用现在的"小我"，方才可能不辜负了那"大我"的无穷过去，方才可以不遗害那"大我"的无穷未来？②

① 胡适：《易卜生主义》，《新青年》第 4 卷第 6 号，1918 年 6 月 15 日，第 490—507 页。
② 胡适：《不朽——我的宗教》，《新青年》第 6 卷第 2 号，1919 年 2 月 15 日，第 96—106 页。

　　这段时间胡适关于"社会"的论述，大致皆围绕此展开。1919 年 3 月，筹备中的少年中国学会安排胡适发表讲演，他也强调"少年中国的人生观"当以"社会的公共幸福"为重心，"须要有社会协进的观念"。认识到我们的一举一动都和"社会"相关，"自然不肯为社会造恶因，自然要努力为社会种善果"。① 在为好友许怡荪作传时，胡适也特别表彰许"处处把'救国'作前提"，其思想因此不断调整："从第一时代的'政治中心'论变为第二时代的'领袖人才'论"；再由此走向"第三个时代"——"完全承认政治的改良须从'社会事业'下手"。② 对于好友后来"完全是一个社会革命家"，胡适显然是赞许的。这也映射出不少同时代人的心路历程，胡适自己的走向亦未尝不是如此。

　　进一步的，胡适还倡导一种"'非个人主义的'新生活"。他明确表示，其所主张的是"'社会的'新生活"——"变旧社会为新社会"的生活。胡适特别指明有一种所谓"独善的个人主义"，"很受人崇敬"，却"格外危险"，其共同性质是："不满意于现社会，却又无可如何，只想跳出这个社会去寻一种超出现社会的理想生活。"文章将此归纳为四类：宗教家的极乐国，神仙生活，山林隐逸的生活，近代的"新村生活"。在胡适看来，这种种"个人主义"，"根本错误在于把'改造个人'与'改造社会'分作两截；在于把个人看作一个可以提到社会外去改造的东西"。为此他也强调须秉持这样的"根本观念"："个人是社会上无数势力造成的。改造社会须从改造这些造成社会、造成个人的种种势力做起。改造社会即是改造个人。"③

　　尚可补充的是，正是出于对"社会"颇为重视，这一时期胡适也曾针对研究社会问题的方法阐述其看法。1920 年 5 月他在北平社会实进会发表演讲，就特别指出："社会问题是怎样发生的呢？我们知道要等到社会里某

---

①　胡适：《中国少年之精神》，原刊《少年中国学会会务报告》第 1 期，1919 年 3 月 1 日，此据季羡林主编《胡适全集》第 21 卷，第 165—169 页。

②　胡适：《许怡荪传》，《新中国》第 1 卷第 4 号，1919 年 8 月 15 日，第 17—25 页。

③　胡适：《非个人主义的新生活》，《新潮》第 2 卷第 3 号，1920 年 4 月 1 日，第 467—477 页。胡适提出"多研究些问题，少谈些'主义'"时也表示："一切主义都是某时某地有心人，对于那时那地的社会需要的救济方法。"因此，须立足于"政治上的影响""社会上的影响""思想上的影响"对"主义"进行评估。《多研究些问题，少谈些"主义"》，《每周评论》第 19 号，1919 年 7 月 20 日，第 1 版；《四论问题与主义》，《每周评论》第 37 号，1919 年 8 月 31 日，第 1—2 版。

种制度有了毛病，问题才能发生出来。"这里也延续了对于"社会有机体"的认知："社会问题不是独立的，他有两种性质：一种是社会的，是成法的，非个人的。比方纳妾问题，决不是一两个人能够做成，乃是根于社会制度或祖宗成法而来。一种是个人的，社会问题的发生，虽不在乎个人，然而社会是由个人组成的，他与个人自然有关系。"尤其重要的是，胡适对于社会问题的解决，阐述了来自西洋的经验，那就是"社会的立法"（Social Legislation）。显然，这是其视作最有效的办法，只是对于当时的中国来说还"不配讲"。对此的检讨，也寄托了胡适的期望：

> 社会的立法，就是用社会的权力，教政府立一种好的法度。这事我们还不配讲，因为有些地方，不能由下面做上来，还要由上面做下去……我们由历史方面看，国家是一种最有用的工具，用的好就可以替社会造福。社会改良家一定要利用它，因为它可以帮助我们做好些事。①

在"恶社会"下仍守望于"社会不朽"，这也算是胡适自诩的其作为"不可救药的乐观主义者"的写照。不过，此时的胡适对于"社会"的介入并不算深，因此对"社会"的阐述更多还是在"表达"层面。也正因为如此，这还算不上胡适所固守的主张，相反还不断在进行修正。最明显的是，到1930年编辑《胡适文选》时，胡适对于《不朽》文章中区分"小我"与"大我"所表达的看法，就做了修正："这样说法，并不是推崇社会而抹煞个人。这正是极力抬高个人的重要。个人虽渺小，而他的一言一动都在社会上留下不朽的痕迹，芳不止流百世，臭也不止遗万年，这不是绝对承认个人的重要吗？"② 之所以在差不多十年之后修正其对于"个人"与"社会"的看法，原因必多。最基本的是当胡适更多介入"社会"中时，对"社会"自然有不一样的看法。为此也有必要进一步辨析在"实践"层面胡

---

① 胡适：《研究社会问题底方法》，此系1920年5月15日胡适在北平社会实进会的演讲，许地山记录，原载《晨报副镌》1920年5月26日至29日，此据季羡林主编《胡适全集》第21卷，第229—243页。

② 胡适：《介绍我自己的思想》，《胡适文选》，亚东图书馆，1930，"前言"，第12页；又载《新月》第3卷第4号，1931年6月10日，第9页。

适对"社会"的介入，以及由此催生的其对"社会"的省思。

四　读书人如何介入"社会"

将"社会"作为把握近代历史的关键性概念，除了其作为"话语"得到广泛关注，构成理解这场变局的基本维度，"社会"概念成长的实践意义同样值得重视。原因在于，这些新词以不同于以往的方式揭示出这个世界的实质，也促成生活在那个时代的人据此按照与以往不同的方式审视外部世界，规划自己的晋升之路。梁启超在《新民说》中就描绘了这样的情形："幼而处家庭，长而入社会。"① 直至今日仍在延续的表达方式，正揭示出"社会"对于个体之意义所在。在这个意义上，透过具体的例证揭示"社会"呈现的意义，不无裨益。甚至可以说，开展概念史的研究，值得在这样的"实践"层面多加探索，毕竟"社会"之类的新概念，昭示出生活世界的改变。举例来说，一向认为自己不谙社会事务的顾颉刚，在日记中对此的梳理，就反映出当日读书人所涉足的各种事务，实属不少。② 而且，顾提出了值得重视的总结，那就是"已为社会上的人"，则身不由己。③ 胡适之介入"社会"，同样值得重视。论者刻画"民初社会中的胡适"，就致力于在思想史的诠释之外，另辟蹊径，检讨胡适是在怎样的社会关系网络中从事学术文化活动的。④ 这里要进一步检讨当介入实际政治中时，胡适是否

---

① 梁启超：《论政治能力》，《新民说二十四》，《新民丛报》第 49 号，1904 年 6 月 28 日，第 11 页。
② 1924 年在日记中顾颉刚即抱怨"兼职实在太多"，列举出这样的内容：（1）北大研究所（承担本所事务、纪念册、《国学季刊》、编书等工作）；（2）努力社；（3）孔德学校；（4）商务印书馆；（5）亚东图书馆；（6）朴社；（7）北京印书局。在该年 12 月的一则日记中，顾还列出"我的事务 14"：《国学季刊》、《歌谣周刊》、《学术年表》、清宫整理事务、亚东图书馆、商务印书馆、北京印书局、孔德学校、朴社、《语丝》周刊、研究所杂事、师友间杂事、家庭杂事、自己读书、（北大纪念册）、（古物报告）。而 1925 年一则日记中其所列"事务"，更是多达数十项。此外，顾在一则日记中还述及这一幕，"以前印了一盒名片，总要用一年多。近三个月来，两盒名片都完了，可见予之渐入世也"。见《顾颉刚日记》第 1 卷，1924 年 3 月 21 日、1924 年 12 月 19 日、1925 年 8 月 15 日、1926 年 6 月 23 日，台北，联经出版事业有限公司，2007，第 467、562、653—654、760 页。
③ 《顾颉刚日记》第 2 卷，1931 年 2 月 7 日，第 492 页。
④ 沈松侨：《一代宗师的塑造——胡适与民初的文化、社会》，周策纵等：《胡适与近代中国》，台北，时报文化出版事业有限公司，1991，第 131—168 页。

改变其对于"社会"的认知。

胡适归国后抱定"二十年不谈政治，要为中国的政治变革奠定思想文化的基础"，这样的自我期许，也坚持了一段时间。但伴随《新青年》的"分裂"，包括胡适在内的原《新青年》杂志一群人，再会聚知识圈及政治圈中的其他力量，同样走上"谈政治"的"歧路"。1922年5月问世的以"努力"命名的一份杂志，就明确指向对政治事业的图谋。

《努力周报》缘起于胡适、丁文江等于1921年5月组成的"努力会"，其目标定位于"谋中国政治的改善与社会的进步"。① 1921年8月胡适演讲《好政府主义》时，即结合"社会"的改良思考政府的改善："政府何由而来呢？乃由人民的组织渐渐扩大而来。社会中有家族有乡党，凡团体中之利害，与个人的利害，小团体与小团体的利害，或大团体与其他大团体的利害，均不免时有冲突。"为此，他也将"政府"视作"社会"进步的重心："政府是指挥大众的公共机关，可使社会上的人减少惰力，而增加社会全体进步底速率；有些个人所不能为的事，一入政府手中，便有绝大的效果。"胡适甚至对"政府"表达了这样的期待："政府的组织及权力，如果用之得当，必能得着最大的效果；不但可免社会间交互的冲突，而且可促社会全体底进步。"②

胡适之所以创办《努力周报》，除了出于对政府善意的期待之外，还将问题的症结归于"社会"之"中坚"未能尽职。1922年在给罗文干的信中，谈到北京的秩序已很难维持，胡适就表示："社会的秩序全靠中级人士为中坚，今中级人士已无守秩序的能力。"③ 1923年在给蔡元培的信中，胡适也述及此："我也以为国中中坚人物绝少；系全国重望，而思想属于进取的……尤不可多得。"④ 稍后，胡适有机会见到一群浙江二师军官，这些军官向胡适请教该如何做事，他就指出当致力于"组织同志，作个中坚，作个参谋本部"，具体目标即体现在"替社会造一种顺从民意，适应时代潮流的实力"。⑤

---

① 耿云志主编《胡适遗稿及秘藏书信》第13册，黄山书社，1994，第374—375页。
② 胡适：《好政府主义》，甘蛰仙记录，《晨报副镌》1921年11月17、18日，第1版。
③ 胡适：《致罗文干》（1922年9月6日），季羡林主编《胡适全集》第23卷，第393页。
④ 《日记》，1923年5月24日，季羡林主编《胡适全集》第30卷，第15页。
⑤ 《日记》，1923年9月20日，季羡林主编《胡适全集》第30卷，第48页。

　　胡适对于"社会"之"中坚"的失望与期待，展现出其对"社会"力量的关切。《努力周报》第 2 期发表的由 16 位知名学者联署的《我们的政治主张》（由胡适起草），除了阐明谈论政治应该有一个切实的、明了的、人人都能了解的目标之外，还明确针对"国内的优异分子"表达了期望，将好人介入政治作为改革当下政治的第一步："我们深信，今日政治改革的第一步在于好人须要有奋斗的精神。凡是社会上的优秀分子，应该为自卫计，为社会国家计，出来和恶势力奋斗。"① 鼓励好人出来奋斗，寄予了那个年代的读书人对于改变丑恶政治的愿望，这似乎是最后的努力。这也代表着那个年代读书人共同的识见。早在 1917 年，梁漱溟即写就《吾曹不出如苍生何》一文，并印成小册子，分送他人。到 1918 年，梁又将此文通过《学艺》刊发出来。由此可见，"生民之祸亟矣，吾曹其安之乎"是梁漱溟不断追问的问题。② 此时在给胡适的信中，梁则进一步表示："今日人民太无生气，好人太无生气，故闹到如此地步。吾曹好人须谋所以发挥吾曹之好者，谋所以发挥人民生气者，则今日恶局势乃有转移，否则将长此终古矣。"③

　　不过，对于自己如何介入"政治"，胡适却是有所保留的。在紧接着发表的文字中，胡适区分出服从政党、表率政党与监督舆论的政论家，特别褒扬了监督舆论的政论家，强调"社会上确然不应该没有一派超然的政论"，立于各党各派之上，"这种独立的政论家，越多越有益，越发达越好"。在其心目中，监督政党的政论家之所以值得特别褒扬，是因为他们是超然的、独立的，"只认社会国家，不认党派；只有政见，没有党见"。④ 不难看出，这也正是胡适对于自己介入实际政治所做的定位，仍坚守读书人立足于"社会"的身份。为此，胡适还努力建立起当下读书人与历史上的士大夫密切联系的谱系。这期间他所写的一篇文字，就特别以东汉、两宋

---

① 胡适：《我们的政治主张》，《努力周报》第 2 期，1922 年 5 月 14 日，第 1 版。

② 梁漱溟：《吾曹不出如苍生何》，《学艺》第 3 号，1918 年 5 月，第 34—40 页。以后梁又将此文重刊于《村治》第 1 卷第 1 期，1930 年 6 月 1 日，"附录"，第 1—14 页。其晚年口述也以此为题。梁漱溟、艾恺：《吾曹不出如苍生何——梁漱溟晚年口述》，外语教学与研究出版社、人民出版社，2010。

③ 梁漱溟：《致胡适》（约 1922 年上半年），《胡适来往书信选》上册，第 176—177 页。

④ 胡适：《政论家与政党》（误标为"政论家政与党"），《努力周报》第 5 期，1922 年 6 月 4 日，第 1 版。

的太学生以及明末的东林和复社、几社为例说："在变态的社会之中，没有可以代表民意的正式机关，那时代干预政治和主持正谊的责任必定落在知识阶级的肩膊上。"① 这样也以深文周纳的方式阐明，他与他的同道正是在一个毫无秩序可言的社会，肩负起干预政治与主持正谊的责任。

《努力周报》只维持了一年半的时间，该刊 1923 年 10 月停刊时，胡适表示只是暂时停办，还道出了其未来的打算："我们今后的事业，在于扩充《努力》，使他直接《新青年》三年前未竟的使命，再下二十年不绝的努力，在思想文艺上给中国政治建筑一个可靠的基础。"② 但这是未曾实现的目标。接下来的日子，胡适对"社会"的思考又有所调整，尤其是 1926 年他有机会再度西行，所见所闻，更引发其关注于"社会化"问题。

1926 年 9 月，胡适在巴黎与傅斯年相聚，谈及政治就不免有所分歧。胡适在日记中留下这样的记录："他总希望中国能有一个有能力的 Dictator who will impose some order & civilization on us.［会施于我们某种秩序和文明的独裁者］我说，此与唐明宗每夜焚香告天，愿天早生圣人以安中国，有何区别？况 Dictator［独裁者］如 Mussolini［墨索里尼］之流，势不能不靠流氓与暴民作事，亦正非吾辈所能堪。德国可学，美国可学，他们的基础皆靠知识与学问。此途虽迂缓，然实唯一之大路也。"③ 这里胡适强调德国、美国的基础乃"知识与学问"，虽迂缓，却是"唯一之大路"，可以说延续了其一贯之主张。尽管没有明确表示基于"社会"用力，但其思考的重心渐渐逼近于此。

在英国时，胡适曾打算将他所写的《我们对于西洋近代文明的态度》作为引论，再作九篇文章，汇成一本叫作《西洋文明》的书。内中所涉及的各方面，大致就是胡适斯时心目中的西洋文明。最后一章题作"社会化

---

① 胡适：《这一周·蔡元培以辞职为抗议》，《努力周报》第 38 期，1923 年 1 月 21 日，第 1 版。1928 年 5 月 4 日胡适在光华大学演讲，对于五四运动也做了类似评述，并重复之前反复阐明的看法："凡在变态的社会与国家内，政治太腐败了，而无代表民意机关存在着；那末，干涉政治的责任，必定落在青年学生身上了。""如果在常态的社会与国家内，国家政治非常清明，且有各种代表民意的机关存在着，那末，青年学生就无需干预政治了，政治的责任就要落在一班中年人的身上去了。"胡适：《五四运动纪念》，《民国日报·觉悟》1927 年 5 月 4 日，第 1 版。

② 胡适：《致高一涵、陶孟和等》（1923 年 10 月 9 日），《胡适来往书信选》上册，第 216—218 页。

③ 《日记》，1926 年 9 月 18 日，季羡林主编《胡适全集》第 30 卷，第 324 页。

的世界"，并以此作为思考西洋文明之终结，大有意味。① 随后胡适到了美国，在纽约时他曾被邀请参加一个讨论会，听到一个劳工代表说"我们这个时代可以说是人类有历史以来最好的最伟大的时代，最可惊叹的时代"，胡适也大受感动："这才是真正的社会革命。社会革命的目的就是要做到向来被压迫的社会分子能站在大庭广众之中颂他的时代为人类有史以来最好的时代。"② 在给国内朋友的信中，谈及当今世界改造社会的方法，胡适也鲜明地表达了对"社会化"方法的肯定：

> 认真说来，我是主张那"比较平和，比较牺牲小些的"方法的。我以为，简单说来，近世的历史指出两个不同的方法：一是苏俄今日的方法，由无产阶级专政，不容有产阶级的存在。一是避免"阶级斗争"的方法，采用三百年来"社会化"（Socializing）的倾向，逐渐扩充享受自由享受幸福的社会。这个方法，我想叫他做"新自由主义"（New Liberalism）或"自由的社会主义"（Liberal Socialism）。③

"新自由主义"或"自由的社会主义"这些命名，都包含着对"社会化"方法的认同。④ 在稍后给太虚的信中，胡适还表示："先生此次若决计去西方，我很盼望先生先打消一切'精神文明'的我执，存一个虚怀求学的宗旨，打定主意，不但要观察教堂教会中的组织与社会服务，还要考察各国家庭、社会、法律、政治里的道德生活。"⑤ 胡适建议太虚将视野拓展到对整个"社会"的观察，显然也是认同"社会化"改革的写照。只是，对于中国如何进行"社会化"的改革，胡适并没有形成较为成熟的看法。这也不难理解，在基本的社会秩序尚未能建立的中国，"社会化"改革自然还难以提上日程。

---

① 《日记》，1926 年 9 月 23 日，季羡林主编《胡适全集》第 30 卷，第 342—343 页。
② 胡适：《漫游的感想》，原刊《现代评论》第 6 卷第 140、141、145 期，1927 年 8 月 13 日、8 月 20 日、9 月 17 日，此据季羡林主编《胡适全集》第 3 卷，第 36—41 页。
③ 这些信当时分别题作《一个态度》《"新自由主义"》，刊《晨报副镌》1926 年 9 月 11 日、12 月 8 日；以后又题作《欧游道中寄书》，收入《胡适文存三集》第 1 卷，亚东图书馆，1930，第 73—90 页。
④ 《日记》，1926 年 8 月 3 日，季羡林主编《胡适全集》第 30 卷，第 223 页。
⑤ 胡适：《致太虚》（1926 年 10 月 8 日），季羡林主编《胡适全集》第 23 卷，第 462 页。

五　"社会重心"如何建设

南京国民政府的成立无疑是具有象征意义的事，于胡适来说，《努力周报》阐述的那些诉求，尤其是对社会秩序的重视，此时随着这个新政权的建立，部分得以实现。相应的，胡适对"社会"的审视也走出新的一步。一方面，其自我意识中愈发有作为"社会"中人的责任担当；另一方面，在"建国问题"浮出水面之际他也在积极考量如何建设"社会重心"。这期间胡适在《新月》和《独立评论》上发表的论述，即将此呈现出来。

《新月》月刊最初只是偏重文艺性质的刊物，为此胡适等人计划另创办一份《平论》周刊，发表政治方面的一些主张。该刊最终未能刊行，不过《新月》从第 2 卷第 2 期起一改过去面目，政论文章占据了重要位置。胡适为计划中的《平论》撰写的一篇文字，也明确点出其用心："第一，是要想尽我们的微薄能力，以中国国民的资格，对于国家社会的问题作善意的批评和积极的讨论，尽一点指导监督的天职；第二，是要借此提倡一点新风气，引起国内的学者注意国家社会的问题，大家起来做政府和政党的指导监督。"① 而"九一八"引发的"国难"背景下创刊的《独立评论》，更是鲜明地表达了这样的期望：

> 我们现在发起这个刊物，想把我们几个人的意见随时公布出来，做一种引子，引起社会上的注意和讨论……我们叫这刊物做《独立评论》，因为我们都希望永远保持一点独立的精神。不倚傍任何党派，不迷信任何成见，用负责的言论来发表我们各人思考的结果：这是独立的精神。②

胡适上述言说，体现出基于"社会"立言成为其自觉的选择。因为在《新月》上的文字得到张元济的赞许，胡适表示："我的那一篇文字，承先生赞许，又蒙恳切警告，使我十分感激。我也很想缄默，但有时终觉有点

---

① 胡适：《我们要我们的自由》，耿云志主编《胡适遗稿及秘藏书信》第 12 册，第 25—33 页。
② 胡适：《引言》，《独立评论》第 1 号，1932 年 5 月 22 日，第 1 页。

忍不住，终觉得社会给了我一个说话的地位，若不说点公道话，未免对不住社会。"①

守望于"社会"的位置，也促使胡适进一步考量"社会"应有的担当。蔡元培七十寿辰之际，胡适与几位朋友共同商议赠送蔡一处可以住家藏书的房屋。之所以有此考虑，胡适特别做了说明："这也可看作社会的一座公共纪念坊，因为这是几百个公民用来纪念他们最敬爱的一个公民的。我们还希望先生的子孙和我们的子孙，都知道社会对于一位终身尽忠于国家和文化而不及其私的公民，是不会忘记的。"② 稍后胡适还对汤尔和说起："我觉得一切在社会上有领袖地位的人都是西洋人所谓'公人'（Public man），都应该注意他们自己的行为，因为他们的私行为也许可以发生公众的影响。"③ 所谓"公人"也成为胡适基本的角色定位，为此还将创办刊物理解为是对"公家"尽责。主编《独立评论》时胡适经常是一人独立支撑刊物，一直延续了差不多三年时间，但他对此毫无怨言，反倒乐此不疲，因为这是为"公家做工"，令其"心里最舒服"。④

胡适自觉守护于"社会"的位置，更突出体现在婉谢了任职政府部门的邀请。1933 年 3 月，因为翁文灏决计不就教育部部长，担任行政院院长的汪精卫思之再三转求胡适担任此职，"明知此是不情之请，但你如果体念国难的严重，教育前途的关系重大，度亦不能不恻然有动于中"。⑤ 胡适很快回信，列举了诸多不能就任的理由，特别指明其适合扮演的角色是立于"政府外边"为国家效力。所谓"政府外边"，指的自然是"社会"：

　　我终自信我在政府外边能为国家效力之处，似比参加政府为更多。我所以想保存这一点独立的地位，决不是图一点虚名，也决不是爱惜

①　胡适：《致张元济》（1929 年 6 月 2 日），季羡林主编《胡适全集》第 24 卷，第 13 页。
②　胡适：《致蔡元培》（1935 年 9 月 7 日），季羡林主编《胡适全集》第 24 卷，第 238 页。
③　胡适：《致汤尔和》（1936 年 1 月 2 日），《胡适来往书信选》中册，第 294 页。
④　1936 年 1 月 9 日胡适在给周作人的信中就写道："三年多以来，每星期一晚编撰《独立评论》，往往到早晨三四点钟，妻子每每见怪，我总对她说：'一星期之中，只有这一天是我为公家做工，不为吃饭，不为名誉，只是完全做公家的事，所以我心里最舒服，做完之后，一上床就熟睡，你可曾看见我星期一晚上睡不着的吗？'她后来看惯了，也就不怪我了。"胡适：《致周作人》（1936 年 1 月 9 日），《胡适来往书信选》中册，第 296—300 页。
⑤　汪精卫：《致胡适》（1933 年 3 月 31 日），《胡适来往书信选》中册，第 204 页。

羽毛，实在是想要养成一个无偏无党之身，有时当紧要的关头上，或可为国家说几句有力的公道话。一个国家不应该没有这种人；这种人越多，社会的基础越健全，政府也直接间接蒙其利益。我深信此理，故虽不能至，心实向往之。①

不仅对个人的规划基于"社会"进行考量，进一步的，胡适也从此出发走向对"社会重心"的思考。《独立评论》围绕中国政治出路的讨论，即涉及对"社会力量"的思考。针对丁文江《中国政治的出路》，季廉发表文章进行商榷，提出"要自动组织一个能够肩荷政治责任的团体，要自动设置一个代表民意的机关"。胡适对此主张表示了同情，但他对于现有的"社会力量"究竟如何有所疑问：其一，"我们的'全国各种有信用有实力的职业团体'究竟在哪里？"其二，"现有的各种职业团体又往往是四分五裂，不能合作的"；其三，"现在所谓'公团'，那一个不是在党部的钳制之下的？"相对说来，胡适更信任的还是读书人，为此他也表示："我们只能希望在最近几年之内国中的智识阶级和职业阶级的优秀人才能组织一个可以监督政府指导政府并且援助政府的干政团体。"还具体指明"学术团体"、"商人团体"和"技术职业团体"当构成这个"干政团体"的中坚，"把国中的知识、技术、职业的人才组织起来，也许就是中国政治的一条出路罢？"②

紧接着，胡适针对杨公达在《国难政府应强力化》中阐述的主张，又引述一位上海老辈的话："近年政治不上轨道，当然政府之过，亦因社会宽纵过甚。"对此，胡适也表示："我们自命负言论之责的人，都应该领受这种很忠厚的劝告。"③ 稍后在《国民参政会应该如何组织》一文中，胡适即主张"应该用智识程度较高的法团代表来做预选机关"。在其看来，省市党部代表、省市商会代表、省市教育会代表、省立大学（或国立大学在省区内者）教授会代表、省立律师公会代表、省市总工会代表、省市银行钱业公会代表，"法团程度皆较高"，"皆代表社会上相当的权力，故最合宜于做

①　胡适：《致汪精卫》（1933 年 4 月 8 日），《胡适来往书信选》中册，第 208—209 页。

②　胡适：《中国政治出路的讨论》，《独立评论》第 17 号，1932 年 9 月 11 日，第 1—5 页。

③　胡适：《〈一个时代错误的意见〉附记》，《独立评论》第 20 号，1932 年 10 月 2 日，第 3—4 页。

预选机关"。①

与此相应的，对"文治势力"的培养，也构成胡适思考"社会重心"的枢机所在。1930 年胡适《我们走那条路》这篇文字引发梁漱溟的意见，胡适在答书中就明确表示其确信，"只有充分养成文治势力"，方能"造成治安和平的局面"。他还具体说明："当北洋军人势力正大的时候，北京学生奋臂一呼而武人仓皇失措，这便是文治势力的明例。今日文治势力所以失其作用者，文治势力大都已走狗化，自身已失掉其依据，只靠做官或造标语吃饭，故不复能澄清政治，镇压军人了。"② 稍后胡适在日记中对此也有所阐述：

> 今日所要者，第一，在这中央权力未造成的时候，要明了分权的必要，在分治之上或可逐渐筑成一个统一国家。第二，要明了文治势力是制裁武力的唯一武器，须充分培养文治势力。第三，要明了一个"国家政策"比一切"民族主义"都更重要。当尽力造成一些全国的（整个国家的）机关与制度。③

胡适所谓的"文治势力"，还包括国民政府中的一些力量。如他对孙科的建言贯彻的即是他所主张的"文治精神"，他始终认为南京国民政府的大病在于文人无气节，无肩膀，"武人之横行，皆是文人无气节所致"，所以他强调中国政治要上轨道，必须走这三步：第一文治，第二法治，第三民治。④ 这是立足于当下立言。而从长远看，胡适仍坚守这样的认知：社会的进步是一点一滴的进步，国家的力量也靠这个人那个人的力量，"只有拼命培养个人的知识与能力是报国的真正准备工夫"。⑤ 职是之故，对于"社会重心"的培养，胡适看重的仍然是读书人。在《领袖人才的来源》这篇文字中，胡适便直截了当地指出过去的"士大夫"就是"领袖人物"，而今日

---

① 胡适：《国民参政会应该如何组织》，《独立评论》第 34 号，1933 年 1 月 8 日，第 2—5 页。

② 胡适：《答梁漱溟书》（1930 年 7 月 29 日），季羡林主编《胡适全集》第 24 卷，第 48—49 页。

③ 《日记》，1930 年 9 月 25 日，季羡林主编《胡适全集》第 37 卷，第 729—730 页。

④ 《日记》，1934 年 2 月 5 日，季羡林主编《胡适全集》第 32 卷，第 299—300 页。

⑤ 胡适：《为学生运动进一言》，《独立评论》第 182 号，1935 年 12 月 22 日，第 4—7 页。本文原刊《大公报·星期论文》1935 年 12 月 15 日。

要充当"领袖人物"不比古代容易，"在今日的中国，领袖人物必须具备充分的现代见识，必须有充分的现代训练，必须有足以引起多数人信仰的人格。这种资格的养成，在今日的社会，除了学校，别无他途"。①

也正是围绕这些问题的思考，1932 年胡适将中国问题的症结归结于"社会重心"的缺失，亦即是本文开篇所提及的一幕。这里可稍加补充的是，胡适不仅将创造"社会重心"作为"民族自救运动"的关键所在，对于"这个重心应该向哪里去寻求"，他也给出具体意见，指明这个重心须具有的条件：第一，必不是任何个人，而是一个大的团结；第二，必不是一个阶级，而是拥有各种社会阶级的同情的团体；第三，必须能吸收容纳国中的优秀人才；第四，必须有一个能号召全国多数人民的感情与意志的大目标；第五，必须有事功上的成绩使人民信任；第六，必须有制度化的组织使其可以有持续性。无论如何，胡适试图阐明的是："我们要御外侮，要救国，要复兴中华民族，这都不是在这个一盘散沙的社会组织上所能做到的事业。"②

结语："社会"作为力量的浮现

以胡适为个案，结合"社会"概念在中国的浮现，以及不同时期针对

---

① 胡适：《领袖人才的来源》，《独立评论》第 12 号，1932 年 8 月 7 日，第 2—5 页。这也是引起普遍关注的问题。蒋廷黻就写道："九一八以后，因为大局的危急，国人对知识阶级的期望和责备就更深了。我们靠知识生活的人也有许多觉得救国的责任是我们义不容辞的；我们不负起这个重担来，好像就无人愿负而又能负了。"孟森更是试图以为"士大夫集传"的方式，"使人知士大夫之共有真谛"，并以此唤醒"士大夫"的角色担当，"以自然人为国负责，行事有权，败事有罪，无神圣之保障，为诛殛所可加者也"。蒋廷黻：《知识阶级与政治》，《独立评论》第 51 号，1933 年 5 月 21 日，第 15 页；孟森：《论士大夫》，《独立评论》第 12 号，1932 年 8 月 7 日，第 6 页。

② 胡适：《惨痛的回忆与反省》，《独立评论》第 18 号，1932 年 9 月 18 日，第 11—13 页。有必要说明的是，对于"社会重心"的建构，其他读书人也不乏关注，只是着眼点有所差异。傅斯年即围绕"第三权力"对此有所说明。在其看来，中国社会与欧洲社会的根本不同处在于，中国社会之中坚分子不过是作为统治者贵族阶级工具的士人，而欧洲社会之中坚分子是各种职业中人。欧洲中世纪以来也有一个知识阶级——僧侣（clerical），但并非统治阶级的伺候者，且这个阶级还自成一个最有组织的社会。尤其是在中世纪的大城市中还有不少"自由人"，以其技能自成一社会。相应的，在贵族之"无常权力"（temporal power）、僧侣之"精神权力"（spiritual power）之外，产生了一种"第三权力"。傅斯年：《教育崩溃之原因》，《独立评论》第 9 号，1932 年 7 月 17 日，第 2—6 页。

此进行的思考，可以明确的是，近代中国的读书人与"社会"之关联，确实发生了颇大的变化，这同样可视作"三千年来所未有之巨变"。当然，与"社会"的关联往往依托不同的"媒介"，不同时代相应烙上不同的印痕。晚清以后新型传播媒介的大量涌现，即改变了普通人沟通"社会"的"媒介"。以印刷书刊来说，往往确立"取重于社会"的目标，也构成那个时代读书人通向社会之阶梯，全面影响到读书人基本的生活。瞿秋白在《饿乡纪程——新俄国游记》中，即将参与组织《新社会》旬刊视作其思想"第一次与社会生活接触"。① 关键尤在于，"社会"一词不仅构成近代中国社会发生深刻变动的写照，还构成读书人思考问题新的方向，那就是关注"社会"各种力量的成长，并且追求基于"社会"的变革。

相应的，推动种种社会运动发展在此一时期也颇为引人瞩目。举例来说，"启发社会的力量"，就成为推动乡村建设的重心所在。② 梁漱溟表达了这样的用心："乡村建设运动必始终保持其社会运动的立场，而不变为国家的或地方的一种行政，乃得完成使命。"③ 这与胡适基于对当政者善意期待所规划的方案，适成对照。之所以如此，缘于在梁那里，"中国此刻最高唯一的国家权力尚未树立起来"，故地方自治，"实非政府所能力，天然是一社会文化运动"。④ 在 1937 年出版的《乡村建设理论》（一名《中国民族之前途》）中，梁也是据此提出其设想："假令中国社会将来开出一个新组织构造的路子来，一定不是从国家定一种制度所能成功的，而是从社会自己试探着走路走出来的，或者也可叫做一种教育家的社会运动，或也可说社会运动者走教育的路开出的新构造。"换言之，"乡约组织不可以借政治的力量来推行，至少他是私人的提倡或社会团体的提倡，以社会运动的方式来推行，政府只能站在一个不妨碍或间接帮助的地位，必不可以政府的力

---

① 瞿秋白：《饿乡纪程——新俄国游记》，《瞿秋白文集·文学编》第 1 卷，人民文学出版社，1985，第 26 页。关于此的分析可参见章清《清季民国时期的"思想界"——新型传播媒介的浮现与读书人新的生活形态》，社会科学文献出版社，2014。

② 《朝话——启发社会的力量》，《乡村建设》第 4 卷第 7、8 期合刊，1934 年 10 月 11 日，第 1 页。内中阐明："我们的事业，就是启发社会的力量，使死的散漫的变成活的团聚的社会，没有力量变成有力量。要让社会有力量，须打通地方上有力量的人的心。"

③ 梁漱溟：《广西国民基础教育与乡村建设运动》，《国民基础教育丛讯》第 1 号，1935 年 3 月 1 日，第 37—38 页。

④ 梁漱溟：《中国之地方自治问题》，原刊《山东民众教育月刊》第 4 卷第 9 期，1933 年 11 月 25 日，此据《梁漱溟全集》第 5 卷，山东人民出版社，1992，第 345 页。

量来推行"。①

选取胡适作为"社会"中个体的代表，也揭示出近代中国最具影响力的读书人对于"社会"的认知。可以明确的是，胡适在 1930 年代提出对"社会重心"的思考，构成其思考"社会"问题的结晶。但相比于其他方面的言说，胡适对"社会"的论述并不算多。对于胡适较少涉及"社会"之论述，自有其逻辑在，那就是胡适认定中国当务之急乃"建国问题"，"国家有了生存的能力，其他的社会经济问题也许有渐渐救济解决的办法"。当外患侵入，国家陷入了不能自存的地步时，"一切社会革命的试验也只能和现存的一切政制同受敌人铁蹄的蹂躏"。因此，在逻辑上他也认为"社会"问题还难以提上日程："欧洲人的国家，根本就没有这个建立国家的大问题，因为他们的国家都是早已成立的了。因此他们能有余力来讨论他们的社会问题、生产问题、分配问题等等。然而在我们这国内，国家还不成个国家，政府还不成个政府；好像一个破帐篷在狂风暴雨里，挡不得风，遮不得雨；这时候我们那里配谈什么生产分配制度的根本改造。"② 如果说晚清之际梁启超在其所译介的各种价值中确立了"国家主义""民族主义"的优先性，在胡适所活跃的年代，以"建国"为优先，可谓"同调"。然而，正是这种基于优先性的选择，却导致自由、平等的价值不能得到充分肯定，社会力量的培养也难以受到重视。

问题的关键还体现在，胡适对于"社会重心"的培育也是缺乏信心的。1928 年 4 月，高梦旦因为不堪商务印书馆内部的矛盾纠纷离开商务，他对胡适说："我们只配摆小摊头，不配开大公司。"此语也引来胡适好一阵感叹："此语真说尽一切中国大组织的历史。"他也表示，我们这个民族是一个纯粹个人主义的民族，只能人自为战，人自为谋，而不能组织大规模的事业。考试是人自为战的制度，故行之千余年而不废；政党是大规模的组织，需要服从与纪律，故旧式的政党（如复社）与新式的政党（如国民党）都不能维持下去。岂但不能组织大公司而已？简直不能组织小团体，"我们只配作'小国寡民'的政治，而命运所趋却使我们成了世界上最大的帝国！我们只配开豆腐店，而时势的需要却使我们不能不组织大公司——这便是

---

①　梁漱溟：《乡村建设理论》，上海人民出版社，2006，第 119、167 页。

②　胡适：《建国问题引论》，《独立评论》第 77 号，1933 年 11 月 19 日，第 2—7 页。

今日中国种种使人失望的事实的一个解释"。①

因此，胡适对"社会重心"的关注，恰表明对于中国社会的变革，其所思所想仍立足于上层展开。他既把批评时政视作像他那样的读书人应尽的社会责任，也同样把改革的希望寄托于当政者身上，并善意地期待当政者能倾听读书人发出的声音。除了公开的议政外，通过与上层人物的接触以实现图谋，也构成其参与政治的主要方式，并沉醉于"君以国士待我，我必国士报之"。② 既然如此，胡适所期许的"社会重心"的建设，难以取得真正的成效，读书人也难以在"社会重心"的建构中扮演重要的角色。实际情形恰如费孝通在 1940 年代末针对读书人所表达的感叹："以整个中国历史说，从没有一个时期，在社会上处于领导地位的知识阶级曾像现在一般这样无能，在决定中国运命上这样无足轻重的。"③ 究其原因，正可归于"皮之不存，毛将焉附"这一老生常谈。关乎此，已涉及对近代中国建构"社会"各种力量的评说，并且当结合国家—社会的架构思考这样的基本问题：国家政权建设是否推动着"社会力量"的成长？"社会力量"在国家政权建设中发挥着怎样的作用？这些问题或许需要在别的文字中再详加论述。

---

① 《日记》，1928 年 4 月 4 日，季羡林主编《胡适全集》第 31 卷，第 23—24 页。

② 此处无法展开，对于胡适参与政治的检讨，笔者在其他文字中已有所讨论。章清：《"胡适派学人群"与现代中国自由主义（修订本）》，上海三联书店，2015。

③ 费孝通：《论知识阶级——"从社会结构看中国"之二》，《观察》第 3 卷第 8 期，1947 年 10 月 18 日，第 15 页。

论胡适的思想文化人格

朱文华[*]

一

笔者已撰文专门考释"人格"概念，并且提出了社会知识分子的"思想文化人格"的命题。笔者认为，人格属于道德的范畴，乃是人的精神世界（思想观念、性格特征、道德品质等）在其具体的人生活动（言行举止）方面的一种综合性体现，或曰个人在各种社会活动中自然流露出来的足以体现其思想风格、精神状态特征的道德品质。人格意识的确立，表明了人类思想文明的重大发展与进步。人格通常可分为两大层次——"基本人格"和"社会人格"（又可析出"政治人格"和"普通人格"，也涵盖所谓的"职业道德"）。而由于知识分子作为社会阶层及其社会活动内容的特殊性（大多从事职业性的思想学术文化和科学技术工作），所以除了与其他阶层人员共同具有的"社会人格"现象外，事实上还有着为他们所特有的另一类型而又自成体系的人格现象即"思想文化人格"。这种"思想文化人格"，在人格的层次与内容构成方面具有综合性、集大成式，人们常说的所谓以"学风"问题为核心的"学术道德（人格）"，显然也为其所涵盖。因此，"思想文化人格"充分体现了知识分子整体性的社会政治人格的个性特点与风格特征，其作为全体社会成员的人格形态最高层次，当是一般的社会政治人格与狭义的道德品质素养的有机结合，也是梁启超所说的"公德"与

* 朱文华，复旦大学中文系教授。

"私德"的和谐统一。①

本文即对中国现代知识分子的"思想文化人格"问题做个案考察，之所以选择胡适为考察的具体对象，主要考虑到胡适作为中国现代知识分子的代表性人物，在人格问题上具有充分的典型性。

胡适具有明确的人格意识，既有大量的学理性表述，又有实践中的身体力行。

胡适一生活动中所表现出的人格特点，尤其是在长期的职业性的思想学术文化活动中（主要形式如教学、著述、编辑、翻译等，广泛涉及了文学、语言学、史学、哲学、新闻学和教育学等学科领域）所流露出来的各种鲜明的人格形象，更是充分呈现了知识分子的"思想文化人格"诸要素以及体系上的完整性特点。

胡适对于"思想文化人格"的践行，虽然大体上具有模范性，但也自有某种历史局限性。

重要的还在于，胡适的思想文化人格特点，事实上又深刻地触及了从学理上考察人格问题（尤其是现代知识分子的"思想文化人格"问题）中许多难以回避的重要而复杂的课题，以致持不同意识形态的人们对于胡适的思想文化人格的性质特点及其社会影响和历史地位问题，形成了某种特别的认识。例如，在1920年代，五四新文化运动的反对派的代表性人物，曾酸溜溜地指斥当时的青年学生"以绩溪为上京，以适之为大帝"，② 无独有偶，在1950年代开展的那场至今看来缺乏严谨的科学性的"胡适反动思想批判"运动中，其具体的组织领导者中也有人愤愤不平地指出胡适思想"在不少的一部分高级知识分子当中还有着很大的潜势力，——在某些人的心中胡适还是学术界的'孔子'"。③ 如此现象，显然折射出了中国现代思想文化史上的若干耐人寻味的问题，有必要予以适当的解读。

顺便指出，在近四十年来的重新科学评介胡适的过程中，有的学者似

① 拙文《释人格》，原系本文的导论，因篇幅过长作为独立文稿待发表。
② 参见章士钊《评新文化运动》，原刊《新闻报》1923年8月21—22日，转引自郑振铎编《中国新文学大系·文学论争集》，良友图书出版公司，1935。
③ 参见《中国科学院郭沫若院长关于文化学术界应开展反对资产阶级错误思想的斗争对〈光明日报〉记者的谈话》，《光明日报》1954年11月8日。

乎也触及了对胡适的人格问题的研究，^① 虽然尚是初步的，但也值得珍视。本文拟在这样的基础上，主要根据笔者对"思想文化人格"概念内涵外延的科学界定意见，专门集中评述胡适的"思想文化人格"精神及其具体表现形态，而其实证事例，则依据国内学术界已发掘整理的可靠的胡适传记资料。^②

二

胡适（1891—1962），字适之，安徽绩溪人，现代中国著名诗人、学者、思想家。早年在家乡接受传统教育，1904 年到上海后开始接受"新学"，1910—1917 年留学美国，先后毕业于康奈尔大学（本科）与哥伦比亚大学（博士研究生）；1917 年归国后，长期从事现代思想学术文化教育活动，曾任北京大学教授、教务长和校长，（上海）中国公学校长，以及（台湾）中研院院长。胡适也一度涉足国内政治活动和国际外交活动，抗战时期曾出任中国（国民政府）驻美大使，战后又在一定程度上参与了联合国创建活动。

胡适曾积极倡导五四新文化运动（含"文学革命"运动），后又组织领导了英美派知识分子的相关重要活动（如创立新月社并出版《新月》杂志；

---

① 如沈卫威《文化·心态·人格——认识胡适》（河南大学出版社，1991），可惜该书虽然在书名上标示出"人格"一词，但全书所收入的各散篇文章，还只是对胡适的某些思想个性的心理特征，做一般化的分析、解读，伦理学的学理深度似乎不足。又，耿云志编《胡适语萃》（华夏出版社，1993），该书虽然没有特别揭示出"人格"或"文化人格"的概念，但编者从胡适的全部著述中完整系统地辑录了足以体现胡适"文化人格"特征的一系列语录，这不仅为专题研究胡适的"文化人格"做了资料性的基础工作，而且书中的《编序》一文所论，以及对于胡适语录所做的分类编排并编拟标题，实际上也具有专题研究的性质和形态，对于笔者撰写本论文起到了启示作用。特此说明并向耿先生致谢。

② 这方面的资料除了经过全面整理的《胡适全集》（安徽教育出版社，2003）之各卷文字外，主要还有：胡颂平编著《胡适之先生年谱长编初稿》（台北，联经出版事业有限公司，1984）、胡颂平编著《胡适之先生晚年谈话录》（台北，联经出版事业有限公司，1984）、唐德刚译注《胡适口述自传》（台北，传记文学出版社，1981）、唐德刚著《胡适杂忆》（台北，传记文学出版社，1980）、耿云志编《胡适遗稿及秘藏书信》（黄山书社，1994）。本文所列举的有关胡适的文化人格的例证材料，均出自以上资料文本。但为了行文的简洁，不一一标示书名与页码；所引用胡适的言论，仅标示篇名。另外，有关例证材料，行文上一般也只是予以线索性提示，点到为止而不做具体展开。

又召集同人编辑出版《独立评论》杂志等），另外与国际学术界（汉学界）也有密切交往（曾多次出席国际学术会议）。唯其如此，胡适被中外文化界公认为现代中国自由派知识分子的精神领袖、现代中国思想学术文化界的首席代表。

根据上文提出的对于知识分子的"思想文化人格"所包含的特定的基本内容与性质的几个具体层面的理解，具体考察胡适的实际人生活动（主要是职业性的学术文化活动），笔者认为，胡适的自成体系的"思想文化人格"，大致有如下几个主要方面的构成要素及相应的道德特色。①

（一）思想文化人格的哲学基础：自由主义的"独立人格"论

胡适具有专业的哲学素养，其"思想文化人格"自有扎实的哲学基础，即坚定地信奉自由主义原则，由此强调必须保持个人的"自由独立的人格"（主要体现为人身自由和思想言论自由）；从消极角度说，即是反对各种形态的专制主义、反对超经济强制的人身依附关系。在胡适看来，社会的最大罪恶是剥夺人的自由、摧残人的个性，不使他自由发展；而作为现代人，自身也必须摆脱奴隶意识，首先"把自己铸造成器"，敢于争自由、争人格，而争"个人的自由"和"个人的人格"，实际上就是"为国家争自由""为国家争人格"，因为"自由平等的国家不是一群奴才建造得起来的！"至于对于这种"独立人格"的思想内涵的理解，胡适还从积极的角度称之为"健全的个人主义"，并强调，其有两个侧面的表现形态，一是如同挪威剧作家易卜生的剧作《玩偶之家》女主人公娜拉所声称的那样，"我就是我自己，要为自己的事做主"；二是如易卜生另一剧作《国民公敌》主人公斯铎曼医生那样，敢于坚持个人正确的意见而不屈从于各种打击迫害，即使被人视为"国民公敌"也在所不惜，因为他相信坚持真理的"孤独者"，"才是世界上最有力量的人"。总之，胡适强调："社会国家里没有自由独立的人格，如同酒里少了酒曲，面包里少了酵，人身上少了脑筋，那种社会国家决没有改良进步的希望。"（参见《易卜生主义》《介绍我自己的思想》）

---

① 本文把胡适的思想文化人格的形象，分析归纳为九个方面，其中一至四项是纲领性的，且有逻辑上的递进关系；而五至九项大抵是并列的几个子目。两方面合起来则在事实上构成较完整的体系。

　　由此看来，胡适能够在倡导五四新文化运动中面对反动势力的政治高压以及各种文化保守主义者的强烈攻击而绝不动摇，敢于主动发起"人权与约法"的政治性论争，晚年定居台湾后仍不时批评当局的专制主义统治等等，其一贯的思想前提就在于深切认识到"思想信仰的自由与言论出版的自由是社会改革与文化进步的基本条件"（《我们必须选择我们的方向》）。胡适曾说过，"我们这个国家今日所缺少的是有力量的诤臣义士"（《为学生运动进一言》），直到晚年还有针对性地表彰本民族古代知识分子的"争自由的宣言"——"宁鸣而死，不默而生"（《"宁鸣而死，不默而生"》），这又表明了其"自由独立的人格"的思想基础。

　　（二）思想方法：实事求是的科学精神

　　胡适深受以杜威为代表的美国实用主义哲学思想的影响，但是，他作为中国的实验主义者，从中国思想文化界的实际情况和现实需要出发，主要是从思想方法论的角度予以接受的。换言之，他始终倡导并践行的，乃是他的有着自己独特理解的实验主义的思想方法论，而其核心内容则是集中在反迷信、反盲从，提倡科学的怀疑、批判态度和求实精神，又针对民族传统思想的某种弊病而强调反对"目的热"和"方法盲"现象等诸端，归结为一点，就是实事求是的科学精神。

　　例如，胡适睿智地指出："不肯用气力，不肯动手脚，不肯用自己的耳朵眼睛而轻信别人的耳朵眼睛，话到归根，还只是无为的思想方法"（《从思想上看中国问题》）；"这种懒惰下流不思想的心理习惯，是我们的最大敌人，——万不可容纵这个思想上的敌人。因为在这种恶劣根性之上，决不会有好政治出来，决不会有高文明起来"（《致李幼春、常燕生》，1929 年 7 月 1 日）；"思想切不可变成宗教，变成了宗教，就不会虚而能受理，就不思想了"（《致陈之藩》，1948 年 3 月 3 日）。据此，胡适反复强调"科学的思想方法"，其要点即是"重新估定一切价值"式的"评判的态度"："无论对于何种制度，何种信仰，何种疑难，一概不肯盲从、一概不肯武断，一概须要用冷静的眼光，搜求证据，搜求立论的根据，搜求解决的办法。"（《一师毒案感言》）

　　胡适有时还把这种"科学的思想方法"称为"科学的态度"，由此还特别强调"证据"意识，谓"科学精神在于寻求事实寻求真理。科学态度在于撇开成见，搁起感情，只认得事实，只跟着证据走"（《介绍我自己的思想》）。

胡适有时还从另一角度解释说："科学之最精神的处所，是抱定怀疑的态度；对于一切事物，都敢于怀疑。凡无真凭实据的，都不相信。——怀疑的态度是建设的、创造的，是寻真理的惟一途径。"（《东西文化之比较》）

上述种种，落实到治学方面，就是胡适的一句名言："科学的方法，——只不过'尊重事实'、'尊重证据'。在应用上，科学的方法只不过是'大胆的假设，小心的求证'。"（《治学的方法与材料》）换言之，"什么东西都要拿证据来。大胆的假设，小心的求证。这种方法可以打倒一切教条主义、盲从主义，可以不受人欺骗，不受人牵着鼻子走"（《就任中央研究院院长典礼致词》）。

胡适曾说自己一生的思想文化活动是"围着'方法'问题打转的"（《介绍我自己的思想》），的确如此。

在社会政治活动中，他正是凭借这样的"科学的思想方法"坚守了本人的自由主义立场；而纵观胡适一生的学术文化活动，尤其是在其中占很大一部分的文史研究（胡适称之为"整理国故"）工作中，更是完全践行了如此"科学的思想方法"，并取得了不俗的成绩，例如对于"新红学"的创立、"疑古学派"的形成、"白话（国语）文学史"的梳理、"禅学史"的研究等等，均是中国现代学术文化史上的大手笔。

（三）具有"文化使命感"特色的社会责任感（包括社会服务牺牲精神）

胡适具有强烈的社会责任感，可贵的是，作为社会公共知识分子的代表人物，他对如何践行本人的社会责任感（包括社会服务牺牲精神）的问题，结合社会、国家、民族的实际情形和知识分子的职业工作的特点，将其具体理解为一种"文化使命感"而付诸活动。①

在践行文化使命感的问题上，胡适的人格形象特别鲜明。如，正是考虑到辛亥革命后中国思想文化界的实际局面，"故国方新造，学以济时艰"（《尝试集·文学篇》），胡适才义无反顾地回国投身五四新文化运动；也正

---

① 关于胡适的"文化使命感"问题的深入探讨，参见拙稿《论胡适的文化使命感》，《徐州师范大学学报》（哲学社会科学版）2011 年第 3 期。

是为了推动五四新文化运动的深入，他又运用各种文化形式全面参战，尤其是自觉担负起了社会指导的职责；而在九一八事变后的民族抗日救亡运动期间，他又主动联络友人，挤出时间，自掏腰包，编辑出版《独立评论》，以"负责任"的态度"说老实话"，由此积极影响民众。在这期间，所谓"胡适之做礼拜"事件（即主动向社会宣布承诺：每星期天上午在米粮胡同的私宅接待任何身份的来访者，回答他们的问题），最具典型意义，此乃现代中国的一个文化创举。

（四）理智的文化心态

由于践行"科学的思想方法"，胡适在所有的社会活动乃至思想文化活动中，都能够保持一种理智的文化心态，这在整个现代中国思想文化界普遍呈现出急躁的乃至过于激进的文化氛围下，更显可贵。

例如，在当时中国知识分子无法回避的"中西文化观"问题上，胡适持清醒的"民族文化反省"立场，即反对夸耀"遥远的光荣"，而老实承认本民族文化在近代以来处于落后乃至"事事不如人"的现实，由此主张以"知耻近乎勇"的态度，认识虚心采纳学习西方文化的必要性和迫切性。胡适同时也曾多次辩证地分析指出，如此做并非丧失"民族自信心"，而恰恰是强调把民族自信心建筑在坚实的基础上、确立追赶先进的西方文化并创造民族新文化（新文明）的最终目标。应该说，胡适这方面体现了"深刻的片面性"和"片面的深刻性"相交织的言论，虽然当时并未为更多的国人所理解，甚至引起过严重误读，但胡适始终坚持，直到他去世的半年前，仍然以此提醒国民说："我们东方人也许必须经过某种智识上的变化或革命。"（《科学发展所需要的社会改革》）

在胡适一生的学术文化活动中，与各种文化保守主义者反复进行激烈的不妥协的论争，是一个重要的侧面，而支持他的，或曰他所依凭的，从根本上说就是作为一个深沉的爱国主义者所特有的健康的文化理性。

还值得一提的是，胡适的文化理性也使得他在对待文化问题上能够摆脱意识形态的藩篱而采取客观公正的自由主义立场与态度。如他虽不认同马克思列宁主义，却充分肯定以列宁为代表的"当日在西伯利亚冰天雪地里受监禁拘囚的十万革命志士"作为"新俄国的先锋"的"爱自由、爱真理"的精神，也赞颂中国的"共产青年"英勇不屈的革命精神（《个人自由与社会进步》）。另外，他虽然对共产党执政的新中国持不同态度，但仍然啧啧称赞新中国在文字改革（简化汉字）方面的成绩，也承认新中国知识分子在学术文化研究方面所取得的成绩（如钱锺书的《宋诗选》等）。

（五）以端正学风为核心的从业精神、敬业态度

以知识分子而言，学风最足以反映其个性，而胡适的高尚的文化人格在学风上的反映也是非常显著的。胡适治学基本特点之一，乃是重视方法论与秉持优良学风互为表里，而其优良学风的具体表现大致可以概括为：学习刻苦、认真、踏实，不是浮光掠影、浅尝辄止，由此掌握广博的知识，形成合理的知识结构，追求厚积薄发；进而则自觉训练学与思的同步，用心用力，勤于钻研、敢于怀疑，又善于提出问题与解决问题；这些再与科学的思想方法相结合，使得学风严谨、扎实。例如，胡适在治学中非常重视证据，主张"有一分证据说一分话"，"严格的不信任一切没有充分证据的东西"（《胡适演讲集·治学方法》），而前提却是严格拷问"证据"本身的可靠性，主张必须追问："（1）这种证据是在什么地方寻出的？（2）什么时候寻出的？（3）什么人寻出的？（4）地方和时候上看起来，这个人有做证人的资格吗？（5）这个人虽有证人的资格，而他说这句话时有作伪（无心的或有心的）可能吗？"（《古史讨论的读后感》）这就是胡适所谓的"做学问要于不疑处有疑"（《致白薇》，1930 年 4 月 14 日）。另外，虽然胡适多次强调治学中"大胆假设"的意义，但他同时严肃地指出，"假设"须接受科学的检验（即经过"实验"），以"限制那上天入地的妄想冥思"（《杜威先生与中国》）。

由此可以说，胡适后来反复强调治学方法的"勤、谨、和、缓"的"四字诀"，其实也融入了其个人平生所坚持的那种严谨学风的体会。中国现代学术史上有一实例：在当年的一场关于"蒲松龄的卒年"的学术争论中，正是胡适的建立在严谨学风基础上的学术判断，最终为新发现的地下文物资料所证实。① 这是很能说明问题的。

易言之，胡适的这种优良、端正的学风，从根本上来说也体现了知识

---

① 关于这一争论的具体情况，参见拙稿《关于鲁迅讥评"胡适之法"的几个问题》，《鲁迅研究月刊》2001 年第 12 期。

分子的一种可贵的文化从业态度、敬业精神——大匠不示人以璞。

胡适的学术文化活动的主要形态之一是著述，他一生既发表了不少面向社会、与读者做思想交流的政论性文字，也刊布了大量与同行师友切磋研讨问题的专业性学术论著。当年胡适在为自己的第一本文集作序时郑重表示："我总算不曾做过一篇潦草不用气力的文章，总算不曾说过一句自己不深信的话：只有这两点可以减少我良心上的惭愧。"（《胡适文存·序例》）可以认为，这正是养成了严谨学风的胡适思想文化人格的闪光点之一。在"五四"以来的中国思想文化界，著述方面有重大业绩者或许不少，但敢于说这样的话的人委实是少见的。

（六）职业文化活动中的创新精神与创新能力

对于从事职业性的思想文化和学术研究的知识分子来说，其"思想文化人格"的高尚性，无疑还应该具体表现为职业文化活动中的创新精神与创新能力。在这方面，胡适的实际表现同样是突出的。

一般说来，胡适对于中国现代文化的建立与发展的独创性贡献主要有：一是深入倡导语言文字的改革，进一步为创造现代中国社会的统一而便利的思想交流工具奠定了基础；二是从理论与实践的结合上首倡"文学革命"，开一代诗风，从而将民族文学的发展引入现代化；三是积极投身并在一定程度上实际引导新文化运动，通过在思想文化各领域提出一系列重大的命题（如反对孔教、倡导新伦理、主张教育改革、提倡妇女解放等），带动了全民族、全社会的思想解放与文化革新；四是通过理论倡导或率先示范，建立了中国现代学术文化的范式（大如实证主义的论文写作方法模式，小至新式标点符号的应用）；五是在一些具体的学术课题研究中，留下了一批富有学术创见的成果，足以启迪后学，如中国古代思想史（哲学史，含禅学史）研究、中国古代文学史和近代文学史研究（含章回小说考证等）、中国古代史研究，以及西方哲学、文学与教育学的研究等。对于一位中国现代知识分子来说，如能在上述各项中占其一，即堪称优秀、杰出，在学术史上也自有地位。而胡适却是如此"全能"，即使相较于董仲舒、韩愈、苏轼、沈括、朱熹、王阳明、戴震等前代哲贤，也可谓有过之而无不及。

（七）处理人际关系方面的民主、平等作风与宽容态度

按世俗的说法，胡适"人缘好"，所以赢得了同行师友弟子，以及社会各界人士（包括许多不曾相识者）的普遍好感与尊敬，以致在当时的社会上许多人竟把"我的朋友胡适之"当作口头禅。这种情况耐人寻味，其深层次的原因在于，就胡适而言，他不是出于所谓"人情世故"的考虑，有意把"树人缘""结人脉"当作一种功利性的处世哲学而实践，而完全是因为本性善良、心存忠厚，真诚地爱人、尊敬人、相信人、理解人，所以能够时时处处与人为善，他所说的"待人于有疑处不疑"这样的话，尽管经不起"阶级分析"，但作为一种抽象的道德观念，深刻地体现了人道主义的博爱精神，那是难能可贵的。

试看胡适的实际处理人际关系的情况，即他在日常的待人接物方面的具体作风：

对于有恩于自己的老朋友（如许怡荪、胡近仁等），他终身感恩怀念；

对于亲密的友人、老同事，他真诚相劝，无论政治性的（如劝周作人离开北平）还是生活方面的（如劝蒋梦麟慎重处理续弦问题）；

对于学术同行（包括前辈，如梁启超、章太炎、王国维等，乃至戴震、全祖望等），始终抱崇敬的态度，从总体上同情与理解他们的思想与学术成就，即使有不同的学术见解，也是严格局限在学理探讨的范围内予以分析，而绝不做政治判决或人身攻击（如对李大钊、陈独秀等），如认为是被诬者，则勇于为之辩白雪冤；

对于学生，他除了学业上认真指导、循循善诱、诲人不倦，还给以工作上和生活上的关心、帮助（如对待傅斯年、顾颉刚、吴晗、罗尔纲等），另外，对于任何学生，他也从不以恩师自居，完全平等相待；

对于文学青年，他一贯热情鼓励、奖掖（如对待康白情、俞平伯、汪静之等），有的还予以多方面的帮助、扶植（如对待沈从文）；

对于青年学人（甚至并不熟识），他给予及时的热情援助，有经济方面的（如给留美作家林语堂寄送美元），也有学术方面的（如将《红楼梦》的珍稀版本材料借给吴世昌）；

对于自己的工作助手（如章希吕、胡颂平等），他也完全平等相待，充分尊重他们的人格，包括尊重他们学术方面的工作成绩，不敢掠美（如对

姚名达）；

对于社会各界请求帮助指导的人（其中有后来的著名政治家或文学家如毛泽东、郑振铎等），他也无不予以真诚接待，尽可能地提供参考意见，如果面对的是问学者（如当年台北市的一个卖炊饼的袁姓小贩），则更以谦和的态度予以回答。

此外，最值得一提的是对于论敌的态度。尽管胡适的论敌曾对他多有激烈的攻击、谩骂，但胡适并不采取"以牙还牙"的态度，而是尽可能避免正面冲突，至多是视实际情况而温和地做某种书面解释（如对郁达夫、郭沫若），或者有意争取化解矛盾，以"相亲"取代传统的"文人相轻（相鄙）"（如对章士钊）。尤其是对于鲁迅的态度，鲁、胡本是同事（任教于北京大学并参与《新青年》编辑）和学术同行（"中国小说史"研究），但鲁迅在思想政治上转向激进后，视胡适为政敌，在多篇杂文中刻薄地讽刺挖苦胡适（其中有对胡适思想的曲解），对胡适予以政治性的全盘否定。但在鲁迅病逝后，当有人致函胡适要求其出面组织发起所谓"取缔鲁迅宗教"运动的时候，胡适却在公开的回答中冷静地指出："凡论一人，总须持平。——鲁迅自有他的长处，——说鲁迅之小说史是抄袭盐谷温的——我们应该为鲁迅洗刷明白。"（《致苏雪林》，1936 年 12 月 14 日）这样一种态度，用胡适本人的话来说就是"容忍"——"比自由更重要"的"容忍"精神（《自由主义》）。

（八）"爱惜羽毛"式的自律精神："以期作圣"

胡适有"以期作圣"的家训。① 受此影响，他在道德人格养成方面的自觉意识较为强烈，有相当的自律精神。可贵的是，这种自律精神是从小培养的，又是注重从小事情一点一滴地做起的，所以胡适生前身后均被人提起具有"爱惜羽毛"的个性特点。

胡适那个时代，为人介绍职业本是寻常事，但胡适长期以来坚持做到不替亲朋好友介绍工作，以免朋友为难，据胡适自己说："我四十多年不写荐人的信给任何朋友，这是一种'自律'，我的意思只是要替朋友减轻一点

---

① 胡适父亲胡铁花信奉理学，著有《学为人诗》（其中有"以学为人，以期作圣"等句），胡适的私塾教师曾以此为教材。参见胡适《四十自述》。

麻烦，不让他们感觉连胡适之也不能体谅他们的困难，也要向他们推荐人。"（《致水泽柯》，1961 年 2 月 11 日）对此胡适还有另一解释："我现在的地位不能随便写信介绍工作的。我写一封信给人家，等于压人家，将使人家感到不方便。"（《胡适之先生晚年谈话录》）

胡适的工作特点在于与各种图书打交道，但图书在财产性质上有公私之分，胡适由此区别对待：如是个人的书，常常随意在书上写写画画，但面对属于公家单位部门的藏书，则本着自觉爱护公物的要求不敢在上面任意画写。

胡适出任社会公职时期，在工作作风和生活习惯等方面也十分注意以身作则。如在中央研究院院长任上，住所也在院内，因为妻子江冬秀作为家庭主妇为消遣而经常召集友人来住所打麻将牌，为使本单位的工作环境和风气不受影响，胡适就在院外为妻子另外租赁用于打牌的房屋。

胡适每天从事著述，得写许多字，但他能够"时时刻刻警告自己，写字不可潦草，不可苟且！写讲义必须个个字清楚，免得'讲义课'错认抄错；写杂志文章必须字字清楚，免得排字工人认不得，免得排错"（《胡适之先生晚年谈话录》）。

（九）作风廉洁，清清白白为人处世，坦然面对名利问题，绝不见利忘义或争名夺利

胡适一度担任公职，难免面对实质上涉及公私矛盾的一些具体问题，但他能够谨慎对待，没有丝毫贪欲，用他自己的话说："我主办公家事业三十余年，向持一个原则，宁可令公家受我一点便宜，且不可占公家一点小便宜。"（《致王重民》，1943 年 4 月 23 日）据此，他曾多次拒绝在他看来按道德属于不应收取的钱款——如当年蔡元培提供的送人情式的中央研究院的"特约撰述员"虚衔月俸（每月 300 大洋）、国民政府发下的"驻美大使"生活补助费、中国文化教育基金会给予的工作津贴费等。相反，胡适还有意减少个人的合理收入，如曾多次表示，希望有关出版社对自己的著作用小号铅字排印，以降低书价，方便读者购买。这在版税制条件下，意味着自觉缩减自己的稿酬。至于他自己掏钱，雇人修建家乡的山路，在当地也传为美谈。

而在对待"名"的问题上，胡适也大致做到不贪图虚名，不沽名钓誉。

本来，他早年就暴得大名，虽说毁誉交加，但总的说来还是称誉更隆。胡适没有像其他人那样，为保持自己的声誉而使用各种手法刻意包装自己（包括曲意迎合社会而媚俗媚众之类）。这一点甚至更集中地体现在他的自我评价方面。例如，对于他本人在中国现代思想文化史的实际地位问题，他不曾自吹自擂，一个基本的自我定位，只是"中国新文化运动"中的"一个开路的工人"（《四十自述》），但同时又坦承自己"提倡有心、创造无力"，"但开风气不为师"，至多在有的场合声称"自己的葫芦里也有些东西"，以此表示一定的文化自信。显然，这是一种尊重历史而又客观谦逊的自我评价，大师风范尤在。

三

欲全面考察和认识胡适的思想文化人格，似乎还无法避免两个问题。

第一，胡适毕竟不是纯粹的经院式的文化人，因为他确实一度与政治走得很近，或卷入政治旋涡，并担任重要的官职，这与他的思想文化人格表现是一种怎样的关系？或者说，他是如何面对（处理）政治与学术文化矛盾的？由此留下了怎样的经验教训或启示意义？

第二，胡适当然也不可能是道德的完人，他的思想文化人格表现也有若干瑕疵，今天的人们该如何正确认识这方面的问题？

关于第一个问题，值得做具体分析的是，首先，胡适参与政治活动的原因何在，是否为主观上谋求个人飞黄腾达与荣华富贵。事实证明，并非如此，即胡适参与政治活动多为被动的，主要由于政治当局援引历史经验而对像他那样的"社会贤达"类知识分子的某种借重。其次，政治活动本身也可以分析，有正义与非正义之分、正当合理与肮脏龌龊之别，而胡适参与的政治活动的性质又如何？以胡适一生中的最主要的政治履历看，无疑是出任国民政府的驻美大使。但这是处于民族战争的特殊背景下，用胡适自己的话说：是国家在"战时"对自己的"征召"，所以义不容辞（《给江冬秀的信》，1937 年 7 月 30 日）。既然如此，就不该否定之。当然，从今天看来，胡适曾参与的一些政治活动似乎不当（如当年出席"善后会议"，又如出席国民政府的"制宪国大"和"行宪国大"等）。但也应当说，这对于政治上的改良主义者胡适来说，主要是属于政治立场与意识形态倾向方面的问题，与人格问题无涉。而且，由于传统的儒家思想影响，中国知识分子历来信奉"修身齐家治国平天下"的理念，甚至中间难以摆脱地夹杂封建主义"正统"观念，于是往往把参与某种由当时的"合法"的执政当局所主导的活动（或出仕）理解为践行"社会责任感"。胡适大抵也是如此，这该是属于一般的历史局限性问题，不值得苛求。

还应当说，以胡适的文化个性，以他对"社会责任感"的个性化理解（即主要是"文化使命感"），曾诚勉自己"二十年不入政治界，二十年不谈政治"，那是真诚的，所以一生多次婉拒最高当局邀其出任教育部部长、外交部部长一类官职。他虽然有浓厚的"政治兴趣"，但也大抵限于"议政"，而自认最佳途径为"办报"而已。不过，他又有太热切的社会政治理想，尤其推崇欧美民主政治模式，盼望"民主宪政"移植于现代中国。唯其如此，在某种很特殊的政治背景下，他会暴露出政治上天真的一面，如当有人游说其"竞选总统"时竟然有某种心动。当然，相较而言，面对政治活动的诱惑，胡适表现出冷静的一面还是基本的，所以直到晚年，他多次明确拒绝参与"组党"活动，包括拒绝发起组织所谓"第三势力"之类。由此看来，尽管胡适与政治有复杂的联系，但他绝非"政客"，"书生"本色尚是保存的，其思想文化人格在整体上也未受玷污。

关于第二个问题，首先应该承认，胡适这方面的瑕疵的确存在，不必掩饰。笔者认为，其主要事实有如下几例。

其一，所谓"假冒博士"问题，尽管梅光迪提出问题是恶意的，但就事实而言，胡适1917年归国后即以"博士研究生"的学历而自称"博士"（博士学位因故在十年后取得），的确不妥。

其二，蔡元培1919年为胡适的《中国哲学史大纲》作序时特别称赞胡适有家学渊源，谓胡适"出生于世传汉学的绩溪胡氏，禀有汉学的遗传性"，这里其实有误，因为绩溪有三胡，胡适的宗族（"明经胡"）与乾嘉时期著名汉学家胡培翚的宗族并无关联。熟悉家族史的胡适本人自然明白这一点，但对此他没有及时做出说明，此后当梁启超等几位中外学者重复蔡氏之说时，胡适仍然未做澄清更正。这显然不是诚实的态度。

其三，尽管胡适在理论上曾"劝告一切学人不可动火气"（《致吴相湘》，1961年8月4日），自己却没能完全做到，如在鲁迅逝世后致苏雪林的信中，虽然提出了著名的"持平"论，但行文中不经意地出现"鲁迅猖猾攻击我们"等谩骂式语句，可谓有失君子之风。

其四，抗战胜利后，曾经"附逆"的周作人在受审时，请求胡适为之开脱，胡居然也有相应言论。这显然有徇私之嫌，至少是不慎之举。

其五，对于大陆学者的批胡文章，当被问及"难道没有一点学问与真理"时，胡适回答说"没有学术自由，哪里谈得上学问"。这种态度也是"动火气"的表现，显然缺乏对于问题的具体客观分析的态度，也是缺乏学者应有的自省精神的。

其六，晚年在对待"雷震案"问题上，其"仗义执言"的力量无疑不足。

以上几点，自然都有当时具体的社会政治条件方面的原因，但确实表明胡适的思想个性有弱点，在思想文化人格方面也有某些不足之处。不过，应该承认，这些均属枝节性瑕疵，一眚不足以掩大德。

笔者认为，在回答了上述两个问题后，对于胡适的思想文化人格问题的认识，可以获得如下几点简要的结论。

第一，胡适既有自觉的人格意识与高尚的人格目标，又注重实践中的自律养成，他的自成体系而富有特色的思想文化人格，在同时代的中国知识分子中可谓最突出的，也堪称优秀。

第二，胡适一生体现出来的优秀的思想文化人格，是中国传统思想文化中的某种积极成分与西方近代资产阶级民主主义和自由主义的新伦理道德观念的有机融合，既反映了民族特点，也契合了时代精神。

第三，胡适的思想文化人格的形成，标志着五四新文化运动①以来的中国人（尤其是知识分子阶层）的现代道德建设取得了实际上的优秀成果，并具有典范意义。

第四，依据"道德的抽象继承"原理，胡适的思想文化人格的基本方面完全值得肯定，它或许在一定程度上可以被改造成能够为今天的"社会

---

①　五四新文化运动的思想要旨之一，用陈独秀的话来说，期望以青年为主体的国民本着"最后觉悟之最后觉悟"（即"伦理的觉悟"）而自觉改变文化心态。陈独秀当时所提出的一系列要求（如《敬告青年》的六条："自主的而非奴隶的""进步的而非保守的""进取的而非退隐的""世界的而非锁国的""实利的而非虚文的""科学的而非想象的"），其实都属于人格道德修养方面的问题，而归结点则是提倡"存国民一线之人格"，即"独立自主之人格"（《我之爱国主义》）。

主义精神文明建设"吸纳的成分。

　　[作者附识] 笔者从事胡适研究凡四十年，已出版相关题旨的专著多种，发表论文数十篇。本文系笔者撰写的胡适研究方面的最后一篇论文（因为已决定此后将不再"炒冷饭"式地撰写同类文稿了，以表示对于严肃的学术活动的敬畏），算是对个人的专题学术研究活动及主要观点的一个小结，希望得到同行师友的切实批评。

胡适的政治立场

——以其对国共两党的态度为中心

孟彦弘[*]

余英时先生曾据胡适日记，梳理胡适一生的行事。[①] 本文则想用胡适日记，集中谈一下他与国民党的关系以及他对共产党的态度。

胡适一生行事，大致分为三个阶段。第一阶段，从留美返国，到国民党北伐成功，致力于推动新文化运动，倡导输入新学理、整理国故，意在打破禁锢、解放思想。第二阶段，从国民党北伐成功到全面抗战爆发，他站在自由主义的政治立场，批评国民党的一党专政，呼吁国民党开放党禁，实现民主和宪政。从第一阶段到第二阶段，他行事的重点也发生了巨大变化，最突出的一点，就是对现实政治格外关注，并予以严厉批评。作为政治人物的胡适，正式登场。可以说，胡适从思想、文化人物，转变成为政治人物；同时，九一八事变后，国难当头，胡适从政治异见人士转变为国民党净友。第三阶段，从出任驻美大使到逝世，为"国家"服务，推动台湾的民主化。

在国民党北伐胜利、统一中国以前，胡适对南方的国民党基本是旁观的态度；北伐胜利之后，适逢胡适在上海中国公学任校长，得以近距离接触国民党，切实感受到国民党一党专政的威压，于是围绕言论自由、人权等，对国民党进行了激烈的批评。由激烈的批评而至合作的转变，是由于九一八事变，特别是热河事变的发生。随后，他的一些朋友加入政府，为

* 孟彦弘，中国社会科学院古代史研究所研究员。
① 余英时：《从〈日记〉看胡适的一生》，《重寻胡适的历程》，广西师范大学出版社，2004。

国家服务，他也曾几次面见蒋介石，标志着他与国民党关系的大幅改善。即使如此，在围绕宪政的讨论中，胡适仍在不断批评国民党。胡适对苏联的态度，则是由欣赏而至激烈反对，这一转变，似发生于他任驻美大使期间。对战后的国共之争，他选择支持国民党，对中共则由观望而至坚定反对，促成他完成这一转变的"导火线"，大概就是他的儿子胡思杜公开在香港报刊发表批判他的文章。

1949 年，在国共内战行将结束时，民主人士开始在共产党的安排下，北上参加新政协；像胡适等人，即离开大陆。能选择离开或者留下的，毕竟是少数；绝大多数的人，只能听天由命。胡适是学术界、知识界的领袖人物，又在抗战期间做过国民政府的驻美大使，于是选择了离开。先是到了美国，1950 年代末返回台湾，就任中研院院长。他在美国发表过一系列的讲演，都力挺国民党政权。1960 年台湾发生著名的"雷震案"。11 月 9 日，《联合报》记者采访，胡适说："别的话可以不登，但我不是营救雷震，我营救的乃是国家，这句话是不能不登的。"[1] 11 月 18 日，胡适见蒋介石。胡颂平称："从去年那次见面以前，总统都是单独接见，旁边没有旁人的。今天连先生在内，共有五个人。"[2] 胡适在日记里也说，"今天除岳军（张群）之外，有一个秘书，一个副官，手里没有纸笔，任务当然是用心听话作记录的"。最后，"说完了，——我忍不住说：我本来对岳军先生说过，我见总统，不谈雷案"。可见，蒋介石不单独见胡，而是除蒋、胡和张群之外，还特意留下副官和秘书，就是为了让胡适碍于人多，不好意思直接跟他谈雷震案。胡适虽然事前也答应张群，见蒋不谈雷案，但终于还是忍不住，谈了雷震案，认为处理不得当，会在国际造成不好的影响。蒋介石极不高兴，甚至说出"这一两年来，胡先生好像只相信雷儆寰，不相信我们政府"的话。胡适说"这话太重了，我当不起"，随后他在日记里便说了他1949 年衔命至美国，表示要支持国民党政权的一段话：

> 我是常常劝告雷儆寰的。我对他说过：那年（民国卅八年四月）总统要我去美国。我坐的轮船四月廿一日到旧金山。四月廿一日在中

---

① 胡颂平编著《胡适之先生年谱长编初稿》，台北，联经出版事业有限公司，1990，第 3359 页。
② 胡颂平编著《胡适之先生年谱长编初稿》，第 3364 页。

国已是四月廿二日了。船还没进口，美国新闻记者多人已坐小汽轮到大船上来了。他们手里拿着早报，头条大字新闻是"中国和谈破裂了，红军过江了！"这些访员要我发表意见，我说了一些话，其中有一句话，"我愿意用我道义力量来支持蒋介石先生的政府。"我在十一年前说的这句话，我至今没有改变。当时我也说过，我的道义的支持也许不值得什么，但我说的话是诚心的。因为我们若不支持这个政府，还有什么政府可以支持？如果这个政府垮了，我们到那儿去！——这番话，我屡次对雷儆寰说过。[①]

1949 年胡适支持国民党，当时就有学人认为他是为国民党殉葬。如顾颉刚 1949 年 1 月 17 日在叶揆初的宴席上见到胡适，"适之先生南来，一举一动皆为报纸材料，日报记之，杂志詈之。予劝先生，勿至南京，免入是非之窝。……当国民党盛时，未尝与共安乐，今当倒坏，乃欲与同患难，结果，国民党仍无救，而先生之令名隳矣"。[②] 十天后的 1 月 27 日又说："中共发表第二次战犯名单，胡适之先生在焉。平日为国民党排击，今日乃殉国民党之葬，太不值得。推原其故，盖先生办《努力周刊》《现代评论》《独立评论》，一班朋友借此多做了官，乃将之拖下水去，而先生则受人之捧，为人所利用也。捧之害人如此。"[③]

在国民党大陆执政期间，胡适对国民党政府多所批评，所以顾颉刚说胡"国民党盛时，未尝与共安乐"，"平日为国民党排击"。1950 年以后的大陆学者，将胡适往日对国民党的批评这一事实，认定为"小骂大帮忙"。胡适究竟与国民党是个什么关系？他怎么看共产党？为什么在国民党全面败退之际，他却选择要在道义上支持国民党呢？本文即以其日记为线索，略加分析和说明。

---

① 曹伯言整理《胡适日记全编》第 8 册，安徽教育出版社，2001，第 724—725 页。本文引据胡适日记较多，均出自此书；为求简洁便利，以下随文注出日记年月日，检核极便，故不再另注册页。

② 《顾颉刚日记》第 6 卷，台北，联经出版事业有限公司，2007，第 406 页。

③ 《顾颉刚日记》第 6 卷，第 410 页。关于胡适列名战犯事，参见马克锋《也论胡适"战犯"头衔的由来》，《中共党史研究》2014 年第 10 期。

一　与国民党的关系

胡适 1917 年自美留学返国，任教于北京大学，因提倡白话文、参加新文化运动而名噪一时。他不仅参与编辑过《新青年》，还前后办过《每周评论》《努力周报》，经常对时政发表评论，如在《努力周报》第 8 期"这一周"栏（1922 年 6 月 25 日），发表了对孙中山与陈炯明冲突事件的评论：

> 孙氏曾著书提倡"行之非艰，知之维艰"的学说，我们当时曾赞成他的"知之则必能行之，知之则更易行之"的话（《每周评论》，三十一号）。现在看来，孙氏的失败还在这一个"知"字上。一方面是他不能使多数人了解他的主张，一方面是他自己不幸采用了一种短见的速成手段。但我们平心而论，孙氏的失败不应该使我们埋没他的成功。①

这完全是站在旁观的立场所做的评论。国民党北伐成功后，推行党治，礼拜可以不做，但总理纪念不能不做，哪能容得下这样的态度和口气呢？其实，孙中山对 1924 年 8 月 1 日《广州国民日报》的批示也现端倪：

> 编辑与记者之无常识一至于此，殊属可叹！汝下段明明大登特登我之"民权主义"，而上面乃有此"影响录"，其意何居？且引胡适之之言，岂不知胡即为辩护陈炯明之人耶？胡谓陈之变乱为革命。着中央执行委员会将此记者革出，以为改良本报之一事。文批。②

该报在"影响录"栏目登刊了胡适的《多研究些问题，少谈些主义》，引得孙中山勃然大怒，开除记者。

1926 年，胡适随中英庚款顾问委员会经西伯利亚到英国，绕美国返回。

---

① 《胡适文存二集》卷三，此据季羡林主编《胡适全集》第 2 卷，安徽教育出版社，2007，第 526 页。
② 《孙中山全集》第 10 册，中华书局，1986，第 482 页。

次年 2 月，顾颉刚致信胡适：“先生归国以后似以不作政治活动为宜。如果要做，最好加入国民党。”“如果北伐军节节胜利，而先生归国之后继续发表政治主张，恐必有以‘反革命’一名加罪于先生者。”① 这一方面可以说明胡适与国民党毫无渊源，另一方面也说明，顾颉刚担心他的老师不能适应党治的新形势。1928 年 7 月 8 日日记，有南京《民生报》将胡适当作“三一八惨案”的助逆者，加以通缉的事。这是国民党人士对他的一个敲打。

1927 年胡适返国，居住在上海；1928 年出任中国公学校长，直至 1930 年 11 月北上，重回北大任教。胡适在上海的三年，正是国民党北伐成功，逐渐推行党治的时期，也是胡适批评国民党一党专政最严厉的三年。大概在胡适眼里，北洋政府虽然也不尊重人权、不实行宪政，但它是想控制却无力控制，所以感觉比国民党治下要轻松一些。② 我们比较一下他在北洋政府时期与国民党北伐后这两个十年的政论，即可看出。这大概也是他在后一个十年格外关注、严厉批评现实政治的原因。

1929 年元旦，胡适在天津《大公报》发表《新年的好梦》，第六个梦想是“大家有一点点自由”，“孙中山先生说政府是诸葛亮，国民是阿斗。政府诸公诚然都是诸葛亮，但在这以党治国的时期，我们老百姓却不配自命阿斗。……诸位诸葛亮先生们运筹决胜，也许有偶然的错误。也许有智者千虑之一失。倘然我们一班臭皮匠有一点点言论出版的自由，偶然插一两句嘴，偶尔指点出一两处错误，偶尔诉一两桩痛苦，大概也无损于诸葛亮先生的尊严吧？”③

是年 9 月，胡适就国民党宣传部部长叶楚伧说“中国本来是一个由美德筑成的黄金世界”一文，发表了《新文化运动与国民党》，称徐世昌的北洋政府还敢下令废止文言的小学教科书，而国民党的国民政府公告居然还

---

① 中国社会科学院近代史研究所中华民国史组编《胡适来往书信选》上册，中华书局，1979，第 426 页。

② 胡适 1929 年 4 月 26 日日记载：“马君武先生谈政治，以为此时应有一个大运动起来，明白否认一党专政，取消现有的党的组织，以宪法为号召，恢复民国初年的局面。”胡适评论说：“这话很有理，将来必有出此一途者。”就袁世凯出钱买议员、曹锟贿选，胡适说：“他们至少还承认那一票所代表的权力。这便是民治的起点。现在的政治才是无法无天的政治了。”

③ 季羡林主编《胡适全集》第 21 卷，第 363 页。

是四六骈体文，"在这一点上，我们不能不说今日国民政府所代表的国民党
是反动的"。随后他又"举思想自由作例"：

> 新文化运动的一件大事业就是思想的解放。我们当日批评孔孟，
> 弹劾程朱，反对孔教，否认上帝，为的是要打倒一尊的门户，解放中
> 国的思想，提倡怀疑的态度和批评的精神而已。但共产党和国民党协
> 作的结果，造成了一个绝对专制的局面，思想言论完全失了自由。上
> 帝可以否认，而孙中山不许批评。礼拜可以不做，而总理遗嘱不可不
> 读，纪念周不可不做。

又举顾颉刚所编教科书对三皇五帝表示质疑而被禁一事，说"这一部很好
的历史教科书，曹锟吴佩孚所不曾禁止的，终于不准发行了！""根本上国
民党的运动是一种极端的民族主义的运动"，"凡是狭义的民族主义的运动，
总含有一点保守性，往往倾向到颂扬固有文化，抵抗外来文化势力的一条
路上去"。① 完全是与国民党分庭抗礼的态度。

　　1930 年 10 月 11 日，胡适见汪精卫，日记里记下他及他的朋友罗文干
与汪精卫的对话："我说，老实说，党到今日，还有救吗？……"罗文干也
说："你们争粤二中与沪二中，争三全会与四全会，与我们何干？我们都是
蛋户而已。"胡适认为罗文干"话虽激烈质直，未必有人肯听"。这都反映
出胡适对国民党的态度。

　　胡适与国民党冲突的升级，集中表现在关于人权的讨论上。

　　1929 年，胡适参与编辑的《新月》月刊连续刊文，讨论人权问题。
1930 年初，结集出版了《人权论集》，胡适作序，对内容做介绍说："前三
篇讨论人权与宪法。第四篇讨论我们要的是什么人权。第五六篇讨论人权
中的一个重要部分，——思想和言论的自由。第七篇讨论国民党中的反动
思想，希望国民党的反省。第八篇讨论孙中山的知难行易说。"并强调"我
们所要建立的是批评国民党的自由和批评孙中山的自由"。② 事实上，他针

---

① 季羡林主编《胡适全集》第 21 卷，第 423—425 页。

② 《胡适论学近著》卷 5，文末署 1929 年 12 月 13 日，此据季羡林主编《胡适全集》第 4 卷，
　　第 652 页。

对孙中山"知难行易"的话,写了《知难,行亦不易》,使国民党大为光火,以至于2月1日国民党上海特别执行委员会开会,收到了六区党部的呈请,要求"为中国公学校长胡适言论荒谬,请予严重处分,并规定非党员不得充任学校校长等情"。①

1930年11月,罗隆基因为在《新月》发表批评国民党的文章而被捕。不久获保释,又写《我的被捕经历与反感》,更令国民党恼怒,教育部于1931年1月下令要求光华大学解聘罗隆基。胡适1月16日日记中抄录了他为此事致陈布雷的函,指出不应"开政府直接罢免大学教授之端","今所以罪罗君者,只因他在《新月》杂志作文得罪党部及政府而已"。"私人发表的言论,只负法律上的责任,不应影响其在学术上的职务。"次日,陈布雷回信,称"大函因此而论及一般的问题,如能谈论出一个初步的共同认识来,亦为甚所希望的事"。胡适托人将《新月》赠陈布雷和蒋介石各一份,复信说:"鄙意'一个初步的共同认识'必须建筑在'互相认识'之上。"②他在1月19日的日记中说:"访金井羊,把《新月》全份托他带给陈布雷,并送一份给蒋主席,附一信,说我不能赴布雷之约去南京。信的措词颇强硬,井羊不愿交去,但把《新月》留下。……井羊仍劝我去南京,我说,请你告诉他们:'共同的认识'必须有两点:①负责的言论绝对自由;②友意的批评,政府须完全承认。无此二项,没有'共同认识'的可能。"光华大学校长张寿镛为此事给蒋介石递一密呈,胡适日记1931年1月22日记:"张寿镛先生来谈。他见了蒋介石,把呈文交上去了,……蒋问,'可以引(罗氏)为同调吗?'他说'可以、可以!'我忍不住要笑了……这不是同调的问题,是政府能否容忍'异己'的问题。"

胡适改变对国民党严厉批评的态度,大概是在九一八事变,特别是热河失守之后。面对民族危机、国家危机,胡适采取了与国民党及其政府合作的态度。

在九一八事变发生后,胡适与朋友们曾几次聚会,讨论东三省的问题。这是日后《独立评论》的班底。③1931年11月初,他致信宋子文,主张及

---

① 曹伯言整理《胡适日记全编》第5册,第658页。
② 曹伯言整理《胡适日记全编》第6册,第32页。
③ 曹伯言整理《胡适日记全编》第6册,"独立社聚餐。谈内政问题,方式为'怎样建设一个统一的国家',结论大致是……"(第175页)

早和日本直接交涉。① 随后，又有他受宋子文邀约，就任国民政府财政委员会事。1931年11月11日日记写道："宋子文来一电，张公权来一电，皆劝我就财政委员会。财政委员会之设是要监督财政，实行预算。此时谈不到此事，但子文意在借财委会作一种挡箭牌，如此会能行使职权，亦可稍稍制裁军人的浪费。"这些都说明了大敌当前，胡适在缓和与国民党的紧张关系。

九一八事变发生的当年即1931年末，国民党召开四届一中全会时，就有人提出提前结束训政，召开国难会议，以达各界联合，共救国难。平津国难会议上熊希龄等要求国民党结束训政，实行宪政，汪精卫答："国民党的政权，是由多年革命流血所取得来的，你们有意要求取消党治，你们就去革命好了。"② 尽管如此，国难当头，胡适等已开始调整他们对国民党的态度。1932年春天，汪精卫在洛阳主持了国难会议。我们从胡适此前即1932年1月27日的日记可以看出，他的这帮朋友讨论过这件事："在君、泳霓和我同宴请国难会议的北方熟人……大家交换意见，都以为这会议不当限于讨论中日问题，但也不应对国民党取敌对态度。当以非革命的方法求得政治的改善。"余英时引用这条日记，指出这是他对国民党态度转变的一个标志。

胡适虽然与国民党政府的关系因外患而大为改善了，但他保障个人的自由权利，实现民主、宪政的追求没有改变。

早在1922年，他发表《我们的政治主张》，提及好政府的含义，一是为社会谋福利，二是"充分容纳个人的自由"。政治改革的三个原则，一是"宪政的政府"，二是"公开的政府"，三是"有计画的政治"。③

1933年元旦写成、元月8日发表的《国民参政会应该如何组织》，提出代表要直选。要推出一倍或两倍的候选人，用预选机构推出候选人。为防止预选机关把持预选，选民可用签名请愿补推候选人。完全用无记名投票。④ 2月，发表《民权的保障》："法律只能规定我们的权利，决不能保障

①　胡颂平编著《胡适之先生年谱长编初稿》，第997页。

②　李璜：《学钝室回忆录》，转引自周天度等《中华民国史》第8卷，中华书局，2011，第86页。

③　季羡林主编《胡适全集》第2卷，第422—423页。

④　季羡林主编《胡适全集》第21卷，第565—570页。

我们的权利。权利的保障全靠个人自己养成不肯放弃权利的好习惯。"① 中国民权保障同盟成立，胡适当选北平分会临时主席。

1933—1935 年，发生了独裁与民主的争论。热河失守，华北危殆，希望国家很快能走上富强之路，加之对代议制政治产生了怀疑，许多以前信奉自由主义、信奉民主体制的学人，如丁文江、蒋廷黻、钱端升等，转变立场，认为中国也应该建立像德国、意大利、苏联那样的专制独裁体制，用强力领导国家、建设国家，救亡图存。胡适并没有反对德国、意大利和苏联的独裁专制体制，但他前后发表《建国与专制》《再论建国与专制》《中国无独裁的必要与可能》《一年来关于民治与独裁的讨论》等，坚持认为，中国不适合也没有必要建立这样的体制；他的这些朋友，都是求治心太急了。比如 1935 年 2 月，发表《从民主与独裁的讨论里求得一个共同政治信仰》，说"努力促进宪政的成功"，"中山先生手创的政党是以民主宪政为最高理想的。""今日有许多求治过急的人的梦想领袖独裁，是不但不能得着党外的同情，还可以引起党内的破裂与内讧的。"②

是年 5 月发表《个人自由与社会进步——再谈五四运动》，称他很认同张奚若的"五四运动的意义是思想解放，思想解放使得个人解放……个人主义的政治理论的神髓是承认个人的思想自由和言论自由"，"'个人主义'其实就是'自由主义'"的看法。"民国六七年北京大学所提倡的新运动，无论形式上如何五花八门，意义上只是思想的解放与个人的解放。""个人没有自由，思想又何从转变，社会又何从进步，革命又何从成功？"③

8 月发表的《政制改革的大路》，可以说是胡适政治改革的一个总纲领，核心主张是"废除党治，公开政权，实行宪政"，认为这才是"今日收拾全国人心的方法"。对于当时国民党有人提出改革中政会的提议，他说："改革中政会议也不如实行宪政，让人民的代表机关来监督政府。这是改革政制的大路。"他也承认，当时没有第二党能有力量与国民党相抗衡，"抛弃党治，公开政权，这不是说国民党立即下野。我的意思是说，国民党将来的政权应该建立在一个新的又更巩固的基础之上。那个新基础就是用宪法

---

① 季羡林主编《胡适全集》第 21 卷，第 560 页。
② 季羡林主编《胡适全集》第 22 卷，第 251—252 页。
③ 季羡林主编《胡适全集》第 22 卷，第 282—287 页。

做基础，在宪政之下，接受人民的命令，执掌政权"。"所以我主张，改革政制的基本前提是放弃党治；而放弃党治的正当方法是提早颁布宪法，实行宪政。这是改革政制的大路。""我尤不赞成'党权高于一切'的奇谈。我的常识告诉我：人民的福利高于一切，国家的生命高于一切。如果此时可以自由组党，我也不会加入任何党去的。可是我的意思总觉得，为公道计，为收拾全国人心计，国民党应该公开政权，容许全国人民自由组织政治团体。""我们此时需要一个伟大的领袖来领导解救国难，但是这个领袖必须是一国的领袖，而不是一党一派的领袖。"①

9月，胡适又发表《从一党到无党的政治》："我只希望现在审查中的宪法草案能提早颁布，国民党连年对全国声明的宪政诺言能早日实行。这种主张并不是我们向国民党'乞求'宪政，只是我们对于当国的政党的一点友谊的诤言。""党治的目标是训政，是训练民众作宪政的准备。……说句老话，学游泳的人必须先下水，学弹琴的人必须先有琴可弹。训政是宪政的最好训练。""公开的建立'国家高于一切'的意识，造成全国家的，超党派的政治。"②

这一年，独立社的成员有三人入阁。日记1935年12月12日写道："《独立》社员有三人入政府，虽是为国家尽义务，于《独立》却有大损失。"15日写道："周寄梅先生回平了，我去看他，他已允就实业部次长之职。《独立》社共有四人入政府了。"这标志着胡适和他的朋友们在国难当头的情势下，与国民党及其政府进行全面合作。再往后，就是胡适临危受命，任国民政府驻美大使。然而，即使如此，他仍不忘呼吁民主、实现宪政。

1937年5月，他发表《再谈谈宪政》："我更深信：民治国家的阿斗不用天天血脉奋张的自以为'专政'，他们只须逢时逢节，在要紧关头，画一个'诺'或画一个'NO'，这种政制因为对于人民责望不太奢，要求不太多，所以最合于人情，最容易学，也最有效力。""我们希望，国民大会应该有长时期可以从从容容的制宪。我们更希望，国民大会所制的宪法是一

---

① 季羡林主编《胡适全集》第22卷，第342—350页。
② 季羡林主编《胡适全集》第22卷，第376—378页。

种'能行能守'的幼稚园宪法。"① 7 月 4 日 发表《我们能行的宪政与宪法》，谈了几点结论，第一点是，"民主宪政不过是建立一种规则来做政府与人民的政治活动的范围；政府与人民都必须遵守这个规定的范围，故称为宪政"。第二点是，"宪政可以随时随地开始，但必须从幼稚园下手，逐渐升学上去。宪政是一种政治生活的习惯，唯一学习方法就是实地参加这种生活。宪政的学习方法就是实行宪政，民治的训练就是实行民治"。第三点是，"宪政的意义是共同遵守法律的政治：宪政就是守法的政治。如果根本大法的条文就不能实行，就不能遵守，那就不能期望人民尊重法律，也就不能训练人民养成守法的习惯了"。②

是年 7 月，胡适参加国民党庐山谈话。20 日的日记，记他在会上谈教育独立："教育应该独立，其涵义有三：①现任官吏不得作公私立大学校长、董事长；……②政治的势力（党的势力）不得侵入教育。中小学校长的选择与中小学教员的任聘，皆不得受党的势力的影响。③中央应禁止无知疆吏用他的偏见干涉教育，如提倡小学读经之类。"明确反对党的势力侵入教育。

我们再回过头来看一下他对蒋介石个人的看法。

他注意到蒋介石是在 1926 年。他在往英国途中，遇一外国人曾在广州与蒋介石有交往，1926 年 10 月 14 日日记记与此人谈及广州情形，他问对方蒋介石算不算一个政治家，并自问"他有眼光识力做政治上的大事业吗？"1931 年 7 月 31 日日记写道："下午与周梅荪长谈……他是国民党员，但终因北大的训练，不脱自由主义的意味。他说，南京要人如陈果夫、吴稚晖等都真心真意的希望扶助蒋介石的天下成功。其实他们若真有此种自觉的主张，尚不失为有主张的政客。所怕者，盲人骑瞎马，夜半临深池，他们自己灭顶丧身不足惜，国家可大受害了。"

他第一次见蒋介石是在 1931 年 10 月，参加上海举行的太平洋会议前，丁文江带他去的。这个月，他似乎没记日记。第二次见蒋介石是在保定。日记 1933 年 3 月 3 日记道，鉴于凌源、赤峰已被日占，热河危急的情势，他与丁文江、翁文灏给蒋介石发一电报："热河危急，决非汉卿所能支持。

① 季羡林主编《胡适全集》第 22 卷，第 558—559 页。
② 季羡林主编《胡适全集》第 22 卷，第 573—575 页。

不战再失一省，对内对外，中央必难逃责。非公即日飞来指挥挽救，政府将无以自解于天下。"5日，蒋复电，称即北行。6日报载蒋北上，9日蒋介石、宋子文、张学良在长辛店会谈。13日，胡适与翁文灏、丁文江等至保定，见蒋介石，蒋"自认实不料日本攻热河能如此神速"。"我们问他能抵抗否，他说，须有三个月的预备。我又问：三个月之后能打吗？他说：近代式的战争是不可能的。只能在几处地方用精兵死守，不许一个人生存而退却。这样子也许可以叫世界人知道我们不是怕死的。其实这就是说，我们不能抵抗。我们又说：那末能交涉吗？能表示在取消'满洲国'的条件之下与日本开始交涉吗？他说，我曾对日本人这样说过，但那是无效的。日本人决不肯放弃'满洲国'。他声明他决不是为了保持政权而不敢交涉。最后他要我们想想外交的问题。这一天他的谈话大致如此。"

日记1934年4月4日，胡适写信托蒋廷黻带去给蒋介石，"信中只谈一事，劝他明定自己的职权，不得越权侵官，用全力专做自己权限以内的事，则成功较易，而责任分明。成功易则信用日增，责任明则不必代人受过。今日之事，适得其反。名为总揽万几，实则自'居于下流，天下之恶皆归之'"。① 已经是做诤友的口气和态度了。

西安事变发生，日记1936年12月13日写道："今天我家中来客不断，都为此事甚焦急。蒋之重要，今日大家更明白了。发一电与咏霓，问蒋的安全。我的判断如下……④蒋若安全出险，必可以得一教训；蒋若遇害，国家民族应得一教训：独裁之不可恃。"蒋之重要，就在于权力集中于他一人，所以胡适仍不忘说"国家民族应得一教训：独裁之不可恃"，还是应当行民主、行宪政的。

这就是胡适从批评国民党，到做国民党诤友的变化过程。他要在国难面前，做政府的诤友。汪精卫请他入政府，他拒绝。有人说他是盛名之下，爱惜羽毛。实际他几次强调，他不做实际政治，就是为了能独立、客观地批评。组党也是这样。他让国民党开放党禁，但他明确表示，自己不组党。他始终呼吁国民党结束一党专政，开放政权，保障言论自由。他认为苏联

---

① 这个意见，他在1935年8月公开发表的《政制改革的大路》（季羡林主编《胡适全集》第22卷，第352—354页）中，以"谈谈钱先生要请蒋先生作最高领袖但又不要他独裁的主张"专门立一部分，谈及此事，主张"蒋先生应该认清他的'官守'，明定他的权限"。

的专政需要更大的智慧。中国没有这样的党，也没有这样的人。他认为民主宪政比专制独裁更容易。

卢沟桥事变次日，胡适离开北平，到庐山参加蒋介石主持的谈话会。其间数次与蒋介石晤谈。9月，赴美，进行非正式的外交工作。次年9月正式出任国民政府驻美大使，直至1942年8月离任。1946年7月返国。如果没有卢沟桥事变，没有全面抗战的发生，胡适会不会加入政府，做实际的政治，我很怀疑。

胡适日记1947年3月18日写道："蒋先生约谈，他坚说国府委员不是官，每月集会二次，我不必常到会，可以兼北大事。我对他说，现时国内独立超然的人太少了……我辞出时，他送我到门问胡太太在北平吗？我说：内人临送我上飞机时说：'千万不可做官，做官我们不好相见了！'蒋先生笑说，'这不是官！'"

国民党逃离大陆，胡适完全站在国民党一边，支持蒋介石。即使如此，他也始终没有停止争取自由、实现宪政的追求。

1959年11月，胡适想见蒋介石，劝他放弃连任"总统"，要遵守"宪法"。他请张群跟蒋联系。胡适在是月14日的日记里说，张群知道他的用意，见到王云五时，说"如果话听的进，当然很好。万一听不进，胡适之也许不感觉为难，但总统也许觉得很窘"，"所以他要云五先生示意，要我去和他谈，让他代我转达！"次日，胡适见到张群，张群邀胡适到他家小谈，"我请他转告蒋总统几点：（1）明年二三月里，国民大会期中，是中华民国宪法受考验的时期，不可轻易错过。（2）为国家的长久打算，我盼望蒋总统给国家树立一个'合法的，和平的转移政权'的风范。不违反宪法，一切依据宪法，是'合法的'。人人视为当然，鸡犬不惊，是'和平的'。（3）为蒋先生千秋万世盛名打算，我盼望蒋先生能在这一两月里，作一个公开的表示，明白宣布他不要作第三任总统，并且宣布他郑重考虑后盼望某人可以继他的后任；如果国民大会能选出他所期望的人做他的继任者，他本人一定用他的全力支持他，帮助他。……（4）如果国民党另有别的主张，他们应该用正大光明的手段明白宣布出来，决不可用现在报纸上登出的'劝进电报'方式。这种方式，对蒋先生是一种侮辱；对国民党是一种侮辱；对我们老百姓是一种侮辱"。"我在十月廿五日下午，去看黄少谷先生，把上面的话全说给他听了。今天是第二次重说一遍。我只是凭我自己的责任感，尽我的一点公民责任而已。"

　　日记1959年11月23日记，胡适见王云五，"他说，昨天他见到岳军先生了。岳军把我的意思先记出来，然后面告蒋先生。并没有留下记录，只委婉的口述。我的四点意见（见十五日记。云公记不得四点是什么，只记得我的前三点都在内）他都转达了。蒋先生郑重考虑了一会，只说了两句话：'我要说的话，都已经说过了。即使我要提出一个人来，我应该向党提出，不能公开的说。'我怕这又是三十七年和四十三（年）的老法子了？他向党说话，党的中委一致反对，一致劝进，于是他的责任已尽了"。

二　对苏联及中国共产党的态度

　　谈胡适与国民党的关系，就不得不涉及他对苏联、对中国共产党的态度。周质平先生曾撰文，讨论胡适反共的哲学基础。[①]从思想上说，这固然没有问题，但胡适对苏联的态度实际有一个转变过程，这一点已有学者指出。[②]胡适也许对社会主义有过向往，对苏联的专政体制也有过首肯，但始终坚持中国不能实行苏联式的专政体制。他在对苏联的国家建设表示赞赏的同时，对其专政集权的政治体制似乎始终有所保留。

　　1926年7月31日，到国际文化关系会，遇芝加哥大学教授Harperw（哈珀斯）和Merriam（梅里姆）。日记称：

　　　　我同Merriam先生谈甚久。我问，他以政治学说史家的眼光看苏俄，感想如何？以一党专政，而不容反对党的存在，于自由的关系如何？所谓Dictatorship（专政）的时期究竟何时可终了？既不许反对党的存在，则此训政时期岂不是无期的延长吗？

　　　　Merriam说，此间作此绝大的，空前的政治试验，自不容没有保障，故摧残一切所谓"反革命的行为"是可以原谅的。向来作Dictaor（独裁者）的，总想愚民以自固其权力。此间一切设施，尤其是教育的

---

①　周质平：《胡适的反共产思想》，《光焰不熄》，九州出版社，2013。

②　如罗志田《再造文明之梦——胡适传》（四川人民出版社，1995）、胡明《胡适传论》（人民文学出版社，1996），即对此加以讨论。

设施，都注意在实地造成一辈新国民，——所谓 "Socialistic genera-tion"；此一辈新国民造成之日，即是 Dictatorship 可以终止之时。

　　此论甚公允。

8 月 3 日日记写道：

　　今日回想前日与（蔡）和森的谈话，及自己的观察，颇有作政党组织的意思。我想，我应该出来作政治活动，以改革内政为主旨。可组一政党，名为 "自由党"。充分的承认社会主义的主张，但不以阶级斗争为手段。共产党谓自由主义为资本主义之政治哲学，这是错的。历史上自由主义的倾向是渐渐扩充的。先有贵族阶级的争自由，次有资产阶级的争自由，今则为无产阶级的争自由。……

　　不以历史的 "必然论" 为哲学，而以 "进化论" 为哲学。资本主义之流弊，可以人力的制裁管理之。

他认同苏联在一党专政之下取得的国家建设的成就。他反对阶级斗争，但对社会主义有相当的认同。所以，在国内对苏联赤化多持批评时，他对苏联是持欣赏态度的，认为批评者不了解苏联、不配批评，以至于他的学生顾颉刚写信劝他，不要再夸苏联。同时，他也很清楚地看到，苏联实行的是一党专政的制度，不容忍异见人士，这与他所秉持的自由主义理念是格格不入的。他虽然认同苏联的国家建设成就，却坚持认为，中国不适合实行一党专政的威权统治。他认为中国发展的榜样，是欧美，不是苏联。所以，他 1926 年在莫斯科见到冯玉祥，建议他往西欧、美国去看看。

　　代议政治，或议会政治，当时就遭到不少批评，认为党派纷争、效率低下。时人认为一党专政是可以矫议会两党或多党制之弊的。但胡适并不认同一党专政，认为应当用无党政治来取代。日记 1931 年 7 月 31 日写道：

　　（与一美国人谈）他问现在大家都不满意于代议政治，有何补救之法？应用何种政制代替？

　　我说，今日苏俄与意大利的一党专制是一种替代方法。但也许可用 "无党政治" 来代替。无党政治并非绝不可能。试用孙中山的五权来做讨论的底子：（1）考试制度应该绝对无党：考试内容可以无党，试后有保障，升迁有常格，皆可无党。（2）监察制度也应该无党。（3）司法制度也应该无党。（4）立法机关也可以做到无党。……（5）如此则行政部也可以无党了。……如外交，如军事，本皆超于党派之上。何不可推广此意？此言不是戏言。

下午与周梅荪长谈，也关政治。他是国民党员，但终因北大的训练，不脱自由主义的意味。他说，南京要人如陈果夫、吴稚晖等都真心真意的希望扶助蒋介石的天下成功。其实他们若真有此种自觉的主张，尚不失为有主张的政客。所怕者，盲人骑瞎马，夜半临深池，他们自己灭顶丧身不足惜，国家可大受害了。

8月6日日记记："我也同他（一美国人）谈前天我对 Bingham（宾汉）谈的无党政治论。他很高兴，说，'你应该替这个学说立一个好名字'。我说，名字八年前就有了，叫做'好政府主义'。"1935 年 9 月，他公开发表了《从一党到无党的政治》。

到了 1930 年代中期，他一方面仍然欣赏苏联的建设成就，如 1935 年 7 月发表《答陈序经先生》，写道："文化上的大趋势，大运动，都是理智倡导的结果……最明白的例子是苏俄这十七年的大试验，无论在经济方面、思想方面、宗教方面、政治方面、教育方面，都是由'理智'来计划倡导，严格的用理智来制服一切迷恋残骸的情感，严格的用理智来制服一切躲懒畏难苟且的习惯。所以我们必须承认，在文化改革的大事业上，理智是最重要的工具，是最重要的动力。"[1] 但同时，他也开始明确批评苏联的一党专政，认为这是"不容异己的思想"。1935 年 5 月发表《个人自由与社会进步——再谈五四运动》：

民国十五六年的国民革命运动至少有两点是和民国六七八年的新运动不同的：一是苏俄输入的党纪律，一是那几年的极端民族主义。苏俄输入的铁纪律含有绝大的"不容忍"（Intoleration）的态度，不容许异己的思想，这种态度是和我们在五四前后提倡的自由主义很相反

---

① 季羡林主编《胡适全集》第 22 卷，第 323 页。

的。民国十六年的国共分离，在历史上看来，可以说是国民党对于这种不容异己的专制态度的反抗。可惜清党以来，六七年中，这种"不容忍"的态度养成的专制习惯还存在不少人的身上。刚推翻了布尔什维克的不容异己，又学会了法西斯蒂的不容异己，这是很不幸的事。

……

个人没有自由，思想又何从转变，社会又何从进步，革命又何从成功？[①]

上引余英时文，认为胡适是想把自由主义与社会主义结合起来；他的自由主义并非一贯的，而是有所变化的。笔者想，对社会主义的认同，不等于对苏联的认同；对苏联建设的认同，不等于对苏联一党专政的集权体制的认同。胡适在一定程度上似乎对苏联斯大林的独裁表示了理解甚至认可，但他绝不同意中国实行独裁。他在 1930 年说，争个人的权力就是给国家争权力。在上引 1935 年 8 月公开发表的《政制改革的大路》中，特别引用钱端升认可蒋介石为领袖，却不主张他行独裁，专立一部分，强调蒋要明白自己的权限所在。这与他自由主义的思想基础，民主宪政的政治追求，对议会政治、反对党存在的具体实施方式的认可，对言论自由等基本人权的坚持，是高度一致的。或许应该说，他的自由主义是一以贯之的，只是他看到苏联的国家建设成就时，认为强调计划经济的社会主义可以纳入他所秉持的自由主义的范围内。他把苏联的发展视作西方的一部分，在政治体制上，他当时认为苏联最终仍要实现民主——他始终是在用西方的道路以及自由、民主这把尺子来量苏联，他是把苏联的集权专制、集体主义视作通往自由、民主的阶段或方式；要"殊途同归"，都要归到西方的路上，归到自由、民主的路上。

胡适对苏联的看法发生根本性的转变，是在他任国民政府驻美大使期间。1941 年 7 月，他在美国密歇根大学发表题为《民主与极权的冲突》的演讲。在讲演中，他将共产主义与国家社会主义、将苏联与法西斯并举，在列举极权主义的特征之后，总结道："我认为民主政治与反民主政治的生活方式之间真正的冲突，基于两种基本的矛盾：（一）急进和过激的革命方

---

① 季羡林主编《胡适全集》第 22 卷，第 286—287 页。

式，不同于进步和逐渐改革的方式。（二）控制划一的原则，不同于互异的个人发展的原则。"对经济方面，他也有新的认识："私人的产权与自由的企业之所以能够长久维持，由历史看来，都是因为这两种制度，具有充分的力量，帮助个人的发展；都是因为这两种制度已使一种极高的经济福利标准，有实现的可能。"①

这标志着他对苏联社会、政治体制有了全面的清醒的认识，而不仅仅否定其一党专政一项了。因此，余英时先生认为胡适在 1926—1941 年，一直对苏联和社会主义持肯定态度。但笔者想这个讲演可以视作一个标志，却绝不是到这个讲演时才突然发生转变。可能是他赴美，特别是就任大使后，得以更多、更详细地了解到苏联的实际情形，以及受美国的大环境影响所致。

二战结束后，胡适发表了一系列的文章来阐释这一认识。如 1947 年发表《两种根本不同的政党》②，1948 年发表《我们必须选择我们的方向》《自由主义是什么？》《自由主义》。③

胡适对共产党及其体制有如此认识，1949 年他选择离开大陆，就是顺理成章之举了。

他对中国共产党并没有敌意。他与早年共产党的领袖如李大钊、陈独秀等私交甚好，是人尽皆知的事实。但他对中共倡导民族主义、主张阶级斗争不以为然。

他在上引 1929 年发表的《新文化运动与国民党》中，就说过："共产党和国民党协作的结果，造成了一个绝对专制的局面，思想言论完全失了自由。"④ 将造成专制、剥夺言论自由，归于国共合作。即在这个问题上，他认为国共是一致的。

国共分家、国民党"剿匪"。1932 年 6 月，胡适发表《所谓"剿匪"问题》：

---

① 演讲全文由张起钧汉译，刊《自由中国》第 1 卷第 1 期；此据胡颂平编著《胡适之先生年谱长编初稿》，第 1729—1739 页。
② 收入季羡林主编《胡适全集》第 22 卷。
③ 三文收入姜义华主编《胡适学术文集·哲学与文化》，中华书局，2001。《胡适全集》未收。
④ 季羡林主编《胡适全集》第 21 卷，第 423 页。

大家都知道国民政府所谓匪，就是武装的共产党。……共产党并没有因为国民党对于他们改变了称呼，就丧失了他们政党的资格……我们对于国民政府，要请他们正式承认共产党不是匪，是政敌。……共产党是有组织，有主义，有军队枪械的政敌。……政府何不自己反省：究竟这种政敌是谁造成的？是什么东西造成的？无疑的，共产党是贪污苛暴的政府造成的，是日日年年苛捐重税而不行一丝一毫善政的政府造成的，是内乱造成的，是政府军队"贵寇兵，资盗粮"造成的。①

1933 年 4 月，胡适发表《跋蒋廷黻先生的论文》，说"华盛顿会议给我们的休养整理的时间，我们完全不会利用，全用在自己相残相杀相压迫的死路上了"。② 抗战胜利后，他打电报给毛泽东，劝中共"放弃武力，准备为中国建立一个不靠武力的第二政党"。③

国内问题，要政治解决，不能诉诸武力、进行内战，这是他一贯的看法，不仅对国共之争如此。北伐前后的中国，他认为都是中华民国，只是执政者变了；执政者的变化，实在是常态。在南北对峙期间，他主张南北议和。面对军阀割据互斗，1922 年他发表《联省自治与军阀割据——答陈独秀》，指出"打倒军阀割据的第一步是建设在省自治上面的联邦的统一国家"；④ 国民党北伐成功，统一中国后，国民党对地方军阀每每倡武力统一之说，胡适反对，主张政治解决。

可见，他虽然不赞同共产党的主张，但他并不敌视共产党。他之所以会最终选择支持国民党，主要是因为他所信奉的自由主义，以及他对苏联政治的看法的转变，而 1950 年其子胡思杜公开批判乃父，更坚定了他支持国民党的态度。

1953 年胡适在台湾新竹省立女中发表讲演，称苏联政权是"用暴力取得政权，用暴力来维持取得的政权"。"要把三百年来大家公认的人人应该享受的各种自由权利，一切予以剥夺。不许你有信仰、思想、言论等等的

① 季羡林主编《胡适全集》第 21 卷，第 464—465 页。
② 季羡林主编《胡适全集》第 21 卷，第 596 页。
③ 电报全文见胡颂平编著《胡适之先生年谱长编初稿》，第 1894—1895 页。
④ 《胡适文存二集》，此据季羡林主编《胡适全集》第 2 卷，第 483 页。

自由……并不许有财产与行动的自由。……慢慢的，连说话的自由也没有了，然后再进一步连不说话的自由也没有了。"①

有人认为，1950 年以后，胡适对苏联和中国大陆的抨击，是出于"站队"的结果，只是为了帮助国民党。我们暂且放下他的"动机"，从一个"事后诸葛亮"的角度，来看一下他当时所做的批评对不对，或许就可以理解他当年的选择和站队了。

最后附带谈一下他对帝国主义侵略的认识以及对学生运动的看法。

胡适在 1922 年发表的《国际的中国》中写道："我们觉得民主主义的革命成功之后，政治上了轨道，国际帝国主义的侵略已有一大部分可以自然解除了。"这篇文章主要是批评中共宣言，认为"有许多很幼稚的，很奇怪的议论"。② 九一八事变后，他赞成国际联盟的调查。对共产党基于帝国主义的逻辑，予以否认。1933 年 4 月，发表《跋蒋廷黻先生的论文》，引用他在 1922 年所提出的"政治的改造是抵抗帝国侵略主义的先决问题"，说"华盛顿会议给我们的休养整理的时间，我们完全不会利用，全用在自己相残相杀相压迫的死路上了"。③ 将自己的"政治改造"列为第一位。他明确反对民族主义的政治立场。在他眼里，中国的问题出在"五鬼"上，即早在 1930 年 4 月发表的《我们走那条路》中，提出的打倒五鬼——贫穷、疾病、愚昧、贪污、扰乱；目的，是要建立一个"治安的，普遍繁荣的，文明的，现代的统一国家"。④ 对于资产的集中以及由此导致的贫富分化，他应该很认同《黄金的美国》中的办法，即通过股票等方式，将资产散向人民。⑤ 所以，他所看出的问题、所开出的药方，是与共产党的主张迥异的。

对学生运动，早在 1920 年，即发表《我们对于学生的希望》，说学生运动是"社会和政府硬逼出来的"，"荒唐的中年老年人闹下了乱子，却要未成年的学生抛弃学业，荒废光阴，来干涉纠正"。⑥ 1925 年 9 月发表《爱国运动与求学》，说"真正的救国的预备在于把自己造成一个有用的人才"。

---

① 演讲要旨见胡颂平编著《胡适之先生年谱长编初稿》，第 2298—2302 页。
② 《胡适文存二集》，此据季羡林主编《胡适全集》第 2 卷，第 490—495 页。
③ 季羡林主编《胡适全集》第 21 卷，第 480 页。
④ 《胡适论学近著》卷 4，此据季羡林主编《胡适全集》第 4 卷，第 462 页。
⑤ 曹伯言整理《胡适日记全编》第 5 册，第 749—754 页，有他对该书的详细的摘录。
⑥ 季羡林主编《胡适全集》第 21 卷，第 204—205 页。

"在这个高唱国家主义的时期，我们要很诚恳的指出：易卜生说的'真正的个人主义'正是到国家主义的唯一大路。救国须从救出你自己下手。""在纷乱的喊声里，能立定脚跟，打定主意，救出你自己，努力把你这块材料铸造成个有用的东西。"① 1930 年罗隆基因批评国民党被捕，胡适日记 1930 年 11 月 6 日写道："光华大学政治学社代表来谈隆基被捕事，欲作一大运动，要求约法保障。我对他们说，我十三年来不愿鼓动学生来赞助我的主张。"1932 年 12 月讲演《我们所应走的路》，说道："（一）为己而后可以为人。（二）求学而后可以救国。""努力发展个人的能力和人格。""自己还不能成器，那里能够改造社会，即使牺牲，也不能够救国。"② 1935 年"一二·九"运动后，他又发表《为学生运动进一言》，提出："一个开明的政府应该努力做到使青年人心悦诚服的爱戴，而不应该滥用权力去摧残一切能纠正或监督政府的势力。……因此，近年政府钳制独立舆论和压迫好动的青年的政策，我们都认为国家不幸的事。"③ 1947 年 5 月，他又发表《向记者谈学生运动》，称"青年的感情发泄上表现以后，自然回复到学业上……我对学生代表讲话，鼓励往理智上走"，并对地方当局的"疏导政策"表示感谢。④ 可见，他对学生运动的态度，首先是理解，学生的表达都是被迫的；其次是不支持、不鼓励、不利用，因为他们是未成年人；第三是要疏导。

三　结语

胡适一生行事，可以说有三个转变。一是从思想文化启蒙的胡适，变为政治人物的胡适，即北伐胜利后，激烈批评国民党；第二个转变，就是从政治异见人士的胡适变为国民党诤友；第三个转变，就是从同情或认同苏联，变为激烈批评苏联，并在国共大变局中，选择了支持国民党，抨击中共。

第二个转变发生于国难当头之时，是最容易理解的；如何理解他的第

---

① 《胡适文存三集》卷 9，此据季羡林主编《胡适全集》第 3 卷，第 822—824 页。
② 季羡林主编《胡适全集》第 21 卷，第 534—536 页。
③ 季羡林主编《胡适全集》第 22 卷，第 411 页。
④ 季羡林主编《胡适全集》第 22 卷，第 710 页。

一个转变和第三个转变呢？也许真如袁伟时先生所认为的，民国初建至北伐成功之前即北洋政府时期，是中国"最为自由的时期"。这一时期，胡适的政论文章并不太多，而且与此后批评国民党的一党专政相较，语气也远没有那么激烈。关于第三个转变，在抗战期间，加入政府为国家服务的朋友中，也有在国共内争中选择中共的，如翁文灏，为什么胡适会毅然决然地选择了支持国民党呢？他对共产党苏联的态度的变化，才是根本原因。他在驻美期间，由同情苏联转为否定苏联，这一转变，成为他在国共内争中选择支持国民党的直接的政治思想基础。

胡适不是党棍，不是政客；有人拉他入政府，让他组党，他都拒绝了。顾颉刚说胡是为蒋、为国民党殉葬，这是不对的。抗战期间，他出任驻美大使，是为国家服务，不是为党派服务。他对苏联社会主义、对集体主义的认同，是基于他对苏联国家建设成就的认同，并且他认为随着其国家建设成就的取得，苏联会实现民主化，与西方的发展是殊途同归。即使他认可苏联的集权体制，他始终坚定地认为，中国不能实行像苏联那样的集权专制独裁体制。这一点，他始终是明确的，即使在国难当头，集权呼声甚高的时候。胡适对北伐后成为中华民国执政者的国民党的批评，是基于他的自由主义的政治立场，对宪制、民主的追求。对视作"匪"而被"剿"的共产党，他认为是反对党。国内问题，要政治解决，不能诉诸武力、进行内战，这是他一贯的看法，不仅对国共之争如此。北伐前后的中国，他认为都是中华民国，只是执政者变了；执政者的变化，实在是常态。在南北对峙期间，他主张南北议和。

我们读他的日记，读他的时评政论，可以发现，胡适一生坚持理性，秉持自由主义，强调个人权利，相信议会政治，宣扬民主，推动教育、学术的独立。这个信念，终其一生，从未变过。他的言行、他的出处，都可以由此得到解释。身处20世纪前半叶的一系列巨变中，面对各种思潮的流行和冲击，他的思想不激进、不落伍，难能可贵。

进步时代与胡适政治思想雏形的形成[*]

许治英[**]

今日为美国选举日期，夜入市观之，此间有报馆两家，俱用电光影灯射光粉墙上，以报告各邦各州选举之结果，惟所得殊不完备。市上观者甚众，每一报告出，辄欢呼如雷。以大势观之，似民主党胜也。其附威尔逊者，则结袂连裾成一队，挟乐器绕行市上，哗呼之声，与乐歌相答，其热心政事可念也。来者亦多妇人，倚墙而立，历数时不去。

这一 1912 年选举日美国一间大学所在小镇的盛况，记载着胡适对亲历过的一次美国大选的观感。胡适自此对大选一直兴味不减，[①] 晚年他甚至承认："我对美国政治的兴趣和我对美国政制的研究，以及我学生时代所目睹的两次美国大选，对我后来对（中国）政治和政府的关心，都有着决定性的影响。"[②] 确实，纵观胡适一生，他对政治都有着"不感兴趣的兴趣"，[③] 对民主化更有自己坚定的信念和他认为可行的理由。持不同理念者不一定

* 本文系太平洋证券研究院资助项目的中期成果，谨表谢意。

** 许治英，美国中国与亚太问题研究中心研究员。

① 潘光哲：《青年胡适的"民主经验"》，《胡适研究论丛》第 2 辑，社会科学文献出版社，2012。

② 《胡适口述自传》，唐德刚译注，耿云志、李国彤编《胡适传记作品全编》第 1 卷下册，东方出版中心，1999，第 40 页。

③ 胡适说他除了做大使时期，甚少参与实际政治。但是在成长以后（可能指回国以后）对政治始终有他自己所说的不感兴趣的兴趣。他认为这种兴趣是一个知识分子对社会应有的责任。胡适试图通过这样一种距离感，来体现其知识分子对国事建言与批评的独立角色。见《胡适口述自传》，唐德刚译注，耿云志、李国彤编《胡适传记作品全编》第 1 卷下册，第 41 页。

认同，但若将他的信念来源还原到他所经历过的历史场景中，思考形成他这些观念的思想来源，他的经历，他的思索，可能更能理解他在论争时所持的信念。而胡适的一生也充满传奇，很多关键性的大事他都躬逢其盛，让后世研究者感叹命运眷顾之隆。比如他提到的留学时代这两次大选，1912年和1916年正是美国历史上著名的变革时代——进步时代（1890—1920）的两次重要大选。美国的经济、社会、政治的理念甚至政治架构，都发生了重大改变，开启了美国的现代时代。① 显然，回国后立刻投身新文化改革运动的胡适，在美国不是"闭门造车"。他能合辙进入角色担负文化与社会改良的任务，与其经历的美国的再生时期这些政治运动有关。胡适在美国感受着进步时代的社会震荡，体会到社会活动家、知识分子、普通民众和政治领袖在其中扮演的角色，他们对社会的关怀。这确实也是美国大政治家辈出的年代，知识分子甚至大学教授纷纷投身社会、影响社会的年代。二十岁的胡适，见证了这一现代社会确立的过程。美国带着新价值观进入现代工业社会的强烈启示，对胡适影响很大。

毋庸置疑，这一过程被很多研究胡适的学者重视，比如，欧阳哲生认为胡适所受的西方学术训练，亲身接触体验的西方社会政治生活和文化传统，与当时国内学术状况比较可看出其思想超前的一面，同为留美学生的梁实秋在当时也自认还处于思想幼稚期。② 格里德一方面认为"那个进步时代的政治与社会骚动给了他一个永久性的印象，而且在某些方面形成了一些他1917年回国后用来判断中国政治与社会状态的标准"，另一方面他又认为胡适吸收的那些当代西方思想，并"没有一处表现出向新观念的突然而惊人的转变，或是表现出他的世界观的根本转变"。③ 这一点显然与胡适日记里他认为自己回国时已是"新人"形象，美国是"再造之邦"的说法有矛盾。或者说学者们如格里德和江勇振认为这样的"新人"与"再造"的说法更多来自他焕然一新的乐观主义气质而非一定表现在世界观的转变

① William A. Schambra and Thomas West, The Progressive Movement and the Transformation of A-merican Politics, July 18, 2007. Retrieved from: http://www.heritage.org/political-process/re-port/the-progressive-movement-and-the-transformation-american-politics, 2017 年 4 月 13 日。

② 欧阳哲生：《探寻胡适的精神世界》，台北，秀威资讯科技股份有限公司，2011，第 2 页。

③ 格里德：《胡适与中国的文艺复兴——中国革命中的自由主义（1917—1950）》，鲁奇译，江苏人民出版社，1989，第 43—44 页。

上。确实，胡适接受的实验主义部分可能是与其儒家思想更接近的部分。他也多认同基督教的贵格派教义。如果用胡适留学日记早几年间他那些蕴含西方理念的对中国典故历史的新的诠释，是很难理解到他正在走向的新人状态的。并且按照格里德的观点，胡适在留学时代仅仅是形成了一些他用来判断中国政治与社会状态的标准，就容易造成胡适以美国标准去看待中国问题，而忽视掉这样的判断背后的深刻的理念基础指导。其实在胡适留学日记中这种飞跃已经有迹可循，如果用同时期美国新出现的思潮和政治理念加以对照，可以看到他已渐渐由留学前接受的西方古典自由主义转向了现代自由主义的一些理念，如关于公正与平等的理念、人道主义的关怀。虽然这些日记还留下了他在理解和接受这些理念时挣扎的痕迹和思辨的过程，但最终形成的这些政治与文化观，其坚定性和连续性，即使在他遭受被迫的流亡打击后，也难以看到改变，这或许就是学者如唐德刚认为的他思想没有进步。当然考察进步与否，在信奉实验主义的胡适看来，还需要看他是否认为时代已经完成了这些进步的使命。因而探究他持有的政治观念的形成有助于理解胡适回国后涉入的几次大的论争。笔者认为，考察胡适留学时所处的美国进步主义时期这一重要的改革年代，可以看到无论是作为时代背景和胡适参与较多的美国大选，还是大选中角逐的政党所激烈探讨的政治理念，都形成或改变了胡适对民主政体、对国家与自由的关系的理解，以及对进化论和天赋人权说的反思。① 笔者认为，这一时期胡适还有同样重要的基本价值观的转变，比如妇女问题、家庭问题；文化比较观的出现，② 这既有他在康奈尔大学哲学系接受的知识训练和他的哥伦比亚大学导师杜威实验主义理论的影响，也和这些议题恰好是时代焦点议题有关，因而背景的关注非常重要。进步时代另有的重要议题，如战争与和平、国际关系的变化也直接影响到胡适的民族主义观念中新增的人道主义

---

① 1914 年 1 月胡适在《我所关心之问题》中提出要深入研究三个问题：泰西考据学、致用哲学、天赋人权说之沿革。曹伯言整理《胡适日记全编》第 1 册，安徽教育出版社，2001，第 223 页。

② 比如，胡适在 1913 年 4 月阅读了 *Ashley's Introduction to English History and Economic Theory*，回忆起他看过的另一本书 *The Changing Chinese*，说"对开篇第一语'中国这，欧洲中古之复见于今夜'初颇疑之，年来稍知中古文化风尚，近读此书，始知洛史初非无所见也"。（曹伯言整理《胡适日记全编》第 1 册，第 203 页）这可以看到他后来的中西文化比较观由来的轨迹。

精神与世界主义情怀。在一战结束后，即使一些有影响力的中国知识分子对威尔逊主义的理想幻灭，胡适仍然保持对威尔逊主义所代表的国际新趋势的信念，并在中国的国难与抗战时期积极利用国际上这一思潮的拥护者们的支持来争得国际舆论，甚至国际干涉的可能。对这个问题粗浅性的探讨，笔者于 2016 年 5 月复旦大学近代中国人物与档案文献研究中心举办的"留美学人与近代中国"国际学术研讨会上以《国际视野下胡适的新和平主义心路》为题有过尝试。① 笔者在构思这篇论文时，也注意到可参考的有关胡适亲历的这段进步时代的论著比较少，让笔者可以侥幸地对此问题做粗浅的探讨。②

一　1912 年大选

在评价胡适的留学时期对他今后的影响时，美国学者格里德认为胡适留学时期的"那个进步时代的政治与社会骚动给了他一个永久性的印象，而且在某些方面形成了一些他 1917 年回国后用来判断中国政治与社会状态的标准"。这个"骚动"起于 1912 年的大选。1910 年初到美国的胡适还是清朝的子民，他说："当我于一九一〇年初到美国的时候，我对美国的政治组织、政党、总统选举团，和整个选举的系统，可说一无所知。对美国宪法的真义和政府结构，也全属茫然。一九一一年十月，中国的辛亥革命突然爆发了。为时不过数月，便将统治中国有二百七十年之久的满清专制推翻。一九一二年一月，中华民国便正式诞生了。"③ 可见，这是两个骚动期，美国的社会与政治的骚动，加上中国鼎革时期的骚动让胡适有了了解新的体制的欲望。

---

① 许治英：《国际视野下胡适的新和平主义心路》，《文汇报》（上海）2016 年 7 月 8 日，"文汇学人"专题。

② 代表性的论述如潘光哲的《青年胡适的"民主经验"》，谈到大选的民主经验，但忽略了进步时代的背景；江勇振的《舍我其谁：胡适》第一部《璞玉成璧，1891—1917》非常详细地讨论胡适在这段时期受到的学术训练，特别是胡适的修课情况、知识结构的形成。这些学术本身，比如进化的眼光和杜威的实验主义哲学都是进步时代的重要理论背景，但江著对进步时代的背景没有明确引出。

③ 《胡适口述自传》，唐德刚译注，耿云志、李国彤编《胡适传记作品全编》第 1 卷下册，第 35—36 页。

　　胡适对于西方的选举制度也并非一无所知。江勇振曾按胡适在澄衷日记中所记，认为胡适对选举的粗浅了解是这样的。胡适在 1906 年记下："西国举议员（代议士）一事，予习闻之，以为随众人之意向而举之，不必被选者之知之也。又以为被选者苟自陈欲被选之意于举人之前，则将跻于钻营者之列也。今读 Arnold-Forster 之《国民读本》，乃知其大谬不然者，因节译其论选举 voting 一段如下，以见英国选举乃由被选者之愿意而使举之也。"这节日记江勇振认为很有趣地记载了：（1）国内流传的看法，认为西式选举选民是可以投票给任何他们中意的人的，而不需要当事人的意愿，更没有候选人发表政见，选民投票的过程；（2）候选人若宣布参选并宣布政见，在中国就有"钻营"的嫌疑。① 当年大多数像胡适这样被维多利亚时代启蒙的"新民"就是这样一半道听途说，一半读外国读物或者想当然来了解外面的世界。从这里面的第二点看法，也可见中国社会当时对于主动参与社会事务的偏见，士大夫们还是习惯因自身的才情被外界所知而被延请。

　　因而 1912 年的大选，触动了喜欢关注政治和社会改良的胡适的兴奋点。他在口述自传中极有兴致地回忆道："你知道这一年（1912 年）是美国大选之年。大选之年也是美国最有趣和兴奋的年头。威尔逊是这一年民主党的候选人，同时共和党一分为二；当权的托虎托总统领导着保守派；前总统老罗斯福却领导了自共和党分裂出来的进步党，它是美国当时的第三大党。罗氏也就是该党的领袖和总统候选人。这一来，三党势均力敌，旗鼓相当，因而连外国学生都兴奋得不得了。"②

　　罕见的三党竞选，共和党一分为二，胡适也正好要从农学院转入文学院。他马上在夏季选修了美国政治与政制课。这门课主要针对美国本地准备投身政治或欲了解美国政治与体制的学生，是非常重要的一门政治学基础课。而暑期课的老师是位身份特别的政治活动家，胡适说：

　　　　这一年康乃尔大学的政治系新聘了一位教授叫山姆·奥兹（Samuel

---

① 江勇振：《舍我其谁：胡适》第一部《璞玉成璧，1891—1917》，台北，联经出版事业有限公司，2011，第 145 页。

② 《胡适口述自传》，唐德刚译注，耿云志、李国彤编《胡适传记作品全编》第 1 卷下册，第 36 页。

P. Orth）。他原是克利弗兰市里的一位革新派的律师。他在该市以及其本州（俄亥俄）内的革新运动中都是个重要的领导分子，由康大自俄亥俄州的律师公会中延聘而来，教授美国政府和政党。我一直认为奥兹教授是我生平所遇到的最好的教授之一；讲授美国政府和政党的专题，他实是最好的老师。我记得就在这个大选之年（一九一二——一九一三），我选了他的课。①

这里胡适用的革新运动，就是当时著名的 Progressive Movement（1890—1920），格里德笔下进步时代的政治与社会的骚动期，其时经过两位总统老罗斯福包括塔夫脱（托虎托）总统的推动，已入高潮。胡适这位老师授课也别具一格，他回忆课程要求说，奥兹要求学生：

> 本班每个学生订三份日报（三份纽约的报纸，不是绮色佳的地方报）——《纽约时报》支持威尔逊，《纽约论坛报》（*The New York Tribune*）支持塔夫脱（Taft），《纽约晚报》[*The New York Evening Journal*，胡适不知道该报是否属"赫斯特系"（Hearst 系统的新闻系统，注：确属"赫斯特"系统），该报不是一个主要报纸，是支持罗斯福的]。奥兹先生要大家订这三份报纸三个月，有打折。他要求在这三个月内，读所有跟选举、竞选有关的新闻。每个礼拜作一个摘要交上来。这是第一个规定。第二个规定，是在期末交一个报告，比较四十八州的《竞选经费透明法案》（Corrupt Practices Act）（1911 年制定，是现行《选举竞选法案》的前身）。②

当然，奥兹教授还吩咐学生："看三份报，注视大选的经过。同时认定一个候选人作你自己支持的对象。这样你就注视你自己的总统候选人的得失，会使你对选举更为兴奋！"

这样新颖的讲课加亲身投入的方式，对于习惯被动吸收知识的学生而

① 《胡适口述自传》，唐德刚译注，耿云志、李国彤编《胡适传记作品全编》第 1 卷下册，第 36 页。
② 《胡适口述自传》，唐德刚译注，译文按江勇振《舍我其谁：胡适》第一部《璞玉成璧，1891—1917》，第 282 页。

言自然非常有吸引力。加上奥兹对历史和现实政治都很熟，胡适说他对"历史上的政治领袖和各政党——从（美国开国时期的）联邦系（Federalists）到（二十世纪初期的）进步党（Progressives）——等等创始人传记，他也甚为清楚。他是俄亥俄州人，他对前总统麦荆尼周围助选的政客，如一手把麦氏推上总统宝座的大名鼎鼎麦克斯·韩纳（Marcus Hanna，1837－1904），他都很熟"。①

如果深挖奥兹先生的背景，可以看到他不仅对政治的理论与实践、对美国政治的历史演变很熟悉，对欧洲政治也有研究。此君于 1913 年出版 *Socialism and Democracy in Europe*，介绍社会主义运动在欧洲各国兴起的情况并探讨原因，认为这一运动是工业革命的结果。② 在当时的社会思潮与骚动中，一些敏锐的知识分子已经意识到社会矛盾的焦点与新型工业和技术出现有关，也与社会结构和财富分配带来的变化有关。当然，认识并试图调试政治体制，制定新的规则是革新派思考的重点。大选结束后胡适曾马上发起"政治研究会"，目的在于"使吾国学生研究世界政治"，应者十数人。③ 可能也与这位老师的影响有关。也就是说胡适不仅关注美国的政治体制，还希望通过考察世界上其他的政治体制，来做比较。这一兴趣一直保留到他回国后，包括对俄国革命、苏俄体制的关注。1929 年他还在日记中记下英国下议院的选举，当时下议院一致选出菲茨罗伊当议长，胡适评论说，英国人真有不可及之处！一个工党多数的国会，却全体一致举出一个保守党的议长，这个民族正是君子之民族。接着他评论说：国会议长制以英国的为最善。美国众议院议长则必须是多数党中人，其权柄甚大。④ 可见胡适关注的政体已经超越了留学的美国一国的体制，并形成自己的比较性认知。

在接下来的日记中，胡适提到他参加了很多活动。他不错过民主党、共和党和进步党在当地进行的政治集会和巡回演讲，再结合摘录的报刊报

---

① 《胡适口述自传》，唐德刚译注，耿云志、李国彤编《胡适传记作品全编》第 1 卷下册，第 37 页。

② Carlton Hayes, "Reviewed Work: Socialism and Democracy in Europe. by Samuel P. Orth," *Political Science Quarterly*, Vol. 28, No. 4, Dec., 1913, pp. 679 – 681.

③ 曹伯言整理《胡适日记全编》第 1 册，第 179、181 页。

④ 曹伯言整理《胡适日记全编》第 5 册，第 440 页。

道写每周报告，为了让自己进入选民角色，胡适佩戴了三个月支持罗斯福进步党的 Bull Moose 公牛徽章，随着选情而激动。[①] 经过这样的亲身实践，胡适得以深入州地方选举中。而各州选举正是全国大选最关键的内容。其时正值政治改革期，州选举因其政治的独立性就成了政治改革的"试验田"，当时一些改革措施就是在几个州试行之后影响开去的。进步时代有名的宣传画就是描述当时妇女参选权在美国各州渐渐获得的情形的：自由女神高举的大旗的阴影在美国的地图上渐渐覆盖由西向东的大片国土。州改革议题主要为：罢免权，直接提案（创制权）和直选参议员，妇女参选权等。以期以民权的扩大来清除选举中的腐败与舞弊。[②] 这些都在胡适日记中有记载。胡适认为自己在对各州的选举活动做了一番比较研究之后，对美国的政治也就相当熟悉了。[③] 最后他这门课的分数为 88 分，很不错的成绩。[④] 胡适在美不过学习两年，就能对美国政治研究如此深入，可见他非常善于学习。这让笔者想到前几年曾有几次华人发起的向美国政府请愿活动，事后都被政府以不符合宪法精神和运作程序而驳回，可见在行事中了解运作程序的重要性，这是胡适后来强调知难行也不易之处。二十年后胡适出使美国，敦促美国对日制裁甚至参战，虽然其时正是美国经济危机带来的不干涉主义上升期，他仍能受到从白宫到各城镇、各大学的欢迎，可见他对美国政治文化程序的熟悉。

　　胡适 1912 年大选日记中篇幅比较多的还有为《竞选经费透明法案》搜集素材所记载的他关注的案例。揭黑扒粪本来在进步时代就不缺素材和案例，可以说是经济繁荣的进步时代早期激发政治改革的话题。内战结束后经济的蓬勃使工业革命得以在美国迅速发展，工业革命改变了经济格局，大型企业开始出现，财富因金融与资本的运作得以集中，财团势力兴起并开始对地方政治进行控制，这窒息了其他可能的商业竞争，并使政商形成更强大的控制力。胡适日记中也常能见到他记载地方政党大佬控制选举的

---

①　《胡适口述自传》，唐德刚译注，耿云志、李国彤编《胡适传记作品全编》第 1 卷下册，第 37 页。

②　John Halpin and Conor P. Williams, *The Progressive Intellectual Tradition in America*, *Center for American Progress*, April, 2010, 1. Introduction, p. 1.

③　《胡适口述自传》，唐德刚译注，耿云志、李国彤编《胡适传记作品全编》第 1 卷下册，第 37 页。

④　江勇振：《舍我其谁：胡适》第一部《璞玉成璧，1891—1917》，第 284 页。

情况及政商勾结的腐败问题。比如他搜集的"时事画"中有一幅 *Pay Day*，画的就是"此邦大托拉斯以金钱收买官吏议员为之作走狗"（图中公司为美孚石油）。[①] 他还为搜集四十八州的《竞选经费透明法案》做期末报告关注到纽约州州长色尔叟的案子。胡适详细记载过色尔叟遭弹劾去位的情况。他说此人原属纽约州臭名昭著的腐败政党集团 Tammany Hall 集团，被该集团推举上位。但为了竞选总统候选人，为博民心，又力倡直接推举之法（Direct Primary）。此法案胡适解释说是让"公民得直接推举，不由政党把持"。可见此举反过来得罪了色氏的党中支持者并遭魁首 Charles Murphy 的憎恨，"百计中伤之，而色氏又不慎，遂为弹劾去"。胡适提到的色氏的不慎，指的是他违反了《竞选经费透明法案》，漏报某银行家捐的巨款。胡适认为"此事是非殊不易断"，而"色氏罪固有应得"。[②] 可见美国的政党权力之大和财团财富之巨，胡适都由此有了了解。而民主体制的政治博弈中政客对民意的关注，也让当时还年轻的胡适认识到民权的重要性和法制的威慑力。胡适对这类政治博弈主题一直兴趣不减，1943 年他还在日记里面记下了他读当年的美国西部旧金山的改革者 Fremont Older 的传记，记载了他和以市长为代表的恶势力作战，支持州长候选人 Hiram Johnson，打倒财团统治势力的事迹。[③] 这些具体的政治较量与改革实例是胡适理解美国民主体制的基础。胡适由此接触和关注到美国的政治改革，也常使他思考中国的腐败问题，遥想中国当时的政局，自感无力地叹息道："吾安敢窃议异国政治之得失耶，吾方自哀吾政偷官邪之不暇耳！"[④]

日记里提到的直选议员（Direct Primary）和官员弹劾罢免权（Recall）问题，是胡适支持的老罗斯福的进步党在北方各州极力推动的主要政治议题。威尔逊总统胜选后，关于直接选举参议员的宪法第 17 修正案获联邦层面批准。虽然，直接选举也是民主党的议案之一，但反对党主要议案由执政党推行，也是美国政治中有远见的政治家的一种高明的政治手段。威尔逊当选后，还邀请南方的政治势力代表，当年与他共同竞争总统的布莱恩做国务卿，也展示出一种胸襟。可能这也影响到胡适对国内政局特别是国

---

① 曹伯言整理《胡适日记全编》第 1 册，第 370 页。
② 曹伯言整理《胡适日记全编》第 1 册，第 208 页。
③ 曹伯言整理《胡适日记全编》第 7 册，第 525 页。
④ 曹伯言整理《胡适日记全编》第 1 册，第 209 页。

民党内部党派之争如何调和的判断，他对 1930 年代蒋汪体制的赞赏。

民众直接参政权（直选议员）和对官员的罢免权，是对现有政治体制的挑战。本由州议会推举的参议员制和民众没有直接提出政策议案的权利，也无法罢免贪腐官员，使地方权力自然集中在政党手中。政治大佬连同大资本企业很容易掌控地方选举和议会，中产阶级和中小商业利益集团渐渐失去发声渠道。进步运动中社会的不满和改革的焦点，就是如何将地方权力从政党和大佬手中转移到民众手中。因而社会运动渐渐推向具有针对性的改革措施：揭露地方选举丑闻、要求参议员直选、民众提案权等。胡适说通过大选和选修课他了解到"美国宪法的真义和政府结构"，这也正是这次大选的特别之处。大选让胡适从参与集会转向自己按照民主议程在学生中组织集会，[1] 观察普通民众如何参与政治包括大学的教授们如何"直接参加国家大政的事"，[2] 并且观察进步主义者如何通过社会改良与政治改革来纠正弊端。这使得从无社会动员和民众参与政治可能的中国社会中过来的人感觉新鲜和兴奋。更为有启发性的是，这场大选带来一场有关宪法的讨论。这可能就是胡适提到的通过这场大选，他了解到了何为宪法"真义"。争论"真义"本是一场大辩论，何况争议的是美国的立国原则。胡适在康奈尔大学哲学系在知识理论层面学习怀疑主义，用历史的眼光看待真理原则，而在实践中亲身见闻到这场大辩论，引发他的诸多思考，这影响到他一生的政治理念。如果 1912 年他还在懵懂中看热闹，关注最浮在表面的那些直选，处理官员贪腐问题；那么接下来的几年里他更多的是通过关注现实政治，开始领悟到这场大选里面的一些核心的、深层次理念上的探讨和

---

① 胡适在"第一次主议事席"中说"此为生平第一次主议事席，始觉议院法之不易。余虽尝研究此道，然终不如实地练习之有效，此一夜之阅历，胜读议席法三月矣"。曹伯言整理《胡适日记全编》第 1 册，第 202 页。

② 胡适在口述自传里回忆道："我的业师客雷敦（J. E. Creighton）教授代表民主党，康大法学院长亥斯（Alfred Hayes）教授代表进步党的一次辩论会。"大选之后他的伦理学教授 Frank Thilly 和指导教授 J. E. Creighton 互相祝贺威尔逊当选："他二人就当着我的面，旁若无人的大握其手，说：'威尔逊当选了！威尔逊当选了！'我被他二人激动的情绪也感动得热泪盈眶。"《胡适口述自传》，唐德刚译注，耿云志、李国彤主编《胡适传记作品全编》第 1 卷下册，第 38 页。另在"绮色佳城公民议会旁听记"等中都有记载普通市民特别是商人甚至普通工人参与市议会的情形，在这当时的胡适看来非常新奇，也认为这样的共和平权让工人当主人的精神可风。曹伯言整理《胡适日记全编》第 1 册，第 243—244 页。

分歧。这也是一些研究胡适的学者忽视的他的变化部分。[①]

二　从国家的自由到人的自由

胡适在自传中说，1912 年的夏天"令人难忘"，江勇振解释说令人难忘的原因是第三党起来导致三雄角逐局面。该年 6 月下旬在芝加哥举行的总统候选人提名大会上，当时的总统塔夫脱取得了共和党的提名，失败的老罗斯福另组进步党作为第三党候选人，民主党的候选人为威尔逊。[②] 但是，我们接下来可以看到，1912 年的夏天吸引住胡适的不仅是第三党的出现，还有在全国代表大会上各党政纲的提出。这些政纲在民主党执政后在具体实施时，引发在野党的争议。胡适一开始支持的是老罗斯福，他说"在一九一二年全年，我跑来跑去，都佩戴一枚（象征支持罗斯福）的大角野牛像的襟章"，尽管他的导师克雷登教授支持民主党的威尔逊。威尔逊当选后，胡适很快成为威尔逊的支持者，因此四年之后的 1916 年大选，胡适说，"一九一六年，我又佩戴了支持威尔逊的襟章"。[③]

胡适在一开始为何支持罗斯福而不是威尔逊？对这一选择的探讨可能使我们看出他理念上的一些变化或他对自己理念更为清晰的认识。罗斯福与威尔逊都采取激进的改革措施，对当时刚成立民国的中国留学生很有吸引力。胡适说，选举前一天世界学生会举办模拟选举，从投票结果可以看出，"吾国人所择 Wilson 与 Roosevelt 势力略等，皆急进派也，而无人举 Taft 者。又举社会党者人二人，皆吾国人也；此则极端之急进派，又可想人心之趋向也"。

这三人里面，胡适见过塔夫脱总统两次。一次是听他的演讲，一次是应康大校长休曼邀请，与这位前总统交谈过。胡适在评价塔氏的演讲时说有警策处，是个好人。唯其"'守旧主义'扑人而来，不可掩也"。[④] 他回忆

①　比如格里德在《胡适与中国的文艺复兴——中国革命中的自由主义（1917—1950）》中认为胡适在留学时期除了由悲观主义者转变为乐观主义者外，其思想并没有与他原有的思想理念有区别。《胡适与中国的文艺复兴——中国革命中的自由主义（1917—1950）》，第 45 页。

②　江勇振：《舍我其谁：胡适》第一部《璞玉成璧，1891—1917》，第 282 页。

③　《胡适口述自传》，唐德刚译注，耿云志、李国彤编《胡适传记作品全编》第 1 卷下册，第 37 页。

④　曹伯言整理《胡适日记全编》第 2 册，第 81 页。

道："余忆一九一二年大选举时各政党多于电车上登选举广告，余一一读之，各党皆自张其所揭橥，独共和党（Republican——即塔氏之党）之告白曰：'Prosperity——繁荣——We Have it Now：我们现在已有了：Why Change？'为什么要更动呢？"①

在变革的年代里持保守主张的塔氏，显然不是胡适欣赏的能正视社会问题的政治家；他这一主张社会进步的倾向，曾表现在他当时录下的毛莱爵士的警言中："那些没有做成牺牲去力挽狂澜的人与没有尽力去促进千年盛世的人是处在同一道德水平上的。"② 积极、有为，是那个时代的进步主义人士身上的乐观精神，终其一生，这都成为胡适自己的信仰。

社会党的极端也不符合当年美国中产阶级兴起时代表的改革精神。罗斯福政纲中的新国家主义，对刚来美国的胡适非常有吸引力。王汎森认为在晚清的政治思想中，梁启超很重视国家、国民、群、社会这四个词。③ 江勇振说，这些都是维多利亚时代后期的政治思想特征。胡适也深受梁启超政治思想影响。④ 在上海的中学时代他开始接受民族国家理念，比如当时的读本——英国人 Amold-Foster 的"国民读本"（The Citizen Reader）和美国人 Markwick 和 Smith 的《真国民：如何成为其中的一员》（*The True Citizen：How to Become One*）。后者作为美国的中小学公民课教材，讲授公民与家庭、社会和国家的关系。胡适曾将此关于民族国家建立的内容编辑进《竞业旬报》中进行宣传，⑤ 试图消解晚清国人脑中根深蒂固的天下思想。虽然罗斯福的新国家主义已经大大超越了梁启超所阐发的国家精神，对于晚清民初的中国人，面对如何建立和塑造民族国家这一问题，国家本身就是一个新概念。

---

① 曹伯言整理《胡适日记全编》第 2 册，第 78 页。
② 曹伯言整理《胡适日记全编》第 1 册，第 549 页。
③ 王汎森：《晚清的政治概念与新史学》，《中国近代思想与学术的系谱》，台北，联经出版事业有限公司，2003，第 196 页。
④ 江勇振在《舍我其谁：胡适》第一部《璞玉成璧，1891—1917》中，认为胡适来美前对维多利亚美国所做的取舍，其实与大多数近代中国人所做的取舍是合辙的。但他来美后基本摆脱了中国近代思想史中的"公民共和主义"（参与心、公德心和公益心）的束缚，而认可侧重于个人的自由与权利的公民理念。自然，胡适的思想在近代中国思想史上不具有代表性（第 149 页）。胡适也在 1913 年日记中认为，当时国人稍知民族思想，皆是梁氏之赐。曹伯言整理《胡适日记全编》第 1 册，第 180 页。
⑤ 江勇振：《舍我其谁：胡适》第一部《璞玉成璧，1891—1917》，第 141 页。

并且当时胡适等可能认为中国的衰落与只有天下没有国家观念有关。①

民国的肇建也是探讨认识国家职能的契机。老罗斯福总统在当时对瓦解美国建国时期的政府理念影响很大，②孙中山也曾关注到这一点。他1916年在杭州演讲论美国政治时，提及这一时代几次大选的政治意义和老罗斯福总统的功绩说："美国以共和国体，其大权常为政党所把持，真才反致埋没……至罗斯福始矫此弊，故继任之总统如塔虎脱、威尔逊均一时之选。"③可见这场运动对世界范围内探求民主宪政的政治家们的影响力。老罗斯福提出的加强政府职能，扩大政府权力的新国家主义主张对正在进行民族国家建构的国家更有吸引力。其后随着胡适对自由问题与国家问题认识的深入，他的思想发生了变化。当然，这个变化主要出现在威尔逊总统执政时期，因此一些学者也认为威尔逊在这个时期对胡适的影响主要在其国际政策上，但威尔逊政治理念中的国家与个体自由的问题区别不容忽视，在胡适日记中多次出现他在思想上对此认知的挣扎。

1914年7月间，胡适有两则反映其这一理解上的矛盾挣扎的日记。第一则是"读《老子》三十辐共一毂"，他在这里引申去解释国与民的关系时称，国立之时，其民"已非复前此自由独立无所统辖之个人矣。故国有外患，其民不惜捐生命财产以捍御之，知有国不复知有己身也。故多民之无身，乃始有国［此为近世黑格尔（Hegelian）一派之社会说国家说，所以救十八世纪之极端个人主义也］"。这是1914年7月7日日记，他在三年后批注这则日记时说："吾当时在校中受黑格尔派影响甚大，故有此谬说。"④其实，不用过三年，几日后，在威尔逊与罗斯福重启对当年竞选政纲的争议时，报纸杂志纷纷登载他们的演讲，胡适开始对自由的问题有新的理解，

---

① 大选前胡适参加了一场政谈会，时任共和党候选人纽约州长 Job E. Hedge 做演说，他回家读到与吉本《罗马衰亡史》齐名的书籍 Grote 的 History of Greece 时，说："忽念及罗马所以衰亡，亦以统一过久，人有天下思想而无国家观念，与吾国十年前同一病也。"曹伯言整理《胡适日记全编》第1册，第169—170页。

② Sidney M. Milkis（2012），The Transformation of American Democracy：Teddy Roosevelt，the 1912 Election，and the Progressive Party. Retrieved from：http://www. heritage. org/political-process/report/the-transformation-american-democracy-teddy-roosevelt-the‐1912‐election，2017 年 4 月 13 日。

③ 孙中山：《采用五权分立制以救三权鼎立之弊》，《国父全集》第3册，第173页，转引自谢政瑜《从美国进步主义与威尔逊理念反思中山先生的宪政思想》。

④ 曹伯言整理《胡适日记全编》第1册，第326—327页。

他记下："下所记威尔逊与罗斯福二氏本月演说之大旨，寥寥二言，实今日言自由政治者之大枢纽，不可不察。"他录下的是 7 月 10 日 *The Public* 周刊的社论部分：

你到底赞成谁？

　　罗斯福先生在匹兹堡演说：政府要监督和指导国民事务。

　　威尔逊先生在斐城演说：政府应为国民创设条件，使之自由生活。①

　　对这则社论，胡适自己的评论为："威尔逊氏所持以为政府之职在于破除自由之阻力，令国民人人皆得自由生活，此威尔逊所谓'新自由'者是也。罗氏则欲以政府为国民之监督，维持左右之，如保赤子。二者之中，吾从威氏。"② 这是胡适自由主义表述的开始。这一认识，之后贯穿于他的思想始终，即使中国思想界一直受集团主义（collectivism）倾向的影响，③他也没有随社会大潮动摇自己的信念。

　　1911—1912 年胡适日记的缺失，使得探究胡适当日如何理解罗斯福的政治思想变得困难。老罗斯福和威尔逊都是所谓的"革新派"，只是激进的程度不同。他们都看到了内战结束后技术革命与新产业结构改变了美国，社会出现了大问题，如何改变游戏规则，进步主义者们提出的办法也极相似，都不离英美宪政自由民主这条底线，这对外来的观察者而言，要做区别很不容易。胡适也在大选日记里面强调自己并非因罗斯福以前总统的身份入选而青睐，那么罗斯福的主张显然在当时更打动他。他后来转而更加认同威尔逊后，还听了场老罗斯福的演讲，感觉"年来积愿，于今始尝"。评他为"此邦一大怪杰"，"其崇拜之者，尊之如神。其毁之者，乃致诋为伪君子（Hypocrite），谓为贪位喜功"，但他认为这或许是美国常见的党派之见，认为"此邦党见甚深，虽盖棺或犹未有定论耳"。而罗斯福的能言能行、知行合一是他佩服的。④ 两年后他开始认同那些诋毁老罗斯福贪位喜功

---

① *The Public*, Vol. 17, No. 849, July 10, 1914, Chicago.

② 曹伯言整理《胡适日记全编》第 1 册，第 373 页。

③ 曹伯言整理《胡适日记全编》第 6 册，第 257 页。

④ 曹伯言整理《胡适日记全编》第 1 册，第 505 页。

的言论，这是后话。① 在当时这些进步主义者都希望从政治层面解决问题，美国的这一改革也就相对温和，这些强烈的示范性可能都让胡适今后更倾向渐进改革的主张。进步主义者们提出了诸如直选权、罢免权、创制权，社会层面的遗产税、财产税、限制资本集中的反托拉斯法案和改革移民法案等。因这些都动辄涉及宪法解释问题，因而对宪法的解释成了争议焦点。进步主义者认为这部创设于以农业经济为主的建国时代宪法已经不适应现代工业塑造下的新社会。对宪法真义的阐释或者颠覆程度，各派的进步主义者们选择的角度和跨越的尺度是不同的。如果用罗斯福的"新国家"（或新民族主义 New Nationalism）与威尔逊的"新自由"（New Freedom）相比较就可看出，他们都认识到大企业的发展、商业与资本的集中是现代工业社会的发展必然。研究美国初期政治的历史学家比尔德就认为政府不是建立在精雕细琢的政治学理论上的，而是应"对有利益关系之要求作出反应"，② 胡适将此点特意记在自己的日记中。老罗斯福更强调改变当时弱小国家机器的职能来以立法保障公平，甚至削弱立法直接加强政府职能。威尔逊希望保留更多自由的传统，将更多的关注点放在如何扶持众多的中小企业自由发展和增加社会公正平等上。对于建立和培育强有力的国家机器和国民的手段，罗斯福阐释道："不用新的国家设计去实现想要的结果，是无法建立真正的民众政治来扫除特权的。政府职能或设计（指大选提出的直选、推选和普选等——引者注）只是工具，不是最终目的。最终目的是好政府（good government），我们的目的是保障一个公正和机会平等的社会，无论是在工商业领域还是政治领域。任何为达到这种目的而出现的一定条件下的职能也只能存在于这样的条件中。而这样的政府职能的价值也必须不断用对这个问题的答案来检验：它是否可以达到我们（好政府）的目的。"③ 可以想象，罗斯福的这些话对一个从晚清变局中来到美国的年轻人而言，是非常有吸引力的。在这篇1911年的文章中，罗斯福用法国革命的例子来佐证如果保守派们不接受温和的进步主义的改革，历史会走向其反面，引发革命问题。这也非常地打动当时的胡适，他在对袁世凯的评价中

---

① 曹伯言整理《胡适日记全编》第 2 册，第 531 页。
② 曹伯言整理《胡适日记全编》第 2 册，第 343 页。
③ Theodora Roosevelt, "Nationalism and Popular Rule," *The Outlook*, Vol. 97, Jan. 21, 1911, pp. 100 – 101.

就认为他在戊戌变法时的破坏作用阻碍了中国二十年的进步。[1]

但老罗斯福更进一步认为，政府职能在提供公共服务的同时，必然要监督国民与工商业。而威尔逊认为政府之职是为保障每个个体的自由与权利不受侵害，并为个人潜能的实现清除障碍，这是裁判的作用。在这两者的分歧中，胡适选择了认同威尔逊，并断定这点分歧非常重要，是讨论民主政治的大枢纽。至此，二十岁出头，来美国四年不到的青年胡适开始建立起与同时代很多人不同的自由与权利的价值观。江勇振说胡适是一个异数。确实，从胡适在 1930 年代将中国的现代思想分为两期——维多利亚思想时代（个人解放）和集团主义时代（反个人主义倾向的时代）看，[2] 他这种更看重自由的思维在近代中国的政治思想史上确实不具代表性而显出独特性来，因而也成了研究那个时期中国思想光谱中的自由主义倾向的思想家的代表人物。

服膺于威尔逊的新自由，胡适当天还盛赞威尔逊的外交政策，这则日记连同胡适对威尔逊外交政策的多次称颂和对老罗斯福外交政策的贬低，可能成为学者们认为胡适对威尔逊的支持主要来自对其外交政策的赞同的原因。确实，以当时中国的弱国地位，胡适在 1915 年中日危机时表现出强烈的民族意识而言，以国人对西方列强对内行人道、对外行霸道的流行看法，威尔逊表现出来的对弱小民族和国家同情的外交政策，使得他的对华政策都深得胡适的赞赏。而老罗斯福好战的一面，也让胡适不喜欢。[3] 然而，对于威尔逊代表的带有理想主义的外交政策的出现，胡适谨慎而又乐观地认为："自表现观之，似着着失败；然以吾所见，则威氏之政策实于世界外交史上开一新纪元。即如其对华政策，巴拿马运河税则修正案，哥伦比亚新条约，皆是人道主义，他日史家当能证吾言耳。"[4] 很多年以后，胡适已经在思想上和政治上非常成熟了，但他依然崇敬这位眼光远大的总统，1940 年他作为大使使美期间，在好友、时任国务卿赫尔德私人政治顾问的斯坦利·亨贝克家见到威尔逊夫人。这是胡适第二次见到当年他所崇敬的

---

① 胡适在袁氏死后评论说："使戊戌政变不致推翻，则二十年之新政，或已致中国于富强。"曹伯言整理《胡适日记全编》第 2 册，第 401 页。
② 曹伯言整理《胡适日记全编》第 6 册，第 257 页。
③ 曹伯言整理《胡适日记全编》第 1 册，第 553 页。
④ 曹伯言整理《胡适日记全编》第 1 册，第 374 页。

这位伟人的遗孀，因为第一次跟她有机会交谈，他表达了敬仰之情："在我敬仰的神中，你伟大的丈夫就是其中的一位。"①

胡适崇敬威尔逊，虽然他写下的赞誉更多来自对其国际政策的认同，但其中他点出的威尔逊的人道主义倾向，不仅可以作为分辨西方国际关系上出现的新趋势的参考，与从前西方列强的内文外野（野蛮倾向）的形象做区别，而且这种人道主义关怀在其国内政策上的倾向也影响了胡适。威尔逊成为胡适敬仰的神，不可不关注到他的政治理念如何影响到胡适政治思想的形成。这就涉及威尔逊"新自由"理论中表述的新思考如何为普通人提供实现自由与平等的机会，以及如何影响到胡适的进步观。

三　进步的自由主义者

1914 年秋天，胡适与友金君（Robert W. King）游波士顿，他们热议"遗产之制"，② 实行累进税制（财产税）和征收遗产税是当年重要的事关社会公平问题的经济改革举措。需要指出的是，税制改革背后有其复杂的政治理念的争议与权衡，除了建国时代留下的传统的私有财产神圣理念，还关乎自由平等学说的发展。因此，就在另一日，哈佛学生孙恒来访时，果然胡适就此"与谈甚久"。他们的谈话内容主要围绕自由平等之说和"今日西方政治学说之趋向"。孙恒提出"中国今日不知自由平等之益，此救国金丹也"。胡适马上说问题不在于有无自由平等之说，而是如何理解与贯彻这些概念。这是胡适的实践主义理念。但这并不表明他对理论基础的忽视。孙恒来自哈佛大学，当日的哈佛大学深受法国思想影响，正如胡适所在的康奈尔大学深受德国哲学思想的影响。因此，他们的对话就围绕卢梭的自然权利论展开。而胡适在当年已经开始研究"天赋人权之沿革"问题，③ 显然这场谈话中的双方都对卢梭的政治理论很有了解。但胡适研究的"沿革"问题让他对当日的西方政治学新的趋势已有关注，他说：

① 曹伯言整理《胡适日记全编》第 7 册，第 352 页。
② 曹伯言整理《胡适日记全编》第 1 册，第 466 页。
③ "天赋人权说之沿革"问题是 1914 年初以来他给自己定的目标，主要关注三个问题：（一）泰西之考据学，（二）致用哲学，（三）天赋人权说之沿革。曹伯言整理《胡适日记全编》第 1 册，第 223 页。

　　　　今人所持平等自由之说，已非复十八世纪学者所持之平等自由。
向谓"人生而自由"［L'homme est néolibre——Rousseau（卢梭）］，果
尔，则初生之婴孩亦自由矣。又曰："人生而平等"，此尤大谬。人生
有贤愚能否，有生而颠狂者，神经钝废者；有生具慧资者，又安得谓
为平等也？今之所谓自由者，一人之自由，以他人之自由为界；但不
侵越此界，则个人得随所欲为……今所谓平等之说者，非人生而平等
也……故处法律之下则平等。

这里胡适已经不满意于 18 世纪学者卢梭的"天赋人权"论，而提出怀疑。
因而这则日记可视为对年初三个问题研究的初步阐发。对于第二个问
题——致用哲学（或称实验主义哲学），胡适也将之与天赋人权的沿革联系
起来提出解决方案，提出法律之下才有人人平等的机会。并指出今日西方
政治学的趋势是国家介入社会和经济，来避免社会因财富和人的强弱不同
产生的倾轧，这是对作坊经济时代放任主义的修正。胡适继续阐发这一政
治学发展的趋势：

　　　　夫云法律之下，则人为而非天生明矣。天生群动，天生万民，等
差万千，其强弱相倾相食，天道也。老子曰"天地不仁"，此之谓耳。
人治则不然。以平等为人类进化之鹄，而合群力以赴之。法律之下贫
富无别，人治之力也。余又言今日西方政治学说之趋向，乃由放任主
义（Laissez faire）而趣干涉主义，由个人主义而趣社会主义。不观乎
取缔"托拉斯"之政策乎？不观乎取缔婚姻之律令乎？［今之所谓传种
改良法（Eugenic Laws），禁颠狂及有遗传病者相婚娶，又令婚嫁者须
得医士证明其无恶疾］不观乎禁酒之令乎？（此邦行禁酒令之省甚多）
不观乎遗产税乎？盖西方今日已渐见十八世纪学者所持任天而治（放
任主义）之弊。今方力求补救，奈何吾人犹拾人唾余，而不深思明辨
之也？①

法律之下的平等是进步时代的口号。文中提到的干涉主义、税制调节

------

① 曹伯言整理《胡适日记全编》第 1 册，第 470 页。

社会公平、社会福利、反垄断鼓励商业公平、婚姻法改革等这些关乎社会公平与进步的政策，在现在因沿袭已久不足为奇，但在当年，却是石破天惊的对立国原则的挑战。老罗斯福总统 1908 年发表卸任演讲时，曾指出这样的挑战可比内战前人们对奴隶制的看法，他说："现在很多真诚的人，他们相信商业自由放任不受限制的个人主义，就像以前那些真诚的人相信奴隶制一样。"① 可见观念转变的困难。

从这段话中也可以看到胡适认识到当时西方政治学说的趋势，是对传统的自由放任主张和对社会达尔文主义的修正（胡适喜欢使用"沿革"一词，表示一种修正与继承的关系）。而当时的进步主义者们意识到一个问题，当经济和科技的发展将个人放置到一个完全工业化的社会中时，弱小的个体如何与社会中的强者或者大财团的力量博弈？如果继续实行自由放任的政策，只能让个体与企业成为强者与大财团的掠食对象，这时再提人生而平等、生而自由的权利只成为虚伪的饰词。如何理解美国建国宪法里开宗明义的那句"We the People"中的人民的概念？"我们"是指向社会里的每一个人还是那些适者生存的强者呢？不改变现有的竞争规则，社会的两极化会越来越大，美国传统中的平等和正义观念已经在新形势下受到挑战。如果再强调要固守这些原则岂不成了以此捍卫其中有利于自己的规则？②

进步时代的理念之争，让胡适的政治思想逐渐地形成了。进步时代给普通人赋值，提升和增加普通人能力与机会的呼吁，和胡适的人道关怀心有灵犀。他在 1914 年 7 月 28 日的出游中，更以两处风景为题，阐发对这些理念的领悟。他说，你看那攀登英菲儿山是探险之乐，其"佳境每深藏，不与浅人看。勿惜几两屐，何畏山神悭？"遗憾在于天下能有几许人可以"不惜寻山之屐，不畏攀援之艰"呢？这样的探险活动属于有身体条件和有经济能力的人，即使有这些条件，如果条件不同，看到的风景也不同。此所谓"英菲儿山任天而治者也，探险者各以其才力之强弱，定所入之浅深及所见之多寡；惟其杰出能坚忍不拔者，乃能登峰造极，尽收其地之奇胜；

①　Walter Nugent, *Progressivism: A Very Short Introduction* (Oxford University Press, 2009), p. 49.

②　John Halpin and Conor P. Williams, *The Progressive Intellectual Tradition in America*, *Center for American Progress*, April, 2010, pp. 4 – 7.

而其弱不能深入或半途而止者，均王介甫所谓'不得极夫游之乐'者也"。因此对英菲儿山的征服体现的是达尔文主义的精髓，那么对于人类进步的人道精神，胡适就以另一处风景活铿谷（Watkins Glen, N.Y.）来表述。

胡适两天前曾游览此地。他说此地也是"天地之奇境"，被纽约州改为公园后，依山开径，跨壑通梁，其险处皆护以铁栏，故自山脚至巅，毫无攀援之艰，亦无颠踬之虞。因此此地体现的是人择精神。

胡适用此两种，人择与天行之治归纳出下面一段进步主义要义来，他说：

> 其登峰造极者，所谓英雄伟人也：敌国之富人，百胜之名将，功名盖世之豪杰，立德立言之圣贤，均此类也。其畏而不敢入者，凡民也。入而不能深者，失败之英雄也。所谓优胜劣败，天行之治是也。活铿之山则不然，盖人治也，人择也（Rational Selection）。以人事夺天行之酷（天地不仁，以万物为刍狗，此吾所谓天行之酷也）。人之智慧才力不能均也，天也，而人力可以均之。均之者何也？除其艰险，减其障碍，俾曩之惟圣且智乃可至者，今则匹夫匹妇皆可至焉；曩之所谓殊勋上赏以待不世出之英杰者，今则人人皆可跻及焉。以人事之仁，补天行之不仁，不亦休乎！不亦仁乎！①

以人事之仁，补天行之不仁，这是"除其艰险，减其障碍"，给普通人赋值。在这里，胡适领悟并接受了现代自由主义里面最精髓的公正平等并不失自由的理念。现代的社会不是只有强人与英雄才能突起的社会，是给普通人机会，让他们也能创造奇迹的社会，这种抬高普通人的进步价值观，伴随胡适一生，成为驱使他回到中国去破除各种有形无形的障碍与束缚的信念。在将从前的精英型社会改造得更为平等、自由发展的运动中，他提倡语言简化、便于学习普及的白话文运动、教育的义务化，他力倡的人权、好人政治以及后来的民权政治，都是这个理念下的努力。1931年，王世杰还在国立武汉大学当校长，他仔细研读了胡适的《四十自述》两遍后认为，胡适提出的"不朽"说和孙中山的"大事"观，都是鼓励平常人努力，和

---

① 曹伯言整理《胡适日记全编》第1册，第387—397页。

尼采的"超人"说恰是相反的。① 胡适的社会不朽说提出从前论不朽只将之用于极少数有道德、有功业、有著述的人，社会应该给无量的平常人以创造不朽的希望。②

　　胡适的这一给普通人增加机会的理念，在威尔逊总统的"新自由"论里面可以看到相似的叙述。这是当年的进步主义者们包括老罗斯福总统在内的共同信念。对于进步主义者而言，自由被重新定义为人的能力的实现，他们将之列为当时美国的首要任务。③ 威尔逊在竞选演说中多次提出"新自由"就是要为"普通人"（unknown men④）的发展提供机遇，提供上升通道，给普通的中小企业提供平等借贷的可能来让它们参与商业竞争。威尔逊认为美国的梦想即是让普通人相信，"从默默无闻的家庭中将出现一批人，一批能成为工业界及政界主人的人。美国的富强存在于普通人的希望、普通人的福利、普通人的事业心及普通人的积极性之中"。"正是劳动者这一伟大主体才使美国强大。没有人能预测出，我们国家的未来领袖将出自哪个家庭，出自哪个地区，甚至哪个种族。这正是我们这片国土上的一大荣耀。这个国家的伟大领袖并非常常来自那些根基坚固的'成功'之家。""任何压制他人的事，任何将一个机构摆在个人之上的事，任何阻碍贫民百姓、使他们灰心丧气的事，都是有悖于进步之原则的。"威尔逊甚至认为，"以我亲身经历为例，我发现，由'普通人'组成的听众，比起我教过的许多大学生来说，能更快地抓住一个要点，能更快地接受一种论点，能更快地明白一种倾向，能更快地领会一种原则——并不是说大学生智力低下，而是他们与生活实际脱节，而'普通'公民天天置身于日常生活中。对触

---

① 中国社会科学院近代史研究所中华民国史组编《胡适来往书信选》中册，中华书局，1979，第451页。

② 胡适：《不朽——我的宗教》，原载《新青年》第6卷第2号，1919年2月15日。

③ William A. Schambra and Thomas West, *The Progressive Movement and the Transformation of American Politics*, July 18, 2007. Retrieved from：http://www. heritage. org/political-process/report/the-progressive-movement-and-the-transformation-american-politics，2017年4月13日。

④ 普通人的概念可以参考威尔逊"新自由"里的表述，比如这段："The treasury of America lies in those ambitions, those energies, that cannot be restricted to a special favored class. It depends upon the inventions of unknown men, upon the originations of unknown men, upon the ambitions of unknown men. Every country is renewed out of the ranks of the unknown, not out of the ranks of those already famous and powerful and in control. "（Woodrow Wilson, *The Essential Political Writings*, Ronald J. Pestritto, ed, Lexington Books, Jun 6, 2005, p. 112）

到他们痛处的东西，你无须向他们解释"。① 威尔逊要建立的是一种新的给社会普通人信心的机制和理念。

　　胡适正是这样一位很快抓住了要点、接受了观念的听众，他接触到、领悟到这种现代自由主义的理念，知道了世界已经在一种新的趋势上，旧有的逻辑和理念在受到怀疑和挑战并被改造。他归国时，正好遇到中国寻找方向的时期，他指出的正是这一方向，即让普通的人感觉有希望，有成功的机会，将政治和社会的阶梯降下来，而他自己正是这种新的机会中的成功者。他推崇实验主义的精神、渐进改变的精神，让理念和原则在实践中不断接受检验和修正，希望社会因此充满活力，这种进步精神让他十分乐观。胡适能成为中国的文化再生运动即"新文化运动"的领袖，正是因为这些理念和它带给普通人的希望。

---

① 威尔逊"新自由"竞选演讲"Life Comes from the Soil"的部分译文，转引自 https://www. ait. org. tw/infousa/zhtw/PUBS/AmReader/p521. htm。

胡适"容忍即自由"的论述及其背后

李建军[*]

胡适自由主义的论述一开始就是与"容忍"结合在一起的。胡适第一次集中论述自由主义是在 1940 年代后期，即抗日战争胜利后，国共内战爆发前夕。此时胡适已经将容忍与自由结合起来进行论述。1950 年代后期，在台湾，胡适更把自由与容忍紧密联系起来，明确提出"容忍即自由"的命题。

一　第一阶段的论述

1947 年 3 月 15 日，蒋介石宣布将结束训政、实行宪政后，胡适大喜过望，认为"国民党结束训政，是一件政治史上稀有的事。其历史的意义是国民党从苏俄式的政党回到英美西欧式的政党。这是孙中山遗训的复活"。①

胡适在 1947 年 7 月 20 日刊出的《两种根本不同的政党》中开篇即指出，"我们在今日谈宪政，谈民主，谈国共问题，谈结束训政，谈美苏对峙的两个世界，似乎都应该先认清世界上有两种根本不同的政党"，即英、美、西欧国家的甲式政党与俄、意、德的乙式政党。这两种政党代表了"两个世界"，代表了自由与不自由、独立与不独立、容忍与不容忍的划分，并讲孙中山是爱自由且讲容忍的政治家，这是胡适最早将自由与容忍并举。

胡适解释说，过去为了革命的需要，孙中山将国民党由甲式政党改造成乙式政党，但一党专政不是最后的境界。现在为应付现实局势的需要，要结束训政，实行宪政，国民党又要从乙式政党改回甲式政党。这里面应

---

　* 李建军，广西师范大学出版社编审。

　① 季羡林主编《胡适全集》第 33 卷，安徽教育出版社，2003，第 627 页。

该包括党的内容与作风的根本转变。如果训政的结束能够引起一个爱自由的、提倡独立思想的、容忍异己的政治作风，那才可算是中国政治大革新的开始。①

1947 年 8 月 1 日，在题为《眼前世界文化的趋向》的广播演讲中，胡适重点讲了世界文化共同的三个理想目标。其中第三点讲的是用民主的政治制度来解放人类的思想，发展人类的才能，造就自由的独立的人格。胡适批评说："俄国的大革命，在经济方面要争取劳农大众的利益，那是我们同情的。可是阶级斗争的方法，造成了一种不容忍、反自由的政治制度，我认为那是历史上的一件大不幸的事。"② 8 月 24 日，胡适又写了《我们必须选择我们的方向》一文，对自己的观点进一步解释说："我深信这几百年（特别是这一百年）演变出来的民主政治，虽然还不能说是完美无缺陷，确曾养成一种爱自由、容忍异己的文明社会。……民主政治作用全靠这容忍反对党、尊重反对党的雅量。"③

1948 年 9 月 27 日，胡适在上海公余学校演讲《当前中国文化问题》，在"当前文化的选择与认识"部分，胡适对他的以上观点又做了进一步申述。胡适说："自由非自由的选择，也是容忍与不容忍的选择。""我比较守旧，九月十一日还在北平天坛广播'自由主义'，也许有人听了骂胡适之落伍。他们说这不是不自由不民主，而是新民主主义新自由。是没有自由的新民主，没有民主的新民主，没有自由的新自由，没有民主的新自由。各位看过评剧里的《空城计》、《长坂坡》，没有诸葛亮的《空城计》，没有赵子龙的《长坂坡》，还成甚么戏？"④

在《自由主义是什么？》一文（1948 年 8 月 1 日）和《自由主义》（1948 年 9 月 4 日）演讲中，胡适指出："自由主义在这两百年的演进史上，还有一个特殊的、空前的政治意义，就是容忍反对党，保障少数人的自由权利。"胡适解释说："向来的政治斗争，不是东风压了西风，就是西风压了东风。被压倒的人是没有好日子过的。但近代西方民主政治却渐渐养成

---

① 季羡林主编《胡适全集》第 22 卷，第 682—686 页。
② 季羡林主编《胡适全集》第 22 卷，第 693 页。
③ 胡适：《我们必须选择我们的方向》，胡颂平编著《胡适之先生年谱长编初稿》第 6 册，台北，联经出版事业有限公司，1984，第 1990 页。
④ 季羡林主编《胡适全集》第 22 卷，第 749 页。

了一种容忍异己的度量与风气。因为政权是多数人民授与的。在朝执政权的党一旦失去了多数人民的支持，就成了在野党了。所以执政权的人都得准备下台时坐冷板凳的生活，而个个少数党都有逐渐变成多数党的可能，甚至于极少数人的信仰与主张，'好像一个芥子，在各种种子里是顶小的，等到他生长起来，却比各种蔬菜都大，竟成了小树，空中的飞鸟可以来停在他的枝上'。（新约马太十四。圣地的芥菜可以高达十英尺。）人们能这样想，就不能不存容忍别人的态度了，就不能不尊重少数人的基本自由了。在近代民主国家里，容忍反对党，保障少数人的权利，久已成了当然的政治作风，这是近代自由主义里最可爱慕而又最基本的一个方面。"①

接下来，胡适引述了两位政治学家的说法作为自己观点的证据，一位是哥伦比亚大学史学教授纳文斯（Nevins），一位是他的史学老师布尔教授（Prof. George Lincoln Burr）。

"前些时，北平《华北日报》翻译了哥伦比亚大学史学教授纳文斯（Nevins）的一篇文字，其中有这样一句话：'真正自由主义者，——连正统的社会主义者都包括在内，——虽然意见互有不同，但其最后归趋都一致认为多数人的统治应以尊重少数人的基本权利为原则。'"胡适说，"纳文斯生长在一个自由主义的社会里，享受惯了自由主义造成的幸运环境，单单指出真正自由主义的最后归宿是'多数人的统治应以尊重少数人的基本权利为原则'"。胡适解释说："基本权利是自由，多数人的统治是民主，而多数人的政权能够尊重少数人的基本权利才是真正自由主义的精髓。"② 胡适又以他的史学老师布尔先生为例，说明容忍的重要性。

1938 年 4 月 24 日，胡适以到费城参加美国哲学会（American Philosophical Society）之便，顺访布尔先生。其时布尔先生已经八十岁，且有心脏病，却仍努力工作不倦，胡适对他"佩服之至！"布尔告诉胡适，他多年收集资料，预备修改安德鲁·D. 怀特博士（Dr. Andrew D. White）的《基督教世界科学与神学的战争》（*Warfare between Science & Theology in Christendom*）一书，因一直没有少年人担负此事。他说，他自己所注意不在"战争"（warfare），而在"容忍"（toleration），他以为历史上"容忍"比"反

---

① 胡适：《自由主义是什么?》，季羡林主编《胡适全集》第 22 卷，第 726—727 页。
② 胡适：《自由主义是什么?》，季羡林主编《胡适全集》第 22 卷，第 726—727 页。

抗"（rebellion）更重要。胡适当时虽然比较认同布尔的此一观点，说"此论亦有理"，但从这一评论来看，他对布尔的观点还是有保留的。

　　但是，十年后，胡适对布尔的观点似乎更多的是认同了。胡适回忆说："我做驻美大使的时期，有一天我到费城去看我的一个史学老师——白尔教授，他平生最注意人类争自由的历史，这时候他已八十岁了，他对我说：'我年纪越大，越觉得容忍（tolerance）比自由（freedom）还更重要。'"胡适说："这句话我至今不忘记。为什么容忍比自由还更要紧呢？因为容忍就是自由的根源，没有容忍，就没有自由可说了。"胡适接着解释道："至少在现代，自由的保障全靠一种互相容忍的精神。无论是东风压了西风，还是西风压了东风，都是不容忍，都是摧残自由，多数人若不能容忍少数人的思想信仰，少数人当然不会有思想信仰的自由，反过来说，少数人也得容忍多数人的思想信仰，因为少数人若时常怀着'有朝一日权在手，杀尽异教方罢休'的心理，多数人也就不能不打'斩草除根'的算计了。"① 所以，自由与不自由的选择，也是容忍与不容忍的选择。在《当前中国文化问题》的演讲中，胡适对此也有解释。他说："讲自由要容忍，理由很简单：从前的自由是皇帝允许我才有的，现在要多数人允许才能得到。主张左的容忍右的，主张右的容忍左的，相信上帝的要容忍不相信上帝的，不相信上帝的要容忍相信上帝的。不像从前，我相信神，你不相信神，就打死你。现在是社会允许我讲无神论，讲无神论也要容忍讲有神论，因为社会一样允许他。……'你说的话我一个字也不相信，但我要拼命辩护你有权说这话。'这一句话多么伟大！"②

　　所以，自由主义，贵在容忍，要承认别人有自由，更要承认反对党的自由。民主政治最宝贵的就是政府能在制度上承认反对党的存在。第二次世界大战中的丘吉尔，不能说没有丰功伟绩，结果两千两百万选民没有继续投他的票，丘吉尔并没有动刀枪乱打，这就是民主政治的可贵。胡适强调容忍之于自由的重要性，指出容忍反对党是自由主义特殊的、空前的政治意义，目的是希望在中国发展并实现现代政党政治。后来，胡适在浙江

① 胡适：《自由主义》，《华北日报》1948 年 9 月 5 日，第 3 版。另见《世界日报》1948 年 9 月 5 日，第 3 版。

② 胡适：《当前中国文化问题》，季羡林主编《胡适全集》第 22 卷，第 749—750 页。

大学的《自由主义与中国》演讲中，也提到"容忍"的重要性。

以上的论述只是"容忍即自由"的序曲，并没有真正提出"容忍即自由"的命题。

二　第二阶段的论述

对于第二阶段的叙述，这里在方法上通过细化"容忍即自由"提出的过程，来探讨胡适的这一思想。

1950 年代后期，是台湾政党活动酝酿的重要时期。在 50 年代后的台湾"民主运动"中，胡适更加强调了容忍对于自由的重要性。

1958 年 11 月 22 日，胡适与新党活动的主要人物吴三连等人谈到 1938 年 4 月 24 日老师布尔先生与他谈的"容忍比自由还更重要"（Tolerance is more important than freedom）；随后胡适又强调说，岂但"容忍比自由还更重要"，"其实，容忍就是自由"。这是胡适第一次提出"容忍即自由"的思想。① 12 月 13 日上午，雷震访胡适，请胡适为《自由中国》半月刊下一年元旦号写文章，胡适答允，但似未确定写题。② 16 日，胡适与他的秘书胡颂平再次谈到容忍的事。胡适说："那天伯尔先生和我谈了一天的话，我至今还没有忘记。他说：'我年纪越大，越觉得容忍比自由还更重要。'其实容忍就是自由。没有容忍，就没有自由了。我自己也有'我年纪越大，越觉得容忍比自由还更重要'的感想。"③

25 日，胡适答应雷震为《自由中国》写的文章因没有工夫写，要求展期。④ 26 日，胡适为秘书胡颂平解释"六十而耳顺"中"耳顺"的意思，认为"还是容忍的意思"："古人说的逆耳之言，到了六十岁，听起人家的话来已有容忍的涵养，再也没有'逆耳'的了。"⑤ 这天，雷震在给胡适的信里，要胡适把"大作《容忍……》，务请下月十日前掷下"。⑥ 显然，此

① 胡颂平编著《胡适之先生年谱长编初稿》第 7 册，第 2745 页。
② 傅正主编《雷震全集》第 39 卷，台北，桂冠图书股份有限公司，1990，第 419 页。
③ 胡颂平编著《胡适之先生晚年谈话录》，台北，联经出版事业有限公司，1984，第 2—3 页。
④ 傅正主编《雷震全集》第 39 卷，第 424 页。
⑤ 胡颂平编著《胡适之先生晚年谈话录》，第 4—5 页。
⑥ 万丽娟编注《万山不许一溪奔——胡适雷震来往书信选集》，台北，中研院近代史研究所，2001，第 146 页。

时胡适已想作此文，论题的中心即为"容忍"，但题目尚未定下来。

据胡颂平说，胡适写这篇文章时，最初拟用的题目是《政治家的风度》，后又改为《自由与容忍》，直到最后才改作《容忍与自由》。① 雷震的资料中对此有详细的线索。1959 年 1 月 2 日，胡适把他给《自由中国》写的《容忍与自由》头一段给雷震看。可见此时胡适已动笔了，题目就是《容忍与自由》。② 31 日，雷震在给胡适的信里，要胡适把《容忍与自由》和《个人主义……》两文写好，希望 4 月 16 日前均能登出，并说《容忍与自由》一文"希望下周内赐下，先生已写了一千字，再写三千字即可以了"。③ 但 2 月 9 日、13 日在给胡适的两信里，雷震又"务请"胡适把《自由与容忍》"拨冗写来发表"，23 日交下，希望刊载于 3 月 1 日出刊的《自由中国》，并说胡适的文章是有"支持"作用的，还说"先生已写了一千字，再写二、三千字即可也"。④ 显然，此时胡适对于论题的侧重点仍在矛盾中，该论题的题目仍然没有完全定下来。2 月 20 日上午 10 时雷震与胡适通电话要稿子，胡适说他最近甚忙，下期赶不上，又说要换一个《政论家的态度》的题目（按：由于这次是电话，雷震的记忆可能有误。胡颂平的《政治家的风度》似更可信，因为胡颂平不仅在胡适身边工作，且亦记有日记）。⑤ 3 月 7 日，雷震再向胡适催稿，要胡适把"大作《自由与容忍》""于本月十日晨交下，三月十六日这一期发表"。⑥ 3 月 9 日、11 日，胡适才"勉强"写成此文，而且用的题目为《自由与容忍》。⑦ 10 日上午 10 时，雷震给胡适打电话，胡适说他写文章写到 4 时，并希望下一期给雷震一篇文章。⑧ 12 日 6 时才写定，题目仍改回《容忍与自由》。雷震日记说 12 日晨 5 时写好，晚 7 时校好。⑨ 登在 3 月 16 日出刊的《自由中国》第 20 卷第 6 期。

---

① 胡颂平编著《胡适之先生年谱长编初稿》第 8 册，第 2853 页。
② 傅正主编《雷震全集》第 40 卷，第 4 页。
③ 万丽娟编注《万山不许一溪奔——胡适雷震来往书信选集》，第 154、155 页。
④ 万丽娟编注《万山不许一溪奔——胡适雷震来往书信选集》，第 160、161 页。
⑤ 傅正主编《雷震全集》第 40 卷，第 31 页。
⑥ 万丽娟编注《万山不许一溪奔——胡适雷震来往书信选集》，第 167 页。
⑦ 季羡林主编《胡适全集》第 34 卷，第 544、545 页。
⑧ 傅正主编《雷震全集》第 40 卷，第 46 页。
⑨ 胡颂平编著《胡适之先生年谱长编初稿》第 8 册，第 2853 页。又见傅正主编《雷震全集》第 40 卷，第 48 页。

由此可见，一方面，胡适写这篇文章一开始就是有明确的政治诉求的，曾想用《政治家的风度》，用意显然是对台湾的民主派和国民党双方面说话，即他希望国民党蒋介石与筹组新党的雷震等人，有"政治家的风度"，能"容忍"。

三　"容忍即自由"命题的背后

（一）对雷震及蒋介石的影响

"雷震案"发生后，雷震被捕下狱。1962 年 9 月 9 日夜，狱中的雷震梦见已经去世的胡适告诉他"容忍与自由"的真意，作诗自勉：

> 无分敌友，和气致祥；多出意见，少出主张。
> 容忍他人，克制自己；自由乃见，民主是张。①

也说明雷震组织"中国民主党"时没有容忍。从雷震的大量与胡适交往的日记中，没有发现雷震对胡适《容忍与自由》文及演讲有任何认识。

胡适在 1960 年 8 月 4 日复雷震的信里就说："你们的想法，看法，做法，我往往不能了解。我的想法，看法，做法，你（单指老兄）也往往不能了解。（别人更不用说了。）"②

胡适"容忍即自由"思想对蒋介石则是有影响的，但没有作用。"雷震案"发生后，胡适 1960 年 11 月 18 日见蒋介石后日记写道：

> 说完了，——我忍不住说：我本来对岳军先生说过，我见总统，不谈雷案。但现在谈到国际形势，我不能不指出这三个月来政府在这件事上的措施实在在国外发生了很不好的反响。……
> 总统说：我对雷震能十分容忍。如果他的背后没有匪谍，我决不会办他。……雷震背后有匪谍，政府不能不办他。我也晓得这个案子

---

① 傅正主编《雷震全集》第 12 卷，第 362—371 页。
② 季羡林主编《胡适全集》第 26 卷，第 433—434 页。

会在国外发生不利的反响，但一个国家有他的自由，有他的自主权，我们不能不照法律办。①

此中蒋介石所谓对雷震"能十分容忍"，但"一个国家有他的自由"，显然也是对胡适的回应。

但蒋介石同日日记则是：

> 召见胡适约谈三刻时，彼最后提到雷震案与美国对雷案舆论。余简答其雷系关匪谍案，凡破坏反共复国者，无论其人为谁，皆必须依本国法律处理，不能例外，此为国家关系，不能受任何内外舆论之影响。否则政府无法反共，即使存在亦无意义。余只知有国家，而不知其他，如为忌国际舆论则不能再言救国矣。此大陆沦陷之教训，不能不作前车之鉴也。最后，略提过去个人与胡情感关键，彼或有所感也。②

胡适"容忍即自由"的思想显然没有对蒋介石起到作用。

19 日，在"上星期反省录"中，蒋介石记道："胡适之'胡说'，凡其自夸与妄语皆置之不理，只明答其雷为匪谍案，应依本国法律处治，不能例外示之，使之无话可说。即认其为卑劣之政客，何必多予辩论矣。"③ 到台湾后，蒋介石变了，对此胡适却没有充分的认识。也就是说，胡适的"容忍即自由"的命题没有现实基础。

首先，在国民党改造问题上，雷震与蒋介石关系破裂。雷震提出："今日党的形态仍采苏联方式。""一般人今日只知苏联共产党组织，而不悉欧美各国政党之组织及其运用也。"④ 由于雷震反对蒋介石对于国民党的改造，蒋介石把雷震开除出国民党。

---

① 季羡林主编《胡适全集》第 34 卷，第 676—677 页。
② 《蒋介石日记》，1960 年 11 月 18 日，转引自陈红民、段智峰《差异何其大——台湾时代蒋介石与胡适对彼此间交往的记录》，《近代史研究》2011 年第 2 期。
③ 《蒋介石日记》，1960 年 11 月 19 日，转引自陈红民、段智峰《差异何其大——台湾时代蒋介石与胡适对彼此间交往的记录》，《近代史研究》2011 年第 2 期。
④ 傅正主编《雷震全集》第 31 卷，第 262 页。

其次，蒋介石对自由主义与胡适的观感完全负面。1952 年 12 月 12 日上午，胡适在陈雪屏、董作宾等陪同下到日月潭。晚，蒋介石派秘书来邀胡适一谈。13 日上午 10 时，蒋介石又邀胡适去谈。蒋介石的日记记载的都是对胡适的负面感受。蒋介石这两天的有关日记如下：

> （12 日）胡适来此游览，招待及听取其报告，约谈十五分时，乃寝。不料寝后竟未能安睡，直至今晨二时，服药后亦不奏效，苦痛极矣。此乃为胡之言行或为美国近情所致乎？
>
> （13 日）十时，胡适之来谈，先谈台湾政治与议会感想，彼对民主自由高调，又言我国必须与民主国家制度一致，方能并肩作战，感情融洽，以国家生命全在于自由阵线之中。余特斥之。彼不想第二次大战民主阵线胜利，而我在民主阵线中牺牲最大，但最后仍要被卖亡国矣。此等书生之思想言行，安得不为共匪所侮辱残杀。彼之今日犹得在台高唱无意识之自由，不自知其最难得之幸运，而竟忘其所以然也。同进午膳后别去。①

这说明，此时蒋介石与胡适在对待民主自由的问题上已经没有交集了，对于胡适宣扬自由主义，明显产生了不满与反感，认为胡适"高唱"的"自由"是"无意识"的，是"不自知其最难得之幸运，而竟忘其所以然"。

1957 年 2 月 11 日，美国纽约华美协进社回答了何浩若关于"毁党救国"的提问。胡适对国民党之失去人心抨击甚力，他说他的这些话是老调是滥调，过去谈过甚多，并不新奇；国民党这是臭东西，腐败之至，早就应该毁掉，为什么毁不得？又说民、青两个不成器的小党，都是要不得的。胡适甚至"越说声音越重，最后全身发抖，次日即感不适"。② 这次谈话，胡适还告诫台湾当局要广开言路，不可缺乏民主政治所必需的容忍精神。

---

① 《蒋介石日记》，1952 年 12 月 12 日、13 日，转引自陈红民、段智峰《差异何其大——台湾时代蒋介石与胡适对彼此间交往的记录》，《近代史研究》2011 年第 2 期。
② 傅正主编《雷震全集》第 39 卷，第 35、105、116 页。

　　胡适提出"毁党救国"的口号是胡适最终与蒋介石交恶的关键。之后，蒋介石就真的把胡适及其代表的自由主义视为"反共复国"的大敌了。

　　11 月 28 日，蒋介石在日记的"上星期反省录"中，因为胡适要求与他密谈"总统选举"的事，大骂胡适"无耻"，并说胡适"最不自知，故亦最不自量，必欲以其不知政治而又反对革命之学者身分，满心想来操纵革命政治，危险极矣"；认为胡适之所以不想他三任"总统"，用意"完全在此"。蒋介石因此"不能不下决心，而更不能辞也"。他认定，"以若辈用心不正，国事如果操纵在其手，则必断送国脉矣"。30 日，蒋介石在"上月反省录"中谓："胡适无耻言行，暗中反对连任，与张君劢亡国言论皆狂妄背谬已极。惟有置之不理而已。"①

　　蒋介石在 12 月 19 日的日记里记道：

　　　　近闻胡适受梦麟之劝，其对国大代会选举与连任问题不再反对，并愿担任此次国代联谊会年会主席。此乃其观望美国政府之态度而转变者，可耻之至。余昔认其为比张君劢等人格界高，其实彼此皆为政客，其只有个人，而绝无国家与民族观念，其对革命自必始终主张敌对与破坏之地位，无足奇哉。②

（二）"容忍即自由"命题的背后

1. "容忍即自由"消极方面：斗争即没有自由

　　1947 年 8 月 1 日，在《眼前世界文化的趋向》的广播演讲中，胡适重点讲了世界文化共同的三个理想目标。其中第三点是用民主的政治制度来解放人类的思想，发展人类的才能，培育自由的独立的人格。胡适批评说："俄国的大革命，在经济方面要争取劳农大众的利益，那是我们同情的。可是阶级斗争的方法，造成了一种不容忍、反自由的政治制度，我认为那是

---

① 转引自陈红民、段智峰《差异何其大——台湾时代蒋介石与胡适对彼此间交往的记录》，《近代史研究》2011 年第 2 期。

② 转引自陈红民、段智峰《差异何其大——台湾时代蒋介石与胡适对彼此间交往的记录》，《近代史研究》2011 年第 2 期。

历史上的一件大不幸的事。"①

1952 年 11 月 12 日，雷震听说胡适将参加竞选"副总统"而非常失望，说胡适"无斗争性格，非政治之人物，而政治则是一个斗争性的东西"。②

1958 年 11 月 17 日，胡适与雷震在谈到政治上的反对力量时，胡适说他与雷震"有一点距离"，即雷震认为对于国民党"去之亦无所谓"，而胡适是"想改善"。③

1960 年 6 月 30 日，胡适就对雷震等说过："我不赞成你们拿我来作武器，我也不牵涉里面和人家斗争。"④

即胡适不赞成斗争，认为斗争就没有了自由。

2."容忍即自由"积极方面：为政党政治营造政治氛围

1960 年 11 月 18 日，胡适见蒋介石后在日记中写道：

　　说到这里，我知道时间已不早了。我打定主意，加入一段话。我说，我回到台北的第二天，所谓"反对党"的发言人——李万居、高玉树、郭雨新、王地、黄玉娇——来看我。我屋中客多，我答应了那个礼拜三（十月廿六日）晚上同他们吃饭面谈。礼拜三（廿六日）的上午，我去看副总统，我把我要向他们说的话先报告副总统。我说，李万居一班人既然说，他们要等我回国，向我请教，我有责任对他们说几句很诚恳的话。我要劝告他们两点：（一）在时间上要展缓他们成立新党的时期：他们应该看看雷案的发展，应该看看世界形势，如美国大选一类的事件。不可急于要组党。（二）我要劝他根本改变态度：第一，要采取和平态度，不可对政府党取敌对的态度。你要推翻政府党，政府党当然先要打倒你了。第二，切不可使你们的党变成台湾人的党，必须要和民、青两党合作，和无党派的大陆同胞合作。第三，最好是要能够争取政府的谅解，——同情的谅解。——以上是我对副总统说我预备那晚上对他们几位说的话。同时我还表示一个希望。十年前总统曾对我说，如果我组织一个政党，他不反对，并且可以支持

---

① 季羡林主编《胡适全集》第 22 卷，第 687—694 页。
② 傅正主编《雷震全集》第 35 卷，第 272 页。
③ 傅正主编《雷震全集》第 39 卷，第 401 页。
④ 胡颂平编著《胡适之先生年谱长编初稿》第 9 册，第 3305 页。

我。总统大概知道我不会组党的。但他的雅量，我至今不忘记。我今
天盼望的是：总统和国民党的其他领袖能不能把那十年前对我的雅量
分一点来对待今日要组织一个新党的人？①

　　胡适跟蒋介石讲的这段话，很明确说明支持"新党运动"。而所谓的
"雅量"，就是容忍。

①　季羡林主编《胡适全集》第 34 卷，第 679 页。

胡适"容忍"理念的形成历程

林建刚[*]

1959 年，晚年胡适在《自由中国》上发表了《容忍与自由》。此后不久，他又在《自由中国》茶话会上做了同题演讲，演讲稿也整理成《容忍与自由》公开发表。由于这两篇文章的巨大影响力，后世学者在论述晚年胡适的思想变迁时，大多侧重于阐释晚年胡适的"容忍"思想，比如，余英时的《重寻胡适历程》、李建军的《容忍即自由：胡适的政治思想历程》等。其实，关于"容忍"的思考，胡适早年就提出来了，随着年龄的增长，他对这一思想的认识日益深刻与成熟。胡适的容忍理念，在不同的阶段有不同的侧重，也有不同的表现。

笔者撰写此文，试图梳理胡适容忍理念的形成历程，并揭示促使其形成的因素。笔者拟从两位女性的影响、1910—1920 年代的论争、1930—1940 年代两位美国学者的影响、"善未易明，理未易察"与"正义的火气"的提出等方面来系统阐释。

一 胡母与韦莲司：两位女性对其"容忍"理念的影响

胡适"容忍"的个性，深受其母影响。这一点，他在《四十自述》中有生动的回忆，他写道：

> 我渐渐明白，世间最可厌恶的事莫如一张生气的脸；世间最下流

---

　* 林建刚，重庆文理学院文化与传播学院教师。

的事莫如把生气的脸摆给旁人看。这比打骂还难受。①

早年，胡适从其嫂子"生气的脸"上感受到"不容忍"的可怕；而在母亲身上，则认识到了"容忍"的重要性。在提到自己母亲的性格时，胡适也曾写道：

> 我母亲的气量大，性子好，又因为做了后母后婆，她更事事留心，事事格外容忍。……我母亲待人最仁慈，最温和，从来没有一句伤人感情的话。②

性格方面，胡适深受其母影响，尽量容纳人，在做人处事上尽量做到容忍迁就。这篇回忆文章最后，他还写道：

> 我在我母亲的教训之下住了九年，受了她的极大极深的影响。……如果我学得了一丝一毫的好脾气，如果我学得了一点点待人接物的和气，如果我能宽恕人，体谅人，——我都得感谢我的慈母。③

如果说，胡适个性上的"容忍"源于他母亲的言传身教，那么，他深入思考这一理念，则很大程度上源于他在美国求学时期的女性朋友韦莲司。韦莲司对胡适的影响，主要体现在两本书上，一本是约翰·穆勒的《论自由》，一本是毛莱的《论妥协》。

先说《论自由》。这本书，胡适早在中国澄衷中学读书时就已读过，当时严复将之翻译为《群己权界论》。1911年，留美的胡适订购了哈佛大学校长主编的"五尺丛书"，这套书中也有《论自由》，这一时期，胡适也曾读此书。1914年，胡适结识韦莲司，为其不修边幅、特立独行的行为倾倒，他想到了约翰·穆勒的那句名言："今人鲜敢为狂狷之行者，此真今世之隐患也。"④

---

① 胡适：《四十自述》，欧阳哲生编《胡适文集》第1册，北京大学出版社，2013，第50页。

② 胡适：《四十自述》，欧阳哲生编《胡适文集》第1册，第51页。

③ 胡适：《四十自述》，欧阳哲生编《胡适文集》第1册，第51—52页。

④ 曹伯言整理《胡适日记全集》第1册，台北，联经出版事业有限公司，2004，第518页。

后来，韦莲司与其母发生了矛盾，是应该相互容忍迁就还是各行其是呢？韦莲司征求胡适的意见，对此，胡适的回答是，按照东方人的观点，应该容忍迁就，不过要是按照约翰·穆勒的观点，则应该捍卫个人的思想行为之自由。收到胡适的信后，韦莲司在回信中引用了刚多塞与毛莱的几句话，其中引用刚多塞的话说道：

> 做好事情不够，还必须用好方法去做。当然我们要打破一切错误，但一下子把那些错误都打掉是不可能的，我们应该学一位谨慎的建筑建的样，如果不得已要拆掉一座房子，又知道这座房子的各部分是接合成一体的，便在动手拆时要做得不让房子倒掉，以免危险。①

也就是说，手段与目的要相互适应，要遵循基本的程序正义的原则。

在谈到儿女与父母的冲突时，韦莲司还引用毛莱的话：

> 不论直说不相信造成的痛苦多么大，作者以为人生当中有一种关系，而且只有这一种关系，使我们有理由要沉默，尽管在别处是应该说话的，这就是儿女与父母的关系。②

毛莱这段儿女容忍父母的言论，让胡适对毛莱产生了浓厚的兴趣。于是，他从韦莲司手中借来毛莱的这本书仔细阅读。1914 年 11 月 26 日，在阅读此书时，胡适发现毛莱的思想与约翰·穆勒的思想是一脉相承的，可以说，毛莱此书是对约翰·穆勒思想的继承与发展。③ 12 月 6 日，胡适在自己的留学日记中又记载了毛莱子爵的相关事迹。④ 12 月 7 日，在给韦莲司的信中，胡适提到读《论妥协》不忍释手，给他带来了巨大乐趣。⑤ 12 月 17

---

① 胡适日记中这段话为英文，为便于理解，这里采用了徐高阮的译文。参见徐高阮《胡适和一个思想的趋向》，台北，地平线出版社，1970，第 34 页。
② 胡适日记中这段话为英文，为便于理解，这里采用了徐高阮的译文，参见徐高阮《胡适和一个思想的趋向》，第 34 页。
③ 周质平译《不思量，自难忘——胡适给韦莲司的信》，安徽教育出版社，2001，第 7—8 页。
④ 周质平编译《不思量，自难忘——胡适给韦莲司的信》，第 4 页，注释 1。
⑤ 周质平编译《不思量，自难忘——胡适给韦莲司的信》，第 11 页。

日是胡适 23 岁的生日。为庆祝生日，他给自己买了《论妥协》作为生日礼物。① 1915 年 1 月 25 日，在跟杰克逊牧师交流时，胡适再次提到这本书，并且给他朗读了几个精彩的片段。②

可以说，韦莲司给胡适推荐的这本书，对胡适有巨大的影响。后来，他在《我的信仰》中写道：

> 莫黎的《论妥协》（*On Compromise*），先由我的好友威廉思女士（Miss Edith Clifford Williams）介绍给我，她是一直做了左右我生命最重要的精神力量。莫黎曾教我："一种主义如果健全的话，是代表一种较大的便宜的。为了一时似是而非的便宜而将其放弃，乃是为小善而牺牲大善。疲弊时代，剥夺高贵的行为和向上的品格，再没有什么有这样拿得定的了。"③

不仅如此，在给青年推荐好书时，胡适也多次提到这本书。1925 年 2 月 21 日，胡适在《京报副刊》上开了"青年必读书十部"，他推荐了 5 本英文著作。其中就有 John Stuart Mill（约翰·穆勒）的 *On Liberty*（《论自由》）和 John Morley（毛莱）的 *On Compromise*（《论妥协》）。④

可以说，因为韦莲司，胡适再次阅读了约翰·穆勒的《论自由》，并由此阅读了毛莱的《论妥协》，这两本书让胡适对容忍的理念有了深刻的领会。此外，还需要指出的一点是，胡适在康奈尔大学读书期间，还提到康奈尔大学校友房龙那本最有名的《宽容》，此书可能对胡适的容忍理念也有一定的影响。

二 1910—1920 年代的几场论争：在实践中思考

母亲和韦莲司对胡适容忍理念的影响，大多还停留在个性与理论层面。此后，在与论敌的论争过程中，胡适从亲身实践的层面认识到了容忍的重

---

① 周质平编译《不思量，自难忘——胡适给韦莲司的信》，第 17 页。
② 周质平编译《不思量，自难忘——胡适给韦莲司的信》，第 24 页。
③ 胡适：《我的信仰》，欧阳哲生编《胡适文集》第 1 册，第 15 页。
④ 王世家编《青年必读书》，河南大学出版社，2006，第 5 页。

要性。

论争先是发生在胡适与梅光迪身上。两人在白话文问题上产生了分歧。1916 年 10 月 5 日,梅光迪给胡适写信说:

> 足下前数次来片,立言已如斩钉截铁,自居为"宗师",不容他人有置喙之余地矣。夫人之好胜,谁不如足下。足下以强硬来,弟自当以强硬往。处今日"天演"之世,理固宜然。此弟所以于前书特恃强项态度,而于足下后片之来竟不之答者也。①

由此可见,虽然胡适从思想层面认同了容忍的理念,但在实践层面,当他面对论敌时,未免还有"不容他人匡正"的独断气质。

胡适的这一态度,让梅光迪心生反感,他采取了以硬对硬的方式。这就让文学论争成了意气之争而非学理探讨。对青年胡适不容忍的行事作风,梅光迪也有过规劝。1920 年 3 月 2 日,他给胡适写信说:

> 今日言学须有容纳精神(The spirit of toleration),承认反对者有存立之价值,而后可破坏学术专制。主张新潮之人,多不知此。凡倡一说,动称世界趋势如是,为人人所必宗仰者,此新式之学术专制,岂可行于今日之中国乎。②

1910 年代,关于容忍的论争,还有胡适与陈独秀的分歧。1917 年,胡适在《新青年》发表《文学改良刍议》,看到陈独秀"不容他人匡正"的话后,深感不安。1917 年 4 月 9 日,他在《寄陈独秀》中写道:

> 甚愿国中人士能平心静气与吾辈同力研究此问题!讨论既熟,是非自明。吾辈已张革命之旗,虽不容退缩,然亦决不敢以吾辈所主张为必是而不容他人之匡正也。③

---

① 罗岗、陈春艳编《梅光迪文录》,辽宁教育出版社,2001,第 168—169 页。
② 罗岗、陈春艳编《梅光迪文录》,第 178 页。
③ 胡适:《寄陈独秀》,欧阳哲生编《胡适文集》第 2 册,第 22 页。

对胡适的这一态度，陈独秀不以为然。1917 年 5 月 1 日，他在《新青年》上回应说：

> 鄙意容纳异议，自由讨论，固为学术发达之原则；独至改良中国文学，当以白话为文学正宗之说，其是非甚明，必不容反对者有讨论之余地，必以吾辈所主张者为绝对之是，而不容他人之匡正也。①

对陈独秀的这一态度，1922 年，胡适在《五十年来中国之文学》一文中写道：

> 他（胡适）这种态度太和平了。若照他这个态度做去，文学革命至少还须经过十年的讨论与尝试。但陈独秀的勇气恰好补救这个太持重的缺点。②

由此，胡适高度评价了陈独秀"不容他人匡正"的主张。他写道：

> 当日若没有陈独秀"必不容反对者有讨论之余地"的精神，文学革命的运动决不能引起那样大的注意。③

这是胡适在 1922 年的言论。他当时完全站在陈独秀一边。然而，到了 1959 年，在写《容忍与自由》时，胡适的态度完全变了。他举了陈独秀的这个例子，来反省知识人的独断与不容忍。他写道：

> 现在在四十多年之后，我还忘不了独秀这一句话，我还觉得这种"必以吾辈所主张者为绝对之是"的态度是很不容忍的态度，是最容易引起别人的恶感，是最容易引起反对的。④

---

① 陈独秀：《答书》，转引自欧阳哲生编《胡适文集》第 2 册，第 24 页。
② 胡适：《五十年来中国之文学》，欧阳哲生编《胡适文集》第 3 册，第 229 页。
③ 胡适：《五十年来中国之文学》，欧阳哲生编《胡适文集》第 3 册，第 229 页。
④ 胡适：《容忍与自由》，欧阳哲生编《胡适文集》第 11 册，第 766 页。

从 1922 年赞赏陈独秀的言论，到 1959 年反思陈独秀的言论，可以看出胡适对容忍重要性的体悟。

其实，在 1930 年代，胡适对自己在新文化运动中的表现，就有所反思。他在《中国新文学大系·建设理论篇·导言》中写道：

> 我在民国七年四月发表《建设的文学革命论》，把文学革命的目标化零为整，归结到"国语的文学，文学的国语"十个大字……这时候，我们一班朋友聚在一处，独秀玄同半农诸人都和我站在一条路线上，我们的自信心更强了。……我受了他们的"悍"化，也更自信了。在那篇文章里，我也武断的说："这二千年的文人所做的文学都是死的，都是用已经死了的语言文字做的。死文字决不能产出活文学。所以中国这二千年只有些死文学，只有些没有价值的死文学。……中国若想有活文学，必须用白话，必须用国语，必须做国语的文学。"①

胡适在这里提到"'悍'化""武断"，一定程度上也是对当时自己不够容忍的反省吧。

1920 年代，随着中国社会的日益激进化，胡适在一些问题上的主张也遭到了攻击与围剿，这让他再次体会到容忍的重要性。

1924 年，冯玉祥驱逐溥仪，胡适从契约角度为溥仪鸣不平，遭到了时人的广泛攻击，其中就有他在北大的同事李书华、李宗侗。两人给胡适写了公开信。对此，胡适回信说：

> 我要请你们认清一个民国的要素在于容忍对方的言论自由。……我并不主张王室的存在，也并不赞成复辟的活动。我只要求一点自由说话的权利，我说我良心上的话，我也不反对别人驳我。但十几日来，只见谩骂之声，诬蔑之话，只见一片不容忍的狭陋空气而已。贤如两位先生，尚疑我要"先等待复辟成功，清室复兴，再乘其复兴后之全盛时代，以温和、谦逊、恭敬或他种方法行之"！此语在两位先生或以

---

① 《中国新文学大系·建设理论篇·导言》，姜义华主编《胡适学术文集·新文学运动》，中华书局，1993，第 249—250 页。

为是逻辑的推论，但我读了只觉得字里行间充满着苛刻不容忍的空气，使人难受。①

胡适担心，国中充满不容忍的空气会限制特立独行者的言论自由。他写给陈独秀的一封信颇能体现这一忧虑。1925 年，因为《晨报》发表了一些反思苏联的文章，暴露了苏联的阴暗面，惹怒了信仰苏联的激进革命青年，在党派的驱使下，群众激于愤怒，火烧《晨报》。对此，作为党派领袖的陈独秀拍手叫好。他认为《晨报》的言论属于反动言论，因此被烧，纯属咎由自取、罪有应得。这让胡适非常忧虑。1925 年 12 月，胡适在致陈独秀的信中谈到了争自由的原理，他写道：

　　……《晨报》近年的主张，无论在你我眼睛里为是为非，决没有"该"被自命争自由的民众烧毁的罪状；因为争自由的唯一原理是："异乎我者未必即非，而同乎我者未必即是；今日众人之所是未必即是，而众人之所非未必真非。"争自由的唯一理由，换句话说，就是期望大家能容忍异己的意见与信仰。凡不承认异己者的自由的人，就不配争自由，就不配谈自由。②

此外，信中胡适还谈到了当时国内舆论中的专制气氛。他写道：

　　但这几年以来，却很不同了。不容忍的空气充满了国中。并不是旧势力的不容忍，他们早已没有摧残异己的能力了。最不容忍的乃是一班自命为最新人物的人。我个人这几年就身受了不少的攻击与污蔑。我这回出京两个多月，一路上饱读你的同党少年丑诋我的言论，真开了不少的眼界。我是不会怕惧这种诋骂的，但我实在有点悲观。我怕的是这种不容忍的风气造成之后，这个社会要变成一个更残忍更残酷的社会，我们爱自由争自由的人怕没有立足容身之地了。③

---

① 中国社会科学院近代史研究所中华民国史组编《胡适来往书信选》上册，中华书局，1979，第 278 页。
② 《胡适来往书信选》上册，第 356 页。
③ 《胡适来往书信选》上册，第 357 页。

胡适指出，当时的顽固守旧者早已失去人心，但是新起来的激进青年却没有养成容忍异己的胸襟气度，如果这一舆论风气形成，社会将会变得更加专制冷酷，爱自由的人将会无容忍之地。

更让胡适焦虑的是，他发现不仅陈独秀没有容忍异己的气度，就是他的两位朋友陈源与鲁迅，也缺乏容忍精神。

1925 年，陈源与鲁迅唇枪舌剑，展开了一场激烈的论争。胡适全程旁观了两人的论争文字，为两人的互不容忍感到惋惜。为此，他给论争双方写了信，希望双方能够保持容忍精神。1926 年 5 月 24 日，在致鲁迅、周作人、陈源的信中，胡适写道：

> 我是一个爱自由的人，——虽然别人也许嘲笑自由主义是十九世纪的遗迹，——我最怕的是一个猜疑、冷酷、不容忍的社会。我深深地感觉你们的笔战里双方都含有一点不容忍的态度，所以不知不觉地影响了不少的少年朋友，暗示着他们朝向冷酷、不容忍的方向走，这是最可惋惜的。……敬爱的朋友们，让我们都学学大海。"大水冲了龙王庙，一家人不认得一家人。""他们"的石子和秽水，尚且可以容忍；何况"我们"自家人的一点子误解，一点子小猜嫌呢？[①]

胡适的这一调和，完全失败。后来，鲁迅在文化姿态与政治姿态上更加激烈，主张"痛打落水狗"，提出"费厄泼赖应当缓行"，临死前还主张"一个也不宽恕"。

经历了这许多之后，胡适内心是非常失望的。1927 年 4 月 10 日，他给韦莲司写信倾诉心曲说：

> 在国家危急的时候，你觉得自己有义务独立思考，并发表与群众想法不同的意见。可是你发现整个群众以种种恶名加之于你，并与你为敌。这时，你又只有自己来给自己一些劝慰、支持和鼓励了。[②]

---

① 《胡适来往书信选》上册，第 379 页。
② 转引自周质平《胡适与韦莲司：深情五十年》，北京大学出版社，1998，第 55—56 页。

1910—1920 年代的种种论争，让胡适在实践方面认识到了容忍的重要性。对当时许多文化领袖体现出来的专断文风，他非常忧虑，担心这会导致社会的不容忍，进而摧残言论的自由与思想的自由。

三　两位美国老师的启发与现实之刺激

1930 年代，随着国难的日益深重，国内的激进化氛围有增无减。胡适在《独立评论》上发表了许多政论，零星涉及容忍的问题。不过，这一时期的胡适，在容忍的问题上，发言相对较少。抗战全面爆发后，应蒋介石的邀约，胡适担任驻美大使一职，为拯救中华民国放弃了个人自由。

这一时期，胡适的老师布尔的言论刺激他重新思考容忍的问题。1938年 4 月 24 日，胡适去看望布尔，关于两人见面的情形，胡适在日记中写道：

> 去看 Prof. George Lincoln Burr，谈了半点钟。此老今年八十，有心脏（病），尚努力工作不倦，可佩服之至！
>
> 他谈他多年收集材料，预备修改 Dr. Andrew D. White 的 *Warfare between Science & Theology* 一书，至今不得少年人担负此事。他谈，他自己所注意不在 warfare 而在 toleration，他以为历史上 toleration 比 rebellion 更重要。此论亦有理。①

两人见面后过了一两个月，布尔教授就去世了。这让胡适非常伤心，在给韦莲司的信中，他提到了两人的最后一次见面，并写道：

> 布尔教授突然去世让我大震惊。我永远忘不了过去这么多年他对我的爱护。……他（布尔教授）跟我说的话是容忍比反叛重要，虽然容忍没有反叛这么耀人眼目。②

由此可见，对布尔这话，胡适印象极深。不仅写在了日记中，还分享

---

① 曹伯言整理《胡适日记全集》第 7 册，第 532 页。
② 周质平编译《不思量，自难忘——胡适给韦莲司的信》，第 227 页。

给了自己的女性友人韦莲司，后来在写《容忍与自由》时，布尔教授的这句话也成了文章的引子。

布尔教授之外，伊斯曼在 1941 年 5 月 11 日刊登的一则通讯也深刻地影响了胡适。在这篇通讯的启发下，1941 年 7 月，胡适做了题为《民主与极权的冲突》的演讲。演讲中，胡适将二战定性为两种不同生活方式的战争，一种生活方式是整齐划一不许差异存在的社会，这样的代表性国家是希特勒的德国与斯大林的苏联；另一种生活方式则是尊重个性，提倡生活方式的多样性与多元化，并保证人民思想、言论、信仰的自由，这样的代表性国家是丘吉尔的英国与罗斯福的美国。这两种生活方式的战争，本质上就是民主国家与极权国家的冲突。在胡适看来，极权国家缺乏容忍，思想禁锢，是自由的敌人。在这篇演讲中，他以"划一"与"各异"来区分两种截然不同的国家，他说道：

> 极权主义的第二个特征，是根本不容许差异的存在或个人的自由发展。它永远在设法使全体人民，适合于一个划一的轨范之内。对于政治信仰、宗教信仰、学术生活，以及经济组织等无一不是如此。政治活动一律受一小组人员的统制指导，这小组的编制，类似军事机构，对于领袖绝对服从和信仰。一切反对的行为与反对的论调，都遭受查禁和清除。在宗教方面，极权主义的领袖们，声称已由传统的超自然的宗教束缚下，解放出来了。同时更尽量对全体人民宣传反宗教的学说，并竭力压制一切自由独立的宗教团体。在学术方面，不准许有思想言论自由存在。科学与教育只占次等地位，党国的权利高于一切，而且思想不得离"党的路线"。在经济方面，政府将一个划一的制度，强加在整个社会上，以期适应其所规定的经济政策。不论是共产主义，或国家社会主义，或农业集体主义，都是政府不容分说，不择手段，强迫推行一个划一的制度。[①]

划一与各异的区分，很大程度上就是意味着不容忍与容忍。由此，胡

---

① 胡颂平编著《胡适之先生年谱长编初稿》第 5 册，台北，联经出版事业有限公司，1984，第 1736—1737 页。

适其实就是将有没有容忍作为划分民主国家与极权国家的典型标志之一。胡适的这一思想，意味着他对苏联的重新认知与反思。1926 年，当他游历苏联时，曾对苏联模式推崇备至。这种文化姿态持续了很长一段时间，不过在 1941 年，胡适的这篇演讲意味着他已经看透了苏联的极权本质，这也预示了胡适后来的人生选择。

1945 年抗战胜利后，国共内战不可避免地发生了。此时的胡适，明确站在了国民党一边。胡适沿用《民主与极权的冲突》的思路，将政党分为了两种截然不同的类型：以英美为代表的甲式政党和以苏联、纳粹德国为代表的乙式政党。在他看来，国民党虽然还算不上甲式政党，但通过内部改良，正在往那一个方向迈进。基于这一理解，胡适理所当然地选择了站在国民党一边。在国共内战正酣的 1947 年 8 月，胡适在北平广播电台做了题为《眼前世界文化的趋向》的讲话，其中说道：

> 俄国的大革命，在经济方面要争取劳农大众的利益，那是我们同情的。可是阶级斗争的方法，造成了一种不容忍、反自由的政治制度，我认为那是历史上的一件大不幸的事。这种反自由、不民主的政治制度是不好的，所以必须依靠暴力强力来维持他，结果是三十年很残忍的压迫与消灭反对党，终于从一党的专制走上一个人的专制。[①]

此时的胡适，是按照二战中民主与极权的冲突来理解国共内战的。因此，在看待两党的战争时，他必然要提到容忍的有无。在他看来，苏联的理想主义固然美好，不过采用了阶级斗争的方式，违背了程序正义的原则，违背了刚多塞"做好事情不够，还必须用好方法去做"的思想理念。因此，基于现实的政局刺激，胡适在国共战争期间多次提到容忍问题。同样在这一年，他在《我们必须选择我们的方向》一文中写道：

> 我深信这几百年（特别是这一百年）演变出来的民主政治，虽然还不能说是完美无缺陷，确曾养成一种爱自由、容忍异己的文明社会。法国哲人伏尔泰说的最好："你说的话，我一个字也不赞成。但是我要

---

① 胡适：《眼前世界文化的趋向》，欧阳哲生编《胡适文集》第 12 册，第 606 页。

拼命力争你有说这话的权利。"这是多么有人味的容忍态度！自己要争自由，同时还得承认别人也应该享受同等的自由，这便是容忍。自己不信神，要争取自己不信神的自由，但同时也得承认别人真心信神，当然有他信神的自由。如果一个无神论者一旦当权就要禁止一切人信神，那就同中古宗教残杀"异端"一样的不容忍了。宗教信仰如此，其他政治主张、经济理论、社会思想，也都应该如此，民主政治作用全靠这容忍反对党，尊重反对党的雅量。我们看报纸上记载英国保守党领袖丘吉尔上个月病愈后回到议会时全体一致热烈的欢迎慰问他，我们读那天工党议员同他说笑话的情形，我们不能不感觉这个有人味的文明社会是可爱可美的。①

胡适在这里不断提到"容忍"，无疑是在呼吁民众站在国民党一边。因为在他看来，一个不容忍的专断的社会已经近在眼前了。这片土地，"非归于杨即归于墨"，对此，每个人都必须做出自己的选择。1948 年 9 月是国民党节节败退的时节，然而胡适还不识时务地站在国民党这一边。1948 年 9 月 27 日，他在上海公余学校发表演讲，其中说道：

> 假使这世界是自由与非自由之争的世界，我虽是老朽，我愿意接受有自由的世界，如果一个是容忍一个是不容忍的世界，我要选择容忍的世界。有人说恐怕不容忍的世界极权的世界声势大些，胡适之准备做俘虏吧！……我不赞成这种失败主义。②

虽然胡适不赞成失败主义，但国民党的败局已定。即使在这样的情形下，胡适依然站在国民党一边。1949 年 3 月 27 日，胡适在台北中山堂演讲说：

> 今天已经到了一个危险的时代，已经到了"自由"与"不自由"

---

① 胡适：《我们必须选择我们的方向》，潘光哲编《容忍与自由：胡适读本》，法律出版社，2011，第 123 页。

② 胡适：《当前中国文化问题》，欧阳哲生编《胡适文集》第 12 册，第 614 页。

的斗争，"容忍"与"不容忍"的斗争，今天我就中国三千多年的历史，我们老祖宗为了争政治自由、思想自由、宗教自由、批评自由的传统，介绍给各位，今后我们应该如何的为这自由传统而努力。现在竟还有人说风凉话，说"自由"是有产阶级的奢侈品，人民并不需要自由。假如有一天我们失去了"自由"，到那时候每个人才真正会觉得自由不是奢侈品，而是必需品。①

最终，基于自己的认识，即使在国民党败局已定的情形下，胡适还是选择了站在国民党一边，离开大陆，去了美国。毕竟，在胡适的眼中，美国意味着容忍与自由的世界。从胡适的人生选择上，至少可以看出，他是"知行合一"的。

可见，两位美国老师和现实的刺激都让他对容忍有了进一步的思考，他的人生选择也暗含了其对容忍的理解。

四　"善未易明，理未易察"与"正义的火气"

1940 年代的胡适，还从中国传统学者那里找到了容忍的哲学根基，那就是吕祖谦"善未易明，理未易察"的名言。

其实，早在 1930 年代，胡适就注意到了这句话。1937 年 4 月 19 日，胡适在日记中写道：

> 张小涵五十岁，要我写一副家常对联送他，我集句作一联：
> 善未易明，理未易察。（吕伯恭语）
> 仰之弥高，钻之弥坚。（《论语》）
> 颇写得科学家的态度。②

后来，他多次给人写过这一名言。不过，胡适在公开场合提倡，则是在 1946 年北大校长的就职典礼上。1946 年 10 月 10 日，胡适在北大开学典

---

①　胡适：《中国文化里的自由传统》，欧阳哲生编《胡适文集》第 12 册，第 618 页。
②　曹伯言整理《胡适日记全集》第 7 册，第 404 页。

礼上致辞，第二天，《经世日报》刊登《北大开学典礼胡校长致词》，其中写道：

> 他（胡适）是无党无派的人。希望学校完全没有党派。但对学生先生的政治宗教的信仰不限制，那是自由。只有一个前提就是学生要将学校当作学校，学校将学生当作学生。北大不愿学生教授在这里有政治活动，因为学校是做学问的地方，学作人作事的地方。胡氏最后乃用"活到老学不了"，这句土语和吕祖谦的"善未易明，理未易察"勉励诸生。①

这里，胡适谈到"活到老学不了"，可能系《经世日报》记者的误记。根据当时听演讲的张友仁的记载，胡适当时说的应该是"活到老学到老"。据张友仁发表在 1946 年 11 月 3 日《浙江日报》的记载，胡适当时的原话如下：

> 我再说句老生常谈的话：古人说活到老学到老。我五十六岁才觉得这话意义真深刻，我们若忘了自己是学生，我们会把事情把问题看得容易，所以我批评孙中山先生知难行易是把行看得太容易，这是武断，不肯以求知方式去行。……
> 我说对政治不感兴趣，昨天安徽同乡问我安徽主席是谁、教育厅长是谁，我皆的确不知道，的确我还未曾学。人家说我做一年半载小学生是逃避发表意见吗？是客气吗？在我的确希望对政治问题和其它一切问题上永远保持学生的态度。我送诸君八个字，这是与朱子同时的哲学家文学家吕祖谦说的"善未易明，理未易察"。我以老大哥的资格把这八个大字，送给诸位。②

何谓"善未易明，理未易察"呢？晚年胡适在《容忍与自由》的演讲中有过解释，他说：

---

① 胡适：《在北大开学典礼上的致词》，欧阳哲生编《胡适文集》第 12 册，第 444 页。
② 张友仁：《北大清华的教授们》，香港，凌天出版社，2005，第 10 页。

　　所谓"理未易明"就是说真理是不容易弄明白的。这不但是我写《容忍与自由》这篇文章的哲学背景，所有一切保障自由的法律和制度，都可以说建立在"理未易明"这句话上面。①

　　从这一解释来看，这与哈耶克所提出的理念非常相似。哈耶克曾有《知识在社会中的运用》一文，文中发挥了苏格拉底"承认我们的无知（ignorance）乃是开启智慧之母"的思想主张。与此巧合的是，胡适晚年也对"无知"这一观念非常重视。晚年的胡适推崇吕祖谦的"善未易明，理未易察"，正是典型例证。吕祖谦的这句名言与苏格拉底的思想主张非常相似。由此可以看出胡适与哈耶克思想的相似之处。正因为真理不容易弄明白，所以容忍才是必需的。由此胡适构建了容忍的哲学根基。

　　除此之外，晚年的胡适受约翰·穆勒《论自由》中提到的"正义的愤怒"这一概念的启发，提出了"正义的火气"这一概念。胡适提到"正义的火气"，也意味着其容忍思想的深化。②

　　胡适为何能提出"正义的火气"这一概念呢？

　　第一，这与他提倡的治学方法息息相关。1940 年代，胡适埋首于《水经注》的考据，与学者王重民书信往来不断。

　　1943 年 5 月 30 日，在致王重民的信中，胡适根据宋人笔记中教人做官的四字秘诀，提出了"勤、谨、和、缓"的治学方法，其中尤其强调"和""缓"两字。他说：

　　　　"和"字，我讲作心平气和，即是"武断"的反面，亦即是"盛气凌人"的反面。进一步看，即是虚心体察，平心考查一切不中吾意的主张，一切反对我或不利于我的事实和证据；抛弃成见，服从证据，舍己从人，和之至也。③

　　与"心平气和"相对立的是"武断""盛气凌人"，也就是所谓的有

"火气"、不容忍异己，而且这种"火气"往往打着"正义"的幌子。

1961 年 10 月 10 日致苏雪林的信中，胡适给出了自己的定义：

> "正义的火气"就是自己认定我自己的主张是绝对的是，而一切与我不同的见解都是错的。一切专断、武断、不容忍、摧残异己往往都是从"正义的火气"出发的。①

胡适曾指出一些学人的研究充满了"火气"。1950 年代，在给陈之藩的信中，他写道：

> 我最佩服的两位近代学者，王国维先生与孟森先生，他们研究史学，曾有很大的成就，但他们晚年写了许多关于"水经注疑案"的文字却不免动了"正谊的火气"，所以都陷入了很幼稚的错误——其结果竟至于诬告古人作贼，而自以为是主持"正谊"。毫无真实证据，而自以为是做"考据"！②

第二，胡适提出谨防"正义的火气"，与他自己的经历也是分不开的。

1959 年 3 月，胡适在《容忍与自由》一文中，说到了《礼记·王制》篇中的"四诛"，其中说：

> 我在五十年前引用《王制》第四诛，要"杀"《西游记》《封神榜》的作者。那时候我当然没有梦想到十年之后我在北京大学教书时就有一些同样"卫道"的正人君子也想引用《王制》的第三诛，要"杀"我和我的朋友。当年我要"杀"人，后来人要"杀"我，动机是一样的：都是因为动了一点正义的火气，就失掉容忍的度量了。③

第三，胡适主张谨防"正义的火气"，与当时的政治局势也密切相关。

---

① 季羡林主编《胡适全集》第 26 卷，安徽教育出版社，2003，第 719 页。
② 陈之藩：《寂寞的画廊》，江苏文艺出版社，2007，第 131 页。
③ 胡颂平编著《胡适之先生年谱长编初稿》第 8 册，第 2855 页。

1946 年，胡适回国担任北大校长。鉴于青年普遍左倾的现实，胡适认为这些热血青年未免动了"正义的火气"，自以为真理在握，追求自由民主，结果可能被各种政治势力所利用，成为别人的工具。在 1946 年北大的开学典礼上，胡适引用宋人吕祖谦的"善未易明，理未易察"的名言来劝告学生，希望青年学生能够容忍异己。在 1961 年 10 月 10 日致苏雪林的信中，他写道：

> 我在一九四六年北大开学典礼演说，曾引南宋哲人吕祖谦的话作结："善未易明，理未易察。"懂得这八个字深意，就不轻易动"正义的火气"，就不会轻易不容忍别人与我不同的意见了。①

1950 年代，面对美苏之间民主与极权两种生活方式的斗争，胡适在给陈之藩的信中再次提到了"正义的火气"，认为"正义的火气"可能导致了许多人对苏联乌托邦的迷恋与好感。胡适写道：

> 其实现代许多赞成列宁、斯大林那一套的知识分子，他们最吃亏的，我想还是他们对于社会问题某一方面的一点"正义的火气"罢？②

由此可见，当时的冷战格局，也是胡适提出这一概念的契机。

通过对"善未易明，理未易察"的提倡与解读，胡适为他的容忍思想构建了哲学基础，通过"正义的火气"这一概念的提出，胡适深化了他的容忍理念。至此，胡适最终完成他对容忍理念的系统阐释。

---

① 季羡林主编《胡适全集》第 26 卷，第 719 页。
② 陈之藩：《寂寞的画廊》，第 131 页。

善未易明，理未易察

——作为问题与方法的"胡适与女性"

秦燕春[*]

"胡适与女性"并非笔者自选话题，而是标准的"赋得"之作，[①] 居然可以勉力成章，这本身已然说明了意义。"胡适与女性"作为研究命题能够成立，或者说如果一个选题被命名为"胡适与男性"会略显奇怪乃至不能成立，则"胡适与女性"作为命题本身已隐含了其以男女性别关系为研究对象的预设，其中确有一段理趣可说。由胡适（1891—1962）发动并主持的现代新文化运动极大幅度地修改了中国文化与中国思想的历史版图，包括中国伦理关系的观念结构的历史版图。男女性别关系的新发现与再诠释于其中一马当先。更基于新文化运动本身的性质规定与理论来源，取径西方、探索新时代的两性情感问题是其中分量很重的一个部分。胡适是新文化运动的发动者与主持者，"胡适与女性"这一貌似隐私的问题因挂搭者的特殊身份而探出私人空间，成为公共话题难以回避的组成部分。1917 年到 1962 年将近半个世纪中，胡适在现代中国文化史、思想史、学术史乃至政治史中都居于中心位置，[②] 挂搭者对历史进程的深远影响使得私生活也具有了公的意涵与影响，原本私密的话题也具有了典型与示范的、或正或反的意义。当事人作为新文化运动一代核心人物，其所处的势位足以引领一代

* 秦燕春，中国艺术研究院文化研究所研究员。

① 本文是欧阳哲生先生在 2016 年 12 月 17 日召开的胡适研究国际会议（北京大学）上临时起意分配给作者的命题作文。

② 参见欧阳哲生《探寻胡适的精神世界》，台北，秀威资讯科技股份有限公司，2011；余英时：《重寻胡适历程：胡适生平与思想再认识》，上海三联书店，2012。

风气。胡适与异性的关系及交往不仅有时代的代表性，也有相当的典范性。尽管对于胡适所持的价值观点而言，"私行为"与"公行为"理应有所分而治之，但正是在胡适一度试图荡涤摧毁的"旧道德旧伦理"中，公、私问题经常是互相渗透的，就哲学义言之，人间世也确难有绝对的公、私之分。"虽小道，亦有可观焉。"遑论对于人类社会，男女关系从来不是小道，所谓"周道缺，诗人本之衽席"，尽管胡适处情的方式无关后妃之德，却依其影响力而颇能"风天下而正夫妇"。[①] "胡适与女性"作为学术问题在五四运动百周年的当下时代依然成立，反映的则是新文化运动以及之后，将现代人的情感现象学术化有其必然性与必要性。情感现象研究貌似很新，其实很旧，其史长久，不同的可能只是古今名相不同。新文化运动对传统中国的生活方式包括情感方式巨大深刻的冲击与改变是不争的事实。伦理道德与情理关系不因"新文化""后新文化"一浪高过一浪的迥异传统的激烈现实就缺席于人类生活。这是"胡适与女性"这一选题得以成立的根本原因。

一　吾乃淡荡人——生活世界：作为问题的"胡适与女性"

就字面意言，"胡适与女性"专题下应该包括的内容，至少有胡适与母亲、胡适与妻子、胡适与情人[②]、胡适与女性朋友[③]、胡适与女性学生[④]、胡适与女儿（早逝）等关系的具体研究。近年来关于胡适主题的中文出版物粗粗计算已近千种，以胡适情感生活为主题的专著也有几十种。唐德刚、夏志清这类学界名流都要为胡适与韦莲司的交往是否"发乎情，止乎礼"发生争吵。胡适的异性缘似乎一直非常好，据说如果我们能够系统翻阅他匆匆留在中国社会科学院近代史研究所的整个书信档案，定能发现更多他与仰慕他的女性的书来信往。[⑤] 1926 年时人汤尔和（1878—1940）就有诗讯

---

①　王先谦：《诗三家义集疏》卷1，中华书局，2015，第4、5页。

②　铁证在案的有韦莲司、曹诚英、瘦琴（Nellie B. Sergent）、哈德门太太。据说胡适周围还有更多忽明忽暗的小星星。对于一位被蒋介石盖棺论定为"新文化中旧道德的楷模"，这一串名单与其定位确实未免怪异。

③　陈衡哲、林徽因、陆小曼、凌叔华具能与列。而这些女友似乎又颇有与胡适关系传言暧昧者。

④　其中还有包含特殊意味的女学生，如1936年追求"美先生"的徐芳。

⑤　江勇振：《星星·月亮·太阳：胡适的情感世界》（增订版），新星出版社，2012，第5页。

诮胡适一如清人袁枚（1716—1797），倾倒一时众生，尤其在女学生中甚为风靡，因此有负道学先生之望，失却身后配祀孔庙的资格。①

晚近于胡适情史用力甚工者更有江勇振教授，资料既能深入，亦多诛心之论。据其考证，前期韦莲司、曹诚英、陆小曼等人姑且按下不表，1930年代开始（胡适迈入四十岁中年之后），加上胡适出任驻美大使到卸任后勾留美国这十年间，胡适的情感生活最为复杂（笔者很难冠以"混乱"二字。因局面虽然显得异常复杂，胡适依其清明的理性与稳健的经验，却处理得井井有条，甚少慌张）。这一时期的胡适被江教授描摹为"位尊名高，熟谙调情，艺高胆大"，且绯闻对象多以年龄相近的白人女性为主，江教授直下辣笔，以为这是胡适担不起"相思债"的具体表现，降低了"两情相悦之余所可能带来的各种瓜葛，甚或必须做出承诺的风险"，乃至征服白人女性颇有黄种的种性优越。② 更据江教授研究，因学者胡适深谙史学之道，故从不轻易在书信、日记等个人资料中留下自己明显的情感的鸿爪，且胡适擅长使用隐姓埋名、藏头露尾、虚序假跋等各类障眼法，虽然身后貌似保留下大量可资利用的传记资料，但这些资料已经过他生前冷静严格的独家筛选，后人据此已无从得知胡适私生活的真正或完整的内幕。但天佑后人，地不爱宝，所幸1948年12月胡适匆忙离开大陆时未经系统销毁的一批书信、文稿、日记保留在了他留在大陆的一百多书箱中。这批资料足以颠覆胡适往日苦心孤诣塑造的自我形象。

"胡适与女性"相关专题的研究成果当然不止于此。对这类交往的细节发掘乃至有意铺张可谓著述累累，读者尽可参阅。且据说海外依然有不少史料目前尚未披露或尚未被研究界充分纳入论述，包括韦莲司捐赠给"胡适纪念馆"至今下落不明的胡适通信原件。甚至已经公布的部分，鉴于各种原因为当事人做出削删，以及断章取义可能隐含的问题，③ 还原史实未见

① 诗曰："蔷花绿柳竞欢迎，一例倾心仰大名。若与随园生并世，不知多少女门生。缠头拼掷卖书钱，偶向人间作散仙。不料飞笺成铁证，两廊猪肉定无缘。"转引自江勇振《星星·月亮·太阳：胡适的情感世界》（增订版），第141页。

② 参见江勇振《星星·月亮·太阳：胡适的情感世界》（增订版），第5、308页处等。

③ 以江勇振教授发现某女并其家属（姑母、哥哥）皆与胡适所通信函论之，数函文简而意丰，亦意浑，涉及胁胡适纳妾后索金钱（生活费）等问题。此类信函若无更多证据实证，实亦不好轻断情伪。笔者昔年就读于医学院时曾亲遇一精神不甚正常女同学诬男教师与其有情感承诺事，若无旁证，仅凭当事人供词，实难定论。

得容易定论。例如据说胡适的情人之一、女教师瘦琴曾抱怨说："你可以是一个很好的情人，你的问题在于你总把女朋友放在最后，甚至放在所有萍水相逢的男性——以及爵士乐团——之后。"这句话如果删掉之前之后的"请你把自己变成你儿子的好朋友，而且对你的妻子好一点""爱情是完美的友谊。我但愿你能因为我而一改前非，愿意花心思想出一千个可爱的小点子来带给她（其妻江冬秀）快乐"，意思的重心就完全大变。① 再如胡适婚外女性朋友中名头最响亮的韦莲司的表述更宛曲，那听起来充满艺术的幽怨爱意的"你太习于处理人类的事物了，所以，就连鸟热情的歌声里，都能听到人的烦恼"，② 如果放在全信的背景下审读，感觉并不如此。假如这类信件都有可能是删节本呢？我们如何依循文字描摹出历史的真相？

"胡适与女性"史料部分的细故就此略过，笔者本节的兴趣在于：作为问题的"胡适与女性"，涉及的事实与传说、真相与叙事乃至价值定位与专业研究之间的呼应与出入所折射出的流布者、讲述者、研究者的心态与时风的转变，以及其中蕴含的意义。

综观"胡适与女性"的生活世界的资料描述，尽管"胡适与女性"的学术命题不能矮化为男女关系问题，但在这支与胡适有关的阵容强大的女性队伍里，因情或因男女关系存在的女性（妻子、情人、绯闻女友）不在少数，甚至占据多数。这类叙事中被类型化乃至概念化的描述可集中在如下几点上。

第一，传统婚姻之苦闷与悍妒正室之不堪。这类叙事是文学界、学术界在相当长时段内针对作为一代闻人的留美博士与识字不多的乡下小脚太太组成的旧式家庭生活的主流描述。胡适的孤怀与原配的村俗适能相映成悲。但现在已有越来越多的史料与研究证明（或者说，描述者与研究者终于能够心平气和地面对这一基本事实），胡适家庭生活的和乐与夫妻关系的融洽可能更符合这一老派婚姻的实际情况。这一类型化描述背后凸显的，是新文化运动以降的文学叙事乃至学术研究都有意偏颇，一厢情愿的对旧制度、旧礼教乃至旧人物（通过传统婚制选择的妻子）的厌憎与决裂愿望，

---

① 1927 年 4 月 8 日，转引自江勇振《星星·月亮·太阳：胡适的情感世界》（增订版），第 164 页。

② 韦莲司 1933 年 10 月 15 日致胡适信。

适如胡适自己所言，"破坏亦破坏，不破坏亦破坏"。①

第二，婚外恋情之美化与背叛婚姻之可谅。这一类型化描述主要集中在对韦莲司信札与曹诚英事件的渲染上。不仅前者一再被当成"深情五十年""不思量，自难忘"的忠贞苦恋的经典爱情范本，② 后者，"多情表妹""孤独终老"的悲情形象亦被群声塑造得颇为深入人心。有了如上第一种类型化叙事被视为理所当然的先入为主，这一种类型化叙事的主人公因所处的显而易见的不伦情境似乎分外容易获得理解与谅解。③ 即使此类事件或传言甚至还有更复杂的表现（例如与胡适发生过同居关系的人还要增加另外几位），但在相当长的时段内，这一类型化叙事中甚少听到对当事人胡适的指责与质疑：这是一个"美德爱好者"的非道德层面的生活实相吗？这一态度本身隐含的依然是对旧制度旧礼教的厌憎、对新文化新道德的认肯，而甚少反思这种认肯本身是否有其误区与盲点。比胡适年轻差不多 30 岁的张爱玲与胡关系还算友善，张爱玲却瞧不起胡适样的"爱情"。张爱玲曾说，在当时的中国恋爱完全是一种全新的体验，仅这一点就很够味了。只是据说张爱玲又曾说恋爱能让人表现出品性中最崇高的一部分。④ 本身依然还是一种"恋爱至上"腔调的翻版表现。

第三，复杂人性的平情与价值判断的多元。伴随着近代史料逐步放开，台北胡适纪念馆与中国社会科学院近代史研究所馆藏资料逐一面世，2004 年余英时都加入了这一为胡适"立情"的大军，将罗慰慈、哈德门诸女从《胡适日记》中一一挖掘出来。"新文化中旧道德的楷模"胡适似乎就此摇身一变，成了摘星弄月、绯闻缠身的负面"情圣"。江勇振教授本其女性主义立场，除在资料方面用力之外，针对胡适的立论也较严厉。笔者以为，

---

① 自然这句名言还是他继承早年梁启超的。参见《胡适自述》，华东师范大学出版社，2013，第 59 页。

② 有关于此，看看周质平先生等相关研究的命名即可一目了然，兹不赘述。

③ 尤其曹诚英事件，无论双方的在婚状态（彼时曹亦未与丈夫离婚），还是各方沾亲带故的复杂关系，甚至包括江冬秀对胡、曹二人曾经无邪的信任与关心，如果读者愿意换一角度，这一事件中最不该被指责的，恰是那位日后被杜撰出手握菜刀以杀子要挟丈夫的原配夫人。更其遗憾的是曹诚英事件只是中国式开端，当太太被逼出不信任之后，丈夫似乎也更成了习惯性背叛。江勇振、闫红等人针对此事首尾颇多平情之论。参见《星星·月亮·太阳：胡适的情感世界》（增订版）、《如果这都不算爱：胡适情事》（安徽教育出版社，2013）。

④ 参见闫红《如果这都不算爱：胡适情事》。但张爱玲与胡兰成日后处情的态度与收梢却基本可让后人相信：如果仅仅有"恋爱"，是无法表现出人"品性中最崇高的一部分"的。

这一新叙事本身隐含了另一种类型化意味，胡适被拉出圣域、拉下神坛意味着其所代表的新文化运动的内涵和意义同样遭受质疑，他本人沦为凡夫，重新做人。

作为学术问题，胡适终其一生有多少婚恋故事只是一种表象，也非要义所关。笔者具文的旨趣在于：现代中国新、旧文化交替的关键时期，胡适这位引领时代风骚的关键人物，发生在他生命中的情感乱象（虽然确有若干史实尚难定论，但综观史料呈现与传主性情，胡适一生与女性交往之丰富、密切乃至经常超逾规矩，当是不争的事实），其深埋浅藏的文化原因无疑更值得追问。这种滥情流离，有其个体生命的必然，亦有时代共业的必然。

胡适本人生平言及情感、婚姻的文字不算多，亦不算少，多数时候显得轻描淡写、不痛不痒，直如他对自己文风的概括，"长处是明白清楚，短处是浅显"（《四十自述》）。他更似没有意愿反省自己颇令后世眼花缭乱的私人生活世界，在他口中笔下谈情说爱晒婚姻，首先就具一副旁观者清的不冷不热姿态。早岁诗作"吾乃淡荡人，未知爱何似"（《相思》，1915年赠韦莲司）颇类他对自己情性的一种基本认识，也颇为准确。胡适的天赋气质中即有一段温和节制、清淡随和处。多数时候他没有出格的爱或憎。即使少年苦节抚育他长大的寡母在他回国第二年即奄然辞世，一世母子共处的全部时间只有十余年，胡适也未在文字或行事中流露过格外的感伤，他的感恩同样理性清明。《奔丧到家》是胡适新体诗中较为感人的一首，那"心头狂跳"与"何消说一世的深恩未报"，依旧是胡适惯常的淡然的表达。可与这一天性对勘的，不妨参见1964年55岁的唐君毅遭遇丧母之痛"支撑不住，仆倒在地并频频呼叫""我是罪人，我要回家"以及丧中"哀痛欲绝凄苦孺慕"诸情端。① 此中表现固无关人格高下，但可见人天性处情之不同态度。这种淡静是胡适处情常态，早在赴美留学期间遭逢岳母之丧，年纪轻轻的他就冷静地以学业为重，不肯提前回国，"怪也无用，挂念也无益，我何时事毕，何时便归"，令亲母都"陡然遍身冷水浇灌，不知所措"。②

但倘若以此认为胡适天性为一味凉薄寡情，却又未当，相反，尤其在公共生活领域，胡适的私德口碑甚好、朋友遍天下、热心公益事业乃是不

---

① 参见《唐君毅日记》下册，"廷光代笔三"，吉林出版集团，2014，第4—10页。
② 转引自胡仰曦《一颗清亮的大星：胡适传》，人民文学出版社，2010，第101页。

争的事实。1917 年 6 月归国之后，直到 1923 年 3 月，曾对韦莲司热烈表示惜别之情的胡适已经很少给她写信（除非报告婚讯与母丧这类社会事务性事件）。这种"差不多完全不写私人信件"的"自我牺牲"，与其说基于自我克制，不妨说外在的社会性生活更容易吸引胡适全力投入。众所周知的事实还有 1923 年 3 月 12 日那封致韦莲司的回信何其冗长而乏味。而当年的下半年就发生了烟霞洞事件。胡适对任何一任女友或情人的用情，当真既不长久，也不深切。胡适在其他很多问题上其实很具反省精神，例证散见其日记中，这不仅基于他幼年接受母亲亲授的"早课反省"教育，更基于他好学上进的天性。正因为此，胡适对"男女问题"相对反省较少应该属于在他的价值世界中那些情端根本不太值得反省。胡适在与女性相关的情感领域表现如此特别，更大程度源于他对"异性情缘"（或说"爱情"）的认识与评价，原本就极具个人风格，说穿了就是评价不高。

胡适是"社会教"的创立者与热爱者，谈论婚姻制度比谈论情感自身更让他自在从容，也更兴味盎然。丙午年（1906）10 月在上海，年仅十五足龄的少年已俨然一副成人身形，其针对"专制婚姻，颠倒婚姻，苦恼婚姻"的批评更多指向的是"瞎子算命，土偶示签"之类"迷信的罪恶"对约定婚姻的干扰。① 留美期间更曾对"中国的婚制"加以明确表彰，认为其可理性地"顾全女子之廉耻名节"，然看重"天下女子皆有所归，皆有相当配偶"的思路还是社会学立场的，乃至是他日后擅长的化约论立场的：如何才是"相当配偶"的内在构成，尤其精神构成与灵性构成，终其一生都非胡适关怀所在。胡适早年在《留学日记》中的确羡慕过"比翼齐飞"的婚姻，但他理想中的"比翼齐飞"同样不会缺乏社会学因素："实则择妇之道，除智识外，尚有多数问题，如身体健康，容貌之不陋恶，性行之不乖戾，皆不可不注意，未可独重智性一方面也。智性上之伙伴，不可得之家庭，犹可得之友朋。"可见其早熟的外向的天性。② 他的天赋情性决定了他成不了徐志摩，"灵魂伴侣"之于他未免是个不靠谱的概念。③ 胡适与曹诚

① 胡适：《真如岛》第二回，《竞业旬报》第 4 期，1906 年 10 月 11 日。
② 胡适 1914 年日记。参见闫红《如果这都不算爱：胡适情事》，第 14 页。
③ 日后曹诚英还要自许为他的"灵魂伴侣"。这种情书应该写给徐志摩。

英的关系最终破裂，颇类日后他对陆小曼乃至徐芳的先动心后疏远，曹、陆、徐式样的一味谈情、不肯自我检约、不能管理自己的女性为其所反感并不奇怪，正合他理念中的女子教育最上目的乃在造成一种"能自由能独立之女子"。① 胡适理念中能自由能独立的女子并非只会痴情溺爱，他一生维系关系最长的韦莲司最能代表这类"能自由能独立之女子"。

胡适有着众所周知的表达，不以 love 为人生唯一的事，而是认为其只是人生中的一件事，只是人生许多活动中的一种而已，这并非基于陈衡哲以为的因为他是"男子"。1931 年四十不惑的胡适认定"今日许多少年人都误在轻信 love 是人生唯一的事"，② 他有其充分的理据。问题在于人生许多活动未必是孤立的，love 恐怕尤其如此，但此种"因情悟道"实非胡适所长。胡适在婚姻之外处情的化约的方法论，似乎成了他在《好事近》中的一语成谶：

> 多谢寄诗来，提起当年旧梦
> 提起娟娟山月，使我心痛
> 殷勤说与寄诗人，及早相忘好
> 莫教迷疑残梦，误了君年少③

胡适一生尽管情事众多，事中最光辉动人的角色却从来不会是他。无论是韦莲司的终身执意、江冬秀的固守妇道，还是曹诚英的痴迷、罗慰慈的放荡，乃至徐芳的单纯无知，比较他都来得彻底些。胡适的性情与品德中最光辉动人的，乃是他借鉴西方文化对公德、群治等社会理念的提倡。犹如梁启超认为的，当时中国人最缺乏、最需从西方采补吸收的，"是公德，是国家思想，是进取冒险，是权利思想，是自由，是自治，是进步，是自尊，是合群，是生利的能力，是毅力，是义务思想，是尚武，是私德，是政治能力"，④ 胡适的一生是沿着这一思路继续精微深密、切实践行的。

---

① 胡适对韦莲司的印象，参见同红《如果这都不算爱：胡适情事》，第 8 页。

② 胡适日记，1931 年 1 月 5 日。

③ 该诗是写给曹诚英的，但感情而薄情，经过即错过，理智而世俗，这一胡适式的过程放诸韦莲司到哈德门无一不能够成立。

④ 《胡适自述》，第 59 页。梁启超早年思想对胡适的深刻影响，胡著《四十自述》落墨不少。

包括对于女性的生命价值，少年胡适即认定王昭君是"中国爱国女杰"，"与其做一个碌碌无为的上阳宫人，何如轰轰烈烈做一个和亲的公主"；① 留美期间第一次以英文卖稿，即是于《观点》发表《中国女子参政权》。② 这种"社会大于个人"（国家之上更有全人类、社会不朽论）、③ "为一个理想而奋斗，为一个团体而牺牲，为共同生命而合作"④ 的价值观与其日后主张的"健全的个人主义"对胡适来说是并行不悖的。

1923 年的胡适尚且年轻，烟霞洞事件也应该是他进入婚姻事实后第一次正式背叛婚姻（之后再度遭际同类背叛，擅长方法的他显然已经总结出经验，会出离得更加分寸稳妥），⑤ 此事也在接下来一两年牵扯了他不少精力、增添了他不少麻烦，还有女儿的死、家庭的失和，他那关于"爱情与痛苦"的论调，也许基于这一时间他不仅被卷入畸恋，还要旁观乃至参与徐志摩与陆小曼同时进行的"新文化"史上的恋爱试验。那关于"我一生最快活的日子"的"烟霞山月的'神仙生活'"（胡适日记，1923 年 10 月 3日）的表述恐怕只能视作初经此道后的兴奋与新鲜。社会人胡适对情感的沉湎将是一以贯之的，既不长久，也不深切。被丁文江指责为"不生奶的瘦牛"的颓废也发生在这一时期。⑥ 对于社会人胡适，如此为情所困至于不能上进绝非其愿，他很快就会全身退出（另一位当事人曹诚英却一生未得解脱），而诗人徐志摩却要直到将自己推向毁灭："我将于茫茫人海中访我唯一灵魂之伴侣。得之，我幸；不得，我命。如此而已。"⑦

淡荡的胡适却自有他的"很有人味儿"（《宣统与胡适》一文中自称）。他的异性缘好到出奇，历任女友对他近乎崇拜的迷恋，都非凭空生出的，

---

① 胡适：《爱国》，《竞业旬报》第 34 期，1908 年 11 月 1 日。
② 参见胡仰曦《一颗清亮的大星：胡适传》，第 65 页。
③ 参见 1915 年胡适为康奈尔大学大同社所写十四行诗。《四十自述》中胡适更悬言了自己对"社会不朽"与"太上三不朽"的认识分域，他持续一生颇应赞美的平民风味，与这一信念关系密切。参见《胡适自述》，第 16—17 页。
④ 转引自胡仰曦《一颗清亮的大星：胡适传》，第 54 页。
⑤ 无论后人如何猜度解释烟霞三月的情形，曹诚英之后信函中"心头的人影""情绪的中心""灵魂的伴侣"云云，总不是空穴来风。
⑥ 丁文江致胡适函，1925 年 4 月 3 日，文见中国社会科学院近代史研究所中华民国史研究室编《胡适来往书信选》下册，社会科学文献出版社，2013，第 324 页。
⑦ 徐志摩致梁启超书，转引自胡适《追悼志摩》，《胡适自述》，第 139 页。

他的细腻、优雅、会关照人，在在可见。① 1960 年韦莲司决定搬家前往加勒比海的巴巴多斯岛，行年七旬的胡适和她聚了又聚，还要亲自赶往机场送别，两人留下一生最后的合影，10 月 10 日已经到达目的地的韦莲司则在目前发现的她写给胡适的最后一封信中对这份周到感激不尽，赞美了他"无私又体贴的关爱"，同时提醒"你总是过分要求自己做体力所不能及的事，你看起来太苍白了"——这说的就是胡适为了保持自己的风度、修养甚至是他对他人示爱的友好习惯，总是竭尽全力，乃至超负荷运转。又半年之后的 1961 年 3 月 4 日，胡适心脏病复发住院后两个月，他病中勉强给韦莲司寄出可能是生平最后的平安贺卡，同日收到他平安电报的还有哈德门。笔者深信其中包含着他意欲对社会与人类表达的胡适样的爱。那个针对《西游记》第八十一难的改写，唐僧舍尽身肉布施超度了群鬼，自身也就此得成正果，当非空穴来风，它表达了胡适一种特殊的富有爱心的价值定位。

但我们能否就此得出结论：胡适丰富复杂的情场经历基于一种"舍尽身肉的布施超度"？这个结论大概鬼也不会相信。

"爱情的代价是痛苦，爱情的方法是要忍得住痛苦。"（胡适《爱情与痛苦》）这话也就是说说而已，在胡适样的爱情中我们看不到胡适有多痛苦，他的忍苦的方法论也因此显得滑稽而可疑。胡适一生为方法充满，反而因此他的生命没有了真正而深刻的苦感，他太擅长也太容易找到方法，即使这方法未必真正解决问题，也可以让他在忙于使用方法的试验中忽略痛苦（问题）本身。我们姑且依循胡适的方法进入胡适的乱情世界更深处。

二　未知爱何似？——价值世界：作为方法的"胡适与女性"

"未知爱何似"未必一定全部基于天赋情性。"爱"是需要教育的。胡适情感问题的资深研究者江勇振教授认为，分析情感一如分析思想，都必

---

① 如果说曹诚英、徐芳之类"小女生"崇拜迷恋尚不出奇，"读书甚多又甚能思想"的韦莲司终生没有放弃这份友谊（即使她在看透胡适的淡荡后放下了自己的爱慕）、胡适的美国女友所流露的对他的演讲才华的倾倒，都有案可据。并非任何一位新婚丈夫都会细致到在信中关切妻子的生理不适。女作家同红以为胡适因自小在母亲等女性的包绕之下长大，比较擅长与女性打交道，颇有几分说服力。参见《如果这都算爱：胡适情事》，第 5 页。

须有方法、有理论。① 笔者此处看重的是，胡适一生擅长的治学方法与理论，恐怕也深刻影响到他处情的具体方式。胡适后天教育以西式教育为主，基于先天气质而对玄学与宗教天生有一疑处，是位自承的无神论者（其对基督教的亲近也止步于人文精神的层面），一生服膺实用主义、人文主义、科学主义，尤其服膺方法论与实验主义。胡适尽管以治理汉学与国学为志业，晚年也颇有兴致称颂夫子，② 其对东方与中国的文化接受却相当具有选择性，我们无法用中国传统价值理念规约这位一代文宗。胡适处情的特殊性与个别性又是时代共业的反映，本节借用的即是胡适自己擅长的化约论（reductionism）来探讨胡适处情的方法论问题。胡适在《慈幼的问题》中自称"做了十年的大学教授"，对于《千字文》中"天地玄黄，宇宙洪荒"八个字还是不懂"究竟说的是什么话"，这与其说是针对教育改革的策略性发言，不如说是天赋气质无法融入。甚至那点天赋的"用功的习惯"与"怀疑的倾向"对于解读胡适的情感选择都显得至关重要。他的丰富复杂的情感经历是否基于一种"怀疑的用功"的"实验主义"呢？

　　学界公论胡适思想有明显的化约论倾向，他把一切学术思想乃至整个文化都化约为方法，例如"科学本身只是一个方法，一个态度，一种精神"，民主的真意义作为一种生活方式其背后也还是"一种态度，一种精神"，③ 他所重视的是一家一派学术、思想背后的方法/态度/精神，而非实际的具体的内容。胡适不会怀疑人文现象和自然现象的研究是否能够统一在一种共同的"科学方法"之下。④ 后人其实不妨用这种化约论方法解读胡适处情的方法/态度/精神：那些化约的爱情与化约的爱人。

　　方法论虽然不可避免也要涉及价值取向，但在一定条件下可以转化为中立性的工具，胡适师承的实验主义方法论当然更有可以普通化、客观化的成分。将婚姻当作一场"人生的大实验"是胡适著名的大观点，他兴致勃勃，积极展开，并且似乎效果不错：如果江冬秀的位置上调换成另一位女性，胡适的实验挑战可能难度依然不大。比照一下鲁迅与朱安乃至徐志

---

①　江勇振：《星星·月亮·太阳：胡适的情感世界》（增订版）。

②　参见胡颂平编著《胡适之先生晚年谈话录》，中信出版社，2014，第35、59页。

③　《胡适手稿》第9集下，转引自余英时《中国近代思想史上的胡适》，《重寻胡适历程：胡适生平与思想再认识》，第198页。

④　余英时：《中国近代思想史上的胡适》，台北，联经出版事业有限公司，1984，第199页。

摩与张幼仪，固然缘分有差，但鲁与徐干脆不肯进行胡适样的"实验"应该也是有其责任的。经验是通过我们主动的、积极的参与而得来的，胡适终其一生常持貌似半推半就实则暗暗挑逗的处情态度，[①] 他到底不肯拒绝到底，是否跟这种实验的精神有关？"一步一步的自觉的改革，在自觉的指导之下一点一滴的收不断的改革之全功。不断的改革收工之日，即是我们的目的地达到之时"，[②] 胡适的社会改革主张似乎同样适用于他处情的方式，他不预设，亦不判断，一切自进行当中呈现、实现或终结，却缺少"结结实实／确确明明"的指证或指点。[③] 但价值判断于生活事件中必须无时不在。

如果细审胡适的八卦或"爱情"会发现，胡适在"爱情"中的表现就态度或精神而言实在太无卓越之处（但也说不得甚恶。只是对于这位据说一生反对"庸言庸行"的一代文宗，太过"寻常"已经显得不够好）。擅长写情的当代作家闫红忍不住揶揄道：胡适的爱情，常常是实用主义的。拒绝有之，诱惑有之，最终成就的是一场浅尝辄止的感情体验。此类话头多多，但能否以"胡适擅长理性思考，对于美的幽深细微处，则不甚了然"的大判断一言以蔽之呢？胡适的作风里当真很少有"纵情随性"成分？[④]

"乐观主义"的社会人胡适对于人性更为幽暗深刻的部分天生就缺乏敏感与兴趣？[⑤] 胡适对女性的通体感触可能都是乐观主义的，这甚至基于他有一位"既不能读又不能写"却可以"最善良"的母亲。他的节制与理性，同样有来自母亲朴素熏养的成分。[⑥] 于是在"胡适与女性"这组关系中最动人与最有价值的，其实还是"我们的朋友"一贯的风度：夫妻如朋友，情人如朋友，朋友如朋友，乃至师弟依然如朋友。怎怪"极能思想，读书甚多"的韦莲司成为他一生最重要的异性朋友，精神交流的深度进行是朋友

---

① 胡适一生最主动的感情其实发生在他与妻子江冬秀之间。其他，当真是诱惑有之，他却不大扮演明确的主动者。这固然基于其调情或偷情的性质，也与这种暧昧的精神有关。

② 《胡适论学近著》，第452页，转引自余英时《中国近代思想史上的胡适》，第64—65页。

③ 梁漱溟：《敬以请教胡适之先生》，转引自余英时《中国近代思想史上的胡适》，第65页。

④ 闫红：《如果这都不算爱：胡适情事》，第24页。

⑤ 早在留美期间，他就写过《布朗宁的乐观主义赞》并在康奈尔大学获奖。1911年1月更在日记中记下"我相信自我离开中国后，所学得的最大的事情，就是这种乐观的人生哲学了"。参见胡适《四十自述》，第12—13页。

⑥ "如果我学得了一丝一毫的好脾气，如果学得了一点点待人接物的和气，如果我能宽恕人，体谅人——我都得感谢我的慈母。"《胡适自述》，第45页。

这一伦类最重要的要素："与女士谈论最有益，以其能启发人之思想也。"① 幸运的是韦莲司本人极为重视精神生活的性格比胡适更为深刻而显豁。纵然四海之内皆朋友如胡适，朋友毕竟还是可以分等级的。胡适性情中最光彩的一面，克制、容忍、宽和、谦让，是针对一切朋友也包括一切女性的。他的气量大、性子好、事事留心、能格外忍让无疑来自他的母教，这一点令他赢得了不错的人缘包括异性缘，也令他在如此驳杂的人际尤其是情际关系中往往都能有风度、优雅地全身而退——甚至他也并不退避。他和曹诚英的最后一面是在他离开大陆前夕的 1949 年 2 月，假如能够再联系再相见，也许曹不会就此失去他的消息而只能默默葬在他"不再经过的路边"。容忍，利他的容忍，被他视为"对他所爱的人或爱他的人的一种体贴或尊重"。② 这样的胡适处情，应该自有一种对女性的泛泛的体贴与尊重，如果女性自己不陷入与他的不伦之恋中。尽管一生与不同的女性流传出如此复杂的关系，胡适的出众之处是皆能以其独具的方式善始善终。对于"责任"他有着非常美国模式的理解与把握（没错，他"是个肯负责任的人"，包括必要的金钱）。③ 聚散不乏温情，但也不肯黏滞。曹诚英这类并不彻底的"五四新青年"，既无法安处于传统礼法给予人类的必然规制中，亦无法在处情上适应胡适的美式作风，其后半生的命运也就显得特别抑郁凄凉。江冬秀则因恪守了一位传统中国女性的妇道尊严（包括让韦莲司都赞叹的忠贞，以及家庭生活中的种种大气担当，屡屡能让胡适本人赞叹不已），其一生倒是不失风度与样范。④

　　胡适之于女性，一直显得颇有温情，但不算多情，亦不深情，却不无

---

① 胡适留学日记所载同期给母亲的家书中，类似的褒扬很多，兹不具列。

② 胡适早年致韦莲司通信。二十年后，他在致韦莲司的通信中说曹是个"被惯坏的孩子"。

③ 他似乎深谙亦很擅长英美式的将婚姻规约为契约伴侣的意涵与性质。与他相处最融洽的几位亲密女性也都是异乡人。但这一论断一定是胡适样的浅薄。韦莲司和瘦琴与他断然断绝不伦的情爱关系而宁肯保持单纯的友谊，正是明证。胡适的乱情似乎正说明其于西学中学的皆未能深造，至少未曾"触及灵魂"——这一点亦是公论。

④ 中研院胡适纪念馆中江氏相片边至今有"懿范千秋"的匾额悬挂，无论如何可以让后人对几乎很难重来的一代人的处情态度有所了解与领会。关于曹诚英的训练和教养都很坏、一日当中不是喜憨就是悲煞的不稳定性格，参见其亲兄曹诚克致胡适函［江勇振：《星星·月亮·太阳：胡适的情感世界（修订版）》，第 127 页］。性别研究或女性立场自有其意义，然性别之外毕竟有人性更统一而高尚的立场，现代的代价不当以拒绝高尚为准的，因为"主义"的立场反而显出断制的不通常情。

情，更不绝情。似乎他一生所结缘的异性，传出绯闻的几乎都是热情似火的主动者（无论曹诚英还是徐芳、哈德门。表面同样节制而理性的韦莲司其实还是一座冰壳下的火山），几可想见胡适处情的态度，他擅长扮演半推半就的接受者，或更多是挑逗者，践行他的"实验主义"、他的"方法论"。他1927年重访美国期间写给韦莲司的信说"总是谨于下笔"并非虚言，包括他圆稳的风度与把持让对方少有难堪，甚至1917—1923年的不联系，也未必不可理解为一种现实主义的不黏滞。同样需要对手主动的凌叔华或陆小曼、陈衡哲这类女朋友，与他便终能相安无事。

可惜他总有一半是"就范"，包括准确的回应、调情，有案可查的包括写给学生徐芳的唱和诗。理智的韦莲司在"维多利亚女王"一般恪守礼法的母亲去世之后也终未能抵住他绵绵的情挑。曹诚英事件之后第十年，1933年9月，42岁的胡适与48岁的韦莲司却酝酿了"美而艳"的新关系。"尘世之音节节升高，义务、责任之声嚣然尘上，咄咄逼人。于是我们只好归队，跟社会妥协"尚不打紧，韦莲司的个性本就是为了"歌声更美"而敢于、甘于选择"吃火"。真正让韦莲司硬生生地将业已付出的鲜活生命收回的，是三年之后1936年与曹诚英和胡适在美国三人相撞。甚至他们的正式分手，都是基于韦莲司看透胡适那点"不放心"、视有了情爱关系的老友为"责任负担""本能地害怕"，韦莲司宣布"我不会为了讨好你而去结婚"，"我们讲清楚然后分手，可以达到相同的目的"。韦莲司终是喜欢他的才华与风度的，情爱不再之后，友谊反而轻松了。这位意志非凡的女性一如她早年初识胡适时的立志，就此的确将变了调的异性关系转化到更高的层次。[①] 胡适的最佳角色原本就是朋友。于是胡适居然在韦莲司宣布分手第二年，1938年，在纽约和恩师杜威日后的第二任太太罗慰慈玩起"老头子"与"小孩子"的把戏，还称之为"赫贞江上第二回之相思"。这不只是国难当头不误风花雪月，也当真证明了其情的清浅单薄。江冬秀的幸福与曹诚英的不幸，均源于她们不跟胡适主动分手。

法定的妻子，少年的女友，稔熟的表妹，包括那些或幼稚或狡黠的女学生，基于他的清淡的柔和，胡适会在情调上呼应、唱和她们的需要，于

---

① 参见韦莲司1915年1月31日致胡适函。

是很多时候她们会跌入情网。在和乐的婚姻当中他同样一直在取悦太太。①
终其一生，胡适曾经亲密的女性在年龄、相貌、学问，乃至国籍方面都显
得幅度甚广。陪伴了胡适将近八年最后终老养老院的看护哈德门只比胡适
小四岁，他们相遇时已都不年轻，如此还能被对方称为"无与伦比的情人"
甚至是意大利情圣卡撒诺瓦，甚至于每次与他相聚都是走向人生"极乐"
的"朝圣"，② 这也许当真是胡适在女性面前的另一面目，当他放下他的社
会人面具的时候。这里甚至可以包括太太对他可能持续一生的真实的喜爱。
例如如下江冬秀这封信江教授居然只读出她恨极了曹诚英。这未免奇怪：

> 你的心是大好。不过对与 ［于］ 这一路的，我长长 ［常常］ 劝你，
> 不要弄到人人疯疯癫癫的。母也写信来要钱，娘也要你养活，你这个
> 慈悲好人也是随便来的呀！你到杭州养病，也是那 ［拿］ 人家当孩子，
> 害出来的呀。③

夫妻如朋友——这封信里江冬秀实在很像一个帮衬胡适的老朋友，而
她对曹诚英的情感状态的判断应该比胡适或江教授都来得更准确些——女
人看女人，自有绝活在。此非主义或立场而能一言蔽之。

因为如此，即使如此，纵观胡适一生情事，较徐志摩之于张幼仪、郁
达夫之于王映霞之类不堪的"新文化"情史，居然大体还不失胡适特有的
端庄稳健。笔者以为这也依然得益于他的西学训练，尽管日后服膺杜威的
实验主义哲学而远离德国唯心传统，但基于他天赋的温和与体谅，一道康
德式的道德底线，似乎还是成为胡适生命尤其人际的底色：

> 无论对自己，还是对别人，在任何情况下，都要将人道本身视为
> 一个目的，而不仅仅是个手段。永远不把一个男人或一个女人视为可

---

① "我认为爱情是流动的液体，有充分的可塑性，要看人有没有建造和建设的才能"，"我和
　太太大都时时刻刻在爱的尝试里"，他们是"结婚之后才开始谈恋爱"。胡适与太太之间密
　切的互动，从他们在对方生日总要用心送出别致的礼物就可以感到。
② 江勇振：《星星·月亮·太阳：胡适的情感世界（修订版）》，第340、342 页；胡仰曦：
　《一颗清亮的大星：胡适传》，第261 页。
③ 1939 年8 月14 日。隔了岁月历久的风烟与婚姻考验的稳定，江冬秀如此帮衬丈夫的大气通
　脱更好理解。转引自江勇振《星星·月亮·太阳：胡适的情感世界（修订版）》，第131 页。

以玩弄的东西，并以之为达到自私或不纯洁目的的手段。①

这种现实的节制，往往为诗人不能，为哲人不屑，胡适却是如其分的社会人。难怪在他的出殡仪式上，相伴一生的老妻面对"庶黎哀伤"以及多达三十万人的送行场面也要对儿子感叹"做人要做到你爸爸这样，不容易哟"。②此中讲的，其实是超越"男女关系"的一桩普遍的属人的美德。犹如1937年国难当中，江冬秀在家庭财政严重困难的情况下尚要捐款给家乡的学堂，敏于公德的胡适同样赞不绝口："你在患难中，还能记得家中贫苦的人们，还能寄钱给他们，真是难得。我十分感激。你在这种地方，真不愧是你母亲的女儿，不愧是我母亲的媳妇。""修身的学问"、作成"道德的国民"，无疑同样是胡适一生的真诚关怀，这在他早年赞叹"道学家所讲的伦理"中已体现无疑。③

但我们难免还要继续追问：理性胜出的胡适为何一生还是留下了如此之多的情感话题的飞短流长？他为什么没有更理性、更道德一点，例如坐怀不乱？这当然基于胡适大概不认为"坐怀不乱"属于他渴望建构的"新道德"。如此强调高度理性与责任思维的人应该并不以其处情的方式为不妥。胡适在情感上的"博爱"似乎成了他一种特别的"道德"与理性的选择。但无论为妻的江冬秀还是陷身情缘未能自拔的韦莲司，无疑都会对其深感不满（意识到曹诚英与胡适的非凡关系后，退居"若有若无"地位以自保尊严的韦莲司，其情绪中自然包含了一种怨怼）。1921年8月30日时年不足30岁的胡适面对高梦旦表彰他不背旧婚约时的回答，"我不过心里不忍伤几个人的心罢了"，应该也是句大实话。只是色色不忍伤下来，似乎又人人的心都被伤过。江冬秀，韦莲司，曹诚英，每个试图认真与深入的人，都被伤到了。何以如此呢？如果将"男女关系"缩小为"情感关系"，"博爱"与"贞定"又必须同时具体地考虑与善处。后人与读者一定无法想象晚明的"道学家"例如刘宗周会如胡适样的处情。④ 婚姻（或"爱情"）

---

① 胡适致韦莲司通信。这从他暮年善待热爱读书之贩夫走卒的习性，亦可见一斑。
② 转引自胡仰曦《一颗清亮的大星：胡适传》，第312—313页。
③ 胡适：《爱国》，《竞业旬报》第34期，1908年11月1日。
④ 衡以明季或传统中国，自然诸如一生曾纳多妾的王阳明式的处情属于另外一个必须关注的论题。此题另文再具。王阳明"无善无恶"的人性论为少年胡适所激赏，并扩充为"可以善可以恶"，见其14岁所作《论性》。

自有其天道，不容你化约到无个体，不容你试验到不讲"理"。要进一步深入恰当理解胡适处情的特殊性，上溯与旁观同样有其必要。

三　份定长相亲——以性贞情：爱以德成的"新文化"源流

"西方婚姻之爱情是自造的，而中国婚姻之爱情是名分所造的"，这一留美期间即为青年胡适发现的理论，被他在诗歌中又加以歌咏："份定长相亲，由份生情意。"只是何以胡适守得住婚姻之分，[①]却守不住婚姻之理？他一次又一次在灵肉层面出离婚姻却还可以告诉妻子"我自问不做十分对不起你的事"，一边给妻子写情意绵绵"我颇愧对老妻""睡觉总是睡半边床"的信，一边和"星期五"打得火热。连爱慕他至于色授魂与的韦莲司都难免要在曹诚英事件面前揶揄他应该把"同情""爱"这类资产"谨慎地运用在你周遭的人事上"（1936 年 10 月 28 日韦致胡函）。笔者以为这首先基于胡适不承认世间有天经地义的绝对真理。[②]犹如对于胡适，"灵"未免是个虚幻的字眼。

拒绝形上世界的胡适遵循了人间的"名分"，却因拒绝"名分"依傍之理，他对"名分"的坚守始终不牢靠不彻底。笔者认为这才是理解胡适处情态度如此来回拉扯的关键所在。他坚持一生的理性批判是其最大的成全，也是其最后的桎梏。最终没有选择"相信上帝"而是选择"相信人"，实验主义与历史主义的深刻影响使得他拒绝接受绝对真理这一可能，既然一切都是待证的假设，并非天经地义，夫妇男女一伦，自然同样如此。1926 年即自承"我已经远离了东方文明""竟比欧美的思想家更西方"的胡适发动的新文化运动无法不对"东方文明"造成误读与伤害，包括情感认知与情感教育本身。胡适的局限性毋庸回避，他不仅对欧洲大陆的哲学传统缺乏深刻认识，甚至在英美经验主义一派的思想方面也未能深造自得。[③]胡适自

---

① 婚前十三年，婚后三十年，从比翼而飞到死后合葬，据说胡适千疮百孔的婚姻却也入选了民国奇迹，参见胡仰曦《一颗清亮的大星：胡适传》，第 99 页。

② 《三论问题与主义》，《胡适文存初集》卷 2，华文出版社，2013，第 373 页。

③ 金岳霖针对冯友兰《中国哲学史》审查报告二，参见余英时《重寻胡适历程：胡适生平与思想再认识》，第 209 页。

有其命定的瓶颈。视"内心生活""精神文明"为自欺欺人之谈的胡适于此真是难免要如他的安徽乡贤戴震，一例有"不见道"之讥。① 但即使被胡适热衷推崇的戴震，在其笔下恐怕也难以摆脱拟于不伦的命运。②

貌似谦谦君子或翩翩绅士的胡适一直有种离经叛道的冲动与作为。新文化运动就是这一作为中最为巨大者。新思潮不就被他做了如此简单粗劣的定义？"新思潮的根本意义只是一种新态度。这种新态度可以叫做'批判的态度'。尼采说，现今时代是一个'重新估定一切价值'（Transvaluation of all values）的时代。重新估定一切价值八个字便是评判的态度的最好解释。"③ 他一生中有几次赌气酗酒、赌博甚至叫局这种特殊的放任。胡适处情的放任不能当作一般意义上的品行问题理解，他爱好美德的真诚不容置疑。这种貌似悖论其实背后有其完整与统一：胡适并不认同传统意义上的婚姻道德，其中应该也包括肉体贞操问题。他由衷地欣赏美国式的新女性，以为她们"言论非常激烈，行为往往趋于极端，不信宗教，不依礼法，却又思想极高，道德极高"。④ 这位表面上最折中平和的温吞理性先生，其极端的感性判断有如是者。不闻瘦琴女士1927年2月15日致胡适函中所云："我很高兴你吻了我，我想我应该没有伤到胡太太或任何其他人的一根汗毛。"⑤ 同样热情奔放的还有哈德门："她什么都不在乎，在乎的，只是不要放过这么美好的人生经验。"⑥ 这便是胡适认同、热爱的彼时美国人常见的性道德与道德性。但胡适试图整理再造的"国故"中国，与此大相径庭。胡适尤其在晚年颇喜谈论中国文化的道德问题，却对这一道德背后的情感依据几乎毫无知闻，笔者以为，此即这位道德先生的情感总是显得如此缺德的根本所在。"人性是怎样的"这一看似是事实判断的问题实则蕴含了"人应该怎样"的价值默认。在儒学的理论系统尤其是陆王心学体系中，道

---

① 胡适：《戴东原的哲学》，商务印书馆，1927，第196页。
② 参见杨儒宾《异议的意义：近世东亚的反理学思潮》，台北，台大出版中心，2012。
③ 胡适：《新思潮的意义》，原载《新青年》第7卷第1号，收录于《胡适文存初集》卷4，第728页。
④ 胡适：《美国的妇人》，季羡林主编《胡适全集》第2卷，安徽教育出版社，2003，第631页。与其留美期间《新女性》之作正堪呼应，"头上金丝发，一根都不留。无非挣口气，不是出风头。生育当裁制，家庭要自由。头衔新妇女，别样也风流"。文见《胡适留学日记》第4册，上海科学技术文献出版社，2014，第1041页。
⑤ 转引自江勇振《星星·月亮·太阳：胡适的情感世界（修订版）》，第162页。
⑥ 转引自江勇振《星星·月亮·太阳：胡适的情感世界（修订版）》，第339页。

德需要透过道德情感显现出来，道德情感被视为心灵的主要内涵，是人性结构中先验的因素。

中国文化有关"情"的起源与性质的探讨出现甚早，尽管学界的意见并不一致也很难一致，但无疑早在战国时期"情性"问题就是重要的思想课题与共同论述，是诸家共同的关怀，其中儒家的人性关切显得尤其醒目。儒家人性论之所以发达基于其最重视道德自觉与道德教化的立场，人性论是这一立论的依据所在。儒教就其立教的人性论基础而言即可称为"情性之教"，"情性论"是儒家哲学的重要组成部分。道情两端被视为亘古大义，"情"被视为"道"展开的可能。情的展开同时就是道的展开，道至情达即是如此。

"情性"问题不仅曾经是中国哲学的核心观念、中国思想的重要畛域，更曾经是传统教育的核心地带、礼乐抚育的关键旨趣。如果溯源传统"情性之教"最重要的"教材"，其一无疑就是新文化运动之后主要被纳入文学分类的"诗"学尤其《诗经》学，此即曾经流传有序的诗教传统。钱穆在《论语新解》中言及"诗可以兴"问题，认为其所兴发者即是作为性情之本的仁心，以培本厚植"性情"作为"诗教"的明确目的：

> 诗尚比兴，多就眼前事物，比类而相通，感发而兴起。……俯仰之间，万物一体，鸢飞鱼跃，道无不在……孔子教人多识于鸟兽草木之名者，乃所以广大其心，导达其仁，诗教本于性情，不徒务于多识也。①

"诗教"固然有增广见闻的知识需要，根本立足却是兴发感通受教者的胸襟、气宇、志向，这也是传统儒者的共识。马一浮有过类似表达：

> 兴便有仁的意思，是天理发动处，其机不容已。《诗》教从此流出，即仁心从此显现。②

---

① 钱穆：《论语新解》，巴蜀书社，1985，第 424 页。
② 《复性书院讲录》第 2 卷，《马一浮集》册一，浙江古籍出版社，1996，第 161 页。

无论马一浮还是钱穆，他们对于"诗教"传统的判断与坚守都非出自己意，而是对传统之学的认肯与敬意。然于现代中国的文化性格，难免都被归于"保守"一派。新文化运动的主流思想是破旧立新，儒教首当其破，诗教更不例外。"诗"无复"经"之尊位，被扫入"文学起源"乃至只能充当"社会史的材料""政治史的材料""文化史的材料"的莽荒之地，日渐获得全新的释读与定位。于是虽然胡适释读《诗经》也会自然而然因袭"性情"这类早已耳熟能详的常用名词，但"诗言志"可以迥异往昔而被解为"自然表现，心有所感，要怎么写就怎么写"，前人流传有序的释读一例成为"乌烟瘴气、莫名其妙"。① 不惟"诗教"传统中有关"风化""美刺""谲谏"的政教用途被视作不合今规，连同曾经以"解放经学"自居风诗正宗的宋儒理学也一并被后人再度"解放"：

> 汉儒解经之谬，未有如诗笺之甚矣。盖诗之为物，本乎天性，发乎情之不容已。诗者，天趣也。汉儒寻章摘句，天趣尽湮，安可言诗？而数千年来，率因其说，坐令千古至文，尽成糟粕，可不痛哉。故余读诗，推翻毛传，唾弃郑笺，土苴孔疏，一以己意为造"今笺新注"。自信此笺果成，当令三百篇放大光明，永永不朽，非自夸也。②

1911 年写下这段文字的胡适时方 21 岁。这一立场直至其晚年都未尝多经反思或改易。恰恰是在他一手促成的力主追求"人的文学"、认为"从儒教道教出来的文章，几乎都不合格"的呼吁与努力中，③ 一种标榜"建基于人文主义的抒情主义"④"文学只有感情没有目的"⑤ 的"新文学论"俨然成为一代文学正宗。虽然还在共同使用一个"情"字，"情"的内涵却已古今相去难以道里计。

1930 年代初周作人著《中国新文学的源流》为新文学的建构寻求历史资源，于中分割中国传统文学为"载道""言志"两派。主张"载道"的

---

① 胡适：《谈谈〈诗经〉》，《胡适文存四集》，华文出版社，2013，第 427—432 页。
② 《胡适留学日记》第 1 册，第 23 页。
③ 周作人：《人的文学》，《艺术与生活》，河北教育出版社，2002，第 12—13 页。
④ 徐承：《中国抒情传统学派研究》，中国社会科学出版社，2015，第 29 页。
⑤ 周作人：《中国新文学的源流》，华东师范大学出版社，1995，第 13 页。

文学因为有"遵命文学"嫌疑基本被全盘否定。"新文学"的基本理念被定性为一种特定意义上的"言志"：意涵已不同于"诗言志"本有或古有的意味，更多倾向于个体情感表现，"志"与"情"获得一种狭义的同一。

《中国新文学的源流》正式出版（1932）前，1926 年梁实秋已经著文提醒当时的文学"主情"论者要注意"情感的质是否纯正，及其量是否有度"，警惕"浪漫主义的任性"。[①] 1940 年代朱自清同样出于不满时人对中国文学传统的现代诠释，于课堂讲义及所著《诗言志辨》中反复陈言，以明"言志"说并非简单的"个人的抒情"，更不当与"载道"对立，但对于古已有之的"缘情"说，他还是采取了接近新文学一般公认的立场。[②]

对"诗何以兴"或诗以兴何的解释向来颇多纷纭，儒家诗教追求"教诗明志""诗以明道"的主张因为秦汉之后多数时期位列正统，更容易在文化改朝换代之际受到革命派攻击。昔年徐复观为林幼春《南强诗集》作序，中尝赞美其人其诗：

> 先生乃以生人之大节，激励其性情，而一人性情亦即潜通于家国废兴之运会。由此发而为诗，实万劫不磨之民族精魂之所寄，岂与嗟一己之荣枯、感四时之代谢者之所能同其量哉！[③]

这种以个体之"性情"贯通家国之兴废而非局限于一己之穷通的愿力与向往，其实代代有之，不同的只是使用的名相。例如当代作家王安忆亦尝提醒世人不要以为情感就是自我陶醉和私人化的，真正有意义的抒情要有其属于自己的体积。[④] 此处体积也意味着一种贯通与扩充。尽管新儒家尤其方东美和徐复观被今人指认为文学研究的"抒情传统派"的精神导师或"史前史"前辈，[⑤] 但如下徐复观对"情"的理解，只有建基于宋明儒学核心意的心性论基础上，才不至于出现理解偏差：

---

① 梁实秋：《现代中国文学之浪漫的趋势》，徐静波编《梁实秋批评文集》，珠海出版社，1998，第 34—35 页。

② 刘晶雯整理《朱自清中国文学批评研究讲义》，天津古籍出版社，2004，第 1 页。

③ 徐复观此序参见林资修（幼春）《南强诗集》，台中，林培英排印本，1964。

④ 王安忆：《重建象牙塔》，上海远东出版社，1997，第 23 页。

⑤ 参见徐承《中国抒情传统学派研究》，第三章。

没有人格的升华，没有感情的升华，不能使社会之心化约到一己
之心里面来。①

在道德、文学、艺术中用"境界"一词时，首先指的是由人格修
养而来的精神所达到的层次。……写景写得好不好，不仅是技巧问题，
更重要的是精神的到达点要高，精神的涵盖面要大，这便说明中国传
统的文学、艺术理论，何以必须归结到人格修养之上。②

"发而为诗的志，乃是由喜怒哀乐爱恶欲的七情，蓄积于中，自然要求
以一发为快的情的动向"，作为诗的"来源"与"血脉"的"情"③ 也并非
单纯如新文学作家常沿袭使用的"情感"说；这里的"情"无法脱离
"性"的对勘与贞定，尽管徐复观之学对于形上的关注并不浓郁，他笔下的
"情"与"性"间还是藕断丝连。

至于新儒家另一重镇牟宗三（1909—1995），则在 1959 年着笔写下
《五十自述》，经由"春·苦·悲·觉"的情相探求"情性"的面相与关
系，④ 对体玩"情性之教"的儒家传统而言，儒者同样需要"缘情"，却
"缘情"而成学，"情问"之旅直透儒者的学术生命境界。牟宗三平生治学
心得之一即以"中国的学问以'生命'为首出，以'德性'润泽生命"，⑤
《五十自述》则以生命的"春情"展开而经由证苦、证悲走向"觉情"，后
者正是使生命之春得以养护滋润的"德性"之得：

暮春初夏是不容易清醒的。一方面诗人说，"春色恼人眠不得"，
一方面又说"春日迟迟正好眠"。正好眠，眠不得，这正是所谓"春
情"。说到春情，再没有比中国的香艳文学体会得更深入了。那春夏秋

---

① 徐复观：《传统文学思想中诗的个性与社会性问题》，《中国文学精神》，上海书店出版社，
2004，第 4 页。

② 徐复观：《王国维〈人间词话〉境界说试评——中国诗词中的写景问题》，《中国文学精
神》，第 52—60 页。

③ 徐复观：《释诗的比兴——重新奠定中国诗的欣赏基础》，《中国文学精神》，第 21 页。

④ 参见拙作《春·苦·悲·觉：牟宗三"情问"三昧——重读〈五十自述〉》，《读书》2017
年第 5 期。

⑤ 牟宗三：《五十自述》，台北，鹅湖出版社，1990，第 89 页。暮年《中西哲学之会通十四
讲》（上海古籍出版社，1997）中更有专题讲座。

冬四季分明的气候，那江南的风光，在在都使中国的才子文学家们对于春情感觉得特别深入而又蕴藉。……"凤尾森森，龙吟细细，正是潇湘馆"，这是春情中的春光。"尽日价情思睡昏昏"，这是春光中春情，只这一句便道尽了春情的全幅义蕴，说不尽的风流，说不尽的蕴藉。这是生命之"在其自己"之感受。由感而伤，只一"伤"字便道尽了春情的全幅义蕴，故曰"伤春"。①

尽管笔致情怀如许香艳，这伤春的"春情"却非凡俗的"爱情"。因为：

> "爱情"是有对象的，是生命之越离其自己而投身于另一生命，是向着一定方向而歧出，因此一定有所扑着，有其着处，各献身于对方，而在对方中找得其自己，止息其自己，但是"春情"却正是"无着处"。
>
> "闺中女儿惜春暮，愁绪满怀无着处"，这"无着处"正是春情。爱情是春情之亨而利，有着处；结婚是利而贞，有止处。春情则是生命之洄漩，欲歧而不歧，欲着而不着，是内在其自己的"亨"，是个混沌洄漩的"元"，中国的才子文学家最敏感于这混沌洄漩的元，向这最原初处表示这伤感的美。
>
> 这里的伤感是无端的，愁绪满怀而不知伤在何处。无任何指向，这伤感不是悲哀的。……春情之份却只是混沌无着处之寂寞，是生命内在于其自己之洋溢洄漩而不得通。千头万绪放射不出，……乃蜷伏回去而成一圆圈的曲线，重重叠叠，无穷的圆曲，盘错在一起，乃形成生命内在于其自己之洋溢与洄漩，这混沌的洄漩。所以这伤的背景是生命之内在的喜悦，是生命之活跃之内在的郁结，故曰春情。……普通说结婚是坟墓，其实爱情也是坟墓。惟这春情才是生命，才是最美丽的。这是最原始的生命之美，混沌之美。②

伤春之情一旦流入"谁为情种"，便是向下流；再流于"都只为风月情

---

① 牟宗三：《五十自述》，第9页。
② 牟宗三：《五十自述》，第10、11页。

浓"，更是着魔道。唯其"良辰美景奈何天，赏心乐事谁家院"之无有是处方是上乘正机。一旦杜丽娘梦"着"柳梦梅，便成花落人亡、一败两伤。并非说"春情"转向"爱情"或"婚姻"便全副失去意义，"情切切良宵花解语，意绵绵静日玉生香"自有其可存可在处，儒学具体选择良知本体的"主观之润"时，同样首选人伦生活作为凭借。只是有此"歧出"之后，春情不复为"春情"全体而已。

胡适的问题恰恰属于后者，胡适未必敏感于"春情"，他的爱情却缺乏方向与贞定。而在儒者的生命观或情性观中，一般文学或生命哲学的"讴歌赞叹生命"只是对生命的平置，自然生命之冲动是无可赞叹的。自然生命固然有一套逻辑或规律需要正视，但自然生命的业力（无论个体的别业，还是群体的共业）更必须警惕与转化。

> 蕴蓄一切，满盈无者，什么也不是的春情之伤，可以一转而为存在主义所说的一无所有，撤离一切，生命无挂搭的虚无怖栗之感。满盈无着是春情，虚无怖栗是"觉情"（觉悟向道之情）。……这当是存在的人生，生命之内在其自己之最富意义的两种感受，人若不能了解生命之"离其自己"与"在其自己"，是不能真切知道人生之艰苦与全幅真意义的。①

天生烝民，有物有则，民之秉彝，好是懿德。故能悲心常润、法轮常转，即使罪恶常现、悲剧常存。而这深深悲叹生命与业力之无能为力，之根器薄弱，之欲转而不得，即被牟宗三视为"觉情"来归（魂兮归来）之消息：大悲大觉原为体一用二，悲智双运即称定慧两得。

学界公论新文化运动的源流之一是向晚明回溯。② 在新文化运动同人笔下，晚明多被描摹为情欲解放的现代前辈，其"重情"倾向不仅扭转了宋代恐情、弃情的趋势，甚至进而疏离了儒家导情、节情的传统。明代中叶以后的徐渭和李贽被推为"重情论"的先锋，他们亮明了"主情"的标识。"主情论"的体系建构则由汤显祖来完成，经由戏曲创作而发扬光大，"牡

---

①　文见牟宗三《五十自述》，第11—12页。
②　参见周作人《中国新文学的源流》，华东师范大学出版社，1995。

丹亭一出，几令西厢减价"。① 主张"理在情内"（袁宏道《德山度谈》）、
"天下无情外之理道"（曾异撰《复潘昭度师》）的"情理"关系在当时很
普遍。但是否晚明思想界与现象界流行的此类言语只能意味着要使理从属
于情，大大降低了理的地位？ 这是否只是后人的主观建构呢？ 在明人的
"情"观念中，"理"究竟位置何在？ 不妨聚焦综括儒家各学说而把"情性
合一"论表述得最鲜明、发挥得最透彻的大儒刘宗周。刘宗周情性论相关
的代表性的大略表述可举数例如下：

> 喜怒哀乐即仁义礼智之别名，以气而言曰喜怒哀乐，以理而言曰
> 仁义礼智是也。理非气不着，故《中庸》以四者指性体。（《易衍》第
> 七章）
> 非仁义礼智生喜怒哀乐也，又非仁义礼智为性，喜怒哀乐为情也，
> 又非未发为性，已发为情也。（《读易图说》）
> 指情言性，非因情见性也。……后之儒解曰，因所发之情而见所
> 存之性，因此情之善而见所性之善，岂不毫厘而千里乎！（《学言下》）
> 即情即性也，并未尝以已发为情，与性字对也。（《商疑十则答史
> 子复》）

刘氏这类持论经常因此被归结为"指情言性""即情即性"。但这并不
意味着刘宗周彻底推翻了前儒区别情性的诸多理论（性静情动、性体情用、
已发未发等），完全撤除了情与性的界限。也不意味着"情"论至此就"从
根本上得到解放"。② 细玩文辞可知，刘宗周此处"即性即情"与"性"圆
融之"情"，并非泛泛言之可以任意列举的感性之情，而是与"仁义礼智"
（性）相"表里"的"喜怒哀乐"（情）。这是"性之情"（亦即"四德"），
也是"心之情"（"恻隐、羞恶、辞让、是非"四端），也是"意之情"

---

① （明）沈德符：《万历野获编》，笔记小说大观本，台北，新兴书局，1977，第 15 编第 6
　 册，第 643 页。汤显祖之后，晚明"情论"变本加厉。例如袁于令有"情世界说"，吴炳
　 有"情邮说"，郑元勋有"情道说"（"情不至者，不入于道；道不至者，不解于情"），张
　 琦有"情神说"，等等。但这群鲜明而近乎执拗的"主情"论者中日后将在在多见"临危一
　 死报君王"的节义人士，正堪提醒后世明人之"情"的内涵是否有别于今人所倡之"情"。
② 晚明研究尤其文学研究如此诠解刘宗周情性论的不在少数。兹不具列。

（好、恶），① 这类"情"或可称为"形上的情"。② 刘氏《证人要旨·卜动念以知几》一章指出，"独体本无动静，而动念其端倪也"，因念之转、情离乎性，这便使得造成"隐过"的"七情着焉"：溢喜、迁怒、伤哀、多惧、溺爱、作恶、纵欲。③ 这才是与"欲"相关联的"七情"（喜怒哀惧爱恶欲），相对于"形上的情"，无妨视为"形下的情"。刘宗周对于一般而言的感性之"情"不仅不肯定，其警惕之纤微严厉，恐怕是前所未有的。"喜怒哀乐"为"性"之发露，"喜怒哀惧爱恶欲"为个体之"心"感物而迁就（所成），前者乃天道之常运，后者为人事之常情。四德之"情"不变不迁，正与"性"同；"七情"却一直处在变动之中。因为刘氏上述持论中"气"有时即担当了"情"的意旨。理、情关系时常被表述成理、气关系（在性理学体系下"情"原本也是一种"气"），正确理解刘宗周之气，才能正确理解刘宗周之情。在刘氏经常使用的"气"论比照观鉴之下，形上之情的"喜怒哀乐"作为（四）气乃形而上之元气，这形上之气意味着"性体""于穆不已"的创生性，"性之情"即性之发，其发用是至善之元气的自然流行。④ 刘宗周学说当中常用的气质之性并非以气质为性，而是"就气质中指点义理者"（颇类"就气认理"，刘氏持论多有亲近朱子学处），同样，刘宗周学说中常用的情也是本体意义上的情，而非形下意义上的情。有关于此，杨儒宾曾深慨晚近论刘宗周之情者若将其性质往明末清初情欲解放思潮靠拢，斯正与"气论"两解同，一病两痛。⑤ 尤其在新文化运动发动初期，这一古老的"以性贞情"的人伦传统被一例抹杀遗忘了。

尤其难能可贵的在于，正是在刘宗周这类在"情性"问题上持论极严的儒者身上，日常世界的"处情"反而出现了至为温情的一幕：婚后亲与妻子"执炊爨"侍奉其母，甚至在妻子"涤溺器"时为之秉烛引路。⑥ 如

---

① 参见东方朔《刘蕺山哲学研究》，上海人民出版社，1997；黄敏浩：《刘宗周及其慎独哲学》，台北，台湾学生书局，2001；张瑞涛：《心体与工夫：刘宗周〈人谱〉哲学思想研究》，人民出版社，2014。

② 林月惠：《从宋明理学的"性情论"考察刘宗周对〈中庸〉"喜怒哀乐"的诠释》，《中国文哲研究集刊》第 25 期，2004 年。

③ 见《记过格》"七情之过"，《人谱》，《刘宗周全集》卷 2，第 6 页。

④ 参见林月惠《从宋明理学的"性情论"考察刘宗周对〈中庸〉"喜怒哀乐"的诠释》，《中国文哲研究集刊》第 25 期，2004 年。

⑤ 杨儒宾：《异议的意义：近世东亚的反理学思潮》。

⑥ 《刘宗周年谱》，《刘宗周全集》第 5 册，第 99 页。

果说这类操劳与刘氏一生相对家境贫寒略有关系，则富裕优渥如祁彪佳，少年科第风仪俊美，却也是年方而立就自居"非渔色者"，这与其说因为他拥有一份在任何时代都堪称美满的婚姻（夫人商景兰能诗，性贤淑，"有令仪"，婚后育有子女数名，乡里至有"金童玉女"之目），毋宁说追求"性情之正"才是这位名垂青史的能干吏、曲论家、园林家、诗人、烈士的心向往之的人格标准："君子爱人以德，细人以姑息，故朋友骨肉，以道义相成为贵"是同样见乎夫妇的。①

既然阳明学认为性情之间是体用关系，"未发""已发"关系，"良知"（人的道德情感）只有通过已发的情来把握，"致良知"就是在情的发用上用功夫，使之合于正。因此，也就不难理解，作为晚明著名的曲论家，祁彪佳尽管其戏曲理论的基础观念是"写情"，但此情是"性情"之"情"，既然"良知"只能通过作为"心体"已发状态的"情"来把握，"写情"从根本上即是对"良知"的言说，"有关于风教"是为了激发"良知"，"写情"与"教化"之间具有"写情"为体，教化为用的关系。② 此处呼应的正是王畿《答王敬所》中所谓"情归于性，是为至情"，③ 其要在于"尽去风情，独著忠烈，犹不失作者维风之思"。④ 晚明戏曲的"写情"具有感发良知、教化世人的功能，正是相当于传统诗教的"兴"和"群"。

"人如何处男女关系需要教育，然而男女关系本身便是教育"，⑤ 1940年5月27日，现代新儒家另外一位代表唐君毅（1909—1978）在写给彼时的恋人、日后的妻子谢廷光的情书中如此感叹。为了挽救新文化运动以来遭遇现实危机的社会道德尤其伦理道德特别是婚姻道德，晚生胡适十八年的唐君毅发愿"要使人类中多有一些可爱的男子女子，并且根据我自己及一些朋友在婚姻上所受的教训，并参照一些人生道理来作一关于婚姻之道的书"，⑥ 他因此留下一本被后人誉为"现代爱情学鼻祖"的《爱情之福

---

① 参见《祁彪佳日记》上册《涉北程言》，浙江古籍出版社，2016，第17、16页；杜春生辑祁氏《遗事》，《祁彪佳集》，中华书局，1960，第241、252页。

② 裴喆：《祁彪佳与〈远山堂曲品〉〈剧品〉考论》，河南大学出版社，2015。

③ 王畿：《答王敬所》，《王畿集》卷11，第277页。

④ 祁彪佳评谢天瑞《忠烈记》，转引自裴喆《祁彪佳与〈远山堂曲品〉〈剧品〉考论》，第73页。

⑤ 唐君毅：《致廷光书》，吉林出版集团，2015，第88—89页。

⑥ 唐君毅：《致廷光书》，1940年5月24日，第80页。

音》。是书起因于唐氏处理自己与弟妹的婚姻家事的具体感受，在在强调的是爱情的形上本质：爱情中的灵与肉，爱情中的源与流，爱情中具体的道德、具体的罪过、具体的痛苦、具体的超越。

> 最重要的便是使人们了解婚姻与爱情的正当道理。我相信人如依着婚姻及爱情的正当道理去实践，必可减少许多怨旷之男女之痛苦，纵然有了苦痛，也可以自己设法解除。①

唐君毅直接赋予了"爱"本身即是成德之教的形式，"男女关系"因此被界定为"互相帮助以完成他们的人格"："我认为我们爱一个人，不只是拿人值得我爱我便爱，而且我们要帮助他或她完成他的人格才是最深的爱。"②

唐君毅不仅留下了一本"爱情学"的创教之书，他与妻子谢廷光三十年敬爱有加、形同师友的现实人生亦颇受世人认可。纸上谈兵的谈情说爱尚不甚难，难得更在唐君毅以其工夫论践行了一段美满的情缘姻缘。从女权嗅觉敏锐或女性意识发达的研究视域，唐氏爱情自然仍会有不少值得推敲之处，例如1939年6月唐、谢交往开端，三十而立的青年哲学家自我设计的情感方式是"他需要爱情，因为他的冥心独往，昂头天外，超出尘表所生的寂寞要人来补足慰藉"，③ 一年之后对爱人的条件也是"必须她绝对地倾心于我，真感到我人格之可爱，我才真爱她"。④ 这固然未免显得自我中心，但基于唐氏于家中为备受父母宠爱的长子身份看待这一基始的情感模式或也并不奇怪。唐君毅最可贵之处，是在经历了这一情感模式的幻灭之后（发现女友最初并不那么倾心自视甚高的自己，甚至有移情别恋之嫌），却在基于道义的坚持与实现中，成功超越了自我设定的情感模式，并于中示现了更具生活意味的道德实践，"求乎朋友先施之"，一组情书竟是基于不断出现的"我已自知其错误"的自我省察完成的。⑤《致廷光书》尽

---

① 唐君毅：《致廷光书》，1940年10月19日，第119页。
② 唐君毅：《致廷光书》，1940年10月11日，第113页。
③ 唐君毅：《致廷光书》，第55页。
④ 唐君毅：《致廷光书》，1940年5月28日，第96页。
⑤ 唐君毅：《致廷光书》，1940年4月2日函，第62页。

管也是"情书"，却见证了儒门情教的特殊面相。

今人固然不宜轻易指责新文化运动以来中国人的情感生活是否多为欲望主宰（这欲望且要被冠以"现代爱情"的名义），但如唐君毅这样清醒地在谈婚论嫁之前先将男女之情定位于"道义上的情侣"，定位于父母、兄弟、朋友之伦类同一位阶，不能说不基于他深厚而特殊的儒学素养。尽管此时他的哲学兴趣尚同时流连于西学，儒学愿力尚未全面发动。也正基于他前期扎实的西学素养，他后期的儒家理想才未便沦为面目可憎。人间情书多有，情书中畅谈人类最可贵者为"一是无私的智慧，一是无私的同情"这类情调者毕竟少有。[①]

1958 年 5 月 20 日，唐君毅日记中出现"廷光代笔"一则，起因为一封对唐氏的匿名信中语多诋毁，妻子代为不平有感而书，其中追忆二人结缡十六年来朝夕相共，"（外子）未尝一日不以道义相勉"：

> 其使余大为感佩者，为其温纯敦厚、勤劳孝友之天性，及一种由内在的道德自觉而表现的至诚恻怛之性情。常若赤子一般。人格、家庭、友谊在他内心中所占有的地位是高于一切的。故余与外子虽为夫妇，而常以师友视之。[②]

闺房之内兼有师友之乐亦是少年胡适的愿望，[③] 他认为自己早早失去了这一机会。之后他依然温存地为妻子修改书信中触目皆是的错别字且不让对方感到难堪，他依然温存也许是心里话般地告知江冬秀"我并不想有个有学问的太太"。如上谢廷光一叹确令人想起胡适暮年亦以"敬"字为夫妇相处之核心要义，婚姻之"分"之外他到底活出了一份"婚姻之道"："久而敬之这句话，也可以做夫妇相处的格言。所谓敬，就是尊重，用现在的话来说，就是尊重对方的人格。要能做到尊重对方的人格，才有永久的幸福。"[④]

1957 年 5 月唐君毅访学美国，曾与正在纽约作寓公的胡适见面交谈并

---

① 唐君毅：《致廷光书》，1940 年 5 月 3 日，第 63 页。
② 《唐君毅日记》上册，"廷光代笔之二"，第 190 页。
③ 参见胡适 1915 年 1 月 28 日日记。
④ 胡颂平编著《胡适之先生晚年谈话录》，1959 年 3 月 20 日，第 18 页。

书来信往，所谈主要为自由民主不当反中国文化以及雷震主持的《自由中国》言论立场等问题。① 1978 年 3 月病逝于香港的唐君毅归葬台湾，距离胡适之逝十六年。二十二年以后谢廷光将如江冬秀一样与早逝的夫君一起合葬地下。不同的是唐君毅夫妻生前相约"来世再做夫妻"，这是"无神论者"胡适不会承诺的，"情"或者也不值得他做出如此承诺。不同于胡适的唐君毅学宗性理，继熊十力、梁漱溟、马一浮后更别开生面，"他信佛信圣人信神，因他们比他高"。② 这是新文化运动中两条泾渭分明的路线，笔者却以为，有了唐君毅样的爱以德成、"以性贞情"作为比勘，胡适样的"星光灿烂"才更好理解与懂得。"善未易明，理未易察"是胡适中年以后常发的感叹，③ 他的怀疑精神与实验主义支持这一判断，也成为支持这一判断的"方法"，"信靠"之路为其拒绝，却不影响"信靠"之路可以使"善"与"理"成为"明察"秋毫之末。

---

① 《唐君毅日记》上册，第 167—168 页。

② 唐君毅：《致廷光书》，1940 年 5 月 27 日，第 88 页。

③ 1946 年 10 月 10 日在国会街第四大礼堂举行的北大新学年开学典礼上，新任校长胡适第一次在职演讲最后，将南宋吕祖谦《东莱博议》中这八个字送给大家，鼓励学子独立思考、不轻信、不盲从。十三年之后的 1959 年 11 月 2 日，胡适在自由中国社十周年聚餐会上再发表长篇演讲《容忍与自由》，再次强调了这八字箴言。转引自胡仰曦《一颗清亮的大星：胡适传》，第 270、294 页。

大使书生：胡适任驻美大使
期间的读书生活

张书克[*]

1938 年 9 月至 1942 年 9 月，胡适出任中国驻美大使。对于胡适来说，这四年是一个相对完整的生命阶段。有关此段时间胡适外交活动、演讲活动的研究成果颇多。[①] 不过，我们也应注意到，在繁忙的公务活动和演讲活动之余，胡适仍然勤于读书；更为值得注意的是，胡适此段时间内的阅读经历对他当时的外交活动以及他后来的政治观念和政治选择颇有影响。本文主要根据胡适的藏书和日记等资料，对胡适任驻美大使期间的读书情况进行梳理，进而分析这段时期胡适的阅读经历对其外交活动和政治观念的影响。

一　外交和演讲活动的参考

不可否认，阅读具有实用价值。很多时候人们阅读是出于实用的需要。胡适出任驻美大使后，阅读了许多关于国际关系、美国政治制度、美国历史、日本历史的图书，作为外交活动、对外宣传的参考。在胡适的藏书中，此类书颇多。在胡适的日记中，阅读此类书的记载也不少。逐一列举此类

---

[*]　张书克，北京市中银律师事务所律师。

[①]　如张忠栋《出使美国的再评价》，《胡适五论》，台北，允晨文化实业股份有限公司，1990，第 113—155 页；周质平：《"难进""易退"的胡适大使岁月述论》，《广东社会科学》2005 年第 1 期；莫高义：《书生大使——胡适使美研究》，广东人民出版社，2006；胡慧君：《抗日战争时期的胡适：其战争观的变化及在美国的演讲活动》，浙江大学出版社，2013。当然，这里的列举是非常不全面的。

记载是一件枯燥乏味的事情，这里只选取一个具体的事例，以一斑窥全豹。

上任之初的 1938 年 10 月 20 日，胡适读了 Phillips Russell 的 *Benjamin Franklin：The First Civilized American*，他特别注意富兰克林出使法国为美国独立寻求外援的情况。胡适认为，富兰克林的外交成就可以增加他和当时同在美国争取美国经济援助的陈光甫的信心。因为，当时中国的情况和独立战争时期美国的情况相似，中国也必须"挨光"，必须有耐心。①

同年 11 月 13 日、14 日，胡适接连两天阅读 John Fiske 的 *American Revolution*。胡适认为，美国独立战争可以做当时中国的借鉴。尤其是书中第五章 "Valley Forge"，"写革命军之种种困难与困苦"，正和当时中国的处境相似，使胡适"心宽一点"。胡适还认为，美国独立战争之所以能转败为胜，也有国际形势的影响：英国当时在国际社会成为众矢之的，北美战起，法国和西班牙都乘机而动，法国更是明确帮助美国，最终促成了美国的独立。②

阅读富兰克林传记和美国革命史的经历进一步强化了胡适"苦撑待变"的想法。与美国独立战争时一样，当时中国的处境极为困难，所以自己首先要"苦撑"；另外，国际形势的变化、友好国家的支援帮助也很重要。当然，"苦撑"是最重要的，自己要撑得住，才能等到国际形势的变化。胡适的阅读经历无疑增强了他对"苦撑待变"想法的信心。而且，John Fiske 的著作很快就派上了用场。

1938 年 12 月 4 日，胡适在纽约的 Harmonie Club 演讲 "Japan's war in China"，首次引用了 John Fiske 书中 Valley Forge 的例子。胡适把中国当时的情况比作美国独立战争时美国军队在 Valley Forge 的处境，认为中国的胜利也取决于两个因素：中国必须继续战斗下去；国际形势转向对中国有利的方向。胡适的结论是：美国必将参战，中国必将胜利。胡适的这种类比显然很有效，很容易获得美国人的理解和同情。第二天，胡适到 Lawyer's Club 赴李国钦的午餐邀请。因为身体不适（当时胡适有心脏病发作的征兆，但他以为是"不消化"），胡适放弃了另做演讲的打算，仍然用昨夜的演讲

① 参见曹伯言整理《胡适日记全集》第 7 册，台北，联经出版事业有限公司，2004，第 615 页。

② 曹伯言整理《胡适日记全集》第 7 册，第 620 页。

大意。① 这次演讲引出了一段美好的故事。胡适在演讲中特别提及 1777 年 12 月 17 日退到 Valley Forge 的华盛顿军队的窘困情况：士兵衣履不整，很多人赤脚走路，血迹印在雪地上（胡适之所以能够记得这么清楚，一方面是因为 12 月 17 日是他的生日，另一方面大概是因为他刚刚读过 John Fiske 的著作）。午餐的席上有一位 Henry S. Glazier 先生，生日恰恰也是那一天。说者无意，听者有心。胡适生病住院期间，这位 Glazier 先生寄来 100 元钱，要胡适捐给中国战时救济，作为他们共同生日的纪念。胡适很感动，也捐了 100 元钱，一并交给了"美国医药助华会"（ABMAC）。Glazier 先生去世后，其夫人继续每年捐出 100 元。为了感谢这对美国夫妇的义举，胡适和李国钦也每年捐出 100 元。② 四年中，"美国医药助华会"共收到 Glazier 夫妇、胡适、李国钦四人 1200 元的捐款。其起源，是胡适的一句闲话和一段故事。而这段故事，则来自 John Fiske 的著作 *American Revolution*。后来，胡适在演讲中多次提到 Valley Forge 的战例，Valley Forge 也成为胡适演讲的八个关键词之一。③

二　浮出水面的自由主义

胡适被认为是中国自由主义的代表人物。不过，在 1940 年代以前，胡适虽然谈过"易卜生主义"、人权与法治，却并没有明确提倡自由主义。直到 1940 年代后期，胡适才公开密集地主张自由主义。之所以如此，一方面是受现实环境的刺激，另一方面恐怕也和他任驻美大使期间的阅读经历有关。

1939 年 10 月，胡适连日阅读杜威的 *Liberalism and Social Action*。胡适认为，杜威此书是最好的政治思想类图书，该书第一章关于自由主义历史的叙述尤为精彩。不过，对杜威的学生悉尼·胡克对此书的溢美之词（胡

---

① 参见曹伯言整理《胡适日记全集》第 7 册，第 624 页；胡颂平编著《胡适之先生年谱长编初稿》第 5 册，台北，联经出版事业有限公司，1990，第 1654—1655 页。在《胡适之先生年谱长编初稿》中，胡颂平用的是"Japan's war in China"的中译名《北美独立与中国战争》。

② 参见曹伯言整理《胡适日记全集》第 7 册，第 732—733 页；第 8 册，第 119—120 页。

③ 参见胡慧君《抗日战争时期的胡适：其战争观的变化及在美国的演讲活动》，第 86 页。

克认为，杜威此书对 20 世纪的意义可以和马克思、恩格斯的《共产党宣言》对 19 世纪的意义相提并论），胡适很不以为然，认为胡克根本就是在"瞎说"。①

胡适的这本藏书现在还完好地保存着，使我们得以窥见胡适所留下来的批注。杜威此书只能算是一本小册子，全书只有 93 页，分为三章：第一章略述自由主义的历史；第二章讲自由主义存在的危机；第三章是杜威关于复兴自由主义的一些想法。胡适对第一章的评价最高，也最为关注。

杜威此书篇幅虽小，内容却很丰富。

首先，杜威概括了自由主义的基本内涵。他认为，虽然自由主义具有多义性和变动性，但是其也有永恒的价值追求，那就是自由、个性和智慧。②

其次，杜威对古典自由主义提出了批评。在他看来，古典自由主义对政府职能的观点过于消极，限制了政府作用的发挥。随着社会的成熟，政府应当更加积极有为，为个人发挥自身的潜能和运用自身的智力提供更好的环境。杜威还批评古典自由主义者缺乏历史感和对历史的兴趣，对历史缺乏一种相对主义的理解，没有注意到自由、个性、智力是受历史条件限制的，没有认识到他们表述的自由只是他们那个时代的观念，把他们的信条视为置之万世和四海而皆准的真理。③ 杜威还指出，19 世纪以后，自由主义者成了既得利益者，成了现状的维护者和辩护者，转而反对社会变革。④此外，在杜威看来，古典自由主义者过于强调个人和社会的对立。

再次，杜威分析了自由主义面临的危机。在他看来，自由主义把人们从旧的传统、制度、思维方式等压制性因素中解脱出来，释放出人们巨大的力量，但没有为这些力量提供方向，没有对它们进行重新组织。杜威认为，古典自由主义过于强调个人自由，无力解决社会聚合问题。对当时亟须面对的社会如何组织的问题，自由主义几乎是无能为力的。⑤ 而且，在当

---

① 参见曹伯言整理《胡适日记全集》第 7 册，第 716 页。
② John Dewey, *Liberalism and Social Action*（New York：G. P. Putnam's Sons, 1935），pp. 2 – 3, 32, 47.
③ *Ibid.*, p. 32.
④ *Ibid.*, p. 33.
⑤ *Ibid.*, pp. 28, 53.

时的情况下，自由主义僵化为永久性教条，成了阻碍社会变化的力量。

最后，杜威提出了关于复兴自由主义的一些构想。他认为，对西方社会来说，当时有三个选项：维持现状、修修补补；借助革命；依靠社会化的、有组织的智力进行激进的社会改革。① 杜威否弃前两个选项，主张激进的社会改革。他主张以社会化的力量对人类的智慧进行组织，重建社会新秩序，从而实现制度和观念的激进化改革，为个人发挥潜能提供条件。杜威认为，在当时的情况下，小修小补是无济于事的，应该进行有统一社会目标的改革；自由主义必须是激进的，应该对社会制度进行彻底变革；自由主义者就应该成为激进主义者。② （对杜威的这种激进主义倾向，胡适是有疑问的，他在这段话旁边画了两个问号）不过，杜威用大量篇幅特别撇清了一点：在当时的条件下，自由主义者虽然倾向激进主义，但坚决反对暴力，绝对不主张使用暴力。杜威的基本立场是，应该以智力代替暴力来解决社会问题。他认为，以合作的智慧取代残酷的冲突体现了人类文明的进步。③

由此我们可以看出，杜威的自由主义观念有以下两个突出的特点。

其一，积极自由的倾向。杜威明显倾向于积极自由的观念。他指责早期自由主义者没有区分形式上的自由和实质上的自由（effective liberty）。杜威认为，实质的、有效的自由是由社会条件决定的。④ 因而，为了确保个人享有自由，政府应当提供条件，控制经济力量，改善社会环境。杜威指出，历史上自由的含义是不断发展变化的；当时的自由观念意味着大众应当摆脱物质条件的限制，去享受大量的文化成果。⑤ 在杜威看来，自由意味着充分实现自己的潜能，是一种自我实现的能力。⑥ 他甚至认为，个人的能力不仅要摆脱外在物质生活的限制，而且这种能力还要被社会供养、维护和指导。⑦

其二，建构理性主义的倾向。杜威认为，当时多数人物质上的不安全

---

① John Dewey, *Liberalism and Social Action*, p. 87.

② *Ibid.*, p. 62.

③ *Ibid.*, p. 81.

④ *Ibid.*, p. 34.

⑤ *Ibid.*, p. 48.

⑥ *Ibid.*, p. 51.

⑦ *Ibid.*, p. 31.

感（即物质匮乏）不再是出于自然原因，而是产生于人类制度（institutions and arrangements），而制度是人们可以有意识地加以控制的。① 他主张通过有意识的社会计划，以社会化的力量来控制经济生活，实现经济平等，为个人自由提供条件。杜威倾心的是集体行动和有组织的社会计划。② 杜威强调科学方法，认为科学和自由散漫（go-as-you-please）是对立的。③ 他经常把自然科学和社会政策相提并论，试图把自然科学的成就和方法引入社会领域，试图把科学方法运用于社会计划，明显体现了对科学功能的乐观主义态度。④ 杜威的这一思路，与从人们不可避免的无知的角度论证自由的必要的进路有很大不同。事实上，古典自由主义者早就指出，社会福利是逐渐积累的，是无数人的努力汇流成的社会财富，但这不是事先设计好的、计划好的；社会上人们的行为是孤立的、无计划的、没有统一目标的、随机耦合的。不过，杜威对此不以为然，没有给予足够的重视。⑤ 相反，对边沁这样明显具有建构理性主义倾向的学者，杜威颇为关注，花了大量篇幅（将近10页）来讨论。边沁把自己提出的新法律制度和物理学家、化学家制造出的新器具、建立的新工序相提并论。杜威认为，边沁在法律制度方面的创造超过了其他任何人。⑥ 在杜威看来，边沁的观点意味着自由主义也会带来激进的社会改革。⑦ 他甚至为美国没有出现边沁这样的人物感到遗憾。⑧

　　从众多的圈画和批注情况来看，胡适认真阅读了杜威的 *Liberalism and Social Action*。不过，胡适关注的重点似乎是杜威有关自由主义的历史叙述。正是根据杜威的介绍，胡适形成了对自由主义简明扼要的认识。至于杜威本人倾向性的观点，胡适似乎没有过多关注。这大概是因为，杜威所言是英美等国家自由主义的发展趋势，和中国当时的情况存在很大距离；也可能是因为，胡适对杜威的基本观点已经很熟悉，但持有相当程度的保留；

① John Dewey, *Liberalism and Social Action*, p. 60.
② *Ibid.*, p. 54.
③ *Ibid.*, p. 43.
④ *Ibid.*, pp. 73，45.
⑤ *Ibid.*, pp. 8，60.
⑥ *Ibid.*, p. 14.
⑦ *Ibid.*, p. 15.
⑧ *Ibid.*, pp. 17 – 18.

更有可能是因为，胡适当时关注的是杜威所谓"工具主义的政治观念"，对杜威的自由观并不是特别重视，还没有认识到杜威自由观存在的问题。把杜威此书和胡适在 1940 年代关于自由主义的论述进行比较就会发现，胡适对杜威的观点有所取舍，既有借鉴，也有疏离。

首先，对于自由主义的内涵，胡适在《自由主义》一文中将之总结为四个方面：自由、民主、容忍、和平渐进的改革。① 这和前述杜威的概括有很大的不同。相较而言，杜威更为强调个性和智慧，更加注重人的精神创造力问题。胡适虽然在 1920 年代提倡过个性主义，但到了 1940 年代，他更为重视民主制度的建设，尤其是重视代议制、成文宪法、无记名投票等英语国家的制度发明。② 而且，针对中国的现实状况，胡适也更为强调容忍的重要。杜威则没有特别提及容忍问题。当然，强调自由、反对暴力，主张通过和平渐进的社会立法解决社会矛盾是胡适和杜威的共同之处，也可以说是杜威对胡适的一个显著影响。

其次，和杜威积极自由的观念不同，胡适大体倾向于消极自由的观念。胡适明确地说，所谓自由，是指不受外力拘束压迫的权利，是人们在某一方面的生活不受外力限制束缚的权利。③ 胡适的这种自由观和杜威视自由为个人发展自己能力的观念有很大的不同。

最后，胡适虽然极为强调自然科学和科学方法的重要，不过他似乎还没有发展到杜威建构理性主义那种程度，以至于明确主张把科学方法引入社会领域，试图对社会进行有意识、有计划、有组织的改造。1930 年代以后，胡适主张无为主义，对政府的积极作为持警惕的态度。有论者认为，胡适的自由主义以附属于《天演论》中的社会有机体论为信念起点，用实验主义哲学论证社会进化的渐进性，并以和平主义为理念依据去要求非暴力的社会改造。这种理路相对于当时各种激进的社会革命理论，是一种明显的低调；不过，相对于进化论自由主义，显然又是高调的、乐观主义的，甚至具有准唯理主义式的色彩。因而，胡适的自由主义哲学可以称之为有限乐观主义。④ 该论大体上持平公允。

---

① 胡适：《自由主义》，季羡林主编《胡适全集》第 22 卷，安徽教育出版社，2003，第 740 页。
② 胡适：《自由主义》，季羡林主编《胡适全集》第 22 卷，第 737 页。
③ 胡适：《自由主义》，季羡林主编《胡适全集》第 22 卷，第 734 页。
④ 参见毛丹《胡适的有限乐观主义》，《浙江社会科学》1999 年第 1 期。

　　由此可见，在自由观念上，胡适和杜威存在相当程度的疏离。胡适在留学美国期间，关于自由主义，就曾经广泛阅读过洛克、伯克、休谟、亚当·斯密、密尔等人的著作。担任驻美大使期间，关于自由和自由主义，胡适的阅读范围也极为广泛，不限于杜威一家之言。

　　首先，胡适阅读（包括重读）了一些自由主义代表人物的传记。留学美国期间，胡适就已读过密尔的自传和其他著作。1940 年，胡适用 Henry Holt & Co. 1879 年版的密尔自传和美国哥伦比亚大学出版部 1924 年的版本进行互校，并写有校后附记，其中说："记出两本的异同，作为 Dr. John Jacob Coss 的纪念。Dr. Coss 原序太简短；在他死后，我才见此本（指哥伦比亚大学出版部 1924 年的版本——引者注），故试作对校，使人知此本的好处。"① 胡适读过的这两本密尔自传，1924 年版的那本已经不存。1879 年版的书名页前页有胡适的题记："Hu Shih. This 1879 Edition was probably the first American Edition of the 1873 English Edition. May, 1940."② 题记上的这个时间，可能是胡适用两个版本进行对校的时间。值得注意的是，大概在同一时期，胡适还阅读了托克维尔的传记。③ 而在当时的西方社会，托克维尔还很少被人关注。不论是密尔，还是托克维尔，他们关于自由主义的认识和杜威的观点都存在很大的不同。

　　此外，胡适还广泛搜求和阅读关于自由、自由主义的著作，比如 Edouard Herriot 所著 *The Wellsprings of Liberty* 和 Irwin Edman 所著 *Fountainheads of Freedom* 等。这里以 John W. Burgees 的 *The Reconciliation of Government with Liberty* 为例。Burgees 是政治科学的先驱，早年在德国学习，后来加入哥伦比亚大学。他试图使用"德国手段通达美国目标"（German Means to American Ends），是一个保守的自由派。*The Reconciliation of Government with Liberty* 是 Burgees 的重要著作，1915 年由纽约 Charles Scribner's sons 出版社出版。他这本著作的短短序言使人想起了休谟的著名箴言："在所有政府内部，始

---

① 参见吴恩裕《读胡适之先生校足本密尔自传书后》，《观察》第 4 卷第 19 期，1948 年。
② 北京大学图书馆、台北中研院近代史研究所胡适纪念馆编纂《胡适藏书目录》第 3 册，广西师范大学出版社，2013，第 2157—2158 页。
③ J. P. Mayer, *Alexis de Tocqueville, A Biographical Essay in Political Science*, trans. by M. M. Bozman and C. Hahn（New York：The Viking Press, 1940）. 北京大学图书馆所藏胡适藏书中有此书，书上有胡适的圈画和批注，但这些批注只是注出传主活动的年代，没有实质性的内容。

终存在着权威与自由之间的斗争，有时是公开的，有时是隐蔽的。两者之中，从无一方能在争斗中占据绝对上风。在每个政府中，自由都必须作出重大牺牲，然而那限制自由的权威决不能，而且也许也不应在任何政制中成为全面专制，不受控制……必须承认自由乃文明社会之尽善化，但仍必须承认权威乃其生存之必需。"[1] 胡适曾经四处访求 Burgees 此书，比如，他曾经委托曾炳钧寻找这本书。[2] 1939 年 10 月 26 日，胡适专门借了一本。他在日记中说，自己 20 多年前就读过这本书，后来经常对人说，孙中山的五权宪法必定是受此书的影响。当日重读此书，他确信此书的确是孙中山监察权的来源。[3] 1939 年 11 月 4 日，胡适终于如愿以偿，得到一本 *The Reconciliation of Government with Liberty*。他在书的扉页上写道："我访求此书，今年才得着这一册，价美金五元。胡适。孙中山的五权宪法必曾受此书（第 2—8 页）的影响，故我要寻得一册，将来带回国去送给国内的图书馆。"

最后需要说明的是，胡适在任驻美大使期间之所以阅读关于自由和自由主义的著作，直接动因是计划写两篇政治哲学论文的需要。

按照胡适自己的说法，工具主义的政治观（instrumentalism as a political concept）是他 1920 年代以后时常思考的题目。1939 年杜威八十寿辰时，胡适写成短文 "Instrumentalism as a Political Concept" 给杜威贺寿。后来胡适将此短文改成长文 "The Political Philosophy of Instrumentalism"，试图将杜威工具主义的逻辑理论引入政治哲学的领域，阐释杜威工具主义的政治观：把强力、法律、政府和国家视作一种达到确定目标的工具。此文引用了杜威 *Liberalism and Social Action* 一书中"自由主义必须是激进的"的说法。胡适此文收入杜威贺寿文集 *The Philosopher of the Common Man* 中。此后胡适又对其进行了重写。[4] 重写后的文章 "Instrumentalism as a Political Concept" 作为第一篇收入 1941 年宾夕法尼亚大学为庆祝该校成立 200 周年出版的《政治学与社会学研究》一书中，文中删去了杜威关于"自由主义必须是激进

①　参见应奇《古典·革命·风月：北美访书记》，浙江大学出版社，2013，第 4—5 页。

②　参见《曾炳钧致胡适》，1939 年 5 月 22 日，中国社会科学院近代史研究所中华民国史组编《胡适来往书信选》中册，中华书局，1979，第 414 页。

③　参见曹伯言整理《胡适日记全集》第 7 册，第 719—720 页。

④　参见曹伯言整理《胡适日记全集》第 8 册，第 66 页；胡适，"The Political Philosophy of Instrumentalism"，季羡林主编《胡适全集》第 38 卷，第 34—53 页。

的"的说法。为了写作杜威祝寿论文，胡适还阅读和参考了杜威的其他著作，比如 *Chapters and Events* 等。[①]

另外，美国学者 Ruth Nanda Anshen 想要策划编辑一本阐释自由含义的文集，她邀请胡适撰稿。胡适原拟的题目有两个，一个是 "The Desiderata of Freedom in the Life of Nations"，另一个是 "The Instrumentality of Government in the Achievement of Individual Liberty"。[②] 后来确定的题目是 "The Modernization of China and Japan：A Comparative Study in Cultural Conflict and a Consideration of Freedom"。胡适在文中提出，日本的现代化是由强有力的统治阶级推行的，虽然迅速，却有利于统治者的旧习惯旧传统保留下来；中国的现代化缺乏强有力的统治者来推动，虽然比较缓慢，却是自发自愿的、比较全面的和基础性的。胡适同时指出，帝制威信扫地后，尤其是帝制倒台后，中国进入了自由时期。这种自由的空气非常有利于文化交流，有利于人们自由接触和自由选择现代文化，而这是日本所缺乏的。[③] 胡适此文收入 *Freedom，Its Meaning* 一书中。此书 1940 年由纽约的 Harcourt，Brace & Co. 出版社出版。但 1942 年此书由 George Allen & Unwin 出版社再版时，胡适的文章被删去了。

三　"民主与极权的冲突"

作为 20 世纪的新生事物，极权主义在多国出现，意大利的法西斯主义和德国的纳粹主义是其主要表现形式。它们在具体的主张上有所不同，但都猛烈攻击几百年来形成的民主制度和自由理念，认为自由和民主是资产阶级的专属品，已经过时。

因为现实国际政治形势的刺激，胡适搜求和阅读了许多关于法西斯主义、纳粹主义思潮等的书籍。在胡适的藏书中，有 1940 年在美国出版的阿

---

① 参见《胡适藏书目录》第 3 册，第 2191—2192 页。

② 参见中国社会科学院近代史研究所藏胡适私人档案，E0064 - 001。

③ Hu Shih，"The Modernization of China and Japan：A Comparative Study in Cultural Conflict and a Consideration of Freedom," in Ruth Nanda Anshen ed.，*Freedom，Its Meaning*（New York：Harcourt，Brace & Company，1940），pp. 114 - 122. 该文的手稿和打印稿可参见中国社会科学院近代史研究所藏胡适私人档案，E0016 - 054。

道夫·希特勒《我的奋斗》一书的英文全译本。① 胡适在 1939 年 8 月 14 日的日记中记载，他还购买了帕累托四大册的 *The Mind and Society*。② 一般认为，帕累托的理论影响了墨索里尼和意大利法西斯主义的发展。

胡适对极权主义的了解和反思离不开一本政治思想史读物，那就是 George Catlin 勋爵的 *The Story of the Political Philosophers* 一书。

Catlin 是学者，也是政治活动家。他著作等身，在从事专门性学术研究之余，还写了很多通俗读物，比如 *Anglo-Saxony and Its Tradition*。③ 萧公权在康奈尔大学时曾经获得 Catlin 的鼓励和帮助。④ Catlin 在康奈尔大学学习和任教多年，因此和胡适相识，两人有直接交往。⑤ 1939 年，Catlin 出版 *Anglo-Saxony and Its Tradition* 一书，首页的献词就是献给胡适的：

> To Hu Shih
> Who perhaps alone among my friends can read this book with detachment.

Catlin 赠给胡适一本该书，题赠是："and personally presented to the most honored of his friends, by Geg. C., 3. XII, 39."

The Story of the Political Philosophers 一书同样出版于 1939 年。该书叙述了从希腊罗马时期到 20 世纪重要政治哲学人物的政治思想观念。从阅读记录来看，胡适关注的是近世以后尤其是当时的政治观念。其中，第十八章"马克思及其先驱"、第十九章"考茨基、列宁、托洛茨基、斯大林"、第二十一章"国际主义和法西斯主义：墨索里尼与希特勒"的批画特别多，可见，胡适认真仔细地阅读过这三章。对于胡适的批注和圈画，显然无法一一列举，下面来看两个例子。

---

① 参见《胡适藏书目录》第 4 册，第 2444 页。胡适晚年提及自己的这一次阅读经历，说《我的奋斗》英译本他"看不下去"；并且说，"听说德文原本写的德文很坏"。参见胡颂平编著《胡适之先生晚年谈话录》，台北，联经出版事业有限公司，1984，第 175 页。

② 参见曹伯言整理《胡适日记全集》第 7 册，第 688 页；另请参见《胡适藏书目录》第 4 册，第 2450 页。

③ 参见应奇《古典·革命·风月：北美访书记》，第 8—9 页。

④ 参见萧公权《问学谏往录》，台北，传记文学出版社，1972，第 61—62 页。Catlin 在 *The Story of the Political Philosophers* 一书的第 658 页提到了萧公权的博士学位论文《政治多元主义》。

⑤ 参见曹伯言整理《胡适日记全集》第 7 册，第 635 页。

第一个例子。书中有这样一段话："After the classless society is reached，what happens to the 'inevitable dialectic' or dynamism of history?"[1] 胡适用红笔在这段话下面和旁边画了横线和竖线，并且用铅笔写下批注："我也曾如此说。"

第二个例子。"Essentially he（Marx）is great as a prophet founding a new religion，like Christianity，of the oppressed. He is a great religious leader，like Swedenborg，or a great propagandist."[2] 胡适在这段话下面画了线。

上述阅读经历无疑促使胡适思考新起的政治思潮对民主自由的批评、民主和极权两种不同观念之间的差异以及这些差异背后的哲学基础。胡适的思考主要体现在一次演讲中。

1941 年 7 月 8 日，胡适在密歇根大学做了题为"The Conflict of Ideologies"的演讲。胡适认为，民主和极权的冲突，是自由与奴役的冲突，是由宪法组成的政府与专制独裁的冲突，是人民自由开明意志的表达与对政党及领袖无条件盲目服从的冲突。胡适指出，民主和极权的冲突有其深刻的、基本的哲学观念上的冲突，即控制划一的原则与互异的个人自由发展原则之间的冲突。胡适认为，以过激的手段改造社会，并且追求整齐划一，很容易走向专制和极权。胡适特别强调，社会的进步是一点一滴的、一步一步的，民主主义的改革是渐进的、缓慢的，甚至是不得体的、不适当的，以至于没有耐心的人自然会受到所谓极权制度的吸引，因为在极权制度下，独裁的力量似乎能够使他们理想主义的迷梦得到更彻底、更迅速的实现。但事实往往证明，欲速则不达。这是因为人类的进步并无捷径。胡适还指出，极权主义根本不容许差异的存在和个人的自由发展，必然妨碍个人人格的发展和个人创造力的发挥；而民主主义的生活方式，则根本上是个人主义的。[3] 显然，胡适是站在自由民主一边的，他并不认为自由和民主已经过时，相反，他认为极权存在的问题更大、更危险。此次演讲大体反映了

---

[1]　George Catlin，*The Story of the Political Philosophers*，New York，London：Whittlesey House，1939，p. 576.

[2]　George Catlin，*The Story of the Political Philosophers*，p. 587. 这段话中的 Swedenborg 出生于1688 年，去世于 1772 年，是瑞典科学家、神秘主义者和宗教哲学家。

[3]　参见胡适"The Conflict of Ideologies"，季羡林主编《胡适全集》第 38 卷，第 210—235 页；另参见胡适《民主与极权的冲突》，《我们必须选择我们的方向》，台北，自由中国社，第43—55 页。

胡适关于民主和极权的看法。

这次演讲后没有多久，胡适读到了一本小说：Arthur Koestler 的 *Darkness at Noon*。根据胡适日记的记载，1941 年 8 月 1 日，胡适读完了 *Darkness at Noon*。这里来看胡适圈画的两个例子。在英文译本第 99 页中，有两段话胡适都画了横线，并且在旁边画了竖线和感叹号。第一段是："我们遵循的每一错误思想都是对后代的犯罪。因此，我们必须惩罚错误的思想，就象别人惩罚罪行一样：用死亡。我们被视为疯子，因为我们把什么思想都推演到最后结果，据此行动。"第二段是："我们不允许有隐私，甚至一个人的脑袋里也不允许有。我们生活在要把什么事情都做到最后结果这种强制力之下。"① 这两段话是主人公在日记中反思革命逻辑时的说法，对胡适是一个不小的震撼。

遗憾的是，胡适对此书只有圈画，没有批注。我们无法明确知道，胡适读过此书后有些什么具体想法。不过，有一点可以肯定，这本小说更加强化了胡适对暴力、对极权体制的否定。

四　雅人深致

事实上，胡适的阅读范围极为广泛，不限于国际关系、政治历史类的著作，其阅读兴趣并不受实用目的的限制。

胡适偏好阅读人物传记。除了上述政治人物、思想家的传记外，他还阅读了很多其他的人物传记。比如，1939 年 3 月 25 日，胡适阅读了 Clarence Darrow 的自传 *The Story of My Life*，对书中叙述无神论的部分极为注意。②

朋友们也知道胡适的这个阅读偏好，经常赠给他人物传记。比如，1939 年 12 月 17 日，钱端升就将四卷本的《林肯传》作为生日礼物赠给胡适；③

---

① Arthur Koestler, *Darkness at Noon*, trans. by Daphne Hardy, New York：The Macmillan Co.，1941，p. 99. 中译文引自阿瑟·库斯勒《中午的黑暗》，董乐山译，作家出版社，1988，第 106 页。

② 参见曹伯言整理《胡适日记全集》第 7 册，第 638—639 页。

③ 参见《胡适藏书目录》第 3 册，第 2130 页。该书编者将赠书日期误认为是 1939 年 3 月 17 日，明显有误。

1941 年 12 月 17 日，孟治将欧文·斯通所著的 Clarence Darrow 传记送给胡适。①

　　文学作品也是胡适经常阅读的读物。

　　1939 年 7 月 3 日、4 日，胡适阅读英国小说家毛姆选编的《短篇小说百年集》（Tellers of Tales）。② 1939 年 11 月 2 日，胡适得到一本薄伽丘《十日谈》的英文全译本，并在扉页写了题记。③ 1940 年 3 月 10 日，读完匈牙利作家 Zsolt de Harsanyi 描写伽利略的小说 The Star-Gazer 后，胡适说："我在百忙中看完此书，很感觉愉快。"④ 1941 年 8 月 25 日，胡适读完侦探小说 The Good Neighbor Murder 后，在书末写了一个题记："August 25，1941，read at one Stretch. H. S."⑤ 此外，胡适还阅读了斯坦贝克、海明威等人的小说。

　　1942 年 6 月 27 日，胡适睡前读 Great Short Stories of The World 一书，其中收有 Mamontel 的一篇小说，胡适怀疑此人和密尔自传中提到的法国作家 Mamontel 是同一人，急忙起来查资料，最终证实了自己的怀疑，并于次日写下一则读书札记"Mamontel"。⑥

　　小说之外，诗歌也是胡适的挚爱。

　　1940 年 10 月 7 日，美国友人 Paul Southworth Bliss 将自己的诗集 The Rye is the Sea 赠给胡适。⑦

　　1941 年 7 月 14 日，胡适在旧书店买了一本日本古诗歌《万叶集》的英译本。⑧

　　1942 年 2 月 9 日晚上，胡适在床上改译《鲁拜集》中的第 99 首，并且写下："要是咱们俩能和老天爷打成了一气，好教咱抓住了整个儿天和地，——可不要先摔碎了这不成样的东西，再从头改造翻新，好教他真个

---

① 《胡适藏书目录》第 3 册，第 2213 页。
② 参见曹伯言整理《胡适日记全集》第 7 册，第 672 页。
③ 《胡适藏书目录》第 3 册，第 2242—2243 页。
④ 曹伯言整理《胡适日记全集》第 8 册，第 32 页。
⑤ 《胡适藏书目录》第 3 册，第 2323 页。
⑥ 参见耿云志主编《胡适遗稿及秘藏书信》第 10 册，黄山书社，1994，第 97 页。
⑦ 参见《胡适藏书目录》第 4 册，第 2568 页。
⑧ 参见《胡适藏书目录》第 4 册，第 2439 页。

称心如意！"① 胡适偏爱 "Omar Khayyam" 此诗，曾多次将该诗翻译为中文。②

1942 年 3 月 4 日，胡适在纽约逛旧书店，买了一本美国诗人 Sara Teasdale 的软皮精装本诗集。③ 胡适对 Sara Teasdale 极为偏爱，曾经翻译其《关不住了》一诗。

这段时间，胡适还阅读中国史书。1942 年 2 月 2 日，胡适读了《南史》五卷本纪，主要关注其中有关禅让的文字，在日记中讨论禅让制度的优劣。④

对于胡适，当时也在美国的陈光甫有这样一个评价："适之真雅士，犹作闲暇想，余恐无此修养工夫。" 在极为危急和忙乱的情况下，胡适还有闲情逸致做些研究，阅读小说、诗词歌赋等书，这的确是一种天赋，是一种很高的 "修养工夫"。这需要非常纯洁平静的心灵，需要有一片属于自己的天空。胡适既关注公共事务、为国家民族服务，又能享受属于自己的私人幸福，公私兼顾、公不忘私，公、私两方面结合得比较好。胡适之所以能够做到这一点，大概和他的人生态度有关。胡适晚年，在日记中摘录了美国艺术史专家、意大利艺术的研究权威 Bernald Berenson 的一段话。Berenson 说，他一生的成果与其说是工作，不如说是游手好闲（loafing）——心不在焉、胡思乱想、沉溺于各种各样无用的好奇心之中，贪婪地追索无用之物，比如，贪婪地阅读希腊诗人和普罗旺斯诗人的诗集；他从来不害怕浪费时间。⑤ 这正是胡适内心深处最为向往和欣赏的人生态度。

五　结语

一个国家的外交政策主要取决于两个因素：本国利益和国际形势。胡适对于这一点很清楚。他并不妄想自己能够改变美国的外交政策，更不妄

---

① 参见《胡适藏书目录》第 4 册，第 2567 页。
② 参见邹新明《胡适翻译莪默〈鲁拜集〉一首四行诗的新发现》，《胡适研究通讯》2009 年第 3 期。
③ 参见《胡适藏书目录》第 3 册，第 2216 页。
④ 参见曹伯言整理《胡适日记全集》第 8 册，第 122—123 页。
⑤ 参见曹伯言整理《胡适日记全集》第 9 册，第 312—313 页。

想立竿见影、建立奇功。对于外交事务，他采取的政策近似"无为"。他认为自己能够做的，无非促进美国民众对中国的了解和同情，减少美国民众对中国的误解和恶感。[①] 因此，他的外交活动的定位，主要还是在文化交流方面。理解了胡适对自己的定位，我们也就不难理解胡适在出任驻美大使期间为何勤于阅读、疲于演讲了。有人批评他"捞鱼摸虾，耽误庄稼"，应该撤职才对，[②] 显然是出于急功近利的、事务性的外交工作定位，和胡适的想法有很大不同。

胡适任驻美大使期间，阅读了很多不同类型的书：国际政治、外交关系、各国历史、政治哲学、人物传记、小说诗歌。首先，这些阅读对于胡适的外交活动和演讲活动是有助益的。其次，我们也要注意到，这一时期也是胡适比较集中阅读政治类著作的时期，这些阅读活动无疑强化了胡适自由主义的政治观念，对胡适 1940 年代以后的政治态度和政治选择有重要的影响。最后，这些阅读经历颇能显示胡适的性格、兴趣和人生态度。研究胡适任驻美大使时期的阅读生活，有利于我们更加深入、更加全面、更加立体、更加细腻地理解胡适这个人物。

---

① 参见曹伯言整理《胡适日记全集》第 8 册，第 80 页；第 7 册，第 693 页。
② 参见唐德刚《胡适杂忆》，广西师范大学出版社，2005，第 17—18 页。

有意与无意之间：胡适书学史迹钩沉

朱中原[*]

在中国近现代思想文化史上，胡适是一个典型的人物，也是一个十分值得研究的人物。胡适身上，体现着民国学人、思想家尤其是五四转型时期思想领袖的深刻性、复杂性与多面性。这一点，也体现在他的书法理路上。

一

谈胡适，不能不谈梁启超。谈胡适书法，更不能离开梁启超。确切地说，在胡适身上，体现着浓厚的梁启超情结，但这个梁启超情结，并不是对梁启超的一味推崇。胡适对梁启超的情感是非常复杂的。作为同时经历五四一代的思想领袖，胡适极力推崇梁启超，甚至在胡适心目中，梁启超是唯一一位难以替代和超越的人物，但是在他的灵魂深处，胡适又不愿意承认梁启超不可替代和超越——因为，他想超越。于是乎，一方面，胡适对梁启超推崇备至；另一方面，在内心深处，胡适又不得不以梁启超作为标杆，并暗暗超越他。为了超越梁启超，胡适甚至做了终生功课，其中就包括书法。梁启超死后，胡适曾说，梁任公墨迹不下三万件。由此可见胡适对梁启超书法的了解和推崇备至。事实上，胡适生平的墨迹（不包含手稿、信札等实用性手迹）亦不下万件。尽管胡适在书法上的造诣和地位，

* 朱中原，中国书法报社副社长。

无法与梁启超相提并论，但胡适对书法的情感，始终有梁启超的影子，甚至说胡适是梁启超书法精神的追随者亦不为过。

五四之前的胡适，多受梁启超思想的影响，但相比于五四之前的文人，胡适派文人更偏向于文化的激进主义。而梁启超派文人恰好在欧游回国之后发生了转变，思想文化倾向渐而转向保守主义。在革命激进主义的语境里，胡适派文人自然成了五四新文化运动的弄潮儿。当然，与梁启超一样，胡适的文化立场，绝不仅仅是用激进与保守就可以概括的。胡适的思想中，既有激进的一面，如倡导美国实证主义大师杜威的思想，又有保守的一面，如倡导"整理国故"；既有立足于中国本位文化传统的文化保守主义，又有立足于西方文化价值观念的自由主义。故而，文化上的保守主义和政治上的自由主义在胡适身上均有所体现。①

从胡适内心来说，他对梁启超既佩服，又有些不服气，在与梁启超及梁启超派文人②的文化论战中，时常有争胜意识。在学术思想上，胡适以梁启超为榜样。比如在早期的哲学研究上，梁启超著有《先秦政治思想史》（这本书实际上是《中国通史》的一部分），而胡适则著有《中国哲学史大纲》。《中国哲学史大纲》曾受到梁启超的高度评价，但同时，梁启超也对此书提出了尖锐的批评。梁启超甚至专门在清华做了一个讲演，讲演的内容就是批判胡适的《中国哲学史大纲》，并邀请胡适先在台下当听众，他在台上讲，讲完后，再请胡适上台来反驳他。这是件很有意思的事情，虽然双方都带着浓浓的火药味，但可谓学术史上的佳话。又如梁启超是晚清民国以来第一个将墨子研究推向高潮的人物，写出了《墨经校释》《墨子学案》等著述，而敏锐的胡适则首先向《墨子学案》发难，提出了尖锐的批评。这一点，梁启超在文章中也有谈及。③

梁启超是学术活动家，交往极为广泛。不过相比于梁启超，胡适的学术交际能力似乎更为广泛。梁启超的交往，因人而定，主要涉及党派之争，与他不同路的党派人士，梁启超一般不主动交往，而且，即使是对方索字，

---

① 文化立场和政治立场不能等同，需要区别对待，文化上的保守不等于政治上的保守。
② 此处说的梁启超派文人，主要指五四之际参与新文化论战的张君劢、丁文江、张东荪、徐志摩等人，不包括五四之前的一批梁启超政治盟友。
③ 详见《梁启超全集》第7册，北京出版社，1999，第2025页。

梁启超也是因人而定，比如对国民党人士，梁启超就极少给他们写字，但北洋政府中的很多要人，梁启超则给他们写字较多。胡适早期的交往，主要是侧重于学术圈。不过，即使是学术圈，胡适的交往也是十分广泛的，打破了门派之见，超越了党派之争，如胡适与当时的旧派文人，与共产党文人如李大钊、陈独秀等，与《新青年》派文人如周作人、罗家伦等，与新月派文人如徐志摩，与梁启超派文人如林长民、丁文江等，以及与北洋派文人等等，都有广泛交往。胡适与梁启超的订交，主要就是通过丁文江和徐志摩等梁启超弟子。在胡适的交往圈中，新派、旧派学者都有，旧派文人大多善书，而相对来说，新派文人情况比较复杂。有善书者，如陈独秀、胡适、鲁迅、周作人、林语堂、徐志摩、钱玄同等人，但并不是书法专门家或专门书法家；亦有不善书者，如陈寅恪、钱锺书、傅斯年、罗家伦等人，其字乏善可陈；亦有专门的书法家，如沈尹默、谢无量等。旧派文人，尤其是晚清遗老、北洋政要，大多数是较有造诣的书法家，有比较浓厚的书法自觉意识，甚至本就是影响力较大的书法大家，如郑孝胥、严修、赵元礼、徐世昌、金梁、林长民、张伯英、罗复堪、罗瘿公、林志钧等，其书法甚至达到了一流水准。而五四一代的新派文人，如李大钊、陈独秀、胡适、徐志摩、鲁迅、傅斯年等，其书法水准相比于前者则要略逊一筹，不过，他们仍然有很高的书法修养，大多沾溉了五四前旧派文人尤其是梁启超、郑孝胥等顶级书法家的润泽。需要强调的是，我所谓的新与旧是相对而言的，所谓的书法的专业与非专业也是相对的。角度不同，对新旧的判断则有所不同。但以五四为界，总的来说相对比较准确。我所谓的新与旧，并非指思想文化立场的新旧，而是就其所属党派及政治派别而言，政治派别属于新的，思想文化立场未必就是新的，反之亦然。胡适、徐志摩这样的文人，就政治立场而言，胡适属于新派，徐志摩深受梁启超的影响属于旧派；但就思想文化立场而言，两人都属于新派，且两人的书法基本是受梁启超、郑孝胥的影响。胡适的书法是以苏轼、黄庭坚为根本，旁参碑派书法，尤其是对碑派书法浸淫较多，而梁启超、郑孝胥是民国书坛顶级的碑学大师，胡适对碑派书法的学习与参悟，在精神上固然受梁启超的影响，而在实际上则更多受郑孝胥的启发，甚至直接师法郑孝胥。

二

胡适自小有着深厚的旧学功底。

1931 年，胡适记述了许多少年时读书的情景。胡适三岁不到时，就跟着父亲识字写字，因为父亲教二十来岁的母亲认字读书，将生字用正楷写在四方的小红纸上，胡适就跟着在一旁认读、摹写。父亲死时胡适才四岁，之后他随着母亲回到家乡读私塾，他在自传中说，九年的家乡教育，"只学得了读书写字两件事"，从中我们可见他儿时于旧学和书法上所花的功夫和打下的基础。①

胡适的书法情结，除了梁启超之外，最主要的是郑孝胥。

胡适与郑孝胥之间的纠葛，以及胡适学书师法郑孝胥，是民国时期十分有意思的事。郑孝胥的诗和书法，都自成一体。郑孝胥是"同光体"诗坛领袖，但属于旧派，其书法又是开宗立派，形成"郑派"，影响甚巨。而作为五四新文化运动的领袖之一，胡适倡导新诗和白话文运动，其与郑孝胥的诗歌宗旨恰好相反。一旧一新，两人似乎水火不相容，但从两人的交往来看，新旧之间似乎没有那么简单。

据林建刚撰文介绍，早在中国公学读书时，胡适就对作诗产生了极大的兴致。而当时主导中国诗坛者，恰恰就是以郑孝胥为代表的"同光体"一派诗人。1910 年代，胡适"文学革命"的一个重要对象就是以郑孝胥为代表的旧体诗。他曾以郑孝胥为例，指出旧体诗言之无物的弊病。1916 年 4 月 17 日，胡适在日记中写道："余人如陈三立、郑孝胥，皆言之无物者也。文胜之敝，至于此极，文学之衰，此其总因矣。"此后不久，他在给任鸿隽的信中再次以郑孝胥为反面教材，他说："我辈生于今日……与其作一个作'真诗'，走'大道'，学这个，学那个的陈伯严（陈寅恪父亲陈三立——引者注）、郑苏戡，不如作一个'实地试验''旁逸斜出''舍大道而不由'的胡适。"郑孝胥和陈三立都是"同光体"的代表性诗人。②

---

① 胡适：《四十自述》，华文出版社，2013，第 103 页。
② 林建刚：《胡适与郑孝胥：批他的诗，学他的字》，《凤凰周刊》2017 年第 4 期。后收录于林建刚《我的朋友胡适之》，江苏凤凰文艺出版社，2019。

1917 年，回国之后的胡适，在新文化运动的战线上多次批评郑孝胥的诗。为此，1922 年胡适还系统地读了郑孝胥的《海藏楼诗》。正所谓"知己知彼，百战不殆"。在"文白之战"中，胡适向郑孝胥猛烈攻击，然而，郑孝胥似乎置若罔闻。

虽然在诗歌理念上完全不同，但因为"冯玉祥驱逐溥仪出宫"一事，两人有了日益密切的接触。对溥仪被冯玉祥驱逐出宫一事，胡适给予了道义上的相助，这也使得郑孝胥对胡适刮目相看，自此两人结为忘年之交，并彼此欣赏。1920 年代，胡适去北大做教授，还与郑孝胥吃过饭。也是从这时，胡适开始欣赏郑孝胥的书法，并于 1928 年 4 月 26 日专门拜访郑孝胥，希望他能为父亲胡传题写墓碑。①

应胡适之邀，郑孝胥为胡传题写了墓碑，题曰："胡公奎熙及其妻程夫人之墓。胡公传及其继配冯夫人之墓。"除此之外，胡适还多次和徐志摩等人去看郑孝胥写字。胡适在日记中记载，1928 年 5 月 6 日，他们两人专程去看郑孝胥写字。也就是自此时起，胡适喜欢上了写字，给人写字时，似乎已经开始有意模仿郑孝胥的字了。

胡适、徐志摩、林语堂都学过郑孝胥的字。胡适晚年在美国时，还给张充和题过字，结果张充和一下子就看出了他学过郑孝胥的字。对此，胡适跟张充和说："当初那一辈人都学郑孝胥，很潇洒的。"②

三

讨论五四时代的胡适书法，有一个客观条件不容忽视，即中国五四以前的时代，还是一个毛笔书写时代，而到了五四以后的时代，毛笔逐渐退出历史舞台，文人、作家、学者写书著述，大多用钢笔而不用毛笔。因此，胡适活动的历史舞台，是毛笔与钢笔混用的。新文化运动一开始，随着钢笔传入中国，胡适这样的激进派知识分子本来就是要倡导激烈的文学革命，推进白话文运动，与白话文运动相伴随的是简化字运动，而简化字运动又带动了钢笔的大规模使用，因此，排斥毛笔书写、繁体字，崇尚简化字、

---

① 林建刚：《胡适与郑孝胥：批他的诗，学他的字》，《凤凰周刊》2017 年第 4 期。

② 林建刚：《胡适与郑孝胥：批他的诗，学他的字》，《凤凰周刊》2017 年第 4 期。

白话文，即成为一批新式文人的事功。研究民国时期的文人书法，不能不注意到一个客观历史背景，即钢笔的大规模使用，导致了书法与毛笔书写的衰退。当毛笔退出历史舞台之后，钢笔的书写性和书法艺术性必然大大降低，不要说普通大众，就是知识分子对书法的认知、审美和书写也有所降低。胡适、鲁迅、钱玄同等既反对繁体字、古文言文，又对书法笔墨有着浓厚的兴趣和深厚的情结，所以，他们对待书法的态度是十分矛盾和纠结的。五四前后的胡适手稿，多用钢笔，手稿或便条、信函中基本都是白话文，而且使用标点符号，也不讲究书法的用笔和章法，但到了晚年，胡适对书法的情结不但没有减弱，反而有所增加，这说明胡适骨子里的传统文人情结愈来愈浓厚了。

在新派文人中，胡适的书法可算是一流水准，尤其是晚年之作，已日臻成熟。愈是晚年，愈是佳妙。胡适早年对书法的专门学习并不是太多，他没有将书法作为自己的志趣，这与鲁迅比较相似，鲁迅一生涉猎书法较多，而且将藏碑、校碑和抄碑作为一项工作，但鲁迅终究没有把书法作为他的终生志趣，这一点胡适、鲁迅两人与梁启超有所不同。梁启超虽然也不是专门的书法家，但书法是他的终生志趣，如果说鲁迅、胡适还属于文人书法家的话，那么梁启超既是文人书法家，又不是文人书法家，梁启超是书法专门家，他的真书造诣达到了当时的顶级水准。受此沾溉，胡适的书法也侧重于真书，书体以行楷为主，清越脱俗，不染俗尘，具有浓厚的文士气和书卷气。胡适晚年，书法达到了更高境界，而且时常作书，甚至作书成为其日常生活之一部分。胡适不但作书，而且以大量书作馈赠亲朋好友。胡适晚年作书犹如梁启超晚年作书，日臻老境。

其实，胡适对待书法的心态是十分矛盾的。一方面，胡适不愿做书法家，看不起职业书法家，认为书法都是文人的余事；另一方面，与一些新派文人相比，胡适骨子里又有很浓厚的传统士大夫情结，而书法恰是传统士大夫的一个最佳标签，所以胡适又离不开书法。胡适的书法虽然谈不上开宗立派或自成一家，但却是新派文人书法、学者书法的最好代表之一。他的书法，不论是信札、手稿，还是几行简单的便条或诗稿，都显得清新雅致、超凡脱俗，虽然笔画和结构略显单调、稚嫩，但已然脱离了烟火气。

中国近现代史上，很少有真正意义上的专业书法家，却出现了一批国学功底深厚、兼融中西、横跨古今的大学者、大文人，如沈曾植、康有为、梁启超、王国维、章太炎、陈独秀、李叔同、沈尹默、于右任、郭沫若、鲁迅、胡适、钱玄同、马一浮、董作宾、白蕉、谢无量、陆维钊、柳亚子等，这些学者文人，对书法都有很精深的造诣，他们并不是职业的书法家，然而，他们的书法有着极高的审美价值、文化内蕴和文献收藏价值。胡适即是这批人中的佼佼者。胡适所传世的纯粹的书法文本并不少，其留下的手稿更是多见。现存的《胡适手稿》就是一部民国书法史的典型文本。这部《胡适手稿》由台北胡适纪念馆于 1966 年影印出版，是目前所见最能代表胡适墨迹的图书。《胡适手稿》中包含了胡适生平的文字笔记如手札、随笔、信函、公文、注录、校释、日记等，既记录了胡适生平的研究轨迹和思想脉络，也记录了不同时期胡适与不同社会要人的历史关系，因此，这部手稿不仅具有较高的书法审美价值，而且具有较高的实用价值和历史文献价值。它所提供给我们的是民国不同时期的社会变迁与文化观念变迁的记录，也提供给我们胡适的文人性情和书法审美观。

四

　　从胡适所遗留下来的书信及手稿、各种实用文书中，我们可以看到胡适书法的审美风格及取法用笔等。胡适书法早年学苏东坡，后来书风略变，仅在起笔造型上还有些"苏体"的味道，而线条反倒更似"瘦金体"。若以书家眼光来看，他的字在结体上似乎还存在很多问题，其线条虽瘦劲，有些却明显偏细偏长，使整个字形略有松散之嫌，尤其是长撇和捺脚，都有"过"的感觉。不过这类特征反而形成了胡适书法的标志性风格，使人一望便知为"胡适体"。

　　胡适的书法同民国时期其他学者的书法一样，具有相似的审美特征，但又各有取法、用笔和审美追求。胡适书法是典型的学者书法，特点是文雅、含蓄、隽永、流畅，无雕琢气、造作气、浮躁气和江湖气，学者书法很少注重对线条质量的单纯锤炼，而更为重视内在的气韵和整体的表现力。胡适所遗留下来的书法笔迹，表现形式多为信札、小品、手稿等日常书写，很少有厅堂式巨作，也很少有用于应酬或人际交往的所谓书法创作。从胡适手稿的笔迹，我们很难看出胡适书法的师承渊源和所属流派，但是，从整体上看，胡适显然有着较深厚的书法功底，尤其是他对魏晋小楷及唐楷的临习功夫十分到家，且能化之。胡适的信札多用工整的小楷或行楷书写，其小楷线条流畅、笔墨奔放、温文尔雅、不激不励，深得魏晋及宋明小楷意趣，尤其深得北宋苏轼楷书之韵致，且更增恬淡之趣，若非有对传统的临帖之功及多年的学识积淀，断不可有如此之气象。有人评价，胡适的墨迹举重若轻、条理分明、不拘不泥、一笔带过，天生是个"博士"而非"专家"。此说确非妄评。胡适精通多门学科，中西兼融，既是专家，也是杂家，故其书法线条，也体现出一种儒雅、隽秀、通灵、放达、超逸的笔墨韵致。

众所周知，胡适的学术研究理路是实证派，注重将传统文献的考证与西方严密逻辑的推理论证相结合，他能把中学研究法与西学研究法很好地结合，并推崇"大胆假设，小心求证"的治学理念，因而他做学问的方式是不愠不火、不疾不徐，这与其书法有着异曲同工之妙，或者我们可以说，其书法的底蕴正是得益于其治学的心态及理念。胡适给人的总体印象是温文尔雅，颇有古文士及古君子之风，而这正是其书法审美风格的最大体现。他的楷书极为工整，线条柔软而具有弹性，既有对传统帖学的吸收，也有对碑学的借鉴与临习，可以知道，胡适书法的取法与其毕生致力于传统经史文献的考证是分不开的。他曾撰写文字多达千万字，而这千万字几乎都是由其手抄而成，从存世的《胡适手稿》遗迹可以看出，尽管胡适著述繁富，然其抄写字迹笔笔不苟，而且多有划掉的痕迹，可见其治学态度之严谨。

从遗留下来的笔迹看，胡适不仅对楷书造诣颇深，其隶书功底也非同一般，如从胡适"周礼不忘章孔阙，汉分计直等秦金"的七言隶书联中我们可以知道，其隶书取法汉碑，尤其对《曹全碑》《张迁碑》等取法较多。胡适的隶书线条古拙、凌厉开张、温文尔雅，既有《曹全碑》的温婉秀美，又有《张迁碑》的古拙浑朴。在其所书"听琴知道性，避酒怕狂名"的楷书五言联中，更见其对魏晋楷法的精研，此联对仗工整、线条舒缓、笔墨厚重，结字随性开张，具有浓郁的书卷气，从中可见其书写的从容。再如其所录宋人诗句"衣带渐宽终不悔，为伊消得人憔悴"书作，此作似为用长锋羊毫所书，其线条较上述两幅书作更为流畅、奔放、潇洒，而且此作以瘦硬取胜，刚中取柔，文句内容与书法相得益彰，足见其疏放洒脱之兴致。胡适楷书长联和行楷诗札也写得随意潇洒，别有一番韵致。总体观之，胡适书法虽多为小品之作，然皆笔笔不苟，又笔笔轻松，尺幅虽小，却尽显性情与韵致。

胡适书法虽源自帖学，但其对北碑亦参用颇多。故其书法隽秀而不失妍媚，灵动而不失刚猛，碑帖兼融，既有南派文人书法的儒雅韵致，也有北派碑学书法的风神峻厉。他的笔迹多为楷书，其楷书的起笔、行笔、收笔均有很浓的魏碑味，若非有对魏碑的临习，断不可能有如此气象。然整体观之，其书法仍是帖学基调，其楷书有苏东坡之遗韵、文徵明之气度，亦有康有为之雄强、梁启超之儒雅、郑孝胥之清健，文人书法至于此，则可见一斑。①

胡适书法有极高的审美价值、文化内蕴和文献收藏价值。胡适除了写他那种有强烈特色的"胡适体"之外，还能写一手结体紧密、随意萧散的"尺牍体"。胡适的尺牍书法，大多都一改他写大字时那种"长手长脚"的姿态，而进入了作为一个大学者的自然之境，流露出他的真实情怀，写得风神萧散、洒脱自如。

整个现代书法运动，实质上是一部碑学与帖学的抗争与合流的历史。碑帖融会成为现代书法运动的主流。康有为是碑派巨子，代表了一种晚清之后的碑风书法。他的书法成就只在行草，夭矫多变而气势如奔腾之江河，有股英雄气在鼓荡，长在气象豪迈，短在失于粗率。沈尹默为帖学大家，代表了对碑派书法的矫枉过正，以帖学书法为皈依，虽早年亦师碑，但最终扛起了帖学书法的大旗。其书法温婉秀媚，与康氏之雄肆开张大相径庭。而碑帖融会主流的代表，则非于右任、梁启超、林长民、张伯英、胡适等莫属。几人亦沿清中后期碑学而来，他们的书法皆能得碑骨帖魂，以帖化碑、以碑汲帖，开一代风气之先，其中尤以于右任为最。这种碑帖相参的书写，以雄逸为气，却能以柔雅为韵，深契中国文化"中和"之肯綮，故得以弘扬广布。大师不外两种，一为开宗立派开时风者，一为独立于时风之外者，此自中外艺术史考察以证知。如果说吴昌硕、康有为、沈尹默、于右任等皆属于引领时风的开宗派人物，那么李叔同（弘一法师）、谢无量、徐生翁、王蘧常等则为逸出时风而能独步者。胡适非书法圈中人士，恰能跳出此窠臼，于此两种之中去短取长，乃有大成。

---

① 朱中原：《胡适书法及其当代性价值》，《美术报》2009 年 8 月 12 日，"言论"版。

　　相比于康之刚、沈之柔，康之阳、沈之阴，我认为，胡适书法刚柔并济、阴阳和谐，正可为当代习书者之典范。

<h2 style="text-align:center">五</h2>

　　胡适在民国时期影响巨大，向他求字的人络绎不绝。上海浙江中路北海路附近有家老字号的茶叶店叫"程裕新茶号"，其招牌就是当年胡适所题。据说"文革"后此店重新开业时，已找不到"胡适体"的招牌，后由一位老茶客贡献出自家的一只茶叶罐，其上保留了胡适的一行题字，这家茶叶店驳了样后，老字号才得以保留珍贵的特色。胡适为中国公学校长时，常有学生来向他求字。对此，胡适来者不拒。据梁实秋回忆，胡适还未到校，学生就已经备好宣纸和研好的墨，"桌上已按次序排好一卷一卷的宣纸，一盘一盘的墨汁"，胡适进屋后，在学生里三层外三层的密密围绕中，"伸胳膊挽袖子，挥毫落纸如云烟，还要一面和人寒暄，大有手挥五弦目送飞鸿之势"。梁实秋形容胡适"字如其人，清癯削瘦，而且相当工整，从来不肯作行草，一横一捺都拖得很细很长，好像是伸胳膊伸腿的样子。不像瘦金体，没有那一份劲逸之气，可是不俗"。[①] 这一描述与"字势偏长而苍劲"的郑孝胥的字体特点颇为相像。

　　对胡适来说，他无意成为书家，无论是其书稿，还是题词，都属本色书写，没有做作的成分。他的字也许在书法上没有太多建树，但很有观赏性，辨识度很高，是典型的文人字，隽秀清新，透出一股儒雅、洒脱之气。加上其学术贡献及名气，因而他的字为很多人所喜爱。

　　据苗怀明统计，从现存胡适的书法作品来看，主要有几类内容：一是古代经典中的语句，或为历代典籍如《论语》《孟子》《荀子》之类中的语句，或为历代作家如杜甫、白居易、王安石、辛弃疾等的诗作或名句；二是胡适本人的诗作，有意思的是，其中多为白话诗，这是他与一般书法家不同的地方；三是带有格言性质的名句，其中不少是他自己创作的，可以说是其平生治学的精华和总结，多是写给学生辈的，带有勉励劝诫的意味。除了写字题赠师友学生外，胡适还为不少当时刊印的书题签，比如康有为

---

　　① 梁实秋：《雅舍小品全集》，上海人民出版社，1993，第352页。

的《南海先生诗集》、蔡元培的《蔡元培先生遗文类钞》等。这些书的作者本为名家，加上胡适的题签，自然是相得益彰，对读者来说，既可爽心悦目，也有收藏价值。胡适为蔡元培的书所写的题签，从学术史的角度来看更有意义。胡适与蔡元培本为学术论敌，因《红楼梦》而产生争论，但这并未影响他们之间的友谊，题签就是见证。胡适题签的数量相当之大，很难做精确统计，大概可以数百计。胡适所题著作，有些属于文史类的书，这类书找胡适题签，名正言顺，哪怕是外交、政治、法律类的书，也还说得过去。但有一些书，离胡适的专业范围实在太远，比如化学、心理学、医学之类，就像李乔苹的《中国古代之化学工艺》，胡适也照题不误。可见找他求字的人之多之泛，大家都想得到他的墨宝，不过由此也可看出胡适为人的亲和，有些书他是有充分理由拒绝的，比如《孕期及产后卫疗撮要》。①

书籍之外，胡适还为不少报刊题写报名、刊名。

胡适的题字流传颇广，书法墨迹也为公众所熟悉。胡适的字与其为人为文十分相像，开张大气、深入浅出、明白如话。他的两位弟子——著名历史学家罗尔纲和唐德刚，分别在《师门五年记》和《胡适杂记》中展示了胡适治学和做人的许多生动的细节。也许正是他的谦逊、热忱和"不为师"的品格，使他的字读起来仿佛也有一种平易近人、亲近自然之风。"但开风气不为师"，是胡适经常借用的龚自珍的名句。虽然胡适作为一代宗师，做了许多"开风气"之先的"名山事业"，然而他的风格品性、他在字里行间丝毫没有孤傲不群、藐视一切的做派。

胡适是新文化运动的领袖之一，其地位显著、影响巨大，他生前留下的墨宝已成为具有极高价值的文献和文物，因此，胡适作品也成为今天收藏拍卖市场的"民国宠儿"。

六

近年来，随着民国文人书法市场的大幅攀升，胡适的书法价值亦逐渐被藏家挖掘。2010 年，香港苏富比推出了胡适《自提小照》，估价仅 5 万一

---

① 苗怀明：《无意做书家　卓然成一体——胡适书法欣赏》，"人民号"，2020 年 2 月 4 日。

7 万港元，上拍时大获追捧，最后以 107.36 万港元成交，高出估价达 15 倍。同年，一幅行书在中国嘉德获价 123.2 万人民币。可见，海内外的胡适热，也带动了胡适书法市场的攀升。这说明文人书法市场强劲的攀升势头。

在中国嘉德 2018 年的春季拍卖会上，胡适的《尝试集》第二编手稿以 1150 万人民币的天价拍出。这个价位和齐白石、徐悲鸿、张大千这些大画家的作品在一个档次上。也许有人会说，这是胡适著述的手稿，价值在学术文献，不在书法，只能说明胡适的名气大。那不妨再看看其没有太多学术文献价值的纯书法作品的拍卖价。在中国嘉德 2011 年的春季拍卖会上，胡适的一幅行书四屏以 529 万人民币的高价成交，创下胡适书法作品价格新高。某种程度上说，胡适墨迹的市场价格已经超过了梁启超，甚至超过了鲁迅。这幅行书四屏是胡适题赠著名学者顾廷龙的，书写的是他本人的诗作《陶渊明同他的五柳》。

近年来，胡适书法作品行情看涨，拍卖过百万的已经不在少数，在上海明轩国际艺术品拍卖有限公司 2019 年的秋季艺术品拍卖会上，胡适的一件小品拍出 161 万人民币的高价。

胡适与新文学运动研究

"鹦鹉救火"与"铸剑复仇"：
胡适与鲁迅的济世情怀

陈平原[*]

读过鲁迅作品的，大都对《摩罗诗力说》之强调"立意在反抗，指归在动作"印象极为深刻，[①] 且认定此乃鲁迅的夫子自道。至于胡适，《尝试集》中有一首说理诗，讲"威权"如何"坐在山顶上"俯瞰人间，最后被反抗压迫的掘墓人打倒——"奴隶们同心合力，/一锄一锄的掘到山脚底。/山脚底挖空了，/威权倒撞下来，活活的跌死!"[②] 问题在于，当初反对威权的，日后可能成为新的威权，是否换汤不换药？还有，挖空山脚底的"锄头"到底来自何方，是否真的那么有效？大家都在追求翻身得解放，需叩问的是谁在反抗、如何反抗、反抗的过程及效果，还有，旧的"威权"倒塌后，建立起来的是否就是理想的新世界。

好在新文化人立场基本一致，并都强调独立判断与自由表达，"我们个人的思想尽自不同，但对于一切专断与卑劣之反抗则没有差异"；[③] "我们都不期望有完全一致的主张，只期望各人都根据自己的知识，用公平的态度，来研究中国当前的问题"。[④] 这里的差异，既有先天的气质与性情，也有后天的教养及环境。以鲁迅（1881—1936）与胡适（1891—1962）这两位深

---

[*] 陈平原，北京大学中文系教授。

① 鲁迅：《坟·摩罗诗力说》，《鲁迅全集》第 1 卷，人民文学出版社，1981，第 66 页（本文除《古小说钩沉》收入 1973 年版《鲁迅全集》外，其余的《鲁迅全集》均指此版）。

② 胡适：《威权》，《尝试集》，亚东图书馆，1922，第 59—60 页。

③ 周作人：《〈语丝〉发刊词》，《语丝》第 1 期，1924 年 11 月 17 日。

④ 胡适：《〈独立评论〉引言》，《独立评论》第 1 号，1932 年 5 月 22 日；季羡林主编《胡适全集》第 21 卷，安徽教育出版社，2003，第 457 页。

刻影响现代中国思想文化进程的伟人来说，其差异性几乎一目了然，可你很难非此即彼。具体的应对措施，确有对错与高低，但基本立场没有太大的差异，裂缝主要缘于理想与现实、激进与保守、言论与行动、自我与社群，乃至阴阳柔刚的性情等。多年前，面对如何"在五四时代的人物中择一而交"的提问时，我的答复是："作为研究者，我多次谈及晚清以及五四的魅力——这个魅力来自思想、学问，也来自人格力量。不愿意'择一而交'，但私底下，我确实说过这样的话：读鲁迅的书，走胡适的路。"① 理解这两种不同的人生道路与理论模型，但不将其绝对化、理想化、本质化，而是承认二者常处于流转变动中，各自都在根据时代潮流与自身志趣不断地调整方向，以达成最佳的精神及工作状态。

具体到本文的标题，为何年幼的胡适在前，那是因为话题往往由他引起。此外，别无深意。

一　"鹦鹉救火"与"铸剑复仇"

胡适与鲁迅都是饱读诗书之士，撰文时喜欢借古论今，有两个典故或意象——胡适的"鹦鹉救火"与鲁迅的"铸剑复仇"——很能传达各自的精神气质与政治智慧。

胡适于 1929 年 12 月为新月书店版《人权论集》撰写序言，其中有这么一段：

> 周栎园《书影》里有一则很有意味的故事：
> 昔有鹦鹉飞集陀山。山中大火，鹦鹉遥见，入水濡羽，飞而洒之。天神言，"尔虽有志意，何足云也？"对曰，"尝侨居是山，不忍见耳。"今天正是大火的时候，我们骨头烧成灰终究是中国人，实在不忍袖手旁观。我们明知小小的翅膀上滴下的水点未必能救火，我们不过尽我们的一点微弱的力量，减少良心上的一点谴责而已。②

---

① 《陈平原：读鲁迅的书，走胡适的路》（侯思铭），《经济观察报·书评增刊》第 19 期，2011 年 9 月 5 日。

② 胡适：《〈人权论集〉序》，季羡林主编《胡适全集》第 4 卷，第 652—653 页。

来源于佛经故事的"鹦鹉救火"，胡适是从明末清初周亮工（1612—1672）的见闻札记《书影》中读到的；鲁迅则不一样，1909 年秋至 1911 年底辑《古小说钩沉》，收周《青史子》至隋侯白《旌异记》等散佚小说 36 种，其中就有《艺文类聚》卷 91 引刘义庆《宣验记》的这则故事：

> 有鹦鹉飞集他山，山中禽兽辄相爱重。鹦鹉自念，虽乐，不可久也；便去。后数月，山中大火。鹦鹉遥见，便入水沾羽，飞而洒之。天神言："汝虽有志意，何足云也！"对曰："虽知不能救，然尝侨居是山，禽兽行善，皆为兄弟，不忍见耳。"天神嘉感，即为灭火。"①

《古小说钩沉》虽然早就完成，但 1938 年 6 月方才首次印入鲁迅先生纪念委员会编辑的《鲁迅全集》第 8 卷；因此，胡适撰文时没有见到，只能转述周亮工的记述。

胡适为《人权论集》撰序，以"鹦鹉救火"表达自家的心境与情怀。可惜的是，不仅未见"天神嘉感，即为灭火"，还险些被当局"肉体解决"。但在胡适本人，他基于知识分子的良知，在党国体制建立的关键时刻，质疑当局的专制暴力，虽无效果，却是尽到了读书人应有的责任，"减少良心上的一点谴责"。如此不时犯颜直谏，但又不忍离去，贯穿胡适一生。

救火的前提是认定这屋子以及居住其中的人值得爱惜，这才需要竭尽全力抢救。若此屋本就没什么存在价值，大火说不定还可烧出一个新世界。左翼作家并不认可胡适的救火情结，关键就在这里。1933 年瞿秋白和鲁迅合撰《王道诗话》②，如此回应胡适的心情与努力："鹦鹉会救火，人权可以粉饰一下反动的统治。"更刻毒的是那首打油诗："能言鹦鹉毒于蛇，滴水微功漫自夸。好向侯门卖廉耻，五千一掷未为奢。"③ 只因传闻"胡博士到长沙去演讲一次，何将军就送了五千元程仪"，于是鲁迅等认定胡适之所以表白救火情结，乃"好向侯门卖廉耻"。传说归传说，胡适于 1932 年 12 月应老朋友朱经农（时任湖南省教育厅厅长）的邀请到长沙演讲，日记里有

---

① 鲁迅辑《古小说钩沉》，《鲁迅全集》第 8 卷，人民文学出版社，1973，第 553 页。

② 此文初刊 1933 年 3 月 6 日《申报·自由谈》，乃瞿秋白与鲁迅交换意见后写成，由鲁迅请人誊抄后，以自己使用的笔名寄给《申报·自由谈》刊出，日后收入各自的杂文集。

③ 鲁迅：《伪自由书·王道诗话》，《鲁迅全集》第 5 卷，第 46—47 页。

详细记载，还记载了他 12 月 6 日离开长沙时，省长何键来送行并赠送礼品和旅费四百元。那天的日记还提及这四百元旅费的推却与接纳，扣除买车票的钱，"总计还可余两百多元"。①

其实，关键不在演讲费到底是五千元还是四百元，而在此时鲁迅与胡适因"牛兰事件"彻底翻脸。牛兰本名雅各布·马特耶维奇·鲁德尼克，为共产国际联络部在上海的秘密交通站的负责人，因当局在其住处查抄出不少共产国际文件，这些文件足证其间谍身份，故被以"危害民国"罪审判。依照共产国际的指示，中国民权保障同盟开展了积极的营救活动。胡适不了解背后的力量角逐，纯以书生之见，撰写《民权的保障》，批评"离开了法律来谈民权的保障"：

> 前日报载同盟的总会宣言有要求"立即无条件的释放一切政治犯"的话，这正是一个好例子。这不是保障民权，这是对一个政府要求革命的自由权。一个政府要存在，自然不能不制裁一切推翻政府或反抗政府的行动。向政府要求革命的自由权，岂不是与虎谋皮？谋虎皮的人，应该准备被虎咬，这是作政治运动的人自身应该的责任。②

在正常社会以及一般人眼中，胡适的论述很有道理；可对于志在夺取政权的中国共产党人来说，此等论述确实是"能言鹦鹉毒于蛇"，因此，将其开除出与中共反蒋抗日立场相一致的中国民权保障同盟，就是理所当然的了。③

约略在此期间，鲁迅还有一篇文章，不指名，但很容易对号入座。1932年 11 月 22 日，鲁迅应邀在北京大学第二院演讲，题为《帮忙文学与帮闲文学》，此文初刊于 1932 年 12 月 17 日天津《电影与文艺》创刊号，经作者修改后收入《集外集拾遗》。前面是泛论，很深刻："中国文学从我看起来，可以分为两大类：（一）廊庙文学，这就是已经走进主人家中，非帮主人的

---

① 参见朱正《胡适拿了何键多少车马费？》，《南方周末》2016 年 7 月 28 日。

② 胡适：《民权的保障》，《独立评论》第 38 号，1933 年 2 月 19 日，季羡林主编《胡适全集》第 21 卷，第 580 页。

③ 参见朱正《胡适为何被民权保障同盟除名》，《鲁迅的人际关系》，中华书局，2015，第 61—69 页。

忙，就得帮主人的闲；与这相对的是（二）山林文学。唐诗即有此二种。如果用现代话讲起来，是'在朝'和'下野'。后面这一种虽然暂时无忙可帮，无闲可帮，但身在山林，而'心存魏阙'。如果既不能帮忙，又不能帮闲，那么，心里就甚是悲哀了。"后半篇切入现实，有明确的批判对象："为艺术而艺术派对俗事是不问的，但对于俗事如主张为人生而艺术的人是反对的，则如现代评论派，他们反对骂人，但有人骂他们，他们也是要骂的。他们骂骂人的人，正如杀杀人的一样——他们是刽子手。"① 王世杰主持的综合周刊《现代评论》（1924—1928），以其"不主附和"的独立精神和"不尚攻讦"的研究态度著称，团结了一批很有学养和才华的欧美派知识分子。胡适虽未直接参与编辑工作，但在上面发表了多篇文章，称其为"现代评论派"的精神领袖，一点都不过分。时隔多年，与陈西滢围绕女师大的论争早已过去，鲁迅这个时候重提"现代评论派"，明显针对的是风头依旧很健的胡适。

鲁迅为何那么讨厌早年的同道胡适，有政治立场的分歧，有人事的纠葛，但更重要的是各自的精神气质与思维方式。鲁迅不喜欢温文尔雅、苦口婆心的"鹦鹉救火"，更愿意采取痛快淋漓的"铸剑复仇"。这就要说到鲁迅《故事新编》之一的《铸剑》。此短篇小说最初发表于 1927 年 4 月 25 日、5 月 10 日《莽原》半月刊第二卷第八、九期，原题《眉间尺》，1932 年编进《自选集》时改为现名，后收入《故事新编》。

眉间尺复仇的传说，托名魏曹丕所著的《列异传》中有记载（鲁迅辑《古小说钩沉》时曾收录），晋代干宝《搜神记》的内容与之基本相同，只是叙述更为细致。我关心的是，本就一句"王往观之，客以雄剑倚拟王，王头堕镬中；客又自刎"，鲁迅居然驰想天外，发展出以下好几段精彩的描述：

> 黑色人也仿佛有些惊慌，但是面不改色。他从从容容地伸开那捏着看不见的青剑的臂膊，如一段枯枝；伸长颈子，如在细看鼎底。臂膊忽然一弯，青剑便蓦地从他后面劈下，剑到头落，坠入鼎中，溅的一声，雪白的水花向着空中同时四射。

---

① 鲁迅：《集外集拾遗·帮忙文学与帮闲文学》，《鲁迅全集》第 7 卷，第 383 页。

　　他的头一入水，即刻直奔王头，一口咬住了王的鼻子，几乎要咬下来。王忍不住叫一声"阿唷"，将嘴一张，眉间尺的头就乘机挣脱了，一转脸倒将王的下巴下死劲咬住。他们不但都不放，还用全力上下一撕，撕得王头再也合不上嘴。于是他们就如饿鸡啄米一般，一顿乱咬，咬得王头眼歪鼻塌，满脸鳞伤。先前还会在鼎里面四处乱滚，后来只能躺着呻吟，到底是一声不响，只有出气，没有进气了。

　　黑色人和眉间尺的头也慢慢地住了嘴，离开王头，沿鼎壁游了一匝，看他可是装死还是真死。待到知道了王头确已断气，便四目相视，微微一笑，随即合上眼睛，仰面向天，沉到水底里去了。①

如此极尽铺张扬厉之能事，就为了痛快淋漓的复仇，这真应了《尚书·汤誓》那句"时日曷丧，予及汝偕亡"。相比起"救火"的尽力而为，但不一定葬身火海；以命相搏，有去无回的"复仇"，无疑更为决绝，更为果敢，也更具悲剧意识。

二　革命与建设

　　这就说到反抗目标以及斗争策略的不同，如何制约文人与学者的论述立场。20 世纪中国的知识分子，大都是有良知的，反抗压迫，追求解放，问题在于路径与方式，最大的不同在于怎么看待革命与建设。很长时间内，学者多认为胡适很肤浅，远远比不上鲁迅深刻。如李泽厚在《胡适·陈独秀·鲁迅》一文中称："胡适在政治上或政治思想上毫无可言。他的政治见解、主张和观念都极其浅薄（如所谓'五鬼——贫穷、疾病、愚昧、贪污、扰乱闹中华'之类），无聊和渺小到可以不予理会。"② 其实，主张建设的人，必定比提倡革命的人"肤浅"——因为需要考虑现实条件以及可行性。

　　晚清以降，"革命"一词风行，甚至演变成让人讨厌的文字游戏，也就是鲁迅所嘲笑的"革命，革革命，革革革命，革革……"③ 作为推翻旧政

---

① 鲁迅：《故事新编·铸剑》，《鲁迅全集》第 2 卷，第 432—433 页。
② 李泽厚：《胡适·陈独秀·鲁迅》，《中国现代思想史论》，东方出版社，1987，第 98—99 页。
③ 鲁迅：《而已集·小杂感》，《鲁迅全集》第 3 卷，第 532 页。

权、旧制度、旧文化的一种暴力行为，革命是血与火的洗礼，而不是风花雪月，不能只抱着浪漫的想象。鲁迅和左联作家谈话，提醒"革命是痛苦，其中也必然混有污秽和血"，至于革命的后果，鲁迅不是没有警觉，但仍提倡与向往，且全力以赴地支持。那是因为，他对当时的中国极端失望，期望来一场摧枯拉朽荡涤污浊的暴风雨，迅速改变现状。在1925年4月8日致许广平的信中，鲁迅谈论"总要改革才好"，"但改进最快的还是火与剑，孙中山奔波一世，而中国还是如此者，最大的原因还在他没有党军，因此不能不迁就有武力的别人。近几年似乎他们也觉悟了，开起军官学校来，惜已太晚"。① 基于这一改革现状的信念，鲁迅晚年越来越倾向于暴力革命——包括将希望寄托在共产党及红军那边。

鲁迅之召唤改革的狂风暴雨，除了政治立场，其中还包含审美意识。我曾专门谈论晚清志士的游侠心态："大批文人投身革命并舞文弄墨提倡（歌颂）暗杀，固然使得革命党人慷慨赴难杀身成仁的光辉形象广泛传播，但也使得这种最为血腥惨烈的活动在某种意义上文学化了。"② 这回不是农民起义，而是秀才造反，对于读书人来说，"风萧萧兮易水寒，壮士一去兮不复还"，那是一种很美的意境。政治立场之外，兼及审美趣味，请记得鲁迅《华盖集·题记》中这段话："我以为如果艺术之宫里有这么麻烦的禁令，倒不如不进去；还是站在沙漠上，看看飞沙走石，乐则大笑，悲则大叫，愤则大骂，即使被沙砾打得遍身粗糙，头破血流，而时时抚摩自己的凝血，觉得若有花纹，也未必不及跟着中国的文士们去陪莎士比亚吃黄油面包之有趣。"③ 虽然自幼生长于江南，但鲁迅从不迷恋小桥流水，更愿意在大漠上观看飞沙走石，这一意象，很能代表"战士鲁迅"的人生趣味。若如是，则对于鲁迅来说，"革命"确实远比"建设"更有吸引力。

胡适不一样，他一辈子信仰自由主义、个人主义、实验主义、改良主义，因而始终保持"建设者"的姿态。多年前，我曾谈及："与充满激情的'革命'相比，强调'建设'，自是显得'黯然失色'。适之先生利弊参半的'平实'，既受制于性格、学识、才情，但也与这一'建设者'的自我定

① 鲁迅：《两地书·十》，《鲁迅全集》第11卷，第39—40页。
② 参见陈平原《中国现代学术之建立》，北京大学出版社，2010，第251页。
③ 鲁迅：《华盖集·题记》，《鲁迅全集》第3卷，第4页。

位不无关系。可建设者的力求'平实'，不等于墨守成规、维持现状，更不等于没有自己独立的政治理念。"① 当初举的例子，一是主张人权、宪法、言论自由，直接批评"国民党政府中的反动思想"以及"孙中山的知难行易说"的《人权论集》；二是"不倚傍任何党派，不迷信任何成见，用负责任的言论来发表我们各人思考的结果"的《独立评论》。② 1930 年代的胡适，既抗议政府的专制独裁，也不满读书人的高调民主，坚信制度建设而非圣人救世，怀疑通过激烈手段一举荡平旧世界的可行性，因而力倡一种"负责任"的政论。所谓"负责任"，就是不唱高调，不讨好政府与民众，不故作惊人语，更多地考虑可行性，目标是补天而非拆台——这种"建设者"的姿态，必定趋于平实。

一般来说，要说"鞭辟入里"，正面提倡总不及反面质疑。同样谈论"娜拉出走"，对比胡适的论文《易卜生主义》与"游戏的喜剧"《终身大事》，以及鲁迅的演讲《娜拉走后怎样》和小说《伤逝》，③ 前者答案清晰，简单明快，切实可行；后者更多反省与质疑，而不是指明道路，开出疗救的药方。当初胡适的论述影响大，但放长视线，则鲁迅的反省更为深刻。

这两种选择，与各自对于未来的想象有关。胡适乃"不可救药的乐观主义者"，若借用诗文，则 1921 年的《希望》最有代表性："我从山中来，带得兰花草，种在小园中，希望开花好。/一日望三回，望到花时过，急坏种花人，苞也无一个。/眼见秋天到，移花供在家，明年春风回，祝汝满盆花。"④ 再看看鲁迅，"于浩歌狂热之际中寒；于天上看见深渊。于一切眼中看见无所有；于无所希望中得救"，⑤ 以及"我的作品，太黑暗了，因为我常觉得惟'黑暗与虚无'乃是'实有'，却偏要向这些作绝望的抗战，所以很多着偏激的声音"。⑥ 同是反抗，一个坚信"明年春风回"，故"只要耕

---

①　参见陈平原《建设者的姿态——读北大版〈胡适文集〉有感》，《中华读书报》1999 年 2 月 10 日。

②　胡适：《〈独立评论〉引言》，季羡林主编《胡适全集》第 21 卷，第 457 页。

③　胡适：《易卜生主义》，《新青年》第 4 卷第 6 号，1918 年 6 月 15 日；胡适：《终身大事》，《新青年》第 6 卷第 3 号，1919 年 3 月 15 日；鲁迅：《娜拉走后怎样》，北京女子高等师范学校《文艺会刊》第 6 期，1924 年；鲁迅：《伤逝》《彷徨》，北新书局，1926。

④　胡适：《希望》，《尝试集》，第 118—119 页。

⑤　鲁迅：《野草·墓碣文》，《鲁迅全集》第 2 卷，第 202 页。

⑥　鲁迅：《两地书·四》，《鲁迅全集》第 11 卷，第 20—21 页。

耘，必有收获"；另一个则持彻底的怀疑主义，取绝望中抗争的姿态。

三　"好人政府"与永远的反对派

从归国之初（1917）的"二十年不谈政治"，到亲自起草《我们的政治主张》（1922），前后不过五年时间，胡适的立场发生了很大的转变。这是因为政治的腐败、政客的无能以及朋友的日益左倾："我现在出来谈政治，虽是国内的腐败政治激出来的，其实大部分是这几年的'高谈主义而不研究问题'的'新舆论界'把我激出来。"[①] 谈政治也就罢了，为何弄出个"好人政府"？除了好友丁文江的再三劝说，还得参看"问题与主义"之争中胡适的表现。[②] 这里既有政治立场的分歧，也有思想方法的差异。"我们因为不信根本改造的话，只信那一点一滴的改造，所以我们也不谈主义，只谈问题；不存大希望，也不至于大失望。"[③] 胡适这一渐进的、改良的立场，使其对政府自我革新抱有很大期待。

"好人政府"的设想迅速落空，但是否全盘否定胡适的基本思路，取决于以下三点。第一，普天之下，政府有没有可能是好的？答案若是否，那就只能提倡无政府主义。第二，不是自己组的阁，别人主导的政府是否可以合作？答案若是否，那就只有处处添乱，随时准备推翻此政权。第三，政府决策错误，是认定"这是一沟绝望的死水"，"不如让给丑恶来开垦"，[④] 还是出手相救，防止社会矛盾进一步激化？答案若是否，那就是政府越烂越好，可以促成革命早日爆发。所有这些，都牵涉渐进的改革到底有没有意义。胡适坚信自己的选择没有错，一直在"努力"——《新青年》分裂之后，胡适创办或参与编辑《努力周报》（1922 年 5 月至 1923 年 10月）、《新月》（1928 年 3 月至 1933 年 6 月）、《独立评论》（1932 年 5 月至1937 年 7 月），在孟子所推崇的"富贵不能淫，贫贱不能移，威武不能屈"

---

① 参见胡适《我的歧路》，季羡林主编《胡适全集》第 2 卷，第 467、469 页。
② 参见胡适《多研究些问题，少谈些"主义"》，《每周评论》第 31 号，1919 年 7 月 20 日；胡适：《三论问题与主义》，《每周评论》第 36 号，1919 年 8 月 24 日；胡适：《四论问题与主义》，《每周评论》第 37 号，1919 年 8 月 31 日。
③ 胡适：《这一周》，季羡林主编《胡适全集》第 2 卷，第 515 页。
④ 闻一多：《死水》，《闻一多选集》，开明书店，1952，第 60—61 页。

之外，再添上一句"时髦不能动"。① 具体说来，就是《〈独立评论〉引言》所说的"只持政见，而不持党见"，永远作为"独立的政治批评家发言"。但在政争激烈的年代，这一立场往往两边不讨好，左派嫌你太右，右派骂你太左。

只说家教、性情、社会地位不同，或留日、留美处境的差异，显然还不够；学养背后，还有哲学立场。胡适的渐进改良立场，背后是杜威的实验主义哲学；② 鲁迅的彻底怀疑与坚决反叛，则有尼采哲学的深刻印记。③ 在 1907 年所撰的《摩罗诗力说》（1908 年 2 月和 3 月以令飞的笔名发表于《河南》杂志第 2 期和第 3 期上，后由作者收入 1926 年出版的杂文集《坟》）中，鲁迅推崇拜伦、雪莱、裴多菲、普希金等恶魔诗人，称其为"精神界之战士"，这与《文化偏至论》所说的"尊个性而张精神"，④ 是一脉相通的。文中有曰："尼佉（Fr. Nietzsche）不恶野人，谓中有新力，言亦确凿不可移。"⑤ 在力争"别求新声于异邦"的鲁迅看来：

> 上述诸人，其为品性言行思惟，虽以种族有殊，外缘多别，因现种种状，而实统于一宗：无不刚健不挠，抱诚守真；不取媚于群，以随顺旧俗；发为雄声，以起其国人之新生，而大其国于天下。求之华土，孰比之哉？⑥

叩问当下中国，"为精神界之战士者安在？"⑦ 为了更有效地反抗，急迫寻求勇猛刚健的同道，这一努力贯穿鲁迅的一生，这也是他与瞿秋白、冯雪峰等共产党人合作的基础。

同为"精神界之战士"，五四新文化人中，鲁迅反抗的姿态最为决绝，这与尼采的影响有关。在初刊《新青年》第 5 卷第 5 号"通信"栏（1918 年 11 月 15 日）的《渡河与引路》中，鲁迅称："耶稣说，见车要翻了，扶

---

① 参见胡适《〈王小航先生文存〉序》，季羡林主编《胡适全集》第 4 卷，第 486—489 页。
② 参见胡适《实验主义》，季羡林主编《胡适全集》第 1 卷，第 277—323 页。
③ 参见张钊贻《鲁迅：中国"温和"的尼采》，北京大学出版社，2011。
④ 鲁迅：《坟·文化偏至论》，《鲁迅全集》第 1 卷，第 57 页。
⑤ 鲁迅：《坟·摩罗诗力说》，《鲁迅全集》第 1 卷，第 64 页。
⑥ 鲁迅：《坟·摩罗诗力说》，《鲁迅全集》第 1 卷，第 98—99 页。
⑦ 鲁迅：《坟·摩罗诗力说》，《鲁迅全集》第 1 卷，第 100 页。

他一下。Nietzsche 说，见车要翻了，推他一下。我自然是赞成耶稣的话，但以为倘若不愿你扶，便不必硬扶，听他罢了。"① 话说得比较委婉，所谓"不必硬扶"，其实就是"不扶"。周作人回忆留学东京时的鲁迅特别喜欢尼采："他常称述尼采的一句话道：'你看见车子要倒了，不要去扶它，还是去推它一把吧。'这话不知道是否在《察拉图斯忒拉》里，还是在别的书里，想起来确也有理，假如应用于旧社会、旧秩序上面。"②

鲁迅与胡适都是理想主义者，同样都在反抗压迫，基于各自的精神气质与哲学渊源，或理性而冷静，或热情而偏激；落实到现实抉择中，或选择与政府有限度合作，承担"净友"的功能，或充当"永远的反对派"。鲁迅与周扬等左联领导的矛盾，不全然是误解。更深刻的原因是，鲁迅认同某一战略目标，但不愿交出独立思考的权利，无意成为庞大政治集团或国家机器的"螺丝钉"。晚年鲁迅若干充满机锋的书信与谈话，③ 以及 1957 年毛泽东关于假如鲁迅活着会怎样的答复，④ 昭示着鲁迅属于"永远的反对派"。其实，这一立场在 1927 年 10 月 25 日鲁迅于上海劳动大学的演讲中，已经基本成形。所谓"真的知识阶级是不顾利害的"，除了站在底层平民一边，还有就是"他们对于社会永不会满意的，所感受的永远是痛苦，所看到的永远是缺点"。⑤ 既然"看到的永远是缺点"，那就只能永远持批判的立场，而且一息尚存，战斗不止。

五　论文与杂感

对于决心走出宁静的书斋，彷徨在十字街头，经受血与火的考验的知识者来说，如何思考，怎么表达，依旧是个难题——文学形式的选择中，其实蕴含政治立场与意识形态。这就说到作为文学家的鲁迅与胡适不同的论政方式。极而言之，那就是在政治史与文学史上，《人权论集》与《伪自

---

① 鲁迅：《集外集·渡河与引路》，《鲁迅全集》第 7 卷，第 36 页。
② 周作人：《鲁迅的故家》，河北教育出版社，2002，第 327 页。
③ 1934 年 4 月 30 日鲁迅在致曹聚仁的信中说："倘当崩溃之际，竟尚幸存，当乞红背心扫上海马路耳。"（《鲁迅全集》第 12 卷，第 397 页）此外，参见冯雪峰的小册子《回忆鲁迅》，人民文学出版社，1957。
④ 参见周海婴《鲁迅与我七十年》，文汇出版社，2006，第 318—319 页。
⑤ 鲁迅：《集外集拾遗补编·关于知识阶级》，《鲁迅全集》第 8 卷，第 190、191 页。

由书》、《准风月谈》哪个更深刻，或更值得关注？

　　1928 年 3 月 10 日创刊于上海的《新月》杂志，希望兼及文学与政治，后者首先体现在胡适挑头，在第 2 卷第 2 号上发表的《人权与约法》。此文写于 1929 年 5 月 6 日，文中既批判国民党的党国体制，又呼吁国民党立法以保障人权。而后梁实秋、罗隆基等紧随其后，互相呼应，大谈法制与人权。《人权论集》于 1930 年 1 月由新月书店出版，书中大部分是胡适的文章，围绕三个问题展开：第一，人治还是法治；第二，在"训政"的招牌下是否可以胡作非为；第三，如何维护思想自由和言论自由。在序言中，胡适显得理直气壮："因为我们所要建立的是批评国民党的自由和批评孙中山的自由。上帝我们尚且可以批评，何况国民党与孙中山？"[1] 这场人权运动很快以失败告终，但在中国宪制史上意义深远。胡适吸取教训，日后与国民政府的冲撞，不再赤膊上阵，但胡适的论政始终以正面立论为主，很少迂回曲折、旁敲侧击、指桑骂槐。换句话说，现代史上蔚为奇观的"杂感"（杂文），非胡适的长项。

　　在《热风》的《题记》中，鲁迅这样描述其刊载于《新青年》上的"随感"：

　　　　除几条泛论之外，有的是对于扶乩，静坐，打拳而发的；有的是对于所谓"保存国粹"而发的；有的是对于那时旧官僚的以经验自豪而发的；有的是对于上海《时报》的讽刺画而发的。记得当时的《新青年》是正在四面受敌之中，我所对付的不过一小部分；其他大事，则本志具在，无须我多言。[2]

这段话初看十分低调，实则大有深意。所谓回避"泛论"与"大事"，而从"具体而微"的"小事"入手，用嬉笑怒骂的笔法，褒贬抑扬，纵横天下，其实正是"随感"的文体特征。此类体裁短小、现实感强、文白夹杂的"短评"，虽有"究竟爽快"的陈独秀与"颇汪洋，而少含蓄"的钱玄同等

---

　　① 胡适：《〈人权论集〉序》，季羡林主编《胡适全集》第 4 卷，第 652 页。
　　② 鲁迅：《热风·题记》，《鲁迅全集》第 1 卷，第 291 页。

参与创建，① 日后却是经由周氏兄弟的苦心经营，发展成为各具特色的"杂感"与"小品"，② 在 20 世纪中国散文史上大放异彩。

值得注意的是，在晚清报刊中，其实早已出现类似的篇幅短小、语带调侃的"时评"，比如梁启超的"饮冰室自由书"、陈冷血的《时报》闲评，但还没有凝集为一种相对稳定且被广泛接受的文体。一直到《新青年》的"随感录"，方将这种兼及政治与文学、痛快淋漓、寸铁杀人的文体充分提升。③ 政论与随感，一为开篇之"庄言"，一为结尾之"谐语"，二者遥相呼应，使得《新青年》庄谐并举。一开始只是为了调节文气，甚至很可能是作为补白，但"随感"短小精悍、灵活多变、特别适合于谈论瞬息万变的时事的特点很快凸显；再加上作家巧用预言、喻言、寓言，"三言"联手，不难令读者"拍案惊奇"。

"随感录"的横空出世，不仅为作家赢得了一个自由挥洒的专栏或文体，更凸显了五四新文化人的一贯追求——政治表述的文学化。关于鲁迅如何选择"杂感"这一文体，将其锻造成"寸铁杀人"的利器，并将其功用发挥到出神入化的境地，学界多有论述。④ 胡适也写短文，但不擅长嬉笑怒骂，庄谐杂出。单就文章而言，鲁迅杂文的隽永、深刻、好读、解气，论敌怒火三丈，但基本上抓不住把柄，这是胡适所学不来的。但胡适的谈政治，堂堂正正、开门见山、有理有据、逻辑严密，也自有其魅力。单就论题的重大以及视野的开阔而言，胡适很可能在鲁迅之上。

除了政治立场，鲁迅、胡适各自的精神气质与论述方式，某种意义上，也内在于其所选择的文体——"杂感"抑或"论文"。

---

① 参见鲁迅致周作人、许广平信，《鲁迅全集》第 11 卷，第 391、47 页。

② 参见陈平原《中国散文小说史》，上海人民出版社，2004，第 211—214 页。

③ 参见王风《从"自由书"到"随感录"》，夏晓虹、王风等《文学语言与文章体式——从晚清到"五四"》，安徽教育出版社，2006，第 71—91 页。

④ 参见陈平原《分裂的趣味与抵抗的立场——鲁迅的述学文体及其接受》，《文学评论》2005 年第 5 期。

在"文学改良"的背后

孙　郁[*]

胡适《文学改良刍议》问世已经整整百年。现在的青年对于其间蕴含的深层道理，未必都了然于心。"文学改良"观点的提出，乃试图疗救汉语书写病态的一剂药方，或者说铲除灰暗记忆的一种手段。胡适那代人已经深深意识到，中国人在自我蒙骗的自娱性写作中深陷苦海，颂圣与自恋之作比比皆是，文章道弊已久。而改变此态，不能不做历史清理的工作。我们看他那时候的书信、日记，思考之细让人生叹。陈独秀看到了胡适的内在焦虑，那背后的幽思有催促文艺新生的冲动。不过陈独秀深觉胡适还过于温吞，以为改良恐不能奏效，他的"文学革命论"的口号，把胡适的本意更为立体化了。

从文学入手提出改良和革命，其实是放弃固有的文章学理念，把新的书写思路带到日常表达里。其中重要的一点，就是远离儒家经典的缠绕，道与文分离，注重精神的独立性。用刘半农的话说，"故必须作者能运用其精神，使自己之意识、情感、怀抱，一一藏纳于文中。而后所为之文，始有真正之价值，始能稳立于文学界中而不摇。否则精神既失，措辞虽工，亦不过说上一大番空话，实未曾做得半句文章也"。[①] 也就是说，把载道的功能换为写意的功能。而这里重要的一点是，文章与文学的区分。把文学从文章中移除。

晚清的文人从文章学入手，渐渐寻找文学的概念。文章与文学，本是不同的概念，前者包括了经、史的元素，后者乃感性的、诗意的表达。不

---

* 孙郁，中国人民大学文学院教授。

① 刘半农：《我之文学改良观》，《新青年》第3卷第3号，1917年5月1日。

过周氏兄弟对文学的理解与胡适不同，他们讨论文学的时候，有时也借用文章学的概念，范围显得很宽。《摩罗诗力说》《论文章之意义暨其使命因及中国近时论文之失》中谈的文章，包含后来胡适所云的文学内蕴，只是概念极为含混而已。胡适谈论文学，一开始就撇开了旧的文章学理念，把与西方对应的 literature 引介过来。所以我们看他讨论问题时，文学、历史、哲学是分开的。鲁迅的审美意识，也与胡适有呼应的地方，比如他研究小说史，意识深处就是域外文学理念的一种反射。但鲁迅与周作人言及散文的时候，没有像胡适那么单纯，他们还残留着文章学的意识。鲁迅将自己的作品称为杂文，其实就是与纯文学的散文理念保持距离。

这种距离感，不是为了回到纯粹的旧文章中去，而是借用各类文体创造新的艺术形式。日本近代文学的变化，给周氏兄弟的启发很大，他们在日本人的经验里，意识到文学的纯和杂，各得其所。融汇各种艺术手段，对于词章的灵活使用大有意义。比如小说家如果也是文体家，那作品就有了另类的美。但专门于随笔写作的人，则有不同的心解。学者李长声就从约 1000 年前的清少纳言的《枕草子》到 13、14 世纪产生的鸭长明的《方丈记》、吉田兼好的《徒然草》里，看出日本人在文字间艺术地处理心性与自然的审美路途，好似知道了东洋随笔的源头。丸谷才一的一句话颇得其心趣："写的和读的都必须有游乐之心，此心通学问。"[1] 这句话点到了随笔的要处，日本和中国现代文人的笔记小品，基本都从这个路子而来，学术论文的片段，从几点出发敷成一片，遂有知识趣味的诗意化。周作人说这是古人的余音，吕叔湘则认为六朝的作品才是这种形式的源头。[2] 不管怎样，东亚人在文体形式上，总还是有交叉的地方的。

胡适与周氏兄弟不同的地方，是从一种明白、晓畅的文体里建立现代人健康的思想和趣味。他把写作从过多的精神承担解放出来，形成朗健、直观、诗意的体式。不过胡适讲文学，不是从文学思维入手研究内在的韵致，而是在颇为理性的实验主义思维里考虑问题。他认为创造新文学要有以下步骤：（1）工具；（2）方法；（3）创造。在工具、方法问题上，胡适的论述很是充分，但如何创造，则语焉不详。从他分析西方散文的写作来

① 李长声：《太宰治的脸》，三联书店，2014，第 300 页。
② 吕叔湘：《笔记文选读》，上海古籍出版社，1979，第 2 页。

看，他对中国旧的文章的批评并不过分，显得颇为中肯："西洋的文学方法，比我们的文学，实在完备得多，高明得多，不可不取例。即以散文而论，我们的古文家至多比得上英国的倍根（Bacom）和法国的孟太恩（Montaigne），至于像柏拉图（Plato）的'主客体'，赫胥黎（Huxley）等的科学文字，包士威尔（Boswell）和莫烈（Morley）等的长篇传记，弥儿（Mill）、弗林克令（Franklin）、吉朋（Gibbon）等的自传，太恩（Taine）和白克儿（Buckle）等的史论；……都是中国从不曾梦见过的体裁。"① 胡适看到了中国文学存在的内在问题，对于新文学的渴念也尽在言中。但文学样式的多样化如何出现，是一个实践的问题，并非简单的理论问题，而解决了这一难题的，倒是周氏兄弟和后来的许多青年作家。

胡适专注新文学理念的探索，与旧的文章进行切割，显出改良的决然，而周氏兄弟一直还是带着旧习。白话文通行不久，周作人就意识到，放弃旧的文章的观念，可能会损坏文学的丰富性。因为中国几千年的书写传统里，有许多好的经验，且可以与白话文互为参照。他在关于文言与白话问题的思考上，开始以折中的态度为之，内中有诸多感慨。《中国新文学的源流》中所阐释的思想，与胡适《白话文学史》的立意就不太一致了。

多年前在写《微笑的异端：影像中的胡适》时，我曾经这样表述自己的看法：大凡留意文学史的人，如果不是有创作的欲望，多是有鉴赏的嗜好。胡适早期喜欢读书，著述的冲动在其文字里也可看到。他在《竞业旬报》写下的文章，表现出不凡的才情。不过说理的激情大于意象式的思维，所以在年轻的时候就注定了他未来的选择，倾向于学究式的境况，而不是作家的心态。学者眼里的文学和作家眼里的文学是不尽相同的。看他的文字就能发现和五四许多作家不同的一面。后来一些青年作家对其不以为然，也不是没有道理。

独异的文人是不太理会学者的文学史观的。他们会觉得那是纸上谈兵，离心灵的距离殊远。浏览胡适讲文学史的文章，没有像看鲁迅文本那样的震动，像是和蔼的长者，坐在书斋里慢条斯理地谈天说地。再奇幻的作品，在他那里也不能掀起情感的涟漪，一切都转换成静静的风景。不是融化在

---

① 胡适：《建设的文学革命论》，季羡林主编《胡适全集》第 1 卷，安徽教育出版社，2003，第 66 页。

其中，而是远远地站在画面的对面，情感的波浪都凝寂起来了。我印象里他的读解文学，不是审美的好奇，将自己从中剥离出来，而是抽象出什么道理，归纳规律性的东西。比如他阅读《诗经》，更看重的是社会学的隐含，而不是单一的生命价值，即从社会学的层面颠覆传统的、狭窄的道学理论。《论汉宋说〈诗〉之家及今日治〈诗〉之法》强调，《诗经》"当以二十世纪眼光读之"。"古人说《诗》之病根，在于以《诗》作经读，而不作诗读。"① 此观点是很有道理的。但怎么"作诗读"，他却没有展示，彼时的兴奋点不是在艺术的神韵里，而是在社会内涵中。1922 年 4 月 22 日，他在日记里再次讲到《诗经》的问题，大意是要用社会学与人类学的知识来解释《诗经》。其中民俗学的角度更为重要。诗对他而言意味着知识，还不仅仅是美的精神。这是典型的学人式的史的眼光，与自由诗人和作家的精神体验之不同显而易见。

由于要在艺术之途寻找规律，他的思路急于在现象的归纳上行走，几乎来不及咀嚼"神思"一类的存在。作为归纳法的信仰者，胡适打量文学时的目光是锐利的。比如他认为我国文学有三大弊端，一是无病呻吟，二是模仿古人，三是言之无物。其观点入木三分。这也是"文学改良"意识萌发的原因之一。不是讲不破不立吗？胡适要破的就是这三种流弊，继起的是新的文化理念。在他看来，文学有了问题，就必然发生革命。他在《吾国历史上的文学革命》中说道：

> 即以韵文而论：《三百篇》变而为《骚》，一大革命也。又变为五言，七言，古诗，二大革命也。赋之变为无韵之骈文，三大革命也。古诗之变为律诗，四大革命也。诗之变为词，五大革命也。词之变为曲，为剧本，六大革命也。何独于吾所持文学革命论而疑之？②

这里有进化论的支撑，哲学的归纳法也起了作用。类似的话，王国维也是写过的。不过王国维和胡适的区别是，王国维是从心灵的过程及精神

---

① 胡适：《论汉宋说〈诗〉之家及今日治〈诗〉之法》，季羡林主编《胡适全集》第 12 卷，第 3 页。
② 胡适：《吾国历史上的文学革命》，季羡林主编《胡适全集》第 28 卷，第 334 页。

的演变来看文学的进化，胡适是从社会规律的角度打量诗文的轨迹。从社会规律的角度看问题，往往在宏观上、意识的流变上着眼，会把问题意识延伸到艺术之外的领域。而从心灵的层面瞭望文学之路，就会是摇滚撼动的内力，直接与玄学里的东西接触了。《人间词话》远胜胡适的读书笔记，是世人公认的。但胡适开阔的社会学视野，也非当时的人可以比肩。王氏的价值是私人的、个体的。胡适则开一代人认知事物的风气，为后来者铺上天梯，自己消失了，却让无数人站高了，也不能说没有王国维式的意义。

　　从胡适早期留下的文章可以看到，他对文学的爱好，不是走奇、险、怪的路子，他认为文章乃辞达而已，不是作态的文体。他厌恶文学里的故作高深，认为通达与素朴之美是重要的。所以他在《论"文学"》里说："文学大别有二：有所为而为之者；无所为而为之者。"① 这二者里，一是功利的，二是超功利的。前者是讥讽、劝导、暗示，后者乃游戏与自由的表达，忘我的燃烧。文学是很个性化的劳作，是极其隐私和自我的。可胡适却不是从私的角度阐释这些，而从公的，即社会的共同层面论述诗文的奥秘。其实他欣赏比自己高妙的文人，比如徐志摩、沈从文、张爱玲，他很喜欢他们的文字，对周氏兄弟也颇为推崇。不过他讲文学的时候，偏重于史的时候居多。从认知的角度了解它们，不是从心灵的感受上阐发问题。所以他的讲文学，和同时代的许多人略有区别。

　　《文学改良刍议》的观点是从理论的角度和蔼地论述现象的好文章。遗憾的是显得有点平平。我觉得后来他的那篇《五十年来中国之文学》，倒显示了他的实力。这一篇论文旨在强调文学乃进化的产物，是从死路进入活路的过程。古老的东西再好，如不符合今人的生活，那也是死的了。重要的是当下生活的反映，与大众的存在有关。如果没有活的人性化的文本存在，大众是不喜欢的，它的意义则是可疑的。一个值得关注的现象是，胡适很看重平民的文学，对传统士大夫不屑的俚俗文艺情有独钟。《五十年来中国之文学》虽赞赏了严复、林纾、谭嗣同、梁启超的历史贡献，更感兴趣的却是《三侠五义》《老残游记》《官场现形记》《二十年目睹之怪现象》之类的作品，在胡适看来，这是高于贵族的、鲜活的民众的艺术。五四那代人了不得的地方，就是把士大夫一贯认为的文学地图踏碎了，建立起新的没有框子

① 胡适《论"文学"》，季羡林主编《胡适全集》第28卷，第223页。

的新文学。一方面是欧美学理的东西，另一方面又是民俗和平民的传统，二者结合起来，造就了一种活泼的文风，一个新的文学时代就这样出现了。

欣赏平民的、底层的文学文本，其实是对士大夫酸腐性书写的一种扬弃。腐儒腔、八股腔都与真的文学远甚，那些文不雅驯的底层流行的艺术，倒是折射出社会生活动人的一隅。他对《儒林外史》《海上花列传》的欣赏，都是因为内中有社会环境和人性的深处写真。他阅读这些文本的兴奋点，包括其中蕴含的丰富社会学的史料。在胡适看来，从平民文学得到的认识，比从贵族文学得到的收获要多。平民文学作为对精英文学的抵抗的存在，给文学的进化带来动力。新的知识阶级出现之前，这些文本无疑起到了改良阅读风气的作用。

胡适的文学观和日本近代学术思想颇为接近。谷崎润一郎说："中国自古以'济世经国'为文章本色。占据中国文学宝座的主流汉文学，皆为经书、史书，再不然就是修身、治国、平天下为目的的著述为主。我少年时代用作汉文教科书的读物是四书五经、《史记》以及《文章轨范》等，总之都同恋爱相距甚远。过去，这些东西似乎被看成是真正的文学、正统的文学。到明治以后，坪内先生的《小说神髓》出现了，近松和沙翁、西鹤和莫泊桑的比较开始了，戏曲和小说才逐渐成为文学的主流。"① 这是近代潮流的必然，西方的文学观念改写了人文地图。人们把独抒性灵的文本从载道的话语中移除，将百姓日常生活艺术化地处理，"人的文学"和个性主义书写才有可能。

不过胡适没有看到，那些边缘的写作和文本，存在智性强弱之别。个性的文学如果没有逆俗的审美境界，平庸是必然的。在他的文学思想中，兰波、波德莱尔的地位不高，李贺、李商隐也不及白居易。《白话文学史》对文本的趣味远远不及对文学发展过程的趣味。只要看他对刘勰《文心雕龙》的怠慢，对陆机的不屑，当感到他对文学文本内在规律的隔膜。穆木天、汪曾祺后来对胡适的微词，也并非没有道理。

不妨说，《文学改良刍议》是汉语书写史上风气转变的一个纲领性文件，《白话文学史》则对这一文件进行了学术的论述。但这种论证因为趣味的偏狭，还不能给文学本体以更为深入的说明。倒是周作人、刘半农、傅斯年的文章从不同侧面填补了胡适的不足，我们把这些文章看成胡适思想

---

① 谷崎润一郎：《阴翳礼赞》，陈德文译，上海译文出版社，2010，第53页。

的一种注释和延伸化的表达。比如周作人的"人的文学"观念，傅斯年的"逻辑的白话文"观念，郭沫若的"生命的文学"观念，都将胡适的思想引申到深的层面。傅斯年呼应胡适的时候说："我们所以不满意旧文学，只为它是不合人性、不近人情的伪文学，缺少'人化'的文学。"① 这样的表述，才更为接近新文化的本质，由技术层面的表述进入了思想层面的思考。后来的文学变化，就是由此而发端的。

新文化运动是先有预设，后有了创作的实绩。无论是胡适还是陈独秀，他们的文学实践都很有限。而白话文学的发展，也非他们预想的那么简单。鲁迅的作品，就让他们大为惊奇，那是先前没有料到的存在，而左翼文化的产生及大众艺术的政治化导向，都超出了《新青年》同人的预料。胡适、陈独秀从文学的社会价值和应用的便利等角度思考审美的问题，且将被压抑精神从边缘召唤出来，贡献很大。但写作的语言实验性和独创性没有进入他们的视野，这也是为什么新文化深入延伸的时候，在文学界，周氏兄弟很快代替了胡适、陈独秀。

现在，时光已经过去百年，《新青年》一代已成了古人。回望流失的岁月里的人与事，赞之、骂之者都未曾间断。文化的变迁乃多种合力的结果，我们在单一语境里未必得其本意。胡适、陈独秀当年在多元的对话里开启自己的思想之旅，时代给了他们自由思考、自由表达的机会。今天贬斥《新青年》的人，多是在单一语境关注问题，和自由的思想者毕竟南辕北辙。新文化才诞生百年，不幸后来的波折多多，胡适等人的期待往往落到空处。新文学既是写真的文学，也是突围的文学。它的开放性和世界性的气魄，扫荡着一切自我囚禁、盲从无趣的幽灵。面对各种质疑，我们不得不思考的是：它何以在战乱的年代变为单值的话语？而在白话文语境里成长的人为什么丧失了与传统对话的能力？过于人为化的文化预设和自然的文化进化生态演进，哪一个更为恰当？这都是今人要回答的问题。历史看似已经断裂，但若隐若现之间，那些远去的灵魂与我们也息息相关。如果我们环视周围，会发现还在他们的影子里。当年先贤批评和审视过的存在，未必不残存在后人的躯体里。当世人还不能以自己的本真语言表达思想的时候，面对先贤的遗产，思想之门对我们永远是紧锁的。

---

① 傅斯年：《怎样做白话文？》，《新潮》第 1 卷第 2 号，1919 年 2 月 1 日。

胡适"八不主义"的反思

莫云汉[*]

一 引言

1915 年，陈独秀创办《青年杂志》（后改《新青年》），扇起新文学、新文化之风。1917 年，胡适在《新青年》第 2 卷第 5 号发表《文学改良刍议》，更激起另一波风潮。郑振铎在《文学季刊·发刊词》中有云："胡适之先生的《文学改良刍议》，开始了文学革命运动。"[①]《文学改良刍议》一文中，提出作文"八事"：1. 须言之有物；2. 不摹仿古人；3. 须讲求文法；4. 不作无病之呻吟；5. 务去滥调套语；6. 不用典；7. 不讲对仗；8. 不避俗字俗语。

后来，不知是否为了顺口，胡适在翌年发表的《建设的文学革命论》一文中，将"八事"稍易说法及次序，改为"八不主义"，即 1. 不作"言之无物"的文字；2. 不作"无病呻吟"的文字；3. 不用典；4. 不用套语烂调；5. 不重对偶——文须废骈，诗须废律；6. 不作不合文法的文字；7. 不摹仿古人；8. 不避俗话俗字。

此"八不"又可概括为四条：1. 要有话说，方才说话；2. 有甚么话，说甚么话，话怎么说，就怎么说；3. 要说我自己的话，别说别人的话；4. 是甚么时代的人，说甚么时代的话。

而在《建设的文学革命论》一文中，胡适更有石破天惊之论，谓中国文字、文学是死文字、死文学：

---

[*] 莫云汉，香港珠海学院中国文学系教授。
[①] 见李辉英《中国现代文学史》，香港，东亚书局，1976，第 3 页。

这二千年的文人所做的文学都是死的，都是用已经死了的语言文字做的。死文字决不能产出活文学。所以中国这二千年只有些死文学，只有些没有价值的死文学。……中国若想有活文学，必须用白话，必须用国语，必须做国语的文学。①

此外，文中提到"国语的文学，文学的国语"十个字，这十个字就是《建设的文学革命论》的主旨。郑振铎誉此文为"文学革命最堂皇的宣言"。②

当年胡适提出此等言论，鼓动潮流，影响巨大而深远。而其"八事"，早于 1916 年 10 月在《寄陈独秀》一函中已先道及，故此"八事""八不"之论说，至今已过百年，在此做一回顾反思，正其时也。

胡适先生是一代著名学者，而且行谊高尚，为世所钦。但所谓"八不"，既无新意，亦见偏颇，又或本末倒置，枉己（中）从人（西）。此或少年之作（胡适时 25 岁），勇于破坏而少建设。以下掇拾众说，逐条反思，敢做修补，聊贡一得。

二 "八不"反思：不作"言之无物"的文字

"不作'言之无物'的文字"这一主张，其实了无新意。

五四时所说"谬种"之桐城，其代表人物方苞在《又书货殖传后》文中，拈出"义法"二字以绳文，谓：

《春秋》之制义法，自太史公发之，而后之深于文者亦具焉。义，即《易》之所谓"言有物"也，法，即《易》之所谓"言有序"也。义以为经而法纬之，然后为成体之文。③

方氏所言之"义"，就是言之有物之谓也，如桐城为"谬种"，则胡氏

---

① 《建设的文学革命论》，《中国新文学大系·建设理论集》，上海文艺出版社，1981，第127—129 页。
② 《中国新文学大系·导论集》，东方出版社，无出版日期，第 58、113 页。
③ 郭绍虞编《中国历代文论选》下册，中华书局，1979，第 113 页。

岂非亦如是。

古人为文，几何不着重言有物，早在诗经年代，《毛诗序》云："是以一国之事，系一人之本，谓之风。言天下之事，形四方之风，谓之雅。"（《十三经注疏》）此句就是言之有物的另一说法，其所谓物，更是天下国家之事。后来，白居易有名句："文章合为时而著，诗歌合为事而作。"（《与元九书》）白氏谓文章诗歌，必有"时""事"二物，其说即上接《毛诗序》之绪也。至韩、柳言古文，则此物又名之曰"道"，韩愈弟子李汉在《〈昌黎先生集〉序》中说："文者，贯道之器也。"柳宗元亦谓："始吾幼且少，为文章，以辞为工。及长，乃知文者以明道。"（《答韦中立论师道书》）两句皆即周敦颐所云之"文以载道"之意。

就算以"香艳"见称之词体，亦有着重言中物者，如清周济《介存斋论词杂著》云：

> 感慨所寄，不过盛衰。或绸缪未雨，或太息厝薪，或己溺己饥，或独清独醒，随其人之性情学问境地，莫不有由衷之言。见事多，识理透，可为后人论世之资。诗有史，词亦有史，庶乎自树一帜矣。[1]

此将词与诗并论，盖诗有史，词亦有史，之所以成史，词中有"物"也。其"物"可为"绸缪未雨""太息厝薪"等之襟抱，如此则词的地位即以提高云。

无论是时，是事，是道，是史，皆言之有物之"物"，古人言之多且详，顾炎武再三致意云："文之不可绝于天地间者，曰明道也，纪政事也，察民隐也，乐道人之善也。若此者，有益于天下，有益于将来，多一篇，多一篇之益矣。"（《日知录》）可见胡氏"八不"之首条，便无新意，只是玩弄文字，不以载道之"道"视为"物"而已耳。

三　"八不"反思：不作"无病呻吟"的文字

"不作'无病呻吟'的文字"与"不作'言之无物'的文字"，二者实

---

[1]　周济：《介存斋论词杂著》，人民文学出版社，1984，第4页。

同属一意。盖言之有物，便不是无病呻吟。而不作无病呻吟的文字，固然甚是，此论前人言之亦多。《易经》有"修辞立其诚"，诚就是真，为文有真感情，即非无病呻吟。《庄子·渔父》又有云：

> 真者，精诚之至也。不精不诚，不能动人。故强哭者虽悲不哀，强怒者虽严不威，强亲者虽笑不和。真悲无声而哀，真怒未发而威，真亲未笑而和。[①]

庄子"不精不诚，不能动人""真悲无声而哀"等语，应用于文学，就是不作无病呻吟的文字之意。此外，《文心雕龙·情采篇》云：

> 昔诗人什篇，为情而造文，辞人赋颂，为文而造情。何以明其然？盖风雅之兴，志思蓄愤，而吟咏情性，以讽其上：此为情而造文也。诸子之徒，心非郁陶，苟驰夸饰，鬻声钓世：此为文而造情也。故为情者要约而写真，为文者淫丽而烦滥。而后之作者，采滥忽真，远弃风雅，近师辞赋。故体情之制日疏，逐文之篇愈盛。故有志深轩冕，而泛咏皋壤，心缠几务，而虚述人外。真宰弗存，翩其反矣。夫桃李不言而成蹊，有实存也，男子树兰而不芳，无其情也。夫以草木之微，依情待实，况乎文章，述志为本，言与志反，文岂足征。

古来为文，即有"为情而造文"及"为文而造情"之别，此刘勰早已言之，并对为文造情之徒心无郁怨，只堆砌辞藻者有所诋讥，谓不足以征云云。故胡适之此"不"，亦无新意。然其并非无的放矢，盖当时文坛确多有为文造情之作，如鸳鸯蝴蝶派小说，辞欲香艳，情欲哀怨，而词坛又为梦窗（吴文英）词风所左右，流于堆砌晦涩，了无生气。

再者，胡适恐无病呻吟之作使人流于悲观。此似言之有理，但试观古希腊文学，便以悲剧著名，且西方的哲学性格传统，亦根源于古希腊悲剧。吴芳吉（1896—1932）云：

---

① 黄锦鋐：《新译庄子读本》，台北，三民书局，2008，第441页。

以为无病而呻，则陷入悲观。……真能悲观之人，乃可以有乐观。古今最悲观者，莫如孔子，叹道之不行，至欲浮海去之。然曲肱饮水，乐在其中。善哉曾文正公言曰：古之君子，盖无日不忧，无日不乐。……今从事文学之人，固不患其悲，而惟患其不悲，因其不悲，是以亡国亡天下之祸，在于目前，竟无一人以咏叹之。①

从来伟大的感情，都由忧伤而出，所谓悲天悯人，这种怀抱，尤需培养。

四　"八不"反思：不用典

诗文用典，自古常然，短幅之诗文尤然。因字数句数不多，不能浪费文字，故用最经济手法，纳须弥于芥子之中，此为文学之一种进步，如禁用典故，无疑茹毛饮血以充腹，而不知郇厨之滋味。

《高斋诗话》载：

东坡问少游别作何词？秦举"小楼连苑横空，下窥绣毂雕鞍骤"。坡曰："十三个字只说得一个人骑马楼前过。"秦问先生近著，坡云："亦有一词说楼上事"，乃举"燕子楼空，佳人何在，空锁楼中燕"。晁无咎在座云："三句说尽张建封燕子楼一段事，奇哉。"②

这是用典而得经济之效的一个明证。
又如李商隐诗《泪》：

永巷长年怨绮罗，离情终日思风波。
湘江竹上痕无限，岘首碑前洒几多。
人去紫台秋入塞，兵残楚帐夜闻歌。
朝来灞水桥边问，未抵青袍送玉珂。

---

① 吴芳吉：《白屋吴生诗存·杂录》，台北，台湾学生书局，1977，第22—23页。
② 龙榆生：《唐宋名家词选》，香港，商务印书馆，1972，第111页。

此诗中二联用了四个有关泪的典故，即：（1）抚湘江之斑竹；（2）读岘首之残碑；（3）送明妃之远嫁；（4）悲项羽之夭亡。四者皆为下泪之事，而竟然"未抵青袍送玉珂"，则功名未遂而又灞桥送别，远多于千古伤心人之泪，不言而喻。如只赋其事，不用典故，当连篇累牍，亦索然无味也。

后辛弃疾《贺新郎·别茂嘉十二弟》一词仿之，亦罗列四个典故：

> 绿树听鹈鴃。更那堪、鹧鸪声住，杜鹃声切。啼到春归无寻处，苦恨芳菲都歇。算未抵、人间离别。马上琵琶关塞黑，更长门、翠辇辞金阙。看燕燕，送归妾。
>
> 将军百战身名裂。向河梁、回头万里，故人长绝。易水萧萧西风冷，满座衣冠似雪。正壮士、悲歌未彻。啼鸟还知如许恨，料不啼、清泪长啼血。谁共我，醉明月。

上阕用王昭君辞汉、卫庄姜送妾典故，下阕用李陵送苏武、易水送荆轲典故。合昔日女子之情别与男子之义别，以见今日与茂嘉十二弟之别，情义相发，悲壮相兼，读之令人荡气回肠。

古人之不用典者，当数李煜。吴梅云："二主词，中主能哀而不伤，后主则近于伤矣。然其用赋体，不用比兴，后人亦无能学者也。"盖后主禀赋真纯，而遭亡国之悲，此悲又非前人所同遇者，故直赋其事，不假托喻，后世无能学者，以此故也。

近年西方有左脑右脑之说，谓左右两脑各有专司，各有职能。大体而言，左脑之司职是语言、逻辑、分析、理智、符号、次序等，右脑之司职是图画、直觉、综合、情感、空间、想象、创造、无次序等。作诗文时用典故，是右脑的活动。因要运用直觉、想象、空间、综合等能力，将复杂的故事浓缩、提炼成简洁的文字。文学为右脑创作的活动，故运用典故为创作文学时同步之自然活动而已。

今之计算机操作，储存数据有所谓"压缩文件（zip 或 rar 等）"者，储存时可将容量变小，节省空间，但随时可复还原貌，便又得窥全豹。此正与用典相似，即字少意多，有纳须弥于芥子之效也。

五 "八不"反思：不用套语滥调

人与人沟通，必语言文字是赖，数千百年以来，语言文字累如山积，以供人之应用。有些词语，虽为烂套，然因习用已久，大家一说即明，如随时更变，反而不便。如"马路""薪酬"二词，今城市皆以车代步，街道上无马可行，但仍曰马路者，习惯之故也；又大小机构，工作之酬劳所得，皆以银行过户，或付现金与支票，但仍曰薪酬、发薪、出粮，而不曰"金酬""发金"者，亦出于习惯也。西方亦有套语，如两人见面时，一方问"How are you"，一方则答"I am fine"等，其理亦如是，彼邦不会以此为烂套而不用。

为文时自铸新词，固然可取可喜，但一些习用词语，用亦无妨。文学当贵乎创新，然所谓创新，在乎新意，不在乎一两个新词。吴芳吉云：

> 人事之变虽多，而天下之物有限。斜阳，芳草，此烂套也，然使不曰斜阳，而曰夕阳，而曰夕照，而曰落照，而曰落日，而曰夕日，而曰淡淡的日，昏昏的日，倦了的太阳，血般的太阳，异名虽众，其所指一也，其为意一也。不曰芳草，而曰香草，春草，青草，美草，茂草，好看的草，纤纤的草，碧油油的草，异名虽众，其所指一也，其为意一也。[①]

袁枚亦云："夕阳芳草寻常物，解用都为绝妙词。"故运用者心灵手灵，则任何词语皆可化腐朽为神奇也。

六 "八不"反思：不重对偶

中文单字单音，最宜对仗。刘师培《中国中古文学史》云："俪文律诗，为诸夏所独有，今与外域文学竞长，惟资斯德。"[②] 大自然中之万物，

---

① 吴芳吉：《白屋吴生诗存·杂录》，第26页。
② 刘师培：《中国中古文学史》，香港，商务印书馆，1972，第1页。

亦多成双成对。《文心·丽辞》有云："造化赋形，支体必双。神理为用，事不孤立。夫心生文辞，运裁百虑，高下相须，自然成对。"凡物皆以对称、均衡为美，就如人之身体，鼻口肚脐等居中，手足耳目分列左右，此即对称均衡也。至于五只手指脚趾，虽有长短，但双手双足合拢起来，亦是对称，若五官端正，左右对称，美态自现。这是大自然之构造，诗文讲求对仗，不过顺其自然而已。

一幅图像，或一室布置，内中诸物如果散而凌乱，纵然看过亦易遗忘。但诸物整齐有序，对称均衡，则既易入眼，又深记忆。章太炎《文学总论》云："古者简帛繁重，多取记忆，故或用韵文，或用骈语，谓其音节谐熟，易于口记，则以不烦记载也。"对仗之文，方便记忆，想孩提最有经验也。

托尔斯泰的小说 *Anna Karenin*，开篇有经典的一句："All happy families are alike but an unhappy family is unhappy after its own fashion."有译本如下："所有快乐的家庭都是相似的，但一个不快乐的家庭自有它自己的不快乐的原因。"这样亦步亦趋的对译，既索然无味，又难记忆。而另一译本，只十八个字："幸福的家庭家家一样，不幸的家庭各各不同。"[1] 言简意赅，且顾及对仗，这种中文，方为上乘。

胡适在此"不"之"不重对偶"后，即有"文须废骈，诗须废律"之偶句，想其以为如此方有文气，方有效力也。

再者，对偶句又有另一种作用，就是使读者明其语句结构而知其意，如《大智度论》云："大慈与一切众生乐，大悲拔一切众生苦。"如只得上句"大慈与一切众生乐"，"与"字或会解作"和""及"之意，但一对以下句"大悲拔一切众生苦"，则知"与"与"拔"同是动词，有"给予"的意思。

陈寅恪更以作对联为提高国文程度之方法，其在《与刘叔雅论国文试题书》中谓："对对子能表现中国语文特性之多方面，可以测验应试者之国文程度与思想条理。"其"形式简单而含义丰富"。而能对对联者，其效可：（1）分别虚实字及其应用；（2）分别平仄声；（3）测验读书之多少及语藏之贫富；（4）测练思想条理。

若此，对偶之文，其效至大。

---

① 林鹭：《译句不译字》，《信报》（香港）1906 年 2 月 11 日，文化版。

七 "八不"反思：不作不合文法的文字

胡适之所以提倡作合文法的文字，大概是受西方文字的影响。西方文字有一套严谨的文法，这有其历史及文化的原因，而中文之历史与文化背景与西文在在不同，故岂可以彼绳此，反谓中文不合文法。

从前国人作文讲义法，不言文法，吴芳吉云：

> 古之义法，犹胜今之文法，义法之所言者，尚着眼于文章之大体，今之文法之所言者，乃区区之形迹。①

盖西方如英文者，有所谓"八大词类""五大句型"，五种基本句型又有四个要素，即主词、动词、受词、补语。至若单字又分单复数、阴阳性、主受格、比较级、时式（现在、过去）、语态（主动、被动）等之变化。而中文乃"着眼于文章之大体"，非尽能将句子"斩件上台"，效其"区区之形迹"，如将此西方文法套于中文，势必佶屈聱牙，不成语句。而今日之中文，正多犯此毛病。

不合文法之作，胡适以"骈文律诗者为尤甚"（《文学改良刍议》）。其实，中国诗文无文法语序却有意脉。如"春日繁鱼鸟，江天足芰荷"，如依语序，该是"春日鱼鸟繁，江天芰荷足"。"柳色春山映，梨花夕鸟藏"，如依语序，该是"春山映柳色，夕鸟藏梨花"。"片云天共远，永夜月同孤"，如依语序，该是"片云共天远，永夜同月孤"。"楼雪融城湿，宫云去殿低"，如依语序，该是"雪融湿楼城，云去低宫殿"。②

原作虽无主词、宾词等文法，亦不依一定语序，但反因语序之颠倒错综及无文法之规绳，更能免除逻辑的干扰，其真其情乃直入心中，一望即浮出一幅幅的图画。

此种例子，俯拾即是，就如胡适所引之杜诗："香稻啄余鹦鹉粒，碧梧

---

① 吴芳吉：《白屋吴生诗存·杂录》，第22页。
② 参见葛兆光《汉字的魔方》引王力《汉语诗律学》，香港，中华书局，1989，第37页。

栖老凤凰枝。"乍看似不成句，而其意实为：香稻是鹦鹉啄余之粒，碧梧乃凤凰栖老之枝。王嗣奭《杜臆》谓："非故颠倒其语，文势自应如此。"《古今诗话》又谓其"语反而意奇"。

王荆公曾改杜荀鹤"江湖不见飞禽影，岩谷惟闻折竹声"为"江湖不见禽飞影，岩谷惟闻竹折声"，即将"飞禽""折竹"易为"禽飞""竹折"。又改王仲至"日斜奏罢长杨赋"为"日斜奏赋长杨罢"，以为如是乃健云云。① 庐隐（1898—1934）《读诗偶得》云："作诗不可绳之以逻辑……其不通处，正是其绝妙处。"②

"作诗不可绳之以逻辑"，其实文亦如是也。胡适在《寄陈独秀》中曾诋林纾文句有不合文法者，云：

> 林先生曰："呜呼，有清往矣，论文者独数方姚，而攻掊之者麻起，而方姚卒不之踣。"此中"而方姚卒不之踣"一句，不合文法，可谓不通。③

胡适以"逻辑""文法"规绳中文，指林纾一句，可言"方姚卒不踣"，或亦可言"方姚卒不因之而踣"，却不可言"方姚卒不之踣"云云。不知中文有"文势"，有"意脉"，如《诗经·郑风·野有蔓草》"有美一人，清扬婉兮"及《诗经·郑风·东门之墠》"岂不尔思，子不我即"等句，"有美一人""岂不尔思，子不我即"，为"有一美人""岂不思尔，子不即我"之倒装。又《韩非·外储说左下》云："故明主者，不恃其不我叛也，恃吾不可叛也。不恃其不我欺也，恃吾不可欺也。""不我叛""不我欺"即"不叛我""不欺我"之倒装。故林纾"卒不之踣"亦为"卒之不踣"之倒装也。此种倒装，在中文为常见者，虽不合"文法"而更见奇健，且语序乱而不失其意，如粤语"唔怪知得""唔怪得知""怪唔得知""怪唔知得""得唔怪知""得怪唔知""知唔怪得""知怪唔得"，各句的语序

---

① 魏庆之：《诗人玉屑》，台北，台湾商务印书馆，1974，第119页。
② 彰军编《庐隐作品精选》，广西师范大学出版社，1995，第158页。
③ 见《中国新文学大系·建设理论集》，第53—54页。

虽不同，但意则无异，一听即明。

胡适以英文文法套在中文上，实在有些牛头不对马嘴，正如将中文之平仄、回文、骈偶、双声叠韵等以规绳英文，想彼邦之人必不许也。

中国之诗文，不受逻辑及文法的规绳，正好与右脑之种种职能相配合，便于高速阅读。如《左传·宣公二年》载：

> 初，宣子田于首山，舍于翳桑，见灵辄饿，问其病。曰："不食三日矣。"食之，舍其半。问之，曰："宦三年矣，未知母之存否，今近焉，请以遗之。"使尽之，而为之箪食与肉，置诸橐以与之。既而与为公介，倒戟以御公徒而免之。问何故。对曰："翳桑之饿人也。"问其名居，不告而退，遂自亡也。

此段记宣子（赵盾）与灵辄之对话，其间多无主格受格、时式语态之文法，但若以右脑之直觉、综合等功能读之，即知孰为宣子之言，孰为灵辄之语，而其时为过去抑或当下，一看便明。

日人尝于高速公路并竖中、日、英文路标，令驾车者以定距、定速前进，测其辨识三种文字之速度，发现中文辨识最快，日文次之，英文为殿。盖中文每一字为方块、独立之图案，读字犹如视图，且无复杂之文法，左缠右缚，可以"一目十行"也。

大凡学习，先要模仿，尤其是学习诗文，就要多读、多仿，自然声入心通，驾轻就熟。如搬出一堆"文法"，反而阻碍思维。姚萧云："学诗文不摹拟，何由得入。须摹拟一家已得似，后再易一家，如是数番之后，自能镕铸古人，自成一体。若初学未能逼似，先求脱化，必全无成就。譬如学字，而不临帖，可乎？"春秋时，秦人孙阳（伯乐）撰《相马经》，谓"隆颡蛈目，蹄如累曲"者即为良马。其子得此书，出门试法，在道中见一蹦蹦跳跳的青蛙，观其高额大眼（"隆颡蛈目"），取书一看，即欣然谓得一良马，"但蹄不如累曲尔"（只是蹄子没有几层酒饼那么大）。其父知其子愚，转怒而笑曰："此马好跳，不堪御也。"这个笑话，可以借来说中文若只讲求"文法"，斩件上台，按图索骥，必会如此稚子之见蟾蜍而误作骐骥。

美国人芬诺罗萨（Ernest Fenollosa，1853－1908）《论中国文字的优点》有谓："我们译中国诗，千万别将我们的文法，加害于它。"又谓中文"不囿于不合理的文法，使文字生气横溢"。① 诚知言也。

八 "八不"反思：不摹仿古人

当年五四诸公之文学革命，意欲改革中国语文，本来无可厚非，而且值得尊重。惜所言稍有偏差，总视旧有之物为死东西，不屑摹仿。他们之所以有此思维言论，大概是受美国当时流行之哲学影响，如胡适留学美国，得涉詹姆士（William James，1842－1910）、杜威（Melvie Dewey，1851－1931）实用主义（Pragmatism）之说，詹姆士《序〈真之意义〉》（Preface to *The Meaning of Truth*）有云：

> 简言之，"真"之宜于思与"正"之宜于行同。宜之为宜，其道不一，有长期都宜的，有大体皆宜的，也有因时因地因事制宜的。宜于前的不必宜于后，因为经验会溢出旧辙的。②

其谓"宜于前的不必宜于后，因为经验会溢出旧辙的"，此或为五四中人如胡适"不摹仿古人"之所本。但此可谓为"死"的看法，因不摹仿古人，屏弃旧物，则今人又何以创新？我国人另有一个"生"的看法，如《论语·为政》云："子张问十世可知也。子曰：殷因于夏礼，所损益可知也……虽百世可知也。"后代变化，皆损益前代而为之，此世界所以生生不息。如将前代遗产皆否定之，不屑损益，此即将过去割断，今日便所余无几矣。

《庄子·秋水》有一寓言："子独不闻夫寿陵（燕地）余子之学行于邯郸（赵地）与？未得国能，又失其故行矣，直匍匐而归耳。"《汉书》据之亦有相类之说："昔有学步于邯郸，曾未得其仿佛，又复失其故步，遂匍匐而归耳。"（《汉书·叙传上》）这是"邯郸学步"或"故步自封"的故事，意即妄学他人，而又弃却故物，便行不得也。柳宗元《种树郭橐驼传》云：

---

① 见胡菊人《文学的视野》，香港，明窗出版社，1979，第 3、91 页。

② 詹姆士：《序〈真之意义〉》（Preface to *The Meaning of Truth*），陈伯庄编选《美国哲学选集》，台北，今日世界社，1961，第 111 页。

"凡植木之性，其本欲舒，其培欲平，其土欲故，其筑欲密。""其土欲故"一语，大堪玩味。盖泥土有"故"的元素，则树木"寿且孳"，而"其天者全而其性得矣"（《种树郭橐驼传》语）。

据此，则吾人习文，又岂能不摹仿古人。清徐增《徐而庵诗话》云：

> 或问余曰：诗如何作方得新，余曰：君不见古人之诗乎，千余年来，常在人目前而不厌，今人诗甫脱稿，便觉尘腐毕集，以古人学古，今人不学古，故欲新必须学古。①

庐隐《读诗偶得》言李白学古："其五言诗、拟古诗学刘公干，写景效谢玄晖。以太白大才尚分而学之，则吾人学诗尤不能不揣摩各家之长，俟既得之矣，则不难融化而自成风格。"② 大抵先摹仿，后创作，此凡创作者经验之论也。即如胡适《送任永叔回四川》之第三节：

> 这回久别再相逢，便又送你归去，未免太匆匆！多亏得天意多留你两日，使我做得诗成相送。万一这首诗赶得上远行人，多替我说声"老任珍重珍重！"

其意显为袭宋王观《卜算子·送鲍浩然之浙东》：

> 才始送春归，又送君归去。若到江南赶上春，千万和春住。

此非摹仿古人乎？其实，五四新文学之提倡者，谓不摹仿古人，却摹仿外国人，该等外国人，又何尝不是古人。故吴芳吉有云：

> 今人于创造，初无能力，于摹仿又不屑为，乃不得不出于破坏，而号其言曰新文学。然新文学之言大倡，举国风从之者，仍无不以摹仿为事。……此千万人者，于其二三首领之作，自抒情立意，口吻章

---

① 徐增：《徐而庵诗话》，《诗话丛刊》下册，台北，弘道文化事业有限公司，1971，第 1086 页。
② 彰军编《庐隐作品精选》，第 157 页。

法，以至声调语气，无不摹仿逼肖，而所谓二三首领者，虽于本国文学，不屑摹仿，于外国文学，依然摹仿甚肖。①

吴氏之言，说得痛快。

九　"八不"反思：不避俗话俗字

文字有雅俗、文野之分，中外皆然，文雅者固当佳，而谓野俗者必不善，此又未必尽然也。曹丕《典论·论文》云："奏议宜雅，书论宜理，铭诔尚实，诗赋欲丽。"盖文体各有所宜，故为文者不能不先辨体。小说一体，多记人物对话，为求传神，乃有因说话人之身份，出之俗字俗语了。《儒林外史》中载胡屠户骂范进：

> 你不看见城里张府上那些老爷，都有万贯家私，一个个方面大耳。像你这尖嘴猴腮，也该撒抛尿自己照照。不三不四，就想天鹅屁吃，趁早收了这心，明年在我们行事里替你寻一个馆，每年寻几两银子，养活你那老不死的老娘和你老婆是正经。

其中之"该撒抛尿自己照照。不三不四，就想天鹅屁吃"确实鄙俗，但非如此不能反映胡屠户之势利、粗鄙，这是文体使然。至于诗词等韵文，则又是另一种面貌，需要典雅为主，但打油诗则例外，此亦体裁之限之用也。

文学作品之优劣，有时在意而不在字，即非以字之雅俗为准。如朱元璋曾于鸡年命众官题诗，众官不敢题，请其先题。朱云："鸡叫一声撅一撅，鸡叫两声撅两撅。"此时众官不禁失笑，朱笔锋一转："三声唤出扶桑日，扫败残星与晓月。"吓得众官退避三舍，惊叹叫绝。此诗虽鄙俗而能传朱元璋豪迈磅礴之帝王气象。

胡适于众体文学，推重小说，大抵或有见小说中多俗字俗语，故谓不需避之，若是，则乃知其一不知其二，未包文学之全体也。

---

① 吴芳吉：《白屋吴生诗存·杂录》，第17页。

十　"死文字"与"言文合一"之反思

胡适在《建设的文学革命论》一文中，尚有"死文字"及"国语的文学，文学的国语"之论。

"死文字"之论，确石破天惊，因从前无人这样说过，亦无人敢这样说。但这样说是无的放矢，似是而非，黄尊生①感慨系之曰：

> 语言之生命，只有瞬息的现在，而文字之生命，则由现在而伸展至未来，延绵不绝。还有，文字是不死的，永存的。金石可以磨灭，但文字可以代代传抄，代代传刻传印，以成典籍，垂于永久。所以比之金石，可以更坚，更固，更悠久。假使世间只有语言而无文字，则这个世界便没有历史，没有记载，没有文化。②

又云：

> 死的只是某一些字，某一些词，某一些句子，某一些格调，某一种文体，某一种风尚。而不是文字。文字是不轻易死的，不容他死的。如果文字死了，国也亡了。③

文字为文化的载体，若文字死去，文化即成无主孤魂，国家亦随之而亡。故灭人国者，必先灭其文字。西方人至今仍读其几个世纪前的书，何尝有说过那些是死文字、死东西。胡适曾翻译法国人都德（Alphonse Dau-

---

① 黄尊生（1894—1990），里昂大学文科博士，娴熟多国语言文学，并为中国第一代的世界语（Esperanto）学者。曾著《中国语文新论》一书，对新文学运动的一些偏误，痛下针砭。李又宁（纽约圣若望大学亚洲研究所教授）谓："黄尊生先生，是最有资格讨论中国语文问题的一位学者，这书是他数十年来精心研究和观察的结果。……为语文专家和教育界人士，提出了许多参考思索的资料和问题。"萧公权（华盛顿大学教授）谓："（《中国语文新论》）识见渊博，议论明通，乃当今罕见之奇书，如称之为中国语文定论，亦无不可也。"

② 黄尊生：《中国语文新论》，香港，现代教育研究社，1989，第17页。

③ 黄尊生：《中国语文新论》，第43页。

det，1840－1897）之《最后一课》，说普法战争中，普鲁士（Prussia）大胜，破法军于色当（Sedan），普鲁士即禁当地人学习法文。此事可为"灭人国者，必先灭其文字"之脚注。胡氏翻译此文时，有否想过其"死文字"之论，实如自蹈于亡国之地？

至于"国语的文学，文学的国语"，即"言文合一"之另一说法。

言，经声音传送，凭听觉感受。文，靠工具书写，凭视觉感受。二者一易一难，一轻一重，不容混淆。胡适诸人，以西方是"言文合一"，而中国则相差得远，故主张向西方看齐，口怎样讲，手怎样写，使语言与文字一致。其实，这是美丽的误会，黄尊生谓："西方可以说是言文相通，并不是言文一致，不过语言与文字之距离，远不如中国之大而已。"①

黄尊生在其《中国语文新论》一书中，将见于书籍、读物的西方文字，大致分为两类：一类是口语体，即语体；一类是笔语体，即文体。这两类分得相当清楚，各有天地。②

十一　结语

胡适留美，受西方影响，一切抱怀疑态度，再加上当时中国积弱，乃思有以挽救之方，而文学为其一途。又以旧日之文字、文学过时，不合其在西方所见到的"进步"模样，于是高唱改良，甚至革命。但其药方并非王道，而且把脉不准，药石乱投，其影响不可谓不大。

《易经》井卦有"改邑不改井"一语。意谓都邑虽重建，而井则不迁移，盖井之所在，即水源之所在，故都邑可重建改观，井水处则无必要迁移，因人民已长久习惯在此井取水也。这道理可应用在语言文字及文学之变化上。语言文字是活的，可以变化，但其根本、源头，则不应更变。如果几千年来累积的一套语言文字都变了，那就不成中文了。

闻一多曾写新诗，但几年之后，则谓："六载观摩傍九夷，吟成娵舌总猜疑。唐贤读破三千卷，勒马回缰写旧诗。"又新文学运动之一分子的巴金，于 1980 年代撰文，对其当年所作所为大感悔歉。他在《随想录·汉字

---

① 黄尊生：《中国语文新论》，第 23 页。
② 黄尊生《中国语文新论》第 23 页有录语体、文体之例，兹不赘引。

改革》一文中说：

> 我年轻时候思想偏激，曾经主张烧毁所有的线装书。今天回想起来实在可笑。一个历史悠久的文明古国，要是丢掉他过去长期积累起来的光辉灿烂的文化珍宝，靠简单化、拼音化来创造新的文明，是不会有什么成果的。……单是会拼音，单是会认字，也还是文盲。……有人以为废除汉字，改用拼音，只要大家花几天工夫学会字母，就能看书写信，可以解决一切。其实他不过同祖宗划清了界限，成为一个没有文化的文盲而已。①

这些过来人的话，可为当头棒喝。

---

① 见巴金《讲真话的书》，四川文艺出版社，1990，第783页。

易卜生戏剧该怎样理解？

——以胡适、鲁迅的讨论为中心

叶　隽[*]

一　易卜生戏剧在西方戏剧史上的地位问题
——以刘大杰的评价为中心

1918 年，《新青年》推出"易卜生号"（第 4 卷第 6 号，1918 年 6 月 15 日），乃将作为文学家的易卜生在现代中国之文化场域隆重推出。其中，扮演主角的是留美归来的胡适，虽然陈独秀仍是刊物主编，但若论及对西方文学的熟稔，他还是不如胡适、鲁迅。但陈独秀的意义恰恰就在于他的元气淋漓与敢作敢为，他之首创《青年杂志》（《新青年》前身）以及对西学推介的"一马当先"都是佳例，这当然还包括他对马克思主义的宣传热情。这里要讨论的是他们联手对北欧作家易卜生的译介、推广与传播。

这就要涉及西方戏剧史上的一个重要问题，即易卜生究竟占据一个怎样的地位？要知道，即便在西方谱系里，北美、大洋洲都是 19 世纪以后才逐渐兴起洲际文明，即便是 20 世纪成为世界霸主的美国都被欧洲人视为"没文化"，其他地域的地位更是可想而知。作为西方源头的欧洲，仍是西方文明中不容低估的领头羊。故此，深入剖析欧洲文明内部的路径区分和规定性差异，乃是题中应有之义。就欧洲文学史之发展而言，以文艺复兴为原点，意大利、西班牙拔得头筹，在文学领域，但丁、塞万提斯分别构筑起最为辉煌的标志性建筑；英、法、德构成了现代三强的竞逐之势，而俄国虽然晚出，但由普希金—托尔斯泰—陀思妥耶夫斯基的路径，则充分彰显了这个民族伟大的诗性创造，更何况其背后所代表的斯拉夫文明的重要意义。尽管如此，我们要强调的是，如果说在近代欧洲的发祥期，形成了意、西、法的南欧三国鼎立局面，那么在现代欧洲的进展期，则形成了瑞、德、荷三分天下的格局。如谓不信，我们还是进入具体的戏剧史领域，稍做分辨。其中绕不过的核心人物自然是戏剧大家易卜生。

刘大杰（1904—1977）在日本学术谱系中用相当高的眼光来审视易卜生："欧洲戏剧，到了十九世纪中叶，是一个极沉闷的时代。英法德诸国，都在散文小说方面努力，因此一般文人，都不重视戏剧，就在这黑暗的时代，在东方的角上，忽然发出一道惊人的白光。对于欧洲的戏剧，起了重大的转变。使死了的戏剧，重得了新的生命，这是易卜生的近代剧运动。若是站在最高的峰上，俯视欧美的剧坛，可以看出希腊古典剧、莎士比亚剧、易卜生剧三个大变化。稍有世界文学常识的人，总知道易卜生在近百年戏剧史上的关系。"① 这一思路，显然勾勒出欧洲戏剧史的三大高峰时代，即古希腊—英国—北欧。这种说法固然可备一说，但确实问题不小，譬如怎么就忽略了德国呢？作为德国文学史家的刘大杰显然不可能是"无知者无畏"，他这样判断自然也有道理，所以专设第四章"易卜生以前的欧洲剧坛"，目的就是借梳理前史，来凸显易卜生的第三阶段巅峰地位。在叙述了英国的衰落、法国的小说时代之后，他列出了一个有趣的过渡，谓"德国的黎明"（之后就是"挪威的太阳"）：

> 哥德同席勒出现时代，与法国对抗，称雄全欧的德国剧坛，到了十九世纪的中叶，也是萎靡不振的状态。就是席勒，也不过是留着一点悲剧的余形，至于新剧运动，好像是黄昏时候的残阳。很奇怪的，德国政治的及社会的状态的大变化，没有给舞台上任何的影响。以致德国的剧坛，低落至于无力的状态，舞台上的东西，都是一些朗读辞及浅薄娱乐的音乐剧。纯粹的剧曲，已经睡在病床上了。那些德国文人，努力戏剧者，或是失败，或是缺少真正独创的精神，一时都模仿裹哥，小仲马他们的作物来。但在这种混乱的黑暗时代，忽然在东方

---

① 刘大杰：《易卜生研究》，商务印书馆，1928，"序"，第 1 页。

闪出一颗明星。在易卜生的太阳未出山以前，这颗明星久照在地平线上了。他现在的位置，德国人叫他做"德国的易卜生"，这人是谁，是赫贝尔。①

这段描述很有刘氏特色，虽然很难说客观公允，但确实是很个性化、很敢说的文学性语言。还好，他总算承认了歌德、席勒代表的德国古典时代，别忘了，这是一个人类文明史上未曾超越的辉煌时代，但对席勒似乎已是不太以为然了，说他是悲剧余形，显然是没有把握到席勒的好处，而这与其在《德国文学概论》中的判断似乎多少有些矛盾。他对席勒的美学观、历史观都有所涉猎，其末节还专门捡出"《威廉·退尔》与席勒精神"，认为："发表《盗贼》时候的席勒，与哥德一样是一个个人主义者，个人主义的世界主义者，他当时的研究心与艺术心的兴昧及期望的中心，是主张专制政治的倒坏，个人自由主义的进步。他与法国的福禄特尔（Voltaire）、狄德罗（Diderot），本国的雷心（Lessing）、哥德（Goethe）等同样。分明是一个个人主义的人道主义，及直接的以此为基础的世界主义者。他不是一个地方的市民，他以世界的市民为己任。"② 从另一个角度来看，刘大杰对戏剧的重要性是有明确认识的，譬如他将戏剧作为德国文学之重要特征加以标示：

在德国的文学史上，有一件很奇怪而又是很明显的事。就是剧作家，代表了各时代。在古典派初期，有雷心（Lessing 1729 - 81）；在黄金时代，有哥德（Goethe 1794 - 1832），有席勒（Schiller 1759 - 1805）；浪漫主义时代，有亨利·克莱司特（H. V. Kleist 1777 - 1811）；写实主义时代，有海勃尔（F. Hebbel 1812 - 63）；彻底自然主义时代，有霍普特曼（G. Hauptmann 1862 -   ），有苏德曼（H. Sudermann 1857 -   ）；表现主义时代，有汉森克洛浦（W. Hasenclever 1890 -   ），有恺石（G. Kaiser 1878 -   ）等。在某一个时代，没有旁的作家的声

---

① 刘大杰：《易卜生研究》，第122页。
② 刘大杰：《德国文学概论》，北新书局，1928，第153页。福禄特尔即伏尔泰，雷心即莱辛，哥德即歌德。

誉，更能超越他们而上之。同法国以小说代表时代的比起来，德国恰恰相反。①

恰恰是从这个角度来看，刘大杰这里对 19 世纪德国戏剧的严厉批评，是值得关注的。这倒也符合实情，因为 19 世纪德国文学确实是缺乏大师的年代。可刘大杰对黑贝尔的评价未免略嫌低些，因为其对后来者的影响是非常之大的，好在他补了一句："易卜生是赫贝尔的完成者，赫贝尔是易卜生的先觉者。"② 这个判断极为重要，实际上可以进一步引申出来的是，德国—北欧文学同属日耳曼文学谱系的接力意义。也就是说，知识精英都在某种同一性的知识轨道上行进，他们前赴后继，实际上是在完成缪斯主持的艺术竞赛，而这样一种竞赛不仅是一种个人赛，很可能更是一种相互支持、相互扶助的友谊赛、合作赛。引入相应的同类人物作为参照，正可见出刘大杰对易卜生的期望之切、期许之重。

如果说袁振英（1894—1979）的《易卜生传》主要还是向读者介绍作家的生平与作品的话，③ 那么胡适的《易卜生主义》则无疑要确立起一种范式意义来，他总结说："易卜生把家庭社会的实在情形都写了出来，叫人看了动心，叫人看了觉得我们的家庭社会原来是如此黑暗腐败，叫人看了晓得家庭社会真正不得不维新革命：——这就是'易卜生主义'。"④ 如此，在新文化运动的语境中，胡适便赋予了易卜生戏剧特殊的中国含义，家庭社会之维新革命。胡适大约终究是自由主义倾向浓厚的，所以他不会直接地站在革命的立场上，这也就不难理解他日后为什么会与陈独秀、李大钊等

---

① 刘大杰：《德国文学概论》，"序"，第 1 页。饶有趣味的是，另一部著作竟也有同样的论述："我们知道在德国文学史里面，有与他国文学史最不相同而且极奇特的事，就是各个时代的文学，差不多以戏剧——尤以悲剧——代表了全部的文学，虽然诗歌亦占了一个极其重要的地位。"李金发、黄似奇：《序》，李金发：《德国文学 ABC》，世界书店，1930，第 1 页。这里有两种可能：一是二者都袭自德国或外国学者的著作；二是李著袭自刘著。查《德国文学概论》初版于 1928 年 6 月，《德国文学 ABC》之序言则在 1928 年 7 月作于上海（原文误为 1728 年）。不过其他史家似乎也有共识，如余祥森也说："德国戏剧，在文艺界颇占特殊之地位。"余祥森：《德意志文学》，商务印书馆，1930，第 48 页。

② 刘大杰：《易卜生研究》，第 123 页。赫贝尔即黑贝尔。

③ 袁振英：《易卜生传》，《新青年》第 4 卷第 6 号，1918 年 6 月 15 日。

④ 胡适：《易卜生主义》（1918 年 5 月 16 日作于北京，原刊《新青年》第 4 卷第 6 号，1918 年 6 月 15 日；1921 年 4 月 26 日改稿），欧阳哲生编《胡适文集》第 2 册，北京大学出版社，1998，第 485 页。

人分道扬镳。他又进一步解释道："表面上看去，像是破坏的，其实完全是建设的。譬如医生诊了病，开的一个脉案，把病状详细写出，这难道是消极的破坏的手续吗？但是易卜生虽开了许多脉案，却不肯轻易开药方。他知道人类社会是极复杂的组织，有种种绝不相同的境地，有种种绝不相同的情形。社会的病，种类纷繁，决不是什么'包医百病'的药方所能治得好的。因此他只好开个脉案，说出病情，让病人各人自己去寻医病的药方。"① 这个比喻打得很有趣，就是"破坏"与"建设"的二元关系问题，也就是"脉案"与"药方"的二元关系问题。这里虽说的是个体的生病和医治，但也无妨引申开来看作一个国家的发展问题的对策。是开脉案还是开药方，或许真的是一个值得现代中国的知识精英认真反思的问题。革命者与改革者都是药方的执行者，他们是行动者；而诗人、学者和思想家则是医生，他们担负着开药方的权力，同时自然就承担着相当沉重的责任。胡适显然是对肩上的权力和责任的辩证关系有所意识的，所以他会予易卜生相当深度的同情之理解，乃趋同其述脉案的策略，而不倾向于急开药方，这一点从日后他与陈独秀、李大钊等人分道扬镳的路径选择上就可以看得非常清楚。

　　早在留美时代，胡适就对易卜生颇多接触，1915 年时即称："昨日读易卜生名剧《海妲传》（*Hedda Gabler*），极喜之。此书非问题剧也，但写生耳。海妲为世界文学中第一女蜮，其可畏之手段，较之萧氏之《麦克伯妃》（*Lady Macbeth*）但有过之无不及也。"② 留学生远在异国而能认真读书，已属相当可贵；而涉猎渐宽，能读文学精品，则更需要眼光和品位。胡适的留美时代，生活极为丰富，不仅是说他的社会活动、个体感情等方面，也包括读书世界的丰富多彩。我们只要翻开他的留学日记，就可以想见青年的胡适，是以怎样一种热忱的态度投入英语世界的知识之海中去的。虽然具体的篇目和论述等可以商榷，但这种求知的劲头显然很强，这其中当然包含了在西方文学宫殿里的求取菁华。彼时美国尚被视作新兴无文化根基之国家，其西方正宗，自然仍要追溯到欧洲。相较于希腊、罗马的显赫源泉地位，北欧文学无疑只应被视为后来之支流。尽管如此，北欧作家仍以

----

① 胡适：《易卜生主义》，欧阳哲生编《胡适文集》第 2 册，第 485 页。
② 胡适：《胡适留学日记》上册，1915 年 8 月 9 日，安徽教育出版社，1999，第 317 页。

其斯堪的纳维亚的日耳曼亲缘关系，扮演着甚为重要的角色，不可不察。

二 从"易卜生号"到胡、鲁之争——以胡适的 《易卜生主义》为中心

胡适对易卜生的文学史功用和思想史意义看得非常透彻，总结的也很到位，他认为易卜生的意义就在于对社会的深刻认知和规律总结。他归纳易卜生的基本方法乃是"写实主义"，并逐节论述各种主题，先是家庭："易卜生所写的家庭，是极不堪的。家庭里面，有四种大恶德：一是自私自利；二是倚赖性，奴隶性；三是假道德，装腔做戏；四是懦怯没有胆子。"①应该说胡适的看法是颇有见地的。他还结合易卜生文学世界里的典型形象加以解释，并未简单地停留在就事论事的狭隘理论阐述。当然，在我看来，胡适揭示最深的是易卜生发明的社会定律：

> 易卜生的戏剧中，有一条极显而易见的学说，是说社会与个人互相损害；社会最爱专制，往往用强力摧折个人的个性，压制个人自由独立的精神；等到个人的个性都消灭了，等到自由独立的精神都完了，社会自身也没有生气了，也不会进步了。社会里有许多陈腐的习惯，老朽的思想，极不堪的迷信，个人生在社会中，不能不受这些势力的影响。有时有一两个独立的少年，不甘心受这种陈腐规矩的束缚，于是东冲西突想与社会作对。上文所说的褒匿，当少年时，也曾想和社会反抗。但是社会的权力很大，网罗很密；个人的能力有限，如何是社会的敌手？社会对个人道："你们顺我者生，逆我者死；顺我者有赏，逆我者有罚。"那些和社会反对的少年，一个一个的都受家庭的责备，遭朋友的怨恨，受社会的侮辱驱逐。再看那些奉承社会意旨的人，一个个的都升官发财，安富尊荣了。当此境地，不是顶天立地的好汉，决不能坚持到底。所以你褒匿那般人，做了几时的维新志士，不久也渐渐的受社会同化，仍旧回到旧社会去做"社会的栋梁"了。社会如

---

① 胡适：《易卜生主义》，欧阳哲生编《胡适文集》第2册，第476页。

同一个大火炉，什么金银铜铁锡，进了炉子，都要熔化。①

更重要的是："社会对于那班服从社会命令，维持陈旧迷信，传播腐败思想的人，一个一个的都有重赏。有的发财了，有的升官了，有的享大名誉了。这些人有了钱，有了势，有了名誉，就像老虎长了翅膀，更可横行无忌了，更可借着'公益'的名义去骗人钱财，害人生命，做种种无法无天的行为。"② 这话表面看去不过讲的是些基本的社会丑恶现象，但如果穷究底里，则会发现其中有太多原规则性的规律式揭示和表达，这就是"社会规则"问题，是一些既定的"显规则"与"潜规则"的触及底里式的揭露。除总结那些基本的规则和定律外，胡适还饶有深意地表述道："那些不懂事又不安本分的理想家，处处和社会的风俗习惯反对，是该受重罚的。执行这种重罚的机关，便是'舆论'，便是大多数的'公论'。世间有一种最通行的迷信，叫做'服从多数的迷信'。人都以为多数人的公论总是不错的。易卜生绝对的不承认这种迷信。他说'多数党总在错的一边，少数党总在不错的一边'（《国民公敌》五幕）。一切维新革命，都是少数人发起的，都是大多数人所极力反对的。大多数人总是守旧麻木不仁的；只有极少数人，有时只有一个人，不满意于社会的现状，要想维新，要想革命。这种理想家是社会所最忌的。"③ 这些讲得又是何其深刻。至今观之，仍觉得它是那样的一针见血、切中要害。文学的价值或许就在于其历时性，无论时间如何迁易，其在揭示社会规律方面却有不可更变的根本规律和特征。

相较于胡适对易卜生的推崇备至，根据二元三维的原则，必然有一种相对的立场可能在场域中出现，在中国现代文化的场域里，无疑举出鲁迅是一种很好的选择。那么，鲁迅是一种什么样的态度？此期的鲁迅，仍在教育部做他的社会教育司科长，但保持了高度的文化关注和知识热情。他的认知，显然要比胡适早得多，还在 1907 年的时候，留日时代的鲁迅就在其名篇《文化偏至论》《摩罗诗力说》里对易卜生有所论述，而且相当深刻："伊勃生（即易卜生——引者注）之所描写，则以更革为生命，多力善

---

① 胡适：《易卜生主义》，欧阳哲生编《胡适文集》第 2 册，第 481 页。
② 胡适：《易卜生主义》，欧阳哲生编《胡适文集》第 2 册，第 482 页。
③ 胡适：《易卜生主义》，欧阳哲生编《胡适文集》第 2 册，第 482 页。

斗，即近万众不慑之强者也。"① 在具体论述易卜生其人时，鲁迅颇多赞语：

> 有显理伊勃生（Henrik Ibsen）见于文界，瑰才卓识，以契开迦尔之诠释者称。其所著书，往往反社会民主之倾向，精力旁注，则无间习惯信仰道德，苟有拘于虚而偏至者，无不加之抵排。更睹近世人生，每托平等之名，实乃愈趋于恶浊，庸凡凉薄，日益以深，顽愚之道行，伪诈之势逞，而气宇品性，卓尔不群之士，乃反穷于草莽，辱于泥涂，个性之尊严，人类之价值，将咸归于无有，则常为慷慨激昂而不能自已也。如其《民敌》一书，谓有人宝守真理，不阿世媚俗，而不见容于人群，狡狯之徒，乃巍然独为众愚领袖，借多陵寡，植党自私，于是战斗以兴，而其书亦止：社会之象，宛然具于是焉。②

以如此见地来看胡适总结的那套易卜生思想，要想说不浅也难。这是由个体的基本学养和整体素质决定的，非简单的就事论事。所以，鲁迅批评说："胡适先生登在《新青年》上的《易卜生主义》，比起近时的有些文艺论文来，的确容易懂，但我们不觉得它却又粗浅，笼统吗？"③ 这个批评，应该说是相当尖锐的，可确实是抓住了胡适的软肋，因为其论述往往流于肤浅。但用来说《易卜生主义》一文，未免苛刻。如果我们认真细读《易卜生主义》，就应承认，此文还是有相当见地的。

但作为听将令的猛士，鲁迅似乎更关注易卜生的战斗性一面，曾特别强调其这方面的特点："Ibsen 敢于攻击社会，敢于独战多数。"④ 在这里，鲁迅显然将其视作与自己同调乃至可谓前辈的"精神界战士"。战乃是不得已而为之的事情，并不是所有时刻都要战天斗地，甚至都可以其乐无穷的。然而，选择以文坛为战场的鲁迅，似乎更多地选择了一种以笔为战的猛烈姿态。易卜生戏剧与社会的密切关系，则为这种选择提供了一个必然的入

---

① 鲁迅：《文化偏至论》（1907年），《鲁迅全集》第1卷，人民文学出版社，2005，第56页。

② 鲁迅：《文化偏至论》（1907年），《鲁迅全集》第1卷，第52—53页。契开迦尔即齐尔凯郭尔（1813—1855）。

③ 鲁迅：《玩笑只当它玩笑（上）》（原载《申报·自由谈》1934年7月25日，署名康伯度），《鲁迅全集》第5卷，第548页。

④ 鲁迅：《〈奔流〉编校后记（三）》（1928年），《鲁迅全集》第7卷，第171页。

口。就易卜生与中国的文化渊源而言，鲁迅之后当算是陈寅恪。早在1911年，陈寅恪还在留欧之际，曾泛海扬舟，游历挪威，拜谒易卜生的墓地："清游十日馆冰霜，来吊词人暖肺肠。东海何期通癗瘵，北欧今始有文章。疏星冷月全无趣，白雪沧波缀国妆。平淡恢奇同一笑，大槌碑下对斜阳。"① 显然陈氏对易卜生评价甚高，认为正是因了易卜生的天才出现，才确立了北欧的文学史地位。陈寅恪的眼光甚好，其虽以史学家名世，其实不乏文学眼光。此外，他还提及比昂松（BjØrnstjerne Martinus BjØrnson, 1832 - 1910），此君曾获1903年之诺贝尔文学奖，也是挪威的名作家。陈氏赋诗谓："嗟予渺渺偏能至，惜汝离离邃已陈。士有相怜宁识面，生原多恨此伤神。"② 这时的陈寅恪，不过弱冠之后，还很有青春时代的激情，对诗人骚客颇多同情之语，其见地识力均非常人可比。易卜生的意义，首先还是应纳入日耳曼文学史与思想史中来考察。道理很简单，在一个更为广阔的整体谱系里，才能更好地彰显出易卜生戏剧的意义。鲁迅曾从戏剧史的角度提到过这样一个诗人谱系：

> 莎士比亚虽然是"剧圣"，我们不大有人提起他。五四时代绍介了一个易卜生，名声倒还好，今年绍介了一个萧，可就糟了，至今还有人肚子在发胀。
>
> 为了他笑嘻嘻，辨不出是冷笑，是恶笑，是嬉笑么？并不是的。为了他笑中有刺，刺着了别人的病痛么？也不全是的。列维它夫说得很分明：就因为易卜生是伟大的疑问号（?），而萧是伟大的感叹号（!）的缘故。③

这是从现代中国的接受史视域来观察的，即莎士比亚（William Shakespeare, 1564 - 1616）、易卜生、萧伯纳（George Bernard Shaw, 1856 - 1950）。当然鲁迅说话，有时有嬉笑怒骂皆成文章的成分在，不必做文学史看待，可他

---

① 陈寅恪：《易卜生墓》（1911年），《陈寅恪集·诗集　附唐筼诗存》，三联书店，2001，第5页。

② 陈寅恪：《皮桓生墓》（1911年），《陈寅恪集·诗集　附唐筼诗存》，第5页。皮桓生即比昂松。

③ 鲁迅：《"论语一年"——借此又谈萧伯纳》，《鲁迅全集》第4卷，第583页。

对易卜生的肯定是显而易见的。其实，鲁迅不但读到了其时的相关文字讨论，也曾实地观剧，1919 年 6 月 19 日日记称："晚与二弟同至第一舞台观学生演剧，计《终身大事》一幕，胡适之作……"① 显然，鲁迅对胡适的戏剧活动是关心的。因为《终身大事》就是根据易卜生的《娜拉》所改编创作的。这样一种场域互动，是值得关注的，因为彼此都是中国现代文化史和思想史的重镇，而且各自背景不同，相较于胡适的留美背景，鲁迅留日归来，并未直接占据中国现代学术和教育场域的要位，虽身处官场，但往往以一种局外人的身份"袖手旁观"。所以往往旁观者清，只言片语，能得要义。

胡适既在北大场域风起云涌而得青年导师地位，作为易卜生在华影响的主要推动者自然也当仁不让。袁振英给易卜生作传，《新青年》在前面加有一个编者按："替易卜生作传，不是一件容易的事。袁君这篇传，不但根据于 Edmund Gosse 的《易卜生传》，并且还参考他家传记，遍读易氏的重要著作，历举各剧的大旨，以补 Gosse 缺点。所以这篇传是很可供参考的材料。"② 这段文字的署名是"适"，估计当为胡适，甚至他还嫌原文篇幅过长而略加删节。由此可见胡适在"易卜生号"中扮演的主要操手角色。

三　胡适、鲁迅的观念异同及其留学背景
——以留日学人之发凡起例为中心

在"易卜生号"中，除了两篇传论，其他文章都是译文，共选择了易卜生原作三篇，即《娜拉》《国民之敌》《小爱友夫》。③ 胡适与弟子罗家伦合译《娜拉》，估计应该是从英语间接译出，罗家伦是英文系出身，其英

① 1919 年 6 月 19 日日记，《鲁迅全集》第 15 卷，第 371 页。
② 袁振英：《易卜生传》，《新青年》第 4 卷第 6 号，1918 年 6 月 15 日。
③ 易卜生：《娜拉》（"A Doll's House"，罗家伦、胡适合译）、《国民之敌》（"An Enemy of the People"，陶履恭译）、《小爱友夫》（"Little Eyoff"，吴弱男译），《新青年》第 4 卷第 6 号，1918 年 6 月 15 日。当然我们应当注意到，后两篇并未完篇，所以后来是陆续在刊载的。譬如易卜生《国民之敌》（"An Enemy of the People"，陶履恭译）接着刊载于《新青年》第 5 卷第 1 号（1918 年 7 月 15 日）、《新青年》第 5 卷第 2 号（1918 年 8 月 15 日）、《新青年》第 5 卷第 3 号（1918 年 9 月 15 日）、《新青年》第 5 卷第 4 号（1918 年 10 月 15 日），一共连载了 5 期才结束。易卜生《小爱友夫》（"Little Eyoff"，吴弱男译）接着刊载于《新青年》第 5 卷第 3 号（1918 年 9 月 15 日）。

文水平应当较好，被胡适选中作为合作者。陶履恭就是陶孟和（1887—1960），曾任北大哲学系主任，著名的社会学家；吴弱男（1886—1973）是章士钊夫人，中国国民党首位女党员。这样一种译介和翻译的随之兴起是有密切关联的，譬如在此期"易卜生号"上，就刊出了一个《本社特别启事》："本社拟于暑假后，印行《易卜生剧丛》。第一集中含《娜拉》，《国民之敌》，及《社会栋梁》三剧。此外并有胡适君之序言，解释易卜生之思想。特此布告。"①

周氏兄弟在中国现代文化史上之异军突起，自然与其留日背景密切相关，虽然胡适那代人以留美经验而迅速在文化场域获得大名，但若论及对西学的接触迅捷和涉猎广泛，其实不如留日学人。虽然留日有诸多不如意之处，但毕竟也有王国维、章太炎、梁启超那代人流亡时代所遗留下的传统和工具，他们所达到的学术层次和境界，都不是一般人可以比拟的。而周氏兄弟乃至郭沫若、郁达夫、成仿吾等一代人，都可以从这个谱系中来看待。我特别强调留日群体的意义，就在于他们是假途移植，这个问题陈寅恪有非常清醒的意识："间接传播文化，有利亦有害：利者，如植物移植，因易环境之故，转可发挥其特性而为本土所不能者，如基督教移植欧洲，与希腊哲学接触，而成欧洲中世纪之神学、哲学及文艺是也。其害，则辗转间接，致失原来精意，如吾国自日本、美国贩运文化中之不良部分，皆其近例。然其所以致此不良之果者，皆在不能直接研究其文化本原。"②一般而言，就翻译史研究论，会相对轻视那种非由源出语翻译的文本；但从学术角度来看，很可能不是这样的，因为正是通过这种辗转中介，各种文化渗透的因子才得以充分体现，呈现出多元交融的景观，所谓"翻译文学"的概念在很大程度上就借鉴了这种思路。这种假途移植的方式往往会因每次转译过程中的文化语境转换及其相关因子的契合，而产生特别的文化创造意义，端在于当事者是否有此自觉之意识。周氏兄弟无疑是此中佼佼者，他们的学养和意识都出类拔萃，故能在日后大浪淘沙的文化场域中脱颖而出。"被损害与被侮辱的民族"这个名词应算是鲁迅的发明，而之所以能有此发明，其实与其在日语世界里的知识探索，尤其是北欧、东欧这

---

① 《本社特别启事（二）》，《新青年》第4卷第6号，1918年6月15日。
② 蒋天枢：《陈寅恪先生编年事辑》，上海古籍出版社，1981，第83页。

样的地域国别的发明是相关的。鲁迅对北欧文化的接触，也应从这个背景去理解。按照日本学者的观点："鲁迅于明治末来日本留学，他通过日语和德语吸收了欧洲近代文学的养分。但是这种吸收带有相当的个性色彩。"①这种欧洲近代文学，显然既包括欧洲主要国别如德、法、英等国的文学，也包括北欧、东欧等相对弱势的国家的文学。

鲁迅很可能是中国现代知识精英里最早提及易卜生的，他早在留日时代，即在《河南》发表名文《摩罗诗力说》（1908 年第 2、3 号，署名令飞）、《文化偏至论》（1908 年第 7 号，署名迅行）。或谓："伊勃生之所描写，则以更革为生命，多力善斗，即迕万众不慑之强者也。"②或谓："近世诺威文人伊孛生（H. Ibsen）所见合，伊氏生于近世，愤世俗之昏迷，悲真理之匿耀，假《社会之敌》以立言，使医士斯托克曼为全书主者，死守真理，以拒庸愚，终获群敌之谥。自既见放于地主，其子复受斥于学校，而终奋斗，不为之摇。末乃曰，吾又见真理矣。地球上至强之人，至独立者也！其处世之道如是。"③在青年鲁迅的心中，显然有将易卜生推向圣坛的意图，因其既将自己定位为精神界之战士，自然需要有强大的精神支柱，而以易卜生的愤世嫉俗与持笔为枪，是再合适不过的理想人选。

当然，更重要的或许还是，作为在现代中国转型时代无所依傍的知识精英，传统文化和思想自然地在其知识资源中出局，他们都迫切地需要引来外部资源以加强其精神柱梁建构。像易卜生这样的人物及其文学剧本世界，无疑是一个非常好的潜在资源。这一点，日本汉学家青木正儿（Aoki Masaru，1887－1964）曾撰文《将胡适漩在中心的文学革命》，可能洞察得更清楚些：

> 民国七年（1918）六月，《新青年》突然出了《易卜生号》。这是文学底革命军进攻旧剧的城的鸣镝。那阵势，是以胡将军的《易卜生主义》为先锋，胡适罗家伦共译的《娜拉》（至第三幕），陶履恭的《国民之敌》和吴弱男的《小爱友夫》（各第一幕）为中军，袁振英的

① 《鲁迅和日本文学》，竹内好：《新编鲁迅杂记》，劲草书房，1985，第 86 页，转引自陈玲玲《留日时期鲁迅的易卜生观考》，《鲁迅研究月刊》2005 年第 2 期。
② 鲁迅：《文化偏至论》（1907 年），《鲁迅全集》第 1 卷，第 56 页。
③ 鲁迅：《摩罗诗力说》（1907 年），《鲁迅全集》第 1 卷，第 81 页。

《易卜生传》为殿军，勇壮地出陈。他们的进攻这城的行动，原是战斗的次序，非向这里不可的，但使他们至于如此迅速地成为奇兵底的原因，却似乎是这样——因为其时恰恰昆曲在北京突然盛行，所以就有对此叫出反抗之声的必要了。那真相，征之同志的翌月号上钱玄同君之所说（随感录十八），漏着反抗底口吻，是明明白白的。……①

这篇文章将论述聚焦于胡适，显然对中国现代的文化场域有着相当深刻的认知。此文被鲁迅读到且摘引，估计激起了其内心涟漪，因为对易卜生的褒扬和亲近，他才是初始者。在青木正儿看来，这就是一场文学的革命战争，不过他对胡适地位的判断不对，胡适不仅是一个做先锋的将军，更是作为组织者的元帅。而鲁迅摘引此文更重要的原因，或许是对易卜生本身的关注，乃有"易卜生号"十周年之际的感慨。他所主持的《奔流》也出了一个易卜生小辑，并对易卜生的汉译史略做总结：

> 那时的此后虽然颇有些纸面上的纷争，但不久也就沉寂，戏剧还是那样旧，旧垒还是那样坚；当时的《时事新报》所斥为"新偶像"者，终于也并没有打动一点中国的旧家子的心。后三年，林纾将"Genganger"译成小说模样，名曰《梅孽》——但书尾校者的按语，却偏说"此书曾由潘家洵先生编为戏剧，名曰《群鬼》"——从译者看来，Ibsen 的作意还不过是这样的——
>
> "此书用意甚微：盖劝告少年，勿作浪游，身被隐疾，肾宫一败，生子必不永年。……余恐读者不解，故弁以数言。"
>
> 然而这还不算不幸。再后几年，则恰如 Ibsen 名成身退，向大众伸出和睦的手来一样，先前欣赏那汲 Ibsen 之流的剧本《终身大事》的英年，也多拜倒于《天女散花》，《黛玉葬花》的台下了。
>
> 不知是有意呢还是偶然，潘家洵先生的《Hedda Gabler》的译本，今年突然在《小说月报》上发表了，计算起来，距作者的诞生是一百年，距《易卜生号》的出版已经满十年。我们自然并不是要继《新青

---

① 转引自鲁迅《〈奔流〉编校后记（三）》（1928 年 8 月 11 日），《鲁迅全集》第 7 卷，第 171 页。

年》的遗踪，不过为追怀这曾经震动一时的巨人起见，也翻了几篇短文，聊算一个记念。因为是短文的杂集，系统是没有的。但也略有线索可言：第一篇可略知 Ibsen 的生平和著作；第二篇叙述得更详明；第三篇将他的后期重要著作，当作一大篇剧曲看，而作者自己是主人。第四篇是通叙他的性格，著作的琐屑的来由和在世界上的影响的，是只有他的老友 G. Brandes 才能写作的文字。第五篇则说他的剧本所以为英国所不解的缘故，其中有许多话，也可移赠中国的。可惜他的后期著作，惟 Brandes 略及数言，没有另外的详论，或者有岛武郎的一篇《卢勃克和伊里纳的后来》，可以稍弥缺憾的罢。这曾译载在本年一月的《小说月报》上，那意见，和 Brandes 的相同。

"人"第一，"艺术底工作"第一呢？这问题，是在力作一生之后，才会发生，也才能解答。独战到底，还是终于向大家伸出和睦之手来呢？这问题，是在战斗一生之后，才能发生，也才能解答。不幸 Ibsen 将后一问解答了，他于是尝到"胜者的悲哀"。①

虽然明白标示自己非继《新青年》之后尘，但实质上仍免不了在传统之内侨易的基本事实。在中国文化史上，这种对易卜生的译介和接受，是持续性的，而非自天外飞来的奇峰。我想鲁迅的意思，其实也是明确的，应更注重文化场域建设的延续性，对于现代中国来说，固然需要五四时代的狂飙突进、颠倒规则，但更需要、更具文化史意义的仍是常规建设的锱铢积累、水滴石穿，所以从这个意义上来说，鲁迅一直选择了一种相对局外人的"袖手旁观者"角色。他虽然由于留日背景，乃能假途日本更早接触到相关西学资源，譬如对易卜生的征引和评论，就可能是现代中国最早的易卜生知音，但并未借此来造势取威，占据场域地位。所以看鲁迅关于易卜生的议论，虽不乏尖刻辛辣之批评，总体而言却总显出一个建设者的平和心态，这是大家的风范。

胡适对易卜生的兴趣和接触，其实要归到留美时代，他自己曾记录："……《易卜生主义》一篇写得很早，最初的英文稿是民国三年在康奈尔大学哲学

---

① 鲁迅：《〈奔流〉编校后记（三）》（1928 年 8 月 11 日），《鲁迅全集》第 7 卷，第 171—173 页。

会宣读的，中文稿是民国七年写的。易卜生最可代表十九世纪欧洲的个人主义的精华，故我这篇文章只写得一种健全的个人主义的人生观。这篇文章在民国七八年间所以能有最大的兴奋作用和解放作用，也正是因为它所提倡的个人主义在当日确是最新鲜又最需要的一针注射。"① 由此可见，胡适这些用来在新文化运动中大显身手、掀起轰然巨波的知识，都是在留美时期就已经积累下来的。这种暴风骤雨式的"借学致用"，而且力求"立竿见影"，虽然"声势显赫"于一时，但往往不能真的探到宝山真玉，更可能与知识本身之原相相去颇远。对这点，胡适其实也心知肚明："四年前，我和一班朋友在《新青年》里出了一个'易卜生号'。那时我们在百忙之中偷闲做这种重大的事业，自然很多缺点。那是我们很对不住易卜生的。这几年来，我们总想把易卜生的著作多介绍一点给中国的读者，但时间上的限制终不能使我们实行这个愿望。"② 所以他高度评价此后潘家洵所做的翻译工作，如重译《娜拉》《国民公敌》《群鬼》等。就此点而言，凭借霹雳手段而获得先锋功绩，成就新文化运动领袖地位的胡适终于与鲁迅殊途同归，认识到文化建设终究是要靠循序渐进和踏踏实实的工作来实现的，而非一时毁誉的"语不惊人死不休"。或许，用这样一段评价来理解中国现代文化场域里两位相争而又不破的前贤是合适的："鲁迅与胡适，在我的视野里是两个窗口。一个通向深邃冷寂的长夜，一个连着开阔、暖意的春的原野。推开第一扇窗户，内心便有凛凛的寒意袭来，但在那彻骨的清凉里，却有反顾己身的快活，不再迷于人间的幻象；推开另一扇窗户，有春的气息弥向空中，仿佛自己也有了奔跑的活力，这时候便有了奔向户外的欲望，好像光明也不再远逝了一样。两个窗户连接着人间的两极。但在那暗夜后亦有亮色，阳光下也有阴影。通向鲁迅的路时常燃烧着火炬，那热浪中可以感到人性的魅力；而在胡适的世界里，常常有崎岖的山路，你几乎找不到一条平坦的大道，在荆棘遍地的所在，似乎亦有鲁迅那里的苦涩……"③ 在对易卜生的接受和解读，乃至用其知识资源于现代中国文化场域的问题上，

---

① 胡适：《介绍我自己的思想》，陈惇、刘洪涛编《现实主义批判——易卜生在中国》，江西高校出版社，2009，第 12 页。

② 胡适修订《易卜生主义》小言，载商务印书馆 1921 年版《易卜生集》（一），转引自陈惇、刘洪涛编《现实主义批判——易卜生在中国》，第 12—13 页。

③ 孙郁：《鲁迅与胡适》，长江文艺出版社，2007，第 3 页。

两人也是若合符节的。

四　易卜生的符号化功用

易卜生在现代中国的译介及其流行和消退，最重要的是具有符号化的意义。一个来自外国的作家，无论如何伟大，其实都不太可能代替本国的经典作家，只有在特殊的历史时期，才可能发挥出特别的历史作用，而五四时代正是那样一个需要借助外来英雄与榜样的时代。按照阿英（1900—1977）的说法："就由于这些介绍和翻译，更主要的配合了'五四'社会改革的需要，易卜生在当时的中国社会里，就引起了巨大的波澜，新的人没有一个不狂热地喜欢他，也几乎没有一种报刊不谈论他……"[1] 喜欢而至于狂热，可以见出一种外来思潮可能发挥的重大影响力。不过，若论及具体的易卜生影响是如何体现的，我还是更倾向于将翻译史、传播史与文学史联系起来考察，看一看这种知识轨迹链的形成过程究竟具体如何，又是如何发生复杂的变形、适应乃至创化的。设若如此，不妨更具体地潜入其时的文学与文化语境中去，鲁迅曾明确指出：

> 俞平伯的《花匠》以为人们应该屏绝矫揉造作，任其自然，罗家伦之作则在诉说婚姻不自由的苦痛，虽然稍嫌浅露，但正是当时许多智识青年们的公意；输入易卜生（H. Ibsen）的《娜拉》和《群鬼》的机运，这时候也恰恰成熟了，不过还没有想到《人民之敌》和《社会柱石》。杨振声是极要描写民间疾苦的；汪敬熙并且装着笑容，揭露了好学生的秘密和苦人的灾难。但究竟因为是上层的智识者，所以笔墨总不免伸缩于描写身边琐事和小民生活之间。后来，欧阳予倩致力于剧本去了；叶绍钧却有更远大的发展。[2]

这里体现出一个重要的维度，就是在中国现代文学史的发展维度中来理解

---

[1] 阿英：《易卜生的作品在中国》，转引自范伯群、朱栋霖主编《中外文学比较史（1898—1949）》上册，江苏教育出版社，1993，第243页。

[2] 鲁迅：《〈中国新文学大系〉小说二集序》（1935年），《鲁迅全集》第6卷，第247—248页。

"外国文学"的输入与介入，具体到一个标志性作家更是如此。在这个段落中，鲁迅提到了六个中国作家，俞平伯、罗家伦日后都不以文学创作称名；而杨振声（1890—1956）、汪敬熙（1897—1968）、欧阳予倩（1889—1962）、叶圣陶（1894—1988）等人则是新起的新文学作家，他们的文学创作构成了现代文学的一道阳光风景，值得深入探讨。这其中最具有深刻的文学史意义的，或许当推叶圣陶和欧阳予倩。欧阳予倩是典型的戏剧家，与易卜生更有同类可比性，但若论及思想层面的逐步深入，恐怕仍要推叶圣陶，所以鲁迅的用语很有讲究，在后者，是要有"更远大的发展"的，而如何远大、如何发展，却一如他往常的文字风格，有些语焉未详，有些含而不发。真相究竟如何？

应该说，聚焦社会问题，是易卜生戏剧的核心要素之一；这一点反映在五四文学时代，则是"问题小说"的流行，[①] 其时间虽然不长，却是"典型的'五四'启蒙时代的产物"。[②] 而由此起步，成为五四人生派小说代表作家的正是叶圣陶。他早年虽不乏"爱"与"美"的倾向，但确实有关注的"问题"："更集中于封建宗法制度下人与人之间关系的'隔膜'：《隔膜》一篇正面展开了人的精神上的相互隔绝，却又不得不虚伪地、无聊地互相敷衍的痛苦；《苦菜》则表现知识分子与农民之间的隔膜，知识分子认为饶有趣味的种菜的喜悦，农民却只感到沉重劳作无以维持生计的'苦'；《一个朋友》里夫妻之间也仅存所谓'共同生活'，而缺乏思想、感情上的沟通。叶圣陶在小说中提出的'隔膜'一题，与这时期鲁迅小说中关于'国民性改造'的问题，确有相通之处。"[③] 此后，叶圣陶致力于学校知识分子和市镇小市民的精神历程书写，"《饭》、《校长》等暴露当时教育界各种黑暗腐败现象，已经大大高出于前期的'问题小说'。而描写城镇小市民生活的作品，也不属小知识分子的自我表现，是采取了冷静批判的立场，着重于揭示小市民的精神病态。而与鲁迅的《幸福的家庭》等篇较为接近，

---

① 所谓"问题小说的出现受到欧洲、俄国表现社会人生为主的作品的直接刺激。1918 年《新青年》的'易卜生专号'使这位挪威作家的社会问题剧风行一时，这对'问题小说'是一个推动"。钱理群、温儒敏、吴福辉：《中国现代文学三十年（修订本）》，北京大学出版社，1998，第 62 页。

② 钱理群、温儒敏、吴福辉：《中国现代文学三十年（修订本）》，第 64 页。

③ 钱理群、温儒敏、吴福辉：《中国现代文学三十年（修订本）》，第 65 页。

又标志了叶圣陶风格逐渐成熟的前期代表性作品之一，是《潘先生在难中》"。① 归总言之，叶圣陶"对'五四'小说的脱掉稚气，对人生派写实小说的完型，贡献甚大"。② 不过，正如我们此后要谈到的，同是一个个体性的接受主体，叶圣陶在接受安徒生童话影响的创作实绩方面也贡献卓著，所以他的北欧文学渊源不容忽视，不是一个单向度的"点—点"之间的关系，这样一种复杂的文学侨易现象是值得深入探讨的。或者正如叶圣陶自己所说的那样："如果不读英文，不接触那些用英文写的文学作品，我决不会写什么小说。"③ 后世的文学史家也承认，其时"从观念到文体，外国翻译小说的影响至深至巨，它们表现在小说的形式、叙事、语言各个方面"。④我们要补充的则是，不仅是翻译小说，各类翻译作品，包括戏剧，其必然也会对整个汉语语境的文学创作乃至知识产生过程产生重大影响。

在这个过程中，翻译史考察显然不容忽略，要知道，任何一个严格意义上的外来作家的输入都不可能不通过译介过程来真正完成；而是否能寻得合适的输入语境的译者，则成为这样一种跨文化流通的关键所在，知识与思想侨易之变化微妙处也正在于此。所以，我们不妨对易卜生汉译过程中若干有趣的现象略做观察，譬如罗家伦与胡适合译《傀儡家庭》，乃是典型的"师生共舞"，要注意到罗家伦其时乃是北大的英文系学生；而林语堂翻译的《易卜生生平创作及给一少女的十二封信》，也可见出他当时的文化身份，他其时毕业于圣约翰大学，在清华学堂任英文教师。但按照鲁迅的判断，这里起到关键作用的，似乎应是《娜拉》与《群鬼》。《娜拉》鼎鼎大名，无须多言；而《群鬼》则也有其相当广的接受圈，按照胡愈之（1896—1986）的说法："近代文学中更有借病的遗传现象，做剧本或小说的主题的。像易卜生（Henrik Ibsen）所著的《群鬼》（*Ghosts*），描写一个儿子受了父亲的病毒遗传，酿成很凄惨的悲剧。达尔文发明的遗传学说，竟可当作剧本的绝好资料，可见得近代文学受着科学的恩典，是很不少

---

① 钱理群、温儒敏、吴福辉：《中国现代文学三十年（修订本）》，第 65—66 页。
② 钱理群、温儒敏、吴福辉：《中国现代文学三十年（修订本）》，第 66 页。
③ 叶圣陶：《叶圣陶选集》，开明书店，1951，"自序"，第 7 页。
④ 钱理群、温儒敏、吴福辉：《中国现代文学三十年（修订本）》，第 60 页。

了。"① 所以我们可以清楚地看到，无论故事也好，思想也罢，都随着知识载体的变化而发生流通传播的过程，当然其中必然有变易，可能是误读，可能是思想的升华，也有可能激发创生。所以，我们面对一个事物的发展，必须超出个体思维的狭隘观念，尽可能存有一种立体思维的空间张力，如此或能更接近事物发展变化之真相，譬如将事物纳入一个整体性框架中去考察也是一条不可忽视之路径。我们注意到，当时在介绍易卜生的作品的同时，其他北欧精英的作品也被推介。譬如杨昌济（1871—1920）就翻译了芬兰人威斯达马克的《结婚论》，刊载在《新青年》的首篇位置。② 这至少说明，当时北欧文化并不是中国知识界的盲区。易卜生的译介应纳入这样一个整体谱系中来看，即便在现代中国的五四语境之中，他也并不是孤立无援或横空出世的。对这个问题，其时的知识精英多半有明确认知，譬如先后留学日、德的艺术史家滕固（1901—1941）就认为："易氏的戏剧，是自然主义的戏剧，当时既横霸欧洲的剧界，此外有德国的哈北德漫（Hauptmann）、苏德漫（Sudermann）、英国的裴耐劳（Pinero）、萧伯纳（Bernard Shaw）一流的作家；和易氏同声唱霸，所谓易卜生派的作者。"③ 留欧的宋春舫（1892—1938）则更将其与拉丁文化联上渊源，评价说："自然主义起于法，盖有法人曹拉（Zola）为之首领。易卜生浸润其说，遂为近世戏剧史上之第一大家，而于世界戏曲史上开一新纪元也。"④ 茅盾当时任职于商务印书馆，特别是担任《小说月报》编务，其影响非同一般。他对其时的外来文学思潮有非同寻常的把握，所以对此颇有客观之评价：

> 易卜生和我国近年来震动全国的"新文化运动"是有一种非同等闲的关系，六七年前《新青年》出《易卜生专号》，曾把这位北欧文学家作为文学革命、妇女解放、反抗传统思想……等新运动的象征，那

① 胡愈之：《近代文学上的写实主义》，陈惇、刘洪涛编《现实主义批判——易卜生在中国》，第16页。

② 威斯达马克：《结婚论》，杨昌济译，《新青年》第5卷第3号，1918年9月15日。选译自威斯达马克《道德观念之起原与发展》。

③ 滕若渠：《最近剧界的趋势》，陈惇、刘洪涛《现实主义批判——易卜生在中国》，第19页。

④ 宋春舫：《近世浪漫派戏剧之沿革》，陈惇、刘洪涛编《现实主义批判——易卜生在中国》，第18页。曹拉即左拉。

时候，易卜生这个名儿萦绕于青年心胸中，传述于青年的口头，不亚于今日之下的马克思和列宁。①

这段话意味深长，值得推敲。一是揭明外来资源与本土潮流的关系；二是外来资源符号化的功用；三是文学符号与政治符号的关系问题，即易卜生符号是怎样为马克思（列宁）符号所代替的。这三个问题，均关系重大，非仅限于文学艺术范围。但至少可以印证的一点是，易卜生在五四时代的地位确实极为了得，远非其他外国名人可比，而其比拟者竟然是日后极为关键性地扭转中国发展进程的政治人物——马克思与列宁，其重要性和符号化功用也就可以想见了。

在中国现代文学史上产生重大影响的外国作家虽然有一些，但也不是很多。有些在本国乃至世界文学史上地位很高的作家，往往并未能获得相称的位置，譬如荷马、但丁、莎士比亚等都是。可易卜生固然或尚未能在这样一种谱系中得到一席之地，可若论及与中国现代文学史与思想史的亲密关系，则胜之。熊佛西（1900—1965）坦白承认："五四运动以后，易卜生对于中国的新思想，新戏剧的影响甚大。"② 这个判断就不仅关涉某个外来作家的影响问题，而是牵涉整个现代中国的戏剧史和思想史发展的大问题。那么，一个具体的外国作家、北欧作家，甚至是挪威作家的易卜生，是否能承受得起这样的重任？在我看来，作为"诗人巨像"的易卜生，正扮演了这样一种"他山之石"的作用，虽然我们对他的深度认知还远远不够，不过这并不妨碍他在时势造英雄的文化运动时代里获得"至尊宝"的地位，说到底，易卜生借助其时现代中国文化革命轰轰烈烈的潮流将自己成功"符号化"了。中国语境里的易卜生，与其说是一个大诗人的名字，或者某种风格或潮流的戏剧代表，毋宁说是一种强势的文化权力（或文学范式）代表，他直接地用文学的方式来触及苦难现实、发现人生问题、撼动固有结构、挑战绝对权力、重建人性社会。应该说，在政治革命（辛亥革命）不久、文化革命（新文化运动）方至、经济不振、社会纷乱、民生

① 茅盾：《谈谈〈玩偶之家〉》，《文学周报》第 176 期，1925 年，转引自胡文辉《陈寅恪诗笺释》上册，广东人民出版社，2008，第 6 页。
② 熊佛西：《论易卜生》，《文潮月刊》第 4 卷第 5 期，1948 年。

混乱的时代里，这样的一种"易卜生符号"是有其重要的积极价值的。可惜的是，常人总是喜新厌旧，而革命时代涌来的"舶来之物"又实在太多、太纷繁，这就使得此一符号方生，彼一符号又起，很难起到真正持久意义上的推进作用。有之，恐怕端赖知识精英本身的冷眼相看、清醒自持、不懈工作罢了。要之，作为中国现代文学史与思想史第一人的鲁迅，对此有一番发人深省的议论：

> 在中国的文坛上，有几个国货文人的寿命也真太长；而洋货文人的可也真太短，姓名刚刚记熟，据说是已经过去了。易卜生大有出全集之意，但至今不见第三本；柴霍甫和莫泊桑的选集，也似乎走了虎头蛇尾运。但在我们所深恶痛疾的日本，《吉诃德先生》和《一千一夜》是有全译的；沙士比亚，歌德……都有全集；托尔斯泰的有三种，陀思妥也夫斯基的有两种。①

上海商务印书馆曾出版潘家洵译的《易卜生集》，只出了两册。所以难怪鲁迅有此一问，这种译介外来知识资源过程中的"虎头蛇尾"现象，其实是大有意味的；而与近邻日本相比的差距，更是中国知识界应引以为训的。潘家洵倒是持续了他的易卜生翻译，可是要到 1950 年代才由人民文学出版社陆续出版其翻译的《易卜生戏剧集》等，鲁迅是不及见到了。翻译工作是一切的根本，舍却扎实有效、勤勤恳恳、不计功利的此类近乎高僧译场的工作，一切借石他山、洋为中用都是空中楼阁。进而言之，如何尽可能从场域利益之争中摆脱出来，使得知识产品能各安其位，真正有功用于文化创造本身，是在资本驱动之下的全球国家不得不面对的难题。对于现代中国来说，鲁迅的话依然没有过时，易卜生符号如何能不停留于"符号"的空名，乃至于产生更切实的创造性功用，仍是一个有待破解之题。

当然，易卜生不是一个戏剧家那么简单，其实说到底，他之所以能成为"易卜生符号"，除了其高明的文学手法之外，还要归功于他对社会问题的洞察和思想的深刻。故若论及在现代中国语境里介绍其思想，当数袁振英编撰的《易卜生社会哲学》，此书虽为作者 1925 年在广东国立大学的演

---

① 鲁迅：《读几本书》，《鲁迅全集》第 5 卷，第 496 页。

讲稿整理，却是一部近乎研究型的著作。此书分三卷讨论，卷一为通过易卜生之戏剧材料看各种社会现象之批评；卷二通过易卜生作品阐释易卜生之观念，如女性主义、个人主义、浪漫主义、唯实主义、象征主义等；卷三介绍易卜生的著作。① 或者还是周作人的见地高明，他能将对易卜生的评论超出简单的作家之争，而纳入整个的文学观中去考察："人的文学，当以人的道德为根本……譬如两性的爱，我们对于这事，有两个主张：（一）是男女两本位的平等，（二）是恋爱的结婚。世间著作，有发挥这意思的，便是绝好的人的文学。如诺威 Ibsen 的戏剧《娜拉》（Et Dukkehjem），《海女》（Fruen fra Hevet）……就是。"② 这样，他们进一步升华了易卜生符号的意义，使得其汉译剧本及其背后的观念思想更深度地融入了现代中国的历史进程，举凡文学观念的讨论、人本主义的提倡等，都可以隐隐约约看到背后的外来魅影，譬如说易卜生。作为侨易现象的易卜生戏剧无疑很有趣，因为其不仅涉及"诗人巨像"的符号化过程与某种扭曲变格，而且包括具体的"文学镜像"如娜拉等的语境变形、本土适应乃至新像幻化等的具体问题，甚至作为一个整体的"易卜生的中国侨易现象"。其中尤其要关注介入中国过程的多种元素渗透，不仅是知识人的，而且应包括更复杂和更深层的诸如经济、政治、社会等要素。

　　以上所分析的其时中国语境主要知识精英如胡适、鲁迅的讨论，只是一个面相而已，要想更多地揭示其细节、更深地追索其本质，仍需要进行更细致、更整体性的研究。

① 袁振英：《易卜生社会哲学》，泰东书局，1927。
② 周作人：《人的文学》，陈惇、刘洪涛编《现实主义批判——易卜生在中国》，第14页。

胡适留美期间对西方短篇小说的阅读与译介

邹新明[*]

1917 年 1 月，胡适在《新青年》第 2 卷第 5 号上发表《文学改良刍议》，其后陈独秀大张"文学革命"大旗，由此二人成为文学革命的领军人物。胡适所发起的文学革命，大致包括诗歌、戏剧、小说等几个方面。在诗歌方面，胡适积极尝试，出版了第一本白话诗集《尝试集》；在戏剧方面，胡适与罗家伦合译了易卜生的《娜拉》，自己也创作了戏剧《终身大事》；而在小说方面，胡适没有创作，只是翻译了一些西方短篇小说。他在《短篇小说》第一集"译者自序"中说："我是极想提倡短篇小说的一个人，可惜我不能创作，只能介绍几篇名著给后来的新文人作参考的资料。"[①] 胡适后来在《建设的文学革命论》中指出，《文学改良刍议》主要着重于破坏，从建设的角度讲，文学革命需要注重两点，其一便是方法，而这就需要向西方学习，包括西方短篇小说的翻译。可见胡适对翻译西方短篇小说非常重视，并且身体力行。

胡适对西方短篇小说的接触和翻译大致开始于上海求学时期，在留学期间，由于语言的提升和接触相关图书的增多，他阅读的西方短篇小说增多，眼界也大为开阔，并开始翻译较有影响的西方短篇小说。胡适归国后，继续翻译西方各国短篇小说，直到 1928 年在上海期间先后结集出版《短篇小说》第一集和第二集。笔者认为，胡适留美期间对西方短篇小说的阅读

---

　* 邹新明，北京大学图书馆研究馆员。

　① 胡适：《短篇小说》第一集，亚东图书馆，1920，"译者自序"，第 2 页。

和翻译，是其文学革命主张与实践的重要源泉，因此，有必要结合胡适留美期间藏书中留下的信息，对他这一时期接触翻译西方短篇小说的历程进行一番考察和梳理。

一　胡适对西方短篇小说的认识

胡适对西方短篇小说的认识，经历了由点到面、由浅入深的过程。而他对西方短篇小说的翻译，大致也走过了从不自觉到自觉的历程。

据胡适自己回忆，他对小说的兴趣大致源于在绩溪上庄读私塾期间。而从胡适发表的诗文和译述看，他对西方小说的接触大致始在上海读书期间。1907 年，胡适作《读小说〈铁锚手〉》，1908 年又分别作《读〈爱国二童子传记〉》《题〈十字军英雄记〉》，此外，他还于 1908 年作《读大仲马〈侠隐记〉、〈续侠隐记〉》，上述小说应该都是阅读的中译本。

值得注意的是，胡适在上海求学期间，已经开始翻译西方短篇小说了。笔者查到的有以下两种：（1）1908 年 4 月 21 日《竞业旬报》第 12 期发表的翻译故事《生死之交》；（2）1909 年 8 月 26 日《安徽白话报》刊载的翻译小说《国殇》。

此外，在胡适所藏 *Short Story Classics*（*Foreign*）（以下简称 *Short Story Classics*）Vol. Ⅱ 意大利和斯堪的纳维亚各国卷中，收录有 Edmondo de Amicis 的 "The Little Sardinian Drummer"，其介绍页上有胡适题记："此篇余尝为《安徽白话报》译成汉文，名之曰《鼓童》。"《安徽白话报》1908 年创刊于上海，出至第 6 期因报馆发生火灾停刊。1909 年 9 月复刊，1910 年初停刊。故此短篇可以确定也是胡适在上海求学期间翻译的。①

胡适在上海求学期间的翻译，主要是出于生计和贴补家用的考虑。1910 年 2 月 22 日，胡适在日记中写道："云五劝余每日以课余之暇多译小说，限日译千字，则每月可得五、六十元，且可以增进学识。此意余极赞成，后此当实行之。"②

据现有的材料，胡适留美期间翻译西方小说最早的发表时间为 1912 年，

---

① 胡适所译《鼓童》笔者未检索到，或许是有关数据库中《安徽白话报》收录不全之故。
② 曹伯言整理《胡适日记全集》第 1 册，台北，联经出版事业有限公司，2004，第 72 页。

其时胡适刚刚弃农转文，"官费每月减去二十元"，① 还要贴补家用。因此，胡适最初的小说翻译，主要还是为了解决生计问题。

1916 年胡适开始讨论文学革命时，已经意识到西方小说的译介是文学革命的一个重要手段。他在 1916 年 2 月 3 日的日记中摘录了给陈独秀书信中的一些内容，内中即有"今日欲为祖国造新文学，宜从输入欧西名著入手，使国中人士有所取法，有所观摩，然后乃有自己创造之新文学可言也"等语，② 此时的胡适，对于翻译西方小说，已经转变为自觉的行动，生计的考虑应该已经居于其次。

作为呼应，陈独秀在 1916 年 8 月 13 日给胡适的回信中说："大作《决斗》迟至今始登出，甚愧甚愧。……足下功课之暇，尚求为《青年》多译短篇名著若《决斗》者，以为改良文学之先导。"③

胡适对西方小说的认识，较早出现在他 1915 年 7 月 13 日给族叔胡近仁的信中，他说："老叔近有志于著小说，来书中屡言及之，今愿为老叔一陈所见。"④ 从这封书信，可以了解胡适对小说的关注和认识。在谈及西方小说译本时，胡适说："译本则林译之迭更司之《滑稽外史》、《块肉余生》、《贼史》，司各得之《十字军英雄记》、《撒克逊劫后英雄略》，小仲马之《茶花女》皆世界名著，有志于小说者不可不三复读之。君朔译之大仲马之《侠隐记》、《续记》、《法宫秘史》（三书是一部大书）亦可诵。"⑤ 胡适上面的推荐，大致不出其上海求学期间所接触的汉译本。胡适在信中指出，"小说之宗旨有二：一以娱人，一以淑世"。⑥ "无论娱人淑世，小说之法不出两端：一在状物写生，一在布局叙事，吾国小说盖以状物写生胜，西方小说则兼二者之胜。今当以西方之结构，补吾之不足。前所举各书中，布局最奇者，莫如《撒克逊英雄略》……"⑦ 大概是因为与不通外文的胡近仁

① 季羡林主编《胡适全集》第 23 卷，安徽教育出版社，2003，第 40 页。
② 季羡林主编《胡适全集》第 23 卷，第 278 页。
③ 中国社会科学院近代史研究所中华民国史研究室编《胡适来往书信选》上册，社会科学文献出版社，2013，第 3 页。
④ 季羡林主编《胡适全集》第 23 卷，第 86 页。
⑤ 季羡林主编《胡适全集》第 23 卷，第 87 页。
⑥ 季羡林主编《胡适全集》第 23 卷，第 88 页。
⑦ 季羡林主编《胡适全集》第 23 卷，第 89 页。

讨论，所以仅限于中译本。在谈及短篇小说时，胡适又说："短篇小说尤不易为，年来译有二三篇，最近有《柏林之围》一篇载《甲寅》第四号，乃法国名著也，曾见之否？"①

胡适在这封信中认为，小说的技巧主要在布局叙事和状物写生两方面，中国的小说强在状物写生方面，而西方小说则两方面都很优秀，因此应该学习西方小说在结构方面的优势，补充中国小说之不足。他强调，短篇小说尤其不易作。胡适所说自己曾翻译介绍的两三篇，应该就是《割地》（《最后一课》）和《柏林之围》。此外，胡适翻译的《百愁门》，发表于同年即1915年秋季的《留美学生季报》。胡适信中关于西方短篇小说的认识，大致应该是胡适留学之后阅读原本或英译本所得。

胡适归国后，继续文学革命的宣传与实践。除了继续翻译小说之外，他在理论上对西方短篇小说也有一些认识和介绍。

胡适在《建设的文学革命论》中指出："我以为创造新文学的进行次序，约有三步：（一）工具，（二）方法，（三）创造。前两步是预备，第三步才是实行创造新文学。"② 在讨论了工具和方法之后，胡适说："如今且问，怎样预备方才可得着一些高明的文学方法？我仔细想来，只有一条法子：就是赶紧多多的翻译西洋的文学名著做我们的模范。我这个主张，有两层理由：第一，中国文学的方法实在不完备，不够作我们的模范。即以体裁而论，散文只有短篇，设（原文误，应为"没"——引者注）有布置周密，论理精严，首尾不懈的长篇；……至于最精采之'短篇小说'，'独幕戏'，更没有了。……第二，西洋的文学方法，比我们的文学，实在完备得多，高明得多，不可不取例。……更以小说而论，那材料之精确，体裁之完备，命意之高超，描写之工切，心理解剖之细密，社会问题讨论之透彻……真是美不胜收。至于近百年新创的'短篇小说'，真如芥子里面藏着大千世界；真如百炼的精金，曲折委婉，无所不可；真可说是开千古未有的创局，掘百世不竭的宝藏。"③ 此文最后，胡适拟定了几条翻译西洋文学名著的办法，建议翻译第一部"西洋文学丛书"，"约数如一百种长篇小说，

---

① 季羡林主编《胡适全集》第23卷，第89页。
② 胡适：《建设的文学革命论》，《新青年》第4卷第4号，1918年4月15日，第297页。
③ 胡适：《建设的文学革命论》，《新青年》第4卷第4号，1918年4月15日，第303—305页。

五百篇短篇小说，三百种戏剧，五十家散文"。①

　　1918 年 3 月 15 日，胡适在北京大学国文研究所小说科做了《论短篇小说》的演讲，由傅斯年记录整理，先后发表于《北大日刊》和《新青年》。胡适在演讲中首先对短篇小说做了一个定义："短篇小说是用最经济的文学手段，描写事实中最精彩的一段，或一方面，而能使人充分满意的文章。"②胡适指出，那些可以传世不朽的短篇小说，都具备他定义的两个条件，即"事实中最精彩的一段，或一方面""最经济的文学手段"。胡适接着以自己翻译的都德《最后一课》、莫泊桑《二渔夫》为例。在简略介绍中国短篇小说的历史之后，胡适总结说："最近世界文学的趋势，都是由长趋短，由繁多趋简要。……小说一方面，自十九世纪中段以来，最通行的是'短篇小说'。长篇小说如 Tolstoy 的《战争与和平》，竟是绝无而仅有的了。所以我们检直（今作"简直"——引者注）可以说，'写情短诗'，'独幕剧'，'短篇小说'三项，代表世界文学最近的趋向。"③ 胡适认为，造成这种趋向的原因大致有两方面："（一）世界的生活竞争一天忙似一天，时间越宝贵了，文学也不能不讲究'经济'……（二）文学自身的进步，与文学的'经济'有密切关系。"④ 最后，胡适指出，要解救中国当时小说界的时弊，就"不可不提倡真正'短篇小说'"。⑤

　　综合上述胡适对西方短篇小说的认识，我们可以大致了解胡适何以致力于译介西方短篇小说。胡适认为，要进行文学革命，或者说创造新文学，由于中国传统文学在方法上的缺失，必须向西方学习，当时最好的办法就是翻译介绍西方优秀的文学作品。小说是文学最主要的门类之一。自 19 世纪中期以来，短篇小说盛行，与"写情短诗""独幕剧"一起，代表着世界文学由长趋短、由繁入简的最新发展趋向。

　　由上述资料还可以看出，胡适留美期间对西方短篇小说的阅读和译介，是他这方面认识最重要的源头活水。

---

① 胡适：《建设的文学革命论》，《新青年》第 4 卷第 4 号，1918 年 4 月 15 日，第 305 页。
② 胡适：《论短篇小说》，《新青年》第 4 卷第 5 号，1918 年 5 月 15 日，第 395 页。
③ 胡适：《论短篇小说》，《新青年》第 4 卷第 5 号，1918 年 5 月 15 日，第 406—407 页。
④ 胡适：《论短篇小说》，《新青年》第 4 卷第 5 号，1918 年 5 月 15 日，第 407 页。
⑤ 胡适：《论短篇小说》，《新青年》第 4 卷第 5 号，1918 年 5 月 15 日，第 407 页。

二　胡适留美期间翻译的西方小说及其底本

以往有研究者对胡适留美期间翻译的小说的底本进行过研究，只是因为当时《胡适藏书目录》尚未编成，无法参考，有关研究只能是推测。笔者有整理胡适藏书的便利和积累，因此可以对胡适所用底本做进一步的考察和断定。

（一）《最后一课》

都德的《最后一课》应该是胡适留美期间翻译的第一篇短篇小说，胡适当时取名为《割地》，翻译的时间在 1912 年 9 月。胡适在 1912 年 9 月 26 日的日记中记载："夜译《割地》，未成。"[①] 9 月 29 日又记："夜译《割地》成。寄德争，令载之《大共和》。"[②] 当年 11 月 5 日，上海《大共和日报》刊载了《割地》。1915 年，上海《留美学生季报》春季号重新刊出此小说，名称仍用《割地》。

胡适翻译《最后一课》所用的底本，笔者在今藏北京大学图书馆的胡适藏书中没有查到。段怀清教授根据胡适日记中未提及学过法文或懂法文，对胡适给曾朴的信中说的"十二年不读法文文学书了"的说法表示质疑，并且推测，"从胡适所译都德的《最后一课》及《柏林之围》均收录于'哈佛经典小说丛书'（*The Harvard Classics*）来看，胡适所译都德小说应转译自英文"。段教授还根据胡适留学日记第一天所记载"五尺丛书"送来，认为"'五尺丛书'就是'哈佛经典丛书'，该丛书收录了都德的五篇短篇小说，皆为英译本，其中就包括胡适所选译的两篇。而胡适自从购买到煌煌 50 巨册的'哈佛经典丛书'之后，时常翻阅——胡适对于西方文学的文本阅读经验，绝大部分来自于他阅读'哈佛经典丛书'。"[③] 段教授推测，胡适翻译都德《最后一课》《柏林之围》所用的底本为胡适留美期间购买的"五尺丛书"。这一推测其实存在一个误解。胡适确实购买了"五尺丛书"，

---

①　曹伯言整理《胡适日记全集》第 1 册，第 199 页。

②　曹伯言整理《胡适日记全集》第 1 册，第 200 页。

③　段怀清：《胡适文学改良主张中三个尚待澄清的问题》，《浙江大学学报》（人文社会科学版）2007 年第 3 期。

笔者在胡适藏书中发现了这套书，不少留有胡适留学期间的批注圈画和题记。但是段教授把"哈佛经典丛书"和"哈佛经典小说丛书"混为一谈了。胡适所购买的"五尺丛书"，即"哈佛经典丛书"，英文名为 *The Harvard Classics*，此丛书最初称为 *Dr. Eliot's Five Foot Shelf*，即胡适说的"五尺丛书"，这套丛书共 50 卷，既包括诗歌、戏剧等文学经典，也包括圣奥古斯丁的《忏悔录》、达尔文的《物种起源》、亚当·斯密的《国富论》，以及培根、伯克、笛卡尔、卢梭、霍布斯等人的著作，但基本没有小说。段教授所指应该是"哈佛经典小说丛书"，英文名为 *The Harvard Classics Shelf of Fiction*，共 20 卷，其中第 13 卷为巴尔扎克、都德、莫泊桑等法国作家的短篇小说集，收入都德的小说五篇，其中就包括《最后一课》《柏林之围》。因此，段教授推测胡适所据的底本为英译本是大致可信的，但底本不是胡适购买的"五尺丛书"，而是"哈佛经典小说丛书"。笔者在胡适藏书中没有发现这套丛书，考虑到其 20 卷的规模，遗失的可能性不大，笔者推测，胡适所用的底本或许来自大学图书馆等公共藏书机构。

至于胡适是否学过法文，笔者在胡适藏书中发现有 *French Self Taught*、*Complete French Grammar*、*A Shorter French Course* 等书，其中 *A Shorter French Course* 的扉页有胡适题记"Suh Hu，June，1915"，且书内数页有胡适的批注圈画。另有 *Easy French Plays*，此书为 *The Lake French Readings* 丛书之一，是一种法文读本，扉页有胡适题记："法文短剧三出，适，三年六月。"书内 42 页有胡适批注圈画。第一出戏剧末有胡适注明阅读日期"June 28，1914. Suh Hu"。以上胡适藏书足可证明，胡适留美期间的确学过法文。

（二）《柏林之围》

《柏林之围》是胡适留美期间翻译的第二篇短篇小说，作者仍为都德。大致翻译于 1914 年 8 月 25 日，发表于 1914 年 11 月 10 日《甲寅》第 1 卷第 4 期。该篇的底本与《最后一课》的底本一样，不见于胡适藏书，有可能同样出自 *The Harvard Classics Shelf of Fiction* 第 13 卷。

（三）《百愁门》

1915 年 9 月，胡适在《留美学生季报》秋季第 3 号发表短篇小说译作《百愁门》，此文为英国作家 Rudyard Kipling 的作品。Kipling，胡适将其译为吉百龄。笔者检索胡适藏书，发现有一本 Kipling 的短篇小说集 *Plain Tales from the Hills*，莱比锡 Bernhard Tauchnitz 1890 年版，为 *Collection of British Authors*，*Tauchnitz Edition* 丛书之一。在该书目录页，有一篇 "The Gate of the Hundred Sorrows"，篇名下有铅笔画线标记，可见胡适翻译《百愁门》所用底本应即为此。此外，胡适藏书中还有 Kipling 的著作两种：

（1）The Phantom 'Rickshaw/ by Rudyard Kipling. — New York：The Regent Press. 此书扉页有胡适签名："Suh Hu，March，1916."

（2）The Second Jungle Book/ by Rudyard Kipling. — Leipzig：Bernhard Tauchnitz，1897. Collection of British Authors，Tauchnitz Edition.

（四）《决斗》

1916 年 9 月 1 日，《新青年》第 2 卷第 1 号上发表了胡适的翻译小说《决斗》，这是俄国作家 Nikolai Dmitrievitch Teleshov 的作品。Teleshov，胡适将其译为泰来夏甫。

胡适藏有 *Short Story Classics* 一套四卷，此套书原有五卷，胡适所藏缺第五卷。*Short Story Classics* 第一卷为俄罗斯卷，扉页有胡适题写的中文题名："《短篇小说汇刻》俄国之部第一。"在此书目录页，多数篇名旁都打了钩，Teleshov 的小说 "Duel" 即《决斗》旁不仅打了钩，而且标有"译"字，应为胡适选择翻译底本时所留。该篇小说正文前有一页介绍文字，胡适译文前对作者的介绍，即部分参考了这些英文介绍。如胡适说，作者"尝肄业于莫斯科工业学校。至一八八四年，氏时仅十七岁耳，即以文学见称。其所作大抵师事俄国当代文豪齐科甫 Chekhov"。[1] 英文版介绍对应文字为："Studied at the Moscow Academy of Applied Science. He started on his literary career in 1884 and met with almost immediate recognition…Teleshov is a disciple of Anton Chekhov…"[2] 胡适还在此英文介绍文字下写有评语："此篇写极惨之情而以慈母姁煦之语气出之，遂觉信极哀惨，此真传神之笔也。"胡适在译文的正文前介绍小说："全篇写一极惨之情，而以慈母姁煦之语气出

---

① 胡适：《决斗》，《新青年》第 2 卷第 1 号，1916 年 9 月 1 日。
② William Patten，*Short Story Classics*（*Foreign*），Vol. I，New York：Collier，1907，p. 263.

之，遂觉一片哭声，透纸背而出，传神之笔也。"① 这与胡适在英文译本介绍页上的题记类似。在小说篇末有胡适评语："大似 Maekslinck's 'The Interior'. Read the third time. Jan. 13，1916，Suh Hu。"胡适在此篇翻译前的介绍中还明确说明："此篇乃由英文转译者。"② 综合上述，胡适翻译《决斗》所用底本应即此本。另，此篇译作又在《留美学生季报》1917 年秋季第 3 号上刊载。

（五）《二渔夫》

胡适于 1917 年初翻译了莫泊桑的短篇小说《二渔夫》，发表于 1917 年 3 月 1 日出版的《新青年》第 3 卷第 1 号。胡适在译文前有一段识语："六年正月，病中不能出，译此自遣。"③ 胡适藏书中收有多种莫泊桑小说集，笔者翻检，未见 "Two Friends" 篇。倒是 The Harvard Classics Shelf of Fiction 第 13 卷中收录有莫泊桑的该篇，此或即胡适翻译所据的底本。

（六）《梅吕哀》

1917 年 4 月 1 日出版的《新青年》第 3 卷第 2 号上，发表了胡适翻译的莫泊桑的短篇小说《梅吕哀》。据笔者查证，其所据底本应为胡适藏书中的莫泊桑的 Selected Stories Vol. Ⅲ，纽约 The Leslie-Judge Company 1912 年版。此书扉页有胡适题记 "《穆白桑集 1850—1893》"。该集收录的短篇 "The Minuet" 首页题名上有胡适朱笔书中文译名 "梅吕哀" 三字，篇末有胡适批注："此可作一篇 '公孙大娘舞剑器行' 或一篇 '江南遇天宝乐叟' 读。"

三　胡适留美期间阅读的西方短篇小说

笔者在整理胡适藏书的过程中发现，胡适留美期间阅读的西方短篇小说主要集中于前文述及的那套四卷本的 Short Story Classics。

---

① 胡适：《决斗》，《新青年》第 2 卷第 1 号，1916 年 9 月 1 日。
② 胡适：《决斗》，《新青年》第 2 卷第 1 号，1916 年 9 月 1 日。
③ 胡适：《二渔夫》，《新青年》第 3 卷第 1 号，1917 年 3 月 1 日。

张惠在《胡适翻译小说底本及其与〈红楼梦〉研究之关系考》一文中，根据"底本和译本的发表时间有逻辑上的合理性"、"底本的发行地和译者的留学地之同一性"、"胡适《短篇小说》所收的十篇中，有四篇收录在《经典短篇小说（外国卷）》第一卷和第二卷内，而这四篇的国别分别为俄国、瑞典和意大利，并在《经典短篇小说（外国卷）》都已经被译成了英文"、"胡适后来增补进《短篇小说》的唯一一篇《他的情人》，也来自于《经典短篇小说（外国卷）》第一卷"、"底本小传和译本小传的吻合程度相当高"以及"胡适有时候在翻译时所犯的错误，在核对《经典短篇小说（外国卷）》时才能豁然而明"等六个方面的考察，推断胡适翻译小说集《短篇小说》的"俄文、意大利文、瑞典文翻译小说的底本其实来源于美国纽约出版的 *Short Story Classics*（*Foreign*）[《经典短篇小说（外国卷）》]，出版者为 New York，P. F. Collier & Son，出版时间为一九〇七年，作者为 Patten，William（1868 – 1936）"。[①] 笔者查检胡适藏书，可以证明作者的推断完全正确，而作者考证之细密，结论之准确，令人叹服。

前文已经指出，胡适留学期间翻译的 Teleshov 的《决斗》，在胡适藏书中有充分的证据证明，胡适所用底本出自 *Short Story Classics* 第 1 卷俄国部分。

张惠推断，胡适归国后在 1919—1920 年翻译的，收入《短篇小说》第一集的其中四篇，其底本也出自此套 *Short Story Classics*。笔者翻检发现，胡适在此套书中留下的线索如下。

（一）契诃夫的《一件美术品》

此篇底本出自 *Short Story Classics* 第 1 卷俄国部分，其目录页 "A Work of Art" 右侧不仅有打钩，而且写有"译"字，与前述 Teleshov《决斗》的标注相同。在 "A Work of Art" 小说正文前的介绍页，有胡适朱笔题记："当看其戏曲。"值得一提的是，胡适后来在 1930 年 8 月 14 日阅读的 C. E. Bechhofer 翻译的 *Five Russian Plays* 中，就包括契科夫的 "The Jubi-

---

① 张慧：《胡适翻译小说底本及其与〈红楼梦〉研究之关系考》，《中国现代文学研究丛刊》2013 年第 8 期。

lee"。① "A Work of Art" 篇末有胡适批语："诙谐可喜。"《一件美术品》发表于 1919 年 5 月 15 日《新中国》第 1 卷第 1 号。胡适在译文前的作者介绍，有几句就是参考了 Short Story Classics 第 1 卷 "A Work of Art" 正文前的作者介绍，胡适说契诃夫 "曾学医学，但不曾挂牌行医。……人称他做'俄罗斯的穆白桑'。"② 对应的英文介绍为："Chekhov, who has been called the Russian De Maupassant…Though he received the degree of M. D., he never practiced medicine."③ 此外，胡适在译文前的介绍末明确说："这一篇是从英文重译的。" 从胡适所留下的批语和标注看，他留学期间已经读过这篇文章，至于当时是否已经翻译，尚不可知。

（二）高尔基的《他的情人》

此篇最初发表于 1919 年 11 月 15 日《太平洋》第 2 卷第 1 号，胡适在《短篇小说》第一集 1920 年再版时增补此篇，底本也出自 Short Story Classics 俄国卷，英文名为 "Boless"，目录页该题名右侧有铅笔打钩，小说篇末有胡适评语："此则平淡然思力甚高。" 从笔迹看，似应为归国后所留，从整卷目录的打钩情况看，胡适可能在留美期间已经大致浏览过此篇，但翻译的时间应在归国之后。

在俄国卷目录页中，16 篇题名有 10 篇被胡适打钩，除了上述《决斗》、《一件美术品》和《他的情人》外，其他 7 篇为：

（1）Ivan Turgenev 的 "The Rendezvous"，此篇末有他人铅笔题记："至情文字读罢泪下。兼《秋声赋》、《弃妇词》而有之。" 此后有胡适题记："此不知何人所评，乃深得我心。此篇不以布局见长，其长处在于写情状物。" 从笔迹看，应为胡适归国后所题。不过从整卷的圈画批注看，胡适可能在留学期间浏览过此篇。此外，胡适后来在铅笔题记后用朱笔补记："此盖金仲藩所评。" 金仲藩，即金邦正，安徽黟县人，1909 年考取第一批官费留美，入康奈尔大学读林学，1914 年获硕士学位，1915 年归国。胡适 1910 年留学康奈尔大学，两人至少有近四年同在一校，又为安徽同乡，金邦正

① 曹伯言整理《胡适日记全集》第 6 册，第 228 页。
② 胡适：《一件美术品》，《新中国》第 1 卷第 1 号，1919 年 5 月，第 137 页。
③ William Patten, *Short Story Classics*（Foreign），Vol. I，p. 217.

在此篇末所留题记，或即当时从胡适处借阅该卷所留。

（2）Ivan Turgenev 的 "The Counting-House"，篇末有胡适批注："读此篇如读《儒林外史》及李伯元《官场现形记》，其长处在形容人物。"从笔迹看，应为留学期间所题。

（3）Feodor Mikailovitch Dostoievski 的 "The Thief"，篇末有胡适题记："凄楚动人。"从笔迹看，应为留学期间所题。

（4）Count Leo Nikolaievitch Tolstoi 的 "The Long Exile"，篇末有胡适题记："此篇则仁者之言，蔼然动人。此等事见我国古籍者多矣，然决不作如是收法。此东西心理之异也。"从笔迹看，应为胡适留学期间所题。

（5）Vsevolod Mikailovitch Garshin 的 "The Signal"，此篇正文前作者介绍页有胡适题记："此篇立意至善。"从笔迹看，应为胡适留学期间所题。

（6）Anton Pavlovitch Chekhov 的 "The Slander"，此篇末有胡适评语："此与 De Maupassant's 'The Bit of String' 及 d'Annunzio's 'The End of Candia' 相类。"从笔迹看，应为胡适留学期间所题。

（7）Leonid Andreiev 的 "Valia"。

（三）史特林堡的《爱情与面包》

此篇底本出自 *Short Story Classics* 第 2 卷，包括意大利和斯堪的纳维亚各国小说，该书目录页多数篇名后有铅笔打钩，包括 "Love and Bread"。此篇末有胡适毛笔题记："此篇可译，七年九月。"可证此篇是胡适翻译于归国之后。此外，篇末还有胡适铅笔书"不恶"二字评语，似与毛笔所书非同一时期，有可能是胡适最初读于留学时期所留下的。

（四）卡斯泰尔诺沃的《一封未寄的信》

此篇底本出自 *Short Story Classics* 第 2 卷的 "The Lost Letter"，最初发表于《每周评论》1919 年第 29—30 期，后又刊登于《广益杂志》1922 年第 30 期。此篇末有胡适毛笔题记"此篇可译，七年九月"，与 "Love and Bread" 篇末题记相同，可证明此篇与《爱情与面包》一样，译于胡适归国之后。此外，篇末又有胡适钢笔批注："此篇虽有讽刺语而见解甚深，可喜也。"从笔迹看，应是胡适留学期间所留。

Short Story Classics 第 2 卷 Hermann Joachim Bang 的 "Irene Holm"，篇末

有胡适题记，明确记录了该篇的阅读时间："五年正月八日读此甚喜之，适。"四日之后，胡适又补评："此乃佳作，颇似白香山《琵琶行》而远胜之。"由此足证，胡适留学期间虽未翻译 Short Story Classics 第 2 卷中的作品，但还是阅读过的。从该卷目录页打钩情况看，胡适应该阅读过其中的多数小说。第 2 卷收录小说 16 篇，除 "Love and Bread" "Irene Holm" "The Lost Letter"，以及前文提及的 "The Little Sardinian Drummer" 外，胡适此书目录页打钩的还有 9 篇：

（1）Giovanni Verga 的 "Cavalleria Rusticana"。

（2）Antonio Fogazzaro 的 "The Silver Crucifix"，此篇正文前作者介绍页有胡适批注："此篇真可动人。"似为胡适归国后所题。

（3）Matilda Serao 的 "Lulu's Triumph"，篇末有胡适评语："浏丽可喜。"从笔迹看，应为胡适留学期间所题。

（4）Gabriele d'Annunzio 的 "The End of Candia"，篇末有胡适评语："not bad!"从笔迹看，应为胡适留学期间所题。

（5）Bjornstjerne Bjornson 的 "Railroad and Churchyard"。

（6）Holger Drachmann 的 "Bjorn Siversten's Wedding Trip"。

（7）Jens Peter Jacobsen 的 "The Plague at Bergamo"，此篇正文前作者介绍页有胡适批注："此篇殊无佳处，何也？"从笔迹看，应为胡适留学期间所题。

（8）Alexander Lange Kielland 的 "Karen"。

（9）Selma Lagerlöf 的 "The Outlaws"，篇末有胡适批注："此篇略带神秘主义，然自有佳处。适。"从笔迹看，应为胡适归国后所题。

Short Story Classics 第 3 卷为德国短篇小说，胡适在此卷也留下了不少圈画批注，其中一条批注所署日期为"元年九月"应即民国元年 9 月，另一篇小说后有胡适题记："八九年前的眼光如是！八年，适。"此两条足证胡适在留美期间阅读过第 3 卷。

第 3 卷共收录德国小说 13 篇，目录页被打钩者有 11 篇，目录及批注情况如下：

（1）Johann Heinrich Daniel Zschokke 的 "The Broken Cup"。

（2）Paul Johann Ludwig Heyse 的 "The Young Girl of Treppi"，此篇末有胡适批注："某社旧译有一书，名曰《女魔力》，实不称其名。若此篇则真

可名为'女魔力'耳，写此女子痴情可敬。"从笔迹看，应为胡适留学期间所题。

（3）Ferdinand von Saar 的"The Stonebreakers"，此篇末有胡适题记："情节甚似吾国小说。写官吏之腐败，颇似《官场现形记》。"

（4）Leopold von Sacher-Masoch 的"Thou Shalt not Kill"，此篇正文前作者介绍页有胡适批注："此篇诙谐可喜。"从笔迹看，应为胡适留学期间所题。

（5）Rudolf Baumbach 的"The Fountain of Youth"。

（6）Ernest von Wildenbruch 的"Good Blood"，此篇正文前作者介绍页有胡适题写译名"热血"二字，此页背面有胡适题记："此书原名'Das Edle Blut'译英文则为'The Noble Blood'，然英文'Noble Blood'常含天潢血胤之义，故英人译之为'The Good Blood'以别之，而吾国之'好血'、'贵血'、'高贵之血'皆不雅驯，则又须译为'热血'。若有人再从汉文直译为英文，则须为'The Hot Blood'，见者将莫不大笑矣。此可见译事之难也。元年九月，适之。"篇末有胡适批注："此书动人极矣！"从笔迹看，应为胡适留学期间所题。

（7）Max Simon Nordau 的"Deliverance"。

（8）Hermann Sudermann 的"A New-Year's Eve Confession"，篇末有胡适朱笔批注："发乎情止乎义故佳。"从笔迹看，应为胡适留学期间所题。另有胡适黑笔批注："此书亦动人。"从笔迹看，似为胡适归国后所留。

（9）Gabriele Reuter 的"Bric-A-Brac and Destinies"。

（10）Ludwig Fulda 的"The Fur Coat"，篇名左侧有铅笔书"最佳"二字。篇末有胡适批注："此篇别创一格，而隽永可喜。适。"从笔迹看，应为胡适留学时所题。

（11）Arthur Schnitzler 的"The Dead Are Silent"，篇末有胡适钢笔题记："此种事可见欧洲风俗，即如此等中菁之丑，乃出之大学主教之家，而稗官家乃艳称之，何也？"其后有胡适铅笔题记："八九年前的眼光如是！八年，适。"从时间上可证前面的钢笔题记作于留学期间。另有胡适铅笔题记："此篇描写妇人心理，曲折尽致，可谓极文人能事矣。惜吾不得原文而读之也。"两则铅笔题记均为胡适归国后所留。

Short Story Classics 第 4 卷、第 5 卷均为法国短篇小说，从目前的胡适藏

书看，仅存第4卷，其中也有不少胡适批注圈画痕迹。虽然批注中不见具体日期信息，但根据笔迹看，大致也应该是胡适留美期间所读。同时，与其他三卷一样，第4卷目录页有打钩选择笔迹，打钩的小说及相关批注内容如下：

（1）Honoré de Balzac 的 "The Unknown Masterpiece"。

（2）Augustin Eugène Scribe 的 "The Price of Life"，此篇末有胡适批注："此篇极诙诡，然气势贯注有突如其来之神。"

（3）Alfred Victor，Comte de Vigny 的 "Napoleon and Pope Pius Ⅶ"。

（4）Alexandre Davy de la Pailleterie Dumas 的 "A Bal Masqué"。

（5）Prosper Mérimée 的 "How the Redoubt Was Taken"。

（6）Jules Gabriel Janin 的 "The Vendean Marriage"，此篇末有胡适批注："此则颇似吾国小说所记战士受擒结婚之事，然何等磊落大方也。"

（7）George Sand 的 "The Marquise"，此篇末有胡适批注："读此篇令人有知己之感，江州司马青衫之类犹是，自伤沦落若此，公爵夫人则真是怜才侠意，无一毫私见存乎其中也。中有情书甚动人。"

（8）André Theuriet 的 "La Bretonne"。

（9）Guy de Maupassant 的 "The Bit of String"

（10）Alphonse Allais 的 "The Telegraph Operator"，此篇末有胡适批注："此儇薄之事，何足传也。末段殆写金钱之动人。"

除了 *Short Story Classic* 这套丛书外，胡适阅读的其他西方小说还有：

（1）Heinrich Seidel 的 *Leberecht Hühnchen*，波士顿 D. C. Heath & Co. 1910 年出版。此书扉页有胡适题记："《虚馨传》，此书天趣盎然，短篇小说中不可多得之作也。适之。"书内72页有胡适批注圈画，以圈画为主。文末记有胡适读书日期："March 6，1911. S. Hu."胡适在1911年2月27日的日记中说："下学期之课虽未大增，然德文读本《虚馨传》，英文 Henry Ⅳ，皆需时甚多。"[1] 可知《虚馨传》是胡适所修德文课的必读书。

（2）O. Henry 的 *The Voice of the City：Further Stories of the Four Million*，纽约 Doubleday，Page & Co. 1911 年出版。扉页有胡适题记："Suh Hu，May 31，1917。倭亨利之短篇，二十五种。"

---

① 曹伯言整理《胡适日记全集》第1册，第123页。

此外，前文提到的胡适翻译《梅吕哀》所用底本的莫泊桑小说选集 *Selected Stories* 第 3 卷，从此书目录页和书中的圈画批注情况看，此卷多数小说胡适在留学期间读过。如 "The Voice from the Deep" 篇后有胡适批注："诙谐而有深意。" "The Hand" 篇后有胡适批注："无甚深趣。" "An Artist" 篇后有胡适批注："此篇大似《庄子》所言匠石斫鼻一则，然《庄子》之言为远胜矣。"

四　结语

胡适对西方小说的兴趣和阅读，大致始于上海求学时期，并持续终生。而他对西方短篇小说的译介，大致经历了四个时期：上海求学时期，为接触尝试时期；留美时期，为从不自觉到自觉的转变时期；1919 年，为新文化运动大力倡导实践时期；1923—1928 年，为成熟时期①。

从上文介绍的资料看，胡适《短篇小说》收入胡适留学期间翻译的小说六篇，胡适归国后翻译的五篇，后者有四篇出自 *Short Story Classics*，大致是胡适留美期间阅读过的，基本上可以说是胡适留美期间阅读翻译的延续。因此，可以说，《短篇小说》第一集主要是胡适留美期间对西方短篇小说阅读与认识的结果。

《短篇小说》第一集于 1919 年 10 月初版后，颇受欢迎，1920 年 4 月即再版，11 月又出第三版。胡适在《短篇小说》第二集的"译者自序"中说："《短篇小说》第一集销行之广，转载之多，都是我当日不曾梦见的。那十一篇小说，至今还可算是近年翻译的文学书之中流传最广的。"② 胡适在《短篇小说》第一集的"译者自序"中指出："短篇小说汇刻的有周豫才

① 胡适在此时期翻译的六篇小说，后结集为《短篇小说》第二集，胡适在"译者自序"里说："这六篇小说的翻译，已稍稍受了时代的影响，比第一集的小说谨严多了，有些地方竟是严格的直译。但我自信，虽然我努力保存原文的真面目，这几篇小说还可算是明白晓畅的中国文字。"又说："我深感觉近年翻译外国文学的人，多是间接从译本里重译的，很少是直接翻译原文的。所以我前几年在上海寄居的时候，曾发愿直接翻译英国和美国的短篇小说。我又因为喜欢 Harte 与 O. Henry 的小说，所以想多译他们的作品……"可见，与胡适之前翻译短篇小说时相比，此时胡适在采用版本和翻译方法上都有了很大的改变和提高，可以算是比较成熟的翻译时期。

② 胡适：《短篇小说》第二集，亚东图书馆，1934 年再版，"译者自序"，第 1 页。

周启明弟兄译的《域外小说集》（一九〇九）两册，周瘦鹃的《欧美名家短篇小说丛刊》（一九一七）三册。"① 周氏兄弟的《域外小说集》，用文言翻译，其发行量与胡适的《短篇小说》第一集相比，可谓天壤之别。胡适在《五十年来中国之文学》中对周氏兄弟的《域外小说集》评价很高，认为"比林译的小说确是高的多"。② 然而"周氏兄弟辛辛苦苦译的这部书，十年之中，只销了二十一册！"③ 胡适认为其原因主要在于"用古文译小说，固然可以做到'信、达、雅'三个字……但所得终不偿所失，究竟免不了最后的失败。"④ 胡适的《短篇小说》第一集中除《柏林之围》《百愁门》《梅吕哀》三篇用文言翻译外，其余八篇都用白话。不过这应该只是《短篇小说》第一集畅销的原因之一，其主要原因应与当时新文化运动影响的不断扩大，以及胡适在新文化运动中的地位有关。此外，与小说的选取应该也有一定的关系。

胡适在《短篇小说》第一集的"译者自序"中明确指出，该集与周氏兄弟和周瘦鹃的小说集没有重复。从所选小说作者的国别看，法国最多，有五篇，其中都德两篇，莫泊桑三篇；俄罗斯次之，有三篇，契诃夫、捷列绍夫（Teleshov）、高尔基各一篇；其他为英国、瑞典、意大利各一篇。可以说，胡适所译主要是非英语国家的小说，而且都是转译的。从胡适选译以及阅读、收藏西方短篇小说的情况看，他对莫泊桑和都德、契诃夫有所偏爱。今存北京大学图书馆的胡适藏书中有五种莫泊桑小说集，胡适归国后，仍不忘读莫泊桑的小说。如 1920 年 5 月 6 日，胡适读莫泊桑的 *Une Vie*；⑤ 1923 年 9 月 12 日读莫泊桑的 "The Heritage"，认为"此篇极好"。⑥ 1923 年 9 月，胡适在杭州养病，曾于 13 日、14 日、19 日三度为表妹曹诚英讲莫泊桑的小说故事。⑦ 以上大致可见，胡适归国后仍保持对莫泊桑小说的兴趣与喜爱。

---

① 胡适：《短篇小说》第一集，亚东图书馆，1920 年第三版，"译者自序"，第 1—2 页。
② 胡适：《胡适文存二集》卷二，亚东图书馆，1925 年再版，第 122 页。
③ 胡适：《胡适文存二集》卷二，第 123 页。
④ 胡适：《胡适文存二集》卷二，第 123 页。
⑤ 见胡适 1920 年 5 月 6 日的"日记与日程"，收入《胡适全集》第 2 册，台北，联经出版事业有限公司，2004，第 703 页。
⑥ 曹伯言整理《胡适日记全集》第 4 册，第 76 页。
⑦ 曹伯言整理《胡适日记全集》第 4 册，第 91—92、97 页。

　　胡适后来的翻译，对此前多从英文译本转译的做法有所矫正，希望直接从原文翻译，而不是转译，他在《短篇小说》第二集的"译者自序"中说自己"曾发愿直接翻译英国和美国的短篇小说"，[①] 后来翻译了欧·亨利和哈特的小说。从前文揭示的情况看，胡适留美期间接触阅读西方小说，最主要是通过四卷 *Short Story Classics*，以及 *The Harvard Classics Shelf of Fictions* 第 13 卷法国短篇小说卷，此外就是莫泊桑的短篇小说选集第 3 卷，还有学习德文时读过 Heinrich Seidel 的 *Leberecht Hühnchen*，英美小说仅有英国作家 Rudyard Kipling 的三种小说集和美国作家欧·亨利的一种小说集。此外，值得指出的是，胡适虽然也在 *Short Story Classics* 第 3 卷的多篇德国小说上留下不少批注圈画，但没有选译其中一种。个中原因，令人费解。

　　胡适留美所学非欧美文学，其阅读译介西方小说不够全面，也在情理之中。胡适留美期间翻译的六篇小说，借助《留美学生季报》《甲寅》，特别是日渐风行的《新青年》而逐渐流传。胡适留美归国前即暴得大名，固然主要是由于《文学改良刍议》一文以及由此引发的文学革命，而作为"改良文学之先导"的西方小说的译介，应该对胡适声名的显扬也起到了一定的作用。

　　胡适归国后，于 1919 年集中翻译了五篇小说，以当时胡适的忙碌，非有留学期间的阅读积累，恐难以顺利完成。

　　胡适留美期间阅读西方短篇小说时留下的批注，有一点值得注意，即胡适经常将西方短篇小说的技法与中国文学笔法、将小说中所传达的西方文化观念与中国传统文化观念加以比较，其取西方短篇小说之长改良文学，以及汲取西方文化优点的观念，都已渐露端倪。

　　综上，笔者认为，胡适留美期间对西方短篇小说的阅读和译介，不仅对他归国前对于文学革命的发起和在文学革命领军地位的确立有一定的作用，而且对他归国后文学革命的继续鼓吹推动产生了积极的影响。

---

　　① 　胡适：《短篇小说》第二集，"译者自序"，第 3 页。

胡适·《镜花缘》·性别意识

江勇振*

性别意识是社会与历史的产物。然而,这并不意味着,性别意识必定无法冲破社会与历史的藩篱。如果是这样的话,社会就不可能进步了。李汝珍在 19 世纪初所写的《镜花缘》就是一个最好的例子。用胡适在 1923 年所写的《〈镜花缘〉的引论》里的话来说:"三千年的历史上,没有一个人曾大胆的提出妇女问题的各方面来作公平的讨论。直到十九世纪的初年,才出了这个多才多艺的李汝珍,费了十几年的精力来提出这个极重大的问题,他把这个问题的各方面都大胆的提出,虚心的讨论,审慎的建议。"[①] 李汝珍走在时代之前,胡适何尝不是如此。直到今天,他的《〈镜花缘〉的引论》仍然是所有研究《镜花缘》的学者所必定要征引的。然而,即使是先驱,也无法完全摆脱社会与历史的制约。因此,李汝珍以及胡适的性别意识也反映了其各自所处时代的局限性。生活在 21 世纪初的我们的性别意识当然是迥异于胡适的。我们今天对《镜花缘》的诠释,很自然就会反映出我们这个时代的性别意识。

历来研究《镜花缘》的学者,都说胡适是第一个从女性的角度分析《镜花缘》的学者。这个看法当然是正确的。胡适在进入分析《镜花缘》的主题以后,开宗明义的标题就是"《镜花缘》是一部讨论妇女问题的书":

> 李汝珍所见的是几千年来忽略了的妇女问题。他是中国最早提出

---

* 江勇振,美国迪堡(德堡)大学(DePauw University)历史系退休。

① 以下有关胡适对《镜花缘》的分析,根据胡适《〈镜花缘〉的引论》,季羡林主编《胡适全集》第 2 卷,安徽教育出版社,2003,第 699—733 页。

这个妇女问题的人，他的《镜花缘》是一部讨论妇女问题的小说。他对于这个问题的答案是：男女应该受平等的待遇，平等的教育，平等的选举制度。

然而，必须指出的是，胡适对妇女问题的关注，只是他对整体社会问题关注里的一环。最重要的证据就是，他在分析李汝珍对妇女问题的看法时，先指出李汝珍对社会问题的关注：

> 我们先要指出，李汝珍是一个留心社会问题的人。这部《镜花缘》的结构，很有点像司威夫特（Swift）的《海外轩渠录》（*Gulliver's Travels*）（今译《格列佛游记》——引者注），是要想借一些想像出来的"海外奇谈"来讥评中国的不良社会习惯的。最明显的是第十一第十二回君子国的一大段；这里凡提出了十二个社会问题：
> 一、商业贸易的伦理问题。（第十一回）
> 二、风水的迷信。（以下均第十二回）
> 三、生子女后的庆贺筵宴。
> 四、送子女入空门。
> 五、争讼。
> 六、屠宰耕牛。
> 七、宴客的肴馔过多。
> 八、三姑六婆。
> 九、后母。
> 十、妇女缠足。
> 十一、用算命为合婚。
> 十二、奢侈。

胡适在列出了这十二个社会问题以后，就进入了妇女问题的主题。然而，有意味的是，他在分析妇女问题的过程中，却又岔出去分析了社会政治控制的问题。这当然主要是因为那个社会政治控制的问题，也是他正在分析的一回里的故事。为了叙述的方便，胡适就打了个岔，离题暂时一表。然而，我认为这又是另外一个证据，证明了胡适对妇女问题的关注只是他

对整体社会问题关注里的一环而已。他所离题分析的，是《镜花缘》里唐
敖在"女儿国"治河的一段。他说那一段"也是寓言，含有社会的，政治
的意义"。用胡适自己的话来说：

> 这里句句都含有双关的意义，都是暗指一个短见的社会或短见的
> 国家，只会用"筑堤"、"培岸"的方法来压制人民的能力，全不晓得
> 一个"疏"字的根本救济法。李汝珍说的虽然很含蓄，但他有时也很
> 明显：
> 多九公道："治河既如此之易，难道他们国中就未想到么？"唐敖
> 道："昨日九公上船安慰他们，我唤了两个人役细细访问，此地向来铜
> 铁甚少，兼且禁用利器，以杜谋为不轨。国中所用，大约竹刀居多，
> 惟富家间用银刀，亦甚稀罕，所有挑河器具一概不知。……"
> 这不是明明的一个秦始皇的国家吗？他又怕我们轻轻放过这一点，
> 所以又用诙谐的写法，叫人不容易忘记：
> 多九公道："原来此地铜铁甚少，禁用利器。怪不得此处药店所挂
> 招牌，具写"咬片""咀片"。我想好好药品，自应切片，怎么倒用牙
> 咬，腌臜姑且不论，岂非舍易求难么？老夫正疑此字用的不解。今听
> 唐兄之言，无怪要用牙咬了。……"
> 请问读者，如果著者没有政治的意义，他为什么要在女儿国里写
> 这种压制的政策？女儿国的女子，把男子压伏了，把他们的脚缠小了，
> 又恐怕他们造反。所以把一切利器都禁止使用，"以杜谋为不轨"。这
> 是何等明显的意义！

胡适不只是在整体社会问题的脉络之下来关注妇女问题，他对妇女问
题的关注及其关注的层面，可以追溯到他青少年时期在上海编辑《竞业旬
报》的时期。胡适在列出了《镜花缘》所提出来的十二个社会问题后，接
着说："这十二项之中，虽然也有迂腐之谈——如第一，第五诸项——但有
几条确然是很有见解的观察。内中最精彩的是第十和第十一两条。"第十条
是"妇女缠足"，第十一条是"用算命为合婚"。值得指出的是，胡适痛恨
"妇女缠足"与"用算命为合婚"并不是留学归国以后才开始的。早在他留
美以前，他在上海编辑《竞业旬报》的时候，这两条就是他所一再挞伐的

议题了。①

从这个角度来说，胡适对《镜花缘》的分析，只不过是他留美以前已经具有的观点进一步的发挥而已。用胡适自己的话来说："大凡写一个社会问题，有抽象的写法，有具体的写法。抽象的写法，只是直截指出一种制度的弊病，和如何救济的方法。"这是胡适从前在《竞业旬报》里的写法。可是，现在胡适说这种写法就像牧师讲道一样，全没有文学的趣味，所以不能深入人心。

留学归国的胡适在思想上当然要比出国留学以前成熟多了。除了年龄的增长以外，他在美国接受的教育给他提供了新的观念、语言来分析他留学以前就已经关心的妇女问题。他在《〈镜花缘〉的引论》这篇文章里，从四个观念的层面来分析李汝珍透过《镜花缘》所提出的四个问题：第一，女权的伸张；第二，女性的教育；第三，双重的贞操标准；第四，女性参政的权利。

他认为，"《镜花缘》里最精彩的部分是女儿国一大段。这一大段的宗旨只是要用文学的技术，诙谐的风味，极力描写女子所受的不平等的，惨酷的，不人道的待遇"。

这个"用文学的技术，诙谐的风味，极力描写女子所受的不平等的，惨酷的，不人道的待遇"，指的就是《镜花缘》嘲讽社会的制度常常是"习惯成自然"所造成的。李汝珍用"女儿国"里的两个"怪事"来凸显"习惯成自然"的事实。第一，"男子反穿衣裙，作为妇人，以治内事；女子反穿靴帽，作为男人，以治外事"。因此，"女儿国"里的"男人"，明明是"络腮胡子"，却有着：

> 一头青丝黑发，油搽的雪亮，真可滑倒苍蝇；头上梳着一盘龙鬏儿，鬓旁许多珠翠，真是耀花人眼睛；耳坠八宝金环，身穿玫瑰紫的长衫，下穿葱绿裙儿；裙下露着小小金莲，穿一双大红绣鞋，刚刚只得三寸；伸着一双玉手，十指尖尖，在那里绣花；一双盈盈秀目，两道高高蛾眉，面上许多脂粉……

---

① 参见江勇振《舍我其谁：胡适》第一部《璞玉成璧，1891—1917》，新星出版社，2011，第77—101页。

更让胡适击节赞赏的，是第三十三回写林之洋选作王妃的一大段。胡适说，那"方才是富于文学趣味的具体描写法"。胡适特别喜欢这一回里描写林之洋被强迫缠足，历经了刀割针刺般的痛苦以及双足血肉模糊的一段。他说：

> 几十天的"矫揉造作"，居然使一个天朝上国的堂堂男子，向那女儿国的国王，颤颤巍巍地"弯着腰儿，拉着袖儿，深深万福叩拜"了。
>
> 几千年来，中国的妇女问题，没有一人能写的这样深刻，这样忠厚，这样怨而不怒。《镜花缘》里的女儿国一段是永远不朽的文学。

从"女儿国"这个伸张女权的乌托邦，胡适过渡到女子教育发达的乌托邦——"黑齿国"。"黑齿国"的人，"不但通身如墨，连牙齿也是黑的。再加一点朱唇，两道红眉，一身黑衣，其黑更觉无比"。"黑齿国"教育发达，男女皆然：

> 他们风俗，无论贫富，都以才学高的为贵，不读书的为贱。就是女人也是这样。到了年纪略大，有了才名，方有人求亲。若无才学，就是生在大户人家，也无人同他婚配。因此，他们国中不论男女，自幼都要读书。

他们奖励女子教育的方法，是每十余年一次的特试：

> 至敝乡考试历来虽无女科，向有旧例，每到十余年，国母即有观风盛典。凡有能文处女，具准赴试，以文之优劣，定以等第，或赐才女匾额，或赐冠带荣身，或封其父母，或荣及翁姑，乃吾乡胜事。因此，凡生女之家，到了四五岁，无论贫富，莫不送塾攻书，以备赴试。

从女子教育发达的"黑齿国"，胡适引导读者进入了《镜花缘》所提出的第三个妇女问题：双重的贞操标准。李汝珍塑造了一个"两面国"。这"两面国"里的人"个个头戴浩然巾，都把脑后遮住，只露一张正面"；那浩然巾的底下却另"藏着一张恶脸，鼠眼鹰鼻，满面横肉"。胡适说这"两

面人"是一个隐喻，用来形容男女贞操的"两面标准"（double standard）
的问题：

> 男子期望妻子守贞操，而自己却可以纳妾嫖娼；男子多妻是礼法
> 许可的，而妇人多夫却是绝大罪恶；妇人和别的男子有爱情，自己的
> 丈夫若宽恕了他们，社会上便要给他"乌龟"的尊号。然而丈夫纳妾，
> 妻子却"应该"宽恕不妒。妒是妇人的恶德，社会上便要给他"妒妇"
> "母夜叉"等等尊号。这叫做"两面标准的贞操"。

李汝珍打破这个"两面标准的贞操"的做法，就是借用"两面国"强
盗夫人棒打她想纳妾的丈夫的情节凸显出来。胡适说：

> 《镜花缘》第五十一回里，那两面国的强盗想收唐闺臣等作妾，因
> 此触动了他的押寨夫人的大怒。这位夫人把她的丈夫打了四十大板，
> 还数他的罪状：
>
> > 既如此，为何一心只想讨妾？假如我要讨个男妾，日日把你冷淡，
> > 你可欢喜？你们作男子的，在贫贱时，原也讲些伦常之道。一经转到
> > 富贵场中，就生出许多炎凉样子，把本来面目都忘了；不独疏亲慢友，
> > 种种骄傲，并将糟糠之情也置度外。这真是强盗行为，已该碎尸万段。

胡适下结论说：

> 读者应该记得，这一大段训词是对着那两面国的强盗说的。在李
> 汝珍的眼里，凡一切"只知有己，不知有人"的男子，都是强盗，都
> 是两面国的强盗，都应该"碎尸万段"，都应该被他们的夫人"打的骄
> 傲全无，心里冒出一个忠恕来"。——什么叫做"忠恕之道"？推己及
> 人，用一个单纯的贞操标准：男所不欲，勿施于女；所恶于妻，毋以
> 取于夫。这叫做"忠恕之道"！

胡适认为《镜花缘》所提出的第四个妇女问题是女性参政的权利。胡
适说李汝珍借武则天之名，创办了男女平等的选举制度。胡适要大家特别

注意，他说的是"选举制度"，亦即一个专门拔擢女性的科举制度，而不单单是一个两个女扮男装的女才子混入举子队里考取科第的故事：

> 李汝珍的特识在于要求一种制度，使女子可以同男子一样用文学考取科第。中国历史上并不是没有上官婉儿和李易安，只是缺乏一种正式的女子教育制度；并不是没有木兰和秦良玉，吕雉和武则天，只是缺乏一种正式的女子参政制度。一种女子选举制度，一方面可提倡女子教育，一方面可引到女子参政。

从专门拔擢女性的科举制度，胡适进一步地引申说李汝珍甚至主张女性有参政的权利：

> 女子选举的制度，一方面可以提倡女子教育，一方面可以引到女子参政。关于女子教育一层，有黑齿国作例，不消说了。关于参政一层，李汝珍在一百年前究竟还不敢作彻底的主张，所以武则天皇帝的女科规例里，关于及第的才女的出身，偏重虚荣与封赠，而不明言政权，至多只说"其有情愿内廷供奉者，俟试俸一年，量材擢用"。内廷供奉究竟还只是文学侍从之官，不能算是彻底的女子参政。
>
> 然而我们也不能说李汝珍没有女子参政的意思在他的心里。何以见得呢？我们看他于一百个才女之中，特别提出阴若花、黎红红、卢亭亭、枝兰音四个女子。他在后半部里尤其处处优待阴若花，让他回女儿国做国王，其余三人都做他的大臣。最可注意的是他们临行时亭亭的演说：
>
> 亭亭正色道："……愚姊志岂在此？我之所以欢喜者，有个缘故，我同他们三位，或居天朝，或回本国，无非庸庸碌碌虚度一生。今日忽奉太后敕旨，伴送若花姊姊回国，正是千载难逢际遇。将来若花姊姊做了国王，我们同心协力，各矢忠诚，或定礼制乐，或兴利剔弊，或除暴安良，或举贤去佞，或敬慎刑名，或留心案牍，扶佐他做一国贤君，自己也落个女名臣的美号。日后史册流芳，岂非千秋佳话！……"

胡适在1923年所写的《〈镜花缘〉的引论》到今天将近一百年了，但仍然被人引用。光是这个事实，就说明了他是走在时代的前端。然而，近一百年以前写的文章，即使走在时代的前端，一定免不了其所处时代的局限。我们在 21 世纪的今天重读《镜花缘》以及胡适对《镜花缘》的诠释，自然不可能不立足于我们当代的性别意识。这 20 年来，拜女性主义思潮的灌溉，许多学者对《镜花缘》的研究，已经远远超越了胡适在近一百年前所能想象的地步。刘志凤所写的《〈镜花缘〉女性形象局限性的解读》，就是一个很好的例子。她说，《镜花缘》中的"女性形象并未完全解放，其形象以男权为底色，其思想还未突破封建男性中心社会的藩篱，她们行为的前提依然是以男性为中心"。①

刘志凤指出：

> 李汝珍在小说的开篇就述说了他品鉴女子的标准是班昭的《女诫》，将对女子德、言、工、容四行的要求，作为自己全书的纲领，并在七十一回发出议论，女子为人在世的行为要遵从的"良篇"是传统儒家的祖训："非礼勿视、非礼勿听、非礼勿言、非礼勿动"，并无创新之处。

在这种德、言、工、容的传统女性德行的要求之下，刘志凤认为女性不可能脱离从属于男性的地位：

> 女儿国的出现，"是以一种虚构的不平等来对抗现实社会的不平等"，是现实妇女在家庭中居于从属地位、深受夫权迫害的真实写照，只不过是从反面来折射。林之洋终究被救出了女儿国，而现实中的妇女是不可能逃离男性中心社会的迫害的，这从侧面反映出作者潜意识中的以男性为中心。

事实上，就像许多学者已经指出的，"女儿国"里，"只是将男人与女人的地位颠倒了一下，其他一切丝毫未变。镜女儿国中，地位低下者的称

---

① 以下有关刘志凤的分析，是根据她所写的《〈镜花缘〉女性形象局限性的解读》，《沧桑》2007 年第 4 期。

呼仍是'女性'，地位低下者的服饰仍同于男权社会中的女性，地位低下者
所受的折磨仍然不亚于男权社会中的女性"。① 确实如此。我在上文提到唐
敖以及多九公在初踏进"女儿国"时，见到了一位有着一双三寸金莲的
"络腮胡子"。

这位络腮胡子的美人，望见了唐敖、多九公，大声喊道：

> 你面上有须，明明是个妇人，你却穿衣戴帽，混充男人。你也不
> 管男女混杂。你明虽偷看妇女，你其实要偷看男人。你这臊货，你去
> 照照镜子，你把本来面目都忘了。你这蹄子也不怕羞！你今日幸亏遇
> 见老娘，你若遇见别人，把你当作男人偷看妇女，只怕打个半死哩！

换句话说，"女儿国"里"男""女"的身份只不过是颠倒过来而已。
作为"女性"，她们仍然是被歧视、豢养的对象。

刘志凤更进一步地强调，《镜花缘》所提倡的是男女有别的礼教。她
说，封建礼教的妇女节孝观是作者妇女观的思想核心。这个论点是胡适在
《〈镜花缘〉的引论》里完全不加措意的。胡适说：

> 李汝珍明明是借武则天皇帝来替中国女子出气的，所似他在第四
> 十回，极力描写他对于妇女的德政。他写的那十二条恩旨是：
> （一）旌表贤孝的妇女。
> （二）旌奖"悌"的妇女。
> （三）旌表贞节。
> （四）赏赐高寿的妇女。
> （五）"太后因大内宫娥，抛离父母，长处深宫，最为凄凉，今命
> 查明，凡入宫五年者，概行释放，听其父母自行择配。嗣后采选释放，
> 均以五年为期。其内外军民人等，凡侍婢年二十以外尚未婚配者，令
> 其父母领回，为之婚配。如无父母亲族，即令其主代为择配。"
> （六）推广"养老"之法，"命天下郡县设造养媪院。凡妇人四旬

---

① 例如，柴靖君《〈镜花缘〉的"女儿国"是女尊男卑的社会吗？——再探〈镜花缘〉中的
"女儿国"》，http://www.documentsky.com/991 2703404/，2016 年 11 月 19 日。

以外，衣食无出，或残病衰颓，贫无所归者，准其报名入院，官为养赡，以终其身"。

（七）"太后因贫家幼女，或因衣食缺乏，贫不能育，或因疾病缠绵，医药无出，非弃之道旁，即送入尼庵，或卖为女优，种种苦况，甚为可怜，今命郡县设造育女堂。凡幼女自襁褓以至十数岁者，无论疾病残废，如贫不能育，准其送堂，派令乳母看养。有愿领回抚养者，亦听其便。其堂内所育各女，候年至二旬，每名酌给妆资，官为婚配。"

（八）"太后因妇人一生衣食莫不倚于其夫，其有夫死而孀居者，既无丈夫衣食可恃，形只影单，饥寒谁恤？今命查勘，凡孀妇苦志守节，家道贫寒者，无论有无子女，按月酌给薪水之资，以养其身。"

（九）"太后因古礼女子二十而嫁，贫寒之家往往二旬以外尚未议婚，甚至父母因无力妆奁，贪图微利，或售为侍妾，或卖为优娼，最为可怜，今命查勘，如女年二十，其家实系贫寒无力，妆奁不能婚配者，酌给妆奁之资，即行婚配。"

（十）"太后因妇人所患各症，如经癸带下各疾，其症尚缓，至胎前产后，以及难产各症，不独刻不容缓，并且两命攸关，故孙真人著《千金方》，特以妇人为首，盖即《易》基乾坤，《诗》首《关雎》之义，其事岂容忽略？无如贫寒之家，一经患此，既无延医之力，又乏买药之资，稍为耽延，遂至不救。妇人由此而死者，不知凡几。亟应广沛殊恩，命天下郡县延访名医，各按地界远近，设立女科。并发御医所进经验各方，配合药料，按症施舍。"

（十一）略。

（十二）略。

这十二条之中，如（五）、（七）、（十）都是很重要的建议。第十条特别注重女科的医药，尤其是向来所未有的特识。

刘志凤批评得好，她说，"十二条恩诏起首的三条是对妇女孝、悌、贞节的要求"。事实上，我们可以把刘志凤的批评再往前推一步。胡适所谓的武则天"妇女的德政"完全是把女性制约于家庭的范域里。也就是说，即使是在胡适所谓的《镜花缘》的乌托邦里，其对女性所可能扮演的角色的想象，也无法逾越家庭的藩篱。十二条里的前三条所旌表的"孝、悌、贞节"，都是传统对女性在家庭里所扮演的角色的基本要求。针对宫娥、侍婢的第五条，针对贫女的第七条、第九条，其目的也都是为之婚配，是使她们回归家庭的范域里的做法。

最有意味的是胡适在引文里所从略的第十一条与第十二条：

> 第十一条：太后因《内则》有"不涉不撅"之训。盖言妇人不因涉水则不褰裳，是妇女之体，最直掩密，其尸骸尤不可暴露。倘贫寒之家，妇女殁后，无力置备棺木，令地方官查明，实系赤贫，给与棺木殡葬；如有暴露道途者，亦即装殓掩埋。

> 第十二条：太后因节孝妇女生前虽得旌表，但殁后遽使泯灭无闻，未免可惜。特沛殊恩，以光泉壤，命各郡县设立"节孝祠"。凡妇女事关节孝，无论生前有无旌表，殁后地方官查明，准其入祠，春秋二季，官为祭祀。

这第十一条、第十二条的恩诏所旌表的，跟胡适所最痛恨的"吃人礼教和无数无数血泪筑成的贞节牌坊"的批判相抵触。这与胡适在《〈镜花缘〉的引论》里表彰《镜花缘》"向来所未有的特识"的主旨不吻合。于是就被胡适从略了。

甚至连胡适所表彰的为女性所设计的科举制度，也未能逾越家庭的藩篱。胡适说：

> 他拟的女子选举制度，也有十二条。节抄于下：
> 一、考试先由州县考取，造册送郡；郡考中式，始与部试；部试中式，始与殿试。……
> 二、县考取中，赐文学秀女匾额，准其郡考。郡考取中，赐文学淑女匾额，准其部试。部试取中，赐文学才女匾额，准其殿试。殿试名列一等，赏女学士之职，二等赏女博士之职，三等赏女儒士之职，俱赴红文宴，准其年支俸禄。其有情愿内廷供奉者，俟试俸一年，量材擢用。……
> 三、殿试一等者，其父母翁姑及本夫如有官职在五品以上，各加

品服一级。在五品以下，具加四品服色。如无官职，赐五品服色荣身。二等者赐六品服色，三等者赐七品服色。余照一等之例，各为区别，女悉如之。

五、试题，自郡县以至殿试，俱照士子之例，试以诗赋，以归体制（因为唐朝试用诗赋）。

六、凡郡考取中，女及夫家，均免徭役。其赴部试者，俱按程途远近，赐以路费。

胡适称道这个制度，说"这种制度便是李汝珍对于妇女问题的总解决"。值得注意的是，胡适在写《〈镜花缘〉的引论》的时候，已经有自觉，知道他的说法有揄扬过当之嫌：

有人说，"这话未免太恭维李汝珍了。李汝珍主张开女科，也许是中了几千年科举的遗毒，也许仍是才子状元的鄙陋见解。不过把举人进士的名称改作淑女才女罢了。用科举虚荣心来鼓励女子，算不得解决妇女问题"。

然而，胡适仍然要为自己的诠释辩护：

这话固也有几分道理。但平心静气的读者，如果细读了黑齿国的两回，便可以知道李汝珍要提倡的并不单是科第，乃是学问。李汝珍也深知科举教育的流毒，所以他写淑士国（第二十三、四回）极端崇拜科举——"凡庶民素未考试的，谓之游民"——而结果弄的酸气遍于国中，酒保也戴着儒巾，戴着眼镜，嘴里哼着之乎者也！然而他也承认科举的教育究竟比全无教育好的多多。

虽然胡适为这个女子科举制度辩护，但是刘志凤针砭得好：

至于女科恩诏，也只是对女子受教育权利的肯定和女子才华的肯定，女子并不可以像男子一样广泛参与社会生活，其妇女解放的程度，也只是止于争得一个参加科考的资格。寒窗十载，考中以后，争得个虚名，到头来，空有满腹经纶，妇女依然成为男子的附庸，女科恩诏说得很明白，女子殿试获中后可得"女学士"、"女博士"、"女儒士"一类荣衔，可半支俸禄，仅此而已。而且还必须是中上层女子方可享受，因为恩诏明文规定："出身微贱者，俱不准入考"（四十二回）。《镜花缘》中百位花仙在考取功名后只有虚衔，依然是以辅佐男性中心社会服务的，显示出女性形象的塑造也是以男性的需要为第一要义，所有这些，反映了作者思想终究跨越不了的那条男子中心社会制定的铁限——男女绝不可以平等。男女平等，在李汝珍的潜意识里，社会是要失却"大防"的。

刘志凤更进一步指出，这个女子科举制度最终的受益者是父家或夫家的男人：

> 李汝珍提倡女子考试却要求必须是女皇用女臣，不使"男女混杂"，其次就是能嫁得出去，"若无才学，就是生在大户人家，也无人同他婚配"（第十八回）。而考试的结果女子本人只有一张匾额，顶多只能"封父母，荣翁姑"。这从"女试恩诏"中可以看到：考得好了，女子的夫家免徭役，女子的父母翁姑和丈夫有官的晋升一级，无官的赐官各等（第四十二回），女子读书参加考试，说到底只是男人们加官晋爵的人梯，无论精神利益还是物质利益最终仍是男人第一。

现代的性别意识更帮助我们从结构以及象征的意义来诠释《镜花缘》。比如，艾梅兰（Maram Epstein）从《镜花缘》在结构、象征意义上所反映的"阴阳"观念，来分析李汝珍的性别观。[①] 她用"阳9""阴6"的概念，分析《镜花缘》一百回结构的规划。"6"与其倍数的章回所描述的，都是"阴"凌驾于"阳"之上的情节。例如，第三十六章描述的是"女儿国"。"女儿国"连年水患的象征意义，是女性与"水"的联结。唐敖用他们从中

---

① 以下有关艾梅兰对《镜花缘》的分析，根据 Maram Epstein, "Engendering Order: Structure, Gender, and Meaning in the Qing Novel *Jinghua Yuan*," *Chinese Literature: Essays, Articles, Reviews*（*CLEAR*）, Vol. 18（Dec., 1996）, pp. 101 – 127。

土带来的阳刚的铁器疏浚解决了"女儿国"的"水患"。属于"阳"的"9"与其倍数的章回，虽然不像"6"数的章回全是"阴盛阳衰"的描述，但其主题都是以"阳"扶"阴"。

艾梅兰所要强调的是，"6""9"这些章回是富有"阴""阳"象征意义的：在具有关键性意义的"阴"——阴冷的气候、连年水患——的章回里，淫荡的女性、异端的叛党取代了天经地义的男性统治，凌虐男性的躯体。值得注意的是，虽然在《镜花缘》里，"阴""阳"二者都出现了，但其对"阴"的主题所演绎的范围与复杂的程度，要远超过"阳"的主题：

> 在《镜花缘》里，女性统治（仙界、武则天、"女儿国"）的"阴"的世界，与救唐的勤王之师的"阳"的世界对峙着。故事从"阴"的搅乱正当秩序开始，而以"阳"正统的回复以终。在"阴盛"时期，"中国"的中心四散于外。一直要到"阳气"复苏以后，方才回归"中国"。在故事的结局里，"百仙女"不是在娇藏在花园里，就是结婚了；勤王英雄则回归朝廷。与"阴盛"所带来的乱局对称的，是"阳盛"的"治家"、"治病"与"治水"。

艾梅兰从"阴""阳"的象征意义的角度进行分析，她的结论是：

> 至少从布局的角度来看，这部一百回的小说，与其说是在描述实际的女性的生活与潜力，不如说是投射在象征性的女性身上的士人的焦虑与怀旧。士人对社会变迁与其权力地位日降所产生的焦虑，以象征的手法表现在其所写、所读的小说里。从这个意义来说，《镜花缘》无异于其他清代中期的小说。虽然李汝珍的小说夸张了男性的脆弱与流离，它绝对不是一朵奇葩，它不应当被视为为女性争取权利的一个"宣言"。就像曹雪芹的《红楼梦》一样，《镜花缘》是借用"女性"所具有的多重意义，来表达其对传统儒家社会秩序的怀旧，以及其对于其所处时代的矛盾与不满。

相对于艾梅兰从结构与象征的意义入手的分析，李木兰（Louise Edwards）则用"巾帼英雄"（women warriors）的观念来分析《镜花缘》里表面上看起来矛盾的女性形象。① 她说：

> 巾帼英雄虽然有违偏爱柔顺女性的父权，但又有支撑它的作用。
> 这是因为巾帼英雄的行为，毫无疑问地巩固了现存的儒家社会道德的
> 秩序。她以女子之身而有搅扰的能力，使她成为一个吸引人的角色。
> 而她既可以搅乱又可以巩固的特质，使她成为精英与大众文学里一再
> 出现的角色。

李木兰说《镜花缘》里的巾帼英雄所展现的德行是"忠""孝"。她们
诉诸武艺，并不是为了个人，而是为了"忠"与"孝"。因此，红蕖打虎是
为母报仇，锦枫入深海取海参以哺母，紫樱杀狻猊以养寡母，紫绡、紫琼
拯救唐宗室的宋素。所有这些，都是支撑传统儒家社会道德秩序的德行。

然而，女扮男装、以女儿身行男儿事，所反映的就是社会秩序的崩溃。
李木兰说，李汝珍把《镜花缘》的故事安排在武则天的时代是值得注意的。
因为武则天所代表的，就是乖离了正常的社会秩序。武则天是"心月狐"
转世，打乱了世间"阴""阳"的秩序。武则天打乱了社会秩序，推翻了唐
宗室，造成了社会大乱，使巾帼英雄不得不出来力挽狂澜。

最重要的，是李木兰接下来所做的结论：

> 当武则天的军队被打败，男性重回皇位，矫正了"阴""阳"在历
> 史、自然界里失调的现象以后，巾帼英雄和才女不是死了、出海，就
> 是重回仙界。这些不平凡的女性所扮演的是辅佐——尽管表面上看来，
> 也似乎是矛盾——的角色。她们既代表了社会秩序的价值，也同时是
> 社会失序的象征。由于她们力挽狂澜，重建秩序，所以她们才会是
> "女中豪杰"、"荣誉男人"（honorary men）。

从今天的文学批评理论，特别是"读者反应理论"（reader-response the-

---

① 　以下有关李木兰对《镜花缘》的分析，根据 Louise Edwards，"Women Warriors and Amazons
　　of the Mid Qing Texts *Jinghua Yuan* and *Honglou Meng*," *Modern Asian Studies*，Vol. 29，No. 2
　　（May，1995），pp. 225 – 255。

ory）的角度看,《镜花缘》当然可以有很多种读法。以胡适为代表的,认为《镜花缘》对女性角色具有正面意义的诠释,当然有其存在的意义与价值。然而,我们说《镜花缘》可以有很多种读法与诠释法,并不等于说这些不同的读法与诠释法都是同样有价值,或者同样有兴味的。不同的读法与诠释法反映了读者不同的阅读角度和关注点,但有些读法与诠释法优于其他的读法与诠释法。就像我在本文开始所强调的,性别意识是社会与历史的产物。生活在21世纪初的我们,在性别意识上,不仅迥异于19世纪的李汝珍,而且大异于20世纪初的胡适。我们对《镜花缘》的诠释,理所当然应该既迥异于李汝珍,也大异于胡适。

王梵志的异代知音——胡适

邓昭祺[*]

王梵志是一位充满神秘色彩的诗人。不少学者认为他生活于初唐时期，一些学者认为他生于隋代，另外一些学者则认为"王梵志"不是一位诗人的名称而是多位民间诗人的合称。[①] 他的诗在唐代颇受重视，皎然（720？—？）《诗式》把他的《道情》诗归入"跌宕格二品"中之"骇俗"一品，认为它"外示惊俗之貌，内藏达人之度"。[②] 王梵志的诗以浅近通俗的语言，嘲讽诙谐的手法，劝善惩恶，使"智士回意""愚夫改容"。[③] 唐代大诗人王维（701—761）把这种风格独特的诗篇称为"梵志体"，并至少仿作了两首。[④] 到了宋代，王梵志诗仍然受到重视。宋代著名诗人范成大（1126—1193）有一首《重九日行营寿藏之地》诗：

> 家山随处可行楸，荷锸携壶似醉刘。纵有千年铁门限，终须一个土馒头。三轮世界犹灰劫，四大形骸强首丘。蝼蚁乌鸢何厚薄，临风拊掌菊花秋。[⑤]

此诗明显使用了王梵志"城外土馒头，馅草在城里。一人吃一个，莫嫌没

---

* 邓昭祺，香港珠海学院教授。
① 详见项楚《王梵志诗校注》，上海古籍出版社，1991，前言。
② 皎然著，李壮鹰校注《诗式校注》，人民文学出版社，2003。
③ 语出《王梵志诗集序》，项楚：《王梵志诗校注》，第1页。
④ 王维《与胡居士皆病寄此诗兼示学人二首》诗，述古堂本、元本诗题下都有"梵志体"三字注语，见陈铁民《王维诗注》，三秦出版社，2004，第34页。
⑤ 范成大：《范石湖集》，上海古籍出版社，1981，第390页。

滋味"① 和 "世无百年人，强作千年调。打铁作门限，鬼见拍手笑"② 两首诗中的词语。另一位宋代诗人陈师道（1053—1102）的 "一生也作千年调，两脚犹须万里回"，③ 同样使用了上述王梵志 "世无百年人" 诗的语言。由此可见，王梵志的诗流行于宋代。

《宋史·艺文志》载有《王梵志诗集》一卷，④ 南宋著名史学家和目录学家郑樵（1104—1162）的《通志》也载有《王梵志诗》一卷。⑤ 可是，元代以后，梵志诗集好像忽然消失，不再见于明清两代正史的记录。清代编修的《全唐诗》，顾名思义是唐代诗歌总集，却没有收录王梵志诗。这种情况，反映了王梵志诗在元代以后，似乎不再受到传统文人重视。这一点我们大概可以从郑樵的《通志》中见到端倪，《王梵志诗》虽然收录在《通志》的《艺文略》中，却不是归入《文类》的《别集》，而是归入《诸子类》的《释家》，大概因为郑樵认为王梵志的作品属于 "颂赞" 一类，不算是诗。⑥ 元代以后，梵志诗集大概已经失传。梵志诗虽然偶然见于一两本明清诗话笔记，不过这些诗话笔记的作者，可能并没有读过梵志诗集，因为他们所讨论的梵志诗，其实都是唐宋文人曾经引用过的资料。⑦ 《王梵志诗》销声匿迹五六百年后，在 20 世纪重现人间。1900 年考古人员在甘肃敦煌莫高窟发现多种《王梵志诗》写本，我们今天才有机会读到他的诗集。近代著名文学家、语言学家和教育家刘复（1891—1934），1921 年在法国巴黎大学攻读博士学位，利用课余时间抄录法国国家图书馆所藏的敦煌文献 104件，其中包括《王梵志诗》的三个写本。他回国后，把这些资料整理编辑成《敦煌掇琐》，于 1925 年出版，为研究梵志诗提供了宝贵的第一手资料。

---

① 项楚：《王梵志诗校注》，第 758 页。

② 项楚：《王梵志诗校注》，第 751 页。

③ 陈师道：《卧疾绝句》，《后山居士诗集》，《四库全书存目丛书·集部 14》卷 2，齐鲁书社，1997，第 9 页。全诗云："老里何堪病再来，愁边不复酒相开。一生也作千年调，两脚犹须万里回。"

④ 脱脱：《宋史》卷 208，中华书局，1977，第 5350 页。

⑤ 郑樵：《通志》卷 67《艺文略·释家》，《文渊阁四库全书》本，香港，迪志文化出版有限公司，2002，第 46 页。

⑥ "颂赞" 二字，见郑樵《通志》卷 67《艺文略·释家》，《文渊阁四库全书》本，第 47 页。

⑦ 例如明王世贞《弇州四部稿》卷 147 云："僧皎然著《诗式》跌宕格二品，一曰越俗，一曰骇俗。内骇俗引王梵志诗：'天公强生我，生我复何为？还你天公我，还我未生时。'此俗语所不肯道者，何以骇为？"《文渊阁四库全书》本，第 18 页。

　　刘复虽然是近现代第一位辑录梵志诗的人，但首先有系统地研究梵志诗的是胡适（1891—1962）。胡适对王梵志及其诗的研究，散见于他的日记、《白话文学史》上卷第十一章"唐初的白话诗"，以及《白话诗人王梵志》《王梵志的〈道情〉诗》两篇论文。下面就让我们根据这些资料，看看胡适对王梵志研究所做出的贡献。

　　我们从胡适的日记中，知道他在 1926 年已经开始研究梵志诗。他于 1926 年 8 月到巴黎，8 月 26 日探访著名汉学家伯希和（Paul Pelliot, 1878 – 1945），然后与他一起到法国国家图书馆。由于得到伯希和的介绍，胡适可以进入图书馆的"写本书室"，仔细阅读敦煌卷子。他在 9 月 17 日翻阅卷子时，发现一个写了十多行王梵志诗的小孩"习字"本，于是他断定梵志诗在当时"已作训蒙之用"，具有"大众化特征"，实在非常流行。① 他在同一天阅读了《王梵志诗》卷一后，认为这些诗虽然都是没有文学意味的"训蒙诗"②"格言诗"③，但有教育史上的趣味，例如：

好事须相让，恶事莫相推。但能辨此意，祸去福招来。④

胡适接着翻阅了《王梵志诗》第三卷。他赞赏说这些都是好诗，并且在日记中抄录了其中八首。胡适阅读了大量梵志诗后，把它们分为没有文学趣味的"格言诗"和有文学趣味的"好诗"两大类，这一点可说是他的创见。1928 年，胡适在他的《白话文学史》上卷中，再一次说明这个分类法。⑤ 这个分类法得到学者认同，一直沿用到今天。刘复《敦煌掇琐》所辑录的梵志诗，是《王梵志诗》卷一，即那些没有什么文学价值的"格言诗"。胡适研究梵志诗，并不是借助刘复的《敦煌掇琐》，而是亲自到巴黎检读伯希和从敦煌带到法国的梵志诗残卷，这样他才有机会读到《王梵志诗》第三卷中的"好诗"。胡适在巴黎读了梵志诗残卷后说："我的朋友刘半农先生

---

① 曹伯言整理《胡适日记全编》第 4 册，安徽教育出版社，2001，第 328 页。
② 曹伯言整理《胡适日记全编》第 4 册，第 329 页。
③ 胡适在《白话诗人王梵志》中说："上卷别名《夫子训世词》，多是日用常识的格言诗。"见《现代评论》第 6 卷第 156 期，1927 年，后收入《胡适古典文学研究论集》，上海古籍出版社，1988，第 362 页。
④ 曹伯言整理《胡适日记全编》第 4 册，第 329 页。
⑤ 胡适：《白话文学史》，新月书店 1928 年初版，东方出版社 1996 年重印，第 166 页。

近拟印行《敦煌掇琐》一书，其中的王梵志诗即是上述的阎海真写上卷本。"① 由此可见，当时身在法国的胡适并不知道《敦煌掇琐》在中国已经出版了大约一年。因此，他对梵志诗的研究，并非以这本书为依据，而是根据自己从海外发掘出来的第一手资料。

胡适对梵志诗的识见，似乎高于当时著名的文学史家郑振铎（1898—1958）。郑氏在 1938 年出版的《中国俗文学史》里，引用了王梵志的"吾有十亩田"诗，然后评论说：

> 他（指王梵志——引者注）的诗，几全是哲理诗、教训诗、或格言诗。这种通俗诗流行于民间，根深柢固，便造成了我们这个民族的"各家自扫门前雪，莫管他人瓦上霜"的自了汉的心理了。那影响是极坏的。②

这里所引的梵志诗，全首如后：

> 吾有十亩田，种在南山坡。青松四五树，绿豆两三窠。热极池中浴，凉便岸上歌。遨游自取足，谁能奈我何？③

胡适很赞赏这首诗，郑振铎却认为它不过是"自了汉"的话。如果我们细心分析一下，就不难发现此诗的遣词用字和句式与陶渊明（365—427）的"种豆南山下"④ 和"方宅十余亩，草屋八九间"⑤ 等句有相似之处，而诗的意境颇近古代的著名歌谣《击壤歌》："日出而作，日入而息。凿井而饮，耕田而食。帝力何有于我哉？"全诗质朴无华、自然浑成，诗人闲话家常，把自己的农家生活用平淡的语言写出来，表达了随遇而安、怡然自得的心态，确实是一首好诗。

---

① 胡适：《白话诗人王梵志》，《胡适古典文学研究论集》，第 362 页。
② 郑振铎：《中国俗文学史》，商务印书馆 1938 年初版，作家出版社 1954 年重印，第 125 页。
③ 曹伯言整理《胡适日记全编》第 4 册，第 331 页。项楚校注本"热极"作"热即"，见项楚《王梵志诗校注》，第 410 页。
④ 陶潜《归园田居》五首其三。
⑤ 陶潜《归园田居》五首其一。

胡适对王梵志研究有浓厚的兴趣。他除了到巴黎阅读敦煌残卷梵志诗外，还不断翻阅古人笔记小说，寻找与王梵志相关的资料。他在《太平广记》卷82中找到一则讲述王梵志于林檎树的瘿中出生的神话式记载，又在唐人冯翊（生卒年不详）的《桂苑丛谈·史遗》中找到一条记述同一件事情而文字大同小异的资料。胡适认为这条记载有三点似乎可信：

（一）王梵志生于卫州黎阳，当现在河南濬县。

（二）他生于隋朝，约当六世纪之末，约600年。

（三）此条可见唐朝有王梵志的神话，可证他的诗盛行民间，引起神话式的传说。[1]

胡适又从费衮［约南宋光宗绍熙年间（1190—1194）前后在世］的《梁溪漫志》卷10辑到八首梵志诗，从胡仔（1110—1170）的《苕溪渔隐丛话·前集》卷56辑到两首，此两首又见于《诗话总龟》。这十首不见于敦煌残卷的梵志诗，不乏佳作，其中最值得我们注意的是《苕溪渔隐丛话·前集》所引两首受到黄庭坚（1045—1105）称许的诗，第一首是：

梵志翻着袜，人皆道是错。乍可刺你眼，不可隐我脚。[2]

古代的袜，外面光滑，里面比较粗糙。古人都把光滑的一面穿在外面，让人看起来顺眼，可是王梵志却反穿袜子，把粗糙的一面穿在外面，而光滑的一面穿在里面接触皮肤，使自己的脚舒服。世人都认为这样做并不正确，可是王梵志不顾世人非议，我行我素。王梵志并不因为顺应世人的看法而做出一些令自己不舒服或不惬意的事，他把世人习以为常的行为颠倒过来，表现出一种特立独行的人生态度，实在发人深省。胡适在《白话诗人王梵志》和《白话文学史》里一再赞赏此诗，并引用了宋代学者陈善［生卒年不详，绍兴三十年（1160）进士］《扪虱新话》的话说明赞赏的理由：

---

① 胡适：《白话诗人王梵志》，《胡适古典文学研究论集》，第361页。

② 项楚：《王梵志诗校注》，第760页。

知梵志翻着袜法，则可以作文。知九方皋相马法，则可以观人文章。①

陈善认为，王梵志的"翻着袜法"可以应用于文学创作，因为文章和诗歌的内容应该推陈出新，另辟蹊径，表达作者独特的见解或感受，绝对不能随波逐流，人云亦云。宋代大诗人陆游（1125—1210）有以下两句诗：

徇俗不如翻着袜，爱山只合倒骑驴。②

可见陆游也认同王梵志这种不顺随时俗的处世态度。

胡适从 1934 年开始，每天抄录一首他所钟爱的古代绝句，然后汇集成书。这些诗都是语言浅白、言之有物的好诗。《每天一首诗》所收录的第一首就是《梵志翻着袜》，可见胡适十分欣赏此诗。③

胡仔《苕溪渔隐丛话·前集》所引的第二首受到黄庭坚称许的梵志诗，就是上文引用过的《城外土馒头》：

城外土馒头，馅草在城里。一人吃一个，莫嫌没滋味。

此诗以土馒头比喻坟墓，而以馒头中的肉馅比喻死去的人。城里的人，死后都埋在土馒头里，无一例外，即使生前享尽荣华富贵，死后也要孤单寂寞地躺在城外的坟墓里。"人生自古谁无死"的道理，人人明白，可是一般人都不能坦然面对生命的终结。此诗用轻松幽默的语调，三言两语就化解了死亡的沉重感，足见作者已经彻悟生死的自然规律。胡适从《苕溪渔隐丛话·前集》里辑录这两首诗加以讨论，可见他十分了解梵志诗。

胡适也极欣赏上文提到的王梵志《道情》诗。他在 1959 年所写的手稿中，有一篇《王梵志的〈道情〉诗》的短文，认为这首"确是好白话诗"，

---

① 陈善：《扪虱新话·下集》卷 1，《丛书集成初编》本，中华书局，1985，第 49 页。
② 出自陆游《闭户》七律诗，钱仲联：《剑南诗稿校注》卷 31，上海古籍出版社，1985，第 2092 页。
③ 胡适选，柴剑虹等评析《每天一首诗》，语文出版社，1997，第 1 页。

并且说"最末两行更是大胆的好句子"。① 全诗如后：

> 我昔未生时，冥冥无所知。天公强生我，生我复何为？
>
> 无衣使我寒，无食使我饥。还你天公我，还我未生时。

胡适在 1928 年出版《白话文学史》时，还未读过这首诗，直至 1959 年，即他逝世前几年，才偶然从皎然的《诗式》中，发现这首使他产生相见恨晚感觉的好诗。读罢这首诗，他不禁怪责自己"当年竟不曾知道这首诗，可算是太疏忽了"。② 这首诗用近乎怪论的方式深刻反映出当时老百姓极度艰苦的生活。由于赋税沉重，不少人一穷二白、饥寒交迫，不禁怨声载道。王梵志的这首诗，就替他们抒发了心中的怨愤。一般生活于水深火热中的人，大概会慨叹"生不如死"，王梵志却在这里更进一层，发出"不如无生"的哀号。胡适所欣赏的"还你天公我，还我未生时"此句，就是表达了人民"不如无生"的愤慨。这种愤慨，大抵最早见于《诗经·小雅·苕之华》：

> 苕之华，芸其黄矣。心之忧矣，维其伤矣！
>
> 苕之华，其叶青青。知我如此，不如无生！
>
> 牂羊坟首，三星在罶。人可以食，鲜可以饱！③

这首诗写人民在极端困苦的情况下生活，经常无法填饱肚子，有些人痛苦到不想再生存下去，于是喊出动人心弦的"知我如此，不如无生"。由此可见，王梵志《道情》诗的内容，与《诗经·小雅·苕之华》有一脉相承之处，值得我们欣赏。可是今天仍然有论者认为此诗是"说教诗"，"文学色彩亦不浓"。④ 相较之下，胡适对此诗的鉴赏眼光，似乎优胜得多。

　　胡适在五四新文化运动时，积极推动白话文学，他在 1917 年所写的

---

① 见《胡适手稿》九集，后收入《胡适古典文学研究论集》，第 370—371 页。

② 《胡适古典文学研究论集》，第 371 页。

③ 李学勤主编《十三经注疏·毛诗正义》，北京大学出版社，第 945—947 页。

④ 胡月义在《初唐诗人王梵志和他的白话诗》一文中说："（王梵志）另外有一些惊世骇俗的说教诗，文学色彩亦不浓，如《我昔未生时》。"《文化月刊》（下旬刊）2013 年第 9 期。

《文学改良刍议》，可说是倡导文学改革的宣言，他在文章里提出改良文学的"八事"：

> 一曰，须言之有物。
>
> 二曰，不摹仿古人。
>
> 三曰，须讲求文法。
>
> 四曰，不作无病之呻吟。
>
> 五曰，务去滥调套语。
>
> 六曰，不用典。
>
> 七曰，不讲对仗。
>
> 八曰，不避俗字俗语。①

王梵志的白话诗，在在符合这"八事"，我们从《王梵志诗集序》中，可以窥见端倪：

> 目录虽则数条，制诗三百余首。具言时事，不浪虚谈。王梵志之遗文，习丁郭之要义，不守经典，皆陈俗语。非但智士回意，实亦愚夫改容。远近传闻，劝惩令善。贪婪之史，稍息侵渔；尸禄之官，自当廉谨。各虽愚昧，情极怆然。一遍略寻，三思无忘。纵使大德讲说，不及读此善文。②

所谓"具言时事，不浪虚谈"，就是《文学改良刍议》里的"言之有物"和"不作无病之呻吟"；所谓"不守经典"，就是"不摹仿古人"和"不用典"；所谓"皆陈俗语"，就是"不避俗字俗语"。梵志诗多采用五言形式，不限句数，不拘韵律，不事雕琢，不用典故，而语言浅近通俗。内容方面，梵志诗以说理劝善为主，还有一些反映民生疾苦、揭露丑恶社会现象的诗句。这些从"打油诗"发展而来的诗篇，是当时白话诗的典型作品。胡适

---

① 《胡适文集》第 3 册《文论》，人民文学出版社，1998，第 17 页。文章最初发表于《新青年》第 2 卷第 5 号，1917 年 1 月 1 日。

② 项楚：《王梵志诗校注》，第 1 页。

在新文化运动中积极倡导用白话写新诗，他在 1920 年出版的《尝试集》，是现代文学史上第一部新诗集，因此，他大力推崇王梵志诗，是不难理解的。王梵志及其诗成为近几十年来热门的学术研究话题，有关论文超过一百篇，研究范围包括作者生平考辨，诗篇辨伪、拾遗、校辑、评价、注释等。这位"埋没千载的诗人"① 能够得到今天学术界的重视，胡适导夫先路的功劳实在毋庸置疑，他可说是名副其实的王梵志的异代知音。

---

① 金启华有一篇介绍王梵志的论文，题为《一位埋没千载的诗人——简介王梵志和他的诗作》，原刊《名作欣赏》1982 年第 6 期，后收入张锡厚辑《王梵志诗研究汇录》，上海古籍出版社，1990，第 100—104 页。

胡适、钱玄同与新式标点符号的创设

秦素银[*]

新式标点符号是五四新文化运动留给我们的宝贵遗产之一，新文化运动的两位代表人物胡适与钱玄同对新式标点符号的诞生、推广做了大量工作。关于胡适对新式标点符号的贡献，学界已有专文论述，[①] 钱玄同推广新式标点符号的成绩亦有人研究。[②] 凡涉及"书写"革命的文章，[③] 都不能不提到胡、钱两人在创设新式标点符号方面的努力。笔者服务的北京鲁迅博物馆（北京新文化运动纪念馆）收藏有一批钱玄同文物，其中有胡适撰写的《请颁行新式标点符号议案》的手稿、油印稿，钱玄同书写的"标点符号对比"手稿等，为搞清这些文物背后的故事，笔者对胡适、钱玄同在创设新式标点符号方面的史料进行了梳理，发现在创设新式标点符号的过程中，胡、钱两人的密切合作，对新式标点符号的诞生、推广有重要意义。

一 胡适早年对标点符号的研究及钱玄同对此 问题的关注

（一）胡适早年对标点符号的研究

胡适从 1906 年在中国公学为《竞业旬报》撰文的时候，便开始抱定作

* 秦素银，北京鲁迅博物馆（北京新文化运动纪念馆）研究馆员。
① 岳方遂：《评胡适标点论》，《镇江师专学报》（社会科学版）1994 年第 4 期。
② 袁晖、管锡华、岳方遂：《汉语标点符号流变史》，湖北教育出版社，2002，第 314—316、319—320 页。
③ 张向东：《"五四"文学革命中的"书写形式"革命——横行书写分段新式标点符号》，《兰州学刊》2010 年第 3 期。

文须叫人懂得的宗旨。翻阅《竞业旬报》可看到，胡适登载在《竞业旬报》上的文章都是用通俗的白话写作，并用空格表示断句，阅读起来非常容易。

胡适 1910 年赴美后，开始关注标点符号问题，我们现在看到胡适最早提到标点符号的文字是 1914 年 7 月 29 日的日记，后被定名为《标点符号释例》，收入《藏晖室日记》卷五。文中胡适说："我所作日记札记，向无体例，拟自今以后，凡吾作文所用句读符号，须有一定体例。"胡适参考中国旧式的标点符号拟定了几种句读符号，并规定了句读符号的用法。具体如下：

1. 凡人名旁加单直（｜）

2. 凡地名国名旁加双直（‖）

3. 凡书名报名上下加矩（矩者，⌞ ⌝也）

4. 引用他人言语，或书中语句，于所引语之前后加矩。

5. 如引语中又有引语，则于引语中之引语前后加双矩。

6. 句用。

7. 读用△

8. 顿用、

9. 加圈点之文，句用◎

10. 注用双括弧，或偏半格写①

1915 年 1 月，中国科学社在上海创刊《科学》杂志，率先改汉字竖排为横排，并引入西式标点符号。考虑到社员胡适对句读符号素有研究，杂志特约请胡适撰写相关文章，胡适遂于 1915 年 8 月初，奋战三昼夜，写成一万字的长文《论句读及文字符号》。

文章第一章为"文字符号概论"，胡适首次详细论述了无标点符号的害处，一是"无符号则文字之意不能必达，而每多误会之虞"；二是"无符号则文字之用不能及于粗识字义之人，而教育决不能收普及之效"；三是"无符号则文字之结构，与句中文法上的关系，皆无由见也"。胡适特别指出句读符号对于教育的重要意义："今人皆知教育之必要；而不知教育非有适用

---

① 季羡林主编《胡适全集》第 27 卷，安徽教育出版社，2003，第 430—431 页。

之文字不为功，而文字非有符号为之助不能收普及之效……无符号之文字但可施诸少数之学者，而不能施诸庸众初学之士。"① 要想促进中国教育之普及，文化之增进，就要关注文字符号。

在这篇文章中，胡适结合自己的思考与《科学》杂志的实践②设计了一套标点符号系统。此时胡适对句读符号的思考更加严密，他考虑到汉字直行与横行两种排版情况，更多地引入了西式标点符号。文中列出十种符号，并系统阐述了每种标点符号的用法。这十种符号包括：

1. 住号，横行用（.），直行用（。）。

2. 豆号，横行用（,），直行用（、）。

3. 分号，横行用（;），直行用（△）。

4. 冒号，横行用（:），直行用（丶）。

5. 问号，横直行皆用（?）。

6. 诧号，横直行皆用（!）。

7. 括号，横直行皆用（ ）。

8. 引号，横行用（' '）及（" "），直行用（「 」）及（『 』）。

9. 不尽号，横行用（……），直行用（ ⋮ ）。

10. 线号，横行则置线于字之下方，如"拿破仑"。直行则置线于字之右侧，如"秦丨楚丨"。③

文章写成后，胡适继续思考标点符号的问题，创制出表示"音声之变"的"破号"和表示"文中着意注重之处"的"提要号"。④ 同时，胡适还把文章寄给中国科学社的同人，任鸿隽⑤、张子高、胡明复⑥等提出了意见。1916 年 2 月，《科学》杂志第 2 卷第 1 期刊登了胡适的《论句读及文字符

① 《科学》第 2 卷第 1 期，1916 年。
② 胡适在文中说："凡此诸号，皆'科学'社员所尝用。"
③ 《科学》第 2 卷第 1 期，1916 年。
④ 季羡林主编《胡适全集》第 28 卷，第 236、276 页。
⑤ 见《论句读及文字符号》附录："吾草此文竟，以示吾友任叔永。"欧阳哲生编《胡适文集》第 9 册，第 687 页。
⑥ 季羡林主编《胡适全集》第 28 卷，第 269—270 页。

号》，胡适把任鸿隽的意见和"破号"的使用方法作为附录收入文中。

文章发表后，胡适收到读者林和民的来信，林对于"间接引语""线号"等提出了意见，胡适针对他的意见对标点符号进行了完善。①

胡适写《论句读及文字符号》时，表示"吾之有意于句读及符号之学也久矣，此文乃数年来关于此问题之思想结晶而成者，初非一时兴到之作也。后此文中当用此制"。② 胡适说到做到，查 1916 年 2 月 2 日胡适致任鸿隽信，③ 为直行书写，胡适使用了他自己创设的直行的标点符号。

（二）钱玄同对标点符号问题的关注

无独有偶，胡适在美国考虑句读问题的时候，还有一个人在关注中国的句读，这个人就是钱玄同。我们现在能看到的钱玄同最早关注句读的文字是在 1910 年。正在日本留学的钱玄同在当年 1 月 25 日的日记中对中国古书没有句读提出批评，并认为无论作文章还是出版古籍都应该施以句读，他的想法与胡适不谋而合。他在日记中写道："中国古书每每不施句度，此实最不便者。……愚谓今后刊书，无论自作、刊古，概当施点。惟浓圈密点则必当禁绝，此实批时文之法以及东洋小鬼之刻书耳，必当禁绝之也。"④ 1912 年 11 月 28 日，钱玄同再次在日记中论述了标点符号的问题。他首先说明中国古籍无句读给读者带来的不便之处："余思吾国旧时刊书悉无圈点，阅者实不便。"然后分析为何古书没有句读："惟因浓圈密点之批八股相，故凡刊书者悉以无圈点为雅。"但其实古人是有句读的："余谓浓圈密点，诚乎不可，但《说文》'、'字之训有所绝止，、而识之，又有'レ'字训钩识，《学记》'离经辨志'，郑注……也。是古人未尝无点句勾股之事。"钱玄同联系自己，说明句读的必要性："余性最钝，遇无点之书，骤看往往有不能句读者，此固余之无学，然作一书总期人之易解，则刻书必当点断也。"钱玄同想起自己的老师章太炎，"除初刻之《春秋左传读》《訄书》及《国学略说》讲义外，无不点者。"章太炎还讲过一些刻书原则："凡刻书必断句，识断句者用楷则不如用点。……凡遇人名、地名可用篆书以别

---

① 季羡林主编《胡适全集》第 28 卷，第 360—362 页。
② 季羡林主编《胡适全集》第 28 卷，第 204、205 页。
③ 耿云志主编《胡适遗稿及秘藏书信》第 19 册，黄山书社，1994，第 85—87 页。
④ 杨天石主编《钱玄同日记（整理本）》上册，北京大学出版社，2014，第 213 页。

之，犹欧文于人名、地名则首字用大篆也。又引他人语，欧文多用""，日本人变为「」、『』，此法亦善。"①

1917 年 1 月，钱玄同读到胡适的《论句读及文字符号》，许多他想说的话被胡适说出来了，感到"钦佩无似"。② 当时钱玄同任教于北京大学文科，正打算和同事沈尹默、马裕藻"选有关中国古今学术升降之文百余篇"编一部书，由北京大学出资排印。负责主持此项工作的沈尹默打算在编这部书的时候用西文点句之法，加施种种符号。钱玄同遂于 1917 年 1 月 7 日给沈尹默带去印有胡适《论句读及文字符号》的《科学》杂志，供沈尹默参考。③ 沈尹默阅读文章后，"极以为然"。④ 该书后以《中国学术论著集要》之名出版，采用了简式的标点符号。

在当天的日记里，钱玄同再次记下对标点符号的看法：

中国点句之法，惟一二能细心体贴文义之人，稍异流俗，读点字下之中，句点字下之右（或皆识于右，读用点，句用圈），自余无论文理通否，其点句之法，但就字数之多寡点断，故虽句也，若仅一、二字，即不点断，虽读也，若有六、七字，即行点断，甚至尚未成读者，以字数有六、七字亦行点断，此等断句，荒谬绝伦自不待言。吾谓今日点书，苟能全用西文句读，最为上策，否则句读二者决不容不分。尹默诚能将此学术文录悉用西文点句之法行之，其于学生文辞之进步，必大有裨助也。至于问号之"？"、叹号之"！"，引号""、''（在直行文字中，日本人改为『』、「」，自可遵用。），略号之"……"（直行作"⋮"），此类皆宜采用。吾国人今日知引号之当用者颇有其人，其余诸号大抵不甚措意，虽胡适之此文尚谓问号之"？"，中国文中可不用。其实不然。试以《论语·八佾》篇"是礼也"三字言之，此"也"字或以为决辞，或以为疑词（与耶同用）。苟为疑辞，便应施"？"，假使自来刊书有此符号，则此句之解便可确定矣！又若汉高践位

① 杨天石主编《钱玄同日记（整理本）》上册，第 241 页。大篆即大写。
② 钱玄同：《论白话小说》，《钱玄同文集》第 1 卷，中国人民大学出版社，1999，第 43 页。
③ 杨天石主编《钱玄同日记（整理本）》上册，第 299 页。
④ 杨天石主编《钱玄同日记（整理本）》上册，第 304 页。

之时，《史记》所载之语，若作"诸君必以为便便国家……"，则尤足绘出当日发语之神气也（《左传》襄廿五年："所不与崔庆者"，其下亦当有"……"）。①

从以上文字可以看出，此时的钱玄同认为刊刻古书应该加句读，赞同引入西式标点符号，并对问号（?）、省略号（……）的具体使用方法做了研究。

也就是在这个时候，胡、钱二人有了交集，这个交集就是《新青年》。1917 年 1 月，胡适在《新青年》第 2 卷第 5 号发表现代文学史上第一篇鼓吹白话文写作的文章《文学改良刍议》，钱玄同立刻向《新青年》投书表示赞同胡适的观点，之后又连续在《新青年》发表文章，成为继胡适之后又一位《新青年》重要作者。两人在《新青年》上多次讨论标点符号问题，促成《新青年》使用新式标点符号。

二 胡适、钱玄同促成《新青年》使用新式标点符号

（一）《新青年》第 4 卷以前关于标点符号的讨论

《新青年》在创刊之初，就是以一种很新的面貌出现的，刊登的文章都有句读，而且所用标点一直在更新。最开始的时候，用"。"句读。文中也会出现括号（（））、引号（「」『』）②、省略号（……）③、叹号（!）、顿号（、）等与现在标点符号用法相同的符号。在创刊号上刊登的陈独秀的译文《妇人观》，采用译文与英文左右对照的横排方式，英文部分采用西式标点，中文部分用"、""。"断句。

1916 年 9 月，《青年杂志》更名为《新青年》，标点符号也有所变化。不再仅用"。"来断句，句读上有了"、"与"。"的区别。④ 胡适从《新青

---

① 杨天石主编《钱玄同日记（整理本）》上册，第 299 页。
② 李亦民编译《世界说苑》，《青年杂志》第 1 卷第 1 号，1915 年 9 月 15 日，人民出版社 1954 年影印本，第 1 页。
③ 陈嘏译：《春潮》，《青年杂志》第 1 卷第 1 号，1915 年 9 月 15 日，第 2—3 页。省略号用 8 个点。
④ 《通告》，《新青年》第 2 卷第 1 号，1916 年 9 月 1 日。

年》第 2 卷第 1 号起成了该杂志的作者。他翻译的《决斗》使用了顿号（、）、句号（。）、括号（（））、引号（「」『』）、省略号（……）等符号。在同期刊登的陈嘏译的戏剧《弗罗连斯》中首次使用了问号（？）。《新青年》此时使用的标点符号排在文字右方，不占格。陈文中用到"？""、""！"的地方同时加了句号，共占一格。可能编者注意到了这样排版不是很美观，也没有必要，到了第 2 卷第 3 号，"？""、""！"旁就没有"。"了，独占一格。

相比于提倡白话文的高调，胡适默默地在《新青年》上试验着他的标点符号，在发表于《新青年》第 3 卷第 1 号的《藏晖室札记》中，胡适引入线号（｜）标记人名、地名。可能是纯为试验的缘故，此篇文章涉及人名、地名处甚多，但只有 7 处——包括 3 个人名、4 个地名——加了线号，其中一处"绮色佳"右边加了"‖"。在这次试验中，出现了一处地名"康可"。"康可"因在句尾，应加句号，但由于排版时句号标在"可"右边，线号就只能排在"康"右边了。但毕竟证明线号排版是没有问题的，所以胡适又开始进行新一轮的试验。在《新青年》第 3 卷第 2 号刊登的胡适译《梅吕哀》一文中，全篇人名、地名均使用线号，并用住号（·）表停顿，（。）排在句末。

发表在《新青年》第 3 卷第 3 号上的《我之文学改良观》是刘半农鼓吹文学改革的一篇力作。在这篇文章中，刘半农首次提到了句读与符号在文学形式上的意义，认为新文学要分段、使用句读与符号，并适当圈点。关于句读，刘半农认为使用西文之"，""；""："".'"须与实行横排相结合。关于符号，刘半农认为"？"可用可不用，因我国无论文言、白话中都有问语助词。"！"文言中可从省，白话中绝不可少。"「」"与"『』"代表引证或谈话，"—"代表语气未完，"……"代表简略，"（）"代表注解或标目，亦不可少。人名、地名，亦宜标以一定之记号。《新青年》第 3 卷第 4 号刊登了刘半农译的《琴魂》，在这篇用白话译成的小说中，刘半农用到了他在《我之文学改良观》中提到的各种符号。

有别于胡适的默默尝试和刘半农的只在白话文中使用句读符号，1917年 7 月，钱玄同在《新青年》第 3 卷第 5 号发表《致陈独秀》，在这篇文章中，钱玄同直接、坚决地提出：

> 无论何种文章（除无句读文，如门牌、名刺之类），必施句读及符号。（句读，如·,:;之类，或用、、△亦可。符号，如（）『』｜〔用于人名之旁〕‖〔用于地名之旁边〕之类。此事看似无关弘旨，其实关系极大。古书之难读误解，大半由此。符号尤不可少。）惟浓圈密点，则全行废除。

可以看出，钱玄同所用句读符号除单直号、双直号是沿用中国古代标点符号，其他都是胡适在《论句读及文字符号》一文中提到的符号。也是在这篇文章中，钱玄同提到了要改汉字排版右行直下为左行横迤。

之后，钱玄同再次致函陈独秀，建议《新青年》从第4卷第1号起改用横排，并详细论述了标点符号的问题。

钱玄同认为，改用横排以后，符号和句读应该"全改西式"。针对胡适、刘半农等人认为疑问号"?"、嗟叹号"!"可以不用，而以语气词代替的主张，钱玄同提出反对意见。他分析了一些带有语气词的句子，说"诸如此类，倘使不加符号，实在不能明白。所以我以为这两种符号，也是必不可少的"。他进一步指出："我所主张中国书籍须加符号一层，并不限于现在的书。就是古书，将来如其有人重刻，也非加符号不可。"关于表示"说话停顿"和"语气未完"的"……"，钱玄同认为也是不可少的。他以《左传》《史记》等古书为例，说明"……"在描写人物神情、刻画人物形象方面的作用。对于胡适在《论句读及文字符号》一文中提出的表示"本名"的线号，钱玄同极其赞同，认为这可以让文章文意，特别是古书的文意更加清楚。①

（二）胡适与钱玄同关于标点符号的讨论与实践

1917年9月，胡适受聘于北京大学，与钱玄同成了同事。神交已久的两人开始了频繁的交往，讨论了许多感兴趣的问题，这其中就包括标点符号。

我们现在能见到的最早的胡适致钱玄同信的手稿写于1917年9月28日（见图1）。

---

① 《新青年》第3卷第6号，1917年8月，参见《汉语标点符号流变史》，第316页。

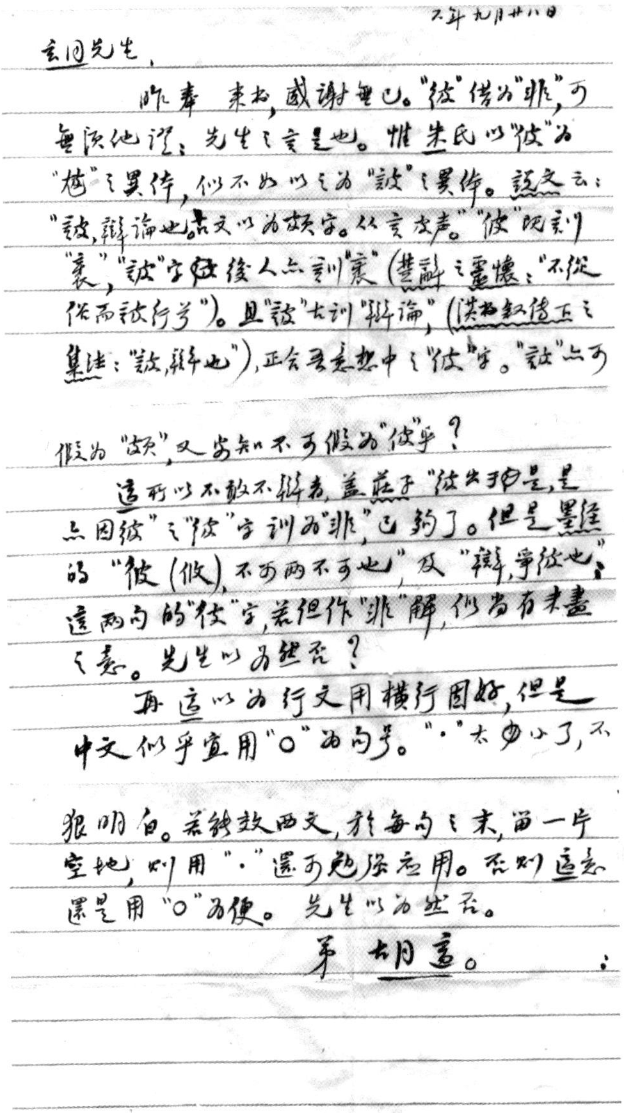
六年九月廿八日

玄同先生，

昨奉来书，感谢无已。"彼"借为"非"，可无须他证，先生之言是也。惟朱氏以"彼"为"被"之异体，似不如以之为"詖"之异体。說文云："詖，辯論也。古文以為頗字。从言皮聲。""彼"既训"衰"，"詖"字後人亦训"衰"（楚辭之靈懷："不從俗而詖行兮"）。且"詖"古训"辯論"，（洪興祖補注本之集注："詖，辯也"），正合吾意想中之"彼"字。"詖"亦可假為"頗"，又安知不可假為"彼"乎？

這所以不敢不辯者，蓋莊子"彼出於是，是亦因彼"之"彼"字訓為"非"，已夠了。但是墨經的"彼（佊），不可兩不可也"，及"辯，爭彼也"，這兩句的"彼"字，若但作"非"解，似尚有未盡之意。先生以為然否？

再，適以為行文用橫行固好，但是中文似乎宜用"○"為句號。"·"太小了，不很明白。若能放西文，於每句之末，留一些空地，則用"·"還可勉強應用。否則適意還是用"○"為便。先生以為然否。

弟 胡適。

图 1　胡适 1917 年 9 月 28 日致钱玄同信的手稿

资料来源：北京鲁迅博物馆（北京新文化运动纪念馆）。

在这封横写的信中，胡适使用了，。“”：？（）____等《新青年》中已使用的符号，和《新青年》中从未出现的书名号“﹏﹏”，以往书名号都是用引号代替的。在这封信中，胡适把标注于句子结尾的符号命名为“句号"，认为中文句号宜用"。"而不是"．"：

> 再适以为行文用横行固好，但是中文似乎宜用"。"为句号。"．"太小了，不狠明白。若能效西文，于每句之末，留一片空地，则用"．"还可勉强应用。否则适意还是用"。"为便。先生以为然否。①

钱玄同很快就回复了这封信，可惜原信已佚，我们看不到，但我们能看到胡适 9 月 30 日的回信，大概知晓钱玄同说了什么（见图 2）。胡适首先对钱玄同所说"每句的后面，应该留一个字的空地"表示赞成，但"；""。"的后面空与不空，都不甚要紧。其次，胡适说他近几年认为分号"；"或"△"可以不用，可以用"、"或"。"代替。再次，胡适告诉钱玄同他发明了一个新符号"?"，表示"？"与"。"的结合。最后，胡适提出了一个新符号"//"，用在书名和本名折断在两行的时候。②

---

① 收入季羨林主编《胡适全集》第 23 卷，第 130—131 页。
② 此信收入季羨林主编《胡适全集》第 23 卷，第 133—134 页。

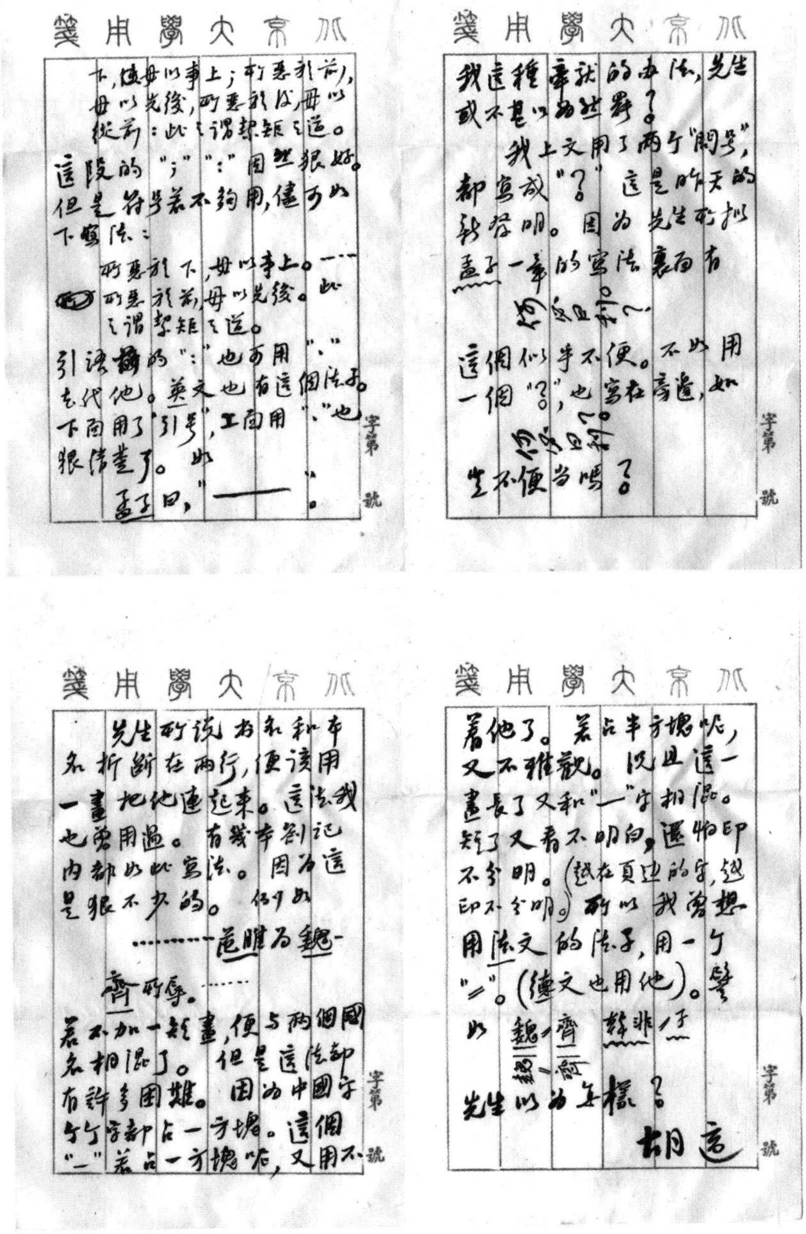

下，毋以事上；所惡於前，毋以先後；所惡於後，毋以從前：此之謂絜矩之道。
這段的"；""："用的很好。但是符號若不夠用，儘可以下寫法：
所惡於下，毋以事上。——所惡於前，毋以先後。——此之謂絜矩之道。
引語用的"："也可用"、"去代他。英文也有這個法子。下面用了引號，上面用"、"也很清楚了。如
孟子曰，"——"。

我這種辛苦的辦法，先生或不甚以為然罷？
我上文用了兩个"問號"，都寫成"？"這是昨天的新發明。因為先生所擬孟子一章的寫法裏面有
曰……
這個似乎不便。不如用一個"？"，也寫在旁邊，如
曰……？
是不便當嗎？

先生所說書名和本名折斷在兩行，便該用一畫把他連起來。這法我也曾用過。有幾本劄記內都如此寫法。因為這是很不好的。例如
……范雎為魏—
齊所辱……
若不加一短畫，便與兩個國名相混了。但是這法却有許多困難。因為中國字每个字都占一方塊。這個"—"若占一方塊呢，又用不

着他了。若占半方塊呢，又不雅觀。況且這一畫長了又和"一"字相混。短了又看不明白，還怕印不分明。（越在頁邊的字，越印不分明。）所以我曾想用德文的法子，用一个"="。（德文也用他）。譬如
魏=齊 韓非=子
先生以為怎樣？
胡適

图 2 胡适 1917 年 9 月 30 日致钱玄同信

资料来源：北京鲁迅博物馆（北京新文化运动纪念馆）。

10 月 2 日，胡适再次致信钱玄同。信中有如下内容，显然钱玄同已回复上一封信：

> 先生所讲中文符号宜多不宜少。这话很对。我从前讲的话，一则因为自己的文法观念略深了；二则因为自己有点儿懒病；三则因为中国的排印工太不行了，自己又不能去花工夫训练他们。[1]

在与胡适讨论标点符号的同时，钱玄同开始全方位地进行新式标点符号的实验，无论是印讲义、点书还是写信都使用了新式标点符号。钱玄同在 1917 年 9 月 14 日的日记中写道：

> 晨起录讲义中所用符号凡例一纸付排印。凡用西文中符号者六，即。，：；？！是。用西文符号而略改其形使便于直行者三，即改''为⌐ ⌐，改""为『 』，改……为⋮是。更用｜以表人名，‖以表地名，○以表声韵标目。其注释之语用西文 footnote 之例，记于每页左栏外，如《甲寅杂志》所用之式。[2]

10 月 9 日，钱玄同再次记下：

> 归舍后取罗振玉之《殷商贞卜文字考》第二篇"正名"者点阅，圈点及符号即用适之所定者，以后点书均拟用此。[3]

目前我们能看到最早一封钱玄同致胡适信的手稿是 1917 年 10 月 31 日的，钱玄同也是横写并标注了标点符号。在这封信中，钱玄同使用了：，""！？·﹏﹏＿＿等符号，而句号采用了西式符号中的"."。[4]

胡适对于标点符号的使用已不限于私人。1918 年 7 月，胡适准备出版

---

① 季羡林主编《胡适全集》第 23 卷，第 135 页。
② 杨天石主编《钱玄同日记（整理本）》上册，第 316 页。
③ 杨天石主编《钱玄同日记（整理本）》上册，第 321 页。
④ 收入耿云志主编《胡适遗稿及秘藏书信》第 40 册，第 252 页。

《中国哲学史大纲》卷上，这部书全部用白话写成并使用了标点符号。考虑到人们还不熟悉标点符号的用法，胡适特意撰写了"句读符号和他种文字符号"凡例：

（1）。表一句的收束。

（2）、表一顿或一读。

（3）；表含有几个小读的长读。

（4）：表冒下文，或总结上文。

（5）？表疑问。

（6）！表惊叹。

（7）……表删节。

（8）——表忽转一个意思、夹注的字句或总结上文几小段。

（9）『』「」表引用的话的起结。有时也表特别提出的名词或句语。

（10）字右边的直线，表一切私名或称本名。

（11）字右边的曲线，表书名及篇名。

（12）○○○○或◎◎◎◎表特别注重的所在。①

对比《论句读及文字符号》，可以看出，此时的胡适在标点符号使用上已放弃了钱玄同所谓铅模所无的"△""ゝ"，去掉了括号，引入了破折号和书名号，把不尽号改为删节号，鉴赏号改为着重号，因为该书为竖排，一顿或一读用了"、"而不是"，"。修改后的 12 种符号后来成了第一个部颁新式标点符号的蓝本。《中国哲学史大纲》卷上于 1919 年 2 月出版后，两个月后即再版，两年中共印了 7 次，发行 1.6 万册，极大地促进了新式标点符号的推广。

（三）《新青年》从第 4 卷第 1 号起全面使用新式标点符号

1917 年下半年，在陈独秀、胡适、钱玄同、刘半农等人的联合推动下，由陈独秀一人主编的《新青年》杂志，从 1918 年 1 月第 4 卷第 1 号开始转型为同人刊物，并以一种全新的面貌出现：所刊同人文章多用白话文撰写，

---

① 胡适：《中国哲学史大纲》卷上，商务印书馆，1919，"凡例"，第 1—2 页。

并标有较完备的标点。1918 年 1 月 21 日，钱玄同收到新出版的《新青年》第 4 卷第 1 号，头一反应是："其中所用新式圈点居然印得很象样子，可喜可喜！"① 可见在推动《新青年》使用新式标点这一事情上，钱玄同是尽了很大力的。

翻看《新青年》第 4 卷第 1 号可以看到，版式虽仍是竖排，但以往铅字旁的浓圈密点一律不见了，各种标点符号，特别是表示人名、地点的线号"＿＿"和书名号"～～～"因较占空间，格外醒目。同人使用的标点符号与我们现今使用的标点符号基本相同，但每篇文章使用标点符号的情况不尽相同，主要区别集中在句号有的用"。"，有的用"."；逗号有的用"、"，有的用","。钱玄同注意到这一问题，以致函《新青年》记者的方式，与同人讨论标点符号问题。该信发表在他编辑的《新青年》第 4 卷第 2号上。在信中，钱玄同主张句读可采用繁简二式。繁式用西文六种符号：(，) 读；(；) 长读；(：) 冒或结；(.) 或 (。) 句；(?) 问；(!) 叹。简式仍照以前用句读符号：(、) 或 (。) 句。关于繁式的句读，钱玄同提到与胡适的讨论，认为句号可以不用西号"."，而用中文中原有的"。"。对于有人可能会认为其他符号都用西号，而句号用中文符号的问题，钱玄同认为，我们采用西号，碰着不适用于汉文的地方，自然应该变通办理。像西文引号的""''，因为不适用于直行，就依日本改用「」『』，这就是变通办理的前例。关于简式，钱玄同也根据胡适的意见，认为用"；""："的地方，可以用"。"或"、"代替。对于别造一种符号代替西文中的"；""："两号，如以"△"代"；"、以"丷"代替"；"、以"、、"代替"："的看法，钱玄同认为这些符号皆铅模所无，与其定铸，不如全用西号。

有意思的是，在钱玄同与刘半农联手导演的"双簧戏"中，化名王敬轩的钱玄同也不忘批评新式标点符号"奇形怪状"，赞扬中国旧式圈点"美观匀整"。再借由刘半农来解释用西式句读符号的原因：中国原有的符号不敷用，乐得把人家已造成的借来用用。②

在《新青年》试验新式标点符号的过程中，钱玄同注意到胡适最早试验标点符号时就遇到的问题，"本志从三卷以来，改用西文句读的符号，又

① 杨天石主编《钱玄同日记（整理本）》上册，第 329、330 页。
② 《文学革命之反响》，《新青年》第 4 卷第 3 号，1918 年 3 月 15 日，第 265、270 页。

加直线曲线，往往于每句或每读的末一字，如有须加直线或曲线者，就不能再摆句读的符号；如其摆了句读符号，就不能再加直线或曲线"。钱玄同认为这样"骤看似乎不甚要紧，但本志既然主张必用较完备的句读符号，主张本名书名必加记号；而排印之时，遇每句每读之末一字，因为地位冲突的缘故，不能排两种符号，便牺牲一种，则符号的作用不免失去几分"。解决这个问题的最好办法就是改用横行，但出版商群益来信说，"这么一改，印刷工资的加多几及一倍"。横行一时很难实行，钱玄同经过与周作人商议，提出了一个解决办法：把直线、曲线移到字的左边；留出右边地位，专摆句读的符号，可期符号之完全。1918 年 11 月 26 日，钱玄同就此事写信给陈独秀、刘半农、胡适之、沈尹默、陶孟和等《新青年》同人，征求他们的意见。① 但当时没有得到大家的赞同。1919 年 1 月 31 日，钱玄同写信向鲁迅吐槽此事："句读之事，独应君（周作人）所主张者，浑然（钱玄同）去冬曾经提议过，竟没有人赞同。大约左边放上＿＿＿︿︿︿，他们印局里又要麻烦，说，右边因放，；等，已经要费手脚去安排空铅条。若左边再放＿＿＿︿︿，则又要费手脚安排空铅条也。"② 这一目标直到《新青年》第 6 卷第 5 号才得以实现。胡适应该在其中起了一定作用，因为钱玄同在《新青年》第 6 卷第 6 号致陈大齐信中提到此法的推行时说："今年春天，和适之、启明两君商酌，把私名号、书名号搬到字的左旁，期与句号逗号不相冲突，《新青年》从第 6 卷第 5 号起就照此改排了。"但钱玄同还是认为这个方法不是很好："第一层，是一个字的笔势，大都是自左而右，写完一个字，在右旁加符号，是很便利的；如倒过去，在左旁加私名号书名号，再在右旁加句号逗号，实在不甚便利。第二层，将来注音字母推行以后，必有许多书籍要在字的右旁加注音字母的，遇到每句每逗的末了一个字，那就注音字母和句号逗号又要冲突了。如其改为横行，则句号逗号在字的右旁，私名号书名号在字的底下，注音字母在字的上面，毫无冲突。"③

　　《新青年》还存在标点符号用法不统一的问题。《新青年》第 6 卷第 1 号上刊登的陈望道致《新青年》诸子函就对《新青年》提出批评："譬如文

　　① 《钱玄同文集》第 6 卷，第 127—128 页。
　　② 《钱玄同文集》第 6 卷，第 9—10 页。
　　③ 钱玄同：《中文改用横行的讨论》，《新青年》第 6 卷第 6 号，1919 年 11 月 1 日，第 652 页。

字当横行……诸子却仍纵书中文，使与横书西文错开；圈点与标点杂用，
这是东人尾崎红叶的遗毒，诸子却有人仿他，并且前后互异，使浅识者莫
明其妙。"对此钱玄同解释道："标识句读，全用西文符号固然很好；然用
尖点标逗，圆圈标句，仅分句读两种，亦颇适用，我以为不妨并存。《新青
年》本是自由发表思想的杂志，各人的言论，不必尽同，各人的文笔，亦
不能完全一致，则各人所用的句读符号亦不必定须统一，只要相差不远，
大致相同，便得。"① 其实钱玄同一直希望《新青年》可以实现标点符号的
统一，但理想与现实毕竟是有差距的，也只能向现实妥协。但这一机会很
快就来了。

三　胡适、钱玄同与《请颁行新式标点符号议案》

（一）《请颁行新式标点符号议案（修正案)》的内容

1919 年 4 月，国语统一筹备会在北京成立，胡适、钱玄同、刘半农、
周作人、马裕藻、朱希祖等作为学校代表被推举为该会会员，钱玄同还成
为该会的常驻干事。筹备会会员可提出议案，经教育部通过后，即可通令
全国实行。胡适、钱玄同等商议向教育部提出"请颁行新式标点符号议
案"。由于胡适在标点符号方面早有著述，众人公推其负责议案的草拟。
1919 年 11 月 29 日，胡适完成《请颁行新式标点符号议案（修正案)》，后
以国语统一筹备会名义提交教育部。议案共分三个部分。第一，释名：解
释"标点符号"的含义及标点名称的来源。议案指出，旧有"文字符号"
"句读符号"等名称，总不能包括"点断""标记"两项意义，故采用高元
先生《论新标点之用法》所用"标点"两字，定名为"标点符号"。这是
中文里第一次出现"标点符号"这一名词。第二，标点符号的种类和用法。
规定标点符号有 12 种：（1）句号。或 . ；（2）点号、或，；（3）分号；；
（4）冒号：；（5）问号？；（6）惊叹号！；（7）引号「」『』；（8）破折
号——；（9）删节号……；（10）夹注号（）、〔〕；（11）私名号＿＿＿；
（12）书名号＿＿＿。针对标点符号的使用，议案特意指出私名号、书名号要

---

① 陈望道、钱玄同：《横行与标点》，《新青年》第 6 卷第 1 号，1919 年 1 月 15 日，第 73、74 页。

放在文字的左边，句、点、分、冒、问、惊叹六种符号，最好都放在字的下面。第三，理由：没有标点符号，平常人不能"断句"，书报便都成无用，教育便不能普及；没有标点符号，意思有时不能明白表示，容易使人误解；没有标点符号，决不能教授文法。① 这些理由与《论句读及文字符号》中提到标点符号的意义一脉相承，但把教育放到了首位，强调了标点符号对于教育的作用。

对比议案中的标点符号与《论句读及文字符号》《中国哲学史大纲》中的标点符号的用法，可以看出议案中的标点符号是新文化运动先驱者实践的结果。议案的标点符号完全针对竖行排版，最具争议的句号和点号提供了两种用法，减少了新式标点符号颁行的阻力。1920 年 2 月 2 日，北洋政府教育部发布《咨各省区请将新式标点符号全案酌量转发各校俾资采用文》，附上《请颁行新式标点符号议案（修正案）》原案，请各校采用。《请颁行新式标点符号议案（修正案）》的颁布，标志着新式标点符号得到了官方的承认。标点符号的使用不仅对中文教育的普及和提高起到了重要作用，而且进一步促进了白话新文学的传播。

（二）《请颁行新式标点符号议案（修正案）》撰写过程考

北京鲁迅博物馆（北京新文化运动纪念馆）于 2002 年入藏了一批钱玄同文物，其中有《请颁行新式标点符号议案》手稿、油印稿各一份（见图 3、图 4）。从手稿字迹看，应为胡适亲笔所写，文稿上有诸多删改痕迹，最明显的莫过于手稿上的私名号，先写到右边，又改到左边，这应是该议案的初稿。油印稿与手稿相比，有五处轻微的修改。如手稿句号用"。"表示，而油印稿用"。"或"."表示；手稿写"我们想请贵部把这几种标点符号颁行全国"，油印稿改成"我们想请教育部把这几种标点符号颁行全国"等，可见油印稿为手稿的誊写稿。油印稿上还有两处涂改痕迹，一处是点号后有"这两种现在都有人用，不易去取，故两存之"字样，又被墨笔删除；一处是私名号后有"向来我们都用在右边，后来觉得不方便，故改到左边"一句被墨笔删除（见图 4）。

---

① 欧阳哲生编《胡适文集》第 2 册，第 86—94 页。

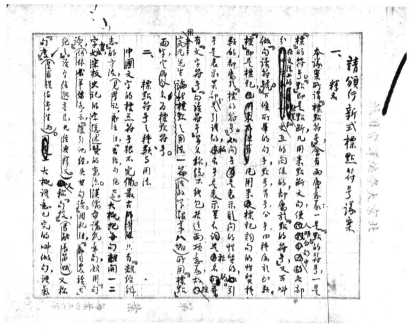

图 3　胡适《请颁行新式标点符号议案》手稿

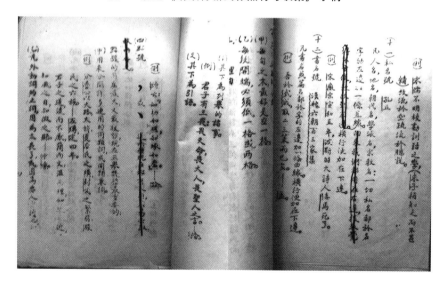

图 4　《请颁行新式标点符号议案》油印本删改痕迹

　　1919 年 4 月 21—25 日，国语统一筹备会召开第一次大会，胡适、钱玄同等人向大会提交了《请颁行新式标点符号的议案》，此议案被全文刊登在由胡适编辑的《北京大学月刊》第 1 卷第 4 号上。对比《北京大学月刊》上刊载的《请颁行新式标点符号议案》（以下简称"刊发稿"）和本馆藏议案油印稿，发现两稿几乎完全一样，但在油印稿中被墨笔删除的"这两种现在都有人用，不易去取，故两存之"字样，在刊发稿中确实没有。而油印稿中的第二处改动，"向来我们都用在右边，后来觉得不方便，故改到左边"这句话，还在刊发稿中。

1919 年 9 月 16 日钱玄同在给胡适的信中提到了《请颁行新式标点符号议案》油印稿：

> 适之先生：
>
> 　　吴又凌那篇文章，请你早日寄来。
>
> 　　……
>
> 　　又，《请颁行标点符号的议案》油印本，亦寄上一份，要请你把用"、"、"。"的那种简式加他上去，附几句说明。因为我近来很觉得简式也很有用处。将来自然渐渐要一律改用完备之繁式，但现在中国印刷工人智识太浅，而古书中往往有句读欠明晰者，故简式亦颇适用。此乃两年前先生告我者，我当时不甚以为然；如今想想，确是很合于实用，所以主张和繁式并用。
>
> 　　现在要请教你：凡用"如左：——"者，若用简式，还是作"如左。——"呢，还是作"如左、——"呢？又如，两排平列之句（即先生所谓"仉读"），若其前有冒，此两排之字（如"所谓"、"然而"……），则两排之中可应圈断？又如（五行：一曰水；二曰火；……五曰土。）行下之"："应作"、"呢，还是作"。"呢？诸如此类，我实是委决不下，务请详示。如其加入议案内详细说明，俾人人皆得所遵循，则更好了。①

----

① 钱玄同：《致胡适》，杜春和等编《胡适论学往来书信选》下册，河北人民出版社，1998，第 1118—1119 页。原信没有标明年代，《胡适论学往来书信选》编者因信开头提到吴又陵文章，误以为是《吴虞文录》序，所以把信的年代判断为 1921 年。实际上，钱玄同 1919 年 9 月任《新青年》第 6 卷第 6 号编辑，正在收集稿件，吴虞的文章应指收入《新青年》第 6 卷第 6 号的《吃人与礼教》。

　　由此，我们对《请颁行新式标点符号议案（修正案）》的撰写过程推测如下：钱玄同、刘半农等委托胡适在国语统一筹备会正式开会前草拟《请颁行新式标点符号议案》，胡适写好后，便把稿子交给钱玄同，钱玄同接到后修改了几处，随即找人誊写原稿并将原稿油印数册，以备会上讨论使用。1919 年 4 月 21—25 日，国语统一筹备会第一次会议召开，胡适、钱玄同等人向大会提交了这件议案。可能是会前，也可能是会上，钱玄同认为油印本中有两句可以删掉，便在一份油印稿上做了记号，与胡适等人讨论，结果只有一处得到赞同。会议结束后，胡适在《北京大学月刊》上全文刊载了这件议案。

　　由于材料缺失，我们目前无法得知谁提出要对议案进行修正。1919 年 9 月 16 日，钱玄同给胡适寄上一份《请颁行新式标点符号议案》的油印本，请胡适把简式标点符号的用法加上。钱玄同在把油印本寄给胡适的同时，也可能把油印本寄给了其他人，再由胡适综合大家的意见，形成《请颁行新式标点符号议案（修正案）》。据《胡适日记》记载，1919 年 11 月 29 日，胡适用 3 个小时的时间完成了《请颁行新式标点符号议案（修正案）》。第二天下午，胡适参加了国语统一筹备会的会议，[①] 很有可能就在这次会议上胡适等人提交了该议案。

　　北京鲁迅博物馆（北京新文化运动纪念馆）藏钱玄同文物中还有两页与新式标点符号有关的手稿：一是钱玄同抄写的胡适《论句读及文字符号》、高元《新标点之用法》、胡适《请颁行新式标点符号议案》的目录（见图 5）；二是钱玄同书写的"胡""高""会"标点符号对比（见图 6）。从图 5 可以看出钱玄同对标点符号的关注，他把《论句读及文字符号》、《新标点之用法》以及《请颁行新式标点符号议案》都看作关于标点符号问题的重要文献。图 6 中"胡"应指胡适，"高"应指高元，"会"应指国语统一筹备会，"会"中标点的顺序是《请颁行新式标点符号议案（修正案）》的顺序，可以看出钱玄同认为修正案是集体智慧的结晶。《请颁行新式标点符号议案》有六位提议人，顺序是马裕藻、周作人、朱希祖、刘复、钱玄同、胡适。胡适把自己写在最后，钱玄同写在次后，由此可以推测出钱玄同在提案中的地位是仅次于胡适的。

---

① 曹伯言整理《胡适日记全编》第 3 册，安徽教育出版社，2001，第 29—30 页。

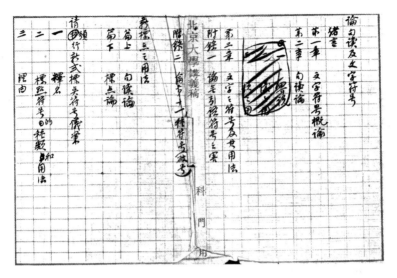

图 5　钱玄同抄写的胡适《论句读及文字符号》、高元《新标点之用法》、胡适《请颁行新式标点符号议案》的目录

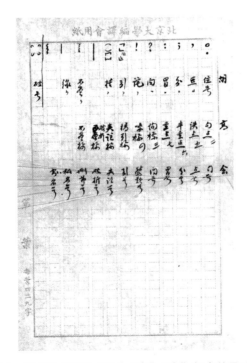

图 6　钱玄同书写的"胡""高""会"标点符号对比

（三）胡适《请颁行新式标点符号议案》手稿与修正案之比较

对比胡适《请颁行新式标点符号议案》的手稿与修正案，可以看到修正案除增加了旧式点句符号及用法外，变更及增加的主要内容有以下几点。

第一，胡适手稿原标点符号顺序为句号、分号、冒号、点号（"、"或"，"）、问号、惊叹号、引号、破折号、删节号、夹注号、私名号、书名号，修正案为句号、点号（"、"或"，"）、分号、冒号、问号、惊叹号、引号、破折号、删节号、夹注号、私名号、书名号，把点号放在了分号之前。

第二，增加了分号的用法。初稿分号用法只有"一句中若有几个很长的平列的兼词或分句，须用分号把他们分开"。修正案加上了两种用法：（1）两个独立的句子，在文法上没有联络，在意思上是联络的，可用分号分开；（2）几个互相倚靠的分句，若是太长了，也应该用分号分开。

第三，私名号部分增加了私名号用在左边的两层长处：（1）可留字的右边为注音字母之用；（2）排印时不致使右边的别种标点符号（如；？之类）发生困难。

第四，把版式列为附则。初稿在 12 个标点符号后加了一个"句与段的分断"，在版式上提出要求：（1）每句之末，最好是空一格；（2）每段开端，必须低一格或两格。修正案把这条改为"附则"，加了一条"句、点、分、冒、问、惊叹，六种符号，最好都放在字的下面"，并把每段开端修正为"必须低两格"。

此外，修正案还有些措辞的改变及例句的更换等，可以看出修正案确实是经过充分讨论而形成的，更具科学性。

四　《新青年》《本志所用标点符号和行款的说明》的出台

《请颁行新式标点符号议案（修正案）》是集体智慧的结晶，这一集体主要是《新青年》的同人，这也让《新青年》的同人有机会对标点符号有了统一的认识，《新青年》标点符号统一的时机成熟了。从 1919 年 12 月出版的《新青年》第 7 卷第 1 号起，《新青年》上所有文章采用统一的标点符号和格式。为让投稿者清楚标点符号和格式，《新青年》编者刊布了一篇

《本志所用标点符号和行款的说明》（以下简称《说明》），内容如下：

本志从第四卷起，采用新标点符号，并且改良行款，到了现在，将近有两年了。但是以前所使用的标点符号和行款，不能篇篇一律，这是还须改良的。现在从七卷一号起，画一标点符号和行款，说明如左：——

（1）标点符号

（a）。表句。

（b），表顿和读。

（c）；表含有几个小读的长读。

（d）、表形容词间和名词间的隔离。

（e）：表冒下和结下。

（f）？表疑问。

（g）！表喊叹，命令，招呼和希望。

（h）「　」『　』（甲）表引用词句的起迄。（乙）表特别提出的词和句。

（i）——（甲）表忽转一个意思。（乙）表夹注的字句，和（）相同。（丙）表总结上文。

（j）……表删节和意思没有完。

（k）（）表夹注的字句。

（l）＿＿在字的右旁。表一切私名，如人名地名等。

（m）﹏﹏在字的右旁。表书报的名称和一篇文章的题目。

（2）行款

（a）每面分上下两栏，每栏横十七字直二十五字。

（b）凡每段的第一行，必低两格。

（c）凡句读的"。""？""！""，""；""："等符号，必置字下占一格。

（d）凡"。""？""！"三个符号的底下，必空一格。

本志今后所用标点符号和行款，都照上面所说办理。请投稿和通信诸君，把大稿和来信也照此办理！

对比《说明》和《请颁行新式标点符号议案（修正案）》可以发现，《说明》中的标点符号及顺序与《请颁行新式标点符号议案（修正案）》大致相同。但句读符号《说明》选择了"，""。"，并把"、"单独拿出来，表"形容词间和名词间的隔离"。值得注意的是，《说明》与议案相反，规定把私名号和书名号放在字的右边，而《新青年》第6卷第5号、第6号恰恰刚把私名号改到左边，为何这么快就改过来了？这是因为《说明》规定了"。""？""！""，""；""："等符号必置字下占一格，这样就不会有这些标点符号与私名号、书名号相冲突的情况，就还按照人的写字习惯，把私名号、书名号放在字右边了。此外，《说明》措辞严格，不像胡适撰写的议案措辞那么温和。那么《说明》是谁写的呢？

《胡适遗稿及秘藏书信》中有一封钱玄同致胡适、陈独秀的信：

> 适之、独秀两兄：
>
> 标点符号和行款的说明，已经制成了。现在寄上，请两公改正！我因为既将圈点排在字的底下，所排的字又是五号字，则读号用"、"，似乎较"，"好看些。因为"；""："""？""！""。"的铅粒，是把符号刻在中间的，其式为 ；：？！。 ，所以排在字的底下，很不难看。惟"，"号是刻在铅粒的下端，其式为 ， ，排在字下，上面空的太多，很不好看。——看《解放与改造》，便可知道。——而"、"则也是刻在铅粒中间，其式为 、 ，以配 ；……。 五个符号，颇为合宜。《每周评论》可以为例。《每周评论》不仅用"、""。"两号，有时也兼用"；""："""？""！"四号，排得很好看。所以我主张改"，"为"、"。我想符号本所以须用，"，""."""""等号，用于横行，则宜；用于直行，则否；则改为"、""。"『』"等号，甚为适用，似不必以不伦不类为虑。
>
> 两兄以为然否？
> 弟玄同。①

---

① 耿云志主编《胡适遗稿及秘藏书信》第40册，第459页。

　　从这封信可以看出，《说明》是钱玄同草拟的。之所以会由钱玄同来撰写这个说明，大概是因为钱玄同长期以来大力提倡《新青年》标点符号的统一。钱玄同拟定后，随即寄给对标点符号最有研究的胡适和重新成为《新青年》主编的陈独秀①，请两人改正。在这封信中，钱玄同为美观起见，主张点号改"，"为"、"，但看《说明》就可以知道，大家综合的意见还是用"，"表顿和读。钱玄同的建议毕竟有其道理，翻开《新青年》第7卷第1号可以看到，"，"号上面并没有空的太多，这可能是《新青年》编辑部要求印局另铸了铅粒。

　　《新青年》刊布标点符号和行款说明的办法，得到其他一些书报杂志的响应。浙江临海青年团1920年1月创办的《青年周刊》也刊登了《本刊所用标点符号的说明》（见图7），所用标点符号与《新青年》的《说明》完全一样。

图7　《青年周刊》上刊登的《本刊所用标点符号的说明》

---

① 据杨天石主编《钱玄同日记（整理本）》上册，第351页记载："（1919年10月5日）下午三时至胡适之处，因仲甫函约《新青年》同人今日在适之家中商量七卷以后之办法，结果仍归仲甫一人编辑。"

　　至此，随着《请颁行新式标点符号议案（修正案）》的通令全国，新式标点符号的创设工作基本完成。本文通过爬梳相关史料，勾勒出胡适、钱玄同创设新式标点符号的过程。胡适是新式标点符号的奠基人，新式标点符号最重要的两篇文献《论句读及文字符号》《请颁行新式标点符号议案（修正案）》都出自胡适之手。新文化运动的另一位重要人物钱玄同很早就关注标点符号的作用，他与胡适密切合作，共同促成了《新青年》全面使用新式标点符号及《请颁行新式标点符号议案》的提出。在新式标点符号的创设方面，钱玄同与胡适一样功不可没。

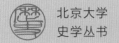

北京大学
史学丛书

欧阳哲生　主编

胡适与中国新文化
史事与诠释　（下　册）

社会科学文献出版社
SOCIAL SCIENCES ACADEMIC PRESS (CHINA)

胡适哲学思想研究

自然、人事和伦理：胡适东西方语境下的"自然主义"立场

王中江[*]

引　言

简单回顾一下就可以看出，从实验主义（或"实用主义"）、[①] 科学主义、实证方法、反传统和西化论等角度对胡适的哲学展开的研究很常见，相应的，人们说到这些东西和符号的时候也往往将它们同胡适的名字联系在一起。但胡适的哲学和思想不应被限制在这些符号上，如果换一个角度的话，胡适自己声称并一直坚持的"自然主义"立场则是非常值得加以关注的。这就是胡适以"自然"概念为中心的"自然主义"宇宙观和世界观。它是胡适哲学中"最哲学"的部分，是胡适拼命要回避却又无法回避的一种形而上学。[②] 想到胡适拒斥形而上学，想到他抵制思辨性和抽象性，[③] 想到他干脆把哲学定义为"研究人生切要的问

---

* 王中江，北京大学哲学系教授。

① 参见郭颖颐《中国现代思想中的唯科学主义》，雷颐译，甘肃人民出版社，1995，第70—90页；刘青峰编《胡适与现代中国文化转型》，香港中文大学出版社，1994；耿云志编《胡适评传》，上海古籍出版社，1999，第391—440页；等等。

② 按照沃尔夫（Christian Wolff）的分类，理性的宇宙观属于形而上学的一部分。从不十分严格的意义上说，对宇宙和世界做出整体解释和把握的立场，可以说是宇宙观、世界观，也可以说是形而上学。从"描述的形而上学"来看，胡适的哲学就更是一种形而上学。

③ 金岳霖回忆说他弄不清胡适，因为胡适不承认必然和抽象，他的哲学有人生观，而没有什么世界观，但"哲学中本来是有世界观和人生观的"。参见《金岳霖的回忆录》，北京大学出版社，2011，第182—183页。

题"，① 说他的"自然主义"首先是一种宇宙观、形而上学，② 这会不会是对他的哲学和他的说法的一种公然冒犯呢？我认为不是。

在东西方传统哲学中，我们能够看到各种各样的宇宙观和形而上学，在东西方现代哲学中，我们又能看到对传统形而上学各种各样的抵制立场。要是有人说杜威的实用主义就是这种抵制的立场之一，说步杜威后尘的胡适也是其中之一，我们大都会不加怀疑地表示赞同。但问题常常有复杂的一面。从一些方面看，杜威对已有的形而上学展开了批判，主张将哲学从各种绝对本体（包括黑格尔的绝对本体）中解放出来，要求哲学摆脱探究万物的终极根源、目的和因果等一类形而上学的问题，这是他"改造哲学"的中心目标和任务。但杜威在这样做的同时，他又乐于探讨诸如相互作用、多样性和变化等存在物的终极的、不可化约的特征，并说这是符合科学思维的一种形而上学：

> 我不想提出一种形而上学；而只不过指出一种用以设想形而上学研究问题的方式，这种方式不同于专门科学研究问题的方式；这种方式把世界的某些比较终极的特征选做形而上学的题材，使这些特征不致与终极的起源和终极的目的混淆起来，这就是说，使这些特征与那些关于创世论和末世学的问题分离开来。③

由此可见，杜威实际上只是反对某种形而上学，作为替代物，他自己又欲

---

① 胡适：《中国哲学史大纲》，商务印书馆，1987 年影印本，第 1 页。不喜欢抽象的胡适，对"根本"这个词后来也产生了反感。在《哲学与人生》中，他把《中国哲学史大纲》中定义的"哲学是研究人生切要的问题，从根本上着想，去找根本的解决"的后两句话改成了"从意义上着想，去找一个比较可普遍适用的意义"。他说他这样改是因为"根本两字意义欠明"。胡适：《哲学与人生》，季羡林主编《胡适全集》第 7 卷，安徽教育出版社，2003，第 492 页。

② 有关"自然主义"这一概念，我们有哲学上的、文学上的不同理解和使用。哲学上的讨论，参见苏珊·哈克（Susan Haack）《自然主义视角下的信念——一个认识论者眼中的心灵哲学》，《哲学分析》2013 年第 6 期。胡适使用的"自然主义"主要是哲学上的，它是胡适对中国传统立足于"自然"解释世界的一种概括，也可以说又是 naturalism 的译语。1923 年，胡适在《〈科学与人生观〉序》中明确打出了"自然主义人生观"的旗号，并展示了他声称的"自然主义人生观"的十个条目，之后还标榜这是他的"新十诫"。

③ 杜威：《形而上学探索的题材》，涂纪亮编译《杜威文选》，社会科学文献出版社，2006，第 193 页。

建立一种他认为是具有科学性的形而上学。①

　　胡适的情形如何呢？作为杜威的弟子，他传承了杜威的许多东西。他不仅受到了杜威的方法论和真理观的影响，坚持用实验、实证、科学等观念和方法去思考、处理哲学中的种种问题，而且受到了杜威批评形而上学和绝对本体的影响，这使他成为现代中国哲学中拒绝形而上学和本体论的代表性人物。胡适曾将杜威的实验主义（胡适又称之为"工具主义"和"实际主义"）概括为三个方面——"方法论"、"真理论"和"实在论"。为了避免人们从玄远的形而上学上去理解杜威的实在论，胡适还特意指出杜威的"实在论"是以世界为"实在"（相对于"空虚"）的"实际主义者"所具有的。他这样说："实在论就是宇宙论，也就是世界观，那是哲学的问题。"② 胡适的言外之意，方法论和真理论不是"哲学问题"。但按照孔德的实证主义，任何"实在论"的"实在"都是不能被允许的，因为它们都是不同形式的形而上学。③

　　进言之，胡适不仅坚持世界和宇宙是实在的"实在论"，他还将他的实在论同"自然主义"结合在一起，对"实在"采取了一种"自然主义"的立场。只要坚持一种实在论，只要立足于"自然"的立场去看待世界和解释世界，胡适就无法同形而上学划清界限，他也得不出逻辑实证主义或逻辑经验主义的结论。④ 这是需要我们探讨的胡适的"宇宙自然主义"；除此之外，胡适的自然主义还包括科学自然主义、技术自然主义和伦理自然主义。反过来说，胡适以"自然"观念为中心而构筑的"自然主义"中的"自然"有不同的层次，它既是胡适用来解释世界和宇宙的最后的依据和信念，又是胡适作为科学认知、技术实践的客体和对象，还是他作为建立人道和伦理的出发点。

---

① 参见杜威《形而上学探索的题材》，涂纪亮编译《杜威文选》，第184—193页。
② 胡适：《谈谈实验主义》，姚鹏、范桥编《胡适讲演》，中国广播电视出版社，1992，第328页。
③ 参见王中江《金岳霖与实证主义》，《哲学研究》1993年第11期。
④ 参见洪谦《维也纳学派哲学》，商务印书馆，1989；洪谦主编《逻辑经验主义》，商务印书馆，1989。

一　宇宙、实在和自然

如同上述，我们说胡适以"自然"观念为核心的"自然主义"立场首先是一种世界观和形而上学，这主要是基于他运用他的"自然"观念对宇宙和万物做出了整体性和统一性的解释。这种解释由一正一反的两个方面组成。正的方面是胡适从宇宙和世界原本是自己造就自己的"自然"来解释和看待宇宙，认为宇宙及其万物纯粹是宇宙自身活动的"自然"结果；反的方面是胡适拒绝一切超自然的力量，否认宇宙和万物是由最高的"绝对因"特别是"超自然"的力量——"神"主宰的。胡适思想中这种意义和层次上的"自然"，是东西方思想融合的产物。

我们知道，一方面，"自然"是中国思想中的一个古老概念，以它为基础，中国还拥有悠久的自然宇宙观传统；另一方面，在中国，近代以来的"自然"概念又是作为英语 nature 的译语来使用的，它同时又履行着将西方的"自然"观念移植过来的任务。胡适的自然观念就处在这两种文明的广阔背景之中。由于他的东西方教育背景，他很适合也很自觉地从事了将两者结合起来的工作。1926 年，他在《今日教会教育的难关》中这样说道：

> 西洋近代科学思想输入中国以后，中国固有的自然主义的哲学逐渐回来，这两种东西的结合就产生了今日自然主义的运动。[①]

这句话完全可以说是胡适的夫子自道或自我注脚。确实，在中国的自然主义运动中，胡适发挥了关键的作用。对胡适来说，吴稚晖显然也是这一运动的主角之一，胡适曾无以复加地称赞他。

说起来，胡适对于"自然"这一概念没有做过单独和专门的讨论，没有至少像他对待"自然法"那样做出过某种概括性说明。[②] 胡适对"自然"的看法和运用，零星地见于他的一些论著之中，我们也只能通过这些论著

[①]　胡适：《今日教会教育的难关》，《胡适文存》第 3 集，黄山书社，1996，第 577 页。
[②]　胡适清晰地界定过"自然法"概念，他的"自然法"中的"自然"与他解释宇宙的"自然"有交叉的地方。参见胡适《中国传统中的自然法》，《中国的文艺复兴》，邹小站等译，湖南人民出版社，1998，第 202 页。

中的材料来了解和把握它，世界观和形而上学意义上的"自然"同样。统而观之，胡适在不同著述中使用的"自然"概念，或者他的自然主义中的自然，主要具有以下三个方面的意义。第一，胡适常常在"自己如此""自然而然"的意义上使用"自然"。这看起来平淡无奇，但胡适就是让这种意义上的"自然"承担起了解释、说明宇宙和万物本性的重任。如胡适在《〈科学与人生观〉序》（这是胡适最完整地表述他的自然主义立场的地方，同时也是他提出建设性的人生观并竭力为科学做出辩护的地方）中这样说：

> 根据于一切科学，叫人知道宇宙及其中万物的运行变迁皆是自然的，——自己如此的，——正用不着什么超自然的主宰或造物者。①

作为"自然的""自己如此的"这种意义上的"自然"，从语言属性上说，好像是一个形容词；从哲学上说，这种意义上的"自然"，显然不是指"自然界"和"物理客体"，而是指自然界和物理客体（即胡适说的"宇宙"和"万物"）何以如此都内在于它们自身的活动方式。胡适说他对宇宙和万物的这种"自然主义"的解释，是根据"一切科学"得来的认识。但这一说法本身就不够科学，什么是"一切科学"，它们又如何能够得出这样的结论。

　　第二，胡适认为宇宙和万物的变化、运行都有自身的自然法则。如果说上述胡适所说的"自然"是对自然的一种使用，那么这里的"自然"就是胡适对"自然"的第二种使用。这里的"自然"与上述不同，它强调的是客体中的"秩序"，它是"自然界中的自然"。胡适说：

> 在那个自然主义的宇宙里，天行是有常度的，物变是有自然法则的，因果的大法支配着他。②

胡适说的"常度""自然法则"，具体说就是"因果律"。"因果律"是胡适

---

① 《胡适文存》第 2 集，黄山书社，1996，第 151 页。胡适在《今日教会教育的难关》中重复了他的这一信条，见《胡适文存》第 3 集。
② 胡适：《〈科学与人生观〉序》，《胡适文存》第 2 集，第 152 页。

信奉的科学研究的对象，这是他为科学的基础做出的哲学说明。在胡适那里，科学的因果观念也适合于研究人的生命及其精神现象，因为人本质上也是自然的一部分，他严格地服从于生物学的、生理学的和心理学的各种规律。胡适提出的"新十诫"人生观，其中两条说的就是这个："根据于生物学、生理学、心理学的知识，叫人知道人不过是动物的一种，他和别种动物只有程度的差异，并无种类的区别。"[①]"根据于生物的及心理的科学，叫人知道一切心理的现象都是有因的。"[②] 胡适的这一立场批评的是"科玄论战"中的玄学派。在玄学派看来，科学研究的自然是纯粹物质性的东西，而人根本上是一种精神性的存在。但在胡适看来，人是自然的一部分，研究自然的因果方法，对人类也是适用的。

胡适对"自然"观念的第三种使用，是认为宇宙的空间和时间都是"无限的"，物质的世界是变化的而不是静止的，是活的而不是死的。胡适说，他根据物理学和天文学的知识知道了空间是无穷的，他根据地质学和古生物学的知识知道了时间是无穷的。我们知道，在传统观念中，空间和时间被认为是无限的。在近代科学中，牛顿的经典物理学也认为时空是无限的；但按照爱因斯坦的相对论，时空不是无限的。胡适说时空是无限的，他接受的是牛顿的而不是爱因斯坦的时空观。一般认为，近代机械论的物质观是将物质看成静止的和死的东西，与之不同，爱因斯坦认为物质首先是一种能量，生命主义哲学认为物质是生命和活的东西。现代中国的生命主义者和反科学主义者往往也以此批评胡适的自然主义和科学主义。胡适说物质不是静止的和死的，大概有同机械自然观划清界限的考虑。胡适是达尔文和赫胥黎生物进化论的坚定拥护者，他接受他们的看法，认为生物是纯粹自然进化和适应的结果，没有任何超自然力量的作用；生物的进化遵循着生存竞争的自然法则，其中也没有任何"自然"的伦理和道德。胡适说："根据于生物的科学的知识，叫人知道生物界的生存竞争的浪费与惨酷，——因此，叫人更可以明白那'有好生之德'的主宰的假设是不能成立的。"[③] 胡适这里说的生物学，就是达尔文创建和赫胥黎竭力传扬的生物

---

① 胡适：《〈科学与人生观〉序》，《胡适文存》第 2 集，第 151 页。
② 胡适：《〈科学与人生观〉序》，《胡适文存》第 2 集，第 151 页。
③ 胡适：《〈科学与人生观〉序》，《胡适文存》第 2 集，第 151 页。

进化论，这是胡适一生信奉的科学之一。在《演化论与存疑主义》中，胡适说，达尔文的进化论用生存竞争、适者生存来解释物种为什么会变化，这打破了类不变的观念，也打破了上帝造物说或者其他什么的设计说和规划说。① 对胡适来说，生物学还为我们提供了更多的东西，如人作为自然的生命都是要死的，没有不朽，没有灵魂不死，当然也没有死后的天堂。但生物学并不讨论不朽、灵魂和天堂问题。

要而言之，胡适用来解释宇宙和万物实在的"自然"，一是指宇宙和万物何以如此的内在原因和机制——"自然而然"，二是指万物之间的因果关系和法则，三是指宇宙、万物的广延性和变化。胡适声称，他的这种"自然观"都是依据科学得出的。其实，它是胡适在科学世界观影响下而对宇宙和万物做出的哲学或形而上学的解释。这种解释，从一方面说，它是"西洋近代科学思想输入中国"在胡适身上的一种产物。一般来说，近代西方在科学影响下的哲学上的"自然"概念，大致有这样几种含义：①自然是整个实在和现实的总和，宇宙都是由自然物构成的；②世界和宇宙都是"自然"的结果，一切事物和现象都可以用"自然"的原因来解释，没有"超自然"的原因和力量，也无须假定其他终极的实体或根据；③"自然"现象具有规则和齐一性，它是可以被认知的，科学的经验方法是认识自然的最有效方式；④人类是自然活动的结果和自然世界的一部分，精神和意识是大脑的活动和过程的产物，没有独立的精神实体。以上我们讨论的胡适的"自然"，同这里所说的②③④类似。胡适用"自然"来指称现实实体、事物和一切现象的全部这一点，是属于他的科学和技术意义上的自然。

胡适的自然主义立场同西方近代科学文化之间的关系我们知道了。但胡适说，现代中国的自然主义，又是对中国传统自然主义的复兴。胡适一再强调，对宇宙和万物采取自然主义的立场，这是中国古代思想尤其是道家思想的一个悠久传统。我们知道，在不少方面，胡适都是中国传统的批评者和否定者，以至于他成了全盘性反传统或全盘西化的核心人物。但在自然主义立场上，我们看到了一种相反的情形，没有什么能比这更能显示出胡适对中国传统的高度赞美了。现在我们有来自不同地方的自然主义，其中一种在很大程度上是作为近代科学产物的自然主义，另一种是近代科

---

① 参见季羡林主编《胡适全集》第 8 卷，第 35—39 页。

学诞生之前中国古代的自然主义，这两者能够结合吗？对胡适来说这不成问题。他认为，西方近代的自然主义在中国的传播与中国古代自然主义的复兴是交互作用的，前者激起了人们对后者的重新关注，后者则为前者提供了土壤。如胡适谈到作为理性主义的自然主义时说：

> 这种新的理性主义的根本态度是怀疑；他要人疑而后信。他的武器是"拿证据来"！
>
> 这种理性主义现在虽然只是少数人的信仰，然而他们的势力是不可轻视的。中国民族本是一种薄于宗教心的民族；古代的道家，宋明的理学，都带有自然主义的色彩。所以西洋近代的自然主义到了中国便寻着了膏腴之地，将来定能继长增高，开花结果。①

对于中国的自然主义传统，胡适也没有集中的讨论，他的说法和看法同样散见于他的著述中，如在他的《先秦名学史》《中国哲学史大纲》《中国中古思想史长编》等著作中，在他的《先秦诸子进化论》《记郭象的自然主义》《魏晋间人的自然主义的哲学》《中国哲学里的科学精神与方法》等论文中，我们都能看到胡适有关这方面的言论。根据这些言论，胡适认为中国的自然主义（主要是道家的自然主义）有一个从创立到传承的谱系。他的创立者是老子。老子用"自然""无为"的"天道"和"道"取代了早先的意志性和神性之天，用自然的演化取代了神学目的论，这是一种革命性的思想。老子之后，《列子》、《庄子》、《淮南子》、《论衡》和郭象的《庄子注》等都以不同方式承继并扩展了老子的自然主义。它们或者像《庄子》和《淮南子》那样，将宇宙和万物看成道的自然无为的结果，排除了神创论；或者像《列子》《庄子注》那样，特别强调万物的自生、自化，排除了造物主。对于道家的这种自然宇宙论，胡适评述说：

> 这个宇宙论的最大长处在于纯粹用自然演变的见解来说明宇宙万物的起源。一切全是万物的自己逐渐演化，自己如此，故说是"自

---

① 胡适：《今日教会教育的难关》，《胡适文存》第3集，第577页。

然"。在这个自然演化的过程里，"莫见其为者而功既成矣"，正用不着什么有意志知识的上帝鬼神作主宰。这是中国古代思想的左派的最大特色。①

胡适深深为中国古代就有这样一个成熟的自然主义传统所感染。他认为中国中古虽然经历了不幸的宗教化（即佛教化）过程，②但幸运的是，道家的自然主义和儒家的人文主义在宋代又复兴了，它们把中国人从宗教的非理性中解放了出来：

> 在那样早的时代（公元前六世纪）发展出来一种自然主义的宇宙观，是一件真正有革命性的大事。……这个新的原理叫做"道"，是一个过程，一个周行天地万物之中，又有不变的存在的过程。道是自然如此的，万物也是自然如此的。
>
> "道常无为，而无不为"。这是这个自然主义宇宙观的中心观念。……然而这个在《老子》书里萌芽，在以后几百年里充分生长起来的自然主义宇宙观，正是经典时代的一份最重要的哲学遗产。自然主义本身最可以代表大胆怀疑和积极假设的精神。自然主义和孔子的人本主义，这两极的历史地位是完全同等重要的。中国每一次陷入非理性、迷信、出世思想，——这在中国很长的历史上有过好几次——总是靠老子和哲学上的道家的自然主义，或者靠孔子的人本主义，或者靠两样合起来，努力把这个民族从昏睡中救醒。③

宇宙观上的道家自然主义，对胡适来说，在很大程度上又是自然进化观。我们知道，严复曾将《老子》和《庄子》这两部书同进化论联系起来（虽然他同时又批评了两者带有的原始主义的消极性），认为这两部著作都

---

① 胡适：《中国中古思想史长编》，姜义华主编《胡适学术文集·中国哲学史》上册，中华书局，1991，第368页。

② 他这样说："我一直认为佛教在全中国'自东汉到北宋'千年的传播，对中国的国民生活是有害无益，而且为害至深且巨。"《胡适口述自传》，唐德刚译注，华东师范大学出版社，1992，第250页。

③ 胡适：《中国哲学里的科学精神与方法》，姜义华主编《胡适学术文集·中国哲学史》上册，第553—554页。

有令人惊异的进化观念。胡适同样。在《先秦诸子进化论》中，胡适强调：
"进化论的主要性质在于用天然的、物理的理论来说明万物原始变迁一问
题，一切无稽之谈，不根之说，须全行抛却。"① 对于生物进化论，胡适津
津乐道的是，生物之间残酷的生存竞争和自然选择，打破了慈善上帝的创
造说。他说老子早就发现了这一点，老子破除了"天地好生""天地有好生
之德"的迷信。老子说的"天地不仁，以万物为刍狗"，就是认为天地完全
是自然而然进行的，没有任何有意的安排。

胡适还从一般性上概括了进化论研究的主要问题，如天地万物的起源、
自古以来天地万物变化的历史、万物变迁的状态和变迁的原因等。由此可
知，胡适的进化论不限于生物的进化。胡适在中国古代特别是道家思想中
发现的进化论，也是如此。深恶探讨万物最终原因的胡适，往往将道家的
"道"解释为宇宙的变化、演化的过程（见上述）。胡适说将道作为最高的
实在，这是后来人们对老子的误解。② 万物用不着一个先天地生的"道"。
从"道"这个字的本义入手，胡适说"道"只是自然演变的过程，而不是
什么东西：

> 道即是路，古人用这"道"字本取其"周行"之义。严格说来，
> 这个自然演变的历程才是道。道是这演变的历程的总名，而不是一
> 个什么东西。老子以来，这一系的思想多误认"道"是一个什么东
> 西……道家哲人往往说"造化者"，其实严格的自然主义只能认一个
> "化"，而不能认有什么"造化者"。③

根据以上的讨论，胡适所认知的道家自然主义的"自然"，主要有四层
含义：一是指"自然而然""自己如此"；二是指"道"的自然无为和宇宙

---

① 姜义华主编《胡适学术文集·中国哲学史》上册，第 573 页。
② 胡适对老子和道家之道的解释，表现了矛盾性的两面：一方面他试图对道做出非绝对实体
的解释，这是这里我们所看到的；另一方面，胡适又认为道家的道只是一个"无从求证"
的假设，但道家误认为它就是最高的实在。参见姜义华主编《胡适学术文集·中国哲学
史》上册，第 364—365 页；季羡林主编《胡适全集》第 5 卷，第 241—242、578—580 页。
③ 胡适：《中国中古思想史长编》，姜义华主编《胡适学术文集·中国哲学史》上册，第
368—369 页。道家的道当然不能只从过程来理解，它先于上帝，先于天地，它是天地和万
物之母。

万物变化的历程；三是指生物的自然进化和生存竞争；四是指没有任何造物主、最后之因和神意。按照胡适在《中国传统中的自然法》中对中国古代"自然法"的理解，其中的两项——"有时求助于天或自然的道（'道'），即自然法则""有时求助于理、道理或天理"，[①] 同以上的道家的"自然天道"观是一致的。

正如我们在章太炎那里看到的那样，近代中国思想中的"自然主义"尽管对自然的理解有很大差异，但它都扮演着类似于韦伯所说的"理性化"和"祛魅"的角色。[②] 在这一方面，胡适也十分有代表性。胡适的"自然主义"既是自然的宇宙观，又是自然合理论（合乎"自然的"就是合理的、理性的），也是批判和否定东西方各种超自然神灵的武器。我们先从胡适对待一起所谓的"闹鬼"事件说起。1922 年 3 月 18 日（周六），胡适在日记中记载了一起"闹鬼"事件。这一天胡适受黎邵西之邀，晚上在雨花春饭馆吃饭，受邀客人还有钱玄同、汪怡庵、陆雨庵、卫挺生等。胡适说他们"大谈"了"国语"问题，但他并未记下这方面的内容，记下的是陆雨庵家中"闹鬼"之事。据说，由于各种怪异现象出现在陆家，陆被迫搬出，而且是限期，不得迟延。在一时找不到合适住处的情况下，陆家只好先住在雨花楼的公寓中。搬出后，陆家雇了一位穷人住在里面帮他们看家，但第二天一位泥水匠进入家中时发现，这位穷人已被火烧死。死者跪在地上，上身和头部的肌肉都被烧尽而现出脏腑和筋骨。但室内其他物品并未被烧，只是被子上被烧了一个大洞。[③]

胡适是如何看待这桩"闹鬼"事件的呢？按照胡适的自然主义宇宙观，[④] 他当然不会相信"闹鬼"之事，也不会相信那位穷人之死真的会有什么神秘的原因。按照他的日记下文的记载，胡适首先肯定这位穷人确实被烧死了，因为他的尸体已被有关官员检查过。但胡适说此事虽然确有"可怪"之处，但陆家"闹鬼"之事"多"不可信，因为陆雨庵并未亲眼看见

---

① 参见胡适《中国的文艺复兴》，第 202 页。

② 但在采取的方式和运用的思想资源上，他同章太炎又非常不同。比如，胡适同佛教的观念和信仰格格不入，他将"自然"完全对象化、客体化。

③ 曹伯言整理《胡适日记全编》第 3 册，安徽教育出版社，2001，第 585—586 页。

④ 按照胡适的回忆，他从小就受到了范缜神灭论的影响，不相信神佛的存在。参见《胡适口述自传》，第 36—38 页。

过他所说的怪异现象。陆雨庵看见的唯一一次，是"鬼"附在一位老妈的身上，她说话的声音变成了男的。但胡适说这仍然可疑。对于穷人被烧死之事，胡适解释为"偶合"。他推测，这位穷人被烧死一定是一种平常的火，他可能是喝醉了酒而招致了此祸。只是这位穷人是在搬家的次日被烧死的，于是他的死就与"闹鬼"有了一个"因果"关系。

在东西方传统中，上帝、天、鬼神、灵魂不死和因果报应，不仅被认为是实有的，而且也被认为对人类的道德生活是有益的。然而，对于自然主义的胡适来说，这都是不可信、不可取的东西。他说：

> 古代的人因为想求得感情上的安慰，不惜牺牲理智上的要求，专靠信心（Faith），不问证据，于是信鬼，信神，信上帝，信天堂，信净土，信地狱。近世科学便不能这样专靠信心了。科学并不菲薄感情上的安慰；科学只要求一切信仰须要禁得起理智的评判，须要有充分的证据。凡没有充分证据的，只可存疑，不足信仰。①

从一方面说，胡适的思想同严复具有可比性，比如他们都注重经验科学和实证方法，但从另一方面说，胡适同严复又很不一样。胡适确实是一位科学主义者或实证主义者，而严复则不是。② 胡适和章太炎类似，竭力"祛魅"，竭力要铲除各种超自然世界和力量的存在，而严复则竭力要为"超自然"留下余地。在经验领域里，严复相信和坚持科学的立场，认为一切存在和现象都是可知的。但在此之外，严复又预设了一个超验的、不可知、不可思议的世界；严复还相信各种"超自然"（包括鬼神）的存在。这就是为什么即使是在新文化运动时期的 1917 年，严复还会热心桐城派人物俞复、陆费逵、丁福保等在上海成立的"上海灵学会"和次年出版的《灵学杂志》。严复还会在致俞复（仲还）和侯疑始的书信中强调"鬼神"的存在，并列举出陈宝琛（弢庵）在光绪甲申丁内艰归里后与一些友人从事的扶乩活动。然而，对于胡适来说，只有一个世界，这就是自然和天的世界，

---

① 胡适：《我们对于西洋近代文明的态度》，《胡适文存》第 3 集，第 5—6 页。
② 参见王中江《从超验领域到道德革新及其古典教化——严复的"宗教观"、"孔教观"和"新民德"》，庞朴主编《儒林》第 2 辑，山东大学出版社，2006。

这是完全可以用经验和科学去观察和认知的单纯的"自然"世界。除此之外，没有任何"实在的东西"，没有任何不可知的世界，没有任何"超自然"的神秘领域。如果说严复的思想具有二重性，一方面他是通过科学"祛魅"（特别是宗教世界中的迷信），另一方面他为巫术、鬼神和迷信留下了空间（"存魅"），那么胡适就没有这种二重性，除了偶然的一时的"皈依"外，胡适是义无反顾地立足于自然主义的"祛魅者"。

二　科学图像中的"自然"

在胡适的自然主义宇宙观中，"自然"这一概念主要是被用以解释宇宙和万物的起源、变迁及其内在根据的，它以自然而然、自己如此这一基本的用法扮演了说明宇宙和万物何以如此的角色，起着解构东西方各种超自然的神及其力量的作用。对胡适来说，这不仅是理智的、科学的立场，也是实际的、现实的需要。除此之外，胡适对自然的使用，主要是将"自然"纳入"科学"和"技术"的范式之内，使之完全成为科学认知、技术加工的对象和客体。胡适前后一贯地坚持认为，科学和技术是"拷问"自然、解释自然、驾驭自然、利用自然的唯一有效的方法和方式。这是胡适"自然主义"立场的另外两个方面。在这两方面，胡适都检讨了中国传统的缺陷和缺失。对他来说，人文的、精神性的东西，都要通过对自然的科学认知和技术利用产生出来，而不是在对自然的茫然、顺从、依附中获得。

在此，如果再次进行一种比较的话，胡适同严复有一致的地方，而同章太炎没有什么共同性。在近代中国自强新政之后，严复竭力主张，中国必须充分发展把握自然奥秘的近代科学和驾驭自然的近代技术，使之成为实现国家富强的重要途径之一。与此不同，章太炎关心的只是如何将中国和社会从晚清政治和外部帝国的强权中解放出来，而对中国如何认识"自然"和利用自然并从中解放出来漠不关心。近代以来的许多中国人认为，这两种解放是有关系的，将传统中国从自然中解放出来就是为了获得从列强中解放出来的力量。自强新政如此，主张广义变法的严复也是如此。到了胡适，这一情况略有变化。对他来说，把人从自然中解放出来本身就是目的，它不仅是中国人理智化的需要，也是中国人的幸福所必需的。下面，我们就来考察胡适的科学范式中的"自然"。

我们知道，胡适到美国康奈尔大学留学，最初选择的专业是农学，按说这是他接触自然的最好的和最直接的方式了，但对苹果进行分类的课程内容，竟然让他不知所措。他不喜欢这样去认识自然，他认为这是在浪费时间，甚至是愚蠢的。这是他从学农转到念哲学的原因之一。① 胡适自己不喜欢直接去认识自然，但后来他却成了乐此不疲地教导人们如何去认识自然的启蒙导师。在近代中国将自然对象化、科学化的过程中，胡适扮演了关键的角色。对于自然，至今人类的认知早已无孔不入、无所不在，而且带来了许多问题，但对于 20 世纪初的中国来说，认识自然和发展中国的科学则是启蒙的主题之一。这是不能忘记的。胡适在这方面展开的启蒙工作是什么呢？

近代以来，东西方一直有人在追问中国为什么没有诞生近代科学，② 也有人对当代中国科学发展中的阻力寻根求源，这两种做法都将原因指向了古代。③ 胡适对第一个问题的反思，主要就是对中国人为什么没有关注"自然"，不将"自然"作为科学认知对象的反思。为了改变这种传统，胡适一方面反思中国古代的思维方式和意识，另一方面倡导和传播他所理解的科学精神和方法。在胡适看来，中国古代的自然主义宇宙观传统很悠久，它同儒家的人文主义传统相结合，有效地抵制了宗教的狂热和迷信。但是，很遗憾，这两种理性主义传统，都没有促使中国人对自然产生大的兴趣。道家宇宙上的"自然主义"，一开始就具有顺从自然，甚至呼唤回到原始社会的消极主义倾向：

> 中国古代哲人发现自然的宇宙论最早，在思想解放上有绝大的功效。然而二千五百年的自然主义的哲学所以不能产生自然科学者，只因为崇拜自然太过，信"道"太笃，蔽于天而不知人，妄想无为而可以因任自然，排斥智故，不敢用己而背自然，终于不晓得自然是什么。④

① 参见《胡适口述自传》，第 36—38 页。

② 较早的讨论比如冯友兰的《为什么中国没有科学——对中国哲学的历史及其后果的一种解释》（见冯友兰《三松堂学术文集》，北京大学出版社，1984）；稍近的讨论如托比·胡弗的《近代科学为什么诞生在西方》（周程、于霞译，北京大学出版社，2010）。

③ 见 Peng Gong（宫鹏），"Cultural History Holds back Chinese Research," *Nature*, Vol. 481, 6 Jan. , 2012。

④ 胡适：《中国中古思想史长编》，姜义华主编《胡适学术文集·中国哲学史》上册，第 376 页。

在胡适看来，自然的宇宙论既有纯粹自然演变的意义，也有生物和人类主动去适应和促进演变的意义。① 但道家只知道遵循纯粹的自然的演变，而不懂得人的主动适应性和能动性。这种自然顺应论导致了人们对认识自然的漠视，也导致了人们对改造自然的忽视。

此外，道家的"道"在抵制和克服自然主宰方面做出巨大贡献的同时，也带来了人们漠视万物之理和阻碍科学的消极性影响：

> 然而他们忘了这"道"的观念不过是一个假设，他们把自己的假设认作了有真实的存在，遂以为已寻得了宇宙万物的最后原理，"万物各异理，而道总稽万物之理"的原理，有了这总稽万物之理的原理，便可以不必寻求那各个的理了。故道的观念在哲学史上有破除迷信的功用，而其结果也可以阻碍科学的发达。人人自谓知"道"，而不用求知物物之"理"，这是最大的害处。②

可以看出，胡适强调道家自然主义在中国思想上的革命性贡献，也往往伴随他对这一自然主义产生的因循自然和漠视万物之理这种负面性的检讨。

中国人疏远认识自然的另一个原因，在胡适看来是儒家的人文主义传统。同样，胡适一方面肯定这一传统的意义和价值，另一方面认为这一传统也产生了负面影响。在《先秦名学史》、《中国哲学史大纲》和《中国的文艺复兴》等著述中，我们都能看到他对这一传统在科学上产生的消极后果的反思。胡适说，中国古代与西方文化一开始就存在的差异，决定了它们后来的不同发展方向。早期的中国构筑了他们的道德哲学和政治哲学，在这方面其同希腊人没有多少差别，但差异在于他们不像希腊人那样对自然物理、数学、几何、力学等也深感兴趣，他们"几乎无一例外地陷入伦理与政治理论研究，而希腊学者却在从事动植物、数学与几何学、工具与

---

① 胡适说："自然的宇宙论含有两种意义：一是纯粹自然的演变，而一切生物只能随顺自然；一是在自然演进的历程上，生物——尤其是人类——可以自动的适应变迁，甚至于促进变迁。"胡适：《中国中古思想史长编》，姜义华主编《胡适学术文集·中国哲学史》上册，第 374 页。

② 胡适：《中国中古思想史长编》，姜义华主编《胡适学术文集·中国哲学史》上册，第 365 页。

机械的研究"。① 这种程度上的差异，逐步演变为学术和学问"种类"上的不同。胡适进一步指出，中国一开始的那种倾向性，在中世纪得到了强化，这使中国人更加远离自然：

> 整个中世纪时期，中国的知识界的生活趋于越来越远离自然对象，而益发深陷于空洞的玄思或纯粹的文学追求。中国的中世纪宗教要人们思考自然和顺从自然，而不是揭示自然奥秘从而征服自然。而那获取社会声望和公职的唯一通道的科举制度，正有效地把中国知识分子的生活铸造成一个纯粹追求文字技巧的生活。②

对于李约瑟等一些中国科学史研究者来说，这样的结论是有问题的。他们认为，中国在科学和技术上的落后，只是最近几个世纪的事。③ 但胡适说中国古代注重道德和政治领域的研究，注重文本、文献和文学的研究是不容否定的，科举制度与此恰恰又有因果之关系。

中国的宋明清复兴了儒家的人文主义，有效地抵制了中古时代中国的佛教化和宗教化，但这仍然没有将中国人引向对自然的好奇上，他们继续沉潜于伦理、政治的研究中，沉浸于书本、文学和文献学的研究中。看上去是一个矛盾，胡适对朱熹的"格物穷理"给予了高度肯定，认为宋代人对它的解释非常符合科学的精神和方法。但胡适又说，他们的逻辑方法是没有效果的，其中"最不幸的是把'物'的意义解释为'事'"。④ 这是胡适 1915—1917 年在纽约完成的《先秦名学史》一书中的话。在这部书中，胡适还进一步说：

> 朱熹和王阳明都同意把"物"作"事"解释。这一个字的人文主义的解释，决定了近代中国哲学的全部性质与范围。它把哲学限制于人的"事务"和关系的领域。王阳明主张"格物"只能在身心上做。即使宋学探求事事物物之理，也只是研究"诚意"以"正心"。他们对

---

① 胡适：《中国的文艺复兴》，第 55 页。
② 胡适：《中国的文艺复兴》，第 56 页。
③ 参见李约瑟《中国之科学与文明》第 1 册，陈立夫主译，台北，台湾商务印书馆，1977。
④ 胡适：《先秦名学史》，先秦名学史翻译组译，学林出版社，1983，第 8 页。

自然客体的研究提不出科学的方法，也把自己局限于伦理与政治哲学的问题之中。因此，在近代中国哲学的这两个伟大时期中，都没有对科学的发展作出任何贡献。①

朱子等中国的哲学家真正关心的不是探索"自然"的奥秘，而是探索经典和书本的奥秘，清代的考据学家更是将这种方法集中运用到历史和文献之中。② 相比于对自然的兴趣，中国哲学家更关心的是政治和伦理领域，这同近代科学根本上是面向"自然"和以"自然"为对象形成了明显的不同，这是中国不能产生近代科学的原因之一。

胡适还比较了最近三百年东西方之间的差异，这个差异就是西方在科学的许多领域中都已开花结果，而中国主要还是沉溺于文字和文献的研究中，没有去倾听自然的声音：

　　纵观科学发达史，可知东方与西方之学术发展途径，在很古的时代已分道扬镳了。自然科学虽到近三百年中始有长脚〔足〕的发展，但在希腊、罗马时代，已有自然科学的基础。（例如，Aristotle〔亚里士多德〕解剖过 50 种动物。）而东方古文化实在太不注重自然界实物的研究，虽有自然哲学而没有自然科学的风气。故其虽有"格物穷理"的理想，终不能产生物理的科学，只能产生一点比较精密的纸上考证

---

① 胡适：《先秦名学史》，第 6 页。
② 胡适在《格致与科学》（1933 年）中也解释了中国哲学家为什么在格物上会失败："他们失败的大原因，是因为中国的学者向来就没有动手动脚去玩弄自然界实物的遗风。程子的大哥程颢就曾说过'玩物丧志'的话。他们说要'即物穷理'，其实他们都是长袍大袖的士大夫，从不肯去亲近实物。他们至多能做一点表面的观察和思考，不肯用全部精力去研究自然界的实物。久而久之，他们也觉得'物'的范围太广泛了，没有法子应付。所以程子首先把'物'的范围缩小到三项：（一）读书穷理，（二）尚论古人，（三）应事接物。后来程朱一派都依着这三项的小范围，把那'凡天下之物'的大范围完全丢了……十七世纪以后的朴学（又叫做'汉学'），用精密的方法去研究训诂音韵，去校勘古书。他们做学问的方法是科学的，他们的实事求是的精神也是科学的。但他们的范围还跳不出'读书穷理'的小范围，还没有做到那'即物穷理'的科学大范围。"（季羡林主编《胡适全集》第 8 卷，第 81—82 页）在《治学的方法与材料》中，胡适也说，清代朴学的"方法虽是科学的，材料却始终是文字。科学的方法居然能使故纸堆里大放光明，然而故纸的材料终久限死了科学的方法，故这三百年的学术也只不过文字的学术，三百年的光明也只不过故纸堆的火焰而已"（《胡适文存》第 3 集，第 94 页）。

学而已。可见研究的对象（材料）又可规定学术的途径与成就。①

胡适的这种解释前后是一贯的。1959 年，胡适在夏威夷举行的第三届东西方哲学研讨会上做了题为《中国哲学里的科学精神与方法》的发言。他不接受一些西方人对中国古代没有产生科学的苛刻批评。他辨析说，中国没有产生近代科学不等于说中国没有科学的精神和方法。中国古代特别是近世，事实上具有丰富的科学精神和方法。孔子和老子都具有理性、质疑和探索的意识，朱熹的"格物穷理"具有依据事实、证据和归纳的意识。朱子要"格"的"物"十分宽泛，它包罗一切，从天高地厚到一草一木。朱熹对学问的研究和清代的考据学，体现的都是从证据出发和实事求是的科学精神及方法。问题是，具有如此丰富的科学精神和方法竟没有产生近代科学：

> 这种精神和方法并没有造成一个自然科学的时代。顾炎武、戴震、钱大昕、王念孙所代表的精确而不受成见影响的探索的精神并没有引出来中国的一个伽利略、维萨略、牛顿的时代。②

对此，胡适提出的解释依然是之前他强调的东西。他谈到了之前他在《中国的文艺复兴》中对东西方文化进行的对比，认为阻碍科学在中国出现的主要原因，就是哲学家把"物"限定在"人事"上，没有把"自然"作为学问和研究的对象。

中国人不关心探索"自然"的原因除了上述胡适所说的之外，一般认为，这还同中国人的价值观和科举制度有密切的关系。早在 16 世纪末 17 世纪初，对中国文化有深入认识和感受的利玛窦就发现，中国人普遍感兴趣的是道德哲学，这是因为钻研数学和医学的人不受人尊敬。中国人对道德哲学深感兴趣，是因为学习道德哲学能够通向科举功名，可以获得很高的报酬和荣誉，并达到人生幸福的顶点。③ 时隔两个多世纪后，在严复那里我

---

① 胡适：《科学概论》，季羡林主编《胡适全集》第 8 卷，第 90 页。
② 胡适：《中国哲学里的科学精神与方法》，季羡林主编《胡适全集》第 8 卷，第 511 页。
③ 参见利玛窦、金尼阁《利玛窦中国札记》上册，何高济、王遵仲译，中华书局，1983，第 27—44 页。

们看到了类似的检讨。他批评说，中国古代学问的中心是文字之学，是为官之学，是师心自用之学，这种学问都让人远离自然（虽然严复也认为中国的古典中也包含科学的方法）。对此，胡适也注意到了。他说科举考试是中国最优秀的人追求的目标，而这种考试完全是测试人们在人文和文字方面的能力。与此不同，西方人比较早地将智力转向了"自然"。胡适在《治学的方法与材料》中用具体的例子比较了中西在两三百年间的不同选择，并得出结论，"西洋的学者先从自然界的实物下手，造成了科学文明，工业世界"。[①]

虽然胡适认为在中国历史上"自然"没有被作为科学认知的对象且没有发展出近代科学，但他相信中国传统的自然主义和人文主义并不会成为中国接受和发展近代科学的障碍，它的科学精神和方法也完全可以与现代的科学精神和方法结合起来。近代中国的认知转向"自然"，同时伴随如何认识自然的方法论自觉。从近代中国墨家和名学的复兴，到西方逻辑学的移植、知识论的建立和科学方法的阐释，可以说都是这种方法论自觉的表现。在这一方面，严复是一个典型（包括他翻译自穆勒的《穆勒名学》和耶方斯的《名学浅说》）。严复之后，胡适是又一个典型。

胡适认识到，如果我们单是转向"自然"而不掌握和运用严密的科学方法，我们照样不能发现自然的奥秘，结不出科学之果——真理，我们在自然面前将一无所获。这是因为自然从不轻易向人敞开它自己的秘密，真理并不容易求得（"理未易察"）：

> "自然"是不容易认识的，只有用最精细的观察和试验，才可以窥见自然的秘密，发现自然的法则。……自然是个最狡猾的妖魔，最不肯轻易吐露真情。人类必须打的她现出原形来，必须拷的她吐出真情来，才可以用她的秘密来驾御她，才可以用她的法则来"因任"她。[②]

> 真理是深藏在事物之中的；你不去寻求探讨，他决不会露面。科

①　《胡适文存》第3集，第101页。
②　胡适：《中国中古思想史长编》，姜义华主编《胡适学术文集·中国哲学史》上册，第375—376页。

学的文明教人训练我们的官能智慧，一点一滴地去寻求真理，一丝一毫不放过，一铢一两地积起来。这是求真理的唯一法门。自然（Nature）是一个最狡猾的妖魔，只有敲打逼拶可以逼她吐露真情。①

王阳明"格竹子"失败的感叹就是一个例子。胡适评论说，王阳明的话"表示中国的士大夫从来没有研究自然的风气，从来没有实验科学的方法，所以虽然有'格物致知'的理想，终不能实行'即物穷理'，终不能建立科学"。②

为了使以认知"自然"、探寻"自然"奥秘为中心的科学迅速在中国发展起来，胡适首先回头去挖掘中国传统中的科学精神和方法，如他的研究一开始就是去探讨中国的先秦名学，他的目的正是复兴中国已有的逻辑和方法；胡适更竭力去宣扬近代以来西方建立的科学精神和方法。他对达尔文的进化论、赫胥黎的科学思想的兴趣，更多地是把他们的学说看成一种通向科学的方法；杜威"实验主义"吸引他的地方，主要也是其中的科学方法。有关这方面，我们已有很多的研究。在此，我想强调的是，胡适提出的探索"自然"的科学方法，主要表现在他津津乐道的怀疑、假设、实验、事实、证据等观念中，尤其是表现在他十分得意的"大胆的假设，小心的求证"的信条中：

> 科学精神在于寻求事实，寻求真理。科学态度在于撇开成见，搁起感情，只认得事实，只跟着证据走。科学方法只是"大胆的假设，小心的求证"十个字。没有证据，只可悬而不断；证据不够，只可假设，不可武断；必须等到证实之后，方才奉为定论。③

> 科学的方法，说来其实很简单，只不过"尊重事实，尊重证据"。

---

① 胡适：《我们对于西洋近代文明的态度》，《胡适文存》第3集，第4页。
② 胡适：《格致与科学》，季羡林主编《胡适全集》第8卷，第82页。
③ 胡适：《介绍我自己的思想（〈胡适文选〉自序）》，《胡适文存》第4集，第463页。对胡适来说，探寻自然的奥秘不仅需要严格的科学方法，还需要高度的耐心和毅力（参见胡适《科学发展所需要的社会改革》，姚鹏、范桥编《胡适讲演》，第346页）。胡适注重科学方法，他对这种方法的运用则仍是历史和国故领域。

在应用上，科学的方法只不过"大胆的假设，小心的求证"。[1]

但到了最后，胡适的科学方法却变成了养成治学的个人的良好习惯，比如"不懒惰""不苟且""肯虚心"。[2] 不管如何，胡适自己并没有将他倡导的科学方法运用在自然上，他个人的兴趣也不在自然上。自从他告别农学之后，他就同自然分道扬镳了。他的兴趣在中国的历史、思想、文学和文字上，一句话，在他所说的"整理国故"上，因此，他倡导的科学方法对他而言最后也只能落实在"非自然"的领域中。

三　技术图像中的自然

上面我们讨论的是胡适东西方语境中的"自然"与科学认知的关系，是胡适克服中国旧传统中漠视自然探索，借助西方新传统，将自然对象化、科学化的科学的自然主义。与此密切相连，胡适也渴求将自然高度技术化和工具化，使自然成为人类有待加工和使用的一切物质和材料，通过普遍地利用自然以充分满足人类生存的各种需求。按照胡适的主张，人类对于自然要做的事，就是最大限度地改造、利用它，就是不断地运用新工具和技术从它那里获得可资利用的一切东西。对胡适来说，这也是中国迫切需要"充分世界化"的方面。1926 年胡适发表的《我们对于西洋近代文明的态度》，可谓是他动员中国人接受西方技术文明的一篇"宣言"。之后，在不同的场合，胡适一直在为自然的技术化和工具化而摇旗呐喊（虽然从晚清开始中国人就在辅助的意义上要求输入兴起于西方的控制和利用自然的技术）。这可以说是胡适的"技术自然主义"，或者说是狭义的胡适的"工具理性"。

胡适的技术自然主义包括一些不同的方面。第一，它是一种对人精神上的要求。按照这种要求，我们在自然面前要有主动性而不是被动地适应它，我们要成为自然的改造者和利用者而不是它的依附者，我们要相信自身的能力、勇气和冒险精神而不是安于现状和退缩，我们要把自己的命运

---

① 胡适：《治学的方法与材料》，《胡适文存》第 3 集，第 93 页。

② 参阅胡适的《科学概论》，季羡林主编《胡适全集》第 8 卷，第 90 页。

和幸福委于自己而不是超自然的力量：

> 从前人类受自然的支配，不能探讨自然界的秘密，没有能力抵抗自然的残酷，所以对于自然常怀着畏惧之心。拜物，拜畜生，怕鬼，敬神，"小心翼翼，昭事上帝"，都是因为人类不信任自己的能力，不能不倚靠一种超自然的势力。现代的人便不同了。人的智力居然征服了自然界的无数质力，上可以飞行无碍，下可以潜行海底，远可以窥算星辰，近可以观察极微。这个两只手一个大脑的动物——人——已成了世界的主人翁，他不能不尊重自己了。……这是现代人化的宗教。信任天不如信任人，靠上帝不如靠自己。我们现在不妄想什么天堂天国了，我们要在这个世界上建造"人的乐园"。我们不妄想做不死的神仙了，我们要在这个世界上做个活泼健全的人。我们不妄想什么四禅定六神通了，我们要在这个世界上做个有聪明智慧可以戡天缩地的人。我们也许不轻易信仰上帝的万能了，我们却信仰科学的方法是万能的，人的将来是不可限量的。我们也许不信灵魂的不灭了，我们却信人格是神圣的，人权是神圣的。
>
> 这是近世宗教的"人化"。①

按照胡适的说法，自主、自尊、进取的精神已经成为现代人的一种新的宗教，人不再相信任何主宰者和救世主，他完全凭借自身的智慧、勇气和力量去面对自然。

第二，从人的积极的、主动的精神出发，胡适始终主张人类"戡天缩地"，始终主张用人类的智慧和能力最大限度地从自然中获得一切所需要的东西，这里的人类当然首先是指中国人。我们看到，每当胡适谈到人类如何对待"自然"时，他总是喜欢使用诸如"改造自然""控制自然""征服自然"等字眼。现在这些字眼对我们来说已经变得非常刺眼，我们不仅不再轻易地倡导"征服自然"，而且对科学和技术导致的问题进行了反省，甚

---

① 胡适：《我们对于西洋近代文明的态度》，《胡适文存》第 3 集，第 6—7 页。胡适还引用外国少年的一首诗："我独自奋斗，胜败我独自承担，我用不着谁来放我自由，我用不着什么耶稣基督，妄想他能替我赎罪替我死。"（同书，第 6 页）

至用"敬畏自然"来改变我们对"自然"的冷酷无情。但对于当时的胡适来说，这还不是问题。胡适一生一心所想的只是如何改变中国的贫穷和中国人的贫穷生活，而"自然"就是为了满足人类生活的需要而存在的（这是他的"人本主义"的一种表现），只要能够满足人类生活的需要，人类对于自然可以采取任何他们能够采取的方式。胡适在美国文明中看到了它的典型表现，他称之为"大量生产主义"。它以严格的组织和分工，按一定的程序，源源不断地使原料变成人类所需要的制品。没有比"我们要捶他，煮他，要叫他听我们的指派"这种形象化的说法更能说明胡适对"自然"的改造和征服意识。这句话出自1930年胡适为纪念中国科学社成立15周年而为中国科学社撰写的社歌①中：

> 我们不崇拜自然。他是一个刁钻古怪；
>
> 我们要捶他，煮他，要叫他听我们的指派。
>
> 我们要他给我们推车；
>
> 我们要他给我们送信。
>
> 我们要揭穿他的秘密，好叫他服事我们人。
>
> 我们唱天行有常，我们唱致知穷理。
>
> 明知道真理无穷，进一寸有一寸的欢喜。②

1952年，胡适在台湾台南工学院做了《工程师的人生观》的演讲，他说他本来是学农的。为了表示对"工学"的看重，他还说他到六七十岁也许会成为一名工学院的老学生。这足以表明人文主义的胡适，同时又是一个多么浓厚的技术自然主义者。也正是在这次演讲中，胡适提出了一个"工程师的人生观"：

> 什么叫做工程师呢？工程师的作用，在能够找出自然界的利益，强迫自然世界把它的利益一个一个贡献出来；就是改造自然、征服自

---

① 后由赵元任谱曲，并于1930年10月25日北平社友社庆祝本社十五周年上试唱。有关"中国科学社"的成立和发展，参见坂出祥伸『中国の近代思想科と学』同朋社出版、1983、555—578頁。

② 胡适：《工程师的人生观》，姚鹏、范桥编《胡适讲演》，第400—401页。

然、控制自然，以减除人的痛苦，增加人的幸福。①

　　人与蜘蛛、蜜蜂、珊瑚虫所以不同，是在他充分运用聪明才智，揭发自然的秘密，来改造自然，征服自然，控制自然。②

在演讲的结尾，胡适还特意引用了他二十年前为中国科学社所作的社歌，并将它送给了在座的工程师。胡适提出的"工程师的人生观"表明，相比于他主张认识自然、探索自然的奥妙，他更倾心的是人类如何充分地改造自然和利用自然。由此可知，胡适不会接受那种纯粹出于理智好奇去认识自然的看法，这同他的真理观、经验观和环境观也是非常吻合的。比如，胡适的主动"适应自然"往往也是指主动地去适应"环境"，他说人类经验就是这种适应的结果：

　　现在我们受了生物学的教训，就该老实承认经验就是生活，生活就是人与环境的交互行为，就是思想的作用指挥一切能力，利用环境，征服他，约束他，支配他，使生活的内容外域永远增加，使生活的能力格外自由，使生活的意味格外浓厚。③

　　第三，胡适歌颂近代的技术革命，将新的工具、器具的发明及运用看成人类新文明的显要标志，坚信新工具和技术是人类改造自然、征服自然的最有效手段。在近代以来的中国，一直有人抵制这种文明，包括了解西方的人，如辜鸿铭感受过英国的技术文明，马一浮感受过美国的工具文明，但他们对此都持抵制的立场，这构成了他们反现代化的核心内容。与此截然不同，胡适和他的前辈及同时期的人，都坚持认为中国必须接受和发展这种文明。他认为美国的技术和工业文明，造就了美国人丰富的物质生活，也造就了他们的幸福。胡适引用法国科学家柏格森（Bergson）说的"人是制器的动物""人是能够制造器具的动物"来证明人优越于其他事物的高明

---

① 胡适：《工程师的人生观》，姚鹏、范桥编《胡适讲演》，第395页。
② 胡适：《工程师的人生观》，姚鹏、范桥编《胡适讲演》，第396页。
③ 胡适：《实验主义》，《胡适文存》，黄山书社，1996，第233页。

之处。发明家富兰克林当然也表述过类似的意思（人是能够制造工具的动物）。事实上，生物和动物不同程度上也有使用工具的能力。但胡适说它们的能力太低了，无法同人类的制器相提并论。在《几个反理学的思想家》中，胡适称道吴稚晖说的人生只不过是两只手和一个大脑在台上做游戏的动物：

> 这出戏不是容易做的，须充分训练这两只手，充分运用这个大脑，增加能力，提高智慧，制造工具：品物越备，人的能力越大，然后“能以人工补天行，使精神上一切理想的道德无不可由之而达到又达到”。①

第四，胡适一再强调，改造和利用自然完全是出于人类生存的需要、福祉的目的，也是发展人类的精神生活所必需的。从晚清开始，中国人主要将发展技术和工业文明看成寻求富强、实现国家独立和强大的必由之路，与此有所不同，胡适将技术和工业文明首先并主要看成满足人的物质生活和幸福的需要。如胡适说：

> 控制自然，为的是什么呢？不是像蜘蛛织网，为的捕虫子来吃；人的控制自然，为的是要减轻人的劳苦，减除人的痛苦，增加人的幸福，使人类的生活格外的丰富，格外有意义。这是“科学与工业的文化”的哲学。②

在《眼前世界文化的趋向》中，胡适认为科学技术的目的是“解除人类的痛苦，增进人生的幸福”。③ 西方的技术文明一开始就建立在人生的幸福之上，因为它把幸福看成人生的目的，把贫穷和衰病看成社会的罪恶：

> 这一系的文明建筑在“求人生幸福”的基础之上，确然替人类增

---

①　姜义华主编《胡适学术文集·中国哲学史》下册，第1182页。
②　胡适：《工程师的人生观》，姚鹏、范桥编《胡适讲演》，第396页。
③　季羡林主编《胡适全集》第22卷，第690页。

进了不少的物质上的享受；然而他也确然很能满足人类的精神上的
要求。①

1956 年，在《大宇宙中谈博爱》中，胡适承认一些伟大的宗教都是出于对
人类的爱，它们主张爱他、利他而牺牲自己也都是崇高的。但是，胡适同
时又指出，用个人有限的能力甚至不人道的方法去爱人，既非常有限，又
非常可笑。通过现代科学技术如工程、医学带给人类的不仅是能力，而且
是广大的爱，它减少了人类无数的痛苦，大大增加了人的幸福：

> 现在的科学才能放大我们的眼光，促进我们的同情心，增加我们
> 助人的能力。我们需要一种以科学为基础的博爱——一种实际的爱。②

客观而论，现代技术和工业文明确实改善了人类的生活条件，确实推
动了人类的精神发展。近代早期的中国人对西方技术的热心主要是出于民
族自救、自保的需要，他们希望通过西方的工业技术使中国获得对付西方
强权的力量，以获得民族的独立和自决，一般称之为"自强""富强"。这
是一种服务于民族主义需要的技术目标。进一步，中国人对技术文明的热
衷，又是出于改善中国人的物质生活条件和生存状况的需要。他们认为西
方通过工业文明使人们获得了物质生活上的富裕和快乐。严复的开明自利
主义所主张的就是如此。胡适主张接受西方的技术文明，主要是出于后者。
他强烈渴望中国能够步西方工业化和技术化的后尘，在改造自然和利用自
然上发生革命性的转变，改善中国人的生活条件，使中国人也过上富裕和
幸福的生活。在近代中国非常贫穷的情况下，胡适强烈要求推进中国的技
术文明是十分自然的，只不过他对技术和工业文明采取了过于乐观的立场。

胡适从东西方语境中出发建立他的自然主义，同样体现在他评判中国
传统与技术文明的关系上。对此，他有肯定的方面，但主要是批评性的。
在肯定的方面，胡适高度赞赏荀子"制天命而用之"的征服自然的精神。
胡适说，荀子一方面用道家的无意志的天去改变儒家"赏善罚恶"的有意

---

① 《胡适文存》第 3 集，第 9 页。

② 姚鹏、范桥编《胡适讲演》，第 404 页。

志的天，另一方面避免了道家因循自然特别是庄子的安命主义，提倡一种征服自然的"戡天主义"。对于荀子在《天论》中说的"大天而思之，孰与物畜而制之！从天而颂之，孰与制天命而用之！望时而待之，孰与应时而使之！因物而多之，孰与骋能而化之"，胡适无以复加地称道说：

> 这是何等伟大的征服自然的战歌！所以荀子明明是针对那崇拜自然的思想作战，明明的宣言："错人而思天，则失万物之情。"这个庄、荀之分，最可注意。①

> 把自然控制来用，中国思想史上只有荀子才说得这样彻底。从这两句话，也可以看出中国在两千二三百年前，就有控制天命——古人所谓天命，就是自然——把天命看作一种东西来用的思想。②

在改造自然的意义上，胡适也有限地赞美了《淮南子》。因为《淮南子》在主张老子"无为"的同时，也主张"有为"。胡适还称赞了中国古代制造工具、利用自然的意识和观念。他以《周易》说的"见乃谓之象，形乃谓之器，制而用之谓之法，利用出入，民咸用之谓之神"为根据，认为人类运用工具控制自然观念是东西方圣人和贤人都具有的。

但摆在胡适面前的问题不只是中国为什么没有产生近代科学，还有为什么没有产生近代的技术。对此，胡适主要用道家自然主义宇宙观的副作用来解释。他批评说，道家一味地崇拜自然、顺从自然、因循自然，忽视了人在自然面前的主动性和能动性作用：

> 简单一句话，我们不幸得很，二千五百年以前的时候，已经走上了自然主义的哲学一条路了。像老子、庄子，以及更后的《淮南子》，都是代表自然主义思想的。这种自然主义的哲学发达的太早，而自然科学与工业发达的太迟：这是中国思想史的大缺点。③

---

① 胡适：《中国中古思想史长编》，姜义华主编《胡适学术文集·中国哲学史》上册，第374页。
② 胡适：《工程师的人生观》，姚鹏、范桥编《胡适讲演》，第398页。
③ 胡适：《工程师的人生观》，姚鹏、范桥编《胡适讲演》，第399页。

胡适说，这一缺点从老子开创道家的自然主义时就开始了："老子因为迷信天道，所以不信人事，因为深信无为，所以不赞成有为。"① 之后，庄子、列子和《淮南子》的哲学，进一步加深了老子的这种自然无为的消极观念，陷入崇拜自然、随顺自然、因循的困境之中。如庄子的生物进化论把生物的进化看成自生自化，虽然否定了主宰和"最后之因"，但在解释生物为什么能进化上，只看到了生物被动适合的情形，忽略了生物主动的适合：

> 近世生物学者说生物所以变迁进化，都由于所处境遇（Environment）有种种需要，故不得不变化其形体机能，以求适合于境遇。能适合的，始能生存。不能适合，便须受天然的淘汰，终归于灭亡了。但是这个适合，有两种的分别：一种是自动的，一种是被动的。被动的适合，如鱼能游泳，鸟能飞，猿猴能升木，海狗能游泳，皆是。这种适合，大抵全靠天然的偶合，后来那些不能适合的种类都渐灭了，独有这些偶合的种类能繁殖，这便是"天择"了。自动的适合，是本来不适于所处的境遇，全由自己努力变化，战胜天然的境遇。如人类羽毛不如飞鸟，爪牙不如猛兽，鳞甲不如鱼鳖，却能造出种种器物制度，以求生存，便是自动的适合最明显的一例。《庄子》的进化论只认得被动的适合，却不去理会那更重要的自动的适合。②

胡适还举例说，为了避免把"无为"混同于"没有人事"，《淮南子》把无为解释为"合乎自然的行为"，但这样的"因任自然"的"无为"，仍然有"不以人易天"的危险，都有取代"有为"的消极性：

> 《修务训》里明说，水之用舟，泥之用輴等事，不算是有为，仍算是无为。用心思造舟楫，已是"用己"了；顺水行舟，还算是不易自然；递水行船，用篙，用纤，这不是"用己而背自然"吗？如果撑船递流，用篙用纤，都是无为，那么，用蒸汽机行驶轮船，用重于空气

---

① 胡适：《先秦诸子进化论》，姜义华主编《胡适学术文集·中国哲学史》上册，第 578 页。
② 胡适：《中国哲学史大纲（卷上）》，姜义华主编《胡适学术文集·中国哲学史》上册，第 181 页。

的机器行驶飞机，也都是无为了。究竟"自然"与"背自然"的界线
画在那一点呢？

　　须知人类所以能生存，所以能创造文明，全靠能用"智故"，改造
自然，全靠能"用己而背自然"。①

《老子》说的"虽有舟车，无所乘之"，特别是《庄子·天地》篇批评汉阴
丈人用桔槔汲水，《马蹄》篇反对羁勒驾马，确有胡适说的"不以人易天"
的倾向，有明显的减少和降低人类行为的旨趣。但细究起来，道家的自然
主义具有复杂的内涵，老子的"无为"主要是反对控制，让事物按照自身
的愿望去选择和发展。②《淮南子》的无为也有这样的"高明"之处。庄子
批评人为的东西，是因为他认为这些东西破坏了人类的真实性。但胡适的
批评都大而之地将它们纳入一个说法之下，那就是"不作为"：

　　总之，老子、列子、庄子，都把"天行"一方面看得太重了，把
"人力"一方面却看得太轻了，所以有许多不好的结果。处世便靠天安
命或悲观厌世；遇事便不肯去做，随波逐流，与世浮沉；政治上又主
张极端的个人放任主义，要挽救这种种弊病，须注重"人择"、"人
事"、"人力"一方面。③

这是近代中国人批评道家的主要方式。除了以上来自道家自然主义的消极
倾向外，胡适认为中国传统的迷信、佛教的来世信仰等，也让中国人在自
然面前收敛和萎缩起来，失去了对自然的主动性和积极性：

　　东方人在过去的时代，也曾制造器物，做出一点利用厚生的文明。
但后世的懒惰子孙得过且过，不肯用手用脑去和物质抗争，并且编出
"不以人易天"的懒人哲学，于是不久便被物质战胜了。天旱了，只会

---

① 胡适：《中国中古思想史长编》，姜义华主编《胡适学术文集·中国哲学史》上册，第
　375页。
② 参见王中江《道与事物的自然：老子"道法自然"实义考论》，《简帛文明与古代思想世
　界》，北京大学出版社，2011。
③ 胡适：《先秦诸子进化论》，姜义华主编《胡适学术文集·中国哲学史》上册，第586页。

求雨；河决了，只会拜金龙大王……这样又愚又懒的民族，不能征服物质，便完全被压死在物质环境之下，成了一分像人九分像鬼的不长进民族。①

不管如何，中国人在 19 世纪自强新政中开始肯定和接受西方的技术文明了。但以技术为中心的"自强新政"在甲午中日之后受到了质疑和批评；西方一战及其残酷性，不仅使西方人对自身的文明产生了怀疑，也激起了中国人对西方文明特别是西方现代技术文明的怀疑。继"中体西用"之后产生的东方文明是精神的、西方文明是物质的这种二元论，是当时中国对科学和技术的怀疑。1923 年中国的科玄论战，也是在这种情形下发生的。胡适一生最不能接受的说法之一，就是以西方文明为"物质文明"、以东方文明为"精神文明"的这种文明二元论；② 对胡适来说，也没有什么比这一论调更站不住脚了。上述胡适的《我们对于西洋近代文明的态度》，其直接目的就是反驳这种东西文明二元论。他在文章开头就用很刺激的话说："今日最没有根据而又最有毒害的妖言是讥贬西洋文明为唯物的（Materialistic），而崇东方文明为精神的（Spiritual）。"③ 胡适在林语堂的《机器与精神》一文中找到了知音，他将这篇文章附在他的文后。胡适较早发表的《〈科学与人生观〉序》，批评了梁启超在《欧游心影录》中提出的"科学破产"的观点和把近代西方的人生观归结为"纯物质纯机械"的观点。1953 年 1 月，胡适在联合国"中国同志会"的座谈会上做了一个演讲。在演讲之后的提问中，有人就说美国只有物质文明而没有精神文明，胡适如何回答可想而知，他还提到了他多年前发表的《我们对于西洋近代文明的态度》。

为了不在文明概念上产生歧义并有力地批评东西文明二元论，胡适首先提出了判断文明的标准。他将文明（Civilization）界定为一个民族应对环境的总成绩（文化则是这种文明所形成的生活的方式）。按照这一标准，任

---

① 胡适：《介绍我自己的思想》，《胡适文存》第 4 集，第 458—459 页。
② 有关这一方面，参见陈崧编《五四前后东西文化问题论战》，中国社会科学出版社，1985。
③ 《胡适文存》第 3 集，第 1 页。胡适为了增加他的立论的说服力，把林语堂发表在《中学生》杂志上的《机器与精神》作为附录收入了他的文存（《胡适文存》第 3 集）中。此文是林语堂 1929 年 12 月在光华大学中国语文学会的讲稿。

何文明都一定有两个因子，一个物质的，一个精神的。前者包括种种自然界的势力和质料，后者包括一个民族的才智、感情和理想。胡适说：

> 凡文明都是人的心思智力运用自然界的质与力的作品；没有一种文明是精神的，也没有一种文明单是物质的。①
>
> 其实一切文明都有物质和精神的两部分：材料都是物质的，而运用材料的心思才智都是精神的。木头是物质；而刳木为舟，构木为屋，都靠人的智力，那便是精神的部分。器物越完备复杂，精神的因子越多。②

按照胡适的这一逻辑，中国不会只有精神文明，它也会有物质文明；西方不会只有物质文明，它也会有精神文明。但这样的结论仍然不能满足胡适的立场。胡适进一步认为，西方不仅具有高度的近代物质文明，在此基础上它也产生了高度的近代精神文明。与此相反，东方没有产生近代物质文明，相应的它也没有近代精神文明，反而更可以说是唯物的。胡适对比说：

> 知足的东方人自安于简陋的生活，故不求物质享受的提高；自安于愚昧，自安于"不识不知"，故不注意真理的发现与技艺器械的发明；自安于现成的环境与命运，故不想征服自然，只求乐天安命，不想改革制度，只图安分守己，不想革命，只做顺民。
>
> 这样受物质环境的拘束与支配，不能跳出来，不能运用人的心思智力来改造环境改良现状的文明，是懒惰不长进的民族的文明，是真正唯物的文明。这种文明只可以遏抑而决不能满足人类精神上的要求。
>
> 西方人大不然，他们说"不知足是神圣的"（Divine Discontent）。物质上的不知足产生了今日钢铁世界，汽机世界，电力世界。理智上的不知足产生了今日的科学世界。社会政治制度的不知足产生了今日

---

① 胡适：《我们对于西洋近代文明的态度》，《胡适文存》第 3 集，第 1—2 页。
② 胡适：《介绍我自己的思想》，《胡适文存》第 4 集，第 458 页。

的民权世界，自由政体，男女平权的社会，劳工神圣的喊声，社会主义的运动。神圣的不知足是一切革新一切进化的动力。

　　这样充分运用人的聪明智慧来寻求真理以解放人的心灵，来制服天行以供人用，来改造物质的环境，来改革社会政治的制度，来谋人类最大多数的最大幸福，——这样的文明应该能满足人类精神上的要求；这样的文明是精神的文明，是真正理想主义的（Idealistic）文明，决不是唯物的文明。①

　　第五，在胡适那里，精神文明与物质文明的不可分立场，变成了物质文明是精神文明的基础的信念。人类只有满足了物质生活的需求，才有可能去发展自己的精神生活：

　　　　我们深信，精神的文明必须建筑在物质的基础之上。提高人类物质上的享受，增加人类物质上的便利与安逸，这都是朝着解放人类的能力方向走，使人们不至于把精力心思全抛在仅仅生存之上，使他们可以有余力去满足他们的精神上的要求。②

　　胡适与东西文明二元论的分歧可以从多方面去分析，其中一个是对西方物质和技术文明有没有必要加以反省的问题（包括残酷的一战与这种文明的关系）。胡适强调的是，在近代文明中，中国人的物质条件实在太落后了，中国人的生活实在太艰苦了，只有近代的技术和工业文明才能让中国人过上好的物质生活以及由此带来的精神生活，否则一切都是好高骛远的空谈。胡适可能知道，西方对近代技术文明的反思在它的发源地早就开始了，比如19世纪欧美的浪漫主义者。但胡适的想法是，谈论科学和技术文明对中国造成的问题还为时尚早，因为这种文明在中国的成长才刚刚开始。最后，我们设想一下，如果胡适遇到了后来东西方人士对技术文明的反省和批判，遇到了像F.卡普拉在《新物理学的未来——第三版后记》中批判

---

① 胡适：《我们对于西洋近代文明的态度》，《胡适文存》第3集，第10页。
② 胡适：《我们对于西洋近代文明的态度》，《胡适文存》第3集，第2页。

现代人对自然的主宰性立场，[①] 他会做出如何反应。

四　从人的自然到伦理

在人生和伦理中，胡适的自然主义主要表现为两个方面，一个方面是，胡适认为人类的伦理和道德是不断变化和演化的，就像没有绝对的一成不变的真理那样，也没有一成不变的绝对的伦理和道德；与此相连，另一个方面是，胡适认为人类的伦理和道德必须建立在人的自然性（包括人的本能和欲求）的基础之上，压抑人性和人的自然性的伦理和道德，都是不人道和不正当的。这两个方面是胡适伦理自然主义的两个信念。上述胡适有关技术文明与人的精神生活和幸福之间的关联已经涉及了这方面的问题。

就第一个方面而论，胡适竭力排除伦理道德上的本质论、先验论和神启论。我们知道，道德上的本质论、先验论和神启论不同程度地存在于东西方传统中。按照神启论和神正论，神、上帝是人类正义和公正的根源和保证。胡适不承认超自然的神和力量，他像杜威或更有甚之地厌恶本质、先验和神启观念，完全拒绝为伦理和道德寻找神启的解释。胡适诘问道，如果万物都属于上帝的综合的大规划和上帝的安排等，那么为什么人类实际上充满着不公正，充满着邪恶。胡适对宗教和神灵的批判，除了理智上认为它不可信、不可求证等外，他还一直否定神灵对人类的道德作用。比如，他在日记中多次留下了对"预设宗教必要性"的否定。在他看来，按照实验主义的标准，信仰超自然的神对人类没有任何实际的伦理和道德的作用：

---

①　F. 卡普拉批评说："我们的科学和技术基于这样一种信念，那就是认为对自然界的了解意味着男人对自然界的统治。在此我故意用'男人'这个词，因为我谈到的是科学中机械论的宇宙观与意欲控制一切事物的男性倾向这种家长式的价值观体系之间的重要关系。弗朗西斯·培根（Francis Bacon）把这一关系拟人化了。他在 17 世纪以激昂的，并且常常是坦率的恶言提出了科学的新经验方法。培根写道，自然界必须'在她的游荡中被追猎'，'迫使她服务'，并使她成为'奴隶'。要将她置于约束之下，而科学家的目的就是'从自然界拷问出她的秘密'。把自然界看做是一个女性，要将她'置于约束之下'，不得不借助于机械的设备来从她那儿拷问出她的秘密。"F. 卡普拉：《物理学之道——近代物理学与东方神秘主义》，北京出版社，1999，第 321—322 页。

我们假使信仰上帝是仁慈的，但何以世界上有这样的大战，可见得信仰是并非完全靠得住，必须把现在的事情实地去考察一番，方才见得这种信仰是否合理。①

依此标准看来，信神不灭论的固然也有好人，信神灭论的也未必全是坏人。即如司马光、范缜、赫胥黎一类的人，说不信灵魂不灭的话，何尝没有高尚的道德？更进一层说，有些人因为迷信天堂、天国、地狱、末日裁判，方才修德行善，这种修行全是自私自利的，也算不得真正道德。总而言之，灵魂灭不灭的问题，于人生行为上实在没有什么重大影响；既没有实际的影响，简直可说是不成问题了。②

胡适信奉的是，最小的实际效果比没有实际效果的伟大的空想更有益。上帝、神是否对人类的伦理和道德发生作用，只能通过它是否能表现出实际的效果来衡量，否则就是把善的希望寄托在没有现实性的"空头支票"上。③

不承认伦理和道德的本质论、先验论，与胡适从进化论和适用论去解释伦理和道德的发生是一个问题的两个方面。道德上的本质论和先验论往往假定，伦理和道德原则是一成不变的，它适用于各个时代。胡适否认能为人类带来美德的神和上帝，也决不接受伦理、道德的不变论。早在1913年，胡适还在康奈尔大学学习，他就以"道德观念变迁"为题对道德发表了看法，认为时代变迁，道德也随之变迁，而且它遵循的是进化的法则。1913年10月18日，胡适在《留学日记》中列举道德变迁的一些例子后说：

凡此之类，都以示道德是非之变迁。是故道德者，亦循天演公理而演进者也。④

---

① 姚鹏、范桥编《胡适讲演》，第327页。
② 胡适：《不朽——我的宗教》，《胡适文存》，第503页。
③ 姚鹏、范桥编《胡适讲演》，第301页。
④ 季羡林主编《胡适全集》第27卷，第240—241页。

只是，这时胡适还保留有"真是非真善恶"是永恒不变的信念，说不管时代如何变迁，对它们都无所影响。但之后，进化、实验、历史的观念对胡适的思想越来越具有支配性，从他那里我们常常所能听到的就只是伦理、道德的进化和变迁的声音了。1914 年 11 月 16 日，他抄录了"袁氏的尊孔令"，批评说这一尊孔令共有七种错误，其中两种错误是：接受政体的革新却断定"礼俗当保守"；以孔子之道为"亘古常新，与天无极"。对于前者，胡适质疑为什么偏偏礼俗不应该革新；对于后者，胡适说这是"满口大言，毫无历史观念"。① 按照胡适的立场，礼俗和孔子之道都是历史的产物，也都要随着历史而变化和革新。

在胡适那里，伦理、道德的演化和变迁，也是它不断增加适应性、适用性的过程。在新文化运动中，这是胡适思想最为活跃之时，他提出了当时中国的"新思潮"的概念，认为这一新思潮的根本意义是"评判的态度"，这也是尼采所说的"重新估定一切价值"。胡适说他的"评判的态度"是遇事都要"重新"去分别好不好，是不是，适不适。在这一点上，胡适也采取了鲜明的立场，他批评调和论和折中论，并说："评判的态度只认得一个是与不是，一个好与不好，一个适与不适。"② 对胡适来说，伦理道德原则就像技术工具，同样是人类生活方便的工具。中国传统的伦理和道德在过去作为工具是有效的、有用的，但到了现在的中国，到了现在的"时势"和国体，都要求新的伦理和道德原则，不能再固守旧的过时的伦理和道德了。与胡适类似，新文化运动的其他人物，如陈独秀、李大钊等，他们否定孔子的伦理，大都采取了类似的论证方式。

胡适要重估的东西，主要是传统的伦理道德和价值，更具体地说是儒家的伦理和礼教。他说："孔教的讨论只是要重新估定孔教的价值……贞操的讨论只是要重新估定贞操的道德在现代社会的价值……礼教的讨论只是要重新估定古代的纲常礼教在今日还有什么价值。"③ 如"三纲"等，它们不是绝对适用于一切时代的，对于新的社会来说，它已经不适用了，应该毫不可惜地抛弃：

---

① 参见季羡林主编《胡适全集》第 27 卷，第 561—562 页。
② 胡适：《新思潮的意义》，《胡适文存》，第 527—528 页。
③ 胡适：《新思潮的意义》，《胡适文存》，第 528 页。

　　真理原来是人造的，是为了人造的，是人造出来供人用的，是因为他们大有用处所以才给他们"真理"的美名的。我们所谓真理，原不过是人的一种工具，真理和我手里的这张纸，这条粉笔，这块黑板，这把茶壶，是一样的东西；都是我们的工具。因为从前这种观念曾经发生功效，故从前的人叫他做"真理"；因为他的用处至今还在，所以我们还叫他做"真理"。万一明天发生他种事实，从前的观念不适用了，他就不是"真理"了，我们就该去找别的真理来代他了。譬如"三纲五伦"的话，古人认为真理，因为这种话在古时宗法的社会里很有点用处。但是现在时势变了，国体变了，"三纲"便少了君臣一纲，"五伦"便少了君臣一伦。还有"父为子纲"、"夫为妻纲"两条，也不能成立。古时的"天经地义"现在变成废话了。有许多守旧的人觉得这是很可痛惜的。其实这有什么可惜？衣服破了，该换新的；这支粉笔写完了，该换一支；这个道理不适用了，该换一个。这是平常的道理，有什么可惜？"天圆地方"说不适用了，我们换上一个"地圆说"，有谁替"天圆地方"说开追悼会吗？①

胡适这里说的"真理"，主要不是指认知意义上的是非、真假，而是指人的一种工具，包括传统伦理和道德是否还适用。胡适评判的大旗断定儒家传统的许多伦理和道德原则包括"三纲"在内已经完全不适用现代社会的需要了。

　　就第二个方面说，胡适的伦理自然主义是主张从人性、人的自然性出发去建立伦理和道德。胡适始终坚持认为，伦理和道德必须能够满足人的自然欲求，满足人的物质生活要求，进而满足人格发展的需求。与第一个方面结合起来看，伦理和道德的过时不过时、适不适，究其实质是看它合乎不合乎人性，合乎不合乎人的自然性，合乎不合乎人的个性。传统伦理道德的不人道，不合乎人性，就是因为它不仅压抑了人的自然性，而且压抑了人的精神发展。比如，传统伦理对女性的压抑。对此，胡适和新文化运动的其他领袖们，在《新青年》等杂志上展开讨论和批评。围绕女性的贞操伦理，胡适先后撰写和发表了《贞操问题》（《新青年》第 5 卷第 1 号，

---

　　①　胡适：《实验主义》，《胡适文存》，第 225—226 页。

1918 年 7 月 15 日)、《美国的妇人》(《新青年》第 5 卷第 3 号，1918 年 9 月 15 日)、《论贞操问题——答蓝志先》(1919 年 4 月作，收入《胡适文存初集》)、《女子解放从那里做起》(《星期评论》第 8 号 1919 年 7 月 27 日)、《女子问题》(1921 年 8 月 4 日胡适在安庆青年会暑期讲演会的演讲词，载《妇女杂志》第 8 卷第 5 号，1922 年 5 月 1 日)。往前追溯，早在 1906 年，当时胡适在上海学习，他署名"希彊"在《竞业旬报》(第 3、4、5 期，分别是 10 月 1 日、11 日、21 日)上发表了《敬告中国的女子》。

在这些文章中，胡适对于传统的女性贞操伦理，对当时仍然为这些伦理进行辩护的人士提出了批评。在胡适看来，传统的贞操伦理首先违背了女性的自然性情，它是对女性人性的摧残。例如，对于传统的缠足之习俗，胡适说它首先摧残了女性的身体和健康，还影响了女性做事的能力，造成了她们的依赖性，它还有害于将来的子孙。让胡适愤怒的是传统的贞操伦理不分青红皂白，片面地要求女性从一而终，强人所难地要求女性守寡和做烈女、烈妇。① 说起来，胡适没有简单地否定女性贞操观念，他强调的是女性贞操观念必须建立在女性自由意志的基础之上，建立在女性对爱情的追求的基础之上，建立在男女平等的基础之上。但传统的女性贞操观念不是这样，它违背了女性的自由意志和自由选择人生幸福的机会，它压制、压抑了女性对爱情的追求，它形成了男女之间的不平等，它是"不合人情公理的伦理"，是"不近情理的守节"。②

胡适说的"人情公理"或"情理"，除了指男女平等、女性自由和精神发展外，它还指夫妇之间的爱情，指两性之间的自然情感和双方彼此精神上和志趣上的相互愉悦。在胡适看来，传统贞操伦常对女性的致命性伤害是，它不关心女性与异性之间是否有爱情就要求她同男性从一而终地结合。在胡适看来，两性之间的爱情是结成夫妻、建立夫妻关系的根本前提。但传统贞操伦理的辩护者蓝志先不接受胡适的这一前提。他质疑胡适说，爱情固然需要，但爱情是容易变化的，夫妇之间还需要道德上的约束。他担心夫妇之间如果只注重爱情，就容易变成肉欲和情欲之爱，也容易失去对

---

① 让胡适绝对不能接受的还有，为什么贞操的道德约束只是针对女性，而对男性没有在道德上做出特别的约束。

② 胡适：《贞操问题》，《胡适文存》，第 485 页。

人格的尊重。胡适承认夫妇之间要有道德的约束，也不否定"尊重人格"，但他指出，夫妇之间的爱情与道德约束及尊重人格并不是两回事，不是在爱情之外再加上一个道德约束。所谓道德上的约束，只是"真挚专一的异性恋爱"，人格尊重也只是说"真一的异性恋爱加上一种自觉心"。[①] 胡适仍然坚持两性只有以爱情为基础的结合才是正当的夫妻关系。胡适说：

> 若在"爱情之外"别寻夫妇间的"道德"，别寻"人格的义务"，我觉得是不可能的了。……因为我所说的"贞操"即是异性恋爱的真挚专一。没有爱情的夫妇关系，都不是正当的夫妇关系，只可说是异性的强迫同居！既不是正当的夫妇，更有什么贞操可说？[②]

胡适认为传统通过媒妁之约而确定的婚姻关系，女性对于她的丈夫不会有什么恩爱（其实男性同样），她对他自然也没有什么贞操可言。有趣的是，胡适曾写有《病中得冬秀书》："我不认得他，他不认得我，我却常念他，这是为什么？岂不因我们，分定常相亲？由分生情谊，所以非路人。海外土生子，生不识故里，终有故乡情，其理亦如此。"据此，两性的亲爱和情谊也有通过"分定"而产生的可能。胡适说的亲爱和情谊如果就是指爱情的话，它因分而结合，这种结合是不是正当。胡适的朋友据此就说他陷入了自相矛盾之中。胡适说，面对朋友的质疑，他一时无语。这不仅因为这里的诗句同胡适坚持以自然的爱情来确定贞操不协调，而且它也同胡适的婚姻形成了反差。这确实让胡适感到难堪。胡适说：

> 我听了这番驳论，几乎开口不得。想了一想，我才回答道：我那首诗所说名分上发生的情意，自然是有的；若没有那种名分上的情意，中国的旧式婚姻决不能存在。……我承认名分可以发生一种情谊，我并且希望一切名分都能发生相当的情谊。但这种理想的情谊，依我看来实在不够发生终身不嫁的贞操，更不够发生杀身殉夫的节烈。[③]

---

① 胡适：《贞操问题》，《胡适文存》，第490页。
② 胡适：《贞操问题》，《胡适文存》，第490页。
③ 胡适：《贞操问题》，《胡适文存》，第486页。

不管如何，胡适坚持认为，男女双方彼此发自内心的爱情是男女结合和婚姻的正当性基础，也是男女双方的伦理基础。一般将这看成胡适女性解放观念的一部分，也将这看成胡适的新文化运动启蒙思想的一部分。

胡适对传统贞操伦理的批评和控诉，广义上属于他对传统伦理禁欲主义的批评。按照胡适的判断，中国传统伦理中的禁欲主义，部分来自中古的宗教——佛教。胡适以控诉的口吻批判了传统观念特别是佛教对人性的摧残：

> 人世的大悲剧是无数的人们终身做血汗的生活，而不能得着最低限度的人生幸福，不能避免冻与饿。人世的更大悲剧是人类的先知先觉者眼看无数人们的冻饿，不能设法增进他们的幸福，却把"乐天"、"安命"、"知足"、"安贫"种种催眠药给他们吃，叫他们自己欺骗自己，安慰自己……从自欺自慰以至于自残自杀，人生观变成了人死观，都是从一条路上来的：这条路就是轻蔑人类的基本的欲望。朝这条路上走，逆天而拂性，必至于养成懒惰的社会，多数人不肯努力以求人生基本欲望的满足，也就不肯进一步以求心灵上与精神上的发展了。[①]

这种禁欲伦常被宋明理学承继。这是胡适批评程朱理学的主要地方，也是他肯定戴震哲学的主要地方。如1928年胡适在《几个反理学的思想家》中评价戴震批评理学的意义：

> 他认清了理学的病根在于不肯抛弃那反人情性的中古宗教态度，在于尊理而咎形气，存理而去欲。

> 理学最不近人情之处，在于因袭中古宗教排斥情欲的态度。戴学的大贡献正在于充分指出这一个紧要关键。

> 戴学的重要正在于明白攻击这种不近人情的中古宗教遗风。例如朱子曾说：人欲云者，正天理之反耳。这种人生观把一切人欲都看作

① 《胡适文存》第3集，第2—3页。

反乎天理，故主张去欲、无欲，不顾人的痛苦，做出种种违反人情的行为。①

对于戴震批评理学禁欲论，胡适在此前《戴东原在中国哲学史上的位置》（1923 年）的短篇文章和《戴东原的哲学》（1925 年）的长篇论文中都已做出了肯定。他得出结论，无视和禁止人的欲望的伦理和道德（"理"）既不正当，也不可取。胡适对戴震的研究和评论，奠定了现代戴震学研究的一个出发点，也使戴震成为中国近代人性解放的先驱。

值得注意的是，胡适在《几个反理学的思想家》这篇论文中，将和他同时代的年长的吴稚晖也列入了反理学的思想家中，并对其进行了无以复加的称赞，认为吴稚晖在《一个新宇宙观》中立足于科学不仅提出了一个新的积极的、主动的人生观，以实际行动回应了"玄学派"，而且建立了以人性、人的自然性为基础的伦理观，在现代扮演了戴震反理学禁欲主义的角色。

结　语

通过以上的讨论我们可知，在胡适的哲学和思想中，相比于"科学""实证""经验"等概念，"自然"是一个前提性的非同寻常的概念。正是以此为基础，胡适建立起了他的"自然主义"立场。这种立场是胡适站在东西文明和哲学的语境下展开的，它的主要内涵和适用范围，一是胡适完全从宇宙和万物自身的内在"自然"上来解释它们，彻底排除任何超自然的存在和原因；二是胡适将"自然"纳入科学和技术的范式之下使之完全对象化、客体化，将科学看成解释自然和把握自然的最有效方式，把技术看成改造和利用自然的最有效方式；三是胡适从自然性出发去建立伦理和道德价值，以克服传统对人性的压抑和禁欲主义。

---

① 胡适：《几个反理学的思想家》，姜义华主编《胡适学术文集·中国哲学史》下册，第 1158、1162、1164 页。

实验主义在中国

吴展良[*]

　　实验主义在新文化运动期间高度流行于中国，如贺麟当年所指出，"在五四运动后十年支配整个中国思想界，尤其是当时的青年思想，直接间接都受此思潮的影响"。[①] 作为一种思潮，实验主义不仅引导了现代中国的科学方法观与思维方式，也深度影响了至少一代人的人生观、世界观、文学及文化观，以及许多人的政治行动方案。作为革命性的新思想，胡适所引进的实验主义既继承了清末以降的进化论世界观，体现辛亥革命与新文化运动的革命与批判精神，也推动了五四时期动进变化的革命人生观与世界观。然而与此同时，它也继承了清朝的考证学和中国传统重经验、常识、实用与"整体观"的思维方式，并排斥作为西方两千余年学术思想大传统的理性论与形式逻辑。实验主义既以革命性的姿态全面批判中国传统，又与中国传统有深层而密切的关系。其得其失及其所以在历史上有重大影响，都必须深入研究。

一　偏向实用与经验：早期输入中国的
科学、科学方法与逻辑思想

　　胡适所引进的实验主义以"科学方法论"为核心与宗旨。这首先是在近代中国人高度信仰科学并出现了科学主义的大背景下产生的。[②] 不仅如

* 吴展良，台湾大学历史系教授。
① 贺麟：《五十年来的中国哲学》，商务印书馆，2002，第63页。
② D. W. Y. Kwok, *Scientism in Chinese Thought*, New York：Biblo and Tannen, 1971, ch. 4.

此，实验主义作为一种高度抽象的科学方法论、逻辑学与认识论，也必须有一定的科学、逻辑与现代知识的积累，才可能为人所理解。是以要探讨实验主义之输入中国，我们必须先探讨科学知识、科学方法与逻辑思想如何输入中国及其早期所具有的性质。

现代科学从晚清开始引进中国，最早在自强运动时期。出于自强运动的需要，京师同文馆与江南制造局翻译了很多关于西方科技的书刊。同文馆所译内容偏重数理、格致、化学、航海测算和天文机器等课程的基本教材。江南制造局所翻译的书，则"主要是为军工制造提供技术数据，译书'专以兵为主，其间及算学、电学、化学、水学诸门者，则皆得资以制造，资以强兵之用'。……这个阶段自然科学，特别是法政等社会科学很少"。①整体而言，这些书中虽然有少数关于科学原理的引介，但偏于入门。所译书技术性居多，探讨科学原理的有限，未能进一步探索真正的科学方法、逻辑或科学精神。

到了自强运动晚期，最有新思想的少数传统士人开始研究西学。如康有为、梁启超与谭嗣同都读了不少江南制造局翻译的书，对西方当时的天文学、化学、声学、光学、物理学、算学等都有很大的兴趣，并试图用其中有关宇宙自然界的学理批判中国传统，同时又跟传统做某种深层联结。如康有为得知透过望远镜、显微镜可看到的世界，将其比附至先秦名墨之学，从而建构"至小而无内，至大而无外"，从至大到至小，诸天与人、物、气化一体相通的世界观。谭嗣同则以传统气化宇宙观去理解西方当时流行的以太说，并用"以太"与电解释感通与"仁"。此因他们科学程度很有限，只能大略吸收一些科学成果。他们虽然深具思想性地注意到不少科学原理与学说的哲理意义，但比附与臆测的成分相当高。

虽然如此，康、梁、谭均特别注意到西方学术重视实验与实测，并强调如此所得之理"实"，非中国传统学术所及。清末管学大臣张百熙在筹办京师大学堂时，亦强调"泰西各种实学，多借实验始能发明"。他们大力提倡实验与实测之道，即使当时并未系统译介西方实验方法的书，是以所知尚不免浮浅。更重要的是，康、谭等人认识到"算学"在西方科学中的关

---

① 吴洪成、李兵：《洋务运动时期西学科学与科技知识的引入及相关教科书的编译》，《亚太科学教育论坛》第 4 期第 2 册，2003 年 12 月，第 3—6 页。

键地位。康有为发现"天文地理各学皆从算学入，通算犹识字也"，是以颇用力于算学。他曾模仿《几何原本》著《人类公理》与《公理书》，之后据其编成《实理公法全书》。康有为在此书中曾传播及使用过相当于归纳法与演绎法的科学方法。① 谭嗣同亦认识到"算法……为格致入门之始"，并曾下苦功研读《几何原本》前六卷。其《仁学》一书的体例，亦部分模仿了《几何原本》。虽然限于程度，他们对科学运作具体内容的理解多属推想，但其开拓之功劳与见识，实不能不令人敬重。

对西方科学与科学方法理解的程度，到了严复才有关键性转变。严复受过长期而严谨并且是当时科技上非常先进的海军工程学科训练。不仅如此，他又深入研究西方的科学、哲学，最后明白西方的一切学术的灵魂是其特殊的思维方式。他致力于翻译集 19 世纪英国经验主义逻辑学大成的《穆勒名学》（*A System of Logic*）一书，企图发明"是学为一切法之法，一切学之学"，以"明其为体之尊，为用之广"的道理。② 逻辑学在西方的科学、哲学里一直是一门关键的学术，然而此学在中国传统中虽有名墨学派发其端，又有印度佛教因明学的输入，却一直不发达。虽有严复的大力译介与之后学校中长期的强迫修习，中国人一般都不甚明白逻辑学之意义，更极少有人投入此学问的专门研究。这充分显示出中西方学术思想的巨大根本性差异。

逻辑是所有科学、哲学的根基，也是西方哲学中非常关键的部分，而这一点在中国学界一向缺乏真正理解。在这个意义上，中国人一般其实对西方学术思想的关键与精神非常陌生，并未完全脱离自强运动的心态，重点仍只是学习西方科学技术新成果，而不了解科学乃至技术之根本，或说科学方式与逻辑为何。此所以维新运动时期严复、蔡元培、章太炎、梁启超、马君武、王国维、林祖同、田吴照等中国知识分子，开始重视逻辑学与科学方法论的介绍，希望从根本上改变中国人的思维方式。③ 胡适介绍实验主义及其在民初流行于中国，正是在此大时代的背景下诞生的。逻辑学与科学方法的输入，是中国学术与文化史上的一件大事。

---

① 邱若宏：《戊戌维新派与近代科学方法》，《科学技术与辩证法》第 22 卷第 5 期，2005 年 10 月，第 94—95 页。
② 严复：《引论·按语》，《穆勒名学·部甲》，台北，台湾商务印书馆，1968，第 3 页。
③ 参见邱若宏《戊戌维新派与近代科学方法》，《科学技术与辩证法》第 22 卷第 5 期，2005 年 10 月，第 94 页。

作为西方科学方法乃至认识方式的基础，逻辑学对人的思维方式不断反复检视，探索出思考方式中可遵循的正确原理与法则。① 逻辑学在明末清初便输入中国，到了维新运动时代，少数秀异读书人才因为自强运动的失败，试图更彻底而根本地掌握西方的与"正确的"思考方式，开始研究逻辑，从而进入西方科学、哲学，尤其是其认识论的核心问题，这是中国思想史上划时代的大事。其中严复对此最为用心，西学程度也最高，成就远过他人。如蔡元培曾指出，"严氏于《天演论》外，最注意的是名学"，因为"严氏觉得名学是革新中国学术最重要的关键"。严复当时说："此书一出，其力能使中国旧理什九尽废，而人心得所用力之端，故虽劳苦，而愈译愈形得意。得蒙天助，明岁了此大业，真快事也。"② 其目的在于扫清旧学旧理中的诸多问题，让中国人掌握"正确的"思维方式，明白西学"用力之端"。实验主义正是在同样的心理上对科学方法做进一步的介绍，并对中国人的思维方式做更深的批判。虽然何谓"正确的"思维方式从不是一个简单的问题，而传统的思维方式亦并不容易真正了解。中西方的思维方式自此产生复杂的互动，也是本文所要探讨的重要主题。

我们首先必须注意一个根本问题，即严复所译介的逻辑偏重经验主义，然而西方逻辑学传统却源自理性论。③ 作为西方逻辑学根源的亚里士多德逻辑学一开始就检视语言与思想内部的分类范畴（categories），从而认识希腊语言，或曰其思想内部最根本的法则与分类原理。④ 在此基础上，他进一步探讨希腊人的思考方式是否正确，有哪些规则可供依凭，以推导（inference）出必然无误的结果，这就是有名的亚里士多德的形式逻辑。其中包含

---

① 虽然现代习称某个民族或某个学派的"逻辑"，系泛指其"思考方式"。但在亚里士多德与西方传统的逻辑学中，逻辑的定义与其主要研究的对象是"正确的思考方式"。

② 严复：《与张元济书》20封之12，王栻主编《严复集》，中华书局，1986，第546页。

③ 理性论者认为知识的主要或至少重要根源不是来自经验，而是来自人的心灵。是以他们着重于对人的思想、语言或观念做最彻底的分析，以厘清其本质与彼此的关系。如柏拉图对何为真善美的观念做最彻底的反省，自而认识到此观念的本质；或笛卡儿指出"我思故我在"。自毕达哥拉斯、帕门狄斯与柏拉图以降，理性论便是希腊哲学的主流与核心，他们主张唯有透过理性才能认识到事物的本质。亚里士多德在理性论的基础上将之与经验的世界结合，但其基本运作方式还是依靠理性，包括他所创始的逻辑学，也透过彻底分析自己的语言与思维方式而建立。西方哲学与学术的根基其实一直较偏理性论，到近现代才与实验与经验做彻底结合，从而开出新天地，但其思想运作方式的本质与核心依然是理性。

④ Aristotle, Categories, from *Organ.* trans. by E. M. Edghill, Create Space Independent Publishing Platform, 2016.

最基本的同一律（the principle of identity，A = A）、矛盾律［the law of contradiction，－（A and－A）］、排中律（the law of excluded middle，A or－A），以及立基于这三大基本思维定律之上的一切推理法则。整个西方科学、哲学的大传统立基于严格的形式逻辑，也就是严格的符号推演之上。形式逻辑学在西方传承两千多年，是西方学术与思想的基础与灵魂。

　　介绍西方逻辑到中国的第一位最重要人物毫无疑问是严复，然而严复介绍进来的并非亚里士多德之形式逻辑，而是约翰·密勒的经验主义归纳法逻辑，这对中国日后逻辑思维与科学方法的走向有决定性影响。亚里士多德的逻辑以演绎法逻辑为中心，重点放在如何正确推论上，例如有名的三段论法："人都会死，苏格拉底是人，故苏格拉底会死。"这是透过大前提、小前提而推演出的结论。然而穆勒认为传统的三段论法只能说明已知命题，不能验证新的命题，必须依靠归纳法才能获得新的知识。严复也循此说："夫外籀之术，自是思辨范围，但若纯向思辨中讨生活，便是将古人所已得之理，如一桶水倾向这桶，倾来倾去，总是这水，何处有新智识来。"是以"格致真术，存乎内籀"，[①] 明显地偏重归纳法，虽然他始终承认演绎法的必要性，在思考与研究的过程中，也主张必须运用演绎法。然而诚如学者所指出，严复如此重视归纳法，除了受经验主义影响外，也因科学归纳法的"锋芒是直接指封建经学"的。此因"他认为中国古代学术是以批注、阐释经典的演绎形式发展的，'中国由来论辨常法，每欲中求一说，必先引用古书，诗云子曰，而后以当前之事体语言，与之校勘离合，而此事体语言之是非遂定'"。严复批评这种向书本"穷理"的路向"引导吾国学术'偏于外籀'，而'外籀能事极微'"。[②] 换言之，严复偏重引进归纳法，有其彻底改革传统学术与思想的苦心。

　　逻辑学属于认识论的范畴，认识论固然本来是西方现代哲学的中心，然而严复乃至后继的胡适之走上认识论的研究，重点是为了学习科学、哲学的方法，并非如西方哲学界因为传统独断式的本体论与形上学泛滥而形成一种深刻的反思与反动。中国传统长期重视天人、内外、物我与体用合

---

① 耶方斯：《名学浅说》，严复译，商务印书馆，1981，第 65 页。
② 参见邱若宏《戊戌维新派与近代科学方法》，《科学技术与辩证法》第 22 卷第 5 期，2005年 10 月，第 94 页。

一，又偏向演化观，本来缺乏超越性的本体论与形上学，与西方相比，独立的本体论与形上学非常不发达。严复所译介的天演论，属于科学宇宙论的范畴，亦非形上学或本体论。这从一开始便显示出中国近现代思想的取向，亦即偏向以逻辑与科学方法论为中心的认识论，以及以演化论为中心的宇宙论，并忽视乃至排斥形上学与本体论。部分论者认为这代表了一种实证主义的倾向，然而从严复到胡适等所谓中国的实证主义者，又不甚重视数学与形式逻辑，从而与西方的实证主义有本质上的不同。

实验主义也继承了排斥形上学与本体论的思路，强调征实、科学方法、逻辑及其背后的演化论宇宙观。不仅如此，作为 20 世纪的革命性思想，实验主义较 19 世纪的约翰·穆勒走得更远，直接挑战了亚里士多德的形式逻辑。胡适与杜威（John Dewey）主张"实验主义逻辑"，亦即只承认被实验与实测肯定的理路，而非纯思维的形式或"理型"（form）理路。这使得中国人对于作为西方学术大本大根的古典形式逻辑与演绎法，以及建筑在这种思维方式的理论与系统都非常陌生。至于其所得，则是容易在实际经验落实从而与本土的思想资源结合。

综合言之，中国人学习科学的第一阶段是自强主义式的，第二阶段的代表严复则是经验主义式的。前者偏于实用，后者偏重经验，均未深入西方的理性论。这不仅因为当时强调实测与征实，而且因为中国实在缺乏理性论的传统。一般中国人读理性论的作品往往容易有严重隔阂，看德国唯心论作品，则更是不知所云。然而无论理性论或唯心论都比较接近西方哲学与科学的根本。中国人选择从经验主义以及从经验主义诞生的实验主义的道路去理解科学，一开始固然是因为崇尚西方实测、实验之"实学"，反对中国传统经学式或文人士的"空论"与"玄谈"，然而更深层的原因可能在于经验论较之理性论距离中国传统思维近得多。这一点我们在以下讨论胡适的实验主义时，还将反复论及。经验主义逻辑固然也颇有助于中国人掌握一定程度的科学方法，却不甚有助于缩短中西思想方式上的遥远距离。

二　科学主义与新文化运动的求道性格

对于科学的信仰在新文化运动时期达到了高峰。当时人看到之前自强运动、戊戌变法、辛亥革命一再失败，觉得中国若要成功，不能只看西方表面的船坚炮利、制度，必须深刻学习西方的文明本质，于是开始投入西方政法之学与科学的研究之中。而在方法上，更普遍相信科学，视科学为万能，可解决一切问题，形成一种科学主义的信仰。[①] 实验主义的本质固然是彻底分析实验室里的研究科学态度、方法及其所具有的意涵，然后由此界定科学的本质，它原本只是对于科学之为科学的一种解释。然而在当时，无论胡适还是其追随者，都主张科学应当主导一切知识与文化的发展，甚至认为科学可以解决一切，包括人生观与人生价值问题。[②] 也就是将科学上升至科学主义，并带有传统"大道"所在的意义。

新文化运动期间新派学者将科学上升至科学主义，有复杂的时代与心理背景，已有学者做了许多研究，[③] 在此不赘述。以下简单探讨当时人何以在诸多选项中独重科学，以及科学所被赋予通往"大道"的意涵。科学固然是西方近代之所以突飞猛进的一个关键因素，然而更重要的因素其实是资本主义。资本主义发达在先，科学与科技才能得到充分的资源与应用。[④] 新文化运动中人虽极力追求现代性，却对此普遍缺乏了解。当时知识界不看重资本主义与商业发展，而普遍认为科学、民主是西方成功的关键，一方面迫于现实的政治问题似乎大于一切，另一方面似与中国人重学术、重知识、重道理、重读书人而轻商人的心态有关。[⑤] 时人普遍相信科学才能带来真正的知识与正确的道理，也相信民主陈意伟大，天下为公可以打破不平等、不自由的君主、"宗法与封建"传统。至于作为现代性真正基础的资本主义，根源于人们各自为己的发财梦，则似乎既缺乏知性内涵，更不像伟大道理。加以资本帝国主义对中国的长期侵略，以及一战对于西方的严

① 参见 D. W. Y. Kwok, *Scientism in Chinese Thought*, New York: Biblo and Tannen, 1971。

② 关于胡适的科学主义，参见林正弘《胡适的科学主义》，周策纵等：《胡适与近代中国》，台北，时报文化出版事业有限公司，1991，第 197—207 页；D. W. Y. Kwok, *Scientism in Chinese Thought*, ch. 4。

③ 参见林正弘《胡适的科学主义》，周策纵等：《胡适与近代中国》；D. W. Y. Kwok, *Scientism in Chinese Thought*, ch. 4。

④ 例如，意大利文艺复兴其实是在意大利地区资本主义蓬勃发展下诞生的，科学革命与启蒙运动亦与英国与西欧地区的商业革命有关。商业的蓬勃发展与生产方式的巨变，会引发政治与社会大变动、个人的解放与文化的进步。

⑤ 林毓生称之为"以思想文化"解决一切问题的倾向。参见 Yu-sheng Lin, *The Crisis of Chinese Consciousness: Radical Antitraditionalism in the May Fourth Era*, Madison, Wisc.: University of Wisconsin Press, 1979, pp. 26–56。

重破坏，当时的读书人对于资本主义有种道德性贬义。

中国自古看重读书人，当时学子与教师又多是读书家庭或大户出身，觉得经商牟利颇为低下，但讲科学知识与真理则高尚，以其属于读书人的本分。他们也很愿意谈民主自由的大道理、论政或解放思维，但不愿经商。[①] 相较 17—18 世纪的西方有重农学派与古典经济学派，深入探讨国家与社会的财富如何能够快速积累，新文化运动时期对发展经济与资本主义的探讨非常有限。对科学的提倡却压倒一切。据金观涛等的统计，新文化运动中"科学"二字出现的频率是"民主"二字的 5 倍。[②] 另外，他们对于个性主义、自由解放、浪漫思想的探讨亦甚多，因为这些多少带有求道特质，被认为是西方所以能成功的伟大道理。其中科学尤其重要，因为它被认为是一切新知见与道理的源头。科学被赋予无穷的价值，以及批判一切旧文化、建立一切新价值的关键地位。

胡适一再说他批判旧学、文言，从事白话文运动，研究哲学史，考证《水浒传》《红楼梦》，提倡"多研究问题，少谈主义"的政治主张，都是实验主义的产物。对于他而言，实验主义不仅是一种科学方法论，也是人生观、宇宙观、文学观、文化观与政治社会观，也就是说达到了"大道"的高度。实验主义之所以不仅深刻影响了现代中国的科学方法观与思维方式，也深度影响了至少一代人的人生观与世界观，正是因为它全面批判了传统的道理体系，提出了一种新的人生及世界的"科学大道"，从而带有浓厚的科学主义信仰气息。

三　胡适所译介实验主义的主轴

（一）杜威访华与实验主义的流行

随着科学主义时代的来临，一般读书人对于西方科学与科学方法到底

---

① 清末民初虽有实业救国运动，但前提是救国、救社会而非个人发财，且资本主义并非救国运动，其真正原动力是个人求发财，故实业救国不能等于资本主义。虽然严复也提到个人须发挥求利心社会才能发达，但这未能成为主要论点。

② 参见金观涛、刘青峰《〈新青年〉民主观念的演变》，《二十一世纪》（香港）第 56 期，1999 年。

是什么产生了极大的兴趣。这个需求恰好被实验主义满足。实验主义本质上是对科学之为科学的一种解释。它在中国流行，首先是因为胡适与杜威的引介，尤其是杜威到中国来演讲。① 杜威先到日本演讲，再被慕名的中国人于 1919 年 4 月 30 日请到上海，1921 年 7 月才离开，足足在中国待了两年两个多月。在此期间，其足迹遍及中国主要的省份县市，发表了数以百计的演讲，主要谈哲学与教育学，也涉及社会学与其他方面的知识。他首先主张哲学不是待在象牙塔里的学问，而是应付环境的工具；其次认为心理是一切制度的基础，一切制度取决于人心与思维如何；最后，进化是零零星星地进行的，而非一蹴可几，所以他主张事情要透过民主方式逐步改良。②

　　杜威思想在当时的中国很有影响力，其最重要的代言人就是他的学生胡适。胡适所讲述的实验主义，也精要提出上述杜威四点思想：哲学是应付环境的工具，心理是一切制度的基础，进化是一点一滴的改革，应提倡民主与改良的方式。胡适一生的基本主张大体不出此范围，确实是杜威的好学生以及忠实的译介者，而他也进一步将这些主张应用到各方面并取得巨大成果。

　　其实最早介绍实验主义的不是胡适和杜威，民初杂志更早以前即已介绍詹姆斯（William James）乃至席勒的思维，不过都较零星而次要，真正有重大影响的是杜威来华与胡适之引进这一整套学术。杜威的学术思想在 20世纪具有非常重要的地位。20 世纪有代表了三种哲学主流的三大哲学家：一是杜威的实验主义，一是维特根斯坦（Ludwig Wittgenstein）的分析哲学，另一个是海德格尔（Heidegger）的诠释学。他们同时又代表了三种近代最重要哲学传统的新发展：英美经验论，德、法、英的逻辑实证论与理性论，德奥的唯心论及现象学。他们三人都突破了传统的形上学与真理观，并开创了新时代富有演化与开放性的哲学，对 20 世纪思想影响至深。许多学者认为杜威是美国所曾产生最伟大的哲学家与思想家。欧洲人虽较重视詹姆斯，但其实杜威更深刻。他不仅是美国哲学史与学术史上最重要、最伟大

---

① 章清：《胡适评传》，百花洲文艺出版社，1992，第 101—104 页。
② 参见杜威讲，胡适口译《社会哲学与政治哲学》，《杜威五大演讲》，安徽教育出版社，2005，第 1—84 页。

的人物，也是整个 20 世纪人类哲学史的关键人物，他所代表的实验主义在 20 世纪思想史上确实有重大价值。

（二）科学实验室的态度与历史的态度

实验主义主要本于科学方法与真理观的一种特殊诠释，源于皮耳士（C. S. Peirce，1839–1914），发挥于美国詹姆斯和杜威，另有英国席勒（F. C. S. Schiller，1864–1937）等代表人物。胡适以杜威的实验主义为宗，将其引进中国。实验主义对何谓科学与真理的诠释与西方传统非常不同，它立基于强烈的演化观念，主张我们不能以当前科学所知为真理，也不能依据任何一种标准验证方式而判定何为真理，必须撇开绝对而客观的真理观念，而尊重实际探索所得的现有最佳说法。传统西方哲学和科学所要探讨的，是绝对、永恒而普遍的真理。这种真理观支配了西方学术思想界两千余年，到近代才开始有所改变。这是西方哲学与学术体系在 19 世纪末期发展到高峰时所发生的自我反省。当时的西方人一连串科学与哲学上的新突破而开始怀疑此体系的原有假设，怀疑是否有不变而普遍的真理，并重新探讨知识的基本性质。实验主义者主张真理既然无法由上帝验证，也无法透过观念自我验证，只能透过其实际结果验证。一个陈述（statement）之所以为真，是因为它在具体的时空中能发生效验，如此而已，不能加以更多的演绎。

实验主义在当时是革命性的最新说法，由胡适介绍到中国。此说法既是西方当时最先进的看法，又特别看重最新的科学成果与科学方法，所以被时人认为是对科学最新最好的诠释。五四运动前后，实验主义前后支配思想界几十年，影响甚深。

Pragmatism 一词在英美学界本来包括美国皮耳士、詹姆斯、杜威及英国席勒等人的学说。各家的重点颇有所不同，胡适取其中偏重"科学方法论"与认识论的杜威与皮耳士学说，是以不愿用当时已有人用的"实际主义"来翻译 Pragmatism，而改采"实验主义"一词来囊括在西方本以 Pragmatism 来形容的上述四人学说之共通点。其重点在于重视"实验"，尤其是人在科学试验室中的态度。他主张杜威的学说可称为"工具主义"（Instrumentalism），而以"实验主义"做上述四人学说的总名。至于"实际主义"一词可以让偏重宗教经验之有效性的詹姆斯独占。此因詹姆斯认为真理的验证在于实际功效，宗教既然有其功效，所以可以视之为真理。Pragmatism 的原发明者皮耳士很反对这种讲法，他认为他所说的效验是在实验室中具体而实际的效验，并非心理上的效验，故将 Pragmatism 加了 ci，改成 Pragmaticism 以与其区别。虽然在西方学界，事实上最后流行的仍是 Pragmatism 一词。[①]

胡适指出"实际主义"注重实际的效果，而"实验主义"（Experimentalism）虽然也注重实际的效果，却更看重实验的方法。实验的方法就是科学家在实验室里用的方法。[②] 简言之，胡适所重视的实验主义是实验室的态度，偏重科学方法论，而不愿太强调其真理论或实在论的一面，以免离失根本。他强调科学家在实验室中方法最现代、最科学，而他想介绍到中国的是主要是科学，对其他方面的应用则次之。明白这个基本定义与倾向，就不应径以资产阶级思想、市侩与功利哲学等名目强加于胡适之上，[③] 也不必强调胡适对于杜威实验主义的美国背景认识或介绍不足。[④]

胡适强调把实验主义视为方法论，是将实验主义当作最有效且有意义的获得知识方法。他指出杜威将科学工作、理性与知识视为指向真理的工具与过程，故亦名"工具主义"。他认为此说的价值，在于指出现在所认为的真理、道理其实都不是终极的道理，而只是探索宇宙人生的好用工具。此因知识不断在进步，现在以为真的，到未来可能会改变，故不应视现有的知识为真理。人类对知识的探索是一个不断演进的过程，现有各种知识与理论的价值，只应视其能发生具体效用而定。此说彻底颠覆了传统真理观，而将一切人类的知见视为工具，从而构成一种解放与开放的知识体系与人生态度，有极大的重要性。

---

① 胡适的《实验主义》是胡适 1919 年春的演讲稿，原载《新青年》第 6 卷第 4 号（1919 年 4 月 15 日），同年 7 月 1 日又改定，本文采用欧阳哲生编《胡适文集》第 2 册（北京大学出版社，1998，第 208 页）的《胡适文存》版本。胡适另有《谈谈实验主义》一文，为 1919 年欢迎杜威来华在江苏省教育会的演讲稿（收入姜义华主编《胡适学术文集·哲学与文化》，中华书局，2001，第 44—50 页），该文将杜威列入"实际主义"而非"工具主义"，与此处不同。唯该文较浅近且未改定，今不取此说。

② 胡适：《实验主义》，欧阳哲生编《胡适文集》第 2 册，第 208—209 页。

③ 即便在当代学者中提倡胡适非常有功者，如耿云志《论胡适的实验主义》，《胡适研究论稿》，社会科学文献出版社，2007，第 79—99 页；杨念群：《"五四"九十周年祭——一个"问题史"的回溯与反思》，世界图书出版公司，2009，第 10 页。

④ 如章清《胡适评传》，第 51—63 页。

　　胡适以科学史的具体发展说明随着科学的进步，人类对于科学的态度开始修正，认识到没有永久不变的真理。科学上许多重大发明不过是应用"假设"的结果，而现今科学也不过是最适用、解释现象最方便、能达到最佳认识的假设。他以天文学为例，指出古代王充认为日不落，之后有人说日月星辰均绕地而运行。近代先有哥白尼的太阳中心论，之后开普勒与牛顿等人的计算又更精密。就历史经验而言，焉知未来不会发现更好的说法？① 既然被认为最科学的天文学、物理学如此，其他学科自然也如此。另外，向来认为欧式几何所定义的空间才是实在的空间，而今却有两派非欧几何的新理论。一派提出直线外的一点可画多条并行线，而三角形三内角和小于180°；一派提出直线外的一点可画零条并行线，而三角形三内角和大于180°。是以长期以来欧式几何空间观念未必能视为定理。② 胡适写《实验主义》时不懂相对论，更不知非欧几何与相对论的密切关系，③ 但他已知从古代天文学到哥白尼、牛顿的重大演变，也略知新派非欧几何的提出，从而确认所谓的科学真理随时代而变。他因此指出，科学律例是人造的，是假定的，并不是永远不变的天理。"只承认一切真理都是'应用'的假设，假设的真不真，全靠他能不能发生他所应发生的效果。这就是科学实验室的态度。"④

　　在提出所谓科学真理随时代而变这一普遍命题后，胡适特别指出："那绝对的真理是悬空的，是抽象的，是拢统的，是没有凭据的，是不能证实的。因此古来的哲学家可以随便乱说。"⑤ 说它是道、理、气、无、上帝、

---

① 胡适：《实验主义》，欧阳哲生编《胡适文集》第 2 册，第 209—210 页。按，爱因斯坦于1905 年已提出狭义相对论，但胡适此文并未提及。相对论较之牛顿力学更为精准。相对论之替代牛顿力学作为更新的"典范"（paradigm），正可以证成胡适此说。库恩（Thomas Kuhn）于 1960 年代所写的《科学革命的结构》（*The Structure of Scientific Revolution*），亦以"典范转移"（paradigm shift）的概念说明科学史上革命性的变化。其实杜威等人已经远在库恩之前提出类似的观念，这在当时是非常先进且具有革命性的想法。

② 胡适：《实验主义》，欧阳哲生编《胡适文集》第 2 册，第 209—210 页。

③ 牛顿力学立基于欧式几何，然而相对论空间属于非欧几何。时空因重力而扭曲，乃弯曲而非永远平行。空间有限而随质能状态变化，并非无限。虽然如此，胡适在当时并未认识到非欧几何在新时代的重要性。参见胡适《实验主义》，欧阳哲生编《胡适文集》第 2 册，第 210 页。

④ 胡适：《实验主义》，欧阳哲生编《胡适文集》第 2 册，第 210—211 页。

⑤ 胡适：《实验主义》，欧阳哲生编《胡适文集》第 2 册，第 212 页。

太极、无极等，都无法证明，"只好由他们乱说罢了"。① 这里虽然也提到上帝，但攻击的重点显然是中国传统思想。他随之提出：

> 莫问那绝对究竟的真理，只须问我们在这个时候，遇着这个境地，应该怎样对付他：这种对付这个境地的方法，便是"这个真理"。这一类"这个真理"是实在的，是具体的，是特别的，是有凭据的，是可以证实的。②

这是胡适实验主义的根本态度，他以之批评一切西方传统哲学，因为西方传统哲学一直致力于第一因、本体论、形上学的讨论，而这些对实验主义而言，都属于不可验证也不可凭据。虽在心理上，他的目的更在于摧毁中国传统的思想体系，以重建新的思想体系，可是这里有一个重大的跳跃，就是将道、理、气、无、太极等观念，等同于"上帝"与"西方形上学"，而以其均属悬空、抽象、笼统、无凭据而不能证实。此因儒、道两家是一个以"实践"为本而非"论理"为本的传统，古人论人是否有道或有理，主要看其生命的具体作为与关键时刻的抉择。至于所谓"气"、"无"与"太极"，在中国传统中，亦有许多体验、修证与观察的讲究。杜威实验主义原本是在批判西方传统哲学，中国传统思想是否如西方传统哲学那般"悬空与抽象"，其实仍有待仔细研究与论证。然而对于高度向往科学与"实证"的中国现代读者而言，批判道、理、气、无、太极、无极之为悬空、抽象与笼统，不仅毫无问题，甚至更为贴切。至于"这种对付这个境地的方法，便是'这个真理'"的论点，则深深契合了中国人的传统思维，此所以实验主义容易大行。

胡适进一步提出进化，尤其是凡事凡物均由历史演进而成的"历史的态度"。他说：

> 哲学是最守旧的东西，这六十年来，哲学家所用的"进化"观念仍旧是海智尔（Hegel）的进化观念，不是达尔文的《物种由来》的进

---

① 胡适：《实验主义》，欧阳哲生编《胡适文集》第2册，第212页。
② 胡适：《实验主义》，欧阳哲生编《胡适文集》第2册，第212页。

化观念。①

以进化与变化观念为一切的根本，便发生"历史的态度"（genetic method），亦即一切事物都有其发生的过程。要研究所谓真理，就该问这个意思何以受人恭维。"研究哲学上的问题，就该问，为什么哲学史上发生这个问题呢？又如研究道德习惯，就该问，这种道德观念（例如'爱国'心）何以应该尊崇呢？"② 据此指出没有什么是天经地义的，一切都有其产生的时空与历史背景。真理不是固定不变的，任何律令、道理、观念都有其历史发展过程，亦有未来的可能变化。这是高度现代的态度，西方传统不如此，黑格尔的进化哲学已是观念上的大革命，而达尔文更将给予其科学实证的基础。实验主义据达尔文学说，推论每样事物有如物种发生般在演化中产生，此即历史态度。此说与严复的天演论同出于 19 世纪的生物乃至万物演化学说，只是胡适承继了杜威，将其用在科学方法与知识论上，从而指出一切事物与观念的历史演化性质。

胡适综合了自己的概述，指出：

> 实验主义的两个根本观念：第一是科学试验室的态度，第二是历史的态度。这两个基本观念都是十九世纪科学的影响。所以我们可以说：实验主义不过是科学方法在哲学上的应用。③

可见胡适实验主义思想的核心，是以科学实验室的态度与历史的态度看一切问题。他同时认为这是杜威所留给中国的最重要的资产。④ 胡适一辈子确实都在努力实践这两个基本态度。例如，他在各种场合，无论是学术研究、文学还是政治论述中，都强调怀疑成说，以及不相信任何传统的或共尊的权威论述。这在大革命的时代，都具有推翻传统、排除众流以开辟科学新时代的气象。

实验主义相信变化与演化，不相信任何论述是确定不移的看法，在当

---

① 胡适：《实验主义》，欧阳哲生编《胡适文集》第 2 册，第 212 页。
② 胡适：《实验主义》，欧阳哲生编《胡适文集》第 2 册，第 212 页。
③ 胡适：《实验主义》，欧阳哲生编《胡适文集》第 2 册，第 212—213 页。
④ 胡适：《杜威先生与中国》，欧阳哲生编《胡适文集》第 2 册，第 279—281 页。

时非常先进。中间虽有行为主义线性因果论以及结构主义式理性论述的流行，不走"本质变化"的道路，在 1980 年代之后，西方哲学界的主流态度又逐渐回到"本质变化"的看法。包括解构主义、后现代主义，福柯（Foucault）还有当代的文化研究（cultural studies），对所谓真理、定律或知识也基本上抱持类似态度：都没有所谓绝对真理、固定架构或普遍价值，一切都是历史的产物，是在一种复杂历史情境中不断变化的结果。杜威的思想非常先进，与海德格尔类似，他确实是 20 世纪最伟大的哲学家，至今仍深受推崇。当代主流思潮其实是他们的延续。然而如此"先进"的思想用之于当时的中国，固不免有躐等而学、基础不足之感，其影响至今犹在。

（三）主轴亲和于中国传统

上述胡适所提出的科学实验室的态度与历史态度，虽然具有革命性，其基本性质却很接近中国传统世界观与思维方式，所以容易流行。实验主义对普遍理则、形式逻辑与形上学深表怀疑，一切诉诸经验、实践与实际应用，与中国人偏重经验而非理性分析，一切诉诸实践与实用的思想习惯甚为接近。

中国传统虽重"根源性"道理，却不相信超越时空的"普遍性"的理则。如《老子》第一章说"道可道，非常道，名可名，非常名"，根源性的道以无为体，不可以名言得之。老子亦有"道生一，一生二，二生三，三生万物"，"道生之，德畜之，物形之，势成之"的朴素演化观。孔子是"圣之时者也"。《易经》以变易为根源性之道，至于一般的道理，则因时、因地、因所居之位而变，在基本性质上类似前述胡适所说的"这个真理"。①只是胡适以"进化"二字取代了"易"与"道"等根源性观念，而极力批判这一类的传统观念不科学。不仅如此，中国学术本以经史之学为大宗，六经皆出于史，史学是中国传统学术的大宗。是以实验主义以最新科学方法之名，主张用"演化"及"历史的态度"看一切事情，很容易地就被中

---

① 胡适本人也注意到《易经》和道家思想与"进化论"类似，亦试图指出其中的不同。参见欧阳哲生《自由主义之累——胡适思想的现代阐释》，上海人民出版社，1993，第 110—111 页。

国人立即广泛接受。不仅胡适，严复的天演论之所以为国人所广泛接受，也立基于同样的思想文化基底与经验主义倾向，并为之后实验主义的流行打下了基础。

实验主义主张永恒或终极的实在与真理并不可得，人之所知见，不能脱离人的主观与主体限制，而与外境形成一个复杂且不断演化的互动过程。胡适引进了杜威的实验主义，一方面看似将中国思想早早推入 20 世纪哲学，另一方面其实接上了中国最古老的传统。虽既无西方哲学的精密与系统性，亦无传统思想的深入体证观照，性质上却非常先进，而为当时国人所喜好。

四　实验主义既亲和又改造中国传统思维

实验主义为何能在当时的中国风行一时，远过于同时期输入的其他西方哲学或方法论？① 除了其在一个科学主义的时代号称代表了最新、最好的科学方法，以及杜威到中国等于是最好的宣传外，一个极重要的原因应为其思维方式与背后的世界观其实和中国传统思维方式与世界观甚为贴近。

（一）

首先，实验主义主张透过实际结果论事，而中国人本就以务实著称，重视实用，不喜欢抽象理论。实验主义排斥西方传统哲学与纯粹理性推演，而大多数中国人对于西方哲学本无兴趣，以哲学系在中国各大学的遭遇，亦可见纯粹抽象的思考普遍不受重视。至于"经验即生活"的说法则更符合中国人的口味，中国读书人本非哲学家，很少像西方哲学家坐在书斋中玄想，自古喜欢讲经说史、舞文弄墨，并强调从生活中体验、经历与学习，即所谓洒扫应对与做人处事。至于强调要能在生活中提出解决具体问题的"创造性智慧"，则更接近中国人的习惯。因为传统中国士人的一生，基本上就是在实际政治、社会与家族生活中解决各种非常具体的问题，需要想出各种聪明而妥帖的做法，而既不强调也不出产类似西方的政治学、社会学乃至心理学、人际关系学理论。

---

① 章清：《胡适评传》，第 104—105 页。

欧阳哲生论胡适的实验主义时，指出胡适在接触西方学术之初，便立下了传统儒者经世济民之志。对于他而言，"哲学是人学"，而非西方传统的哲学。他之所以致力于中西哲学，目标在于用哲学解决宇宙论、知识论、人生论、教育论、政治与宗教中的具体问题，而不是本体论或形上学等抽象问题，所以爱好重实际与实用的实验主义，尤其是其帮助解决问题的方法论。① 胡适在研究杜威之前，便已认为"归纳的理论"、"历史的眼光"与"进化的观念"是使中国"起死之仙丹"，目标甚为实际而传统。如许多学者据此及其他史料所指出，胡适在接触杜威思想前，自己的思想就已经很牢固，甚至是个杜威主义者了。② 而这些思想倾向，如之前所论析，一方面可以救中国之穷，另一方面却也都与传统有深层的关系。

儒学传统中本有务实的一面，也有重视验证、思辨、考订的传统。儒家的经世、经史之学，本为胡适所看重。宋代的"疑经"，江西李觏、王安石的"实用"之学，以及明清以降的"实学"倾向，均为胡适所看重，也或多或少对胡适有所影响。③ 而其中影响胡适最深的，莫过于清代考证学。学界几乎公认胡适的学术路径深受清朝学术影响，亦在考证上最有表现。胡适在 1915 年接受杜威的实验主义之前，本长期致力于考证学。④ 他晚年亦曾说：

> 杜威对有系统思想的分析帮助了我对一般科学研究的基本步骤的了解。他也帮助了我对我国近千年来——尤其是近三百年来——古典学术和史学家治学的方法，诸如"考据学"、"考证学"等等。[这些传统的治学方法] 我把它们英译为 evidential investigation（有证据的探讨），也就是根据证据的探讨 [无征不信]。在那个时候，很少人（甚

---

① 欧阳哲生：《自由主义之累——胡适思想的现代阐释》，第 89—96 页。三个"起死之仙丹"说见胡适 1914 年 1 月 25 日日记，曹伯言整理《胡适日记全编》第 1 册，安徽教育出版社，2001，第 222 页。

② 格里德：《胡适与中国的文艺复兴》，鲁奇译，江苏人民出版社，1996，第 130 页；余英时：《重寻胡适历程：胡适生平与思想再认识》，台北，联经出版事业有限公司，2004，第 220 页；罗志田：《杜威对胡适的影响》，《四川师范大学学报》（社会科学版）2002 年第 6 期。

③ 参见张允熠《胡适实用主义思想中的儒学情结》，《二十一世纪》（香港）第 45 期，1988 年，第 117—125 页。

④ 章清：《胡适评传》，第 62—64 页。

至根本没有人）曾想到现代的科学法则和我国古代的考据学、考证学，在方法上有其相通之处。①

换言之，胡适是在清朝考证学的底子之上，接受了杜威所介绍的实验主义，从而了解何谓科学方法。这也更进一步说明了实验主义方法与中国传统的亲和性。如唐德刚、余英时、章清等学者都指出胡适的学问主要是考证之学，唐、章二氏并强调他并未真正进入西方社会科学的领域。这也说明了胡适实用主义的渊源与限制。②

为了提倡科学方法与"历史的态度"，胡适又曾希望恢复中国传统的"非儒学派"：

> 非儒学派的恢复是绝对需要的，因为在这些学派中可望找到移植西方哲学和科学最佳成果的合适土壤。关于方法论问题，尤其是如此。如为反对独断主义和唯理主义而强调经验，在各方面的研究中充分地发展科学的方法，用历史的或者发展的观点看真理和道德，我认为这些都是西方现代哲学的最重要的贡献，都能在公元前五、四、三世纪中那些伟大的非儒学派中找到遥远而高度发展了的先驱。因此，新中国的责任是借鉴和借助于现代西方哲学去研究这些久已被忽略了的本国的学派。③

此处倾向于将儒家解释为"独断主义和唯理主义"，这显然是比附西方哲学史上的独断主义和理性论的结果。儒家与西方独断式的形上学与理性论的论述方式，有巨大而本质性的差异。至于文中所说的强调经验、体验与史学，却是儒学传统的重要成分。胡适虽然误读儒学，却自然而然地选择了亲和于中国无论儒学传统或非儒传统的实验主义。

胡适所介绍杜威的五段思想方法，强调面对具体困难或疑问，深入研究问题的性质，提出解决问题的假设，然后仔细验证之，不但简单易懂有

---

① 《胡适口述自传》，唐德刚译注，广西师范大学出版社，2005，第109页。
② 章清：《胡适评传》，第64—65页。
③ 胡适：《先秦名学史》，第8页。参见章清《胡适评传》，第67页。

效，而且很容易被务实、重观察、重效果的中国头脑接受。是以实验主义的方法论很容易被中国人接受，不仅成为广为流行的思想方法，还成为一种生活态度与行为上的普遍指导原则。① 这方式接近传统较重视经验、实践的、生活的思维，是以实验主义在当时很风行。中国人本缺乏严谨的演绎法，而较偏重整体经验的体会与感知。所谓聪明人即听得清楚也看得清楚各种状况，从而看清问题的关键，并想出解决之道，且谨慎地透过实践验证其想法能否成功。实验主义其实最接近生物的自然性，而中国的传统最能将此自然性发挥到淋漓尽致，既不偏重归纳法，也不偏重演绎法，而强调认识问题与解决问题。是以一般中国人乍听胡适的说法便容易明白，又以此接上最先进的科学方法之名，自然何乐而不为。

相形之下，同时间罗素来华（1920 年 10 月至翌年 7 月），他所主张高度理性化的新实在论与数理及分析哲学，在中国的流传则一直有限，主要限于专业的哲学圈子。罗素是西方数理及分析哲学大家，他的老师是怀德海（Whitehead），两人一同从事将数学基础逻辑化的伟大工作。分析哲学大师维特根斯坦则是罗素的学生，与罗素的关系介于师友之间。他们共同掀起了 20 世纪哲学与科学中一种彻底清楚定义化、逻辑化与符号运算化的工作。从逻辑分析、数学分析一直发展到语言分析，深刻解析符号与自然及人为语言内涵，企图明确定义每个符号具体所指，以确定符号之间的逻辑关系，以便进行各种复杂的，包括类似计算器的运算操作。分析哲学继承了西方传统的理性论，直指西方人理性化的符号与语言之根本，在实际科学的操作上，比实验主义远为重要。此派哲学最后在 20 世纪科学与哲学界的影响，也较实验主义大得多。

然而可能正因为它太理性，"技术化"也太深入了，一般人很难理解。分析哲学至今仍是英国、美国、加拿大甚至德国哲学系之主流。然而这派学理当初来华时，却一直无法流传。哈佛哲学博士赵元任以生动的语言图

---

① 章清也指出"实用主义"与中国传统"重实用轻理想，重经验轻学说"，以及重视"实用理性"的特性，虽其具体说法与本文颇有不同。章清进一步指出："实际上胡适还沉浸于中国传统学术的领域，尚未归宗实用主义哲学之前，其学术观点和思想倾向已十分接近于实用主义的思想方法了。"而且胡适之所以选择实用主义，亦与中国当时的实际之需求密切相关（章清：《胡适评传》，第 58—62 页）。虽然胡适主要是用"实验主义"而非"实用主义"说明自己的思想，重点在于"实验方法"而非"实用效果"，然而其实用倾向，也确实不可掩。

文，而且往往运用当地方言为罗素到各地的演讲做翻译，但听众对这种比较技术化分析哲学其实无法领受。赵元任自己后来转向语言学。之后张申府专门引介罗素的分析哲学（Analytical Philosophy），其弟张岱年也研究罗素哲学，但最后转向唯物辩证法。政治学博士金岳霖于 1925 年回国后，受赵元任的委托，在清华大学勉力讲授他未曾学过的逻辑学，也非常重视罗素。1910 年代亲自到牛津师从罗素研究数理哲学的专业哲学家傅铜，比较得罗素哲学之真传，曾任西北大学校长，在学术上一直默默无闻。即使通过这些人的努力，数理与分析哲学依然无法在中国产生真正的影响。

（二）

杜威在其经典巨著《经验与自然》（*Experience and Nature*）一书中，将宇宙间万事万物归纳为两个核心：一是经验，即人类在主客交融下所产生的心智活动；另一个是自然，即不断变化中的整个世界。他彻底反对认为永恒不变的存有（being）或上帝（God）才是真实存在（true reality），而认为我们可见可感且永在变化的自然才是真实。人是自然的一部分，而经验是生物人和自然不断对话的过程，是人适应自然并在自然中演化的过程，既非纯粹主观，也非纯粹客观，而是一种主客交融的过程。他以"经验"二字囊括一切人类思想行为核心，从中指导人的思想、行为及生活，而变成普遍人生观，其论述内涵非常丰富。① 胡适承继并简化此学说，强调下述几点：

（1）经验就是生活，生活就是对付人类周围的环境；（2）在这种应付环境的行为之中，思想的作用最为重要；一切有意识的行为都含有思想的作用；思想乃是应付环境的工具；（3）真正的哲学必须抛弃从前种种玩意儿的"哲学家的问题"，必须变成解决"人的问题"方法。②

---

① John Dewey, *Experience and Nature*, Open Court, Chicago, 1925. (Revised)：London：George. Allen & Unwin. Currently in Print：New York：Dover, 1958.
② 胡适：《实验主义》，欧阳哲生编《胡适文集》第 2 册，第 231 页。

"经验就是生活",不是抽象的论述,而是以应对周围环境的思想为中心;重点是解决"人的问题",而不是哲学家的问题,因此不必管西洋哲学史上各种繁复的论辩,而应以创造的智慧,直接面对并解决"人的问题"。这种对应于生活中具体问题的知识,才是人人都该做的事业,而其关键只在于"创造的智慧"而非任何固定的理论或教条。

此种说法一方面是"截断众流"的手段,可以开启年轻人创造动进的动力,另一方面则显然比较接近中国传统的世界观与思维方式。杜威所反对的作为西方大传统之核心的永恒不变存有或上帝,在中国传统中或不见踪迹或极为边缘。而他所强调的恒变不已的自然与心物、主客合一的经验,"经验即生活",抛弃"哲学家的问题",解决"人的问题"种种,均与中国传统亲和。换言之,胡适是以一种本质或曰深层上亲和于中国传统世界观与思维方式的思想,加上彻底的"无征不信"、实验实测、归纳考证思想,以成就他所认为最现代与先进的科学方法论,从而成功席卷一代的中国心灵。

实验主义立基于生物与宇宙演化论思想的整套生命观和宇宙观与中国《易经》、道家、理学传统的距离,实较与西方基督教上帝创世的传统更近。《易经》、道家与理学的宇宙观,本来就属素朴的气化演化论。实验主义依照达尔文的演化论认为人是生物体,一切按生物的原理跟外在环境做复杂互动,此说法很容易被中国人接受。因为中国人从一个气化的宇宙论出发,本来就不认为人是上帝创造的,传统上又缺乏灵魂与超越的理性观念,所以很容易接受生物机体主义。至于演化论又与气化论及《易经》、道家的世界观相近,[①] 是以很容易接受从演化论与机体主义出发的实验主义。

有学者指出,胡适的实验主义与中国传统的亲和性,如提倡考据学等,只是表面的,骨子里他的思想其实与中国传统严重断裂。刘纪耀认为,胡适"以唯名论(nominalism)为基础的个人主义(individualism)。强调个人的经验、兴趣、意志与目标,是形成社会与历史的基本因素。……胡适的主知主义是唯名的、开放的、'投影'于未来的,与儒家本质的、封闭的、投射于过去的主知主义,具有明显的断裂性与革命性,这是胡适实验主义

---

① 参见吴展良《严复〈天演论〉作意与内涵新诠》,《台大历史学报》第 24 期,1999 年 12 月,第 103—176 页。

历史意义之所在"。而其重视现在与未来、全盘西化与爱慕西方现代文化的态度，亦可证其与中国传统的断裂性。①

这种看法固然有一定的道理，却误认为儒家为一种"本质的、封闭的、投射于过去的"传统。现当代有关战国、秦汉、隋唐、宋明儒学的研究，已不断显示儒家一路吸收了墨、道、法、阴阳、黄老、道教、佛家的思想，才发展成后世所见的各种面貌。儒学既然一向以文化为凝聚广大政体的根本，就不可能只是封闭而投向过去的"本质"，而具有相当程度"与时俱进"的"唯名"思维。胡适的个人主义与变革思维浓厚，这一点确实与中国家族主义与好古的传统相悖。然而如此论说忽略了中国近现代一种思想或意识上全面反传统，骨子里与行为上却无法跳脱传统，甚至非常传统的现象。以胡适为例，他固然提倡个人主义，却同时相信个人存在的意义在于融入人类不朽生命的"大我"。他固然提倡自由恋爱，自己也有许多不公开的恋情，然而既奉母命与江冬秀结婚亦始终未曾离婚。② 这一类的例子在胡适与同时代的西化派中间不胜枚举。我们必须注意近代早期的所谓"革命者"，并不容易真正跳脱出其文化背景的事实。不仅如此，论者一般亦未曾注意笔者本文所指出的，实验主义作为一种科学方法论与真理观，在深层宇宙观、思维方式与真理观上，与中国大传统的高度亲和性。所以我们最好承认，胡适的实验主义，一方面看似极力批判了传统的思维方法与世界观，另一方面却深度地继承了传统。

五　实验主义在中国现代思想史上承先启后的位置

中国在引入实验主义前对西方科学方法的认识，主要受严复所译介的归纳逻辑学说影响。近代主导中国人对科学认知、思维方式者有三大阶段：经验主义逻辑阶段，实验主义逻辑阶段，马克思主义辩证逻辑阶段。这三种逻辑在哲学上均有重大不同，各自造成的影响非常深远，而下个阶段均在前一阶段的基础上变化发展，是以中国近代科学与逻辑思想的三大阶段

---

① 刘纪曜：《胡适的实验主义与历史理念》，《台湾师大历史学报》第 41 期，2009 年，第191—232 页。

② 参见江勇振《舍我其谁：胡适》第二部《日正当中，1917—1927》，台北，联经出版事业有限公司，2011；高力克：《胡适的新信仰与中国人文宗教》，《浙江学刊》2002 年第 2 期。

其实有内在的联系。

经验法逻辑偏重归纳法，主张一切知识必须从经验出发。实验主义演变自英美传统的经验论。杜威、詹姆斯和皮耳士都是美国人，席勒是英国人。经验主义者认为唯一能确定的"实存"是人的经验，而经验是人与外在世界交会所产生。实验主义者强调实践，生物人在实践中和世界接触，因而产生对世界的认知。人的认知机能存在的目的在于帮助人完成其生命的各种需要，因而带有人类生命不可避免的主观性。其所认识到的知识与真理亦不可避免地带有人的主观性与限制。

因此，实验主义比传统经验论更进一步，反对真理与真知的观念。经验论者认为经验是对世界客观的归纳分析，从中可得对于客观世界的真正知识。实验主义者则认为知识固然源于经验，而经验的本质是生命在其实践中努力满足生命需要的过程，故不能避免主观性与生物人的各种限制，只是应对问题与环境的工具。传统所认为的真理并非真理，而是人类在不断的实验中帮助自己一步步向前走的，具有主观性与限制的知识。

唯物辩证法逻辑则认为，人类无法迅速认识事物的本质与全貌，必须不断地透过对事物正反合的认识过程，以达到更高之认识。只有物质与客观存在的才是实存，人每认识实存事物的一面，必有其相反之另一面，合正反两面而成为更高之综合。此综合即下一步的正，而其本身又有相反之对立面，正反合无止境地演变，指向更高的认识。因此，唯物辩证法对事物的过程亦不持传统真理固定之说法，反而更看重此变化的过程。透过不断的学习与认识，从辩证的过程中趋近真知。马克思主义宣称传统哲学的目的是解释世界，而马克思主义哲学之目的则是改变世界，故特别重视实践。从重实践与重演变这两方面，可见主导中国近现代思维方式的三阶段科学方法论，确有其内在的联系性。

经验论、实验论、唯物辩证论主导了近代中国人对科学方法的认识。近代以来中国人亟欲学习西方科技与科学，晚清先是强调船坚炮利的技术面，之后认识到西方有套科学的格致思想。起初认为科学首重实测与算学，到严复时才明白科学的基础是逻辑，是一切科学背后共通的思维方式。新文化运动后则认为民主和科学是中国要向西方学习的最重要的两样事物。中国是否应走民主道路还有不同意见，科学则普遍受到大家认同。

其实中国近代对西方最早发生兴趣的便是科学。明末清初利玛窦、南怀仁等西方传教士传入各种知识，而中国对其中最有兴趣的部分是科学。这不仅是中国文化体系中最缺乏的事物，而且中国近代若欲改造自身文明、政治、经济、社会制度等各方面，也离不开科学。但科学究竟为何物？其内涵、方法、精神为何？绝不只是分门别类的学科或具体研究成果，而是一种严谨的思维方式以及深刻认识事物与世界"本质"或"根本"的态度。科学引导人较正确地认识世界，从而产生较正确的作为。是以这三阶段代表中国人对何谓科学的三阶段的不同认识。现当代中国人努力用其所了解的科学方法在学习上，也用在价值判断、文化理念、政治态度上。无论实验主义还是唯物辩证法都被用于解释人生、历史与文化的一切种种，并用于说明中国应该走上何种发展道路，从而具有所谓"科学大道"的意涵。它们既继承也取代了传统的各种格物致知说与儒家学习论，从而开启了新世界。其得其失，均在其中。

六　结语

新文化运动时期是"赛先生"与"德先生"的黄金时代，之后中国的学术思想长期受各种意识形态与政治运动的宰制，反而缺乏同等的科学性。是以胡适所提倡的"注重事实，尊崇证验"实验主义科学方法论，实为20世纪中国学术思想界科学方法普及化的最高峰。实验主义的流行，大大助长了科学方法与科学观念在中国普遍传布。无论胡适引进的实验主义有多少不足，我们都不能不承认之后再也没有这样一个提倡纯粹科学方法的高峰与高原期。是以中国一般，尤其是人文社会学界的科学方法水平，至今可能并未真正超出考证与"注重事实，尊崇证验"，而很少进入深刻的理性分析与理论建构的层次。这不能不说是胡适实验主义的伟大成功，也不能不说是其重大限制。

胡适的实验主义挟民国时期的科学崇拜，以一种"革命性"与"最先进的"科学方法论之姿态风行五四之后中国思想界达十年。除了辛亥革命与新文化运动所带来的革命风潮外，清代的考证传统、自强运动时期的重实用与实测、清末民初动进变化的天演世界观，以及严复所引进经验主义逻辑之重视具体经验，均大有利于实验主义的输入与普及，也影响了实验主义的性格。实验主义除了引进科学方法与思维方法外，还致力于以此批判中国人普遍过于崇拜古人，凡事引经据典而论议，不敢质疑经典内容而拘泥旧说的态度。这确实发挥了摧毁旧社会传统、解放思想与重新评估一切价值的时代功能。实验主义背后的个体主义、解放思维、自由、多元与开放的态度，又正符合了时代个体解放与全面探索新事物的思潮，对当时的年轻人极具吸引力。不仅如此，新文化运动时期的老师或学生大都没受过正规科学的训练，对于他们而言，清晰易懂地解说"科学方法"非常重要。而这解说又来自大名鼎鼎的胡适及其"伟大的"老师杜威，一个西方顶尖的哲学家及实验心理学的科学家，所以自然容易信奉。

除了上述因素，实验主义在中国的流行还有一个特别重要而为人所忽视的因素，即实验主义的思维方式与世界观实与中国传统接近。如胡适所一再指出，实验主义代表一种"后达尔文"的世界观与思维方式。此种世界观认为世界恒在变动与演化之中，人非上帝创造而是一种演化而来的生物。这种看法，其实远于西方古典传统，而较接近中国《易经》、理学、道家与阳明、船山以降近世气化与演化论的传统。本于这种世界观，实验主义反对传统固定形而上的真理观，强调当下的具体处境与处此境的"科学方法"，认为学术与人生基本上都是不断实验与解决问题的开放过程。

秉持这种动进变化的世界观，实验主义（Experimentalism）或广义的实验主义（Pragmatism）确实代表当时西方最先进思维。20世纪最先进且有突破性的哲学有三：一是现象学与诠释学，二是实验主义，三是分析哲学及语言分析。这三种思想都认为绝对真理超越人类的认知能力，人对事物的认识永远在诠释的过程中，深受语言符号与主观性的限制，而有一种历史发展的过程。这种高度"先进"而革命性的说法，重点原本在于反对西方传统重视永恒与不变本体与真理的哲学，却非常符合中国人的脾胃。此因中国人本无西方传统哲学与神学上绝对真理、超越本体以及永恒理念等思想，又看重实践与当下的实际、实用性。实验主义反对理性论，不提倡所谓普遍形式理则，而注重深入经验、观察与灵活思考。这种思维方式使中国人一开始就觉得亲切、自然。相较之下，罗素的数理、分析与正统哲学，就很难为当时国人所理解。至于德国的唯心论（Idealism）与欧陆理性论的科哲学观，更极难为中国当时学人所理解。

杜威的实验主义是非常有见地的哲学，在操作上非常灵活，重点在于针对具体问题以创造性的智慧，做出对事物的良好假设与解决方案，其缺点则在于缺乏具体而确切的操作性。相形之下，极具操作性与技术性的分析哲学当时也介绍进中国，却不得大众青睐。胡适之当年在北大便认为哲学没有价值，希望废掉哲学门，只留下实证的事物。对比罗素的分析哲学与欧陆哲学，可看出实验主义这种创造性的智慧说确实较接近中国大众。所谓最先进的实验主义科学方法，于是成为当时中国人对科学的理解之主流。

较之于同时输入的诸多科学方法论，实验主义的成功建立在它与中国传统思维方式高度的亲和性，其不足自然也缘于此。彻底西化论者固然对此可能大为惋惜，然而舍此又如何能让科学方法在中国的土壤里生根与茁长？胡适当年大力提倡继承清朝考证与中国古代"逻辑"传统的苦心，我们必须给予深切的同情。而从这个历史经验我们也应明白，一个民族的思维方式其实非常不容易改变。就认知方法而言，英美偏经验主义，欧陆偏理性主义，中国偏考证、实验、实用与体验。这都有极其复杂的语言文字、历史文化、学术思想乃至政治社会、生活方式的背景。一个民族开拓其知识领域的主流道路，大多也只能在其原有的走法上延续与变化。

虽然如此，西方科学——遑论其哲学——传统的核心，毕竟是以理性分析为本的理论或解释模型的建构。如欲切实地掌握科学方式，中国人在这方面不能不彻底补课，超越胡适乃至严复所留下来的经验主义化科学方法论的限制。无论严复的经验主义、胡适的实验主义还是后来的唯物史观及唯物辩证法，始终未将西方的理性论传统真正介绍进来。经验主义逻辑与实验主义的流行，反映了中国体系在深入接触西方文明时第一阶段的迫切需要。其许多基本性质，也继承了这个古老民族的诸多特色。

政治工具主义的内在张力：胡适 对杜威政治哲学的理解与阐释[*]

彭姗姗[**]

胡适一向以杜威实验主义的信徒自居。自 1915 年发愤尽读杜威著作起直至晚年回顾平生，胡适自认为对杜威实验主义的信奉未曾稍改。其中，杜威的政治哲学是胡适长期关切的一个方面。1940 年，胡适在日记中评论自己的论文《作为政治概念的工具主义》（Instrumentalism as a Political Concept）时宣称："这论题是我廿年来常在心的题目。"[①] 1919 年 9 月 20 日至 1920 年 3 月 6 日，杜威在北京大学法科礼堂讲授过 16 次"社会哲学与政治哲学"，而他选择这个讲题正是根据胡适的建议。[②] 工具主义的政治哲学虽是胡适二十年来常在心的题目，但因他并不专门研究政治思想，所以不曾著文发表，直到 1939 年 10 月，才开始著文论述这一问题，并多次与杜威通信讨论。[③] 可以说，从 1939 年 10 月至 1940 年 9 月这一年，胡适就"政治工具主义"陆续所写的四篇文章，代表了他一生对此问题最集中的思考和

* 本文初稿完成后，得到耿云志教授的指点；在"胡适与中国新文化"国际学术研讨会上宣读时，从章清、邹新明、陆发春等教授的评论和提问中获益良多；稍后于北京大学图书馆特藏部查阅胡适个人藏书时，承蒙邹新明教授热忱帮助。谨此，对各位教授致以诚挚谢意。

** 彭姗姗，中国社会科学院近代史研究所助理研究员。

① 曹伯言整理《胡适日记全集》第 8 册，台北，联经出版事业有限公司，2004，第 66 页。

② 胡适：《引言》，高一涵记《杜威博士讲演录：社会哲学与政治哲学》，《新青年》第 7 卷第 1 号，1919 年 12 月 1 日。

③ 参见曹伯言整理《胡适日记全集》第 8 册，第 66 页。《杜威通信集》（John Dewey, The Correspondence of John Dewey, Larry A. Hickman, ed., Available on CD-ROM, Charlottesville, Va: InteLex Corporation, 1999–2004, 3 volumes）中收有多封相关信件。胡适收藏了其中比较重要的四封信件，现藏于中国社会科学院近代史研究所胡适档案（以下简称"胡适档案"）内。

总结。

以往关于胡适与杜威的研究，主要聚焦于胡适对杜威实验主义的理解和接受，不太关注胡适对杜威政治哲学的阐释和理解。[①] 笔者在中国社会科学院近代史研究所胡适档案中发现了胡适就这一问题所写的四篇文稿（其中两篇从未发表过），并参照胡适个人藏书中所做批注，尝试探讨胡适对杜威政治哲学的理解和阐释。[②] 本文将重现胡适对这一问题的思考及其与杜威的论学，并尝试探讨胡适与杜威在政治工具主义上的分歧或不同侧重，分析其缘由，以期说明胡适在何种程度上以何种方式来理解杜威的政治哲学。

一

胡适在 1939 年 10 月开始著文论述这一廿年在心的题目，有着特殊的机缘。1939 年 10 月 20 日是杜威八十岁寿辰，时任驻美大使的胡适在杜威生日之前便开始"连日读杜威先生的著作"，[③] 预备作文。10 月 19 日，胡适写成短文《作为政治概念的工具主义》，作为 20 日在杜威八十岁生日纪念聚餐会上的致辞，又于 22 日下午在宾夕法尼亚大学社会研究新学院举行的关于哲学方法的学术研讨会上宣读了这篇短文。[④]

这篇短文未正式出版。[⑤] 胡适档案中的一篇同名草稿，详细标注了宾大

---

① 据笔者所知，关于胡适对杜威政治哲学的理解和阐释，尚无专门的研究。陆发春曾将胡适的英文论文《工具主义的政治哲学》（即后文中所述"第二稿"）译成中文；李建军的《学术与政治——胡适的心路历程》（香港，新世纪出版社，2007）第二章第二节对此问题也略有涉猎，但不够专门和深入。关于胡适对杜威实验主义的理解和接受，比较精当的学术史回顾，参见罗志田《杜威对胡适的影响》，《四川师范大学学报》（社会科学版）2002年第 6 期。

② 本文所用胡适个人藏书均藏于北京大学图书馆特藏部。

③ 曹伯言整理《胡适日记全集》第 7 册，第 716 页。

④ 参见胡适 1939 年 10 月 25 日致杜威夫人的信，胡适档案，E0092 - 006。

⑤ 《杜威通信集》中收录的 1939 年 10 月 27 日杜威致胡适信、1939 年 11 月 12 日约瑟夫·拉特纳（Joseph Ratner）致胡适信、1940 年 1 月 24 日西德尼·拉特纳（Sidney Ratner）致胡适信、1940 年 2 月 5 日贺拉斯·凯伦（Horace M. Kallen）致胡适信所提及的论文，就是这篇短文；《杜威通信集》编者错误地将之注释为：Hu Shih, "The Political Philosophy of Instrumentalism," in *The Philosopher of the Common Man*, ed., Sidney Ratner, New York: G. P. Putnam's Sons, 1940, pp. 205 - 219. 实际上，这篇正式发表的《工具主义的政治哲学》，是胡适在短文基础上于 1940 年 3 月 1 日重新写就的。

会议的名称、时间和地点，很可能就是这篇发言稿，或至少与这篇发言稿有密切关联。① 在此稿（以下简称"第一稿"）中，胡适批评杜威未能发展出一套可视为其工具主义必然推论的、系统的政治理论，并尝试提出一种工具主义的政治理论。

胡适从两个方面论述了杜威的社会政治哲学。一方面，杜威在《哲学的改造》（*Reconstruction in Philosophy*）中曾接近于提出一种关于国家的工具主义理论，认为国家只是保护其他自愿联合组织的工具，而不是最高目的。但杜威同时认为，在诸多的自愿联合组织之中，国家就像一个乐队指挥一样进行协调，本身并不参与奏乐。这就削弱了关于国家的工具主义的观点。另一方面，杜威作为一个个人主义的自由主义者，其政治立场在不同时期有着不同的侧重点，有时偏向于社会主义，有时更倾向于个人主义。在胡适看来，杜威这两方面的社会政治主张都不足以构成工具主义的逻辑推论。

胡适继而提出了一种彻底的工具主义的政治理论，即一切制度，包括国家、宪法、法典，都是工具，都是人创造出来以达成某种目的的建设性的工具。这样，国家就并非"不参与奏乐"的乐队指挥，并不仅仅是一种"促成自愿联合的手段"，更是人所拥有的一件能达成目的的积极的工具。胡适认为，这种彻底的工具主义观点有助于我们理解国家的历史进化，也有助于我们理解时代的政治趋势，即随着科学技术的发展，现代国家要达成的目标日益复杂，这使得国家变成了一个太危险、太不可依赖的工具。但胡适并不认为国家的难题有多么棘手，因为国家的难题就像所有工具和机器的难题一样，是一个关于明智指导和有效控制的难题。而盎格鲁－撒克逊的自由主义对政治思想的最大贡献便在于强调对国家机器的民主控制。通过制约和平衡制度、民主教育的发展以及在人民中间培养对自身自由的热爱和对他人自由的尊重，就能将统治力量控制在被统治的人民手中。胡适总结说，这种政治理论与杜威所倡导的自由主义是一致的。

以后见之明来看，胡适的这篇短文提出了一个重要的问题，但论证得相当粗糙。他对杜威社会政治哲学的总结不够全面准确，对于工具主义的政治理论的阐述也并不像他所宣称的那么具有原创性。事实上，这篇短文

_____

① "Instrumentalism as a Political Concept"，见胡适档案，E0017 – 55。

在研讨会上也确实引起了不少争论。① 但胡适对这篇短文仍然颇具自信。在学术研讨会的第二天，也就是 10 月 23 日，胡适将这篇短文送给了杜威，并请他"不客气的批评"。② 杜威在 10 月 27 日回了一封信，称赞胡适的文章"思路清晰并富于启发性"，是"真正的以小见大"，并做了详细的回应。③

杜威的回应非常委婉，但也明确表达了不同的意见。杜威承认，胡适"相当正确地指出，我的政治哲学的重点至少在不同的时期是有所变化的，而变化是围绕着那个时期最重要的事情发生的——经济崩溃、对二十年代资本主义狂欢的回应使得我比以前更倾向社会主义了"。但他随即指出："在我的著作中，可能《公众及其问题》（*The Public and Its Problems*）是平衡得最好的一部，也是最'具有工具性'的一部。"言下之意可能是，胡适短文中完全没有论及《公众及其问题》（1927 年），是一个很大的疏忽。其次，针对胡适对他在《哲学的改造》中所提出的国家理论的尖锐批评，杜威坚决地表示了反对意见：

> 我想要澄清，我的话并不意味着我背弃了我之前关于政府行为之功能的表述，而仅仅只是强调——这暗含在我早期的表述之中，只是没有明确表达出来——民主行为在决定政府政策时的绝对重要性——因为，只有通过"受人民支配的政府"，才可能确保为人民服务的政府的存在。换句话说，自愿的主动性和合同协作是一个国家或政府成为人们所要求的工具的先决条件。换句话说，甚至在我强调"对国家机器的民主控制的难题"时，我们两人之间也并不存在分歧。……当我说志愿者联合这样的自愿努力时，我只不过是在试图描述控制国家机器的民主方法，这仍然假定了国家机器作为一种工具的重要性。

可见，杜威认为胡适关于这一点的论述有断章取义之嫌，他的观点与胡适的主张并无本质上的区别。

这封信让胡适感到了压力。他明确拒绝了宾夕法尼亚大学教授和杜威

---

① 参见 1940.02.05（17012）：Horace M. Kallen to Hu Shih，in *The Correspondence of John Dewey*，Vol. 3。

② 曹伯言整理《胡适日记全集》第 7 册，第 718 页。

③ 1939 年 10 月 27 日杜威致胡适信，胡适档案，E0176-001。

八十岁寿辰纪念论文集编辑贺拉斯·凯伦（Horace M. Kallen）、西德尼·拉特纳（Sidney Ratner）敦促他发表这篇短文的请求，解释说因为他此前未读过杜威宣称最具工具性的《公众及其问题》，不愿在批评中对杜威不公正，故打算重写这篇文章。[①] 这样，胡适补读了《公众及其问题》，在 1940 年 3 月 1 日改好了论文，并改题为《工具主义的政治哲学》（The Political Philosophy of Instrumentalism，以下简称"第二稿"）。[②] 这也就是刊登在杜威八十岁寿辰纪念论文集《平民哲学家》中的那篇论文。[③] 与之前的短文相比，这篇论文做了重大的改写。首先，论文一开头便直接提出了要解决的中心问题：杜威是否发展出了一套与其工具主义的逻辑理论相一致的政治哲学？胡适引用杜威在《哲学的改造》和《逻辑学》中的论述，分析了他没能发展出一套政治哲学的原因：杜威对那种放诸四海而皆准的一般的社会政治理论有一种方法论上的反感，反对那种"一般概念的逻辑方法"，这使得杜威虽然就其时代的各类具体问题发表过不少著述，却从未有意识地去发展一套一般的、系统的政治哲学。

接下来，胡适延续之前的思路对杜威的政治哲学进行了论述，但论证得更加周全详尽。胡适认为，正因为杜威的政治著作总是针对时代特定问题和事件的讨论，所以其主张总是遵循相对性原则，随着当时的具体情况而有所改变。但杜威也谈到过"一般的'个人'，一般的'联合生活'，一般的'真正的个性'"，这就已经是一种适合一般应用的政治理论了。这里的论述与前面杜威反感一般社会政治理论的解释似乎有些自相矛盾。对此，胡适解释说，应该承认杜威已经提出了大量的政治理论，只是这些理论应该根据形成它们的特定历史（时空）条件去理解。这一解释显然是不太有说服力的。胡适接下来分析了杜威国家理论的发展，即从在《哲学的改造》中作为"不参与奏乐的乐队指挥"这样协调者的国家，发展为《公众及其

① 1940. 02. 06（17013）：Hu Shih to Horace M. Kallen，in *The Correspondence of John Dewey*，Vol. 3.

② 参见 1939. 11. 04（07930）：Hu Shih to Joseph Ratner（in *The Correspondence of John Dewey*，Vol. 2），以及曹伯言整理《胡适日记全集》第 8 册（第 28 页）。

③ Hu Shih，"The Political Philosophy of Instrumentalism，" in *The Philosopher of the Common Man*：*Essays in Honor of John Dewey to Celebrate His 80th Birthday*，New York：G. P. Putnam's Sons，1940，pp. 205 - 219. 也收入周质平编《胡适英文文存》第 2 册，台北，远流出版事业股份有限公司，1995，第 793—810 页。

问题》中作为"保护公众利益的工具"的国家。显然，胡适并没有接受杜威所宣称的关于"政府行为之功能"表述前后一致的答辩，而坚持认为杜威在这一点上确有重大改变。杜威的重要批评者和文稿编辑约瑟夫·拉特纳也赞同胡适的意见：

> 他（指杜威——引者注）引以为例的一些学说的变化只是侧重点的改变；但有些改变绝对是基本原则的变更。杜威认为它们都只是侧重点的改变，确实证明了他还未看到《公众及其问题》一书中关于国家的真正"工具性的"理论的重要性，以及这一理论如何彻底削弱和摧毁了虚假的乐队指挥理论。①

杜威本人在回应这篇论文的信中，并未就此再提出反对意见，可以视为对这类评论的默认。虽然杜威宣称《公众及其问题》是他最具工具性的一部著作，但胡适仍然认为，书中关于国家性质和功能的假设太过消极和模糊，不是真正工具性的。

论文第三节完全是重写的。在该节中，胡适提醒大家注意杜威在1916年发表的两篇关于力的论文，认为杜威那时便发展出了一种原创的、真正工具主义的力的理论。在这两篇文章中，杜威区分了三种力的概念：能量、强制力和暴力。能量是能够做工，能达成好的目标的力；当能量阻碍了目标的实现，能量就变成了暴力。故暴力的本质并不在于使用了力，而在于徒劳无益或毁灭性地使用了力。强制力则处在作为能量的力和作为暴力的力这二者中间的位置。在马路上横冲直撞是暴力，而让人遵守交通规则的力则是强制力。在区分力的三种不同角色的基础上，杜威阐述了关于法律的工具主义概念：法律并不意味着力的缺失，而是一种组织能量的说明书，可以被看成陈述了一种经济有效而极少浪费地使用力的法则。胡适认为，这种关于力和法律的工具主义概念可以应用于政治理论的一切方面，而杜威也确实在论述罢工、个人权利或自由、不抵抗的教条以及战争等问题时应用了这一方法。胡适没有提到，杜威对法律概念的论述，采用的正是"一般概念的逻辑方法"。

---

① 1939. 11. 12（07932）：Joseph Ratner to Hu Shih, in *The Correspondence of John Dewey*, Vol. 2.

在力的理论的基础上，胡适顺理成章地在第四节中提出了关于国家的工具主义理论，即国家是人发明出来，用于实现仅靠个人或团体都无法有效达成的目标的工具。而工具在完整的意义上必然包含对力的使用。宪政政府或合法政府就是那种力的使用条件被明确规定并有效执行的政府，而威权政府或独裁政府就是那种缺乏这种规定，或即使规定被写入了法典却不能执行的政府。这样，对政治制度进行判断的标准便不再是成例或先验原则，甚至不是自由这一先验原则，而是以这种方式来达成某个目标时是否有效和经济。这一思路特别清晰地凸显出：工具是有用的还是危险的，完全取决于工具致力于达成何种目的。故这种关于国家的工具主义理论本身并不能保证目的的正义性。胡适也意识到了这一理论可能会被滥用来为政府权力的过分扩张进行辩护。在此，胡适最接近于杜威长期以来所关注的一个主题，即民主在现代美国社会所面临的危机及其复兴的可能。自1920 年代起，杜威就试图回应李普曼（Walter Lippmann）在《公众舆论》（*Public Opinion*，1922）和《幻影公众》（*The Phantom Public*，1925）中所提出的难题，即公众因为容易被舆论操纵，不但不能保证民主的实现，反而可能会构成民主的障碍。[①] 在很大程度上，杜威的《公众及其问题》便是为回应李普曼而写的。到1939 年，也就是胡适开始写作这些论文时，杜威更是彻底地提出，虽然美国的政治传统一直把爱自由说成是人性所固有的，但这只是一个虚构的传统，是一种关于大众的民主心理的神话。实际上，人性并不是天然地就欲望自由，当然也并不天然地就欲望民主。[②] 换句话说，即使国家真的像胡适所期望的那样成为掌控在人民手中的工具，也并不能保证国家就会成为实现民主、反对专制的工具。然而，这一让杜威深感棘手的难题在胡适这里仍然异常轻松地被公式化地解决掉了。胡适再次强调工具的难题是明智指导和有效控制的难题，并寄希望于盎格鲁－撒克逊的自由主义政治传统。

---

① 更详细的讨论，参见罗伯特·威斯布鲁克《杜威与美国民主》，王红欣译，北京大学出版社，2010，第291—335 页。

② 参见杜威《自由与文化》，傅统先译，商务印书馆，2013。很可能是从对苏联政治实践的观察和反思中，杜威发现，与安全、温饱等目标比起来，自由和民主并不见得是人所追求的排在第一位的目标。针对人性并不天然就欲望自由和民主的现实，杜威提出，由于人性和文化是相互形塑的，所以要精心呵护一种自由、民主的文化，将人性中富有创造力的一面释放出来，并进一步让人所处的文化朝着自由与民主的方向发展。

　　显然，经过几个月的打磨和修改，这篇论文成熟了许多。3 月 3 日，胡适再次将论文寄给杜威，请他批评。[①] 杜威在回信中对胡适大加赞赏，称他"具有以简洁的文字表述大量内容的能力，脱去一切无关紧要的枝节，只留下真正的骨肉"，又认为论文"具有那种批判性的洞见，对原作者和读者都很有帮助，因为它驱使人们从根本性的角度去思考"。这一次，杜威似乎完全接受了胡适的批评，他承认，"在我对这一问题做了足够长时间的探究、足够深入的思考之后，我才能够做一个与我之前的著作融贯一致的陈述。这个陈述将能够回应你的批评"。[②] 杜威的赞赏绝非虚伪的客套，但对于这位地位尊崇却谦恭依旧的昔日弟子，他也并非毫无保留。在同日给秘书罗维兹（Roberta Lowitz Grant）的信中，杜威评论说：

　　　　我觉得，它的特质正是最好的中国智性著作的典型特征——脱去一切枝节，只余根本要点，故而陈述简洁有力——或许有过于简化的风险，但无论如何，它是一份真正的礼物——如果我再要写政治哲学的话，就需要好好想想他提出的这一点。[③]

这个评论要客观得多。杜威确实赞赏胡适的论文，尤其欣赏他简洁有力地提出了一个好问题，但也认为他论证得过于简化了。

　　杜威在回信中这样问道："你关于我的早期论文的评论也让我很感兴趣，尽管在我能够回答你的问题之前不得不重新思考一遍：为什么我没有沿着我那时似乎抱有的思路走下去？"[④] 在此，胡适所提出的问题才真正变得清晰起来，即早在 1916 年的论文中，杜威就已经发展出了一套接近于工具主义的、一般的政治理论，但为何他没有沿着这一思路继续发展出一套系统的、一般的、可视为其工具主义必然推论的政治理论？即使是杜威本人，也感到这一问题不易回答。他只是写道："毫无疑问，这又是来自'相

---

①　曹伯言整理《胡适日记全集》第 8 册，第 28 页。同日日记中提及"附一信与 Dewey"，实际这封信写于 3 月 2 日，参见 1940.03.02（09620）：Hu Shih to John Dewey, in *The Correspondence of John Dewey*, Vol. 3.

②　1940 年 3 月 6 日杜威致胡适信，胡适档案，E0177 - 001。

③　1940.03.06（09619）：John Dewey to Roberta Lowitz Grant Dewey, in *The Correspondence of John Dewey*, Vol. 3.

④　1940 年 3 月 6 日杜威致胡适信，胡适档案，E0177 - 001。

对性'的一个因素！因为，那一年（1916？）自然而然地把力的问题带到了思想前沿。但我确信，在这个问题上，这并不是全部事实。"①

这一问题也仍然让胡适感到困惑。为参加宾夕法尼亚大学两百周年校庆，胡适于同年8月28日再次开始就同一问题进行写作，并于9月19日下午宣读了论文《作为政治概念的工具主义》（Instrumentalism as a Political Concept）。这篇论文同样经过多次修改，现存两稿。一个是中国社会科学院近代史研究所胡适档案内存的打印稿，②另一个是宾大会议论文集正式出版的论文。③将打印稿上删改的痕迹与正式出版的论文对比，可以判定，打印稿是第三稿，而正式出版的论文是第四稿。在四篇稿子中，从未出版过的第三稿是最长、最丰富、最能展现胡适完整思路的，最终出版的第四稿却非常精炼，删去了第三稿中的大量引文，也完全删掉了第一节。在第三稿中，第一节详尽解释了杜威对一般概念的逻辑方法的厌恶和排斥。胡适删掉这精心写就的一节，大概是因为意识到了它与杜威早年的力的理论是矛盾的，如果保留这一节，就难以自圆其说。但删掉这一节，论文也就失去了内在的张力，变成了基于杜威早年理论来阐释关于国家的工具主义观点，显得平淡无奇。

胡适对第四稿也并不满意，甚至羞于寄给杜威；他原本打算继续修改，但最终不了了之。④此后的胡适日记中再没有关于此一问题的记录，《杜威通信集》中也再没有相关通信。最终，胡适并未能够回答他所提出的那个令杜威也感到难解的问题。

二

在胡适与杜威的论学中，最引人注目的一点在于，杜威宣称自己在《公众及其问题》中已经论述了一种"最具工具性"的国家理论，但胡适坚

---

① 1940年3月6日杜威致胡适信，胡适档案，E0177 - 001。

② Hu Shih, "Instrumentalism as a Political Concept"，藏于胡适档案，E0017 - 55。因为此稿与1939年所写的第一稿同名，胡适档案误把两稿编为同一档案，故档案号相同。

③ Hu Shih, "Instrumentalism as a Political Concept," in *Studies in Political Science and Sociology*, Philadelphia: University of Pennsylvania Press, 1941, pp. 1 - 6. 也收入周质平编《胡适英文文存》第2册，第849—856页。

④ 1940年10月18日胡适致杜威信，胡适档案，E0092 - 007。

持认为这部书还并非真正工具主义的。

那么，杜威在《公众及其问题》中所提出的国家理论究竟是怎样的呢？杜威同意胡适所说的国家是用来实现或保护共享利益的工具。但任何工具都是由人来掌控的。在胡适的笔下，创造与掌控国家这一工具的是抽象的人，更准确地说，是盎格鲁－撒克逊政治传统之下的抽象的人。他们既明确意识到国家的工具性潜能，又掌握了一套可行的民主控制系统，因而能够比较自如、有效地利用国家这一工具。但在杜威看来，恰恰是创造和掌控工具的人最成问题。20世纪初的心理学和政治学都证实了人民很容易被操纵，美国参与一战更是民众易于被宣传欺骗的一项实证。这使得李普曼在《公众舆论》和《幻影公众》中大肆鼓吹施行专家政治，要求公众只是投票选举，不再参与决策。在这一背景下，公众取代国家，成为杜威国家理论的重心。

首先，个人并非孤立的单子。① 个人的活动有私人性的，也有公共性的。这样，个人与个人之间的关系就为描绘公众提供了条件。公众"由所有受到（联合）活动的间接结果影响的人构成；他们受影响的程度如此之大，以至于有必要对结果进行系统的管理"。② 唯一能够给出的国家定义是"纯粹形式上的：国家是公众为了保护其所有成员共享的利益而通过官员来予以实现的组织"。③ 这里利益代表的并非私人的考虑，而是每个人与政治共同体之间的交互关系。由于联合活动总是不停地引发新的间接结果，共享利益也就不停地调整演变，公众为满足其需求，就要求国家随之做出调整和反应。换句话说，公共活动与私人活动之间的界限并非固定不变的，而是时时变化的。这样，因公众活动而被定义出来的公众以及公众所使用的工具——国家，都是时时演变的。故国家从来都不像胡适所期望的那样是一件有效的工具，而只是一件不断被创造、勉强可用的工具。杜威说：

---

① 实际上，杜威在《公众及其问题》中区分过个体（private）与个人（individual），并批判了个人主义哲学。大体而言，个人指传统自由主义中那种单子式的、与社会相对立的单个的人；而个体这一概念则强调其与他人的密切联系，与社会也并不一定相对立。参见 Dewey, *The Public and Its Problems*, in *The Later Works of John Dewey, 1925–1953*, edited by Jo Ann Boydston, Carbondale and Edwardsville, Ⅲ: Southern Illinois University Press, 1985, Vol. 2, pp. 244–245, 289–303. 本文为论述方便，仍然采用一般通用的"个人"提法。

② Dewey, *The Public and Its Problems*, p. 245.

③ Dewey, *The Public and Its Problems*, p. 256.

"就其性质而言，国家永远是有待于检查、调研、搜寻的事物。几乎就在国家的形势稳定下来的同时，就有必要对其进行再创造。"① 一般而言，公众是支持、指导国家的，但由于"人类的智慧迄今还不足以创建足够灵活、反应迅速的政治和法律机制"，当公众不断产生的新需要与官员和机构保有现在权力的欲望发生冲突时，公众就有权利打破现有的政治形式，在国家之外发展新的权力。②

可见，在杜威的国家理论中，公众先于国家。"利用官员及其特殊权力，它成为国家。得到清晰表达、通过官员代表进行管理的公众即为国家；没有政府就没有国家；没有公众也不会有国家。"③

接下来的问题是，这种能够管理公共利益、创建国家的公众如何才能从易于被操纵的人民中浮现呢？杜威并未反驳人民易于被操纵、被欺骗的事实，而是一针见血地指出，现代民主中易于被操纵的"人民"本来就是现存政治的结果。换句话说，民众与政治文化是相互形塑的。④ 由此，公众要找到并定义自身，就需要一种广泛的知识和制度重建。在知识上，要把民主看成一种生活方式，而非一种狭隘的政治体系。在制度上，要组织共享的生活，深化信息交流，发展公共教育，共同探究我们社会的难题，让民主重新开始起作用。简单地说，只有创造出一个伟大的民主共同体，公众才有可能找到自身。故针对李普曼对民主弊病的批判，杜威的回应是，唯有更多、更好的民主才能真正纠正民主的弊病。⑤

一方面，公众创造了国家；另一方面，公众的浮现又有赖于形成更广泛的民主政治文化。这似乎构成了一个不断循环的怪圈。然而，对杜威来说，一切哲学问题并非传统哲学所认为的关于认识或知识的问题，而是关乎经验和探究（inquiry）的问题。所谓经验，"呈现为有生命的存在者与其物理环境和社会环境之间相互作用的事件"，⑥ "首先是一种

---

① Dewey, *The Public and Its Problems*, p. 255.
② Dewey, *The Public and Its Problems*, p. 255.
③ Dewey, *The Public and Its Problems*, p. 277.
④ 也参见杜威《自由与文化》。
⑤ 参见 Dewey, *The Public and Its Problems*，第四、五、六章。
⑥ 杜威：《哲学复兴的需要》，《杜威全集·中期著作》第 10 卷，王成兵、林建武译，华东师范大学出版社，2012，第 5 页。笔者对译文略有修改。

行动的事件"。① 所谓探究，即遵循困惑、预测、调查、进一步假设、检验这五个步骤，②"通过控制或引导，将不确定的情境转换为其组成成分在特征和关系上具有确定性的情境，也即将前一种情境中的要素转换为一个统一的整体"。③ 换句话说，公众的难题难以在理论上解答，而只能在实践中，在人与社会的互动行为中，在共同体的探究中尝试解决。"共同体生活这一概念本身"就是民主。④ 在杜威看来，民主的起点不在于国家，而在于最日常的人类行为和人类关系之中。"民主必须从家庭开始，其家园便是邻里共同体。"⑤ 形象一点说，"民主的核心和最终保证便是邻居们自由汇聚在街头反复讨论所读到的、未受检查的当日新闻，以及朋友们聚集在客厅与公寓中自由地相互辩驳"。⑥

由此，我们能够理解胡适在第二稿中所引用的杜威的话：

> 国家的领域，存在于有限、亲近、亲密的联合体与仅有稀少、偶然联络的疏远的联合体之间的某处。⑦

"有限、亲近、亲密的联合体"指家庭、邻里这样的小的共同体，"仅有稀少、偶然联络的疏远的联合体"指类似于国家这样的大的共同体。杜威说国家的领域位于这二者之间，是因为他把国家看成正在形成且需要不断进行再创造的事物。他解释这句话说："我们找不到也不应该期望找到明确无疑的分界。乡村和邻里不知不觉地逐渐变成了政治公众。不同的国家可能

---

① Dewey, *Reconstruction in Philosophy*, in *The Middle Works of John Dewey*, 1899 – 1924, edited by Jo Ann Boydston, Carbondale and Edwardsville, Ⅲ：Southern Illinois University Press, 1978, Vol. 12, p. 129. 中文版《杜威全集·中期著作》第 12 卷（第 102 页）译作"经验变成首先是做的事情"。

② 杜威：《民主与教育》，《杜威全集·中期著作》第 9 卷，俞吾金、孔慧译，第 158 页。

③ Dewey, *Logic：The Theory of Inquiry*, in *The Later Works of John Dewey*, 1925 – 1953, Vol. 12, p. 108.

④ Dewey, *The Public and Its Problems*, p. 328.

⑤ Dewey, *The Public and Its Problems*, p. 368.

⑥ Dewey, "Creative Democracy—The Task Before Us," in *The Later Works of John Dewey*, 1925 – 1953, Vol. 14, p. 227.

⑦ 也可参见 Hu Shih, "The Political Philosophy of Instrumentalism", 周质平编《胡适英文文存》第 2 册，第 801 页；Dewey, *The Public and Its Problems*, p. 262.

通过联合和结盟变成一个更大的整体，而这个整体具有国家的某些特征。"①
胡适对此很不以为然，他评价说：

> 这样一个模糊的东西不可能是一件有效的工具。由于关于国家的
> 性质和功能的这一新假设仍然太过消极和模糊，由于它没能培育现代
> 国家的工具性潜力，所以它只是对"'人类关系的新时代'缺乏配得上
> 的政治机构"的哀叹罢了。②

的确，与杜威的"哀叹"相比，胡适的工具主义政治哲学要乐观得多。
然而，杜威的"哀叹"与胡适的乐观仅仅是非常表层的分歧。如前文所述，
杜威的"哀叹"源于写作《公众及其问题》时美国民主所遭遇的困境。但
实际上，他对民主共同体的未来并未丧失信心。在杜威看来，民主共同体
的创造（而非实现）从根本上说是可能的，因为，第一，处理公共事务的
智慧有赖于社会教育，而非个人的天赋，这一智慧将随着公共知识的传播
逐渐提高。专家仅能提供解决难题的策略，公众所需要的只是有能力判断
有关公共问题的知识。第二，共同体的生活满足了人性最深层的需求。杜
威相信，人只有在与他人稳定、持久、深层次的联系中，才能找到富有内
涵的幸福。

综上，胡适与杜威虽然都把国家视为一种政治工具，但两人的侧重点
存在很大差别。胡适更关注作为手段的工具，故更关注国家；而杜威更关
注创造工具的人，故更关注公众。这一分歧分别表现为对盎格鲁－撒克逊

---

① Dewey, *The Public and Its Problems*, pp. 262 – 263.

② 也可参见 Hu Shih, "The Political Philosophy of Instrumentalism", 周质平编《胡适英文文存》
第 2 册，第 801—802 页。胡适个人藏书中，在《公众及其问题》中有一个批注："此一段
与我的主张最相近。Dewey 来信所指即此一节。"按胡适本人所画线标识，"此一段"指：
"在教堂、工会、商业公司和家庭组织内部，并不比国家拥有更多的内在神圣性。它们的
价值，应该通过它们所引起的结果来衡量。结果是随着具体的条件而变化的。因此，在某
一时间和地点，可以采取大量的国家行动；而在另一时间和地点，则保持沉寂，采取自由
放任政策。恰恰就像公众和国家随着时间和地点条件的变化而变化一样，国家所承担的具
体功能也是一样。并不存在一个先在的、普遍提案可以用来规定国家的功能是应该被限制，
还是应该被扩充。它们的范围是通过批评和实验来决定的。"参照胡适论文中的批评及
"第三稿"，可知他所谓与其主张相近，当指价值通过结果衡量云云，而不包括最后关于国
家功能的论述。

传统之下的民主的乐观和"哀叹"。那么，师生二人的分歧是否意味着胡适没能理解杜威的《公众及其问题》呢？

胡适对《公众及其问题》的写作背景——美国民主所遭遇的困境并非毫无了解。至少约瑟夫·拉特纳在给胡适的信中就明确写到了《公众及其问题》中有几章深受李普曼《公众舆论》的影响。[1] 然而，胡适仍然坚持认为杜威的国家理论太过模糊，不能成为有效的工具。显然，胡适做出这一判断，依据的并非美国民主的状况，而是中国政治的现实。就中国的现实而言，程序上、制度上的政治民主尚且没有实现，根本谈不上应对民主的混乱和困境。当时中国急需的正是 19 世纪英国的功利主义者以及美国国父们所阐述的那种明确、清晰的国家理论。故胡适对这一国家理论不以为然，而赞赏基于杜威早年学说的国家理论，更宜于被看成一种主动的选择。

胡适并非专门研究政治思想的学者。他对杜威政治哲学的关切，与其说是出于学术研究的好奇，不如说是出于现实思考的需要。也因此，他对杜威政治哲学的阐释和理解，与其说是循着实事求是的学术准则，不如说是秉持应时论事的相对性原则。相对性原则是胡适对杜威政治哲学特征的一个概括，意指杜威总是根据特定时空的具体问题来阐述其政治哲学。在很大程度上，这也是胡适的夫子自道。试再举一例论之。胡适对杜威民主观念的阐释同样是遵循这一原则。杜威一向把民主视为一种生活方式，在《民主与教育》（1916）中，他认为民主"首先是一种联合生存的模式、一种共同沟通经验的模式"。[2] 在《公众及其问题》（1927）中，杜威首次提出了"民主共同体"这一概念，并认为民主即"共同体生活这一概念本身"。在晚年写就的《创造性的民主》（1939）一文中，杜威更加凝练地阐述了"共同体生活"的精义：民主是一种亲身经历的个人的生活方式，其永恒的任务便是去创造一种人人都能分享并能参与贡献的那种更加自由、更为合乎人性的经验。[3] 这至少蕴含三层意思。首先，民主作为"亲身经历"，必须体现在人人都亲熟的日常实践之中。其次，民主是"人人都能分享并能参与贡献"的，一方面意味着相信人性的潜力，相信只要在恰当的

---

① 1939. 11. 12（07932）：Joseph Ratner to Hu Shih.

② 杜威：《民主与教育》，《杜威全集·中期著作》第 9 卷，第 74 页。

③ Dewey, "Creative Democracy—The Task Before Us," pp. 225, 230.

环境下，每个人都有能力自由地安排好自己的生活；另一方面意味着这种生活必须通过人与人之间的交流、联系和共享来创造。由此，所谓"个人"，就并非传统哲学中单子式的个人，而是处在共同体之中，与他人有着无穷联系的个人。最后，民主的目标是创造一种更加自由、更为合乎人性的经验，这意味着民主是一种永无止境的交流行为，而且在这一过程中，人性被形塑得更加自由，更能发挥其创造性的潜力。

胡适对杜威的这三部著述非常熟悉。《民主与教育》是杜威访华（1919年5月至1921年7月）时所做大量讲演的主要底本之一，而胡适是杜威最重要的口译者之一。《公众及其问题》是胡适写作论文时专门研读过的。《创造性的民主》是杜威为自己的八十岁寿辰纪念会所写的致辞，胡适出席了纪念会。然而，当胡适在特定的中国语境下阐述民主时，在继承杜威思想的同时，仅仅截取、突出了其中的一个侧面。在晚年的一篇论辩性手稿中，胡适写道：

> "民主的真意义只是一种生活方式"。民主的生活方式，千言万语，归根只有一句话，就是承认人人各有其价值，人人都应该可以自由发展的生活方式。一切保障人权，保障自由的制度，根本上都只是承认个人的价值，根本都只是要使得那种承认个人价值的生活方式有实现的可能。换句话说，民主的生活方式根本上是一种个人主义的生活方式。[1]

胡适虽然套用了杜威的名言，却将其内涵置换为"人人各有其价值，人人都应该可以自由发展的生活方式"，并进一步将这句话简约为"个人主义的生活方式"。[2] 胡适解释说，这种生活方式"最具体的表现"就是尊重每个个人的自由，尤其是尊重少数人的自由。胡适随之对"个人主义的生活方式"做了如下阐释：

---

① 《胡适手稿》第9集卷3，台北，胡适纪念馆，1970，第545—546页。

② 关于胡适的这段话，学者们有不同的解释。周质平认为这是"胡适对'民主'的'晚年定论'，也是他对'民主'一词所下的一个简明扼要的定义"（周质平：《胡适对民主的阐释》，《光焰不熄：胡适思想与现代中国》，九州出版社，2012，第289页）。但周质平下文中对胡适民主思想的阐释和总结，已经超出了胡适这篇论辩文章的论说。江勇振认为这完全是胡适"引而不注"地从杜威的《创造性的民主》中抄来的（江勇振：《舍我其谁：胡适》第二部《日正当中，1917—1927》，浙江人民出版社，2013，"前言"，第3页）。

在近代西方国家的历史上，争取自由的开始是在宗教信仰的自由，从宗教信仰的自由逐渐扩大到思想的自由，言论的自由，出版的自由。信仰是个人内心的信仰，思想是个人内心的思想。民主的制度只是要保障个人的自由，使他不受政治暴力的摧残，不受群众压力的压迫。最大多数的最大幸福固然是应该顾到的，而一个弱小的个人的信仰和意见最容易受摧残，受压迫，更是应该顾到的。所以民主的生活方式的最具体的表现就是尊重少数人的自由，尊重每个个人的自由，——这种生活方式才是民主的真意义。①

显然，胡适仅仅突出了个人主义的一个侧面，即尊重每个个人的自由，尤其是尊重少数人的自由。接下来，胡适对民主生活方式的态度及其在政治上的表现做了类似的阐释。胡适论述说，民主的生活方式的"基本态度"和"基本精神"是"中国古人说的'无众寡，无大小，无敢慢'的态度"，是易卜生所谓的"真正纯粹的为我主义"，是"多数总在错的一边，少数总在不错的一边"；而民主生活方式在政治上的表现是多数"不敢不尊重少数，更不敢压迫少数，毁灭少数"。②

胡适对杜威民主思想的这种简化处理，只不过是为了在论辩中突出自己的观点，绝不意味着他对杜威思想的理解仅止于此。如前所述，《公众及其问题》中的国家理论和民主观念是基于一种有别于传统哲学的、独特的"个人"观念发展起来的。实际上，早在1910年代末1920年代初，胡适的"个人"观念就已经非常接近于杜威了。在《不朽——我的宗教》（1919）这一名篇中，胡适写道："这个'小我'不是独立存在的，是和无量数小我有直接或间接的交互关系的；是和社会的全体和世界的全体都有互为影响的关系的；是和社会世界的过去和未来都有因果关系的。"③ "交互关系"和"互为影响的关系"都直接呼应杜威的"相互作用""共同沟通经验"。④ 在

①　《胡适手稿》第9集卷3，第546页。
②　《胡适手稿》第9集卷3，第547—548页。
③　胡适：《不朽——我的宗教》，欧阳哲生编《胡适文集》第2册，北京大学出版社，1998，第529页。
④　笔者也并不否认胡适的不朽论同样受到了中国传统价值取向的影响。这种解释由耿云志提出，详见《"社会的不朽论"——中西合璧的价值观》，《重新发现胡适》，人民出版社，2011，第129—136页。

另一篇文章中，胡适更明确提出，个人是社会上无数势力造成的，因此，不可以把"改造个人"和"改造社会"分为两截，因为个人并不是一个可以提到社会外去改造的东西。[①] 可以推想，胡适完全理解并赞同杜威关于民主即共同体生活的阐述，但在中国语境下，胡适对民主思想的这一侧面往往避而不言。

对政治哲学的阐述往往构成一种言语行为，即阐述并不仅是一种言说，也是一种表明态度和立场的行为。胡适与杜威在国家理论和民主观念上的许多分歧，很大程度上正是因为他们各自在不同的语境下针对不同的问题发言。因为胡适总是秉持相对性原则来阐释和理解杜威的政治哲学，因为他念兹在兹的从来都是风雨飘摇、危在旦夕的故国，所以他才会接受与杜威类似的"个人"观念，才会如此套用杜威关于民主的名言，才会不满于《公众及其问题》，才会基于杜威早年的力的理论提出了一套不同的工具主义的国家理论。

三

比起收拾得整齐干净、正式发表的论文，草稿总是更接近于写作当下的状态，也更能体现写作者的思路。胡适的第三稿就是这样一份草稿。它充分展现了——比起所阐述的内容来说——胡适与杜威的分歧更在于他们的思维方式。

胡适的确抓住了杜威思想的核心——工具主义。但在对"工具"的理解上，他与杜威存在较大的差异。在第二稿中，胡适将其政治工具主义理论追溯到杜威早年关于力的论文；在第三稿中，胡适追溯得更为久远，认为19世纪英国的功利主义者以及美国国父们已经发展出了类似的政治理论。胡适写道：

> 威廉·詹姆斯对实验主义所说的话可以用来描述政治工具主义：

---

① 详见胡适《非个人主义的新生活》，欧阳哲生编《胡适文集》第 2 册，第 568—570 页。据胡适自述，这篇文章与杜威 1920 年 1 月 2 日晚上在天津的讲演《真的与假的个人主义》有密切关系。可惜杜威的讲演《真的与假的个人主义》今已不存，难以做进一步的文本分析。

> "它不过是一些旧思维方式的新名字。"我已经指出，政治工具主义暗含在美利坚共和国国父们的政治思想之中。在英国，由边沁、詹姆士·斯图尔特·穆勒、约翰·斯图尔特·穆勒等人领导的改革运动贯穿了十九世纪的一大半，并通过和平的民主手段取得了显著的胜利。在这些功利主义改革者们的著作中，我们常常能发现我在这里称之为政治制度的工具主义观点的类似表达。（第14页）

"旧思维方式的新名字"清晰无比地揭示了胡适所谓"政治工具主义"的真正源泉——19世纪英国的功利主义者以及美国国父们。接下来，胡适大段引用了穆勒《代议制政府》中关于政治制度的阐述，并直截了当地将穆勒所阐述的一种学说称为"政治制度的工具主义理论"：

> 穆勒没有给另外一种学说命名。这种学说正是我所谓的政治制度的工具主义理论。根据这一学派的看法，"政府严格地说是一种实践的艺术，除了实现目的的手段之外不会引发其他任何问题。政府的形式和达到人类目的的其他手段类似。它们完全被看作是一种发明创造的事情。既然是人制作成的，当然人就有权选择是否制作，以及怎样制作或按照什么模式去制作。……他们就象看待一部汽犁或一部打谷机那样（程度上有所不同）来看待一种制度"。（第15页）①

胡适在总结时强调："穆勒，这位激进的改革者和民主主义者，更偏向于把政治制度看作'为实现人类目标'而发明出来的人类产物——与'一部汽犁或一部打谷机'类似。"无论是汽犁还是打谷机，都是外在于人的客体。类似的，国家虽然由人制作，但也是外在于人的客体。但对杜威来说，国家这一工具并非外在于人的，而是人的延伸。国家就是"得到清晰表达、通过官员代表进行管理的公众"。

　　实际上，在第三稿最后的总结中，胡适多次用到"政治机器"（political machine）、"政府机器"（governmental machinery）和"国家机器"（the ma-

---

　　①　中间内容是笔者省略的，胡适原稿为全文引用，着重号为笔者所加。

chinery of the state）这样的概念。胡适正是以"机器"为原型来设想国家这一政治工具的。胡适将工具与机器并称："像所有其他工具和机器一样，政治工具只要受到民主控制的防护措施的约束，就能更加充分、更加积极地用于人类的福祉。"① 他甚至直接将工具定义为力量与设备或器械的结合："作为达成目标的一种手段，一件工具在其完整的意义上，一定包含能使得它运作的力量，以及用确定的方式或方向控制这种力量以实现预期目的的设备或器械。"② 然而，对杜威来说，国家这一工具作为人的延伸，本身就是一种经验，是人与物质环境和社会环境的互动。由此，虽然胡适与杜威都同意国家这一工具需要根据新的需求和难题进行调整，但这种调整对胡适而言只是"有时"（from time to time）为之，③ 在杜威看来却是无时无刻不在进行。

　　总之，胡适以"机器"为原型来设想工具，而杜威从"经验"出发来思考工具。当然，胡适对杜威的"经验"概念有着比较深入的理解。在《实验主义》（1919）一文中，他详细阐述了杜威的"经验"概念与旧的"经验"概念的五个区别：旧的经验是知识，而新的经验是人与环境的"交涉"；旧的经验是主观的，而新的经验包括"物观的世界"和"人类的反动"；旧的经验是记着过去的，而新的经验是连络未来的；旧的经验"专向个体的分子"，而新的经验里有"无数连络"和"关系"；旧说"把经验与思想看作绝相反的东西"，而新的经验里面"含有无数推论"。胡适对经验的阐述，完全是依据杜威早年的论文《哲学复兴的需要》（1916）④。在此基础上，胡适总结说："（1）经验就是生活，生活就是对付人类周围的环境；（2）在这种应付环境的行为之中，思想的作用最为重要；一切有意识的行为都含有思想的作用；思想乃是应付环境的工具。"⑤ 按照这一经验概念，尤其是按照胡适最后的总结，人与周围的环境虽有交涉，但始终还是一分为二的。

　　胡适不太了解或者说认同杜威对经验概念的进一步发展。在《经验与

---

① Hu Shih, "Instrumentalism as a Political Concept"（第三稿），第 24—25 页。
② Hu Shih, "Instrumentalism as a Political Concept"（第三稿），第 21 页。
③ Hu Shih, "Instrumentalism as a Political Concept"（第三稿），第 24 页。
④ 详见杜威《哲学复兴的需要》，《杜威全集·中期著作》第 10 卷，第 3—37 页。
⑤ 胡适：《实验主义》，欧阳哲生编《胡适文集》第 2 册，第 228—231 页。

自然》（1925）一书中，杜威尝试用经验来弥合人与自然之间的裂缝。杜威强调，经验就是自然。他说："经验不仅是关于自然的，而且就在自然之中。被经验到的并不是经验而是自然——岩石、树木、动物、疾病、健康、温度、电力等等。以某种方式相互作用的事物就是经验：它们（也）是被经验到的东西。当它们以其他方式和另一种自然对象——人的机体——相联系时，它们就又是事物如何被经验到的方式。"① 经验既是自然，是事物，也是被经验到的东西，又是事物如何被经验的方式。这样，整个自然和人的世界变成了经验之流。《经验与自然》正是试图从经验之流的角度来阐述自然、历史、观念、艺术和价值。

简单地说，有点类似于海德格尔把关注的焦点从存在者转向存在本身，杜威在此书中打破了被经验到的事物和人的机体如何经验之间的区分，把关注的焦点从被经验者和经验的主体转向了经验本身。然而，杜威并未像海德格尔一样发明新的术语，而是沿用了传统哲学中固有的"经验"一词，这就使得《经验与自然》显得特别生涩拗口。正如一个最著名的评论所言，读这本书，"让我感觉似乎有一种与浩瀚的宇宙无比贴近的感觉……就好像上帝不善言辞，但又开口说话，来努力解释宇宙是如何运行一样"。② 在1951 年为《经验与自然》重写的长篇导言中，92 岁高龄的杜威总结说：

> 要是我现在写作（或重写）《经验与自然》，我会把它命名为《文化与自然》，并相应地调整对特定主题的处理。我会放弃使用"经验"这一术语，因为我越来越意识到，按照我的用法来理解"经验"时所存在的种种历史障碍实际上是不能克服的。我会代之以"文化"这个术语，因为现在已经确立的文化的含义能够充分、自由地传达出我的经验哲学。③

所谓"已经确立的文化的含义"是指人类学意义上的文化，而非马修·阿

---

① 杜威：《经验与自然》，傅统先译，中国人民大学出版社，2012，第 3 页。笔者对译文有修改，着重号为杜威本人所加。
② 转引自威廉·多尔（William E. Doll, Jr.）《杜威的智慧》，《全球教育展望》2011 年第 1 期。
③ Dewey, "Appendix 1," in *The Later Works of John Dewey, 1925 - 1953*, Southern Illinois University Press, 1989, Vol. 1, p. 361. 杜威晚年写就的这篇导言傅统先译本未译出。

诺德（Matthew Arnold）的定义。①

　　显然，用"文化"而非"经验"来理解杜威所阐释的国家这一工具，就方便多了。可以说，《经验与自然》构成了《公众及其问题》的方法论。如果把携带着"种种历史障碍"的经验观念视为中点，胡适实际上是未能克服那些历史障碍，仍然把人和自然一分为二，从而把工具仅仅设想为一个特殊的事物；而杜威则在《经验与自然》中进一步摆脱了那些历史障碍，用经验弥合了人与自然的裂缝，从而能够从"经验之流"或"文化"出发来思考工具。对杜威来说，"一个工具是一个特殊的事物，但是它不只是一个特殊的事物，因为其中还体现出一种自然的联系、一种顺序的关联。它具有一种客观的关系，而这种关系也就说明了它自己的特性。……一个工具就是表明对自然中的顺序关联的一种感知和承认"。② 杜威解释说，所谓工具体现出的客观关联，就像是斧头之于钉、犁之于土壤的关联；这种客观关联，一方面说明了工具本身的特性，另一方面把工具与人及人的活动联系起来了。类似的，当把国家视为一种工具时，杜威立刻就辨识出了国家之于公众的关联，就像是斧头之于钉、犁之于土壤那样。

　　胡适个人藏书中的笔记，亦可旁证他对杜威晚期的经验哲学涉猎有限。在其藏书中，有两本《经验与自然》。据扉页题注，一本是1925年杜威送给胡适的，也即是书出版不久便送给胡适了；但这本上面并无任何画线或标注，表明胡适并未马上阅读，显示出他对此书所研讨的主题兴趣不太大。另一本有画线和标注，扉页上题有"Hu Shih March, 1926"。但查阅《胡适日记全集》，1926年3月并无关于《经验与自然》一书的任何记录。或许并非巧合的是，胡适的最后一处画线标识即为：

　　　　一个工具……还体现出一种自然的联系、一种顺序的关联……一种客观的关系。
　　　　一个工具就是表明对自然中的顺序关联的一种感知和承认。

此一段落笔者以为颇能显示杜威独特的工具观。胡适的阅读到此戛然而止，

---

① Dewey, "Appendix 1," pp. 362 – 363.
② 杜威：《经验与自然》，第92页。

或许也显示出他的某种不认同。除了《经验与自然》与《公众及其问题》，胡适个人藏书里做过笔记的杜威晚期著作还包括《自由主义与社会举措》（*Liberalism and Social Action*，1935）以及《逻辑学：探究的理论》（*Logic: The Theory of Inquiry*，1938，以下简称《逻辑学》）。《逻辑学》一书的撰写过程长达 13 年，可谓杜威晚年的扛鼎之作。1938 年 6 月 3 日，杜威终于能够将此书送去付印，特别高兴，专门邀请胡适到家中谈天。[1] 至 11 月初，胡适已经读过此书。他在 1938 年 11 月 1 日给情人罗维兹的一封信中写道："看了几章杜威的新书《逻辑学》，我敢跟你打赌，我比你用功。《逻辑学》是本了不起的书，对逻辑理论有重大贡献。"[2] 似乎胡适对《逻辑学》颇有心得。但实际上，这可能只是胡适有意在情人面前展露一下学识。据其画线标注可知，《逻辑学》一书胡适只读了一章多，便弃之不读了。他真正的兴趣所在仍然是自由主义的政治哲学。为了准备写作讨论杜威政治哲学的论文，他在 1938 年 10 月 17 日读完了《自由主义与社会举措》一书，并评论说"这书真是一部最好的政治思想书"。[3] 从其笔记来看，胡适应当是很仔细地读完了《自由主义与社会举措》，而且很可能读了不止一遍，以致书皮有多处破损。然而，此书基本与杜威独特的晚期哲学无涉，而是杜威在弗吉尼亚大学一家基金会的讲演结集而成，主要讨论了自由主义的历史、当前（1930 年代）所面临的危机以及复兴之道；关于复兴之道，杜威尤其批判了采取阶级斗争的暴力手段的做法，而推荐人们依赖有组织的社会理性。胡适青睐此书，是可以想见的。他还认为，"此书的最精彩部分在于第一章的历史的叙述"。[4]

到此为止，我们可以部分地回答胡适所提出的问题了。胡适敏锐地注意到，早在 1916 年的论文中，杜威就已经发展出了一套接近于工具主义的、一般的政治理论，但为何他没有沿着这一思路继续发展出一套系统的、一般的、可视为其工具主义必然推论的政治理论？部分原因是，力的理论中所采用的那种传统的、一般概念的逻辑方法已经不适合用来表达杜威的经

① 曹伯言整理《胡适日记全集》第 7 册，第 554 页。
② 1938.11.01（06762）：Hu Shih to Roberta Lowitz Grant Dewey, *The Correspondence of John Dewey*, Vol. 2.
③ 曹伯言整理《胡适日记全集》第 7 册，第 716 页。
④ 曹伯言整理《胡适日记全集》第 7 册，第 716 页。

验哲学以及基于这一哲学的政治理论了，或者说，杜威的工具主义已经具有了更丰富的内涵——从"经验之流"或"文化"出发来思考工具，强调工具所体现出的客观关联，尤其是工具与人及人的活动的关联。

四　结语

出于对中国政治现实的关切，胡适二十年来一直想搞清楚杜威的政治哲学，也即工具主义的政治哲学。在与杜威往来论学的过程中，胡适敏锐地发现了杜威政治哲学中所存在的紧张——《公众及其问题》完全偏离了早年的力的理论所奠定的方向。顺着杜威早年的方向，胡适发展出了一套工具主义的国家理论。这套理论与杜威宣称"最具工具性"的《公众及其问题》共同彰显着政治工具主义的内在张力：一方面是，基于裹挟种种历史障碍的经验概念，把工具仅仅设想为一个特殊的事物，从而把国家设想为某种机器，设想为达成某种目标的政治工具；另一方面是，基于摆脱了历史障碍的经验（或文化）概念，强调工具所体现出的客观关系，强调工具与人及人的活动的联系，从而把国家直接定义为公众，定义为得到清晰表达、通过官员代表进行管理的公众。通过胡适的阐释，政治工具主义的内在张力实际上揭示了杜威本人思想的断裂与发展。那么，更深一层的问题是，什么因素促成了杜威经验哲学和政治哲学的发展？这才是真正令杜威感到需要好好想一想的问题。这一问题已经超出了本文的讨论范畴。在此，仅需提及，杜威的中国之行可能是一个重要因素。至少从时间上看，杜威的诸多重要著作，例如《经验与自然》《公众及其问题》都写作并发表于访华之后。故批评胡适在杜威访华时（也即新文化运动的高潮时期）没有忠实传达出杜威在《经验与自然》中所发展出来的那种经验哲学，或不分时间序列，笼统地批评胡适没能理解杜威的经验哲学，都是站不住脚的；只能说胡适对杜威后期哲学的了解是有限的，而这一点也是胡适晚年所坦然承认的。

胡适与杜威在政治工具主义上的分歧或不同侧重，一方面是因为胡适总是秉持相对性原则，针对中国的现实问题来阐释和理解杜威的政治哲学；另一方面是因为胡适对杜威后期的经验哲学了解有限。这种了解有限，首要原因自然是远隔重洋、交流不便，但更重要的恐怕是胡适并没有要去了解的内在冲动。胡适所信奉的实验主义认为："思想的起点是一种疑难的境地。"① 对于胡适来说，他所理解的工具主义正适合"应付"中国的现实环境。他二十年在心的问题——工具主义的政治哲学，说到底，是一套现成的政治理论，是"旧思维方式的新名字"。疑难既不存在，自然就缺乏探究新思想的动力。针对中国的政治现实，胡适选择了以穆勒为代表的经典自由主义的学说，并持之以恒地在中国阐述、宣传这一学说。当我们回过头来看这位 20 世纪中国乃至世界上著名的自由主义者时，虽然他所阐释的经典自由主义学说已然成为知识界的常识，但他一生不倦地阐释行为已铸成了一座丰碑。这是因为，如同剑桥学派的领军人物昆廷·斯金纳所建议的那样，最好将政治思想本身看作具体历史政治情境中的言语行为。在言语行为中，词汇、风格及其他表达维度都是政治内容的一部分，反过来，政治内容的表达亦是一种政治行为。② 胡适或许没能如杜威所期望的那样去理解和认同其政治哲学，但对于 20 世纪上半叶的中国来说，这并不那么重要。毕竟，中国近代思想史虽然整个笼罩在西方的阴影之下，却并不应该实际上也并不是西方思想的投影。胡适在政治哲学方面的坚持，因其经过深思熟虑的主动选择而显得尤为珍贵。

---

① 胡适：《实验主义》，第 233 页。
② 昆廷·斯金纳强调从"历史语境"的角度来理解政治思想，并以"历史的"名义在西方政治思想史的研究中掀起了一场革命。关于斯金纳思想的深入阐释，可参见凯瑞·帕罗内《昆廷·斯金纳思想研究：历史·政治·修辞》，李宏图、胡传胜译，华东师范大学出版社，2005。

胡适对儒教起源的诠释学

绪形康[*]

一 胡适提出了有关儒教的新理论

在《胡适口述自传》第十二章里，胡适就 1934 年发表的《说儒》中对儒教的起源问题提出的崭新观点概括如下：

> 在三千年前（公元前一千一百二十年至一十年之间），殷人为周人所征服。但是这些殷遗民之中的教士，则仍保持着他们固有的宗教典礼；继续穿戴殷人的衣冠。他们底职业仍然是治丧、相礼、教学；教导他们自己的人民。这些被征服的"殷人"，可能还是新兴的周王国内人民的绝大多数，亦未可知。在西周东周统治的六七百年中，他们的礼教已逐渐渗透到统治阶级里去了。[①]
>
> 我并没有引用一条新证据。可是我却认为我那篇《说儒》却提出一个新的理论。根据这个新理论可将公元前一千年中的中国文化史从头改写。我的理论便是在武王伐纣以后那几百年中，原来的胜负两方却继续着一场未完的（文化）斗争。在这场斗争中，那战败的殷商遗民，却能通过他们的教士阶级，保存一个宗教和文化的整体；这正和犹太人通过他们的祭师，在罗马帝国之内，保存了他们的犹太教一样。由于他们在文化上的优越性，这些殷商遗民反而逐渐征服了——至少

---

* 绪形康，日本神户大学教授。
① 欧阳哲生编《胡适文集》第 1 册，北京大学出版社，1998，第 419 页。

是感化了一部份，他们原来的征服者。①

其《说儒》的新理论归纳起来，主要有三项内容。

其一，儒家源于被周民族征服下的殷遗民之文化复兴运动。

其二，这些文化复兴运动体现于正如罗马帝国内的犹太人通过他们的教士阶级保存其预言一样的"五百年必有王者兴"之悬记。

其三，孔子把原来的殷民族的宗教典礼改变为更普遍的教学体制而感化了他们的征服者周民族。

胡适承认其在《说儒》中所使用的材料都不一定新鲜，非但如此，其在自述中提及的"新理论"也不过是他跟学术界同人在讨论中获得的见解而已。在这些讨论中发挥最重要作用的则是傅斯年的启发。透过胡适日记，我们可以推演他写作《说儒》的过程，同时得知傅斯年对《说儒》所做的巨大贡献。

1934 年 3 月 14 日："拟作《原儒》一文，未动手。"②

15 日："动手做一文——《说儒》。"③

17 日："下午续作《说儒》一文，未完。"④

20 日："孟真来谈。他昨晚送来他的旧稿《周东封与殷遗民》诸文，于我作《说儒》之文甚有意。已充分采用。今天我们仍谈此题。"⑤

傅斯年在《周东封与殷遗民》里梳理周"殖民化"殷之过程指出，周需要几代人的时间才能巩固其在中国东部和中部的权力。⑥《说儒》之新理论的关键就在于借用傅斯年的这些看法来证明古代中国是由多元民族构成的社会，就是说，古代中国的宗教和文化的整体便是在东方的殷民族与西方的周民族冲击、摩擦、融合的复杂过程中建立起来的：

所以在周初几百年之间，东部中国的社会形势是一个周民族成了

---

① 欧阳哲生编《胡适文集》第 1 册，第 422 页。
② 曹伯言整理《胡适日记全编》第 6 册，安徽教育出版社，2001，第 347 页。
③ 曹伯言整理《胡适日记全编》第 6 册，第 348 页。
④ 曹伯言整理《胡适日记全编》第 6 册，第 349 页。
⑤ 曹伯言整理《胡适日记全编》第 6 册，第 349 页。
⑥ 王汎森：《傅斯年：中国近代历史与政治中的个体生命》，三联书店，2012，第 123 页。

统治阶级，镇压着一个下层被征服被统治的殷民族。傅斯年先生说"鲁之统治者是周人，而鲁之国民是殷人"（引见上文）。这个论断可以适用于东土全部。这形势颇像后世东胡民族征服了中国，也颇像北欧的民族征服了罗马帝国。以文化论，那新起的周民族自然比不上那东方文化久远的殷民族，所以周室的领袖在那开国的时候也不能不尊重那殷商文化。①

其实，这些观点最初是由丁文江1923年在胡适所编辑的《努力周报》上发表的《历史人物与地理的关系》中提出的："无论我们对于种族，环境同偶然产生的首领，这三种势力，偏重在那一种，总应该承认地理同历史有密切的关系，因为广义的地理，包括生在地上的人种。"②

1926年胡适在巴黎时，傅斯年曾对胡适说，中国一切文学都是从民间来的，同时每一种文学都经过一种"生老病死"的状态。从民间起来的时候是"生"，然后像人的一生一样，由壮年而老年而死亡。胡适甚至认为"这个观念，影响我个人很大"。③

在运用丁文江提倡的地理学与种族学及傅斯年主张的生物进化论来改造旧史学并推动新史学的进程中，1926年《古史辨》第1册的问世堪称令中国历史学界深为震撼的大事件。

在《古史辨》的强烈引导下，傅斯年1927年12月发表《论孔子学说所以适应于秦汉以来的社会的缘故》，正式拉开了中国历史研究之多元化趋势。当然，那时傅斯年之观点还没达到像后来他提出的夷夏东西说那样明晰的梳理，但他已经意识到殷周变革中西周封建制的奠定、其贵族与民间的互动关系，以及鲁国的儒化等现象，都对后来的中国文化有深刻意义。④

安阳发掘之后，历史学家逐渐放弃了其疑古的立场，胡适和顾颉刚原来也认为商朝属于石器时代，然而，见证青铜器的发现以后，胡适转变了

---

① 胡适：《说儒》，欧阳哲生编《胡适文集》第5册，第10—11页。
② 丁文江：《历史人物与地理的关系》，《努力周报》第43、44期，1923年3月11日。
③ 施爱东：《顾颉刚、傅斯年与民俗学》，中国社会科学院历史研究所、中山大学历史系合编《纪念顾颉刚先生诞辰110周年论文集》，中华书局，2004，第235—236页。
④ 傅斯年：《论孔子学说所以适应于秦汉以来的社会的缘故》，欧阳哲生主编《傅斯年全集》第1册，湖南教育出版社，2003，第481—483页。

立场，并在 1929 年告诉顾颉刚："现在我的思想变化了，我不疑古了，要信古了！"①

傅斯年直到 1927 年才熟读王国维的《殷周制度论》，赞同其所主张的古代文化多元论：殷和周的制度不仅是后者继承前者之关系，殷周变革时期却有了大规模的族群冲突，因此，儒教教义中"周沿殷礼"之核心观念便不能成立了。这一年傅斯年又读到王国维的学生徐中舒的文章，确信殷和周是两个不同的族群。正在同一年，四川的蒙文通也开始思考古代中国族群问题，他的《古史甄微》提出太古民族显有三系。②

1930 年山东龙山城子崖的大发掘，第一次发现了大量黑陶器，这些出土文物证明了以山东为主的东部地区与以彩陶文化为特征的西部地区是完全不同的文化系统。1930 年 12 月 6 日，胡适在中央研究院历史语言研究所的茶会上说："在整理国故的方面，我看见近年研究所的成绩，我真十分高兴。如我在六七年前根据渑池发掘的报告，认商代为在铜器之前，今安阳发掘的成绩足以纠正我的错误。"③

1931 年 2 月 17 日，胡适同傅斯年谈话。谈话主要依据傅斯年的《新获卜辞写本后记跋》论二事：一因卜辞"伐芈"而论"楚之先世"，一因卜辞"命周侯"而论"殷周的关系"。"两题皆极大贡献，我读了极高兴。"④

二　胡适如何发现儒教的"悬记"？

同儒家的原型是殷遗民的文化复兴这一观点相应，《说儒》另一个关键的新理论为儒教原典是可与犹太人的旧圣经相比的"悬记"。然而，对儒教"悬记"内容的论证似乎遇到了严重困难。1934 年 3 月 18 日，在傅斯年《周东封与殷遗民》的启示下撰毕儒教起源于殷遗民的文化复兴斗争以后，胡适的思考究竟出现了哪些问题呢？他又是如何摆脱这种写作困境的呢？

直到 1934 年 4 月 12—14 日的某天，胡适才动手作《说儒》：

---

① 王汎森：《傅斯年：中国近代历史与政治中的个体生命》，第 100 页。
② 王汎森：《傅斯年：中国近代历史与政治中的个体生命》，第 122—127 页。
③ 曹伯言整理《胡适日记全编》第 5 册，第 887 页。
④ 曹伯言整理《胡适日记全编》第 6 册，第 61 页。

续写《说儒》。因引《左传》昭七年"孟僖子病不能相礼"一段，检《史记·孔子世家》对看，偶得一解，既可证《史记》引《左传》，又可证《左传》古本已分年编制，略与今本（相同）。

《左传》记此事在昭公七年，其时孔子十七岁，但"终言"其事，故下文续记"及其将死也"一大段。孟僖子死在昭公廿四年，在十七年之后；其时孔子三十四岁，《史记·孔子世家》记云：

孔子年十七，鲁大夫孟釐子病且死，诫其嗣懿子曰。

《索隐》指出僖子死在昭公廿四年，并引贾逵云"仲尼时年三十五矣"。杜预注也说"僖子卒时孔子年三十五"。孔颖达云："当言三十四，而云五，盖相传误耳。"

《史记》所以误记此事在孔子年十七时，正是因为《左传》里此事系在昭公七年。此可证《史记》引的确是《左传》，又可证司马迁所见《左传》本子已是分年编制的了。[1]

胡适发现的解决悬案之钥匙，是《史记·孔子世家》与《左传》昭公七年的记载可以互相参照。现在要探讨的是这种假设的发明权是否在胡适。我认为，胡适写《说儒》最迫切的内在动机就在于他希望对《中国哲学史大纲》中的疑古观点进行修正。[2]

早在 1930 年 12 月 20 日写给钱玄同关于讨论《春秋》性质的信中，胡适就写道："我从前（《哲学史》一〇三）曾疑《春秋》有'后来被权门干涉，方才改了的'。现在看来，在那种时代，私家记载不能不有所忌讳，也是很平常的事。"[3] 胡适则公开宣称其从疑古的立场转变到信古的立场，并曾论及孔子所看到的《春秋》绝对不是"断烂朝报"的状态，故在解释孔

<hr>

① 曹伯言整理《胡适日记全编》第 6 册，第 365—366 页。又参见陈勇、朱恺《现代学术史上的〈说儒〉之争述评》，陈勇、谢维扬主编《中国传统学术的近代转型》，上海人民出版社，2011。

② 其实，胡适已经在《中国哲学史大纲》里关注了《左传》昭公七年的记载："又据《左传》孟僖子将死，命孟懿子与南宫敬叔从孔子学礼（昭七年）。"（欧阳哲生编《胡适文集》第 6 册，第 193 页）参见欧阳哲生《探寻胡适的精神世界》，北京大学出版社，2012，第 155 页。

③ 《胡适致钱玄同》（1930 年 12 月 20 日），杜春和等编《胡适论学往来书信选》下册，河北人民出版社，1998，第 1135 页。

子的《春秋》之时，学者们不需要用微言大义的读法，如毛子水有关《春秋》之解释三条意见：

> （1）《春秋》的底子可以是孔子以前史官所记录的。
>
> （2）孔子可以得到这样的纪录，并且利用他。
>
> （3）孔子也许公布古代史官的纪录，并接续记载当时的事。①

　　胡适从这样的角度来继续梳理《春秋》以外史料的性质问题，进而认识到非但《春秋》，《史记》及《左传》也不像今文家指斥的那样是被随意伪造的文本。1934 年 4 月胡适发起的对《史记》与《左传》的文本进行对照的假设，正是他几年间一直进行的学术思考。然而，第一次提出将《史记·孔子世家》与《左传》昭公七年的记载相比较的，不是胡适，而是《古史辨》第 3 册。1932 年 1 月 21 日，胡适写道："夜读顾刚的《古史辨》第三册。此册仅讨论《周易》与《诗》两组问题，似较第一二册更有精采。"②

　　那么，胡适从《古史辨》第 3 册哪篇文章中获得了启发？应当说，俞平伯的《论商颂的年代》，是使胡适摆脱理论方面困扰的关键文章。

　　俞平伯在文中考证了商颂为商人作还是周人作的问题。这一问题便是今、古文家之间长期争论却未能解决的学术界悬案。古文家透过对《毛诗》与《国语》的分析，认为商颂是虽曾散佚但被正考父补订的商代作品。与此相反，今文家依据《史记·宋世家》、《鲁诗》以及《韩诗》，断言商颂是宋襄公时写成的周诗。

　　俞平伯的见解更倾向于今文家的立场，他说：

> 若把这事归在宋襄公身上，却是很像。宋襄公本是夸大狂，他想做盟主，想去伐楚国，都是事实，不容得怀疑。把这事来说商颂正相符合。你们看他说"在从前，我们的成汤老祖的时代，哪一个鬼子敢

---

① 《胡适致钱玄同》（1930 年 12 月 20 日），杜春和等编《胡适论学往来书信选》下册，第 1135—1136 页。

② 曹伯言整理《胡适日记全编》第 6 册，第 172 页。

不来朝觐！这是我们商人的老排场、老规矩"。这话说得何等夸大而滑稽，使人想得出宋襄公的神气来。但不幸得很，泓之战大败亏输，大话竟不中用。在此更有人疑心，以为既经大败，歌颂何为？不知作此颂时，或者正在筹划开战，或者战而未败，都说不定。说这诗为颂宋襄公总比较近似。归到本传，我以为说商颂是周诗较为得体。①

将胡适对商颂的解释同俞平伯的见解比较可见，胡适尽管认为商颂作于宋襄公时，采用了俞平伯的说法，但将其年代放到殷民族时，主张它是殷民族灭亡之后他们希望自己民族复兴的预言诗。还要关注的是俞平伯文章后记中所载顾颉刚对俞平伯之提问。顾颉刚劝俞平伯用《史记·十二诸侯年表》将宋国及鲁国的事情联系起来，这一观点或许给予胡适梳理《说儒》资料最有力的钥匙。在获得钥匙后，胡适便着手继续作《说儒》：

柔逊为殷人在亡国状态下养成的一种遗风，与基督教不抵抗的训条出于亡国的犹太民族的哲人耶稣，似有同样的历史原因。《左传》昭公七年所记孔子的远祖正考父的鼎铭，虽然是宋国的三朝佐命大臣的话，已是很可惊异的柔道的人生观了。正考父曾"佐戴、武、宣"三朝；据《史记·十二诸侯年表》，宋戴公元年当周宣王二十九年（前799），武公元年当平王六年（前765），宣公元年当平王二十四年（前747）。他是西历前八世纪前半的人，离周初已有三百多年了。他的鼎铭说：

一命而偻，再命而伛，三命而俯，循墙而走，亦莫余敢侮。饘于是，鬻于是，以糊余口。

这是殷民族的一个伟大领袖的教训。儒之古训为柔，岂是偶然的吗？②

宋国所以能久存，也许是靠这种祖传的柔道。周室东迁以后，东方多事，宋国渐渐抬头。到了前七世纪的中叶，齐桓公死后，齐国大

① 俞平伯：《论商颂的年代》，《古史辨》第3册下编，《民国丛书》第4编（66），上海书店出版社，1992，第509页。
② 胡适：《说儒》，欧阳哲生编《胡适文集》第5册，第15—16页。

乱，宋襄公邀诸侯的兵伐齐，纳齐孝公。这一件事成功（前642）之
后，宋襄公就有了政治的大欲望，他想继承齐桓公之后作中国的
盟主。①

那时东方无霸国，无人与宋争长；他所虑者只有南方的楚国。果
然，在盂之会，楚人捉了宋襄公去，后来又放了他。他还不觉悟，还
想立武功，定霸业。泓之战（前638），楚人大败宋兵，宋襄公伤股，
几乎做了第二次的俘虏。②

三百年后，宋君偃自立为宋王，东败齐，南败楚，西败魏，也是
这点亡国遗憾的死灰复燃，也是一个民族复兴的运动。但不久也失败
了。殷商民族的政治的复兴，终于无望了。③

胡适注意到这种民族复兴运动中酝酿的"救世圣人"预言之兴起，同
时注意到这种预言在犹太民族的"弥赛亚"（Messiah）降生救世悬记中最
典型地被表达，进而试图发掘在民族复兴运动失败之后被隐藏的殷商民族
记忆中之悬记。

胡适把孔子的故事看作同犹太民族亡国后保持的预言一类的"悬记"：
"不做周公而仅仅做一个'素王'，是孔子自己不能认为满意的，但'五百
年必有王者兴'的悬记终于这样不满意的应在他的身上了。"④ 胡适进而在
《诗·商颂·玄鸟》中推演殷商遗民中流传的"悬记"。

胡适认为《商颂·玄鸟》篇里被歌颂的武王形象便是后来变成殷民族
想念的圣人复兴的预言。为何胡适这样解释？因为只有《玄鸟》的民族英雄
之诗歌，《左传》昭公七年所记载的孟僖子之悬记才能导出。不仅如此，如
果将《左传》昭公七年的记载同《史记·孔子世家》的叙事结合起来，便
能够了解该诗歌更深层的意涵。毫无疑问，孟僖子的预言就等同于孟子所
指的"五百年必有王者兴"的悬记：

---

① 胡适：《说儒》，欧阳哲生编《胡适文集》第5册，第31页。
② 胡适：《说儒》，欧阳哲生编《胡适文集》第5册，第31页。
③ 胡适：《说儒》，欧阳哲生编《胡适文集》第5册，第32页。
④ 胡适：《说儒》，欧阳哲生编《胡适文集》第5册，第41页。

孔子生于鲁襄公二十二年（前551），上距殷武庚的灭亡，已有五百多年。大概这个"五百年必有王者兴"的预言由来已久，所以宋襄公（泓之战在前638）正当殷亡后的第五世纪，他那复兴殷商的野心也正是那个预言之下的产儿。到了孔子出世的时代，那预言的五百年之期已过了几十年，殷民族的渴望正在最高度。这时期，忽然殷宋公孙的一个嫡系里出来了一个聪明睿知的少年……①

《左传》昭公七年记孟僖子自恨不能相礼，"乃讲学之。苟能礼者，从之"。《左传》又说，孟僖子将死时，遗命要他的两个儿子何忌与说去跟着孔子"学礼焉以定其位"。②

但要强调的是，综观俞与胡两人对《商颂》的分析，可以发现胡适在他的论述中故意忽略了《国语》文本的探讨。这一问题后来被江绍原指出："胡先生全作，无一处利用《国语》里的材料。然此书至少有一条确与胡先生所论及之点有关。"③ 江绍原同俞平伯交往较密切，他肯定知道胡适论述的背后细节："廿三日下午，友人俞平伯先生来谈。他觉得'大司马固谏'固是大司马之名，然此固像是公孙固而非子鱼。他又说'大司马'与'司马'是否一官，应予考定。我赞成这话；宋国于'司寇'；外尚有'大司马'，见《左传》；故'司马'上置'大司马'，似可能。"④

在江绍原看来，胡适对儒教起源的探求方法是相当片面、令人怀疑的，因此，他无情地嘲讽了胡适的学术作风："形容宋人呆傻的故事，屡见古书。现在胡先生新找路两条：一为创造'龙旗十乘（便能）大艰是承'的傻龙预言；一为自鱼后来转变态度，用苗语'谏'襄公'不这般敌人可以放过'。胡先生一身而兼'胡衣斯文陶日阴'（HISTORIAN）与'胡由莫日斯脱'（HUMORIST）二胡矣，一笑。"⑤

---

① 胡适：《说儒》，欧阳哲生编《胡适文集》第 5 册，第 35—36 页。
② 胡适：《说儒》，欧阳哲生编《胡适文集》第 5 册，第 23 页。
③ 江绍原：《力劝宋襄公复兴殷民族者谁耶？》，《华北日报》1934 年 12 月 22—24 日。
④ 江绍原：《"天之弃商久"是谁说的？》，《华北日报》1934 年 12 月 25 日。
⑤ 江绍原：《古宋君臣们的民族复兴运动》，《华北日报》1934 年 12 月 21 日。

三　知识阶级的教学使命

儒教传统里对"三代"的理想时代有截然不同的看法，即"复古三代之治"与"继周损益"，前者以古文学派为代表，后者以今文学派为代表。如上所述，胡适从儒教的传统里发掘了作为殷商民族的文化复兴愿望的悬记，然而，如果将儒教原典归纳为悬记，则不但与"复古三代之治"之精神相冲突，也背离了"继周损益"的圈子，几乎处于同儒教传统背离之位置。

的确，悬记不仅指像犹太人的教义那样面临危机时的救亡意识，而且可能唤起儒教传统里长期隐藏的革命意识。胡适在晚年写给杨联陞的一封信里，明显意识到"悬记"所包含革命色彩的意蕴：

> 谢 4 月 12 日信。关于王莽"定有天下之号曰新"的问题，我很赞成你的"并存"说，即是"正好有新都之封，而新又有维新之意"。"正好"者，在我看来，等于"偶然"而已。而当日的"新皇帝"的本意似即是西汉一百多年来学者悬想或"悬记"的"新王"。而"肇命于新都"，则是偶然巧合的一件事实，可以引作一个"预兆"。故我的说法是："新是维新之意，而莽恰巧从新都侯起，故当时符命有'肇命于新都'之说。"
>
> 指出三点：（1）元、明、清三代用"美号"作国号，并非创作，实是推行一个原来很有力量的古代思想；（2）元明清以前，如魏，如晋，似是"地名"，其实是特别挑选地名以应符谶里的"美名"；（3）王莽的时代，其时代思想，其生平抱负及设施，皆足以使我倾向于承认元后怒骂的"新皇帝"的"新"是本意。[①]

胡适在这里将王莽的本意概括为"悬记"，充分意识到王莽所挖掘和追求的儒家原典里之革命精神。冯友兰之所以贬斥胡适的新理论，是因为他敏锐地看出了胡适《说儒》之观点对中国传统文化的破坏作用。他写道：

---

① 参见胡适纪念馆藏"胡适档案目录"。

儒之起是起于贵族政治崩坏以后，所谓"官失其守"之时。胡先生的对于儒及孔子的看法，是有点与今文经学家相同。我们的看法，是有点与古文经学家相同。所谓儒是一种有知识、有学问之专家；他们散在民间，以为人教书相礼为生。关于这一点，胡先生的见解，与我们完全相同。我们与胡先生之不同者，即是胡先生以为这些专家，乃因殷商亡国之后，"沦为奴虏，散在民间"（《集刊》页二四二）。我们则以为这些专家，乃因贵族政治崩坏以后，以前在官的专家，失其世职，散在民间，或有有知识的贵族，因落魄而亦靠其知识为生。①

冯友兰"有点与今文经学家相同"的说法非常准确。毫无疑问，从胡适的表述（孔子所谓"从周"，我在上文说过，其实是接受那个因袭夏殷文化而演变出来的现代文化，所以孔子的"从周"不是绝对的，而是有选择的，"择其善者而从之，其不善者而改之"）来看，② 他将儒教革命化的程度，同那时代的今文学家、公羊学家相比更为激进。

虽然如此，最清楚意识到这一理论的危险性的乃是胡适本人。为了淡化将儒家原典精神革命化的极端倾向，胡适在《说儒》的后半部分采用了将孔子描述为保持"有教无类"理想的教育家的策略。然而，呼喊着悬记的预言，为了殷商民族的文化复兴而奋斗的孔夫子，究竟是怎样变成拥护人文主义价值观的教育家的呢？

这种柔道本来也是一种"强"，正如《周易·象传》说的"谦尊而光，卑而不可逾"。一个人自信甚坚强，自然可以不计较外来的侮辱；或者他有很强的宗教信心，深信"鬼神害盈而福谦"，他也可以不计较偶然的横暴。谦卑柔逊之中含有一种坚忍的信心，所以可说是一种君子之强。但他也有流弊。过度的柔逊恭顺，就成了懦弱者的百依百顺，没有独立的是非好恶之心了。这种人就成了孔子最痛恨的"乡原"；"原"是谨愿，乡愿是一乡都称为谨愿好人的人。③

① 冯友兰：《原儒墨》，《三松堂全集》第 11 卷《哲学文集》（上），河南人民出版社，2000，第 302 页。
② 胡适：《说儒》，欧阳哲生编《胡适文集》第 5 册，第 44 页。
③ 胡适：《说儒》，欧阳哲生编《胡适文集》第 5 册，第 51 页。

　　胡适在"谦卑柔逊"之儒的背后，是想要发现保持"坚忍的信心"之君子。胡适之所以这样进行梳理，是因为《周易·象传》所运用的辩证法会导致跟"谦卑"与"柔逊"的取向截然相反的"坚忍"与"信心"。透过《周易·象传》的辩证法，儒可以获得包含"谦卑"及"坚忍"两种价值取向的统一人格。

　　其实，胡适从《周易》的卦爻辞概念操作中抓住避免儒教革命化的启示，与《说儒》的着笔相隔不远。着手写作《说儒》之前的 1934 年 3 月 5 日，他对《周易》中《象传》与《象传》之间矛盾的问题仍然无法提出任何解决方案：

> 读《周易》一遍，颇失望。六十四卦之《象传》似是一人所作，毫无问题。其人似曾把全书想过一遍，其所作《象传》自成一个系统，亦不全与《象传》相照应。[1]

　　4 月 14 日，弄清儒教的悬记性质以后，胡适紧接着提出了解决《象传》与《象传》之间矛盾的想法：

> 《易》卦爻辞已有"箕子之明夷"（《明夷》五爻），"王用享于岐山"（《升》四爻）的话，似乎不会是"文王与纣"的时代的作品。"文王囚居羑里而作《易》"的说法，也是更后起之说。《系辞》还是猜度的口气，可见得《系辞》以前尚没有文王作《易》的说法。《系辞》的推测作《易》年代，完全是根据于《易》的内容的一种很明显的人生观，就是"其辞危"，"惧以终始，其要无咎"。……《系辞》的作者认清了这一点，所以推测"作《易》者其有忧患乎？"这个观察是很有见地的。我们从这一点上也可以推测《易》的卦爻辞的制作大概在殷亡之后，殷民族受周民族的压迫最甚的一二百年中。[2]

　　准确地说，3 月 5 日与 4 月 14 日的分析对象不一致，前者梳理《象传》

---

①　曹伯言整理《胡适日记全编》第 6 册，第 339 页。
②　胡适：《说儒》，欧阳哲生编《胡适文集》第 5 册，第 21 页。

及《象传》，而后者评论《系辞》，尽管两者都澄清《易》的十翼，但对《象传》《象传》《系辞》的成篇时间，学术界还未达成共识。尽管如此，我们从中可以推测胡适对《易》的十翼之总体评价。通过将易经的成书年代放在殷民族被征服后一两百年的漫长过程中，胡适才能做出儒家原典精神中的革命因素是随着时代的变迁而慢慢走上"中庸"的道路的描述，他说：

> 这个五百年应运而兴的中国"弥赛亚"的使命是要做中国的"文士"阶级的领导者，而不能直接做那多数民众的宗教领袖。他的宗教只是"文士"的宗教……他不是一般民众所能了解的宗教家。[①]

孔子集团被称为"文士"阶级。胡适把儒教徒的历史使命定义为"知识阶级"发动的思想运动。可见，胡适在《说儒》的写作中碰到的种种困境，是近代思想史上儒家命运的两难状态及悖论情况的直接反映。

四　围绕封建论的思考

值得一提的是，尽管胡适将孔子集团称为中国古代的"知识分子"的内在动机是回避儒教革命化，但他还有另一个相当迫切的思想主张，就是反对马克思历史观念，尤其反对用唯物史观来分析中国历史的必要性。他在 1930 年 11 月 27 日写的《胡适文选》自序（《介绍我自己的思想》）里表达了他为何抨击马克思主义唯物史观。[②]

中国的新兴马克思主义史学家在 1930 年代的中国社会史论战及中国社会性质问题论战里第一次提到了中国历史分期的概念，而主张中国历史是根据马克思所说的世界历史发展之普遍模式进行的，即中国也和其他地区一样从狩猎采集阶段开始走向奴隶制、封建制、资本主义、社会主义、共产主义社会之单线发展道路。虽然如此，1930 年代马克思主义者对中国历史分期的看法存在相当大的分歧，这导致了激烈的论争，特别就中国古代

---

① 胡适：《说儒》，欧阳哲生编《胡适文集》第 5 册，第 65 页。
② 胡适：《说儒》，欧阳哲生编《胡适文集》第 5 册，第 508 页。

史上西周之社会性质是奴隶制还是封建制问题，他们的主张相距甚远。

其实，就胡适来讲，他1917年以后一直在探寻封建制度在中国历史上发挥的作用。他跟1930年代的马克思主义者之最大不同是，后者将封建制与社会经济学范畴之地主制度联系起来，而他则从比较法制学的方法论出发，认为封建制度是西欧及日本封建时代的法律概念，即封土—封臣制。这种封建时代的法律概念可以称为近代世界契约法之开端，因此，胡适认为封建制不一定是阻碍近代化的反动历史因素。

胡适为何如何理解封建制度呢？因为他早在1917年就从一位日本历史专家那里学习了"封建"概念的新内涵，这位专家是第一个担任耶鲁大学历史学讲座的日籍学者朝河贯一（1873—1948）教授。

1917年6月9日，胡适踏上归国的旅程，获得与日本人进一步接触的机会。1917年6月9日至7月10日胡适的日记中有这样的记载：

> （17日）"车上遇日人朝河贯一先生，在耶尔大学教授日本文物制度史者。"[1]
>
> （7月）"七日晨到神户，与慰慈上岸一游。前读朝河贯一先生之《日本封建时代田产之原起》（The Origin of the Feudal Land Tenure in Japan, By Prof. K. Asakawa, in *The American Historical Review*, Vol. XX, No. 1, Oct. 1914）一文，其中多有味之事实，当摘记之。"
>
> 〔附注〕"封建制度"，乃西文"Feudalism"之译名，其实不甚的确。此制与吾国历史上所谓"封建"者有别。今以无适当之名故暂用之。吾问朝河君日本学者曾用何名。君言除"封建制度"外，有用"知行制度"者。"知行"乃公文中字，其时佃人投靠，所立文契中有此字样，其实亦不成名词也。今日吾忽思得"分据制度""割据制度"，似较"封建制度"为胜。[2]

朝河贯一是证明了西欧以外在日本也有封建制度（Feudalism）的史实，且从全球性历史的角度来探讨日本历史之比较法制史的专家。他的研究成

果是法国史学家、年鉴学派创始人马克·布洛赫（Marc Bloch），美国史学家、原美国驻日大使赖肖尔（Edwin Oldfather Reischaure）等探讨日本封建制度的出发点。① 在此需要强调的是，正如冯天瑜曾言及的那样，从封土—封臣制的角度来澄清西欧与日本的封建制度，本来是马克思首先提倡的分析框架，因而马克思的封建概念应该说是比后来的马克思主义历史学界之概念更丰富且更广阔。②

读完朝河贯一的《日本封建时代田产之原起》以后，胡适则判断"此制与吾国历史上所谓'封建'者有别"。的确，1930 年代中国社会史论战及社会性质问题论战拉开之时，胡适就感觉到对他们所采用的封建概念有加以修正的必要。

关于胡适对马克思主义唯物史观的想法，唐德刚写道："早期左翼批评家中，胡氏特假辞色，颇愿一答的是李季。他对我说：'批评我的书，李季写的还比较好！'好在何处呢？胡先生说：'李季把我的著作都真正地看过的！'"③

李季是 1930 年代中国社会史论战、中国社会性质问题论战中最活跃的马克思主义者。他 1920 年代在德国留学，受到普列汉诺夫及第二共产国际的影响。他对唯物主义文献的深厚知识和对德国历史学派的总体知识，都有充分的把握，可称为 1930 年代富含理论深度的马克思主义历史家。他第一次把殷周时期叫作亚细亚生产方式时期。④

从亚细亚生产方式的角度，李季反驳胡适关于中国古代史的观点，而写了《胡适〈中国哲学史大纲〉批判》（神州国光社，1931）。李季对胡适的批评主要针对胡适所采用的阶级概念的非科学性，指出胡适"把阀阅当做阶级"，并称"他所说出的阶级比国内任何人多上几倍"。⑤

但就殷周这两个王朝来讲，胡适、李季两人的见解之相似达到令人惊讶的程度。因为同胡适一样，李季也认为殷周是并立的两个国家，不仅如

---

① 山冈道男等编《朝河贯一资料：早稻田大学·福岛县立图书馆·耶鲁大学等所藏》，早稻田大学亚洲太平洋研究中心，2015，第 16—17 页。

② 冯大瑜：《"封建"考论》，中国社会科学出版社，2010，第 137—146 页。

③ 唐德刚：《胡适杂忆》，华文出版社，1990，第 155—156 页。

④ 阿里夫·德里克：《革命与历史：中国马克思主义历史学的起源（1919—1937）》，翁贺凯译，江苏人民出版社，2004，第 172—177 页。

⑤ 李季：《对于中国社会史论战的贡献与批评（二续）》，《读书杂志》第 3 卷第 34 期，1933 年 4 月 1 日，《民国丛书》第 2 编（80），上海书店出版社，1990，第 4 页。

此，这两个国家都是在自然及地理因素造成原始共产生产关系崩溃后，出现了亚细亚生产方式的社会。之所以发生这种状况，是因为殷的盘庚和周的太王处于环境相似的农业经营阶段，而其四围又没有强悍的游牧民族，所以无须发动保卫家园的战争，也就无法取得大批俘虏作为奴隶。这样，在李季看来，古代氏族社会崩溃后，中国社会的生产方式之发展，不取希腊、罗马式，而取亚细亚式，正是相当有道理的。

离开以世界历史发展模式为前提的单线发展道路，而挖掘儒教起源的文化精神，寻找有中国特色的人文主义价值观，未免有些文化本质主义的色彩，但胡适"中西兼用"的学术立场却是值得借鉴的。

五　结语

1933 年 7 月，胡适受邀到美国，在芝加哥大学演讲《中国文化的趋势》（Cultural Trends in Present Day China），共讲六次。芝加哥大学又召开 Haskell Foundation 主办的学术演讲会，邀请著名学者主讲世界六大宗教——印度教、儒教、佛教、犹太教、伊斯兰教和基督教。胡适主讲儒教部分，做了三次演讲：（1）"Confucianism and Modern Scientific Thinking"（《儒教与现代科学思想》）；（2）"Confucianism and Social Economic Problems"（《儒教与社会经济问题》）；（3）"The Task of Confucianism"（《儒教的使命》）。

在此介绍一下其演讲的第三部分《儒教的使命》。胡适在开始时听到何铎斯博士（Dr. Hodous）的发言——"儒教已经死了，儒教万岁！"才清晰地意识到儒教死了以后他本人才能够成为儒教徒的事实。胡适说：

> 儒教，正如何铎斯博士所说，已经死了。它是自杀死的，可不是由于错误的冲动，而是由于一种努力，想要抛弃它自己一切逾分和特权，想要抛弃后人加到那些开创者们的经典上去的一切伪说和改窜。
>
> 我在大学演讲，有一次说过，儒教的最后一个拥护者，最后一个改造者，在他自己的一辈子里，看到儒教经典的一个主要部分，一个最通行，最容易读，因此在统制中国人的思想上最有势力的部分，已经被打倒了。这样说来，儒教真可算是死了。
>
> 孟子是儒家最伟大的哲学家，他的影响仅次于孔子，曾说过："人

之患在好为人师"。儒教的典籍里又常说："礼闻来学，不闻往教。"儒教从来不教它的门徒跑出去站在屋顶上对人民宣讲，把佳音带给大地四方不归信的异教徒。由此可以看出来，儒教从来不想做一个世界的宗教，儒教也从来不是一个用传教士的宗教。

然而，这也不是说，孔子、孟子和儒家的学者们要把他们的灯放在斗底下，不把它放在高处，让人人可以看见。这只是说，这些人都有那种知识上的谦虚，所以他们厌恶独断的传教士态度，宁愿站在真理追求者的谦虚立场。这只是说，这些思想家不肯相信有一个人，无论他是多么有智慧有远识，能够说完全懂得一切民族，一切时代的生活与道德的一切错综复杂的性质。孔子就说过："丘也幸，苟有过，人必知之。"正是因为有这样可能有错误的意识，所以儒教的开创者们不赞成人的为人师的欲望。我们想要用来照亮世界的光，也许其实只是一把微弱的火，很快就要消失在黑暗里。我们想要用来影响全人类的真理，也许绝不能完全没有错；谁要把这个真理不加一点批评变成教条，也许只能毁坏它的生命，使它不能靠后来的新世代的智慧不断获得新活力，不断重新被证实。①

此后，胡适把现代宗教的使命概括为如下三项：第一，彻底而严格的自我考察；第二，宗教内部的改造；第三，把宗教的意义和范围扩大、延伸。从这个角度来看，宗教不过是"差一等的哲学""差一等的科学"而已。所以，现代世界的宗教必须是"一种道德生活，用我们所能掌握的一切教育力量来教导的道德生活"。②

《说儒》所呈现的儒教的新面貌及新理论，无论它是复兴衰落文化的悬记，还是以人文精神为主的价值，都包含胡适在《儒教的使命》中所说的"哲学"、"科学"以及"道德生活"之三个因素，故正好对应儒教死亡时代之儒家命运的两难状态及悖论情况。

从这种意义上来讲，《儒教的使命》的主旨便是探究《说儒》思想内容的最好注脚。

---

① 欧阳哲生编《胡适文集》第 12 册，第 296—297 页。
② 欧阳哲生编《胡适文集》第 12 册，第 297—300 页。

"据""义"之辨：胡适论佛与佛论西学

李少兵[*]

民国时期，佛教"禅""讲""教"三种形式皆已衰微，[①] 但研究佛教文化的人却渐渐增多。居士有杨仁山、欧阳竞无、吕澂、熊十力等人，[②] 僧伽则有太虚、印光、谛闲、月霞、法忍、古月、虚云[③]等人，都对佛学有研究阐释。特别是清末敦煌千佛洞魏晋至宋佛经写本的发现，给了佛教文化新生命，海内外学者对此宝贵史料非常重视，纷纷加以研究利用。胡适也是在这种背景下，对佛教文化，特别是"禅宗"进行了系统研究。

受生长环境的影响，胡适自幼对民间佛教有接触，一度恐惧"十八层地狱"，稍长读了"新学"，知世上没有地狱，才如释重负。以后他到上海、美国求学，在北京大学工作初期，也未在佛教文化上着力，这种情况在其所著《中国哲学史大纲》中有明显体现，他在书中涉及宗教文化的是墨学，认为墨学有宗教的墨学，有哲学的墨学。

在 1920 年代所写的《白话文学史》中，胡适用两章的篇幅（第九章、第十章）介绍了佛教的翻译文学，[④] 这可算是他研究佛教文化之始。以后他又写了《禅宗的白话散文》《从译本里研究佛教的禅法》《海外读书杂记》

---

* 李少兵，南开大学历史学院教授。

① "禅"重顿悟，"讲"重说法，"教"重参拜祈祷和法事。

② 熊十力原为欧阳竞无的弟子，蔡元培原拟请吕澂来北京大学任教，欧阳不放人，熊得此机缘来北大，后由佛入儒，创"新唯识论"，并与吕澂针对佛教根本教义进行论战。吕主张"性寂说"，熊主张"性觉说"。

③ 虚云是禅宗的代表人物，主持南华、云门等道场，宣讲禅学，力图保持该宗的影响力。

④ 胡适：《白话文学史》，东方出版社，1996。

《菩提达摩考》①《白居易时代的禅宗世系》《禅学古史考》《〈坛经〉考之一》《〈坛经〉考之二》《神会和尚遗集》《中国中古思想小史》《楞伽宗考》《中国禅学的发展》《菩提达摩南宗定是非论》《新校定的敦煌写本神会和尚遗著两种》《记日本"入唐求法"诸僧的目录里的"南宗"资料》《〈金石录〉里的禅宗传法史料》等文章，用实证主义、历史考证的方法，以敦煌写本和流传到日本的禅宗史料为依据，还原中国禅宗起源、传播、传承、发展、教内高僧的历史真相。佛教教义、教法的解析，并非胡适研究阐释的重点，他在文中对此简单做结论，稍谈辄止。这就不可避免地引发了"据""义"之辨。

一　胡适论佛——重"据"轻"义"

胡适如何利用敦煌唐代佛经写本对禅宗文献去伪存真，对禅宗历史正本清源，学术界已经研究得比较充分，②胡适本人在论著中也讲得很清楚，笔者在此不做无意义的重复论述。

胡适在佛教教义、教理上的一些观点，则是本文讨论的重点。在这方面，胡适的历史依据、佛理依据都有不足，他本人似乎也不重视，这导致他立论过于简单、生硬。

在《中国中古思想小史》中，胡适认为释迦牟尼时期的佛教教义"都很简单切近，其要旨为四谛（人生皆苦为苦谛，爱欲为苦之源为集谛，期于爱欲永尽为灭谛，出苦由正道为道谛），八正道（正见、正治、正语、正行、正命、正方便、正念、正定），五戒（杀生、偷盗、淫、妄语、饮酒）等等。《增壹阿含》（十八）所述四法：（1）诸行无常，（2）诸行苦，（3）诸行无我，（4）涅槃永寂。初期佛教的精义大观不过如此"。③

原始佛教教义其实还有一些重要内容，释迦牟尼最后悟透了生死根源，即十二因缘：（1）无明（愚痴无知）；（2）行（形成力、形成）；（3）识（认识）；（4）名色（名称与物质形休）；（5）六入（感官与感官对象）；

---

① 在《海外读书杂记》和《菩提达摩考》中，胡适由于看到了英国和法国方面的敦煌唐代佛经写本，从而明白宋以来的禅宗文献有假。

② 参见耿云志、江灿腾等学者的相关研究成果。

③ 胡适：《中国中古思想小史》（手稿本），台北，胡适纪念馆，1969。

（6）触（感官与感官对象的接触）；（7）受（感受）；（8）爱（渴望）；（9）取（爱执，执着于存在）；（10）有（存在）；（11）生；（12）老死。这十二因缘，有因果关系，复杂而微妙。根据《佛所行赞》，佛陀是从老死开始一层层思想的。由死想到生，"又观生何因，见从诸有业………取以爱为因"，最后根源是无明。无明——不知道事物实际上并不像人们想象的那样存在，有大乘的味道。

关于"四谛"，胡适的解释也过于简约，有不确之处。苦谛——三界轮回生死逼恼之义。佛经说有无量众苦，就人的身心顺逆，有三苦——逆境逼恼受苦，从苦生苦，苦苦；安乐离坏而生苦恼，坏苦；生老病死刹那变异而生苦恼，行苦。也有八苦说——生、老、病、死、爱别离、怨憎会、求不得、五盛阴苦。总之，身苦心苦所有诸苦皆归苦谛所摄。集谛——积聚苦果之原因。一切众生，由贪、嗔、痴等烦恼，造善恶业因，能招三界生死等苦果。灭谛——尽谛。灭"二十五有"，寂灭涅槃，到达理想境界，了三界烦恼，永无生死患累。道谛——休习戒、定、慧通向涅槃之道。有七科：四念处，四正断或四正勤，四神足或四如意足，五根，五力，七觉支或七菩提分，八圣道或八正道。

四谛有两重因果，苦为果，集是因，世间生死因果；灭是果，道是因，出世因果。[①]

四谛是佛教基本教义，大、小乘各宗共修必修。

总的说来，可按照巴利五部和汉译四阿含来探讨初期佛教教义，但在胡适眼里，四阿含之中，已甚少精到的教义，神话连篇。而佛教教义，其实需要研究者从纷繁的古代佛经文字中耐心细致地参悟、提炼和概括。

胡适在论述"印度佛教变为中国禅学"这一问题时，谈到 7 世纪中国佛教兴起了古典主义运动，其代表人物是到印度取经并翻译了 1330 卷佛经的玄奘（602—664）。胡适认为当时的印度佛教"已堕落到末期的烦琐哲学与咒术宗教。玄奘带回来的印度最新思想，乃是唯识的心理学与因明的论理学。这种心理学把心的官能和心的对象等分析作六百六十法，可算是烦琐极致了——虽有玄奘一派的提倡，虽有帝王的庇护，这个古典运动终归

---

① 《增壹阿含经·四谛品》。

失败了。在中国思想上，这运动可算是不曾发生什么重大影响"。①

但实际上，玄奘取经、译经对中国佛教的意义和影响都很大。玄奘和其门徒建立的慈恩宗，统一了过去摄论师、地论师、涅槃师等佛教宗派的分歧说法，用翻译资料对修持依据和方法进行了纠正，宗奉印度佛教的"瑜伽行派"，逐渐演变为著名的"法相唯识宗"。这一佛教流派在晚清民国时期复兴，杨仁山、太虚、欧阳竟无、印顺、赵朴初等佛教大德都是此派中人。谭嗣同的《仁学》中，唯识思想不少，以唯识"微生灭"的说法做改良主义依据。

律宗道宣（596—667）吸收了玄奘翻译的佛教典籍，建构了律宗的体系，根据唯识学的理论建立了"戒体论"。因其住在终南山，后世称这一派律宗为南山宗。

玄奘所传的因明之学，② 对后世影响尤大。到了晚明，王夫之受因明学的影响，著有《相宗络索》一书。清代的龚自珍，运用因明三支比量，写就《中不立境论》《法性即佛性论》《以天台宗修净土偈》。章炳麟在《国故论衡》《明见篇》中，运用因明与西洋逻辑做比较研究。

二　佛界人士依"义"论西学

胡适等人的新文化运动对佛教界是有明显影响的。胡适等新派人士以禅宗代指中国佛教并进行批评，也使佛教界有危机感。为了不落后于时代，佛界有识之士也系统地论述起了西学，想以此促进中国佛教的转型和现代化。

一些佛教徒写了文章，阐释"耶在佛中"。其中又以净空、汤瑛等人的论述具有代表性。

净空认为不管是哲学、科学，还是高居于二者之上的佛教，其说教都离不开一个"相"字，即离不开名称、事物做工具。但愚人偏要崇拜这些工具，乃至一切教相，这样就"不容不辩，以解疑惑"。

---

① 胡适：《中国中古思想小史》（手稿本）。

② 因明为印度瑜伽行派之学，主要著作有八论：《因明正理门论》《观三世论》《观总相论》《观所缘论》《因门论》《似因门论》《取事施设论》《集量论》。

净空接着分析了基督教诸"相"，指出它们和佛教诸"相"本质上是相同的。基督教的三大主义——平等主义、自由主义、博爱主义，与佛家主张"不相违也"。① 基督教的"上帝"只是佛家"天界"中的一员。"佛详上帝分位，有欲界天，有色界天，无色界天。无量无数无边，悉奉持佛法。"这样，就把基督教完全包容在佛教中了。

汤瑛认为基督教与佛家的净土宗相似，基督教教义很有可能源自佛家《阿弥陀经》，为此他对两教教义做了详细比较。

他指出，《阿弥陀经》说西方有个极乐世界，基督教也说有个极乐天堂；净土宗认为"往生"② 分为九品，基督教也宣传天神分为九品；《阿弥陀经》说因果报应主要在死后证验，今生积善行德在来世才可得到真正的福报，基督教也说不在人间行善，死后就不能升入天堂；净土宗主张按时念佛名号，求佛接引，并以此为修证方法，基督教也把早晚祈祷上帝作为基督徒修行的方法；净土宗讲"即心即佛"，基督教则说"上帝就在你的心中"；佛门有礼佛仪式，基督教也有敬事上帝的礼仪。

做了上述对比后，汤瑛总结说："由此观之，则耶氏教义与净土宗趣。化仪相同，权巧相同，果位品数相同，依正功德相同，行门方便相同，本体理趣亦无不同。而耶稣诞生后于释迦一千零二十七年，当是曾受佛化，得《阿弥陀经》正授，归而随顺其国土众生机缘，自行创教，分化一方，似无疑义。"③

为了加强自己的论点，汤瑛还拿出了佐证。当时有个人叫张纯一，汤瑛称他"学问淹博，笃奉耶教十余年"。此人后来由耶入佛，皈依印光法师，认为耶稣有三年去向不明，估计是悄悄去了印度，学习佛法。汤瑛认为张纯一的说法虽然缺少点真凭实据，但根据耶稣后来的言谈举止，此说应该非虚，是有道理的。

净空、汤瑛这种硬性比较、生拉硬扯基督教、佛教教义的做法，难以让人苟同，其结论由于未经严谨精密的论证也缺乏说服力。但他们所依据的"方便法门"原则还是有一定道理的。因为此原则强调顺应实情、世情、

---

① 净空：《教相决疑》，《佛化新青年》第 1 卷第 5 号，1923 年 8 月 1 日。

② "往生"为净土宗常用佛语，其意为乐土中的生灵。

③ 汤瑛：《与许地山居士论示教》，《圆音月刊》第 1 期，1947 年 3 月 15 日，第 29 页。

民情，只要佛的根本大法、基本教义得以保持、传播，宣传施教形式可以多种多样，不必拘于一格。只是净空、汤瑛把它庸俗化、随心所欲乱用罢了。

对于自由、平等、博爱，佛化新青年也提出了自己的看法，认为佛教不仅不与它们矛盾，反而会起查漏补缺的积极作用。

他们指出，佛祖早就说："所有一切众生之类，若卵生若胎生若湿生若化生，我皆令入无余涅槃而灭度之。"① 这就说明佛祖对世间生灵一视同仁，爱人亦爱其他生物，这难道不是更彻底的博爱吗？佛祖又说自己是已成佛，众生是未成佛，没有什么上下阶级之分、神人贵贱之别，众生都是平等的，这比世人所说的平等彻底。

佛化新青年的代表人物邢定云则对"自由"做了深入的分析，认为人们只有遵从佛法，才能获得真正的自由。他说，从字面上讲，"自"者"我"也，"由"者"从"也，"自由"者从我，不受一切外力之限制也。现在欧美人和一些国人常以自由标榜自己，其实他们根本就不自由。首先，他们在制度上不自由，总得受某种制度的限制。欧美人士和国人都曾通过革命手段摆脱旧制度的限制，但并不能从根本上解决问题。旧制度虽去，新制度又来，人们仍无法享受自由的幸福。其次，他们在职业上不自由。人们为谋生不得不从事各种职业，也就不得不受某种职业的限制而不自由。最后，他们在自然界中也不自由，这是他们诸种不自由中之最不自由者。这种不自由又可分为三类：时间上的不自由，时间一去不复返，他们想自由地留住时间，想永远年轻不想衰老是不可能的；空间上的不自由，风雨水火不是其能任意趋避的，山川河海不是其能任意越过的，天灾地震也非他们能任意避免的；自身上的不自由，他们处在自然界中，饥则思食，渴则思饮，寒则思衣，劳则思居，生老病死，皆不可免。从以上诸种不自由看，标榜自己自由的欧美人士和一些国人，根本就不自由。

那么，什么是真正的自由？怎样才能获得真正的自由呢？邢定云解答道："自"者，"真我"也；"自由"者，真我独尊，不受任何束缚也。② 那

---

① 《金刚经·大乘正宗分第三》，原文与此有细微差别。

② 邢定云：《人世之不自由及自由之真理》，《佛化新青年》第 1 卷第 8 号，1923 年 11 月 11 日。

么，"真我"又何解呢？邢定云说，"真我"，即灵性、智慧。它实在而广大，与天地比寿，与日月同辉；它是觉悟的源泉，是宇宙的中心；它不变化不生灭，天地间唯它独尊。邢定云所说的"真我"，颇类似于孟子所说的养成了"至大至刚""塞于天地之间"的浩然之气的"我"。① 这种"真我"，实际上指佛家所说的"本心"。邢定云认为，真我既然是不受任何束缚的，那么人本来也就是自由的。只不过人被各种虚幻事相所染所迷，才找不到"真我"之所在，只是一味向外追求"由乎物"的假自由。人只要直指本心，找到"真我"之所在，就能获得"由乎己"的真自由了。而要找到"真我"之所在，只有学习佛法，彻悟本心本识。

佛化新青年在对比了佛教和世人的自由、平等、博爱观后，总结指出，佛教所说的自由、平等、博爱，要比世人所言高明得多。世人所言"根于权利，故其所豫期者，不必能实现，而先已召乱";② 而佛教所言"根于心性，故其果报也，得涅槃大乐；而其华报也，善人满地，世成吉祥"。③ 总之，佛法对西方文明是起积极扶助作用的，人类要获得真正的现代政治文明和精神文明，只有"宏扬佛化，随顺佛心"。

那么，佛界人士是如何阐释"科学"的呢？

太虚指出，现在流行的"科学"定义，有狭义、广义之分，狭义的科学指用"科学方法所成宇宙各部分事物之知识",④ 广义的科学指"由纯正感验所获之明确理知"。太虚赞同后一种定义法，但认为还不完善，就给科学下了个自己满意的定义："科学即是'依直接的感觉经验构成论理的明确知识'为体，而以对于复杂混乱的宇宙现象、心理内容中求得其较为普通不变之关系法则，整理或创造为调适人生宇宙生活为用者也。"⑤

太虚总结的狭义的科学定义本身就犯了同语反复的逻辑错误，而他给科学下的定义实在艰涩。这一定义尽量用晓畅一些的话来讲，意思是"科学"指人根据感觉经验获得的明确知识及其所构成的理论、真理。人能够

---

① 《孟子·公孙丑·章句上》。
② 《王师愈居士献言于民声日报》，《海潮音》第2年第1期，1921年1月20日。
③ 邢定云：《现今文明生活之彻底的观察及提倡佛化之必要》，《佛化新青年》第1卷第1号，1923年2月。
④ 太虚：《人生观的科学》，泰东图书局，1926，第18页。
⑤ 太虚：《人生观的科学》，第25页。

应用这些知识、理论、真理把在它们基础上获得的关于复杂混乱的宇宙现象、心理内容较为普遍、不变的关系法则加以整理或创造，使这些关系法则能够调节、适应人生、宇宙、生活。

太虚把"真理"作为佛学和科学定义中的共有词，通过它来联系二者。他还把宇宙、人生作为"真理"指导的对象，无疑是要说明佛学与科学的应用对象有一致之处。这些都为他论证佛学与科学的"互证互助"打下了基础。

太虚是这样论述佛学与科学的关系的。首先，他指出"科学之知识可为佛法之确证及假说，而不能通达佛法之实际"。① 佛法所要阐明的，是宇宙间万事万物的真相，科学越进步，揭示的真理越多，就与佛法越接近。就天文学而言，佛经讲：虚空无边，世界无数，交相摄入，如众蛛网。可是过去人们不信，只以地球为宇宙的中心。等到天文学家揭示出了恒星、行星的秘密，才验证了佛经的说法。再拿生物学来讲，佛经说：一滴水，八万四千虫。现在科学家发明了显微镜，可以证明此言不虚。佛经又说：观身如虫聚。科学家已经证明人体是由无数个细胞组成的。佛经上还讲了很多真理，只是现在科学还不够精进，还没有发现，佛法还亟待科学的进步，以便进一步得到证明，"故科学愈见精进，则佛学上愈为欢迎"。

其次，"科学之方法可为佛法之前驱及后施，而不能成为佛法之中坚"。② 太虚认为，科学的方法即分类、观测、审察、综合、试验、结论，并称赞这种方法"手续精密，卓然不可摇动"。他说这种方法与小乘佛法求证真理的方式相似，这种方法也可用于大乘佛法弘道，因此可为"佛法之前驱及后施"。他接着指出，科学方法是一种"法执"法，即一味执着于物质的方法，它可以破除错误的"我执"，即人对自我的迷信，但又陷于"唯物"中爬不出来，破除不了错误的"法执"这种执见，因此，它不能成为佛法的中坚。那么，什么才是佛法的中坚方法呢？太虚认为就是精细地修习戒、定、慧以及施行布施、忍辱、精进等的方法。

再次，科学所赖于"依归"的唯物论"颇近小乘俗谛"，"又近于大乘

---

① 太虚：《佛法与科学》，《庐山学》，泰东图书局，1926，第17页。
② 太虚：《佛法与科学》，《庐山学》，第21页。

唯识现量性境"。① 在他看来，唯物论既讲物质又讲精神，小乘教理也讲物质与精神，大乘唯识宗更认为物质与精神是天地、人物的两个显著的现象，因此三者相似，可以互证。大乘唯识宗还可以帮助唯物论消除不足，更好地发挥作用。太虚这样硬性比附三者，说明他对唯物论并不真的了解，因为唯物论虽然也讲物质与精神，但认为前者决定后者，这是与大、小乘佛学都不同的。

做了上述对比后，太虚总结说：佛学与科学有相同之处，这使二者可以相互证明；它们又有不同之处，这使双方可以互相启发；但从总体上讲，佛学要更高明一些，因此双方的互助主要表现为佛学有助于科学拓展思路，取得更大的成就。总之，佛学是现代科学之上的更高科学。

当时，一些佛界人士虽未明持"佛学科学互证互助"的论点，但其主张与该论有相似之处。比如，寄尘认为佛教是一种科学化的宗教，舍了它，"是没有第二个宗教可以配得上称为科学化的宗教了"。周叔迦指出佛家的因果说并不违反科学，并不是迷信，是世人把其他宗教宣扬的人有灵魂，死后灵魂或转世投胎，或上天堂下地狱的迷信说教硬安到了佛教头上，而实际上佛家主张"人身体内无有灵魂"。②

三 重"据"影响下的佛教界"寻据判教"

胡适重"据"，佛界人士重"义"，这使双方难以交集。事实上，胡适大谈禅宗，否定其部分历史，禅宗信众亦未进行反驳，反而佛化新青年对胡适进行了警告，告诫其不要扩大化，以免波及整个佛教界。胡适内心对佛教是有些轻视的，他没有自己的对于佛教教义、佛教特质的全面认识，而之所以会如此，按耿云志的话来讲，就是"他的着眼点和用力处不在佛教的教义和禅宗的禅法透解，而重在揭示历史"。胡适本人后来则干脆说："我必须承认我对佛家的宗教和哲学两方面皆没有好感……禅宗佛教里百分之九十，甚或百分之九十五，都是一团胡说、伪造、诈骗、矫饰和装腔

---

① 太虚：《唯物科学与唯识宗学》，《太虚法师文钞》初集第 1 编，中华书局，1927。
② 周叔迦：《轮回与因果》，《佛学月刊》第 3 卷第 2 期，1943 年 7 月 31 日。

作势。"①

面对胡适等新文化人士的冲击，佛教界开始重视"据"，并多方设法寻找"据"，以能支持佛教的现实生存与社会活动。

在这种情况下，佛教界发生了著名的"寻据判教"，辨别真假佛教、真假佛徒运动。

《海潮音》的编辑善因等人，以是否用佛教正规经忏法器作为判断真假佛徒的标准，认为真佛徒使用如下经忏法器——金刚经、心经、弥陀经、观音普门品、地藏经、药师经、法华经、梁皇忏、净土忏、大悲忏、大悲咒、钟磬、渔鼓、引磬、法螺、铃子等，因为这些"皆大藏经内所有，确是正者"；② 而目前使用各种假冒伪劣经忏法器进行活动的佛徒都是假佛徒。善因等人还总结了当时假佛徒使用的各种经忏法器，计有三光经、北斗经、救苦经、血盆经、高王观音经、白衣观音经、解冤经、玉皇经、血湖忏、血盆忏、阎王忏、灶王经、太阳经、打锣、吹笛、问卦、请神、纸马等。

善因等人的"据"，很难让人苟同。真佛徒固然不会用假的经忏法器，但假佛徒未必不会使用真经忏法器去做坏事。"以物定人"原本就不可靠。

大心则以"义"作为判断真假佛徒的"据"，这十大教义如下。

施舍。能将自己的财产、身家性命施舍给需要的人。

持戒。做到不杀生、不偷盗、不淫邪、不胡说八道、不花言巧语、不挑拨是非、不恶语伤人、不贪婪、不恼怒、不愚昧。

容忍。不为苦、乐、利、害、毁、誉所动，对于各种痛苦能"忍到无可忍处"，最终消融痛苦。

正进。能不断彻悟真理、悟解佛法，做到勤修佛事、勤行世务，救济一切众生。

正定。性情不急不躁，思想不昏不乱。

不昏。对各种事情都能洞彻无遗，明了于心。

方便。能够不拘泥于先圣言说，不坚守成见，能圆融自在地弘法。

立大愿。不仅立志勤学勤修，使自己早日成佛，而且立志普度众生，使众生早成佛果。

---

① 转引自耿云志《胡适说禅》，东方出版社，1993，第36—37页。
② 见善因等人所登的"慎防假冒"的布告，《海潮音》第 2 年第 1 期，1921 年 1 月 20 日。

具大力量。不怕死，不怕苦，不怕强力压迫。

智慧。自己首先能觉悟真理；其次能认清众生的心性，用适当的方式启发他们，使其觉悟。①

大心认为，只要符合以上准则，则佛徒不管以何种面目出现，都是真佛徒。"作独善行人可，作讲说沙门可，作无事沙门可，作方丈可。赶经忏亦可，学应教僧亦可，作外道斋公亦可。乃至作愚夫愚妇，烧香化纸，求福求寿求子孙亦无何不可。"②

大心区分真假佛徒的标准，其精神是"依法不依人"，是合乎佛教大义的。但大心的"补充说明"却有可议之处，因为一个佛徒如果真的具备他所说的"义"，又怎么可能呈现"独善行人"、"无事沙门"、"赶经忏"者、"外道斋公"、"愚夫愚妇"等面目呢？倒很可能以"有道高僧"的面目示人了。

变"义"为"据"都难判定真假佛徒，最后这场"寻据判教"运动也就无果而终了。

四　结语

总的说来，胡适不仅是一个自由主义者，也是一个"科学主义"者。他重实证、重证据，就是根深蒂固的"科学"理念使然。清末民初传统佛教在社会上的"不良"表现，使胡适内心对其比较轻视。他不肯深入系统地研读佛经就是明证。

同时代的梁漱溟，则既肯行动入世，也肯精神出世，他对佛典进行了深入研究。梁读过众多佛典，可说是"皈依法"了。他细读过《金刚经》《六祖坛经》《大般若经》《普贤行愿品》《楞严经》《地藏经》《心经》《法句经》《解深密经》《出曜经》《观世音菩萨大悲陀罗尼经》《达摩多罗禅经》等大量经文，《律海十门》律典，《成唯识论》《瑜伽师地论》《十地经论》《解脱道论》《十住毗婆沙论》《龙树发菩提心论》《菩提资粮论》《法蕴足论》《定道资粮颂》等至少九种论，《黄檗传信法要》《指月录》《百丈

---

① 大心：《真正学佛的道理》，《佛化新青年》第 1 卷第 2 号，1923 年 3 月 30 日。
② 大心：《真正学佛的道理》，《佛化新青年》第 1 卷第 2 号，1923 年 3 月 30 日。

语录》《三祖僧璨大师信心铭》《百子明》《护法咒》《亥母》《四部宗见》《金刚萨埵》《四加行》《十七字咒》《达摩十二手》《亥母轮》《准提咒》《数息观法》《观音咒》《发愿文》《四皈依真言》《莲花祖师根本咒》《噶玛巴祖师心咒》《上师心咒》《上师心》《观音菩萨心咒》《圣救度佛母咒》《金刚亥母密修咒》《护法善事金刚咒》《观空咒》《准提咒》《大善解功德主》《贡噶上师椎击三要诀撮要》《恒河大手印直讲》《圆明居士真心铭》等修行佛书。梁漱溟成了佛教文化的内行。根据梁1949年8月的日记，"自皈依上师之日即先曾自己审查一番：一切法中佛法最胜，我岂有疑？"①而胡适终其一生，则始终在佛教文化的外围打转。佛教的"义"及其对人心人性社会的匡正作用，胡适是不理解也有基于"老经验"的明显误判的。

整个民国时期，传统佛教都处在激烈变动转型期。转型的目标，是变中国佛教为"人间佛教""科学佛教"，这种变革是应当肯定的。对于这些变革，胡适并未关注，更未重视，这使他忽略了不少中国文化复兴的具体内容，而只是提纲挈领讲大原则、大方向，即"西化"路向。傅斯年曾说胡适学问浅而明，这在佛教文化上确实有鲜明体现。

实际上，民国时期，佛界有识之士对佛教是否违反科学、是否迷信的问题进行了激烈的讨论和辩驳，认为这事关佛教是否还有存在的合理性和价值。

太虚指出："迷信的宗教，是人人唤惯的。试思现在是科学发达的时候，专尚物质文明，无论什么必须考验其有否真凭实据之存在。所以因神而设及不可审实的宗教均难存立。"②但佛教并非因神而设，佛祖释迦牟尼只是"生于人世之一有情，而非所谓神秘之神道类。不过人格伟大、智慧圆满、道德超拔、慈悲深厚之一人"。③他之所以几千年来能被有知识的人讴歌称颂，是因为他发现了宇宙人生的真理，这和科学家因发现事物的定律而获得人们的赞扬是一个道理。因此，尽管世上研究宗教学的人都说凡是宗教皆有两个特点——讲灵性世界，讲神人关系，但佛教是无造物主、无灵魂说的无神宗教。因为"余之所取于佛教者，乃佛教之最上乘究竟义耳。

① 中国文化书院学术委员会编《梁漱溟全集》第8卷，山东人民出版社，1993，第424页。
② 太虚：《救僧运动》，《世界佛教居士林林刊》第19期，1928年6月。
③ 太虚：《纪念释迦牟尼佛》，《佛化周刊》第148期，1930年11月2日，第1页。

若通盘论之佛教，实兼有多神一神无神之性质者也。设但就佛教之最上乘与究竟义而论，实不可以寻常之宗教性质限之。其发挥无神之真理，最为透彻"。① 也正因为如此，佛教与科学并不矛盾，佛学是"由智而信，智信一致，非基督教等盲情之信仰，而不违于哲学、科学之推究经验"。②

为了反驳佛教是迷信的说法，佛界有识之士创办了一个组织叫"正信会"，并发行《正信》期刊，上面登载了很多文章，论述正信与迷信的区别，说明佛教是正信。他们认为正信"就是理信，对于一切的事事物物都要考察他的理由之所在。……不跟着一般的'人云亦云'的去盲从的信。而相信宇宙人生的真理，这样才叫做正信"。③ 而迷信，就是不了解宇宙人生的真理，而胡思乱想、妄加揣测、盲听盲信的信。主张觉悟宇宙人生真理的佛教是正信，而盲目信奉上帝的基督教是迷信。一些人"误正信为迷信，佛所呵为可怜悯者"。④

笔者以为，不能说佛学与科学没有矛盾之处，也不能说佛学中没有迷信的成分，但佛学与科学又确实有不相矛盾之处。在与科学无关的佛学领域，二者就不会发生冲突；在与科学有关，可以由科学来检验评判的佛学领域，两者也并非处处对立。佛教的"三法印"说，就颇合唯物论。另外，在科学还没有能力解答的一些问题上，佛学用自己的方式做了解答。这些回答是对是错，是否全错，还是个未知数，只能留待科学发展到足够高的程度来解答评判了。

其实，以科学为评判宗教价值的唯一参照系，是民国初期思想界虽流行但偏颇的一种观念。这种偏颇之念直到今天还在很多人的头脑中留存。而实际上，宗教的价值并不在于它是否完全与科学相合，它有自己的价值标准。从远古至今，生产文化和宗教文化一直是两大支柱性文化体系，前者用来满足人们的物质需求，后者用来满足人们的精神需求。

至于佛学与迷信的关系，我们认为佛学中确实有迷信的成分，非此也不能迎合没有受过多少教育的下层信众的心理需求。他们理解不了高深的教理，却可以通过那些外在的偶像、教规、习俗、仪式，以及简易通俗的

---

① 太虚：《无神论》，《佛化周刊》第 121 期，1929 年 9 月 8 日，第 4 页。
② 太虚：《中国人用中国法之自救》，《海潮音》第 6 卷第 10 期，1925 年 12 月 5 日。
③ 净信：《正信与迷信》，《正信》第 6 卷第 13 期，1935 年 6 月 24 日，第 1 页。
④ 唐大圆：《佛教之真义》，《佛化新青年》第 1 卷第 3 号，1923 年 5 月 23 日。

极乐世界、善有善报恶有恶报等说教来接受佛教。但过分迎合普通信众只会使有智识的上层信众迟早离开，因此佛学中又有理性非迷信的哲学内容。它有以人为中心探究宇宙人生真理的一面。它与迷信的不同之处主要有以下几点。首先，它有不把相对的视为绝对的，如不把受限制的东西或人视为绝对权威、视为神灵的一面；而迷信则把相对的东西或人视为绝对权威、视为神灵，并要求人们盲从盲信。其次，它有增长智慧、助人为善，使人道德水平提高的一面；而迷信助长愚昧、邪念，使人的素质全面下降。最后，它有使人超脱名利、精神境界提高的一面；而迷信使人迷恋私利，连求神拜佛都带着功利动机。

对于民国时期佛学与科学关系的论述，胡适并未关注，虽然作为中国文化的热心研究者和改造者，胡适在内心深处希冀中国的文化复兴。在胡适内心深处，他对中国文化并未完全失去信心，"中国的文艺复兴正在变成一种现实。这一复兴的结晶看起来似乎使人觉得带着西方色彩。但剥开它的表层，你就可以看出，构成这个结晶的材料，在本质上正是那个饱经风雨侵蚀而可以看得更为明白透彻的中国根底——正是那个因为接触新世界的科学、民主、文明而复活起来的人文主义与理智主义的中国"。[①]

胡适已逝世半个多世纪，而中国文化复兴的任务仍很艰巨，中国的人文主义、理性主义传统与西方的民主、科学对接成功，真正促进中国现代化发展的道路仍很漫长。佛教文化在其中能发挥一些作用，如何发挥？回溯民国时期佛教文化的"复古革新"和"纳新革新"，回顾胡适与佛教界的互动公案，于此不无裨益。

---

① 胡适：《中国的文艺复兴》，外语教学与研究出版社，2001，第151页。

再论胡适《中国哲学史大纲》的价值、限度及典范重建之可能*

——以中国哲学研究的方法论困境为视角

张永超**

引论:"新文化""新"在哪里?——由"新观念"到"新方法""新问题"

若以 1915 年陈独秀创办《青年杂志》为新文化运动发起标志的话,毋庸置疑的是,新文化运动前后诸君提出了种种新观念、新名词。[①] 那是传统中国文人很少使用且很少讨论的观念,比如科学、民主、人权、自由等。不过,晚清文人孙宝瑄说过一句话,颇值得玩味:"以旧眼读新书,新书皆旧;以新眼读旧书,旧书皆新。"[②] 对于观念也是一样,名词可以是新的,观念依然可以是旧的,甚至可以说"观念"的提法是新的,内在的理解与接受依然可以是旧的。在此意义上讲,"新文化"之"新"不在于"新观念""新名词""新主义",这些都是次一级的"新",这些"新观念"之先

---

* 本文为国家社科基金青年项目"中国哲学现代转型中的知识论问题研究"(项目号:14CZX028)阶段性成果。

** 张永超,上海师范大学哲学与法政学院哲学系教授,博士生导师。

① 就哲学范畴角度讲,这些新名词多是从日本学者那里借用而来,比如更多借用了西周的翻译。详见李博《汉语中的马克思主义术语的起源与作用:从词汇—概念角度看日本和中国对马克思主义的接受》,赵倩等译,中国社会科学出版社,2003。这本书很值得留意,虽然以探讨马克思主义术语为视角,但是对于如"形而上学"等哲学词语以及中日译者如梁启超、严复与西周翻译有着细致爬梳与讨论。

② 转引自陈平原《"新文化"的崛起与流播》,北京大学出版社,2015,第 38 页。

则是"新问题""新视角",以及对于这些"新问题""新视角"予以论证的新方法,这是"新思维方式之变革"。所以,问题之关键在于观念革新背后有没有支撑新观念的对应思维方式,不仅使用新的名词与观念表达,而且深入理性内在,运用新观念对应的思维方式来接受和继续思考。这样,新观念才不会变成新的意识形态,才不会僵化;与此同时,旧观念才会逐渐淡出,并且变成新观念某部分合理论证的支撑力量。否则,新观念慢慢都变成了旧观念的附庸,新名词都成了新主义,内容与思维方式都是旧的。这便是鲁迅所担心的,大家努力学习西学,然后再用学来的西学继续守旧。①

　　以胡适的《中国哲学史大纲》为例,从学科意义上讲,这是中国哲学学科的"开山之作";对于中国哲学的研究而言,其不仅提供了新视角、新问题,而且提供了新方法。后来者如冯友兰的两卷本哲学史走得更远,材料更翔实、更系统、更完整。与此同时,百年来中国哲学研究模式(以西释中)弊端更多地暴露出来,无论是在方法论层面,还是在"反向格义"层面,都引起了中西哲学研究者的质疑和批评。本文基于此种问题背景展开,首先,从中国哲学研究的三重困境(这正是基于"新文化"语境下对应"新观念""新方法""新问题"所产生的)入手,分析其实质及问题由来。三重困境表现为:中西思想比较层面,中西思想的不同系统及特质,造成表面上西学方法不可中用的困境;语义层面,由于中西文化的接触,哲学术语多是经由日本学者的翻译,我们借用而来,这样用语义不清的西学术语再来格义中国传统概念以及西学概念,造成了"反向格义"困境;问题意识层面,中西思想有不同的问题论域侧重,造成运用相同的语词讨论不同的问题,将方法论运用在不合适的问题域,导致深层"问题意识困境"。其次,本文试图化解这些困境,厘清其实质,发现许多困境是一种误解和错位,真正的困境在于回到"新文化"所面对的"新问题"以及运用

---

①　原话为:"维新以后,中国富强了,用这学来的新,打出外来的新,关上大门,再来守旧。……他们的称号虽然新了,我们的意见却照旧。因为'西哲'的本领虽然要学,'子曰诗云'也更要昌明。换几句话,便是学了外国本领,保存中国旧习。本领要新,思想要旧。要新本领旧思想的新人物,驼了旧本领旧思想的旧人物,请他发挥多年经验的老本领。一言以蔽之:前几年谓之'中学为体,西学为用',这几年谓之'因时制宜,折衷至当'。"鲁迅:《随感录四十八》,《热风》,《鲁迅全集》第1卷,新疆人民出版社,1995,第288页。

对应的"新方法"给出"新论证"。由此反观胡适的哲学研究，发现尽管他的哲学史不周全，但是他有运用方法论的自觉；尽管他的问题域有限，但是他有明确而自觉的问题意识，而且能坚守史家的立场予以"新论证"。学界固然对胡适的哲学研究有种种批评或不满，但是从中国哲学界目前存在的"三重困境"来看，胡适是可引以为典范的（不同于冯友兰所确立的"典范"），这才是《中国哲学史大纲》的奠基意义之所在。所以，从此意义上讲，百年后的今天，考虑中国哲学的重建问题，还要回到胡适先生此种"新问题""新视角""新方法""新论证"上来，尽管他在具体内容、史料、系统的完整性和深度上是有待完善、深化或修正的。

本文聚焦于中国哲学研究三重困境中基于中西思想比较层面的方法论困境。这一"困境"的主要观点是，由于中西分属不同的文明系统，注重逻辑分析的论证方法不可用于注重了悟、体验、践行的中国传统。然而在笔者看来，此种方法论困境是一种方法论误用，并且是对中西文化理解错位基础上的浅层次误用。

一　思想层面方法论困境之前提：基于"异质他者"的中西比较

中西文化的不同特质在中西遭遇初期就被看到了，无论是在明末耶稣会士来华还是在清末鸦片战争之后，西方都是作为一个"异质他者"存在的，这意味着在认识论意义上中西是根本无法沟通的（或者难以理解的），跨越这个"异质他者"之鸿沟是很难的；而且随着中西国际形势、利益、地位之变化，这个"异质他者"如同幽灵一样以不同的面貌反复出现。且不论此种宏大叙事般的"中西特质比较"隶属于一种"前现代话语"①，中国人试图寻求"不同文化共性"的努力就显得薄弱而无力。

就中国哲学界而言，较认可的看法是中西哲学特质相异。比如金岳霖先生在《中国哲学》一文中说："中国哲学的特点之一，是那种可以称为逻

---

① "前现代话语"往往认为对方不可理喻；"现代话语"则认为现代化是必由之路；"后现代话语"则认为没有主流，没有必由之路，发展多元化，意义碎片化。

辑和认识论的意识不发达。"① 他接着说："中国哲学家没有一种发达的认识论意识和逻辑意识，所以在表达思想时显得芜杂不连贯，这种情况会使习惯于系统思维的人得到一种哲学上料想不到的不确定感。"② 早在明末来华的耶稣会士利玛窦就有类似表述，尽管他更多是基于天主教学术背景所做的论述。

现代新儒家也有类似看法，比如牟宗三先生就认为"中国哲学以'生命'为中心"。他说，"他们（指西方思想——引者注）这种理智思辨的兴趣，分解的精神，遂建立了知识论，客观而积极的形上学——经由客观分解构造而建立起的形上学。这种形上学，吾名之曰观解的形上学（Theoretical Metaphysics），复亦名之曰'实有形态'的形上学（Metaphysics of Being-form）。这是中国思想中所不注重的，因而亦可说是没有的。即有时亦牵连到这种分解，如顺阴阳气化的宇宙观，发展到宋儒程朱一系，讲太极、理气，表面上亦似类乎这种形上学，然实则并不类。它的进路或出发点并不是希腊那一套。它不是由知识上的定义入手的。所以它没有知识论与逻辑。它的着重点是生命与德性。它的出发点或进路是敬天爱民的道德实践，是践仁成圣的道德实践，是由这种实践注意到'性命天道相贯通'而开出的"。③ 这些看法基本为中国哲学界所公认，甚至在天主教学者那里也持类似的看法，比如罗光先生对儒家"生命哲学"的看重。只是在研究归宿上，罗光先生是为了论证"生命哲学"的可普性，这是一种对"异质他者"的颠覆，这种声音远远无法与港台新儒家的声望和影响相比。大陆学界更多接触的是港台新儒家学界，对于台湾新士林哲学则是陌生的，④ 但是他们这种试图化解"异质他者"并对中国传统思想"生命"特质给予"可普性"新论证则是值得重视的，尽管这只是对明末耶稣会士中西文化观之自觉传承。

"中西思想特质不同"如此深入人心，以至于今日中西学界彼此攻讦，

---

① 刘培育选编《金岳霖学术论文选》，中国社会科学出版社，1990，第352页。金岳霖、冯友兰和牟宗三都有类似看法，但是，金、冯与港台新儒家对此处理不同，金、冯还提倡"哲学的现代化"；港台新儒家则更凸显心性主体，认为那不是需要被现代化的，而是值得珍惜发扬的，而且是反思现代化的珍贵思想资源。

② 刘培育选编《金岳霖学术论文选》，第352页。

③ 牟宗三：《中国哲学的特质》，吉林出版集团有限责任公司，2010，第11—12页。

④ 详见拙作《台湾新士林哲学：意义·价值·问题·展望》，《南国学术》2016年第4期。

认为对方无法沟通，"不可理喻"，因为思维方式不一样，彼此心同，但理不同。①

二　基于"异质他者"理解中西不同特质
所隐含的思维方式差异

"中西思想特质不同"尽管有明显的化约论错误，或者说通过"化约论"方法根本无法得出"中西思想特质不同"的结论，但是，这是否只是方法论错误？我们若选择更严谨的方法，"中西思想特质不同"还是可以成立的？这个问题有待论证。但其作为结论可以说是根深蒂固的，不仅现在学界这么看，清末民初这样看，再向前追溯，明末耶稣会士来华就看到了类似问题。对此问题有研究的法国汉学家谢和耐教授说："归根结蒂，中国人对基督教观念的批评所涉及到的是自希腊人以来就在西方人思想中起过根本性作用的思想范畴和对立类别：存在和变化、理性和感性、精神和实体……如果这不是面对另外一类思想，那又是什么呢？而这种思想又有它独特的表达方式和彻底的新颖特点。对语言和思想之间关系的研究可能提供了回答的开端。"②他在提到利玛窦的传教策略时说："他理解到了首先应该让中国人学习他们应如何推理思辨的方法，这就是说要学习他们区别本性和偶然、精神的灵魂和物质的身体、创造者和创造物、精神财富和物质财富……除此之外，又怎能使人理解基督教的真诠呢？逻辑与教理是不可分割的，而中国人则'似乎是缺乏逻辑'。传教士们可能没有想到，他们所认为的'中国人的无能'不仅仅是另外一种文化传统的标志，而且也是不同的思想类型和思维方法的标志。他们从来没有想到语言的差异可能会于其中起某种作用。"③孙尚扬先生在分析明末士大夫对天主教的排斥态度时提到："明末一部分士大夫对天主教的排斥不能简单地以仇外心理予以解

---

① "心同理同"的说法在港台新儒家以及冯友兰那里都没有得到自觉继承，这是值得留意的，他们更多凸显了中西之"异"。在笔者看来，作为认知心来讲，是心同；对于问题域来讲，也有共同性，但是基于认知心对同一问题的回答不同，所以"理不同"。这也是胡适的思路（详见《中国哲学史大纲》导言）。

② 谢和耐：《中国和基督教——中国和欧洲文化之比较》，耿昇译，上海古籍出版社，1991，第303页。

③ 谢和耐：《中国和基督教——中国和欧洲文化之比较》，第5页。

释。对人生的不同体验和哲学思辨，对宇宙、世界和人事进行哲学思考时采用不同的思维路向，都是士大夫们反对天主教的重要原因。"[1]

牟宗三先生也看到，"你要学习法文化，要学科学、学民主政治，这就不只是聪明的问题，也不只是学的问题，而是你这个 mentality 上要根本改变一下。因为中国以前几千年那个 mentality，它重点都放在内容真理这个地方。而成功科学、成功民主政治的那个基本头脑、那个基本 mentality 是个 extensional mentality。这不只是个聪明够不够的问题，也不只是你学不学的问题，这是 mentality 不同的问题。这个不同是文化的影响。所以一旦我们知道光是内容真理是不够的，而要开这个外延真理，那我们必须彻底反省外延真理背后那个基本精神，这个就要慢慢来"。[2] 尽管"中西思想异质"是个有待细致论证的问题，但是从一般层面讲，中西文化遭遇初期，中西双方人士的彼此观感则共同认可此种说法作为结论，这也是很值得参考的经验例证。

同时，他们看到彼此思想异质的问题核心在于思维方式的差异，不得不说也是一种进步。其进步意义在于看到"文化""思想"不是优先的，只是作为某种思维结果存在；与此相比，"思维方式"具有优先性，而且"思维方式"是可以训练、培养、改造的，这是对"异质他者"的一种颠覆，从"可普性"层面看到了不同文化系统之共同性，那便是"思维方式"的优先性与共通性。

那么沿此思路，对"思维方式"的自觉训练与培养便会走向实质性的"文化沟通"。但是，问题的复杂性在于，天主教学者的此种做法被认为是学术传教；新儒家看到了问题，但是他们过于凸显"道统意识""文化自觉"，反而以心性儒学为根基提出了难以完成的任务，他们对问题的分析是敏锐的，给的出路则受家国情怀干扰，虽令人感动，但舍本逐末；[3] 大陆学界则纠结于其他因素，在此问题上裹足不前。总结来讲，天主教学者提供的出路被认为别有用心，因此不被理会；新儒家的思路备受同情，但是出

---

[1]　孙尚扬：《基督教与明末儒学》，东方出版社，1994，第252页。

[2]　牟宗三：《中国哲学十九讲》，上海古籍出版社，2005，第37页。

[3]　港台新儒家的失误在于过于看重道统意识、主体性意识，比如牟宗三对西学的理解在某些问题上是敏锐的，但是给的出路则不可思议，因为学术慧命的担当不惜委屈了理论；或许与"飘零心态"有关。

路南辕北辙；大陆部分学者则更多认为中西不同，西法不可中用，还是应该回到原汁原味的传统。①

就中国哲学领域而言，这便走向了中国哲学界争论多年的方法论困境：西学方法只适合处理西方思想，他们一分析中国哲学，中国哲学就死了。② 中国哲学需要体悟，需要负的方法，这样才能明白"不可言说"的大智大慧，才能"致广大而尽精微"，才能"极高明而道中庸"。

三 方法论困境之产生、实质及化解

（一）方法论自觉运用下产生的"方法论困境"

就中国哲学史研究而言，从胡适开始，就有着方法论自觉，一方面有着自觉的方法论运用于中国材料，另一方面自觉到传统的方法论意识缺乏。比如冯友兰先生提到："惟西洋哲学方法论之部分，在中国思想史之子学时代，尚讨论及之；宋明而后，无研究之者。自另一方面言之，此后义理之学，亦有其方法论。即所讲'为学之方'是也。不过此方法论所讲，非求知识之方法，乃修养之方法，非所以求真，乃所以求善之方法。"③ 他还说，"其实凡所谓直觉，顿悟，神秘经验等，虽有甚高的价值，但不必以之混入哲学方法之内"。④ 换言之，直觉作为一种经验则可，作为一种哲学方法则不可。这样问题就出现了，中国哲学强调体悟、不可言说，一旦认为这些不可以视为"哲学方法"，那么便会出现中国哲学应如何运用哲学方法理解的问题；同时，隐含的深层困境在于西洋哲学逻辑分析方法运用于这些"不可言说"领域的合法性问题。张岱年先生在他年轻时所著的《中国哲学

---

① 这是最近几年中国学界的一种呼吁，但只能呼吁，无法操作。陆建猷教授试图给出某种尝试，但是张岂之先生还是建议他"尽量使用标准的现代汉语"，"特色和创新是学者治学应该追求的，在提出的时候，更要注意其科学性和规范性"。张先生的话发人深省。详见陆建猷《中国哲学》，上海三联书店，2014，张岂之序（感谢陆教授赠书）。
② 这种想法是愚蠢的，尽管冯友兰的"新理学"体系有很多问题，但是他的努力令人敬重，至少证明中国哲学是完全可以予以逻辑分析论证的。不过冯先生关于方法有正负之分，但他还是强调"正的方法"之可普性，不限于西方。
③ 冯友兰：《中国哲学史》上册，华东师范大学出版社，2000，第6页。
④ 冯友兰：《中国哲学史》上册，第5页。

大纲》一书中说："中国哲学，在根本态度上很不同于西洋哲学或印度哲学。我们必须了解中国哲学的特色，然后方不至于以西洋或印度的观点来误会中国哲学……中国哲学之特点，重要的有三，次要的有三，共为六。"其中第五便是"重了悟不重论证"："中国哲学不注重形式上的细密论证，亦无形式上的条理系统。中国思想家认为经验上的贯通与实践上的契合，就是真的证明。能解释生活经验，并在实践上使人得到一种受用，便已足够；而不必更作文字上细微的推敲。可以说，中国哲学只重生活上的实证或内心之神秘的冥证，而不注重逻辑的论证。"①

　　这样问题就出现了，一方面"重了悟不重论证"是中国哲学自身的特色，另一方面则认为"其实凡所谓直觉，顿悟，神秘经验等，虽有甚高的价值，但不必以之混入哲学方法之内"，那么逻辑分析方法这样的论证是否还有可能进入"重了悟"的哲学系统？类似的困境表述也出现在 1930 年代熊十力先生与张东荪先生的论学书札中。熊十力说："可见中西学问不同，只是一方在知识上偏着重一点，就成功了科学；一方在修养上偏着重一点，就成功了哲学。"② 在他看来，"本体论即是学问的，非宗教的，而科学确不能夺取此一片领土，则哲学终当与科学对立，此又不待烦言而解。弟坚决主张划分科哲领域，科学假定外界独存，故理在外物，而穷理必用纯客观的方法，故是知识底学问。哲学通宇宙、生命、真理、知能而为一，本无内外，故道在反躬，非实践无由证见，故是修养的学问"。③ 这是一种自觉的分别，同时也是一种自觉的割裂；固然熊先生对中西学问的理解有浓厚的个人色彩，但是，他将问题挑明了，彼此分属不同的领域，那么在方法运用上还是要自觉分开，说白了，处理西方科学的方法不适合处理中国哲学。西法不可中用，在熊十力先生这里得到了典型表述。其可贵在于，有某种方法论自觉，意味着方法不是通用的，方法论有对应的问题域；其遗憾在于，以宏大叙事的方式将研究中国哲学的科学方法论判处了死刑。那么接下来的问题是，要理解中国哲学，只能是体悟、反躬，这便是冯友兰所说的"负的方法"。尽管冯友兰在《中国哲学简史》中认可了"负的方

---

① 张岱年：《中国哲学大纲》，中国社会科学出版社，1982，"序论"，第 5、9 页。
② 熊十力：《十力语要》，上海书店出版社，2007，"与张东荪"，第 61 页。
③ 熊十力：《十力语要》，"与张东荪"，第 65 页。

法"作为哲学方法，但他并没有否定"正的方法"，认为"人往往需要说很多话，然后才能归入潜默"，这是可以接受的，但是依此判断，熊先生则直接"归入潜默"，① 遑论"量论"未做之遗憾呢？

（二）方法论困境产生的预设批评："异质他者"理解文化之谬误

如上述分析，此种方法论困境的产生以"异质他者"为理解中西文明的理论预设，这是一种前提谬误，"异质他者"的预设并不合法。文化是多维的、复杂的，从类型学来讲，只有在同类范围内比较才是有意义的，否则只是一种错位的比较和理解，而且不同类型事物的比较如同不同度量衡之比较，其公度性无法得到说明。

从文化理解的通俗层面看，此种中西文化特质之界定在不同文化遭遇初期彼此认识是必要的，但是此种认识思路有待完善和细化。第一，"特质说"有浓郁的化约论倾向。就中国传统思想而言，任何的特质概括恐怕都是不周延的，特质越少，蕴含的范围越小，然而小范围外还有广阔的思想语境，那些都是中国传统的一部分。西方思想同样如此，我们看到西方思想固然以古希腊哲学为源头，但是仅以古希腊哲学来说，就存在种种不同的学派，同一学派对同一问题往往有不同看法，简单归纳几点"特质"概括全部西方，是无济于事的，而且我们还没有看到现代形成的欧陆哲学、英美分析哲学等差异。第二，"特质说"会遮蔽彼此对哲学问题的共同关注以及所产生的丰富思想语境，偏离问题源头，只在学说层面概括比较。第三，"特质说"会造成问题域错误，可能会选取两个思想系统不同的层面进行比较和归纳，比如选取中国伦理思想资源与古希腊认识论或存有论进行对比，这是一种问题域凌乱，概括的"特质"看似合理，但比较的前提选择是错误的或不合法的。比较哲学之关键在于选取对应的问题域，要在同一问题域下比较，否则意义不大或者说没必要。

（三）方法论困境之化解：理性方法培育作为起点

从思维方式角度讲，要开放自我主体性，自觉培育理性思维方法。如

① 由此可以看出冯友兰、金岳霖与熊十力及其新儒家系统的分野。若说冯先生的错误在于方法论运用不当的话，那么熊先生则认为根本就不能用那种方法来论述中国学问。

上面分析，方法论困境的实质不是方法不精、使用不当的问题，关键在于基于"异质他者"所形成的文化观错位问题，由此错位进一步认为是中西思维方式造成的，一方注重逻辑、分析与论证，另一方则注重体验、了悟与直觉，表面上这是对立的，似乎是 A 和非 A 的关系；但是，平心而论，我们去看任何一种文化，就其复杂性而言，都涵括了逻辑、分析、论证和体验、了悟与直觉的不同层面，尽管各自侧重不同，但是，我们不可以说一种文化只涵括了其中一半。以西方哲学为例，一方面它有丰富多样的历史，另一方面同一历史阶段又有多元的哲学形态，即便在同一哲学学派下面也有异彩纷呈的学说，注重逻辑、分析、论证固然是它们的特质，但它们又何尝缺乏体验、了悟与直觉呢？不仅在宗教领域有种种重要的灵修体验，即便是在哲学领域，也不乏这些因素。以现代哲学为例，我们看到注重谈直觉的梁漱溟、注重谈"负的方法"的冯友兰恰恰是受了法国柏格森思想的影响，而且有很多借鉴引用；而谈论生命甚多的新儒家诸君，又何尝不是更多引用德国生命哲学的言论呢？

　　同样的理由，我们固然可以称中国哲学逻辑论和知识论意识不发达，但是不侧重研究是一回事，其论述也是自觉追求合乎逻辑的，而且在不断分析论证。以孔子为例，他固然言简意赅、述而不作，但是，所述道理是合乎逻辑的，而且有基于分析的理由。愚以为，与其说中西哲学差别在方法上，不如说是在关注问题的侧重上，西学自古希腊以来更注重对"存有"的知性探究，而中学自先秦诸子或者上溯至殷周之际就更多关注"人事"的安排。但是，不可因此得出结论说西方只有形上学、知识论而不关注"人事"，它们有丰富的政治哲学议题和伦理学议题讨论，只是关注方式是在形上学、知识论语境下的。同样，也不可说中国只有道德格言而没有超越层面或认知思想资源，① 只是中国关于超越层面或认知讨论更多还是以"人事"为背景的。因此，在比较时，我们需要自觉问题域，只能在同一个问题域下比较二者不同的思想资源。同样，方法论的运用，也不可用处理形上学的方法来解释伦理学的问题，方法有对应的问题域。这样，若谈论

---

① 有认知模式、认识思想资源，但是没有成就认识论，详见拙作《中国知识论传统缺乏之原因》，《哲学研究》2012 年第 2 期；《中国知识论传统是"历史缺乏"而非"现实忽略"》，《学术月刊》2013 年第 5 期。

超越问题便不可用实证方法，讨论体验、了悟的问题便不可仅用逻辑分析的方法。如此，无论是中国哲学还是西方哲学，在问题意识与方法论运用自觉的前提下，都是可以比较的，而且这样的比较才能彰显不同文明思想资源的丰富，对彼此丰富自我是有益的。

进而言之，对于方法的运用，也要有某种自觉的方法论训练意识。冯友兰在《中国现代哲学史》第九章中说："中国需要现代化，哲学也需要现代化。现代化的中国哲学，并不是凭空创造一个新的中国哲学，那是不可能的。新的现代中国哲学，只能是用近代逻辑学的成就，分析中国传统哲学中的概念，使那些似乎是含混不清的概念明确起来，这就是'接着讲'与'照着讲'的区别。"① 尽管冯友兰先生对"哲学"尤其是"中国哲学史"的界定有待商榷，但是，他这种试图让中国哲学讲理的思路是难能可贵的，不仅说明中国哲学与逻辑分析法并不冲突，而且说明虽然中国哲学不以研究逻辑为侧重，但是即便原有注重生命、人伦、体悟修养的学问也是需要通过逻辑分析予以说明的。否则的话，正如贺麟先生所言："我甚且以为，不批评地研究思有问题，而直谈本体，所得必为武断的玄学（dogmatic metaphysics）；不批评地研究知行问题，而直谈道德，所得必为武断的伦理学（dogmatic ethics）。因为道德学研究行为的准则，善的概念，若不研究与行为相关的知识，与善相关的真，当然会陷于无本的独断。至于不理会知行的根本关系，一味只知下'汝应如此'、'汝应知彼'，使'由'不使'知'的道德命令的人，当然就是狭义的、武断的道德家。而那不审问他人行为背后的知识基础，只知从表面去判断别人行为的是非善恶的人，则他们所下的道德判断也就是武断的道德判断。因为反对道德判断、道德命令和道德学上的武断主义，所以我们要提出知行问题。因为要超出常识的浅薄与矛盾，所以我们要重新提出表面上好像与常识违反的知行合一说。"② 没有逻辑意识和知识论意识的训练，即便是注重道德修养，也可能只是浅层次的说教或武断的教条，而无法走向深刻的伦理学研究。对于方法论之训练培养而言，更多还要借助于学习西方哲学、逻辑学，不是学习结论，而是学习他们的论证方法。

---

① 冯友兰：《中国现代哲学史》，广东人民出版社，1999，第 200 页。
② 贺麟：《五十年来的中国哲学》，商务印书馆，2002，第 130—131 页。

另外，对于正负方法之运用要有某种自觉。熊十力先生明确分别中西学隶属于不同领域，这是可以理解的，至少意味着他看到对于不同类型的问题，需要不同的方法予以对应，换句话说，任何一个方法都有自己对应的论域；但是，他完全将中西思想因为不同而割裂则是不可接受的，接续他不同问题对应不同方法，应当是冯友兰先生所说的正负方法的不同运用，而非完全取消负的方法。"正的方法"与"负的方法"只是对应不同的问题域，而不是非此即彼的关系，毋宁说二者是相互补充的关系；同样，二者也不是高低优劣的关系，只是分属于不同的论域。进一步，我们要看到二者运用的不同次序及其限度。二者都是有限度的，而且正的方法的限度并非完全可以通过负的方法彻底解决，只是进一步完善。在次序上，毋宁说，正的方法或者逻辑分析的方法具有优先性，即便是对于一些看似"不可言说"的问题，也要把能够通过语义表述的限度呈现出来。我们知道，即便是对于灵修密契思想，尽管有浓郁的个人体验色彩，但很大一部分还是可以言说的，只是言不尽意而已。那么，遵循维特根斯坦的说法是合理的，对于不可言说的保持沉默（《逻辑哲学论》主命题之七），但是，对于可以言说的还需尽可能表述清楚。这是正负方法运用的最好注脚。

总结上述，从思维方式角度讲，要开放自我主体性，自觉培育理性思维方法；从文化比较角度讲，要自觉分清不同的问题域并选择对应比较；从方法运用角度讲，要依据问题域选择对应的方法并明了限度。从这个意义上说，中国哲学领域的"方法论困境"是可以得到化解的，进而言之，要走出此种因为论域错位、预设谬误造成的浮浅的"方法论困境"；真正的问题在于，如何自觉面对当前人类困境运用正负方法发掘中国传统思想资源予以创造性的回应，我们偏离了问题。反观胡适先生百年前的中国哲学史研究，他反而在"研究问题"，而且他的理想正是"再造文明"。

四　方法论困境下重估胡适中国哲学研究的价值与限度

谈价值要有参照，没有参照标准，就无价值可言。胡适的中国哲学研究，在蔡元培先生那里，认为他很好地处理了"材料和形式问题"，而且有

"四点优长"，这是针对传统学案式写作的评判。① 然而在劳思光先生那里，胡适太浅了，更多只是历史文献材料的整理考证，没有哲学的成分，这是基于他的哲学观以及"基源问题研究法"所得出的评判。② 在冯友兰先生那里，胡适的哲学史只是"创始之功不可埋没"，③ 这是基于他两卷本有始有终的《中国哲学史》做出的评判。在后学陈来先生看来，胡适只是时间上"之前"却无法获得"典范的地位"，④ 这是基于当代中国哲学史领域的学统继承而得出的评判。

我们不否认胡适哲学史研究的种种弊病，包括他自己也有对一些"大胆说法"的进一步"论证"或"更正"（比如关于庄子与进化论的更正），同时，尽管他对中古以及近代哲学史皆有研究，⑤ 但是确实没有完成他重写完整"中国哲学史"的夙愿。但是，从方法论角度去看，尤其是基于百年来中国哲学界面临的"方法论困境"，我们不得不说，胡适先生的中国哲学研究不仅可以视之为"开山"（针对学案），而且可以被遵从为"典范"（方法论层面）。

第一，胡适先生对"哲学"的定义有某种自觉。我们知道"定义"也是一种方法，而且是一种最基本的哲学方法。从内容上看，胡适先生的哲学定义或许简单，但是，那是一个严格的基于定义法所得出的"哲学"界定，他说："凡研究人生切要的问题，从根本上着想，要寻一个根本的解决，这种学问，叫做哲学。"我们可以看出，他没有借用西方哲学"爱智"的定义，而是给出了一个更普遍的哲学定义，这意味着中西哲学都是围绕"人生切要问题"展开的不同回答；他看到中西思想的不同，但是，他没有从文化入手，而是从问题入手，文化只是对问题的不同回答，这意味着中西思想虽然不同，但不是"异质他者"，只是同一问题下的不同思想资源。而对比一下冯友兰先生的处理方式，冯则显得粗糙，而且凸显了"方枘圆凿"的问题，他说："哲学本一西洋名词。今欲讲中国哲学史，其主要工作

① 胡适：《中国哲学史大纲》，北京理工大学出版社，2016，蔡元培先生序。
② 劳思光：《新编中国哲学史》第 1 册，三联书店，2015，第 3 页。
③ 冯友兰：《三松堂全集》第 1 卷，河南人民出版社，2012，第 213 页。
④ 陈来：《冯友兰中国哲学史研究的贡献》，《现代中国哲学的追寻：新理学与新心学（增订版）》，三联书店，2010，第 413 页。
⑤ 楼宇烈：《胡适的中古思想史研究述评》，耿云志、闻黎明编《现代学术史上的胡适》，三联书店，1993，第 45 页。

之一，即就中国历史上各种学问中，将其可以西洋所谓哲学名之者，选出而叙述之。"冯先生在哲学史系统性以及哲学深度上，坦白讲，都是胡适无法比肩的；但是，在研究起点上，冯先生走入了岔道，受西学框架甚深，以至于许多看似有深度的原创都基于此种歧路而开出，所以劳思光先生认为冯在讲哲学，但是讲的不是"中国哲学"，因为"冯氏本人不大了解中国哲学特性所在"。①哲学史材料运用及驾驭固然是他的优长，但那更多是技术层面，胡适先生不如冯先生；但是，一个熟练的技工是否可以称为一个学科的"典范"？即便是，也是有待重估的。学界常认为胡适作为"开山"与冯友兰先生的"典范"都是基于西学模式框架"中国哲学"的结果，②但是，从胡适对"哲学"自觉定义的角度去看，他确立的典范则是"基于人生切要问题"，由于问题不同，所以有不同哲学分科，由于回答不同，因此产生不同的学派，这才是真正值得"引以为典范的"。陈来先生以影响大小（成败）评判胡、冯的哲学史研究固然是一种如实描述，但是若从合理性（是非）角度评判，毋宁说胡适先生的中国哲学研究有其独特的"典范地位"。

第二，胡适对于问题域的把握是自觉的。尽管我们常听到学者批评胡适用"实用主义"方法显得粗浅、无深度，但是，从方法对应一定的问题域来讲，我们可以看出，胡适先生并没有出现方法误用的情形，他没有讨论形上问题、超越问题，只是基于史家的素养"大胆假设，小心求证"。平实地说，方法无所谓浮浅与否，如何针对不同问题选择方法，又如何自觉运用方法，才见其功力。从哲学深度与原创角度讲，胡适乏善可陈，但是，他那种自觉的理性方法运用，自觉的问题域把握与方法对应使用，仍然可以引以为"典范"。我们以冯友兰先生的"新理学"体系为例，尽管冯先生称他的"新理学"是接着"宋明理学"讲，但是其理论架构、内容与"宋明理学"可谓天壤之别。如陈来教授在《冯友兰〈新理学〉形上学之检讨》中说："冯先生的理与宋儒之不同在于：一方面'所以'是类的规定，如后来冯先生说的'一类东西的所以然之理就是那一类东西的共相，其中包括

---

①　劳思光：《新编中国哲学史》第 1 册，第 3 页。

②　关于胡、冯哲学史比较，可参见王锦民《中国哲学史研究》，福建人民出版社，2006，第一章、第三章。

有那一类东西所共同具有的规定性'，在'新理学'时期，冯先生虽然没有作这样的明确的表述，但是很清楚的，冯先生的理主要指形式的共相，与理学有所差别。另一方面，理学的理是内在于气或事物之中的，而'新理学'则不肯定这一点。"① 其实，陈来先生的批评很委婉，而当年洪谦先生则直言不讳，认为那就是"一套空话"，既不是关于实际的知识理论体系，在人生哲学方面也没有相当的价值，所以他的结论是，如果维也纳学派真的要取消形而上学的话，"那么冯先生的形而上学之被'取消'的可能性较之传统的形而上学为多"。② 愚以为之所以会出现这种问题，是因为冯友兰先生将逻辑分析方法运用于"程朱理学"，抽空了内容，只留下"理学的名词"，这样建立的"形上学"既不是西方对于"存有"问题的讨论，也不是宋儒"天理人心"意义上的"道学"。在笔者看来，这是方法论误用的典型个案，尽管冯友兰先生的逻辑分析方法运用自身也有问题，③ 那还在其次。

结语："新文化"语境下中国哲学研究的
传承自觉及其新走向

总结上述，"新文化"之新绝非提出了一系列的新名词、新观念、新主义（严格来讲也不是中国学人独立提出或译出的，多是借用日本学者成果），尽管这些名词、观念与主义已成了旧的，大多已为人接受；但是，若只在语词、主义角度去接受，对于中国本土存在的问题来讲似乎推进不大，新名词只是一种时髦玩意儿，只是安慰剂，于事无补，而且，往往成为一种道具，粉饰太平的工具，这其实是走向了这些新观念的反面。"新文化"之新关键在于针对中国本土问题，无论是在哲学界定还是在学说、学派、学科理解上都提出了不同的理解维度，并且提供了多种开放性的可能。学界常认为胡适是"开山"，冯先生是"奠基"或"典范"，但是，本文以方法论视角的探讨，可以得出这样的结论：二者是对中国哲学史研究的两种不同路数，其区别在于二者对"哲学"的界定不同，一个是遵从西洋标准，

---

① 陈来：《现代中国哲学的追寻：新理学与新心学（增订版）》，第272—273页。
② 洪谦：《维也纳学派哲学》，商务印书馆，1989，第191页。
③ 详见胡军《冯友兰新理学方法论批判》，《中国哲学的现代转型》，北京大学出版社，2013，第218页。

一个是从问题出发；二者对中西文化观的理解也不同，冯先生尽管对哲学的"时代性"与"民族性"有多次不同表述，[①] 但总体上凸显了中西哲学的不同特质，而胡适先生更多基于问题入手，他的文化观是统一的，没有"异质他者"的预设。在方法论运用上，胡适固然没有形上学的探讨，但是他有方法论自觉，自觉运用并注意其限度。冯友兰固然有重建形上学的尝试，但基本是失败的，放在西洋哲学史上，那正是洪谦先生所批评要"取消"的；放在中国哲学史上，那只是运用理学名词但抽空了内容的空话，虽然他有逻辑运用上的错误，但是，问题关键更多在于他将不同问题域重叠，其可贵处在于提倡中国哲学现代化并努力践行，这是令人敬仰的。

所以，展望未来，要考虑中国哲学研究重建之可能，我们可能还是要回到胡适、冯友兰两条路向的起点。冯先生桃李满天下，其影响自不待言，但是，学问的合理性不能通过声音大小维持门面，还是要回到理性论证上来，这正是冯先生所期待的。若此种思路可以成立，那么胡适先生的哲学史研究确实存在种种技术问题，比如不完整（"上卷先生"）、内容错误（庄子与进化论）、浅薄（劳思光批评的"无哲学"）等，但是，他对哲学基于问题中心的理解以及方法论自觉是有待继续发扬的，技术层面的许多问题都可以改进。冯先生的书在许多方面确实在胡适之上，但是，冯先生的路值得深思，无论是在哲学史还是在哲学创造上都凸显了他所开创典范的重重困境，那不是他功力不够，也不是他人格操守问题，更多的是在那种路数上既很难做哲学史研究（如劳思光批评的"不是中国哲学"），也很难做哲学创造（如洪谦先生批评的也不是西方意义上的形上学）。我们读冯先生的书，感佩于他人格的坚韧，惋惜于中国学人的生存艰难，但是，若真是从中国哲学史未来发展去看，还是要重估胡、冯二先生所开创的不同中国哲学研究路数的合理性与可持续性。胡适的哲学界定、以问题为中心、方法论自觉，可能是未来中国哲学独立研究及走向原创的必由之路。

---

① 陈来：《现代中的传统："中国哲学"与"哲学在中国"》，《现代中国哲学的追寻：新理学与新心学》，第1—21页。此文主要是对冯友兰关于此主题的梳理。

胡适与新教育研究

协和的"在地化"与"本土化"

——以胡适、顾临为中心（1921—1937）

胡　成[*]

1990 年代出现的"全球在地化"（glocalization），即"全球化"（global-ization）与"在地化"（localization）的组合，已是当下跨国史、全球史研究中一个耳熟能详的学术新概念。与"在地化"相关的，还有一个"本土化"（indigenous）的概念。虽则，这两个概念被一些学者交替使用，但从学理角度来看，二者之间还是有微妙及关键性的差异，前者强调全球化（跨国）的在地进入，后者则多关注本土的自主与自立。^① 这就像自 1492 年新航路开辟之后，原产于美洲的土豆、玉米、辣椒、西红柿等，在全球化进程中除得益于西班牙、葡萄牙远洋船队引入的"在地化"之外，还有诸多各地、各国不同社会经济发展水平和文化传统"本土化"的适应变革。^②

我们把目光转向 20 世纪的近代中国，"全球在地化"，或者说"在地化"与"本土化"颇为成功的一个学术教育机构，当数 1914 年成立后进入中国，1950 年退出中国，1980 年又受到中国政府邀请而重返中国的美国中华医学基金会（China Medical Board，CMB）。该机构隶属于美国洛克菲勒基金会，在 1914 年至 1949 年除了为在华教会及中国的私立及国立大学，如燕京、东吴、金陵，以及清华、南开、中央、浙大、武大等大学提供资助之

＊　胡成，南京大学历史学院教授。

① 汪琪编著《迈向第二代本土研究：社会科学本土化转机与危机》，台北，台湾商务印书馆，2014，第 14—17 页。

② 艾尔弗雷德·W. 克罗斯比：《哥伦布大交换：1492 年以后的生物影响和文化冲击》，郑明萱译，中信出版社，2018，第 133—171 页。

外，还创办并主持了北京协和医学院（以下简称"协和"）。由于洛克菲勒家族是其时世界首富，短时间内投入大量资金，能够招揽最优秀人才，故该校在 1930 年代初就被认为是东亚地区设备最完善、治疗条件最优渥、国际认可度最高的医学教育机构。①

再可以证明协和卓越的，是在今天该校仍然是中国顶级高等医学教育机构之一。20 世纪美国人在华创办的诸多高等教育机构，如燕京、金陵、东吴等，现在都已湮没不彰，唯有协和由"中国协和医学院"（1951）、"中国医学科学院"（1957）、"中国协和医科大学"（1959），到"中国首都医科大学"（1985），于 2007 年 5 月 18 日正式恢复其最初"北京协和医学院"的校名。

这里原因是多方面的，但如果仅就"在地化"与"本土化"的办学理念来看，如燕京、金陵等，犹如英美的 Liberal Arts college，四年制的本科教育是提升学生品位、气质、格调和风度的"博雅"教育，而非现代意义上的精深专业科学研究。协和的学生须经历八年专业训练（三年预科，五年医学专科），毕业后如果有幸留在协和任教，通常会得到丰厚资助，前往欧美最重要的医学院校和研究所留学两至三年。这也使协和成为中国现代科学医学（science medicine）或现代生物医学（biomedical medicine）几乎所有分支科系的奠基者、创始者及领军者。如果刻意抹杀协和的这段辉煌历

---

① 关于洛克菲勒基金会、美国中华医学基金会以及北京协和医学院的研究，参见福梅龄（Mary E. Ferguson）《美国中华医学基金会和北京协和医学院》，闫海英、蒋育红译，中国协和医科大学出版社，2014（*China Medical Board and Peking Union Medical College：A Chronicle of Fruitful Collaboration*，1914 – 1951，New York：China Medical Board of New York，1970）；约翰·齐默尔曼·鲍尔斯：《中国宫殿里的西方医学》，蒋育红、张麟、吴东译，中国协和医科大学出版社，2014（*Western Medicine in a Chinese Palace：Peking Union Medical College*，1917 – 1951，New York：Josiah Macy，Jr.，Foundation，1972）；玛丽·布朗·布洛克：《洛克菲勒基金会与协和模式》，张力军、魏柯玲译，中国协和医科大学出版社，2014（*An American Transplant：The Rockefeller Foundation and Peking Union Medical College*，Berkeley，Los Angeles，and London：University of California Press，1980）；玛丽·布朗·布洛克：《油王：洛克菲勒在中国》，韩邦凯、魏柯玲译，商务印书馆，2014（*The Oil Prince's Legacy：Rockefeller Philanthropy in China*，Woodrow Wilson Center Press，Stanford University Press，2011）；张大庆：《中国现代医学初建时期的布局：洛克菲勒基金会的影响》，《自然科学史研究》2009 年第 2 期；马秋莎：《改变中国：洛克菲勒基金会在华百年》，广西师范大学出版社，2013；杜丽红：《制度扩散与在地化：兰安生（John B. Grant）在北京的公共卫生试验（1921—1925）》，《中央研究院近代史研究所集刊》第 86 期，2014 年，第 1—47 页。

史，势必会让所有专门医学科系丢掉自己赖以维系的学脉和传统，更无从催生出继往开来的光荣和梦想。①

本文核心问题是通过梳理曾担任美国中华医学基金会在华代表（resident director）、协和实际主管的美国人顾临（Roger S. Greene, 1881 – 1947），与后来担任协和董事的胡适之间的学术互动，探讨协和这样一个资金、学术和教育理念、管理模式，以及相当部分教职员来自美国的医学精英教育机构，在 1937 年前的中国是如何"在地化"和"本土化"的。

提出这个问题的缘由，在于其时协和在管理方面叠床架屋，权力运作颇为复杂。具体说来，协和管理层有设在北平的校董事会（1929 年 4 月后华人成为多数），还有设在纽约且全部由外人组成的中华医学基金会和洛克菲勒基金会。在这三个决策机构的沟通、协商乃至博弈之下，推进协和"在地化"的顾临，以及推进协和"本土化"的胡适，两人如何相知、相处并有效地进行交往和沟通，在迄今为止的中英文之相关研究中都没有论及。重要的是，关于"在地化"和"本土化"这两个面相的互动及其在华推进的研究，以往较多的要么是批判外人文化帝国主义的居心叵测，要么是渲染华人民族主义的同仇敌忾。至于不预设立场，不意识形态化地使双方互为"他者"，乃至平心静气、就事论事，怀着感恩之心讲述中外之间携手合作、互惠互赢的研究，在中文世界里似还没有多少可喜的尝试，故值得我们就此大胆做一些初步探讨。

一　胡适与顾临的良好私交及对协和发展的建议

顾临于 1881 年出生在美国马萨诸塞州的韦斯特伯勒（Westborough），父亲是最早一批前往日本的传教士，后被明治政府聘为高等教育的顾问。在日本长大的顾临，家庭环境相对开放和自由。1901 年，顾临于哈佛大学毕业，获得学士学位，翌年获得硕士学位，此后担任过美国驻里约热内卢、符拉迪沃斯托克（海参崴）、长崎、神户、大连、哈尔滨和汉口的领事、总领事等职。其时美国尚未跻身世界列强之列，很多地方的驻华领事由略晓

---

① Hu Cheng and Jiang Yuhong, "The Persistent 'Old Peking Union Medical College' in the Maro Era," *Journal of American-East Asian Relations*, 25 (2018), pp. 235 – 262.

当地语言的商人兼任。①

顾临作为美国第一代受过高等教育的职业外交人士，通晓西班牙语、俄语、日语和汉语，是美国外交官中为数不多熟悉东亚事务的国际法专家，他对中国有相当的同情。② 1910 年冬，哈尔滨鼠疫肆虐，被清朝政府紧急派往该地主持防疫事务的伍连德，拜谒了俄、日、英、法、美的五位领事。他的印象是：由于俄、日对东北都怀有强烈的侵略野心，这两国的领事虽都愿意帮助防疫，提出的举措却都带有强烈的政治性意向（appeared too po-litically-minded）；英、法两国的领事则是目空一切地嘲笑中国官员处理事务的能力；唯独美国领事顾临相信中国政府能够控制疫情，理解中国面对的巨大困难，并表态将尽所能地提供帮助。③

顾临入职美国中华医学基金会之后，辞去汉口总领事一职。其时他只有 32 岁，之所以毅然离开前景较好的外交官岗位，原因有三：一是在东亚外交事务的诸多方面，他因与华盛顿国务院的官僚们意见不合而颇感压抑；二是洛克菲勒基金会开出的薪水比担任外交官高出许多；第三也是最重要的，即传教士家庭的拯救情结，顾临一直矢志于中国、日本的现代化，愿意献身于推进中国文化和学术发展的人道主义事业。④ 这与胡适的理想颇为契合。两人私交之密切，可见于胡适 1920 年 9 月 4 日的日记，称顾临来函托他为哥伦比亚大学寻觅一位中文教授，胡适"遂决计荐举我自己。我实在想休息两年了"。⑤

1921 年 9 月 14 日下午，胡适应邀代表北京大学参加了中华医学基金会在北京举行的协和医学院之开幕典礼。此次庆典非常隆重，参加之人除了声名显赫、世人瞩目的洛克菲勒二世（John D. Rockefeller, Jr.）之外，还有来自日本、英格兰、苏格兰、爱尔兰、爪哇、朝鲜半岛、菲律宾、加拿

---

① 吴翎君：《条约制度与清末美国在华商务的开展》，《美国企业与近代中国的国际化》，台北，联经出版事业有限公司，2012，第 25—68 页。

② Warren I. Cohen, *The Chinese Connection: Roger S. Greene, Thomas W. Lamont, George E. Sokolsky and American-East Asian Relations*, Studies of the East Asian Institute, Columbia University Press, 1978, pp. 8 – 31.

③ Wu Lien-Teh, *Plague Fighter*, The Autobiography of a Modern Chinese Physician, W. Heffer & Sons Ltd., Cambridge, 1959, pp. 14 – 15.

④ Warren I. Cohen, *The Chinese Connection: Roger S. Greene, Thomas W. Lamont, George E. Sokolsky and American-East Asian Relations*, p. 30.

⑤ 曹伯言整理《胡适日记全编》第 3 册，安徽教育出版社，2001，第 209 页。

大、法国和美国医学界的头面人物，英、美、法、日等国驻北京公使，北洋政府相关部委的代表，在华教会医务传教士的代表，以及1917年以来通过严格考试被招收进协和的学生。下午4时整，600余人的队伍缓步前行在屋顶铺着绿色琉璃瓦的宫殿之下，经过竣工不久的解剖、生理、药理实验室，以及图书馆等古典式建筑，鱼贯进入当时北京最大的、位于东单三条胡同的协和礼堂。

这可谓是空前盛况，因为当时世界上还没有任何一所医学院的开业典礼能够邀请到如此众多来自世界各地的医学权威、名流和外交高官。胡适在日记中写道："典礼极严肃，颇似欧美大学行毕业式时。是日着学位制服参加列队者，约有一百余人，大多数皆博士服，欧洲各大学之博士服更浓丽壮观。自有北京以来，不曾有这样一个庄严仪式。（古代朝服上朝，不知视此如何？）"①

在同一天的日记中，胡适还评论了来宾致辞。他认为代表北洋政府总统徐世昌出席时任外交总长颜惠庆的演说，"尚可听"。② 颜惠庆出生于基督徒家庭，在上海长大，1895年赴美留学。他于1900年获弗吉尼亚大学文学学士学位，回国后任教于上海圣约翰大学，接着出使美国并担任清政府外务部左丞，涉外历练相当丰富。颜惠庆在致辞中高调赞扬了中华医学基金会资助的协和，将对中国医学进步产生重要影响，并预言华人"会毫不犹豫地接受科学的治疗"。其与同样留学于美国的胡适，有颇多思想和情感上的共鸣之处。

胡适对协和未来发展的期待在于"在地化"或"本土化"，而绝非回归中国传统。对于时任内务总长齐耀珊、教育部代理总长马邻翼的致辞，胡适说"就不成话了"。这可能由于齐耀珊、马邻翼没有留学欧美的经历，致辞中较多强调中国传统文化的重要意义。尤其是中过举人，仅在日本速成师范科公费留学一年的马邻翼，在致辞中称慈善医疗在中国汉代就已出现，历史上的东西方医学理论和实践并无多少不同。让胡适感到更不可理喻的是，马邻翼期待协和"能够同时运用中国的哲学和西方的科学，发现新理

---

① 曹伯言整理《胡适日记全编》第3册，第471页。
② 曹伯言整理《胡适日记全编》第3册，第471页。

论，为医学事业做出伟大贡献"。①

对于洛克菲勒二世的致辞，胡适在这篇日记中的评价是"罗氏演说甚好"。这篇演说的主旨是强调西方医学应努力在中国落地生根、开花结果，最终应由中国人接管，并使之成为国民生活的一部分。洛克菲勒二世希望协和的未来发展，应朝向"即使不是所有教职员的职位都由中国人担任，其大多数职位，也要由中国人担任"。或许，洛克菲勒二世是想减轻经济压力才讲这番话的。因为就创办协和来看，基金会最初购买土地，修建楼舍，添置设备、仪器和图书的预算是 100 万美元。然而，开工之后受到世界大战的影响，汇率急剧浮动，原材料价格迅速攀升，最终基金会投下了 700 多万美元（相当于今天的 8000 多万美元）的巨款，方有了这样一个阶段性成果。

基金会高层也曾犹豫再三，反复讨论是否还要继续这个烧钱的项目；但考虑到既然已经投入，如果半途而废，就会使此前所有巨额投入付之东流，只能别无选择地忍痛前行。正是鉴于经济负担过重，基金会原想在上海再创办一所医学院的计划被无限期地搁置。所以，洛克菲勒二世在这篇演说中称：虽然该校目前的经费来源于创建机构的拨款，但他期待有一天，"除了这项拨款和学费外，学校获得的资助将同世界上其他国家类似级别的医学院校一样，源于中国人的捐赠及政府的资助"。②

作为外人的胡适，不清楚中华医学基金会的内部经济困窘，只是从对国人自主主持医学科学进步的期盼，充满憧憬地解读了洛克菲勒二世的演说。他在日记中还写有"演说词大概此间有人代他做的"。由于没有直接证据，胡适所写在北平的"大概""有人"，我们虽不能大胆断定这是既与胡适有密切交往，又热情地陪同洛克菲勒二世的顾临，却可以说此篇演说的主旨乃是顾临长期奉行的理念。不同于那个时代拥有强烈种族优越感的在华白人，顾临一直认为中国人能够管好自己的国家，并主张外来机构、外

---

① W. W. Yen, "Greeting on Behalf of the President of the Republic of China"; Chi Yao-San, "Greeting on Behalf of the Ministry of the Interior"; Ma Lin-Yi, "Greeting on Behalf of the Ministry of Education"; *Addresses & Papers*, *Education Ceremonies and Medical Conference*, Peking Union Medical College, September 15 – 22, 1921, Peking, China, 1922, pp. 41 – 50.

② John D. Rockefeller, Jr., "Response for the Rockefeller Foundering," *Addresses & Papers*, *Education Ceremonies and Medical Conference*, Peking Union Medical College, September 15 – 22, 1921, pp. 58 – 59.

来事物应尽可能“在地化”和“本土化”。

这还可追溯到顾临担任海参崴领事期间，他目睹一些美国商人面对俄国人的蛮横无理束手无策，而德国商人在同样恶劣的条件下，由于熟悉当地语言、风俗和习惯，仍然能够大力开拓市场而取得不菲的经济收益，故他大力主张美国商人尽可能地融入在地社会。后来任大连、哈尔滨领事时，顾临又积极鼓励英美烟草公司（the British-American Tobacco Company）和洛克菲勒旗下的美孚石油（Standard Oil Company of New York）实行当地代理人制度，这两家公司被认为是当时美国在东北开拓市场商机的最成功典范。此外，他还反对列强迫使中国政府任命更多外国人管理海关，认为这会雇用一批懒散的洋人而白白耗费中国人的钱财。他相信中国人能自己管好海关，减轻由于支付高薪而带来的巨额财政负担。①

1905 年毕业于霍普金斯大学并获得医学博士学位的胡恒德（Henry S. Houghton），在 1921—1928 年担任协和院长。他与顾临关系亲密，也是胡适的好友。胡适在日记中多次记载了与胡恒德的交往。1922 年 6 月 24 日晚，胡适被邀请参加在时任北大英文系教授，也是北京新闻评论人兼记者的柯乐文（Grover Clark）家的饭局，客人中有胡恒德。胡适写道，席上多爱谈论的人，“外面大雨，街道皆被水满了，我们更高谈”。② 两天后，即 26 日，胡适应胡恒德之邀，专程去协和与之共进午餐。陪同之人还有时任该校董事、董事会秘书的恩卜瑞（Edwin. R. Embree）。胡适写道：“席后此君报告医社的计划与进行，他们有三大计划：（1）研究，求医学上的新发明；（2）教育，训练医学人才；（3）传播医学知识。”③

再至 1924 年 5 月 21 日，胡适因有一年假期而前往上海、杭州等地，直到 11 月 30 日返回北京。在此期间，他与胡恒德就协和未来十年发展计划进行了数次交谈。胡适表示中国人欢迎协和的工作，因为该校提供了非常卓越的教学和科学标准。胡适还称赞协和对中国雇员没有种族歧视，并对宗教事务抱有颇为宽大的态度（没有强迫性的宗教课程）。对于今后十年的发展规划，胡适建议协和扩大对古代东方药物的研究，强调不仅因为这项研

---

① Warren I. Cohen, *The Chinese Connection: Roger S. Greene, Thomas W. Lamont, George E. Sokolsky and American-East Asian Relations*, p. 34.

② 曹伯言整理《胡适日记全编》第 3 册，第 707 页。

③ 曹伯言整理《胡适日记全编》第 3 册，第 708 页。

究本身具有重要意义，还可以将之作为一个工具，"在医学领域把东方和西方、科学与实证论联结起来"。①

顺着这一叙述面相，我们或可将目光延伸至 1930 年代，洛克菲勒基金会开始资助美国的远东研究。胡适表示大力支持，但令人遗憾的是，该基金会资助的一批美国汉学研究者，中文能力太差且在中国研读时间太短。胡适建议基金会加大投入，一次性提供四年、五年甚至更长时间的奖学金，让那些矢志汉学的美国年轻人在有学问的中国教授指导下，接受一些关于文献书目资料的基本训练，以使他们返回美国之后能够担任那些著名大学的中国语言、文化和艺术系科的主任。②

从效果来看，胡适的呼吁得到了洛克菲勒基金会的响应。1938 年的基金会年度报告谈及将给哥伦比亚、芝加哥、康奈尔、普林斯顿等大学的远东研究提供大笔资助时，提到了时任驻美大使胡适最近的一次讲话。胡适称："国家与国家之间的文化关系，拥有比炮舰更为有效和持久的影响。"在此认识之上，很少有人会不同意国家间的友好关系是建立在明智地理解双方所做出的贡献，即每一方对另一方都能够做的贡献上，因而基金会不应忽略与在地文化相互交流、进一步融会的价值。③

二　当选董事、注册登记及为北大争取经费

1928 年 2 月，南京国民政府颁布《私立学校校董会条例》，规定在华外国人主持的私立学校，外国人充任董事人数不得过半，董事会主席须由中国公民担任。协和董事会成立于 1915 年，13 位董事中有 6 位是 1906 年最初创办该校的教会代表，另外 7 位是由中华医学基金会任命的美国人。后来协和增加了一位中国董事，即曾担任清华校长（1913—1918）、此时负责协调

---

① "Houghton to Greene，Ten-Year Program，February 5，1925"，北京协和医学院档案室藏，文书档案，数字索卷号 170。

② "Hu Shi to Greene，May 23，1933"，北京协和医学院档案室藏，外国人人事档案，数字索卷号 702；Selskar M. Gunn，"China and the Rockefeller Foundation，" January 23，1934，Shanghai，Hoover Institution Library & Archives of Stanford University，Collection Number：YY198。

③ *The Rockefeller Foundation Annual Report*，1938，p. 56，Rockefeller Archive Center，RAC.，Sleepy Hollow，New York，United States，http://assets. rockefellerfoundation. org/app/uploads/20150530122134/Annual-Report‐1938. pdf。

处理美国庚子赔款的中华文化教育基金会委员会总干事的周诒春。

按照国民政府的法令,外国的私立大学如果要进行登记注册,须先在董事会里大幅增加中国公民之人数。这让那时担任协和代理校长的顾临感到颇为棘手。因为协和章程规定,13人的董事会,如果增加6位中国公民,则相同数量的外国董事必须辞职。在讨论协商过程中,中华医学基金会的人倒挺爽快,教会之人则不是很情愿。顾临后来谈及做两位教会人士的工作时说:"他们对此表示了极大的兴趣,如果硬行劝其离职反而会显得没有礼貌(ungracious)。"①

1929年4月10日,协和董事会年会在纽约召开。会议通过了更换校董事会成员、增加中国公民人数的决议。与会者接着对继任董事人选进行了讨论和投票,胡适的提名遭到了美国长老会代表布朗(Arthur J. Brown)的质疑而未获通过。布朗早已对胡适心存芥蒂的原因,是两年前胡适刊发在《论坛》(Forum)杂志上的一篇文章,题目是《中国与基督教》(China and Christianity)。在这篇文章中,胡适开宗明义地指出,随着中国的现代化,"基督教在中国的未来发展将成为一个问题"。

胡适称在华教会的传教最有用的部分,不是传播福音,而是将现代文明——创办医院、学校,反对鸦片贸易等引入中国,并使中国民众有了国家意识,促进民族主义思潮的兴起。胡适的结论是:中国传统的道家、儒家提供了关于普遍主义和虚无主义,以及不可知论的文化背景,致使此时到处爆发反基督教运动。对于中国民众来说,教会原来想象的"基督征服中国""看上去已经烟消云散——也许会永远如此"。②胡适的日记中多次记载了对传教的基本看法,即"我们所希望的,乃是像罗克斐氏驻华医社的一种运动,专把近世教育的最高贡献给我们,不要含传教性质"。③

布朗当时在美国是一位很有影响力的教会人士,被称为"传教士政治家"(missionary statesman)。他年轻时曾在全美传教,后来到世界各国游历,考察传教事务。1915年他就已经被选为协和董事,到过中国及其他亚洲国家,并就在中国的考察写了17册日记。在此次关丁增设中国董事的会议上,

---

① "Greene to Hawkins, September 26, 1929",北京协和医学院档案室藏,外国人人事档案,数字索卷号702。

② Hu Shih, "China and Christianity," *The Forum*, July, 1927, Vol. LXXVIII, No. 1, pp. 1 – 2.

③ 曹伯言整理《胡适日记全编》第3册,第473页。

布朗说胡适的这篇文章虽未对在华传教士及其工作充满敌意，但仍然觉得持有这种看法的胡适，并非协和这一既要传播科学，又须坚持基督教教义目标的学校的理想董事。

布朗之所以对传教情有独钟，还得追溯到1913年洛克菲勒基金会与创办北京协和医学堂的六个基督教差会谈判收购时，洛克菲勒二世承诺要与教会保持长久的合作关系。他保证该校在招募教职员时，除了科学能力之外，还会考虑其人是否拥有基督教"最高尚的理想"。洛克菲勒二世后来多次郑重保证："我们非常赞同传教士的精神和出发点，在不违背医学院之目标，即最高科学水平和最优质医院服务的前提之下，希望尽己所能，把传教精神发扬光大。"① 所以，布朗在此次会议上义正词严地援引洛克菲勒二世的承诺，提醒董事会成员对此要有特别的重视，称胡适这个"用这种方式理解现代医学之人，将不会被董事会视作应当尊重的一位成员"。②

在这次会议结束之后，顾临私下做了说服和沟通工作。两天之后（4月12日），他收到布朗的信函。布朗说如果在会议上没有被直接问及，他不会谈论胡适博士的。好在他已经注意到胡适对在华传教还有赞许和认可，故愿意接受顾临对其能力的判断，并表态将"不会投票反对他"。③ 4月17日，顾临回信表示感谢，称同意布朗的说法，即如果仅从胡适的这篇文章来看，对他的最初印象肯定是不佳的，但需要为胡适辩解的是，其抨击的是基督教机构的某些不利影响，而非基督教教义本身。顾临说："我非常欣赏您对此事心胸宽大的包容态度。"④

当然，顾临力挺胡适，并非仅仅出于个人情感，这应当是协和管理层的一致态度。如1925年2月胡恒德撰写的与胡适在上海交谈的备忘录中，称胡适向有勇敢、真诚和坦率之声望，且不吹毛求疵、尖厉刻薄，是中国年青一代知识界最充满活力的领导人。胡恒德还说胡适虽不是基督徒，却没有什么反基督教的情绪或强烈的民族主义，从不排外和抵制西方文化，

---

① 约翰·齐默尔曼·鲍尔斯：《中国宫殿里的西方医学》，第74页。
② "Arthur J. Brown to Greene, April 12, 1929"，北京协和医学院档案室藏，中国人人事档案，数字索卷号1352。
③ "Arthur J. Brown to Greene, April 12, 1929"，北京协和医学院档案室藏，中国人人事档案，数字索卷号1352。
④ "Greene to Doctor Brown, April 17, 1929"，北京协和医学院档案室藏，中国人人事档案，数字索卷号1352。

尽管不是科学家，却受到关于哲学研究的科学训练。胡恒德在信函最后强调，胡适虽然与很多协和人相识，"却与协和没有任何利益关系和联结"。[①]

回到北京之后的顾临，于 7 月 5 日主持召开了协和新一届董事会，主要是在地中国人参加。在给中华医学基金会在纽约总部的报告中，顾临说按照纽约的习惯，会议对所有需要讨论的事项做了认真准备，开得非常成功。让顾临感到满意的是，与会者对讨论事项充满了兴趣，且于中国各方消息颇为灵通，故他相信这届董事会将会比其前任能更有效地处理当地事务。顾临还说，就如何保持协和的基督教特质，他没有什么更多的建议，而就什么是科学，这次董事会也没有达成一致的看法。至于在此次会议上，胡适何以被全票通过为董事，顾临解释说是由周诒春提名、罗炳生（E. C. Lobenstine）联署的。

需要稍做说明的是，罗炳生与布朗同属美国长老会，时任在华影响最大的中华续行委员会（China Continuation Committee）的总干事，负责协调各差会在华的基督教传教和教育事务。顾临说罗炳生的看法是，胡适几次被邀请担任基督教教育委员会（Christian Educational Association）的顾问，出席过委员会的会议，作为朋友提出了很多有益的见解。罗炳生把胡适"描绘成对当下中国社会邪恶的勇敢批评者"。[②]

胡适当选董事之后，协和着手筹办在教育部的登记注册之事。这本是国民政府定鼎南京之后收回教育主权的一项重要举措，然此时正值民族主义情绪持续高涨，在有些地区发酵而演化成声势浩大的排外运动。颇有影响的一个事件，是 1926 年 11 月北伐军进入长沙，尽管该地的湘雅医学院早已由中国人接手，但由于最初为美国医务传教士胡美（Edward Hicks Hume）利用耶鲁资源创办，且聘请一批外籍教授在该校授课，遭到激愤民众暴力冲击而被迫关闭。

虽则此时美国的在华教育机构拥有治外法权，但面对层出不穷的类似事件，美国外交官表示无力一一进行干预。1928 年 11 月，美国驻华公使马

---

① "Ten-Year Program, February 5, 1925"，北京协和医学院档案室藏，外国人人事档案，数字索卷号 179。

② "Greene to Richard M. Pearce, 6 June, 1929," China Medical Board, Inc, Historical Record, RG. IV2B9, Box124, Folder 899, Rockefeller Archive Center, RAC., Sleepy Hollow, New York, United States.

慕瑞（John V. A. MacMurray）致函美国国务院，称这些排外事件不同于其此前的经验和判断，国民政府的官员们对于宣示主权和控制外人有着愈来愈多的热情。有些官员过去微不足道，或不具备担当该项职务的实际能力，鲁莽地行使此时忽然拥有的权力，全然不顾外国人的权益及将对中国经济产生的严重后果。马慕瑞不无沮丧地说，鉴于中央政府仅仅名义上控制了一些省份，使馆及领事们要想实际维护美国利益，"不仅十分困难，而且几乎不可能"。①

1928 年 6 月，国民政府掌控北京之后，不断敦促协和尽快注册登记。1929 年 4 月，顾临向中华医学基金会报告：如果置之不理，势必会激怒当局，致使其多年来与当政者的良好关系毁于一旦，进而损害协和对将来影响政府医学教育的远景规划；如果同意注册，虽然会得到当局承认，申请免税进口医疗设备、药品等，但意味着放弃治外法权，服从国民政府的管辖。

顾临需要请示纽约上级的是，如果登记注册，协和将修改在纽约州立大学注册时的章程，内容包括将名称"北京协和医学院"改成"北平协和医学院"，并将中国董事人数增至董事会成员的三分之二。② 9 月 16 日，顾临致函在上海担任中国公学校长的胡适，问其能否前来北平参加讨论修改原有章程的董事会会议，以便能够通过教育部的登记注册。四天后（20日），胡适回复顾临，说近来与教育部部长蒋梦麟交谈多次，认为关于协和这样的学校的登记注册只是过一个手续。胡适的解释是，当局认定需要认真登记注册的，是像他担任校长的那类新成立的私立大学。

胡适在这封信中还表示，如果顾临想了解进一步的信息，以及政府对协和的态度，他愿意致函蒋部长来沟通此事。9 月 24 日，顾临致函胡适，说很感谢他的情况通报，称自己也经常通过时任协和校长、大多时间在南

---

① 393. 1164/98，"The Minister in China（J. V. A. MacMurray）to the Secretary of State，No. 1742，Peking，November 8，1928，"*Foreign Relations of the United States*，*1928*，Volume Ⅱ，the National Archives National Archives and Records Service Central Services Administration，Washington：1960，pp. 573－574.

② Minutes of Meeting，Board of Trustees，April 10，1929，M. K. Eggleston，R. S. Greene，May 1，1929，"Dietrich，P－U－M－C，Apr. -June 1929，"China Medical Board，Inc，Historical Record，RG. Ⅳ 2B9，Box 44，Folder 310，Rockefeller Archive Center，RAC.，Sleepy Hollow，New York，United States.

京的卫生署次长刘瑞恒与蒋部长联系，以更好了解国民政府对待外国在华私立教育机构的态度。① 1930 年 1 月 31 日，返回北平的胡适参加了协和董事会，讨论修改章程和注册登记等事项，他的感受是"这让协和很为难"。② 5 月 21 日，教育部批复协和的登记注册，该校成为被中国政府认可的私立大学。

对这些注册登记过的外国大学，胡适就像应对作为教会大学的燕京大学那样看待，认为校长由国人担任，且不再以传教为目的，还已经招收和培养中国学生，重视中国的文史教学，故应受到中国政府、当地社会给予中国大学那样同等的财政补贴和捐赠。③ 他敦促中华医学基金会，让协和尽可能地在教学目标和课程设置方面适应中国社会的需要，以便得到更多来自中国政府的优惠。一个具体例子是，胡适注意到协和将英文作为工作和教学语言，常常被中国政府和社会批评。

从协和方面来看，其中有许多的不得已——那个时代既没有太多医学方面的中文出版物，也没有太多与英文相对应的中文医学专业名词。包括一些华人在内的教授担心如果采用中文教学，学生无法接触到最新的医学成果，教学质量就难以得到保证。然而，学生走上工作岗位之后，面对的绝大多数病人是不懂英文之中国人，因而产生了医患难以沟通的问题。作为董事的胡适力推协和分层次地采用中文教学，先在护校的教学中改用中国文字，认为由此"可以减低教学困难，可以提高程度，毕业后应用范围也更大"。④

一个可以说明其时协和"在地化"较为深入的事例，是顾临帮助胡适所在的北大向南京国民政府争取教育经费。1930 年底，胡适返回北大任教，随即为该校急剧颓败而忧心忡忡。北伐之后中国政治中心移至南京，不少在北大任教的学者纷纷离开。更糟糕的是，该校经费严重短缺，教授的最

① "Greene to Doctor Hu, September 16, 1929", "Hu Shi to Greene, September 20, 1929", "Greene to Doctor Hu, September 24, 1929"，北京协和医学院档案室藏，外国人人事档案，数字索卷号 179。
② 曹伯言整理《胡适日记全编》第 5 册，第 650 页。
③ 胡颂平编著《胡适之先生年谱长编初稿》第 4 卷，第 1241—1242 页。
④ 曹伯言整理《胡适日记全编》第 6 册，第 654 页。

高薪酬为每月 300 元，不仅不及政府部门的一个科长，还经常因为缺少资金而不能按月领取，于是很多教授不得不去外校兼课，而且北大长时间没有正式校长。就此胡适沮丧地写道，他们这些还在北大坚守之人，对被任命为校长的蒋梦麟迟迟不肯前来就职表示谅解。[①]

　　1930 年 12 月，蒋梦麟在朋友和同人的百般劝说之下，临危受命，出任北大校长，翌年 7 月就面临因为政府的经费断供而发不出薪酬的困境。1931 年 10 月 21 日，从胡适处得知此消息的顾临，随即致电由国民政府延揽为负责国联（League of Nations）对华技术合作事务的负责人——国联秘书处卫生股长拉西曼（Ludwik J. Rajchman）。此时拉西曼正帮助国民政府筹建全国经济委员会，与财政部部长宋子文关系密切。顾临在电报中说北大已经三个月没有领到政府的经费，请拉西曼就此事与宋子文进行交涉。[②]

　　顾临的电报语气相当严厉，称拉西曼应该敦促南京政府从政治方面考虑事情的严重性。如果连北大这样的学校都被轻视，政府势必会失去教育界的信任。顾临强调："把北京的国立教育机关从目前的悲惨处境中拯救出来，是一件头等重要的事情。这比任何军事开支还重要，甚至比救济汉口水灾还更迫切。"[③] 此外，顾临的强硬底气也来自拉西曼任职的国联，与罗氏驻华医社和洛克菲勒基金会的关系。毕竟，国联是 1920 年在英、法主导下成立的，主要成员是当时还没有走出第一次世界大战疮痍、经济十分窘迫的欧洲诸国。

　　由于国联组织机构松散、经费匮乏，很多经济技术合作的援助项目，不得不仰赖此时全球最大的跨国慈善机构——洛克菲勒基金会的财政资助。如 1925 年 2 月，该基金会为国联在新加坡成立的远东传染病防疫局（Anti-epidemic bureau of Far-Eastern）捐助为期五年的工作经费 12.5 万美元，随后又为中欧的卫生防疫，以及日内瓦国联的图书馆和国际卫生中心捐赠 200 多万美元。拉西曼也一直希望就国联的中国技术合作项目，与资金充裕的罗

---

① 胡颂平编著《胡适之先生年谱长编初稿》第 4 卷，第 956 页。
② "Greene to Dr. Rajcham, October 21, 1931"，北京协和医学院档案室藏，外国人人事档案，数字索卷号 702。
③ "Greene to Dr. Rajcham, October 21, 1931"，北京协和医学院档案室藏，外国人人事档案，数字索卷号 702。

氏驻华医社、协和进行合作。两天后（10 月 23 日），顾临收到拉西曼告知宋子文同意拨款的电报。翌日（24 日），顾临回电表示感谢，还说他已经与拉西曼派往北平考察的两位国联专家见过面，正等待他们前来协和进行现场考察。顾临期望关于这笔拨款的"部长命令能够早日执行"。[①]

几天后，顾临收到胡适的来函，得知国民政府下拨的这笔款项，仅是北大半个月的经费，而为了这笔本应正常拨付的款项，身为校长的蒋梦麟不得不专程前往南京游说。[②] 11 月 2 日，顾临致电拉西曼，尖刻地抨击政府拨给北大的这点钱，虽然可以说是聊胜于无，却没有实现政府决心维持重要国立研究机关的运作，恢复大学和知识界的信心及理想。让拉西曼无法接受的，是顾临针对其紧锣密鼓想要在江、浙两省创办若干"实验区"的设想，说"在这种情况下，对所建议的新机构，如同经济委员会的前途，不能不使人悲观"。[③] 五天后（11 月 7 日），顾临又一次致电拉西曼，抨击政府未能给北大拨足经费。[④]

翌日，拉西曼回电顾临，说已将其电报的意思转告给宋子文，并愿意就此事说些他个人的意见。拉西曼劝诫顾临不该一味苛责政府，应注意当下世界性经济危机。他说夏初以来，欧洲许多城市的公职人员没有领到薪水，教育和科研机构大幅削减经费，中国本来就很贫困，经济危机更造成国库奇绌。在这封语气犀利的电报结尾，拉西曼说："请原谅这是一个顽强乐观主义者出于最友好精神的率直。"[⑤] 正是由于顾临把与拉西曼的来往电函一一抄送给了胡适，深知内情的胡适后来追述道："那时两个朋友最热心于北大的革新，一个是傅孟真，一个是美国人顾临。"[⑥]

---

① "Greene to Dr. Rajcham, October 21, 1931"，北京协和医学院档案室藏，中国人人事档案，数字索卷号 1352。
② "Greene to Hu Shi, November 2, 1931"，北京协和医学院档案室藏，中国人人事档案，数字索卷号 1352。
③ "Greene to Dr. Rajcham, November 2, 1931"，北京协和医学院档案室藏，外国人人事档案，数字索卷号 702。
④ "Greene to Dr. Rajcham, November 7, 1931"，北京协和医学院档案室藏，中国人人事档案，数字索卷号 1352。
⑤ "Rajcham to Greene, November 8, 1931"，北京协和医学院档案室藏，外国人人事档案，数字索卷号 0702。
⑥ 胡颂平编著《胡适之先生年谱长编初稿》第 3 卷，第 956 页。

三　学术共同体及对现代精深研究的极力推崇

对于此次帮助北大争取经费之事，我们似不能简单认为这仅出于顾临与胡适的私人情谊，还应看到此时的协和与在地中国大学已形成一个较为紧密的学术共同体，相互之间的影响和互动颇多。日军侵占东北的九一八事变，使北平作为现代中国最重要学生抗议运动中心的地位已不稳定。在收到上述拉西曼劝诫电报的第四天，即 11 月 11 日，顾临又致函在南京的兰安生（John Black Grant），请他游说在南京国民政府担任卫生署长，也是协和名义校长的刘瑞恒，与宋美龄非正式地谈谈关于给北大足额拨款的问题。顾临写道："毫无疑问，学生若是得到好的教育，教师不是抱一种不满情绪而教学，学生就会更守秩序。"[1]

如果将时间往前追溯，吾人更可以理解顾临的忧心忡忡有自来也。9 月 21 日北平全市学生佩纱志哀，形势骤然紧张而一触即发。北平市府急忙召集各大学校校长及军警座谈会，议决由北大校长蒋梦麟出面劝说学生不独不停课，"且对于主要科目，由教员劝导学生，切实用功，以求教育救国之意"。[2] 尽管如此，八天后（9 月 29 日）的北平，仍然举行了主要由学生参与的大规模抗议游行，据说人数超过 20 万人。协和学生与另外几所在北平的学校，属南路游行队伍，由天安门出发，"经前门南行至珠市口，折西经驿马大街至宣武门"。[3]

激进人士还讨论成立统筹此类抗议游行运动的全市教育文化界联盟（League of Educational and Cultural），发函邀请协和教授们参加。9 月 29 日，协和教授会执行委员会举行会议，讨论该如何应对。此时教授会中华人已占多数，表决时除一位华人教授投反对票之外，其余都赞成予以回绝而不加入这类政治性团体。决议稿由曾留学美国的病理学教授，后担任教务长

<hr />

[1] "Greene to Grant, November 11, 1931"，北京协和医学院档案室藏，公文档案，数字索卷号 0809。

[2] 《全市教育界奋起救国义愤填膺莫不痛哭流涕，切实用功以示教育救国，全市学生佩纱志哀》，《京报》1931 年 9 月 22 日，第 6 版。

[3] 《北平市民抗议大会》，《益世报》1931 年 9 月 29 日，第 2 版。

的林宗扬主笔，留学美国的病理学教授胡正祥副署。①

接着顾临就此事征求胡适的意见，说教授会之所以做出这样的决议，是认为协和乃科学及人文教育机构，理应保持大学专心治学的传统而避免过多卷入现实政治事务。不应再像第一次世界大战爆发之时，德国教授发表拥护战争宣言，从而导致了令人遗憾的结果。胡适当即表示理解协和教授会的这一决议。他打电话给顾临，说刚与蒋梦麟博士讨论了此事，他们的意见是在这个联盟进一步行动之前，协和最好不要做出任何官方回应；如果做出回应，在当时群情激昂的环境下，很容易会被过度解读而引发政治纷争。②

实际上，这也是胡适在此后很长时间里对抗日运动的基本态度。在1937年七七事变之前，胡适都不主张"主动"对日作战。作为一位自诩服膺科学、理性之人，胡适认为此时落后、贫穷的中国"没有能力抵抗"，希望通过外交谈判解决中日之间的冲突，以获得争取胜利的"准备时间"。顾临与胡适同气相求，即除希望在协和保持正常的教学秩序，尽量不耽误课程和专业研究外，都认为此时的中国无法与日本抗衡，需要更多时间建立一个现代意义上的民族国家。

如果需要进一步佐证，我们或可将目光延伸至1936年11月23日，国民政府以"危害民国"罪在上海逮捕了救国会领导人沈钧儒、章乃器、邹韬奋、史良、李公朴、王造时、沙千里，并移送位于苏州的江苏省高等法院羁押，准备进行司法审判。消息传出之后，国内外舆论一片哗然，爱因斯坦联合罗素、杜威等英美知识文化界知名人士呼吁将这七人无罪释放。组织者也曾质询顾临是否愿意联署签名，但遭到拒绝。鉴于其时美日两国关系日趋紧张，曾在日本、中国东北担任外交官的顾临，认为当务之急是美国应抑制日本的侵略野心，尽可能避免战争爆发。③

与协和医学精英教育的"在地化"和"本土化"相关的，是胡适基于

---

① "Memorandum, interviews: Dr. Hu Shin, Anti-Jap. League"，北京协和医学院档案室藏，中国人人事档案，数字索卷号1352。

② "Memorandum, interviews: Dr. Hu Shin, Anti-Jap. League"，北京协和医学院档案室藏，中国人人事档案，数字索卷号1352。

③ Warren I. Cohen, *The Chinese Connection: Roger S. Greene, Thomas W. Lamont, George E. Sokolsky and American-East Asian Relations*, p. 199.

对现代精深专业研究之向往而对协和极力推崇。毕竟，协和自创办以来，医学精英教育模式之"豪华的环境和便利的设施"（such luxurious environment and such abundant facilities），[①] 遭到来自各方的严厉批评。在很长一段时间里，协和必须惨淡面对的，不只有南京国民政府专门部会的巡视、约谈和训令，平津地方小报就协和抽血、解剖大肆渲染的负面批评，还有中华医学基金会、洛克菲勒基金会内部，以及协和董事会某些华人董事（如刘瑞恒、翁文灏、颜福庆）的不同意见。[②]

由此盖亦有深意焉，是作为本土人士的胡适在多种场合为协和辩护，极力维护其医学精英教育的声誉，并认为这种精深专业研究应是中国学术未来发展之方向。1929 年 12 月 15 日，胡适与当时几位反对中医、倡扬西医的风云人物——陈方之、余云岫等人同饭。谈及在华西医时，胡适认为今日上海、北平的德法两国医生视人命为儿戏，多不记载病历，要求病人复诊时带着最初开的药方，称"美国新式医生最可靠，因为他们对于每一病人皆有详细记载，留作历史参考，即此一端，便可效法"。[③] 这指的是被奉为协和"三件宝"之一的病历书写。再至 1934 年 5 月 11 日，胡适谈及在华外人的教育机构，凡能集中精力专办一件事，必有好成绩，其势力自然放射出来，且不可压抑。他的举证是："成都的牙科与北平的协和医校，是其二例。"[④]

但协和也有出纰漏的时候。1932 年初，胡适因肚子痛住进协和，做了盲肠手术，拆线之后，伤口久不愈合，每天要抽脓，不知原因何在。一位很有经验的护士用热手巾不断地在创口上熨烫，才一天天好起来。最后发现创口处有一条细纱，取出之后，没几天伤口就收口了。时隔 30 年，胡适对时任其秘书的胡颂平谈及此事，说在协和住了 45 天，外面已经有人在骂协和了，然手术主刀的是位工作认真的美国教授。胡适的伤口没有愈合，协和院长天天来探望。胡适叮嘱他不要让主刀的美国教授知道此事，说：

① "PUMC Baccalaureate address by Mr. Y. C. James Yen, Last Sunday Morning at the Bacalaureate Service in the PUMC Auditorium," *The Peiping Chronicle*, June 7, 1933，北京协和医学院档案室藏，公文档案，数字索卷号 0640。

② Selskar M. Gunn, China and the Rockefeller Foundation, January 23, 1934, Shanghai, Rockefeller Archives Center, Sleepy Hollow, NY, pp. 26 – 34.

③ 曹伯言整理《胡适日记全编》第 5 册，第 575 页。

④ 曹伯言整理《胡适日记全编》第 6 册，第 381 页。

"我怎么可以让外人知道久不收口的原因，我关照他们切莫宣布。"①

1936年3月，丁文江因煤气中毒在衡阳抢救无效辞世，胡适认为主要是因为铁路局医生、教会医生没有这方面的训练，如果送到协和，可能不至于此。胡适就此写道："不但要注意设备的最新最完善，特别要注意医学校的教育和训练，要更严格的淘汰医学生，更严格的训练医学生，更加深他们的科学态度与习惯，要加强他们的责任心与一丝一毫不可忽略苟且的科学精神。——仅仅信仰西医是不够的！"②

实际上，1931年6月10日胡适在应邀为协和毕业典礼所做的讲演中就已有类似的说法。这篇英文讲演的题目是《医生、传教士和科学家》（The Doctor，the Missionary and the Scientist），指出仅仅满足于当一位好大夫是不够的，协和毕业生应像传教士那样，不只是在屋顶上宣扬教义，更重要的是要把自己的一生奉献给那些缺医少药的地区和人民。就此，胡适列举了某些留学美国之人，在美国大学曾做出骄人的成绩，回国之后却令人痛心地放弃了。在胡适看来，原因在于他们仅满足于教书和当个小官员，将实验室的技艺替换成只能带来片刻欢愉的麻将牌。所以，胡适呼吁协和毕业生，如果将来行医，应当勇于前往那些天花、疟疾肆虐，庸医盛行，以及对现代防疫愚昧无知的内陆地区；如果投身精深医学研究，应对科学持有传教士般的专注和虔诚。③

重要的是，胡适与顾临都期望通过医学将科学精神启蒙给中国民众，并植入中国社会。1932年12月7日，顾临致函胡适，说把曾担任莱比锡大学医学史教授，此时在霍普金斯大学任教的西格里斯博士（Henry S. Sigerist）的《人与医学：医学知识导引》（Man and Medicine，An Introduction to Medical Knowledge）一书寄给了他。顾临写道：读过此书之后，觉得很好，遂介绍给协和的一些华人教授和外国教授。他们读过之后，认为应当译成中文，以让更多中国人阅读。

顾临请胡适看看此书，如果同意他的意见，帮忙找一位译者，专业术

---

① 胡颂平编著《胡适之先生年谱长编初稿》第3卷，第1020—1021页。

② 胡适：《丁文江的传记》，季羡林主编《胡适全集》第19卷，安徽教育出版社，2003，第559页。

③ "The Doctor, the Missionary and the Scientist, June 10, 1931"，北京协和医学院档案室藏，中国人人事档案，数字索卷号1352。

语可以请协和教授帮忙。① 后来，胡适为此书中译本撰写了序言，说不仅学医之人，且"不学医的'凡人'"也应读此书。胡适认为这部书的好处在于历史叙述法，国人可以了解新医学的病理学、诊断方法、治疗方法、预防方法的来龙去脉。在胡适看来，除了可以学得如何做病人之外，国人还可以了解到医学的"每一种新发展，不能孤立，必定有他的文化背景，必定是那个文化背景的产儿。埋头做骈文、律诗、律赋、八股，或者静坐讲理学的知识阶级，决不会产生一个佛萨利司（Vesalius），更不会产生一个哈维（Harvey），更不会产生一个巴斯脱（Pasteur）或一个郭霍（Koch）"。②

与顾临交往过的人，大多很尊重他，但很少有人喜欢他，因为他待人接物古板、直率而缺乏圆通。1933 年至 1934 年，顾临因想压缩基督教教义课程，反对削减协和预算，与洛克菲勒家族关系紧张到了极点。6 月，顾临不得不在罗氏驻华医社高层示意之下提出辞呈。这份辞呈被通过之后，协和的中美教授召开会议，署名要求校董事会予以挽留。几天后，协和董事会也召开会议，一致决议致电纽约的中华医学基金会，明确表达不赞成顾临离开的态度。

这封以董事会主席周诒春的名义发出的电报，称中国知识界和政界都认为顾临的管理很成功，所有重大事情都征求了校董事会执行委员会的意见，还强调"我们认为他的离开对协和来说将是无法弥补的损失"。③ 顾临自然也不愿意离开倾注全部心血的协和，想方设法做了些疏通工作。他多年的老朋友、时任中国驻美大使的施肇基也以个人名义前往纽约进行游说。施肇基告诉中华医学基金会高层，顾临是美国利益和信心在华北的重要象征，其离职将让人们对洛克菲勒基金会的领导层产生更多猜疑和不满。然而，拥有最终决定权的洛克菲勒二世决心已定，不为所动。④ 1935 年 6 月 29日，顾临最后一次参加了协和董事会。胡适在日记中写道："会散后，我们

---

①　"Greene to Hu Shi, Dec. 7, 1932"，北京协和医学院档案室藏，中国人人事档案，数字索卷号 1352。

②　胡适：《〈人与医学〉的中译本序》，季羡林主编《胡适全集》第 20 卷，第 596 页。

③　"Tsur to Vincent, October 25, 1934,"Rockefeller Family Archives, Rockefeller Archive Center, RAC., Sleepy Hollow, New York, United States.

④　Warren I. Cohen, *The Chinese Connection: Roger S. Greene, Thomas W. Lamont, George E. Sokolsky and American-East Asian Relations*, p. 196.

去和他告别,很觉难过。"①

再可以表明胡适对来自纽约的权力干预不满,或还可延伸至 1947 年
3 月。那时胡适当选协和董事会主席,协和也有了首位华人校长李宗恩
(1894—1962),其致电在纽约的中华医学基金会主席帕克(Phile W. Parker),提出了这两个隔洋相望的机构如何更好相处的问题。由于这是一封请
求增加拨款的电报,胡适的语气颇为委婉、客气和礼貌,然他期望改变以
往的垂直从属关系,建立一种双方能够分享、互信,以及互相尊重的平行
伙伴(partnership)机制。胡适明确表示协和董事会愿意进一步加强与该机
构的友好关系,指出由于这两个董事会在地理上处在世界两端,对当下面
临的许多问题肯定有不同立场。胡适希望带着善意和理解,推进双方的
"携手合作"(together we can work)。②

四 结语

逮至顾临离职,以及 1937 年全面抗日战争爆发,胡适离开北平前往美
国之时,协和在规模、影响和国际声望方面,已处于其历史上第一个黄金
期。它的"在地化"和"本土化",自然也获得了不可逆和长足的进展。一
个颇能说明问题的统计数据是,1920 年在协和华人及西人教职员之比是
6:22,正教授之比是 0:8,副教授之比是 0:3,1936 年则分别是 102:22、
5:8 和 10:3。③ 协和教授已是以协和自己培养的华人学者为主体。

就此而言,我们或不该"本质主义"(essentialism)地将协和的"在地
化"和"本土化"视为若干固定、僵硬的刻板印象,而应将之定义为一个
无限开放、无限容纳,自然也是一种颇为多元和多面的历史实践。在 1929
年 4 月协和新选出的董事中,除 6 名西人外,还有包括胡适在内的 7 名华
人④。其中只有胡适是学界之人,其对协和"在地化"和"本土化"的推

---

① 曹伯言整理《胡适日记全编》第 6 册,第 513 页。
② "Chairmen to Mr. Phile W. Parker, March 1947",北京协和医学院档案室藏,中国人人事档
案,数字索卷号 1352。
③ 玛丽·布朗·布洛克:《洛克菲勒基金会与协和模式》,第 91 页。
④ 另外 6 名华人董事是张伯苓(1876—1951,教育家)、伍朝枢(1877—1934,法学家)、刘
瑞恒(1890—1961,卫生官员)、翁文灏(1889—1971,学者型官员)、颜福庆(1882—
1927,卫生教育家)、金绍基(1886—1949,博物学家)。

动，更多来自身为学者的那份坚持和期望。概言之，他力求保持协和在医学教学和科学研究方面的精致、优质和完美，并使之尽可能对接当时正在萌芽的现代中国精深研究，以最大限度发挥示范、辐射和带动作用。

这正是百年来中国学术念兹在兹的矢志以求。早在 1909 年 2 月，洛克菲勒家族派出的第一个访华代表团抵达北京，那时中国尚无现代精深研究之踪影，他们会见最重要教育官员张之洞，听到的是其对在华美国教席学术水平不高，都只是二流学者的抱怨。几乎同时，代表团还会见了学部右侍郎严修，也了解到中国知识界对美国在华教会学校很少开设数理课程，也不太讲授科学知识的批评。①

逮至胡适那个年代，随着 1928 年中央研究院成立，中国现代精深研究已经起步，故他在 1931 年 9 月 14 日的日记中写道："陈援庵先生问：'汉学正统此时在西京呢？还在巴黎？'我们相对叹气，盼望十年之后也许可以在北京了！"② 胡适最亲密的同人傅斯年提出的"我们要科学的东方学的正统在中国"，也受到其高度认可和赞同。正如 1931 年 3 月 14 日，胡适应邀前往顾临家午餐，饭后他谈及一个其动议由中华文化教会基金会拨巨款资助，以提升北大科学研究的计划，让顾临"很满意"。③ 这项动议内容包括设立专职研究教授，扩充图书、仪器及相关设备，提供专项助学金和奖学金，且范围涵盖物理、化学、生物等所有基础文理学科，目的在于尽快促成北大由教学型大学向高水平研究型大学转换。由此说来，不论"在地化"，抑或"本土化"，最高境界不就是要用行动证明当地社会或本土文化并非麻木迟钝、冥顽不灵，而是能够站起来、追上去，成为与外来优质文化或学术机构携手并进的同行者吗?!

---

① 玛丽·布朗·布洛克：《洛克菲勒基金会与协和模式》，第 34 页；约翰·齐默尔曼·鲍尔斯：《中国宫殿里的西方医学》，第 30 页。
② 曹伯言整理《胡适日记全编》第 6 册，第 152 页。
③ 曹伯言整理《胡适日记全编》第 6 册，第 94 页。

胡适现代大学之梦的形成与追求[*]

何卓恩[**]

胡适的一生，很大部分的时间是在大学度过的，参访和演说更是履及中外数百个学府。他对于中国现代大学的发展有强烈的使命感，也通过激励、劝勉、献策、掌校等方式做出了实际的贡献，留下了悲喜兼具的历史记录，值得学界深入探讨。目前学界关于胡适与大学的研究比较集中在他的"争取学术独立十年计划"和他与单个大学的关系两方面，[①] 实际上从思想史的角度观察，胡适有着相当成熟和完整的现代大学梦，"争取学术独立十年计划"只是他现代大学梦的局部，北京大学、中国公学等校只是他具体而微的重点实践场所。本文将试图从思想史角度纵深观察他的现代大学意识之发生、演变和心理进程。

一 兴大学 造文明——胡适现代大学梦的形成

胡适的现代大学意识是何时产生的，是在何种情境下产生的？迄今为

* 本文为教育部重点研究基地重点项目"近代大学与中国政治"（项目号：15JJD770010）系列成果之一。

** 何卓恩，华中师范大学中国近代史研究所教授，台港澳与东亚研究中心研究员。

① 关于前者，主要成果有胡明《胡适关于大学教育设计达略——从〈非留学篇〉到〈争取学术独立的十年计划〉》，《江淮论坛》1993 年第 3 期；童亮：《学术为体、教育为用——胡适与 1947 年"学术独立"论战》，《暨南学报》2015 年第 12 期；等等。关于后者，主要有欧阳哲生《胡适与北京大学》，《北京大学学报》1997 年第 3 期；刘筱红：《追求卓越、坚守自由：北京大学校长胡适》，山东教育出版社，2012；王瑞瑞：《胡适与中国公学》，《近代史学刊》第 11 辑，社会科学文献出版社，2014。

止的研究对此似无专门的考订。现有的资料显示，在留学美国之前，胡适虽已就读和任教中国公学这样一所"自助式"的大学，但很少涉及对大学现代性的整体思考。在胡适留下的文字中，涉及大学的，看法与众人无异，主要还是当作单纯的教育单位。他在澄衷中学闹出一段纠纷后，曾去吴淞会晤就读复旦公学而有所失望的好友郑璋（仲诚），"郑君劝吾下半年权再居澄衷，俟他日觅得好学校，当与吾同学，情甚恳挚也。君复导予游海滨，至复旦新校址观览移时。地址甚大，骤观之，南洋公学不是过也。复旦校规太宽，上课时间亦少，非'苦学生'也"。① 最后胡适决定投考中国公学。这所特殊的大学对他的人生有着不可轻忽的意义，一是锻炼了他作文、讲演、办刊的能力，二是培养了他用力于文学、史学的兴趣和习惯。胡适后来将这所学校看作一个"试行民主政治"的实验场，② 而当时他仍是仅仅从人生阶梯的意义上去理解大学的。胡适关于大学的比较自觉的观念，在留学美国之后才逐步形成。

　　1910 年胡适进入美国康奈尔大学攻读农学，初衷显系职业动机。但当时的美国毕竟是一个蒸蒸日上的现代文明国家，随着对康奈尔大学和其他美国大学了解的加深，胡适逐渐体悟到大学在职业教育以外的意义。从胡适留学日记中，我们不难发现他逐步体悟的蛛丝马迹。例如，1911 年 1 月 30 日有"今日《五尺丛书》送来，极满意。《五尺丛书》（*Five Foot Shelf*）又名《哈佛丛书》（*Harvard Classics*），是哈佛大学校长伊里鹗（Eliot）主编之丛书，收集古今名著，印成五十巨册，长约五英尺，故有'五尺'之名"，③ 表示他注意到美国大学对古今名著的重视，这种重视不受学科专业的限制；2 月 16 日中国学生会集体撰述康奈尔大学创办人的传记，"余分得本校发达史（Historical Development）"，使他有机会直接了解和思考一个著名大学的成长（4 月动笔，8 月完成《康奈耳》，9 月又动笔撰写包括白校长、亚丹校长、休曼校长三个时代的《本校发达史》）；2 月 26 日记，"写植物学与生物学报告。英文须作一辩论体之文，余命题曰《美国大学宜立

---

① 胡适：《澄衷日记》，1906 年 5 月 30 日记事，季羡林主编《胡适全集》第 27 卷，安徽教育出版社，2003，第 39 页。

② 胡适：《中国公学校史》，季羡林主编《胡适全集》第 20 卷，第 147 页。

③ 胡适：《留学日记》卷 1，季羡林主编《胡适全集》第 27 卷，第 107 页。本段注明各日所记均出自《留学日记》，页码从略。

中国文字一科》"，显示他意识到美国大学虽然发达，但忽略中国文明是一大遗憾。1912 年 9 月，胡适由农学院转到文学院学习，更加注意大学之于文明之功能和意义。10 月 4 日记："是日，上午有 Prof. N. Schmidt 演说'石器时代之人类'，辅以投影画片，写人类草昧之初种种生活状态，观之令人惊叹。吾人之祖宗，万年以来，种种创造，种种进化，以成今日之世界，真是绝大伟绩，不可忘也。今年大学文艺院特请校中有名之教师四人每星期演讲一次，总目为'文明之史'，自草昧之初以迄近世，最足增人见闻，当每次往听之。"年底，胡适作为康奈尔大学世界大同分会代表赴费城参加美国大学世界大同总会年会，结识各大学代表，进而对各大学都有所了解。在 1914 年 1 月出版的《留美学生年报》第三年号上，有胡适编制的《美国大学调查表》，这篇美国大学简介，一共列举了 25 所著名大学和 6 所女子大学的基本情况，以便留学生择校攻读，显示出胡适通盘掌握美国大学概貌。有意思的是，同样在该年报上，胡适发表了一篇长文，即《非留学篇》，明确提出了他对于中国留学政策的检讨。

该文是一篇深思熟虑之作，写作期间得闻"湘省陆续选送留日学生四百九十六名，已到东者四百七十名……年共需日币二十一万四千二百七十二元。选送西洋留学生：美六十五名，英二十九名，德十名，法四名，比三名……共需洋十五万九千八百四十元"，感慨"此一省所送已达此数，真骇人闻听！吾《非留学篇》之作，岂得已哉！"① 所以开篇即断言中国留学政策失败，认为留学费时伤财事倍功半，只能作为救急之计、过渡之舟，"留学者以不留学为目的。是故派遣留学生至数十年之久，而不能达此目的之万一者，是为留学政策之失败"。②

不过，这种批评只是表象，胡适真正要表达的，是他对于大学对国家文明进步之意义的理解。他说大学"乃一国学术文明之中心"，一个国家没有大学，单靠留学是"吾国之大耻"，"夫诚知留学为国家之大耻，则不可不思一雪之"，因此"吾国诚以造新文明为目的，则不可不兴大学"。③ 他痛斥中国政府在办大学上眼光短浅，"不知振兴国内教育，而惟知派遣留学"，

---

① 胡适：《留学日记》，1914 年 1 月 24 日记事，季羡林主编《胡适全集》第 27 卷，第 258—259 页。

② 胡适：《非留学篇》，季羡林主编《胡适全集》第 20 卷，第 10—11 页。

③ 胡适：《非留学篇》，季羡林主编《胡适全集》第 20 卷，第 6、10、23 页。

"不知留学乃一时缓急之计，而振兴国内高等教育乃万世久远之图"，且在派遣留学生方面"崇实业工科，而贱文哲政法之学"，"以速成致用为志，而不为久远之计"，① 影响所及，"留学生志不在为祖国造新文明，而在一己之利禄衣食；志不在久远，而在于速成"，"故其所肆习多偏重工程机械之学，虽极其造诣，但可为中国增铁道若干条，开矿山若干处，设工厂若干所耳！于吾群治进退、文化盛衰，固丝毫无与也"。② 他指出，挽救之计在于改变教育方针，以"造文明"为大学之宗旨，以"兴大学"为派留学生之目标。

文章特别提出造文明的时代内涵，称文明有新旧，中国所急需的是新文明之建构。"今日教育之唯一方针，在于为吾国造一新文明。吾国之旧文明，非不可宝贵也，不适时耳！不适于今日之世界耳！""吾国居今日而欲与欧美各国争存于世界也，非造一新文明不可。"③ 造新文明是知识界的共同责任，而大学所负之使命尤其重要，因为"造新文明非易事也。尽去其旧而新是谋，则有削趾适履之讥；取其形式而遗其精神，则有买椟还珠之诮。必也先周知我之精神与他人之精神果何在，又须知人与我相异之处果何在，然后可以取他人之长补我所不足。折衷新旧，贯通东西，以成一新中国之新文明"。而这些，只有大学能够从容进行之，"以是为吾民国之教育方针，不亦宜乎"。④

胡适以康奈尔大学为例，说明大学有"合诸部而成大全"之意，学生可不受专业局限而有更多的文明创造；而专科的目的主要在于造就实用专业人才。这就将大学与专门学校在功能和性质上区别开来，实现了大学认知质的飞跃。他对中国"兴大学"的具体办法做了详细论述，提出了系统的构想。

此文发表后，引起各方反响，胡适自己相当满意，在日记中留下一些记录。例如，1914 年 9 月 3 日胡适出游波士顿各大学，"广东前教育司钟君荣光亦在此。……钟君甚许我所著《非留学》篇，谓'教育不可无方针，君之方针，在造人格。吾之方针，在造文明。然吾所谓文明，固非舍人格

---

① 胡适：《非留学篇》，季羡林主编《胡适全集》第 20 卷，第 11—12 页。
② 胡适：《非留学篇》，季羡林主编《胡适全集》第 20 卷，第 13、17 页。
③ 胡适：《非留学篇》，季羡林主编《胡适全集》第 20 卷，第 18、19 页。
④ 胡适：《非留学篇》，季羡林主编《胡适全集》第 20 卷，第 19 页。

而别觅文明，文明即在人格之中，吾二人固无异点也'"。① 又如，1915 年 1 月 20 日再游波士顿各大学，"是夜，澄衷同学竺君可桢宴余于红龙楼，同席者七人……所谈最重要之问题如下：一、设国立大学以救今日国中学者无求高等学问之地之失。此意余于所著《非留学篇》中论之极详。二、立公共藏书楼博物院之类。三、设立学会。四、舆论家之重要"。23 日归纽约，往访哥伦比亚大学友人严庄，严庄"告我，此间有多人反对余之《非留学篇》，赖同志如王鉴、易鼎新诸君为余辩护甚力。余因谓敬斋曰，'余作文字不畏人反对，惟畏作不关痛养之文字，人阅之与未阅之前同一无影响，则真覆瓿之文字矣。今日作文字，须言之有物，至少亦须值得一驳，愈驳则真理愈出，吾惟恐人之不驳耳'"。② 特别值得一提的是 1915 年 2 月 20 日所记与康奈尔大学英文教师亚丹先生之共鸣：

> 先生问：中国有大学乎？余无以对也。又问："京师大学何如？"余以所闻对。先生曰："如中国欲保全固有之文明而创造新文明，非有国家的大学不可。一国之大学，乃一国文学思想之中心，无之则所谓新文学新知识皆无所附丽。国之先务，莫大于是。……"余告以近来所主张国立大学之方针（见《非留学篇》）。先生亟许之，以为报国之义务莫急于此矣。

亚丹先生对胡适言，办大学最先在筹款，得款后乃可择师；能罗致世界最大学者，则大学可以数年之间闻于国中，传诸海外；并称如中国真能有一完美之大学，则将自己所藏英国古今剧本数千册相赠。胡适"许以尽力提倡，并预为吾梦想中之大学谢其高谊"。这次谈话再次引发了胡适的感慨："吾他日能生见中国有一国家的大学可比此邦之哈佛、英国之康桥、牛津，德之柏林，法之巴黎，吾死瞑目矣！嗟夫！世安可容无大学之四百万方里四万万人口之大国乎！世安可容无大学之国乎！""国无海军，不足耻也；国无陆军，不足耻也！国无人学，无公共藏书楼，无博物院，无美术馆，

---

① 胡适：《留学日记》卷 6，季羡林主编《胡适全集》第 27 卷，第 477 页。
② 胡适：《留学日记》卷 8，季羡林主编《胡适全集》第 28 卷，第 12、16 页。

乃可耻耳。我国人其洗此耻哉！"①

　　刊载《非留学篇》的《留美学生年报》发行量仅数百份，读者限于留学生。胡适决定联系章士钊创办的言论刊物《甲寅》，争取于该刊重刊，以将其现代大学梦进一步引向中国知识界。他致信《甲寅》编者："适去岁著有《非留学篇》，所持见解，自信颇有商榷之价值，以呈足下，请观览焉。适以今日无海军、无陆军，犹非一国之耻，独至神州之大，无一大学，乃真祖国莫大之辱，而今日最要之先务也。一国无地可为高等学问授受之所，则固有之文明日即于沦亡，而输入之文明亦扞格不适用，以其未经本国人之锻炼也。此意怀之有年，甚愿得明达君子之赞助。"② 编者亦认为"文中所论，实于吾国学术废兴为一大关键，书万诵万不厌其多"，乃转载于《甲寅》第 1 卷第 10 号。

　　胡适对他大学见解的情有独钟，并非自恋型的孤芳自赏。高等教育中国虽古已有之，但具有独特建制的大学毕竟不同于历代王朝之太学，亦非民间讲经之书院可比，而是脱胎于西方中世纪、成长于近代世界、对现代文明具有推动作用的"洋物"。晚清以来有识之士为富国强兵、救亡图存，提倡引进者有之，朝野之间起而筹办者亦有之（如京师大学堂、北洋大学堂、南洋公学等的兴办），但对于大学之理解，不甚了了。大学的性质，可有多种界定，因大学的功能可以表现出不同的层次。大致来说，从专业人才培养上说，是教学机构；从学术发展上说，是高深学问研究机关；从社会整体进步上说，属于文明创造基地。在近代中国，最早的大学观念只是在第一层次，如康梁诸公奏章每以"养人才"为开办大学堂之据，以大学为"合各专门高等学"的教育机构，"小学中学者教所以为国民，以为己国之用，皆人民之普通学也；高等、专门学者，教人民之应用，以为执业者也。大学者，犹高等学也"。③ 到民初蔡元培任教育总长，才推进到第二层级，他在出席北京大学开学典礼的演说中提出"大学为研究高尚学问之地"，他主导颁布的《大学令》也规定"研究高深学问"是大学的职能所

---

① 胡适：《留学日记》，1915 年 2 月 20 日、21 日记事，季羡林主编《胡适全集》第 28 卷，第 56、57 页。
② 胡适：《非留学篇》，附言，《甲寅》第 1 卷第 10 号，1915 年 10 月。
③ 《康有为请开学校折》，北京大学校史研究室编《北京大学史料》第 1 卷，北京大学出版社，1993，第 26 页。

在。不过，由于蔡元培很快离职，这一观念未得深入人心，直到几年后受命执掌北大才得以张扬。而胡适在海外提出的大学论，则迅速将大学论跃升到第三层次，当时可谓空谷足音，代表了近代中国大学理论的最高水平。[①]

二　回来了　便不同——胡适实现现代大学梦的最初努力

《非留学篇》重刊于《甲寅》杂志时，胡适已经转学哥伦比亚大学哲学系攻读博士学位。一年半后的 1917 年 6 月 21 日，通过毕业考试却尚未取得学位的胡适登上"日本皇后"号回国，履北京大学校长蔡元培之聘。他抱持一种"我回来了，便不同了"的心情加入这所创办接近二十年的中国最高学府，开始了建设中国现代大学、缔造中国现代文明的努力。"我回来了，便不同了"是人们借以表达胡适使命感和自信的减缩语。语出胡适 1926 年给"求真学社"同学的临别赠言，原话是荷马的诗句"You shall see the difference, now that we are back again"，胡适译为"现在我们回来了，你们请看，便不同了"。英国牛津大学学生以此为自我激励的格言，胡适转送给北京大学求真学社的同学。[②] 人们很自然想到这也是胡适的自期之言。这一浓缩着自信和使命感的格言，正合他留学归国时的心态。

人们普遍注意到胡适回国前一再提出的"造新因"的说法，作为他准备回国开展新文化运动的心理基础。实际上，这也可视为他准备落实"兴

---

① 第三层次的大学论，直到 1920 年代在知识界才多起来，比如李鸿明《民国与大学——大学与大学制》："大学之在民国，较在帝国王国中所负的使命，更为重大。民国之建立与巩固，固在普通教育之普及，一般人民程度之提高，实则社会思想之转移，学说之倡导，科学之发明，其关键全在大学。"（《北京民国大学月刊》第 1 期，1928 年，第 11 页）1930—1940 年代逐渐成为各大学的主要办学思想。如周鲠生执掌国立武汉大学时，便提出现代大学应该有三重使命："第一，造就人才。大学生毕业后大多到社会上服务，充当各方面的领袖，甚至于做官吏等。""第二，提高学术"，"大学是一个学术机关"，"我们应该有学术贡献表现出来"，"在校内造成研究的空气，在'出品'工作上有有学术价值的贡献"。"第三个使命……就是社会的使命。我们的大学，除了造就人才和研究学术之外，还要影响社会，要做社会改造的动力。"（谢红星主编《武汉大学校史新编》，武汉大学出版社，2013，第 108—109 页）

② 胡适：《给"求真学社"同学的临别赠言》，季羡林主编《胡适全集》第 20 卷，第 133 页。

大学、造文明"的心理基础，因为他不仅将造新因与国家政治前途相连接，也明确说："适以为今日造因之道，首在树人；树人之道，端赖教育。故适近来别无奢望，但求归国后能以一张苦口，一支秃笔，从事于社会教育，以为百年树人之计：如是而已。"① 所谓"一张苦口"，无非教学和讲演，所谓"一枝秃笔"，显然是撰文和著书，这都是他意识中一个大学教师的基本职守，也符合他将留学视为兴大学之"过渡之舟"的理念。

胡适到达北大二十天后，新学年开学，在开学典礼上，他以"一张苦口"做了《大学与中国高等学问之关系》的演说。② 演说的主旨没有直接凸显大学与文明的关系，而强化了对蔡元培大学观念的赞同，毕竟"高深学问说"在当时的中国还是新观念，而研究高深学问也是造文明的最重要条件。这一演讲也蕴含另一种意思，即意欲践行兴大学、造文明之梦的胡适，会借助蔡元培校长开启的新风，全力辅助北京大学完成现代性元素的建构，促其起到引领中国现代文明的作用。事实上，在蔡元培治理北京大学的过程中，胡适给予了全面的支持，尤其在对大学制度改革方面。

蔡元培在北大的改革，有三大主轴。一是校务改革，推进民主治校。第一步设立评议会，建立学长制，由学长分任教务；第二步组织各种教授会，由各教授与所公举的教授会主任分任教务；第三步组织各种委员会，研讨教学以外的各种校务。二是学制改革，致力于学、术分流。第一项扩张文理两科并废门改系，第二项法科逐渐独立办学，第三项商科并入法科，第四项裁废工科，第五项预科压缩年限并逐步取消。三是学务改革，实行学生自治，学务管理由年级制转向选科制，并设立研究所，由教授指导本科毕业生继续从事较深的专门研究。这三类改革都得到胡适的助力，有些更是胡适提议的结果。

其中校务改革的第一步在胡适来校之前便已实行，后两步与胡适的主张有关，胡适是教授会制度的倡导者，③ 积极参与教授会和各种委员会制度

① 胡适：《再论造因——寄许怡荪书》（1916 年 1 月 25 日），季羡林主编《胡适全集》第 28 卷，第 306 页。
② 参见胡适《致母亲》（1917 年 9 月 30 日），季羡林主编《胡适全集》第 23 卷，第 131 页。
③ 教授会治校的设想早在民初蔡元培主持制定的《大学令》中已提出，未付诸实施。蔡元培执掌北大初用学长制，教授会制度是胡适提出来的。胡适日记 1922 年 7 月 3 日记事叙述北大人事纠葛时明确提及"后来我提倡教授会的制度"及其对人事的影响，见季羡林主编《胡适全集》第 29 卷，第 670 页。

的建立，还被推为英文系教授会主任和大学组织、预算、出版等多个委员会委员。[①] 1918 年 10 月起胡适当选北大评议会评议员，参与学校最高决策，曾为学校谋划了"五年、十年的计划"。[②] 1919 年和 1922 年还先后代理和当选大学教务长。

学务改革方面，改分级制为选科制和设立各科各门研究所都出自他的提议，他本人先后担任哲学研究所主任（1917 年 12 月）、英文学研究所主任（1918 年 9 月），还一度受命筹办历史研究所。根据他的建议，1917 年 11 月学校还创办了《北京大学日刊》，刊载大学各方面的学务活动信息。这几项提议当然都与胡适的美国求学经验有关。

蔡元培对胡适的改革建议几乎言听计从，只有学制改革与胡适早前对国家大学的设想有所出入。胡适在《非留学篇》中根据美国的体制，结合中国的情况，主张采取国家大学、省立大学、私立大学分别开展的方式。其中，国家大学"不必多也，而必完备精全。今不妨以全力经营北京、北洋、南洋三大学，务使百科咸备，与于世界有名大学之列，然后以余力增设大学于汉口、广州诸地"。国家大学重在学科的完备，这意味着不是要减少大学的工商法诸学科，而是要增设学科。但胡适也有专科学校以应用型人才为培养目标的认识，与蔡元培将大学与专门学校分开的想法近似，在了解到蔡元培"量力而行"集中办好文理两科的意图后，胡适也加以支持。五四运动发生后，蔡元培为保全北大辞职离京，政治当局和保守势力借故打击北大，安福部众议员克希克图准备向国会提交《恢复民国元年大学学制意见书》，想把蔡元培永远挤出北大，恢复北大旧制。胡适迎接杜威回到北大后，很快参与到保卫北大的活动中，一方面设法争取蔡元培回校复长校政，另一方面撰文批驳"恢复民国元年大学学制"之论，指出"这个提议很不通"，是"公然破坏蔡校长两年余以来的内部改革，使蔡校长难堪，使他无北来的余地"的阴谋。[③] 他为蔡元培的三项学制改革所做的辩护，清

---

① 欧阳哲生：《胡适与北京大学》，《北京大学学报》1997 年第 3 期。另据胡适 1919—1920 年的日程表，他参加过哲学教授会、英文教授会和历史教授会。

② 经胡适和各方面人士沟通，蔡元培有了回校的意思，并通过蒋梦麟函告胡适"不要着急"，"他替我打算的五年、十年的计划"和帮学校聘请教授及外国学者的契约，不会"忽然一抛"。《蒋梦麟致胡适》，中国社会科学院近代史研究所中华民国史组编《胡适来往书信选》上册，中华书局，1979，第 59—60 页。

③ 胡适：《论大学学制》，季羡林主编《胡适全集》第 20 卷，第 57、58 页。

楚无误地表达了维护蔡元培学制改革的立场。

除了大学制度改革，胡适在引进师资和扩大生源等方面也对蔡元培有极大支持，这亦是《非留学篇》中对建设国家大学设想的一部分。胡适介绍和经手引进的教授，因他这几年没有留下详细的日记，无从详考，但从他写给蔡元培的信可略知一二。蔡元培因五四事件而辞职南下，6 月 23 日沈尹默等人以北大教员代表的身份到上海挽留，胡适托其转交这封信，并留下托付函："尹默兄：附上信一封，请面交子民，此信务请交去，因这里面有许多事，不但关系我个人的行动自由，并且与大学的信用有关，故不得不郑重奉托。弟适，二十二夜二时。"① 所谓"大学的信用"，主要即指若干引进教员的聘约问题。胡适在写给蔡元培的信里提到的自己经手与校长签订的聘任契约，涉及美国学者克拉克、杜威，中国留学生赵元任、秉农山、颜任光、陈衡哲、林语堂等众多人士。② 至于生源方面，北京大学开放女禁就是胡适倡导的结果，后来逐渐成为大学的通例。

为了大学的成长和兴盛，胡适自身在教学和学术研究上颇为用功，堪称表率。

胡适担任的课程很多，根据江勇振的考证，胡适在北大本科负责哲学系和英文系两系课程，主要本科课程有：中国哲学史（1917—1924）、西洋哲学史（1917—1920）、英译欧洲文学名著（1917）、英诗（1917、1919、1920）、戏剧三（1918）、论理学（1919、1920、1922）、中国近世哲学（1921—1924）、杜威著作选读（1921—1922）、古印度宗教史（1921）、英文演说（1921）、英文作文（1922）、短篇小说（1922）、英汉对译（1924）、清代思想史（1923—1924）等。他还担任"写实主义与自然主义"等一些讲座课。③ 在研究所也开设不少专题课程，包括哲学门的"欧美最近哲学之趋势"和"中国名学钩沉"，英文门的"高级修辞学"，国文门的"小说"（与刘半农、周作人合开）。④ 如此繁重而科目分散的课程对于一个普通教员来说，也许不堪其负，但由于胡适特殊的学养积累，他应对自如。

---

① 胡适：《致蔡元培》，季羡林主编《胡适全集》第 23 卷，第 237 页注①。
② 胡适：《致蔡元培》，季羡林主编《胡适全集》第 23 卷，第 237—238 页。
③ 江勇振：《舍我其谁：胡适》第二部《日正当中，1917—1927》下篇，浙江人民出版社，2013，第 57 页。
④ 江勇振：《舍我其谁：胡适》第二部《日正当中，1917—1927》下篇，第 55 页。

　　江勇振通过细致观察发现，胡适繁重课程蕴含一个"值得玩味的"趋势：虽然每年课程数量未见减少，课程结构却逐渐趋于专精化，从文哲并举到以哲学为主，哲学课程也从中西兼授到聚焦中国哲学；而中国哲学课程自身则越讲越精细，析出中国近世哲学、清代思想史等新课程。这一趋势与学校师资增加的趋势一致——课程驳杂乃因师资紧缺，师资充实则教学从精，反映出胡适在教务方面服从学校需要的风格。

　　胡适教学走向专精，也使他"教著相长"，学术著作频频出炉。年仅26岁的胡适得以受聘最高学府，当然是因为他学术上有可信任的功力。[1] 但到北大后的最初两年，受课程繁重和参与学校改革事务之累，学术文章并不多，[2] 发表的主要是一些鼓吹新文学的文章、杂诗、杂记、杂感等。到1919年情况才得以改变，他的开风气的学术名著《中国哲学史大纲》上卷也在该年出版，蔡元培作序予以高度评价。此后，他又推出《胡适文存初集》（1921），收录近作《清代学者的治学方法》《红楼梦考证》《水浒传考证》等长篇学术论文，他的博士论文《先秦名学史》的英文版也在1922年出版。这些学术成果的密集问世，使他享誉学林的同时，也为大学"高深学问"的探求做出了切实的积累。

　　当然，胡适并没有因为赞成蔡元培的"高深学问"说，就放弃大学的造文明使命。胡适在北京大学教授任上的工作，除了"高深学问"的教学与著述之外，比较直接的"造新因""造文明"，以及在思想文化上替中国政治和社会"建筑一个革新的基础"的活动是他努力的另一个重点。

---

[1]　在当时的学界仍以古典学问之高下为判分学人之标准，胡适要进入北大并在北大站稳亦莫能外。由于自幼积累的古典素养，胡适从弃农转文时起就开始结合现代学术方法探究中国传统学术，留学期间先后撰有《诗三百篇言字解》《尔汝篇》《吾我篇》《诸子不出于王官论》等。蔡元培聘任他的学术依据，并非他的文学主张文字，而是他的《诸子不出于王官论》。余英时曾说："他的'暴得大名'虽然是由于文学革命，但是他能进北京大学任教则主要还是靠考据文字。其中《诸子不出于王官论》成于一九一七年四月，离他动身回国不过两个多月。这篇文笔是专为驳章炳麟而作的，也是他向国学界最高权威正面挑战的第一声。所以就胡适对上层文化界的冲击而言，《诸子不出于王官论》的重要性决不在使他'暴得大名'的《文学改良刍议》之下。"余英时：《中国近代思想史上的胡适》，台北，联经出版事业有限公司，1984，第38页。

[2]　胡适从1917年9月进校到1918年底比较正式的学术论文，目前发现仅有1917年作《墨子小取篇新诂》（发表于1919年《北京大学月刊》3月号）、1918年作《惠施公孙龙的哲学》（发表于1918年《东方杂志》5、6月号合刊）和《墨家哲学》（连载于1918年9月23日至11月9日《北京大学日刊》）三篇。

　　这方面，他的直接同盟军是陈独秀、陶孟和、李大钊、高一涵等人。众所周知，胡适到北大任教，虽然有此前已获蔡元培赏识的基础，直接的原因却是陈独秀向蔡元培的力荐。胡适与陈独秀一年前就在《新青年》上开始了富有默契和信赖的合作，陈独秀受聘北大文科学长尚未到任就致信胡适："蔡子民先生已接北京总长（即北京大学校长——引者注）之任，力约弟为文科学长，弟荐足下以代，此时无人，弟暂充乏。子民先生盼足下早日回国，即不愿任学长，校中哲学、文学教授俱乏上选，足下来此亦可担任。"① 表明对胡适的任教推荐在他应承"充乏"文科学长时即已发生。蔡元培的正面回应，对于早有"兴大学"之梦，期待办好"国家大学"以"造新文明"的胡适来说，可谓正合其意。所以他立即建议陈独秀不仅这个文科学长不要推辞，还要将《新青年》迁到北大，意想将来可作为鼓动新风潮之利器。

　　将《新青年》迁到北大也是蔡元培的意见，所以在胡适进北大之前几个月，《新青年》就移师北上了。这个刊物本来是一个青年励志的杂志，作者基本是与陈独秀有交往的一些皖籍人士和《甲寅》杂志旧识，到了北大后，作者群和读者群均发生重大变化，刊物主旨也随之而变，从 1918 年 1 月起陈独秀放弃个人主编制，由胡适等教授共同成立编委会，采取轮值主编的制度，《新青年》于是成为教授圈子内的"同人刊物"，也就是胡适后来所说的"我们的学报"。② 这个"学报"与《北京大学月刊》的象牙塔学术风格不同，主要是基于教授们专业角度讨论社会公共话题。③ 关于《新青年》在中国现代文明启蒙中的角色，以及胡适所起的作用，研究已很充分，兹不赘述。这里只强调胡适对这个刊物的定位。学界比较重视胡适对这个"新思潮"的定位，即"研究问题、输入学理、整理国故、再造文明"的意义，比较忽略他称《新青年》为"我们的学报"的说法，加上蔡元培为了避免保守人士的攻击而技巧性地将《新青年》说成是北大以外的刊物，使得《新青年》所鼓荡的新文化运动，常被视为大学的体外运动。实际上，在胡适的心目中，《新青年》的"再造文明"仍然是"兴大学、造文明"的一部分。

---

① 《陈独秀致胡适》，《胡适来往书信选》上册，第 6 页。
② 《胡适口述自传》，唐德刚译注，台北，传记文学出版社，1981，第 200 页。
③ 参见何卓恩、张家豪《青年—学界—劳工：〈新青年〉社群诉求的转换》，《武汉大学学报》2015 年第 5 期。

三　"不可救药的乐观主义"——胡适
现代大学梦的挫折与坚守

胡适在对"求真学社"学生的演说里，谈到他回国后努力的结果："到了回国以后，以少年气盛，对于国家的衰沉，社会的腐败，很不满意，故竭力想对于这种行将倾颓的社会国家，作一番大改造的功夫。可是在这种积重难返的社会国家里，想把这两千年来所聚累的污浊一扫而空，把这已经麻木不仁了好久的社会打个吗啡针，使它起死回生，真不容易。也许是我个人的学问不够，经验不足，努力了这许多年，转眼去看看社会，还是一无所动。而且看看这两年来的情形，政治愈演愈糊涂，思想愈进愈颓败。此外如人民的生计，社会的风俗习惯，都没有一件不是每况愈下，真是有江河日下之势。"① 但是他说他并不气馁，他引述丁文江的话，称自己"是一个不可救药的乐观主义者"，虽然社会的腐败机轮依然照旧地轮转着，他仍要继续努力下去。这段夫子自道，用来观察他现代大学梦的追求，亦复如此。

1921年6月底，北大、北京高师、女高师、尚志学会、新学会联合召开欢送会与杜威惜别，主持人范源廉在致辞中说："杜威博士来华讲学，转瞬已届两年。此两年中，既苦天灾，又多政潮，而又加以教育风潮，可谓多事极矣，然博士讲演却不因多事而稍有懈怠。"② 其中所说的"多事"，主要指五四运动开始所不断出现的政潮引发学潮、教潮，学潮、教潮又出现惯性循环的现象。这种现象对于尚称幼稚的中国大学造成极大的挫折，是胡适现代大学梦所遭遇的第一种打击。胡适作为大学中人在这些困扰中常亦不免纠结，却也一直竭尽心智以图挽救。

学潮在很长时期都是困扰胡适大学梦的一大问题。五四运动激发起学生参与社会、干预政治的热情，使既要高深学术又要造新文明的胡适面临坚守象牙塔与迈步街头的两难。

---

① 胡适：《给"求真学社"同学的临别赠言》，季羡林主编《胡适全集》第20卷，第132页。
② 记者：《五团体公饯杜威席上之言论》，《晨报》1921年7月1日，第3版。

　　五四运动发生时，胡适正与蒋梦麟、陶行知两个教育家一起在上海迎接杜威来华讲学，意图通过杜威教育哲学的讲演，使实验的态度和科学的精神在中国教育界生根，来逐步实现根本的教育改革和社会变革。然而事势的变化大出他们意料，以五四运动为发端，"教育界的风潮几乎没有一个月平静的"，内政外交的混乱，逼迫学生一次又一次罢课进行街头抗争。对于这些学生运动，胡适公开表示他的理解和同情，因为读书人关心社会也是大学对于社会文明的责任，"在变态的社会国家里面，政府太卑劣腐败了，国民又没有正式的纠正机关（如代表民意的国会之类），那时候干预政治的运动，一定是从青年的学生界发生的"，从这一方面看，学生运动不仅可以"引起学生的自动精神"，"引起学生对于社会国家的兴趣"，而且能够"引出学生的作文演说的能力、组织的能力、办事的能力"，"使学生增加团体生活的经验"，"引起许多学生求知识的欲望"，有"好的效果"。① 但胡适也不掩饰他内心的忧虑，认为这种变态社会里不得已的事又是"很不经济的不幸事"，既荒废学业，也容易养成一些不健康的心理和习惯，不可长期持续下去。

　　他所说的不健康的心理和习惯，包括"倚赖群众的恶心理""逃学的恶习惯""无意识的行为的恶习惯"等。可惜的是，后来的发展被胡适不幸言中。学生对于社会果然"事事反应"，动辄抗议罢课，大到全民愤慨的五卅事件，小到《晨报》发表对苏俄不友好的言论，甚或校内一些小纠纷，如拒缴讲义费，要求废除考试也成为罢课的理由，使大学陷入危机。对此，胡适忧心如焚。他每有机会面对学生，便呼吁他们调整学生运动的方向，朝注重"学问的生活""团体的生活""社会服务的生活"的方向发展，认为"只有这种学生活动是能持久又最有功效的学生运动"。② 他劝告北大学生能"从学校建设方面着想，慎勿因细小事故不便于自己，便尔骚动，则学校基础愈见稳固"，③ 要求他们"一方面要做蔡校长所说有为知识而求知识的精神，一方面又要成有实力的为中国造历史，为文化开新纪元的学

①　胡适、蒋梦麟：《我们对于学生的希望》，季羡林主编《胡适全集》第21卷，第219、220页。
②　胡适、蒋梦麟：《我们对于学生的希望》，季羡林主编《胡适全集》第21卷，第222页。
③　胡适在蔡元培复职演讲上的谈话，《日记》1922年10月25日剪报，季羡林主编《胡适全集》第29卷，第820页。

阀"，不可滥用罢课。[①] 他屡屡对学生讲述费希特在敌国驻兵的柏林创办大学的故事，以证明 "救国是一件顶大的事业：排队游街，高喊着'打倒英日强盗'，算不得救国事业；甚至于砍下手指写血书，甚至于蹈海投江，杀身殉国，都算不得救国的事业。救国的事业须要有各色各样的人才；真正的救国的准备在于把自己造成一个有用的人才"。[②]

这个时候国民革命已经兴起，青年对于 "直接行动" 的热情已经超越对 "学术救国" 的崇信，胡适的这些劝勉作用微乎其微，还不时遭受各种攻击，指其是对民众运动消极的 "付之一叹"，[③] 或者 "为外国帝国主义的宣传者"。[④] 胡适略感欣慰的是 1925 年 4 月北京学生包围章士钊家宅（因其宣布将合并京城八校、整顿学风）的那场学潮，北大学生以 1100 多人投票 800 多人反对否决了参与罢课的提议，称 "可喜的不在罢课案的被否决，而在（1）投票之多，（2）手续的有秩序，（3）学生态度的镇静"。[⑤] 但这种欣慰也只维持了 20 天，很快便发生五卅运动，全国罢课，三个多月间由对外的抗议演变为对内的破坏。

学潮以外还有教潮。北京政府始终未能实现政治统一，军阀混战经常造成教育经费的挪用，以致大学运行费用不时停发。1921 年夏，包括北京大学在内的北京八所高等学校的教授忍无可忍，联合发起罢教、辞职抗议，引发教潮。教潮发起时，胡适内心也很矛盾，一方面体谅同人 "大概饭碗问题第一重要" 的心境，[⑥] 赞成各大学组成联合委员会抗争，不时还提出一些建议；另一方面却认为辞职和罢教伤害的是大学，损失的是学生和学术，屡屡提出组织学术讲演会[⑦]、事后补课[⑧]等补救方案。

这次教潮因为 "六三" 流血事件之逼迫而得财政、交通、教育三部协议解决，胡适关心的重点更加集中到大学教授的职责方面，称："北方决不

① 胡适：《在北大开学典礼上的讲话》（1921 年 10 月 11 日），季羡林主编《胡适全集》第 20 卷，第 72 页。

② 胡适：《爱国运动与求学》，季羡林主编《胡适全集》第 3 卷，第 822 页。

③ 刘熙：《关于〈爱国运动与求学〉的来信》，《现代评论》第 2 卷第 42 期，1925 年 9 月 8 日，第 20 页。

④ 汉口晨报记者：《李翊东质问胡适书》，季羡林主编《胡适全集》第 30 卷，第 202 页。

⑤ 胡适：《爱国运动与求学》，季羡林主编《胡适全集》第 3 卷，第 819 页。

⑥ 胡适：《日记》，1921 年 5 月 27 日记事，季羡林主编《胡适全集》第 29 卷，第 270 页。

⑦ 胡适：《日记》，1921 年 5 月 27 日记事，季羡林主编《胡适全集》第 29 卷，第 270 页。

⑧ 胡适：《日记》，1921 年 6 月 28 日记事，季羡林主编《胡适全集》第 29 卷，第 325 页。

可无一个教育中心，我们无论如何，终当竭力奋斗，保存北京的几个高等教育机关。我们这一年多以来，为了教育经费问题，不幸荒废了无数学子的无价光阴，这是我们很抱歉、很惭愧的。现在这个问题总算有个结束了。我的希望是，我们以后总要努力做点学问上的真实事业，总要在黑暗的北京城里努力保存这几个'力薄而希望大'的高级学校，总要使这一线的光明将来逐渐战胜那现在弥漫笼罩的黑暗。"①

罢课时间共计三个半月，本来议定以延长一学期为补课办法，可是后来实际补课时间被缩短为一个月，胡适以为这"实在是敷衍欺骗的办法"。他要求蔡校长仍恢复延长学期的办法，使各学科依平常进度授完，并严格学务管理。② 不过出于种种原因，此议似未被采纳。

大学在中国本来就百废待兴，教潮和学潮对大学建设更是雪上加霜，胡适的挫折感不言而喻。1920 年开学典礼上他对同人和学生说："我们大学里四百多个教职员，三千来个学生，共同办一个月刊（指《北京大学月刊》——引者注），两年之久，只出了五本。……《大学丛书》出了两年，到现在也只出了五大本。……《世界丛书》……至今却只有一种真值得出版。"他称这是学术界大破产的现象。③ 1922 年北大校庆大会上他又痛切指出："学校组织上虽有进步，而学术上很少成绩；自由的风气虽有了，而自治的能力还是很薄弱的。"④ 友人不满北大风潮频仍，对他说："我们信仰一个学校的表示，是要看我们肯把自己的子弟送进去。现在我有子弟，决不向北大送。"胡适回答："老实说，我自己有子弟，也不往北大送，都叫他们上南开去了。"⑤

不过对于一个"不可救药的乐观主义者"而言，失望并不会动摇他对理想的坚守。1921 年商务印书馆编辑主任高梦旦力劝他辞去北京大学教职，去商务印书馆"做我们的眼睛"，胡适虽也认为这是一件很重要的事业，仍

① 记者：《胡适之之谈话》，《时事新报》1921 年 7 月 23 日，季羡林主编《胡适全集》第 29 卷，第 379 页。
② 胡适：《日记》，1921 年 9 月 25 日记事，季羡林主编《胡适全集》第 29 卷，第 465—466 页。
③ 胡适：《提高与普及》（1920 年 9 月 17 日在北京大学开学典礼上的讲演），季羡林主编《胡适全集》第 20 卷，第 67 页。
④ 胡适：《回顾与反省》（1922 年 12 月 17 日在北京大学二十五周年校庆上的讲话），季羡林主编《胡适全集》第 20 卷，第 103 页。
⑤ 胡适：《日记》，1922 年 10 月 19 日记事，季羡林主编《胡适全集》第 29 卷，第 799 页。

坚决地谢绝了这个提议，他的理由是："我是三十岁的人，我还有我自己的事业要做；我自己至少应该再做十年、二十年的自己（的）事业，况且我自己相信不是一个没有可以贡献的能力的人"；① "大概我不能离开北大"。② 1922 年母校哥伦比亚大学校长高薪邀请他去长期讲学，他"拟辞不去"；③ 王宠惠组织好人内阁前夕，派人劝他去做教育次长，他当即表示"我决不干"。④ 他将对北大的责任视同对中国现代大学的责任。他发自内心地期待北大从浅薄的新名词"普及"运动，回到一种"提高"的研究功夫，认为"我们若想替中国造新文化，非从求高等学问入手不可"，"唯有真提高才能真普及"。⑤ 作为研究高等学问重要设施的北大图书馆遭遇火险，胡适首先站出来提议教职员同人捐俸建筑图书馆。⑥ 他在重新恢复的日记中留下了大量"谈大学事"的记录，其中也涉及"通盘计划"的制定。⑦

胡适是北大人，但他所关心的现代大学事业不限于北大。例如，他在日记中写道："我们对于山西，不该下消极的谩骂，应该给他一些建设的指点。现在山西第一要事在于人才。山西大学便是第一步应改良之事。我当为阎百川一说。"⑧ "早八时，为最后之讲演，题为'对于安徽教育的一点意见'：一、几个具体的提议：安徽大学……现在安徽有所谓'高等系'、'南高系'、'北大系'、'两江系'、'湖北高师系'等等派别，皆是'学阀'（与上文学阀一词含义不同——引者注），皆当打破，只认人才，不问党系。"⑨

1922 年胡适参与教育部新学制的制定，这个史称"壬戌学制"的《学校系统改革案》规定"大学校合设数科，或单设一科，均可"，引起各地专门学校的升格运动，新的大学也纷纷成立。一些地方不等学制文件正式颁布即闻风而动，跃跃欲试。"增设大学"是胡适"兴大学、造文明"的一贯

① 胡适：《日记》，1921 年 4 月 27 日记事，季羡林主编《胡适全集》第 29 卷，第 218 页。
② 胡适：《日记》，1921 年 7 月 18 日记事，季羡林主编《胡适全集》第 29 卷，第 366 页。
③ 胡适：《日记》，1922 年 2 月 23 日记事，季羡林主编《胡适全集》第 29 卷，第 523 页。
④ 胡适：《日记》，1922 年 9 月 4 日记事，季羡林主编《胡适全集》第 29 卷，第 739 页。
⑤ 胡适：《提高与普及》，季羡林主编《胡适全集》第 20 卷，第 68、69 页。
⑥ 胡适：《日记》，1921 年 5 月 3 日剪报，《北大教职员捐俸建筑图书馆》，季羡林主编《胡适全集》第 29 卷，第 234 页。
⑦ 胡适：《日记》，1922 年 6 月 1 日记事，季羡林主编《胡适全集》第 29 卷，第 638 页。
⑧ 胡适：《日记》，1921 年 5 月 11 日记事，季羡林主编《胡适全集》第 29 卷，第 243 页。
⑨ 胡适：《日记》，1921 年 8 月 6 日记事，季羡林主编《胡适全集》第 29 卷，第 403—404 页。

主张，但他并不认为多多益善，他的实验主义思维方式随时提醒他凡事应脚踏实地、量力而行。所以当陈炯明要他去办广东大学时，他告诫"此时先努力把广东的治安办好，不妨做一个阎锡山，但却不可做杨森。借文化事业来做招牌，是靠不住的"。① 他得知张作霖要办东北大学，也"劝他不要办大学，大学不是容易办的。现在中国的人才有多少？够办几个大学？不如拿他们筹的五十万元作基金，于三年之内办三个好的高级中学"。②

1925 年胡适到武汉讲学，发现这斗大山城里有国立武昌大学、国立武昌商科大学、省立武昌文科大学、省立武昌医科大学、省立武昌法科大学、省立武昌农科大学，还有教会办的华中大学、私立中华大学等众多大学，觉得不胜其怪。他认为公立大学应该合并，"第一步宜合并武大与商大，第二步宜合并省立各分科大学为一大学，第三步然后合并为一个武昌大学，名义上为国立，而省政府担负一部分的经费。或者划分武昌大学区，以两湖为主，担负大部分的经费，而邻近各省分担一部分的经费"。③ 一年后国立武昌中山大学（后更名国立武汉大学）大体采取的即是合并的思路。

在一个贫弱的国家，经费始终是大学发展的一个瓶颈。胡适在武昌各大学合并方案中，考虑的一大因素即为经费。胡适很注意大学经费的筹措，在参与各校争取政府教育经费的同时，也设法多方寻找经费来源。他的留学受惠于美国退还的庚款，其他列强在美国之后也有退款之意，成为胡适努力的途径之一。他曾主导制定英国和日本退款使用办法，将这些款项除部分用于选派对口留学外，大旨以"捐助国立大学，使他们成为强固的学识中心"为主。④ 具体而言，包括在国立大学设英国、日本学术讲座，为一些大学设置英国、日本图书基金等。⑤

胡适在五四运动以后特别强调大学的治学，主张学术上的"提高"重于"普及"，但这不是说要放弃过去《新青年》那种新文化传播，而只是说不赞成五四以后学界被各种炫目的"主义"所迷的风气。"研究问题、输入学理"式的社会文化传播事业，仍然没有在他的心目中淡去。他不满迁回

① 胡适：《日记》，1922 年 9 月 4 日记事，季羡林主编《胡适全集》第 29 卷，第 739 页。
② 胡适：《日记》，1922 年 9 月 30 日记事，季羡林主编《胡适全集》第 29 卷，第 767 页。
③ 胡适：《日记》，1925 年 9 月 26 日记事，季羡林主编《胡适全集》第 30 卷，第 198 页。
④ 胡适：《日记》，1921 年 6 月 25 日记事，季羡林主编《胡适全集》第 29 卷，第 320—321 页。
⑤ 胡适：《日记》，1922 年 7 月 6 日记事，季羡林主编《胡适全集》第 29 卷，第 673—674 页。

上海后《新青年》"色彩过于鲜明"，提出或再迁北京，重新注重学术思想艺文的改造，或另创一个哲学文学杂志的办法。① 后来，在他主导下先后创办了《努力周报》《现代评论》等刊物，除了继续谈文学、文化问题（如对梁漱溟、张君劢文化观的回应），也发展到讨论政治（如对好政府主义的提倡和对国民革命的评述）。不过，此时他不再将这些表达社会意见的刊物视作"我们的学报"了，而主张属于个人对于社会的参与，希望这些意见作者各负其责，"不要牵动学校"。②

　　这些都是胡适在遭遇挫折之际所做的努力，足以诠释他《努力歌》中的诗句"天下无不可为的事"。当然，要说胡适心态上完全不受挫折的影响，那也不近人情，有违事实。1922 年 2 月，他已经"决计明年不教书，以全年著书"。③ 4 月，他向蔡元培提出辞去教务长之职，理由一是"为己"，要集中时间用于学术研究；二是"为大学"，担心自己的能力会导致大学百务废弛。④ 这也许是他"穷则独善其身"心态的表示。1923 年开始，胡适身体接连发生状况，他基本在长期告假养病中度过。他的病和他的告假，颇引起一些人的疑虑，上海《民国日报》邵力子甚至提出了"胡适先生到底怎样"的疑问，以为与国务会议"取缔新思想"的议案有关系，是"三十六计，跑为上计"。胡适拒绝承认他是惧于政治而"跑"，但他承认"去年在君们劝我告假时，我总不舍得走开；后来告假之后，颇有意永远脱离教育生活，永远作著书的事业"。⑤ 也有人疑心他告假是因为灰心，"大学堂的学生不肯上心用功是使胡先生灰心的直接原因，大学堂的一部分办事人不肯容纳胡先生的主张也许是使胡先生灰心的间接原因"，胡适对此予以否认，但也承认"我有两个足年不曾有什么提议了"。⑥

　　1926 年 7 月胡适去欧洲之前在北京大学学术研究会上做了一次讲演，说起他的心境："我差不多有九个月没到大学来了！现在想到欧洲去。去，实在不想回来了！能够在那面找一个地方吃饭，读书就好了。但是我的良

①　胡适：《答陈独秀》，季羡林主编《胡适全集》第 23 卷，第 281—282 页。
②　胡适：《这回为本校脱离教育部事抗议的始末》，季羡林主编《胡适全集》第 20 卷，第 119 页。
③　胡适：《日记》，1922 年 2 月 23 日记事，季羡林主编《胡适全集》第 29 卷，第 523 页。
④　胡适：《日记》，1922 年 4 月 26 日记事，季羡林主编《胡适全集》第 29 卷，第 602 页。
⑤　胡适：《我的年谱》（1923），季羡林主编《胡适全集》第 30 卷，第 163 页。
⑥　胡适：《松林中的一点误解》，《晨报副镌》1924 年 6 月 20 日，第 3 版。

心是不是就能准许我这样，尚无把握。那要看是哪方面的良心战胜。"① 这回他暂时没有再彰显自己那"兴大学、造文明"的"梦想"了。

四 结语

暂时的生命低潮并不意味着理想的放弃。胡适建设中国大学方面的"良心"战胜了留在欧洲生活的想法，一年后他从欧洲归国，重拾旧业，先后担任中国公学校长、北京大学文学院院长，抗战胜利后担负北京大学校长，继续为中国现代大学事业做努力。他也遭遇了各种打击，有些打击甚至是留学归来的最初几年所没有的。

比如教育党化的打击。在胡适现代大学梦的表述中，最初并未特别标示自由原则，这是因为当时处在北洋军人政府时代，陷于军政纷争的军事强人事实上欲完全剥夺大学自由而不得。但胡适的现代大学梦仍然是视自由为大学题中应有之义的，因为他认为没有自由便没有学术的成长，更没有文明的创造。胡适旅游回国时，国民政府已经建立，实行党国体制，政治强势干预教育，大学赖以成长的"兼容并包、思想自由"被剧烈侵蚀。他接手中国公学校长在 1928 年 4 月，当时北大已被并入北平大学，经费严重不足，师资流散，不再具有最高学府的声威。国民政府重点建设的中央大学，很快也陷于难以止息的内部风潮。在这种情境下，胡适曾表达将中公建成新最高学府的心愿。他以协助蔡元培治理北大的方式，为中公制定了校务规章，并为强化文理沟通、优化办学资源，将文、法、商、理工四院调整为文理、社会科学二院。他还设法较好解决了办学经费问题。然而，由于胡适在人权、约法等问题上发表与当局相左的意见，且在治校中贯彻党化方面态度消极，中国公学迟迟得不到政府立案，最后他不得不以辞去校长职务来挽救学校的生存。

又如战争的打击。北洋政府时期军阀混战对大学的冲击主要表现在办学经费的挪用上。国民政府时期连续出现对外和对内的全面战争局面。胡适结束中国公学校长使命后北上重任恢复独立建制的北京大学教职，很快

---

① 胡适：《学术救国》（1926 年 7 月在北京大学学术研究会上的讲演词），季羡林主编《胡适全集》第 20 卷，第 138 页。

九一八事变发生，胡适为大学持续和民族生存联合各校教授创办《独立评论》，提出各种内政外交建言。七七事变日军全面侵华成为事实，胡适被迫离开大学讲坛出任驻外大使，北京大学和国内绝大多数大学一样不得不向偏远内地迁徙，历尽战火洗礼和困苦艰辛方度过战争危机。大学复员之际，胡适被任命为北京大学校长，他为北大提升学术殚精竭虑的同时，也为国家提出建设重点大学的十年规划，尚未及实施，国共全面内战又起，大学再次面临存亡危机。1948 年 12 月 15 日胡适被国民党"抢救"南下，离开了他不愿离开的北京大学，他的"兴大学、造文明"之梦至此遭遇重挫。①

尽管胡适没有看到中国现代大学梦的梦圆，② 其诉诸"造文明"的大学理想，不啻为中国近代大学史上的重要遗产，对当代建设世界一流大学也提供了重要启示。

---

① 胡适离开北京大学后，未再任教于任何一所中国人办的大学，虽然形式上受聘过台湾大学兼任教授。他就任台北中研院院长后，曾提出并实施类似于"教育独立十年计划"的"长期科学发展五年计划"，但针对的已不限于大学。他在台湾各大学的实际活动限于为数不多的几次讲演。

② 胡适大学梦未圆不意味着民国时期"兴大学、造文明"的事业没有成就。事实上，在民国仅有的 38 年中，中国各类大学不仅数量上增长十倍以上，而且品质逐渐提升。民国结束前夕，北京大学、中央大学、清华大学、武汉大学、浙江大学等国立大学开始出现跻身世界名校之势，南开大学、厦门大学等私立大学，圣约翰大学、金陵大学、燕京大学等教会大学也各具特色和声誉。尤其值得一提的是抗战时期由国立北京大学、国立清华大学和私立南开大学合并组建的西南联合大学，短短八年间在艰难的环境中筚路蓝缕，造育大批与世界接轨的尖端人才，创作出许多学科成体系的学术经典，且通过生机勃勃的校园生活为民族营造了集民族精神与时代精神于一体的文明堡垒，可谓"兴大学、造文明"事业的一大奇迹。

胡适与南京高师暑期学校

杨金荣[*]

1920 年 6 月 1 日至 5 日，上海《申报》连续刊登了一则广告，题为《南京高师暑期学校国语讲习科招生》，全文如下：

> 本校为推广教育起见，于暑假期内组织暑期学校，延请北京大学、南开大学及本校教员分任学程廿七门：王伯秋（市政），朱美春（团体游戏及竞技运动），何鲁（高等数学），周槃（注音国语），胡适（古文文法与白话文法之比较、中国古代哲学史），胡先骕（天演学说、植物学教授法、植物学教授法实验），俞子夷（小学组织法、小学教学法），凌冰（儿童心理学、青年心理学），陶履恭（社会问题、教育社会学），梅光迪（文学概论、近世欧美文学趋势），陈鹤琴（实验教育心理学），陈荣贵（木工、金工），贺懋庆（用器画、投影画），张谔（英语教授法、英语语音学），杨铨（马克斯资本论），刘经庶（近代西洋哲学史），赵士法（个人及公众卫生学），卢颂恩（与朱美春同），并设有国语讲习科，专教关于国语方面各学程，修业期限均六星期，学员男女兼收。五月二十日至六月二十日为报名时期，愿学者欲知详细章程，可向本校教务处索取。[①]

---

[*] 杨金荣，南京大学信息管理学院教授。

① 《南京高师暑期学校国语讲习科招生》，《申报》1920 年 6 月 1 日，第 2 版。这份广告不是南京高师暑校最早刊登的广告，盖前此南高暑校在他报已登过广告，1920 年 5 月 14 日陶行知致胡适函有如下一语："暑期学校章程已经付印，广告今天见报。"（参见杜春和等编《胡适论学往来书信选》下册，河北人民出版社，1998，第 1168 页）可能效果不彰，改登《申报》。

这可能是第一份中国大学暑期学校的招生广告。举凡暑期学校的目的、拟开设课程、拟授课的教员、暑期学校的时长、报名对象、报名时间等要件，尽在这则近 400 字的广告中。广告发布者南京高等师范学校（以下简称"南高师"或"南高"），也是中国近代暑期学校的首创者。①

一　南高师首创中国大学暑期学校

暑期学校源于西方大学。美国大学的暑校，早已有之。胡适留学美国期间，就修读了不少暑期学校课程。1911 年暑期班，修读了化学；1912 年修读了演讲、历史学、财政学；1913 年修读了教育学、演讲与阅读、英文。② 这是胡适在康奈尔修读暑期课程的概况。在日记、书信中，胡适不止一次提及暑期学校。1914 年 6 月 29 日日记："黄监督（鼎）忽发通告告与各大学，言赔款学生，非绝对必要时，不得习夏课。"③ 1914 年 8 月 13 日日记："本校夏课学生人数：总数 1436，其中有本校学生 511，大学毕业生 263，作教员者 602。"④ 7 月 23 日他在致母亲的信中提到"昨夜此间'世界学生会'开会欢迎夏校学生，儿为此夜主要演说者"。⑤ 这些是胡适在哥伦比亚大学的记录。"夏课"即暑期学校课程。前者透露出当时庚款留美学生与在美的监督官员对待暑校截然不同的态度，后者记录了哥大当年暑校的人员结构。

南高首创国内大学暑期学校，借鉴了美国大学暑期学校的做法。南高暑校两位最主要的推手郭秉文、陶行知，均自美国留学归来。郭秉文是国际舞台上最知名的中国近现代教育家、中美教育交流的先驱，1914 年以论文《中国教育制度沿革史》获得美国哥伦比亚大学博士学位，成为有据可考的中国最早的教育学博士，曾连续三次被推举为世界教育学会副会长兼亚洲分会会长。⑥ 陶行知 1914 年去美国留学，获得美国伊利诺伊大学硕士

---

① 牛君籍：《东大暑校之过去及现在》，《民国十二年第四届国立东南大学暑期学校概况》，油印本，南京大学藏。
② 参见周质平《胡适与韦莲司：深情五十年》，北京大学出版社，1998，第 12—13 页。
③ 曹伯言整理《胡适日记全集》第 1 册，台北，联经出版事业有限公司，2004，第 343 页。
④ 曹伯言整理《胡适日记全集》第 1 册，第 444 页。
⑤ 耿云志主编《胡适遗稿及秘藏书信》第 21 册，黄山书社，1994，第 176 页。
⑥ 王德滋主编《南京大学百年史》，南京大学出版社，2002，第 54 页。

后入哥伦比亚大学师范学院研究教育，是美国著名的实用主义教育家杜威的学生。他和郭秉文校长都是发起邀请杜威来华的核心成员。陶行知是南高首届暑期学校的校长。在郭秉文、陶行知等南高留美归国学者的推动下，南高暑校于1920年正式开办。

南高暑期学校首次尝试吸引了许多优秀学子，学员中有北京大学在读学生周仰煦，女子高等师范教员吴贻芳，后来成为军政领袖人物的胡宗南（琴斋）、杭立武、张其昀，还有成为一代词学大师的夏承焘。① 从规模看，当年有来自全国17个省份的1041位学员参加了暑校。② 学员组成包括："小学职教员694人，中等以上职教员123人，中等学校毕业生90人，高等专门大学肄业生83人，高等专门大学毕业生14人，地方办事人员30人，中等毕业同等学力7人。"③ 由于报名人数不确定，且木工、金工、用器画、投影画、植物学教授法、植物学教授法实验等6门课，报名者人数无多，按照规定取消。首届暑期学校的"学程"中，马克思《资本论》、市政两门课，改为普通演讲。原先的27门课剩下19门，另外加授"童子军""欧史之价值""心理问题之研究"3门，④ 暑校共开设22门课。教员来自6所学校，中外学者兼有，不少为知名学者或社会名流，"于演讲关于学术上各问题，冀增进新知而助兴味"。⑤

暑校时长6周，⑥ 安排演讲30余次，除去星期日，平均每天有一场，既有当时最前沿的马克思主义理论、杜威学说等，也有纯粹学术研究、学术方法的讲题。表1系南高首届暑校学者演讲目录，有助于我们重建和想象南高暑校学术活跃的图景。

---

① 《南高暑期学校校友录》，《民国九年南高第一届暑期学校概况》，油印本，东南大学藏。
② 这1041名学员计有江苏585人，浙江167人，安徽140人，河南26人，湖北22人，广东18人，湖南17人，江西16人，山东13人，广西13人，福建7人，贵州5人，四川4人，直隶4人，云南2人，陕西1人，山西1人。其中年龄最高者59岁，年龄最低者16岁。参见《各省男女学员总数比较图表》《全体学员年龄比较表》，《民国九年南高第一届暑期学校概况》。
③ 《民国九年南高第一届暑期学校概况》。
④ 陶行知：《办理暑期学校及国语讲习科报告》，《陶行知全集》第1卷，四川教育出版社，2005，第288—299页。
⑤ 陶行知：《办理暑期学校及国语讲习科报告》，《陶行知全集》第1卷，第289页。
⑥ 南高第一届暑期学校1920年7月12日开学，8月21日结束。参见《大事记》，《民国九年南高第一届暑期学校概况》。

表1　南高第一届暑期学校演讲目录

演讲时间	演讲者/翻译者	演讲题
7月12日晚	赵仲则	卫生
7月13日晚	杜威夫人/李玛理	美国女子教育之起点
7月14日晚	杨杏佛	增进个人效率之原理与方法
7月20日	谢穆尔/陆志韦	公民服务
7月21日	任叔永	美国学术界之新问题
7月21日	王长平	语言心理学（为国语讲习科）
7月22日	顾拯来	童子军在教育上之价值
7月22日	唐闰生	中国创办童子军之历史
7月28日	陆志韦	超人之心理评论
7月28日	朱进之	今后世界经济问题之解决
7月29日	洪北平	白话文法
7月29日起	南京科学社	
7月30日	张士一	国语问题
8月1日	俞凤宾	学校卫生之要旨；近世卫生思潮之社会卫生
8月4日	江亢虎	美国之文化
8月4—6日	陈衡哲	欧史的世界价值（附讲历史方法）
8月5日	江亢虎	图书馆问题
8月6日	杨杏佛	马克斯传略
8月9—21日	麦克乐	体育学说最近之进步；地方体育推广法
8月11日	美国芮公使	中美邦交
8月11日	沈信卿	教育与人格
8月12日	杨念典	注音旗语
8月12日	黄任之	教育行政问题；职业教育
8月12日	穆藕初	实业与教育之关系（面向植棉讲习会）
8月14日	都之华	华工在法国之生活
8月15日	杨杏佛	马克斯学说与中国劳动问题
8月16日	郑晓沧	杜威学说
8月17日	邹秉文	中国之农业教育
8月18日	麦克乐	体育与共和国民之关系
8月18日	过探先	中国农业之危机及其补救方法
8月19日	王伯秋	市政

资料来源：《大事记》,《民国九年南高第一届暑期学校概况》。

　　课程、演讲之外，一系列的社会活动也增添了暑期学校的活力。南高充分利用地缘优势以及教员的学术背景，依靠在宁的学术资源开展活动，也有与国内重要教育机构及国外大学之间的联系，积极开展活动，主要有：（1）共享学术资源，拓宽学员视野。7月29日起每日下午3时半至5时，科学社举办演讲，暑校学员皆得领证往听。（2）专题研讨。少年中国学会南京分会组织苏、浙、鄂、湘诸省暑校学员之任小学教师者，开会讨论小学教育问题；根据暑校学员小学教职员过半的特点，召开儿童用书研究会。（3）邀请国外大学学生与社团交流。7月17日，日本东京女子高等师范三、四年级学生12人，男女教职员5人来暑校参观；7月26日，美国加州大学东亚旅行音乐团21人应暑校之请来校演奏。①

　　暑校还与行业对接，在校园举办三次博览会，增加学员对行业的切身认知和了解。7月17—18日，开农业展览会；8月1日，开卫生及博览展览会；8月12—13日，开职业教育博览会。学员通过亲历博览会，对相关行业和事业得以有近距离的认识。

　　暑期学校学员人数多、活动丰富，南高也遴选了在读的优秀学子充任暑期学校"服务学员"，他们中有"帮理上课及报名手续者"及"笔迹学程者"（近代西洋哲学史、教育社会学）的缪凤林，有"记载缺席者"（英语教授法、英语语音学、高等算学三门学程）和在"图书馆帮理收发书籍者"的严济慈、向达，有"展览会陈列招待及编辑等事者"、后来当选第一届中研院院士的吴定良。②

　　南高暑校最有价值的尝试是招收女生86人，占总学员的8.3%。为招收女生，暑校聘请校长办公处副主任刘伯明先生的夫人徐亦蓁女士为女生指导员，邀请了时在中国的杜威夫人做"美国女子教育"的演讲，策划以女学员为主体的摄影活动，包括杜威夫人率女学员前往租借的女生宿舍，女学员公饯杜威夫人及欢迎暑校教员，又邀请了中国大学第一位女教授陈衡哲做学术演讲。③ 这些活动都是对旧势力反对男女同校无声且有力的反击，具有开风气之先的意义。

---

① 《大事记》，《民国九年南高第一届暑期学校概况》。
② 《暑期学校及本校服务学员一览》，《民国九年南高第一届暑期学校概况》。
③ 《演讲员》，《民国九年南高第一届暑期学校概况》。

南京高师和北京大学在国内同时相约开女禁，招收女生进校。南高在1920年4月7日的第十次校务会议上票决通过"招收女生委员会"议决案，暑期开始招收女生。① 1920年暑期招收8名女学生，7人是教会学校出身，另一人是南京一女师毕业；同年10月，北京大学招收了7名正式女生，2名旁听女生。② 南高暑期学校的86名女生，有65名来自非教会学校，21名来自教会学校，非教会学校出身的女学员超过了3/4，这为此后南高师等中国大学男女同校、男女学生同班学习做了切实的演练，暑期女学员入校成为中国大学男女同校之先行试验。

南高暑期学校也成为中国大学教育改革的实践之场。暑校采取自由开放的选课制，试行学分互认，学员获得的学分可以获得自己所在学校承认。南高曾函询各大学，暑校尚未开始，就得南开大学复函称："贵校暑期学校虽属创办，而规模已臻完善，至为钦佩。如敝校学生入贵校暑期学校，肄业所习学程有与敝校学程程度相等者，即应斟酌情形，准其以暑期学校所得学分替代云云。"③ 学分得到大学承认，这是南高第一届暑校获得认可之处。

二　南高暑校力邀胡适南下讲学

创办暑期学校，教员是关键。除了南高本校的刘伯明、陈鹤琴等教员，陶行知还特别聘请北京大学教员胡适、陈衡哲，南开大学教员凌冰、梅光迪，金陵大学教员钱天鹤，中国青年会体育科教员麦克乐，江苏第三师范学校顾拯来、唐闰生等，担任素有研究之"学程"。④

上述教员大多是留学美国或英国的"海归"，或直接就是外籍教员，如美国人麦克乐。在这些教员中，胡适无疑是最具声望的学者。作为哥伦比亚大学的校友兼安徽老乡，又都是杜威实验主义哲学的追随者，陶行知自然不会放过借重胡博士的名望为暑期学校加持的机会。

南高暑期学校章程发布的同时，陶行知就函请胡适暑期南下讲学，并

---

① 吴玫主编《影像南大——南京大学百年图传》，南京大学出版社，2015，第31页。
② 王德滋主编《南京大学百年史》，第82页。
③ 《南京》，《申报》1920年6月21日，第7版。
④ 陶行知：《办理暑期学校及国语讲习科报告》，《陶行知全集》第1卷，第289页。

且希望他能够多分担些任务，拟请他讲授的课程包括"中国古代哲学史"、"白话文法"及"西洋近代哲学史"，这些都是胡适当年在北大开设的课程，不必做特别的准备。但胡适暑期有著书的任务。当时他应亚东图书馆之约，要写一篇《水浒传考证》，放在亚东图书馆标点、分段本的《水浒传》一书之后，作为新版《水浒传》的一部分。胡适在复陶行知的函中称，"暑期要休息"，意即不能让讲课占据太多时间。陶行知体谅胡适的忙碌，他在1920年5月14日致胡适的信中说：

> 吾兄要在暑期休息，也是一件好事，我很赞成。但是在南京演讲，也如同休息一样。如果精力不足，就照前议演讲《中国古代哲学史》和《白话文法》，至于《西洋近代哲学史》，可以取消。我并且要为你找一个适意的地方居住，包你可以读书休息，包你可以免除一切无谓的应酬。总之，我希望你休息，希望你在南京休息，更希望你寓休息于有限制的演讲。①

陶行知担心胡适因"暑期要休息"而不能南下，致信叮嘱胡适，千万不能有变更："暑期学校章程已经付印，广告今天登报。南方学界都晓得你已经允许在暑期学校讲演。大家都希望你来，如果变更，一定要使大家失望。"② 陶行知深知胡适爱惜羽毛，抬出"南方学界"来，让胡适在来南高暑期学校这件事情上无可退缩。不仅如此，陶行知还希望胡适劝说北京大学的同人陶孟和前来，③ 甚至奢望胡适能邀请到蔡元培、蒋梦麟两位到南高暑期学校讲演一次："孑民、梦麟二先生暑假期内，何时南回？能在南京演讲一两次否（讲题请代约）？请代问一问。"④ 南高暑期学校一直在努力网罗名学者前来授课或讲演。

胡适之于南高暑期学校的意义不同一般。陶行知在致胡适函中曾有一比："暑期学校好像是新明大戏院；梅畹华来，才能开台，请你不要拆台罢！"⑤ 演

---

① 杜春和等编《胡适论学往来书信选》下册，第1168页。
② 杜春和等编《胡适论学往来书信选》下册，第1168页。
③ 杜春和等编《胡适论学往来书信选》下册，第1169页。
④ 杜春和等编《胡适论学往来书信选》下册，第1170页。
⑤ 杜春和等编《胡适论学往来书信选》下册，第1168页。

戏要有名角，办学要有名师。"暴得大名"的北大教授胡适之于南高暑校，就像梅兰芳之于大戏院，至为关键，胡适已成为陶行知主导的南高第一届暑期学校的明星教员。

陶行知为确保胡适前来南高暑校，为他安排了最安静的休憩之地梅庵，而且承诺"至于著书一层，我们很希望你不致因此间断，应用的书籍尽可搬来，一切运费由我们开支"。① 陶行知希望胡适既来之则安之，在南京逗留不少于四周时间，即便遇上胡夫人生产，也最好不少于三周时间。他和郭秉文等坚持认为"这次暑期学校，事属创举，关系很大"，② 而名教授胡适担任的功课"都是多数学子所注目的"，③ 希望胡适能够在南高多留些时日，别让学员们失望。

胡适能不能按时南下，陶行知挂念在心。学人程保和在给陶行知的信中透露，胡适可能会因为北大补课，到8月初才能到校上课，而南高暑校的开学日期为7月12日。让众多学员注目的胡适博士若不能按时前来，对暑校到底影响几何，陶行知也无法评估。他匆匆函询胡适，是否有此一说，字里行间流露出担忧和不安：

> 　　这次报名的人几乎无人没有你的功课，还有许多小学教员，特为要学你的白话文法不远千里来到这里，如果开学的时候你不能来，他们必定大大失望，我们暑期学校的信用必定一落千丈。所以，我希望这事不确。如果确实，还请你想个法子，使他不成事实。
>
> 　　万一北大补课要到八月了，恐怕孟和先生的功课也要受影响，务必请你和他商量，求个完全的方法，使他能够如期南下。拜托，拜托！④

陶行知连用两个"拜托"，恳请胡适如期南下。

至若胡适到南京的具体时间，胡适自己的记载前后不一。胡颂平先生编著的《胡适之先生年谱长编初稿》记作"七月二日，先生从北京到了

---

① 杜春和等编《胡适论学往来书信选》下册，第1169页。
② 杜春和等编《胡适往来论学书信选》下册，第1169页。
③ 杜春和等编《胡适往来论学书信选》下册，第1169页。
④ 陶行知：《请如期南下——致胡适》，《陶行知全集·补遗》，第286页。

南京"。① 这个时间是不准确的。年谱作者的断语很可能依据胡适《许怡荪》一诗"自序"中的记述：

> 七月五日，我与子高过中正街，这是死友许怡荪的住处。……我到此四日，竟不忍过中正街，今日无意中过此，追想去年一月之夜话，那可再得？归寓后作此诗，以写吾哀。②

胡颂平显然由 7 月 5 日倒推 4 日，得出"七月二日，先生从北京到了南京"的判断。

事实是，7 月 14 日，胡适与陶孟和还在北京致电南高师，说"因津道梗，暂缓到校"。③ 这一天，直皖战争开始，"京汉、津浦两路已中断"。④

耿云志先生《胡适年谱》1920 年 7 月条作"是月底，应邀到南京暑期学校讲学"。⑤ 这应该是依据了胡适 1921 年日记的记载："过南京时天气正热，开车后稍好。去年我七月底南下时，比这一次热多了。"⑥

有日历意识、写信作文时间标识很清楚的胡适，为何此时语焉不详地说"七月底"呢？

原来，胡适 7 月底"南下"，不是"到南高"，在到南高之前他去上海了。《回忆亚东图书馆》一书中有如下记载：

> 《水浒》快要出版了，忽然接到适之兄的信，说是他日内要到上海，再到南京高等师范学校办的暑期学校教书。⑦

这件事亚东图书馆的同人汪原放先生记得很清楚。他在 1950 年代初所著的回忆录中，专门有一节"适之兄南来"，就是指胡适在赴南高暑校讲课之前

---

① 胡颂平编著《胡适之先生年谱长编初稿》第 2 册，台北，联经出版事业有限公司，1990，第 407 页。
② 胡颂平编著《胡适之先生年谱长编初稿》第 2 册，第 408 页。
③ 《大事记》，《民国九年南高第一届暑期学校概况》。
④ 韩信夫、姜克夫主编《中华民国史大事记》第 2 卷，中华书局，2011，第 1241 页。
⑤ 耿云志：《胡适年谱》，福建人民出版社，2012，第 71 页。
⑥ 曹伯言整理《胡适日记全集》第 3 册，第 202 页。
⑦ 汪原放：《回忆亚东图书馆》，学林出版社，1983，第 60 页。

去亚东一事。他不仅去看望亚东老朋友，还去图书印制的工作场所翻看了印好大部分的标点、分段本《水浒传》。三十多年后，汪原放先生还记得胡适在印制工厂与他的一段对话：

> 我在南高暑校有一些时的课，讲哲学、文学。我看，你还可以做一本样本，排几页标点、分段的《水浒》，再把《校读后记》《句读符号例》等各排一两页，订成小册子，寄一些给我。我讲课时可散发一下。孟邹说预备到那里去卖，出书的时候可以去。如果去，可以到南高梅庵找我，我住在那里。①

1920 年 7 月 27 日，胡适《水浒传考证》一文脱稿。② 这篇考证长文，是胡适很有分量的考据作品，也是亚东图书馆标点、分段本《水浒传》重要的附录。胡适写就以后交给了亚东图书馆，他趁南下绕道去了一趟亚东，还提醒亚东图书馆不忘利用南高暑校的机会做营销。

亚东图书馆的标点、分段本《水浒传》于 8 月 20 日在上海开卖，此前两日，即 8 月 18 日，亚东同人遵胡适之嘱，到胡适讲学的南高校园"首发"，做了一次极为成功的营销。汪原放在多年之后仍记忆犹新：

> 8 月中旬，《水浒》出版了，洋装两册，售价二元二角；平装四册，大洋一元八角。装订作第一批装好四百部左右，我叔父决定让我全部带到南京高等师范去卖。
>
> ……
>
> 第二天上午，适之兄上课讲白话文学，也讲到了《水浒》。饭后，一点还没有到，已经有人来买《水浒》了。后来，越来越多，大概不多大一会工夫，四包书……已经卖完，只好收摊了。依萍、大刚兄说："带少了，照情形看来，再有四包，也卖得完。"当夜，我就回上海了。③

---

①　汪原放：《回忆亚东图书馆》，第 61 页。

②　胡颂平编著《胡适之先生年谱长编初稿》第 2 册，第 409 页。

③　汪原放：《回忆亚东图书馆》，第 61—62 页。

胡适最终于 1920 年 8 月 2 日莅临南高讲课，[①] 比程保和的说法早了一天。至于胡适在《许怡荪》一诗的"自序"中说的"七月五日"，到底是手民之误，还是胡适故施障眼法，隐藏他不顾暑校学员盼他讲课，自己绕道上海的事实，就不得而知了。

三　胡适：南高暑校"最时髦的教员"

胡适到南高后，"加增白话文学、古代哲学史上课时间，以补前缺"。[②] 从南高最初给胡适安排的课表可知，他在南高的课程安排得很满，上午基本是讲课，下午及晚上可以读书、写作、会友。表 2 是南高暑校在胡适到达南高之前为其安排的课程，他在迟到三周后，实际安排比此表还要绵密。

表 2　胡适在南高暑校课程

课程表	中国古代哲学史	白话文法
学分数	1	照 1 学分计
每周时数	3	2
周一		9—10 时
周二	8—9 时	
周三		9—10 时
周四	8—9 时	
周五		
周六	8—9 时	

资料来源：《课程》，《南京高等师范学校暑期学校一览》，南京大学档案馆藏，全宗号：01，门类：ZDLS，案卷号：88‒2，第 193 页。

印有胡适考证文字的标点本《水浒传》在南高校园大受欢迎，胡适在南高的授课则更受欢迎。暑校结束回京后，胡适在北京大学的开学典礼上提及自己在南高暑校的情景时说：

我暑假里，在南京高等师范学校的暑期学校里讲演，听讲的有七

---

① 《大事记》，《民国九年南高第一届暑期学校概况》。
② 《大事记》，《民国九年南高第一届暑期学校概况》。

八百人，算是最时髦的教员了。这些教［学］员是从十七省来的，故我常常愿意同他们谈天。①

胡适所说的"演讲"应该是上课。南高第一届暑期学校没有安排他演讲。胡适所说的"最时髦的教员"，所来有自。据《民国九年南高第一届暑期学校概况》之"各学程男女学员总数比较图表"，胡适担任的"白话文法"和"中国古代哲学史"选修人数居于前列（见表3）。

表3 各学程男女学员总数比较

单位：人

学程名	男学员	女学员	总数
白话文法	462	55	517
注音国语	449	37	486
小学组织法	110	18	128
小学教学法	97	30	127
中国古代哲学史	99	4	103
儿童心理学	73	26	99
英语语音学	77	9	86
社会问题	78	6	84
教育社会学	75	3	78
实验教育心理学	60	8	68
英语教授法	57	4	61
文学概论	54	6	60
近代西洋哲学史	51	1	52
团体游戏及竞技运动	49		49
青年心理学	45	2	47
近世欧美文学趋势	36		36
高等数学	24	2	26
个人及公众卫生	20	6	26
天演学说	22	3	25

资料来源：《民国九年南高第一届暑期学校概况》，第18页。

---

① 胡适：《提高与普及》，季羡林主编《胡适全集》第20卷，安徽教育出版社，2003，第66页。

　　从表 3 可以看出，胡适的"白话文法"是最受追捧的课程。即便是相对枯燥的"中国古代哲学史"，也有百余人选听。这种既叫好又叫座的情景，印证了陶行知说的，胡适之于南高暑期学校，犹如梅兰芳之于新明大戏院。胡适所说的"最时髦"，其实就是选他课的学子之多，在南高暑校已经成为一景。他在 1921 年的日记中记述了当年在南高演讲的情形："同到知行家中，吃了一碗粥，即去讲演。今年暑期学校亦有千人。今日因大雨，故不能用席棚的大会场而改用大礼堂。故人甚拥挤。"① 往事如昨，胡适记忆犹新，一年前在南高，是在席棚围成的"大会场"讲课的，比大礼堂容纳的学员还要多。胡适名教授效应在南高暑校独领风骚。

　　尽管蔡元培、蒋梦麟两位先生没有能如陶行知所愿，顺道南高暑期学校演讲，身为北京大学教务主任兼社会学教授的陶孟和先生也因北大校内有事，未克前来，② 但刚应聘北京大学教席的陈衡哲加盟南高暑期学校，做有关欧洲历史与历史研究方法的专题讲座，很可能是应了胡适之请在南高暑校授课的。胡适对于陶行知主导的暑校还是尽其所能给予支持的。南高第一届暑期学校招生就过千人大关，这样的成绩在当时的确非同小可，"暴得大名"的北京大学教授胡适的加盟是很关键的因素。

　　胡适在南高暑期学校上课之余，在梅庵六朝松下会老友、作新诗，写下诸如《我们三个朋友》《一笑》《湖上》等多首白话诗，为自己的《尝试集》再版作序，到城外的玄武湖漫游、赏荷、荡舟，还不失时机配合自己的讲课，请亚东图书馆的同人在校园售卖他支持出版的标点本古典小说《水浒传》。教学、创作、著述、出版、会友，胡适的暑校生活堪称丰富。在南高首届暑期学校留别纪念会上，胡适和南高郭秉文校长、陶行知教务主任分别演讲，胡适是唯一一位受邀演讲的教员，礼遇之隆厚，非一般教员所能企及。

　　南高暑期学校在南、北大学之中产生了影响。《北京大学日刊》就关注过南京高师暑期学校。③ 但胡适似乎对南高暑校不是特别关注，他对南高暑

---

① 曹伯言整理《胡适日记全集》第 3 册，第 234 页。
② 《陶孟和致胡适》，中国社会科学院近代史研究所中华民国史组编《胡适来往书信选》上册，中华书局，1979，第 97 页。
③ 《专件：南京高等师范学校暑期学校一览》，《北京大学日刊》第 629 号，1920 年 6 月 9 日，第 2—4 版。

校的支持，更多的是对同乡校友陶行知个人的支持。他在暑校的时间，基本上是陶行知信中说的最好不少于三周时间。①

胡适对于暑期学校本身并不反感。早在留学时期，胡适就盛赞美国大学的暑期学校，1914 年 8 月 13 日的日记有 "此邦大学之夏课，真是一种最有益之事业"。② 而当官派在美的留学监督不主张留学生习夏课，胡适的态度很鲜明："此真可笑之举动！夫学生之不乐荒嬉而欲以暇时习夏课，政府正宜奖励之，乃从而禁止之，不亦骇人听闻之甚者乎？"③ 但从现有的胡适日记、年谱、书信、演讲、文集等材料，没有看到胡适为南高暑期学校置一赞词。南高暑校是郭秉文、陶行知等杜威哲学的信徒在杜威实验主义理论指导下的一次尝试。杜威所倡导的尊重个人发展、通过实验获得知识及平民主义的教育取向，在南高暑校得到了体现，也是民国初年高等教育尝试开放、自由、共享及教学相长的努力。④ 而同为杜威信徒的胡适则认为，"当这个教育破产的时代，他（杜威）的学说自然没有实现的机会"。⑤

民国初年，中国社会由传统向现代转型，高等教育由学堂向大学转变，暑期学校的出现引发了胡适对中国大学教育的再思考。

四　胡适讲课名称的前后变化

胡适在南高暑校讲课名称有过变化，这一变化折射出胡适与南高暑期学校主办者的分歧。

胡适原先希望的授课名称分别为 "古文文法与白话文法之比较" 和 "中国哲学方法的变迁"，最后授课的名称分别为 "白话文法" 和 "中国古代哲学史"，这是南高与胡适商量妥协的结果。陶行知在暑校开学前致胡适函中曾与胡适商讨：

---

① 胡适是 8 月 26 日夜到北京的，他大概在 8 月 24 日、25 日起身离宁，距离 8 月 2 日来宁，恰好三周时间，参见曹伯言整理《胡适日记全集》第 1 册，第 739 页。
② 曹伯言整理《胡适日记全集》第 1 册，第 444 页。
③ 曹伯言整理《胡适日记全集》第 1 册，第 343 页。
④ 郭秉文、陶行知：《发刊词》，《民国九年南高第一届暑期学校概况》，第 2 页。
⑤ 胡适：《杜威先生与中国》，季羡林主编《胡适全集》第 1 卷，第 361 页。

　　论到讲题一层，我想你的"古文文法与白话文法之比较"比纯粹讲"白话文法"还更加有用，就遵命变更。但是"中国哲学方法的变迁"一题，似乎太于专门，此地大家觉得还是你从前所拟的"中国古代哲学史"好些。这个题目一来普通些，二来你已有成书，可以参考。这不过是我们的意见，供你采择；究竟改与不改，还请你快信通知。①

课程名称不同，讲授的内容自然有别。"古文文法与白话文法之比较"及"中国哲学方法的变迁"是专题研究型的，而"白话文法"与"中国古代哲学史"是通识介绍型的，胡适最终向他的安徽同乡妥协了，稍稍改动了两门课程的名称，使之全"普通些"了。但胡适眼中现代大学教育的定位并非"普通"或"普及"。

　　胡适从南高暑校回北京后约三周，北京大学就开学了。9月17日，他在开学典礼上做了题为《提高与普及》的演讲。他认为普及是存量知识的传递，"你递给我，我递给你"，没有创新可言。"这种事业，外面干的人很多，尽可让他们干去，我自己是赌咒不干的，我也不希望我们北大同学加入。"②"外面干的人"虽然没有明确所指，但若从胡适演讲的语境看，应该包括"推广教育"的郭秉文、陶行知等人。胡适认为师范院校与国立大学有区别，师范院校重"普及"，轻"提高"："民国初元，范源濂等人极力提倡师范教育，他们的见解虽然太偏重'普及'而忽略了'提高'的方面，然而他们还是向来迷信教育救国的一派的代表。"③南高暑校"推广教育"的宗旨似乎也印证了他这一判断。

　　一年后，胡适在北大开学典礼上演讲，再次提及大学的"提高"：

　　　　我对于大学的希望，仍是提高。人家骂我们是学阀，其实"学阀"有何妨？人家称我们为"最高学府"，我们便得意；称"学阀"，我们便不高兴。这真是"名实未亏而喜怒为用"了！我们应该努力做学阀！④

① 杜春和等编《胡适往来论学书信选》下册，第1169页。
② 胡适：《提高与普及》，季羡林主编《胡适全集》第20卷，第67页。
③ 胡适：《教育破产的救济方法还是教育》，季羡林主编《胡适全集》第4卷，第554页。
④ 曹伯言整理《胡适日记全集》第3册，第374页。

胡适希望大学的"提高"包括以下几个层面。

第一，大学的教员要提高。大学的使命是发明新知、研究学术与创造文化。他在《提高与普及》演讲中说得很清楚："没有文化，要创造文化；没有学术，要创造学术；没有思想，要创造思想。要'无中生有'地去创造一切。"① 要努力做学阀，有一批学术文化的领军人物。他用了一则形象的比喻："你看，桌上的灯决不如屋顶的灯照得远，屋顶的灯更不如高高在上的太阳照得远，就是这个道理。"② 胡适认为，高深的研究，能够让文化、思想和学术的普及走得更远。

第二，大学的办学水平要提高。大学要有自己的重点学科，形成学术文化中心。早在 1914 年，胡适在《留美学生年报》上发表过一份《美国大学调查表》，列出了包括哈佛大学、耶鲁大学、普林斯顿大学在内的"此邦大学之佼佼者"，共 26 所大学。③ 胡适逐一点评各大学的学术重心，用钦羡的口吻，列举这些大学各自"殊有声誉"的学科。④ 在述及普林斯顿大学时，胡适认为普大"以文科、政治、经济、哲学为最著，其新设之毕业院，尤有声誉云"。⑤

第三，要建设研究型的大学。胡适在其著名的《非留学篇》一文中，提出"大学中宜设毕业院。毕业院为高等学问之中心"，"各国于学问，其有所成就者，多有毕业院出者也。鄙意宜鼓励此种毕业院"。⑥ 这里的"毕业院"，即研究生院，大学建立研究生院，目的在"造成高深之学者"，⑦ 培养研究型人才。1921 年北大开学典礼上，胡适"希望大学之中办一个自修的大学，学阀之中还要有一个最高的学阀"。⑧ 胡适希望的大学之中的自修大学，应该类似于他早年说的"毕业院"。

---

① 胡适：《提高与普及》，季羡林主编《胡适全集》第 20 卷，第 67—68 页。
② 胡适：《提高与普及》，季羡林主编《胡适全集》第 20 卷，第 68 页。
③ 其中几所女校归类在最后，另有两所工矿类学校，其余皆研究型综合性大学，而美国大学体系中的文理学院，胡适没有提及，文理学院以本科通识教育为主，学校本身不是研究型的。
④ 胡适：《美国大学调查表》，欧阳哲生编《胡适文集》第 9 册，北京大学出版社，1998，第 654—659 页。
⑤ 胡适：《美国大学调查表》，欧阳哲生编《胡适文集》第 9 册，第 657 页。
⑥ 胡适：《非留学篇》，季羡林主编《胡适全集》第 20 卷，第 27 页。
⑦ 胡适：《非留学篇》，季羡林主编《胡适全集》第 20 卷，第 28 页。
⑧ 曹伯言整理《胡适日记全集》第 3 册，第 375 页。

胡适已经朦胧地勾勒出他的大学之梦，那就是，中国从传统迈向现代化的过程中，应该建设若干与国际一流大学齐名的高水平研究型大学，成为学术与思想文化的中心。这一思想终其一生未曾改变。

胡适认为，当时中国的教育问题，应当"先从高等教育下手。高等教育办不好，低等教育也办不好"。[①] 他以北大为例，《北京大学月刊》创办两年，只出了 5 本；《大学丛书》出了两年，也只出了五大本；《世界丛书》征稿 5 个月，只有一种真值得出版。胡适认为这是"学术界大破产的现象"。[②]

1920 年 12 月 7 日，南高筹建国立东南大学，暑期学校继续开办，直到因易长风波而停止，前后共四届。1921 年暑期，胡适应商务印书馆编译所所长高梦旦之请，要在上海待一段时间。陶行知曾邀请胡适赴上海时"过宁留两天"，[③] 胡表示不停留了，待到上海稍有头绪后，再到南京演讲。是年 7 月 31 日，他途经南京时，应陶行知之约，临时在南高－东南大学[④]暑期学校做题为《国故研究法》的演讲，讲了四个研究的方法：（1）历史的观念："一切古书皆史也"。（2）疑古："宁可疑而过，不可信而过"。（3）系统的研究："要从乱七八糟里寻出个系统条理来"。（4）整理："要使从前只有专门学者能读的，现在初学亦能了解"。[⑤] 该演讲与 1920 年南高暑期学校的绝大多数讲题相比较，《国故研究法》显然偏专门，学术气息更浓厚，也可见胡适着力"提高"的用心。

1923 年 12 月 10 日，胡适到国立东南大学做题为《书院制史略》的演讲。在演讲中，胡适介绍了书院的历史与书院的精神，认为自唐代始，书院有了学校的价值，到宋代更完备。宋代的书院相当于今日大学本科，而精舍则相当于今日之研究院了。胡适从中国传统学术制度文化中寻找与国外大学研究院的对应物书院，旨在证明，建设研究型大学，从事高深的学

---

① 曹伯言整理《胡适日记全集》第 3 册，第 376—377 页。

② 胡适：《提高与普及》，季羡林主编《胡适全集》第 20 卷，第 67 页。

③ 曹伯言整理《胡适日记全集》第 3 册，第 202 页。

④ 东南大学成立时，南高的 4 个专修科改归大学，各本科仍由南高师办理。1921 年起，南高师不再招生，南高师学生全部毕业后，1923 年 7 月 3 日，南高师归并到自己派生出来的东南大学。这一时期，"一校两制"，通常将"南高""东大"并称，视同一校。参见王德滋主编《南京大学百年史》，第 69—71 页。

⑤ 曹伯言整理《胡适日记全集》第 3 册，第 234—235 页；胡颂平编著《胡适之先生年谱长编初稿》第 2 册，第 407 页。胡颂平把胡适的演讲系于 1920 年夏，有误。《民国十年国立东南大学南京高师暑期学校概况》及胡适日记均记为 1921 年 7 月 31 日，今从之。

术研究，在中国教育史上，有其精神传承，并非照搬国外。他认为，自宋以来，书院在中国教育史上占一个重要位置，国内的最高学府和思想的渊源，唯书院是赖。"但光绪政变，把一千年来书院制完全推翻，而以形式一律的学堂代替教育。"① 从书院到学堂再到大学，绵延千年的书院及书院自动的研究精神不存在了，现代意义的大学在中国刚刚起步，无论是承继中国教育自身的传统，还是看齐欧美发达国家之顶尖大学，不可不向"提高"方面下功夫，从研究高等学问入手，真正替中国造新文化。

到南高暑期学校的讲学，再度点燃了胡适的现代大学梦想。胡适的大学之梦，超越了他所在的那个时代，充满学者的理想主义色彩，也带有精英主义教育取向的烙印。胡适在北京大学师生面前不止一次把普及说成是"浅薄的"。"希望北大的同人，教职员与学生，以后都从现在这种浅薄的'传播'事业，回到一种'提高'的研究功夫。"② "我不望北大来做那浅薄的'普及'运动，我希望北大的同仁一齐用全力向'提高'这方面做功夫。"③ 胡适对国立北京大学师生的期望符合北京大学的地位与定位，但南高暑校的创办，似乎更贴近当时中国的国情，更具平民主义的关怀和现实主义的考量。南高暑校最大的功效在于其"示范性"，"民国十年全国各县之设暑校者纷纷"，④ 就对社会发生的影响而言，南高暑校的意义不可低估。

① 胡适：《书院制史略》，季羡林主编《胡适全集》第 20 卷，第 111 页。
② 胡适：《提高与普及》，季羡林主编《胡适全集》第 20 卷，第 68 页。
③ 胡适：《提高与普及》，季羡林主编《胡适全集》第 20 卷，第 69 页。
④ 朱君毅：《东大暑校之过去及现在》，《民国十二年国立东南大学暑期学校概况》。

重识胡适弃校南下与平津学人去留

沈卫威[*]

一 国共双方对胡适的争取

1948—1949 年的大变局时，国共两党的高层都为争取北京大学校长胡适努力过。因为他是平津科技教育乃至整个知识界的领袖人物。关于"胡适弃校南下与平津学人去留"这一重要问题，我在专书《无地自由：胡适传》《民国大学的文脉》及专题论文《第一届中央研究院院士是如何产生的》中利用当事人留下的文字记录和口述实录，从不同的侧面谈论过，但也留下多处空白。时过境迁，当事人都已去世。在极端年代，去者一腔，留者一调，各有不同的说辞，或矛盾冲突，且多政治色彩。作为胡适研究者，我在不同的场合，时常会被问及如果胡适不走，或假设胡适守校不去南京等问题。我往往是一笑了之，不对接这种文学的"戏说"和"演义"，因为历史不可假设，也没有如果。历史研究只能是尽可能地接近、还原真相，尽量客观地给予解释。但这一切都已经不是历史事实本身。

本文利用两岸新发掘出的史料，对此话题进行一次填空式的重新梳理。与原来论著中的史料互见，不一一注释。

1948 年 11 月 2 日，辽沈战役结束，"四野"雄师乘胜入关，直逼平津，林彪、罗荣桓、聂荣臻的东北野战军和华北两个兵团将北平、天津重重包围。

22 日，校长胡适在北大子民纪念堂主持校务会议。经过近两小时的激

---

* 沈卫威，南京大学文学院教授。

烈争论，会议最后做出不迁校的决定。24 日，又举行了教授会议，正式通过校务会议不迁校的决议。而不迁校的重要理由是：当前为国共两党的内战，这与 1937 年日军全面入侵的外患不同。这个不迁校的"决定"对北京大学来说，意义非凡。

24 日，行政院院长翁文灏因货币改革失败，引咎辞职。据陶希圣撰文所忆，此前两天，蒋介石便密派陶希圣北上请胡适出任行政院院长。陶希圣离开南京时，蒋介石亲自授意说："你现在就去北平请胡先生来担任行政院长，所有政务委员与各部会首长的名单由他开，我不加干涉。"[1]

陶希圣说明来意后，胡适便说："这是美国大使馆及三两个教授的主张，那是万万做不得的！"接着胡适表示："你看，现在满地书籍，都没有收拾，我根本不能动，我一动，学校里人心就散！"[2] 从胡适的言谈可以明确感受到，他把自己当成稳定北京大学人心的最重要人物。

当两人谈到投机之时，胡适感慨而幽默地说："我可以做总统，但不能做行政院长。"并告诉陶希圣，"这部宪法，既不是总统制，也不是内阁制。我如果做总统，就提名蒋先生为行政院长，造成一部内阁制宪法"。[3] 会谈结果，胡适表示"没有力量接受这个使命"，不去南京组阁，并向陶希圣声明："在国家最危难的时候，要与蒋先生站在一起。"

26 日，即陶希圣离开北平几日后，胡适向秘书长郑天挺谈及陶来拉他从政之事。两人还在一起讨论若从政当行政院院长的人事组阁问题，郑向胡适建议，如果去组阁，"人才内阁是这样的：党人少要，旧阁员少要，不必一定是内行，必须有声望、有识见、有担当"。[4] 这个组阁标准，实际上是胡适等一批自由主义知识分子心目中的贤人政治，且他和郑讨论的内阁人选，多是自由主义知识分子。据胡适当天日记所示：

　　　行政院副院长　　傅斯年

　　　内政　童冠贤　朱骝先　周鲠生

　　　外交　王雪艇

---

① 陶希圣：《关于敦请胡先生出任行政院长及其他》，《传记文学》第 28 卷第 5 期，1976 年。
② 陶希圣：《关于敦请胡先生出任行政院长及其他》，《传记文学》第 28 卷第 5 期，1976 年。
③ 陶希圣：《关于敦请胡先生出任行政院长及其他》，《传记文学》第 28 卷第 5 期，1976 年。
④ 季羡林主编《胡适全集》第 33 卷，安徽教育出版社，2003，第 700 页。

国防　俞大维

财政　K. P. Chen　T. F. Tsiang

教育　杭立武？

交通　石志仁　凌鸿勋

司法　林彬？

社会

卫生　刘瑞恒

工商　李烛尘

农林　钱天鹤？　谢家声

资源

粮食　杨绰庵①

上述内阁名单，"社会"和"资源"两个部门一时没有合适人选，就留下空白，尚有疑问的用"？"标示出。K. P. Chen 为陈光甫，T. F. Tsiang 为蒋廷黻。其中金融专家陈光甫抗战时随胡适在驻美大使馆工作，胡适对他的评价是："光甫不是很高的天才，但其人忠厚可爱。"②

11月底12月初，国民党政府下令北大、清华等高校南迁，指示教育部要乱中求静，并说"遇到万一时，政府为保护民族文化，决心全力设法'抢救'"。

11月29日，平津战役开始，形势剧变，不容国民党政府迁校。南京方面，朱家骅、傅斯年、俞大维、陈雪屏四人则合谋求蒋介石设法"救出"胡适等北方学界名人，即"抢救平津学人计划"。

12月13日，合众社称："胡适博士已内定为蒋总统之高等顾问，其职责与罗斯福总统时代之霍浦金相似。"③ 并说蒋介石曾授命胡适组阁，胡氏谦辞，但他同意来南京参与政府，出任总统顾问。也就在这一天，蒋介石派青年部部长（原北大训导长）陈雪屏飞抵北平劝胡适南下，并说："北平的城防一天一天的接近，不如早点离开！"胡适早已因兵临城下而坐卧不

---

① 季羡林主编《胡适全集》第33卷，第700—701页。

② 季羡林主编《胡适全集》第33卷，第256页。

③ 曹伯言、季维龙编著《胡适年谱》，安徽教育出版社，1989，第699页。

安，此时却强装镇静，并告诉来者："中共的叛乱和日本的外患不同，外患来时可以撤退，现在是国内的叛乱，怎好丢开北大不管？"[①] 陈雪屏第二天飞回南京，向蒋介石报告了胡适不愿南下的事后，蒋又两次打电报催促胡适南下，并于 14 日再次派专机飞北平，强行接人，同时令胡适劝几位名教授一齐南飞。来者告诉胡适说这是南下的最后一次机会。胡适打电话约辅仁大学校长陈垣一起南下，被陈拒绝。连他的小儿子胡思杜也坚决要求留在北平，不愿同他一起走。

14 日清早，陈雪屏便从南京打来电话，力劝胡适南行。10 点钟胡适到校，又见陈雪屏的电报："顷经兄又转达，务请师与师母即日登程，万勿迟疑。当有人来洽机，宜充分利用。"[②] 于是，胡适开始约在北平的多位教授。深夜 11 点多钟，傅作义给胡适打来电话，说总统有电话，要胡适南飞。

当时在胡适身边工作的邓广铭接受我的采访时回忆，当兵临城下后，传闻很多，有人告诉胡适："听说共军围而不打，西山那边的共军广播说，只要你不走，北大不动，共军不会加害于你！"意在劝胡适留下。也有人说，胡适门生、清华大学教授吴晗因"通共"的特殊身份遭到国民党特务的监视，得胡适暗中保护，先行投奔共产党军队占据的解放区，受到毛泽东、周恩来的接见。吴晗向毛、周谈到北平地下斗争及高校情况时，毛泽东说："只要胡适不走，可以让他做北京图书馆馆长！"龚育之在悼念胡绳的一篇文章中写道："几年前，我偶然查到了一篇文献，那是陈毅关于 1947 年 12 月中共中央会议毛泽东口头报告的传达记录。记录中说，毛泽东在批评三种过左倾向（侵犯中农、破坏工商业、把党外人士一脚踢开）时说过：'你到北平，胡适捉不捉？还是不捉。可叫胡适当个图书馆长。'这个争取胡适的意向，是查有实据的。"[③] 吴晗作为胡适执掌中国公学的学生，他的学术生命是胡适给的。当年在中国公学，他和老师沈从文一起追求张兆和，是胡适这特殊的"月老"，将"红绳"偏系沈从文，并督促吴晗专心读书。这次吴晗面临被国民党特务暗算的危机，又是胡适从中解难。1949 年以后，

---

① 胡颂平编著《胡适之先生年谱长编初稿》第 6 册，台北，联经出版事业有限公司，1984，第 2061 页。

② 季羡林主编《胡适全集》第 33 卷，第 702 页。

③ 《龚育之回忆："阎王殿"旧事》，江西人民出版社，2008，第 180 页。

吴晗没有公开讨伐自己的老师胡适。吴晗曾对和自己一起搞民主运动的地下党成员说："你们如果工作做好了，还可以把胡适留下的。"①

而这些传闻到了胡适那里，他却嗤之以鼻："不要相信共产党的那一套！"结果是自认为"我根本不能动，我一动，学校里人心就散"，同时也不愿"丢开北大不管"的胡适弃校南下，中共"权威人士"便在随后宣布他为"战犯"。

邓广铭在1945—1948年先后为北京大学代校长傅斯年、校长胡适的秘书。在蒋介石1948年12月17日致电傅作义，要求他将平津62位学界重要人物分别疏导南移的名单中，就有邓广铭。因为写作《胡适传》，我曾于1986年7月、1992年4月、1992年7月三次采访邓广铭。邓广铭告诉我，1948年12月13日，蒋介石派陈雪屏飞抵北平，劝说北京大学校长胡适约一批知名校长、学者乘机南下。胡适约陈垣一起走，被陈垣拒绝了。胡适打电话到城外清华园找不到陈寅恪，很着急。这时，邓广铭说自己知道陈寅恪常到城内大嫂家里，主动帮胡适找人。邓广铭在城内陈衡恪遗孀那里找到了陈寅恪，并将他带给胡适。14日晚上，胡适给文学院院长汤用彤、秘书长郑天挺留下便笺，说："今早及今午连接政府几个电报要我即南去。我就毫无准备地走了。一切的事，只好拜托你们几位同事维持。我虽在远，决不忘掉北大。"②

15日第一架专机从北平接胡适夫妇、陈寅恪夫妇及两女、毛子水、钱思亮等到南京，16日傅斯年又致电、致信北京大学的郑天挺，说国民党继续派飞机接人，要求他帮助动员、组织，并附有"人员名单"。我的学生汤志辉自北京大学综合档案室查得《傅斯年为派飞机接南下人员事给郑天挺之电报（附人员名单）》。这份"人员名单"有个人走与不走的主观意识体现。电文如下：

> 天挺：
>
> 空运队可即派两架机到平，兄前信中所开三批名单作一次走，又中航机亦可能到平，其他可走者应即准备勿延，与剿总联络，务即办

---

① 苏双碧、王宏志：《吴晗传》，北京出版社，1984，第220页。
② 耿云志：《胡适年谱》，四川人民出版社，1989，第374页。

好送。

斯年

名单如下：

× 不走或已走

? 在郊外或未联络成

√ 必走

傅陈铣电开列名单

一、各院校负责人

√ 梅校长

√ 李院长润章　四口，已走两口

√ 袁校长　八口

√ 袁馆长同礼

× 陈校长援庵　不走

√ 胡步曾　2－2556 家、2－1215

× 郑天挺　不走

× 郑华炽　不走

? 贺麟

? 霍秉权　对外无法联络

? 褚士荃　在郊外

? 沈茀斋　在郊外

× 汤锡予　不走

? 冯芝生　在郊外

? 陈岱孙　在郊外

? 叶企孙　在郊外

× 饶毓泰　不走

二、

× 朱光潜　不走

? 雷伯伦　在郊外

? 刘崇鋐　在郊外

毛子水

× 梅贻宝　已走

? 齐思和　在郊外

三、院士

? 张景钺　太太在郊外，缓定

? 陈通夫　在郊外

? 俞大绂　在郊外

李宗恩　5 – 1519

许宝騄

余季豫　2 – 3330

四、

×杨今甫　不走

×罗莘田　不走

×赵廉澄　不走

钱思亮

马祖圣　七口

? 钱三强　在郊外

×严济慈　在昆明

张政烺　考虑

×沈从文　不走

□祥?

? 邵循正　在郊外

朱铣电陈开来名单　重复不列

×周枚荪　不走

×钱端升　不走

俞大缜

陈骥尘

自持朱电来洽者

√顾毓珍　4 – 3359

√赵梅伯　艺专 5 – 0408

√徐校长　山西大学

√李高傅　铁道管理

√英千里　2 – 0932

√张百龄　2 – 2484

自愿南下者

√敦福堂　4 – 1005 陈宅

√张起钧　五人　2 – 1887

√陈寿琦　五人　2 – 1558 赵宅

√姜文锦　艺专　四人　5 – 2397　姜宅

徐悲鸿校长亲来嘱为提前

北平

各校认为应加入者

√张颐

温广汉

徐旭生

√杨武之

陈友松　五口

√董守义

√梁实秋太太

邱大年　七口

殷宏章　五口

魏建功　不走①

电文中的"傅陈铣电","傅陈"应是指傅斯年、陈雪屏,"铣电"是民国电报日期代码,指 16 日这一日发出的电文。"朱铣电陈开来名单",指朱家骅 16 日电报和陈雪屏所开名单。

傅斯年要郑天挺负责动员、联络、组织,蒋介石则直接致电傅作义,要他提供出城或乘机起飞的方便。

蒋介石又在 17 日致电傅作义,要求他将 62 位学界重要人物分别疏导南移。据黄克武《蒋介石与贺麟》一文引用台北"国史馆"中的"蒋中正总统文物"所示:

---

① 《傅斯年为派飞机接南下人员事给郑天挺之电报（附人员名单）》,北京大学综合档案室藏,BD19481564。

北平傅总司令宜生兄，口密。（一）在平教育行政负责人为：（梅贻琦）、（李书华）、（袁同礼）、（袁敦礼）、李麟玉、陈垣、（胡先骕）、汤用彤、（冯友兰）、叶企荪、饶毓泰、陈岱孙、（郑天挺）、（贺麟）、郑华炽、沈履、霍秉权、褚士荃、黎锦熙、温广汉、黄金鳌、徐悲鸿。（二）因政治关系必须离平者为：（朱光潜）、（毛子水）、（邱椿）、（张颐）、（陈友松）、刘思职、（梅贻宝）、齐思和、雷宗海［案：应为雷海宗］、刘崇铉、戴世光、邵循恪、吴泽霖、赵凤喈、敦福堂、张恒、金澍荣、（英千里）、张汉民、徐侍峰。（三）在平之中央研究院士为：（许宝骙）、张景钺、陈达、戴芳澜、（俞大绂）、李宗恩。（四）学术上有地位，自愿南来者，如（杨振声）、罗常培、钱思亮、马祖圣、赵迺抟、钱三强、严济慈、张政烺、沈从文、邵循正、邓广铭、李辑祥、孙毓棠、蒯淑平。请兄分别疏导，即日南移，如获彼等同意□□□，可派机或备船接运。其搭机人员并请兄代排订次序电告，尤以有括号者，务须来京，如何？请速电复中。①

这份"抢救学人"的名单是有标准的，即（1）在平教育行政负责人；（2）因政治关系必须离平者；（3）在平之中央研究院院士；（4）学术上有地位，自愿南来者。

这个名单是傅斯年、朱家骅、杭立武、陈雪屏一起划定的，只有少数已经在 15 日随北京大学校长胡适到南京。21 日，清华大学校长梅贻琦又带领北平研究院副院长李书华、北平图书馆馆长袁同礼、清华大学教授杨武之等 24 位教授作为第二批乘专机到达南京。

胡适飞南京之后，北京大学教授自发成立新的校务委员会，汤用彤被推选为校委会主席。1949 年 1 月 31 日，北平宣布和平解放。5 月，北平军管会主任叶剑英正式任命汤用彤为北京大学校委会主席。梅贻琦飞南京之后，文学院院长冯友兰被推举为清华大学校务会议临时主席。1949 年 1 月 31 日后，吴晗以副"军代表"身份参与接管清华大学，任清华大学校务委员会副主任。

两份大致相同的名单，都是把"院士"单列一项，作为飞机接人南下

① 黄克武：《蒋介石与贺麟》，《中央研究院近代史研究所集刊》第 67 期，2010 年。

的目标。

　　两份名单中有名、字不同，或称头衔的，如李院长润章（书华）、陈校长援庵（垣）、胡步曾（先骕）、沈茀斋（履）、汤锡予（用彤）、冯芝生（友兰）、雷伯伦（海宗）、陈通夫（达）、杨今甫（振声）、罗莘田（常培）、赵廉澄（迺抟）、邱大年（椿）。

二　所谓"战犯"问题

　　1948 年 12 月 25 日，中共中央以陕北权威人士的名义通过新华社发布了一份"战犯"名单。这个"权威人士"即毛泽东。这四十三人名单只是国民党政府的部分党政要人：蒋介石、李宗仁、陈诚、白崇禧、何应钦、顾祝同、陈果夫、陈立夫、孔祥熙、宋子文、张群、翁文灏、孙科、吴铁城、王云五、戴季陶、吴鼎昌、熊式辉、张厉生、朱家骅、王世杰、顾维钧、宋美龄、吴国桢、刘峙、程潜、薛岳、卫立煌、余汉谋、胡宗南、傅作义、阎锡山、周至柔、王叔铭、桂永清、杜聿明、汤恩伯、孙立人、马鸿逵、马步芳、陶希圣、曾琦、张君劢等。[①]

　　中研院院士翁文灏、朱家骅、王世杰三人在这第一批"战犯"名单中。翁文灏曾留学比利时，回国后为北京大学教授，是中国现代地质学、地矿学的奠基人，学者从政，官至国民政府行政院院长、政府秘书长等要职。曾留学英法的法学家王世杰，先后出任武汉大学校长、教育部部长、宣传部部长和外交部部长等要职，其专业所长为"比较宪法"。曾留学德国的地质学家朱家骅，回国后任北京大学德文教授，先后出任中山大学校长、中央大学校长、国民党中央组织部部长、国民政府教育部部长兼中央研究院院长等要职。三位都是从北京大学走出的学者、教育家。当他们与政党政治的战车捆绑在一起时，就由不得自己了。

　　1949 年 1 月 20 日，要改天换地的毛泽东发出《热烈祝贺淮海战役胜利结束》的电文。电文说："在这里有一件事要告诉你们：不论和战，战争罪犯是必须拘捕的。我们的八个和平条件的第一个，就是惩办战争罪犯。现在南京城内尚有头等战争罪犯蒋介石、李宗仁、孙科、何应钦、吴铁城、

---

　　①　季羡林主编《胡适全集》第 33 卷，第 710—711 页。

王世杰、戴传贤、张群、陈果夫、陈立夫、翁文灏、王云五、张厉生、朱家骅、顾祝同、刘峙、余汉谋、周至柔、王叔铭、桂永清、汤恩伯、陶希圣及其他罪大恶极的帮凶们，例如胡适、郑介民、叶秀峰等人，企图继续作恶。你们现在就应侦察他们的动向，以便你们在不论是和平开进或者战斗解决时，能够不失时机，一律拘捕，交给人民法庭判罪。一切在逃之战争罪犯，即使逃到天涯地角，亦须穷追务获，归案法办，决不宽恕。"① 这是将胡适视为"战犯"最官方的原始文字依据。

1949 年 1 月 26 日，《人民日报》发表了毛泽东为新华社起草的新闻稿《中共发言人就和平谈判问题发表谈话》，进一步强调："关于战争罪犯名单问题，中共发言人称，我们尚未发表全部战争罪犯名单，去年十二月二十五日新华社发表的仅仅是第一批名单，发动内战残杀人民的国民党反动派中的主要负责人员决不止四十三个。"②

胡适作为"战犯"之说另一公开的文字依据是《胡适的日记》（手稿本）中粘贴的剪报。他在 1949 年 1 月 26 日至 27 日的日记之间粘贴有不全的剪报，但未标明何报。据剪报所示："〔本报收音〕陕北二十六日广播：对于去年十二月二十五日中共某权威人士所提出的战争罪犯的初步名单，有人感觉名单遗漏许多重要战犯，例如军事方面的朱绍良、郭忏、李品仙、董钊、陈继承、张镇，政治方面的谷正纲、徐堪、俞大维、洪兰友、董显光（沈按：以下断残）。"③

《胡适全集》出版时，日记卷整理者曹伯言根据 1949 年 1 月 28 日《东北日报》，将胡适不全的剪报补全。马克锋查证后认为，胡适粘贴的应是 1月 27 日上海《新闻报》上的《中共又发表一批"战犯"》一文。两份核对后可验证其内容为："〔本报收音〕陕北二十六日广播：对于去年十二月二十五日中共某权威人士所提出的战争罪犯的初步名单，有人感觉名单遗漏了许多重要战犯，例如军事方面的朱绍良、郭忏、李品仙、董钊、陈继承、张镇，政治方面的谷正纲、徐堪、俞大维、洪兰友、董显光、刘健群，党

① 中共中央文献研究室编《毛泽东文集》第 5 卷，人民出版社，1996，第 241 页。
② 《毛泽东文集》第 5 卷，第 244 页。
③ 《胡适的日记》（手稿本）第 16 册，台北，远流出版事业股份有限公司，1990。

特（务）方面的邓文仪、黄少谷、陈雪屏、贺衷寒、张道藩、蒋经国、郑彦棻、郑介民、叶秀峰，反动小党派方面的左舜生、陈启天、蒋匀田，许多学生和教授们认为名单中必须包含重要的战争鼓动者胡适、于斌和叶青。北平人认为许惠东、吴铸人应列为战犯，上海人认为潘公展、宣铁吾应列为战犯，广东人认为张发奎、罗卓英应列为战犯，四川人认为王陵基、王缵绪、杨森、潘文华应列为战犯。"①

胡适在 1947 年发表《自由主义》，提出民主、自由、和平渐进的改革、容忍反对党，试图以此理念来遏制战争、反对内战。他甚至四处演讲，极力推行自己的这一自由主义主张，结果被宣布为"罪大恶极的帮凶"，和"战犯"等同。

三　去与留

1948 年 12 月 16 日，即胡适飞到南京的第二天，蒋介石便邀请他与夫人江冬秀到总统官邸晚餐，为胡适祝寿。同时，蒋要胡适赴美，如全面抗战初期，做非正式外交使节，游说华盛顿，争取援助。这也是蒋介石派专机接胡适南来的另一意图。

17 日，为北京大学校庆日，也是胡适的生日。纪念大会设在南京中央研究院内，朱家骅、蒋梦麟、陈雪屏、傅斯年等出席。胡适主持大会讲话时，竟泣不成声地说："我是一个不名誉之弃职逃兵，不能与多灾多难之学校同度艰危，实在没有面子在这里说话。"

1949 年 1 月 21 日，胡适将夫人江冬秀送上去台湾的轮船（与傅斯年夫人俞大綵同行），1 月 31 日，取得赴美的护照签证。4 月 6 日，胡适从上海搭"克利夫兰总统"号邮轮赴美国求援，21 日，船抵旧金山。27 日在纽约住定后，胡适对记者表态："不管局势如何艰难，我始终是坚定地用道义支持蒋总统的。"② 表示"在国家最危难的时候，要与蒋先生站在一起"，"不

---

①　季羡林主编《胡适全集》第 33 卷，第 709—710 页。另参见马克锋《也论胡适"战犯"头衔的由来》，《中共党史研究》2014 年第 10 期。

②　曹伯言、季维龙编著《胡适年谱》，第 710 页。

管局势如何艰难，我始终是坚定地用道义支持蒋总统的”的胡适，被共产党"权威人士"毛泽东宣布为"战犯"，以及随之而来大批判是必然的。

作为非正式"外交使节"，胡适夫妇在美国九年的生活费来源，一部分来自蒋介石特支的"宣传活动费"（据近年披露的蒋介石档案、日记可知，1951—1955 年，蒋介石通过在美国的国际货币基金会副执行董事俞国华，共分 9 次，每次给胡适 5000 美元，合计 45000 美元生活费。学者陈红民、张鹤慈均有专谈此事的文章）。

胡适的走，自然带动了许多人。就 1948 年当选的 81 位院士而言，去台湾的有李济、董作宾、袁贻瑾、王世杰、傅斯年、朱家骅、李先闻、王宠惠、凌鸿勋、吴稚晖，去美国的有胡适、陈省身、李书华、吴宪、林可胜、汪敬熙、陈克恢、李方桂、赵元任、吴大猷、萧公权。

林可胜是新加坡著名教育家林文庆的儿子，父子同是英国爱丁堡大学医学院的毕业生。林文庆曾是继邓萃英之后厦门大学第二任校长。

胡适、吴大猷都是先去美国，后去台湾。王宠惠 1949 年去香港，后去台湾。李济 1948 年去台湾，后任中研院历史语言研究所所长。董作宾 1948 年去台湾，1955 年后曾在香港任教。王世杰赴台后曾任"总统府秘书长"、中研院院长等。

萨本栋院士死于 1949 年 1 月 31 日（胡适 2 月 27 日在上海参加了追悼会）。去台湾的傅斯年 1950 年 12 月 20 日即去世。吴稚晖 1953 年去世。

留下来的是多数。留在大陆的梁思永 1954 年去世，随后 1955 年余嘉锡去世，1956 年柳诒徵、杨树达去世。

81 位中研院院士中，留在大陆及随后从海外回来的（如翁文灏）共 59 人。

洪子诚依据作协档案写就的《材料与注释：毛泽东在颐年堂的讲话》一文所示，1957 年 2 月 16 日上午 11 时至下午 3 时半，毛泽东在中南海颐年堂召集相关人士谈话，其中涉及胡适的话是：

> 过去批评胡适，取得很大的成功。开头我们说，不能全抹杀胡适，他对中国的启蒙运动起了作用。康有为、梁启超也不能抹杀。
>
> 胡适说，我是他的学生。他当教授，我是小职员，工资不一样，但我不是他的学生。

现在不必恢复胡适的名誉，到 21 世纪再来研究这个问题吧。过去因为是斗争，所以讲缺点，今天也不必平反。今天他是帝国主义走狗，到了 21 世纪，历史上还是要讲清楚。[①]

"要讲清楚"历史，并不是件容易的事。但我在努力讲清楚。

[①]　洪子诚：《材料与注释：毛泽东在颐年堂的讲话》，《现代中文学刊》2014 年第 2 期。

胡适与国民党的党化教育

张太原[*]

胡适早在美国留学时，就把志业定在了教育领域。回国后，适逢其时，很快在北京大学"暴得大名"。那个时候，大学教育者的地位相当显赫，待遇高，社会地位高，讲话也有影响力，特别是还基本上掌握了教育领域的决策权。比如，1922 年胡适拟订的《学制系统草案》，就被北洋政府以"大总统令"的名义颁行全国。一位来访的日本学者曾向胡适明确地表示十分羡慕中国的大学教授所享有的权势和自由。胡适回答说，当政的军阀并不是不想干涉教育，而是不懂教育，所以只好把权力拱手让给教育者自身了。

那时，教育者大都持"自由教育"的理念，即尊崇和享有教育领域的自治权和自由研究的权利，并效仿西方，倡导解放人性，把谋求个人的自由视为教育的要务，提倡个人身心的自由发展。然而，国民党获得政权后，逐步推行"党化教育"。按任鸿隽的解释，就是由党"垄断教育"，"教育的事业，由党的机关或人才去主持，使他完全受党的指挥"，以此"把党的主义或主张，融合在教课中间，使他渐渐地浸灌到学生的脑经里去"。[①] 在此情势之下，以胡适为代表的自由教育者如何因应和调适，是一个值得深入探讨的问题。国民党的党化教育之下，与胡适关系密切的中国公学、北京大学和清华大学的遭际，尤具代表性。

一 执掌下的中国公学

胡适与国民党的关系颇为复杂。面对国民党的得势，他一度主动迎合，

---

* 张太原，中共中央党校党史部教授。

① 任鸿隽：《党化教育是可能的吗》，《独立评论》第 3 号，1932 年 6 月 5 日，第 12—15 页。

尤其在海外游历期间就像吃了一剂补药,其对国民党的赞誉就连他的密友丁文江也感到吃惊。事实上,胡适对国民党的称道多少带有想象的成分,或者故意用心良苦地来试图形塑国民党的走向。然而,国民党似乎对胡适的用意毫无知觉,只是待胡适本人不薄。比如,不久竟然默许胡适做了党治下的中国公学校长。[①]

不过,向来自视为"国人导师"的胡适并不怎么领情,不但内心不认同党化教育,而且公开批评"党义"。在《说难》一文中,他谈到"很困难的专门技术问题"时,顺便带着嘲讽的口气说这"不是口号标语能解决的,也不是熟读《三民主义》就能解决的"。[②]其对党化教育的不满溢于言表。事实上,他与国民党的人权论争,在很大程度上针对的正是国民党灌输给学生的"党义"。在《新文化运动与国民党》一文中,他明确要求"取消统一思想与党化教育的迷信"。[③]当时上海六区党部要求惩办胡适的主要理由也正是其言论对党化教育的危害:"胡适身为校长,在青白旌旗之下,应如何自勉自奋,以期适合党化教育之精神。乃顽石不灵,点铁法术。既不能沐党义之化雨,而作三民主义之推进器,又不能闭户藏拙,以期无损于社会。""此种人妖,竟见容于青天白日以党治国之宇下,而冒执教育界之牛耳,实予以党义迪启民智完成革命之危机。"[④]既不能甘愿做党化之士卒,推波助澜,又不能无动于衷,默不作声,这颇能概括政权更替之后胡适等自由教育者的心态和措置。显然,党化教育者"见容"一时后,变得有些受不住了。

更令国民党难以容忍的是,胡适不但公开反对党化教育,还在实际办学中予以抵制。罗尔纲回忆,他当年在中国公学读书时,"进学校后,首先使我感到痛快的,是学校不挂国民党旗,星期一上午不上国民党纪念周。学校办公室前,树有许多木牌,给学生贴壁报用。那些壁报,有左派办的,有国民党员办的,有国家主义派办的,有无党无派办的。胡适一视同仁,

---

① 这就产生了两个有意思的问题:一是党化教育试图依靠自由教育者来推行;二是自由教育者试图继续在党化之中有所作为。

② 胡适:《说难》,欧阳哲生编《胡适文集》第 11 册,北京大学出版社,1998,第 140 页。

③ 胡适:《新文化运动与国民党》,《新月》第 2 卷第 6、7 号合刊,1929 年 9 月,第 1—15 页。

④ 《本市六区执委会请惩办胡适之原呈》,曹伯言整理《胡适日记全编》第 5 册,1930 年 1 月 26 日附件,安徽教育出版社,2001,第 616—617 页。

准许学生各抒所见"。① 可知胡适仍然秉持自由教育的办学理念。对于这种做法，即使是蔡元培也曾表示不满，胡适日记记载："欧元怀先生来看我，他说，蔡先生见中公学生代表时曾大发脾气，说，他到中公时，礼堂上既无党国旗，又无总理遗像，又不读遗嘱。此老健忘，他来时还在我任内，不读遗嘱是实，其余皆非也。党国旗本来挂在校中，我并不曾废去；中山是中公旧校董，故他的遗像与姚烈士张（邦杰）、梁（乔山）两先生同挂校中。"②

显然，胡适所说的"皆非"并不是他主动顺应党化所致，而他却振振有词，致信蔡元培反驳说："先生责备中公不挂党国旗，不挂中山遗像，不读遗嘱等事。惟不读遗嘱是我之主张，余二事皆先生所亲见为非实者。"③ 其实，"余二事"仅仅是形式，"读遗嘱"才是党化教育的实质性内容，而胡适却能自作"主张"。值得玩味的是，胡适既敢于不执行教育"党化"的标志性规定，又能策略性地理直气壮。整天在学校的学生罗尔纲尚不能发现"国民党旗"，走马观花来视察的蔡元培看不到，应该在情理之中，显然"党旗"被挂在不显眼的地方，至于孙中山遗像与校史人物一同陈列，也并非党化教育下的布置。④ 然而，有些时候他也不得不应付一下。1928 年 6 月，大学院通令"全国公私立各大学举行三民主义考试"，"合行令仰该校校长遵办，并将该应受试验各级学生姓名于考试前五日详细造册呈报"。⑤ 在报纸上看到这一消息，还没有收到公文，胡适就"自己写了寄去"。⑥ 看来在党化教育之下，对于什么可以敷衍，什么必须执行，他自有分寸。"阳奉阴违"如果中性地用到当时的胡适身上，应该是比较适合的，当然这也充分体现了执政力量与社会力量的一种博弈，是分出高低，还是找到各安其事的一种平衡，不断地考验着具体的与事者。

---

① 颜振吾编《胡适研究丛录》，三联书店，1989，第 13 页。

② 曹伯言整理《胡适日记全编》第 5 册，1930 年 11 月 3 日，第 841 页。

③ 胡适：《致蔡元培》（1930 年 11 月 17 日），耿云志、欧阳哲生编《胡适书信集》上册，北京大学出版社，1996，第 520—521 页。

④ 蔡元培视察学校，没有当面指出对执行"党化教育"不力的不满，而是后来才迁怒于他人，足见胡适个人的影响力，同时也反映了国民党的"党化教育"确实存在可以变通的空间——上有政策，下有对策。

⑤ 《大学院通令》，曹伯言整理《胡适日记全编》第 5 册，1928 年 6 月 3 日附剪报，第 137 页。

⑥ 曹伯言整理《胡适日记全编》第 5 册，1928 年 6 月 3 日，第 137 页。

　　较量一段时间后，尤其经过激烈的人权论争，胡适于公于私都不便再担任中国公学的校长，因此，他自找台阶于 1930 年 1 月 12 日辞去了该职。令国民党颇为难堪的是，推行党化不积极的中国公学，在教育方面的成绩却十分可观，"两年多的中公，无论从学生的数量上或思想上，都有很大的发展。无论何人，到于今不能不承认中公是中国较好的大学"。① 本来已处在风雨飘摇之中的一所学校，经过胡适之手却变成了一所"中国较好的大学"，或许说明办教育确实需要一种相适合的教育理念的支撑。值得注意的是，胡适所推荐的继任者马君武，同样对党化教育置若罔闻，他在致胡适的信中谈道："《中公学生》的言论，我向不干涉，就是学生上教育部的呈文，我也并未看过……党部教育部不应干涉大学教授言论，校长也不应该干涉学生的言论。"② 只是马君武没有胡适那种看不见的权势，或许没有胡适那么幸运，如此做去，不久即被"查办"："行政院令教部：中国公学校长马君武，袒护反动，诬蔑本党，仰该部即便查照中央训练部所拟第一项办法，切实办理，具（报）查核。"③ 这集中体现了党化教育者对自由教育者的权力优势：不想"见容"时，可立马"拿下"。

　　马君武虽然"被迫离校"，但是暗中较量仍在继续，一个典型的表现就是闹起了沸沸扬扬的学潮。曾"运动"学生助力革命的国民党，执政后很快面临新的学生运动的挑战和考验。令人想不到的是，学潮的"一种特殊相是生活斗争表现为党派斗争，而失败者却是执政党。从来不注意的纪念周及党义问题，在近来的学潮中间成了争斗的理由。国民党区党部分部，发表援助学潮中党员的通电，而结果是党员失败而反对党者胜利起来。这是一个特殊相。为什么呢？这指示反国民党的势力——资产阶级士大夫反国民党的势力的勃兴。这其中包括名流、美国博士、自命专家等等。如中国公学现已为这种势力所占领"，"在国民党这是一个危机"。④ 严格地说，

----

① 中国公学校董会：《致胡适》（1930 年 5 月 15 日），中国社会科学院近代史所中华民国史组编《胡适来往书信选》中册，社会科学文献出版社，2013，第 14—15 页。

② 马君武：《致胡适》（1931 年 1 月 16 日），曹伯言整理《胡适日记全编》第 6 册，第 28 页。

③ 《查办马君武》，曹伯言整理《胡适日记全编》第 6 册，1931 年 1 月 20 日附剪报，第 35 页。

④ 方峻峰：《今日学潮的特殊相》，《社会与教育》第 11 期，1931 年 1 月，第 1 页。有意思的是，胡适等自由知识人在国共两党的言说中，都被冠以"资产阶级"的名头，一方面提示"资产阶级"已变成一个恶名，另一方面表明对立背后的某种相通性及一种新的力量的形成。

是"资产阶级士大夫"的思想在与"党义"的较量中占了上风。上海是国民党有绝对控制力的地方，尚且如此，其他地方的情况可想而知。实际上，国民党当政之初，这种"失败"比比皆是。

　　然而，国民党充分利用了政权的力量，既然和风细雨的"党化"行不通，那么颇具"专政"意味的"党治"便从幕后走向台前，对马君武的"查办"即是典型一例。而对自由教育势力"名失败而实成功"的光华大学，国民党更是采取了强硬措施，明令"光华大学辞退罗隆基君"，并顺即予以逮捕。胡适为此专门致信陈布雷，不无深意地指出："此端一开，不但不足以整饬学风，将引起无穷学潮。"更主要的是，胡适详陈了自由教育的态度和理念："因个人在校外负责发表的言论，而用政府的威力，饬令学校辞退其学术上的职务，此举尤为错误。私人发表的言论，只负法律上的责任，不应影响其在学术上的职务。教授在学校内，只须他能尽他的教授的职务，皆应受相当的保障。在法庭未判决他有罪以前，他是一个公民，应该享受职业上的自由。学校方面对他在校外发表的言论，皆不应加以干涉。"① 希望受三民主义指导的政府完全按自由主义的方式来行事，其结果只能是自找没趣，"收回成命"更是异想天开，且不说国民党人很难幡然醒悟，即使知错之后，也往往"将错就错"。

　　对于自由教育者的这种弱势，与胡适关系密切的朱经农有着深刻的体察："我们毫无组织的个人，怎敢向阵式整严的大党、大阀、大系说半句话呢，所有上海报纸都是某党、某派所支配，所以除了党派的言论，我们看不见多少公道话。"相对于自由派学人，有组织的力量则明显具有优势："现在中国的政客，看见教育界有一种潜势力，所以都想来操纵教育。前年政学系之于北京农大、法大，研究系之于上海中国公学、自治学院等，都是想做'一色清一番'。现在国民党如果想党化国立大学，也未必有好结果。"② 可知在教育领域国民党面临的对手不仅仅是胡适等自由教育势力。很明显，朱经农还是低估了党化教育者的威力。手无寸铁的什么"大系"

---

① 胡适：《致陈布雷》（1931 年 1 月 15 日），曹伯言整理《胡适日记全编》第 6 册，第 24—25 页。
② 朱经农：《致胡适》（1931 年 2 月 1 日），《胡适来往书信选》中册，第 42—43 页。

和"大阀"哪能与掌握军队的"大党"相提并论呢!

马君武因"干犯党怒"被"免职"后,中国公学校董会改任国民党元老于右任为校长,由是引起学生拒于迎马的风潮。① 尽管于右任试图就职,但是到校后见无法收拾,当天即回。继任者仍是一位党国要人,即邵力子,于众人反对声中强行就职,从此自由教育势力与党化教育势力的较量发生逆转。继任中国公学副校长的朱经农致胡适的两封信清楚地反映了这一变化:"中公之事极不易办。学生与党部意见未消除,我处于两者之间,所感痛苦,非常之大。在我只是牺牲自己,来作缓冲。"② 在很大程度上,朱经农是倾向于胡适的教育理念的,但是他此时所能做的仅仅是"缓冲"或调和。这也体现在教职员的去留、聘任和安排方面:"我们得到戴君亮兄担任教务长是一件可庆幸的事";"总务长兼秘书长为党部中人,因力子为校长故尚可对付";"文理科学长由党部推荐李青崖主持。弟以其与君武先生感情素好,又为党部所推重,当可持中庸之态度。不期其对杨鸿烈兄竟不能相容,其态度之狭隘,令人失望。此次文理科教授变动最多"。③

职务的分配和人事的变动正是党化教育者与自由教育者较量的具体体现。不难发现,从校长到中层职掌再到教授,党部的人越来越多,难怪胡适慨叹:"此校以后成了一个党员吃饭机关。"④ 这种变动所造成的影响,学生有着更为直接的感受:"君武师被迫离校,而来了一位党国要人邵力子先生,在他任中公的结果,中公以往一切的光荣与学术的价值声誉都随他而毁灭了! 后来愈闹愈烈,就是我们中公同学素极钦佩的朱经农师,也为朱应鹏那般党棍所逼迫,不得不离校而他去。"在很大程度上,朱经农在中国公学扮演了胡适代理人的角色。他的离职表明胡适所代表的自由教育势力最终被党化教育者打败,"他们自把持中公后,对于学术丝毫不讲,一切设备皆不如前,要想有适之师长中公时那样的热心研究学术与言论的自由真不可得"。⑤ 令国民党人难堪的是,从此中国公学陷入了不可自拔的"风潮"的旋涡,并最终为"风潮"所淹没。这真是应了后来任鸿隽所说的"有了

---

① 曹伯言整理《胡适日记全编》第 5 册,1930 年 10 月 30 日至 11 月 23 日,第 835—873 页。
② 朱经农:《致胡适》(1931 年 5 月 3 日),《胡适来往书信选》中册,第 63 页。
③ 朱经农:《致胡适》(1931 年 5 月 10 日),《胡适来往书信选》中册,第 65 页。
④ 胡适:《致王云五、刘南陔》(1931 年 2 月 15 日),《胡适来往书信选》中册,第 46 页。
⑤ 余勋绩:《致胡适》(1932 年 5 月 20 日),《胡适来往书信选》中册,第 113 页。

党化，便没了教育"。① 如此结果，可能是国民党也没想到的，为保持教育就不得不进行反思和调整。

二　参与其事的北京大学

或许正是缘于国民党开明人士的调适，与中国公学不同，北京大学在反对党化教育的风潮中却取得了相当的成功。国民党势力还未到达北京的时候，在杭州北大 29 周年纪念会上，马寅初提出"北大主义"一说，"所谓北大主义者，即牺牲主义也"，"苟有北大之牺牲精神，无论举办何事，则结果之良好，俱可期而待。今以浙江一省而论之，如以北大牺牲精神，移办政府与党务，则不出一年，必可为全国之模范省"。"北大昔日既为群众之导师，今而后当如何引导人民，打破家庭观念，而易以团体观念；打破家庭主义，而易以国家主义，恢复人生固有之牺牲精神。否则，若仅有表面之革命，恐虽经千百次，于国家于社会仍无补于事也。"② 这里马寅初意味深长地提醒以"革命"而兴的国民党："表面上之革命"并不一定能给国家和社会带来良好结果，无论形式上如何天翻地覆，而实质上可能仍一往如故。因此，他提出要以北大精神来"办政府与党务"，"徐图改革"，似乎是要以"北大主义"来"化"党主义，③ 这正好与党化教育的潮流形成对冲。

然而，在国民党日益得势的情况下，岂能为他主义所"化"。与马寅初的愿望相反，不但北大主义不能倡行，连北大自身的地位也难以保全。1928 年 6 月，经党国要人精心策划，大学院决定将北京大学"改名中华大学"，并任李石曾为校长。尽管作为委员的胡适强烈反对，但终究无效。④ 旋即北平大学区成立，北京大学又降格为北平大学下面的"北大学院"。此后，北京大学便陷入了两股持续不断的风潮：一是复校独

---

① 任鸿隽：《党化教育是可能的吗》，《独立评论》总第 3 号，1932 年 6 月，第 12—15 页。
② 马寅初：《北大精神》，杨东平主编《大学精神》，文汇出版社，2003，第 15—16 页。
③ 这也表明当时一些知识精英试图对有些为所欲为的国民党做某种修正，或来协助它"坐江山"，以促进国家和社会的真正进步。
④ 曹伯言整理《胡适日记全编》第 5 册，1928 年 6 月 15 日，第 155—158 页。

立运动，① 二是反对李石曾做校长。学生成立了"北京大学复校运动委员会"，组织了"北大武力护校团"，② 提出"北京大学名称不改，北京大学组织不改，北京大学直隶中央。此三者乃我辈全体同学最低限度之要求，目的一日不达，即护校工作一日未完"。③ 从表面上看，这反对的仅仅是教育行政部门的具体措置，但实际上形成对国民党整个教育决策的挑战，况且也有时人把国民党在教育上的所有举措都称为"党化教育"。另一方面，要求"北京大学直隶中央"，似乎表明北大还不够"党化"，而希望更进一步的"党化"，走向国民党创立的"中心"。可见"党化教育"与否已变得并不重要，重要的是大学自身地位的高低。

有意思的是，这种抵制本身就带有明显的"党化"色彩。北京大学30周年时，"照往年成例"，举行了"盛大纪念会"。与往年不同的是会场的设置，"会场在第二院大礼堂内，中总理遗像，校旗党旗国旗高悬于讲台之上，万国旗则纵横错列，触目皆是。礼堂外悬有'北京大学三十周年纪念会'横布牌，旁有一白布联，其文曰：'玑珠满斗，为四兆国民争光，庆祝三十纪念'；'风雨同舟，愿二千同学努力，继续五四精神'。二院大门彩牌额署，'北京大学独立万岁'，其联为'复校尚未成功''同学仍须努力'，此外大字标语如'北大精神不死'，'反对大学区制'等等，一二三院门墙上，殆已贴遍"。④ 挂总理遗像、党旗国旗，这本是典型的党化教育所要求的环境设置，而在这"党化环境"中，所要做的却是"继续五四精神"和"北大精神"，并且套用革命话语，来反对国民党的教育变动，一方面表明国民党的统治地位在人们的心目中已经确立，人们反对的不是它的法权，而是它的具体举措，另一方面表明党化教育只是作为一种符号被接受，在内容上反而可以背道而驰。

---

① 具有悖论意味的是，大学区的设置体现的反而是胡适的教育思想。胡适日记记载："蔡先生邀我们谈高等教育问题，我提议两事：（1）组织国立大学联合会，（2）第一大学区（北京）国立各校合并。"（曹伯言整理《胡适日记全编》第3册，1922年6月10日，第695页）南京国民政府成立后，在教育决策中一度起主导作用的蔡元培竟然推动这一设想付诸实践，在此后的社会认知中，成为国民党更始教育的象征，可知国民党和以胡适为代表的知识人在教育本身的谋划上本来也有相合的地方。

② 《北大武力护校团业已筹备组织》，《新晨报》1928年9月24日。

③ 《北大复校运动发表宣言》，《新晨报》1928年11月19日。

④ 《北大昨日举行卅周年纪念会》，《新晨报》1928年12月18日。

在这次纪念会上，学生代表还发表了演讲，其中说："现在政府及党被腐化分子把持，前途日趋黑暗，吾人爱国爱党，应联合全国忠实同志，努力肃清腐化分子，完成总理革命，才不愧北大真精神。""北大独立，固然是求保存最高学府的光荣历史，继续北大的革命的精神，是反对大学区制，其用意更深。盖此种制度之施行，在理论上违反三民主义，在事实上，足使中国成割据局面，延长内争。就教育本身而论，最可惧者，为一党一系把持。"① 指责三民主义者的举措"违反三民主义"，"爱党"却反对教育为"一党"所"把持"，这特别能体现党治下学生斗争的特点。它表明"党"和"三民主义"已经成为难以撼动的权威，人们只能以其为掩护来诉求和伸张自己的愿望，同时也说明人们的内心未必认同"党"和"三民主义"，尤其是在"政府及党被腐化分子把持"的情况下，当然这也可视为斗争的一种策略。

不管是什么机缘，也无论其间的过程如何周折，北京大学的两股风潮却是都取得了成功。1929 年，面对全国此起彼伏的反对浪潮，国民政府不得不取消"大学区制"，改而仿照惯例成立教育部。此后，"北平学校"被"整饬"为三所大学——北平大学、北平师范大学和北京大学，加上清华大学，在北平形成了国立四校并立的局面。北京大学顺理成章复校告成。② 在该年的开学典礼上，代校长陈大齐讲道："现北大既已恢复旧观，同学须努力学业，维持北大已往之最高学府地位，否则不如不复校为愈也。北大最易使人嫉忌，诸君不必过于宣传，当实事求是、努力学业，持镇静态度，渡过为人嫉忌之危险期。"③ 他显然把复校成功看作北大自身努力的结果，自警之外不乏一种战胜党化教育者的自得。

进入 1930 年代以后，自由教育势力和国民党势力在北平高等教育界逐渐形成了基本上共处相安的局面，即使本来出身于教育界的李石曾、罗家伦等国民党要人，也都相继退出，而与国民党有一定关系的学界名流开始执北平高等教育界牛耳：北京大学校长为蒋梦麟，北平大学校长为李蒸，北平师范大学校长为徐炳昶，清华大学校长为梅贻琦。其中，蒋梦麟还是当初学生选出的校长候选人之一："学生会召集紧急代表大会"，"议决校长

---

① 《北大昨日举行卅周年纪念会》，《新晨报》1928 年 12 月 18 日。
② 《马叙伦谈北大复校运动》，《申报》1929 年 9 月 2 日。
③ 《北大昨开学　陈大齐勉励学生勤学》，《京报》1929 年 9 月 12 日。

人选"，"结果胡适、陈大齐、蒋梦麟通过"。① 除北平大学国民党的势力还较大之外，其他三校虽然统一于国民党的教育行政之中，但基本上成了自由教育者的天下。

需要指出的是，一些自由教育者反对的大都是某些影响其自身利益和地位的举措，而对于党化教育的一些基本设置并无多少异议，相反有些时候某些地方执行得还颇为积极。早在 1928 年 12 月，北平大学第二次校务会议就议决"组织训育委员会，敦请在党的方面有声誉之人物，莅各院讲演"；"各院添设军事教育，参考中央大学及各校办法"。② 复校成功后的北大学生会也高调宣布"以拥护三民主义，努力国民革命，发扬文化，改进社会，协助学校谋利会员为宗旨"。③ 这多少使国民党人感到一些安慰，并不情愿地把主持北平各校的大权逐渐交给了自由教育者，试图通过他们来执行党化教育的政策。

由此逐渐形成了党化教育形式和自由教育精神的有机结合。1931 年北京大学的秋季开学典礼特别能体现这种结合："上午九时，举行纪念周，到教职员学生一千余人，首由校长蒋梦麟报告聘请教授经过，次秘书长王烈报告经费情形，次兼代文学院院长蒋梦麟报告文学院新计划，并勉励学生注意外国文，次理学院院长刘树杞，报告聘请教授经过及扩充设备计划。次法学院院长周炳琳，报告已请回返校之老教授燕树棠、张慰慈等，及新聘请教授陶希圣、赵迺抟、许德珩、邱昌渭诸先生之经过。次教授燕树棠演说，最后教授胡适演说。"④ 在党化教育一个近似仪式的规定动作"纪念周"的平台上，亮相的基本都是自由教育者，并大谈其成就，颇堪玩味。根据当时的行事习惯，胡适"最后"出场反而说明其地位的举足轻重和不同寻常。如此阵容及其以后的教授聘请或辞退这样的大事，大都有胡适的意见和谋划。⑤

① 《胡适抵平后北大学潮》，《教育杂志》总第 21 卷第 2 号，1929 年 2 月，第 16 页。
② 《北大第二次校务会议议决中政会　严制学潮及共党各院学生即日起不准转学》，《京报》1928 年 12 月 15 日。
③ 《北京大学学生会章程》，《北京大学日刊》总第 2245 号，1929 年 10 月。
④ 《北大新旧教授多已返校　昨举行首次纪念周》，《北平晨报》1931 年 9 月 15 日。
⑤ 参见桑兵《马裕藻与 1934 年北大国文系教授解聘风波》，《近代史研究》2016 年第 3 期。还有两个典型的例子可以说明胡适在北京大学的地位：在北大再次出现困难时，各方曾呼吁"胡适长校"；蒋梦麟外出时总由胡适"代校长"。

北大校方对待学生出版物的态度也充分体现了自由教育与党化教育的融合："有些同学建议说《北大学生周刊》是学校教职员与学生共同发表言论之机关，谁也不必约束谁，最好维持言论自由的原则。同人等也如斯主张，觉得审查实属无谓，一则耽搁出版时间；二则牵制言论。最好不审查。于是与校长秘书郑天挺先生与秘书处朱洪先生接洽，接洽结果仍需审查，秉承蒋校长意旨，——谓教部命令，不得不遵守。唯以有条件之审查，即（1）力求审查时间缩短，当日午前交稿，午后发还；当日午后交稿，翌日午前发还。（2）对言论一层，绝不轻易予以不便。可是事实证明，已往送稿十数份，完全发还，未有留难，对于出版尚无多大妨碍。"①"遵守"教部命令对"言论之机关"进行审查，而审查的结果并未"妨碍""言论自由"，说明党化教育与自由教育在北大确已各安其所，也提示了一种依靠政权推行的强制措施很容易被程序化和形式化，而是否真正深入人心，往往难以体察和检验。当然，这也可能是一些国民党人的高明之处。

综合各种情形，大体上可以说，党化教育的各种措施并没有改变北大的传统。1922年，胡适在回顾北大前五年的历程时，认为有两大成绩：第一是组织上的变化，从校长学长独裁制度变为"教授治校"制；"第二是注重学术思想的自由，容纳个性的发展。这个态度的功效在于（一）使北大成为国内自由思想的中心；（二）引起学生对于各种社会运动的兴趣"②。这种教授治校、自由研究、思想自由的教育方针，到1930年代经过一番波折仍为掌校者所秉持，并显现出不同寻常的成效："北大之教育方针，向主自由研究，此为数十年一贯之政策，其结果堪称满意。训练出之人才，多有自发自动能力。现全国各地机关团体无不有北大学生，率皆能匹马单刀独当一面，且无论都市乡村皆能走进，而且作出相当成绩，不可谓非自由研究之结果。"③ 当然，这如果没有党化教育者的"见容"也是做不到的。到1946年，在北京大学的开学典礼上，胡适不无欣慰地说，"精神的财产有蔡、蒋两校长的三十年自由研究的风气，独立研究的风气"，"希望教授、同学都能在学术思想、文化上尽最大的努力作最大的贡献，把北大作成一

① 翟吉哲：《编后语》，《北大学生周刊》第2卷第1期，1931年11月，第2页。
② 胡适：《回顾与反省》，《北大日刊》总第1136号，1922年12月。
③ 《北大昨召集新生茶话　蒋梦麟讲施教方针》，《北平晨报》1935年10月6日。

个像样的大学；更希望同学都能'独立研究'，不以他人的思想为思想，他人的信仰为信仰。希望学校没有党派。至自由研究是北大一贯的作风"。[1]胡适感知的自由教育的一脉相承，充分表明党化教育在北大并没有取得预期的成功。

其实，党化教育在北平其他大学的命运与北大相差无几：一则北大在北平高等教育界有某种程度的领导作用；二则其他大学也都为自由教育者所充斥。据陶希圣回忆："北京大学居北平国立八校之首。蒋梦麟校长之镇定与胡适之院长之智慧，二者相并，使北大发挥其领导作用。在艰危的岁月里，校务会议不过是讨论一般校务，实际上，应付难题的时候，北大一校之内，梦麟校长，适之文学院长及周枚荪（炳琳）法学院长随时集会，我也有时参加。国立各大学之间，另有聚餐，在骑河楼清华同学会会所内，随时举行。有梦麟北大校长，梅月涵（贻琦）清华校长，适之及枚荪两院长，我也参加，交换意见。月涵先生是迟缓不决的，甚至没有意见的。梦麟先生总是听了适之的意见而后发言。……清华同学会聚餐席上，适之先生是其间的中心。"[2]按此，胡适不仅在北大一言九鼎，而且在整个北平高等教育界发挥着"领导作用"，尤其对清华大学的影响非同一般。

三　濡染下的清华大学

胡适与清华大学的关系由来已久且深。[3]1923年，清华学校欲改办大学之际，相关各方多有请教胡适。而胡适所谈的办学科目、教授聘请、国学研究等意见也多为当事者所接受。[4]第二年，胡适即被聘为清华的"大学筹备顾问"，还应邀在"全体会议"上做了演讲。事先，《清华周刊》的记者再次对他进行了专访。有趣的是，记者最后问他："现在国民党很铺张扬厉的惹人注目，胡先生对他的意见怎样？"答："北大有很多学生加入了，不

①　胡适：《在北京大学开学典礼上的演说》（1946年10月10日），季羡林主编《胡适全集》第20卷，第223—224页。

②　陶希圣：《记蒋梦麟先生》，《传记文学》第5卷第1期，1970年，第76—79页。

③　有学者还专门考察"胡适与清华文人的内在理路"，参见沈寂主编《胡适研究》第2辑，安徽教育出版社，2000，第3—18页。

④　华：《与胡适之先生谈话记》，《清华周刊》第268期，1923年，第27—29页。

知清华怎样？至于国民党，我现在很少研究不能发表意见。"① 可见胡适对上升中的国民党抱以谨慎的态度。从与其前后的关系来看，此时既有所保留，又有所期待。北洋后期，身在清华的钱端升曾两次问询胡适是否"愿意担任清华校长"，并说"你要肯来，校内校外俱不患没人帮助"，"大多数的人是十分希望你来的"。作为一直在美国卵翼下的清华学校，无论是在理念还是人事上都与留美出身的胡适有许多相合和交集。特别是钱端升所说的"清华在未来几年内，负有维持北方大学教育的重任"，对胡适应该是有相当吸引力的。因此，胡适的答复是："我愿意考虑你的提议。"② 出于种种顾虑和原因，胡适并未就任清华，但他对清华的影响力一直是延续的。③

国民党势力到达北平后，清华大学同样经历了一个动荡不安的过程。起初，清华学生对于党化教育颇为热情，学生会章程改为以"实行三民主义，努力国民革命并谋本校全体同学之福利"为宗旨。一些学生团体也奉北平市党部之命令进行了改组。④ 1928 年 8 月，南京国民政府改清华学校为国立大学，任命五四时期的学生领袖、曾任职于蒋介石司令部的罗家伦为校长，消息公布后，清华学生甚为振奋。受罗家伦派遣先行到达清华的郭廷以对学生进行调查后写道："清华同学十九均深不满于学校现状，而切望其改革。""是以闻孙科长校，即意存反对。'最近又听说改任了罗家伦先生为我们的校长，这使我们非常高兴'（《清华周刊》校务讨论专号原文）。十余日前该校校务改进委员会（此会委员为学生评议会所推选，受评议会之监督）曾提出校长人选九人于学生评议会，请求决定，结果以我师及周鲠生得票为更多。于此已可知学生之趋向也。""本月二十二日，学生会派代表二人由海道南下，与我师接洽，并探听京中清华毕业同学消息。据友人云，学生会已于二日前致电我师，表示欢迎矣。"最后，郭廷以得出结论，"同学希望我师早日北来就职"；至于"在京毕业生以'罗某长校，誓死反对'之电报，及'清华将北大化'之宣传，激惑在校同学，竟均不为所动，

---

① 简：《与胡适之先生谈话记》，《清华周刊》第 309 期，1924 年，第 12—14 页。
② 《钱端升致胡适》（1926 年 11 月 4 日），《胡适来往书信选》上册，第 293—294 页。
③ 从 1930 年代初胡适推荐吴晗在清华大学"半工半读"也足见他的这种影响力。
④ 《国立清华大学二十周年纪念刊》，1931，第 245—249 页。

而一笑置之"。① 反对孙科，却欢迎罗家伦，表明学生此时所希望的校长既须有国民党名义，又须有学界背景。从之后的种种情形来看，这份调查未免带有一定的主观性。大凡事实或真相都不能摆脱记述者之设意，乃历史之常理。值得注意的是，罗家伦长校，令"毕业同学"担心的，不是"党化"，而是"北大化"。②

然而，罗家伦所带给清华的更多的还是党化色彩，其就职时宣告："余誓以至诚，谨守中华民国教育宗旨，谋造成国立清华大学学术独立发展之一主要基础，以完成建设新中国之使命，必遵廉洁，务去浮滥，如有或违，愿受党员严厉之制裁。"③ 党化教育的使命感，明显大于学术独立的"谋造"。此后，罗家伦以其在军队所感染的作风对清华进行了大刀阔斧的整顿和改革，一些措施颇得人心，即使原来反对他的人也变得满意起来。早些时候，郭廷以向罗家伦报告："我师一再致意于吴宓，不知吴早已宣言不与我师合作。"④ 但不久吴宓的态度就发生了变化，他在日记中写道："罗校长力图改良校务，并改善教授待遇。所认为庸烈及为学生攻击之教授，固在必去之，而优良之教授反加增薪金。西洋文学系尤其满意。"去劣存优，加增薪金，吴宓都是受益者，使他一度十分悲戚的心情变得明亮起来："罗校长之励精图治，人心悦服，此校前途或可乐观也。"⑤ 可知，个人境遇的改善或提升颇能消解对"党化"的抵制。

不过，好景不长，罗家伦"激进的改革和严厉的批评，伤及部分旧清华人的自尊。纪律化与军事化的管理亦斫伤学生的自由愿望，加上清华小

①　郭廷以：《致志希师》（1928 年 8 月 25 日），《罗家伦先生文存》第 1 册，台北，中国国民党党史会，1996，"附录"，第 336—344 页。

②　事实上，担心"北大化"的在清华校内也大有人在。此前吴宓在日记中写道："清华如解散，而京中教育又为北大派所垄断，不能见容，则或者于辅仁大学等处谋一教职"；"比之彼胡适、罗家伦之流，排除异己，以邪说曲学召世惑众者，不犹愈耶？"（《吴宓日记》第 4 册，三联书店，1998，第 77 页）有意思的是，吴宓特别关注的是罗家伦的北大出身，并把他与胡适同列为"北大派"，充分表明在学界有时候"派斗"可能远大于"党争"，而借用"党力"加强"派势"者也大有人在。

③　《国立清华大学校刊》第 12 期，1928 年 11 月 23 日，第 1—4 页；《罗家伦先生文存》第 1 册，第 450 页。

④　郭廷以：《致志希师》（1928 年 8 月 25 日），《罗家伦先生文存》第 1 册，"附录"，第 336—344 页。

⑤　《吴宓日记》第 4 册，第 134—135 页。

群意识作祟，遂引发一连串的校长风波"。① 冯友兰对罗家伦改革清华的评价是："学术化的成绩最显著；民主化和纪律化的成绩平常；军事化没有成绩，彻底失败。"② "纪律化"与"军事化"正是党化教育的鲜明特征，不是"平常"就是"彻底失败"，颇能说明其在清华大学的遭遇。后来清华学校的早期毕业生张忠绂谈道，"北伐以后，国民政府更换了清华校长，派了一位罗某接任。罗某以革命人物自居而善于做官"，"罗某没有经验，又不明了旧日规定的原意，自作威福，擅自更改校章。既未于事前通告，使当事人有所准备，而去取标准又不能大公无私。这是我第一次与国民党官员接洽，使我感觉国民政府的官吏尚不及北洋时代的官员谨慎从公"。③ 可知罗家伦为人反对的主要还是其"党化"的一面。换个角度看，大凡雷厉风行的改革都要损害一部分人的利益，有时即便是好的改革，特别是改革者自认为好的改革，也往往带来一些弊端。如果改革者有力量，无论什么样的改革都能推进，但是若改革者的力量不足，则往往中途夭折。罗家伦对清华的改革，由于清华内部的阻力和外部政治环境的变化，最终宣告失败。

1930 年 5 月，北方政局变动之际，清华校友会和部分学生联合掀起驱罗运动，罗家伦不等形势进一步发展，即主动辞职。此后阎锡山派其同乡乔万选为清华校长，但清华学生组织纠察队在校门口阻止，使其未能就任。是年 8 月，围绕校长问题，清华大学学生中出现了"正义团"和"护校团"之争。"正义团"的宣言表示，"打倒反复无常的冯友兰、吴之椿"，"拥护有声望、有学识、有经验、超越清华现各个派别的党柱石为清华校长"。④ 似乎清华各派的矛盾要远大于同国民党的矛盾，宁愿"党化"，也不愿"学阀化"。有研究者说这一宣言"背景模糊，立场矛盾，既揭示'党柱石'，又反对与党有关系的冯、吴，令人不解"。⑤ 其实，回置于历史语境之中并不难理解，这再次表明"党"已成为人们心目中难以撼动的权威，赞成或反对都必须局限在党的范围或党所允许的范围内。有意思的是，在人们心

---

① 苏云峰：《从清华学堂到清华大学（1928—1937）》，三联书店，2001，第 2 页。
② 冯友兰：《三松堂全集》第 1 卷，河南人民出版社，2000，第 280 页。
③ 张忠绂：《迷惘集》，沈云龙主编《近代中国史料丛刊续编》第 53 辑，台北，文海出版社，1978，第 77 页。
④ 《清华校长潮愈趋纠纷　另有学生组织正义团　发表宣言拒乔驱冯》，《新晨报》1930 年 8 月 18 日。
⑤ 苏云峰：《从清华学堂到清华大学（1928—1937）》，第 35 页。

目中，相对于纷争无度的"各个派别"，"党"反而可"超越"其上。

中原大战结束后，清华部分师生和南京政府希望罗家伦返校复职，但他坚辞不就，而有意支持翁文灏出长清华，教育部也曾拟派周炳琳为校长，但是他们都无意该职，最终 CC 系陈果夫推荐的吴南轩获得任命。不过，清华师生却希望在周贻春、赵元任和胡适中挑选一位出任校长，为此派代表南下请愿。时兼教育部部长的蒋介石解释说，赵元任"非办事人才"，"先征周贻春未得同意，胡适系反党，不能派。吴系留美教育博士，人颇真挚。嘱各生安心读书"。① 在最高当局那里，胡适竟是"反党"的一种形象，自然与"党化教育"更是处在一种对立的地位。因此，当时胡适被推举为好几所名校的校长人选，都无果而终，便可想而知了。在蒋介石看来，"吴系留美教育博士"，应该比较适合美国背景很深的清华。

然而，在清华师生的眼中，吴南轩更主要的还是其国民党背景。他一到校就与教授会发生了冲突。结果，教授会推举后来成为胡适主持的独立评论社重要成员的张奚若、蒋廷黻等人草拟上教育部书，要求"另简贤能为本校校长"，② 由此掀起了驱吴风潮。1931 年 6 月，任职仅两月余的吴南轩被迫离校。当时《教育杂志》有文章指出："清华驱逐吴南轩的一个重要原因是清华反政党的传统，清华教职员大都不加入国民党，而校长及重要职员都是党员，双方不能兼容。"③ 这似乎表明在清华乃是自由教育与党化教育之争，而数度失败的竟是"党化教育"。是自由教育势力太强，还是党化教育势力太弱，抑或当政者宽容致之？无论哪一种因素，在清华自由教育势力大获全胜，乃是一个不争的事实，而党化教育即使在形式上竟也不那么健全，比如国民党在学校推行党化教育的重要机构"训导处"，在清华就一直没有建立起来。

1931 年 9 月 21 日，教育部任命无党派背景的纯学者梅贻琦为清华校长，自此清华"不再是个政治皮球，步上了正轨"。④ 梅贻琦成功的一个主

---

① 《蒋告清华学生代表吴南轩发表经过》，《大公报》1931 年 3 月 18 日；曹伯言整理《胡适日记全编》第 6 册，1931 年 3 月 18 日，第 98 页。

② 清华大学校史研究室编《清华大学史料选辑》第 2 册（上），清华大学出版社，1992，第 101—111 页。

③ 《教育杂志》第 23 卷第 8 期，1931 年 8 月，第 256 页。

④ 《蒋廷黻回忆录》，台北，传记文学出版社，1979，第 126 页。

要原因就在于他秉持自由教育的理念，符合清华师生的期望。在 1932 年 9 月的开学典礼上，梅贻琦告诫学生："思想要独立，态度要谦虚，不要盲从，不要躁进。"① 这与胡适的主张是一致的。经过在清华的实践及与胡适的长期相处，他更是明言胡适所服膺的自由主义对大学的作用：

> 今人颇有以自由主义为诟病者，是未察自由主义之真谛者也。夫自由主义（Liberalism）与荡放主义（Libertinism）不同，自由主义与个人主义，或乐利的个人主义，亦截然不为一事。假自由之名，而行荡放之实者，斯病矣。大学致力于知、情、志之陶冶者也，以言知，则有博约之原则在，以言情，则有裁节之原则在，以言志，则有持养之原则在，秉此三者而求其所谓'无所不思，无所不言'，则荡放之弊又安从而乘之？此犹仅就学者一身内在之制裁而言之耳，若自新民之需要言之，则学术自由之重要，更有不言而自明者在。②

尽管政府赋予大学校长绝对的人事权，但是梅贻琦"放弃政府授予的大权，而依 1926 年的《清华学校组织大纲》行事"，使"教授治校"传统得以延续，"清华的自由主义传统依旧"。③ 对此，不少清华教授都有切身的感受。冯友兰曾记述清华大学的"教务会议"："凡是参加会议的人，任何人都能提提案，他的提案，可以是他自己的意见，也可以是他集中别人的意见。在会议中任何人都可以自由发言，任何人都可以集中别人的意见，但是任何人的集中，都必须作为提案向会议提出来让大家讨论、表决，经过多数赞成以后，才能作为会议的议决案。这样的议决案才算是代表多数的意见，少数人自然就无计可施的了。"④ 在很大程度上教育领域里的"自治"就是"多数"决策，明显属自由教育的行事做派。当然，这很能考验主事者的智慧和气量。而在张子高看来，这方面梅贻琦做得恰到好处："校长分寄其任于诸教授，于各执事；诸教授各执事各尽其责于诸学子，至于因革损益之大端，猝然非常之异变，校长则于教授会、评议会、校务会议

---

① 梅贻琦：《中国的大学》，北京理工大学出版社，2012，第 14 页。
② 《梅贻琦谈教育》，辽宁人民出版社，2015，第 58 页。
③ 苏云峰：《从清华学堂到清华大学（1928—1937）》，第 41 页。
④ 冯友兰：《三松堂全集》，河南人民出版社，1986，"自序"，第 32 页。

分别与同人共商讨之。每有大计，同人既本其识见之所可及，尽其意量而出之，时或反复辩难，势若不相下，公则从容审夺其间，定其议也，往往各如其意，充然有得也。"① 这似乎体现了一种近于理想的"民主集中制"。

朱自清也曾谈道："在清华服务的同仁，感觉着一种自由的氛围气，每人都有权利有机会对学校的事情说话。"梅贻琦"使清华在这七八年里发展成为一个比较健全的民主组织。在这个比较健全的民主组织里，同仁都能安心工作，乐意工作，他使同仁觉着学校是我们大家的，谁都有一份儿"。"有人也许惊奇，为什么梅先生在种种事件上总不表示他的主见，却只听大家的。是的，这的确可惊奇，但是可惊奇而且可敬佩的，是他那'吾从众'的态度和涵养。他并不是没有主见的，只看抗战以来，教授会和评议会不得已而暂时停顿的时候，他的种种措施，便可以知道。"② 从众而又能决断，对于掌握权力的人来说确属不易。如此种种，充分说明了梅贻琦主持下的清华大学乃是胡适所提倡的自由教育的另一个大本营。

本来，党化教育推行之初，清华大学校长的职位曾再次向胡适招手，而他在日记中记道："见着尔和：上回他说均人要我去做清华校长，我不曾答应；今天他又问我，我说，'如校长由董事会产生，我不反对；若由任命，或外部聘任，我不能就'。但后来细想，还作书去辞了。"③ 显然，胡适"细想"的结果是认为党化教育之下，自由教育者不可能有所作为。而令他想不到的是，几年后他对清华大学的理想境界竟由梅贻琦变成了现实，而他本人在北大也大显身手。

四　结语

1927 年 10 月，胡适在致蔡元培的信中表示："所谓'党化教育'，我自问决不能附和。"④ 应该说，当时像胡适这样的人相当之多。此后的几年，

---

① 中国人民政治协商会议全国委员会文史资料研究委员会编《文化史料》第 4 辑，文史资料出版社，1983，第 8 页。

② 《朱自清作品集》第 5 卷，河南大学出版社，2004，第 1453 页。

③ 曹伯言整理《胡适日记全编》第 5 册，1928 年 3 月 27 日，第 13 页。

④ 胡适：《致蔡元培》（1927 年 10 月 24 日），耿云志、欧阳哲生编《胡适书信集》上册，第 399—400 页。

自由教育者与党化教育者进行了反复的各式各样的较量，其中双方还都"运动"了学生，形形色色的"学潮"风起云涌就是明证。不过，在双方博弈的过程中增加了彼此的认知和理解，相合相融的互动和调适也夹杂其中。作为与胡适关系密切的三所大学，除了中国公学最终被"党化"之外，北大和清华则在反对党化教育方面取得了相当的成功。这种成功大概是由多种因素促成的：一是北京大学和清华大学的自由教育势力相当之强，并且对"党化"做了变通的接受，至少在样式上像那么回事。二是国民党无力或不愿压服自由教育者，且最高当局似乎还需要一定的异己者装点门面。蒋介石曾公开表示，欢迎尽情之批评，以及无意采纳独裁体制。三是国民党政权本身存在一定的对非党势力开放的空间，而不少的自由教育者参与其中，又进一步维护和扩展了这种空间。此外，一所大学所处的地域和具体的政治势力范围也影响着自由教育和党化教育的较量。中国公学处在国民党统治的中心区，卧榻之侧，岂容他人酣睡，自然难于免"化"；而北大和清华处在已成废都的北平，且基本上一直在地方派别的掌管之下，自然就有空子可钻。

胡适"争取学术独立十年计划"之现代解读

胡 军[*]

一

1946 年 10 月 10 日，胡适就任北京大学第二十一任校长。在当天的就职演说中，他"说了几句家常话"。在简短地回顾了北京大学的历史之后，他接着说道，自己"只作一点小小的梦想"，想把北大办成一个"像样的学校"，使北大成为"全国最高学术的研究机构"，"能在学术上、研究上、思想上有贡献"。他积极鼓励学生要成为"独立研究、独立思想"的学者。[①]

在就任北大校长的讲话中，胡适显然还没有形成关于如何系统筹建北京大学的理念，只是笼而统之地讲了一些场面话，尚未具体地提出管理与建设北京大学的长期规划。这可能与他长期居留美国，脱离了高等院校的教学与研究工作密切相关。他刚从美国回来便就任北京大学校长，还未及形成关于北京大学和中国大学建设之类问题的系统思想或理念。

1947 年 8 月在出席中央研究院院士选举筹委会时，胡适提出了自己关于中国"十年教育计划"的主张，并将这一教育改革计划提交给了国民党政府中央高层，但后者对之毫无兴趣。这可能与当时国民政府正在积极从事激烈的内战相关。不得已，会后他将上述中国教育发展计划写成了题为《争取学术独立的十年计划》的文章，此文后来发表在 1947 年 9 月 28 日的

---

[*] 胡军，北京大学哲学系教授。
① 白吉庵：《胡适传》，人民出版社，1996，第 422 页。

《中央日报》上。

胡适历来就擅长写作以简明浅显的语言来表述自己思想与主张的短文章。他关于教育独立计划的文章也具有如斯风格，全文不到四千字，但主题格外明确，即积极主张尽快实现中国学术的独立。此处所谓的"独立"不是说教育要独立于行政或意识形态，而是努力争取使中国的学术独立于世界的，尤其是欧美的学术。他进一步乐观地指出，要真正实现学术的独立，中国必须有一个大学教育的十年计划。在这十年中，"集中国家的最大力量，培植五个到十个成绩最好的大学，使他们尽力发展他们的研究工作，使他们成为第一流的学术中心，使他们成为国家学术独立的根据地"。[①]

要培植这样的五个到十个学术研究中心，就要求中央政府及地方政府积极予以财政上的支持，政府应该马上制定一个高等教育十年计划。

应该承认，胡适提出的中国大学教育改革的方向是对的，是正确的。更重要的是，他准确地认识到了中国大学建设与发展的方向，即积极努力地争取中国学术的独立。但在此我们不能不说的是，胡适本人对于实现这样的目标过于乐观，有时不免陷于主观武断之中，因为要在十年内完全依靠政府的财政投入来实现中国学术独立这一目标完全是不可能的。从胡适提出这一目标至今已过去七十余年了，我们现在还远不能说中国的学术已经独立了，我们仍然有漫长曲折的道路要走。胡适本人之所以陷于这样的主观武断之中，似乎与他本人不能准确理解所谓的"学术"这一概念的含义有关。我们将在下文讨论这一问题。

应该承认，胡适文章中最为重要的思想是其关于所谓"学术独立"的概念。他强调中国"学术独立"具体包括如下四点内容："（一）世界现代学术的基本训练，中国自己应该有大学可以充分担负，不必向国外去寻求。（二）受了基本训练的人才，在国内应该有设备够用与师资良好的地方，可以继续做专门的科学研究。（三）本国需要解决的科学问题、工业问题、医药与公共卫生问题、国防工业问题等等，在国内都应该有适宜的专门人才与研究机构可以帮助社会国家寻求得解决。（四）对于现代世界的学术，本国的学人与研究机关应该和世界各国的学人与研究机关分工合作，共同担

---

① 欧阳哲生编《胡适文集》第 11 册，北京大学出版社，1998，第 805 页。

负人类学术进展的责任。"① 显然胡适关于中国"学术独立"的思想具有十分重大的历史意义。明朝晚期自与西方文化接触之后,中国传统文化就陷于被动落后的历史境遇之中。要跳出这样的历史境遇,中国必须学习西方文化,于是 1872 年向西方派遣了第一批留学生。1901 年清朝政府实施的"新政"关于教育方面的内容之一就是大力提倡兴办新式学堂以代替传统的书院制度。1905 年则彻底废除了"科举"制度。不能不说,清朝政府关于教育方面的上述改革措施给中国传统教育带来了毁灭性的打击。同时带来的困难是,当时的中国学者对于西方教育制度性质的了解还相当的肤浅。于是国内的教育不得不依赖于西方的。从此着眼,我们不得不说,胡适提出的"学术独立"计划具有重大的历史意义。

严格说来,上述胡适"学术独立"的四个条件并不具有同等的地位,其中第一点才是学术独立的真正之基础,其余三点只不过是第一点的实施或运用。

通读胡适的这篇文章,我们会马上明确地意识到"学术"、"学术独立"或"学术的基本训练"这些概念的含义是最为核心的,通篇以这些概念为基础。但遗憾的是,胡适本人没有在其大作中对之做过基本的描述,更谈不上对其所应该包含的要素做精确的定义了。笔者在十几年前就读过胡适先生的这篇大作,当时有很深的感触,认为胡先生对于中国大学的建设有着深刻的认识。最近却认识到,如果我们不能够对"学术"或"学术的基本训练"所包含的基本要素有基本的把握的话,那么断难在大学制度及管理层面落实胡适所努力提倡的"学术独立"的大学精神,更谈不上实现中国学术的真正独立了。

二

胡适出长的北京大学当时除了文学院、理学院和法学院之外,还有医学院、农学院和工学院。各个学院之内还分设不同的系所。如文学院内有中国文学系、史学系、哲学系、教育系等,理学院内设有数学系、物理学、化学系、生物系、地质系等。这种大学模式与中国传统的书院制度截然不

---

① 欧阳哲生编《胡适文集》第 11 册,第 805 页。

同，它是从西方社会引进的分科治学模式。引进此种治学模式始于 1902 年清朝政府实施的"新政"。

西方分科治学的模式总体上始于"柏拉图的对话集"。"对话集"中的每一篇都有明确的讨论主题。如《泰阿泰德篇》讨论的主题是"什么是知识"，《美诺篇》讨论的主题是"美德是否可以传授"。后来亚里士多德则更明确地倡导这种分科治学的模式，翻看其全集的汉译本，我们就能清楚地看到《逻辑学》《物理学》《伦理学》《政治学》《诗学》等著作。显然，这些著作都有明确而相互之间又有所区别的研究对象。只有对上述的研究对象进行系统的思考后才能形成亚里士多德意义上的思想体系或知识理论体系。后来西方大学采取的也是这样的分科治学模式。学术发展的历史也清楚地表明，只有这样的分科治学模式才能对明确的研究对象逐渐地形成相关的知识理论体系。没有这样的研究模式绝对不可能形成相关的知识理论体系，而只能提出一些模糊笼统的口号或标语一类的东西。叙述至此，我们可以清楚地看到，所谓"学术"的第一个含义即是，对于明确对象而形成的知识理论体系。

有了明确的研究对象才有可能对之做系统、深入、精细的论证。这里所说的论证大体可以分为两类：一是思想本身的论证，以使其成为结构性的体系；二是检验这样的思想体系是否真实地反映了对象的本质属性。这两类论证涉及极其复杂深奥的理论问题，讨论这样的问题不是本文的主旨。

历史地看，中国传统文化缺乏清晰的思维方式，也就从不重视寻求明确清晰的研究对象，如至今被学者津津乐道的所谓的天人合一、知行合一等一类说法，根本就不可能对之进行哪怕是极其初步的论证。没有经过论证的思想是不可能形成知识理论体系的。而要论证，必须有系统的论证的方法理论或工具，亚里士多德就将自己的逻辑学称为"工具论"。由此可见，由于中国传统的思想没有类似的论证或证明的工具理论，缺乏逐步明确的研究对象，中国传统思想中没有形成过任何一门知识理论体系。通过这样的粗略叙述和分析，我们进一步明白了所谓"学术"的第二个含义即是，我们就明确对象形成的思想或理论必须得到系统周密的论证。显然这样的论证不得不依赖于论证的思想工具，也就是逻辑学。当然，我们在这里所说的论证与胡适反复申述强调的"有一份证据，说一份话；有七份证据，不说八份话"中的"证据"是不一样的。因为胡适所说的"证据"实质上是就文献整理中所涉及的考据学方面的内容，而不是奠基于逻辑学形成的周密系统的推导论证过程。

历史地看，正是上述经过严密系统论证的知识理论体系，才有可能进入实验室。进入实验的知识理论体系，有的可能被否证，有的可能被进一步证实。通过实验证实了的知识理论就转化为技术产品。由此我们可以进一步说，技术产品是由相关的知识理论与实验技术结合的产物。18 世纪中叶英国人瓦特改良蒸汽机，就是在力学理论、真空理论等相关知识理论的指导之下经过长期反复的实验才成功的。后来发生的多次技术革命走的基本是同样的道路。从中可以得出这样的结论：知识理论体系的创新极大地改变了现代世界的进程。

叙述至此，笔者想起了著名科学家爱因斯坦说过这样的话："西方科学的发展是以两个伟大的成就为基础的，那就是：希腊哲学家发明形式逻辑体系（在欧几里得几何学中），以及通过系统的实验发现有可能找出因果关系（在文艺复兴时期）。"[①] 可能有人会反问，爱因斯坦这里所说的科学与学术之间应该是有所区别的。其实，严格说来，科学与学术之间不应该有区别。汉语中的"科学"源自英文；而英文中的"science"则来自拉丁语的"scientia"，指的就是知识或学术。尤其需要注意的是，"scientia"不仅是指自然科学，而且包含社会科学和人文科学。凡是关于自然、社会和人文等研究对象而形成的知识理论体系都可以称为"科学"或"学术"。于是，我们可以清楚地看到，现代意义上的学术或科学应该至少包括这样两个要素：（1）分门别类的知识理论体系；（2）实验技术。如果这样的理解是正确的话，那么胡适所说的学术的基本训练必须至少包括上述两个要素。而《争取学术独立的十年计划》竟然没有对"学术"这一概念做深入的挖掘，就贸然提出"世界现代学术的基本训练，中国自己应该有大学可以充分担负，不必向国外去寻求"，这确实令人十分尴尬与遗憾。之所以出现这种情况，不能不说与胡适的学术训练背景相关。他自美国留学归国后的学术生涯基本上是运用杜威的实验主义方法来整理国故，而对于哲学学科最为核心的认识理论或知识理论基本没有下过任何功夫。一个不重视知识理论的学者当然也就很难真正懂得西方文化领域内所谓"学术"概念的确切含义。

---

① 《爱因斯坦文集》第 1 卷，许良英、范岱年编译，商务印书馆，1976，第 574 页。

三

如果认同了上述我们对于"学术"概念含义的分析，那么接下来要讨论的问题就是，胡适提出的中国在十年内完成学术独立的计划是否能够如期而合理地落实与完成。

让我们再次回到上面所引用的爱因斯坦的论述。他所说的"希腊哲学家发明形式逻辑体系（在欧几里得几何学中）"，虽然涉及的只是形式逻辑和欧几里得几何学，但是其实我们可以从更广的含义来理解他的话。之所以只提及形式逻辑学或几何学，他的真正意思是，任何知识理论体系能够成立的基础就是形式逻辑学或几何学。形式逻辑学和几何学的共同点是，它们都是论证或证明的科学方法体系。以亚里士多德为例，我们能看到，在亚里士多德手里完成的知识理论体系都是以形式逻辑学的思维方法为基础的。古希腊哲学家完成的知识理论体系距今两千多年，而爱因斯坦所说的"通过系统的实验发现有可能找出因果关系（在文艺复兴时期）"，提及的文艺复兴是 14 世纪至 16 世纪欧洲的新文化运动。这一新文化运动开始于意大利。意大利的思想家已经不满足于停留在纯思辨的领域，而开始注重对经验世界的观察与实验，并因此引导近代世界科学发生了巨大变化。伽利略就是著名的实验科学创始者之一。爱因斯坦曾这样评价伽利略："纯粹的逻辑思维不能使我们得到有关经验世界的任何知识；所以真实的知识都是从经验开始的，又归结于经验……正是由于伽利略看清了这一点，特别是因为他将此引入了科学界，他成了近代物理学之父——实际上，也是整个近代科学之父。"① 可见，纯粹的逻辑思辨与经验知识之间是有区别的。但是，我们要注意到的是，形成关于经验世界的知识理论体系又是离不开逻辑思辨的。这两者之间的结合似乎间隔了十五六个世纪。

我们还可以计算机的发明为例来进一步说明学术独立的艰巨与漫长。1950 年代初，美籍匈牙利人冯·诺依曼经过反复的实验，最终发明了电子计算机。而电子计算机制作必需的理论原理，即所谓的二进制，则是英国

---

① 转引自雷·斯潘根贝格、戴安娜·莫泽《科学的旅程》，郭奕玲等译，北京大学出版社，2014，第 47 页。

科学家布尔于 1854 年出版的《逻辑规律研究》一书中，成功地将形式逻辑归结为一种代数演算，也即今天所谓的布尔代数。在这种代数系统中，变量只取 0 和 1 两个值。这就特别适用于只具有断开与接通两种状态的电路系统。如果电子计算机采用二进位制，用逻辑线路处理逻辑代数运算就非常的方便。可见，布尔代数为把电子元件及其线路应用到计算机系统中提供了重要的理论基础。① 我们可以看到，电子计算机的出现与其必需的二进位制这样的理论基础却相隔了约一百年的时间。我们还得进一步注意的是如下的历史事实，即二进位制的发明者并不是布尔，而是德国哲学家、数学家莱布尼茨，他于 1679 年首先提出了二进位制的运算法则。可见，从莱布尼茨提出二进位制到布尔的《逻辑规律研究》一书出版，间隔了 175 年，再到电子计算机的出现，又间隔了将近 270 年。如果更进一步往前探索的话，我们就能清楚地看到，莱布尼茨与布尔的二进位制都与古希腊亚里士多德的逻辑学研究成果密切相关。如果这样的看法是有道理的话，那么电子计算机所需要的知识理论得往前推到公元前 200 年亚里士多德的《逻辑学》。

如此烦琐地举出这些历史事实，是想得出如下结论：进入现代社会后的任何一项科技新成果的出现，都要经历漫长的知识理论体系与科技实验之间的磨合与切磋，而不是一蹴而就的。如果这样的看法能够成立，那么在短短的十年内完成胡适所说的"世界现代学术的基本训练，中国自己应该有大学可以充分担负，不必向国外去寻求"，根本是不可能的。

上面的叙述还告诉我们一个事实，即任何一项科学技术的发明或进步，都要花费人类漫长的时间和巨大的精力，而要实现胡适所谓的"世界现代学术的基本训练"完全不依靠国外，就是纯粹的空想了，至少在近百年的时间内我们无法看到。这毕竟不是一个情感取舍的问题。

胡适为了支持自己的计划，在文章中列举了两个美国大学：一是芝加哥大学，"开学之日，芝加哥大学就被公认为第一流大学"；再一个即是霍普金斯大学，创办之初就被公认为第一流的大学。所以他得出了这样的结论："一个私人基金会能做到的事，一个堂堂的国家当然更容易做得到。"②

① 潘永祥：《自然科学发展简史》，北京大学出版社，1984，第 543 页。
② 胡适：《争取学术独立十年计划》，欧阳哲生编《胡适文集》第 11 册，第 808 页。

显而易见的是，对于胡适本人上述的看法，我们应该深表同情，但在此不得不指出的是，他的这一看法似乎完全出于主观、耽于空想。

为什么呢？因为胡适还是不能够清楚地理解当时的国内战争，没有清楚地了解中国文化与美国文化之间本质性的差异。

胡适出任北京大学校长时，国共两党正处在激烈的国内战争之中，因此双方极其焦虑的问题不可能是如何实现中国学术独立，而是如何在短时间内将对手彻底打败之类关于生死存亡的问题。战争的结果也清楚地表明胡适的学术独立计划完全是一场空想，他本人也因此出任北大校长不到三年就不得不匆匆离任出国。胡适不可能不了解当时国内那种复杂而又残酷的政治形势，但既已就任北京大学校长，在其位必须谋其政，所以一厢情愿地提出了学术独立的十年计划。

中国文化与美国文化之间有着本质性的差异，胡适对此应该是很清楚的，因为他毕竟在美国生活和学习了多年。但他在提出学术独立计划的时候，完全没有考虑到这样重要的话题。之所以如此，是因为既已就任北京大学校长，他也就不得不提出自己关于中国大学，尤其是北京大学发展与进步的方向或目标。他也因此没有空暇去考虑中国文化与美国文化之间的差异。

欧洲的文化及大学的模式对于美国大学的发展与进步有着巨大的影响，至少我们上面所论及的知识理论体系的研究成果及科学实验这两大要素，在美国一般大学内都能够找到。比如哈佛大学就是继承了英国剑桥大学的传统，1636 年建立的时候被称为"剑桥学院"，后改为"哈佛大学"；耶鲁大学是从哈佛大学分离出去的；等等。更值得我们注意的是，美国大学的建立虽然晚于欧洲的大学，但它们似乎更为开放，凡是对学术研究有益的都会尽力吸收和改进。

我们的文化传统缺乏科学的知识理论体系的研究及科学实验这两个极其重要的元素，之所以会这样，基本原因在于不重视逻辑学理论的研究，不重视认识理论的研究。至今仍然很难说，我们已经有了比其他地区或国家更好的逻辑理论体系和知识理论体系，而这两者恰恰是国家文化独立和进步的基础。如果不重视关于逻辑方法理论和知识理论体系的研究与相关能力的提升，而只积极鼓吹中国学术独立，不免流于虚幻的空想。

胡适关于学术独立计划的实施，试图完全仰仗政府的支持与投入，这又恰恰与芝加哥大学、霍普金斯大学等西方大学的创立及管理模式有很大的不同。考察西方大学起源的历史，我们就能发现，大学本来只是民间的机构，或者可称为"师生共同体"，其运作完全是遵循学术进展自身的规则，而坚决反对外来的经济、宗教、政治等的干扰。当然，在西方也有不少大学要靠政府的投入来维持正常的运行，但西方国家与我们国家的运行规则有着巨大的差异。由于讨论这类问题涉及很多领域，本文不拟详细讨论。

胡适、张伯苓与平津市民治促进会[*]

邓丽兰[**]

国家治理能力的现代化，关系执政之成败，而地方政府与社会的互动，构建了城市之政治空间。抗战胜利后，国民党进入所谓"宪政"时期，需完成还政于民的承诺，各项选举次第进行。平津知识界成立的平津市民治促进会，便是抗战胜利后城市自治思潮与运动一个具体而微之展现。

一　平津民治促进会之成立

1947 年 7 月 14 日，《申报》报道张伯苓、胡适、梅贻琦、李烛尘等"鉴于实行民主政治，都市地位，异常重要，为研究地方自治，唤起市民注意政治并鼓励市民充分行使公民权利起见"，[①] 发起筹备平津市民治促进会。

19 日下午 4 时，"教育界名流胡适发起"的平津市民治促进会在北平南河沿欧美同学会召开成立大会，《申报》称之为"具有历史意义的一幕"。[②] 成立大会共 60 余人参加，主席团为胡适、张伯苓、梅贻琦三人，即西南联大时期三校长。除北平市工务局局长谭炳训以会员身份参加外，北平党政军要人无人与会。出席者还有八九位中外记者。北平广播电台前来录音，当晚将胡适演说向全国播报。中电三厂派员到场制作新闻片。

胡适在开会词中强调："我们认定民主政治的学习与训练，必须从我们

* 本文系教育部规划基金课题"抗战胜利后的城市社会治理与地方政权——以上海市为中心的考察与比较"（项目号：15YJA770002）的阶段性成果。

** 邓丽兰，南开大学历史学院副教授。

① 《张伯苓胡适等发起组织市民自治促进会》，《申报》1947 年 7 月 14 日。

② 《平津自治会成立》，《申报》1947 年 7 月 20 日。

自己最关切的社会做起。我们平津两市的市民，希望从两市的自治工作内开始我们民治生活的学习与训练。"① 胡适一再表示，民治促进会既非全国性政党，亦非地方性政党，只是普通职业公民的业余集会，对市民自治发生兴趣，训练自己做一点促进地方民治的工作。胡适尤其谈道，城市人口流动性很大，一般人把城市当成旅馆，在北平住了几辈子的人，名片上还印着祖籍。他称自己虽是安徽绩溪人，"在北平住久了，也愿作一个北平的市民，参与北平的公共事务"。②

张伯苓在致辞中则指出，自己选择了教育救国，但政治的不断动荡将教育摧毁，终于产生了"政治不稳定，一切都作不好"的"大觉悟"。③"现在是时候了"，张伯苓"这教育的巨人"，"像非洲森林中的大猩猩一样"发出了"你不理政治，政治却要来毁你"的呼声。④

李烛尘曾代表平津工商业界赴南京请愿。他谈到路过西北地区时的观感，成群的绵羊由山羊带路前行，因此"我们要负起山羊的责任，领导民主"。⑤

宣言还谈到民主的技术性与都市政治："我们感觉，一个现代都市在民主政治的发达史上有特别重要性。都市的人口众多，教育进步，智识水准高，交通工具便利，舆论监督机关也特别发达，所以都市应该最适宜于民主政治的试验与推行。"宣言强调，"民主政治的意义是人民自己管理公众的事。人民自己不管事，当然别人就要来代表了"，因此愿"鼓励起我们大家对市民治发生兴趣，用公平的、公开的、民主的方式来训练我们自己作一点促进地方民治的工作"。⑥宣言提出该会的四项任务是调查、研究、讨论、训练。

该会章程分总则、会员、组织、任务、经费、附则六章。宗旨为"以市民立场促进市民主政治及市行政改革"。章程规定之四项具体任务为："1. 依据宪法草拟市宪章（即市自治法）、市选举法，及市行政改革方案，

① 《平津自治会成立》，《申报》1947 年 7 月 20 日。
② 张剑梅：《开步走的山羊——记市民治促进会的成立》，《申报》1947 年 7 月 28 日。
③ 《平津自治会成立》，《申报》1947 年 7 月 20 日。
④ 张剑梅：《开步走的山羊——记市民治促进会的成立》，《申报》1947 年 7 月 28 日。
⑤ 张剑梅：《开步走的山羊——记市民治促进会的成立》，《申报》1947 年 7 月 28 日。
⑥ 《市民治促进会请求备案的函及社会局的笺函、社会部的代电（附章程名册）》（1947 年 7 月 1 日至 1948 年 1 月 31 日），北平市社会局档案，北京市档案馆藏，J002 - 002 - 00289。

以为市立法及行政之参考。2. 鼓励市民参加选举并行使其他项民权。3. 谋求市民之福利，促进市文化经济之发展。4. 考察市政设施，研究市政问题，调查市选举实况，并编印有关市民治刊物。"① 该会章程第 17 条"促成提高城市代表在中央及省县各种选举中之比例"，在草稿中出现，正式文稿中删除。

民治促进会设立有理事会、监事会。理事会执行会员大会决议，监事会监督执行情况及稽核财务。理事长为胡适，常务理事为梅贻琦、张锐、张佛泉、谭炳训，常务监事为张伯苓。民治促进会下设三个委员会：会员委员会、财政委员会、研究委员会。会员委员会召集人：北平崔书琴、陈怡孙、荣致和，天津张伯苓、朱继圣、刘豁轩。财政委员会召集人：北平韩振华、王子文、常文熙，天津李烛尘、王瑞基、孙冰如。研究委员会召集人：北平张佛泉、楼邦彦，天津张锐、陈序经。该会设置两位干事：北平崔书琴，天津严仁颖。

理事、候补理事、监事、候补监事名单

1. 理事

胡适：北京大学校长

张锐：市政专家，行政院参事，南开大学任教

崔书琴：北京大学教授

梅贻琦：清华大学校长

谭炳训：北平市工务局局长，市政工程专家

朱继圣：天津仁立毛织公司经理

陈序经：南开大学教务长

严仁颖：严范荪之孙，《大公报》津版副理

张佛泉：北京大学政治学系教授，民治促进会发起人兼发言人，《独立评论》时期健将

孙冰如：天津寿丰面粉公司经理

宋棐卿：天津东亚毛纺织公司总经理

① 《市民治促进会请求备案的函及社会局的笺函、社会部的代电（附章程名册）》（1947 年 7 月 1 日至 1948 年 1 月 31 日），北平市社会局档案，北京市档案馆藏，J002 - 002 - 00289。

吴景超：清华大学教授，随翁文灏入仕途，经济部参事

王聿修：北平师范学院教授

关颂韬：医生，脑系专家

钟惠澜：内科医生，北平医师公会会长

2. 候补理事

杨天受：中国农业银行董事

黄钰生：南开大学训导长

陈岱孙：清华大学教授

胡先骕：静生生物研究所所长

卞万年：天津名医

王正黻：北方煤业巨子，王正廷弟弟

赵骆涵素：北平师范学院家政系主任

3. 监事

张伯苓：南开大学校长

李烛尘：久大盐业公司总经理，曾代表平津工商业界赴南京请愿

刘豁轩：燕京大学新闻系教授，益世报社社长

李书华：北平研究院院长，留法勤工俭学运动领袖

常文熙：中国银行北平分行总经理

4. 候补监事

梅贻宝：燕京大学教授

王廖奉献：北平女子青年会负责人（王正黻太太）

陈锡三：东亚毛纺厂副理，天津青年会负责人

任可毅：永利董事和老秘书长

民治促进会个人会员不足百人，以教育界人士、实业家两大群体为主。另有中国市政工程学会北平分会、北平医师公会两个团体会员。该会与基督教青年会也有较密切之关系。王正黻夫人、东亚毛纺厂副理陈锡三分别是北平女子青年会、天津青年会负责人。显然，该会的骨干成员以胡适、张伯苓两人的人际关系为核心。

该会章程第四条规定："本会工作先由北平、天津两市推进。"在报北平社会局备案时，由会员兼北平市工务局局长谭炳训与社会局局长潘崇信

通信联系，并邀请社会局派员列席指导。北平市社会局认为，该团体超越地方性，故并未立即批准备案，而是向上转呈社会部批准。社会部最后的答复是，"可准组织"，但"该会章程第四条于法令不合，应即改正"。① 显然，国民党当局对于平津两地知识界的联合结社并可能推广到全国，保持着警惕。

《申报》以《开步走的山羊——记市民治促进会的成立》为题，高调报道了该会的成立，"是北方的一件大事，也是全国的一件大事"。② 该报指出，"将近三十年来被称为中国新文化主要产婆之一的胡适"，去年刚刚返国，外国通讯社便纷纷传言胡适要组织新党。但这只是一个低调的政治团体，表面上与一般各地的民治协进会并无二致，但因精英阵容而引人注目，表现出特别的意义。

自由主义刊物《正论》特别关注了民治促进会。在各种人民团体纷纷成立的时候，胡适"居然挺身而出，领导这么一个政治性的团体，试问怎不引起大家的注意"。该会的特色在于，"参加者都是文化界的巨子和学术界的名流，因此使得大家的耳目为之一新"。该会主张"民主政治应从都市作起"是一种独到的见解。民主不是欢迎就可立致，想要就可买来的东西。民治的推行是一种技术，技术是需要训练的，"妄想一蹴而就，结果只有被人窃取民主之'名'，肆行非民主的'实'"。③ 在作者看来，有两种方法是要不得的，要么全国一起实行，要么一起不实行，这实在是一种机械的想法。

都市之所以是最适合首先推行民主政治的地方，原因在于都市是近代社会的重心所在，是社会神经中枢的交汇地，人口众多，教育进步，知识水准高，故"最为适宜于民主政治的训练"。只有先在都市训练，才能影响整个社会。乡村运动所谓中国的根本在农村，"所谓'根本'也者，只不过是一种语言的比喻而已。农村与都市之关系并非真如树根之与树叶"。④ 都市一向掌握着领导农村的力量，工业化的社会尤其如此。

---

① 《市民治促进会请求备案的函及社会局的笺函、社会部的代电（附章程名册）》（1947 年 7 月 1 日至 1948 年 1 月 31 日），北平市社会局档案，北京市档案馆藏，J002 - 002 - 00289。
② 张剑梅：《开步走的山羊——记市民治促进会的成立》，《申报》1947 年 7 月 28 日。
③ 张起钧：《胡适领导的"市民治促进会"》，《正论》1947 年第 6 期。
④ 张起钧：《胡适领导的"市民治促进会"》，《正论》1947 年第 6 期。

该刊尤其称赞将民主"技术化"的"崭新的政治作法"，这"解决了树立这种政治制度的理论困难"。穆勒在《代议制政府》中谈到的两种不同的政治制度观，即一种认为是人工制定的，一种认为是自然演化的，而民治促进会的工作熔两说于一炉。致力于推行与树立，这是立足于人工制造，但不是制定完拉倒，还要教会人民使用这种制度的技术。民治促进会的立场调和了两种观点的对立。该会自称非政党，而是业余的集会，也"别开一个新的风气"，它昭示人民参与政治不是抢官夺位，"具有一种社会教育的意味"。[①]

二　观摩选举与改进技术

1947 年 9 月 21 日，北平市参议会选举投票。胡适与张佛泉、崔书琴等观摩了五处选举点，其中三处为区域选举投票所，两处为商会、教育会的职业选举投票所。

胡适实地观摩的感受是，主办选举者缺乏经验，拿法律条文当教科书，图"普选"美名而未看到全国人民之水准与能力。在区域选举投票所，代书人旁边有两个监视人，可防止作弊，但也就谈不上秘密投票。但问题在于，一个老太太来投票，在代书人面前，不知道选谁。更有甚者，"一个瞎子来投票，这太感人了。外国记者忙着替他照相，但是他不知道选谁。有人建议他用手在候选人名单上任指一个，但他是盲人，连指的能力都没有，结果由他的小孙子在名单上随便点了一个"。[②] 市商会和教育会的情形相对好些，没有代书人，商会采取间接选举，手续繁复。教育会采取直接选举，在 10 个候选人当中选 7 个，手续简便，效果良好。

同日下午，胡适与张佛泉、崔书琴、谭炳训等到天津出席民治促进会的理监事联席会议，张伯苓、杜建时市长亲自前往车站迎接。应南开公能学会之邀，胡适在南开女中礼堂为公能学会发表《我们能做些什么?》的演说。[③]

---

① 张起钧:《胡适领导的"市民治促进会"》，《正论》1947 年第 6 期。

② 曹伯言整理《胡适日记》第 7 册，安徽教育出版社，2001，第 677 页。

③ 该演说发表于《大公报》1947 年 9 月 22 日。

胡适在演讲中指出，没有军队支持，没有党派协助的个人，也是可以参与政治的。他提出三种方式："第一是消极的研究、讨论来影响政治，个人、团体都能做。第二是要不怕臭，努力扒粪，调查、揭发，总会使政治日渐清明。第三是以团体的努力，做大规模的调查和教育工作，直接推动了选举，积极促进了政治。这三条都是有效的，都可以训练我们，促进我们达到两种目的：一种是'公'。一种是'能'。做我们所能做的，我们可以得到'公''能'的好社会，'公''能'的好政府。"①

民治促进会成立后，观察并调查了北平的三次选举活动，即市参议会选举，国大代表、立法委员选举，以及冀省流亡各县在平之行宪选举。

1948 年 2 月 8 日上午，民治促进会举行北平理监事联席会议，胡适、梅贻琦、崔书琴、张佛泉、吴景超等出席，讨论北平三次选举之调查报告，并做出如下决议："㈠继续征求会员，使大家互相勉励，履行公民义务。㈡推广正确的民主观念，提高国人的公民意识。㈢研究改善选举的方法。㈣研究对宪法及选举法令的修正意见。"② 为了推动会务，会议决定立即发起征求更多的会员，并决定在理监事会之下设北平、天津会务委员会。

9 月 3 日上午，民治促进会 1948 年年会在欧美同学会举行，到会代表50 余人。会上，胡适表示，"本会成立之初，有人认为是个新的政党，是一个新的政治运动。这足以表示社会上对我们有很大的企望。我自己承认太懒，兴趣太多，望六之年，而学术上要作的事要赶快作"。③ 会议重点讨论选举技术之改进与市自治工作之改善，通过《关于市自治的意见》《改进选举技术的意见》两份重要决议案。

《关于市自治的意见》谈到了时下对都市自治的误解与错觉，认定走了"歧路"，这就是传统的保甲方式不适合于现代都市。意见指出，都市与乡村不同，市政与县政大异，因此"不能移治县之政以治市"；保甲是千年前政府统治农民的组织，不适用于现代工商业都市；市以下自治机关区保不应办理行政，否则"超越行使政权的自治范围"；现代化的行政之要义在

---

① 曹伯言整理《胡适日记》第 7 册，第 681 页。

② 《怎样使政治民主，必须大家都尽自己的责任，市民治促进会昨商讨会务，决续征会员，研究改善选举》，《大公报》（天津）1948 年 2 月 9 日。

③ 《市民治促进会年会，报告工作讨论两大提案，请立院速制市自治通则》，《大公报》（天津）1948 年 9 月 4 日。

"科学分工"与"集中管理","分区分层统办所谓'管教养卫'是过去治民方式";市是"单一"自治单位,不应再有次一级自治单位;区保办理户政、役政、摊派与警察职能冲突。①

这份"意见"还提出了六条"应走的路":(1)市以下的市民自治组织,应有市民创制市自治法时自行选择区保甲制度或区坊间邻制或其他形式。(2)市以下的自治组织,应该行使的是创制、复决、选举、罢免诸项"政权",户政、役政、禁政、摊派、教育、公共卫生等是"治权"。(3)所谓"民政"户政、役政、禁政等,皆属于警察之职权范围。(4)选举事务应由超然而独立的委员会办理。(5)选举机构成立后,应依据以下程序进行选举:首先选举市自治法起草委员,成立后选举市议员、议长、行政首长。(6)民选后的市自治政府应依据科学分工、集中管理之原则管理各区各类行政事务。②

民治促进会另提出了《改进选举技术的意见》17条,如"各种选举合并一次举行""选举事务所由各党派团体派出公正代表组成""合格选举人须登记公布""登记者与人口成一定比例""选举权证附照片""市议员选举应采取分区选举与大选区混合制度""职业团体代表应依据人口比例",等等。③

胡适、张伯苓日理万机的校长身份,使他们对市民自治运动的关注带有业余性质。在亲自观摩选举后,胡适对民主实践的成效变得不那么乐观了。一边是他感受到世界范围内极权主义的威胁并未消除,一边是文盲、瞎子在盲目投票。民治促进会更多地在技术层面关注民主的程序正当性问题。

三　《市自治通则》的讨论

1947年宪法通过后,一批长期从事市政学研究的学者对之大加抨击。在他们看来,宪法关于市制,除直辖市外,第128条规定"市准用县之规

---

① 《关于市自治的意见》,《市政评论》第10卷第9—10期,1948年。
② 《关于市自治的意见》,《市政评论》第10卷第9—10期,1948年。
③ 《改进选举技术的意见》,《市政评论》第10卷第9—10期,1948年。

定"是"以农立国"旧思想的反映，"如此充满农民落后意识的条文"，"是我国基本大法之不幸，是我国工业化前途之不幸"。① 显然，新宪刚生效，即刻发动修宪是不现实的，他们将目标盯在《市自治通则》之制定上。《市自治通则》往往被看成市自治法的母法，通过《市自治通则》制定模范市宪，一定程度上可以矫正宪法条文中缺乏对都市自治权之确定之遗憾。因此，南北学者皆聚焦于市自治通则草案之拟定。②

当时引起讨论的是三个方案。第一个是《直辖市自治通则草案》，计 5 章 27 条，为内政部所拟。第二个是《市自治通则草案》，计 8 章 83 条，为"某君"所拟。第三个是《市自治通则草案》，计 23 条，是平津市民治促进会所拟，实际起草者为张锐。

民治促进会的草案，就设市条件、市民、市民代表大会、市自治法、市自治事业、市议会、市政府、市考铨委员会、市行政人员待遇、市财政等做了规定。其中，较有特色之条文如下：第 13 条关于市议会职权，规定了市议会弹劾本市行政人员的权利。第 14 条规定"市议员直接经营之工商业，不得与市政府发生契约关系。市议员不得以个人名义，推荐或担保本市市政府及其所属机关之职员"。显然，上述规定旨在截断两者之间的利益输送。第 15 条规定了各市任择其一的五种制度，且"其他型式之市政府，得因地制宜，各于其自治法中规定之。市长副市长市经理之职权，于市自治法中规定之"。显然，理论上，各地市政府的形式尽可以百花齐放。第 22 条规定"市政府非经市议会之决议及监督机关之核准，不得征收法定捐税以外之新税"。《市政评论》1947 年 12 月之第 9 卷第 12 期刊载了内政部、北平市民治促进会试拟之草案，集中讨论了市自治通则问题。③

张锐是民治促进会方案的实际起草者。在他看来，《市自治通则》是都市民治的起点，各地应自定市制，以财力决定自己的行政组织结构；宁可使政府事务商业化，不可使商业机构政府化，应克服目前之事业费与行政

---

① 邱致中讲，晏嗣平记录《从宪法市自治部份讨论到两种市自治通则草案》，《市政评论》第 9 卷第 12 期，1947 年。
② 参见邓丽兰《略论抗战胜利后的市政革新思潮》，《福建论坛》2016 年第 8 期。
③ 另外，《地方自治》杂志也刊登了该草案。参见《市民治促进会试拟之通则草案》，《地方自治》第 1 卷第 8 期，1947 年。

费用途同为养官之弊。① 他指出，中国几十年官办市政的成绩至为有限，不可再迷信"集而无权"，应建设民治、民有、民享之市政。从自然无为的政府到有为的政府，是世界潮流，因此应"以健全之自治与有能之行政结合"。人事制度是良好行政的主干，应以市考铨委员会依照中央法令办理考铨行政，以避免人际纠葛。②

《大公报》连续发文阐述制定《市自治通则》之意义，并推崇市民治促进会提出的方案。作者"伟业"指出，三个草案对均权自治有轻重广狭、硬性弹性之别，"内政部原案质硬而衡轻，仍偏重在中央集权而限制地方自治，似犹有制衡政策的意味。第二案有点非驴非马，在政治立法中，加上许多经济政策，对于保持集权，不下于第一案。惟第三案纯以均权为中心，故每条皆显得意义深，分量重，范围广，而富于弹性，最合于市民自治的真正理想"。他希望这份由"大学教授学者专家""酌采欧美最新的民治制度来悉心制成"的草案能被中央政府采纳，作为正式的《市自治通则》。③谭炳训认为，当局所拟方案迁就事实而欠缺理想，对市制规定得无变通余地。第二案有83条之多，不像自治通则，而似繁细的市自治法，加入经济条款也是费力不讨好之事。"丙案仅23条，最为简明，富于弹性，充分发挥均权的精神。且能综合一切，将欧美最新的市政制度与理想，皆包含在内了"，堪称"空前的有理想的市自治通则"。④

北平方案引起南方学者的非议。邱致中推崇内政部公布的草案，采纳了上海市参议会市政研究会的建议，是空前成功的方案。民治促进会方案有抄袭嫌疑，无远大目标，忽视市对于国家应尽的义务，忽视市与市之间、省与市之间的配合，缺乏以点制面的"经济区域"的带动作用，缺乏县辖市的设置，忽略了县辖市对于农业工业化的意义，市组织结构不符合三权或五权分立精神，所谓副市长负责制乃中外所无的"趣制"等。北平方案是"纯自由主义、资本主义的产物，充满了个人意识和地方意识的色彩"。⑤

---

① 张锐：《论都市民治》，《市政评论》第9卷第6期，1947年。
② 张锐：《释〈市自治通则草案〉》，《市政评论》第9卷第12期，1947年。
③ 伟业：《所望于〈市自治通则〉法案者》，《大公报》（天津）1947年9月6日。
④ 谭炳训：《三个〈市自治通则〉之比较研究》，《市政评论》第10卷第2期，1948年。该文最早发表在1947年8月27—28日《大公报》（天津）上。
⑤ 邱致中讲，晏嗣平记录《从宪法市自治部份讨论到两种市自治通则草案》，《市政评论》第9卷第12期，1947年。

他还明确表示，北平方案由胡适、张伯苓领衔，希望当局认真考量，不可因名人效应而放弃好的方案。

宋子衡则为民治促进会方案辩护说，它为北平政治学者所拟定，不该被扣上不名誉的"资本主义"帽子，三民主义建国的政纲已经三令五申、反复宣示，无须在自治通则中重复，省市县也五权分立，将有害无利，副市长负责也模仿美国、日本制度。宋子衡也认为，"县辖市"意味着全面建市，就人才、资金而言，根本不是短时期内所能办到。①

9月22日，立法院召开座谈会，讨论是否制定直辖市自治通则。出席的有全国十二直辖市的立委方志超、李耀林、崔书琴等，由吴铸人主持。讨论时参考了平津市拟的《直辖市自治通则草案初稿》、北平市民治促进会草拟的《市自治通则草案》。会中各委员就直辖市的自治问题广泛交换意见，多数委员认为制订一个通则确有必要。最后决定将所有资料分送各未及出席会议之委员研究。至于是否将"直辖市自治通则"由委员签署为法律案向院会提出，则于下次开会时再行讨论。

10月下旬，胡适以民治促进会理事长的名义，在南京致函全体立委，呼吁制定市自治通则："我们主张直辖市的自治权，至少应该与省的自治权平等，因此本会站在促进市民治的立场，关于市自治法的制定，向贵院建议采以下的程序：立法院依据宪法第廿八条及一百廿八条，制定市或直辖市自治通则；市或直辖市得召集市民代表大会，依据市或直辖市自治通则制定市自治法；市或直辖市自治法制定后，即呈送司法院；司法院如认为无违宪处，该自治法即为有效。"②

四　结语

在抗战胜利后的城市自治运动中，平津市政府、参议会在积极作为方面显有欠缺，而以平津大学校长领衔，学院派知识分子扛旗。胡适、张伯

---

① 宋子衡：《与邱致中先生论北平民治促进会市自治通则草案》，《市政评论》第10卷第5期，1948年。

② 参见《胡适今返平，在南京曾函全体立委，申述对市自治法意见》，《大公报》1948年10月22日；《平津市民治促进会理事长胡适建议立委制订市自治法程序》，《申报》1948年10月22日。《胡适全集》第25卷以《致立法院全体立委》为题收入。

苓发起之平津市民治促进会，是抗战胜利后诸多类似组织之一，它聚集起平津教育界、工商界的精英参政、议政。胡适、张伯苓等重视民主的技术、规则与实践，这是他们发起民治促进会的原因所在。显然，由于胡适、张伯苓的名人效应，报刊、电台、新闻纪录片制作者均被吸引。

《独立评论》时期，张佛泉即呼吁民主应从都市自治推进，胡适十分赞赏他的观点。抗战胜利后，他们开始关注身边的细微民主实践，认为国家的民主化应由城市民主化来引领与推动。他们调查当地选情，检讨选举与地方自治的得失，讨论《市自治通则》之制定，比《新月》《独立评论》时代，更多地介入了实际政治，一定程度上推动了抗战胜利后平津市自治运动之开展。

胡适的人际关系研究

胡适与杨杏佛

杨天石[*]

杨杏佛和胡适曾是好朋友。在胡适的文学道路上，杨杏佛曾和他相互切磋，并起过支持的作用。在新文化运动前后，二人依然相互支持。进入1920年代后，由于政治立场逐渐产生分歧，二人的友谊也慢慢淡薄，终于形成无法消解的隔阂。

杨杏佛（1893—1933），名铨，江西清江人。1907年入上海吴淞中国公学就读。次年秋，公学内部发生矛盾，杨杏佛随大多数学生退学，组织中国新公学。1910年加入同盟会。1911年8月，进入河北路矿学堂预科。10月，赴武昌参加起义。1912年南京临时政府成立，任秘书处收发组组长。同年3月，加入文学团体南社。不久，南北和议成功，孙中山让位于袁世凯，杨杏佛遂申请赴美留学。同年11月成行。

一 异国唱和的诗友

1912年12月1日中午，胡适下山，到绮色佳（Ithaca，今译伊萨卡）车站迎接来美留学的任鸿隽和杨杏佛。任、杨都是胡适在中国公学时的同学，杨又是胡适在中国新公学时英文班的学生。"多年旧雨，一旦相见于此，喜何可言！"[①] 当时，胡适在康奈尔大学（Cornell University）文学院学文学，任鸿隽来到该校后也进了文学院，杨杏佛则学的是机械工程。这样，胡和杨杏佛再次成了同学。尽管二人所学专业不同，但都喜爱文学，尤好

---

[*] 杨天石，中国社会科学院近代史研究所研究员、名誉学部委员。

① 《胡适留学日记》第1册，台北，远流出版事业股份有限公司，1986，第116页。

诗歌。异国风光常常闯入他们的诗篇。1914 年 3 月，春暖雪消，胡适作诗云：

> 春暖雪消水作渠，万山积素一时无。欲檄东风讨春罪，夺我寒林粉本图。

诗贵新。自来诗人大都谴责严冬，歌颂春天，而胡适却独出心裁，声讨"东风"破坏了雪景，表露出对生活的独特观察和思考。杨杏佛和作云：

> 潺潺流水满沟渠，漠漠林烟淡欲无。归思欲随芳草发，江南三月断魂图。

江南多胜景，三月的江南尤为迷人。六朝人丘迟有"暮春三月，江南草长，杂花生树，群莺乱飞"之句；杨杏佛的诗，以眼前的连天芳草暗喻勃勃难收的乡愁，也写得很有情味。绮色佳位于美东，景色清幽，康奈尔大学校园本身就是一座美丽的园林。胡适、杨杏佛、任鸿隽自此常以当地的山水为题，互相唱和。5 月 23 日，胡适作《春朝》云：

> 叶香清不厌（人但知花香，而不知新叶之香尤可爱也），鸟语韵无嚣。柳荣随风舞，榆钱作雨飘（校地遍栽榆树，风来榆实纷纷下，日中望之，真如雨也）。何须乞糟粕，即此是醇醪。天地有真趣，今人殊未遥。

杨杏佛和作云：

> 山路蔽苍翠，春深百鸟嚣。泉鸣尘意寂，日暖草香飘。欲笑陶彭泽，忘忧藉浊醪。栖心长流水，世累自相遥。

二诗都歌颂自然美，以为其远过于醇酒，鼓励人们去大自然中寻求"真趣"，也是有新意的作品。

异国相逢最相亲。杨、胡本来就关系不错，绮色佳的同窗生活更加深了二人之间的友谊。1915 年 8 月，胡适将赴纽约哥伦比亚大学学习，杨杏佛作《水调歌头》赠别，词云：

> 三稔不相见，一笑遇他乡。暗惊狂奴非故，收束入名场。秋水当年神骨，古柏而今气概，华贵亦苍凉。海鹤入清冥，前路正无疆。
>
> 美君健，嗟我拙，更颓唐。名山事业无分，吾志在工商。不羡大王（指托那司）声势，欲共斯民温饱，此愿几时偿？各有千秋业，分道各翱翔。

当年在上海的时候，胡适青春年少，有过一段放浪轻狂的生活。该词赞美胡适一改故态，立志修学，祝愿他前途无疆，同时自述志在工商的缘由，不在成为富可敌国的托拉斯大王，而在于"欲共斯民温饱"。胡适极为欣赏杨杏佛的这一志向，和词云：

> 朔国秋风，汝远东来，过存老胡。正相看一笑，使君与我，春申江上，两个狂奴。万里相逢，殷勤问字，不似黄炉旧酒徒。还相问："岂当年块垒，今尽消乎？"君言："是何言欤！只壮志新来与昔殊。愿乘风役电，斛天缩地（科学之目的在于征服天行以利人事），颇思瓦特（Jame Watt），不羡公输。户有余粰，人无菜色，此业何尝属腐儒！吾狂甚，欲斯民温饱，此意何如？"

胡适的这首词，模仿辛弃疾的风格，以对话入词，纵横开阖，生动地写出了杨杏佛的一腔壮怀。杨杏佛很喜欢胡适的这首词，回信说："《沁园春》极自然，词中不可多得也。"①

中国诗词发展到了清末民初，已经非变不可。在绮色佳期间，胡适逐渐萌生了"文学革命"的念头。1915 年 9 月 17 日，胡适《送梅觐庄往哈佛大学诗》有"文学革命其时矣"之句。19 日，任鸿隽送胡适往哥伦比亚大学诗有"文学今革命，作歌送胡生"之语。20 日，胡适在车中作《戏和叔永再赠诗》，赠给绮色佳的朋友们：

---

① 杨杏佛致胡适函手迹，1915 年 9 月 15 日，中国社会科学院近代史研究所藏，以下均同。

诗国革命何自始？要须作诗如作文。琢镂粉饰丧元气，貌似未必诗之纯。小人行文颇大胆，诸公一一皆人英。愿共勠力莫相笑，我辈莫作腐儒生。

这首诗，可以看作胡适动员绮色佳的朋友们共同致力诗界革命的宣言。

11月29日，胡适在《留美学生季报》读到了杨杏佛的一首《遣兴》诗：

黄叶舞秋风，白云自西去。落叶归深涧，云倦之何处？

大概这首诗比较符合胡适的"诗国革命"理想，所以他认为，这是杨杏佛近年来的最佳作品。

离开绮色佳时，梅光迪、任鸿隽、杨杏佛、胡适四人曾合摄一照。1916年1月，胡适得到杨杏佛寄来的照片，随后又得到任鸿隽寄来的合影诗：

适之淹博杏佛逸，中有老梅挺奇姿。我似长庚随日月，告人光曙欲来时。

同月28日，胡适成和诗，赞美三人品格。其二云：

种树喜长杨［最喜挪威长杨（Norwegian Poplars），纽约尤多］，非关瘦可怜。喜其奇劲枝，一一上指天。

这里的"长杨"，借指杨杏佛；"奇劲"二字，贴切地表现出杨的为人。2月14日，杨杏佛也写了一首《题胡、梅、任杨合影》，中云："适之开口笑，春风吹万碧。似曰九州宽，会当舒六翮。"也很好地写出了胡适当时的气质。

在诗歌创作实践中，胡适的"诗国革命"主张逐渐成熟。1916年6月，胡适重到绮色佳，与杨杏佛、任鸿隽、唐钺三人畅谈文学改良之法，力主以白话作文、作诗、作戏曲小说。24日，胡适自绮色佳到克利弗兰城开会，收到杨杏佛寄来的一首题为《寄胡明复》的白话诗：

　　自从老胡去，这城天气凉。新屋有风阁，清福过帝王。境闲心不
闲，手忙脚更忙。为我告夫子（赵元任），《科学》要文章。

　　1914 年 6 月，任鸿隽、杨杏佛、赵元任、胡达（后改名明复）等 9 人
因感于中国科学落后，决定创办《科学》杂志，"以传播科学提倡实业为职
志"。1915 年 1 月，杂志第 1 号问世。同年 10 月，成立中国科学社，任鸿
隽、赵元任、胡明复等任董事，杨杏佛任编辑部部长。杨杏佛的这首诗便
是为《科学》托胡明复向赵元任约稿的。它其实是一首信笔写来的游戏之
作，但由于语言通俗，明白如话，符合胡适的主张，因此受到胡适推崇。
当时的诗坛霸主是以南社为代表的诗人，杨杏佛本人也是南社成员，但胡
适认为这首诗"胜南社名士多多矣！"

　　在胡适的影响下，杨杏佛等人开始改变诗风。8 月，任鸿隽赴波士顿，
杨杏佛赠诗"疮痍满河山，逸乐亦酸楚"。"畏友兼良师，照我暗室烛。三
年异乡亲，此乐不可复"之句，自跋云"此铨之白话诗"。朱经农有一首和
诗，有"征鸿金锁缩两翼，不飞不鸣气沉郁"之句，自跋云"无律无韵，
直类白话"。但是，胡适对这两首诗都不满意，写了一首打油诗讽刺他们，
诗云：

　　　　老朱寄一诗，自称"仿适之"。老杨寄一诗，自称"白话诗"。请
　　问朱与杨，什么叫白话？货色不地道，招牌莫乱挂。

杨、朱的"白话诗"不过是较为浅显的旧体，胡适不满是自然的。这一时
期，胡适自己写的诗，口语化的程度确实较杨、朱二人为高。他的和杨杏
佛送任鸿隽赴波士顿诗写道：

　　　　救国千万事，选人为最要。但得百十人，故国可重造。眼里新少
　　年，轻薄不可靠。那得许多任叔永，南北东西处处到。

同月底，朱经农到纽约造访胡适，作三日留，畅谈极欢。别后，胡适作
《寄朱经农》云：

年来意气更奇横，不消使酒称狂生。头发偶有一茎白，年纪反觉七岁轻。旧事三日说不全，且喜皇帝不姓袁。更喜你我都少年，"匹克匿克"来江边。赫贞江水平可怜，树下石上好作筵。牛油面包颇新鲜，家乡茶叶不费钱。吃饱喝胀活神仙，唱个"蝴蝶儿上天"。

9月6日，胡适又有《思怀祖国》一首云：

你心里爱他，莫说不爱他。要看你爱他，且等人害他。倘有人害他，你如何对他？倘有人爱他，更如何对他？

胡适一向认为，口语新鲜活泼，具有表现力量，可以成为优秀的文学语言。胡适的这几首诗，自觉地运用大量口语，在探索中国传统诗歌的改革上迈出了一大步。宋代诗人陆游曾有"尝试成功自古无"之句。胡适不赞成这一思想，反其意而作《尝试篇》，诗称："我生求师二十年，今得尝试两个字。作诗做事要如此，虽未能到颇有志。"这首诗可以看作胡适创造新文学的自誓。杨杏佛读了胡适的上述诸诗后写信给他说：

今日读《致叔永函》，《与经农诗》甚佳，达意畅而传情深，虽非纯粹白话诗，然固白话诗中杰作也。《怀祖国诗》似为字累。此体至难作，必字简意深然后能胜。《尝试篇》说理亦佳。兄白话诗进境颇速，不负此试。[1]

杨杏佛此函，有鼓励，有批评，既不一味捧场，也不一概否定，确实是良友诤言。不过，后来杨杏佛始终未能在写作白话诗上迈出更大的步子，而胡适则精进不已，终于在中国诗的创作上开拓出新天地。

杨杏佛不仅为胡适评诗，而且为胡适改诗。1917年1月，胡适作《寒江》诗三首，其一云：

江上还飞雪，西山雾未开。浮冰三百亩，载雪下江来。

---

① 杨杏佛致胡适函手迹，1916年。

"亩"字原作"丈"，为杨杏佛所改。胡适认为杨的意见很好，在《留美学生季报》发表时即加以采纳，同时附跋说明："此一字师也，记之以谢。"

同年 6 月初，胡适即将归国。这时，他的诗作已小有成就。他自感这些成就中有任鸿隽、杨杏佛的助力，因此，写了一首《文学篇》，与任、杨、梅三人作别。序云："吾数年来之文学的兴趣，多出于吾友之助。若无叔永、杏佛，定无《去国集》。若无叔永、觐庄，定无《尝试集》。"诗中回忆了 1912 年与任、杨、梅见面时的情景：

> 明年任与杨，远道来就我。山城风雪夜，枯坐殊未可。烹茶更赋诗，有作还须和。诗炉久灰冷，从此生新火。

戊戌维新前后，黄遵宪、谭嗣同、梁启超等一直想点燃中国诗歌改革的火焰，始终未能成功。人们不会想到，这一簇火焰却在美洲的山城里燃起来了。

胡适归国前，朋友们赶到纽约送别，杨杏佛因事未能成行，他写了一首诗寄给胡适，诗云：

> 遥泪送君去，故园寇正深。共和已三死，造化独何心？腐鼠持旌节，饥鸟满树林。归人工治国，何以慰呻吟？

当时，张勋正率领辫子军北上，威胁黎元洪解散国会，杨杏佛亲自参与缔造的共和制度再一次面临夭折的危险，他勉励胡适归国后投入斗争，拯救人民于苦难。7 月 3 日，胡适在太平洋上航行。当夜，月色明朗，胡适在甲板上散步，面对万顷银波，想起了美洲的朋友们。次日，作成《百字令》一首寄给任鸿隽、杨杏佛等人，词云：

> 几天风雾，险些儿把月圆时辜负。待得他来，又长被如许浮云遮住。多谢天风，吹开孤照，万顷银波怒。孤舟带月，海天冲浪西去。
>
> 遥想天外来时，新洲曾照我故人眉宇。别后相思如此月，绕遍人寰无数。几点疏星，长天清迥，有湿衣凉露。凭栏自语，吾乡真在何处？

胡适的这首词，有情有景，在阔大清迥的意境中表达了对朋友的无限思念，也隐约地表露了对国家状况的感慨。杨杏佛读后，复函称："舟中词曲折苍凉，佳作也。有此景乃有此作，诚不负烟士披里薰矣！"①

二　"君作游天龙，吾为笼内鸡"

杨杏佛本在康奈尔大学机械系学电机，1916 年 8 月毕业，转入哈佛大学攻读工商管理学硕士学位。1918 年学成归国。10 月下旬抵沪。11 月与赵志道女士结婚，胡适曾作词祝贺。此词今不传。23 日，杨杏佛复胡适函云：

> 贺词及书均拜收，谢谢。词极佳，在白话、文言之间，为新婚纪念。迟日得暇，或能作答，今则俗务纷纭，不敢语此矣！②

当时，国事混乱，不少留学生怀着报效乡邦的壮志归来，但不久即沮丧消沉，无所事事。胡适与他们不同，归国后即积极投入新文化运动，名声煊赫。对此，杨杏佛表示钦佩，信中说：

> 国中事无一可人意。留学生混饭易，作事难。昔之以志士自命者，今多碌碌养妻子，如兄之能始终言新文学者，诚为凤毛麟角。

他要求胡适今后经常通信，互相勉励，以期不负初衷。信中又说：

> 吾此后行事当时时告兄，愿兄尽直言之责，吾亦当勉贡刍荛也。今日在国中能尽言者惟兄与叔永、明复耳。人少责重，吾所望于兄者多矣！

同年 12 月，杨杏佛准备应汉阳铁厂之聘，任会计处成本科长。但他对这一工作并无多大热情，想在两三个月后即回上海，与人合办工厂。同月 11 日

---

① 杨杏佛致胡适函手迹，1917 年 8 月 15 日。
② 杨杏佛致胡适函手迹，1918 年 11 月 23 日。

致函胡适说：

> 铨明春二、三月即拟返沪，因沪上已与人约同办工厂，果开办，势不能爽约也。汉厂人习气极深，难与有为。吃饭易，作事难，故欲别就。①

汉阳铁厂虽是座现代化的工厂，但也像当时中国许多地方一样，充满了衙门气。果如杨杏佛所料，他到厂不久，就对这个环境感到厌倦。1919年初致函胡适说：

> 铨来汉阳虽已一月，所为尚茫无头绪。职为成本会计，然厂中习气甚深，时有五斗米折腰之叹。今始知在中国作工商与作官等耳，安望其能与世界相竞！②

中国长期依靠官僚治国，官僚主义成为深入膏肓的痼疾，做工商如同做官，自然，和现代化企业的要求也就相距天壤了。胡适能理解杨杏佛的牢骚，于1月30日、2月2日连致两书劝慰。2月5日，杨杏佛再致函胡适云：

> 铨对汉阳不满意者，不在中国大局，但为小己着想耳。黄金虚牝，自惜华年而已。果能有益国家，虽驭此微贱之事，亦所乐为也。③

同函中，杨杏佛告诉胡适，詹天佑曾拟聘请他担任《中华工程师会会报》编辑，月薪200元，并可在铁路上兼事，但他犹疑不愿接受。函称：

> 归国后辞《科学》编辑，即因欲实地办事始然。今何能以受薪遽易初志。又线路事业本非所习，若胡乱就之，真成饭碗主义矣！惟此

---

① 中国社会科学院近代史研究所中华民国史组编《胡适来往书信选》上册，中华书局，1979，第18页。
② 杨杏佛致胡适函手迹，1919年1月15日。
③ 杨杏佛致胡适函手迹，1919年2月5日。

间会计事亦极无聊，或于 2 月底请假来京一行，亦未可知。在中国习实业学生无资本者诚属可怜，若能自办工厂，何致如丧家之犬耶！

从该函看，杨杏佛在上海与人合办工厂的计划也没有什么进展。正当他为生活无聊不能有所作为而苦闷时，任鸿隽过汉。久别重逢，两个好朋友自然有许多话要说。但是，杨杏佛为厂事所羁，竟找不出畅谈的时间，而任鸿隽也只能停留三日，就匆匆离去。杨杏佛感叹之余，成诗一首：

> 联翼涉美亚，归道忽东西。君作游天龙，吾为笼内鸡。值此千里逢，难同一日栖。友情空复热，心远暮云低。
>
> ——《叔永过汉，余以厂事不得久谈，为此志别》

胡适归国后，于 1917 年 9 月 10 日就任北京大学教授，次年 1 月加入《新青年》编委会，4 月发表《建设的文学革命论》，成为新文化运动中的风云人物。而杨杏佛则困顿下僚，郁郁不得志。"君作游天龙，吾为笼内鸡。"这两句本来是杨杏佛用以比喻自己和任鸿隽的不同境遇的，但是移来比喻胡适和杨杏佛也许更加合适。

4 月 22 日，杨杏佛将上引诗寄给胡适，请他指正。函称，"吾近来自由丧失殆尽，作诗词之权利亦为剥夺"，"此间自由少，时间少，而吾偏好事，所以忙不胜忙"。[①] 同函中，杨杏佛还告诉胡适，月内又将担任《科学》编辑，稿件尚不知向何处去找，请求胡适以讲义"帮忙"。当年，中国科学社将在杭州召集年会，信中，杨杏佛也请求胡适提供哲学上的研究成果。胡适虽然志趣在文学，但他也参加了中国科学社，是该社的永久社员。还在1916 年，胡适就在《科学》第 2 卷第 1 期上发表《论句读及文字符号》一文，第一次提出使用新式标点。1916 年，又在该刊第 3 卷第 1 期上发表《先秦诸子之进化论》，这是胡适用西方科学观念研究中国古代文化的开端。胡适收到杨杏佛此函后即将《清代汉学家的科学方法》一文寄给了杨杏佛，该文旋即发表于《科学》第 5 卷第 2—3 期上。

---

① 《胡适来往书信选》上册，第 39 页。

三　分道翱翔中的相互关怀与支持

1919 年夏，杨杏佛应聘担任南京高等师范学校教授。其后，该校改名为东南大学，杨杏佛历任商科主任、文理科经济教授、工科教授等职，同时致力于中国科学社的工作，声名日著，真正做到了和胡适"分道各翱翔"。

由于所业不同，二人间的联系自然不能十分密切，有两三年工夫不曾见过一面，但是，二人间仍然时通信息，互相关心，相互支持。胡适有一首《戏杨杏佛的大鼻子》，可能作于这一时期，诗云：

> 鼻子人人有，惟君大得凶。直悬一宝塔，倒挂两烟囱。亲嘴全无分，闻香大有功。江南一喷嚏，江北雨蒙蒙。

正如诗题所说，胡适写这首诗完全是"戏"，不过，从中倒可以看出二人之间的融洽关系，也可以看出胡适性格中幽默诙谐的一面。①

1922 年 5 月，胡适与丁文江等在北京创办《努力周报》，以学者的身份谈政治，提倡"好人政府"，"希望在一个无可奈何的环境里，做一点微薄的努力"。② 虽然是一种温和的改良主义，但仍然表现出对旧秩序的不满。杨杏佛始终关注着这份刊物。当年 12 月 17 日，胡适因身体不好，决定请假一年，离开北大，休养身体。同月 24 日，《努力周报》第 34 号登出启事，一时引起许多猜测。次年 1 月 19 日，蔡元培因反对北洋政府教育总长彭允彝，发表《不合作宣言》，宣布不再到北大办事。21 日，胡适在《努力周报》第 38 号上发表《蔡元培以辞职为抗议》的评论，支持蔡的不合作立场。2 月 4 日，杨杏佛在病中读到《努力周报》，很高兴，致函胡适称：

> 阅《努力》，知复奋斗，为知识界争人格。北方之强，毕竟不同。前闻兄病，是否旧疾复发，甚以为念。铨近肺疾亦发，但不甚剧，亦

---

① 《胡适手稿》第 10 集卷 4，台北，胡适纪念馆，1970，第 321 页。
② 《一年了》，《努力周报》第 53 号，1923 年 5 月 20 日。

无复原之望。天时人事皆使人不得不病也。①

1923 年 10 月，胡适决定将《努力周报》暂时停刊，改出半月刊或月刊，以彻底批评"复古的混沌思想"和"颂扬拳匪的混沌思想"。上海商务印书馆对此感兴趣，要求承办。同年 12 月下旬，努力社与商务印书馆签约，筹备出版《努力月刊》。杨杏佛曾积极参与刊物的筹备，他拟邀在法国的张奚若回国担任主撰。1924 年 2 月 20 日，杨杏佛致函胡适云：

> 《努力》稿件如何？我假中病仍无愈望，故未敢作文，惟总必拼命为《努力》成一文，大约月内或下月初可交卷，题为《中国之劳动立法问题》。

他告诉胡适，张奚若已同意出任编辑，但回国需旅费 1000 元，商务印书馆不能预支，自己愿与胡适等各筹一二百元凑足。② 但是，这以后，虽经长期努力，《努力月刊》始终未能问世。

胡适也关心杨杏佛在东南大学的情况。1923 年 4 月 21 日，胡适离开北京，到上海参加新学制课程起草委员会。29 日，胡适利用休会机会，与任鸿隽、陈莎菲及曹佩声等同游杭州，杨杏佛夫妇自南京赶来参加。5 月 3 日，胡适回到上海，不久就病了。25 日，胡适收到杨杏佛寄来的一首《西湖纪痛》诗，诗云：

> 今年浪迹欲何依，每到西湖便当归。换世谁知丁令鹤，凄魂犹梦老莱衣。病缠中岁孤儿疲，春晚南屏墓草肥。三日盛游还痛哭，此生无计报春晖。

杨杏佛早年住在杭州，其父 1919 年 5 月在当地逝世，此诗为思亲之作。从"病缠中岁孤儿疲"等句看来，杨杏佛在东南大学的境遇并不好。当时，东大教员分新旧两派。杨杏佛因经常演讲劳动问题和社会改造思想，议论时

---

① 杨杏佛致胡适函手迹，1923 年 2 月 4 日。
② 《胡适来往书信选》上册，第 237 页。

局，批评校务，受到进步青年的爱戴，成为新派的首领；旧派则拥护校长郭秉文的保守主张和措施。学校经常发生风潮，郭秉文认为均出于杨杏佛的挑唆，必欲去之而后快。东大的教授一年一聘，"年年续约之时，辄生去留问题。郭氏及其党徒，暗示明言，无不讽其辞职"。[①] 1923 年 6 月初，郭秉文代表中国赴英参加教育会议，行前召开行政委员会，指使代理校务的人辞去杨杏佛等人的教职。同月 3 日，杨杏佛赶到上海，质问郭秉文。不料郭竟一赖到底，矢口否认开过什么会。这时，胡适完全同情杨杏佛。当他从杨的电话中得知此事时，激愤地认为郭的行为"真是无耻！"此次斗争，杨杏佛获得胜利。6 月 8 日，他致函胡适报告说：

> 至铨之续约书，则于归后次晨即送来。我决向校中提出教授人格保障及讲学自由为条件，因此事发生，行政方面并以吾讲社会改造思想为借口。一场黑剧，竟于三四日中和盘托出，可称痛快。兄等闻之，当为我浮一大白也。我亦将从此努力读书著述，不更与群小周旋矣！[②]

次日，再致胡适一函云：

> 东南之黑幕完全败露，梅、竺皆暂留，弟亦因学生坚留，拟暂不表示辞职，惟前途暗礁甚多，非精神改组，亦不过暂时清静耳！[③]

树欲静而风不止，杨杏佛在东南大学无法得到他所企求的"暂时清静"，因此，他又时萌去志。1924 年 2 月 20 日致函胡适云："弟病须养，而贫不能无业，故进退维谷，不得不勉留南京。"[④] 1924 年夏，郭秉文为了排挤杨杏佛，竟利用军阀齐燮元的淫威，以经费不足为名，要求停办东南大学工科。同年 10 月，杨杏佛赴广州，任孙中山秘书。11 月，随孙中山北上。其间，杨杏佛曾向北洋政府教育部次长马叙伦控告郭秉文。1925 年 1 月初，教育部宣布解除郭秉文职务，改由胡敦复任。不料此举遭到旧派的

① 《与东大同学论军阀与教育书》，《杨杏佛文存》，平凡书局，1929，第 317 页。
② 《胡适来往书信选》上册，第 204 页。
③ 《胡适来往书信选》上册，第 205 页。
④ 《胡适来往书信选》上册，第 237 页。

强烈抵制。19 日，胡适在北京一家俱乐部请客，杨杏佛在座，胡适出示任鸿隽（时任东南大学副校长）的一封信，中云："郭当去而去之之法太笨，遂使郭因祸而得福，反不易去了。"① 胡适特别将这段话记在日记里。看来，胡适同意任鸿隽的观点。

四　争取"庚款"中出现的分歧

1924 年，美国国会决定将庚子赔款余额六百余万银元退还中国，用作教育文化事业经费。中国科学社同人获知信息后，决定争取其中一部分用于科学社的研究。5 月 25 日，科学社在南京召开理事会，认为此事已刻不容缓。26 日，杨杏佛致函胡适，希望他赴美活动。函称：

> 科学社近因美退赔款余额，颇思分羹，其详经农、叔永已函告。惟弟等颇拟请兄专为此事赴美一行，由社供给经费，兄且可借此一换空气。②

胡适对此事也很感兴趣。他建议将此款全数作为基金。6 月 11 日，胡适代表各学术团体向外交部部长顾维钧提出美国退还庚款管理办法，顾随即转知驻美公使施肇基，请施和美国政府接洽。杨杏佛赞成胡适的意见，16 日再致胡适一函云：

> 信悉。已转上海。此间当分头鼓吹，叔永已在起草一宣言，弟亦将以私人资格发表一文（或载《教育与人生》），惟美国方面似较有望，故仍盼兄大力进行也。③

7 月 31 日，美国政府指派哥伦比亚大学师范学院教授孟禄（Paul Monroe）前来中国，和北京政府谈判。随后签订协议，规定由双方政府任命，

---

① 《胡适的日记》（手稿本）第 5 册，1925 年 1 月 19 日，台北，远流出版事业股份有限公司，1990。
② 《胡适来往书信选》上册，第 252 页。
③ 《胡适来往书信选》上册，第 254 页。

设立中美联合董事会，负责管理、分配此项款额。9 月 17 日，曹锟根据外交总长顾维钧、教育总长黄郛的呈请，指派颜惠庆、张伯苓、郭秉文、蒋梦麟、范源廉、黄炎培、顾维钧、周贻春、施肇基等 9 人为中华教育文化基金会董事，美方则指派孟禄、杜威等 5 人为董事。次日，中华教育文化基金董事会成立，范源廉为会长，孟禄为副会长。由于中方董事为北洋政府指派，因此排斥南方国民党人和亲国民党的科学家。杨杏佛对此很不满意，由此埋下了后来改组董事会的种子。

继美国国会之后，英国国会也于 1925 年 6 月决定退还一部分庚款给中国，但同时又决定，该项款额须由英国外交大臣全权保管与支配，所设咨询委员全由英国政府指派，且英国人占多数。1926 年 2 月 11 日，丁文江致函胡适，告以已得英公使正式函件，聘请胡适、丁文江等三人为英国庚款咨询委员会中国委员。3 月 16 日，北京教育界人士集会反对英国处置庚款办法。杨杏佛和北京教育界人士立场相同，认为英国政府此举"无退还之实而欲得亲善之名"，"中国委员直英庚款委员会之客卿"。3 月 20 日，他公开致函胡适，指责英国政府"一方以强硬之侵略行为欺侮中国，如去年'五卅'事件，最近粤海关及大沽口等事；一方复以空言市惠，欲以不可必得未必有利中国之数百万赔款，转移四万万华人要求民族独立与国际平等之心理"。① 当时，英国庚款咨询委员会委员卫灵敦爵士（Viscount Willingdon）等三人正在上海，和胡适等三位中方委员组成"中国访问团"，准备到中国各地调查访问，征求意见，提交全体委员会最后决定。对此，杨函称：

> 英庚款委员韦林顿辈来华后，对华人退还之要求，则故作痴聋；对用途之性质复模棱其辞。中国委员以代表中国之智识界自命者，亦皆反舌无声，但知随爵士辈酬酢哺啜，如此不痛不痒之委员会，乃北走胡，南走粤，仆仆道途，所为何事，诚所不解！

这里批评的"反舌无声""但知随爵士酬酢哺啜"，当然包括胡适。杨杏佛要求胡适断然采取措施。函称：

---

① 《致胡适之书》，《杨杏佛文存》，第 263 页。

兄在士林，雅负时望，对英亦多好感。窃谓宜联合中国委员，要
求英政府无条件退还赔款，否则全体退出英庚款委员会，以示国人对
于此事之决心。年来国内名流学客，争为外人文化侵略之买办通事，
但知朋比分赃，不顾国体国权，士林正气，早已荡然无存。惟兄能受
敝言，故不惮辞费，一吐所怀，幸有以慰国人之望也。①

1925 年 5 月 30 日，上海租界英捕房开枪射击游行示威的学生和市民，
造成震惊中外的"五卅惨案"，中国各界的反英情绪空前地强烈起来。6 月
23 日，英国水兵、巡捕又开枪射击在广州沙基游行的中国群众，激起了轰
轰烈烈的省港大罢工。杨杏佛曾于"五卅惨案"后在上海创办《民族日
报》，猛烈地抨击英帝国主义的野蛮行径。他在英国退还庚款问题上的立场
正是他这一时期民族意识高涨的反映。

胡适没有采纳杨杏佛的建议。他认为要英国政府无条件退还庚款是不
可能的，主张在英国政府的条件中做文章："为今之计，只有潜移默运于此
案范围之中，使此案不成为障碍，反为有益的根据。"② 基于此，他不仅费
了几个月工夫陪同英国庚款咨询委员访问了上海、汉口、南京、杭州、天
津、北京等地，而且于 1926 年 7 月 17 日赴英参加庚款咨询委员会。

两个老朋友之间由是出现分歧。

五　分歧的加深

孙中山逝世后，杨杏佛更为积极地投入了中国的政治活动。1926 年 1
月，任国民党上海特别市党部执行委员。同年 7 月广东国民政府成立后，任
上海政治分会委员。1927 年北伐军向东南胜利进军期间，他代表国民党上
海特别市党部参加国共联席会议，积极支持上海工人三次武装起义，曾被
选为市临时政府常务委员。四一二政变后，杨杏佛受到牵连，被撤销国民
党上海市党部执行委员职务，只担任了一个清理招商局委员的闲职。10 月，
南京国民政府接受蔡元培等人的意见，仿照法国制度成立大学院，主管全

---

① 《致胡适之书》，《杨杏佛文存》，第 263 页。
② 《胡适来往书信选》上册，第 371 页。

国学术及教育事宜，杨杏佛被院长蔡元培聘为行政处主任。次年 1 月，任副院长。同年 4 月，中央研究院成立，蔡元培任院长，杨杏佛任总干事。

胡适自赴英参加庚款会议后，陆续流转于英、法、德、美、日等国，进行研究并作学术讲演。直到 1927 年 5 月 17 日，胡适才从神户抵达上海。8 月，受聘于私立光华大学。他仍然坚持学术独立于政治之外的原则，和杨杏佛的分歧逐渐加深。

1928 年 5 月 3 日，日军在济南惨杀中国外交官蔡公时等，是为"五三惨案"。同月 6 日，杨杏佛邀请教育界同人举行座谈。胡适提出："由政府主张一个国际的公正调查，期于搜集证据，明定启衅责任所在。"① 与会者都赞成胡适的意见。18 日，胡适到南京参加教育会议。杨杏佛时任大学院副院长，二人因此得以再次见面。20 日，星期日休会。胡适、杨杏佛、朱经农、钱端升、张奚若等同到第一林场、建业农场、灵谷寺等地游览。杨杏佛骑着一匹马，器宇轩昂，胡适见了很高兴。他认为，近几年，杨杏佛取"蜡烛主义"，"点完即算了"，生活上马马虎虎，"在铭德里时，家中虽有灶而不举火，烧水都没有器具"。② 现在天天出去骑马。胡适从这里看到了老朋友精神面貌的变化。

1927 年 8 月，杨杏佛在《现代评论》杂志发表了一首诗，中云：

> 人们，你若苦黑暗么？
> 请你以身作烛。
> 用自己膏血换来的，
> 方是真正光明之福。

胡适所称杨杏佛取"蜡烛主义"，当即本此。不过，杨杏佛意在表达牺牲自己，以"膏血"换取"光明"的战斗精神，并非"点完即算了"的消极主义，这一点，胡适理解错了。

当天游紫霞洞时，众人纷纷抽签。胡适的签诗是：

---

① 《胡适的日记》（手稿本）第 7 册，1928 年 5 月 6 日。
② 《胡适的日记》（手稿本）第 7 册，1928 年 5 月 20 日。

> 恶食粗衣且认真，逢桥下马莫辞频。流行坎坷寻常事，何必区区
> 诣鬼神。

当时胡适和南京国民政府还在若即若离之间，这次到南京，他真有"诣鬼神"之感。杨杏佛抽得第九签，诗云：

> 拨开云雾睹青天，况是中天月正圆。匹马通衢无阻碍，佳声美誉
> 得争传。

此诗是"时运大通之象"，杨杏佛抽到此签，不免有几分高兴。不过，杨杏佛在大学院的工作也并不顺利。6 月 14 日，胡适收到蔡元培和杨杏佛的一封快信，要他 15 日到南京参加大学委员会。当时，教育界正因撤换中央大学校长张乃燕一事出现风潮。张乃燕是张静江的侄子，蔡元培、杨杏佛事前未通知张静江与张乃燕，杨杏佛也未与高等教育处处长张奚若等商量，即匆促下令撤换张乃燕，以吴稚晖继任，命张改任大学院参事。此次风潮的目的在推倒杨杏佛。对于此事，胡适认为"确似系大学院的错误"，曾当面建议杨杏佛辞职，杨杏佛表示同意。[①] 其后，蔡元培于 8 月 17 日辞去大学院院长职务，杨杏佛也于 10 月 6 日辞去副院长职务。

在辞去副院长职务之前，杨杏佛抢时间做了一件早就和蔡元培商量好的事，这就是改组中华教育文化基金董事会。此事引起胡适的强烈不满，成为二人友谊关系上的重要转折点。

为了改变中华教育文化基金董事会的人员组成，早在 1927 年 3 月，蔡元培即草拟了一份方案。同年 7 月 27 日，蔡元培向国民政府会议正式提出，获得通过。国民政府随即下令，"着即取消"旧董事会，任命胡适、赵元任、施肇基、翁文灏、蔡元培、汪精卫、伍朝枢、蒋梦麟、李石曾、孙科等 15 人为董事，其中孙科、李石曾、伍朝枢、汪精卫、赵元任 5 人为新董事。这一做法，增强了国民党人的力量，但是，和董事会旧章不合。旧章规定，董事遇有缺额，由本会选举补充，然后呈报中国政府。胡适认为旧章的缺额自行补充办法是近代学术基金保管机关的一般组织原则，可以巩

[①] 《胡适的日记》（手稿本）第 7 册，1928 年 6 月 15 日。

固组织，防止外来干涉，避免因政局变迁而牵动会务，因此，反对南京国民政府的决定。孟禄也自美来电，要求从缓改组董事会，并且美国财政部表示不能继续拨款。这就迫使南京国民政府不得不谋求补救。由于大学院制度受到许多人反对，当年 10 月 23 日，国民政府明令改大学院为教育部。11 月 26 日，教育部部长蒋梦麟致函胡适，主张由教育部函旧董事，请其开会，将历年经办事件作一系统的报告。开会时，旧董事五人提出辞职，由会议推举出国民政府任命的新董事五人，以便既承认董事会旧章和旧董事会的权威，又实际达到国民政府改组董事会的目的。12 月 19 日，孟禄赶到上海处理此事。胡适日记云：“此事本没有问题，杨杏佛一个人的捣乱，累的大家这样劳师动众！真所谓‘天下本无事，庸人自扰之’。”① 12 月下旬，南京国民政府根据蒋梦麟和胡适等人的建议下令：“准予召集原有中华教育文化基金董事会开会，将应行改组事宜妥善办理。”次年 1 月 3 日，旧董事会在杭州召开第三次常会，胡适到会，当日日记云：“杨杏佛放了一把火，毫不费力；我们都须用全部救火队之力去救火。”又云：“他们这样忍辱远来，为的是要顾全大局，给这个政府留一点面子，替一个无识人圆谎。”这里所说的“无识人”显指杨杏佛。日记还称：“我恨极了，实在没有什么面孔留在基金会，遂决计辞职。”②

1929 年，中华文化教育基金董事会决定拨款 50 万元，作为设在上海的中央研究院理化工程研究所的建筑费。1930 年 1 月，南京国民党中央政治会议决定停止建筑工作，将研究院迁到南京。杨杏佛不愿处于国民党的直接控制之下，为此仆仆奔走于宁沪道上，14 天内往返 8 次，打通了行政院与国民政府，呈复政治会议。然而，就在此时，蒋介石力主研究院于 4 月之前迁到南京，上海的建筑工程立即停止。2 月 1 日，胡适在日记中写道：“此令昨日到研究院。蔡、杨诸君在前年屡次用政府势力压迫学术文化机关，而自己后来终想造成一个不受政府支配的学术机关，此是甚不易做的事。果然今日自己受威力压迫，而杏佛的语气似是想用他前年极力摧残的中华文化教育基金会来替他搪塞！此真是作法自毙。”③

---

① 《胡适的日记》（手稿本）第 8 册，1928 年 12 月 19 日。
② 《胡适的日记》（手稿本）第 8 册，1929 年 1 月 3 日。
③ 《胡适的日记》（手稿本）第 9 册，1930 年 2 月 1 日。

可以看出，杨杏佛在胡适心目中的形象已经相当不好了。

六　射向胡适的一箭

胡适由于对南京国民政府统治下人权缺乏保障等情况不满，于 1929 年 5 月发表《人权与约法》《我们什么时候才可有宪法》等文，批评国民党的"党治"。不久，又进一步撰文批评孙中山的"知难行易"学说。这对许多将中山思想视为句句是真理的国民党人来说，自然是大逆不道的事情。于是，集会决议、通电声讨、撰文批判，纷至沓来，形成了一场颇具声势的对胡适的围攻。有的国民党人还要求将胡适"逮捕解京，予以惩处"。杨杏佛不赞成这种霸道作风，但他也不理解胡适这些文章在当时中国的意义。

8 月 25 日，他建议《时事新报》的程沧波撰文，指出胡适的主张极平常，没有干涉的必要，同时也不妨指驳胡适一部分观点。27 日，程文见报，声称胡氏近作"实已平淡至于极度，决无声罪致讨之价值，亦更无明正典刑之必要"，但是，胡文"批评政府之处，似不能无（不）引起人民对于政府恶感或轻视之影响"。胡适读了这篇文章后，觉得非常好笑，在日记上写下了一句"上海的舆论家真是可怜"。①

对胡适的围攻持续了很长一段时间。12 月 2 日，杨杏佛在上海大夏大学演讲，将胡适列为"旁观派"，称他是"骑在墙上，看人打架，叫一声好的东西"。事后，马君武将杨杏佛的讲稿寄给胡适，同时写道："杏佛在大夏演讲《从时局想到个人》，骂得你好利害。特寄与你看，以为研究麻子哲学之一助。"② 马君武和胡适同样具有自由思想，因此支持胡适。

1930 年 4 月，吴稚晖、杨杏佛在上海市党部发表演讲。杨在演讲中批评胡适一会儿在段祺瑞的善后会议上大谈特谈政治；一会儿跑到俄国，谈共产主义是如何得好；不多时，又觉得三民主义很好，预备作一部三民主义的哲学；到了国民党快统一的时候，又骂国民党不礼贤下士。他说："学者、教育家不是万应如意油，过去可以在军阀底下做工具，现在可以在国民党底下做忠实的信徒，将来国家亡了，也可以在帝国主义底下做走狗。

---

① 《胡适的日记》（手稿本）第 8 册，1929 年 8 月 27 日。
② 《胡适的日记》（手稿本）第 9 册，1929 年 12 月 20 日。

若是这样，主义是商品化了，思想也商品化了。"同月 29 日，杨杏佛写了一封信托蔡元培带给胡适，说明由于记录者的原因，演讲稿"多颠倒错误"。函称："演说中'走江湖的博士'乃指江亢虎先生，下文有'胡先生亦犯此毛病，不肯作第二人，故好立异'。笔记者必误念'江胡'乃暗指两姓，故混为一谈。"杨杏佛还称：这次演说完全是被吴稚晖"拉作陪绑"。①杨杏佛的这次演讲对胡适的批评是很严厉的，这封信旨在缓和一下气氛，但并未修正自己的观点。4 月 30 日，胡适复函杨杏佛，首引五六年前与鲁迅弟兄关于《西游记》第八十一难的一段谈话，然后说：

> 我受了十余年的骂，从来不怨恨骂我的人。有时他们骂的不中肯，我反替他们着急。有时他们骂的太过火了，反损骂者自己的人格，我更替他们不安。如果骂我而使骂者有益，便是我间接于他有恩了，我自然很情愿挨骂。如果有人说，吃胡适一块肉可以延寿一千年，我也一定情愿自己割下来送给他，并且祝福他。②

从表面上看，胡适的这封信表现了一种对批评者的大度和宽容，仿佛毫不在意，实际上，包含着对杨杏佛等人的深刻批评和挖苦。它表明，两个老朋友之间已经出现了无法消解的隔阂。

七　在中国民权保障同盟中

还在 1925 年，为了救济五卅惨案烈士和受伤者的家属，杨杏佛和共产党人恽代英、沈雁冰、张闻天以及进步人士郭沫若、叶圣陶、郑振铎等组织中国济难会。1930 年之后，杨杏佛的思想急剧左倾。他秘密参加了邓演达发起的第三党，曾代表蔡元培联系陈铭枢，企图建立反蒋的第三政权。1932 年 12 月，为了营救政治犯，废除非法拘留、酷刑及杀戮，争取集会、言论、出版自由，杨杏佛和宋庆龄、蔡元培等在上海组织中国民权保障同盟。同盟以宋庆龄为主席，蔡元培为副主席，杨杏佛任总干事，会员有林

---

① 《胡适来往书信选》中册，第 10—11 页。
② 《胡适来往书信选》中册，第 11 页。

语堂、史沫特莱、邹韬奋、胡愈之、鲁迅等。1933 年 1 月 17 日，成立上海分会。同月，同盟派杨杏佛、李济之北上，组织北平分会。

胡适于 1933 年新年赴沪时加入同盟。1 月 25 日，杨、胡在北平相见。30 日，北平分会召开成立会，胡适、杨杏佛分别致辞。会议选举胡适、成舍我、许德珩、任鸿隽、蒋梦麟、李济之、马幼渔等 9 人为执行委员，胡适被推为主席。会议同时推举杨杏佛、胡适等三人赴各监狱视察政治犯在狱情况。

胡适对同盟的组织和活动最初是热心的。1 月 26 日，他与《晨报》记者谈话称："近年以来人民之被非法逮捕，言论、出版之被禁等，殊为司空见惯，似此实与约法之规定相背。"① 同盟成立的当晚，胡适和杨杏佛即决定视察北平各监狱，调查政治犯的待遇及生活状况。夜 11 时，杨杏佛会见张学良，获得允准。31 日，杨、胡，加上成舍我，三人一起参观了陆军反省院、陆军监狱和军分会看守所及另外两所监狱。杨称：值此抗日吃紧之时，深盼全国人才，无论为国家主义派，为共产党，均能集中于同一战线之下。② 同时决定由分会组织正式委员会，详加考察。3 日，杨杏佛离平。在杨杏佛离平之后不久，胡适即和同盟中央发生尖锐冲突。

1 月 25 日，史沫特莱向同盟执委会提交了北平军人反省分院政治犯的一份呼吁书，其中声称："我们生存在 20 世纪的今日，而我们被捕后所受的种种酷刑，立即使我们感觉到好象我们是罗马时代或极野蛮的部落社会。现在中国统治阶级所使用的各种刑具，极尽野蛮之能事。他们想出种种方法要能给受难者以最高度的痛苦。"③ 2 月 1 日，同盟执委会举行新闻记者招待会，由宋庆龄签字，将呼吁书交给各报发表。同日，史沫特莱致函胡适，附寄呼吁书及宋庆龄签名英文函件，要求北平分会"指派一个委员会立即去见负责官员，提出最强有力、最坚决的抗议"。④

宋庆龄的英文信件要求"立即无条件的释放一切政治犯"。⑤ 胡适研究了呼吁书，认为反省院都是"已决犯"，没有私刑拷打的必要。同时，有人

① 《晨报》1933 年 1 月 27 日。
② 《民国日报》（北平）1933 年 2 月 1 日。
③ 《北平政治犯的黑暗生活》，《中国论坛》第 2 卷第 1 期，1933 年。
④ 《胡适来往书信选》中册，第 169 页。
⑤ 转引自《胡适致蔡元培、林语堂》，《胡适来往书信选》中册，第 179 页。

自称住在胡适家，假借胡适名义，递交了一份题为《河北省第一监狱政治犯致民权保障同盟北平分会》的函件给《世界日报》，揭露河北省第一监狱的种种黑暗。胡适认为，此信与宋庆龄所收的呼吁书"同是捏造"。2月4日、5日，他连续两次致函蔡元培、林语堂，批评同盟不应不加调查就匆匆发表。他说："如果一、二私人可以擅用本会最高机关名义，发表不负责任的匿名稿件，那么，我们北平的几个朋友，是决定不能参加这团体。"①

同盟接到胡适的信后，蔡元培、杨杏佛、林语堂等都认为"事情极其严重，须彻查来源"。2月10日，杨杏佛致函胡适，认为呼吁书所云种种酷刑，"即使有之，在反省院前不能笼统便加入反省院"，表示"以后发表文件自当审慎"。函中，杨杏佛劝慰胡适说：

> 弟行时曾告兄，弟等奔走此会，吃力不讨好，尤为所谓极左者所不满，然集中有心人争取最低限度之人权，不得不苦斗到底，幸勿灰心，当从内部设法整顿也。②

14日，蔡元培、林语堂致函胡适，说明呼吁书发表经过，表示"其过失当由本会全体职员负责"。③ 同日，杨杏佛再次致函胡适，称："希望兄千万勿消极，在京、平市党部开始压迫本会之时，内部自当精诚团结也。"④

胡适与同盟中央的分歧主要不在对呼吁书真伪的判断上，而在于胡适反对"无条件的释放一切政治犯"这一主张。2月5日，胡适对北平《民国日报》记者发表谈话称："对政府逮捕政治犯，并不是无条件的反对，但必须先有四个原则：（一）逮捕前必须得有确实证据；（二）逮捕后须遵守国法，于24小时内移送法院；（三）法院侦查有证据者，公开审判，无证据者，即行取保开释；（四）判罪之后，必须予以人道之待遇。"⑤ 19日，在《独立评论》发表文章称："这不是保障民权，这是对一个政权要求革命的自由权。""一个政府要存在，自然不能不制裁一切推翻政府或反抗政府的

---

① 《胡适来往书信选》中册，第181页。
② 《胡适来往书信选》中册，第186页。
③ 《胡适来往书信选》中册，第187页。
④ 《胡适来往书信选》中册，第188页。
⑤ 《民国日报》（北平）1933年2月6日。

行动。"① 21 日，又在《字林西报》发表谈话，明确指出："同盟不应如某
些团体所指出的那样，提出释放一切政治犯，不予治罪的要求。一个政府
应该有权对付那些威胁这本身生存的行动，但政治嫌疑犯必须如其他罪犯
一样，应当得到法律的保障。"② 22 日，同盟执委会开会讨论，会后致电胡
适，指出上项谈话"与本会宣言目的第一项完全违背，是否尊意，请即电
复"。③ 23 日，杨杏佛致函胡适，告知执委会开会情况：执委会特开会讨论，
极以如此对外公开反对会章，批评会务，为反对者张目，且开会员不经会
议各自立异之例，均甚焦灼。杨函也要求胡适"有以解释，勿使此会因内
部异议而瓦解"。④ 28 日，宋庆龄、蔡元培致函胡适称，"会员在报章攻击
同盟，尤背组织常规，请公开更正"，否则唯有自动出会。⑤

　　胡适对上述函电均未做答复。3 月 3 日，同盟临时中央开除胡适会籍。
4 日，胡适在日记中写道："此事很可笑！此种人自有作用。我们当初加入，
本是自取其辱。"⑥ 下午，在胡适家中召开同盟北平分会，胡适表示不愿再
和上海那班人辩争。21 日，他致函蔡元培，表示"不愿多演戏给世人笑"，
并称"不愿把此种小事放在心上"。胡适还说："我所耿耿不能放心者，先
生被这班妄人所包围，将来真不知如何得了啊！"⑦ 胡适这里所称"妄人"，
即包括杨杏佛。

八　对于杨杏佛之死的评论

　　1933 年 6 月 15 日，胡适为赴美参加太平洋国际学会到达上海。同日，
赴中央研究院拜访蔡元培和杨杏佛，没有见着。到蔡元培家，见到了蔡氏
夫妇。第二天，杨杏佛到胡适住所回拜。胡适约杨同到李拔可家吃饭。饭
后，杨杏佛又送胡适回住所。

　　两个老朋友之间仍然维持着形式上的友谊关系，但是，内心已经很隔

---

① 《民权的保障》，《独立评论》第 38 号，1933 年 2 月 19 日。
② 《字林西报》1933 年 2 月 21 日。
③ 《胡适来往书信选》中册，第 189 页。
④ 《胡适来往书信选》中册，第 192 页。
⑤ 《胡适来往书信选》中册，第 193 页。
⑥ 《胡适的日记》（手稿本）第 11 册，1933 年 3 月 3 日。
⑦ 《胡适的日记》（手稿本）第 11 册，1933 年 3 月 21 日、6 月 16 日。

膜。当日，胡适在日记中写道：

> 杏佛来，此为二月初我在北平见他之后第一次见他。为了民权保障同盟事我更看不起他。因为他太爱说谎，太不择手段。

由于彼此政治观点不同，胡适对杨杏佛在民权保障同盟中的作为不满是可以理解的，但是，骂杨杏佛"太爱说谎，太不择手段"，就不知何所据而云然了。

杨杏佛和中国民权保障同盟的活动引起了国民党当局的忌恨。国民党特务不断写信威胁同盟领导人，甚至在给杨杏佛的信里装进子弹。就在胡适到达上海的同一天，国民党特务组织秘密发出通告，计划暗杀"中国共产党领袖、左翼作家以及各反蒋军人政客"，鲁迅、杨杏佛均在黑名单之列。18 日，胡适准备登轮，到几位朋友处辞行。到了徐新六家时，即得到杨杏佛被杀的噩耗。当日上午 8 点半，杨杏佛从中央研究院出门，被四个人从三面开枪打死，其子杨小佛脚上受伤，汽车司机受重伤。凶手中三人逃了，一人被追，开枪自杀。

胡适觉得很奇怪，在日记中写道：

> 此事殊可怪。杏佛一生结怨甚多，然何致于此！凶手至于自杀，其非私仇可想。岂民权同盟的工作招摇过甚，未能救人而先召杀身之祸耶？似未必如此？
>
> 前日我尚与杏佛同车两次，第二次他送我回寓的车即是今日被枪击的车。人世变幻险恶如此！
>
> 我常说杏佛一生吃亏在他的麻子上，养成了一种"麻子心理"，多疑而好炫，睚眦必报，以摧残别人为快意，以出风头为作事，必至于无一个朋友而终不自觉悟。我早料他必至于遭祸，但不料他死的如此之早而惨。他近两年来稍有进步，然终不够免祸。[①]

政治态度有时使人接近真理，有时却又使人离开真理。胡适猜到了杨

---

① 《胡适的日记》（手稿本）第 11 册，1933 年 6 月 18 日。

杏佛的死和国民党有关，但是又认为"似未必如此"，走到了真相边缘却又离开了。这显然与胡适当时对国民党的认知有关。杨杏佛自称："生平未尝树敌，但知疾恶如仇；不解修怨，但知为国锄奸。"[①] 胡适日记中这段对杨杏佛的评价，就离事实更远了；"麻子心理"一段，更使其有失忠厚之感。

胡适又写道："（杏佛）颇有文学天才，作小词甚可诵。当嘱其同事保存其诗词稿。"这里，算是多少表现了一点对老朋友的情谊。

1935 年 7 月，胡适写信给罗隆基，中称：

> 杏佛是一个最难用的人，然而蔡先生始终得其用。中央研究院之粗具规模，皆杏佛之功也。[②]

这就朝正确地评价杨杏佛前进了一步。

---

① 《再函王儒堂书》，《杨杏佛文存》，第 338 页。
② 《胡适的日记》（手稿本）第 12 册，1935 年 7 月 26 日。

一个流产的结盟：胡适与研究系 （1919—1922）[*]

黄克武[**]

一 前言

1922 年在胡适来往书信之中有两封写给胡适的信，批评研究系，并质疑胡适与研究系、《晨报》的关系，希望将来《努力周报》能替代"自负销路广"而深具党派意识的《晨报》，建立起"清白无派"的言论风格。6 月 7 日，一位住在北京的学生张梵写道：

> 我在学校并一般爱谈论时事的同学朋友们中间，常常听见有人说"《晨报》是研究系的机关报，研究系坏得不能说，《晨报》有时常给该系护短，终久是有个替代的——清白无派的——出来，我们就要和他断绝来往"。……先生呵！你自言和他有些老交情，我极诚诚恳恳的问你：他的家长究竟是研究系不是？他给研究系作用不作用？譬如不看他，可以用那个来代替？……先生，谈论焦点的财政、军队、宗教、新闻纸等等，你一切都想法在《努力》上给我们供给材料，这件事也务请你给我一个明白答复，那就是教训我对于研究《晨报》的材料，我疑惑解决，感你至于

[*] 本文初稿发表于 2016 年 12 月 14—15 日中国文化大学史学系主办的"第一届中国知识界的近代动向"学术讨论会。

[**] 黄克武，台北中研院近代史研究所特聘研究员。

无量！①

1922 年夏天，一位支持新文学的年轻学者傅斯棱在致胡适的信中也说，梁任公为人十分"滑头"，胡适那么"拜倒"他，是不是因为想巴结研究系而扩大自己的政治势力？② 他写道：

> 我现在已决计在北京消夏，在此消夏期间专心去研究佛学，闲暇或把梁任公的《清代学术思想史》批评批评亦未可知，因为他那部书太糟，就是梁氏太无学问，只以滑头的手段去作著述家，要知人外有人，人人不尽可欺的。胡先生，你是最拜倒这滑头文学家的，但是我不知道你所拜倒他的是什么东西，难道是研究系的势力么？胡先生，我虽每次写信都宣言说你们的不对，这正是愿做一个君子相交以诚，不愿学一个小人的巧言令色。其实我是最敬爱你的，由这个敬爱，就不得不对于你有最大的希望了。③

一直到 1927 年 4 月，胡适的朋友还在质疑他和研究系的关系。他的学生顾颉刚在信中劝他"好人政府"已经失败，此后胡适不应再碰政治议题，并希望他与梁启超、丁文江、汤尔和等人断绝关系，以免坏了自己的名誉：

> 从此以后，我希望先生的事业完全在学术方面发展，政治方面就此截断了罢。"好政府主义"这个名词，好政府主义下的人物的政治的试验，久已为世诟病。如果先生再发表政治的主张，如果先生再从事于政治的工作，无论内容尽与好政府主义不同，但是天下人的成见是最不易消融的，加以许多仇雠日在伺隙觅衅之中，横逆之来必有不能逆料者。所以我敢请求先生，从此与梁任公、丁在君、汤尔和一班人

---

① 中国社会科学院近代史研究所中华民国史研究室编《胡适来往书信选》上册，香港，中华书局，1983，第 158—159 页。该书注明此信为 7 月 7 日，然根据胡适纪念馆之原信，应为 6 月 7 日。《张梵致胡适函》，"北京档"，台北，中研院近代史研究所胡适纪念馆藏，典藏号：HS-JDSHSC-1209-001。胡适应该没有回复此信。

② 有关傅斯棱与胡适之论学，参见董敏《新诗观念分歧与 1920 年代新诗危机——以傅斯棱致胡适五通信札考释为中心》，《绵阳师范学院学报》2020 年第 7 期。

③ 《胡适来往书信选》上册，第 178 页。

断绝了罢。固然他们未必尽是坏人，但他们确自有取咎之道；而且先生为了他们牺牲的名誉这样多，在友谊上也对得起他们了。①

为何 1920 年代胡适与研究系的关系纠缠不清而如此惹人争议？真相究竟如何？

1920 年代的中国，以胡适为首的北京大学知识分子和以梁启超为首的研究系是北方知识界的两大阵营，一方面，他们关注学术，如胡适所说的"整理国故，再造文明"，并对墨学、佛学、清代学术、历史研究的方法等多所讨论；另一方面，他们对帝国主义欺凌下北方军阀割据、南方企图武力统一等所造成中国的困境有所不满，也有很强烈的政治参与的企图。② 然而值得注意的是，这两派虽同样关注学术与政治，焦点却不相同，"如果说北大新文化运动学者群是'在学言政'，而来自政界的梁启超研究系则是'在政言学'，由此构成了北京大学新文化运动学者群与研究系的交集"。③

过去学界对于此一课题累积了一些研究成果，尤其是关于《新青年》后期内部分裂，与胡适、蔡元培等人在《努力周报》上发表《我们的政治主张》一文前后，胡适与研究系的关系等议题，不过这些研究未能完全厘清一些细节与历史脉络。④ 本文拟在二手研究的基础之上，以日记、书信、报刊等材料探讨 1920—1922 年胡适与以梁启超为首的研究系之互动关系，以一窥民国初年国共两党之外的自由主义知识分子如何建立政治网络，以及为何此一结盟终归流产。

---

① 《胡适来往书信选》上册，第 430—431 页。
② 有关梁、胡一生的交往状况，参见张朋园《胡适与梁启超：两代知识分子的亲和与排拒》，《中央研究院近代史研究所集刊》第 15 期下册，1986 年，第 81—108 页；董德福：《梁启超与胡适：两代知识分子学思历程的比较研究》，吉林人民出版社，2004。
③ 马建标：《暧昧的联合：五四时期的北京大学与研究系》，《复旦学报》2018 年第 5 期。
④ 主要的成果如张朋园《协同动作——梁启超退出官场后的政治生活》，《梁启超与民国政治》，台北，食货出版社，1978，第 230—236 页；欧阳哲生：《〈新青年〉编辑演变的历史考辨——以 1920 至 1921 年同人来往书信为中心的探讨》，《五四运动的历史诠释》，台北，秀威资讯科技股份有限公司，2011，第 228—233 页；潘光哲：《〈我们的政治主张〉及其纷争：1920 年代中国"论述社群"交涉互竞的个案研究》，李金铨编《报人报国：中国新闻史的另一种读法》，香港中文大学出版社，2013，第 159—162 页；章清：《"胡适派学人群"与现代中国自由主义（全新增订版）》，上海三联书店，2015；马建标：《暧昧的联合：五四时期的北京大学与研究系》，《复旦学报》2018 年第 5 期。

二　研究系与五四运动前后中国各种政治势力

首先要对"研究系"略做说明。[①] 研究系的全名是"宪法研究会"。该派源于晚清的立宪派与民初的进步党。1916 年 9 月 13 日，进步党内梁启超、汤化龙两派合并为宪法研究会，即"研究系"，他们主张从理论上去研究民主宪政，并希望能付诸实践。其骨干成员包括梁启超、汤化龙、林长民、蒲殿俊、汪大燮、林志钧、蓝公武、张君劢、梁善济等人。研究系所办的报刊包括《国民公报》《晨报》《时事新报》《改造》等，其中最有影响力的大报是北京《晨报》。[②]《晨报》于 1918 年 12 月由《晨钟报》改名而来，1921 年 10 月又将第 7 版改为四版单独出版的《晨报副镌》，1928 年 6 月停刊，该报对五四新文化运动的宣传贡献很大。此报虽为研究系所控制，却具有专业的新闻素养，主编者邀约不同背景之作者撰写文章，成为公共舆论的共享平台。[③] 此点与胡适的想法颇相契合，并在其上发表多篇通信、文章、演讲记录等（部分是转载自《新青年》与《努力周报》），胡适在《晨报》上发表的作品与相关讨论共计约五十篇（参见本文附录）。此外，《努力周报》出版之后，《晨报》上长期出现《胡适和他的朋友们办的努力周报出版了!》的广告，[④] 由此显示双方互动频繁。

在政治方面，该系主张加强国务院的权力，以体现责任内阁精神。1917 年张勋复辟，段祺瑞与梁启超等马场誓师，阻遏复辟，解散第一届国会。

---

① 有关研究系的渊源、重要人物、政治主张与影响范围，参见金珍焕《五四时期研究系的政治主张》，博士学位论文，台湾大学政治研究所，1996；彭鹏：《研究系与五四时期新文化运动——以 1920 年前后为中心》，中山大学出版社，2003，第 20—33 页；白逸琦：《研究系与北洋政治（1916—1928）——温和型知识分子的宪政主张及其贡献》，硕士学位论文，东海大学，2004。

② 张朋园：《梁启超与民国政治》，第 285—295 页。

③ 有关《晨报》扮演公共舆论平台之角色，欧阳哲生以 1920—1925 年该报纪念五四运动专栏来做分析，发现梁启超在该报之中的五四话语"大多是从文化的角度认识五四运动，并不称其为'主义'，更不用说是意识形态"，故"《晨报》为思想文化界提供了一个共享平台，显示了职业新闻人的特色"。欧阳哲生：《纪念"五四"的政治文化探幽——1949 年以前各大党派报刊纪念五四运动的历史图景》，黄克武编《重估传统·再造文明：知识分子与五四新文化运动》，台北，秀威资讯科技股份有限公司，2019，第 366—367 页。

④ 《努力周报》的广告见《晨报副镌》1922 年 5 月 14—31 日、6 月 1—30 日，第 2—3 版，其后亦持续不断。

此后，研究系积极支持段祺瑞，拒绝恢复"约法"，反对孙中山在南方的护法运动。段采纳梁启超的建议，召集临时参议院，制定新的国会组织法与议员选举法，1918 年重新选举第二届国会。但国会改选后，研究系却未取得国会控制权，段祺瑞、徐树铮所掌控的"安福俱乐部"则取得国会的绝对多数席位，第二届国会即"安福国会"（参众两院选举，其中安福系 335 席，研究系仅 21 席）。1920 年 7 月直皖战争爆发，段祺瑞的皖系失败，8 月安福国会被解散。① 从此研究系逐渐走入低潮。② 梁启超于北洋时期两度入阁，担任司法总长（1913 年熊希龄内阁）与财政总长（1917 年段祺瑞内阁），希望一展"国务大臣"之志向，然在政坛上并无作为。③ 1918 年底梁率团赴欧洲考察，关注巴黎和会与西方文化之动向，至 1920 春天方返国。④ 此时研究系如想东山再起，恢复政治上的影响力，必须寻求新的盟友。

当研究系逐渐失势之时，中共的势力也开始崛起。1920 年初《新青年》内部分裂，2 月 19 日陈独秀赴上海，不久即与共产党人联系上，1920 年秋天《新青年》开始接受共产国际的资助。⑤ 1921 年 7 月中国共产党在陈独秀和李大钊等响应国际共产主义运动下成立，并且作为主张共产主义革命的政党而接受共产国际的指挥。当时毛泽东还是一个二十多岁、热衷于共产主义的青年人，从 1921 年、1923 年毛泽东的两次言论，可以看出他对时局的观察。

1921 年 1 月 1 日毛泽东在长沙"新民学会"大会发言时表示，当时中国对于社会问题的解决，主要有两派主张，分别是以陈独秀为代表的"改

① 有关第二届国会选举，以及其中安福系与研究系之角力，见张朋园《中国民主政治的困境，1900—1949：晚清以来历届议会选举述论》，台北，联经出版事业有限公司，2007，第 111—164 页。
② 李剑农指出段祺瑞的失败使梁启超十分痛心，开始了研究系在民国政治中的失败。梁因此丧失了改良政治的支柱，"此后北洋军阀成为交通系的专有物，研究系再不能插足"。李剑农：《中国近百年政治史》下册，台北，台湾商务印书馆，1976，第 512—513 页。
③ 胡适在 1922 年 2 月 7 日的日记中对梁启超投入政界颇不以为然，他说"梁任公吃亏在于他放弃了他的言论事业去作总长"。曹伯言整理《胡适日记全集》第 3 册，台北，联经出版事业有限公司，2004，第 428 页。
④ 唐启华：《巴黎和会与中国外交》，社会科学文献出版社，2014。有关 1919 年梁启超在法国的情况，参见巴斯蒂《梁启超 1919 年的旅居法国与晚年社会文化思想上对欧洲的贬抑》，李喜所主编《梁启超与近代中国社会文化》，天津古籍出版社，2005，第 218—237 页。
⑤ 江勇振：《舍我其谁：胡适》第二部《日正当中，1917—1927》，台北，联经出版事业有限公司，2013，第 295 页。

造"派与以梁启超、张东荪等研究系（代表大地主阶级由进步党蜕化而成）为代表的"改良"派：

> 　　现在国中对于社会问题的解决，显然有两派主张：一派主张改造，一派则主张改良。前者如陈独秀诸人，后者如梁启超、张东荪诸人。改良是补缀办法，应主张大规模改造。至用"改造东亚"，不如用"改造中国与世界"。提出"世界"，所以明吾侪的主张是国际的；提出"中国"，所以明吾侪的下手处……温和方法的共产主义，如罗素所主张极端的自由，放任资本家，亦是永世做不到的。激烈方法的共产主义，即所谓劳农主义，用阶级专政的方法，是可以预计效果的，故最宜采用。①

毛泽东显然较钟情于陈独秀的改造路线，其实更精确地说他所支持的是俄国列宁式的"革命"的主张。1923年4月，毛泽东对国内情势有更为细致的分析，他说：

> 　　中国的统一到底能实现吗？除开张绍曾等一班妄人，谁都晓得在最近期间内是不能的。因为国内各派势力在现在是无法使他们统一。统一当然不是混和，所以现在什么"各省会议"，"国事协议会"，下至什么派遣代表和各派首领磋商，无非是些空话、空事。把国内各派势力分析起来，不外三派：革命的民主派，非革命的民主派，反动派。革命的民主派主体当然是国民党，新兴的共产派是和国民党合作的。非革命的民主派，以前是进步党，进步党散了，目前的嫡派只有研究系。胡适、黄炎培等新兴的知识阶级派和聂云台、穆藕初等新兴的商人派也属于这派。反动派的范围最广，包括直、奉、皖三派（目前奉、皖虽和国民党合作，但这是不能久的，他们终久是最反动的东西）。三派之中，前二派在稍后的一个期内是会要合作的，因为反动势力来得太大了，研究系、知识派和商人派都会暂放弃他们非革命的主张去和革命的国民党合作，如同共产党暂放弃他们最急进的主张，和较急进

---

① 毛泽东：《在新民学会长沙会员大会上的发言》（1921年1月1日、2日），《毛泽东文集》第1卷，人民出版社，1993，第1—2页。

的国民党合作一样。所以以后中国政治的形势将成为下式：一方最急进的共产派和缓进的研究系、知识派、商人派都为了推倒共同敌人和国民党合作，成功一个大的民主派；一方就是反动的军阀派。中国政治的结局是民主派战胜军阀派，但目前及最近之将来一个期内，中国必仍然是军阀的天下：政治更发黑暗……①

毛泽东清楚地看到"革命的民主派"的国共两党之外，"非革命的民主派"以研究系为主，还包括"知识派"与"商人派"，他们与国共两党的共同目标是对抗"反动派"的地方军阀。毛也推测未来各势力的可能发展方向，各派需要以联合的方式来壮大实力。其中研究系需要联络蔡元培、胡适等知识分子，甚至需要联合商界、国共两党等。

的确，研究系对知识界的动向十分关注，并支持五四学生运动（然而他们并不注重结合商人、农人）。梁启超每天阅读京沪报纸与《新青年》等杂志。② 1919 年五四由"学生运动"发展为"市民运动"，与研究系的宣传鼓动，如汪大燮、林长民、熊希龄、叶景莘等人与蔡元培的多次接触有关。③ 学生对于山东问题的要求大都来自林长民等"国民外交协会"对巴黎和会的主张，这些言论透过《晨报》而迅速传播；④《晨报副镌》则对新思想、新知识的介绍与讨论贡献很大。北京地区五四运动的经费主要来自前代理总统冯国璋，他通过熊希龄提供了 40 万元的经费给学生，使学运保持动能。⑤ 五四运动爆发后，警察逮捕了 32 名学生，由汪大燮率领林长民、

---

① 毛泽东：《外力、军阀与革命》（1923 年 4 月 10 日），《毛泽东文集》第 1 卷，第 10—11 页。张绍曾（1879—1928），字敬舆，1879 年生于直隶大城县。早年留学日本，回国后任北洋督练。1923 年时任国务总理，主张迎孙中山入京协商，南北和平统一，为总统曹锟所忌，不久去职，退居天津。1928 年遇刺身亡。

② 黄伯易说，"他每天必得看完《京沪日报》和一本与《新青年》等齐厚的杂志，还得摘录必要的材料"。黄伯易：《忆东南大学讲学时期的梁启超》，夏晓虹编《追忆梁启超（增订本）》，三联书店，2009，第 266 页。

③ 李达嘉：《五四运动的发动：研究系和北京名流的角色》，李达嘉编《近代史释论：多元思考与探索》，台北，东华书局，2017，第 119—180 页。

④ 有关研究系透过"国民外交协会"介入学生运动，参见马建标《暧昧的联合：五四时期的北京大学与研究系》，《复旦学报》2008 年第 5 期。

⑤ 冯国璋与研究系的关系很好，1918 年冯给研究系 60 万元（一说 40 万元），希望得到该系拥戴，连任总统。张朋园：《中国民主政治的困境，1900—1949：晚清以来历届议会选举述论》，第 134 页。

王宠惠等将所有学生保释。① 1919 年 5 月，日本在华媒体《顺天时报》发表时评，指出五四事件的发生与研究系的"煽动"有关，又说研究系的"政客"林长民是"罪魁祸首"，该系利用外交问题煽动学潮是为了实现其"倒阁阴谋"，企图取而代之。在上海的《时报》也接受《顺天时报》的观点，批评研究系暗中赞助学生，想借此机会倒阁。② 这样的指控显然并非无的放矢。

研究系除了参与学生运动之外，也意识到联络胡适等知识分子的重要性，从 1918 年开始，梁启超直接、间接与胡适联络。1919 年蓝公武主持《国民公报》时亦积极与胡适、傅斯年交往，多方回应胡适的论点，支持新文化运动。③ 梁、蓝等研究系除了与胡适相互论学、一起推动文化活动之外，也希望能共同合作，在政坛共同走出一条路来，很可惜最后未能成功。其交往过程如何，为何走向失败，值得探讨。

三　梁启超与胡适的交往

梁启超最早注意到胡适，可能是在 1918 年中期在报纸上读到胡适墨学方面的著作。1917 年胡适在北大教授"中国哲学史"，次年将讲义整理出

① 黄自进：《日本驻华使领馆对五四学生爱国运动的观察》，《思想史》（台北）第 9 期，2019 年，第 63—109 页。

② 马建标：《暧昧的联合：五四时期的北京大学与研究系》，《复旦学报》2008 年第 5 期。

③ 1919 年初胡适写给蓝公武的两封信可以反映双方密切的交往。"知非先生：……到京以后，高一涵先生告诉我说贵报近来极力赞成我们的主张，他并且检出许多旧报来给我看。我看了先生的白话文章，心里非常喜欢，新文学的运动从此又添了一个有力的机关报了。"《胡适致蓝志先函》（1919 年 1 月 24 日），潘光哲编《胡适全集·中文书信集》第 1 册，台北，中研院近代史研究所，2018，第 341 页。在 3 月 23 日的信中，胡适又与蓝公武详细讨论贞操与拼音文字的问题，见《胡适致蓝志先函》（1919 年 3 月 23 日），潘光哲编《胡适全集·中文书信集》第 1 册，第 348—357 页。胡适写给许怡荪的信亦谈到蓝公武与《国民公报》已成为胡适等新征服的一块地盘："此次在南京欢叙两日，使我心胸舒畅，不可不谢。《每周评论》已出五期，大有生色……一个月以来，北方赞成者更多。《国民公报》之蓝公武竟做了好几篇白话文章。还有极力赞成我们的议论。我们又征服了一块地盘了！"此信只署 20 日，从该信的内容以及 1918 年 12 月 26 日的信提到 1919 年 1 月 10 日可以去南京与许怡荪见面，而《每周评论》第 5 期于 1919 年 1 月 19 日出刊，应可确定为 1919 年 1 月 20 日所写。梁勤峰、杨永平、梁正坤整理《胡适许怡荪通信集》，上海人民出版社，2017，第 90—91 页。潘光哲编《胡适全集·中文书信集》第 1 册将此信系于 1918 年 12 月 20 日，有误。

版。1918 年 5 月北大学术演讲会出版了他的《墨家哲学》（学术演讲录）
小册，① 这个小册在北方风行一时，其内容先后在许多报刊连载。② 天津
《大公报》从 7 月 28 日开始刊登，以《墨家哲学：北京大学教授胡适君在
学术讲演会讲演辞》为题，每日一栏，连载了近三个月，至 10 月 18 日结
束。《晨钟报》也同时转载此文。③ 梁启超注意到这颗耀眼的新星，因此托
人向胡适致意。1918 年 9 月 26 日，胡适写信告诉好友许怡荪：

> 夏间改定《中国哲学史大纲》上卷，已付印，一二月后可出版。
> 春间（五月）印行《墨家哲学》小册，在北方颇风行，有两家日报
> （天津《大公报》，北京《晨钟报》）日日转载之。梁任公托人致意，
> 言本欲著《墨子哲学》一书，见此书遂为搁笔。此殆因今日著述界太
> 萧索，故易受欢迎耳。④

不过此时双方仍未谋面，胡适想到可以拜托好友徐新六协助。稍早他在北
大同事陶孟和的介绍下，认识了徐新六（1890—1938，字振飞），彼此“最
相投”，而结为好友。⑤ 据胡适在 1956 年《丁文江的传记》里的回忆：“我
认识在君和徐新六是由于陶孟和的介绍……我认识在君和新六好像是在他
们从欧洲回来之后，我认识任公先生大概也在那个时期。任公先生是前辈，
比我大十八岁。他虽然是十分和易近人，我们总把他当作一位老辈看待。
在君和孟和都是丁亥（1887）生的，比我只大四岁；新六比我只大一岁。
所以我们不久都成了好朋友。”⑥

---

① 目前可以找到此一版本：胡适《墨家哲学》，学术讲演会，1920。
② 《墨家哲学》的内容后来成为《中国古代哲学史》的第 6、8 篇。参见胡适《中国古代哲学
　　史》，季羡林主编《胡适全集》第 5 册，安徽教育出版社，2007。
③ 《晨钟报》自 1918 年 8 月 15 日开始每天连载《墨家哲学》，至 1918 年 9 月 24 日第 39 次
　　“惠施”部分，因该报被禁而停止，未能刊载全文。此文同时在 1918 年《北京大学日刊》
　　上连载，并刊于上海的《太平洋》第 1 卷第 11 号，1919 年，第 1—24 页。
④ 梁勤峰、杨永平、霍正坤整理《胡适许怡荪通信集》，第 85—86 页。1921 年梁启超还出
　　版了《墨子学案》（商务印书馆）一书，他在序中说“胡君适之治墨有心得，其《中国哲
　　学史大纲》关于墨学多创见。本书第七章，多采用其说，为讲演便利计，不一一分别征
　　引，谨对胡君表谢意”（第 2 页）。
⑤ 胡适：《胡适致江冬秀函》（1938 年 8 月 27 日），潘光哲编《胡适全集·中文书信集》第 3
　　册，第 39 页。
⑥ 胡适：《丁文江的传记》，台北，中研院近代史研究所胡适纪念馆，2019，第 41 页。

胡适的记忆有错，他与徐新六的交往其实是在梁启超等人游欧之前。徐新六为浙江兴业银行总经理，精于金融，是研究系中少有的财经人才。他素有才子之称，喜爱文艺，与胡适都是新月社（1923 年成立）骨干。徐的太太杨毓璇与胡适太太江冬秀是"闺蜜"兼牌友，两对夫妻经常在一起吃饭、打牌。罗尔纲也说："胡适夫妇与上海金融界巨子徐新六夫妇最相好，连两家孩子也彼此相好。"① 1918 年 11 月，胡适通过徐新六的介绍，想要趁着去天津南开学校举办建校十四周年纪念之机会，前往拜访梁启超，讨论学术问题。行前他请徐致书于梁。1918 年 11 月 7 日徐新六在给梁启超的信中说："任公年丈总长：胡适之先生现任北京大学掌教，主撰《新青年》杂志，其文章学问久为钧座所知，兹有津门之行，颇拟造谭，敢晋一言，以当绍介。"②

11 月 20 日，胡适也亲自写了一封很客气的信：

> 任公先生有道：秋初晤徐振飞先生，知拙著《墨家哲学》颇蒙先生嘉许，徐先生并言先生有墨学材料甚多，愿出以相示。适近作《墨辩新诂》，尚未脱稿，极思一见先生所集材料，惟彼时先生适有吐血之恙，故未敢通书左右，近闻贵恙已愈，又时于《国民公报》中奉读大著，知先生近来已复理文字旧业。适后日（十一月二十二日）将来天津南开学校演说，拟留津一日，甚思假此机会趋谒先生，一□□以慰生平渴思之怀，一以便面承先生关于墨学之教诲，倘蒙赐观所集墨学材料，尤所感谢。适亦知先生近为欧战和议问题操心，或未必有余暇接见生客，故乞振飞先生为之绍介，拟于廿三日（星期六）上午十一时趋访先生，作二十分钟之谈话，不知先生能许之否？③

然当时任公正忙于赴欧之行，未能见面。同时，1918 年 11 月 23 日，即胡

---

① 罗尔纲：《关于胡适的点滴》，颜振吾编《胡适研究丛录》，三联书店，1989，第 15 页。徐新六在 1938 年因飞机失事丧生，胡适在《纪念徐新六》一文中写道："我失去了最好的朋友，这人世丢了一个最可爱的人。"胡适：《纪念徐新六》，"1930 年代的中文著作遗稿"，"南港档"，台北，中研院近代史研究所胡适纪念馆藏，典藏号：HS - NK04 - 009 - 025。
② 《民国七年十一月七日徐新六致任公年丈书》，丁文江、赵丰田编《梁任公年谱长编》下册，台北，世界书局，1972，第 550—551 页。
③ 丁文江、赵丰田编《梁任公年谱长编》下册，第 551 页。

适约好与梁启超见面那天，他的母亲突然于安徽绩溪上川本宅病逝，[①] 消息传来，胡适随即与江冬秀南下奔丧，不得不放弃原来的计划。12 月 29 日，梁启超自上海前往欧洲，蒋方震、张君劢、刘崇杰同行，丁文江、徐新六等亦参加。[②]

1920 年 3 月 5 日梁启超从欧洲返回上海。此时以他为首的研究系想要联合南北，建立全国的政治与学术网络，图谋"东山再起"，再起之道是"从事于政党的组织"，从"培植人才与结交知己着手，而培植人才与结交知己，以从事文化事业和讲学为最佳途径"。[③] 他一方面联络江苏教育会与东南大学（1922 年 7 月至 1923 年 1 月赴东南大学讲学），另一方面也与北洋故旧（如王宠惠、罗文干等）、国民党人，以及北大教授蔡元培、胡适等人联系。[④]

梁启超对于和北洋官僚的联系似乎有所疑虑，他很清楚总统徐世昌、内阁总理靳云鹏都想要得到他的后援，希望他与梁士诒（旧交通系）互相联络，形成"直系、旧交通系、研究系三派"的大团结，来"抑止安福之专横"。[⑤] 不过任公似乎并不热衷于此，他在回国之后，3 月 5 日抵达上海，"沪上政客未接一人，最为快事"。3 月 14 日离开上海，15 日抵达天津。18日赴北京，隔日晋见徐世昌总统报告游欧经过，"再对友人发表关于山东问题的意见。此外并曾致书徐菊人氏，请释放去年因五四运动被捕的学生"。[⑥]任公的言论发表于媒体之上，不过他提出释放学生的要求并未成功。胡适注意到任公的举动，他在 3 月 22 日日记上写道："有任公谈学生事。任公谋

---

① 胡颂平编著《胡适之先生年谱长编初稿》第 1 册，台北，联经出版事业有限公司，1984，第 329 页。

② 郭廷以编著《中华民国史事日志》第 1 册，台北，中研院近代史研究所，1979，第 416 页。

③ 张朋园：《梁启超与民国政治》，第 155 页。

④ 当时两派之间的关系有分有合，参见张朋园《梁启超与民国政治》，第 207—208 页。有关研究系联络南北之政治活动，参见丘文豪《梁启超的政治面向，1920—1929》，硕士学位论文，台湾师范大学，2013，第 40—61 页。

⑤ 《阁潮最近情势》，《申报》1920 年 3 月 15 日，第 6 版。"靳云鹏冀借梁启超氏之力，抑止安福之专横，现正频促梁氏来京。而东海方面为反对安福派起见，亦令梁启超与梁士诒氏互相联络，以当安福派。现在二梁业经握手，依目前之形势，直系旧交通系研究系三派将大同团结，以当皖系及安福派。此次梁启超之来京，政局上恐有重大之影响。"

⑥ 丁文江、赵丰田编《梁任公年谱长编》下册，第 575 页；《梁启超请释被捕学生》，《申报》1920 年 3 月 26 日，第 7 版。

保释被捕学生，未成。"① 3 月 24 日任公自北京返回天津，次日他向女儿谈到回国之后的行程，"在家小憩后，以二十九日（3 月 18 日）入都，向当道循例一周旋。初三日（3 月 22 日）便返津，除最稔诸友共作饮食宴乐外，一切应酬皆谢绝，东海（徐世昌）约宴亦谢之……吾自欧游后，神气益发皇，决意在言论界有所积极主张"。②

　　回国之后的任公其实不只从事著述，同时创办事业、组织共学社的编译工作，还想创办学校。此外他也想与以胡适为首的北大学人结盟。双方的结盟有思想上的原因。胡适自由主义的倾向与梁启超肯定自由、民主宪政的"稳健"观点有一致之处。胡适自青少年时期起即受到严复、梁启超等人著作的影响。至民国之后，胡适仍仰慕梁启超，③ 然两人志趣不同，并未接触。胡适对梁启超"机会主义"的作风不满，且认为梁一生所犯的错误在于放弃言论事业，出任北洋的官职。如上所述，胡适说"梁任公吃亏在他放弃了他的言论事业去作总长"，胡适回国之初则打定主意不做官，要以言论救国，从"努力"到"新月"的言论事业都是此一志向的表现。④ 不过 1919 年梁启超提出"联省自治"的政治主张倒得到了胡适的赞同，胡适主张以美国式的联邦制度和平统一中国，⑤ 提出"打倒军阀的第一步是建

---

① 曹伯言整理《胡适日记全集》第 2 册，1920 年 3 月 22 日，第 666 页。

② 丁文江、赵丰田编《梁任公年谱长编》下册，第 575—576 页。

③ 胡适记载："梁任公近著《政治之基础与言论家之指针》一文，载《大中华》第二号，其言甚与吾意相合。"曹伯言整理《胡适日记全集》第 2 册，1915 年 5 月 23 日，第 119 页。"我国今日的现状，顽固官僚派和极端激烈派两派同时失败，所靠者全在稳健派的人物。这班人的守旧思想都为那两派的极端主义所扫除，遂由守旧变为稳健的进取。况且极端两派人的名誉（新如黄兴，旧如袁世凯）皆已失社会之信用，独有这班稳健的人物如梁启超、张謇之流名誉尚好，人心所归。有此中坚，将来势力扩大，大可有为。将来的希望，要有一个开明强硬的在野党做这稳健党的监督，要使今日的稳健不致变成明日的顽固，如此，然后可望有一个统一共和的中国。"曹伯言整理《胡适日记全集》第 2 册，1916 年 7 月 17 日，第 367 页。胡适更为欣赏梁启超的学术著作，除了大家所熟知的《清代学术概论》《中国历史研究法》等，任公在 1923 年 3 月 20 日《致高梦旦》谈道"弟因遵医戒养病，暂屏绝费心血之著作，读陶诗以自遣。此两旬间成一书，拟提曰《陶渊明》"，而其中有"陶渊明年谱"，"胡适之来此数日极激赏此作"。汤志钧、汤仁泽编《梁启超全集》第 19 集，中国人民大学出版社，2018，第 60 页。

④ 曹伯言整理《胡适日记全集》第 3 册，1922 年 2 月 7 日，第 428 页。

⑤ 有关胡适对"联省自治"的看法，参见江勇振的分析。江勇振：《舍我其谁：胡适》第二部《日正当中，1917—1927》，第 438—450 页。江勇振也注意到研究系与胡适对"联省自治"的内容有不同的看法，研究系主张"邦联制""联省制宪"，胡适主张"联邦制""国会制宪"，见同书第 443—444 页。

设在省自治上面的联邦的统一国家"。①

此外，胡适反对马克思主义的言论。1919 年他在"问题与主义"之争中反驳李大钊的观点，主张根据具体的问题从事一点一滴的改革。胡适的自由主义与陈独秀、李大钊的马克思主义渐行渐远。同样的，梁启超赞成渐进改革、反对革命，反对阶级观念与唯物史观，又极端恐惧"赤化""劳农政治"等。② 两人思想倾向颇为一致。这使得双方有合作的可能。

1920 年 3 月初梁启超自欧洲返国之后，研究系通过丁文江、梁善济与林长民等人的介绍开始与胡适接触。1920 年 3 月 18 日中午，丁文江请胡适吃饭。③ 20 日下午，梁伯强与胡适谈话，梁伯强是研究系的要人梁善济（1861—1941，进士，1909 年任山西省谘议局议长，曾与梁启超、汤化龙等组织宪法研究会）。丁、梁在会面时很可能都向胡适提到梁启超。3 月 21 日，也是梁启超自北京返回天津之前，胡适与梁见面，胡适日记记载当天下午 6 时"宗孟宅饭，初见梁任公，谈"。④ 这应该是两人首次见面，是在林长民家中安排的饭局。此后双方频繁互动。3 月 27 日一早，胡适与张慰慈送林长民至"公园"。4 月 27 日、29 日，丁文江两度请胡适吃饭、会谈。⑤ 5 月 6 日，胡适送杜威至天津，下午他与梁启超见面，在日记中记载梁"谈做中国史事，颇有见地"；当晚 8 点他又与范源廉（任公在时务学堂的学生）见面，"谈甚久"。⑥ 7 月 20 日，任公在写给女儿思顺的信中提到为中国公学募款，特别注明"胡适之即在本公学出身者，同学录中有名"。⑦

---

① 张朋园：《梁启超与民国政治》，第 214 页。胡适的观点见《这一周：吴佩孚与联省自治》（1922 年 8 月 13 日）、《联省自治与军阀割据——答陈独秀》（1922 年 9 月 10 日），潘光哲编《胡适全集·胡适时论集》第 2 册，第 217—218、235—240 页。

② 张朋园：《梁启超与民国政治》，第 174—183 页。有关梁启超的"恐共"心态及其心理压力，参见丘文豪《梁启超的政治面向，1920—1929》，第 70—76 页。梁氏担心"暴烈份子定要和我过不去"，尤其是 1927 年叶德辉被杀之后，他更为恐惧。

③ 这是胡适日记之中第一次提到他与丁文江交往，此次可能是两人初次见面。后来丁文江有一次看到胡适醉酒，还从《尝试集》的《朋友篇》之中抄了戒酒的句子，请任公写在扇面上送给胡适。胡适：《丁文江的传记》，第 41 页。

④ 曹伯言整理《胡适日记全集》第 2 册，1920 年 3 月 21 日，第 665 页。

⑤ 曹伯言整理《胡适日记全集》第 2 册，1920 年 4 月 27 日，第 694 页；1920 年 4 月 29 日，第 696 页。

⑥ 曹伯言整理《胡适日记全集》第 2 册，1920 年 5 月 6 日，第 703 页。

⑦ 丁文江、赵丰田编《梁启超年谱长编》下册，第 582 页。

在此信中他又提到"日来直派军人频来要约共事，吾已一概谢绝"，可见他对与北洋军阀的联系不感兴趣。此时他积极发起"国民制宪同志会"（7月24日），"商聘罗素来华讲学事"（7月30日），与蒋百里讨论《改造》杂志中有关"制宪""废兵"的文章（7月30日）。①

8月27日，梁启超与研究系的成员主动邀胡适等发表政治宣言，胡适记载：

> 梁伯强家饭，有梁任公、蓝志先、蒋百里、蔡、蒋、陶等。任公谈主张宪法三大纲：（1）认各省各地有权自定自治宪章，（2）采用"创制"、"免官"等制，（3）财政问题。他很想我们加入发表，我婉辞谢之。②

此次会面是研究系联络胡适等人的首次尝试，却因理念不同为胡适所婉拒（原因之一也可能是胡适反对各省制宪，主张国会制宪）。8月30日，胡适又与梁启超等人见面。12时，"梁任公兄弟约，公园，议Russell事。饭后与梦麟、伯强在公园吃茶，谈甚久"。③

胡适不愿意与研究系合作也可能是因为研究系与北洋派系在金钱与权力方面纠缠不清，他对研究系因而有所保留。1921年5月18日胡适又与丁文江见面，他在日记中记载：

> 与任光、孟和到公园，遇着梦麟、慰慈、铁如、在君等。在君说，北京的《晨报》近受新交通系（曹汝霖、陆宗舆的系）的津贴，他有证据可以证明。此事大概不诬。此次内阁更动，《晨报》力攻叶恭绰，而不攻张弧，亦大可疑。④

"新交通系"主要是段祺瑞政府中曹汝霖、陆宗舆、章宗祥等人结成的"亲

---

① 丁文江、赵丰田编《梁启超年谱长编》下册，第583—584页。
② 曹伯言整理《胡适日记全集》第2册，1920年8月27日，第739页。"蔡、蒋、陶"指蔡元培、蒋梦麟、陶孟和。
③ 曹伯言整理《胡适日记全集》第2册，1920年8月30日，第742页。
④ 曹伯言整理《胡适日记全集》第3册，1921年5月18日，第45页。

日的"政治派系，他们是五四运动的直接斗争对象。丁文江说《晨报》受"新交通系"的资金援助，因而在言论上有所偏颇，攻击"旧交通系"（梁士诒、叶恭绰等）。此一讯息可能使胡适对研究系有所疑虑，而不愿与他们在政治上结盟。

梁启超与胡适的合作在学术、文化议题上较有共识，不过两人交往也并非十分顺遂。根据新发现的史料，1920 年时梁、胡两人学术因缘甚深。① 1920 年 9 月至 1921 年 5 月，两人多次讨论任公的《清代学术概论》。9 月 25 日，任公曾至胡适的家中探病，② 胡适劝他将参与今文学运动之经历写出来，此即任公在序中所说"吾著此篇之动机有二：其一，胡适语我，晚清'今文学运动'于思想界影响至大，吾子实躬与其役者，宜有以纪之"，胡适又送 7 月 27 日完成的《水浒传考证》给任公指正。③ 次日，梁启超即写了一封信给胡适："适之我兄：昨谭快慰，尊体比复何似？……晚清今文学运动拟即草一篇，草成当尘教。《水浒考证》，读已卒业，五体投地而已。"④ 10 月 18 日，《清代学术概论》脱稿，任公再次致书胡适，并将稿子寄给胡适，"公前责以宜为今文学运动之记述，归即属稿，通论清代学术。正在钞一副本，专乞公评骘"。⑤ 胡适立即将意见告知，12 月 18 日任公再次致书胡适，"前得病中复我长笺，感谢之至……清代思想一文如公所教，悉为改正，所以惠我者良多矣"。⑥ 此外，两人又就哲学史、佛教史、墨学、诗学多方交换意见。不过这时也埋下两人对彼此的不满，无论是胡适对于任公墨学方面的批评，还是任公在北大对胡适《中国哲学史大纲》的公开批评（1922 年 3 月 4—5 日），⑦ 两人对于"真正触到痛处的批评……未必真的感

---

① 夏晓虹：《1920 年代梁启超与胡适的学术因缘——以新发现的梁启超书札为中心》《1920 年代梁启超与胡适的诗学因缘——以新发现的梁启超书札为中心》，《梁启超：在政治与学术之间》，东方出版社，2014，第 120—180 页。

② 胡适 1920 年 8 月底就病了，西医认为"或说是心脏病，或说是肾脏炎"。后来经友人马幼渔介绍陆仲安中医师，连服中药数月才痊愈。胡颂平编著《胡适之先生年谱长编初稿》第 2 册，第 416—421、437 页。

③ 胡适：《中国章回小说考证》，上海书店出版社，1980，第 62 页。

④ 夏晓虹：《新见梁启超致胡适书》，《梁启超：在政治与学术之间》，第 181 页。

⑤ 夏晓虹：《新见梁启超致胡适书》，《梁启超：在政治与学术之间》，第 181 页。

⑥ 夏晓虹：《新见梁启超致胡适书》，《梁启超：在政治与学术之间》，第 182 页。

⑦ 胡适参加了任公的题为《评胡适的〈哲学史大纲〉》的演讲，并在日记中记下许多对任公的不满。曹伯言整理《胡适日记全集》第 3 册，1922 年 3 月 5 日，第 450—452 页。任公的演讲稿《评胡适之〈中国哲学史大纲〉》于 1922 年 3 月 13—17 日连载于《晨报副镌》。

觉愉悦"，而"在各自心中留下些许的不快"。①

至于文化活动方面，双方曾讨论合作邀约英国哲学家罗素、杜威来访。罗素方面，任公等人本来希望独自办理，"用中国公学名最好，或加入新学、尚志两会亦可"。② 1920 年 8 月 8 日，徐振飞在致任公函中建议邀请大学一部分人来帮忙，由任公出面，发函"蔡子民、胡适之、蒋梦麟、陶孟和、王亮畴、梁伯强、王搏沙、胡石青、傅佩青、叶叔衡、蒋百里与六〔徐振飞〕，函寄伯强先生（此外或尚须增入者请酌），以罗氏应招来华属为帮忙，伯强先生即可招集各人，共商办法"。③ 如上所述，8 月 30 日任公等约胡适在公园见面，谈罗素事。后来双方达成共识，罗素来访由北京大学、尚志学会、新学会、中国公学邀请，由任公所发起的讲学会（1920 年 9 月成立）主办。罗素于 1920 年 10 月 12 日抵达上海，先后在上海、杭州、南京、长沙演讲，11 月 9 日在北京讲学社演讲，任公致欢迎词，其后在北京各校演讲。1921 年 7 月 6 日在北京发表告别演说，在华讲学时间约九个月，他的演讲，多由赵元任翻译。④ 不过很可惜，罗素来华演讲期间胡适因生病均未能参加，最后一次又因为天气不好也没能去。⑤ 这样看来，胡适只是以北大名义邀访，而并未实际参与罗素访华的学术活动。不过罗素的演讲内容激起了学术界的讨论。

罗素认为中国的出路在工业化，空洞地争论这个主义、那个主义是无用的。他强调虽有不少人从伦理上谴责资本主义，但只有资本主义才能实现工业化，并希望中国人在克服贫困时，避免工业革命带来的不良后果。罗素的主张得到张东荪与梁启超等人的认可，张氏发表文章指出中国只有

---

① 夏晓虹：《1920 年代梁启超与胡适的学术因缘——以新发现的梁启超书札为中心》，《梁启超：在政治与学术之间》，第 151—153 页。
② 丁文江、赵丰田编《梁任公年谱长编》下册，第 583 页。
③ 丁文江、赵丰田编《梁任公年谱长编》下册，第 586 页。
④ 赵新那、黄培云编《赵元任年谱》，商务印书馆，1998，第 102—106 页。胡适在 1920 年 8 月的中国科学社第五届年会便告诉赵元任，"罗素不久即将来华讲学，梁启超、张东荪等进步党人拟请元任担任翻译"（同书第 102 页）。
⑤ 胡适记载："罗素与勃拉克女士今晚在教育部会场为最后的演说，我本想去的，为雨后泥泞所阻，不能进顺治门，故不能去了。罗素的讲演，我因病中不曾去听，后来我病愈时，他又病了，故至今不曾听过。今日最后的一次，乃竟无缘，可惜。罗素长于讲演，杜威先生称他为生平所见最完美的讲演者之一人。"曹伯言整理《胡适日记全集》第 3 册，1921 年 7 月 6 日，第 166 页。

普遍的贫穷，并无所谓"贫富不均"，故应发展"富力"以救穷。①

上述罗素观点却受到陈独秀、陈望道与李大钊的批评，陈独秀、陈望道在 1920 年 12 月 1 日出版的《新青年》第 8 卷第 4 号撰文批评。② 李大钊则于 1921 年 3 月撰写了《社会主义下之实业》《中国的社会主义与世界的资本主义》支持陈独秀，③ 批评罗素、张东荪、梁启超所谓"社会主义不能行于今日之中国，资本主义为必经之阶段"之论调。④ 在这一次论战中，胡适袖手旁观。

双方就杜威来访之事的合作则比较密切。杜威来华要比罗素早，从 1919 年 4 月 30 日至 1921 年 7 月，计来华两年两个月。此事原先由他的在华弟子胡适、陶行知、郭秉文、蒋梦麟促成，由北大联合江苏省教育会与南京高师邀约，然因经费不足，胡适与范源廉商量，范源廉建议利用社会私人团体的资助。后来经胡、范两人积极联系，尚志学会出资 6000 元，清华学校出资 3000 元，林长民等筹组的"新学会"也筹款加入，共同分担杜威访华之经费。⑤

杜威在华时曾举行大小演讲达百场以上，《晨报》《北京大学日刊》几乎报道了杜威所有的重要演说。《新青年》亦选择报道，从第 7 卷第 1 号到第 8 卷第 1 号分 5 期连载了杜威演讲，胡适口译，高一涵、孙伏园记录的《杜威博士演讲录：社会哲学与政治哲学》。1920 年 8 月，晨报社将杜威在北京举行的五大系列讲座辑为《晨报丛书第三种：杜威五大演讲》（Dewey 讲，伏庐、毋忘笔记，上下册），向全国发行。到杜威离华时，该书已印行 13 版，每版都在 1 万册以上。除"杜威五大演讲"外，这一时期还出版了杜威演讲，新学社编辑部编《杜威在华演讲集》（新学社出版部，1919）；杜威演讲，沈振东笔记，刘伯明口述《杜威三大演讲》（泰东图书馆，

---

① 张朋园：《梁启超与民国政治》，第 213 页。

② 陈独秀：《关于社会主义的讨论》，其中收有陈望道的《望道先生评东荪君底"又一教训"》，《新青年》第 8 卷第 4 号，1920 年 12 月 1 日，第 1—24 页。

③ 李大钊：《社会主义下之实业》《中国的社会主义与世界的资本主义》，《李大钊全集》第 3 卷，人民出版社，2006，第 272—273、277—278 页。

④ 有关张东荪与梁启超对社会主义与资本主义的讨论，参见张朋园《梁启超与民国政治》，第 208—214 页。

⑤ 《胡适致蔡元培函》（1919 年 6 月 22 日），潘光哲编《胡适全集·中文书信集》第 1 册，第 364 页。

1921）；张静庐编《杜威罗素演讲录合刊》（泰东书局，1921）等多种杜威演讲稿。[①] 胡适曾总结杜威到访演讲十一省的经历后夸赞："自从中国与西洋文化接触以来，没有一个外国学者在中国思想界的影响有杜威先生这样大的。"[②] 杜威来华讲学是胡适与研究系合作上比较成功的例子。

四　《新青年》的分裂

正当陈独秀与张东荪、梁启超等人进行"社会主义论战"之时，胡适与研究系接触的传闻引起了陈独秀等人的注意，也进一步导致《新青年》内部的分裂。此事涉及 1919—1920 年《新青年》编辑团队的变化。其实早在 1919 年 1 月 20 日胡适就写信告诉好友许怡荪，"《新青年》事我决意收回归我一人担任"。[③] 许怡荪很支持胡适的想法，他一直劝胡适办杂志不应过度政治化，"最近以来，头脑稍清晰的人，皆知政治本身已无解决方法，须求社会事业进步，政治亦自然可上轨道"。[④] 2 月 23 日他在回信给胡适时也说："以后《新青年》将由足下一人负责，即将内容刷新，自然愈博得数人的同情。办杂志本要觑定二、三十年后的国民要有什么思想，于是以少数的议论去转移那多数国民的思想，关系如何重要！"[⑤] 三天前，许怡荪写给高一涵的信也提到杂志内部"既是意见参差，何妨另外组织"：

> 《新青年》之事，适之前此过间曾与讨论过的，本是偶尔结合，基础不稳固的，既是意见参差，何妨另外组织；我却有点儿意见，正好提出讨论讨论：
>
> 现在的大人先生，如梁任公、章行严都混在政治里去活动，以后关系日深，断没有工夫来办报。中国这些年数来，差不多没有舆论的中心。……中国亦应该结合多数新派学者，办一大大的杂志，开中国新学术新思想之先河，岂不是现在最要紧的事情吗？既是另起炉灶：

①　元青：《杜威的中国之行及其影响》，《近代史研究》2001 年第 2 期。
②　胡适：《杜威先生与中国》，《晨报》1921 年 7 月 11 日，后收入《胡适文存初集》。
③　梁勤峰、杨永平、梁正坤整理《胡适许怡荪通信集》，第 91 页。
④　梁勤峰、杨永平、梁正坤整理《胡适许怡荪通信集》，第 156 页。
⑤　梁勤峰、杨永平、梁正坤整理《胡适许怡荪通信集》，第 161 页。

一要规模宏大；二要可以永久……①

由此可见 1919 年 2 月时胡适已告知许怡荪、高一涵等好友，打算单独在北京编辑《新青年》，不过后来胡适自办的想法没有实现，编务完全由陈独秀掌管，进一步使之成为中共的机关刊物。

1919 年 10 月 5 日，陈独秀约《新青年》同人在胡适家中讨论"七卷以后之办法，结果仍归仲甫一人编辑"。② 1920 年 2 月 19 日，陈独秀只身南下，《新青年》分为南北两股。编务转移到上海。5 月，陈因销售、价格等事与群益学社发生冲突，致函北京同人，讨论杂志的未来。他有意自办发行，并积极与思想倾向相同的周氏兄弟（鲁迅、周作人）约稿。陈至上海后又邀约陈望道协助，随后除了陈望道之外，中共上海发起组成员李汉俊、沈雁冰、袁振英等先后加入编辑部，并成为编撰骨干。到上海之后，印刷、发行均脱离群益书社，由《新青年》独立自办，经费方面得到共产国际的支持。1920 年 9 月 1 日出刊的《新青年》成为中共上海发起组所控制的刊物。陈表明要"谈政治"，并宣扬马克思主义。③

12 月 16 日，陈独秀受陈炯明之邀赴粤。南下之前曾写信给胡适与高一涵，表示编辑工作交给陈望道等办理："弟今晚即上船赴粤，此间事都已布置了当，《新青年》编辑部事有陈望道君可负责，发行部事有苏新甫君可负责。"同时，他说："南方颇传适之和孟和兄与研究系接近，且有恶评，此次高师事，南方对孟和颇冷淡，也就是这个原因，我盼望诸君宜注意此事。"④ 值得注意的是，陈独秀没有提到蔡元培，可能是因为胡、陶是平辈，

---

① 梁勤峰、杨永平、梁正坤整理《胡适许怡荪通信集》，第 192 页。
② 杨天石主编《钱玄同日记（整理本）》上册，北京大学出版社，2014，第 351 页。
③ 欧阳哲生：《五四运动的历史诠释》，第 212 页。
④ 《关于〈新青年〉问题的几封信——一九二〇年（民国九年）》，张静庐辑注《中国现代出版史料（甲编）》，中华书局，1954，第 7 页；欧阳哲生：《五四运动的历史诠释》，第 228 页。陶孟和（1887—1960），1910 年赴英国伦敦大学伦敦政治经济学院研习社会学和经济学，1913 年获得经济学博士学位，同年归国。1914—1927 年担任北京大学教授、系主任、文学院院长、教务长等职。陶也是《新青年》的核心成员、主要撰稿人和轮值主编。信中所提到的"高师事"，可能是当时陈独秀到广州之后本想邀约陶孟和南下办师范大学、顾孟余办工科大学，"弟颇希望孟和兄能来此办师范，孟余兄能来此办工科大学，请速之兄向顾、陶二君一商"。《陈独秀致高一涵、胡适》（1920 年 12 月 21 日），黄兴涛、张丁：《中国人民大学博物馆藏"陈独秀等致胡适信札"原文整理注释》，《中国人民大学学报》2012 年第 1 期。

蔡是长辈，且未参与《新青年》编务。

1921 年 1 月，李大钊将陈独秀的来信转给钱玄同（1887—1939），钱也听到了有关研究系与胡适之传闻。钱玄同（章太炎弟子，曾加入中国同盟会）一向对梁启超并无好感，清末时曾批评梁是"保皇贼奴，宪政猾贼"，民国之后又说他"恐其'急功名'之念尚未清除，一有机会又要做官僚、做政客了"。① 不过钱玄同很肯定任公在学术方面的贡献：

> 此公的文章本来浅显畅达，而头脑又很清晰，今后诚能不骛心于政治，而专门做整理国故的事业，则造福于学子者必甚大，决不在胡适之之下。②

> 梁任公实为创造新文学之一人。虽其政论诸作，因时变迁，不能得国人之全体赞同；即其文章，亦未能尽脱帖括蹊径；然输入日本新体文学，以新名词及俗语入文，视戏曲小说与论记之文平等（梁君之作《新民说》、《新罗马传奇》、《新中国未来记》，皆用全力为之，未尝分轻重于其间也），此皆其识力过人处。鄙意论现代文学之革新，必数梁君。③

1921 年 1 月 11 日，钱玄同写了一封信给鲁迅与周作人："顷得李守常来信，附来信札三件，兹寄上，阅后，请直接寄还守常为荷。初不料陈、胡二公已到短兵相接的时候！照此看来，恐怕事势上不能不走到老洛伯所主张的地位。"《老洛伯》（Auld Robin Gray）是胡适《尝试集》的一首译诗，比喻没有爱情的婚姻，借此说明陈、胡不合。④ 接着钱玄同又提出自己的看法："我对于此事，绝不愿为左右袒。若问我的良心，则以为适之所主张者较为近是（但适之反对谈'宝雪维儿'，这层我不敢以为然）。"⑤ 钱反对陈独秀对胡适的指控，认为这些议论来自国共党人如邵力子、叶楚伧、陈望道等，从逻辑上来说，不能因为研究系与胡适都不谈共产主义，就认

---

① 杨天石主编《钱玄同日记（整理本）》上册，第 108、378 页。
② 杨天石主编《钱玄同日记（整理本）》上册，第 378 页。
③ 《反对用典及其他》，《钱玄同文集》第 1 卷，中国人民大学出版社，2000，第 10 页。
④ 胡适：《老洛伯》，《尝试集》，台北，胡适纪念馆，1978，第 141—147 页。
⑤ "宝雪维儿"即"布尔什维克"（Bolsheviks）。

为胡适投降了研究系，他说：

> 至于仲甫疑心适之受了贤人系的运动，甚至谓北大已入贤掌之中，
> 这是他神经过敏之谓，可以存而不论。（所谓长江流域及珠江流域的议
> 论，大概就是邵力子、叶楚伧、陈望道等人的议论。）试作一三段式曰：
> 研究系不谈共产
> 胡适之和北京大学亦不谈共产
> 故胡适之和北京大学是投降了研究系
> 这话通吗！①

钱玄同也直接致书胡适，在信中他批评陈独秀，又批评国民党与研究系为
一丘之貉，并希望陈、胡两人不要因此而决裂：

> 仲甫本是一个鲁莽的人，他所说那什么研究系底话，我以为可以
> 不必介意。我很希望你们两人别为了这误会而伤了几年来朋友底感情。
> 你以为然否？……再：广东、上海，本来是一班浮浪浅薄的滑头底世
> 界。国民党和研究系，都是"一丘之貉"。我想，仲父本是老同盟会出
> 身，自然容易和国民党人接近，一和他们接近，则冤枉别人为研究系
> 的论调，就不知不觉地出口了。②

由此可见钱玄同较支持胡适，认为陈独秀冤枉了胡适。1921 年 1 月 18 日，
钱玄同在日记上记载陈、胡的不同，他觉得这样的分歧是个"猪头问题"：
"接守常信，知仲、适两人意见冲突。盖一则主张介绍劳农，又主张谈政；
一则反对劳农，又主张不谈政治。其实是猪头问题罢了。"次日，他又与李
大钊商量"适、仲意见冲突事"。③
　　李大钊虽在思想倾向上与胡适不同而与陈独秀接近，却愿意相信这是

---

① 《钱玄同文集》第 6 卷，第 14—16 页。"贤人系"即研究系。
② 《钱玄同致胡适》（约在 1920 年 12 月 21 日至 1921 年 1 月 3 日），黄兴涛、张丁：《中国人
　民大学博物馆藏"陈独秀等致胡适信札"原文整理注释》，《中国人民大学学报》2012 年
　第 1 期。
③ 杨天石主编《钱玄同日记（整理本）》上册，第 370 页。

研究系所造的谣。他在写给胡适的信中说：

> 关于研究系谣言问题，我们要共同给仲甫写一信，去辨明此事。现在我们大学一班人，好像一个处女的地位，交通、研究、政学各系都想勾引我们，勾引不动就给我们造谣；还有那个国民系看见我们为这些系所垂涎，便不免引起点醋意，真正讨嫌！①

与陈独秀同在上海的陈望道（他是《共产党宣言》的首位全本中译者，也是上海地区推选的中国共产党第一次全国代表大会代表）则反对钱玄同与李大钊的观点。1921 年 2 月 13 日，陈望道在致周作人的信中将《新青年》南方同人对胡适的不满和盘托出。他提出许多证据，质疑胡适的政治态度及其与研究系的诸多关系。他说：

> 我是一个北京同人"素不相识的人"（适之给仲甫信中的话），在有"历史的观念"的人，自然格外觉得有所谓"历史的关系"。我也并不想要在《新青年》上占一段时间的历史，并且我是一个不信实验主义的人，对于招牌，无意留恋。不过适之先生底态度，我却敢断定说，不能信任。但这也是个人意见，团体进行自然听团体底意志。
>
> 先生们在北方，或不很知南方情形。其实南方人们，问《新青年》目录已不问起他（按：胡适）了，这便因为他底态度使人怀疑。怀疑的重要资料：《改造》上梁先生某序文，《中学国文教授》，《少谈主义》，《争自由》。②

陈望道所说的四篇文章，一是梁启超《清代学术概论》的序文，提到梁、胡在 1920 年中秋前见面，胡适建议他写这本书。③"少谈主义"指胡适与李

---

① 见《关于〈新青年〉问题的几封信——一九二〇年（民国九年）》，张静庐辑注《中国现代出版史料（甲编）》，第 12 页。

② 见《关于〈新青年〉杂志的通信》，复旦大学语言研究室编《陈望道文集》第 1 卷，上海人民出版社，1981，第 557 页；欧阳哲生：《五四运动的历史诠释》，第 231 页。

③ 此文原为梁启超《前清一代中国思想界之蜕变》，《改造》第 3 卷第 3 期，1920 年，第 1—19 页。在该文之前，任公说："旧历中秋前十日在京师省胡适之病，适之曰：晚清今文学运动，于思想界影响极大；吾子实躬与其役者，宜有以记之。"

大钊的"问题与主义"之争中在《每周评论》所写的《多研究些问题，少谈些主义》，"争自由"指 1920 年 8 月胡适等八人在研究系主持的《晨报》上发表的《争自由的宣言》。① 至于"中学国文教授"，为原刊《新青年》第 8 卷第 1 号《中学国文的教授》，其中提到中学国文教材，胡适说："第一学年。第一年专读近人的文章。例如梁任公、康长素、严几道、章行严、章太炎等人的散文，都可选读。"② 其中胡适将任公放在第一位，甚至列在他的师长康有为、严复等人之前，可能也使人感到胡适故意要捧梁启超。这四篇文章都让陈望道等人感觉到胡适与梁启超相互亲近。

而胡适却否认了他与研究系的关系，认为这是"绝对无稽的谣言"，他和钱玄同一样认为陈独秀"是一个卤莽的人"，他与梁启超之间有许多矛盾：

> 你给孟和的信与给北京同人《答我》的信，我都见了。你真是一个卤莽的人！我实在有点怪你。你在北京的日子也很久了，何以竟深信外间那种绝对无稽的谣言。何以竟写出那封给孟和的决绝信！（你信上有"言尽于此"的话）你难道不知我们在北京也时时刻刻在敌人包围之中？你难道不知他们办共学社是在《世界丛书》之后，③ 他们改造《改造》是有意的？他们拉出他们的领袖来讲学——讲中国哲学史——是专对我们的？（他在清华的讲义无处不是寻我的瑕疵的。他用我的书之处，从不说一声；他有可以驳我的地方，决不放过！但此事我倒很欢迎。因为他这样做去，于我无害而且总有点进益的。）你难道不知他们现在已收回从前主张白话诗文的主张？……你难道不知延聘罗素、倭铿等人的历史？（我曾宣言，若倭铿来，他每有一次演说，我们当有一次驳论。）但是我究竟不深怪你，因为你是一个心直口快的好朋友。不过我要你知道，北京也有"徐树铮陆军总长，陈独秀教育总长"的

---

① 此三文的分析参见欧阳哲生《五四运动的历史诠释》，第 231—232 页。
② 胡适：《中学国文的教授》，《新青年》第 8 卷第 1 号，1920 年 9 月 1 日，第 6 页。
③ "世界丛书"由蔡元培、蒋梦麟、陶孟和主编，1920 年 12 月商务印书馆开始出版。该丛书持续至 1948 年。胡适在 1920 年 6 月受聘为商务印书馆世界丛书委员。见胡颂平编著《胡适之先生年谱长编初稿》第 2 册，第 405 页。共学社也在 1920 年之后由商务印书馆张元济支持，出版"共学社丛书"，计百余种。张朋园：《梁启超与民国政治》，第 156 页。

话，但我们决不会写信来劝你"一失足成千古恨"。这事，我以后不再辨了。①

江勇振分析这封信，认为："胡适在1920年底或1921年初写给陈独秀的信，是中国近代思想史上绝无仅有的一篇文化霸权争夺战的自白书。胡适在此处所指的'敌人'是梁启超以及他'研究系'的弟子。"② 江氏的分析有一定的道理，然而胡适的辩解主要是向陈独秀说明自己并未与研究系勾结，却隐藏了双方"暗通款曲"的一面。无论如何，在1921年2月中之后，《新青年》已正式分裂。2月13日陈望道说："先生（周作人）说：'自从钱刘（钱玄同、刘半农）嗫口以后，早已分裂，不能弥缝。'诚然诚然。"③ 2月15日陈独秀写给胡适的信表示："现在《新青年》已被封禁，非移粤不能出版，移京已不成问题了。"④ 他赞成胡适在北京另办一报：

> 你们另外办一个报，我十分赞成，因为中国好报太少，你们做出来的东西总不差，但我却没有功夫帮助文章。而且在北京出版，我也不宜做文章。我是一时不能回上海了。你劝我对于朋友不要太多疑，我承认是我应该时常不可忘记的忠告，但我总是时时提心吊胆恐怕我的好朋友书呆子为政客所利用。⑤

胡适在1955年写文章总结了《新青年》的转变，认为1920年5月之后

---

① 胡适：《致陈独秀》（写于1921年初），季羡林主编《胡适全集》第23卷，安徽教育出版社，2007，第287页。胡适的《尝试集》（1920年3月亚东图书馆初版）出版之后，曾寄给任公，任公回信说"《尝试集》读竟，欢喜赞叹，得未曾有，吾为公成功祝矣"。耿云志主编《胡适遗稿及秘藏书信》第33册，第15页。此信仅注14日，缺年月，疑为1920年或1921年。有关任公批评胡适白话诗与《中国哲学史大纲》之事，任公在1920年10月18日《致胡适书》写道："超对于白话诗问题，稍有意见，顷正作一文，二三日内可成，亦欲与公上下其议论。对于公之《哲学史纲》，欲批评者甚多，稍闲当鼓勇致公一长函，但恐又因此文下笔不能自休耳。"《梁任公年谱长编》，第590页。
② 江勇振：《舍我其谁：胡适》第二部《日正当中，1917—1927》，第241页。
③ 《关于〈新青年〉杂志的通信》，《陈望道文集》第1卷，第558页。
④ 陈独秀于1920年12月16日应陈炯明之邀，自上海赴广东担任广东教育委员会委员长。郭廷以编著《中华民国史事日志》第1册，第547页。
⑤ 见《关于〈新青年〉问题的几封信——一九二〇年（民国九年）》，张静庐辑注《中国现代出版史料（甲编）》，第13页；欧阳哲生：《五四运动的历史诠释》，第234页。

《新青年》已经变质，9月的第8卷之后就成了共产党的宣传机关："《新青年》的七卷六号（近四百页）就是'劳动节纪念号'。第八卷就成了共产党的宣传机关了。北京的一班《新青年》社员从此都不寄稿去了。"①

五　胡适与研究系的后续接触

胡适1921年初的辩解之言显然并非实情。1921年之后研究系与北大知识分子继续有所接触，讨论学术，并洽谈共同发表政治宣言的可能性。1921年2月10日，梁启超把他的《墨经校释》送胡适评阅，请其作序。胡适很认真地对梁书提出批判与商榷意见。5月3日，胡适又致函任公讨论墨学，他说："先生对于我那篇匆促做成的序文，竟肯加以辩正，并蒙采纳一部分的意见，这是先生很诚恳的学者态度，敬佩敬佩。"② 没想到胡适甚感意外，来年"梁任公的《墨经校释》出来了。他把我的序放在书末，却把他答我的序的书稿放在前面，未免太可笑了"。③

1921年6月30日，北大、高师、女高师、新学会、尚志学会在中央公园来今雨轩为杜威一家饯行。梁启超与胡适均参加，并先后致辞。胡适还特别肯定任公所说，"梁先生说中国人宜以杜威的哲学为底，造出一派新的哲学来，这就是看重他的方法的意思"。④ 9月21日，胡适到公园"遇着蓝公武先生，他要我加入他们的'联省自治'的运动，我不肯加入。我虽现在不主张放弃，但我不能玩这种政客的政治活动"。⑤ 此处胡适采用陈独秀写给他的信中所说的"政客"一词，表示以"清流"自居，而将研究系视为污浊的政客。9月22日，胡适又与梁启超、丁文江聚餐，"晚间钢和泰先生（Baron von Staël-Holstein）邀我与任公、在君吃饭"。⑥

---

① 潘光哲编《胡适全集·胡适时论集》第7册，第352页。
② 《胡适致梁启超函》，潘光哲编《胡适全集·中文书信集》第1册，第459页。
③ 曹伯言整理《胡适日记全集》第3册，1922年4月30日，第550页。梁启超：《墨经校释》，商务印书馆，1922。
④ 曹伯言整理《胡适日记全集》第3册，1921年6月30日，第143—148页。
⑤ 曹伯言整理《胡适日记全集》第3册，1921年9月21日，第318页。胡适不愿参加可能是出于陈独秀等人的警告，曾如上述，他在思想上是支持"联省自治"运动。他在1922年9月出版的《联省自治与军阀割据——答陈独秀》一文中公开表达了他的意见。
⑥ 曹伯言整理《胡适日记全集》第3册，1921年9月22日，第319页。

　　1922 年 2 月 4 日，胡适写信给梁启超，纠正其《中国历史研究法》中的一处错误：梁氏把 Herodotus 与 Homer 误认作一人。[①] 这个错误在 1922 年版《中国历史研究法》中，任公谈到历史最初的表达方式多为诗歌，"希腊之荷罗多德荷马尔，欧人推为史家鼻祖，其所流传之名著，则诗歌数篇而已"，"希腊之荷马尔，生于纪前四八四年，即孔子卒前六年，恰与左氏并世"，[②] 后来任公在再版时将前句删除，后句改为"希腊大史家希罗多德，生于纪前四八四年，即孔子卒前六年，恰与左氏并世"。[③] 1922 年 4 月底，直奉战争爆发之际，胡适、蔡元培两人就北大学人与研究系合作一事有所讨论。胡适给蔡元培的信中谈道："林宗孟数日前来访，说他要与亮畴、君任及先生等组织一种研究政治社会状况的团体；并说君任曾以此意奉白先生。他要我也加入，我不曾答应，亦不曾拒绝，只说俟与先生一谈再说。连日相见，皆不曾有机会提及此事。故乘便一问。先生意见如何？便中幸见告。"

　　蔡的回信也很详细地说明此事之原委：

　　　　知林宗孟忽有组织团体之提议，请以弟所知奉告。弟与罗钧任在欧洲时，钧任曾先到英国，回法后见告，谓林宗孟深以亮畴及弟不干与政治问题为恨。有一日，在顾少川所邀晚餐会上，林又以此语顾，劝顾发起云云。此去年事也。最近数日前，钧任来弟处，言彼责备亮畴，不宜太消极；宜发表对于现今各种大问题之意见；可先以一杂志发布之，亮畴已首肯云云。因询弟可否帮忙？弟答以可；但告以现在之大问题，莫过于裁兵理财，须有专家相助。彼提出蒋百里，弟以百里颇有研究色彩，不甚满意；然以军事家不易得，亦以为可。其后彼又提出先生及梦麟，又曾提及顾少川，弟当然赞成。彼忽提出宗孟；弟尔时即忆及去年之言，即告以宗孟为研究系头领，恐不好拉入。彼言以人材取之，不好太取狭义。弟告以有此等头领在内，外人即以为此举全是某系作用，而以亮畴等为傀儡，发言将不足取信。彼后言今日不过探公意思，如果能组织，自当从长计议，云云。今宗孟又来拉

①　曹伯言整理《胡适日记全集》第 3 册，1922 年 2 月 4 日，第 419 页。
②　梁启超：《中国历史研究法》，商务印书馆，1922，第 12—13、22 页。
③　梁启超：《中国历史研究法》，商务印书馆，1926，第 15、25 页。

公，可知主动者全是宗孟。亮畴是好好先生。钧任年少而颇热中，佩服顾少川几乎五体投地，故有此等运动。此后如钧任再来商量，弟当简单谢绝之矣。①

可见此一联盟是由研究系主动发起，他们联络北洋的一些官员与北大的知识分子组成团体，而蔡元培担心此一"组织一种研究政治社会状况的团体"的活动会受到研究系（主要是林长民、蒋百里）之操纵，而研究系在社会上风评欠佳，"发言将不足取信"。② 4 月 27 日胡适记载：

> 三时半，去看林宗孟。蔡先生昨夜打电话来，说宗孟、亮畴、君任（罗文干）去看过他，谈过前次商议的事；蔡先生主张不组织团体，但赞成发表意见，并由一班人出来主持裁兵等事。他们要我起草作宣言，我不愿做；宗孟今天要来看我，我不能在家，故乘便去看他。我说明不作宣言之故，劝他自己起草。此事终宜慎重。研究系近年作的事，着着失败，故要拉我们加入。结果有两条可能：或是我们被拖下水而于事无济，或是我们能使国事起一个变化。若做到第二条，非我们用全副精力去干不可。宗孟终日除了写对联条屏之外，别无一事；而我们已忙的连剪发、洗浴都没工夫；在此情形之中，谁占上风，已不言可喻了。③

胡适在考虑了蔡元培的"不组织团体，但赞成发表意见"之后决定主动参与，并认为自身的力量可以超过近年来"着着失败"而无所作为的研究系。他于 5 月 11 日动笔写了《我们的政治主张》，完稿之后打电话给李大钊，隔日约了几位好友在蔡宅开会。这一天来开会并联署胡适之文章者计 16 人，包括"蔡元培、林长民、高鲁、蒋百里、王宠惠、叶景莘、陈绎、王星拱、顾维钧、顾梦渔、胡适、李煜瀛、张祖训、王建祖"。后来因故，签署人数有所出入，胡适记载，"下午，孟余自行取消，加入一涵、慰

---

① 曹伯言整理《胡适日记全集》第 3 册，1922 年 4 月 22 日，第 529—530 页。
② 曹伯言整理《胡适日记全集》第 3 册，1922 年 4 月 22 日，第 530 页。
③ 曹伯言整理《胡适日记全集》第 3 册，1922 年 4 月 27 日，第 539—540 页。

慈，共十六人"。这一个宣言于两天之后在《努力周报》第 2 期（北京，1922
年 5 月 14 日）刊出。出版之时署名者计有 16 人，他们的名字与头衔依序是：

蔡元培　国立北京大学校长

王宠惠　国立北京大学教员

罗文干　国立北京大学教员

汤尔和　医学博士

陶知行　国立东南大学教育科主任

王伯秋　国立东南大学政法经济科主任

梁漱溟　国立北京大学教员

李大钊　国立北京大学图书馆主任

陶孟和　国立北京大学哲学系主任

朱经农　国立北京大学教授

张慰慈　国立北京大学教员

高一涵　国立北京大学教员

徐宝璜　国立北京大学教授

王　征　美国新银行团秘书

丁文江　前地质调查所所长

胡　适　国立北京大学教务长[①]

　　如果比对前后两个名单，可以发现除了北大教授顾孟余是自行退出之
外，另外不在此名单者，有北大法德派的李煜瀛（1881—1973），还有高鲁
（1877—1947）、王建祖（1879—1935），不知何故也未再联署。[②] 而被排除
掉的签署者主要是研究系的林长民与蒋百里，以及与梁启超、林长民关系
密切的叶景莘（1881—1986，梁任财政总长时的秘书、共学社成员）、财政

---

① 季羡林主编《胡适全集》第 2 卷，第 426 页。

② 高鲁 1922 年时任中央观象台台长，同时任教于北京女子高等师范学校、北京大学，与蔡元
　培关系甚好，1926 年后投入南方国民政府，1928 年起，历任中央研究院天文研究所所长、
　大学院秘书、中央研究院秘书等职务。《高鲁》，"近代史全文数据库人物索引"。王建祖亦
　早期留美，毕业于加州大学，主修经济学，曾节译亚丹氏著财政学，1917 年后任教于北京
　大学，曾任法科学长。《王建祖》，"近代史全文数据库人物索引"。

官员陈绎（伯耿）、外交官顾维钧，剩下的人几乎都与北大有关，也包括北京大学图书馆主任、共产党员李大钊。这很可能是蔡元培的主张，为了突出该宣言与学者之关系，并与研究系有所区隔。宣言发出之后，梁启超与林长民对此很不满意，认为胡适与蔡元培"有意排挤他们研究系的人"，林长民还调侃胡适他们说，"我们不怪他，他是个处女，不同意同我们做过妓女的人往来。但蔡先生素来是兼收并蓄的，何以也排斥我们？"罗文干则极力排解双方矛盾，"说明这全是一班大学的人，并无排斥他们之意"。然而胡适很清楚，双方对国会与宪法问题有根本的分歧，胡适等的政治主张是"南北协商召集民国六年解散的国会……和会应责成国会克期完成宪法"；而研究系"当初是解散旧国会的原动力，他们必不便赞成恢复旧国会"，而且他们主张各省制宪，不采国会制宪。①

　　研究系对此一宣言无疑十分不满，梁启超等人没有直接响应，而在《晨报》上却刊出笔名君实（真名不详，有可能为曾任上海《时事新报》编辑的章锡琛之笔名）所写的具有"嘲笑与讥讽"意味的论调：

> 宣言、布告这一类东西，大概只有两种用处。一种是衙门；从一日万机的皇帝以至于小小的一个知县官，自己都不动笔，却使秘书们做着"咸使闻知"式的布告。还有一种是群众运动的团体，这种团体的分子多半是不会动笔的，于是有檄文、宣言、露布等等东西。至于学者，尽有余裕可以作文发表个人意见，又何必许多人聚在一堆学那种宣言、布告的下流方式？我们看了前有七教授的争自由宣言，后有五教授的争信教自由宣言，主意都很正大，却都得不到效果，便觉悟到这缘故完全在宣言这件事的本身，而不在所宣言的内容的是否正当。现在又有十六人关于政治的宣言了。医生也赞成，画师也赞成，特不知他的结果怎样了。②

文中所说的医生应指汤尔和，画师则不确定为何人，其中将宣言说成是"下流方式"，让胡适很不高兴。他立刻写了一篇投书，向《晨报》抗议这

---

①　曹伯言整理《胡适日记全集》第 3 册，1922 年 5 月 14 日，第 570—574 页。

②　君实：《小杂感》，《晨报副镌》1922 年 6 月 4 日，第 3—4 页。

种"是非不明""麻木与混沌的责备"①：

> 我想借这个机会请问这位"君实"先生，何以宣言、布告是下流的方式？他这个见解很新鲜别致，我很想多领教一点，也许可以"开我茅塞"，使我们以后不再学那种"下流方式"了。他又说：现在又有十六人关于政治的宣言了。医生也赞成，画师也赞成。特不知他的结果怎样了。我又想问问，这种态度是不是"嘲笑与讥讽"？我是一个笨人，实在看不出他的意思在什么地方，如果他的意思是说医生、画师的赞成使我们的宣言也变"下流"了，那么，我们以后也可以拒绝他们的赞成。如果他的意思是说医生、画师是上流人，不应该降格来赞成这种"下流方式"，那么，我们以后也可以谢绝他们的赞成，免得他们也被我们玷污了。②

《晨报》编辑也不甘示弱，在报上公开回应，认为胡适的回应也是"嘲笑与讥讽"，他为君实辩护道：

> 来信声明《努力》第五期批评《晨报》并无恶意，我很了解，绝不相怪。但是先生笑我"嘲笑与讥讽"的态度不好，而《努力》上"甚至于那主张新文化的《晨报》也只有嘲笑与讥讽"那一句话，似乎态度也与我相同罢。……至你问"君实"的话，有君实奉答，用不着我来插嘴。不过我看君实那篇小杂感意思很明显，他也不外希望宣言诸公不要像董康那样万能，做医生的研究医学去，当画师的研究画画去，文学家研究文学去，中国的文学家、好画师、好医生都缺乏，请诸公各向原走的路努力罢！不特地位容易造极，还可以为中国生色。先生！君实对宣言诸公，也是"只有责难的态度，并无恶意"呵！③

胡适与《晨报》文章的交锋显示双方对彼此语带讥讽的"批评风格"表示

---

① 胡适：《政论家与政党》，《努力周报》1922年6月4日，收入潘光哲编《胡适全集·胡适时论集》第2册，第152页。
② 曹伯言整理《胡适日记全集》第3册，1922年6月6日，第612—613页。
③ 曹伯言整理《胡适日记全集》第3册，1922年6月8日，第615—617页。

不满，却没有在具体宣言之内容上有所争议。研究系对北大知识分子最大的不满是希望他们从各自专业上去努力，不必直接"指点江山"。此一观点与晨报社社长蒲殿俊在 1922 年 5 月 16 日在《晨报》上所发表的《政治主张底根本疑问》一文，立场相同。蒲氏认为北大知识分子应该努力的方向，不是拿几条主张"热炒热卖"，想要直接"实现到政治上去"，而是扎根社会，"从社会方面下功夫"，"多方多面去促起民众对于政治上底'欲求'，纠合起来改革政治"。①

相对来说，国共两党对于《我们的政治主张》的批评，却与此很不相同。无论是邵力子等人在《国民日报》的批评，还是张申府、周恩来、张国焘等共产主义者的评论，都反对胡适等以"会议"方式解决时局，认为唯一能奏效的方式是一个"政党"的"革命"。② 由此可见胡适与研究系之间的争执并非根本的冲突，他与国共两党的差异才是在意识形态与根本立场上的敌我之争。

在《我们的政治主张》事件之后，研究系与胡适等人继续有所接触，各种聚会都同时邀请胡适与研究系的林长民、张君劢、蒋方震等人参加，但双方并未达成任何共识。1922 年 5 月 21 日，王宠惠又邀集北大、研究系与北洋的一些官员在法学会聚餐，希望凝聚共识，蔡元培、胡适与研究系的梁启超、林长民和熊希龄都参加。胡适记载：

> 亮畴邀在法学会吃饭，遇着子民、君任、任公、宗孟、秉三、董授经（康）、颜骏人（惠庆）、周子廙（自齐）、张镕西（耀曾）。今天的会，本意是要把各党派的人聚会来谈谈，大家打破从前的成见，求一个可以共同进行的方向。今天结果虽少，但他们谈过去的政争，倒也颇能开诚认错。③

5 月 22 日，研究系又与王宠惠、蔡元培等人在石驸马大街熊希龄宅见

---

① 止水（蒲殿俊）：《政治主张底根本疑问》，《晨报》1922 年 5 月 16 日，第 2 版。
② 有关国共两党从革命立场对胡适与《我们的政治主张》的批评，见潘光哲《〈我们的政治主张〉及其纷争：1920 年代中国"论述社群"交涉互竞的个案研究》，李金铨编《报人报国：中国新闻史的另一种读法》，第 159—162 页。
③ 曹伯言整理《胡适日记全集》第 3 册，1922 年 5 月 21 日，第 583 页。

面（胡适没有参加），商讨直奉战争后如何谋求统一，这一次各派人马终于取得了共识，主张南北各省派代表协商，讨论统一善后等问题，会后共同联名通电曹锟、吴佩孚，电文在 5 月 27 日的《申报》刊出：

> 效电敬悉。诸公于军事倥偬之际，尊重民意，谋巩国本，启超等曷胜钦佩。承询各节，经约在京同人讨论，佥以解决纠纷当先谋统一，谋统一当以恢复民国六年国会完成宪法为最敏速最便利之方法。但宪法未成以前，所有统一善后各问题，应由南北各省选派代表于适中之地组织会议，协谋解决。诸公伟略硕望，举国所仰，倘荷合力促成，民国前途实利赖之。管见当否，仍候裁夺。梁启超、熊希龄、汪大燮、孙宝琦、王芝祥、钱能训、蔡元培、王宠惠、谷钟秀、林长民、梁善济、张耀曾等同叩。①

或许由于上一次合作成功，5 月 27 日，林长民又约胡适、蔡元培、梁启超、张嘉璈等人吃饭，并希望胡适出来组党，然而为胡适所婉拒：

> 宗孟邀吃午饭，同座有子民、亮畴、汪伯唐、任公、钧任、唐天如、张公权等。宗孟极力劝我们出来组织一个政党，他尤注意在我，他的谈锋尖利得很，正劝反激，句句逼人，不容易答复。但办党不是我们的事，更不是我的事。人各有自知之明，何必勉强，自取偾事？有人说我们"爱惜羽毛"，钧任有一次说的好：我们若不爱惜羽毛，今天还有我们说话的余地吗？②

当时除了研究系邀约胡适组党，在《我们的政治主张》与"好人政府"的意见发表之后，也有其他人建议《努力周报》诸先生组一个"好政府党"，如程振基就说："我希望《努力》诸先生不仅仅努力于宣传，而抱绝对牺牲的精神，从事于政治运动。质言之，即诸君既有一个共同的目标，——好

---

① 丁文江、赵丰田编《梁启超年谱长编》下册，第 616 页。孙宝琦、王芝祥、钱能训、谷钟秀（政学系）、张耀曾（政学系）等均为北洋官员。
② 曹伯言整理《胡适日记全集》第 3 册，1922 年 5 月 27 日，第 596 页。汪伯唐即汪大燮，举人，后加入进步党，曾任教育总长、交通总长、外交总长。

政府——何妨就由诸君发起组织一个'好政府党'？"对此胡适还是未表同意，他希望处于"中间人，公正人，评判员，监督者的地位"，"宣传这个平凡的公共目标"（即好人政府），等到政治上轨道之后，再考虑"造政党"的问题。①

5月30日，罗文干邀约顾维钧、蔡元培、林长民等人在法学会吃饭。饭后胡适去蔡元培家，蔡说新内阁已定林长民为教育总长，林长民想约胡适担任教育次长。蔡元培劝林长民不要开口，因为胡适不会答应。蔡元培又重申不赞成北大与研究系组织政党。② 6月2日，胡适撰写《政论家与政党》刊登于《努力周报》，他在此文中正式响应研究系对北大学人共同"组党"之邀约。胡适说他愿意当一个超然、独立、监督政党的政论家，而非服从政党的政论家。他们的目的是"造舆论""造成多数的独立选民"，"在这个本来不惯政党政治，近来更厌恶政党政治的中国，今日最大的需要决不在政党的政论家，而在独立的政论家。……只认是非，不论党派；只认好人与坏人，只认好政策与坏政策，而不问这是那一党的人与那一派的政策"。③

6月20日，蔡元培、王宠惠、罗文干与顾维钧等人邀约了二十多位欧美同学会成员在顾宅举行"茶话会"，"讨论今日切近问题"，而总题是"统一"，到会的有"丁在君、张君劢、秦景阳、陈聘丞、严琥、王长信、周季梅、蒋百里、林宗孟、陶孟和、李石曾、高鲁、叶叔衡等"；胡适更建议将来要定期召开这样的"茶话会"。④ 后来，6月27日、7月14日、9月8日、9月22日、10月27日举行了多次茶话会。蒋百里在参加过两次（20日、27日）茶话会之后，6月28日写信向梁启超报告参加心得：

---

① 《关于〈我们的政治主张〉的讨论》，《努力周报》第4期，1922年5月28日，后收入潘光哲《胡适全集·胡适时论集》第2册，第131页。

② 曹伯言整理《胡适日记全集》第3册，1922年5月30日，第601页。6月16日蔡元培邀约胡适见面，又再次提到此事，胡适记载："他说有人要我出来做教育次长，我不能答应，推举梦麟，蔡先生也以为然。"（第630页）后来蔡元培与胡适又劝汤尔和出任。汤于7月21日署教育部次长，7月25日升代部长，9月19日升署总长。钱实甫编著《北洋政府职官年表》，华东师范大学出版社，1991，第54页。

③ 《胡适，政党与政论家》，潘光哲编《胡适全集·胡适时论集》第2册，第150—152页。原文刊于《努力周报》第5期，1922年6月4日。

④ 曹伯言整理《胡适日记全集》第3册，1922年6月20日，第644页。

> 适之等以茶话名义，第一次由王、顾、蔡、罗合请，第二次以君
> 劢、适之、高鲁等名义请，其人皆欧、美同学会中人。到者顾认真，
> 震二次往，默听其主张，大致皆是走第三条路也。①

可见茶话会的参与者绝大部分是欧美同学会成员，又可细分为北洋政府外
交系的顾维钧，法学家王宠惠、罗文干（也任教北大）；与吴佩孚（1874—
1939）亲近的财政总长董康（1867—1947）；与研究系关系密切者蒋百里、
林长民、丁文江、张君劢等；北大教授则包括胡适、蔡元培、顾孟余等。
茶话会讨论主题分别为"统一""邦联、联邦制""省自治""中国经济"
"政治计划"等。② 整体观之，以蔡元培、胡适为主导的茶话会，希望邀约
各方势力讨论时事，再将讨论内容公诸报刊，以影响舆论而走出"第三条
路"。他们愿意与研究系合作、讨论来制造舆论，但无意共同组党。③ 在茶
话会频繁召开之际，梁启超也曾主动邀请胡适吃饭，如 8 月 2 日梁启超邀请
胡适与丁文江聚会，讨论诗文与时事。胡适记载："任公邀吃饭，座有在
君，我们大谈诗。"席间梁启超又谈到国会开会的情况与研究系议员在国会
中的提案，以及颜惠庆辞职、王宠惠代理国务总理之事。④

1922 年 9 月 22 日，又在顾维钧家开茶话会，到会者近二十人，讨论新
内阁成立以后的"政治计划"，签署《我们的政治主张》的十六人之中有三
人入阁（国务总理王宠惠、财政总长罗文干、教育总长汤尔和）。此次讨论
的焦点在于王宠惠的新内阁（"好人内阁"）能否实现《我们的政治主张》
一文中的宪政理念。研究系的林长民、蒋百里，与蔡元培、胡适、顾孟余
等北大教授均参加了茶话会。胡适积极地表达了意见，顾孟余却没有说话。
胡适日记记载："这一次谈论颇激烈，颇有点意思；可惜有许多人始终不肯
开口，如孟余、抚五、石曾、慰慈等。他们也许笑我们多事；我们也知道
这班阁员是抬不起来的，但我们到了这个时候，不能不把死马做活马医，

---

① 《民国十一年六月廿八日蒋方震致任师书》，丁文江、赵丰田编《梁任公年谱长编》下册，
　第 618 页。
② 蔡旻远：《知识分子的人际关系与政治选择——以胡适为中心（1917—1924）》，硕士学位
　论文，台湾大学，2020，第 71—82 页。
③ 此处所谓的"第三条路"可能是指除国民党与北洋政府之外的另一条路。
④ 曹伯言整理《胡适日记全集》第 3 册，1922 年 8 月 2 日，第 695 页。

只是尽人事罢了！"① 三天之后报纸上刊出茶话会的经过：

> 好事者特于二十二日下午在铁狮子胡同顾宅邀集十六位学者开一茶话会，借冀交换政治主张。孰知某君仍坚持二十号《努力周报》上所载两种要求，向王博士追索组阁的计划及大政方针甚力。博士无以应，但说"过节"。某君继进以严重的忠告。博士不堪，互相驳诘，至面红耳赤，彼此不欢，经主人出而排解始罢。

> 分赃不匀，虽教育政客之团体，亦难保其不破裂矣，可胜感哉！②

从报纸的报道来看，这一次的沟通显然并不成功，大家不欢而散。10 月 27 日顾宅又开茶话会，胡适记载：

> 亮畴、钧任又大发牢骚，到处骂人。大家都不满意。最后蔡先生起来说，"我提议这个茶会今天以后不继续开会了。就是要开，也须等王、罗几位出了阁之后"。"好人"政府不等于"好"政府。好政府不但要人格上的可靠，还要能力上的可以有为。亮畴竟是一个无用之人；钧任稍胜，但也不能肩此重担；少川稍镇静，头脑也稍明白，但他终为罗、王所累，不能有为。③

顾宅茶话会至此画下句点。胡适等北大知识分子尝试与研究系合作，企图不以组党而以超然的知识分子议政的方式来改良政治，以好人建立好政府的努力彻底失败。

在胡适与研究系的合作过程之中，顾孟余扮演的角色也很微妙。顾孟余为北大德文系与经济系教授，与蔡元培、李石曾关系都很好。如上所述，他 5 月时主动退出联署《我们的政治主张》一文。④ 这可能是因为顾的性格

---

① 曹伯言整理《胡适日记全集》第 3 册，1922 年 9 月 22 日，第 808—809 页。抚五为化学家王星拱（1887—1949）。
② 这两则报道分别出自《益世报》《黄报》，转引自曹伯言整理《胡适日记全集》第 3 册，1922 年 9 月 25 日，第 820—821 页。
③ 曹伯言整理《胡适日记全集》第 3 册，1922 年 10 月 27 日，第 904 页。
④ 曹伯言整理《胡适日记全集》第 3 册，1922 年 5 月 12 日，第 569 页。胡适记载，上午在蔡宅开会，大家都赞成做提议人，"下午，孟余自行取消"。

深沉内敛而"多虑"，图谋未来在政治上依附国民党（顾于 1924 年加入国民党）。再者，他的想法与胡适等人不同。顾的学生周德伟说："北大校长蔡元培、教授胡适等发表《我们的政治主张》，力倡'好人政府'（此语为胡适所创，好人而无法治岂足为政哉，可见胡之幼稚），王宠惠、罗文干、汤尔和亦署名。顾孟余不同意人治之说，不允署名。"① 顾孟余与胡适的争执也反映了采取政党组织、武装力量的革命路线（党国模式），与以"好人"形成社会重心，促成"好政府"之理想的"自由主义"点滴改革模式之争。②

六 结语

过去学者研究梁启超与胡适的交往，多注意学术思想的层面，然而我们也不宜忽略两人在政治上的互动。1919—1922 年正是政党势力崛起、国共合作的前夕，以梁启超为首之研究系与胡适等北大知识分子的联络代表了自由主义知识分子政治合作的一次尝试。从背景上来说，研究系源自清末的立宪派，胡适则代表英美自由主义阵营。两者均反对"革命""群众运动"，主张以点滴改良的方式建立"中等社会"、实现民主宪政。因此就大的政治蓝图来说，两者有高度的合作的可能性。罗素与杜威来华讲学在某种程度上来说奠定了双方合作的一个基础，也使梁、胡在反对社会主义、共产革命的前提下得以合作。最后此一结盟却以失败收场。

双方不能合作的主要原因在于蔡元培、胡适等人自视"好人"与政治上的"处女"，不愿与长期在政坛打滚的"妓女"、"政客"及近年来"着着失败"的研究系合作，故不愿共同组党。胡适等人从发表《我们的政治主张》到提出"好人内阁"都将研究系的"政客"排除在外，希望能成为政治上的"清流"，或希望当"立身于政党之外"的政论家，然而"好人内阁"在短短的七十多天就结束了，后来胡适提出"重建社会重心"的努力

① 周德伟：《落笔惊风雨：我的一生与国民党的点滴》，台北，远流出版事业股份有限公司，2011，第 126 页。
② 有关顾孟余的生平与思想，参见黄克武《顾孟余的清高：中国近代史的另一种可能》，香港中文大学出版社，2020。

也未能实现。① 另一方面，胡适等人对"着着失败"的研究系感到失望也不是没有原因的，梁启超虽被很多人贬为"政客"，然如周善培（1875—1958，四川人，曾参与护国运动，与段祺瑞关系密切）所说，他的政治能力并不高明，他"没有一点政治办法，尤其没有政治家的魄力"，他的政治生涯"没有做过一件事受舆论称颂"，"留不下一件事使人回忆"。②

　　胡适与研究系的合作一事也涉及《新青年》的转向与北大知识分子内部的分化。1920 年初之后，《新青年》编辑部迁往上海，杂志中宣传马克思主义的文章越来越多，第 8 卷（1920 年 9 月）之后成为马克思主义的宣传刊物。1920 年底与 1921 年初，陈独秀等曾质疑胡适与研究系的接触，且对之有"恶评"，正象征了胡适与陈独秀所代表后来中共势力的分道扬镳。另一方面，在北大之内，1922 年之后胡适与顾孟余也有不同的政治选择。顾在蔡元培、李石曾的介绍下于 1924 年春天加入国民党，积极参与群众运动。1926 年 1 月广州中国国民党第二次全国代表大会，因李大钊、于树德极力推荐，顾被选为中央执行委员，此后在国民党内积极发展，"三一八事件"（1926）之后，顾离开了北大，投身政治。

　　胡适既不同意陈独秀（共产党）、顾孟余（国民党）的两种"革命路线"，又不能与梁启超等研究系合作。1930 年代之后，随着中国思想界的激进化，渐进改革的想法成为"一个被放弃的选择"，在此过程中知识分子日益被"边缘化"。胡适与研究系合作的破局一方面象征着自由主义的挫败，另一方面也代表了政党势力的崛起与"主义"时代的来临。

　　然而，胡适与研究系合作的失败也不只是因为双方无法合作，更深层的原因是这两批人马都属于上层的、城市的士绅阶层与知识分子团体，又缺乏丰沛的财源，③ 他们在一个"市民社会"基础十分薄弱的时代，希望透

---

① 许纪霖：《重建社会重心：现代中国的"知识人社会"》，王汎森等：《中国近代思想史的转型时代》，台北，联经出版事业有限公司，2007，第 137—168 页。

② 周善培：《谈梁任公》，夏晓虹编《追忆梁启超（增订本）》，三联书店，2009，第 134—135 页。惠隐对丁梁启超在财政总长任内的观察也与周善培的看法十分类似：梁启超"挟书生之见，动辄乖舛；新法既滞碍难行，旧例又诸多未习，登台以来毫无成绩可言"。惠隐：《梁启超任北洋财政总长时二三事》，夏晓虹《追忆梁启超（增订本）》，第 212 页。

③ 梁启超从欧洲归来之后，为了从事政治与文化活动，拟与张嘉璈、徐新六等人合作，于比利时共组公司，即"中比实业公司"，分为实业与轮船两公司，可惜没有成功。财力不足也是自由主义者从事政治活动失败的一个原因。有关梁启超在开拓财源方面的努力，参见张朋园《梁启超与民国政治》，第 161—162 页。

过"公共舆论"与政治参与来改变中国，无疑也要面对艰难的挑战。他们反对马克思主义与阶级革命的观念，却没有观察到毛泽东与中共党人所注意到中国社会之中商人（即毛泽东所说"聂云台、穆藕初等新兴的商人派"）与农工阶层。相对来说，在中共发展的过程之中，虽以打倒资产阶级为目标，但在发展工人运动和工人革命的过程中，却颇注意与商人建立联合战线。[①] 中共后来革命的成功也从另一方面反映了胡适与研究系等自由主义者的失败。

附录　胡适在《晨报》（与《晨报副镌》）上所发表的文章及相关讨论

《"人道主义"的真面目——胡适之先生来信》，《晨报》1919 年 3 月 8 日，第 7 版。

胡适讲，潘公展记《实验主义》，《晨报》1919 年 5 月 10 日、11 日，第 7 版。

《"的"字的用法》，《晨报》1919 年 11 月 12 日，第 7 版。

《再论"的"字》，《晨报》1919 年 11 月 25 日，第 7 版。

《三论"的"字》，《晨报》1919 年 11 月 26 日，第 7 版。

《周岁——祝〈晨报〉一年纪念》，《晨报》周年纪念增刊，1919 年 12 月 1 日，第 9 页。

胡适、蒋梦麟：《我们对于学生的希望》，《晨报》纪念五四增刊，1920 年 5 月 4 日，第 10 页。

《研究社会问题底方法（一）》，《晨报》1920 年 5 月 26 日，第 7 版；《研究社会问题底方法（二）》，《晨报》1920 年 5 月 27 日，第 7 版；《研究社会问题底方法（三）》，《晨报》1920 年 5 月 28 日，第 7 版；《研究社会问题底方法（四）》，《晨报》1920 年 5 月 29 日，第 7 版（该文为 1920 年 5 月 15 日胡适于北平社会实进会的演讲，由许地山记录）。

《争自由的宣言》，《晨报》1920 年 8 月 1 日，"增刊"第 2 张第 6 版。

《提高与普及》，《晨报》1920 年 9 月 23 日，第 7 版（此为北大开学典礼胡适演讲）。

---

① 李达嘉：《商人与共产革命，1919—1927》，台北，中研院近代史研究所，2015。

《黄梨洲论学生运动（学生干政是三代遗风！）》，《晨报》五四纪念号，1921 年 5 月 4 日，第 2 版。

《胡适、高一涵启事》，《晨报》1921 年 5 月 20 日，第 2 版。

《新人物的新式婚姻》，《晨报》1921 年 6 月 6 日，第 3 版；《再志新人物的新式婚姻》，《晨报》1921 年 6 月 8 日，第 6 版。

《四烈士冢上的没字碑歌》，《晨报》1921 年 6 月 9 日，第 7 版。

《死者：为安庆此次被军人刺伤身死的姜高琦作（诗）》，《晨报》1921 年 6 月 19 日，第 7 版（亦刊《新青年》第 9 卷第 2 号，1921 年 6 月 1 日，第 2—3 页）。

《吴虞文录序》，《晨报》1921 年 6 月 20 日，第 5 版；6 月 21 日，第 7 版（亦刊《民国日报·觉悟》1921 年 6 月 24 日，第 2—3 页）。

《双十节的鬼歌（诗）》，《晨报》1921 年 10 月 10 日，第 5 版（亦刊《共进》第 3 期，1921 年 10 月 11 日，第 2 版）。

《读书录：记费密的学说（读费氏〈弘道书〉的笔记）》，《晨报副镌》1921 年 10 月 12—15、17 日，第 1 版。

《希望（诗）》，《晨报副镌》1921 年 10 月 12 日，第 2 版。

胡适讲，甘蛰仙记《好政府主义——胡适之在中国大学讲演》，《晨报副镌》1921 年 11 月 17 日、18 日，第 1 版。

《专著：三国六朝的平民文学（新著〈国语文学史〉第四章）》，《晨报副镌》1921 年 12 月 2 日、3 日、5 日，第 1 版（沈兼士《给胡适之的一封信》，《晨报副镌》1921 年 12 月 24 日，第 2 版，回应胡适的文章）。

胡适讲，郭后觉记《论坛：国语运动与文学（胡适之先生在教育部国语讲习所同乐会讲）》，《晨报副镌》1922 年 1 月 9 日，第 3 版。

式芬：《杂感："评尝试集"匡谬》，《晨报副镌》1922 年 2 月 4 日，第 3 版。

《昨日北大英文俱进会之讲演　胡适演说美国大学学生之生活　会员共同讨论各民族通婚问题》，《晨报》1922 年 2 月 11 日，第 6 版。

《北大新闻记者同志会成立　徐宝璜、胡适、李大钊均到会演讲》，《晨报》1922 年 2 月 14 日，第 3 版。

梁启超：《评胡适之中国哲学史大纲》，《晨报副镌》1922 年 3 月 13—17 日，第 1 版。

《小诗两首》《我们的双生日》《晨星篇》，《晨报副镌》1922年4月19日，第2—3版。

山格夫人演讲，胡适译，小峰、矛尘合记《讲演：生育制裁的什么与怎样》，《晨报副镌》1922年4月25日，第1—3版。

《文录：我对于运动会的感想》，《晨报副镌》1922年4月26日，第2—3版（转载自《北京大学日刊》第1008期，1922年4月23日，第2版）。

Q. V.：《读仲密君〈思想界的倾向〉》，《晨报副镌》1922年4月27日，第1版（"仲密"为周启明，见1922年4月24日日记。《思想界的倾向》一文刊于《晨报副镌》1922年4月23日，第3—4版）。

《努力歌（努力周报的发刊词）》，《晨报副镌》1922年5月9日，第3版（转载自《努力周报》第1期，1922年5月7日，第1版）。

费觉天：《欢迎努力》，《晨报副镌》1922年5月11日，第4版。

胡适等：《时论：我们的政治主张（转载〈努力周报〉）》，《晨报》1922年5月15日，第2版（转载自《努力周报》第2期，1922年5月14日，第1—2版）。

《胡适君致本报函》，《晨报》1922年6月7日，第6版。

《演讲：中学的国文教学》，《晨报副镌》1922年8月27日、28日，第1—2版（此为胡适在中华教育改进社济南年会的演讲）。

胡适等：《为陈独秀君募集讼费启事》，《晨报》1922年9月24日，第6版。

《讨论："除非"的用法》，《晨报副镌》1922年9月29日，第4版。

《南宋的白话词：国语文学史的第三篇第五章》，《晨报副镌》1922年12月1日，第9—12版。

《胡先生给记者的信：胡适之先生与新剧》，《晨报副镌》1923年4月21日，第4版。

《孙行者与张君劢（录努力）》，《晨报副镌》1923年5月22日，第2—3版（转载自《努力周报》第2年第1期）。

胡适讲，叶维记《再谈谈整理国故：胡适之先生在东大演讲》，《晨报副镌》1924年2月25日，第1—2版。

胡适、高鲁、李煜瀛、沈兼士、陈垣、翁文灏、蒋丙然：《七学术团体对美国退还赔款用途之主张》，《晨报》1924 年 6 月 13 日，第 6 版。

《通信：松林中的一点误解》，《晨报副镌》1924 年 6 月 20 日，第 3—4 版。

《致张国淦》，《晨报副镌》1924 年 7 月 6 日，第 2 版。

《〈努力〉的问题》，《晨报副镌》1924 年 9 月 12 日，第 3 版（此文是回应萧保璜《努力月报到底怎么样了？》，《晨报副镌》1924 年 8 月 20 日，第 3 版）。

《米桑（译诗）》《十月廿三日的日出》，《晨报》六周年纪念增刊，1924 年 12 月 31 日，第 275—277、277—278 页。

杜威著，胡适译《正统哲学的起原》，《晨报副镌》1925 年 2 月 22—23 日，3 月 4 日、7 日、8 日，第 1 版；3 月 9 日，第 1—2 版。

《国民代表会议组织法修正案》，《晨报》1925 年 3 月 5 日，第 2 版。

《作战的步骤（读丁文江先生的〈高调与责任〉）》，《晨报》1925 年 6 月 20 日，第 2 版（亦刊于《生命》第 5 卷第 9 期，1925 年，第 61—64 页。丁文江的《高调与责任》刊于《晨报》，1925 年 6 月 19 日，第 3 版）。

《对于沪汉事件的感想》，《晨报副镌》沪案特号，1925 年 6 月 26 日，第 1—3 页。

胡适讲，孟侯记《新文学运动的意义》，《晨报副镌》1925 年 10 月 10 日，第 18—20 页（此为 1922 年 9 月 29 日于武昌大学的演讲）。

胡适、徐志摩：《一个态度，及案语》，《晨报副镌》1926 年 9 月 11 日，第 17—19 页。

《新自由主义》，《晨报副镌》1926 年 12 月 8 日，第 17—19 页（这是 8 月 27 日与 10 月 4 日给徐志摩的两封信，刊出后有回应文章：伯山《与适之先生论"干"并及新自由主义》，《晨报副镌》1927 年 1 月 6 日，第 3—4 页）。

胡适与铃木大拙

山口荣[*]　　　（崔学森 译）

立志完成《中国哲学史大纲》的胡适，1924 年开始执笔《中国禅学史稿》，撰写到慧能处出现疑问，随后不得不在神会处搁笔。胡适认为，正确书写中国禅学史，五代以后的史料不可轻信，有必要搜集唐代的一手史料，或者从敦煌抄本中寻找资料。

1926 年胡适恰好有机会去欧洲。[①] 此次欧洲之行是出席在英国召开的中英庚款委员会的会议。经李大钊推荐，胡适决定经由西伯利亚铁路到达。1926 年 7 月 17 日胡适离开北京，7 月 20 日到达哈尔滨，7 月 21 日从哈尔滨出发，途经莫斯科，于 8 月 4 日到达英国。[②] 旅行期间，胡适在哈尔滨的俄国人特别区看到街道分为摩托车行驶的道内和极具东洋风格、人力车往来的道外。

另外，7 月 22 日胡适日记记载，在列车上"日本客中有人见绢江女士（Hitomi），为日本女体育家，长于跳高，赛跑；此次代表日本赴 Stockholm（斯德哥尔摩）的 Olympic（奥林匹克）大会。此君长身短裙，矫健活泼，真东方之新妇人也"。

7 月 29 日至 7 月 31 日，胡适在莫斯科逗留，参观了革命博物馆、监狱等。

1926 年 8 月 4 日抵达英国后，胡适在会议前后的间隙多次前往大英博物馆和法国国立图书馆。他在伦敦见了亚瑟·威利，在巴黎拜访了伯希和。[③]

---

　*　山口荣，日本迹见学园女子大学教授。

①　胡适：《神会和尚遗集》，台北，胡适纪念馆，1968，"自序"，第 1—2 页。

②　耿云志：《胡适年谱（修订本）》，福建教育出版社，2012，第 124 页。

③　曹伯言整理《胡适日记全编》第 4 册，安徽教育出版社，2001，第 229、230、233—235、247、260 页。另，第 230 页 7 月 22 日一项中，人见绢江、斯德哥尔摩奥运会应为人见绢枝、国际女子奥运会，举办地其实是哥德堡。

因此，9月，胡适在巴黎发现了三份资料，即《神会语录第一残卷》（P3047 前幅）、《神会语录第二残卷》（P3047 后幅）、《神会语录第三残卷》（P3488）。11月，他又在伦敦发现了《显宗记》（S468），取得了超出预期的成果。①

胡适返程未再经由西伯利亚铁路，而是 1926 年 12 月 31 日从伦敦出发，横渡大西洋后于 1927 年 1 月 11 日到达纽约。胡适在纽约拜访了哥伦比亚大学的杜威先生，提交 100 册博士学位论文复印本，办好未完成的学位手续，并在该校授课，在图书馆读书，或者和熟人、朋友见面，重温旧交。② 结束旧金山演讲后，一周多后的 1927 年 4 月 12 日，即四一二政变当天，胡适从西雅图出发，4 月 24 日停靠在横滨港。

胡适在横滨收到丁文江的来信，决定暂时留在日本。在此期间，胡适见到高楠顺次郎、常盘大定、矢吹庆辉等佛教学者和法隆寺的佐伯方丈等众多人士，并游览了箱根、京都、奈良和大阪等地。③ 5 月 5 日，胡适登门拜访矢吹庆辉，见到敦煌本《坛经》，这是矢吹庆辉用微胶卷拍下大英博物馆敦煌抄本带回日本的。胡适在大英博物馆查阅卡片 5000 张以上，但匆忙之间忽略了这本《坛经》（最古老的抄本）。④

入横滨港 3 周多后，胡适结束日本之行，1927 年 5 月 17 日从神户出港，5 月 20 日回到上海。⑤

这是胡适搜寻一手史料之旅的大致情形。因为取得了超出预期的成果，胡适开始正式认真研究慧能和神会。可以说他开了相关研究的先河，之后涌现出一批志同道合的研究者，他们之间得以互相交换意见。

铃木大拙与胡适相识是因为学术讨论，始于 1927 年。当年铃木于伦敦出版的《禅论文集》第一卷（*Essays in Zen Buddhism*, First Series）的评论

① 胡颂平编著《胡适之先生年谱长编初稿》第 2 册，台北，联经出版事业有限公司，1984，第 651、653、658、664 页；季羡林主编《胡适全集》第 29 卷，安徽教育出版社，2003，第 365 页。

② 曹伯言整理《胡适日记全编》第 4 册，第 477、481、486、503 页；胡颂平编著《胡适之先生年谱长编初稿》第 2 册，第 674 页。

③ 耿云志：《胡适年谱（修订本）》，第 129、130 页。

④ 曹伯言整理《胡适日记全编》第 4 册，第 541 页；胡颂平编著《胡适之先生年谱长编初稿》第 2 册，第 658 页。

⑤ 耿云志：《胡适年谱（修订本）》，第 131 页。

刊登在《泰晤士报》的《周刊文学附录》上。

三四年后，铃木得知胡适有《楞伽师资记》的巴黎抄本和伦敦抄本，他通过金九经提出想借阅，胡适爽快地答应了。1933 年胡适踏上归途时，两人在横滨见面。另外，1948 年，铃木还回忆说，第二年即 1934 年，他去北京大学时拜访了胡适先生和其他学者。①

从胡适的年谱、日记、书信集等资料中未能找到 1927 年的相关记录，而几年后 1931 年 1 月 2 日胡适寄给金九经的回信中有所记载："铃木先生的楞伽研究，已读了一部分。他的工作是很可佩服的。有一部分的见解，他和我很相同。但有些地方，我不能完全同意。他似乎过信禅宗的旧史，故终不能了解楞伽后来的历史。……敦煌石室中保存的《楞伽师资记》，净觉撰，有巴黎本及伦敦本，我皆有影本。此记录楞伽一宗的历史……我本想作《楞伽宗考》，至今未成；俟定居后，当续成此书，请铃木先生指正。我有一篇英文的《禅宗小史》，由英国人 Sauncers 带给铃木先生看了，不知他有何评论。今天寄去我的《神会和尚》一册，也请他指教。"② 铃木大拙与胡适的学术交往，似乎是经过金九经的介绍而开始的。

从胡适《〈坛经〉考之二》一文还可以见到如下内容：1933 年 10 月，胡适停靠横滨时与铃木大拙相会。当时铃木提到在日本新发现了北宋本《六祖坛经》。胡适回到北平不久，收到铃木捐赠的京都堀川兴圣寺藏《六祖坛经》的影印本、安宅弥吉印行一部和铃木的《解说》一本。③

此后 1934 年 6 月 9 日（星期六）的日记中记录道："铃木大拙（贞太郎）来访，赠我敦煌本《神会语录》、敦煌本《坛经》、兴圣寺《坛经》、佛光国师年表塔铭　以上各三部　*Essays in Zen Buddhism*, Third Series [《禅宗论文集》（第三种）]。敦煌本《神会语录》的一本流入日本，由石井光

---

① 《胡适先生》，《铃木大拙全集》别卷第 2 卷，岩波书店，1968—1971，第 351—356 页。另外，T. H. Barnet 说，《泰晤士报》的评论并非出自胡适，而是出自亚瑟·威利之手。参见小川隆《神会》，临川书店，2007，第 15 页。另外，耿云志《胡适年谱（修订本）》第 176 页提到胡适 1933 年 7 月赴美，于芝加哥大学讲学，8 月出席加拿大巴芬岛（Baffin）的太平洋国际学会，10 月在温哥华乘船回国，文中"从生国归来"的"生"字应为"米"。

② 耿云志、欧阳哲生编《胡适书信集》上册，北京大学出版社，1996，第 528 页。另外，对于文中的 Sauncers，胡适的年谱、日记、书信集等都如此记录，而柳田圣山《胡适禅学案》（中文出版社，1975）第 36 页记为 Saunders。

③ 季羡林主编《胡适全集》第 4 卷，第 326 页。

雄影印；此次又由铃木校点排印。……铃木此本曾用'胡适本'校对。"①
由此可见，铃木大拙和胡适的学术交流极为密切。

但是，在那之后很长一段时间里，这对学友的友情是如何发展的，年谱、日记、书信集等均无记载。直到 1950 年代，才又见记载。"1951 年 1月 25 日，铃木大拙先生与 Mr. R. De Martins 同约我去吃日本饭，吃的是'锄烧'。铃木送我一部他印的敦煌《坛经》与北宋本《坛经》与敦煌《神会语录》合编。我送他《胡适论学近著》一部。""1952 年 5 月 22 日，与铃木大拙先生，Mr. Demartino，同吃午饭。铃木赠我日本公田连太郎藏的敦煌本《神会语录》的 microfilm（缩微胶卷）。""（1953 年 5 月 30 日）Mr.Demartino 邀铃木大拙先生与我同午饭。铃木先生自碾绿茶，煮了请我喝。这是中国喝茶古法。秦少游诗歌：月团新碾瀹花瓷，饮罢呼儿课《楚词》。"②

铃木大拙 1951 年至 1957 年在哥伦比亚大学授课，胡适 1949 年至 1958年侨居纽约，二人都精通英语，想必见面谈话时能充分表达自己的想法。

此后，胡适出席 1959 年夏威夷大学主办的第三届东西哲学家会议，7 月 7日论述了"中国哲学里的科学精神与方法"，7 月 16 日以《杜威在中国》为题做公开演讲。其间，7 月 9 日被授予夏威夷大学人文博士学位。同时，铃木大拙被授予法学博士学位，印度学者拉达克里希南被授予文学博士学位。

第二年即 1960 年的 2 月 7 日，胡适向大谷大学铃木大拙九十岁祝寿文

---

① 曹伯言整理《胡适日记全编》第 6 册，第 395—396 页。第二种发行于 1933 年，第三种则发行于 1934 年。1934 年 6 月 9 日铃木大拙和胡适两人在北京并排拍摄的照片收录于耿云志编《胡适及其友人》（香港，商务印书馆，1999）。根据图 100 的说明，1927 年胡适在回国途中在日本结识铃木大拙，之后通信讨论了禅宗史的问题。

② 曹伯言整理《胡适日记全编》第 8 册，第 96、233、299 页。由 1951 年 9 月 7 日的日记可知，研究生 Richard DeMartino 曾拜在铃木大拙门下学习禅宗，他的博士学位论文即以神会为题。引用的文章中可以看到与 DeMartins、Demartino 不同的拼法，但应为同一人。吟咏茶和饮茶法的秦观（少游）的诗出于《胡适手稿》第 10 集上册，台北，胡适纪念馆，1967，第 47、137 页。秦观的这首诗见《铃木大拙死后五十年纪念大拙与松冈文库展》图录，多摩美术大学美术馆，2016 年 7 月 2 日，第 37 页，图 1-14 胡适赠书，年代不详。胡适挥毫赠书内容如下：

　　月团新碾瀹花瓷，
　　饮罢呼儿课楚辞。
　　风定小轩无落叶，
　　青虫相对吐秋丝。
　　宋诗人秦观　绝句　写呈
　　铃木大拙先生　胡适　朱印

集投稿《有关禅宗早期历史的唐代原始资料，应作一系统的研究》一文。①

铃木大拙和胡适见面时，互相赠送编著书等，近年发行的《胡适藏书目录》中有以下图书。每册书都按照书志学做了详细记载，此处只列出书名、编著者、出版社、出版年月和题记：

《敦煌出土荷泽神会禅师语录》1 卷

铃木贞太郎、公田连太郎校订，东京森江书店铅印本，昭和 9 年（1934），铃木大拙先生赠，胡适，（1934）6 月 9 日（第 2 册，1190 页）

《敦煌出土六祖坛经》1 卷

铃木贞太郎、公田连太郎校订，东京森江书店铅印本，昭和 9 年（1934），铃木大拙赠，胡适（第 2 册，1190 页）

《神会和尚遗集》4 卷，卷首 1 卷，附录 1 卷

上海亚东图书馆，1930，铃木大拙先生赠，胡适，1934 年 6 月 9 日（第 2 册，1483 页）

《兴圣寺本六祖坛经》1 卷

铃木贞太郎、公田连太郎校订，东京森江书店，昭和 9 年（1934），铃木大拙赠，胡适（第 3 册，1647 页）

《六祖坛经》2 卷

铃木大拙影印本，昭和 8 年（1933），铃木先生赠，胡适，1933 年 11 月 23 日（第 2 册，1368 页）

《敦煌出土荷泽神会禅师语录附六祖坛经解说及目录》4 册

铃木贞太郎编，森江书店，1934。"呈胡适先生　大拙"："日本铃木大拙先生第二次赠我此四册，至可感激。1951.9.25. 胡适"（第 3 册，1783 页）

《校刊历代法宝记》3 卷 1 册

---

① 耿云志：《胡适年谱（修订本）》，第 347、501 页；胡颂平编著《胡适之先生年谱长编初稿》第 8 册，第 2977 页；《大拙与松冈文库展》所载《铃木大拙略年谱》；等等。另外，有人指出，每隔十年召开的东西哲学家会议，胡适没能参加 1939 年第一次以及 1949 年第二次会议。参见姜义华主编《胡适学术文集·中国哲学史》上册，中华书局，1991，第 548 页，注 1；杨翠华、庞桂芬编著《远路不须愁日暮——胡适晚年身影》，台北，中研院近代史研究所，2005，第 109 页；胡颂平编著《胡适之先生年谱长编初稿（增补版）》第 8 册，台北，联经出版事业有限公司，2015，第 2898 页。

（朝鲜）金九经校定 1935 年排印本，"呈胡适先生，1953 年 5 月大拙于纽约"

"全程从头校读一遍。此卷是很完整的。1961 年 1 月 7 日早晨，胡适"（第 3 册，1799 页）

《加贺大乘寺藏韶州曹溪山六祖坛经》2 卷，附录 2 篇

铃木大拙校订，岩波书店，1942。"呈胡适先生，1955 年 5 月在纽约。大拙拜"（第 3 册，1833 页）

《校刊少室逸书及解说》1 册

铃木大拙校，大阪市安宅佛教文库，1936。"胡适用巴黎 P. 2045（B）校。前年先在 Berkeley 校未毕。今年在 New York 校完。" 1958. 8. 4. 夜。（第 3 册，1862 页）

《支那佛教印象记》

铃木大拙著，森江书店，1934。"谨呈日本京都铃木大拙"（第 3 册，2070 页）

A Brief History of Early Chinese History, by Daisetz Teitaro Suzuki, London, 1914

扉页有 Suh Hu, August, 1914，书名页胡适记有 "铃木大拙"（第 3 册，2178 页）

Essays in Zen Buddhism, by Daisetz Teitaro Suzuki, London, 1933

扉页有 To Dr. Hu Shih, with compliment of Yozo Nomura, Yokohama. 13/11/33，谨呈胡适先生，

横滨，野村洋三（第 3 册，2280 页）

Essays in Zen Buddhism, by Daisetz Teitaro Suzuki, London, 1927（第 3 册，2281 页）

The Lankavatara Sutra; *A Mahayana Text*, by Daisetz Teitaro Suzuki, London, 1932（第 4 册，2406 页）

T'ai-Shang Kan-Ying P'ien（太上感应篇）; *Treatise of the Exalted One on Response and Retribution*, by Teitaro Suzuki, Paul Carus, Chicago, 1906

扉页有作者的赠书卡（第 4 册，2620 页）

Yin Chih Wen（阴骘文）; *The Tract of the Quiet Way with Extracts from the Chinese Commentary*, by Teitaro Suzuki, Paul Carus, Chicago, 1906

（第 4 册，2682 页）

Zen Buddhism and its Influence on Japanese Culture，by Daisetz Teitaro Suzuki，Kyoto，〔1938〕

扉页有 To Dr. Hu Shih with the regards of the author Daisetz Teitaro Suzuki，Kawara-ward，Showa XVI（1941）（第 4 册，2684 页）

The Awakening of a New Consciousness in Zen，by Daisetz Teitaro Suzuki，Zurich，1955

封面有"呈胡适先生惠存　大拙拜"（第 4 册，2702 页）

Essays in Zen Buddhism，First Series，by Daisetz Teitaro Suzuki，London，〔1927〕

扉页有胡适注记"October 1926 — date of his Preface"（第 4 册，2767 页）

Essays in Zen Buddhism，Second Series，by Daisetz Teitaro Suzuki，London，〔1933〕1950

扉页有胡适注记"February 1933 — date of Preface"（第 4 册，2767 页）

An Introduction to Zen Buddhism，by Daisetz Teitaro Suzuki，edited by Christmas Humphreys，London，〔1934〕

扉页有胡适题记"August 1934 — date of Preface"。"But much of the maleria in this volume goes back to the years before 1926."编者序的时间为 1948 年（第 4 册，2807 页）

The Lankavatara Sutra；*A Mahayana Text*，translated by Daisetz Teitaro Suzuki，London，1956

书中有胡适购买此书的发票 1956 年 9 月 19 日 Paragon Book Gallery

Living by Zen，by Daisetzu Teitaro Suzuki，London，1950

扉页有胡适题记"1950 — Editor's date. The author's preface give no date，but he refers to 'since the end of the war.' It is probably the most recent of his works"（下略）（第 4 册，2817 页）

Manual of Zen Buddhism，by Daisetz Teitaro Suzuki，edited by Christmas Humphreys，London

扉页有胡适题记"August 1935 — date of Preface to First Edition"，编者序的时间为 1950 年（第 4 册，2830 页）

A Miscellany on the Shin Teaching of Buddhism，by Daisetz Teitaro Suzuki，Kyoto，1949

版权页上有书名《真宗要录》及作者铃木大拙（第 4 册，2836 页）

Mysticism；*Christian and Buddhist*，by Daisetz Teitaro Suzuki，New York，1957（第 4 册，2842 页）

The Role of Nature in Zen Buddhism，by Daisetz Teitaro Suzuki，Zürich，1954

封面上写有"胡适先生惠存　大拙拜"（第 4 册，第 2888 页）

T'ai-Shang Kan-Ying P'ien 太上感应篇，translated by Teitaro Suzuki and Paul Carus（第 4 册，2912 页）

Zen Buddhism and Psychoanalysis，by D. T. Suzuki，Erich Fromm and Richard DeMartino，New York，1960（第 4 册，2940 页）

Zen in the Art of Archery，by Eugen Herrigel，with an introduction by Daisetz Teitaro Suzuki，New York，1953

扉页贴有名片 Mr. Charles B. Fahs Director for the Humanities，The Rockfeller Foundation 49 West 49th Street New York 20（第 4 册，2940 页）[①]

从这些记录可以看出胡适和铃木大拙为一生挚友。

胡适热衷藏书，《胡适留学日记》中写道：

今日《五尺丛书》送来，极满意。《五尺丛书》（*Five Foot Shelf*）又名《哈佛丛书》（*Harvard Classics*），是哈佛大学校长伊里鹗（Eliot）主编的丛书，收集古今名著，多达 50 册。（1911.1.30）

购 Webster 大字典一部，价二十元。（1911.3.22）

得家书，叙贫状，老母至以首饰抵借过年。不独此也，守焕兄家有《图书集成》一部，今已家贫，愿减价出售，至减至八十元；吾母知余欲得此书，遂借贷为儿子购之。吾母遭此窘状，犹处处为儿子设想如此。（1914.3.12）

---

① 北京大学图书馆、台北中研院近代史研究所胡适纪念馆编纂《胡适藏书目录》，广西师范大学出版社，2013。

胡适藏书可谓汗牛充栋。这本《胡适藏书目录》在北京大学图书馆和胡适纪念馆的胡适藏书中，收录中、日、西文图书 12000 余册。别处应该也有胡适藏书。

乱世动荡中如此博览群书，并认真做下眉批等，令人惊叹不已。

夏威夷大学第三届东西哲学家会议后，铃木大拙回忆道：“我们虽然多有争执，但我总觉得很喜欢他的人品，每次都能再见面，真是太好了。”①

胡适和铃木大拙意见不一，可从二者的论文看到端倪：*Philosophy East and West*，Vol. Ⅲ，No. 1（《东西方哲学》第 3 卷，夏威夷大学，1953 年 4 月）刊登了胡适的“Ch'an（Zen）Buddhism in China：Its History and Method”（《中国禅宗：其历史和方法》）和铃木大拙的“Zen：A Reply to Dr. Hu Shih”（《禅：答胡适博士》）。之后，两人的“争论”受到关注，相关讨论也为人所知。

两篇文章的概要如下。

铃木大拙在其著作 *Living by Zen*（《禅的生活》）中说，禅是 illogical（非逻辑的）、irrational（非合理的），我们人类的合理思考方法完全无法弄清禅的真伪。他在“*Essays in Zen Buddhism*，Second Series”（《禅论文集》第 2 卷）开篇便说，禅是超越时空的，当然也超越了历史事实，但这样的意见完全让人难以接受。接着他对中国禅的历史及其方法表达了自己的见解，即根据敦煌抄本旧史料中的正确记载，中国禅运动史始于公元 700 年，武则天在都城长安宴请楞伽宗高僧神秀。神秀虽已年过九十，但仍被尊为“两京三帝”的国师。神秀死后（706 年），其弟子普寂和义福继续担任国师。按张说所写法系，初祖菩提达摩—次祖慧可—三祖僧粲—四祖道信—五祖弘忍—六祖神秀，这一直无人提出异议。

而这位名为神会的南方僧人在 734 年河南滑台大云寺的大会上提出异议，称弘忍未将法系传给神秀而是传给慧能，虽然神秀和义福的教义是渐悟，但直到神会为止，禅宗六代祖师、菩提达摩、慧可、僧释、道信、弘忍、慧能的教义都是“单刀直入”“直了见性”而顿悟，而非渐进。在胡适看来，这种主张顿悟论、奠定中国禅基础的是倡导“一阐提人，皆得成佛”

---

① 《东西杂感》，《铃木大拙全集》第 20 卷，第 260 页；《东西杂感》，《东方的视角》，岩波文库，2012，第 54 页。此文原载《心》1959 年 11 月。

的竺道生（434 年去世）。

而且，神会问道，如果坐禅正确的话，舍利弗为什么会在林间坐禅被维摩诘斥责呢？继而以"念不起为坐"，斥责形式主义坐禅。神会从攻击到否定禅本身，发表了极具革命性的新禅宣言。

此后，745 年，神会受邀到洛阳的荷泽寺，被称为荷泽大师。但在玄宗天宝十二年（753），由于卢奕的弹劾，神会被流放到康西的弋阳。随后，安史之乱（755—763）爆发，朝廷为了筹措战争费用而发放"度牒"。于是神会又被召唤回来，在洛阳说法，成功推销"度牒"。神会死后 30 多年的796 年，德宗（779—804 年在位）召集禅僧会议，诏封荷泽大师为七祖。这即是承认他的老师慧能为六祖。

玄颐是《楞伽师资记》的作者净觉的师父，他在《楞伽人法志》中列举的楞伽宗五祖弘忍的十一个弟子中，第一个弟子是神秀，第二个是智诜，第八个是慧能。慧能出生于岭南地区的贫困家庭，为身份卑贱之人，致力于将教诲浅显易懂地讲述出来，未留下文字。据说，慧能的弟子大多是住在山中的庵中直到去世的无名行者。

在圭峰宗密（841 年亡）述《圆觉经》中，可以看到禅宗七大宗派的名字。①北宗神秀派；②中国西部一派；③智诜派；④成都保唐寺派；⑤神会派；⑥牛头山一派；⑦江西马祖道一派。宗密是神会派中的一员，为神会的徒孙，也是华严宗的第五祖。学问僧宗密为表达神会教诲的名言，举出了"知之一字，众妙之门"（The one word "Knowledge" is the gateway to all mysteries）。然而，宗密困惑于神会的教诲中有难以言喻的地方。另外，马祖道一派的丹霞天然和二三人在荒寺过夜时，烧掉了那座寺庙的佛像取暖。据说，忽滑谷快天①认为这是一种破坏偶像行为，而铃木大拙则批评这是一种渎职的行为。无论如何，这些都显示了禅佛教界新动向和由破到立的动向。

这种改革进行中，发生了所谓三武一宗的排佛运动，最激烈的是唐武

---

① 忽滑谷快天（Kaiten Nukariya，1867–1934），日本曹洞宗学僧，幼名快夫，道号佛山。明治 9 年（1876）跟随埼玉县入间郡太田村的擅长寺住持忽滑谷亮童出家，改名快天。大正8 年（1919）就任曹洞宗大学教务长，翌年升任曹洞宗大学校长。大正 14 年（1925）获文学博士学位。著作颇丰，计有《禅学批判论》《禅学讲话》《禅之妙味》等十余种。——译者注

宗会昌五年（845）的排佛，发生在韩愈著《原道》主张"人其人、火其书、庐其居"的21年后。

但是，这种激烈的排佛和大迫害反而让禅僧崭露头角。因为他们本为打破旧习，对财富、宏伟的伽蓝不感兴趣，也不需要依赖经典。

于是，数十年后德山宣鉴和临济义玄两大禅僧现世。

> 达摩东来，只是觅个不受人惑底人。
>
> 逢佛杀佛，逢祖杀祖，逢罗汉杀罗汉，逢父母杀父母。

临济的这些话或许会被认为是不逊和亵渎。但是，用普通人的日常用语（白话）来说，德山和临济教义是中国禅，而不是最早和传统的"禅"。

从神会到马祖、德山、临济的大禅僧们都用日常语言来简单、直接、正确地传达阐意，但是禅宗受到尊重，在知识界和政界广泛传播，山中著名的禅匠被邀请担任都市大寺院的住持，为满足国家和普通人的要求，禅的教育方法得到发展。

该方法由"不说破""问答""行脚"构成，三者作为一个整体而发挥作用。这种方法可由五祖山法演引用的"鸳鸯绣出从君看，莫把金针度与人"（作者不详）以及同样出自法演的"父传子夜盗绝技"的故事来说明。这正是《孟子》离娄章句下可见的"自得"，朱熹也如此理解，为暗示本源涵养的重要性，他作诗如下：

> 昨夜江边春水生，蒙冲巨舰一毛轻。
>
> 向来枉费推移力，此日中流自在行。
>
> （朱子三十七岁《观书有感之诗》二首中的一首）

胡适再次设问："这样的禅、禅的方法，可以说是非逻辑的、非合理的，超越了我们的知识理解吗？"全文结束。①

---

① "Ch'an（Zen）Buddhism in China；Its History and Method，" *Philosophy East and West*，Vol. 3，No. 1，Apr. 1953，pp. 3–24；周质平编《胡适英文文存》第 2 册《中国哲学与思想史》，外语教学与研究出版社，2012，第 340—368 页；《关于禅的对话》，工藤澄子译，筑摩书房，1967，第 45—82、83—128 页。

对此，铃木大拙在《回答胡适博士》一文中指出，胡适了解的关于禅的历史知识颇多，但对其历史背后扮演主角的人一无所知。历史会在其他事情和事件的关联上，说明关于禅的各种各样的事情。然而，这些都是关于禅本身，而不是（我们）众生的"禅"。禅是需从内心来理解，而绝对不是从外部来理解的东西。总之，首先要达到我所说的"般若直观"，然后应该研究其客观表现的各个方面。通过收集所谓历史资料来尝试得出接近禅的结论，不是正确的禅之道。宗密以神会的教说为特色，称"知字是众妙之门"。这里所说的"知"是般若直观，而不是一般意义上的"知识"（Knowledge）。把这个"知"像胡适一样置换成"Knowledge"的话，则意义尽失。不断代谢的意识过程的终端，自己意识到自己的姿态，那里没有主客之别。这个"知"是对于辨别"差别性知识"的般若。这里存在超越理智知性的禅的不合理之处。另外，胡适似乎不了解"顿悟"的真正意义。他极为赞同道生暗指的这一点，认为其中产生了禅思想。然而，"顿悟"源于尼连禅河旁，在菩提树下清醒过来的佛陀的悟性体验。佛的正觉非顿悟莫属，禅史中慧能最早顿悟，我认为这位慧能便可看作是中国禅宗的第一祖。慧能的宣言是革命性的，他宣称定和慧是不二、等一的。慧能强调定的实修，他是将失传已久的佛陀正觉复兴之人。自此，将禅（dhyana）解释为静思、凝心就不恰当了。

但是，印度的禅定、天台止观、中国禅或是混淆或是对立，而且这些事态因为神秀、他的弟子普寂等人对抗慧能、神会的运动而被公开。

胡适没有理解"不说破"的含义，它并不仅仅是不能把东西说清楚。我认为般若直观的性质中避免了将一切都概念化的尝试，并且排斥了一些"简明直说"的东西。将般若直观概念化的话，那就不再是禅经验本身了。"不说破"不是教育方法，而是真正体现在禅经验组织中的概念。

初期的禅匠使用平话，而相比之下喝、棒这种做法是无法捕捉、难以解释的吗？喝、棒并不是浅显的表达，将其视为"疯了的东西"这一点很不可思议。喝、棒是简明且没有任何遮掩的。我认为无论是熏陶学生还是教书，喝、棒都是最坚实的方法。

不过，初期的禅匠到底指的是谁？临济的方式是毫无遮掩地直说，德山也是如此。然而，临济和德山也用喝、棒的方法。在这一点上，在他们之前有一个名为马祖的人还用了拳。可以说禅中"疯狂"的教授方法是从马祖开始的。于是，他指出初期的禅匠可能是慧能、神会、南岳怀让、青原行思等人。[①]

下面列举这些指摘中的几例，依次附记个人所见。

（1）研究禅本身的人自不必说，欲研究禅的相关问题的人，须先达到"般若直观"。

这似乎是非常苛刻的前提条件。因为能达到"般若直觉"的人实际上极为罕见。铃木大拙自身对于"东洋文化与科学的实用化"这一问题，曾称"科学研究分为使用层面和理论层面。理论层面的研究则与哲学一样会有停滞不前的时候"。然而，他也曾说："即使不知道理论上是什么电，只要能运用它，能打个电话就可以了。"[②]

（2）神会的"知"不是"知识"（Knowledge），而是"般若直观"（Prajuna Intuition）。

正如胡适记述的那样，"知之一字，众妙之门（'知'一字是通往一切奥秘的大门）"。"这句话最好地表现出神会的知性思维。"（"The one word 'Knowledge' is the gateway to all mysteries." "The sentence best characterizes Shen-hui's intellectualistic approach."）[③] 明确表示神会派教论的"知之一字，众妙之门"一句中，[④] 把"知"字翻译成 Knowledge 是不恰当的。这个"知"并不是主体直观地把握客体，根据铃木大拙的说法，是"直接进入对象本身"，也就是"了解花就成花"的做法，[⑤] 这一概念很难找到合适的翻译。

《英日辞典》中，Knowledge 不仅有"知识"之意，还有"认识""知""见识"等意思。本文中不妨翻译成 Knowledge。

---

① 《回答胡适博士》，《铃木大拙全集》追卷第 3 卷，第 177—220 页。

② 《铃木大拙全集》别卷第 1 卷，1931 年 12 月发表之文。

③ 周质平编《胡适英文文存》第 2 册，第 354 页。

④ 圭峰宗密撰述，宇井伯寿译注《禅源诸诠集都序》，岩波文库，1939，第 88 页。

⑤ 《铃木大拙全集》第 26 卷，第 522 页。

（3）胡适不理解"顿悟"的真正意义。

根据宗密的说法，"悟"可分为顿悟顿修、顿悟渐修、渐修顿悟、渐修渐悟等。[①] 顿悟即立刻醒悟，渐悟即逐渐觉悟，渐修即一步一步日积月累的努力。

本项指出的是，胡适认为中国禅起源于顿悟顿修、提倡一阐提人皆得成佛的道生，经由慧能、神会至马祖逐渐确立。与此相反，铃木则认为顿悟源于释尊的正觉（悟性），其教义源远流长于西土二十八代、东土六代，但慧能提倡定慧不二、定慧等一，挽回了长期以来被忽略的动态一面，复兴了释尊的正觉。因此，认为慧能可称为中国禅的鼻祖，与胡适的意见大不相同。

（4）胡适不理解"不说破"的含义。

我想，"不说破"应该是绝不完全说出来的意思。如上所述，从道生开始，经慧能、神会至马祖而确立的中国禅悟是指顿悟顿修。由于是自得其旨，本来就没有引导人进入悟之境界的教育方法。而中国禅却免不了衰微，但以马祖道一为首的大禅匠的出现，找到了不说破、机锋、行脚等方法，以此打开了活路。

胡适在上文里说得很清楚。本项所指有不够明确的地方。

如上所述，胡适和铃木大拙两人确实在很多方面意见不同，除了学术、思想上的立场不同之外，大概也有铃木大拙是虔诚佛教徒的缘故。例如，有人问文偃禅师："什么是佛？"文偃道："干屎橛。"（这实在过于亵渎神明，铃木可能有意将其理解为"屎搔棍"）［When the master Wen-yen was asked "What is the Buddha like." He answered："A dried stick of dung."（This is so profanely iconoclastic that Suzuki probably deliberates it "A dried-up dirt-cleaner"）］[②]

---

① 圭峰宗密撰述，宇井伯寿译注《禅源诸诠集都序》，第108—118页；《胡适演讲集》上册，台北，胡适纪念馆，1970，第134页。

② 周质平编《胡适英文文存》第2册，第362页。

在胡适看来，禅的方法是主观的，没有判断是否理解的标准，① 存在一定的问题。但是，胡适认为，朱子有一次说，在大禅匠的手下，有很好的后继者在成长，而孔子学派、老子学派、荀子学派等却没有伟大的后继者，这一点很重要。② 胡适发现禅家的方法有很多值得学习的地方。

综上所述，可以说双方意见虽有不同，但也有互为补充之处。

---

① 季羡林主编《胡适全集》第 36 卷，第 600 页。
② 胡适：《朱子论禅家的方法》，《胡适手稿》第 9 集上册。

万山不许一溪奔

——以蒋经国 1956 年清算胡适为中心

陈漱渝[*]

一　前言：胡适、雷震、蒋经国

"万山不许一溪奔，拦得溪声日夜喧；到得前头山脚尽，堂堂溪水出前村。"这是宋代诗人杨万里的七言绝句《桂源铺》，原写万山群岭中有一条小溪，越阻拦它喧哗声越大，小溪奔流不息，流到前头的山脚尽处，堂堂正正地流出了前村。

1961 年 7 月 5 日（五月二十六日），因文字狱身陷囹圄的雷震在狱中度过了他的六十五岁生日。胡适特题写此诗相赠，用日夜喧腾的溪水隐喻不可阻挡的世界新潮。胡适长雷震六岁，他们之间的关系亦师亦友，都崇信西方的民主宪政，并执意移植到中国，只不过胡适的民主观来源于美国，雷震的宪政观来源于日本。胡适一生之中，除出任过四年驻美大使之外，基本上是以学者现身。而雷震从 1930 年代即开始从政，早年受到蒋介石赏识，曾任国民党高官，直至 1950 年代才在台湾以持不同政见者现身。二人相比较，胡适是开风气者，而雷震是实行家。有人认为雷震具有叛逆性，有狂狷之气，能知其不可为而为之；胡适则难免有妥协的一面，遇有风险的事不肯出头。但雷震并不赞同这种看法，认为这是对胡适了解不够。终其一生，雷震不改对胡适的尊崇，唯恐对胡适出言不利。而胡适也十分推崇雷震，认为雷震在台湾"民主化"的进程中功劳最大，应该为他修造一

*　陈漱渝，鲁迅博物馆（新文化运动纪念馆）研究馆员。

座铜像。谈胡适而必须扯上雷震，是因为1956年蒋经国发动清算胡适"毒素思想"的运动与雷震密切相关，也可以说是他们共同惹的祸。

蒋经国跟乃父蒋介石一样，是一位极其复杂的历史人物。在国民党高层，他为政相对清廉，能够体察民情，特别是他在执政的二十多年中，为台湾的经济发展和民主改革做出了贡献。所以时至今日，台湾无论蓝营、绿营，前往大溪凭吊蒋经国的民众仍络绎不绝。但他曾厉行特务统治，并为之辩护，强词夺理地说什么"台湾情报人员除了与潜伏匪谍搏斗，消除不良分子，维护治安而外，别无活动，更无威胁人民情事"；在处理与持不同政见者的关系上，无论是对待孙立人、吴国桢，还是对待胡适、雷震，都表现出心胸褊狭的一面。这在他处理《自由中国》的问题上表现得十分明显。

二　祝寿惹出一场祸

1956年10月31日，是蒋介石七十寿辰。10月17日，他在台湾《中央日报》刊登了一篇《婉辞》，声明各机关不得发起有关祝寿活动，要把祝寿变成了解舆情、广集众议的活动，并表示会将这些意见虚心研讨，分别缓急，采择实施。蒋介石征集的意见共分六条：

　　一、建立台湾为三民主义模范省的各种应兴应举的要政急务。

　　二、增进台湾四大建设（经济、政治、社会、文化）。

　　三、推行战时生活，举除奢侈浪费等不良风习。

　　四、团结海内外"反共救国"意志，增强"反攻复国"战力，不尚空谈，务求实效的具体办法。

　　五、贯彻"反共抗俄"之具体实施计划与行动的准则。

　　六、对中正个人平日言行与生活，以及个性等各种缺点，作具体的指点与规正。

这份公告，台湾当天的各大报均有刊登。

台湾自由中国杂志社的同人以为蒋介石真的虚怀若谷，准备受言纳谏，便把10月31日出版的第50卷第9期编成了一个"恭祝总统七秩华诞"专号。蒋介石的亲信胡健中还特意在 10 月 19 日给胡适拍发电报，转述了蒋介石的姿态，希望胡适也"坦直发表意见"。于是，胡适于 10 月 21 日也赶写了一篇文章。不料他们这种"忠诚的反应"竟成为日后惹祸的导因。

《自由中国》的"祝寿专号"出版之后，时任台湾国民党部队总政治部主任的蒋经国化名"周国光"，于 1956 年 12 月以《向毒素思想总攻击》为题下达了九条"特种指示"，编号为"特字第九十九号"，把《自由中国》的言论概括为"反对主义，反对政府，反对本党"，是"邪恶的，荒谬的，反动的滥调"；强调对于"敌人的思想，思想的敌人"要势不两立、口诛笔伐。同时指示，对外发表批判文章时作者要"避免暴露党员身份"，并以"毒素思想"为对象，而不以刊物及其主编为对象。接着他领导政治部又编写了一份长达 61 页的《向毒素思想总攻击》的小册子，下发到国民党区分部以上单位，要求召集所属小组长及小组宣传员宣读执行。文件要求高度保密，完成任务后即予焚毁，不得遗失。

为什么说"周国光"就是蒋经国呢？理由是：第一，当时台湾国民党部队总政治部的负责人就是蒋经国，颁发这种文件不可能绕过他；第二，文中的观点、语言风格与蒋经国完全相符；第三，代表国民党中央在党内、军内下达极机密特种指示的人非蒋经国莫属。[①] 所以，这两份材料即使有人捉刀代笔，但全部观点均代表蒋经国是毫无疑义的。

三　关于"言论自由"的交锋

蒋经国首先批判的是《自由中国》关于保障"言论自由"的观点。这期"祝寿专号"上发表了自由中国杂志社编委夏道平的《请从今天起有效地保障言论自由》。该文认为，台湾并不是绝对没有言论自由，但只有有限的言论自由——对实际政治的影响实在是微乎其微，而没有现代民主政治理论上的那种言论自由。事实上，在台湾，很多话只能私下谈，不敢公开讲，特别是新闻记者，自己就不得不成为自己的"检查员"。他希望从给蒋介石祝寿开始，能给台湾的言论自由以有效的保障。

对上述观点，蒋经国从五方面进行了批驳："第一，台湾当地一切出版

---

① 汪幸福：《胡适与〈自由中国〉》，湖北人民出版社，2004，第 146 页。

物一概不实施检查，出版绝对自由；第二，海外出版物只要持反共立场，即使内容谬妄仍欢迎在台销售；第三，民社党与青年党虽然不是执政党，但其书刊报纸仍未干涉取缔；……第五，四十二年某名学者回国'讲学'，有一次偏离学术本位，而作政治性的煽动，政府不仅未予干涉，而且各报刊还刊登了他的演讲全文。"

上述五点，前四点无须解释，只有第五点尚需补充说明："四十二年"应指1953年，"某名学者"指胡适，"作政治性的煽动"一事时间似不尽吻合。查相关资料，胡适当时以"言论自由"为题发表演说共有两次。第一次是1952年11月28日在《自由中国》杂志为他举办的欢迎餐会上。胡适说："我个人的看法，言论自由，只在宪法上有那一条提到是不够的，言论自由和别的自由一样，还是要靠我们自己去争取的，法律的赋予与宪法的保障是不够的，人人应该把言论自由看作最宝贵的东西，随时随地的努力争取。"第二次是在台北市编辑人协会的欢迎宴会上，时间是1952年12月9日。胡颂平编著《胡适之先生年谱长编初稿》第6册上录有"大要"："言论自由是要争取的。要把自由看做空气一样的不可缺少，不但可以批评政治，不但有批评政策的自由，还可以批评人民的代表，批评国会，批评法院，甚至于批评总统小姐唱歌唱得好不好，这都是言论自由。人人去做，人人去行，这样就把风气养成了。所以我说言论自由是大家去争取来的。这样好像是不负责任的答复，但是我想不出比这更圆满的答案……政府要靠政策行为博取舆论的支持，我觉得这是言论自由里面一个重要问题，值得大家考虑的……假如说胡适之在二三十年当中比较有言论自由，并没有秘诀，还是我自己去争取得来的。"① 这篇讲词刊登于同年12月10日的《中央日报》，后收入《胡适言论集》。

谈到1952年11月至1953年1月的台湾之行，胡适本人的感受是"蒋总统对我太好了！"产生这种感受的原因是，1952年11月19日，胡适从东京飞抵台北松山机场，蒋介石派蒋经国作代表去机场迎接，当晚蒋介石接见并设晚宴。12月12日，蒋介石特邀胡适去新竹，陪他检阅6万人的军队。1953年1月17日，蒋介石又派蒋经国作代表到机场，欢送胡适返回美

---

① 胡颂平编著《胡适之先生年谱长编初稿》第6册，台北，联经出版事业有限公司，1984，第2261—2262页。

国。胡适在兴奋之余，似乎忘记了 1952 年 12 月 13 日和 1953 年 1 月 16 日跟蒋介石的两次谈话。12 月 13 日那次谈话中，胡适对蒋介石说：台湾必须与美、英等民主国家制度一致，方能并肩作战，感情融洽，因为台湾的存亡全在"自由阵线"之中。据蒋介石当天日记，他对胡适这番言论进行了斥责。因为蒋介石觉得，第二次世界大战的反法西斯阵营中，中国做出的牺牲最大，而最后中国仍被出卖。蒋介石认为胡适是在唱民主自由高调，忘乎所以。在 1953 年 1 月 16 日的聚餐上，胡适更向蒋介石进了逆耳之言。胡适说，在台湾实无言论自由，第一，无一人敢批评警备总司令彭孟缉；第二，无一语批评蒋经国；第三，无一语批评蒋介石。"所谓无言论自由，是尽在不言中也。"他希望蒋介石有诤臣一百人，最好一千人。开放言论自由，即是蒋自己树立诤臣千百人。胡适的这些话使蒋介石彻夜难眠，极为苦痛，认为是书生之见，不仅不予接受，而且十分反感。可叹的是胡适并没有意识到蒋介石对他的强烈反感。

四　围绕"军队"、"教育"和"总统"问题的交锋

所谓"军队国有化"的主张，主要是雷震的《谨献对于国防制度之意见》一文提出的。当时台湾的"国防组织法"（草案）以"总统"为"国防会议"主席，"行政院"正副院长都是"国防会议"的组成分子，因此，"国防会议已变为太上的行政院"，"总统"可以直接处理政务，并且不对"立法院"负责。雷震认为这不符合"宪法"第一百四十条"现役军人不得兼任文官"的精神。雷震还反对在军队（包括后勤部队及宪兵警察）中设立国民党党部（称为特种党部），因为违反了"宪法"第一百三十九条："任何党派及个人，不得以武装力量为政争之工具。"雷震的观点是："宪法是一切权力的来源。因此，我们要建立的国防制度，亦必须根据宪法之所示，然后才可以名正言顺行之而无阻。"所以他主张军政与民政分开，使军队超出于个人、地域及党派关系，成为维护"国家独立"之"国防军"，取消一党私有的军队。雷震以第二次世界大战中苏联的莫斯科保卫战、列宁格勒保卫战为例，说当时斯大林把部队中列宁的照片换成了彼得大帝的照片，以俄国正教取代军中政治部，以爱祖国的口号取代共产主义的口号，这才激发起红军的斗志，化解了国家危机。

蒋经国对所谓"军队国有化"的观点进行了批驳："一，中华民国是中国国民党一手建立的，没有中国国民党就没有中华民国。国与党、党与国两者是不可分的。二，宪法第一条开宗明义，以三民主义为宪法纲领和立国精神。在军中设立党部，就是要以三民主义教育全体官兵。三，国民党在大陆失败，基本原因就是党部脱离了军队。这样官兵精神上丧失了灵魂，头脑里解除了武装，因此迷惑了革命目标。"

《自由中国》的"祝寿专号"上还刊登了《建立自由教育必须剔除的两大弊害》一文。作者罗大年，自称是"一个多年从事教育工作的人"。他认为台湾教育亟待解决的问题很多，但多为"小焉者也"。最具恶劣影响急应改善者有两项：一是成立"青年反共救国团"，"强迫同学参加"，"干扰学校行政"，"浪费国家公帑"，"只见其害，未见其利"；二是让学生"研读总理遗教，总统训词，总裁言论，三民主义，乃至于救国团发下的小册子，加重了学生的课业负担"。罗大年认为，这些做法都违反了建立民主政治的初衷，破坏了自由教育，应该予以铲除。

"青年反共救国团"成立于1952年10月，由蒋经国任主任，实质上是蒋经国培养私人势力的团体。《自由中国》把"青年反共救国团"在各个学校的活动视为教育一大弊害，矛头当然是直指蒋经国。对此，《向毒素思想总攻击》进行了"批判"。该文件强调，"青年反共救国团"成立时有其最伟大最神圣的意义，因为学校"充满了共产主义的国际思想即自由主义的个人思想，对于国家观念和民族意识消失殆尽，对于三民主义和民生哲学，则讽刺讥笑，破坏反对"，因此"对于指导青年思想刻不容缓"。中华民国是根据孙中山先生的遗教创立的，而"总统是国父革命事业的继承者"，所以"研读国父遗教暨总统训词是天经地义的"。在基督教徒中，反对研读《圣经》是离经叛道的叛徒，"而中华民国的国民，如果有反对研读国父遗教暨总统训词的，亦就是中华民国大逆不道的叛民"。

在《自由中国》的"祝寿专号"中，最遭蒋氏父子忌恨的无疑是胡适的《述艾森豪总统的两个故事给蒋总统祝寿》。第一个故事是：艾森豪威尔就任哥伦比亚大学校长，要求免去一一接见校内各部门负责人，因为他担任同盟国联军统帅时，也只对他直接领导的将领下达指示。第二个故事是：1952年艾森豪威尔被选为美国总统，有一次正在打高尔夫球，秘书长送来一件紧急公文请他批示。秘书长准备了同意或否决的两份文稿，艾森豪威尔不能决断，便一一签上了名，并添加了一句话：请副总统尼克松决断。胡适高度评价艾森豪威尔的风度，希望蒋介石以此为榜样，努力做到《吕氏春秋》上讲的"无智、无能、无为"："无智，故能使众智也；无能，故能使众能也；无为，故能使众为也。"胡适想借这两个故事，规劝蒋介石守法守宪，不可多管细事，不可躬亲庶务，做一个没有行政实权的总统，这样才能充分发挥大家的智慧、潜能和作为。

蒋经国认为胡适的建言"阴谋毒辣"，他强调不能将蒋介石和艾森豪威尔相提并论，因为"我们是在战时，美国是在平时"。蒋介石正在领导"反共抗俄"，必须有所作为，奉行"力行精神"，多考虑，多指示，有所作为，否则"国家失去元首，三军失去统帅，革命失去领导"，就会重演"大陆沦陷"的悲剧。只有虔诚地信仰蒋介石，绝对地服从蒋介石，"跟着领袖走，反共抗俄才有前途"。

五　蒋经国发动"总攻击"之后

《自由中国》的"祝寿专号"出版之后，在台湾社会受到许多赞扬和鼓励。据左舜生《对国是与世局的看法》一文披露，该专号出版之后，连续发行了九版，仅台湾一地即售出两万多份，而海外航空版尚不在统计之列。[①] 台湾出版界七八年来从未有过这种热卖的现象。

面对《自由中国》宣传的观念以及对当局政策的针砭，台湾当局用消极防御与积极进攻进行了两手应对。在防御方面，第一个举措就是加强军中"书刊检疫"工作，严防胡适一类自由主义者的言论渗透到部队。如果这类书刊流入军中，则要用"国家自由重于个人自由，国家自由先于个人自由"的宗旨予以抵制，进行"无情的痛击"，"使个人自由主义无法立足"。在攻击方面，则是要"领导思想"，"先发制人"，"对准要害，找寻弱点，时时给予严厉的抨击"。"要有组织领导，组织支持，在党内进行大规模的思想动员"，"以排山倒海之势，从四面八方来围剿敌人"。不久，大

---

① 原文载《民主评论》第 7 卷第 23 期，1956 年 12 月 5 日。雷震 1957 年 3 月对该文中的数字进行了增补，见《创刊〈自由中国〉的宗旨》，《自由中国》第 16 卷第 6 期，1957 年 3 月 16 日。

陆展开了反右运动，台湾当局才延缓了对《自由中国》的围剿。

1957 年 1 月 16 日，《自由中国》第 16 卷第 2 期刊登了一篇社论《我们的答辩》。文中谈到，一个半月以来，他们受到了一次显然是含有某种计划性的围攻。很多国民党军、党、团的刊物如《国魂》《幼狮》《革命思想》《军友报》《政论周刊》纷纷撰文，说《自由中国》是"思想走私"，为"共匪的统战工作铺路"。在雷震一方看来，这绝不是批评与讨论，也不只是谩骂而已，而是一种"最为可怖的陷构与污蔑"。《幼狮》是"青年反共救国团"主办的刊物，《国魂》是台湾"国防部总政治部"主办的刊物，显然代表的都是当时台湾官方的立场，贯彻的是蒋经国关于"积极进攻"的指示。此后十一年间，《自由中国》被迫七次更换印刷厂。除此之外，国民党军方停止订阅《自由中国》；特务还经常到印刷厂检查，抽走发排稿，造成《自由中国》的出版困难。

对于"祝寿专号"出版后《自由中国》面临的困境，胡适当然了解。证据之一就是他在 1957 年 2 月 7 日的一张剪报。这是《香港时报》刊登的一篇文章，题为《台湾的可忧现象——论〈自由中国〉被排挤事件》。文中概述了《自由中国》答辩书中的观点，并重申了《自由中国》面临的险境："第一是他们的出版广告，已开始遭受半官方报纸的拒绝刊登，对业务发展，可能会有不利的影响。第二是他们已受到一种煽动性激烈言论的恫吓，很耽心于会有某种突如其来的直接性损害。"该文将胡适、雷震等人称为国民党当局的"孤臣孽子"，希望他们的言论即使有过激之处也应止于当局的"愤怒"或反唇相讥，而不应对他们采取更为激烈的行动。胡适仅标注了报纸名称和日期，一字未评，因为他已感到无话可说。

六　蒋经国为什么要清算胡适？

蒋经国之所以要清算胡适，跟他本人的立场观念、文化背景以及蒋介石的态度密切相关。首先，蒋经国将胡适定位为"长居国外的所谓知名学者"，认为他言行的动机是散播和推广个人自由主义思想，"好让人民尊崇他为自由主义者的大师，由他领导来批评现实，批评时政，批评当政者，促进所谓政治进步，造成与自由民主的英美国家一样。这是他不了解中国当前革命环境，完全近乎一种天真的妄想。同时他还受某些失意的官僚政客包围利用，因此，就更故作高论，以为他们摇旗呐喊，助长声势"。

　　为了区分思想中是否含有"毒素"，蒋经国制定了十条"言论标准"：

　　1. 不违反三民主义。

　　2. 不违反反共抗俄国策。

　　3. 不违反国家民族利益。

　　4. 不违反领袖意旨。

　　5. 不为共产主义帮凶，及对匪俄种种政治阴谋寄予同情。

　　6. 不带有蔑视国家及崇拜个人自由主义色彩。

　　7. 不自我鄙弃民族文化传统。

　　8. 不曲解政策，或故作惊人之论，以耸动听闻，煽惑群众。

　　9. 不散播悲观颓废思想，助长失败主义，压低军民同仇敌忾情绪。

　　10. 不妨碍国内外团结。

　　无论是站在何种政治立场上的人都能够看出，这十条"言论标准"内容混乱，界定模糊，可以任意解释，因为它混淆了法律问题、政治问题、思想问题和学术问题的界限。其实这十条之中，蒋经国强调的只有一条，那就是第四条"不违反领袖意旨"。而这条标准则是一条以人治代替法治的危险标准，可以轻而易举地陷人于死地。不过，蒋经国晚年解除党禁、报禁，继而又解除了"戒严法"，开放台湾民众赴大陆探亲，表现出他观念的改变和进步。

　　特别可笑的是，蒋经国认为胡适、雷震的"个人自由主义思想"是"共产主义"的帮凶。在《我们的答辩》这篇社论中，雷震特别重申了"自由主义"与"共产主义"的本质区别：第一，在思想方式上，共产主义是教条式的，而自由主义最反对教条；第二，共产主义讲暴力革命、集权政治，而自由主义则强调分权与制衡；第三，共产主义讲计划经济，而自由主义则主张自由贸易与私人企业精神。以上三点，的确表明了自由主义的若干而并非全部特征，而雷震对共产主义的理解则明显受到他反共立场的局限。比如，教条主义同样是马克思主义的敌人，而计划经济也不是社会主义经济政策的全部。

　　最有意思的是，这篇社论同样强调，《自由中国》批评国民党的地方，十之八九都是"共产主义多少有些类似的那些部分"。这不禁使笔者想起了瞿秋白1931年11月10日撰写的一篇论文——《中国人权派的真面目》。该论文的基本论点，就是中国的"人权派"（即蒋经国所说的"个人自由主义者"）之所以反对国民党和政府，原来只是因为"国民党采用共产党的制度"。他们说："如今国民党的组织，他的党治的策略，他的由党而产生出来的政府，那一项，不是师法共产党，抄袭共产党，整个的模仿共产党。"这篇论文第六部分的小标题是"人权派用'共产嫌疑'恐吓国民党"。[①] 可见，以胡适为代表的"个人自由主义者"曾用"共产嫌疑"吓唬国民党，国民党也用"共产嫌疑"吓唬过他们。

蒋经国清算胡适，当然也跟他自身的文化背景有关。他在苏联生活了十四年，虽然经磨历难，甚至充军流浪，但他毕竟参加过红军，进入过莫斯科中山大学、列宁格勒托尔马乔夫军政学院，所以他对于党、政、军的很多观念自然会受到苏联影响，跟胡适、雷震在美国和日本接受的宪政观南辕北辙。所谓"夏虫不可语冰"，讲的其实是生存环境对其观念的影响。这是一种事实，任何人都不能例外。

最根本的原因，蒋经国批判胡适及《自由中国》并非其个人行为，而是直接秉承蒋介石的旨意。1957年3月29日，是台湾的青年节。蒋介石发表文告，告诫台湾青年勿为伪装的民主所欺骗。同年4月4日，蒋介石在国民党的七届八中全会做报告，明确指出："最近有个刊物，不断散步毒素思想，对反共抗俄及国家民族有着严重的危害。党为了消灭这股思想的流毒，曾严正指示各级党组织要正视思想上的敌人，勿上其当。"蒋介石的这份报告，全文刊登于1957年国民党中央党部《工作通讯》第98期。这就完全证明了以"周国光"名义下达的"特种指示"也可以同样视为蒋介石的"特种指示"。

七　独裁者与诤臣之间的隔膜

鲁迅《且介亭杂文》中收录了一篇《隔膜》，讲的是清朝初年的文字狱。话说清乾隆四十八年（1783），山西临汾有个生员叫冯起炎，因文字狱

---

① 原载《布尔什维克》第4卷第9期，1931年11月10日。

被发配到黑龙江"给披甲人为奴"。冯起炎其实是想趁乾隆皇帝谒泰陵时，敬献一本以《易经》解《诗经》的著作，以赢得龙颜大悦，替他保媒，迎娶两位表妹。鲁迅说，类似的文字狱当时还有很多，有的是乡曲迂儒，不识讳忌，有的是草野愚民，真心关心皇家，但结局相同：不是凌迟灭族，就是杀头、"斩监候"……究其原因，无非彼此隔膜，忠而获咎。贾府的义仆焦大仗着醉酒，痛骂贾府上上下下，何尝不是为了贾府好，但结果却是被塞了一嘴马粪。这就是忠而获咎的典型。

蒋介石与胡适、雷震之间就存在这种隔膜的"厚障壁"，因为无论是胡适还是雷震，其实都曾是"拥蒋派"中的重要人物。胡适原想以无党无派的学者身份做蒋介石的诤臣、诤友，但1948年国民党政权处于雪崩边缘的危急时刻，胡适已没有在各党派间"自由"斡旋的空间。形势逼迫他必须选边站队，于是他坚定不移地站到了国民党蒋介石一边。1948年12月20日，美国驻华大使司徒雷登给美国国务院的一份报告中说，蒋介石在众叛亲离的处境中唯一支持他反共到底的是胡适。胡适和蒋介石同样深信，"唯一的光荣道路就是继续抵抗"。在给美国国务院的另一份报告中，司徒雷登追述了1948年12月17日他跟胡适的一次长谈。胡适老泪纵横地向这位美国大使表示，他跟共产主义"不共戴天"。因此，不论蒋介石有何缺陷，都必须支持。因为只有蒋介石明了大局，并一直为之毫不妥协地战斗，他是国民党中唯一能够挽救中国官场腐败、消弭政界罪恶的人。胡适的态度打动了司徒雷登，这位"中国通"赞扬胡适是"忠于蒋介石政权的爱国理想主义者的典型"。

雷震也曾经深受蒋介石的赏识，是一位以"知无不谏"的姿态表达"拥蒋救国"立场的政治人物。早在抗日战争全面爆发之始，雷震即表示要以国民政府的胜利为优先，亦以民族思想、"反共"为优先，因而1939年9月被任命为国民参政会副秘书长，他跟蒋介石的情感也达到了沸点。1946年11月，蒋介石又指定他担任"制宪国民大会"副秘书长，借重他在青年党和民社党之间斡旋。1949年4月中国人民解放军已攻占南京，雷震跟谷正纲、方治协助汤恩伯在上海顽抗，被国民党舆论界誉为"上海三剑客"。汤恩伯给他以"顾问"头衔，蒋介石又给他以"警总政委"之名。1950年3月，蒋介石在台湾宣布恢复其"总统"职位；当月末，即聘请雷震等人为"总统府国策顾问"。

　　然而，胡适和雷震都有一个共同的结局：被蒋介石父子深深记恨。早在 1931 年 3 月 17 日，蒋介石在接见清华大学学生代表时就明确说，"胡适系反党"，不能应学生请求出任清华大学校长。报纸刊登了这则新闻，胡适做了剪报，并加了一句批语："今天报载蒋介石给了我一个头衔。"抗战期间为争取美国援助，蒋介石派胡适当了四年驻美大使。但蒋介石在 1941 年 11 月 30 日日记中，将胡适定性为"无胆、无能而不愿为国家略费心神"的"官僚与政客"；在 1942 年 1 月 13 日日记中又认为胡适"不惜借外国之势力，以自固其地位"，"彼使美四年，除为其个人谋得名誉博士十余位以外，对于国家与战事毫无贡献"。

　　1952 年 11 月至 1953 年初，胡适从美国回台湾讲学，因涉言政治，更加深了蒋氏父子对他的反感。1957 年底，蒋介石推举胡适出任台湾最高学术研究机构——中研院院长，直至 1962 年 2 月 24 日胡适在任内逝世。在这五年当中，蒋介石对胡适基本上采取的是不即不离的策略，表面上敬重关心，甚至用自己的稿费为胡适在台北南港修建寓所，而内心深处却对胡适鄙薄、记恨，多次在日记中咒骂胡适是"无耻之徒""狂妄荒谬""不自知""不自量"，是一个以学者身份对政府投机要挟的政客，其目的无非"官位与钱财"，"其人格等于野犬之狂吠"，是他"最不愿见的无赖"，对国民党的仇恨甚过共产党对蒋介石的仇恨。所以，胡适因心脏病突发去世之后，蒋介石在 1962 年 3 月 3 日日记中幸灾乐祸地写道："胡适之死，在革命事业与民族复兴的建国思想言，乃除了障碍也。"这就是蒋介石对胡适的盖棺论定。蒋介石之所以对胡适做了最大限度的包容，一是忌惮胡适的美国背景，二是利用胡适为台湾的"民主"做一种点缀。

　　雷震的结局则比胡适更加糟糕。早在 1951 年初，蒋经国就在演说中斥责雷震关于废除军队党部的言论是受人唆使，蒋介石更公开指责雷震的言论"与匪谍、汉奸无异"。1953 年雷震"国策顾问"的头衔被免除。1954 年又被注销了国民党党籍。1955 年美国国务院邀请雷震赴美治疗眼疾，台湾当局不许他出境，表明他已遭软禁。1959 年雷震更因《自由中国》的文章被法院两次传讯，实际上是中了当局圈套。1960 年雷震依然反对蒋介石"修宪"第三次连任"总统"，并试图组织反对党，于当年 10 月 8 日以"知匪不报""为匪宣传"两项罪名被判处有期徒刑十年，至 1970 年 9 月 4 日方得释放。

所谓"知匪不报"，是指自由中国杂志社的会计刘子英是邵力子委派到台湾进行策反工作的"匪谍"，而事实上，刘子英的"自白书"是在刑讯逼供下由警备总部保安处六次修改增补之后完成的政治诬陷。而所谓"为匪宣传"，则是指雷震等"个人自由主义者"的观点与中共的意识形态无异。

八　结语　一个梦："英雄无用武之地"

1962 年 3 月 23 日夜，也就是胡适去世一个月之后，在台湾"国防部"军人监狱坐牢的雷震做了一个梦。他梦见跟胡适在交谈，似乎在上海八仙桥上海银行的楼上。这是胡适友人陈光甫工作的地方。1949 年初，雷震曾跟胡适在这里商谈创办《自由中国》的相关事宜。又似乎是在台北和平东路二段十八巷一号，这是自由中国杂志社办公的地点。还似乎是在台北南港中研院胡适寓所的客厅，在这里，胡适曾建议他跟一些政见相同者成立一个不希望取得政权的在野党。可是，在这个梦境当中，胡适却一反常态，规劝雷震放弃搞政治。胡适对他说："你是搞民主政治的健将。但今日时候不到，在台湾不适合，这里根本无民主政治，所以英雄无用武之地。"又劝他忍耐，逆来顺受，一心从事著述，写一部研究宪法的巨著。这些当然是梦中的对话，并非真话，但也反映出雷震在险恶现实面前思想的纠葛。①

的确，在当时的台湾，无论是胡适，还是雷震，真的是"英雄无用武之地"。

---

①　参见雷震 1962 年 3 月 24 日狱中日记，《雷震案史料汇编——雷震狱中手稿》，台北，"国史馆"，2007，第 75 页。

从往来通信看胡适与汤用彤的
学术交往*

赵建永**

笔者在搜集整理汤用彤遗稿以编纂其"全集"的过程中，新发现胡适、傅斯年、梅贻琦、郑天挺、冯友兰、朱光潜、陈寅恪、吴宓、向达、唐兰等学者的一些往复函件。其中以汤用彤与胡适的通信最多，已知有30余封。今先选出部分对西南联大和北京大学学科与学风建设产生重要影响的遗札，梳理二人的学术交往及为人为学，并将相关背景和意义略述如下。

一 西南联大时期汤用彤与胡适探讨学科建设

（一）1940 年汤用彤致胡适函——北大精神的发扬与文科建设的奠定

作为北京大学及西南联大的主要负责人之一，汤用彤治理文科的根本方针是通过发扬自由创新的精神，力谋学术上的建树。对此，汤用彤与胡适的意见是一致的，两人"引为知己"，相互推重。从现存他们的往来信函中可以清楚地看出这一点。早在 1938 年 12 月 17 日，汤用彤与蒋梦麟、钱穆、郑天挺、罗常培等人联署致电时任中国驻美大使的胡适，贺其 47寿辰。信中说："在滇的同人们都愿你发挥无碍的辩才，申展折冲樽俎

---

* 本文系国家社科基金重大项目"黄老道家思想史"（项目号：16ZDA106）阶段性成果。

** 赵建永，天津社会科学院哲学研究所研究员。

的身手，做一番旋转乾坤的伟业，寿国寿民兼以自寿。我们虽然遁迹天南，也不敢放弃了北大的一贯精神。大家都在各竭所长的去做自己能做的事，就想拿这一精神献给你做寿礼。……最后，我们希望你在转移国运之后，功成身退，同我们一起再回咱们老家去。"汤用彤等人殷望胡适在抗战胜利后，重回北大。从信中不难看出他们对胡适的尊崇和敬重。

1940 年 12 月 17 日，汤用彤致函胡适，除庆贺其五十大寿外，更主要是从学科建设出发，阐述北大在战时应采取的办学方针和具体措施：

> 原夫世界著名大学，类必有特殊之精神及其在学术上之贡献。若一大学精神腐化，学术上了无长处，则实失其存在之价值。北大自蔡先生长校以来，即奖励自由研究，其精神与国内学府颇不相同，而教师、学生在学术文化上之地位与贡献亦颇不后人。今迁校南来，精神物质均受巨大之损害，学校虽幸而存在，然比之我公亲自主持之时，所留存者不过同人等之老卒残兵。此则如不及时加以振奋，恐昔日之光辉必将永为落照。

信中透露出汤用彤深切的忧患意识："北大文科图籍沦陷，旧人颇见星散，实宜及时重加振作，并为将来预备。上述四项略陈纲领，详细办法已在商榷。惟北大现在经费有限，虽加聘导师经费，梦麟先生已允设法，然积极扩充自须另辟财源。……窃拟邀集中美友好在美洲筹集专款若干万元为扩充研究所之基金，既伸借花献佛之忱，又作百年树人之计。想先生于勤劳国事之际，必常眷念学校，盼能俯顺微意，惠然允许，北大及中国学术之前途实利赖之。"[①] 因此，他高瞻远瞩地指出，宜于事前为北大之前途有所筹划。

鉴于北大文科研究所过去声名显赫，西南联大时期更为北大唯一的自

---

① 梁锡华编《胡适秘藏书信选》，台北，远景出版事业公司，1982，第 452—453 页。此信由汤用彤与姚从吾、罗常培、郑天挺联合署名，从笔迹来看，信文出自汤用彤之手，信中内容也是汤用彤的一贯主张。

办事业，要想重振北大文学院，并为复校以后预备，自应从文科研究所着手。为此，汤用彤提出四条具体的充实途径：

> 一、设法使大学本科文学院教师与研究所融合为一，促进其研究之兴趣，学校多给以便利，期其所学早有具体之表现；
>
> 二、聘请国内学者充研究所专任导师，除自行研究外，负指导学生之责。如此，则学生受教亲切，成绩应更优长。而北大复校后，教师实须增加，本所现聘导师亦即为将来预备；
>
> 三、在现状之下酌量举办少数之学术事业，如重要典籍之校订，古昔名著之辑佚，敦煌附近文物之复查，南明史料之收集，藏汉系语言之调查等；
>
> 四、现在学校书籍缺乏，学生程度亦较低落，研究所学生应令其先精读基本书籍，再作专题研究。而优良学生于毕业后，学校应为之谋继续深造之机会。①

作为杰出的教育家和享有世界声誉的学术大师，汤用彤当年殷忧之叹所蕴真知灼见并不限于一时一地。汤一介先生认为，以上四条对今日北大文科甚至各院校，仍不失为重要指导方针。抗战期间，在汤用彤指导下，他的研究生王明作出《太平经合校》，王维诚于《道藏》中发掘出王弼《老子指略》等重要文献，而向达的敦煌考察又得到他大力支持等，都是上述建议实行的结果。信中要点在恢复和发扬蔡元培先生提倡的学术自由之学风。北大之所以为北大，就在于"学术自由""兼容并包"。②

每所高校都应有其特殊的立校精神，如清华的"自强、厚德"、南开的"允公允能"之校训，皆世所公认。立校精神不仅是一所大学的力量源泉和精神象征，更是文化传承和时代精神的表征。近一个世纪以来，正是由于蔡元培、胡适、汤用彤等一批大师努力开创、维持和弘扬北大特有的自由研究精神，北大才以其优秀的学术传统和迥出众流的学术成就在世界上享有崇高地位，留下了丰厚的精神遗产。一所大学建立自己的学术特色很不

---

① 梁锡华编《胡适秘藏书信选》，第453—454页。
② 详见汤一介《汤用彤与胡适》，《中国哲学史》2002年第4期。

容易，而一旦形成学术传统，其影响是十分深远的。① 直至今日，在北大仍可感受到这种潜移默化的影响。

（二）1943 年汤用彤致胡适函——中国敦煌学的开创

1943 年 1 月 17 日，西南联大总务长郑天挺的日记载："锡予来，示以觉明敦煌来书，随与之长谈文科研究所发展事。余意，语言调查可在云南，若历史考证，此后唯敦煌一路。其中未广布、未研究之文献甚多。且其地为国际学术界所注意，关涉甚多，影响甚大。此后北大文研之发展，舍此莫由。今觉明开拓于前，吾辈正宜追踪迈进。"② 1 月 19 日，汤用彤致函胡适，力陈学术建树为大学立足之本，并以开辟敦煌调研为重点来加以具体阐释。信中说："北大南迁以来，其固有之精神虽仍未衰，而为时势所迫，学校内部不免日嫌空虚。以文科而论，同人研究进修并未中辍，前年出版四十周年纪念刊，近又油印发行论文十余种，其中文学院同人所著颇有可观者，而比之我公领导下学校极盛之时，至少在数量上，实觉远逊。此其故，固亦由个人生活不安，工作效率低减，然学校财政支绌，事业无由发展，北大有名之自由研究渐趋不振，同人精神无所寄托。"他特别强调："夫大学之地位，首赖其在学术上之有所建立。北大同人若不及时努力，筹募经费，力谋建树，将来在学术上之地位必见低落。"因经费紧缺，极望胡适予以援助。

汤信中着重报告胡适敦煌文物调查已迫在眉睫，并陈述向达在敦煌考察成就及其困难，为此敦请胡适为敦煌文物调查筹款：

---

① 张中行毕生感念母校北大推崇"学术自由""兼容并包"的红楼精神。他在晚年自述《流年碎影》中深情地写道："北大之所以为'大'，是靠着胡适、熊十力、汤用彤、黄节、罗常培、沈兼士、马衡、孟森、钱穆、周作人、梁实秋、朱光潜等等著作等身的名教授。"又说"有的人位高，如蒋梦麟，是校长，可是没听说他有什么著作，在学生的眼里，不过是上方派来的一个官而已"。是北大培养了张中行深厚的学养，也是北大精神为他的平民思想奠定了基础。张岂之回忆说：在学生的心目中，北京大学一流教授的标准是，一要通晓中国文化，二是必须对外国文化有所了解。文学院院长汤用彤中西贯通，是当之无愧的一流教授。听他的课，这学期讲魏晋玄学，他是权威；再讲汉魏两晋佛教史，他也拿手。接下来讲英国的经验主义，他基本上用英文讲，讲得逻辑清楚，启发性大。过去中国的一流大学都有这样的特点，教授们都自强不息，追求完美，这是一条很好的人文传统。
② 郑天挺：《序》，《向达先生纪念论文集》，新疆人民出版社，1986，第 2 页。

　　去岁向觉明赴西北之前，又曾以此间需要上陈。现在文科情形较前尤为吃紧，亟望我兄之援助。昨日接觉明自敦煌千佛洞来书，谓彼曾得王重民函，转致尊意，谓将筹款为文科研究所基金及西北考察事业费，闻之不胜欣慰，为学校贺。但此间情况必将日劣，伏望早日成事。而且文科领导无人，尤望我公之能提早返回，至为祝祷。觉明此次以北大教授名义，参加中央西北考察团，其薪津由北大付，此外稍寄去小款，自不够应用。然觉明于交通阻塞之秋，万里长征，所获已不少。实物例如收得回鹘经文一卷，为国内所无。其在敦煌所调查者，逾三百余窟，比之伯希和记录多约百余。盖觉明精力过人，而相关学识之富，并为国内首选，西北考察如由彼主持，实最合宜。又近来国人颇言开发西北，敦煌艺术遂常为名流所注意，然其所成立机关之一，以于髯为护持，张大千为主干，西北古迹之能否长保，恐为一疑问。以故敦煌文物调查不能再缓，而我公为西北调查所筹款，亦宜托北大专管，务求用途得当。此虽弟一人之私意，实为学术之公心也。①

向达是汤用彤的得意门生，时任北京大学文科研究所导师。汤用彤积极支援向达西行，将之比作交通阻塞之秋的万里长征。信中所说"去岁向觉明赴西北"是指在中央研究院组织西北史地考察团时，向达代表北大于1942年春经河西走廊到敦煌，考察莫高窟、万佛峡等地。他返回后，针对某些名流随意剥离洞窟壁画的现象，发表《论敦煌千佛洞的管理、研究及其连带的几个问题》，提出将千佛洞收归国有，由学术机关管理，开展研究工作。这一建议促成了敦煌艺术研究所的设立。1943年3月30日，胡适致同在美国的王重民信中提及："朱家骅先生也有信来谈西北考察团事，梦麟先生也有信来谈北大事。我近得两千元，也许即可汇给梦麟，一半作考察团费，一半作文科研究员印刷费；是李国钦送我的，我想他一定赞成如此用法。"

　　在汤用彤致函胡适后的同年7月至次年，向达作为西北科学考察团历史考古组组长再赴敦煌，做了大量重要原始记录，后来陆续发表《敦煌藏经过眼录》《西征小记》《莫高榆林杂考》等多篇论文，迥异于仅在书斋中写

---

① 梁锡华编《胡适秘藏书信选》，第455—456页。

的文献考据之作。汤用彤在利用敦煌经卷等新旧史料研究佛道教方面，也为世人树立了崇高的典范。他们对敦煌研究的倡导，为北大文科研究开出新路，并使中国敦煌学研究走上历史文献和考古资料相结合之路，逐渐改变了"敦煌在中国，敦煌学却在国外"的局面。[①]

（三）1945 年汤用彤致胡适函——中国教育命脉的维系

蒋梦麟自 1919 年 7 月到北大，到 1945 年 6 月因出任南京国民政府行政院秘书长而面临辞去校长职务的问题，其间除 1926 年 4 月到 1930 年底他不在北大外，共服务北大 20 余年。他自评道："大半光阴，在北京大学度过，在职之年，但知谨守蔡校长余绪。" 1920 年代，军阀扰攘，教育经费奇缺，他协助蔡元培在艰难环境中维系北大不辍。在民族危亡日亟的 1930 年代，又担起北大中兴的重任。汤用彤评价道："溯自（蒋梦麟）长校以来，北平时代，极意经营，提高学术水准，成效彰著……在八年抗战中，三校合作，使联大进展无碍，确保国家高等教育之命脉。此中具见处事之苦心，有识者均当相谅。"[②]

按照蒋梦麟任教育部部长时制定的《大学组织法》，校长不得兼任政府其他官职。因此，北大校长的后继人选成为当务之急。1945 年 8 月 1 日，周鲠生致函胡适说："梦麟先生到行政院，如要解除北大职务，则北大必须有继人。而此间北大朋友，以为复兴北大，非兄莫属，恐此亦不容兄久在国外坐视者也。"[③] 8 月 8 日，江泽涵致函胡适说："昨天蒋校长在昆明请北大教授茶会，他说骝先、孟真两先生劝他辞北大校长，因为他兼任北大校长，违反他手订的《大学组织法》。他说他从前未想到此点，故打算兼任，现在他觉得必须辞职了。他说，大概要你做北大校长，在你回国前，要派人代理。"[④] 是年 8 月，蒋梦麟出任行政院秘书长的消息公开后，北大同人几乎一致希望胡适继任北大校长，但他无法立即回国。

---

① 参见赵建永《汤用彤致胡适关于学科建设的信》，《中国社会科学报》2012 年 7 月 30 日、8 月 13 日、8 月 20 日学林版。
② 梁锡华编《胡适秘藏书信选》，第 463 页。
③ 中国社会科学院近代史研究所中华民国史组编《胡适来往书信选》下册，中华书局，1979，第 24 页。
④ 《胡适来往书信选》下册，第 26 页。

　　众望所归之下，蒋梦麟请汤用彤做北大代理校长，北大教授会也推举汤用彤为代理校长。而汤用彤一再推谢让贤，诚恳劝留蒋梦麟。因蒋梦麟去意已决，汤用彤也坚辞代理校长之职，故汤用彤与北大同人周炳琳（字枚荪，法学院院长）、张景钺（理学院代理院长）、毛子水（图书馆馆长）联名于1945年8月中旬发电报劝在美国的胡适早日返校主持工作。对此事胡适有些误会，以为是他们对蒋梦麟不满所致。为此，胡适于8月29日写信给江泽涵，批评汤用彤等四人"走入迷途"。虽然汤用彤与胡适为莫逆之交，然而海天相隔，声息难通，好朋友也难免产生误解。汤用彤并不希望蒋梦麟离开北大，而是想让他辞去行政院职务，故汤用彤劝胡适回国辅助蒋梦麟办好北大是真诚的。

　　1945年9月3日，蒋梦麟到昆明，于才盛巷召集北大教授开会。当天会后，江泽涵将会议情况写信汇报给胡适："今日是胜利日，北大的事真是千头万绪，不知从何说起。蒋校长来昆明宣布他要辞职后就回重庆了。他是说你回来继任。他曾要锡予师代理校长，锡予师坚决地拒绝了，现在还是无人负责。……现在可以负责的人只有枚荪兄与锡予师在昆明。（枚荪兄似不肯居负责的地位，因为他反对蒋校长兼职颇烈。）我觉得你做不做校长关系不大，但是你越能早回北大一天，于北大的好影响越大。凡是与北大有关的人几乎全体渴望你回来。不知道你究竟能否提早回国，我只怕北大仍旧敷衍下去，不能趁此整顿振作，未免太可惜了。"① 同日，朱家骅致胡适电谓："梦麟兄因任秘书长，依法不能兼任校长，故力推兄继任，主席暨弟与北京大学同人亦均认为非兄莫属，公意如此，务请俯允。复员在即，不及征求同意，拟先提院发表，在兄未返国前，孟真兄虽抱病已久，暂行代理，特电奉达，并请速驾是幸。"② 9月4日，国民政府任命胡适为北京大学校长，在他到任前，由傅斯年做代理校长。

　　当时周炳琳等一批北大教授对蒋梦麟于校事不关心颇有微词。9月21日贺麟致胡适信中也可看出北大同人对蒋梦麟的看法："尊示中答复锡予诸先生电一节，已转示有关各人。尊寄泽涵兄一函，麟亦曾读到。梦麟先生

<hr />

① 梁锡华编《胡适秘藏书信选》，第459页。
② 《胡适来往书信选》下册，第30页。

官兴正浓，且彼在行政院对北大亦极有帮助。"① 为释前疑，汤用彤于同年9月6日单独致函问候胡适并说明情况：

> 多年未具函问候起居，然常在念中。
>
> 前梦麟先生自美国返国就政院秘书长，北大同人因复校之期不远，校事须加紧策进，亟欲先生返国为梦麟先生臂助，因有枚荪及弟等四人之电。此举用意并非对梦麟先生有所不满（其时亦未知校长将辞职）。至梦麟先生所以坚持辞职的缘故，实因"大学校长不得兼任行政官吏"之规条，乃其任教长时所手订。当蒋先生自谕返昆召集教授同人宣布辞意时，措辞极诚恳坚决，同人闻悉之下，神志黯然，盖惜其去而知不能留也。
>
> 近得泽涵转示先生赐示，知台端因接前电而有所启示，至为感激！但前梦麟先生在渝尚未返校宣布辞职时，昆明即传言其有辞意。弟与景铖兄曾上校长一书劝阻……虽未能如来谕所言之切，但其意相同也。弟等虽愚，尚实未如先生所云走入迷途也。
>
> 成事不说，现政府已任先生为北大校长（未到任前由孟真兄代理）。同人知悉，莫不欢欣振奋，切望台端能早日返国到校。
>
> 弟以为今后国家大事惟在教育，而教育之基础，尤在领导者具伟大崇高之人格。想先生为民族立命之心肠当一如往昔，必不至于推却万不应推却之事也。
>
> 孟真在重庆，毅生已至重庆，景铖不日出国赴美（理学院事，切盼树人兄即返主持），枚荪言当另上函。至一切校务，孟真到后自有详细报告，不赘。②

可见汤用彤力劝胡适早日从美国返校主长北大，实为北大前途计议。信中还请胡适在海外招揽人才，为北大注入新生力量："抗战八年，北大教务方面，人员零落，即留在校中者，亦因流离转徙之折磨，英气大逊于往昔。现在北大首要之事，即在加入新的血液，尚望先生在国外即行罗致。至如

---

① 《胡适来往书信选》下册，第40页。
② 梁锡华编《胡适秘藏书信选》，第463页。

现在各院系情形，及同人对兴革之意见，自当候孟真到后，由其函陈。"①

傅斯年常赴渝开会，他在离校时，委托汤用彤主管北大并代理联大常委职务。汤用彤时常出席联大常委会、校务会议、教授会，与各级领导精诚合作，共商决策，延续着中国教育的命脉，形成了西南联大的新风格，创造出世界一流大学的成功办学模式。

二　复校北归期间汤用彤与胡适的交往

（一）重返北平

1946 年 5 月 22 日，西南联大召开第 375 次会议，主要讨论三校复员事宜。当时梅贻琦不在昆明，由汤用彤代理主持会议。处理从昆明回北平的事务颇为棘手，除要把滞留人员安排好，还有书、仪器设备等如何运回诸多杂事，更因国内战争严重影响着复员的进程。6 月初，汤用彤一家和北大同人陆续飞往重庆，等待安排北返。在汤用彤返回北平之行期间，由贺麟暂时替他代理联大哲学心理学系主任的职务。

1946 年 7 月 9 日，周炳琳致函胡适说："校中内部维持与在联大中的清华、南开保持接触，数月来汤锡予兄实负其责。锡予兄身体原不大好，为爱北大，竟肯挺身而出，至足钦敬。锡予兄处事稳妥持平，深知各方面情形，数月来局面之维系，孟真实深得其助。锡予原有意先赴宁沪与先生一晤，六月初来重庆后，见于飞机机位之不易获，遂变更原议，决定径飞北平，即在此时，航委会飞机移作别用，至平无机，遂延至今日尚未能行。"8 月 29 日，周炳琳在致胡适信中说："北归，在等候飞机中。据余又荪兄告，交通部电中航公司续开专机三次，送联大同人至北平，第一班名单已定。……快亦恐须到九月中始能行。"②

7 月 31 日，西南联大正式宣布解散，恢复北大、清华、南开三校建制。7 月下旬，汤用彤由重庆乘飞机重返辞别了九年的北平，住进小石作胡同 2 号。汤一介先生回忆这段历史时说："三校返回平津实际上至十月分三批才

---

① 梁锡华编《胡适秘藏书信选》，第 463 页。
② 《胡适来往书信选》下册，第 125 页。

得以成行。我记得是乘一架运输机，机内有两排相对而坐的长条椅，十分颠簸。到北平机场是一辆卡车和一辆小轿车来接，我们大多数人被引上卡车，都站在车后面的车箱内，一路只可以观看北平的街道。车上的孩子们都高歌'我们是昆明人'，完全忘记自昆明到北平的种种困难与辛苦。真心感到能回平津的快乐。我想，用彤先生在战火中把这一批有老有小的队伍从昆明带回到北平用了近半年的时间，他一定是常处于提心吊胆之中。在北大整个复员的过程中，也许更费心思的是筹划各北大各院系如何恢复到1938年前的盛况，并使之在各方面得到发展，这在傅斯年先生与胡适的通信中可清晰地看到。"①

1946年5月，胡适在纽约致电汤用彤、周炳琳、江泽涵说，他将于5月27日从旧金山起航返国，并为自己延期的返回深表歉意，还说饶毓泰准备6月起航回国。7月5日，胡适回国到达上海，7月29日飞抵北平，汤用彤与傅斯年、郑天挺等人代表北大赴机场迎接。胡适下机伊始，向围上来的记者宣称："中国民主有了进步，新文学和妇女解放有了进步。原来坚决反对白话文的胡先骕，近来为报纸写论文居然也用了十句白话，这是他归国后的第一件最痛快的事。"② 胡先骕是汤用彤的《学衡》社友。听了胡适这番话，汤用彤自是会心一笑。8月4日，北大校友会在蔡元培纪念堂开会欢迎胡适。8月16日，胡适主持召开北大校务行政第一次会议，重点研究北大院系调整及新建制和各院系教员聘任事。

9月20日，胡适为傅斯年卸任"代理"校长举办茶话会后，正式接任北大校长。同时，胡适聘任汤用彤为文学院院长兼哲学系主任，饶毓泰为理学院院长，周炳琳为法学院院长，马文昭为医学院院长，俞大绂为农学院院长，马大猷为工学院院长，樊际昌为教务长，陈雪屏（后为贺麟）为训导长，郑天挺为总务长，组建了复员后的北大领导班子。至此，北大复校大体就绪。胡适提出了《争取学术独立的十年计划》等一系列大学教育的蓝图。胡适热衷于政治活动，常在南京开会，北大校务多由郑天挺与汤用彤协理。

10月10日上午，北京大学举行开学典礼。北大四院里旧众议院的会议

---

① 汤一介：《1945—1948年汤用彤先生与北大复校——汤用彤与胡适、傅斯年》，《北京大学学报》2013年第3期。

② 孙尚扬：《汤用彤》，台北，东大图书公司，1996，第49页。

厅讲台上校长胡适和法学院院长周炳琳、文学院院长汤用彤、秘书长郑天挺、训导长陈雪屏、教务长郑华炽、经济系主任赵迺抟、杨振声教授、闻家驷教授等 30 多位。正厅、楼厅和楼厢上坐满了 2000 多名学生。胡适讲述了北大的历史和精神及其对北大的希望。会后大家在礼堂外摄影留念，随后各位教授乘汽车出了四院的铁门。11 月，在西南联大 9 周年纪念会上，胡适以自己和梅贻琦、汤用彤等人为例来说明，三校原本是"通家"，患难与共，休戚相关，合作精神应继续发扬下去。

汤用彤与胡适、傅斯年于 1946 年筹建起东方语文学系（后来改称东方语言文学系），经向达和白寿彝教授推荐，汤用彤代表北大聘请马坚到北大任教，并聘请刚从德国留学归来的季羡林担任系主任。汤用彤在北大工作时间最长，与胡适等老一辈学者一道为北京大学的学科和学风建设做出了重大贡献。他任北大文学院院长期间还聘请张颐、贺麟、郑昕、游国恩、朱光潜、废名等为教授。汤用彤以无为而治的理念治理院校，成效显著。

抗战胜利后，经胡适、傅斯年、汤用彤等众多北大教授的努力，至 1948 年北大各院系的教授阵容已非常可观。汤一介先生认为，如能合力一直办下去，北大对中国的各科学术研究将定会取得有意义的进展。从现存 1948 年印发的《国立北京大学教职员录》可以看出，当时文、理、法、医、农、工六个学院的各系教授阵容已是相当强大。以文学院为例，哲学系有教授 9 人，史学系有教授 12 人，中国语学系有教授 12 人，西方语文学系有教授 12 人，新建东语系也有 4 人，教育系有教授 5 人。这一批教授年龄多为 40—50 岁，最长者熊十力先生也只有 64 岁，最年轻者张政烺、胡世华、季羡林均为 37 岁。这批学者大多留在大陆而未去台湾，对新中国学术文化做出了重大贡献。①

（二）关心国事

在北大复校北归期间，内战迭起，国事蜩螗，汤用彤的心也被时事所累，不得不时从书斋里走出来，关注社会上所发生的那些令人烦忧的事。1946 年 11 月，胡适拟去南京参加"制宪国民大会"，汤用彤很不赞成，劝阻他说：

---

① 汤一介：《1945—1948 年汤用彤先生与北大复校——汤用彤与胡适、傅斯年》，《北京大学学报》2013 年第 3 期。

"国民党这样腐败，你何必去，并且就是要帮助国民党，你不去更好。"胡适没有听从，还是应蒋介石之邀赶去加入了大会主席团，并被推举为"决议案整理委员会"委员，主持制定了《中华民国宪法草案》。胡适说，这部宪法的问世，标志着国民党即将结束训政，还政于民，是"一件政治史上稀有的事"。对此事，汤用彤在新中国成立后的一份"思想检查"中做了检讨。①

1946 年 12 月 24 日晚上，北京大学先修班女生沈崇被美国士兵强奸。北大教师袁翰青起草了准备送交美国驻华大使司徒雷登的抗议书，发起签名运动。胡适从南京电告汤用彤处理沈崇事件之意见。北大学生举行抗议美军暴行的大游行，48 位北大教授联名发表《为抗议美军暴行致美国大使司徒雷登书》，要求严惩犯罪美军，全力支持学生行动。北大秘书长郑天挺联合各校，决议对学生游行不加阻止，并联络有关机关，请求保护。1947 年 1 月 22 日，沈崇一案宣判，胡适获知此案胜诉后，立即去汤用彤家，未遇，遂留一便笺告知："锡予兄：沈崇案完全胜诉，被告强奸罪完全成立，敬闻。适之　丁亥元旦。"② 以往人们对此信落款日期的解读多误作阳历的元旦，实际上是指大年初一。

1947 年初，蒋介石拟改组政府，想请胡适出任国民政府委员兼考试院院长，委托傅斯年、王世杰等人说项。但傅斯年认为"政府今日尚无真正开明、改变作风的象征，一切恐为美国压力，装饰一下子"，故不同意胡适参政。3 月 18 日，蒋介石约见胡适，说考试院院长可以不做，但国府委员不能推辞，因为这不是什么官，也没有多少事，请他一定要考虑考虑。傅斯年得知胡适似有动摇，再次写信苦劝胡适要保持名节，并说蒋介石不没收孔祥熙和宋子文的财产，就是没有改革政治的起码诚意。汤用彤也劝胡适说："在中立的地位，可以对国家更有帮助。"

3 月 21 日，胡适飞回北平，考虑再三，终觉不妥。29 日，胡适与汤用彤、郑天挺（总务长）、陈雪屏（训导长）商量，由他们密电政府，说明校长不应参加政府委员会之意。胡适又通过教育部部长朱家骅向蒋介石转达自己不能参加政府的苦衷。与此同时，汤用彤、饶毓泰、郑天挺三人也联名致电朱家骅，表示反对蒋介石的征调："顷闻中央拟推适之先生为国府委

---

① 该手稿未刊，本文写作时藏北京大学燕南园。
② 汤一介：《记胡适给我父亲的一封信》，《群言》2001 年第 3 期。

员，遂听之余，深感惶惑。窃意北大方始复员，适之先生万不能中途离校。国府委员会为国家最高决策机关，更不宜由国立大学校长兼任委员。此事倘经实现，不惟妨碍北大前途，又与北大组织法不合。今日大局不安，适之先生在北大对整个教育界之安定力量异常重大。同人爱护政府，爱护学校，并深知适之先生之立场。用敢冒昧陈辞，务祈婉为上达，力为挽回，不胜迫切待命之至。"① 由于汤用彤等人联合极力陈请，蒋介石终于不再强求，但其心中仍"殊为耿耿"。

汤一介先生对此间情况回忆说："由于我们家和胡适住隔壁，偶尔胡适也到我们家来，只记得他穿一黑色长袍，西裤，很稳重地走来，见他来，我就回避到我住的那间小房去。但有一次胡适先生则帮我一次忙。我当时参加了共产党的外围社团组织腊月社，在 1948 年秋腊月社曾把图书室设在我住的小房间内，并常在那里开会。因而为国民党特务所注意，此事胡先生知道后，就让他的秘书邓广铭先生通知我父亲。父亲把这事告诉了我，于是我和北大历史系学生刘克钧偷偷把有可能引起麻烦的书籍装在两个大麻袋里由翠花胡同（东厂胡同大院有一小门可通往翠花胡同的北京大学文科研究所）运到红楼去了。"②

（三）赴美前后

汤用彤协助胡适与傅斯年，为北大复校尽其所能，甚感身心疲惫，希望得到一段时间的休息，正巧加州大学拟请他去讲学一年，汤用彤对此心有所向。罗常培 1946 年 10 月 6 日致函胡适时谈到此事："昨接 Boodkesg 来信说，加尔弗尼亚大学拟聘汤锡予先生一年，'修敬'相当丰厚（年薪三千六，安家费三千六，或另有旅费），托代劝云云。这件事倒颇让我踌躇，因为我自己不能立刻返国，岂可再替旁人拉北大文学院的台柱子？可是为汤先生着想，在抗战七年间受尽艰苦，且连遭丧明之痛，身心颇受损失。在筹备搬家一段，尤替北大卖尽了老力气。如有让他短时休养的机会，似乎不可失掉。再以北大和加大学术上的联系设想，Boodkesg 作学术虽嫌武断，

---

① 《汤用彤等致朱家骅电一通》，耿云志主编《胡适遗稿及秘藏书信》第 36 册，黄山书社，1994，第 482—483 页。
② 详见汤一介《汤用彤与胡适》，《中国哲学史》2002 年第 4 期。

但中文根柢很好（比雷好多了），对人也懂礼貌。战时即想为中国学者设一讲座，以资休养生息。"① 10 月 11 日，汤用彤为办理出国护照事致函北京大学秘书处请其代领。11 月 7 日，教育部部长朱家骅批复了关于"北京大学呈报本校文学院长汤用彤接受美国聘请并请代领出国护照"的公函。

1947 年 6 月 24 日，胡适致函傅斯年说："汤公之出国，我很舍不得，但为他计，不能不让他出去一趟，现请朱孟实代理（北京大学文学院长）一年。"② 7 月 9 日，汤用彤致函胡适说，因应美国加利福尼亚大学之聘，拟起程赴美，特请假一年。8 月，汤用彤由上海乘船赴美讲学，朱光潜出任北大文学院代理院长。

1948 年夏，汤用彤在美国伯克利讲学满一年，又收到哥伦比亚大学的聘请，其给予的治学条件和生活待遇之优越远非国内大学可及。但汤用彤眷恋故土，加之与胡适有一年之约，故谢绝邀请，义无反顾地如期返回了行将解放的祖国。

1948 年 8 月，汤用彤回国抵达上海，汤一介先生前往迎接。他们小住后，便往苏州看望钱穆。钱穆暮年记述了此际他俩的一段谈话：

> 其时汤锡予赴美国哈佛讲学归，特来访。告余，倘返北平，恐时事不稳，未可定居。中央研究院已迁至南京，有意招之，锡予不欲往。彼居江南大学数日，畅游太湖、鼋头渚、梅园诸胜，其意似颇欲转来任教。然其时适在秋季始业后不久，余告以此校初创，规模简陋，添新人选，须到学年终了，始能动议，劝其且暂返北平。不意时局遽变，一时小别，乃竟成永别。③

汤用彤迁往南方之意，颇耐人寻味。汤一介先生对此也一无所知，但他猜测傅斯年请父亲到中央研究院任职，或许与他想南迁有关。随后汤用彤父子又去南京数日，即回北平。

---

① 汤一介：《1945—1948 年汤用彤先生与北大复校——汤用彤与胡适、傅斯年》，《北京大学学报》2013 年第 3 期。

② 汤一介：《1945—1948 年汤用彤先生与北大复校——汤用彤与胡适、傅斯年》，《北京大学学报》2013 年第 3 期。

③ 钱穆：《八十忆双亲·师友杂忆》，三联书店，1989，第 273 页。

三 汤用彤兼职中央研究院期间与胡适、傅斯年的交往

汤一介先生在 2002 年前后撰写《我们三代人》一书期间，考虑到其父亲在北京大学和中央研究院历史语言研究所与傅斯年合作多年，关系深厚，因而拟写《用彤先生与傅斯年》一文，嘱我留意相关史料。当时我遍翻《傅斯年全集》未见他们交往的内容，但十余年来，经不断多方查寻，积累了不少一手资料。现略捡数封在档案和汤用彤遗稿中新找到的信札，对汤用彤在中央研究院兼职期间与傅斯年、胡适共事的经过，尝试梳理和解读如下。

（一）借调史语所

抗战胜利后，傅斯年在任北京大学代理校长主持复校的同时，还积极筹办中央研究院历史语言研究所的北平办事处，并在东厂胡同接收了日伪搜罗古籍文献颇丰的"北平人文科学研究所"和"近代科学图书馆"等机构。当时日人计划编《四库全书续编》，并已编好总目提要。在此基础上，傅斯年成立了中央研究院史语所北平图书史料整理处，以整合北平的史学资源，推动学术研究。尽管汤用彤与傅斯年的文化理念相左，在史料学建设方面二人却多有共识。因此，傅斯年聘请汤用彤为中央研究院史语所兼任研究员。

为工作方便，傅斯年邀请汤用彤搬至位于东厂胡同 1 号中央研究院史语所北平办事处的后院，与他和胡适比邻而居。1946 年 11 月 4 日，汤用彤由小石作 2 号搬入了这所景色优美的中式花园住宅。① 11 月 7 日，汤用彤致函傅斯年，汇报他在中央研究院和北大的工作进展情况时谈及胡适：

---

① 汤一介先生晚年回忆当年在此难忘的居住环境说："我是从 1947 年初到 1950 年初在那里住了近三年。但由于我在北大作学生，1947 年至 1948 年底以前大部分时间住在学生宿舍里，真正住在大院的时间大概只有一年半的时间。……东厂胡同大院中有一块大草地，还有假山、小土山，亭台楼阁可以说应有尽有，树木很多，而我最喜欢的是白丁香和碧绿的竹子。我家住进去时，这大院已成为中央研究院历史语言研究所驻北平的办事处了。我家住的是大院最后一排房子，房子在一个台子上面，除厨房和厕所外有五间房，而我另住在台子下面与之并排的一间，西面就是傅尚媛了。邓可蕴是著名历史学家邓广铭先生的女儿，他们家住的是大院最前面的一排房。梁柏有是住在邓可蕴家东面偏北的一所房中，她是著名考古学家梁思永的女儿。……1948 年冬围城期间，我们常在傅斯年住的那所大房子里玩，或者是打桥牌，一面打牌、一面听唱片。"汤一介：《我们三代人》，中国大百科全书出版社，2016，第 235—236 页。

胡先生已聘林超先生来教地理。林先生已允，并说将地理研究所搬到北平，并已得朱先生允许。胡先生答应为地理研究所寻找房屋，已与地质馆商量。但将来房屋如不敷用。或需用北大文科研究所房屋之一部分，不知兄于意云何。文科研究所已在最后一院布置妥帖，木器及文卷资料已搬入，已开始办公，并闻。①

傅斯年平时多在南京中央研究院史语所，不常在北平。为让汤用彤更好地替他管理史语所在北平的机构，傅斯年于 1947 年 5 月 17 日致函时任北大校长的胡适，以给汤用彤加薪为由，希望能在不影响其北大工作的前提下，把他调动到史语所工作。该信现藏北京大学档案馆，档案标题为《傅斯年致函胡适协商汤锡予先生兼职薪金办法》，卷宗号 BD1947180（两页）。信文如下：

适之先生赐鉴：

兹有一事相商：汤锡予先生在敝所为兼任研究员，其薪水之发给有一困难，即敝所在薪水支给上乃系机关而非学校，机关支领兼薪者，不能兼领生活费及加成数。但在学校则有变通之办法，学校所支之钟点费，可并支加成数而能报销。故锡予先生若在贵校支全薪而在敝所支兼薪，势能行通，因敝所为机关，不能支领生活费及加成数。然若反而行之，即在敝所支全薪而在贵校支兼课之兼薪，则贵校可支加成数。至于在贵校可支钟点费若干，自当由贵校定之。目下人人由政府发一份薪水，由何机关开支，事实上毫无分别。故拟请先生惠允锡予先生之薪水，由本年一月起至本年六月止，六月以后另定之，由敝所支付。庶几锡予先生之收入可以稍多，且锡予先生决不因此而减少在贵校之义务，并不因此而增加在敝所之义务，无非求手续合法而行得通而已。务乞惠允，无任感何。专此

敬颂

道祺

傅斯年 谨启 五月七日②

---

① 原件今藏聊城傅斯年纪念馆。

② 该函原件今藏北京大学档案馆，首载耿云志主编《胡适研究丛刊》第 3 辑，中国青年出版社，1998，第 371—372 页。

由于胡适需要倚重汤用彤在北大协理诸多事务，调动之事未获批准。但是傅斯年仍聘请汤用彤兼任中央研究院史语所驻北平办事处主任，月薪200元。尽管汤用彤接受了主任一职，可当发薪时，他却如数将薪金退回，说："我已在北大拿钱，不能再另拿一份。"这种举世罕见之清高，体现了汤用彤作为典型之醇儒的为人为学淡泊名利的一贯态度。

由中央研究院第二届评议会主持，于1948年秋完成了首届院士的选举。9月21日，汤用彤与胡适在南京出席中央研究院第一届院士会议，并在会上入选评议员（即常务委员）。23日，他们出席中央研究院成立20周年纪念会，与众院士集体合影，今存。23—24日，又参加在北极阁召开的由朱家骅主持的第一届院士会议。

1948年11月3日下午4时，胡适校长于孑民纪念堂主持北京大学校务委员会第七十次会议。现存会议档案中记载胡适报告的主要内容是："中央研究院办理三十八年度院士选举，函请本校提名候选人，本校拟请俞大绂、胡适、殷宏章、张景钺、许宝騄、汤用彤、饶毓泰七教授组织'中央研究院院士提名委员会'，由汤用彤召集。决议通过。"会后刚启动提名候选人工作，因为随后兵临城下而未及将决议内容付诸实施。

（二）接收北平图书

1948年9月24日，经过八昼夜激战，济南被解放军攻克。当消息传到正在南京召开的中央研究院首届院士会议上时，院士们深受震动。汤用彤遂与傅斯年谈起他们在北平多年苦心经营的中央研究院历史语言研究所大批珍贵典籍的安全和保管问题。当时在座的语言学家丁声树院士毫不隐讳地说："你不用着急，共产党来了，还不是叫你接收吗？"当时，汤用彤听后颇受刺激。新中国成立之初，他在一份未刊的《思想检查自述稿》中记述："我听了这话，心里很难过，反而以为他是侮辱我，充分证明我是站在什么立场，好像要替国民党效忠到底的样子。由此可见，我平常也讲所谓'气节'，实在是士大夫对于主子的共存亡。我平常也提倡所谓'忠诚'，那决不是对于祖国人民的利益。并且当时我听了那个话，我虽然半信半疑，但是，据我的判断，南京、北京可不是那样容易拿下。"① 但是丁声树的预

---

① 该手稿在本文写作时，存北京大学燕南园。

言很快就应验了。

　　傅斯年似乎也预感到平津行将"不保"，因而迟迟不回北平，并积极考虑史语所北平图书史料的处理问题。他提出先把清廷的三法司档案转给北京大学，请汤用彤去落实。汤用彤办妥之后，在给胡适留的便条中说："烦告傅孟真先生：三法司档案，北大可以接受。但由午门运至东厂胡同，约略估计，需用运费数百万元，现拟仍暂留午门，由北大负责保管。"① 1948年11月27日，傅斯年致电在北平沙滩东厂胡同1号的汤用彤说："弟之缓行，正因筹款，日内必有著再告。"② 这实际上是以给史语所北平办事处筹措经费为由，观望北方局势的变化。

　　12月14日，北平开始围城时，汤用彤依然在尽职工作，仍担任中央研究院历史语言研究所北平办事处主任，兼管史语所北平图书史料整理处。12月21日，汤用彤主持制作了数份《中央研究院历史语言研究所北平图书史料整理处现有在平员工名额》和《房屋器具简略说明》，并以主任的名义在上面签名盖章。接着，他又详细统计出了该整理处自1948年12月22日至1949年1月3日的一份《流动资产略记》。

　　此际，傅斯年深恐在北平的这些"家底"遭到池鱼之灾，无法受到妥善保护，只好求助新任北京大学校务委员会主席汤用彤。1948年12月28日，傅斯年以挂号公函致北京大学，请求派员全面接管中央研究院历史语言研究所北平图书史料整理处留下的所有图书、房屋和器具，乃至员工编制和工作等一切事务。信中说：近因时局变化，交通道阻，经本院研究，决定将本所北平图书史料整理处，敬乞北大接管，并特别强调希望北大能够接续该处未竟的史料整理工作："平整理处整理图书工作尚未完毕，有继续工作之必要。兹将平处员工名额，函教育部转移贵校，以后各员名额及工作，请贵校全权支配处理。"信末落款处钤有历史语言研究所所长傅斯年的签名印章和"国立中央研究院历史语言研究所关防"的篆文公章。同日，中央研究院致电北京大学秘书长郑天挺，表达了与傅斯年函类似的意思："北平图书史料整理处在目前情形下，无法照应，请贵校接收……院已通知

---

① 《汤用彤给傅斯年便条一通》，耿云志主编《胡适遗稿及秘藏书信》第36册，第484页。
② 原件藏台北中研院，档案号：京4-2-31。

该处矣！"①

1949 年 1 月 5 日，傅斯年这封信寄达北京大学。汤用彤接函后即与郑天挺协商，随后召开北大行政会议讨论此事。会上决议成立由史语所专任研究员、北大文科研究所导师梁思永为主任，余逊（兼任秘书）、汤用彤、王重民和张政烺为委员组成的保管委员会，负责接收和管理事宜。汤用彤亲自起草了该保管委员会各位成员的任命通知书，并于 1 月 10 日由北大下发。1 月 12 日，在各项工作安排就绪后，汤用彤指示北大复函中央研究院史语所同意照办，同时以北大校长胡适的名义致函南京教育部备案。②

北大接收中央研究院历史语言研究所北平图书史料管理处后，将其转入文科研究所。新中国成立初期，原北平图书史料管理处和原北平研究院史学研究所都划归中国科学院，并以此为基础开始酝酿成立考古研究所。北大与中科院办理完东厂胡同 1 号的交接手续后，中科院院部即于 1949 年 11 月 23 日从马大人胡同迁入。北面原为胡适的北大校长官邸，改为范文澜居住。再北是花园和近代科学图书馆，此馆后来变为中国科学院图书馆。图书馆东面有通街大门，编为王府井大街 9 号。1990 年代，东厂胡同 1 号院被拆除。

四　汤用彤主校北大前后与胡适的交往

解放前夕，对于知识界是一个重大分野。汤用彤作为"老北大"的末任校长和"新北大"的开山校长，以"事不避难，义不逃责"的精神主持校务，迎接解放，领导北大度过了新旧交替的过渡时期，并为建设新北大尽心竭力。

1948 年底，胡适匆匆南下前，留下便函委托汤用彤和郑天挺共同维持北大。现行有关传记、文章对此函往往辗转引用，在文字、日期等方面错讹迭生，有鉴于此，今据原件，全录如下：

---

① 赵建永：《傅斯年两封遗札笺释》（之一、之二连载），《中国社会科学报》2014 年 8 月 20 日、9 月 22 日，B05 版。
② 有关函件长达 30 余页纸，现藏北京大学档案馆，案卷号：2011949041。

锡予、毅生两兄：

今日及今午连接政府几个电报，要我即南去。我就毫无准备的走了。一切的事，只好拜托你们几位同事维持。我虽远去，决不忘掉北大。

弟胡适　卅七、十二、十四①

该函所涉事件的前因后果诚为中国文化史上一大公案。作为中国继梁启超之后最具影响力的学者，胡适离校出走是备受北平乃至全国，甚至国际知识界共同关注的大事。他当时怀揣怎样的心境，如何忍心撇下凝聚着他光荣与梦想的北大，像"过河卒子"一去不回头？汤用彤又是如何落实维持好北大的承诺？对此，相关记述大多支离，且说法各异。只有根据胡适致汤用彤等当事人有关函电和历史档案等一手材料提供的信息，详加考证，才能抽丝剥茧，弄清事实真相。兹将相关背景和具体经过阐述如下。

（一）临危受命

1949 年改天换地之际，生逢鼎革的知识分子无不在这"三千年未有之大变局"中面临何去何从的问题，其中也透显出时势是如何强烈影响乃至决定个人的命运。尤其解放前夕，对于北平的知识群体来说，是一重大分野。这一刻对那些燕处超然，醉心学术，埋首于象牙塔的学者，是必须做出人生抉择的时刻了。

汤用彤回国后不久，战略性大决战辽沈战役即于 9 月 12 日打响。11 月2 日，东北全境解放，全国军事形势发生根本变化。解放军遂在华东、中原发起淮海战役，在西北也将胡宗南集团压缩于关中地区。23 日，东北野战军主力挥师入关，更使孤悬于平津一带的华北"剿匪"总司令傅作义集团面临被合围之势。29 日，平津战役开始，毛泽东对北平暂实施"围而不打"的战略部署。

在北平行将被围之际，国民党政府急令北大等校南迁。胡适反对迁校，

① 胡适《致汤用彤、郑天挺》留言便笺，是用毛笔行楷竖写在一张宣纸上，并在"北大"下画了一道杠以示着重强调。现藏北京大学档案馆，案卷号：BD1948519。又载季羡林主编《胡适全集》第 26 卷，安徽教育出版社，2003，第 835 页，唯"北大"二字未加下划线。

认为北大离开了北平，就不能叫北京大学。11 月 22 日，他在孑民纪念堂召开校务会议，表示不考虑迁校，拟由教授会来表决。24 日，胡适与汤用彤主持教授会讨论并正式通过不迁校的决议。

12 月 13 日，胡适还在筹备拟于 17 日举办的北大校庆，并为 50 周年校庆特刊撰写了《北京大学五十周年》一文，叙述北大自戊戌诞生以来的历史，饱含深情地祝愿"北大能安全度过眼前的危难，正如他度过 50 年中许多次危难一样"。当天，解放军开始围城，迫使傅作义陆续将部队撤至城内。

此际，国民党特派陈雪屏飞抵北平劝说胡适南下，但他仍不忍离弃北大，陈只得飞回复命。中共北京大学地下党汪子嵩请郑昕转告胡适，希望他留下来，胡适始终未表态。吴晗也多方努力挽留胡适，但均未奏效。季羡林在校长办公室向胡适汇报工作时，曾亲历此类事情：一个地下党学生进来对胡适说，解放区电台广播，北平解放后，将任命他为北大校长兼北京图书馆馆长。胡听后，平静地微笑道："他们会要我吗？"①

12 月 14 日晨，胡适准备照常到校办公，未及出门，忽接陈雪屏从南京打来的电话，力劝他离平南下，并称即将有飞机来接。胡适表示外寇来时可以撤退，现是内战，怎好丢开北大不管。10 点到校后，又接到陈雪屏发来的电报："务请师与师母即日登程，万勿迟疑。"② 郑天挺和周炳琳均劝胡适快走。深知势态结局的蒋介石也连发电报敦促胡适南飞，称时间紧迫，不容拖延。事已至此，胡适不便固执己见。12 点回到家，陈又发来电报催促，并请他约陈寅恪一同南下。胡适托邓广铭找到前一天刚入城躲避战火的陈寅恪，问其是否愿意同行。陈寅恪答道："前许多天，陈雪屏曾专机来接我。他是国民党的官僚，坐的是国民党的飞机，我决不跟他走！现在跟胡适先生一起走，我心安理得。"③

胡适仓皇间来不及向同事们告别，行前只给汤用彤和郑天挺留下便函，这成了他的诀别之言。函中所谓政府命其立即南去才"毫无准备地"临时决定南下之说，我们联系胡适当时的状况来看，应非托词，而是实情，因

① 详见季羡林《为胡适说几句话》，《怀旧集》，北京大学出版社，1996，第 72 页。
② 胡适：《日记》，1948 年，季羡林主编《胡适全集》第 33 卷，第 702 页。
③ 邓广铭：《在纪念陈寅恪教授国际学术讨论会闭幕式上的发言》，《纪念陈寅恪教授国际学术讨论会文集》，中山大学出版社，1989，第 37 页。

他此前一直表示为北大不考虑离开。午后，胡适、陈寅恪两家乘校车出发，行至宣武门，士兵不放行，打电话找傅作义，因其正忙于和战大计而未联系上。面对郊外激战、城门紧闭的危乱局面，他们只好返回东厂胡同胡宅。

当晚，胡适表示如果明天走不成，就决定不走了。陈寅恪在胡宅与前来话别的邓广铭和郑天挺彻夜长谈时说："其实，胡先生因政治上的关系，是非走不可的；我则原可不走。但是，听说在共产党统治区大家一律吃小米，要我也吃小米可受不了。而且，我身体多病，离开美国药也不行。所以我也得走。"① 半夜子时，傅作义给胡适打去电话说："总统已有电话，要你南飞，飞机今早8点可到。"胡适称为不能与其一起留守北平而甚感抱歉，傅表示谅解。

12月15日，由于解放军已控制了南苑机场，胡适一行先乘车于8点到中南海勤政殿等候。傅作义下令部队猛攻，暂时仍掌控机场。于是，胡、陈两家立即换乘傅作义的车于下午2点出发，3点多赶到南苑机场。胡适携夫人只带一个小包袱装着其父的遗稿、自己的几本手稿和一部甲戌本《脂砚斋重评石头记》，此外别无他物，走得干净利落。同机者除了陈寅恪一家外，还有英千里等教授。胡适次子胡思杜却拒绝南下，表示要留下看家。飞机起飞不久，机场上就落下了几颗炮弹，此行相当惊险。当晚6点半，飞抵南京明故宫机场。

陈寅恪在离开北平赶赴机场的途中，自忖将与此地永别，心绪难平而赋诗云："临老三回值乱离，蔡威泪尽血犹垂。众生颠倒诚何说，残命维持转自疑。去眼池台成永诀，销魂巷陌记当时。北归一梦原知短，如此匆匆更可悲。"② 此诗竟一语成谶，此后他们再也没回京华故地。陈寅恪向来坚守"独立之精神，自由之思想"的人生准则，虽与胡适同行，但只在南京住了一晚，次日便举家赴上海，并在岭南大学校长陈序经的接应下，乘船于1949年1月19日到达广州。次日，岭南大学校报就报道了聘请到陈寅恪来校任教的消息。

1948年12月17日，正当以汤用彤为首的校委会在北大举办校庆纪念

① 邓广铭：《在纪念陈寅恪教授国际学术讨论会闭幕式上的发言》，《纪念陈寅恪教授国际学术讨论会文集》，第37页。

② 陈寅恪：《戊子阳历十二月十五日于北平中南海公园勤政殿门前登车至南苑乘飞机途中作并寄亲友》，《陈寅恪集·诗集》，三联书店，2001，第62页。

会时，胡适在南京也应邀出席当地校友会举办的"北大 50 周年校庆大会"。会上他称自己"不能与多灾多难之学校同度艰危"，是"一个弃职的逃兵，没有面子在这里说话"，当场泣不成声。胡适的生日恰巧与北大旧校庆同日，蒋介石夫妇在官邸设宴特邀胡适夫妇为其祝寿。自 27 岁任北大教授 30 年以来，胡适将大部分时间和精力都投入北大的事业。唐德刚曾说，胡适有三大爱好：安徽、北大、哥伦比亚大学。胡适晚年立遗嘱将他留在北平的藏书全部捐赠给北大，而在其葬礼上，其身盖北大校旗，诚可谓同北大"生死"与共了。从中亦可见胡适函中所说"我虽在远，决不忘掉北大"，实发自肺腑。

（二）鼎革之际

当胡适弃校而去的消息传开后，一时骂声四起。学生自治会向胡适发出电报，"促其即刻筹款归来主持校务"，许多教授也主张给胡适写长信问责。北大秘书长郑天挺则对前来挽留他的学生代表大发雷霆，因他认为人们谣传他将效法胡适南飞，简直是一种侮辱。胡适一走，北大没有了校长，群龙无首，一时陷入瘫痪状态。北大教授会随即召开会议，决定成立校务委员会以主持学校各项事宜。通过选举，深孚众望的汤用彤被推选为校务委员会主席，成为事实上的北大校长。汤用彤甲冠天下的学术地位和宽厚温和的醇儒本色，使他在北大师生中享有崇高威望，众人思议能够稳定大局者，非其莫属。

汤用彤素喜清净，不愿卷入行政事务，此前也曾多次坚拒做校长，然而在此重大历史关头，他挺身而出，临危受命，义无反顾地挑起重任，行使校长之职，充分表现了"事不避难，义不逃责"的高风亮节。正是考虑到汤用彤的责任心和影响力，胡适走前还单独留一信，请汤用彤出面主管北大。对此，汤用彤虽婉拒，但他对那封共同维持北大的便笺则表示"还是人多些好"。于是，周炳琳也进入领导核心小组，与郑天挺一起成为汤用彤主持校务的左膀右臂。12 月 16 日，即胡适走后的第二天，北京大学召开第 74 次行政会议，决议推举汤用彤、郑天挺和周炳琳三先生为行政会常务委员。17 日，在校庆会议上宣布，北大校务由汤用彤、郑天挺和周炳琳三人小组负责维持。①

---

① 王学珍、王效挺、黄文一、郭建荣主编《北京大学纪事》上册，北京大学出版社，1998，第 394 页。

在中共解放北平前,蒋介石在抢运故宫珍宝和国库黄金的同时,也制定了"抢救"知名学者计划,并委派傅斯年、朱家骅、蒋经国等人负责实施。计划中有四种人必须"抢救"南下:院校负责人、中央研究院院士、因政治原因必须离开者、学术上有杰出贡献者。汤用彤符合其中三项标准,所以被列在第一份名单里,属重点"抢救"对象,而胡适四项尽占,自是"抢救"之首选。胡适一下飞机也立即投入策划"抢救"的工作,并致电汤用彤,请他主持空运同人事宜,还表达了对自己离职的极其愧疚之情。17日下午,汤用彤收到了胡适的这封电报:

> 安抵京,即与家骅、孟真、雪屏筹划空运同人事,必须获得傅总司令协助始有效,请兄与梅袁二校长切实主持,并与实斋兄密切联系。另电详达。此次在校庆前夕远离同人,万分惭愧。适。①

胡适刚到南京即专门致电汤用彤委以重任,说明他还是期望汤用彤能代替他在北平的职责。由于胡适所说另一封电报至今尚未发现,汤用彤与梅贻琦等人如何共同落实此计划的情况不详。但通过现存梅贻琦与汤用彤等人的通信,我们仍可探知北大与清华在此时的一些密切合作。

12月14日下午,当胡适准备出行时,梅贻琦为清华大学办理筹款诸事刚入城,解放军已占领了西郊,城门关闭,无法返校。当有人告知南苑机场有架接胡适的飞机,他是否一起走时,梅贻琦一如平日,用缓和而低沉的声调说:"不是接我的我不走。"虽经一再告以时局危急,错过这架飞机,可能再也没有机会,但他始终若无其事地予以谢绝。次日,他电话通知清华大学:委任文学院院长冯友兰为校务会主席,暂代理校内事务。当天冯友兰宣布清华大学脱离国民政府。从此梅贻琦与任教十三年、长校十七载之清华隔绝,多年魂牵梦萦,终生未得再返。

梅贻琦南下前夕致函汤用彤、郑天挺和周炳琳,请他们照料留在城内的清华师生,诸如商请北大垫借清华教工底薪,北大如开课"请令清华学生依班寄读,俾得完成本期学业"(清华已于13日停课)等事。梅贻琦把重要事情安排妥帖后,才提着一架打字机,拿着两本书,率领第二批被

---

① 胡适:《致汤用彤》,季羡林主编《胡适全集》第26卷,第836页。

"抢救"的学人，如北平研究院副院长李书华、北平图书馆馆长袁同礼和清华杨武之等 24 位教授，从容有序地走上接他们的飞机。

12 月 21 日中午，他们从刚建成的东单临时机场起飞，傍晚抵达南京。梅贻琦一下飞机就抱怨"市内新机场跑道太软，只能载重三千磅"，似为不能多载几人而惋惜。时值孙科"组阁"，授予梅贻琦"教育部部长"之职，但他表示："不出来对南方朋友过意不去，来了就做官，对北方朋友不能交待。"故始终婉谢，卒不就职，转赴海外。

此后，汤用彤继续负责组织人员南飞，并收到国民党派人送他的两张机票。他的去留和态度势必影响其他学者的选择。若其南下，学者们或将蜂拥南去，而刚刚成立的北大管理机构也将面临解散。经地下党竭力挽留，加之师生们的信任，汤用彤决定留下来，履行校长职责，与北大师生共济时艰。在其影响下，北大等校绝大多数教授也选择了留下。

12 月中旬，汤用彤有三条路可以选择：一是留在北平等待解放，二是去南京，三是到解放区。汤一介先生回忆说："父亲不是没有考虑去南京，因为他曾让我母亲收拾两口箱子，并把这两口箱子放在我们住的东厂胡同大院内的图书馆书库中。并且对我母亲说：'有点准备总是必要的。'为什么我父亲会有这样的考虑呢？我认为，他有不少顾虑：一则是他对共产党一点也不了解，二则是由于他和胡适、傅斯年的关系比较密切，而且他在解放前几乎没有参与反对国民党政府的民主运动，也就是说他既不是民主党派的成员，也不是无党派的民主人士。此外，父亲还想到我不会跟随他南下，抗战时期他已失去了一子一女，他和我虽非死别，但却是生离了，又等于再失去一子，这不会不是他要考虑的一个问题。这一时期父亲虽未对我说什么，而母亲则对我说：'我们都老了，不知以后能否再见面。'由于这些原因，他曾在去留之间有所考虑也是很自然的。"①

当时汤一介先生常常听到汤用彤用湖北乡音低声吟诵《桃花扇》中的《哀江南》。地下党成员何正木托北大西语系学生陆钦筠转告汤用彤说："希望汤先生一家去解放区，如得同意，他们设法护送。现闻一多家属均在正定。"汤用彤听后说："国民党定败无疑，但因为共产党将胜利，国民党将失败的情况下，我不好走。但我会留在北平不走。"他还对汤一介说："《哀

---

① 汤一介：《我们三代人》，第 131—132 页。

江南》中有几句或可作为历史教训：'眼看他起朱楼，眼看他宴宾客，眼看他的楼塌了。'我和你妈妈有两个孩子病死在昆明，我们不会把你一人留在北平，所以我们决定不走。"汤一介历经了几十年的风风雨雨，才渐渐深刻地了解到父亲当时的心境。

由于围城期间大批国民党军队紧缩至城内难以容身，遂到处征用民宅，胡宅亦不断有军人要来强住。汤用彤和郑天挺为保护胡适留下的藏书和手稿不受损失，想出办法，约请胡适的几家名人朋友住进胡宅，以免遭乱兵侵占。1949 年 1 月 7 日，胡思杜在给母亲的家书中也记述了此事。①

围城中，北平地下党发动各界群众，开展和平解放北平运动，使和平解决北平问题成为当时人民群众的一致要求。北大教授纷纷集体上书和平请愿。1949 年 1 月中旬，在北平和平抉择的最后关头，傅作义委托华北"剿总"副总司令邓宝珊将军出面，通过《大公报》记者徐盈邀请汤用彤、郑天挺、周炳琳和杨振声在邓家吃午饭，探询教育界对局势的意见，以作定夺。大家一致认为，必须保全北平，以民意为依归（即和平解放），邓亦表示赞同。几天后，傅作义又在更大范围内约请北大等校文教界名人 20 余位到中南海座谈，大家亦皆如此表示。当天散会后，傅作义正式指示同意与解放军签订和平协议。这两次聚会，傅作义不仅是在集思广益，在某种程度上也是让这些社会名流替他做工作，为其宣传拟采取的和平行动。到 1 月底，傅作义召集各大学及其他机关负责人宣布和平解放之事，并说次日晨有飞机去南京，愿走的仍可以走。汤用彤决意坚守岗位，保护学校，迎接解放，领导北大度过新旧更替的关键时期，把北大完整地移交到人民手中。2 月 3 日上午，解放军举行盛大的入城仪式，北大组织师生上街列队热烈欢迎。同日，汤用彤代表北大，接受新政权管理。

"抢运学人计划"原以为会有许多教授忠于"党国"，"大义凛然"地飞来，结果来了许多局外人，像汤用彤的机票就送给了一位家在南方的远房亲戚。对此，汤一介先生回忆当时情景说："父亲拿到机票后正考虑如何处理？这时我母亲想到，她的侄女婿的妹妹周化一。周化一当时是辅仁大学教育系的学生，来北平最初曾住在我们家。母亲对我说：'化一年轻，而

---

① 耿云志：《跋胡思杜写给父母亲的信》，《胡适研究通讯》第 2 期，2008 年 5 月 25 日，第14、15 页。

她的父母、兄弟姐妹都在南方，不如把机票给她，让她和家人团聚吧！'奉母之命，我去辅仁大学找化一，她不在宿舍，听同宿舍的女生说，化一可能到什刹海溜冰去了。我在什刹海找到了她。于是她带着冰鞋就到我家，母亲把票给了她，还给了她一些银元说：'飞机不知会飞到那里，有点钱走路方便些。'于是周化一就与钱思亮教授乘同一飞机离开了北平。1983 年，我作为罗氏基金访问学者到美国曾和周化一见面，谈起往事，都有隔世之感了。"①

"抢救"名单上的人多转向进步，不愿与国民党同流合污。甚至有天派了 5 架飞机，却应者寥寥。蒋介石懊恼不已，只得停止飞机"抢救"。傅斯年为想接的朋友大多没来而大失所望，长吁短叹。胡适闻讯，出于复杂矛盾的心情，大哭了一场。胡适之哭，诚为千古一哭；傅斯年之叹，亦是千古一叹。此一哭一叹并非空穴来风，似已预示出文人命运的未来。但此后傅斯年一直未放松"抢救"大陆学人的努力，从 1949 年初到年末，甚至在 1950 年他去世前，还屡屡邀请汤用彤、郑天挺、罗常培、向达、周一良、沈从文和在岭南的陈寅恪赴台，只是受邀者出于多方面考虑未做响应。

中央研究院 81 位院士绝大多数未走，各所仅傅斯年领导的史语所比较完整地迁台。最终，或走或留成为中国知识界的分水岭，个人命运皆由是而泾渭分明。或漂泊孤寂，或坎坷磨难，自此天涯各西东。1949 年 4 月 6 日，胡适在拒绝了蒋介石为他安排的驻美大使等政府要职后，从上海坐轮船赴美，一去不复返。但汤用彤主持下的北京大学依然在图书馆为胡适保留了一个职位，中央政府对胡适的劝归工作一直持续到 1962 年胡适去世才终止。

解放初，周恩来听取北平地下党负责人刘仁关于高校人才情况的汇报后，欣喜地说："你把教授们都留下来了，一个也不肯给蒋介石，难怪有人说你叫'留人'（刘仁谐音）呀！"不久，毛泽东举行招待会，邀请汤用彤等各高校的负责人参加。1949 年 8 月 14 日，新华社发表的毛泽东所撰文章《丢掉幻想，准备斗争》中说："为了侵略的必要，帝国主义给中国造成了数百万区别于旧式文人或士大夫的新式的大小知识分子。对于这些人，帝国主义及其走狗中国的反动政府只能控制其中的一部分人，到了后来，只

---

① 汤一介：《我们三代人》，第 132—133 页。

能控制其中的极少数人，例如胡适、傅斯年、钱穆之类，其他都不能控制了，他们走到了它的反面。学生、教员、教授、技师、工程师、医生、科学家、文学家、艺术家、公务人员，都造反了，或者不愿意再跟国民党走了。"① 该文首次点名抨击胡适、傅斯年和钱穆是被"帝国主义及其走狗"所控制的极少数知识分子的代表。对于那些帝国主义"不能控制"，走向其反面的知识分子的留下，毛泽东是欢迎之至的。

中国革命胜利时，专家学者大都选择留在新中国。有些人明明可以走，甚至机票送到手也没去，还有许多海外知识分子，克服重重困难回国报效国家。这同俄国十月革命时大量知识分子外流的情况截然相反。汤用彤留下来的原因较有典型意义，汤一介先生将其主要缘由归纳为三点："一是国民党非常腐败，跟他们走没有什么希望；二是父亲的很多学生是地下党，比如汪子嵩当时已经是助教了，他们做工作要父亲安心留下来；三是胡适临走留信拜托他维持北大。父亲已在北京大学待了近二十年时间，对北大有很深的感情。同时他也觉得，大家都走了，北大谁来管？现在，我甚至可以认为父亲那时会想他们这一批学者留下或可维持北大的传统。"出于对北大这片学术圣地的深爱和依恋，汤用彤拒绝了胡适和国民党政府的南下邀请，毅然选择了留下。而且，胡适拜托他"维持"北大一事，他也尽力做到了，切实肩负起了"护校"的重任。

解放军入城后，北平市军事管制委员会文化接管委员会召集各校代表开会，北京大学由汤用彤和郑天挺参加。2月28日，文管会主任钱俊瑞等10人到北大，与汤用彤及师生员工代表在孑民纪念堂开会，商谈接管及建设新民主主义的北京大学诸问题。北大的成功接管对全国其他大学的接管起到了良好的示范和安定作用。

贺麟回忆，北平解放不几天，汤用彤与郑天挺、周炳琳等北大主要负责人和各院长就联名写信给南京的胡适，告知解放后北大师生们平安无事。② 该函可算是对胡适临别嘱托的圆满交代。3月14日，胡适在南京收到汤用彤、郑天挺、周炳琳、饶毓泰等北大老同事联名发来的问候函，他在

---

① 毛泽东：《丢掉幻想，准备斗争》，《毛泽东选集》第4卷，人民出版社，1991，第1485页。
② 贺麟：《我和胡适的交往》，中国人民政治协商会议北京市委员会文史资料研究委员会编《文史资料选编》第28辑，北京出版社，1986。

日记中用"喜极！"来描述见信后的欢欣。① 只是信里未见原北大训导长贺麟的署名，胡适不知道他出了什么事，颇为担心。其实，汤用彤等人当时因顾虑贺麟与蒋介石的密切关系，所以没有找他。

为加强集体领导，更加有效地推行和改进校务，北京大学于 5 月 4 日成立了由汤用彤、许德珩、钱端升等 23 人组成的校务委员会。汤用彤任常务委员会委员兼主席，每月有相当于 1500 斤小米的优厚待遇。军管会同时宣布：学校行政工作从即日起由新成立的校务委员会领导；任命曾昭抡为教务长，郑天挺为秘书长，② 汤用彤为文学院院长，饶毓泰为理学院院长，钱端升为法学院院长，马大猷为工学院院长，俞大绂为农学院院长，胡传揆为医学院院长，向达为图书馆馆长。③ 5 月 9 日，文管会宣布：派驻北大的军管代表和联络员因校务委员会的成立而决定撤销。新一届校委会较胡适刚走后的校委会人员多有增加，④ 当与汤用彤所说"还是人多些好"的建议有关。

当时北大不设校长，亦未实行后来的党委负责制，校务委员会遂成为北大最高领导机构。这种情况一直延续到 1951 年马寅初接任校长为止。因此，在北大校史上，汤用彤被排在胡适之后、马寅初之前的校长行列，成为北京大学第二十二任校长。汤用彤既是"老北大"的末任校长，也是"新北大"的开山校长。从孙家鼐出任管学大臣，到汤用彤担当校务委员会主席，百年的北大历史，至此刚好半个世纪。汤用彤主校期间，顺承历史使命，继往开来，使北大历史翻开了新的一页。在此过程中，他为保护学校安全、维护北大学风、推动学校改革和学科建设、优化教师队伍、争取各界对北大的支持等工作尽心尽力，使得北大度过了新旧交替、革故鼎新

---

① 胡适：《日记1948年》，季羡林主编《胡适全集》第 33 卷，第 722 页。日记所述此信当即贺麟所忆那封联名信，因为内容相符，且没有贺麟的署名。

② 1950 年 5 月 8 日，教育部批复，准郑天挺辞去秘书长职务，专任历史学系主任和明清史料整理室主任。1952 年，他调任南开大学副校长。

③ 1949 年 5 月 5 日发出的这份布告今存北京大学校史馆。北京大学档案馆亦藏有一份，案卷号：201949003。

④ 汤用彤现存遗稿中有一份他任北京大学校务委员会主席时领导集体成员名单的手写稿，其中有副主任钱端升、王学珍、汪家镠及干事李天授等，并含分工。自胡适走后到次年 5 月 4 日的校委会组成情况，校史研究上往往付之阙如，而这份名单则可填补这一空白。汤用彤留下的相关文献和实物具有珍贵的文物价值，对于研究北大校史和中国现代教育史有一定意义。

的关键阶段，为北大的新生和发展立下了不朽的历史功勋。①

余论：君子和而不同的典范

1931 年蒋梦麟正式任北大校长，聘请胡适为文学院院长。他们商定，教授之聘任主要视其对学术之贡献，蒋梦麟对各院院长说："辞退旧人，我去做；选聘新人，你们去做。"于是胡适用英庚退款，以研究教授名义，请汤用彤至北大哲学系任教。自此汤用彤一直与胡适愉快地相处共事，直至 1948 年底胡适南下诀别为止。究其原因，当为二人均把致力于学术的自由探索置于一切之首位。

汤用彤是从史学角度研究佛教的代表，素以学术功力扎实著称。胡适的佛教史研究全凭考据，虽具有开创性，但他反佛教的负面心态，使其研究结论大都流于"破坏性"的层面。胡适晚年在口述自传中也坦然承认了这一点。

早在 1937 年初，汤用彤与胡适商讨佛教入华的途径时，自认胆小，只能做小心的求证，不能做大胆的假设。出于坚守民族文化主体性的立场，他对胡适说："颇有一个私见，就是不愿意说什么好东西都是从外国来的。"胡适知道这是冲着其西化论而来，鉴于汤氏印度学成就斐然，乃机智地回应："我也有一个私见，就是说什么坏东西都是从印度来的！"他们都哈哈大笑。二人在笑声中既坚持了各自的立场，更从中泯除了思想分歧而引起的纷争与不和。

汤用彤自认"胆小"是针对胡适倡导"大胆的假设"而言的。胡适认为此话是"谦词"。其实，这未必是谦辞，而是实话。胡适所说"什么坏东西都是从印度来的"之"私见"亦并非戏言。它表明胡适首倡的"整理国故"与汤用彤标举的学衡派旗帜"昌明国故"，在文化观、治学态度和方法上都有分歧。尽管"道"不相同，胡适却于日记中赞扬道："锡予的书极小心，处处注重证据，无证之说虽有理，亦不敢用，这是最可效法的态度。"②

---

① 参见赵建永《胡适南下时致汤用彤函考述》，《北京大学学报》2013 年第 3 期。
② 胡适：《日记》，1937 年 1 月 18 日，季羡林主编《胡适全集》第 32 卷，第 610 页。据曾任胡适学术秘书的邓广铭教授 1993 年在汤用彤百年诞辰纪念会上讲，胡适生前没敢出版自己的佛教史著作就是因为看了汤著佛教史。

凡读过汤著的人都有同感，于此最可见汤用彤治学之严谨及他与胡适"和而不同"的大家风范。职此之故，胡适虽曾同时盛赞汤用彤与陈寅恪研究佛教最有成绩，却认为汤著佛教史在工具和方法诸方面均较陈寅恪更有权威。①

　　由于篇幅所限，对于"胡适与汤用彤学术思想的比较"这一论题，我将继续写专文来展开研究。

---

① 胡适还对陈寅恪的文章评论说："寅恪治史学，当然是今日最渊博、最有识见、最能用材料的人。但他的文章实在写的不高明，标点尤懒，不足为法。"胡适：《日记》，1937 年 2 月 22 日，季羡林主编《胡适全集》第 32 卷，第 615 页。

胡适、陈受颐往来书信考释[*]

赵靖怡　席云舒[**]

引　言

1930 年底，胡适辞去上海中国公学校长职务回到北大，一年后出任北大文学院院长，致力于招徕人才，重振北大；中央研究院历史语言研究所所长傅斯年也在北大兼任教授。陈受颐正是胡适和傅斯年都看重的文科人才之一。

陈受颐（1899—1978），广东番禺人，1920 年毕业于岭南大学，1925—1928 年在美国芝加哥大学留学，在西欧文化史及中西文化交流史研究领域卓有建树，是中国比较文学和中西文化交流学科的开创者之一。1931 年接受胡适和傅斯年的邀聘，出任北京大学历史系主任。1936 年，他向北大请假一年出国访学，其间曾在加州克莱蒙特联校波莫纳学院[①]任客座教授。1937 年卢沟桥事变后，陈受颐和夫人李环才被困海外，经胡适介绍到檀香山大学（即夏威夷大学）教书。[②]但苦于檀大浓郁的排华亲日氛围，也因为

---

[*]　本文为国家社科基金重大项目"胡适年谱新编"（项目号：18ZDA198）阶段性成果、北京语言大学中国现当代文学高峰团队项目（项目号：GF201903）阶段性成果。

[**]　赵靖怡，北京语言大学人文学院硕士研究生；席云舒，北京语言大学人文学院教授。

①　克莱蒙特学院联盟（Claremont Colleges，简称克莱蒙特联校）位于美国西南部加利福尼亚州克莱蒙特市，是一个以文理专业见长的高校联盟，现由五所院校和两所研究生院联合而成。1950 年陈受颐邀请胡适来校演讲时，联校仅有克莱蒙特研究大学（Claremont Graduate University）、斯克利普斯学院（Scripps College）、克莱蒙特·麦肯纳学院（Claremont Mc-Kenna College）和陈受颐所在的波莫纳学院（Pomona College）这四所院校。

②　胡适在写给江冬秀的信中提到："在香港遇见陈受颐夫妇，穷得不得了。我借了钱给他们做路费，送他们到檀香山大学去教一年书。"见《胡适致江冬秀函》（1937 年 10 月 19 日），潘光哲主编《胡适全集·胡适中文书信集》第 3 册，台北，中研院近代史研究所，2018，第 4 页。

夫人患有肺病无法回国，陈受颐曾请胡适介绍自己到哈佛大学、斯坦福大学教书，但未能成功。最终，陈受颐于 1941 年接受了波莫纳学院的聘请，在该校任教，为中国和世界培养了大量从事中国文化研究的学者。1978 年在美国病逝，享年 78 岁。① 陈受颐过世后，家属将其个人文件捐赠给联校洪诺德图书馆收藏。

胡适和陈受颐自 1931 年成为同事后，遂成终生好友，一直保持通信，其中部分书信已被收入胡适书信集中。《胡适来往书信选》1979 年版和 2013 年修订版中收录 1940 年 3 月 5 日、11 日《陈受颐致胡适函》2 封。② 《胡适遗稿及秘藏书信》收录有 1937—1946 年《陈受颐致胡适函》8 封，1931 年《陈受颐致傅斯年函》1 封。③ 2018 年台北中研院近代史研究所出版的《胡适全集·胡适中文书信集》收录有 1933—1961 年《胡适致陈受颐函》33 封。④ 耿云志、欧阳哲生编《胡适书信集》⑤，杜春和、韩荣芳、耿来金编《胡适论学往来书信选》⑥，季羡林主编《胡适全集》⑦，则没有收录胡、陈通信。

而我们发现仍有大量胡、陈通信手稿从未结集出版。胡适接收的信件分别藏于中国社会科学院近代史研究所和台北胡适纪念馆，陈受颐接收的信件则被整理为"陈受颐档案"，⑧ 藏于洪诺德图书馆特藏部。我们获得了胡适纪念馆和洪诺德图书馆两处的信函手稿及相关文件。经统计，现存胡、陈通信及相关文件多达 89 件，包含书信、学位证书、邀请函、日程表、短札等各类手稿。其中，6 封书信没有确切的落款时间；6 份文件与书信内容

① 关志昌：《民国人物小传——陈受颐》，《传记文学》第 79 卷第 3 期，2001 年 9 月，第 149—150 页；吴相湘：《陈受颐精研中西文化史实》，《民国人物列传》上册，东方出版社，2015，第 69—81 页。

② 中国社会科学院近代史研究所中华民国史组编《胡适来往书信选》中册，中华书局，1979，第 457—460 页；社会科学文献出版社，2013，第 728—730 页。

③ 《陈受颐信八通（附陈受颐致傅孟真信一通）》，耿云志主编《胡适遗稿及秘藏书信》第 35 册，黄山书社，1994，第 379—405 页。

④ 潘光哲主编《胡适全集·胡适中文书信集》第 2—5 册。

⑤ 耿云志、欧阳哲生编《胡适书信集》上册、中册、下册，北京大学出版社，1996。

⑥ 杜春和、韩荣芳、耿来金编《胡适论学往来书信选》上册、中册、下册，河北人民出版社，1998。

⑦ 季羡林主编《胡适全集》（44 卷），安徽教育出版社，2003。

⑧ Chen Shou-yi Papers, Special Collections, The Claremont Colleges Library, Claremont, California.

相关；另外 16 封虽然是二人各自与第三人的通信，但内容与二人密切相关。

台湾版《胡适全集·胡适中文书信集》中所收录的 33 封《胡适致陈受颐函》，其最初来源正是克莱蒙特洪诺德图书馆。2013 年，该图书馆与台北中研院台湾史研究所合作，共同整理了部分胡适信函手稿。然而，由于《胡适中文书信集》中只收录胡适所写的中文信件，为数不少的陈受颐致胡适书信、胡适致陈受颐的英文书信被排除在外。由于已出版的书信、文件不全，二人通信内容也断续残缺，其史料价值未能得到完整呈现。实际上，完整的 89 份书信文件贯穿了 1930—1960 年代，不仅反映了通信双方的人生经历，更与这一时期中国的教育、外交、政治、文化密不可分，是胡适研究领域的新宝藏。

胡、陈通信的整理研究，也有助于弥补国内陈受颐研究的空白。陈受颐学风朴实、研究扎实、人品甚佳，罗常培称"史学系的成绩以受颐在职时最好"，① 傅斯年甚至因为姚从吾批评陈受颐"没有学问"而与姚绝交。② 1948 年，陈受颐虽然旅居美国，但仍然入选了中央研究院第一届院士候选人名单，可见其为人处世、学术成就、行政能力都是广为知识界认可的。但由于他常年漂泊海外，已经渐成"被遗忘的北大历史系主任"。虽然有《近代中国史家学记》③《民国人物列传》④《独立评论文选》⑤ 等著作出版，但也都只收录了他 20 世纪前半叶的部分资料。目前专门研究陈受颐的文章仅有梁建东先生 2015 年的论文《被遗忘的先驱——陈受颐及其 18 世纪中西文化接触史研究》⑥ 一篇。因此，对这批手稿进行整理释读，就更显必要。

胡、陈通信及其相关文件手稿有以下三个特点。第一，通信时间跨度大。据现存书信看，胡、陈通信始于 1931 年 1 月 22 日，由胡适写给陈受颐，谈陈受颐夫妇新婚典礼之事；终于 1961 年 11 月 10 日，由胡适写给陈

① 《罗常培致胡适函》（1946 年 4 月 24 日），《胡适来往书信选》下册，社会科学文献出版社，第 892 页。
② 《傅斯年致胡适函》（1940 年 8 月 14 日），《胡适来往书信选》中册，社会科学文献出版社，第 740—745 页。
③ 李孝迁、任虎编校《近代中国史家学记》（上、下），上海古籍出版社，2018，第 48—55 页。
④ 吴相湘：《民国人物列传》，台北，传记文学出版社，1986。
⑤ 谢泳编《独立评论文选》，福建教育出版社，2012。
⑥ 梁建东：《被遗忘的先驱——陈受颐及其 18 世纪中西文化接触史研究》，《深圳大学学报》2015 年第 2 期。

受颐，谈及各自的身体健康。此外，在胡适纪念馆档案中，还有一封 1962 年 2 月 12 日由 Henry Allen Moe 写给胡适的英文信，请胡适做陈受颐研究项目的推荐人，而胡适 1962 年 2 月 24 日逝世，可能未及见到此信。可见二人之间的学术交流和私人交往数十年未曾中断。

第二，书信所谈内容范围广，公私事务兼具。不同于胡适与顾颉刚、王重民、杨联陞的通信多以论学为主，陈受颐与胡适所谈的"私事"也占有不小篇幅，包括一起帮朋友谋职，关心对方及其家人的身体健康，委托办理家常琐事，交换出行计划以期会面等，向世人展露出温情而洒脱的名士风姿。抗战时期，二人通信时往往将国事、家事与扶携劝勉同谈，彰显两位北大同人在动荡时代对学术理想和家国情怀的坚守。

第三，不同时期各具鲜明主题。胡、陈通信手稿内容与时代背景紧密相关，可按时间分为三个阶段，对应不同的时代主题：1930 年代前期侧重于教育问题，主要关于香港大学中文学院的改革；1930 年代末至 1940 年代初受全面抗战影响，以学者在战争年代中的人生抉择为主题；1940 年代中后期至 1960 年代初主要以学术活动为主题，包括学术演讲、切磋文章、促进中西方文化交流等。这批手稿是研究胡适、陈受颐等人物的绝佳史料。通过胡、陈通信，读者可以看到民国知识分子的学术理想和家国情怀如何与时代浪潮相互缠绕，气象万千。

本文将以胡、陈通信手稿为底本，分"1933—1935 年：胡适、陈受颐与香港大学中文学院的教育制度改革""1938—1940 年：国事、家事和学术理想的撕扯""1945—1946 年：回归学术，促进中西文化交流""1950 年：胡适在克莱蒙特联校的演讲及其人文学荣誉博士学位"四个部分进行释读，并对其中的偏误进行考订、校勘。

一　1933—1935 年：胡适、陈受颐与香港大学中文学院的教育制度改革

通过通信手稿可见，1930 年代胡、陈通信的主要内容是讨论香港大学现代中文教育的建制和改革，尤以胡适、陈受颐、林语堂等人关于港大选聘中文讲师、规划港大改革的通信最为典型。胡、陈通信系列手稿可以帮助我们复原港大中文教育改革始末，重新发现胡适、陈受颐等人的积极推

动作用，从而管窥香港大学现代中文教育的建制与改革之一斑。

1935 年 1 月，胡适南游香港、广州、梧州、桂林等地，在香港做了五次演讲，并获得香港大学法学博士荣誉学位，这些经历和感受后来都记载在《南游杂忆》里。胡适在文中提及 "港大曾请广东学者陈受颐先生和容肇祖先生到这里来研究港大的中文教学问题，请他们自由批评并指示改革的途径"，① 却谦虚地隐去了自己的功劳。

在《香港大学中文学院简史》上，许地山作为港大中文教育改革的 "功臣" 之一，享有整个独立章节的表彰纪念。而关于胡适和陈受颐，则仅有简单介绍：

> 一九三四年夏天，校方聘请北京大学陈受颐教授与辅仁大学容肇祖教授亲临香港考察，为大学的中文教育提供改革方案。一九三五年一月胡适博士到香港接受香港大学颁授的名誉法学博士学位，他对中文系课程的批评与中文教育的期许进一步促成校方急欲改革中文教育的决心。校方虽未能成功邀得胡博士出掌中文系，却得到胡博士的推荐，于该年七月聘请燕京大学许地山教授负责领导和策划学系的课程改革。②

从香港大学的角度来看，许地山才是为中文教育改革做出实际贡献的人。而实地考察港大中文教育并推荐许地山加入香港大学的，却是胡、陈二人。在解读胡、陈等人通信之前，我们先来了解一下香港大学的中文学院。

香港大学中文学院正式成立于 1927 年，前身是 1913 年成立的文学院。文学院最初仅有两位讲师，都是晚清的进士，即赖际熙（1865—1937）太史与区大典（1877—1937）太史。"文学院" 和 "中文学院" 虽然只有一字之差，但和现代学术关系不大，实际上是 "经学院"。

尽管由经学教育起步，发展过程也极尽坎坷，但港大一直锐意改革，

① 胡适：《南游杂忆》，欧阳哲生编《胡适文集》第 5 册，北京大学出版社，2013，第 556 页。

② 《香港大学中文学院简史》，http://web.chinese.hku.hk/main/school-history/，2020 年 11 月 16 日。

构建现代中文教育。1923 年，香港大学文学院主动将"传统汉文"课程的学时减半，以应改革要求，但力度仍不足。1926 年，英国通过庚款退款议案，财政困难的香港大学为之心动，遂将文学院的改革计划作为"金牌投标书"，争取英庚款补贴。可是，英国威灵顿代表团（Willington Delegation）考察香港大学的教育情况后并不满意，认为该校文学院只缩减经学课程是不够的，还要"赋予此等教育新的现代意义"。① 为此，两位太史主动提出改革，计划设立新的"华文部"（即后来的中文学院），增设"文词学"等课程，成功获得英庚款。

可是校方并未践诺，反而将英庚款扣留，并未拨给"华文部"。幸得赖际熙、区大典及文学院首届毕业生林栋四处筹款、百般斡旋、辛苦维持，又有香港总督金文泰支持，中文学院于 1927 年正式成立，由赖、区、林三人主持。

1930 年，赖际熙继续尝试改革，为中文学院设置"史学""经学""文词学""翻译学""哲学"五门课程。1933 年，中文学院改组，并入原来的文学院，成为文学院下面的中文系，改设"文词""哲学""史学""翻译学"四门课程，经学课程终于被取消。学者车行健认为香港大学经学课程的取消，要归咎于许地山和胡适的激进主张，② 是不正确的。早在胡适推荐许地山入职之前，校方就已经主动取消了经学科目。

然而，仅仅是课程设计的变化，并不意味着"现代意义"的注入。胡适在《南游杂忆》中曾指出，问题的关键在于"文科的教育可以说是完全和中国大陆的学术思想不发生关系……大陆上的中文教学早已经过了很大的变动，而港大还完全在那变动大潮之外"。③ 此地学术思想还停留在经学时期，甚至白话、国语都尚未普及，无怪乎几经改革犹如隔靴搔痒。但是，指责赖、区两位太史以及后来的几位"秀才讲师"，认为他们"把持"文学院、抵制变革，却有失公正。身为晚清进士，他们能够主动改革，最后甚至取消了经学科目，这份改革诚意无可置疑。只是当时香港、广东的大学跟北京大学的改革相比，还有很大差距，改革者又如何能做出超出自己认

---

① 《香港大学中文学院简史》，http://web.chinese.hku.hk/main/school-history/，2020 年 11 月 16 日。

② 车行健：《胡适、许地山与香港大学经学教育的变革》，《湖南大学学报》2009 年第 5 期。

③ 胡适：《南游杂忆》，欧阳哲生编《胡适文集》第 5 册，第 556 页。

知范围的决策呢？

1933 年，香港大学仰慕北方教育改革的成绩，决定北上"取经"。香港大学副校长 William Hornell 等人途经上海，首先问取了林语堂的意见，后又请林氏从中介绍，希望与胡适面谈此事。1933 年 11 月 4 日，林语堂致信胡适："香港大学副校长 Sir William Hornell 此次北上，特来邀请一位精通国学之人为该校中文系主任，据闻待遇设备均甚佳。在沪时到弟宅商量，弟告以朱自清、陆侃如二位均合式。兹依氏之命，特为函绍介于先生，一切详情面谈可也。"此信手稿一同收藏在洪诺德图书馆的"陈受颐档案"中。

一周后，11 月 12 日，胡适终于与 William Hornell 会面，详谈了港大中文系改革的困难。为助港大中文系谋革新出路，胡适首先想到的帮手，就是广东人陈受颐。当夜，胡适即写信给陈受颐：

受颐先生：

今夜会见香港大学副校长 Sir William Hornell。他说，他们登报聘的中文教授，至今未聘定。周辨明并未聘任。他甚盼寻得相当之人。我对他说，此事最好与你商量，因为你熟悉港粤方面的需要，又在北方两年，深知北方或南方有何人可聘。他甚盼能和你一谈。他住在福开森家中（崇文门内，喜雀胡同三号），你何时有暇，能否给我一个电话，我可以通知他？

他是三次南下。①

我看，此地最好是先请一位广东学者，如容肇祖或陈序经或容希白。此地薪俸每年 £ 850，有房子住；又可用三人相助。

但他们希望能通英文英语者，可出席于 University Senate, to defend the Department and fight for its budget. 二容君似皆不行？

适之

廿二，十一，十二夜②

① 胡适原信如此。疑有误，似应为"他是三次北上"。

② 《胡适致陈受颐函》（1933 年 11 月 12 日），潘光哲主编《胡适全集·胡适中文书信集》第 2 册，第 335 页。

　　此信手稿出自"陈受颐档案"，也被收录进《胡适全集·胡适中文书信集》中。据此信可知，香港大学为聘"相当之人"主持中文系，派出副校长自香江北上，沿途不仅拜访上海等地的学者，还在报纸上刊登招聘启事，待遇也颇优厚。这样郑重地一路走一路找，一直到了北京也未聘定。何以这样困难呢？不得不说，香港大学提出的要求确实不低，"相当之人"至少要达到几条标准：精通国学——林语堂已在信中提及；南方人，最好是广东人，可通粤语，便于教学；擅长英文英语，[①] 不仅利于翻译课教学，而且可以在校级会议上为中文学院争取经费；擅长行政管理。

　　既然应人所求，胡适便尽心谋划。他对港大的帮助分"三步走"：实地考察，指导建议，选荐人才。

　　1934 年 5 月 18 日，胡适在日记中记载："E. R. Hughes 来谈香港大学中文讲师事，我写一信与 Sir William Hornell，荐陈受颐与容肇祖两兄去考察一次，然后作计划。"[②] 此时距离香港大学上门求助已经过去了近半年。半年之间，中文讲师人选仍未确定。

　　林语堂提名朱自清、陆侃如。朱自清生长于江浙，不通粤语，没有留学经历，英语也不甚好；陆侃如是江苏人，曾留学法国，语言能力也不合要求。胡适提名容肇祖、容希白（即容庚，原名容肇庚）和陈序经。这三人都是广东人，能通粤语，但容氏兄弟的英文英语也嫌不足；陈序经虽然精通英语，教育理念却很激进，主张全盘西化，此时香港大学甚至没能完全普及国语，让他去主持工作也不合适。

　　举目四望，无人可聘，港大方面只能退而求其次，邀请北方教育家南下考察，提一提改革建议。6 月 4 日，胡适给 Hornell 和容肇祖发电报，告知考察团行动在即。[③]

　　考察后，陈受颐和容肇祖提出了改革意见："港大中文部应保持其原有

①　在潘光哲先生主编的《胡适全集·胡适中文书信集》中，此处被错误地认读为"英文英听"，对照手稿原件很容易发现这个错误。胡适当时强调的是"既会写、又会说"，注重的是"文""言"之分，是白话文运动主张的余音。而今人已经处在"文言一致"的语言环境中，整理手稿时或许自然地认为此处强调的是"会书写"与"会交流"的区别，故而认读为"英文英听"。此外，《胡适全集·胡适中文书信集》中还错将此函日期记为"12 月 12 日"。对照手稿可知，应为"11 月 12 日"。两处错误均未经勘误。
②　曹伯言整理《胡适日记全集》第 7 册，台北，联经出版事业有限公司，2004，第 116 页。
③　曹伯言整理《胡适日记全集》第 7 册，第 123 页。

过去之计划，教授中国语言文字、历史、哲学……今后应该注重用历史与
科学之见地研究经史。"① 他们肯定了香港大学此前的课程设置，但批评
"经史"教学缺乏"历史与科学之见地"——可见，尽管港大在名目上取消
了经学科目，但是该校的经学风气仍未改变。

1935 年 1 月，胡适赴香港大学接受法学荣誉博士学位，得以亲自考察
当地教育情况。他在《南游杂忆》中这样记录：

> 香港大学最有成绩的是医科和工科，这是外间人士所知道的。这
里的文科比较最弱，文科的教育可以说是完全和中国大陆的学术思想
不发生关系。这是因为此地英国人士向来对于中国文史太隔膜了，此
地的中国人士又不太注意港大文科的中文教学，所以中国文字的教授
全在几个旧式科第文人的手里，大陆上的中文教学早已经过了很大的
变动，而港大还完全在那变动大潮流之外。……我在香港时，很感觉
港大当局确有改革文科中国文字教学的诚意，本地绅士如周寿臣、罗
旭和诸先生也都赞成这件改革事业……
>
> 香港的教育问题，不仅是港大的中文教学问题。我在香港曾和巢
坤霖先生、罗仁伯先生细谈，才知道中小学的中文教学问题更是一个
急待救济的问题。②

由于英国人士对中国文史太隔膜而中国人士不注意中文教学，港大中
文教授全在旧式文人手里，港大在变动潮流之外，从而呈现出"文科比较
最弱"的现象——胡适的结论正与此前陈、容二人的建议相呼应。相对于
港大的文科教育，所谓"大陆上的中文教学"，正是"用历史与科学之见地
研究经史"。

不仅如此，胡适还进一步认识到港大确有改革的诚意，本地绅士非但
没有"不注意中文教学"，反而"都很赞成这件改革事业"。此外，高等教
育的困境与中小学中文基础教育的落后也密不可分。

---

① 《香港大学改组中文部昨日下午再正式召开会议》，《工商日报》1935 年 10 月 16 日，第 3
　张第 2 版；卢玮銮：《许地山与香港大学中文系的改革》，《香港故事：个人回忆与文学思
　考》，香港，牛津大学出版社，1996，第 114 页。
② 胡适：《南游杂忆》，欧阳哲生编《胡适文集》第 5 册，第 556—557 页。

陈、容、胡三人经过前后两次实地考察，已将香港大学及当地中文教学的基本情况摸清。他们不仅向港大提出课程、学制等改革建议，而且指出应该尽快在香港、广东推广白话国语，开展"普及的、义务的、强迫的教育"。①

尽管如此，能够主持中文学院工作的人还是没有选定；但是南北双方都没有放弃寻觅人才，他们最终将目标锁定在许地山身上。许地山，1893年生于台湾，落籍福建，长于广东，掌握广州话、漳州话、官话及英文。他不仅有汉学教育的根底，又曾留学美国哥伦比亚大学、英国牛津大学，掌握英、德、法、希腊、梵文等多种语言。此外，他在漳州中小学、师范学校和燕京大学、北京大学、清华大学都任教过，教学和行政管理经验丰富，最符合香港大学的要求。据《陈君葆日记》记载，许地山此前曾向香港大学毛遂自荐，但未得到校方重视。②

1935 年初，胡适在香港发表演讲，批评广东很多人思想守旧，反对语体文、提倡读经，他"希望香港的教育家接受新文化，用和平手段转移守旧势力，使香港成为南方的一个新文化中心"。③ 他的这次演讲，由于《大光报》记者的错误报道，引起了广东军阀陈济棠和中山大学教授古直等人的不满。不久，许地山在天津《益世报》发表谈话，称"广东方面的读经，我根本有点不敢赞成，尤其是中山大学国文系诸教授主张的读法"。④ 胡、许二人由此产生共识。1935 年 1 月 25 日，港大中文学院 Foster 教授⑤拜访胡适，仍表示"渴望"陈受颐受聘，⑥ 但"当时广州方面十分担心香港大学聘请陈氏后，会成为中文研究的中心。陈氏听闻此事，自然不欲成为广州

---

① 胡适：《南游杂忆》，欧阳哲生编《胡适文集》第 5 册，第 559 页。
② 谢荣滚编《陈君葆日记》上册，香港商务印书馆，1999，第 156 页。
③ 胡适：《南游杂忆》，欧阳哲生编《胡适文集》第 5 册，第 559 页。
④ 《许地山谈读经意见》，《益世报》1935 年 2 月 7 日，第 8 版。另参见《中山大学教授古直主张读经救国——致函邹校长海滨述志，斥许地山为妖言惑众》，《时事新报》1935 年 2 月 27 日，第 4 版；《古直痛辟许地山——为许反对读经而发》，《时事新报》1935 年 3 月 1 日，第 5 版。
⑤ Dr. Lancelot Forster 当时供职于香港大学。据胡适日记记载，Forster 时任"文学院院长"。但据 Forster 著作 The New Culture In China 的序言记载，1936 年此书出版时，Forster 仍是香港大学教育学教授。因此这里以"教授"称之。
⑥ 曹伯言整理《胡适日记全集》第 7 册，第 186 页。

方面的眼中钉，因此最终不接受港大的聘任"。① 5 月 10 日，胡适致信 William Hornell，推荐许地山和陆侃如为参考人选。② 5 月 26 日，他又邀请美籍教育家 Holcombe 与 Forster 教授同游西山，并留短笺请陈受颐同去，共商聘任之事，③ 此次出游似有成果。6 月 1 日，胡适宴请 Forster，许地山作陪。6 月 8 日，香港大学中文学院召开科务会议，"一致通过胡适的建议"，④ 决定聘请许地山为中文学院主任，8 月正式入职。⑤

　　1935 年 7 月 14 日，胡适日记中记载："港大决定先请许地山去作中国文学系教授，将来再请陆侃如去合作。此事由我与陈受颐二人主持计划，至今一年，始有此结果。"⑥ 南北教育家们精挑细选出来的许地山果然不负众望，他为港大中文系设计的课程多达 30 余门，且自 1936 年起一直被沿用至 1941 年底，因大学被日军侵占而被迫停课方止。

　　值得指出的是，胡适和陈受颐在现代教育建设上的合作不限于香港大学和北大。"陈受颐档案"中有一封 1939 年 3 月 16 日胡适致陈受颐信函，讨论了另一桩教育改革。此时陈受颐正在美国任教，而胡适已暂时脱离了学术界，在驻美大使任上做"过河卒子"。但是"过河卒子"仍不忘观察美国当地的学术圈。他说："华侨国语运动，以弟所知，似嫌费时间太多。纽约之中华学校每周需十九点钟，这是要加在青年男女的美国学堂功课之上的钟点！这岂不等于虐待青年？倘元任兄与兄能求得一种时间最经济之教学法，定可嘉惠青年不少！"这样的教育理念无疑是更科学的，讲求的不是投入多少学时，而是把教育当作一门科学，研究出最"经济"的方法，以达成最好的教育效果。

---

① http://cculture. hku. hk/content/hkculture/tm/celebrity/celebrity01. pdf，2020 年 11 月 16 日。
② https://www. virtual. umag. hku. hk/eileenchang100，2020 年 11 月 16 日。这封信原件收藏在香港大学档案馆，未被任何胡适书信集收录。
③ 这张短笺也存在"陈受颐档案"中，是一张 11. 69cm×24. 68cm 的泛黄纸片。
④ 谢荣滚编《陈君葆日记》下册，第 148 页。
⑤ http://cculture. hku. hk/content/hkculture/tm/celebrity/celebrity01. pdf，2020 年 11 月 16 日。此时中文学院虽已改为中文系，但在香港大学"香港传统文化·许地山和香港大学中文学院"网页上仍写为中文学院。有关许地山就任香港大学中文学院主任一事，本文还参考了北京大学夏寅博士的未刊文章《许地山编年事辑（北京时期）》，第 121—127 页。
⑥ 曹伯言整理《胡适日记全集》第 7 册，第 260 页。

二　1938—1940 年：国事、家事和学术理想的撕扯

胡适向来主张学术独立，始终自觉与政治保持距离。然而，自 1930 年代末期，战事吃紧，国难深重，他还是选择了牺牲学术生活，毅然承担了驻美大使的工作。胡适在 1938—1942 年驻美大使任上的功绩，既有史料可供研究，如《胡适任驻美大使期间往来电稿》①《胡适、叶公超使美外交文件手稿》②，也有不少学者进行过专门论述，如莫高义的《书生大使：胡适使美研究》③、李传玺的《做了过河卒子：驻美大使期间的胡适》④、胡慧君的《抗日战争时期的胡适——其战争观的变化及在美国演讲活动》⑤、李新宇的《胡适：被忽略的历史角色》⑥ 等。此外，在各种胡适人物评传中，他的出使经历，如开展百场演讲、促成桐油贷款、推动修改《中立法案》，都是浓墨重彩的章节，欧阳哲生的《欧阳哲生讲胡适》⑦《探寻胡适的精神世界》⑧、耿云志的《胡适研究十论》⑨ 等著作中，对此都有精彩的论述。

在胡适的出使经历中，最先遭遇、最难攻克的就是美国社会的孤立主义情绪。在胡、陈通信中，檀香山当地的孤立主义气氛也经常被提及。孤立主义是美国自建国起一直奉行的外交原则之一，即不参与其他国家的军事冲突，也不与任何国家结盟，实行单边主义外交，以保护美国利益最大化。1930 年代起，美国颁布了《中立法案》，又从立法层面强化了孤立主义政策。然而，一方面，有实力介入战事的美国对于非正义的侵略不闻不问，作壁上观，实质上是对德国法西斯主义和日本军国主义的纵容；另一方面，美国在政策层面主张孤立主义的时候，在经济利益上就更容易与日本亲和。

---

① 中国社会科学院近代史研究所中华民国史组编《胡适任驻美大使期间往来电稿》，中华书局，1978。
② 周谷编《胡适、叶公超使美外交文件手稿》，台北，联经出版事业有限公司，2001。
③ 莫高义：《书生大使：胡适使美研究》，广东人民出版社，2006。
④ 李传玺：《做了过河卒子：驻美大使期间的胡适》，安徽教育出版社，2010。
⑤ 胡慧君：《抗日战争时期的胡适——其战争观的变化及在美国演讲活动》，浙江大学出版社，2013。
⑥ 李新宇：《胡适：被忽略的历史角色》，《关东学刊》2020 年第 4 期。
⑦ 欧阳哲生：《欧阳哲生讲胡适》，北京大学出版社，2008，第 32—33 页。
⑧ 欧阳哲生：《探寻胡适的精神世界》，北京大学出版社，2012，第 27、231—259 页。
⑨ 耿云志：《胡适研究十论》，复旦大学出版社，2019，第 30—40、218—224 页。

这都很不利于中国抗战。

为扭转不利局面，胡适牺牲了自己的学术生活甚至健康，为中国抗战奔走呼号，通过大量的公开演讲、外交斡旋，不仅成功扭转了美国社会及政府的孤立主义论调，争取到美、加等国广大民主人士对中国抗战的同情，而且在实质上促使美国改变了对华、对日政策，为中国拉来了最有力的盟友。他对国际局势有准确的预判，在关键节点上做了有力的推动，这些功绩都随着近年来胡适研究的发展而逐渐为人所知。

当胡适担任驻美大使，住进双橡园大使馆时，老朋友陈受颐仍留在学府中教书。1938 年至 1941 年，陈受颐仍供职于檀香山大学。彼时，檀香山是由亚入美的门户，东亚地区取海路赴美的轮船都要经过此地。这里有实力雄厚的日本政商名人，有民族认同感淡薄的土生华侨，还有持坚定孤立主义论调、对日本颇为忌惮的当地美国人。檀香山虽然不如美国内陆通信快捷，却成为庞杂信息的中转站。陈受颐在此观察到的美国社会，或许是最典型的样本之一。这样，陈受颐的来信就为胡适考察美国社会提供了一个民间的、学者的视角，成为获取"民间情报"的渠道之一。

1938 年，陈受颐得知胡适即将出任驻美大使，即致信问候，首次提到了檀香山地区的政治氛围：

> 学校当局既怕事，不敢公开讨论中日问题；生土儿①又多痛痒不知，但以美国公民自命。目前无他处可往，有多少事情可做，便尽力去做而已……美国政府的犹豫，人民的麻痹，看了真有无可如何之感。在纽约时与陈翰笙谈当时使馆的工作状况，更觉痛心。②

信中陈受颐所说的"当时使馆的工作状况"指的是在前任大使王正廷的领导下，驻美使馆中已经弥漫消极气氛，没有积极斡旋，不知在何处使力。胡适到美国后与王正廷初次见面，王就向胡适抱怨使馆的津贴"这一点怎么够？"更甚者，使馆在工作时间竟公然支起了牌桌。代表政府意志的

① 原文如此，似为陈受颐笔误。
② 《陈受颐致胡适函》（1938 年 10 月 18 日），耿云志主编《胡适遗稿及秘藏书信》第 35 册，第 379—380 页。

大使馆尚且如此，当地的华人即便心焦也无可奈何。陈受颐处在这样的环境中，心境之苦可想而知。但陈受颐并未放弃自己的本职，先后在檀香山大学、克莱蒙特联校任教，与岭南大学校友陈荣捷合作创办东方研究所，培养中西方文化学者。然而，战争无疑会影响学者的学术事业。一方面，为国事忧心、对母校牵挂的学者，总不免分出精力为国家奔走宣传；另一方面，战争环境下的异域他乡也不是做学问的好地方，尤其是在孤立主义气息浓厚的檀香山。

于是，与胡适的通信，胡适领导下的外交局面转变，都成为支撑陈受颐度过苦闷压抑生活的精神力量。当他得知胡适被任命为驻美大使，立即致信表达自己的兴奋："今日先生出山，中美外交不久必可打开新局面了。"①

期待中的"新局面"不是轻易就能打开的。1940 年，日本对华军事行动更加猛烈，对美国的拉拢也更殷勤，但美国方面仍在观望。3 月 5 日，陈受颐来信说到了檀香山的情况：

> 日本的宣传事业，最近在檀似乎特别加紧，美国人中受了点特别恩惠者，大不乏人。土生仔又有许多是没思想没心肝的，我们只好慢慢的想法劝导。然到底是日本人太多了，商界领袖——甚至报界——都不敢明明白白的得罪他们。因此孤立论调，甚嚣尘上，华侨土生，也大声的跟着唱。②

3 月 11 日，陈受颐又上一函，说自己无法融入檀香山大学的环境，恐怕很快要被学校辞退，原因是：

> （一）弟两年来，时好说话，不肯对于中日问题"严守中立"。在无线电华语广播时间，屡次苦劝华侨抵制日货，若干以美国人自命的土生，早已不表同情。此外中国人同事中，有租赁日本人的房子的，

---

① 《陈受颐致胡适函》（1938 年 10 月 18 日），耿云志主编《胡适遗稿及秘藏书信》第 35 册，第 379—380 页。

② 《陈受颐致胡适函》（1940 年 3 月 5 日），耿云志主编《胡适遗稿及秘藏书信》第 35 册，第 382 页。

暗中买日本货的，弟也直言规谏。（二）弟之严格的不与日本人往还，大抵也令得 Sinclair① 不高兴。……东方学院招待日本名人过檀的饭局，也始终拒绝参与，原因是除了不愿看日本人的面孔外，两年以来，东方学院从来没有拿学院的名义，设饭局招待过半个中国人也！弟曾这样想过：纵然学不到陶渊明的不为五斗米折腰，也应该努力做到不为五斗米磕头。看了一、二中国同事们的曲意奉承，患得患失，又是肉麻，又是生气，又是伤心！然以此故，Sinclair 遂觉得弟有怪脾气。（三）弟不肯作有辞无意的类于 entertainer（助兴者）的演讲。这里社团宴会，例有一刻钟的演讲，讲题由他们定的为多，如"中国美术"、"中国哲学"、"中国幽默"、"观世音菩萨"之类！弟有一次硬要讲中日问题，便遭了挡驾……②

同年 10 月 18 日，陈受颐又提到檀香山的情况：

> 几个月来，国际情形的转变似乎有点神化莫测。看了报纸之后，更觉莫名其妙。最近美国人士提倡亲日论者——最低限度是提倡缓和美日关系论者——似乎颇有其人。不知是日本运动费的金钱作怪呢，还是输出商的持维本身利益，因而想法转移民意？先生时提提防③此事，一定已下了很大的努力了。④

的确，胡适作为驻美大使的努力不局限于政界，也在于社会。为了赢得民意、扭转孤立主义论调，进而敦促美国修改《中立法案》，胡适采取了完全不同于前任的外交策略。多年的留学生活使他明白，在三权分立制度下，若要争取美国政府援华，则必须先改变《中立法案》；而想要改变《中立法案》，则又必须先扭转议会及其所代表的美国民众的态度。因此他采取

---

① 即檀大东方学院院长。
② 《陈受颐致胡适函》（1940 年 3 月 11 日），耿云志主编《胡适遗稿及秘藏书信》第 35 册，第 386—387 页。
③ 原文如此，"时常提到提防此事"之意。
④ 《陈受颐致胡适函》（1940 年 10 月 8 日），耿云志主编《胡适遗稿及秘藏书信》第 35 册，第 391 页。

公开演讲的方式，要向美国民众展现一个决心抗战、维护世界民主的中国形象。其外交姿态积极而不逼人，以中国抗战的艰苦和决心呼吁同情，而非道德绑架式的"要求"援助。上至罗斯福总统，下至宾馆服务生都被他视为中国抗战的"朋友"。他相信中美两国因为选择了同样的"民主的"生活方式而理应勠力同心，并以此为核心观点，在北美、欧洲做了数百场公开演讲。唐德刚先生称这个"行万里路，讲百次演"的苦差事是"摸鱼捞虾，误了庄稼"，[①]难道是不了解美国的《中立法案》和孤立主义气氛？

国事飘摇之际，胡、陈二人不只为国事忧心，还面临自己或家人的健康危机。胡适上任不久便累出了心脏病入院，加之长期失眠、偶发牙病、肠胃虚弱，肌体负担极重。这一时期，陈受颐几乎每封信都要问候胡适的健康状况。而他自己的情况也颇严峻，不仅自己偶有不适，其妻李环才的肺病更加严重。

1938 年起陈受颐就时时想要归国，但迟迟不能成行，主要原因就是顾及妻子的哮喘病，害怕她受不了舟车劳顿。1940 年，正当他归国计划已有眉目时，李环才却在临盆之期染上肺结核，危及生命。陈受颐只得按下不能为国效力的愧疚与不安，暂搁归国计划，将长女寄养在朋友家，自己一边教书一边照顾妻子和刚出生的幼女。一时间良心谴责、经济压力、爱人健康一起压在陈受颐肩上。

> 环才在分娩两天之前，咳嗽转剧，气喘加甚。赶快延医诊治，经照取 X 光相片和检验痰沫之后，知道她染了初期肺结核症，急需入肺病疗养院休息。于是当天入院。据大夫说，最怕的是她生产时也许有意外的麻烦，如流血过多之类。然也无法防御，只能暂时瞒着她，让她尽量休息。
>
> 两天之后她便分娩了，生了一个女孩子。经过情形甚为良好。小孩子出生之后，便赶紧将她和母亲隔离，转送到另外的一所妇婴医院去了。大女仍在家中，课余由颐看管，上课的时候，便雇人看着她。情形之苦，可想而知了。
>
> ……据大夫们目下的推测，她所需要的病床上的完全休息，少则

---

① 唐德刚：《胡适杂忆》，广西师范大学出版社，2015，第 45 页。

九月，多则一年。此外缩短、延长也有可能，完全视乎病菌的增减和她个人的心境和意志。她看了先生来信之后，虽然口口声声地说要今年八九月间回国，然在此情形之下，也许不能不听从大夫的劝告了。昆明气候，对她休养本极适宜，但不知道她能不能够担当道途上的舟车劳顿耳。

　　颐目下的计画是这样：如檀大能留，则多留一年；如不续聘，则让环才留此养病，暂把两女在朋友家中寄养，自己到大陆来找点零碎的事情，好结医院的账目。心绪凌乱，一时也想不出详细的办法也。①

　　胡适在收到陈受颐1940年4月7日这封来信之前并不知晓李环才的病情已经如此恶化，遂有建议回国之语。自获知李环才病况，胡适便不再催促陈受颐返国，而是尽力帮忙寻找更好的治疗机会，多年后陈受颐仍在感叹"只有先生能救活了她的性命"。② 虽然国事家事艰难至此，但两位学者未曾放弃学术理想，令人钦佩。

　　1938年10月18日陈受颐给胡适的问候函中，第一件事就是汇报当地华侨与使领馆发生矛盾，无法如期参加金门博览会，并表示今后若还有此冲突，请胡适帮忙调停。11月15日，胡适复信，首先表示目下国难深重、时间短促，使馆决定不允参加金门博览会是对的；之后，又对陈受颐的热心加以安抚："夏威夷大学现时虽没有学术空气，然有了你们一群生力军，应该可以有点新风气起来。"③

　　1940年3月17日，胡适收到陈受颐来信，得知他苦于檀香山的亲日氛围，请求胡适帮忙在哈佛大学谋职，遂劝他考虑回国："兄之前途终在国内，切不可在外久留，使人说兄畏患难而贪安逸。今日昆明已成全国绝高智识中心，岂不比檀岛之鸡零狗碎 politics 高明得多吗？"④ 这是为国保留人

---

①　《陈受颐致胡适函》（1940年4月7日），耿云志主编《胡适遗稿及秘藏书信》第35册，第383—384页。

②　《陈受颐致胡适函》（1946年6月22日），耿云志主编《胡适遗稿及秘藏书信》第35册，第395—396页。

③　《胡适致陈受颐函》（1938年11月15日），潘光哲主编《胡适全集·胡适中文书信集》第3册，第51—52页。

④　《胡适致陈受颐函》（1940年3月17日），潘光哲主编《胡适全集·胡适中文书信集》第3册，第150—151页。

才的考虑，也是学者之间惺惺相惜、不忍陈受颐受政治干扰的同情。陈受颐深谙胡适的关怀，遂回信表示信服，也很体谅胡适的学术情怀：

> 我们所渴望不过的，是国家能早日的恢复升平，先生也可早日地摆脱 politic life，可回到学术界思想界去专心的做建设的和领导的事业。然而，我常这样想，先生今日的牺牲，毕竟是无法避免的，它是个 historical necessity。①

同年 10 月 8 日，胡适仍不忘敦促陈受颐多做学问，致信问他："受颐近年曾发表什么文字，望寄我一些 Reprints 读读。我是四年多没写研究文字的了！"② 可惜由于夫人病重、护照难办，加之西南联大未给出明确回复，陈受颐不能立即返国。但他仍渴望为学术界做点贡献，复信说：

> 夏间陈福田兄回檀香山来看妻子，住了一个多月……弟筹备起了一个小规模的资助国内贫苦学生运动，集合了七百多块美国钱，请他带回去，转请孟邻、月涵两先生自由分配。第二期的筹汇快要进行了。最近接到从吾兄的信，知道教职员的生活也因物价腾贵而越弄越苦。颇想另外再筹集一点小钱寄给孟邻先生请他分配。明知"杯水车薪，无济于事"，然而小事做一点也比不做为好也。
>
> ……
>
> 端升兄来信中曾提及在英向民募捐，以延续《今日评论》的生命。此事弟不特赞成，亦以为可以办到。檀香山方面，弟愿代为奔走。③

"陈受颐档案"中，还收录了陈受颐与他人的通信，可印证以上内容。1940 年 5 月 20 日《梅贻琦致陈受颐函》正有关于陈受颐所说的"资助国内

---

① 《陈受颐致胡适函》（1940 年 4 月 7 日），耿云志主编《胡适遗稿及秘藏书信》第 35 册，第 385 页。
② 《胡适致陈受颐函》（1940 年 10 月 8 日），潘光哲主编《胡适全集·胡适中文书信集》第 3 册，第 200 页。
③ 《陈受颐致胡适函》（1940 年 10 月 8 日），耿云志主编《胡适遗稿及秘藏书信》第 35 册，第 390—391 页。

贫苦学生"的筹款内容。梅贻琦（月涵）称清华大学已分得第一批捐款中的 563 美金，上报组织委员会与审查委员后，校方决定将此款用作优秀而清寒之学子的奖助金。

另外，"陈受颐档案"中收录有日期不详的《钱端升致陈受颐函》两封，通过信函内容可知正是关于"延续《今日评论》的生命"一事。在第一封信中，钱氏提到了自己想要用民间募捐的方式维持《今日评论》杂志的运营；第二封钱端升来信则是婉拒陈受颐的捐款。可见陈受颐接到第一封信后便已经开始"代为奔走"，并且果真筹集到了资金。《今日评论》是钱端升在西南联大发起创办的政论性周刊，是西南联大知识分子讨论政局的重要平台之一。其经营陷入困顿时，陈受颐等海外学者提供了莫大的精神支持和援助。

就这样，担任大使的胡适在卖命地执行"过河卒子"的使命，留在异国校园的陈受颐在忍辱负重地为教育事业贡献绵力，数篇通信则助他们沟通消息、相互慰勉。展开二人书信，抗战时期中国学者的艰苦和气节仍感动人心。

三　1945—1946 年：回归学术，促进中西文化交流

1945 年 9 月 9 日，日本正式向中国递交降书，中国以 14 年苦战赢得了抗日战争的胜利。战事结束，百废待兴，教育事业急需人才，胡、陈二人把精力投回了学术领域。这个时期，他们的通信内容主要关于建设北大、切磋学术、中西文化交流等。

1945 年 9 月 6 日，国民政府委任胡适为北京大学校长，胡适返国前，实际工作由傅斯年代理。胡适之所以没有立即回国，一是他受教育部部长朱家骅委托，作为中国代表团首席代表出席 11 月在伦敦召开的联合国教科文组织会议；二是北大复员之初，经费问题、人事问题、伪教职员问题、学潮问题，千头万绪，异常复杂，1946 年 1 月 7 日傅斯年在给妻子俞大綵的信中就说，"这样局面之下，胡先生办，远不如我"，[①] 胡适要给傅斯年留

---

① 《傅斯年致俞大綵》（1946 年 1 月 7 日），王汎森、潘光哲、吴政上主编《傅斯年遗札》第 3 卷，社会科学文献出版社，2015，第 1257 页。

下整顿北大的时间，并在美国为北大招徕人才。但比起做大学行政工作，他更盼望做单纯的学者。9 月 12 日，胡适致信陈受颐和罗莘田，自信地说自己近年在学问上很下苦功，在研究方法上也有进步，"深不愿放弃历史研究而做大学行政的事。将来总想早早得脱身，仍交给梦麟兄，我得以剩余的十年或二十年专心做历史研究，则大幸了"。① 并请陈受颐和罗莘田两位学者对北大前途和人才任用多加留意，若有所指教，尽管与傅斯年直接通信。

在同一封信中，他也提出了自己对北大聘任人才的看法："人才必须多方搜求，多方造就，宁失于宽大，不可失于狭隘。"② 虽说自己不愿意被行政工作羁缚，但既然承接了校长的职务，胡适还是拿出"徽骆驼"的踏实与耐性尽力去做。接受北大校长任命后，他立即着手招揽人才。如此心中有数，还要得益于他在大使任上对学术圈的关注。胡适希望杨联陞、邓嗣禹、王毓铨等学者回国任教，还尽力帮陈寅恪治疗眼疾，而陈受颐自然是胡适念念不忘要请回北大的文史专家之一。就连分别已久的代理校长傅斯年，对陈的学术造诣和教学能力也青眼有加，写信给胡适说："史学系……非大充实不可。受颐必须拉回，愈早愈好。"③

陈受颐 1941 年到波莫纳学院任教，此时他自然也对返回北大充满期待。收到胡适 9 月 12 日来信后，陈受颐即于 9 月 18 日复信，称自己"急想回国去，尽力读书，替学校做点小事，稍补八年来未在国内与同事诸公一起挨苦的大过。一两天后便见此校当局提出辞职的问题"。④ 陈受颐将自己被困异国、忍受排华风气、为生计疲于奔命的日子视为自己的过错，因为没有"与同事诸公一起挨苦"，可见其家国情怀和责任心之重；又称自己不日将向校方提出辞职，也可看出他急于返国的赤诚。

陈受颐在该信中简单汇报了自己的返国计划：为了随时回国，他和波莫纳学院签约时，都只签短期合约；若波莫纳校方要求他履行合约，期满才允

① 《胡适致陈受颐、罗莘田》（1945 年 9 月 12 日），潘光哲主编《胡适全集·胡适中文书信集》第 3 册，第 495—596 页。
② 《胡适致陈受颐、罗莘田》（1945 年 9 月 12 日），潘光哲主编《胡适全集·胡适中文书信集》第 3 册，第 495—596 页。
③ 《傅斯年致胡适函》（1945 年 10 月 17 日），《胡适来往书信选》下册，社会科学文献出版社，第 851—857 页。原文即有着重号。
④ 《陈受颐致胡适函》（1945 年 9 月 18 日），耿云志主编《胡适遗稿及秘藏书信》第 35 册，第 393—394 页。

辞职，则至晚 1946 年夏季回国。李环才先后经历了三次大手术，尚未完全复原，需要休养，不宜远行；若医生要求李环才留在克莱蒙特疗养观察，他便为妻子筹一笔款，留她在美国继续治疗，将女儿寄养在朋友家，自己只身回国。

此信末尾，陈受颐还提到了罗莘田刚写成的一篇文章，从中我们也能读出他即将"羁鸟返旧林"的快乐。尽管还没踏上归途，但他们已经徜徉在学术的海洋里：

> 他今年暑期学校无须授课，写了一篇关于中国语言的借字的文章，弟看了之后劝他重写，多添些资料。他老先生高兴起来，竟把十二页的初稿，扩充到快到一百页了！此公的精力，真了不得！①

但实际情况比想象中复杂得多。转过年来，胡适和陈受颐都还未返国。1946 年 4 月 22 日，陈受颐致信胡适，解释自己至今迟迟未归，并非有意踟蹰，而是受困于重重难题，在"良心上的无限的谴责"之下的不得已之举。第一重难题是"合约上的"。陈受颐必须先按照合约，在波莫纳大学工作到 1946 年 6 月，才能正式离职。第二重难题是"治疗上的"。李环才的左肺术后恢复良好，但右肺仍有阴影，需要继续治疗休养。但此时北平刚刚走出战争阴影，即便是技术设备最好的协和医院也没有足够的收治能力。陈受颐本打算按照原计划，留下妻女，只身返国。但他没想到还有第三重难题——"法律上的难题"。②

原来，李环才作为访问学者的家属，其原始护照本只在檀香山境内有效，不能"离檀入美"；后来能到南加州居住、治病，全赖胡适当初请人帮忙，将李环才的护照改为旅游护照；张紫常③也从中协助，将旅游护照数次延期，李环才方得以安心治病。但依照美国法律，李环才的旅游护照是依附于陈受颐的，若陈受颐返国，李环才也将被驱逐出境。陈受颐只身回国的计划便告失败。他还尝试干脆为妻子办理移民手续，以换取长久居留的机会，

---

① 《陈受颐致胡适函》（1945 年 9 月 18 日），耿云志主编《胡适遗稿及秘藏书信》第 35 册，第 394 页。
② 《陈受颐致胡适函》（1946 年 4 月 22 日），耿云志主编《胡适遗稿及秘藏书信》第 35 册，第 395—396 页。
③ 张紫常，国民政府 1938—1946 年驻洛杉矶领事。

但成功与否也要至少一年后才见分晓。这样，合约上的、治疗上的、法律上的重重难题，将陈受颐逼入了进退维谷的境地。他只好选择再次将返国日期推后，"以等她右肺的进步或移民地位的转换，和国内医药设备的好转"。①

陈受颐的迟归已成定局，胡适也只能予以安慰。4 月 26 日，胡适复信陈受颐，说"我完全能谅解，我想同人也能谅解"。② 这话不是违心之语，但也绝不是放弃争取陈受颐返回北大。在此信中，胡适向陈受颐提出了两条建议。第一条建议是"在半年或一年之后能回国"。③ 胡适首先从共同的不安说起，再次强调国内学术界对人才的渴求：

> 我去国八年半，心中常感觉不安；尤其是最近三年半，我专做自己的工作，谢绝一切公开讲话，所做的研究，既无补于抗战，也无补于升平，真成了象牙塔里的生活了，所以更感觉不安。兄去国比我更多一年，内心不安，必不下于我。④

胡适的"不安"正与陈受颐自述的"良心上的无限的谴责"相同，不仅出于家国情怀和责任感，更是对学术界情况稍加考察后不能不产生的情绪。胡适指出，"国内工作需人，文史界更需人"，陈寅恪眼疾加重，"文史界失此一员大将，使我更感觉工作人员之单薄"。⑤

但是陈受颐确实难以速返，怎么办呢？胡适提出的第二条建议是：滞留美国也不要松懈于学术研究。"我终望兄能写一册英文的《中国小史》，此事于英美民族对中国的了解甚有关，千万请留意。"⑥

---

① 《陈受颐致胡适函》（1946 年 4 月 22 日），耿云志主编《胡适遗稿及秘藏书信》第 35 册，第 395—396 页。

② 《胡适致陈受颐函》（1946 年 4 月 26 日），潘光哲主编《胡适全集·胡适中文书信集》第 3 册，第 520—522 页。

③ 《胡适致陈受颐函》（1946 年 4 月 26 日），潘光哲主编《胡适全集·胡适中文书信集》第 3 册，第 520—522 页。

④ 《胡适致陈受颐函》（1946 年 4 月 26 日），潘光哲主编《胡适全集·胡适中文书信集》第 3 册，第 520—522 页。

⑤ 《胡适致陈受颐函》（1946 年 4 月 26 日），潘光哲主编《胡适全集·胡适中文书信集》第 3 册，第 520—522 页。

⑥ 《胡适致陈受颐函》（1946 年 4 月 26 日），潘光哲主编《胡适全集·胡适中文书信集》第 3 册，第 520—522 页。

胡适所说的"英文的《中国小史》",早在 1943 年就提过。陈受颐为了给妻子提供更好的调养环境,1943 年曾希望到斯坦福大学任教,但人事纷杂,未能成功,胡适只能劝他"Stanford 之事暂宜听其自然发展,不可去推动,尤不可令令弟①去推动",并建议"何不用几个月的苦干写一部五万字左右的《中国小史》?"② 胡适这个想法是受了美国历史学家约瑟夫·阿兰·内文斯(Joseph Allan Nevins,1890－1971)的启发。1943 年 1 月 14 日,胡适首次读到内文斯的《美国小史》③,在日记中记下了初次印象:"很可读,见解很平允。"④《美国小史》具有科普性质,为英国中学生所写,可增进英国青少年对美国历史的了解。胡适认为类似的《中国小史》也可以促进欧美人士对中国的了解。至于最佳撰稿人选,自然是多年生活在美国、专攻中西文化交流史的陈受颐。

胡适 1943 年所提的《中国小史》,陈受颐直至 1946 年也未写成。如今他又陷入了困境,胡适便再次提起这本小书。在 1946 年 4 月 26 日的信里,胡适用既赞赏又自愧的口吻,再次表达了对陈受颐写成《中国小史》的期待。他说:

> 我归心甚切,而兴致颇不佳。当我廿五岁生日时,我作小词,曾有"葫芦里也有些微物,试与君猜"的诗语。今又当归国,而葫芦里空空如也!奈何奈何!
>
> ……
>
> 我的"中国思想史"英文稿大部分有哈佛讲稿,但未能写定。拟回去把殷商至东周一个时代的新材料补充好,然后写定英文小书,一年内付印。
>
> 近年费了两年工夫重审《水经注》一案,写了二十万字的文

---

① 指陈受颐的弟弟陈受荣,当时在斯坦福大学任教。根据《胡适致陈受颐函》(1943 年 7 月 18 日),陈受荣曾经写信谈过斯坦福大学内部的意气之争,但胡适认为这个说法不太可信。胡适也曾给斯坦福大学校长 Dr. Wilbur 写信推荐过陈受颐。潘光哲主编《胡适全集·胡适中文书信集》第 3 册,第 311、312 页。

② 《胡适致陈受颐函》(1943 年 7 月 28 日),潘光哲主编《胡适全集·胡适中文书信集》第 3 册,第 314 页。

③ Allan Nevins, *A Brief History of the United States*, Oxford：Clarendon Press, 1942.

④ 曹伯言整理《胡适日记全集》第 8 册,第 141 页。

　　字……我想作一部专论历史考证方法的书，即用近年所集材料为资料。
也许在北大可作一个学期的讲演资料。

　　　　除此一事外，别无学术上的成绩可说，言之甚愧。①

　　胡适回忆年轻的自己，25 岁时意气风发，尚有"试与君猜"的豪气；
如今已完成大使任务，顺应众望出任中国最高学府的一校之长，反倒"兴
致颇不佳"。他的兴致不佳，无关待遇、津贴、头衔，而是因为自己"别无
学术上的成绩可说"，他为此惭愧。需要指出的是，他并非真的"别无成
绩"——完成外交使命的同时，他一边为北大物色人才，一边做了一部中
国思想史讲稿和 20 万字的《水经注》考证，哪里是没有成绩？只不过，胡
适认为这是"无补于升平"的象牙塔之作；相比之下，有助于欧美社会了
解中国的《中国小史》价值更高。

　　虽然陈受颐最终没能写成胡适建议的《中国小史》，但他 1945 年后陆
续著成《中欧文化交流史事论丛》《有关中西文化接触与比较之西文著述目
录》，英文著作《中国文学：历史导论》，翻译《西洋中古史》，并为世界培
养了大量中西文化研究人才，足以使他在克莱蒙特联校史上留名。② 其坚持
不懈的学术热忱，也与胡适等友人的勉励不无关系。

　　在著书立说、向西方介绍中国历史这项工作上，陈受颐与胡适达成了
深度默契。胡适发表的文章，陈受颐总要设法取得，发给学生传阅，带领
学生讨论。陈受颐的著作，胡适也保持关注，间或通信提出意见。1960 年
夏，陈受颐的《中国文学：历史导论》（*Chinese Literature：A Historical Intro-
duction*）③ 定稿，交付纽约罗纳德出版社（New York：Ronald Press）出版。
这本书旨在促进英美人士对中国文学的了解，以英文写成，上至殷商甲骨
文，下至五四文学革命和白话文学，是第一部系统介绍中国文学发展历程
的英文著作。1959 年秋季书稿写成，陈受颐请胡适评阅。10 月 7 日，胡
适将自己的意见写成夹注，建议"上古几章，次序似尚可斟酌"，寄还陈

---

①　《胡适致陈受颐函》（1946 年 4 月 26 日），潘光哲主编《胡适全集·胡适中文书信集》第 3
　　册，第 520—522 页。

②　吴相湘：《陈受颐精研中西文化史实》，《民国人物列传》上册，第 69—81 页。

③　Chen Shou-yi, *Chinese Literature：A Historical Introduction*, New York：Ronald Press, 1961.

受颐。① 1960 年 6 月 15 日，陈受颐致信胡适，汇报该书即将付印，"惟书中有好些地方是征引先生的《先秦名学史》"，需要胡适提供一份"许可证明书"，以满足美国出版社的要求。② 6 月 22 日，胡适复信，将"许可证明书"签字附上。③

在此书自序中，陈受颐向自己所征引的作家作品致谢，特别感谢了胡适，"感谢……胡适博士翻译了许多中国诗歌和散文，并授权转载相关材料"。④ 但是，胡适的作用不限于提供了先秦诗歌散文的翻译，他对陈受颐治史观念和哲学思想的影响是更深层、更根本的。

林语堂在为《中国文学：历史导论》写序言时，着意强调了陈著的几个优点。第一，系统而连贯地梳理历史。该书论述了从甲骨文到文学革命三千余年的中国文学史，系统地勾画了中国文学的发展脉络。而在陈著之前，尚未有连贯的、成体系的英文中国文学史。第二，严谨而自然地组织语言。作者将审慎的学术观点和语言流畅度、文本可读性结合起来，使文本兼具深度和趣味。第三，充分而科学地利用材料。作者将中国文学史做现代学科的处理，不预设经典独尊的地位，超越了清儒"只认一部经典、排斥所有伪作"的局限，对史料博览广收，更为科学和全面。第四，平等地对待哲学思想。作者在处理各时代文学的哲学底蕴时，能平等对待儒家哲学和诸子哲学，因而可以跳脱一家一派的局限。基于以上特点，林语堂认为："未来很长一段时间里，这本书都是英文中国文学史的权威之作。"⑤

而这些优点，明显师法于胡适以《中国哲学史大纲》所开创的现代史学范式。蔡元培在为胡适的《中国哲学史大纲》作序时，也总结了四个优点：证明的方法、扼要的手段、平等的眼光、系统的研究。⑥ 其中"平等的

---

① 《胡适致陈受颐函》（1959 年 10 月 7 日），潘光哲主编《胡适全集·胡适中文书信集》第 5 册，第 125 页。

② 《陈受颐致胡适函》（1960 年 6 月 15 日），台北胡适纪念馆藏，馆藏号：HS - NK01 - 022 - 018。

③ 《胡适致陈受颐函》（1960 年 6 月 22 日），潘光哲主编《胡适全集·胡适中文书信集》第 5 册，第 286 页。

④ "Among literary historians，I owe special debt of gratitude to Dr. Hu Shih，whose erudition has contributed heavily to the whole book." Chen Shou-yi, *Chinese Literature：A Historical Introduction*, New York：Ronald Press，1961，Preface，pp. vii - viii.

⑤ Chen Shou-yi, *Chinese Literature：A Historical Introduction*, Preface, pp. v - vi.

⑥ 蔡元培：《〈中国哲学史大纲〉序言》，胡适：《中国哲学史大纲》，中华书局，2018，第 1 页。

眼光"和"系统的研究"被陈受颐接受后，直接反映为"充分而科学地利用材料"和"系统而连贯地梳理历史"。而"证明的方法""扼要的手段"则被转化性地吸收，呈现在裁选史料的过程中。例如在论述清代小说时，陈受颐不仅重视作品与本国社会背景之间的相互影响，也会辨析西方文化的影响，有意识地以同时期西方文艺作品做对比，扩大了中西文化接触史的横向维度，对胡适的史学范式进行了扩展。

还要指出的是，陈著书名有三个版本。在胡、陈 1960 年与 1961 年的通信中，分别以《中国文学史稿》和《文学史略》之名出现。[①] 但公开发行、流传至今的版本却名为《中国文学：历史导论》。这个书名的选择颇有意味。胡适 1959 年 7 月在美国夏威夷大学"东西方哲学家会议"上宣读了论文《中国哲学里的科学精神与方法》。其中，胡适指出若要了解东西方的文化，必须有一种"历史的态度"（historical approach），即"东方人和西方人的知识、哲学、宗教活动上一切过去的差别都只是历史造成的差别，是地理、气候、经济、社会、政治，乃至个人经历等等因素所产生、所决定、所塑造雕琢成的；这种种因素，又都是可根据历史，用理性、用智慧，去研究、去了解的"。[②] 而此时正是陈受颐完成初稿的时间。陈受颐几次改换书名，最终选用"historical introduction"，或许也是他认同并发展了"historical approach"的表现之一。

四　1950 年：胡适在克莱蒙特联校的演讲及其人文学荣誉博士学位

"陈受颐档案"中，最完整的就是 1950 年 12 月胡适在南加州讲学的相关材料，共有相关往来书信 9 封、日程安排 1 件、邀请函 1 件、学位推荐书 2 件、胡适人文学荣誉博士学位证书 1 件。这些文件完整展现了陈受颐邀请胡适讲学→商定演讲主题与日程→推荐胡适获荣誉博士学位→讲学结束后

---

① 《陈受颐致胡适函》（1960 年 6 月 15 日），台北胡适纪念馆藏，馆藏号：HS - NK01 - 022 - 018；《胡适致陈受颐函》（1960 年 6 月 22 日），潘光哲主编《胡适全集·胡适中文书信集》第 5 册，第 286 页；《陈受颐致胡适函》（1961 年 10 月 10 日），台北胡适纪念馆藏，馆藏号：HS - NK01 - 022 - 019。

② 胡适：《中国哲学里的科学精神与方法》，欧阳哲生编《胡适文集》第 12 册，第 349 页。

胡适致信感谢招待的全过程。

1950 年是陈受颐在克莱蒙特联校任教的第十年。1950 年 10 月底，陈受颐在斯坦福碰见张紫常，得知胡适 11 月初要到美国西部讲学，非常高兴，希望届时能请胡适绕道南下，到克莱蒙特联校演讲。为此，他一面请张紫常代为询问胡适的意愿，一面请克莱蒙特联校秘书长 Dr. Robert J. Bernard 致信邀请，同时自己也给胡适写了信，现存于"陈受颐档案"中：

　　适之先生赐鉴：

　　　　许久没给先生写信，死罪死罪！前月月底在士丹福①看见紫常兄，得知先生下月初要到美西来，万分兴奋。当时即与紫常兄约好，请先生绕道南加州小住三两天，俾南加的许多朋友能趁此机会得听先生的演讲。今天正午 Claremont 联校秘书长 Dr. Robert J. Bernard（联校无校长，只有虚君制的 Provost）曾上一长电，先生想已当天接到了。联校校侣会虽是一个人数不多的组织（会员只有七八百人），会员对于国际问题却很关心研究，而且因为他们大多数不是联校的毕业生，对于南加社会影响也相当的大。先生对他们说话，不至有"珍珠委泵"的白费。很盼望先生慨然接受他们的请求。

　　　　登载 *Foreign Affairs* 的大著，拜读了不止一回，无条件的佩服之余，并已叫学生们逐句逐字的细读了。

　　　　尊此劝驾，敬候

　　旅安

　　胡太太前同此致敬

小弟受颐敬上

环才属笔请安

十一月十三日

得益于邻近的地理位置，克莱蒙特联校中的四所院校在保持独立运营的前提下分享资源、合作办学，共同推举秘书长为行政负责人。陈受颐写到"Claremont 联校秘书长 Dr. Robert J. Bernard"时，还特意在行缝中夹注

───────────

　　①　即斯坦福。

"联校无校长，只有虚君制的 Provost"，意在强调邀请胡适的电报出自联校的总负责人，以示对胡适的敬重和期待。

　　陈受颐还在信中简要介绍了此地的主要听众——南加州的朋友和七八百人的联校校侣会。人数虽然不多，但他们都很关心国际问题，而且在南加州社会上影响较大。换言之，他们能够帮助传播胡适的演讲主旨；对胡适而言，接受演讲邀约实在是很"经济"的选择。

　　同日，Bernard 的邀请电也到了。这是一封长电报，由西联电报公司（Western Union）拍送，打字稿现藏于洪诺德图书馆，译文如下：

　　致胡适先生：

　　　　我们从陈博士处得知您将到加利福尼亚州讲学，非常欣喜。即使只是匆匆停留，我们也恳切地希望您能到克莱蒙特市参观鄙联合学院。联校校侣会邀请您在洛杉矶克莱蒙特市的加利福尼亚俱乐部做特别晚宴演讲，日期在本月底或 12 月初，并将奉上 250 美元的酬金。遥想您 1942 年那次加州访学，记忆犹新；相信我们或能再次与您相见。

　　　　陈受颐博士特致问候。

联合学院四校友朋敬上

Robert J. Bernard

　　在 Bernard 的电报中，我们可以获知几条信息：第一，胡适南来的动向，是由陈受颐告知 Bernard 的；第二，Bernard 和陈受颐一样，都十分期待胡适的演讲；第三，演讲时间在 11 月底 12 月初，并提供 250 美金的报酬。

　　Bernard 的电报语气很委婉，只说"恳切地希望"胡适能来，没限定演讲主题，预约的时间弹性也很大。毕竟在七十年前，Bernard 背后只是一班"穷教授"办起来的"规模渺小的联校"。[①] 相比之下，胡适虽然已进入"黯淡岁月"，[②] 但仍具有不小的国际影响力。就在同年 6 月 23 日，美国助理国务卿迪安·腊斯克（Dean Rusk，1909－1994）还到纽约专门约胡适面

---

　　① 陈受颐语，见下文。
　　② 周质平：《胡适的黯淡岁月》，《大地》1995 年第 5 期。需要指出的是，此处的"黯淡"并非由于胡适已经失去了影响力，而是指他主动远离政治圈子，不接受外交部部长等职务，自己选择了遁入"黯淡岁月"。

谈，希望他出山，取代蒋介石，① 难怪 Bernard 的邀请信如此低姿态。

然而，陈受颐对 Bernard 的电报大为不满，认为委婉有余而效率不足，既没商定行程，也未讨论讲题；读罢全电，甚至不能确定胡适会否答应演讲。他了解南加州当地情况，更了解胡适，相信胡适不会拒绝这次演讲，邀请信大可不必如此委婉。为此，11 月 14 日，陈受颐动笔给胡适写信，表达了对胡适演讲的恳切期待，提出自己拟定的日程安排，希望胡适在员生大会和联校校侣会上讲演：

> 昨天②联校秘书长打给先生的电文，颇有"语焉不详"的毛病。较大的缺憾，是没有提到四校员生大聚会的讲约。Bernard 先生是个忠厚长者，唯恐先生看不起规模渺小的联校的邀请，所以只说"希望不敢过奢"，意思是打算先生到西岸后再说，怕的是正如我们广东佬说的"缸瓦船打老虎，一拍两散"也。经弟抗议，他还犹疑，于是弟也不坚持了。
>
> 其实，弟已经对 Bernard 说过，对青年学生们和穷教授们说话的机会，先生是绝不会看轻的。（Calif Club 的聚餐，就怕有许多穷教授出不起钱去参加）
>
> 今天中午跟紫常兄通电细商之后，暂为待定日程如下：
>
> 星期二（十二月五日）
>
> 下午二时或五时抵安罗琪③
>
> 下午八时四校员生大会
>
> 星期三（十二月六日）
>
> 中午 Bob Smith 聚餐会
>
> 下午六时三十分四校校侣聚餐会
>
> 夜十一时起飞

但是由于陈受颐已经与张紫常取得联系，甚至已经"通电细商"演讲

---

① 陶涵：《蒋经国传》，林添贵译，新华出版社，2002，第 212—214 页。另见余英时《从〈日记〉看胡适的一生》，曹伯言整理《胡适日记全集》第 1 册，第 123—124 页。

② 应为 1950 年 11 月 13 日。

③ 此处是陈受颐笔误，应为罗安琪，即洛杉矶。

行程，所以这封信暂时被搁置，并没有写完。自 11 月 13 日 Bernard 发出邀请电报起，陈受颐便积极地以张紫常为中间人，拟定胡适来加的日程。陈、张二人希望胡适不要太过劳累，又希望能召集更多听众，因此比较关注日程安排。尽管曾拟定演讲主题，但一周过后仍未确定。①

至于胡适本人，则更急于明确演讲要求，以便准备讲稿，因此于 11 月 20 日向陈受颐发电报询问。胡适写成英文底稿，交由西联电报公司拍送，该电报现存于"陈受颐档案"中，翻译如下：

陈受颐教授：

请转告贝纳德博士，我十分感激地接受他的邀请，决定周二晚间在他家停留，校侣会后也会参加他的招待会。请告诉我你们为校侣会演讲选定的讲题和每场演讲的时长要求。

胡适

这里，胡适提到"决定周二晚间在他家停留"，正是从张紫常处得到的消息。胡适纪念馆藏有《陈受颐致张紫常函》，内有更详细的日程安排，其中就包括"在 Bernard 家小息"：

（一）五日（星期二）
下午三时至五时，在旅馆休息
五时至六时，北大旧同事欢迎晚膳
六时至七时一刻，由中国城乘车至 Claremont
七时一刻至八时，在 Bernard 家小息
八时，四校员生大会，公开演讲
演讲后茶会
（二）六日（星期三）
上午十时左右，由 Claremont 至罗安琪

---

① 陈受颐和张紫常是如何商量的、曾拟定什么主题，目前尚未发现相关史料记载。但据陈受颐 11 月 20 日信中所讲，最终讲题是改换过的。

　　十二时左右，江易生总领事 Stag Party①

　　下午，罗安琪旅馆休息

　　下午六时卅分，四校校侣会餐

　　十一时起飞②

　　陈受颐接到 20 日的电报后，才想起没有通知胡适演讲主题是什么，便立即与 Bernard 商量。他们想请胡适评论中国局势，最终确定"中国历史上为自由的斗争"（The Fight for Freedom in Chinese History）和"自由世界需要一个自由中国"（A Free World Needs a Free China）两个讲题，并拟于 20 日当晚发电报回复胡适。同时，陈受颐找出 14 日写到一半的信件，继续写完，把"请求改换讲题的经过，简单地说一下子"。③ 12 月 2 日，陈受颐给胡适发送电报，再次确认演讲主题。④ 至此，胡适在克莱蒙特联校的演讲日程和主题全部安排妥当。我们已找到这两篇胡适的散佚讲稿。12 月 5 日演讲的是《中国历史上为自由的斗争》，胡适从中国历史上的自由传统切入，历数先秦以来中国人民不屈服于社会、道德、政府或宗教权威，勇于独立思考并大胆发声的例子，为后一场演讲做铺垫；6 日演讲的是《自由世界需要一个自由中国》，他阐述了千百代中国人传续下来的为自由而奋斗的精神。这两次演讲都围绕中国人民的自由精神展开，意在阐明中国自古以来就是一个热爱自由的国家，以拉近两国人民的关系。

　　为了进一步表示对胡适的敬重，克莱蒙特联校不仅以师生大会和校侣会这样的隆重场合作为演讲平台，而且决定授予胡适荣誉博士学位。"陈受颐档案"中藏有《陈受颐致联校教务长函》，陈受颐在函文中列举了胡适在人文学领域的贡献，以此作为学位推荐信，在 12 月 5 日晚学位授予仪式上宣读。此函未经公开出版，现识读并翻译如下：

---

① 结合具体语境，此处应理解为"只有男性参加的会议"，即"雄鹿会议"，并非"单身派对"。

② 《陈受颐致张紫常函》（1950 年，无具体日期），台北胡适纪念馆藏，馆藏号：HS－US01－034－007。

③ 这封信现藏于台北胡适纪念馆，馆藏号：HS－US01－034－004。

④ 《陈受颐致胡适函》（1950 年 11 月 20 日）与《陈受颐致胡适电报》（1950 年 12 月 2 日）均出自台北胡适纪念馆，馆藏号分别为 HS－US01－034－004、HS－US01－034－009。

教务长先生：

胡适是著名的中国传统经学家族①备受宠爱（杰出）②的后裔，是美国多位著名学者和哲学家的出色学生，整个世界的人文学研究的集大成者。

作为中国文艺复兴的主要先驱和奠基人，他不仅取得了许多划时代的学术成就，还将中国普通百姓的日常用语确立为四万万世界公民的国语，提升至尊贵的地位。

作为现代中国最重要的人文主义者，他践行着悠久宝贵的历史传统，以充满活力的学者风范，勇敢接受并坚定履行了他的社会责任和国际责任，以演讲和文章自由批评他的政府和人民，近年来甚至中断、延宕自己的学术事业，以便更高效地服务于他的同胞（如担任国立北京大学校长、领导中国驻联合国代表团、担任中国驻美大使等）。

他是中国的孝顺而爱国的儿子。他对自由的追求和热爱，激励他超越了自我时代的狭隘民族主义，升华了他的忠孝品性，使他以杰出的世界公民的形象脱于俗流。

因此，教务长先生，我荣幸地代表克莱蒙特学院的院系成员，推荐他获得人文学博士学位。

陈受颐认为胡适是"整个世界人文学研究的集大成者"，并以三条理由证明。第一，胡适自觉推动了中国的"文艺复兴"，将白话文确立为正宗国语的尊贵地位。作为比较文化领域的学者，陈受颐敏锐地意识到，中国拥有四万万庞大人口，其白话文运动带来的社会影响，在世界上具有多么重要的作用。陈受颐在此强调胡适"将中国普通百姓的日常用语确立为四万万世界公民的国语，提升至尊贵的地位"，意在指出胡适以中国白话文运动

---

① 指"明经胡氏"。绩溪胡氏分别为龙川胡、金紫胡、遵义胡、明经胡四条支脉，胡适是明经胡氏后人。蔡元培先生为胡适《中国哲学史大纲》作序时称："适之先生出生于世传'汉学'的绩溪胡氏，禀有'汉学'的遗传性。"又在《答林琴南君》中说"胡君家世汉学"，没有准确说明是"四胡"中的哪一支。在《胡适口述自传》中，胡适声明自己属明经胡一支，祖上世代经商。这里陈受颐称其为"中国传统经学家族的后裔"，显然也没有对"绩溪四胡"加以明辨。但是在徽州绩溪，晚清以后朴学风气已成，对胡适的学术思想有奠基性的影响，在这个意义上陈受颐的说法是无大错的。

② "陈受颐档案"中藏有两个版本的推荐信，分别用了"beloved"和"illustrious"两个形容词。

撬动世界社会文明进步的功绩。第二，胡适作为"现代中国最重要的人文主义者"，能够"以充满活力的学者风范，勇敢接受并坚定履行了他的社会责任和国际责任"。其中"社会责任"是"以演讲和文章自由批评他的政府和人民"，"国际责任"是"中断或延宕自己的学术事业，以便更高效地服务于他的同胞（如担任国立北京大学校长、领导中国驻联合国代表团、担任中国驻美大使等）"。陈受颐充分体会到胡适多年以来被学术理想和社会责任撕扯的痛苦，并对他甘愿牺牲个人理想，以成全社会责任表示肯定和敬佩。二人多年来持续不断地探讨学术、互剖心迹，陈受颐能对胡适的两难心境做出中肯评价，自然不在话下。第三，出于对自由的追寻，胡适能够超越狭隘的民族主义情绪，成为杰出的世界公民。胡适很早就有了世界主义观念，早在 1914 年，他就提出"今之大患，在于一种狭义的国家主义，以为我之国须凌驾他人之国，我之种须凌驾他人之种"，① 他认同戈德温·史密斯（Goldwin Smith）所说的"万国之上犹有人类"（Above all Nations is Humanity），② 欣赏威尔逊（Woodrow Wilson）总统"不只总是优先考虑美国，也要优先考虑人类"（not only always to think first of America，but always，also，to think first of humanity）的观念。③ 胡适的世界主义观念表现为包容的态度：在国家内部尊重个体的自由发展权利，在国家之间尊重彼此的制度文化差异，主张世界各国放弃独大的野心，合作重建均衡的世界秩序，在哲学层面与自由主义思想彼此呼应。陈受颐所列举的三项功绩逐层递进，从本国语言文化扩展到社会和国际责任，再深化到人文主义和世界主义，恰当地概括了胡适的历史功绩。

讲学结束、回到纽约后，胡适分别给陈受颐和 Bernard 复感谢信，尤其回应了陈受颐的推荐函，"实在奖许太过，使我既感且愧"，他把克莱蒙特联校授予荣誉博士学位理解为鼓励自己在人文学和自由主义领域内再添新功，感慨"受者特别感觉快慰"。④

① 曹伯言整理《胡适日记全集》第 1 册，第 521 页。
② 曹伯言整理《胡适日记全集》第 1 册，第 521 页。
③ 曹伯言整理《胡适日记全集》第 2 册，第 110 页。
④ 《胡适致陈受颐函》（1950 年 12 月 20 日），潘光哲主编《胡适全集·胡适中文书信集》第 4 册，第 41 页；《胡适致 Bernard 函》（1950 年 12 月 19 日），出自"陈受颐档案"（Chen Shou-yi Papers，Special Collections，The Claremont Colleges Library，Claremont，California）。

结　语

胡适是现代学术的开风气者，发掘他与其他人的通信等新材料，可以为胡适研究打开一个新窗口；陈受颐在历史和文化交流领域负有盛名，曾是北大教授、傅斯年和罗常培等人交口称赞的文化学者，却由于长年流落海外而渐被遗忘，研究他的作品，考释他与胡适及其他学者的通信，有助于我们重新发现这位"被遗忘的北大历史系主任"。本文以时代发展为脉络，对胡适与陈受颐的通信进行了初步整理和研究。胡适与陈受颐秉性相合，志趣相投，二人互相勉励、交流思想、切磋学术，终身不息。身在学术界时，他们合作建设现代教育，耕耘中国文化，介绍西方思想，促进中西方的接触和交流；在民族和国家危难关头，他们虽分居美国东西两端，却同心协力为国奔走呼号。他们的交往超过 30 年，其间往来通信不仅数量可观，而且内容连贯，史料价值极高。同时，胡、陈往来书信也存在一些落款日期不明、部分信件丢失、字迹难以辨认等缺憾，这也为当今的研究者提供了很多探索的空间。

民国时期关于老子其人其书的争论[*]

——以胡适与钱穆的争论为考察中心

陈　勇[**]

民国时期，学术界就老子其人、《老子》其书的问题展开了一场激烈的讨论。胡适是《老子》"早出说"的代表人物，不赞同其观点首先向他发难的是老辈学者梁启超，认为《老子》晚出，为战国时代的作品。钱穆、顾颉刚、冯友兰等人支持梁启超的观点，在他的基础上续有讨论，成为"晚出说"一方的重要代表人物。本文围绕钱穆对老子其人、《老子》其书的考证及其与胡适的争论进行了一番学术史的回顾和梳理，并就其"思想线索"的考证方法及不足做了分析和思考，希望能进一步加深对民国老学史研究的认识和理解。

一　由梁启超引发的老子其人其书的争论

关于老子其人、《老子》其书的成书年代及其真伪问题，在宋代以前虽有崔浩略有疑及，但总体来说没有太大的争议，人们大都倾向于司马迁"老在孔前"的说法。北宋中叶以来，疑古之风渐兴，有陈师道、叶适、黄震等人怀疑"孔子师事老聃"之说，进而怀疑《史记·老子传》的真实性。比如，陈师道把《老子》的成书年代移后，定于"墨、荀之间"，[①] 叶适认

* 本文为国家社科基金一般项目"钱穆与民国学术研究"（项目号：16BZS003）阶段性成果。

** 陈勇，上海师范大学人文学院教授。

① 陈师道：《后山集》卷22《理究》，《景印文渊阁四库全书》第1114册，台北，台湾商务印书馆，1987，第718页。

为存世文献记载的老子有两个，一个是授礼孔子的老子，一个是道家视为"博大真人"的老子，并认定著书《老子》的绝非授礼孔子的老聃。① 此后清代的毕沅、汪中、崔述等人力主老子"晚出"。汪中在《老子考异》中列举五证，力主《道德经》五千言非孔子所见的老聃所著。20世纪初以来，学界关于老子其人其书的争论转烈，特别是1920—1930年代，疑古史学的兴起和发展，更助长了这一争论。

1920—1930年代的这场争论，是由梁启超批评胡适《中国哲学史大纲》引发的。1919年2月，胡适的学术代表作《中国哲学史大纲》（卷上）由商务印书馆出版。在该书第三编"老子略传"中，胡适根据《史记·老子列传》等材料判定老子先于孔子，以老子为孔子之师。1922年3月4日，梁启超应北京大学哲学社的邀请做《评胡适之〈中国哲学史大纲〉》讲演，对胡著主张老在孔前的观点提出了六点质疑，认为《老子》一书来历不明，恐为战国末期的作品，② 由此而引发了学术界关于老子其人其书的热烈讨论。

梁启超《老子》"晚出"的观点提出后，立即得到了学术界不少学者的赞同。胡适是顾颉刚走向疑古之路的引路人，然而在《老子》年代问题上却与乃师唱了反调。1921年1月，顾颉刚在给胡适的信中就否认《史记·老子列传》关于老子的记载，认为老子和孔子的关系"完全是后来人伪造的"。梁启超"晚出说"提出后，立即得到他的响应。1923年2月25日，顾颉刚在给钱玄同的一封信中说："《老子》决当如梁任公先生说，是战国末年的书。"接着他在梁氏六点质疑之后又补充了两条证据："其一，战国后期，因为游学之风极盛，诵习简编，要求简练易记，所以大家作'经'：墨家有《墨经》，《荀子》上引有《道经》，《韩非子》上有《内外储说》之经。《老子》之文与此同类，当为好言道妙之士所作之经。若战国前期，则尚不会有此类著作。其二，《老子》痛恨圣智，与《庄子·胠箧》《韩非

---

① 叶适：《习学记言序目》卷15《老子》："言老子所自出，莫著于《孔子家语》《世家》《曾子问》《老子列传》……然则教孔子者必非著书之老子，而为此书者必非礼家所谓老聃，妄人讹而合之尔。"中华书局，1977，第209页。

② 参见梁启超《评胡适之〈中国哲学史大纲〉——在北京大学为哲学社讲演》一文第五节内容，张品兴主编《梁启超全集》第13卷，北京出版社，1999，第3988—3989页。此节内容又以《论〈老子〉书作于战国之末》为题收入《古史辨》第4册下编中。

子·五蠹·显学》虽归宿不同，而出发点则一。实在因为到战国后期，社会上所受游士的损害重极了，不由得不做一致的呼声。这种思想在春秋末年和战国初期也是不会有的。至于'道家'二字，我好久疑惑，觉得这个名词起于汉代，非战国所有。"① 1932 年 4 月，顾颉刚又撰成《从〈吕氏春秋〉推测〈老子〉之成书年代》一长文，把考证老子的成书年代纳入"层累说"的框架中进行考察，提出"《老子》一书非一人之言，亦非一时之作，而由于若干时代的积累而成……其结集之期，大约早则在战国之末，否则在西汉之初"。②

冯友兰在 1931 年出版的《中国哲学史》上册第八章"《老子》及道家中之《老》学"中也提出了三条证据支持"晚出说"。他说："一则孔子以前，无私人著述之事，故《老子》不能早于《论语》。二则《老子》之文体，非问答体，故应在《论语》、《孟子》之后。三则《老子》之文，为简明之'经'体，可见其为战国时代之作品。"冯氏进而指出，"此三端及前人所已举之证据，若只举其一，则不免有为逻辑上所谓'丐词'（begging the question）之嫌。但合而观之，则《老子》之文体、学说、及各方面之旁证，皆指明其为战国时之作品，此则必非偶然矣。"③

二 《关于〈老子〉成书年代之一种考察》

1920—1930 年代关于《老子》成书年代的争论，钱穆投身其中，与顾颉刚、冯友兰等人同是"晚出说"的有力支持者、鼓吹者。与顾、冯二人所不同的是，钱穆提出了《老子》成书不仅在孔、墨之后，而且在庄子之后的新看法。

钱穆认为，老学、孔学的时代先后问题，关系到先秦诸子学术思想发展演变的顺序，有必要首先加以解决和澄清。他说："老子之伪迹不彰，真

---

① 顾颉刚：《论〈诗经〉经历及〈老子〉与道家书》，顾颉刚编著《古史辨》第 1 册，上海古籍出版社，1982，第 56 页。又见《顾颉刚书信集》卷 1，中华书局，2011，第 545 页，内容略有出入。
② 顾颉刚：《从〈吕氏春秋〉推测〈老子〉之成书年代》，顾颉刚编著《古史辨》第 4 册，第 484—485 页。
③ 冯友兰：《中国哲学史》上册，华东师范大学出版社，2000，第 130 页。

相不白，则先秦诸子学术思想之系统条贯终不明，其源流派别终无可言。"①
钱穆对老子"早出说"很早就产生了怀疑。1923 年，他写成《老子辨伪》
一文，即主《老子》为晚出之书。第二年又写成《孔子与南宫敬叔适周问
礼老子辨》《老子杂辨》二文，对《史记》所载老子事迹以及老、孔关系进
行辨证，认为孔子适周问礼于老子是传说而非信史。1926 年，钱穆在无锡
第三师范编《国学概论》，在该书第二章"先秦诸子"中，说老子史实不可
信，"按其思想议论，实出战国晚世。大要在于反奢侈，归真朴，承墨翟、
许行、庄周之遗绪"。在第十章"最近期之学术思想"（1928 年春完成）
中，对胡适所持的老子"早出说"多有批评，指责其考证多疏。②

　　1930 年 12 月，钱穆把早年所写的《老子辨伪》一文易名为《关于
〈老子〉成书年代之一种考察》，发表在顾颉刚主编的《燕京学报》第 8 期
上。在文中，他根据《老子》书中所反映的思想内容加以考察，提出了
"思想线索"的考证方法。他在文章开篇就指出：

　　　　大凡一学说之兴起，必有其思想之中心。此中心思想者，对其最
　　近较前有力之思想，或为承受而阐发，或为反抗而排击，必有历史上
　　之迹象可求。《老子》一书，开宗明义，其所论者，曰"道"曰
　　"名"。今即此二字，就其思想之系统而探索其前后递嬗转变之线索，
　　亦未始不足以考察其成书之年代。③

　　"道"和"名"是《老子》书中最主要的思想范畴，钱穆紧紧抓住这
两大观念，就先秦学术思想的系统立论，探求这两大观念的由来以及承先
启后递嬗转变的线索，考证其书为晚出之书。

　　关于"道"。钱穆指出，"道"是老子学说中至堪注意之处，为其中心
思想之所在。《老子》书中的"道"字有一主要含义，即"道"为万物之
始，万物皆由"道"生。然而，《论语》言道，仅指人事，墨子言义不言

---

① 钱穆：《老子辨》，中国书店，1988，第 8 页。该书系据大华书局 1935 年版影印。
② 钱穆：《国学概论》，商务印书馆，1997，第 324 页。
③ 钱穆：《老子辨》，第 32 页。

道。庄子论道与老子论道有相同之见解，但《庄子·内篇》七篇除《大宗师》言道"先天地而生"外，其他处言道，如"道不欲杂""惟道集虚""鱼相造乎水，人相造乎道"等，皆与《论语》素朴之义为近，而与《老子》深玄之旨为远。所以钱穆认为，庄子言道，乃是"孔墨与老子之过渡"。至于《老子》一书，将庄子"道生天地"之说发挥无遗，卓然成一家之说。故《老子》首章即云"道可道，非常道；名可名，非常名"，其语即承庄子而起。所以他认为《老子》之书，当成于《庄子》七篇之后。

关于"名"。钱穆认为，老子言名，异于孔、墨。孔子首言正名，所指不过君臣父子人伦之名分，非名实之名。墨辨论名，乃指名实之名，其含义较孔子远过。孟子拒杨、墨，不论名实。庄子论名又异于墨者。墨家以名实并举，"以名举实"重在"名"，庄子谓"名是实宾"重在"实"。这是因为庄子当名家诡辩极盛之时，儒墨之是非相争不息。庄子力图打破这种种"缴绕之言辩"，故其言道，"激于当时名实之缴绕，求离实而言之也"。老子以无名言道，"道可道，非常道；名可名，非常名"，"道通无名""道隐无名"，此言道不可以名举。所以老子言道，"病于名之终不可以离实而言之也，求弃实，故曰道"。以无名言道，此为《老子》言名的第一层含义；《老子》言名的第二层含义即是以无名言治，此亦承自庄子。此说由庄子开其端，老子畅其说。

钱穆在文中对《老子》书中这两个最主要的思想进行了详细的阐述，在此基础上择其与这两大观念相关的名词范畴，如"帝""天""地""物""大""一""阴阳""气""德""自然""象""法"之类，与先秦诸家典籍和思想相互印证，一一分析其含义，推寻其思想上的来源。

钱穆此文刊出后不久，就得到了胡适的注意，胡适在给顾颉刚的信中，就提到了钱氏此文。[①] 1931 年 3 月 17 日，胡适致信钱穆，对他考证《老子》的方法，即"思想线索"的论证法提出了批评。他在信中说：

去年读先生的《向歆父子年谱》，十分佩服。今年在《燕京学报》第七期（应为"第八期"——引者注）上读先生的旧作《关于〈老

---

① 参见钱穆《八十忆双亲·师友杂忆》，三联书店，1998，第 159 页。

子）成书年代之一种考察》，我觉得远不如《向歆谱》的谨严。其中根本立场甚难成立。……此文的根本立场是"思想上的线索"。但思想线索实不易言。希腊思想已发达到很"深远"的境界了，而欧洲中古时代忽然陷入很粗浅的神学，至近千年之久。后世学者岂可据此便说希腊之深远思想不当在中古之前吗？又如佛教之哲学已到很"深远"的境界，而大乘末流沦为最下流的密宗，此又是最明显之例。①

胡适在信的末尾说："我并不否以《老子》晚出之论的可能性。但我始终觉得梁任公、冯芝生与先生之论证无一可使我心服。若有充分的证据使我心服，我决不坚持《老子》早出之说。"

在胡适给钱穆写信后的第四天，即 3 月 22 日，钱穆在燕大同事顾颉刚、郭绍虞的陪同下，到胡适家中拜访。那天恰好是星期天，主客之间谈论的话题尽是《老子》的年代问题。钱、顾主晚出，胡仍坚持前说。这次面对面的争辩，在胡适当天的日记中也留下了记载：

> 颉刚与郭绍虞、钱宾四来谈。宾四费了许多年的工夫著了一部《诸子系年考辨》，凡几十万言。老子的移后是其中的一个要点，故他今天仍争辨《老子》不会出于战国以前。他问，《老子》已说"礼者忠信之薄"，似是很晚的一证。我说，《论语》不曾说有林放问礼之本吗？此问与孔子所答正足证其时"礼"已发生疑问了。
>
> 他又说，"功成名遂身退天之道"，似也是很晚的证据。有退必有"进"，那时贵族政治之下，有什么个人进退。我说，这又错了。《诗三百》篇里已可看出私人的入政治场中，《论语》里已有家臣同升之事，吴越杀功臣不是春秋末年的事吗？再上去，周公居东，祭仲、管仲都不是先例吗？
>
> 他又问，散文夹韵文是否散文成立以后的事？我说，韵文成立最早，纯粹散文在后，而《老子》的文体应在过渡时代。②

---

① 胡适：《与钱穆先生论〈老子〉问题书》，《胡适论学近著》第一集，山东人民出版社，1998，第 100 页。

② 曹伯言整理《胡适日记全编》第 6 册，安徽教育出版社，2001，第 101 页。

三　《再论〈老子〉成书年代》

以上是钱穆与胡适在《老子》年代问题上的第一次正面交锋，两人在这一问题上的第二次交锋则是钱穆任教北大之后。1932年春，钱穆应北大哲学系《哲学论丛》征文，写成《再论〈老子〉成书年代》一文，从时代背景、思想系统，以及文字、文句、文体等方面对《老子》一书进行了全方位的考证，力证《老子》出庄周后，为战国晚期的作品。他的考证具体如下。

其一，从时代背景立论来考证《老子》的年代。钱穆首先就《老子》书中对政治、社会所发的种种理论来推测当时的时代背景。《老子》言"不尚贤，使民不争"。"尚贤"理论为墨子首创，主要是针对当时贵族世袭制崩溃而发的。到了战国中期，"尚贤"理论变为政治上的现实，但后来又出现了种种弊病，发展为"不尚贤"之教，此应在战国中期以后。若在春秋之际，列国行政，本不以尚贤为体，《老子》何乃遽倡不尚贤之理论？所以《老子》书虽明倡不尚贤，而无意中仍不脱尚贤的旧观念，这说明《老子》成书时，正值"尚贤"思想盛行之际。《老子》书每以"圣人"为理想中之最高统治者，这正是战国中晚期"尚贤"思想的无形流露。其次，《老子》言治人曰圣人、官长，称被统治者为百姓，这种说法不是春秋时代的用语。民之尚智、多欲、好动、轻死、难治，这些也不是春秋时所有的现象。因为春秋240年间，大抵以贵族阶级内部自身的动乱为主。《老子》书中关于百姓难治的种种用语，实系王官之学流散民间，诸子兴起，百家争鸣时代才有的现象，这也证明《老子》为晚出之书。

其二，从学术思想的系统立论来考察《老子》其书。钱穆认为，先秦学术，以儒墨两家为宗。法家源于儒，农家、名家、道家源于墨，阴阳家则兼容儒道，最为晚出。[①]《论语》重言"仁"，《老子》称"失道而后德，失德而后仁"，又称"天地不仁"，此为《老子》晚出《论语》之证。墨子

---

① 钱穆在《先秦诸子系年》"自序"中说："先秦学术，惟儒墨两派。墨启于儒，儒原于故史。其他诸家，皆从儒墨生。要而言之，法原于儒，而道启于墨。农家为墨道作介，阴阳为儒道通囿。名家乃墨之支裔，小说又名之别派。而诸家之学，交互融洽，又莫不有其旁通，有其曲达。"

主尚贤，《老子》则称"不尚贤，使民不争"，这是老子思想晚于墨子之证。惠施主张万物一体，庄子也有"天地与我并生，万物与我为一"之说。庄子从"道"的角度立论，惠施则从"名"的角度立论。《老子》一书开宗明义，即以道、名并举，可知其思想晚于惠、庄两家。惠施之后有公孙龙，其学承自惠施，但不谈万物一体，而辨名实。其曰："物莫非指，而指非指。"公孙龙所言的"指"，与《老子》一书所言的"象"字很近似。就人言之曰"指"，就物言之曰"象"。"指"即"名数"之意，其立论思想，尤偏重在名数之分析上。墨子的兼爱之说，一变而为惠施的万物一体论。惠施的万物一体论再变为庄周的物化论及公孙龙的惟名论——"天地万物尽于名"，庄周和公孙龙的学说合并而成《老子》的虚无论。《老子》书中论万物原始及人生论，实系融合、兼采了各家学说。

　　钱穆认为，墨子的兼爱论发展而有惠施、公孙龙的名家，其苦行自律的精神，则传而为农家，如许行。而墨子"生勤死薄，其道大觳，使人忧，使人悲"的思想则为宋钘所继承。宋钘有三大主张：一为情欲少不欲多，二为见侮不辱，三为容为心行。《老子》书中言人生涉世之道，实从宋钘而来。《老子》书中所反映的思想，与庄周、公孙龙、宋钘诸家相涉，实博采众家而成。所以，钱穆从学术思想的发展演变推断，《老子》一书当出公孙龙、宋钘同时或稍后。

　　其三，从《老子》一书的文字、文句、文体等方面来考证《老子》的成书年代。钱穆在《关于〈老子〉成书年代之一种考察》中就提出了这一方法。他说："一思想之传布，必有所借以发表其思想之工具。如其书中所用主要之术语，与其著作之体裁与作风，亦皆不能逃脱时代之背景，则亦足为考定书籍出世年代之一助也。"在《再论〈老子〉成书年代》一文中，他将这一方法进一步具体化。

　　首先，从文字、文句考察。《老子》书中有"道生一，一生二，二生三，三生万物"之语，语本《庄子》。"爱以身为天下，若可寄天下；贵以身为天下，若可托天下"，其语似《论语》"可以托六尺之孤，可以寄百里之命"，其时代显为晚出。"乐杀人者不可以得志于天下"，与《孟子》"不嗜杀人者能一之"相似，亦为战国人语，非春秋前所有。《老子》云："天地不仁，以万物为刍狗。圣人不仁，以百姓为刍狗。""刍狗"一词，取之于《庄子·天运篇》。又说"天下之至柔，驰骋天下之至坚，无有入无间"，取之于《庄子·养生主》。凡此种种，钱穆在《再论〈老子〉成书年代》中举证甚多。

其次，从著书的文体入手考察。春秋之际，王官之学未尽坠，学术不及于民间。孔子《春秋》本于鲁史，订礼正乐，不出王官六艺之范围。《论语》出诸后世，记言记事，仍是过去史官载笔旧式。下及《孟子》七篇，议论纵横，亦不脱记事记言之陈法。《庄子》一书多寓言，虽有妙论，仍困于往昔记事记言之陈式，文体因循，犹未全变。至公孙龙、荀子书，乃超脱对话痕迹，空所依凭，独抒理见。至于《老子》一书，语言精练，既非对话，亦异论辩，乃运思既熟，熔铸而成。有类格言，可备诵记，不同于以前诸家。如果认定《老子》书早出，为什么老子以后诸家反而不如他呢？钱穆认为，散文之先为史，史必晚于诗，诗之继起有论，论又晚于史。诗、史、论是古代文学自然演进的三个阶段。《老子》一书的文体属于论体，结句成章，又间之以韵，可以说是韵化之论文。此体颇见于《庄子》，而《荀子》亦多有。故以韵化之论文成书的《老子》当晚出无疑。

钱穆此文，也得到了胡适的注意。在北大期间，两人多次就《老子》成书年代问题进行热烈的讨论。① 据作家张中行在《红楼点滴二》中回忆，有一次钱胡二人在北大教授会上相遇，钱穆说："胡先生，《老子》年代晚出，证据确凿，你不要再坚持了。"胡适当即回敬道："钱先生，你听举的证据还不能使我心服，如果能使我心服，我连我的老子也不要了。"② 胡适以"不要亲老子"来回敬对方，足见双方争论的激烈。③

四　对老子其人其事的考证

老子生前遗留的史迹不多，后世关于老子其人其事的记载常常含混不清，前后颇多矛盾。在《史记·老子列传》中，司马迁同时为人们立了三

---

① 钱穆在晚年的回忆录中说："余与适之讨论老子年代问题，绝不止三数次。"钱穆：《八十忆双亲·师友杂忆》，第 165 页。

② 张中行：《负暄琐话》，中华书局，2012，第 87 页。冯友兰在晚年的回忆中也有近似的说法："有人告诉我说，胡适在北大的讲堂上说：'我反对老聃在孔子之后的说法，因为这种说法的证据不足，如果证据足了，我为什么反对？反正老子并不是我的老子'。"《三松堂自序》，人民出版社，1998，第 210 页。

③ 参见陈勇《试论钱穆与胡适的交谊及其学术论争》，《史学史研究》2011 年第 3 期。

个老子的形象：与孔子基本同时的老聃（李耳），著书十五篇的楚人老莱子，战国时的周太史儋。不过他基本上倾向于老子就是老聃，所以他在书中说，"老子者，楚苦县历乡曲仁里人也，姓李氏，名耳，字聃"，做过"周守藏之史"，孔子曾问礼于他。钱穆认为《史记》等的记载不足取信，故对老子其人其事重新做了梳理和考辨，这些考辨的文字主要见于他早年的考据名著《先秦诸子系年》卷一《孔子与南宫敬叔适周问礼老子辨》、卷二《老子杂辨》，又收入 1935 年由上海大华书局出版的《老子辨》上编。

《史记·孔子世家》载有孔子与南宫敬叔适周问礼于老子之事，钱穆认为此事不见于《论语》《孟子》，《史记》所载，实袭自《庄子》。然《庄子》一书寓言十占其九，不足征信。《礼记·曾子问》引孔子的话说："昔者吾从老聃助葬于巷党，及堩，日有食之。"《庄子·天运》篇说"孔子行年五十一而不闻道，乃南之沛，见老聃"，而将见面的时间系于定公九年。然定公九年并未出现日食，亦可见《曾子问》所载非实。钱穆在引述汪中《老子考异》所疑之后进一步考证说，《庄子》书中所言的老子，仅是南方的一位隐士，并非周室之守藏史，认为孔子适周问礼于老聃，不仅其年难定，而且其地无据，其人无征，其事不可信，乃为传说，绝非信史。

钱穆认为，战国、秦汉之际言老子，实为三人。

一为老莱子。这就是孔子所见的老聃，也就是《论语》中的"荷蓧丈人"。莱者，除草之称；老莱子，犹云芸草丈人。此为南方一隐士。孔子南游时，其弟子子路"遇丈人，以杖荷蓧"。子路向他问路，并曾在他家留宿。其后，孔子又让子路去见他，"至则行矣"。孔子见老聃的故事就是由此而衍生出来的。

二为太史儋。其人在周烈王时，为周室史官。后去周适秦，见秦献公。此见于秦史记载。后人认为他就是孔子适周所见的老聃，孔子曾向他问礼，于是老聃便成了周朝的史官，又成了去周适秦的隐士。

三为詹何。此人为楚国人，与环渊、公子牟、宋玉等并世。秦汉之际有老聃出关遇关令尹的故事。令尹即战国道家环渊，与詹何齐名，其人亦以钓称。于是后人把詹何误混为太史儋，引出老聃出关遇关令尹的传说。

钱穆认为，战国、秦汉之际言老子，实为三人，然而后人常常把三人混同为一人。以老莱子误太史儋，然后孔子所遇之丈人，遂一变而为周王室守藏史。又以环渊误关令尹，然后太史儋出关入秦，遂有《道德经》五千言之著书。钱穆综合考察了先秦古籍有关老子其人其事的传说后指出，孔子所见者，乃南方芸草丈人，即《庄子·外物篇》中的"老莱子"，《论语》中的"荷筱丈人"，神其事者为庄周。出关游秦者，乃周室史官儋，而神其事者为属秦人。著书谈道，列名百家者，乃楚人詹何，而神其事者为晚周之小书俗说。混而为一人，合而为一传，则始于司马迁的《史记》。

钱穆在《老子杂辨》中对《史记》有关老子生平的记载也一一做了考辨。他认为司马迁关于老子名耳、字聃、姓李氏的说法是无根据的。他引用《说文》《老子铭》等古籍来加以解释。《说文》："聃，耳曼也。"《诗经·鲁颂》毛传："曼，长也。"《庄子》书称"老聃"，《吕氏春秋·不二篇》作"老耽"。《说文》云："耽，耳大垂也。"汉《老子铭》："聃然，老旄之貌也。"古人以耳大下垂为寿者之相，故高年寿者老子称老聃、老耽。古籍中又有续耳、离耳的。徐坚《初学记》引《韩诗》云："离，长也。"《文选西京赋》云："朱实离离。"薛注："离离，实垂之貌。"耳垂在肩上，故称离耳，又云续耳，"续"字有引长之意。钱穆认为李耳即离耳，离、李声近。《庄子》记载孔子曾见了一位长耳朵的老者，但后人牵强附会，把离耳变成李耳，于是变老子名耳字聃姓李了。其实，老聃只不过是古代一位长耳朵的老者。

《史记》不仅记载了老子的国邑、乡里、姓名、字号、官守、出处，还为老子立家谱，记载了他的后代子孙。书中说老子的儿子名宗，是魏国的将军，封于段干。宗子注，注子宫，宫玄孙假，假仕于汉文帝。假子解，为胶西王邛太傅。钱穆认为这些记载多有可疑之处，他在文中也做了辨证。①

由于有关老子的直接材料少之又少，钱穆在考证老子生平事迹时大多是依据文字上音形的通转和意义的互训，推论之处甚多，不免大胆假设有余，小心求证不足。当年邓广铭读到这一部分考辨文字时的感言是："在全部考辨中，文章最长，曲折最多，而所下的假设也最为大胆的，是卷二中的《老子辨》。……证据来得如是其纡曲，结论卜得如是其爽快，读者至此当会感觉到著者的立说也不免于有些虚玄吧。"② 朱希祖读到这一部分时也

---

① 参见钱穆《先秦诸子系年》卷2《老子杂辨》十七"老子之子孙"一节。
② 邓恭三：《评〈先秦诸子系年〉》，《国闻周报》第13卷第13期，1936年，第40—41页。

不以为然，认为"臆测附会之辞亦不能免，如以老子为老莱子，而又以老莱子为荷筱丈人是也"。①

五　《评论近人考据〈老子〉年代的方法》
——胡适对"晚出说"的回击

以上是钱穆在当年老子其人其书讨论中所持的基本观点。对于老出孔后，特别是钱穆力倡的"思想线索"的论证法，作为此一观点和方法的反对者，胡适并未沉默。1933 年 5 月，胡适在北大《哲学论丛》上发表《评论近人考据〈老子〉年代的方法》一文，对坚持"晚出说"的学者考证《老子》年代问题的方法进行了全面的检讨和回击。胡适首先对钱穆等人在考证中使用的"思想线索"论证法提出了严厉的批评。他说：

> 从"思想系统"上，或"思想线索"上，证明《老子》之书不能出于春秋时代，应该移在战国晚期，梁启超、钱穆、顾颉刚诸先生都曾有这种论证。这种方法可以说是我自己"始作俑"的，所以我自己应该负一部分的责任。我现在很诚恳的对我的朋友们说：这个方法是很有危险性的，是不能免除主观的成见的，是一把两面锋的剑可以两边割的。你的成见偏向东，这个方法可以帮助你向东；你的成见偏向西，这个方法可以帮助你向西。如果没有严格的自觉的批评，这个方法的使用决不会有证据的价值。②

对于文字、术语、文体的论证法，胡适也做了反击。他说："这个方法也是很危险的，因为（1）我们不容易确定某种文体或术语起于何时；（2）一种文体往往经过很长期的历史，而我们也许只知道这历史的某一部分；（3）文体的评判往往不免夹有主观的成见，容易错误。"③

胡适的反击并非没有道理。"思想线索"的论证方法如果缺乏充分的历史

---

① 《朱希祖日记》下册，1939 年 2 月 12 日条，中华书局，2012，第 1000 页。
② 胡适：《评论近人考据〈老子〉年代的方法》，《胡适论学近著》第一集，第 83 页。
③ 胡适：《评论近人考据〈老子〉年代的方法》，《胡适论学近著》第一集，第 86 页。

依据，"思想线索"实不易言。这种方法的确难以排除研究者的主观之见。这诚如胡适所言，它就像"一把两面锋"的双刃剑，可以朝两边割的。文字文体的论证方法也有弊病，因为"同一个时代的作者有巧拙的不同，有雅俗的不同，有拘谨与豪放的不同，还有地方环境（如方言之类）的不同，决不能由我们单凭个人所见材料，悬想某一个时代的文体是应该怎样的"。[①] 胡适在批评冯友兰、顾颉刚使用这一方法时说："冯友兰先生说《老子》的文体是'简明之经体'，故应该是战国时作品。但顾颉刚先生说'《老子》一书是用赋体写出的；然而赋体固是战国之末的新兴文体呵！'同是一部书，冯先生侧重那些格言式的简明语句，就说他是'经体'；顾先生侧重那些有韵的描写形容的文字，就可以说他是'用赋体写出的'。单看这两种不同的看法，我们就可以明白这种文体标准的危险性了。"[②] 钱穆在《再论〈老子〉成书年代》一文中，试图用"刍狗"一词证明《老子》承自《庄子》，但反驳者提出，根据《庄子·天运篇》的记载可知，以"刍狗"祭祀，是古代通行的制度和习惯。《庄子》一书可以用它，《老子》为什么就不可以用它呢？[③]

钱穆称《老子》书屡言"侯王""王侯""王公"，非春秋时人用语。他说，春秋时，周王室封建之制犹未全坏，故天子称"天王"，其位号与诸侯迥异。及战国梁惠王、齐威王以下，列国相王，而后"侯王""王侯"之称，代"公侯""侯伯"之名而起，故《老子》成书年代，当移到梁惠王、齐威王之后恐"更近情实"。但考诸史籍，吴子寿梦称王，稍后越亦称王，楚亦称王。又《易经·蛊》之上九"不事王侯，高尚其事"，《离》象辞"六五之吉，离王公也"。这些记载，又当何解？

钱穆从时代背景立论来考证《老子》的成书年代，以尚贤为墨家思想，老子云不尚贤，乃出于墨家思想盛行之后。但反驳者提出："亲亲尊贤，乃古代政治原理。虞舜起于畎亩，傅说起于版筑，诸侯贡士于天子，是亲亲之中，未尝不尊贤也。《吕氏春秋》言太公治齐，尊贤尚功，知尊贤之道其来久矣。《吕氏春秋》出秦初，疑古者或可以其言为墨家所托，孟子言葵丘之会，亦云尊贤育才矣。且墨子非儒曰，亲亲有术，尊贤有等。儒家所言，

---

①　胡适：《评论近人考据〈老子〉年代的方法》，《胡适论学近著》第一集，第87页。

②　胡适：《评论近人考据〈老子〉年代的方法》，《胡适论学近著》第一集，第88页。

③　张福庆：《对钱穆先生"从文章的体裁和修辞上考察老子成书年代"的意见》，顾颉刚编著《古史辨》第6册，第565—566页。

多因于古。谓贵族政治无尚贤之事者，非也。"①

　　胡适说自己并不反对把《老子》移后，也不反对其他怀疑《老子》的学者，但他总觉得那些怀疑的学者都不曾举出充分的证据来。他说他反击"晚出说"的目的是给他"最敬爱的几个学者做一个'魔的辩护士'。魔高一尺，希望道高一丈。我攻击他们的方法，是希望他们的方法更精密；我批评他们的证据，是希望他们提出更有力的证据来"。② 在胡适看来，他的批评铿锵有力；对钱穆而言，胡适的批评并未使他心服口服。就"思想线索"论证法而言，胡适是这一方法的"始作俑者"，这一点连胡氏本人也不讳言。所以，当胡适转过头来反对自己首倡的"思想线索"论证法时，钱穆惊诧不已。他曾当面问胡适："君之《先秦哲学史》（即《中国哲学史大纲》）主张思想必有时代背景。中国古人所谓知人论世，即此义。惟既主老子早于孔子，则老子应在春秋时代，其言亦当根据当时之时代背景而发。君书何乃上推之《诗经》，即就《诗经》来论时代背景……且如老子以下，孔子、墨子各家思想，亦各有其时代背景。君书自老子以下，即以思想承思想，即不再提各家思想之时代背景，又何故？"③

　　1934 年，胡适写成一篇他终生都引为得意的文章《说儒》。在这篇长达近 5 万字的文章中，他对儒的起源及其社会地位、孔子的历史作用、老孔关系、儒墨关系皆有详细解说。《说儒》的主题虽然是讨论儒的起源和流变，但胡适撰写此文的最终目的仍落在讨论老子在孔子之前这一问题上。在该文最后一部分中，他着重论述儒与道、孔子与老子的历史关系。胡适认为，老子也是儒。儒的本义是"柔"，而《老子》书中的教义正是一种"宽柔以教不报无道"的柔道，所以老子的教义正代表儒的古义。由此他把其新解概括为：老子出生在那个前六世纪，是毫不觉得奇怪的，他不过是代表那六百年来以柔道取容于世的一个正统的老儒；他的职业正是殷儒相礼助葬的职业，他的教义也正是《论语》里说的"犯而不校""以德报怨"的柔道人生观。古传说里记载孔子曾问礼于老子，这个传说在我们看来，丝毫不值得奇怪，儒家的书记载孔子"从老聃助葬于巷"，这正是最重要的历史

　　① 李源澄：《论〈老子〉非晚出书——并质钱宾四先生》，《制言》1936 年第 8 期。
　　② 胡适：《评论近人考据〈老子〉年代的方法》，《胡适论学近著》第一集，第 98—99 页。
　　③ 钱穆：《八十忆双亲·师友杂忆》，第 165 页。

证据。孔子和老子本是一家，本无可疑。后来孔老的分家，也丝毫不足奇怪。老子代表儒的正统，而孔子早已超过了那正统的儒。①

"老子是个'老儒'，是一个殷商老派的儒。"对于胡适这一大胆的创说，学界应者寥寥。胡适称老子居周，成周本是殷商旧地，遗民所居。钱穆反驳道："孔子居鲁，不害孔子为商遗，则老子虽居周，无害老子之为苦县陈人也。岂得以成周本殷商旧地，遂谓凡居成周者皆商人。此亦犹如因鲁分商民，遂谓凡鲁人皆殷族耳。至谓老子为史官知礼，又岂得谓春秋时凡知礼者皆殷人乎？"②胡适称老子是"周守藏之史"，是一位知礼的大师、丧礼的专家，以此作为老子是那"正宗老儒"的一个重要依据。反驳者称："老子既为周室之史官，又何必再业相丧助葬以自活？胡文不啻谓凡言礼者皆丧礼，凡丧礼皆为殷礼，而凡相丧助葬者皆为衣食谋生。"③杨向奎称创立道家思想体系的老子，和儒家的思想、孔子的思想在根本上是两歧，"而胡先生却说老子是正统派老儒，我们只能说，胡先生对中国古代史摸不到边际，对古代思想家的流派也分不清楚。这一点，我们认为是《说儒》一文的短处"。④

其实，《说儒》的主题虽然是讨论儒的起源和流变，但胡适撰写此文的最终目的仍落在讨论老子在孔子之前这一问题上，是想彻底解决自己久悬于心的"老在孔前"这一根本问题。胡适在《说儒》中用很大的篇幅来说明"老子也是儒"，老、孔是一家，实际上是要维护他在《中国哲学史大纲》中主张的"老在孔前"这一观点，以回应"晚出说"学者的强劲挑战。所以，《说儒》一文实际上可视为胡适先前讨论《老子》年代问题的继续。⑤

胡适自认为他的这篇新论已解决了"老在孔前"这一问题，但主张"晚出说"的学者大概对他的新见会大不以为然。胡氏在1934年的日记中写道："这篇《说儒》的理论大概是可以成立的，这些理论的成立可以使中国古史研究起一个革命。但有些人——少年人居多——一时大概不会接受这些见解。如刘节先生来信就说，'大著甚多卓见，然吾辈深信老子晚出者

①　胡适：《说儒》，《胡适论学近著》第　集，第57页。
②　钱穆：《驳胡适之〈说儒〉》，《中国学术思想史论丛》第2册，台北，东大图书公司，1977，第382页。
③　钱穆：《驳胡适之〈说儒〉》，《中国学术思想史论丛》第2册，第382页。
④　杨向奎：《读胡适先生的两篇著作》，《中国社会科学院研究生院学报》1997年第4期。
⑤　参见陈勇、朱恺《现代学术史上的〈说儒〉之争与原儒真相》，《学术月刊》2010年第2期。

殊未敢苟同也.'如林志钧先生（宰平）、如冯友兰先生，如顾颉刚先生，大概都不肯接受。"① 胡氏所言不虚。以顾颉刚的反应为例，顾氏认为《说儒》是胡适"为了信古而造出的一篇大谎话"。② 胡适的日记中没有提到钱穆的名字，不过可以推测钱氏的反应：胡适的新论虽新，但新得离奇，甚至达到了"兴到乱说"的地步。与胡氏"持论大异"的钱穆原本不想写文一辩，但7年后（1942年），他还是忍不住写下了《驳胡适之〈说儒〉》一文，③ 以回应胡适的新论。

在1930年代关于老子其人其书的讨论中，钱穆从时代背景、思想线索、文体修辞等方面对《老子》其书做了全方位、多层次、多视角的考察，确定《老子》一书为战国晚期的作品，从方法论的角度来看，还是有积极意义的。郭齐勇、汪学群在《钱穆评传》中评价道：

> 第一，从思想方法上看，他不迷信前人和权威，敢于向他们提出挑战。大胆怀疑，精心考证，这本身就是一种科学的方法，对后人进一步研究和考证《老子》，颇有启发。第二，任何思想都不会是凭空产生的，而是特定社会历史条件下的产物。同时思想本身的前后承接关系也使其具有相对的独立性。钱穆考《老子》一书也遵循这种分析方法。他首先从《老子》书中的思想理论特殊性出发，进一步考证书中思想反映的社会历史背景，正确说明一定思想是一定时代的产物。因此，又把《老子》一书置于先秦诸家思想发展变化的历史与逻辑中去考察，从范畴的演变和思想承读关系为《老子》在诸子百家中定位，从而确定《老子》成书年代。第三，钱穆强调，"非通诸子，不足以知一子"，这种联系的、会通的方法不仅适用于治子学，而且适用于治整个文化思想史。④

当然，《老子》一书究竟成于何时，迄今学术界仍然没有一个一致的结

---

① 曹伯言整理《胡适日记全编》第6册，第425页。
② 顾颉刚：《我是怎样编写〈古史辨〉的》，顾颉刚编著《古史辨》第1册，第13页。
③ 《驳胡适之〈说儒〉》一文，1942年发表在《学思》第1卷第1期。1954年收入香港大学《东方文化》第1卷第1期，又收入《中国学术思想史论丛》第2册。
④ 郭齐勇、汪学群：《钱穆评传》，百花洲文艺出版社，1995，第145—146页。

论，钱穆的观点仅是一家之说。事实上，在这场《老子》年代问题的激烈争论中，论辩的双方都没有说服对方。在胡适发表《评论近人考据〈老子〉年代的方法》后不久，作为"晚出说"一方的代表人物冯友兰就写了反驳文章。① 钱穆不仅把他当时辩论老子其人其书的文章汇成《老子辨》一书交上海大华书局出版，而且在 1940 年代写了《三论〈老子〉成书年代》加以回应。1950 年代，他在香港把讨论庄、老思想的文章编为《庄老通辨》一书出版，自认为对《老子》的年代做了定论。

在当年的争论中，胡适就明确提出在没有寻得充分的证据之前，对老子其人其书应延长侦查的时间，"展缓判决"。他说："怀疑的态度是值得提倡的，但在证据不充分时肯展缓判断（Suspension of judgement）的气度是更值得提倡的。"② 胡适"展缓判决"的意见在方法论上是值得重视的。1973年，在湖南长沙马王堆三号汉墓出土的帛书中，有《老子》书二种（甲本、乙本）问世。1993 年，在湖北荆门郭店战国中期楚墓出土的竹简中，也有甲、乙、丙三组《老子》抄本。在 1920—1930 年代的讨论中，主张"早出说"和"晚出说"的论辩双方均没有见过这些新资料。当年梁启超等人宣称以仁义对举，那是孟子的"专卖品"，孟子之前是没有的，但郭店简本《老子》的丙本简文云："故大道废，安有仁义？六亲不和，安有孝慈？邦家昏乱，安有正臣？"此处明明有"仁义"字句连用，这就推翻了仁义连用是孟子"专用物"这一说法。又，郭店楚墓的时代定在战国中期末段，即公元前 300 年前后，在该墓中发现的简本《老子》的书写时间肯定应早于该墓主下葬的年代，至于书的著作年代自然应更早一些，这就推翻了钱穆等人《老子》成书于战国晚期的说法。再者，今本《老子》第十九章云："绝圣弃智，民利百倍；绝仁弃义，民复孝慈；绝巧弃利，盗贼无有。"帛书本《老子》的内容大略相同。研究者据此认为儒道两家思想从一开始就泾渭分明，势同水火。而简本《老子》甲编的文字则是："绝智弃辩，民利百倍；绝巧弃利，盗贼亡有；绝伪弃虑，民复季子。"这里并没有出现"绝圣""绝仁弃义"这类激烈的反儒言论，今本《老子》对儒家礼的攻击最为猛

① 冯友兰：《读评论近人考据〈老子〉年代的方法答胡适之先生》，顾颉刚编著《古史辨》第 6 册。
② 胡适：《评论近人考据〈老子〉年代的方法》，《胡适论学近著》，第 99 页。

烈，而简本《老子》对礼的态度则是充分肯定的，这说明早期的"老学"一派并不是激烈的反礼乐仁义者。①

事实上，儒道并非从一开始就相互攻讦、势同水火，它有一个演变的过程。当年胡适在《说儒》中称老子是正统的老儒，而孔子为革新的新儒的说法虽经不起推敲，但他指出孔与老、儒与道在起源及相互关系上可能有密切联系这一点值得继续探讨。胡适未囿于《汉书·艺文志》儒家出于司徒之官而道家出于史官的旧说，而从老子知丧礼而孔子曾问礼于老子的记载推断两家有密切联系，虽说证据不足，但也不宜武断地予以否定。如果说《庄子》中所记载的孔、老二人的交往谈话因其寓言性质的确不太可信，那么《礼记·曾子问》中"吾闻诸老聃曰'天子崩，国君薨，则祝取群庙之主而藏诸祖庙，礼也。卒哭成事，而后主各反其庙。君去其国，大宰取群庙之主以从，礼也。袷祭于祖，则祝迎四庙之主。主出庙、入庙，必跸。'老聃云"等记载的可靠性很难轻易地否认，因为《礼记》最后编纂成书的西汉时期儒道之间的辩论已很激烈，戴胜或其他儒家学者并未删除老聃的名字正表明他们认为这些记载是可靠的。当代学者王葆玹认为，今本《老子》的第三十一章在帛书本和竹简本中都有，涉及兵制和丧礼，此章的最终结论乃是通过落实礼制而非军制来表达反战的思想，其中的"以丧礼处之"颇能给人以启发来推测《老子》及其作者的文化根源和背景，丧礼乃是古人用以沟通人间与死后的神灵世界的重要仪式，老子重视丧礼表明其文化源头同孔子的儒家一样都出自三代的古宗教，《老子》一书中反复强调的"无"的概念正是从重视丧礼出发的发挥，《老子》的学说最初是以丧礼和死亡为根本的。② 另外，与郭店竹简《老子》一同出土的还有诸如《缁衣》《五行》《唐虞之道》《鲁穆公问子思》等大批儒家文献，简帛专家也考释出简本《老子》并不像今本那样对儒家的一些观点言辞激烈，这些都表明儒道、孔老最初关系还是十分密切的。这也印证了当年胡适的推断是有一定道理的。换言之，从地下出土的新材料所提供的证据来看，当年老子其人其书的争论，似乎更有利于主张"早出说"的胡适。

---

① 参见徐洪兴《疑古与信古——从郭店竹简本〈老子〉出土回顾本世纪关于老子其人其书的争论》，《复旦学报》1999 年第 1 期。

② 参见王葆玹《老庄学新探》，上海文化出版社，2002，第 7—9 页。

交情非恶、论学不同：胡适与钱穆的交往及论学之异[*]

区志坚[**]

一　引言

近代学术思想朝向多方面的发展，主要是：第一，以西方文化的观点全面批评中国传统文化；第二，以保守已有文化的观点保存中国文化；第三，以中西文化调和观点评论中外文化。胡适为第一种类型的代表学者，杜亚泉为第三种类型的代表学者，钱穆为第二种类型的代表学者；尤以胡、钱两位学者值得注意。早于1949年前后，胡、钱二氏便被中共史家点名批评，至1960年代，中国科学院近代史研究所也列胡、钱二人与傅斯年、郭廷以、萧一山、左舜生等学者为"五四以来中国资产阶级历史学的主要代表人"，可见中共史学界对胡、钱二人的重视。[①] 已有学者提出胡适与钱穆论学相异的观点，而钱穆也曾撰文力斥胡适批评中国文化的言论，又力斥以胡适、傅斯年等中研院历史语言研究所（以下简称"史语所"）的学者持

[*]　本文得以完成，十分感谢欧阳哲生教授、李又宁教授、黄克武教授、黄自进教授、潘光哲教授、陈进教授给予意见，笔者获益良多！笔者十分感谢台北中研院胡适纪念馆馆长潘光哲教授批准使用胡适纪念馆藏档案，而本文中的"按"语为笔者的按语。又本文因篇幅，对相关学者多采书"先生"，直书其姓名，特此致歉！

[**]　区志坚，香港树仁大学历史系助理教授。

[①]　1949年10月中华人民共和国成立前，中共史家王亚南、胡绳先后批判胡适及钱穆的观点，新华社也于1949年3月29日发表社论《颠倒黑白的无耻奴才美帝走狗胡适顾维钧竟为大西洋公约辩护》，见拙作《近年中国大陆对钱穆研究概述——从批判到奉为国学大师的历程》，《联大史学学刊》1997年第1期。另参见中国科学院近代史研究所资料室编《五四以来中国资产阶级历史学的主要流派和代表人物》，历史研究编辑部，1960。

"门户"之见。本文由中研院胡适纪念馆（以下简称"胡适纪念馆"）藏有关钱穆资料和胡、钱二人往来信函，得见胡适曾提名钱穆当中研院院士候选人。可见，二人虽论学观点有异，更有一些人评胡氏持门户之见，影响中研院研究员未提名钱穆为院士候选人，但其实胡氏曾提名钱氏为中研院院士候选人。此函胡适死前仍未公开，事后胡氏也未谈及提名钱氏当院士候选人一事，借纪念馆藏的资料，可见胡适提名钱穆一事。借此也可知胡适的胸襟未必如学者所言那么狭小。本文不是否定胡、钱二氏论学的异点，但过于强调异点是否会忽视胡适曾重视钱穆的学术地位之事实？同时，是否可以从 1949 年后钱穆指斥胡适的观点，而否定二人曾互相欣赏对方的事实？若我们以胡适为近代学术史上西化派及新考证（考据）学派的代表人物，钱穆则是文化保守主义派或传统主义派的代表。① 借研究二人的交往，更可见主张西化者与文化保守主义者不是一开始就对立的，而是曾在一定时空中互相欣赏，这也是当代研究胡适与钱穆交往尚待解决的课题。②

二　1949 年后钱穆对胡适学风的批评

先看今天学者多认为钱穆不满胡适的观点。1949 年后，钱穆不满 1950 年代对台湾学风甚有影响之中研院院长胡适及史语所所长傅斯年的言论，又胡、傅二氏任教台湾大学，使中研院史语所及台大治学风尚也受影响，钱穆更以"学术门户"一词指称胡、傅二氏的学风。他在 1959 年致余协中的信中云：

> 台北方面学术门户之见太狭，总把弟（按：钱穆）当作化外人看

---

① 见王汎森《民国的新史学及其批评者》，罗志田主编《20 世纪的中国学术与社会》，山东人民出版社，2001，第 31—130 页。

② 有关研究钱穆与胡适交往及其论学观点的异同，见陈勇《试论钱穆与胡适的交谊及其学术论争》，《史学史研究》2011 年第 3 期。有关近人研究钱穆的概况及尚有待研究的课题，见拙文《近年中国大陆对钱穆研究概述——从批判到奉为国学大师的历程》，《联大史学学刊》1997 年第 1 期。陈勇：《国学宗师钱穆》，北京大学出版社，2007；何国忠：《风过群山：胡适和钱穆》，张丽珍、黄文斌编《钱穆与中国学术思想》，马来亚大学中文系、马来亚大学中文毕业生协会，2007，第 252 页；翟志成：《钱穆的院士之路》，《中央研究院近代史研究所集刊》第 103 期，2019 年，第 91—126 页。笔者阅读以上论著后，甚多启悟！

待，而且还存有敌意。弟非不知，然弟总求顾全大体，尽其在我，只求自己在学术上有一分表现，在教育事业上有一分贡献，并不愿亦抱此等小目光来争闲意气。……胡适之在台中农院讲演，公开指名张君劢、唐君毅等四人之外，又把弟名字加进，共五人，谓此五人绝不懂中国文化云云，亦可想见其意态之一斑矣。其实在学术上争是非，并非一不该有之事，惟求勿越出学术范围，各在著作上以纯学术之立场争之。胡氏常言拿证据来，若谓此诸人绝不懂中国文化，亦该从证据上立论始得耳。①

钱氏在 1964 年致萧政之的信中，也说：

至于在台久居，在穆岂无此心，然台湾学术界情形，吾弟宁岂不知？门户深固，投身匪易，而挽近风气尤堪痛心，穆纵远避，而谇骂轻讥之辞尚时时流布，穆惟有置之不问不闻而止。若果来台，岂能长此装聋作哑，然试问又将如何作对付乎！谁为为之，孰令致之？香港虽是一殖民地，虽称为文化沙漠，然使穆难堪之处亦尚不多。②

1952 年钱穆在《致徐复观书》中言：

胡君（按：胡适）治学，途辙不正，少得盛名，更增其病。其心坎隐微处中疚甚深，恐难洗涤。将来盖棺论定，当远不如章太炎、梁任公。若彼诚意要求西化，更该于西方文化政教精微处用心，观其在台北联合国同志会讲演，仅举美国最近数十年生产财政数字，此乃粗迹，亦是常识，如何能凭此主持一代风气？当知学问总须在正面讲，南北朝高僧大德潜心佛乘，何尝要大声呼斥孔孟？而胡君一生不讲西

---

①　钱穆：《致余协中书》（1959 年 1 月 14 日），《钱宾四先生全集》第 53 册《素书楼余渖》，台北，联经出版事业有限公司，1995，第 204 页。有关钱穆不满胡适、傅斯年等史语所学者的观点，参见拙文《"在非常环境非常心情下做了"——试析钱穆先生在香港兴学的原因》，黄兆强主编《钱穆研究暨当代人文思想国际学术研讨会论文集》，台北，钱穆故居，2011，第 30—39 页。

②　钱穆：《致萧政之书》（1964 年 7 月 31 日），《钱宾四先生全集》第 53 册《素书楼余渖》，第 296 页。

方精微处，专意呵斥本国粗浅处，影响之坏，贻害匪浅。又观其在蔡子民纪念会讲禅宗乃佛教中之革命，赴日本讲中国最近几世纪儒者都在为孔佛文化造谣说谎。弟窃疑彼此两番讲演，似是在台涉猎过拙著《中国思想史》。彼对禅宗实无深造，其谓《坛经》系神会伪造，弟已在重庆出版之《东方杂志》中为文驳斥。彼向来未讲到禅宗乃宗教革命，何以此刻遽然提出此观点？……至宋明学与孔孟相异处，彼更从未提到过。彼一向乃误认宋儒与孔孟乃一鼻窦出气也（彼对此只知有颜元与戴震，并未在两学案用过功）。弟在《近三百年学术史》中虽略有论及宋明、先秦异同，而具体指出则在《思想史》（按：《中国思想史》），彼所谓"造谣说谎"，弟疑证据即如弟所举耳（弟之所举则出颜戴之外）。[①]

又在 1954 致徐复观信中言：

> 胡氏之害在意见，傅氏之害则在途辙，别有一种假痴聋人，亦不得辞后世之咎耳。[②]

钱穆在 1955 年发表《学术与心术》一文中说：

> 饾饤琐碎，烦称博引，而昧失本原，忽忘大体；人人从事于造零件，作螺丝钉，整个机器，乃不知其构造装置与运用。论其考据方法，或燥而愈熟，运而益精。然究其所获，则不得不谓愈后而价值愈低。此数十年来，所谓以科学方法整理国故，其最先旨义，亦将对中国已有传统文化，作彻底之解剖与检查，以求重新估定一切价值。所悬对象，较之晚明、清初，若更博大高深。而惟学无本源，识不周至。盘根错节，置而不问。宏纲巨目，弃而不顾。寻其枝叶，较其铢两。道术已裂。细碎相逐，乃至互不相通。仅曰："上穷碧落下黄泉，动手动脚找材料。"其考据所得，纵谓尽科学方法之事，纵谓详客观精神之极

---

① 钱穆：《致徐复观书》（1952 年），《钱宾四先生全集》第 53 册《素书楼余沈》，第 323 页。
② 钱穆：《致徐复观书》（1953 年），《钱宾四先生全集》第 53 册《素书楼余沈》，第 331 页。

诣，然无奈其内无邃深之旨义，外乏旁通之途辙；则为考据而考据，其貌则是，其情已非，亦实有可资非难之疵病。①

钱氏在 1964 年发表《谈当前学风之弊》一文中说：

> 其口号则为"以科学方法整理国故"，而可谓乃反科学的。即论"国故"二字，无中心、无主见，散漫无系统，无重点。凡属中国旧有皆为国故，则凡属中国人，岂不成国故吗？……近言"科学方法"一词，也可谓无感情、无意义，随心所欲，任其使用。所谓"客观"，乃抹杀了自我精神，抹灭了人生之意义与价值，而空求其所谓客观。……中央研究院之史语所，较有成绩者，为考古与安阳发掘，及甲骨文研究。然可谓此亦由国际潮流来，并非能接触深入到自己本国当前社会需要与时代要求。在整个学术体系中，论其实际之意义与价值，实并不占有一广大与精深之地位；亦可谓分量极微，无补时艰，非"开物成务"之比。此时期学术界大狷：一、在截断旧传统。二、为轻视前人成绩。三、为门户之见。四、为浅薄之时代论。五、为学术与社会群众实际上乃分立而为二。②

钱穆在 1980 年发表《维新与守旧》一文，说：

> 惟适之（按：胡适）在当时，其一派新文化运动之声气，亦仅在报章杂志及少数大学青年中流行。即如适之与傅孟真（按：傅斯年）握尊北大校长蔡元培，奉以为中央研究院院长，借以增大其推行新文

---

① 钱穆：《学术与心术》（1955），《学钥》，台北，素书楼文教基金会，兰台出版社，2000，第 131 页。
② 钱穆：《谈当前学风之弊》（1964 年），《学钥》，第 189—192 页。不仅钱穆认为 1950—1960 年代台大史学系教员及中研院历史语言研究所研究员为一个治史集团，也有不少学者回忆此时台湾学风，谈及以胡适、傅斯年为首的"史料学派"对台湾史学界的影响，其观点也同于钱氏。见王尔敏《20 世纪非主流史学与史家》，广西师范大学出版社，2007，"自序"第 1 页、"前言"第 1 页。参见吕实强《如歌的行板：回顾平生八十年》，台北，中研院近代史研究所，2007，第 195 页。杜维运于 1950 年代入读台大历史系，他回忆此时的学风时，也说："因为当年台大历史系是历史考据学的大本营，与中央研究院历史语言研究所相呼应。"见杜维运《翰墨生涯》，台北，三民书局，2010，第 40 页。

化运动之声气。①

钱氏于 1982 年，值八十九岁，撰成《师友杂忆》，回忆 1930 年代的学风时，也说：

> 胡适之在北京大学之林，此诚无法解说者。……可知当时中病实在一辈高级智识份子身上。而尤如新文化运动诸巨子，乃群据国立大学中当教授，即以大学为根据地大本营。而政府亦无如之何。又自全盘西化一转而为共产主义，苏联化，不仅排斥古人，即仕国社会亦尽在排斥中。②

归纳以上言论，可得出钱氏的观点。第一，上文虽未明确地批评傅斯年，但我们知道提倡"上穷碧落下黄泉，动手动脚找材料"的学者就是史语所所长傅斯年，他提出"史学本是史料学"的治史口号，钱穆批评傅氏的治史观点不言而喻。第二，傅氏认为新考据派学者倡言以科学方法治史，却不阐明历史文化精神的意义。第三，钱穆把胡适、傅斯年、顾颉刚列入持相同研究方法及提倡新文化的学者，更指斥他们只注意考订文献。③ 第四，近人总结 1911 年至 1949 年史学界的发展，主要是史观派及史料派的发展，史观派多指中国运用马克思主义研究史学的学者，史料派或称"新考据学派"或称"记载考证派"，他们治史求实证，治史首重材料的搜集及鉴定，主张一点一滴地研究问题及古史考证，代表人物如胡适、傅斯年及疑古学者顾颉刚，这派学者多在 1949 年前任职北京大学、清华大学及中研院史语所，钱氏批评的就是胡适、傅斯年等新文化学者提倡科学方法治史，

---

① 钱穆：《维新与守旧》（1980 年），《中国学术思想史论丛》第 9 册，台北，素书楼文教基金会，兰台出版社，2000，第 25—26 页。

② 钱穆：《师友杂忆》，《八十忆双亲·师友杂忆合刊》，台北，东大图书公司，1992，第 240 页。此书成于 1983 年，其内容可以作为自 1980 年代后的回忆文字，若结合其论及回忆录的记载，则可以较全面地检视 1930 年代初及 1949 年以前，钱穆仍认同胡适、顾颉刚、傅斯年的治学观点。

③ 不独钱穆视胡适及傅斯年为一个师承的关系，以及史语所学者为一个集团，这就是钱穆所言的"门户"，牟润孙也认为"胡、傅是一脉相承的"。有关钱氏的观点，见《师友杂忆》，第 240 页；有关牟氏的观点，见《北京大学研究所国学门》，原刊《大公报》1977 年 2 月 9 日，后收入《海遗丛稿》，中华书局，2009，第 244 页。

认为他们只是"饾饤琐碎，烦称博引"，为考据而考据，不知全体历史面貌。第五，钱氏表示台北学术界门户太狭，有些学者对钱氏带有"敌意"，这些"敌意"来自胡适等史料派学者，钱氏也指斥胡适曾批评钱氏等五位学者不懂中国文化。第六，因台湾学术界门户深固，钱氏恐到台后，与台湾学术界展开骂战，而香港学术界"使穆难堪之处尚不多"，故择暂居香港。第七，"台北学术界门户之见"所指是什么人物。近人已指傅斯年主持史语所的 22 年内，以商周考古及明清内档整理的成就最著，傅氏虽于 1950 年于台湾逝世，然傅氏领导下史语所成员的研究风尚影响至 1960 年代中期的台湾史学界，他们甚至奉史料派为"中国近代史学的正统"。[①] 史语所素被奉为台湾学术界重要的研究机构，而钱穆所述"台北学术界门户之见"的就是以台大及史语所为中心的学者，钱氏认为他们的研究未触及当前中国社会的需要。第八，胡、傅提倡科学治史，只是断裂传统，轻视前人成果，与社会现实无涉。第九，钱穆认为中研院及台大学者的意见异于自己，把中研院史语所及台大学者视为一个集团，甚至可能近似一个"权势网络"。[②]

总之，钱氏批评胡、傅二氏的观点是否恰当，乃留待历史印证，但不能否认钱氏因持这些观点而影响到他于 1950 年代不迁台的决定，也影响到他对胡适及傅斯年的评价。[③]

① 有关 1960 年代台湾史学界奉史料派为"中国近代史学的正统"的观点，见王晴佳《台湾史学的"变"与"不变"：1949—1999 年》，王学典编《二十世纪中国史学史论》，北京大学出版社，2010，第 243 页。另参见林毓生《殷海光先生对我的影响》，《殷海光、林毓生书信录》，远东出版社，1994，第 4 页；李恩涵：《1949 年后傅斯年与其史料学派对台湾史学教研的影响》，布占祥、马亮宽主编《傅斯年与中国文化——"傅斯年与中国文化"国际学术研讨会论文集》，天津古籍出版社，2006，第 100—123 页。

② 有关"权势网络"一词，见章清《"学术社会"的建构与知识分子的"权势网络"——〈独立评论〉群体及其角色与身份》，《学术与社会——近代中国"社会重心"的转移与读书人新的角色》，上海人民出版社，2012，第 235—277 页。

③ 钱穆于 1950 年代不迁台的原因，除了胡适、傅斯年等学者已迁台湾，及钱穆指斥二人控制台湾高等院校及研究机构的"大本营"外，也与钱氏不满蒋介石于台湾执政有关。钱氏早于 1940 年代中期撰文批评蒋介石领导的国民政府未能实践孙中山三民主义及不奉孙中山倡导的革命党不应是执政党的观点，更于 1950 年 10 月发表《反攻大陆声中向国民政府进一忠告》，批评蒋介石主政下的国民党应退位。见钱穆《世界局势与中国文化》，台北，东大图书公司，1977，第 626—273 页。另参见钱穆《革命与政党》（1951 年），《历史与文化论丛》，台北，素书楼文教基金会，兰台出版社，2001，第 115 页。有关钱氏不满国民党于革命后成为执政党的言论，见拙文《钱穆对孙中山的评价》，香港浸会大学历史系主编《辛亥百年国际学术研讨会论文集》，香港城市大学出版社，2012。

三　中研院胡适纪念馆藏资料所见胡、钱
二人的交往及胡适评钱穆的言论

不少学者认为，1960 年代前，钱穆未能当选中研院院士，是因为胡适及傅斯年把持中研院，持门户之见，尤以胡适生前的阻碍，是钱穆于 1950 年代未当上院士的主因。依中研院胡适纪念馆藏的资料，似乎尚要多了解胡、钱二氏交往的情况。①

馆藏文件所见，胡适不独提名钱穆当院士候选人，他更为此事邀请其他学者任钱氏的提名人。谈及胡氏提名钱氏当院士候选人一事，也涉及严耕望。

1958 年 12 月 14 日，严耕望致函胡适，向胡氏推荐钱穆当院士候选人。严氏认为"院士选举，本为团结学术界而设，乃南京第一次选举之后，向达氏曾有'诸子皆出于王官'之讥"，向氏以先秦诸子出于王官的观点，以喻第二次世界大战后学术界人士如先秦诸子一样，要得到官方的认同及颁授，才可以承认他们的地位，只是先秦诸子是出于王官，如今却是诸子百家争鸣再由王官管理，王官就是国民党政权。严氏不讳言这是因为向达未当选为院士，故偏颇地批评第一届院士选举，但严氏更指出，日后有些自然科学家也持此观点批评院士的选举，当然，主持第一届选举的人物，也有"非学术界之真正领袖"，故有点偏妥，"然未可苛议"，但 1950 年代的胡适"德量素著，近三十年来全国学术界群趋于旗帜之下久矣，今以全国学术界真正领袖之盛誉，当全国学术界最高领导之职位，群情喁望，自属异常"，身为中研院院长，领导学术界，应广纳人才，"此次选举，如无特殊困难，必当延揽钱宾四先生是也"，因为"钱先生治学方法与吾史语所一派固自异趋，议论亦时见偏激，然其在史学上之成就与在史学界之地位，自属无可否认者，而道路传言宾四先生与先生（按：胡适）之间稍有隔阂，在此种情形下，尤须首先延揽，以释群疑，而显胸襟，此其时也"，严氏更以"汉高封功自雍始"比喻昔日汉高祖封功臣先封汉高祖不喜欢的人，以

---

① 有关台北中研院胡适纪念馆藏资料的特色，见欧阳哲生《探寻胡适的精神世界》，北京大学出版社，2012，第 40—44 页。

示广纳天下人才，如今，若以钱穆与胡适意见"不同"，更应给钱氏院士荣衔，以示其他学人胡先生的宽宏大量。

可知，在严氏看来，钱、胡二人的确有治学相异的地方，承认二人是有"隔阂"，"上次选举，虽由先生主持，然提名却早之办过，故亲自主持提名，然尚首须即先举群情所疑之钱先生"，故是次希望胡适在会议中先提名钱穆为院士候选人，以见胡适及中研院"唯一持异见之学人于一帜之下，始能象征领袖群伦团结一致耳。至于方法异同，论议相左，固不妨也"，希望以提名钱穆当院士候选人的问题"为钱先生作说客也"。最后，严氏更言因为授业于钱穆，"故有所顾虑而迟疑犹豫，未便具陈。后学敬爱先生决不在敬爱钱先生之下，而友朋传言先生对后学之奖誉，亦不逊于钱先生，故终不敢缄然而直率陈之"。严氏为中研院史语所研究人员，较不便在其他学者面前提名其师为院士候选人，如今，因感敬爱胡氏及钱氏，便向胡氏建议提名钱氏，但希望"惟无论可行与否，皆请绝勿为他人吐露后学曾有此献议"，既因其他人士会不"了解后学之本意而有所误会"，又因"若钱先生闻之，亦必以后学为多事也"。①

严氏希望胡适不向他人谈及信函的内容，可见严氏肯定 1950 年代的钱穆与中研院史语所胡适及傅斯年治学之风有异，仍希望胡适再次提名钱穆当院士候选人。再从严氏谈及胡适"友朋传言先生对后学之奖誉，亦不逊于钱先生"一语，说明胡适也曾肯定钱穆的地位，但此未明言究竟是称誉钱、严二氏的行政还是学术研究成果。结合严氏的弟子廖伯源指出"数十年来，耕望坚持不担任行政工作"，②及近人称道严氏的文字多称扬严氏治史考证、归纳史料、研治政治制度史及历史地理的成果，"友朋传言先生对后学之奖誉，亦不逊于钱先生"一语，应是胡适在称赞严氏的治学严谨及

① 《严耕望致胡适函》（1958 年 12 月 14 日），台北中研院胡适纪念馆藏。又严氏曾谓钱穆治学"既阐发中国传统政治内蕴之幽光，亦为今后治中国制度史、中国政治思想史，别开一门径"，足见严氏推崇钱穆的学问。见《宾四先生对中国史上政治之观察》，新亚学术期刊编辑委员会主编《宾四先生百龄纪念会学术论文集》，香港中文大学新亚书院，2003，第24 页。

② 廖伯源：《严耕望传（国史拟传）》，严耕望先生纪念集编辑委员会编《严耕望先生纪念论文集》，台北，稻乡出版社，1998，第 9 页。视严氏为"老友"的余英时，也肯定严氏"全面考证功夫惊天动地"，见余英时《中国史学界的朴实楷模——敬悼严耕望学长》，《联合报》1996 年 10 月 22 日；谢兴周：《一代名师　名垂千古——严耕望先生追悼会追悼辞》，《严耕望先生追悼会》，1996 年 11 月 10 日，第 8—9 页。

学术成就之余，言严氏"亦不逊于钱先生"，就是在严氏眼中，胡适也曾赞赏钱穆治学方法及观点。

更重要的是，在档案中有一封信是 1958 年胡适致其时中研院前院长朱家骅（于 1957 年 1 月 11 日离任中研院院长）的，[①] 希望朱氏为提名人，刚好共有五人，足够提名钱穆当院士候选人之人数。胡氏在 1958 年 12 月 29 日《致朱家骅》函中言：

> 骝先：
>
> 送上钱穆先生提名表一纸，已有从吾，彦堂，贞一和我的签名，尚缺一人。可否请老兄签名加入提名人之一？倘蒙赞同，兄签名请即交来人带回，或邮寄给万松年兄。……[②]

此函于 1958 年 12 月 19 日发出，而前函于 1958 年 12 月 14 日发出，暂时不知胡适是否因为严耕望建议，才提名钱穆当院士候选人，又或是胡适甘愿推荐钱穆为院士候选人，但不能否认的事实是胡适在 1950 年代对学术界的影响力较高于严氏，严氏也认为胡适"先生及钱先生将皆为中国学术史上有地位之人物，千百年后史家论必不能放过此一关键"，又说"后学敬爱先生决不在敬爱钱先生之下"。严氏以恭"敬"的态度待胡氏，也肯定胡氏对学术界的影响。胡适在 1950 年代的学术行政权力自是高于严氏，没有必要迫于严氏的压力才提名钱穆，由此推论，胡适此时提名钱穆可能也是出于自己的意见。若此点正确的话，也见胡适的胸襟。

还有，胡适为何邀请朱家骅为钱穆院士候选人提名人之一，这可能涉及几点内容。第一，与朱氏已于 1948 年任院士有关。第二，胡适于 1958 年 4 月 10 日在就职中研院院长致辞时，便说："中央研究院有三十年的历史，这三十年的历史，可以说是我的老朋友的心血造成的。……他们把一生最重要的时期……把全部的精力贡献给中央研究院，甚至牺牲性命。朱先生

---

① 严耕望记述，1958 年朱家骅仍任代理院长，可能有误。1957 年 8 月中，朱氏已请辞，蒋介石于 8 月底正式通知朱家骅请辞获准，于 1958 年命李济代理院务，交接仪式于 1 月 11 日举行，于此时"交卸'代理'中研院院长长达十八年的重担"。见黄丽安《朱家骅与中央研究院》，台北，"国史馆"，2010，第 325—348 页。

② 胡适：《致朱家骅》（1958 年 12 月 19 日），台北中研院胡适纪念馆藏。

更苦心维持了中央研究院十八年。"可见胡适评价朱氏甚佳。此句看似为客套话，其实不然，胡氏于 1959 年 7 月举行的第四次院士会议上又说："由于朱骝先先生、傅孟真先生的远见，把史语所的全部及数学所的一部搬出来了。后来提到这里院址的建筑，完全是朱骝先先生的努力和政府的帮忙。"一再肯定朱氏的贡献，故邀请朱氏任提名人之一。第三，可能与朱氏于1951 年邀时年 58 岁的钱穆在台湾举行联合国中国同志会讲演，导致钱氏被泥块直击入院之事有关。1950 年底，钱穆往台中，商谈新亚在台办分校事，及后返台北，并应何应钦的邀请再做演讲。"余讲演方毕，忽又来朱家骅骝先来邀为联合国中国同志会作一次讲演"，本是按月一讲，值 4 月初，刚好3 月份讲会未进行，故"恳余少留，在十五日前作一讲"，终定 4 月 16 日为4 月份讲期。又相告，借用讲堂共有多处，但是日不克借用，顷谈淡江文理学院新落成的惊声堂，此次钱氏的演讲"乃为该堂第一天使用日"。其后朱氏派车来接，柴春霖在讲堂的楼上听演讲，讲演完毕，"骝先见春霖在楼上，招手邀其下楼来前座。余方答问者语，忽屋顶水泥大块坠落"，因惊声堂建筑刚完成，尚未经工程师验收，提前使用，故掉下水泥，"泥块直击余头部"，钱穆倒身泥块下，"头部血流不止"，实时送往附近中心医院，"余已不省人事"，柴氏被泥块击中胸部，正值他有心脏病被压气绝，而钱氏医治后返回香港，更认为"诚为余此后生命中最值纪念之一日"。① 钱氏"生命中最值纪念之一日"就是被水泥击倒，导致钱氏被水泥击倒的就是朱家骅邀请做演讲一事，若没有朱氏邀请，钱氏早已返港，也应不会出现"泥块直击余头部"的事情。此事自当在台湾广泛流传，在纪念馆中收藏的胡适剪报资料也有关于此事的新闻报道。② 暂时未见朱家骅是否对此事表示歉意，但在胡适眼中，朱氏可能是认同钱穆的学问，故邀请钱氏演讲；也可能是同情钱穆在此事的遭遇，从而支持胡适提名钱穆为院士候选人，也乐意成为提名人之一，又或可以协助另找提名人。但结果非如胡适所愿，独欠一位提名人，钱氏未能成为院士候选人。

就此以为朱家骅不近人情，其实可能不然，因为 1958 年 1 月 11 日在李

---

① 钱穆：《新亚书院创办简史》，《新亚遗铎》，台北，东大图书公司，1989，第 927—928 页。
② 参见《台北发生惨剧英专礼堂顶坍下立委柴春霖压毙钱穆田培林重伤》《台北淡江英专塌屋钱穆田培林伤势均好转》，二文收藏于台北中研院胡适纪念馆。

济接任朱家骅的交接仪式上，朱氏"交卸'代理'中研院院长长达十八年的重担"，离任中研院院长。而他与涉及中英文教会拨款补助中研院筹备研究所，以及兴筑恢复与新设各所研究办公大楼的事情有关。中研院规定由行政院主计处清查中研院财务状况，并监督中研院经费使用。自蔡元培起，中研院立下了院长和总干事不直接动支经费的传统，一切支出要盖总务主任、会计主任及出纳主任的三颗图章，朱氏及其聘任的总干事也是维持此"传统"。但不少人指斥朱氏未按"指示"，私自把中英文教会补助基金挪作他用，并引发蒋介石的"大怒"。最终，朱氏于 1957 年 8 月中旬主持召开1957 年度院士候选人选举评议会后便请辞。① 蒋介石也于 8 月 28 日下手谕，认为朱氏使"该院任意移用公款，是否已触犯国库法，应交俞院长查明处理"，并于 8 月底正式通知朱家骅请辞获准，于 1958 年命李济代理院务。朱氏虽为院士，也为第三届、第四届聘任评议员，但其请辞的消息及原因早已在台湾广泛流传，可能因此不便任钱穆院士候选人的提名人。

从馆中所藏的资料，也可见胡适颇注意钱穆的日常生活。藏件中有些是胡适剪报资料，其中收藏有顾颉刚《跋钱穆评"五德终始之政治和历史"》、1950 年 10 月 29 日《中央日报》刊《西方学者研究汉学风气自辟墙宇忽略我国传统钱穆欧美讲学返港谈观感》、1961 年 8 月 25 日《联合报》刊《钱穆博士谈民主自由》《台北发生惨剧英专礼堂顶坍下立委柴春霖压毙钱穆田培林重伤》《台北淡江英专塌屋钱穆田培林伤势均好转》，可知胡适对近人评钱穆的学术活动及观点非常关注，甚至也关心钱氏在台湾演讲遇到礼堂顶水泥掉落一事。

另一方面，在馆员收藏的报章及钱穆致胡适的信函中，也可知胡、钱二氏的关系未必如外界所指的"隔阂"很大。收藏的资料中，有 1962 年 2 月 27 日《征信新闻报》刊《噩耗抵香港学人齐悲悼钱穆等电唁胡夫人》，此文记述了新亚学人钱穆、吴俊升等知悉胡先生逝世的消息后"均致电胡夫人致唁"，也可见在香港的钱穆也关心胡适夫人丧夫的心情。钱穆在致函胡适谈及邀请胡氏推荐贺光中任马来亚大学中文系主任时言：

---

① 有关中英文教会拨款补助与朱家骅请辞的问题，主要参阅及引用黄丽安研究朱家骅的资料，参见黄丽安《朱家骅与中央研究院》，第 325—348 页。

适之先生道鉴：

　　旬日以前台北有人来述及尊兄佳胜，甚慰驰念。顷贺光中过此备道马来亚大学中文系系主任之席，校方以先生（按：胡适）未有正式去函为辞，搁置经年。贺君意彼在马大已属终身职，彼甚愿专一任课，不再兼此代主任之名义。彼意极望先生能早去一函，无论赞成贺君膺此职名与否，俾此事能告一段落。如先生不愿表示意见，或径去函正式辞谢此校外审查人之义务，亦使马大当局不能再借此拖延。贺君谓彼去函台北当面谒详述种切，并嘱穆代为道达。谅此函入览，当已面及贺君矣。匆此不别祗矣

　　道祺

弟钱穆（？）上　四月二十五日①

1956 年，胡适回台，任中研院院长，而马来亚大学（以下简称"马大"）正好邀请胡氏撰写评审贺光中任马大中文系主任的报告。由此函可得出如下结论。第一，虽然钱穆与胡适的交情非深，但应不算太差，故私下乃可致函催促胡适尽快把评审报告给马大校方，以免校方借口未收到胡氏的评审文件，而推辞委任贺光中为中文系主任。第二，钱穆表面上说"无论赞成贺君膺此职名与否，俾此事能告一段落。如先生不愿表示意见，或径去函正式辞谢此校外审查人之义务"，让胡适自行决定是否推荐贺光中，其实希望胡适在撰写给马大校方的评审报告中多称赞贺光中。因为纪念馆也收藏了一封钱穆致贺光中的信函，这信函既是钱穆寄给贺光中的，理应收藏在钱穆故居纪念馆，或是收录在《钱宾四先生全集》中，而不是收藏在胡适纪念馆。此函表明钱穆既为给马大撰写有关贺光中学术成果的评审报告人之一，也可能是推荐人之一；同时，钱穆可能向马大校方推荐胡适担任是次贺光中学历评审人，又或向贺光中推荐胡氏为评审人之一，这样就可以理解钱穆把推荐及描写贺光中的报告给胡适一阅，以做参考。由此可见钱氏是希望胡适撰写一份贺光中胜任系主任的评审报告，而不是说些"如先生不愿表示意见，或径去函正式辞谢此校外审查人之义务"这样客套

---

①　钱穆：《致胡适》（？年 4 月 25 日），台北中研院胡适纪念馆藏。此函未收入联经出版事业
　　有限公司出版的《钱宾四先生全集》。

的话。

看一下钱氏给贺光中的信函内容。此函为告诉贺光中，自己已给马大校方发出审查意见，更把送给马大校长的文件原文抄录给贺光中一阅：

> 窃谓贵校现任中国文学系主任贺君光中实为该项申请人中之最适者，鄙人曾亲到贵校参观，贵校之中文图书馆规模擘划均出贺一人，是征其以办事能力及学问修养之一班。最近又多细读贵校将出版之《东方学报》，此刊亦由贺君编，将来在学术界当可受各方重视。学报中有贺君所作《历代僧门制度考》一篇，考证精博，可见贺君持行政事务及教学外，尚能不废撰述。故鄙意认为由贺君正式任贵校国文系主任教授一席，为能驾轻就熟，胜任愉快也。[1]

尤特别者，此函没有收录在《素书楼余渖》内的钱穆致其他学者的书信，却收藏在胡适纪念馆的信件中，可知钱穆是有意让胡适了解贺光中，钱穆也是推荐贺光中任系主任的人。此函全是盛称贺光中的行政及学术成就，钱氏是希望胡适参考此函件，以便撰写贺光中的"审查报告"。如今，从钱氏致函胡适谈及推荐贺光中一事，也可见钱氏希望胡适撰写肯定贺光中胜任系主任一职的报告，更可见若非二人已有交往，也不可能推介己见让胡适参考，从此函也可见胡、钱二人交谊虽未必很深，但也不是"交恶"或对立。

胡、钱二人的关系，未必如部分学者所言一开始就是对立的，二人的关系是由互相尊重至相互批评，相互批评中又有交往。1923 年，胡适及梁启超应清华学生的邀请，开列"最低限度之国学入门书目"，梁启超取笑胡适列出的书中有小说《三侠五义》，而没有《尚书》《史记》等经典史籍。但钱穆在《编纂中等学校国文科公用教本之意见》一文中表示，"梁任公、胡适之两先生，曾为学者开列最低限度之国学入门书目"，"梁、胡为并世大师，其言当信"，[2] 将梁启超与胡适并举。钱氏又在 1928 年撰写的《国学

---

① 钱穆：《致贺光中》（缺日期），台北中研院胡适纪念馆藏。

② 钱穆：《编纂中等学校国文科公用教本之意见》（1925 年），《文化与教育》，台北，素书楼文教基金会，兰台出版社，2001，第 273 页。

概论》中说，梁启超研究先秦诸子"尚在胡适之前，然其系统之著作，则皆在胡后"，梁氏长于描写先秦诸子的时代背景，但"其指陈途径，并辟新蹊，则似较胡氏为逊"，① 还说"胡氏自述其实验主义者之态度，亦即新文化运动背后之哲学的根据也。自严复开始介绍西洋思想以来，能为有主张的介绍，与国人以切实的影响者，唯胡氏之实验主义而已"。又述及清末民初学者对先秦诸子学的贡献，也归功于章太炎、梁启超及胡适，以为"清儒尊孔崇经之见，实自三人之说而变。学术思想之途，因此而广。启蒙发凡，其说多疏，亦不足怪。论其转移之力，则亦犹清初之亭林、黎洲诸家也"。认为三人对民初学术界的贡献，可比清初"足以领袖一代之风尚"的明遗民顾炎武及"实创清代之一新局矣"的黄宗羲。② 钱氏甚至于 1928 年在苏州青年学术演讲会上，公开说研究《易经》是运用了胡适的"层层剥笋式"的研究方法，还说胡适的研究方法是"一个比较可靠而少错误的新方法"。③ 可见 1920 年代末的钱穆仍肯定胡适治实证史学的特色。

　　1929 年时，钱穆为苏州省立中学的首席国文教师，其时胡适已为上海公学校长。应苏州省立中学校长邀请到校演讲。胡氏因撰《中国哲学史大纲》扬名于北京，钱氏更认为此书是"介绍西洋新史学家之方法来治国故，其影响于学术前途者甚大"，是指导学者研究诸子的新方法。④ 在胡适南下江苏之时，钱穆在撰《先秦诸子系年》，有两部讨论《史记·六国年表》的书遍寻不得，而胡氏已为研究诸子学的专家，故钱氏何其询问，可能因为二书为坊间少见，故胡氏未能立即回答。事后钱穆"自念余固失礼，初见面不当以僻书相询，事近刁难"，但"骤见一天下名学人，不禁出口"，可见钱氏仍仰慕胡适。⑤ 钱穆与胡适第一次相见，成果未见，自然不开心，但他曾以"颜触见齐王"的互相礼让的典故以喻自己未能与胡适进一步交流的遗憾，齐王自然是提倡"一个比较可靠而少错误的新方法"之胡适，颜触就是钱穆，可知钱氏自感身份不及胡适，也未微言胡适的地位。

---

① 钱穆：《国学概论》（1928 年），台北，素书楼文教基金会，兰台出版社，2001，第 323—324 页。
② 钱穆：《中国近三百年学术史》上册，台北，台湾商务印书馆，1987，第 146、33 页。
③ 钱穆：《易经研究》，《中国学术思想史论丛》第 1 册，《钱宾四先生全集》第 18 册，第 247—271 页。
④ 钱穆：《国学概论》，第 323—324 页。
⑤ 钱穆：《师友杂忆》，第 149 页。

　　钱穆与胡适在 1930 年再会面时，钱氏在燕京大学任教，胡适已任北京
大学文学院院长。《胡适日记全编》指出，1931 年 3 月 17 日，胡适写了信
函给钱穆，讨论《老子》成书年代的问题。3 月 22 日，钱穆与顾颉刚等学
者特访胡适。3 月 29 日，胡适夫妇到顾颉刚家中吃饭，与钱穆、吴文藻、
郭绍虞等人见面。① 而《古史辨》第 5 册也收录了一封胡适在 1931 年 4 月
21 日给钱穆的信，讨论"五德终始"问题，函件后附有钱穆讨论《周官》
成书年代问题，联经出版事业有限公司出版的《钱宾四先生全集》收录了
《素书楼余渖》一书，此书收录了钱穆致胡适的四封函件，其中前两封信就
是谈及钱穆研究《周官》的问题。

　　钱穆于 1930 年完成《刘向歆父子年谱》，并运用坚实的考证，辨证晚
清今文经学派康有为以为古文经为刘歆伪造的不当，依《胡适日记全编》
1930 年 10 月 28 日所载，胡氏读钱氏此文，深感佩服：

> 　　昨今两日读钱穆先生的刘向歆父子《年谱》（按：《刘向歆父子年
> 谱》）（《燕京学报》七）及顾颉刚的《五德终始说》下的政治和历史
> （《清华学报》六，一）。
> 　　《钱谱》（按：《刘向歆父子年谱》）为一大著作，见解与体例都
> 好。他不信《新学伪经考》，立二十八事不可通以驳之。
> 　　顾说一部分作于曾见《钱谱》之后，而墨守康有为崔适之说，殊
> 不可晓。②

可知胡适肯定钱穆撰写的《刘向歆父子年谱》为学术界"一大著作"，对其
时学风自今文经学风转向重视古文经学及重视古文献做出了贡献。③

　　1931 年 3 月 18 日，顾颉刚致函胡适，推荐钱穆任教北大，文件中谈及：

---

① 曹伯言整理《胡适日记全编》第 6 册，1931 年 3 月 17 日、22 日、29 日，安徽教育出版社，
　 2001，第 98、101、105 页。
② 曹伯言整理《胡适日记全编》第 5 册，1930 年 10 月 28 日，第 834 页。
③ 有关钱穆《刘向歆父子年谱》出版后，改变了民初学风的重要作用，见余英时《钱穆与新
　 儒家》，《犹记风吹水上麟：钱穆与现代中国学术》，台北，三民书局，1991，第 32 页。另
　 参见刘巍《〈刘向歆父子年谱〉的学术背景与初始反向——兼论钱穆与疑古学派的关系以
　 及民国史学与晚清经今古文学之争之关系》，台湾大学中国文学系编《纪念钱穆先生逝世
　 十周年国际学术研讨会论文集》，台北，台湾大学中国文学系，2001，第 101—144 页。

北大与燕大之取舍，真成了难题目。此间许多人不放走，当局且许我奉养老亲，住入城内，为我自己学问计，确是燕大比北大好。闻孟真有意请钱宾四先生入北大，想出先生吹嘘，我已问过宾四，他也愿意。我想，他如到北大，则我即可不来，因为我所能之功课他无不教也，且他为学比我笃实，我们虽方向有些不同，但我尊重他，希望他常对我补偏救弊。故北大如请他，则较请我为好，以我有流弊而他无流弊也。他所作《诸子系年》，已完稿，洋洋三十万言，实近年一大著作，过数日当请他奉览。①

胡适与顾颉刚、傅斯年在此信函发出之前，已提及邀请钱穆任教北大，而钱穆弟子余英时已指出，钱穆被北大聘请，就是因为胡适已阅《刘向歆父子年谱》，并对其评价甚高，结合《胡适日记全编》所载 3 月 22 日及 29 日胡适与钱穆的会面，可知 1931 年 3 月时胡适与钱穆仍然是互相尊重的。

其后，钱穆不适应任教大学的生活环境，在燕京大学任教一年后便离职，离京前，他曾致函胡适，谈及到访未遇，其后留言为：

适之先生大鉴：日昨来城拜谒，未得晤教，深以为怅，即日匆匆南旋，不克走辞。《周官》一稿尚有一二处拟改。……拙著《诸子系年》于诸子生卒出处及晚周先秦史事，自谓颇有董理，有清一代考《史记》、订《纪年》、辨诸子，不下数十百家，自谓此书颇以判群纷而定一是，即如孔子行事，前人考论綦详，至于江崔诸老，几若无可复加。拙稿于孔子在卫宋诸节，颇谓足补诸儒考核所未备。其他用力处，穆《自序》中颇有道及，幸先生终赐卒读，并世治诸子，精考核，非先生无以定吾书，倘蒙赐以一序，并为介绍于北平学术机关为之刊印，当不仅为穆一人之私幸也。②

钱氏既肯定《诸子系年》的价值，也希望胡适为此书撰序，又望借胡适的

---

① 顾颉刚：《致胡适》（1931 年 3 月 18 日），《顾颉刚书信集》第 39 册，《顾颉刚全集》第 1 卷，中华书局，2010，第 473 页。
② 钱穆：《致胡适书》，《钱宾四先生全集》第 53 册《素书楼余渖》，第 191—192 页。

协助，向北平学术机关推介及出版此书，结果是胡适没有为《诸子系年》撰序，陈勇推测可能与钱穆主张《老子》一书晚出和胡氏意见不同有关。①最后，胡适也有向其时商务印书馆总经理王云五推介此书，肯定钱穆考证的严密。其后，钱穆把《墨子》及《惠施公孙龙》二书"敬再呈教，此书乃逐年积稿，历时数载，用心较细，所得较密。公孙子五篇《新解》，颇谓超昔贤以上，倘荷卒读，详赐诲正，尤所盼幸"，又肯定胡适领导群伦，力赞胡氏研究墨子的成果："先生对墨学有所见解，与前编《哲学史》绝不同，不久将有专篇发表。……国难日亟，左右领袖群伦，未审深识所烛何有伟论可为社会打一新出路，而此以不急之浮墨相扰颇引为惭。"②钱穆一再肯定胡适研究诸子学的方法，而依钱穆所述曾有人问胡适研究先秦诸子的成果，胡适认为可以问钱穆，之后，更把所藏潘用微《求仁录》借给钱穆。③可知1930年代初，胡、钱关系未如日后学者所言的交恶，胡、钱二氏仍互相尊重。

谈及胡适纪念馆典藏有关钱穆的资料，也可见胡适眉批钱穆著作的观点，可惜没有列出撰写日期，故不能全面知悉胡氏在何时进行批注。钱穆《中国近三百年学术史》书中第145页言："以后清儒率好为纂辑比次，虽方面不能如亭林之广，结撰不能如亭林之精，用意更不能如亭林之深且大，然要为闻其风而起者，则不可诬也。"胡适的眉批为：大缪。④

此书第318页谈及钱大昕论戴震的文字："王昶为《江永墓志铭》，亦称：'余友休宁戴君，所谓通天地之儒也，尝自述其学术，实本之江慎修先生。'"胡适的眉批为：此皆可证东原无"背师说"。⑤

胡适阅钱穆《中国近三百年学术史》中谈"钱大昕《与东原书》，亦谓前遇足下于晓岚（按：纪昀）所，足下盛称婺源江氏推步之学不在宣城下。又曰，岂少习于江，而特为之延誉耶？是东原初入都其学尚与江氏沆瀣一气，并时学者同推江戴，亦以二人所治相近也。窃考东原论学之变，盖在丁丑游扬州识惠氏松崖之后"，眉批是：此亦是臆测。⑥

①　陈勇：《试论钱穆与胡适的交谊及其学术论争》，《史学史研究》2011年第3期。
②　钱穆：《致胡适书》，第192—193页。
③　钱穆：《师友杂忆》，第188、183页。
④　胡适语，台北中研院胡适纪念馆藏。
⑤　胡适语，台北中研院胡适纪念馆藏。
⑥　胡适语，台北中研院胡适纪念馆藏。

又胡适阅钱穆《中国近三百年学术史》一书第 589 页"窃谓国史，自中唐以下，为一大变局，一王孤立于上，不能如古之贵族世家相分峙众民散处于下，不能如今欧西诸邦小国寡民，以颒论众意为治法而后天下乃为举子士人之天下，法律之所不能统天意之所不能畏，而士人自身之道德乃特重，宋儒亦时运所凑，非程朱私意所得而把持驱率也，故若舍经术而专言经世，其敝有不可信者，涤生之殁，知经世者尚有人知经术者则渺矣，此实同治中兴所为不可久恃一大原因也"。他的眉批为：西汉有何贵族世家？此真钱宾四之陋儒见解！①

再依胡适纪念馆藏函件，胡适于 1946 年在太平洋船上阅了王重民寄赠钱穆《记钞本戴东原孟子私淑录》及《记钞本章氏遗书》二文，胡氏既盛称"此录（按：戴东原《孟子私淑录》）甚有历史价值，当求其原钞本，与《绪言》《疏证》合校之，另写一完本"，其后又言"去国九年，史料颇多出现。宾四所见，此录之外，有钞本章实斋遗文，甚有意味"。②

在钱穆《记钞本戴东原孟子私淑录》一文内，胡适除了对全文校阅一次，纠正了不少错、漏字外，对第 15 页"此书（按：《安徽》丛书所收《东原遗墨》）在正月十四日，据其畅论后儒以意见为理而生民受其祸一节，正是疏证卷下各条所极论，而东原云聊举一字言之，又曰乞假南旋，竭数年之力勒成一书，是其时疏证似尚成书也。……是疏证成书应在正月至四月间"，胡适的眉批为：此似不可靠。③

在该文的最后部分，钱穆所述"又以《水经注》一案招来身后谤议，虽雅重东原者不能为昭雪。然就书论之，要为近世杰作，乾嘉以来，未有能驾出其右者"，胡适的眉批为：（？）意之言！言之未免过早。④

---

① 胡适语，台北中研院胡适纪念馆藏。又钱穆于 1948 年 5 月演讲时提出："中国社会从秦汉以下，古代封建贵族是崩溃了，新的军人贵族并不能代之而起。"就此而言，钱穆也承认秦汉以后没有世家，胡适评钱穆以为"西汉有何贵族世家"的观点也有一定道理。有关钱穆的观点，见《中国文化史导论》（1948 年），《钱宾四先生全集》第 29 册，第 137 页。

② 胡适：《王重民影印寄赠附钱宾四的及记戴东原的孟子私淑录》，台北中研院胡适纪念馆藏。有关钱穆研究章学诚的论点，见黄兆强《钱穆先生章学诚研究述论》，《东吴历史学报》2006 年第 15 期。

③ 胡适：《王重民影印寄赠附钱宾四的及记戴东原的孟子私淑录》，台北中研院胡适纪念馆藏，第 15 页。

④ 胡适：《王重民影印寄赠附钱宾四的及记戴东原的孟子私淑录》，台北中研院胡适纪念馆藏，第 16 页。

　　胡适虽早于 1925 年已完成及出版《戴东原的哲学》，盛称"大思想家戴震出来，用当时学者考证的方法，历史的眼光，重新估定五百年的理学的价值，打倒旧的理学，而建立新的理学"，①并提出戴震否定具先验意义的价值及可能性的"义理之性"，多以怀疑及批判精神探索事物，以"剥皮方法"讲求证据，使文献返回原义，又从"反对玄谈、讲究实学"的反玄学、求是求实地建立新哲学之角度，说明戴震没有主张人力与天力之间的对抗。1946 年之后，胡适研究戴震的主要论文有《戴震对江永的始终敬礼》（1946）、《跋戴震自定〈水经〉的〈附考〉》（1946）、《再跋戴震自定〈水经〉的〈附考〉》（1948）、《戴震自定〈水经〉一卷的现存两本》（1948）、《戴震的官本〈水经注〉最早引起的猜疑》（1958），既从考证文献的角度研究戴震校注的功力，也证明戴氏没有见到全祖望、赵一清的《水经注》校本，及为戴震平反"背师盗名"的指控。②而钱穆研究戴震的成果，主要见于 1937 年出版的《中国近三百年学术史》、1942 年的《记钞本戴东原孟子私淑录》及 1951 年出版的《中国思想史》。钱、胡二氏论戴震学术思想，不同的地方是钱氏认为胡氏没有足够证据说明戴震思想源自颜元、李塨学派，因为戴震攻击宋儒言理气之性的课题，"戴学近颜李（按：颜元、李塨），尤近浙东"。③从上文得见，胡适不是批评钱穆研究戴震的观点，而是既从考证文献的角度批评钱穆引用文献之不当，又从考据学派的研究方法替戴震辩护。④同时，胡氏也早于 1920 年读了日本学者内藤虎次郎编写的

---

① 胡适：《几个反理学的思想家》（1928），欧阳哲生编《胡适文集》第 4 册，北京大学出版社，1998，第 75 页。

② 有关胡适研究戴震的成果，见《戴东原的哲学》，欧阳哲生编《胡适文集》第 7 册，第 239—345 页；《戴震对江永的始终敬礼》（1946）、《跋戴震自定〈水经〉的〈附考〉》（1946）、《再跋戴震自定〈水经〉的〈附考〉》（1948）、《戴震自定〈水经〉一卷的现存两本》（1948）、《戴震的官本〈水经注〉最早引起的猜疑》（1958），欧阳哲生编《胡适文集》第 10 册，第 585—587、592—595、610—615、616—630、711—714 页。

③ 有关胡适论戴震的观点，见丘为君《戴震学的形成》，台北，联经出版事业有限公司，2001，第 159—200 页。另参见汪学群《钱穆学术思想评传》，北京图书馆出版社，1998，第 224—230 页。

④ 有关胡适与钱穆研究戴震思想的相异之处，见李美燕《批判与传承——胡适与钱穆对戴震"理欲之辨"论述之比较》，中国人民大学孔子研究院编《儒学评论》第 2 辑，河北大学出版社，2006，第 142—155 页。胡、钱二氏论戴震学风之异，也涉及二氏论清代学术思想史的不同观点，有关研究参见丘为君《清代思想史"研究典范"的形成、特质与义涵》，《清华学报》1994 年第 4 期。

《章实斋先生年谱》，后于 1922 年自编《章实斋先生年谱》，为在清中叶汉学家权威影响下的"章实斋（按：章学诚）抱不平"。[①] 从以上眉批得知，胡适不仅批评钱穆不知西汉是没有贵族的的观点，也认为钱穆所持经术与经世并重的观点是"陋儒见解"。[②] 换言之，胡适认为经术及经世不应并重，这涉及胡氏在 1930 年代倡导以科学方法治史及学科走向专业化发展，不涉道德批判，不涉政治影响学术独立性的观点。如胡适早于 1919 年在《论国故学（答毛子水）》中已言：

> 你的主张，也有一点太偏了的地方。如说："我们把国故整理起来，世界的学术界亦许得着一点益处，不过一定是没有多大的。……世界所有的学术，比国故更有用的有许多，比国故更要紧的亦有许多。"我以为我们做学问不当先存这个狭义的功利观念。做学问的人当看自己性之所近，拣选所要做的学问，拣定之后，当存一个"为真理而求真理"的态度。[③]

胡适在《中国哲学史大纲》（上）的《导言》中说：

> 我的理想中，以为要做一部可靠的中国哲学史，必须要用这几条方法。第一步须搜集史料，第二步须审定史料的真假，第三步须把一切不可信的史料全部除去不用，第四步须把可靠的史料仔细整理一番：先把本子校勘完好，次把字句解释明白，最后又把各家的书贯串领会，使一家一家的学说都成有条理有统系的哲学。做到这个地位，方才做到"述学"两个字，然后还须把各家的学说，笼统研究一番，依时代的先后看他们传授的渊源、交互的影响，变迁的秩序：这便叫做"明变"。然后研究各家学派兴废沿革的原故：这便叫做"求因"。然后用完全中立的眼光，历史的观念，一一寻求各家学说的效果影响，再用

---

① 胡适：《胡序》，《章实斋先生年谱》，台北，远流出版事业股份有限公司，1986，第 31 页。
② 胡适：《胡序》，《章实斋先生年谱》，第 31 页。研究钱穆治经学与社会治世的关系，参见张晓芬《试论钱穆的经学致用之道——从其对龚自珍之评论谈起》，黄兆强主编《钱穆先生思想行谊研究论文集》，台北，东吴大学，2009，第 151—186 页。
③ 胡适：《论国故学（答毛子水）》，欧阳哲生编《胡适文集》第 2 册，第 327 页。

这种种影响效果来批评各家学说的价值：这叫做"评判"。①

胡氏以为研究学问，不必带有非学术的功利观念，学人必要为学问而学问，为学应是追求学问的真理，不是为道德及政治服务，这样才可建立学术的独立性。② 从上文可见，胡适以为研究中国哲学，不是研究其概念，而是注意哲学学说的社会环境，更要运用考据文献的方法，以考据为分析哲学的首要任务。难怪余英时也说，"胡适在学术上的兴趣本在考证"，"胡适学术的起点和终点都是中国的考证学"。③ 胡适提出考证文献的方法及研究学问的目的，均呈现在胡适纪念馆藏胡氏眉批钱穆著作中。

此外，台北中研院胡适纪念馆中也藏有胡适于 1931 年 5 月 7 日手书《周官》文稿，其中一节谈及钱穆引用《史记·封禅书》一文中，运用《周官》数据是在《大司乐》一章，支持钱氏认为《周官》仍是先秦书，尚在吕不韦《春秋》邹衍《五德终始》前，胡氏以此认为：

> 《封禅书》所引，若果是出于此节，那就是可以证明司马迁时代有一部《周官》，而文字大不同，又可以证今本确是大大的改作的结果。④

---

① 胡适：《导言》，《中国古代哲学史》［原名《中国哲学史大纲》（上）］，欧阳哲生编《胡适文集》第 6 册，第 183 页。胡氏提出史学不应受外在的道德观念及政治因素所影响，此乃是民国建立后中国史学走向现代化及独立化发展的方向，见 Brian Moloughney and Peter Zarrow，"Making History Mondern：The Transformation of Chinese Historiography，1895 - 1937，" in Brian Moloughney and Peter Zarrow，eds.，*Transforming History：The Making of Modern Academic Discipline in Twentieth-Century China*（HK：The Chinese University Press，2011），pp. 1 - 45。

② 新史学派学者如胡适、傅斯年等，与旧史学派学者如东南学派学者柳诒徵等人治学之别，是前者追求学术独立性，后者多注意治学与社会道德建立的关系，而胡适与钱穆论学观点之别，也是新史学派与旧史学派学者不同之处，此不独是钱穆与胡适二人论学之异，而是涉及新旧史学派治学观点之别。有关东南学派学者与胡适论学之别，见拙文《礼学与史学：柳诒徵史学理论之研究》，宋秉仁主编《史学与史识：王尔敏教授八十诞辰论文集》，台北，广文书局，2009，第 363—392 页；《民国时期的"南高"史学（1915—1931）——以柳诒徵及其学生为中心》，博士学位论文，香港浸会大学，2001，第 75—89 页。

③ 余英时：《中国近代思想史上的胡适》，台北，联经出版事业有限公司，1984，第 73 页。另外，胡适的学生冯友兰已注意到胡适治中国哲学史只知考据，不能阐发义理之弊，故自行撰写《中国哲学史》一书。参见翟志成《师不必贤于分子——论胡适和冯友兰的两本中国哲学史》，《新史学》第 15 卷第 3 期，2004 年，第 101—145 页。

④ 胡适：《周官》（1931 年 5 月 7 日），台北中研院胡适纪念馆藏。

暂时不知胡适有没有发出此函，但其后钱穆于 1932 年 4 月 24 日致函胡适
谈及：

> 适之先生：
>
> 　　拜读来教，欢喜无量。
>
> 　　先生高兴加入今古文问题的讨论，尤所盼望。今姑就来教，略述
> 鄙见，谨请教益。①

其后，钱穆更广引先秦及秦汉经籍，说"西京学术真相，当从六国先秦源
头上窥。晚清今文学承苏州惠氏家法之说而来，后又屡变，实未得汉人之
真。即以廖氏（按：廖平）《今古学考论》，其书貌为谨严，实亦诞奇，与
六译馆相差不远。……廖氏以礼制一端，划今古鸿沟，早已是拔赵帜立汉
帜，非古人之真"，借此说明《周官》成于先秦，不是西汉。以此函往上追
寻，可知钱穆致此函前，胡适已于 1931 年 4 月 21 日致函钱穆，以示愿意参
加今古文问题的讨论。胡氏说："我以为廖季平的《今古学考》的态度还可
算平允，但康有为的《伪经考》（按：《新学伪经考》）便走上了偏激的成
见一路。崔觯甫（按：崔适）的《史记探源》更偏激了。现在应该回到廖
平的原来主张，看看他'创为今古学之分以复西京之旧'是否可以成立。
不先决此大问题，便是日日讨论枝叶而忘却本根了。"② 得知胡适有兴趣参
加讨论，钱氏便致函胡适："拜读来教，欢喜无量。先生高兴加入今古文问
题的讨论，尤所盼望。"而胡适纪念馆藏胡适于 1931 年 5 月 7 日手书《周
官》文稿的日期，是后于以上二函，从中可见胡适承认西汉司马迁时已阅
一本文字不同于先秦时代的《周官》，今本的《周官》是"大大的改作的结
果"，胡适也渐渐由相信晚清今文家的言论，至阅《刘向歆父子年谱》后，
转向肯定廖平在《今古学考论》倡"平分古今"经的观点。虽然钱穆仍认

---

① 钱穆：《致胡适书》（1931 年 4 月 25 日），《钱宾四先生全集》第 53 册《素书楼余沈》，第
187 页。另参见钱穆《读周官》，《中国学术思想史论丛》第 2 册，《钱宾四先生全集》第
18 册，第 319—330 页。

② 有关胡适与钱穆论今古文经的问题，是否如陈勇所言"胡氏日渐脱离今文家言，相信古文
经决非刘歆作伪的问题上，钱穆的作用是显而易见。这一问题的讨论上，是钱穆影响了胡
适"，尚有待考证，但可见 1931 年时的胡适与钱穆论学的言论尚为温和，二人甚至是互相
欣赏。见陈勇《试论钱穆与胡适的交谊及其学术论争》，《史学史研究》2011 年第 3 期。

为廖平以古今礼制不同"划今古鸿沟，早已是拔赵帜立汉帜，非古人之真"，但胡适赞同廖平的观点，也是"非古人之真"。更重要的是，胡适认同西汉司马迁所处的时代有一部不同于今文经家所见《周官》的文献，反省今文经学家康有为所言刘歆伪造古文经的观点。由此得知，1931 年年中，胡适与钱穆在今古文经的问题上，既没有太大冲突，也没有过激地反对对方的意见。

四　1930 年代胡、钱二氏的交往及论学相异

胡、钱二氏论学观点产生分歧，乃始于 1930 年代后期。1930 年代初，胡适与钱穆交往及论学仍是互相尊重，然而日后二氏交往不如昔日，甚至钱氏认为胡适及其弟子傅斯年为一集团，贬斥他们为"门户"，此实与胡、钱二氏论"老子先于孔子"及儒家起源的问题甚有关系。再深入分析，可见二氏对中国文化所持观点的不同，导致日后二人学术观点上各有主张。

胡、钱关于学术的讨论，已见二人的观点不同。先看二人讨论关于《老子》成书年代问题的相异观点。胡适主张老子先于孔子，而钱穆在 1923 年撰《老子辨伪》一文，以为《老子》晚出，1930 年代更把此文改名为《关于〈老子〉成书年代之一种考察》，以《老子》中"道"及"名"的观念，从先秦学术思想脉络进行考证，得出《老子》成于《庄子·内篇》之后。胡适阅此文后，致函钱穆，批评钱氏考证《老子》的研究方法，以为钱穆的研究方法是"思想上的线索"，"但思想线索实不易言"：

> 去年读先生的《向歆父子年谱》，十分佩服。今年在《燕京学报》第七期上读先生的旧作《关于〈老子〉成书年代之一种考察》，我觉得远不如《向歆谱》的严谨。其中根本立场甚难成立。……此文的根本立场是思想上的线索。但思想线索实不易言。希腊思想已发达到很"深远"的境界了，而欧洲中古时代忽然陷入很粗浅的神学，至近千年之久。后世学者岂可据此便说希腊之"深远"思想不当在中古之前吗？又如佛教之哲学已到很"深远"的境界，而大乘末流沦为最下流的密宗，此又是最明显之例。……我并不否认"《老子》晚出"之论的可能性。但我始终觉得梁任公、冯芝生与先生诸人之论证无一可使我心服。

若有充分的证据使我心服，我决不坚持《老子》早出之说。①

及后，《胡适日记全编》也述及 1931 年 3 月 22 日钱穆与顾颉刚、郭绍虞拜访胡适，其中谈及《老子》成书年代的问题，钱、顾二氏也主张《老子》晚出，胡适认为《老子》先于《论语》，"他（按：钱穆）问，《老子》已说'礼者忠信之薄'，似是很晚的一证。我说，《论语》不曾说有林放问礼之本吗？此问与孔子所答正足证其时'礼'已发生疑问了"。钱穆又说"功成名遂身退天之道"，也是很晚的证据。胡适说："又错了。《诗三百》篇里已可看出私人的入政治场中，《论语》里已有家臣同升之事，吴越杀功臣不是《春秋》末年的事吗？再上去，周公居东、祭仲、管仲都不是先例吗？"钱穆又问："散文夹韵文是否散文成立以后的事？"胡适便说："韵文成立最早，纯粹散文在后，而《老子》的文体应在过渡时代。"② 及至 1932年，钱穆再写《再论〈老子〉成书年代》一文，从历史背景、思想系统及文字造句考证《老子》出于《庄子》之后，为战国后期的作品，而胡适于1933 年发表《评论近人考据〈老子〉年代的方法》一文，以为钱穆等人的研究方法是"自己'始作俑'的，所以我自己应该负一部分的责任。我现在很诚恳的对我的朋友们说：这个方法是很有危险性的，是不能免除主观的成见的，是一把两面锋的剑可以两边割的。你的成见偏向东，这个方法可以帮助你向东；你的成见偏向西，这个方法可以帮助你向西。如果没有严格的自觉的批评，这个方法的使用决不会有证据的价值"。③ 胡适以为不容易确定文体及术语起源于何时，而且评文体时往往有不少主观意见，不容易得见时代背景，同一时代的作者也有巧拙不同，有雅俗不同，有拘谨与豪放不同，还有不同的地方方言，不能以个人获知的简单材料，就断定为一时代的文体是一个时代的产物，也不可以一篇文章内运用文辞断定是古代流行制度及习惯，从而推断是文章撰写的先后次序，以单篇文章断定

---

① 详见胡适《与钱穆先生论〈老子〉成书问题书》，欧阳哲生编《胡适文集》第 5 册，第103—105 页。
② 曹伯言整理《胡适日记全编》第 6 册，第 101 页。
③ 详见胡适《评论近人考据〈老子〉年代的方法》，原刊《清华周刊》第 37 卷第 9、10 期，1932 年，收入欧阳哲生编《胡适文集》第 5 册，第 86 页；胡适：《说儒》，台北，远流出版事业股份有限公司，1992，第 5—98 页。

《老子》后于《庄子》。钱氏八十多岁时记述："余与适之讨论老子年代问题，绝不止三数次。余曾问适之，君之先秦哲学史，主张思想必有时代背景。中国古人所谓知人论世，即此议。"胡氏主张老子早于孔子，则老子应在春秋时代，应以当时的历史背景而发，"君书何乃上推之《诗经》"；即就《诗经》来论时代背景，也是泛泛分说乐天派、悲观派等五种人生观，并以此而言老子思想的起源，胡适应知道历代均有乐天、悲观等分别，唐诗、宋词也各有时代的分别，为何胡氏断言老子思想独起于春秋时代，仍未有所说明，加上老子以下，孔子、墨子各家思想也各有时代背景，"君书自老子以下，即以思想承思想，即不再提各家思想之时代背景，又何故"。然而，对钱穆而言，胡适终不能回应第二个问题。钱穆回忆此段论争时也颇引以为傲："然对余之第二问题，则仍未有答。此后适之见余，再不乐意讨论老子，而别撰《说儒》新篇。"①　钱穆又说："又有一学生告余，彼系一新学生，旧同学皆告彼，当用心听适之师与师（按：钱穆）两人课。乃两师讲堂皆所言相反，不知两师曾面对讨论可归一是否。余答此处正见学问之需要。汝正当从此等处自有悟入。若他人尽可告汝一是，则又何待汝多学多问。"②　以上两段文字，均出自钱氏晚年著《师友杂忆》一书，从此得见钱氏终生未忘与胡适论《老子》先后的问题。

胡适与钱穆论学之异，又见于二人讨论儒家起源问题。1934年，胡适发表了《说儒》一文，以为"儒"的本义是"柔儒之人"，早期的儒者均是殷遗民，他们多穿殷服、学习殷礼，以治丧礼为职业，奉行"亡国遗民的柔逊的人生观"，老子也是这样"正宗的儒"，因殷人亡国后倡"五百年必有王者兴"，孔子就是时人所谓"应运而生的圣者"，就是把殷商民族部落的儒扩大至"仁以为己任"的儒，把亡国遗民的柔顺礼节的儒改造成传道、弘毅的新儒。此文的最后部分谈及老子也是儒，儒的本义是"柔"，而《老子》阐发的也是"宽柔以教，不报无道"的柔术，故老子代表"儒的古义"，古籍传说所载孔子曾问礼于老子，实是正确的，因为孔子与老子属同一学脉，"老子是代表儒的正统，而孔子早已超越了那正统的儒"，日后便老孔分家。胡适希望《说儒》一文可以印证"老在孔前"的问题，他更在

---

① 钱穆：《师友杂忆》，第144页。
② 钱穆：《师友杂忆》，第143页。

日记中表述："这篇《说儒》的理论大概是可以成立的，这些理论的成立可以使中国古史研究起一个革命。"①

钱穆虽未于胡适发表《说儒》一文后实时撰文批评胡氏的观点，但依钱穆回忆胡氏撰此文稿时常与讨论，"适之《说儒》终于成篇，文长五万字，仍守其初意不变。其说既与余上古史堂上所讲意义大相背驰，诸生举适之此文设问。余遂于堂上明白告诸生，余所持与适之《说儒》不同之所在。诸生或劝余为文驳论"，钱氏以为学问不应与他人争，若再撰文驳论，只会妨碍学问的进步，故未撰文反驳。钱穆虽不为文，却把此话告知胡适，而学生"乃挽余助教贺之君即就余讲堂所讲撰一文，刊之北大史系同学在天津《益世报》所主办之副刊上"，胡适阅后"大不悦，但亦未撰文反驳"，此副刊主编仍希望助教别为一文，又为拒绝"谓所辩乃本钱师之说，不能出尔反尔"。其后钱氏于 1942 年在《学思》上发表《驳胡适之〈说儒〉》一文，就是"专为讨论适之《说儒》"，钱穆认为"儒"为术士之称，术士即娴习六艺，儒为当时社会生活职业一流品。此文又在香港大学中文系出版的《东方文化》上刊载，钱穆一文虽在胡适发表《说儒》后八年才发表，然而钱氏不满胡适《说儒》的观点，早见于 1934 年任教北大时的言论。②

另外，钱穆与胡适论北大人事辞退问题，也为钱穆对胡适行事不满的原因。依《师友杂忆》所记，钱氏任教北大期间，有一天，胡适来访，主要谈及蒙文通，胡适表示秋天后蒙文通将不续聘，因为"文通上堂，学生有不懂其所语者"，钱氏认为蒙文通教授北大历史系必修课，学生既多，班中学生自有优劣，"优者如某某几人，余知彼等决不向君有此语。若班中劣等生，果有此语，亦不当据为选择教师之标准，在北大尤然，在君为文学院长时更应然"，钱氏更言蒙文通研究魏晋南北朝及隋唐史，若蒙文通离职，"至少在三年内，当物色不到一继任人选"。此次交谈，相信未能成功说服胡适做出不辞退蒙文通的决定，钱穆认为此次会面是"两人终不欢而散"的原因。正如林志宏指出《师友杂忆》"基本上写的是一群主张文化保守的人怎么聚集一起"，也可见"他（按：钱穆）透过各种方式在为这些人

_____

① 曹伯言整理《胡适日记全编》第 6 册，1934 年 4 月 1 日，第 365 页。

② 见钱穆《驳胡适之〈说儒〉》，《中国学术思想史论丛》第 2 册，《钱宾四先生全集》第 18 册，第 249—318 页；钱穆：《师友杂忆》，第 144—145 页。

发声"，除了有蒙文通外，也有汤用彤、熊十力等今天被视为"文化保守主义者"的学者。换言之，钱氏也自信地秉持代这群"文化保守主义者"发声，以批评那些"主流"学者贬斥"文化保守主义者"的观点。[①]

论学观点的相异，加上不满胡适辞退蒙文通，使钱穆日渐发表不满胡适的言论。

五　胡、钱二氏论学相异的原因

钱氏于 1949 年后不满胡适，实也源自他把胡适与傅斯年等史语所学者视为一个集团，钱氏认为以胡适、傅斯年为首的史语所群体多持"门户"之见，对外界甚为排斥。更重要的是，1930 年代后，钱穆与胡适等主张西化及新文化学者的观点相异，这是胡、钱二人论学观点相异的主要原因。

先回溯钱穆多指称胡适、傅斯年领导下的史语所为"门户"，究竟钱氏观点是怎样形成的，此就涉及 1949 年前钱氏与胡、傅二氏言论之相异地方。[②] 自 1917 年蔡元培出任北大校长后，陈独秀、胡适等新文化学者加入，与旧派学者一起执教，至五四运动前后，胡、陈二氏编刊其时甚为流行的《新青年》杂志；及后，胡氏学生傅斯年与罗家伦创办《新潮》杂志，鼓吹新文化运动，胡氏又先后出版《中国哲学史大纲》（上）、《尝试集》，并领导"整理国故运动"，树立新的治学风尚。陈独秀宣称，"孔子者，历代帝王之护符"，中国"固有之伦理、法律、学术、礼俗，无一非封建制度之遗"；胡适则以"重估一切价值"的态度，批判中国传统文化，又认为中国古史有很多可疑的地方，治学应"有一分证据，说一分话"，"大胆假设，小心求证"，提出"以科学方法整理国故"，借用清中叶士子龚自珍所言"但开风气不为师"一语自持。在他启导下他的学生顾颉刚倡"疑古史学"，领导古史辨，另一学生、日后任史语所所长的傅斯年倡新考证之风，互通

① 有关钱穆为"文化保守主义"发声的研究，见林志宏《〈八十忆双亲·师友杂忆合刊〉导读》，钱穆故居管理处编《钱穆先生著作导读——中国思想史系列》，台北，东吴大学，2005，第 25 页。而把钱穆、蒙文通视为同一类型的"文化保守主义者"的研究，见王汎森《从经学向史学的过渡——廖平与蒙文通的例子》，《近代中国的史家与史学》，香港，三联书店（香港）有限公司，2008，第 152 页。
② 当然也有学者认为胡、傅二人关系虽密切，但二氏治学及政治思想有异。见王汎森《傅斯年对胡适文史观点的影响》，《汉学研究》第 14 卷第 1 期，1996 年，第 177—193 页。

声气，一起推动新文化运动，二人均为新文化运动的重要成员。

早年的傅斯年也认同顾颉刚的疑古史学，于 1919 年 1 月在《新潮》杂志上发表评清人梁玉绳《史记志疑》的文章，称其书"独能疑所不当疑"，具有"疑古精神"，在留学德国时称赞顾颉刚的"层累造成的中国古史"说为"史学的中央题目，就是你这'累层的造成的中国古史'……你这一个题目，乃是一切经传子家的总钥匙，一部中国古代方术思想史的真线索"。回国后，傅氏反省疑古之失，转向重建古史，先后担任中山大学历史系主任及史语所所长，注意到古代历史多不可靠，就是中古时期多相信《尚书》《左传》，只好借考古学发掘地下材料，纠正古史的错误。1928 年任史语所所长的傅斯年，也于 1929 年随史语所自广州迁往北平，又招聘了陈垣、陈寅恪、李济等一批学者，多主考订文献、重建古史，傅氏也成为"史料学派的舵手、新考据派的领军人物"，史语所成员也重视史料文献考订及整理，借专题考证，以建立整体的历史面貌。自 1919 年五四运动至 1949 年前，胡适先后任北大文学院院长、北大校长等职位及荣衔，其学生又任大学及研究机构的要职，领导北方学术界，使胡适成为北大派的中心人物，其学生傅斯年及顾颉刚也先后参与新文化运动，反过来支持北大成为全国新学术建制的中心，而傅、顾二氏也因此成为新文化运动的代表人物，师生连系，渐渐控制北方学风，使北平不仅成为新文化运动的中心，也成为尚整理、考订史料真伪的疑古史学和史料派的中心，北大尚新文化学者及史语所研究员更可谓组成了"史料学派的史学群体"。①

1929 年史语所自广州迁往北平，傅斯年率先兼任北大史学系讲师，之后，更多史语所研究员兼任北大史学系讲师，如陈寅恪开"南北朝高僧传"课，陈垣开"中国史学名著评论"课，顾颉刚开"中国历史专书选读""中国古代地理沿革史""春秋史"等课，傅氏在北大开办"中国上古史单题研究"课，讲授考古学知识在中国古代史研究的应用，把新知识与经典文献相比较，注意对新史料、新知识进行研究，这也是傅氏主张治史观点之一。傅氏任职北大后，也认为大学应是"专才教育"而非"通才教育"，1931

---

① 有关五四运动后北大成为新文化运动的中心，胡适、顾颉刚及傅斯年提倡新文化及新史学观点，见王汎森《什么可以成为历史证据——近代中国新旧史料观点的冲突》《钱穆与民国学风》，《近代中国的史家与史学》，第 157—210、211—218 页。另参见陈勇《国学宗师钱穆》，第 110—123 页。

年北大史学系公布新课程指引书，他提出"史学系的修习完满，而不能直接处理某一部分史料，便是一场失败。……史学中的典著，接近史料的工具，整理史料的方法，就是你们的三宝"，历史学研究应注意"如何去做第一步搜集史料的工作"，也应注意各种语言训练，进一步践行了其在《历史语言研究所工作之旨趣》一文中提出的观点。① 其后，傅斯年又提倡"拔尖主义"，主要借研究人员兼任讲课，以留意史学系的高才生。傅斯年曾认为史语所应"充分收容北大国文、史学两系毕业生"，早期在史语所工作的劳干、胡厚宣、全汉升、余逊、高去寻、张政烺、王崇武、吴相湘等均是北大史学系毕业生，北大史学系与史语所的研究方向及观点得以联结。傅斯年也曾说："北大出身，不可多拉，以免门户，但国文、史学有学风关系，地质有特殊情形，难避。"北大史学系的影响不独在北方，乃至1920—1930年代的中国，而史语所又"在当时的国际汉学界都是无与伦比"，北大与史语所的结合，使傅斯年、胡适等新文化学者的治学观点得以实践，至少影响到其时北方的学术界。他们"拔尖"的学生或研究员也传承其观点，这样互相支持下，虽未必是持"门户之见"，也可谓控制北方学界的学术氛围，而不满这种学术氛围的学者便以"门户之见"指称之。②

随着1949年后傅斯年等史语所成员迁台，"史料学派的史学群体"成员又任教台大，1949年前"史料派"治学风尚也传至台北。1930—1960年代，钱氏所见"史料学派的史学群体"成员的治史方法，就是他指斥为"饾饤琐碎，烦称博引，为考据而考据，不知全体历史面貌"及"持门户之见"的学者的治史方法。

但要注意的是，1920年代，钱穆肯定新文化的价值，曾以"穆"为名发表《旁观者言》，肯定科学的重要，认为科学家可以担当科学的人格，他只是不满《新青年》内激烈的批判传统文化的言论，1921年更以白话文撰写《白话历史教科书》，在1928年撰写的《国学概论》中也称赞新文化学

---

① 有关傅斯年《历史语言研究所工作之旨趣》一文阐述新的历史研究方法及此文在历史上的地位，见王汎森《重读傅斯年先生〈历史语言研究所工作之旨趣〉》、欧阳哲生《傅斯年学行思想与史语所初期研究工作》，布占祥、马亮宽主编《傅斯年与中国文化——"傅斯年与中国文化"国际学术研讨会论文集》，第31—40、50—63页。

② 本段的引文及内容，见尚小明《北大史学系早期发展史研究（1899—1937）》，北京大学出版社，2007，第183—200页。

者胡适，并把胡适与梁启超比较，提出梁氏著述"指陈途径，开辟新蹊，则似较胡适为逊"。① 1933 年钱穆在《古史辨》第 4 册的序中，批评那些新考据学者只是整理旧知，无所创作；考据尚怀疑，不能尊信守常的言论，并以为学者应"各就其性之所喜近，以自成其业"，不应漫骂。1930 年代中期，钱氏才不满新文化学者及史料派的治史风尚。钱氏受新文化运动的影响及 1930 年代前肯定新文化运动的价值，是不用怀疑的，其后胡、钱二氏对于先秦诸子及老孔先后的问题意见相异。也因从 1919 年前后至 1930 年代，陈独秀的"批孔"，胡适的"重估一切价值"，钱玄同的"废除汉字"，吴稚晖"把线装书扔入毛厕"，顾颉刚的"古史辨"，傅斯年的"史学便是史料学"，陈序经提出的"全盘西化"及社会史论战中输入马克思阶级斗争理论、唯物史观，中国学界先后输入英、美、苏俄共产主义等思想，中国文化及中国人文精神日渐衰坠，国难当前，只好从东西文化比较中凸显中国文化的特色及精神价值。五四运动至 1930 年代，时代越后，批判中国传统文化的言论越激烈，终导致钱氏反对新文化学者的观点。故钱氏在 1983 年回忆，面对五四运动激烈批判传统文化之风，"决心重温旧书，乃不为时代潮流挟卷而去。及今（按：1983 年）思之，亦余当年一大幸运也"。②

　　1930 年代初，胡适已是主张西化的代表人物，他在 1929 年为《中国基督教年鉴》写的一篇英文文章《中国今日的文化冲突》中提出"全盘西化"一词。1930 年代中期，中国学界出现中国本位文化与全盘西化的论争。当

---

① 钱穆：《师友杂忆》，第 91 页；《国学概论》，第 294、324—325 页。《国学概论》出版于 1931 年，但钱氏在序中指出此书成于 1926—1928 年。钱穆 1930 年代初并非反对科学方法治史，也重视考据，提出治学应义理、考据、辞章并重，只是反对激烈批评传统文化及西化的言论；1937 年后，抗日战争全面爆发，国难当前，钱氏转向通史式的研究，注意中国文化在世界文化中的特殊性。有关钱氏治学思想转变，见王汎森《钱穆与民国学风》，《近代中国的史家与史学》，第 211—271 页。另参见王晴佳《钱穆与科学史学之离合关系》，台湾大学中国文学系编《纪念钱穆先生逝世十周年国际学术研讨会论文集》，台北，台湾大学，2001，第 185—211 页。有关钱穆与傅斯年治学不同的地方，见翁有为《求真乎？经世乎？——傅斯年与钱穆学术思想比较》，布占祥、马亮宽主编《傅斯年与中国文化——"傅斯年与中国文化"国际学术研讨会论文集》，第 328—363 页。

② 钱穆：《师友杂忆》，第 91 页。有关五四运动以后激烈批判传统文化言论，见 Lin Yu-sheng（林毓生），*The Crisis of Chinese Consciousness：Radical Antitraditionalism in The May Fourth Era*（Wisconsin：The University of Wiscon，1979）。另参见黄文斌《"民族本位"与"学术经世"：论析钱穆学术思想的历史成因（1904—1950）》，东吴大学钱穆故居管理处编印《钱穆思想学术研讨会论文集》，台北，2005，第 245—264 页。

主张全盘西化论的陈序经把胡适纳入"折中派"时，胡氏发言为"我完全赞同陈序经先生的全盘西化论"，不过以"充分世界化"代替"全盘西化"的观点。而相对于胡氏而言，钱穆较重视保存中国文化，并希望发扬中国文化的优良传统，依中国历史文化的特色进行"因革损益"，而不是全盘西化。钱氏于1936年发表《略论治史方法》一文，批评西化论是"一种崇洋媚外观"。① 又在1937年发表的《中国近三百年学术史》自序中，批评西化论只是"言政则一以西国为准绳，不问其与我国情政治洽否也。扞格而难通，则激而主全盘西化，以尽变故常为快"。② 在1940年撰写的《国史大纲·引论》中，钱氏也认为"凡此皆晚近中国之病，而尤莫病士大夫之无识，乃不见其为病，转而疑及我全民族数千年文化本源，而惟求全变故常以为快"，直斥急促求变的西化派未能按中国历史文化发展的现实情况，"融会旧传统，开创新局面"及"因革损益"。③

再细看钱氏与新文化学者治史观点相异的地方。第一，钱氏肯定孔子及六经的地位，在《国学概论》一书中，认为孔子是"中国学术史上人格最高标准"，六经是"中国学术史上著述最高之标准"。但胡适及傅斯年均曾反对读经，以为经书文字难明，傅氏更认为"读经乃全与现物隔开。上者剽窃乾嘉，下者死守高头讲章"。顾颉刚认为所有古书不可尽信，钱穆虽以怀疑的态度研究古史，如疑老子出庄周后，但以"考古"为名，不愿"疑古"，借考古以建立古史。胡适、傅斯年多注意考据史学，上承乾嘉传统，对传统学术持怀疑、批判及否定的态度。钱穆借考古以保存中国传统文化，在《国学概论》中提出科学的考证工作是"不可忽视之一工作"，④肯定胡、顾二氏考据文献的做法，驳击旧传统学者的研究方法。但他不满只尚考据，此"纯为一种书本文字之学""不得大体，而流于琐碎"，研究

---

① 钱穆：《略论治史方法》（1936年），《钱宾四先生全集》第31册《中国历史研究法》，第158页。

② 钱穆：《略论治史方法》（1936年），《钱宾四先生全集》第31册《中国历史研究法》，第160页。

③ "融会旧传统，开创新局面"出自钱穆称赞孙中山一语，见钱穆《中国思想史》（1951年），台北，台湾学生书局，1993，第282—283页。"因革损益"一语，见钱穆《传统与现代》，《晚学盲言》，台北，素书楼文教基金会，兰台出版社，2001，第930页。钱穆不认同"革命"，而肯定"因"多于"革"，见钱穆《论语新解》（1986年），台北，素书楼文教基金会，兰台出版社，2000，第54页。

④ 钱穆：《最近之学术思想》（1928年），《国学概论》，第291—294页。

成果要集义理、考据、辞章于一身，尤以阐明义理为重要。第二，胡适《谈谈及诗经》一文从中外民歌、民俗学的角度，说明《关雎》为男子勾引女子的诗篇，钱氏则认为胡氏等学者"一涉传统，便加鄙弃"，读《诗经》不究风、雅、颂、赋、比、兴这些基本知识，只是用西方文学观点解诗，也不知治经不能通史，只是"蹈隙发复，标新立异，为自表襮之资"。第三，钱氏虽以考据见称，如早期成名作《先秦诸子系年》《评顾颉刚五德终始说下的政治和历史》《再论〈老子〉成书年代》，及收在《古史地理论丛》内考据史地的文章，但钱氏主张研究学问，不应抬高考据、轻视义理，不应只求窄而深的科学方法研究，而是要求治全史及博通，治学要"明体达用，谓学将以济世"，求经世致用，发扬司马迁所言究天人之际、通古今之变，阐明中国文化的精神。而胡适则认为"科学精神在于寻求事实，寻求真理。科学态度在于撇开成见，搁起感情，只跟着证据走。科学方法只是'大胆假设，小心求证'"。傅斯年也认为学术界之失在"好谈致用"，因为"史学的对象是史料，不是文词，不是伦理，不是神学，并且不是社会学"，史学的工作是整理史料，不是去扶持或推动政治运动及主义。① 第四，1930 年钱氏任教北大后，治史方向自"以史证经"及"以史证子"转为"著史"，钱氏在如何教授"中国通史"的问题上与傅斯年甚有分别。傅斯年在《历史语言研究所工作旨趣》一文中指出："历史学不是著史：著史每多多少少带点古世中世的意味，且每取伦理家的手段，作文章家的本事。近代历史学只是史料学。"而钱氏则主张史学既要考据，更要重建古代儒家伦理道德人文精神。②

　　细加探讨胡、钱二氏于 1930 年代后的言论，更见二人论学旨趣之别。自 1930 年入北大后，钱氏渐感治学不同于胡适等新文化学者，故回忆任教北大时的情景，自言"余自入北大，即如入了一是非场中"，"余在当时北大上课，几如登辩论场。上述老子、孔子两氏不过其主要之例而已"。③ 旧学生告诉新学生"当用心听适之师与师（按：钱穆）两人课。乃两师讲堂所言正相反，不知两师曾面相对讨论可归一是否？"正因钱穆与胡氏的学术

---

① 钱穆：《最近之学术思想》，《国学概论》，第 305—306 页；《近百年来诸儒论读书》（1935年），《学钥》，第 111 页。
② 钱穆：《最近之学术思想》，第 284 页。
③ 钱穆：《师友杂忆》，第 142—143、145 页。

观点不同，二者渐渐分道扬镳。以下看钱氏批评胡氏等新文化学者的观点。

其一，钱穆不满新文化运动学者提倡"打倒孔家店"及"全盘西化"的言论。钱穆在1939年发表《国史漫话》，指出国人以急躁心理，为汗漫之言破坏，一时慕尚欧化，吸取浅薄的西方个人主义，"凭权利自由之新理论，为强暴奢侈之比赛"。① 在1941年发表的《中国传统政治与儒家思想》一文中，钱穆说，胡适等新文化学者主张"打倒孔家店、废止汉字、全盘西化诸口号，使其国家民族数千年传统文化，果能快意毁灭，扫地无存，则国家民族之政治事业亦将何所凭依而建树?"② 胡适曾写文称中国"'点黑暗的油灯'、'用很笨拙的骡车'、'行君主独裁政治'，甚至'鸦片'、'细腰'、'穿鼻'、'缠足'，所谓是一种劣下的文化"，中国文化"流为一种最普通的常识，无理想、无道路、无成就、无价值"，胡适言论只是破坏中国文化，"其为祸之烈，则实有难以估计者"。③

其二，钱穆认为共产主义思想传入中国，源自新文化运动。钱氏在1950年发表《回念五四》一文，指出"至少可以这样说，若使没有当时一番新文化运动，共产主义在中国，断不致蔓延这样快。……当日的新文化运动不啻为今天的中共打先锋，这是一个历史事实，不容我们来否认"。④ 因为五四时新文化运动学者提出文化革命之口号，如"礼教吃人""非孝""打倒孔家店""线装书扔毛厕里""废止汉字""全盘西化"，以及中国文化为"封建"等言论，掀起批判中国传统文化及用西方文化替代中国文化之风，其后一些知识分子又要求社会革命，以组织工、农无产阶级攘夺政权，创建苏维埃政府为职志，因见输入英美文化不足救国，引入马列思想，发表比英美留学生更激烈地改革中国文化的言论。⑤ 如陈独秀就是由倡导白话文运动，转为倡导新文化运动，又跃为支持共产主义的运动，"因新文化

---

① 钱穆：《国史漫话》（1939年），《中国史学发微》，第26页。
② 钱穆：《中国传统政治与儒家思想》（1941年），《政学私言》，台北，素书楼文化基金会，兰台出版社，2001，第111页；《中国政治与中国文化》（1946年），《世界局势与中国文化》，第240—243页。
③ 钱穆：《维新与守旧》（1980年），第25—26页；《精神与物质》（1976年），《中国学术思想史论丛》第9册，第61页。参见柳存仁《六十年前钱先生的讲学》，中华书局编《钱宾四先生百龄纪念会学术论文集》，中华书局，2003，第406—408页。
④ 钱穆：《回念五四》（1950年），《历史与文化论丛》，第343页。
⑤ 钱穆：《国史大纲》（1940年），《钱宾四先生全集》第28册，第1026—1028页。

运动，似乎只针对少数知识分子，针对历古相传之学术思想"，转为对社会大众一切现实生活而做一番"急剧之推翻与打倒"，自白话文运动、新文化运动至引进共产主义"可征此三者，实乃一气相承"。在钱氏看来，胡、陈二氏批评中国文化的观点，无异于日后中共改造中国传统文化之观点，只是胡适于五四时以欧美文化来改造中国，而中共以马列主义来建造新中国，二者均不按中国已有文化、社会情况及制度，进行"因革损益"，只以外国文化全盘改造中国社会及历史文化。①

其三，钱穆认为提倡新文化运动者未能翻译西方书籍，致西方的优良知识未能传入中国。胡适、傅斯年等均留学回国，却只是发表批评中国传统文化的言论，"致力在破坏中学，并不致力在介绍西学，所以对译事不甚提倡。他们只说整理国故，却不注重传播新知主持新文化运动的几位大师们，都看不起翻译。极少由他们亲手来翻译几部西方有分量的书"，认为这些推动新文化的人，不仅不读中国书，也不读外国书，"只叫全盘西化，却没有人肯埋头翻译介绍"，留学生未能把西学介绍给国人；反之，日本学界能潜心旧学，努力翻译西书，走上明治维新的富强之路。②

其四，钱穆批评疑古史学及考据学派的观点。虽然钱氏在回忆录中也感谢傅斯年把《刘向歆父子年谱》介绍给海外学者伯希和，但"继此以往，则余与孟真此意见亦多不合"，可见钱氏也自感二人治史观点相异。③钱穆在1935年发表《崔东壁遗书序》一文，指出自晚清至1930年代，只有胡适大声疾呼，戒国人勿以已往之文化自傲自安，而钱玄同及顾颉刚继承胡说，推动疑古之风，"儒家为古学一大宗，六经亦古籍大类，儒家之与六经，其自身即为古史一大部，谓必舍此二者而后可以求古史之真相，我（按：钱穆）未见其有当也"，又疑古者只是取六经数据"以定古史之真相，其观点为已狭；若将排摈乎是而求以复古史之全体，其必当又断可识也。……苟此民族而尽丧其固有之文化，即尽忘其已往之历史，而民族精神亦日萎枯以尽，而前途之生命亦竭"，表示只知否定古史及否定传统文

①　钱穆：《现代中国思潮》（1975年），《中国学术思想史论丛》第9册，第3页。
②　钱穆：《谈闽学》（1974年），《中国学术思想史论丛》第9册，第195页；《学术与风气》（1962年），《中国学术通义》，台北，东大图书公司，1992，第313页。
③　钱穆：《师友杂忆》，第146页。

化，日后将难以使民族复兴。①

　　钱氏在 1936 年发表的《略论治史方法》及 1937 年发表的《历史与教育》中谈及，治史而言系统，不是易事，然"若谓历史只是一件件零碎事情之积迭，别无系统可求，则尤属非是。或谓国史尚在逐步整理中，遽言系统，未免过早"，因历史范围过广，若不是先立一研寻的目标，则史料尽如一堆流水账，搜之不胜搜，考之不胜考，故"窃谓今日治史要端，厥当先从'通史'入门"，"窃谓治史者当先务大体，先注意于全时期之各方面，而不必为某一时期某些特项问题而耗尽全部之精力，以偏见概全史"，无偏碍不通，只有融会贯通，鉴古知今，"使其与现代种种问题有其亲切相联之关系，从而指导吾人向前，以一种较明白之步骤。此等历史知识，随时代之变迁而与化俱新；固不能脱离已往之史料，惟当在旧存之史料中耐心检觅"，"能发挥中国民族文化已往之真面目与真精神，阐明其文化经历之真过程，以期解释现在，指示将来。……中国新史家之责任，首在能指出中国历史以往之动态，即其民族文化精神之表现"，能从连续不断的历史状态中划分时代，指出各时代特征，即各时代之异同，自治通史再成专家，这样才可建立通识，又可以对当世时务有贡献。而胡适及傅斯年等新派学者，只知一方面"模仿西洋史学界之所谓'考古学'与'东方学'的研究。西洋人把这种方法和态度来研究巴比伦、埃及，中国人则用此等方法和态度来研究自己"，另一方面却"取法前清乾嘉时代的经学家"，这样，新考据学者只是做一种隔离时代的琐碎考订，不能通经学，遑论推动国民教育。② 1950 年代，对中共改造中国传统文化，香港保存中国传统文化于不坠，成为钱穆迫切关注的问题，故他关心的重点，已不是文献的考据，而是整个中国文化存续的问题。③ 由是

---

①　钱穆：《崔东壁遗书序》（1935 年），《中国学术思想史论丛》第 8 册，第 286 页。参见杜正胜《钱宾四与二十世纪中国的古代史学》，《钱宾四先生百龄纪念会学术论文集》，第 99—110 页。

②　钱穆：《略论治史方法》（1936 年），《历史与教育》（1937 年），《钱宾四先生全集》第 31 册《中国历史研究法》，第 158—159、179—180 页；《维新与守旧》，第 25—26 页。钱氏任教香港时，常谈及治通史的重要性，希望学生先注意通史，再做研究，见笔者访问及整理《孙国栋教授访问》（未刊）。

③　有关钱穆以为 1950 年代的香港为保存中国文化的地方，见拙文《以人文主义之教育为宗旨，沟通世界中西文化：钱穆先生筹办新亚教育事业的宏愿及实践》，香港中文大学文学院编《传承与创新——香港中文大学文学院四十五周年校庆论文集》，香港中文大学出版社，2009，第 90—114 页。

他认为，晚近学术界，因尊考据，又盛倡怀疑论，只知怀疑，先抱一不信心，把自己学术地位"先已高自位置，傲视一切，则如何肯耐心细心从事于学问？学而不深，如何有真训练，真能力，真知识？"史料派又以考据代学问，以钻隙觅间寻罅缝漏洞。这绝非虚心求学的治学态度，"心术已非，而学术随之"，更不谈治史的义理，只知"尊奉西方人义理莫可违异"，蔑视本国传统，只谓一堆材料，以考古为手段，以蔑古、倒古为目的，自地下发掘、龟甲考释、古史辨伪等学者以所谓"科学方法者之一种试验与练习"，"只要钞撮得一堆材料，细针密缕，加以组织，即可自诩为一种科学方法之新史学。此种史学，仅需材料与方法，不问识见与议论"，把"邦国安危，民族荣悴，乃可澹然漠然，无所动于中。而逐使吾先民五千年来整部历史，有血有泪、可歌可泣，有兴亡、有治乱、有贤有奸、有是有非、可鼓舞、可惕厉者，尽成为一堆死材料"，今欲矫其敝，要"以考据、义理并重，中学、西学以平等法融之一炉"，通观全球，深明古今通变，上窥旧史而获新知。①

另外，不可忽视的是胡适也视钱穆与张其昀等人为一个集团。钱穆在1930年代后发表批评西化派的观点未见胡适反驳，可能是因为胡适身在海外，但胡适不是不知其事，因为钱穆于1940年代所作的文章多刊在张其昀主编的《思想与时代》月刊上，而张氏也于此时往美国讲学，并把已出版的《思想与时代》给胡适，胡氏读后，感到：

> 这几天读张其昀君借给我看的《思想与时代》月刊，是在贵阳印行的，这是张君（按：张其昀）主编的，钱是蒋介石先生拨助的，其中主重人物为张其昀、钱穆、冯友兰、贺麟、张荫麟。他们没有"发刊词"，但每期有启事，"欢迎下列各类文字：
>
> 1. 建国时期主义与国策之理论研究。
> 2. 我国固有文化与民族理想根本精神之探讨。
> 3. —6.（从略）"
>
> 这两条就是他们的宗旨了。此中很少好文字。如第一期竺可桢兄

---

① 钱穆：《学术与心术》（1955年），《学钥》，第133页。另参见《中国六十年之史学序》（1973年），《中国学术思想史论丛》第9册，第135—145页。

的《科学之方法与精神》，真是绝无仅有的了。（张荫麟的几篇"宋史"
文字很好。不幸他去年死了）张其昀与钱穆二君均为从未出国门的苦
学者，冯友兰虽曾出国门，而实无所见。他们的见解多带反动意味，
保守的趋势甚明，而拥护集权的态度亦颇明显。[1]

可见胡适认为《思想与时代》内的文章，多是"此中很少好文字"，只有竺
可桢发表的《科学方法精神》"真是绝无仅有的了"，这可能与他主张以科
学方法治学的观点有关，也知胡适认为钱穆、张其昀"均为从未出国门的
苦学者"，此未明言胡适是否认为"未出国门"是导致二人"多带反动意
味"、"保守的趋势"及"拥护集权的态度"。但不能忽视的是，胡适视钱、
张等在《思想与时代》刊物上发表文章的学者为一个团体，并认为此团体
"反动"、"保守"及"拥护集权"。钱穆在《思想与时代》第 2 期刊载了
《中国传统政治与儒家思想》，主张中国传统政治不是专制政治；而张其昀
在《思想与时代》第 1 期及第 2 期分别刊载《我国宪法草案之重要思想》
《中央与地方之均权制度》，主张"行政中枢论"，即天子及宰相可以分别操
政权与治权，又以行政为中心统摄其他权力。胡适于 1930 年代以后主张西
化，及在 1940 年于美国发表"The Conflict of Ideologies"（《意识形态的冲
突》）讲稿中提出民主与极权的两大区别，其后在 1948 年 9 月发表《容忍
与自由》，批评近代东方国家因为没有把握政治自由的重要性，未能走上民
主政治的道路之言论。[2] 胡适与钱穆、张其昀的论点刚好不同，这就不难理
解胡氏既不满钱、张二人的言论，也视钱、张二氏为一个团体。其实，这
也不是胡适个人的偏见。1941 年，这群以浙江大学史地学系师生为首的学
人，自视在《思想与时代》编辑及撰文者为一个"社"群，正如竺可桢在
日记中所述："晓峰（按：张其昀）来谈《思想与时代》社之组织。此社乃
蒋总裁所授意，其目的在于根据三民主义以讨论有关之学术与思想。基本

---

[1] 曹伯言整理《胡适日记全编》第 7 册，1943 年 10 月 12 日，第 539—540 页。此文中"（从
略）"是胡氏撰写的文字。

[2] 胡适：《自由主义》，欧阳哲生编《胡适文集》第 12 册，第 805—810 页；《容忍与自由》，
欧阳哲生编《胡适文集》第 11 册，第 823—833 页。另参见高志勇《自由主义在近代中国
的历史命运——〈独立评论〉时期胡适政治思想研究》，南开大学出版社，2010，第 198—
210 页。

社员六人，即钱宾四、朱光潜、贺麟、张荫麟、郭恰周、张晓峰六人。主要任务在于刊行《思想与时代》月刊及丛刊，与浙大文科研究所合作进行研究工作。"①《思想与时代》社员受蒋介石的资助及主张三民主义，与胡氏主张自由主义的观点相异，钱穆为社员，由是也被胡氏视为"保守"及"拥护集权"的学者之一。

1930年代后，胡、钱二氏经过老子先于孔子及"儒"起源的论争，已见二人思想相异的端倪，至1940年代之后，二人观点更明显地走向不同的方向。

1958年中研院院士选举，使钱穆更为不满胡适的行事。1958年，严耕望曾致函胡适，希望提名钱穆为中研院院士。严氏回忆：

> 我想中央研究院院士不能尽罗全国显著学人，任令钱先生独树一帜于院士团体之外，已不应该；别人担任院长，事犹可谅，胡先生无疑为全国学术领袖，若仍不能注意到此一问题，更属遗憾。我勇敢的给胡先生写了一封长信，陈述此意见，希望他积极考虑。并很直率的说，我此番心意不是为钱先生争取此项无用的荣衔，因为先生学术地位、中外声誉早已大著，独树一帜，愈孤立，愈显光荣；但就研究院而言，尤其就胡先生而言，不能不有此一举，以显示先生领袖群伦的形像。胡先生对于我的建议，与在台几位年长院士筹议提名，但少数有力人士门户之见仍深，致未果行。1959年我由美回台后，胡先生曾有一次欲谈此事，又默然中止；后来姚从吾先生才将原委简略地告诉我。②

严氏提名一事，就是前文引用纪念馆藏严氏致胡适信函，向胡适阐述提名钱穆为院士候选人的原因，严氏未看见，胡适不仅不反对提名钱穆为

① 《竺可桢日记》第1册，1941年6月14日，人民出版社，1984，第515页。有关《思想与时代》的特色的研究，见何方昱《"科学时代的人文主义"：〈思想与时代〉月刊（1941—1948）研究》，上海书店出版社，2008，第62—95页。
② 严耕望：《钱穆宾四先生与我》，台北，台湾商务印书馆，1992，第88页。有关中研院选院士的问题，见潘光哲《知识场域的桂冠——从第一届中研院院士选举谈起》，《天方夜谭中研院——现代学术社群史话》，台北，秀威资讯科技股份有限公司，2008，第59—67页。

院士候选人，更亲自致函朱家骅，并具名与劳干、姚从吾及董作宾提名钱穆为院士候选人，尚欠一位提名人，故向朱家骅谈及，希望能邀请朱氏为提名人之一，可惜终欠一位提名人的具名，钱氏未能入选为院士候选人。钱氏对此事当然甚为不满。1959 年 5 月 6 日，钱穆致函余英时说：

> 　　此次中央研究院推选院士，台北方面事先亦有人转辗函告，窥其意似亦恐穆拒不接受之意，唯最后结果据闻乃提出鄙名而未获多数通过。穆对此事固唯有一笑置之。穆一向论学甚不喜门户之见，唯为青年指点路径，为社会阐发正论，见仁见智，自当宜抒己见。……数月前严君耕望来信，亦甚道胡君对穆著书极表同意云云，其意似亦谓穆于胡君或有所误会，实则穆之为学向来不为目前私人利害计，更岂有私人恩怨夹杂其间。弟与严君与穆关系不得谓浅，而仍此相规，则在穆惟有更自内省，自求无疚神明而已。道路之言穆自更不能对之有所辨白也。①

　　1966 年夏，中研院举行第七次院士会议，有学者提名钱穆为候选人，正值严氏在香港，史语所学者请严氏征询钱穆意见，"但钱氏拒绝提名，相当愤慨的说：'民国三十七年第一次选举院士，当选者多到八十余人，我难道不该预其数！'我笑着说，先生讲学意趣与他们不同，门户之见，自古而然"。1968 年，中研院举行第八次院士会议，钱穆才同意当此院士的要职，而严氏更认为钱穆当院士，是"象征中国学术界之团结，也一洗中研院排斥异己之形像"。② 由此可见，严氏也认为中研院仍持门户之见。而钱穆于 1968 年获中研院院士之衔，距胡适辞世（1962 年）近 6 年。

　　钱氏任中研院院士后，有没有改变对胡适的看法？答案是：没有。钱氏晚年在《知与情》一文中，批评胡适治学之弊：

> 　　适之于中西双方文学、史学，皆稍窥藩篱，未能深入。乃肆意卑

① 钱穆：《致余英时》（1959 年 5 月 6 日），《钱宾四先生全集》第 53 册《素书楼余渖》，第 414—415 页。
② 严耕望：《钱穆宾四先生与我》，第 91 页。

中扬西，批旧崇新，昌言高论，漫无防戒。其于西学，独尊民主政治，名之曰"德先生"；又尊自然科学，名之曰"赛先生"。其于哲学，则斥"玄学鬼"，主张"哲学关门"……但文化当论主体，崇洋西化，岂能蔑去宗教、哲学于不谈？……适之为学，似偏于通，不尚专，诚是中国风范。故适之似仍不失为一爱国家、爱民族之通人。但其求对当前国家民族学术上之改进，先则主张提倡白话，废止文言；又继之以"打倒孔家店"，以非孔、反孔作号召。其于知识是非姑不论，其于情感爱憎，则颇似失常。①

钱穆认为胡适未能深入治中西文学、史学，只知轻视中国传统文化、崇尚西学及新学，其倡白话文及非孔的言论，实是不求"真"知识。幸好，钱氏尚且认为胡适是"似偏于通，不尚专，诚是中国风范"。钱氏《政与学》一文更全是指斥胡适之语，全没有称赏胡氏的地方。他说："民国以下，上则政益乱，下则学益衰。胡适幼年留学美国，归而提倡'新文化运动'。一曰'德先生'民主，一曰'赛先生'科学，则惟主西化而已。故于传统旧学，仅有抨击，未有发明。"② 仍批评胡适只知西化，只是批评中国传统文化却"未有发明"。钱氏又在《学问与知识》一文中说："胡适之始转而师法欧美，曰'赛先生'、'德先生'，全盘西化，但亦不谓有己见之特出独立。自此以下，国人已不读中国书，但依然'述而不作'，惟所述则在欧美，如是而已。然欧美之为学，则有'作'无'述'。是则今日国人之为学，岂不仍是一'中学为体，西学为用'之旧调？"③ 斥胡氏输入西学，只知全盘西化，终导致国人不读中国书，使中国传统学问被置而不顾。④ 以上文章虽没有列出撰写及出版日期，但收录二文的《晚学盲言》一书是成于钱穆年届八十岁后，可见晚年的钱氏虽已任中研院院士多年，仍不忘批评胡适崇尚西化、破坏中国传统文化，也见钱氏自1930年代中期后，日渐不

---

① 钱穆：《知与情》，《晚学盲言》（下），第1086页。

② 钱穆：《政与学》，《晚学盲言》（上），第321页。

③ 钱穆：《学问与知识》，《晚学盲言》（下），第1066页。

④ 钱穆不是全盘否定西方文化的价值，他是肯定孙中山学习中西文化的特色，只是反对独输入西方文化而否定中国文化的言论，钱氏的儿子钱行也同样认为钱氏不是全盘否定西化及白话文，只是反对全盘否定文言文及否定中国传统文化的言论。见钱行《钱穆先生和胡适之先生的交往》，《思亲补读录——走近父亲钱穆》，九州出版社，2011，第162页。

满胡适的思想，甚至晚年也不改对胡氏的指斥。

六　结语

不少学者已研究胡适与钱穆言论相异的地方，并依据二人于 1940 年代发表的言论，推论二人好像是永远的敌人，从未重视及欣赏对方的学问，其实是尚未检视两位学者的生命史。本文指出，1930 年代前，胡、钱二人交往及论学的关系并不紧张，二人也尊重彼此的学问，只是在北大相处后，知彼此行事甚有不同，因了解而分开；加上二人学术生涯日渐展开，论学的观点日异，各自走上了不同道路。其实在 1930 年代初，二人是欣赏彼此学术观点的，钱氏曾致函胡适，邀请胡氏为其著作写序，甚至 1950 年代，胡适还联署提名钱穆为候选院士，最终只欠一位提名人，否则钱氏可能有机会成为 1958 年的中研院院士。由此可知，此届钱穆未能当院士候选人，非因与胡适意见不同，钱氏为胡适的敌人，故胡适不赞同钱穆当院士候选人，更不是胡适以其权力影响史语所集团，阻碍钱穆当院士。若只以非黑即白，不是朋友便是敌人的观点研究人物的生平事迹，往往会忽视一些人际交往及生命历程中的真相，既注意不到现实人际关系多变的面貌，也关注不到不同学者观点受时代风气及个人感受影响。而且二人的关系也不是简单地"经过了由肯定及否定的历程"，而是在"否定"中又有互相交往。若以胡适为西化派的代表人物，相对而言，钱穆为文化保守主义派的代表人物，这样我们可能要进一步检视这种西化派与保守主义派学者之间的关系，甚至要把两类学者放回历史场景，平等地检视他们在同一历史时空发表的言论。更要注意到这些有"异见"的学者，同为中国现代性提出解决策略，同为中国走向现代化付出努力，只是不同学者提出拯救国家及历史文化的观点不同。① 又如王汎森指出，史家既要忠实地建立史实，也要有时

---

① 　近年，学者提出应把民国时文化保守主义者及中西调和派学者的意见，放进整个中国知识界走向现代性的历程考虑，肯定他们为中国现代化做出的贡献。见 Edmund S. K. Fung（冯兆基），*The Intellectual Foundations of Chinese Modernity：Cultural and Political Thought in the Cultural and Political Thought in the Republican Era*（Cambridge：Cambridge University Press，2010），pp. 61 - 82。另参见许纪霖《启蒙如何起死回生》，北京大学出版社，2011，第 353—365 页。

代背景影响下的表述，史家既关心时代，又受时代风尚所影响，更有史家的研究成果，三者互相交流及重叠。胡适一生注重史料的考证，也是受清末民初，乃至 1950—1960 年代史学重实证及受科学精神治史观点所影响，而钱穆于 1930 年代后期也受到五四运动激烈冲击中国传统文化及抗战时期民族主义所影响，往后更注意借研究中国文化史以保存中国文化，故注意经世及经术并重的治史特色，胡、钱二人治史的不同面貌也代表了史学、史家与时代三者互为影响的重叠面相。①

---

① 见王汎森《时代关怀与历史解释》，《古今论衡》第 23 期，2011 年，第 1—18 页。

试析新文化运动在徽州的接受

——对胡适与黄宗培、胡晋接来往书札等的考察

吴　浩[*]

一　胡适与黄宗培来往书札考察

《胡适书信集》中收录了胡适在新文化运动时期致黄觉僧的两通书札。在前一通书札中，胡适针对黄觉僧发表在《时事新报》上的《折中的文学革新论》一文，重申"国语的文学，文学的国语"的观点，系统阐述其文学革命的主张。在后一通书札中，胡适则抑制不住激愤的情绪，表达对安徽省立第二师范学校（以下简称"安徽省立二师"）禁止学生阅读《新青年》的不满，并让黄氏将这封书札内容转告该学校校长胡子承。黄觉僧何许人也？从这两通书札的内容判断，黄氏是胡适的同乡安徽绩溪人氏，彼时可能在安徽省立二师执教。笔者就此问题请教绩溪县方志学者徐子超先生，徐子超先生告知，黄觉僧是黄宗培的笔名，又名黄梦飞。

查阅《绩溪县志》，黄宗培的生平梗概如下。黄宗培（1895—1969），字树人，石京山人，因仰慕岳飞精忠报国，改名梦飞。1914—1926年，先后执教于县内小学、安徽省立二师、安徽省立第一农校、安徽省立一中等校，曾任绩溪县教育会会长、《安徽通俗教育报》总编辑。

《胡适来往书信选》中辑有一通1919年黄宗培致胡适的书札。以黄宗培发表于《时事新报》上的《折中的文学革新论》一文为开端，按照时间顺序次第考察黄宗培与胡适往来三通书札，可以梳理黄胡二人在新文化运

---

　*　吴浩，北京外国语大学区域与全球治理高等研究院副院长，丝绸之路研究院执行院长。

动时期的交往轨迹。

据黄宗培作于 1949 年的《往事回忆录》，黄氏于 1915 年担任绩溪县立高等小学级任教员，1916 年暑假后被安徽省立二师聘为国文教员，在绩溪高小和安徽省立二师任教期间，兼任绩溪县教育会会长。① 1919 年黄宗培致胡适书札云："前年暑假曾在邑中一面，匆匆未及多谭，至以为怅。"② 据《胡适年谱（修订本）》，胡适 1917 年 7 月 27 日回到绩溪上庄，8 月 30 日离开家乡北返。③ 由此可见，胡适 1917 年暑期归乡探亲，在赴北大正式执教之前，曾与担任绩溪县教育会会长的黄宗培结识并短暂晤谈。

1918 年 8 月 8 日，《时事新报·学灯》刊登了黄宗培以"绩溪黄觉僧"之名发表的《折中的文学革新论》一文。黄宗培在文中总体赞成胡适文学革新的主张，并力陈旧文学的弊端，但同时又认为"胡先生等所倡之说，亦不无偏激之处，足贻反对者以口实，愚今请以折中之说进"。"（一）文以通俗为主，不避俗字俗语，但不主张纯用白话。……（二）符号之取用不可盲从西洋而当取其适用者。……（三）不用典故不讲对偶之说，愚亦赞成。但旧文体之著作不在此限。"

黄宗培赞同文学革新的主张，但反对"纯用白话文"，并对标点符号等的使用表示不可盲从西洋。胡适对这篇文章极为重视，在不到一周的时间就撰写专文回应（成文时间为 1918 年 8 月 14 日），是年 9 月 15 日刊发于《新青年》杂志，并在文章开头引用大段黄宗培原文作为观点加以辨析。胡适在信中表明主张用白话文的理由："我们主张用白话最重要的理由，只是'国语的文学，文学的国语'十个大字。足下若细读此篇，便知我们的目的不仅是'在能通俗，使妇女童子都能了解'。"关于黄宗培用"方言不同"来反对白话文，胡适反驳道，"因为方言不同，所以更不能不提倡一种最通行的国语，以为将来'沟通民间彼此之情意'（用足下语）的预备"，"方言未尝不可入文"。④

胡适在同一期《新青年》上发表《论句读符号——答〈慕楼〉书》一

---

① 黄梦飞：《往事回忆录（辑要）》，《绩溪文史资料》，1985，第 6—7 页。

② 中国社会科学院近代史研究所中华民国史组编《胡适来往书信选》上册，中华书局，1979，第 35 页。

③ 耿云志：《胡适年谱（修订本）》，福建教育出版社，2012，第 49—50 页。

④ 《新青年》第 5 卷第 3 号，1918 年 9 月 15 日。

文，针对黄宗培与慕楼关于句读符号使用的类似观点加以辩驳。胡适认为
句读符号的作用在于"帮助文字达意"，"意越达得出越好"，"文字越明白
越好"，"符号越完备越好"。①

翌年4月12日，黄宗培再次致信胡适，谈到了这场笔墨官司："去岁弟
在上海《时事新报》登载一文题曰《折中的文学革新论》，寥寥数百字，意
思多所未尽，乃蒙赐以指教，甚幸甚幸。弊处无《新青年》杂志，尊书乃
友人为弟言之，语焉不详，以故未能作答，亦缘俗事冗杂，握笔实有未遑
耳。"② 此处透露出两个细节：一是胡适并未直接致信黄宗培，而是以公开
信的方式发表在《新青年》上；二是"弊处无《新青年》杂志，尊书乃友
人为弟言之"，或明或暗地证实了安徽省立二师禁止学生看《新青年》，这
也是胡适在复函中大动肝火之所在。

黄宗培在信中重申其"折中的文学革新论"："先生等所倡新说，如文
学革命、平民政治、社会主义、男女平等等诸问题，宗旨弟均赞成，惟方
法上间有异议。废汉文一说，弟绝对反对。以白话为文学正宗，亦弟心中
所期期以为不可者。至于贞操问题，弟意与其纯从消极方面破坏女子贞操，
不如从积极方面提倡男子贞操之为有利而易行。" 黄氏还表达了对胡适在新
文化运动中战斗角色的坚决支持："愿先生鼓励勇气与群魔战，以期打破此
黑暗地狱，取中国各种现状而新之，此百世之功也。即或不幸而至于以此
身殉真理，亦足为世人尊敬。弟虽不学，愿联合同志为先生后盾，先生等
其放胆为文。"③

与此同时，黄氏对《新青年》以及《新青年》诸先生做了尖锐的批评：
"但若不从事理上研究，而徒肆口谩骂，如刘半农之言论，则弟实不敢领教
也"；"弟非谓新党无可反对也，实以言论自由天经地义，旧党不循正当轨
辙辩论真理，乃欲以黑暗手段取言论自由之原则而残之，此实世界之公敌，
有血气者安可与之同日月耶。虽然，《新青年》诸先生亦有过焉，言论自由
自言论自由，何苦以不相干之话予人以难堪，此亦不可以不反省者也"。④

胡适对黄宗培的态度大为光火，复信时直接表达了对安徽省立二师先

---

① 《新青年》第5卷第3号，1918年9月15日。
② 《胡适来往书信选》上册，第35页。
③ 《胡适来往书信选》上册，第35—36页。
④ 《胡适来往书信选》上册，第36页。

生们以《新青年》为"洪水猛兽"的不满："总而言之，如果先生们以《新青年》为'洪水猛兽'，也该实地研究一番，看看究竟《新青年》何以是'洪水猛兽'。如果不看《新青年》，又不准学生看《新青年》，一意把'洪水猛兽'四个字抹煞我们一片至诚救世的苦心，那就是'取言论自由之原则而残之'的'黑暗手段'了。"[①] 在信末，他还请黄氏把信转给时任休宁安徽省立二师校长子承先生一看。

二 胡适与胡晋接来往书札考察

黄宗培《折中的文学革新论》一文提到"吾师胡子承先生"。胡适1919 年致黄氏的信中也提到其人，还叮嘱黄氏"请把这信请子承先生一看"。胡子承先生何许人也？

胡晋接（1870—1934），字子承，号梅轩，徽州绩溪县城人，是清"礼学三胡"（胡匡衷、胡秉虔、胡培翚）之后裔，15 岁应试成为秀才，后考入府学，为郡廪贡生。胡晋接在青年时期即立下"教育报国"的理想，提出："欲改造中国而非改造中国思想界不可。然欲改造中国之思想界，又非改造中国教育制度不可，盖教育乃一切思想之源泉，而小学又为教育之基础也。"[②]

1903 年，在江苏通州经商的绩溪县仁里村程序东兄弟四人，受张謇在通州创办近代教育的影响，出资于家乡兴办新学，创办私立思诚两等小学堂，聘请胡晋接担任堂长主持教务。胡晋接因在绩溪思诚学堂办学成绩卓著，后又被安徽省教育司任命为"安徽省立第五师范学校"（1914 年 2 月更名为"安徽省立第二师范学校"）校长。

安徽省立二师从开办到结束的 15 年，始终由胡晋接担任校长，安徽省立二师也因此打上了鲜明的胡晋接烙印。胡适是胡晋接的绩溪同乡后辈，胡适早年最为深交的好友许怡荪、程乐丰皆为胡晋接在仁里思诚小学堂的得意门生。安徽省立二师校刊（前 7 期称《安徽省立第二师范学校杂志》，

---

① 耿云志、欧阳哲生编《胡适书信集》上册，北京大学出版社，1996，第 204—205 页。

② 参见汪俊赓、程庸祺整理《胡晋接先生年谱》之 1884 年条目，周文甫主编《斯文正脉：胡晋接先生纪念文集》，黄山书社，2012，第 114 页。

从第 8 期起改名为《黄山钟》）和《胡适遗稿及秘藏书信》中记载了胡晋接与胡适往来书信七通，其中有几篇重要的书信体现了以胡适为代表的新文化运动代表人物及其思想在安徽省立二师的影响。

1. 1920 年，胡晋接致胡适

　　……别久甚念，曩岁得你所著的《哲学史大纲》，于我国学术思想进化的途径均有确实的证明，认为吾国第一部哲学史。此时吾国适当五千年来思想革新时代，异说争鸣非得一先觉之指导，或至与真理相背驰的亦所不免。近见《新青年》第七卷第一号尔所著的《新思潮的意义》，说"新思潮的根本意义只是一种新态度"，即"评判的态度"，要"重新估定一切价值"。这句话我很信为吾国社会之对症良药。……篇中所提纲要"研究问题，输入学理，整理国故，再造文明"足为青年修养的指针。我对于此时训育学生的方法颇思准酌国情、判别个性为新思潮的指导。使一般青年有真正的觉悟、向上的精神。但智识短浅，尚冀本所心得，赐以箴铭，幸甚！
　　顺颂
　　健康！[①]

胡晋接在此函中盛赞胡适新著《中国哲学史大纲》，并对胡适发表在 1919 年 12 月 1 日《新青年》第 7 卷第 1 号上的《新思潮的意义》一文极为推崇，将"'新思潮的根本意义只是一种新态度'，即'评判的态度'，要'重新估定一切价值'"这句话视为"吾国社会之对症良药"，将胡适提出的"研究问题，输入学理，整理国故，再造文明"十六字视为"青年修养的指针"。

2. 1922 年，胡晋接致胡适

　　……久疏通信，想德业又益猛进，曷胜忻慕。项由章大木弟以《努力》报数张见示，得知公等现方注意于制宪问题，并陈述所主张之数事，所言多切中时弊，且以制宪解决时局尤为救时之第一要义。……
　　……

---

① 《安徽省立第二师范学校杂志》第 7 期，1920 年。

民国成立，垂十一年，而宪法迄未制定，诚为憾事。倘因此迟误，屡经研究，或竟制成环球最良之宪法，则又不幸中之幸也。……吾国古籍如《尚书》、如《周礼》、如历代之典章制度，先民遗产实有无穷之宝藏饷遗后人，俾供搜采者，今乃悉取而弃之，而惟西方已敝之法是循，诚未见其可也。

愚瞽之见，是否有当，聊备贤者采择。倘承是正违失而辱教之，感幸何似。专泐。敬请

道安！①

胡晋接在此函中拥护胡适制宪之主张，痛陈时弊，谈学论政。力主任人唯贤，"平时注重德、行、道、艺之教育而有以奖励之"，方可"使贤才日出"；所有用人"皆宜行征聘制（包荐举制、铨选制）与考试制"，"最高元首之推戴与最初公民之进身皆宜行古代选举制"；希望国家"制成环球最良之宪法"。

彼时正值第一次世界大战结束不久，一战的猝然爆发和对文明的巨大摧残使得中国知识分子重新思考东西方思想文化资源的关系。如同彼时写作《欧游心影录》重新诉诸东方文化的梁启超，胡晋接对国家发展的未来方向，越来越多地从中国文化经典中寻求："东方文化最重道德，与西方近代政法专尚权利者迥殊。近经大战，彼亦稍稍觉悟其非，渐知欲达世界真正和平之目的非趋向东方文化不可。此则尤与政治本源至有关系。而西方现行宪法犹过于拘泥形式，专尚权利。""吾国古籍如《尚书》、如《周礼》、如历代之典章制度，先民遗产实有无穷之宝藏饷遗后人，俾供搜采者，今乃悉取而弃之，而惟西方已敝之法是循，诚未见其可也。"

胡晋接与胡适在新文化运动时期的往来书信是二人谈学问道的具体呈现，其中不乏胡晋接对胡适"'新思潮的根本意义只是一种新态度'，即'评判的态度'，要'重新估定一切价值'"之语的高度赞赏。彼时胡适曾在致黄宗培、胡近仁诸人书札中，表达对胡晋接在安徽省立二师禁止学生看《新青年》的不满，甚至称之为以"取言论自由之原则而残之"的"黑暗手段"，但此种情绪和观点在他与胡晋接的通信中丝毫未曾流露，他还叮嘱胡

①　《黄山钟》第 2 期，1922 年。

近仁关于安徽省立二师"替陈独秀造了无数党员"的消息"千万不可让胡子承先生知道!!"① 这也在某种程度上体现了胡适对胡晋接这位乡邦宿儒长者的尊重。

三　陈独秀与胡晋接来往书札考察

新文化运动期间，胡晋接与陈独秀有书札往来，从中可管窥胡氏对新文化运动的体认。

陈独秀早在清季时即与汪孟邹之兄汪希颜交好，后鼓励支持汪孟邹先后创办芜湖科学图书社、上海亚东图书馆，在汪孟邹处出版多部有代表性作品。胡晋接是汪孟邹上私塾的业师，二人长期保持密切的往来，胡晋接也正因汪孟邹的缘故而与陈独秀结识。民初鼎革，陈独秀担任安徽都督柏文蔚的秘书长兼民政长，在创办安徽中等师范教育时曾与教育司长江彤侯论及"要办徽州的教育非请胡晋接来主持不可"。1915 年，陈独秀创办《新青年》杂志，拉开风起云涌的新文化运动序幕。

刊行于 1917 年 5 月 1 日的《新青年》第 3 卷第 3 号辑录陈独秀与胡晋接两封来往书札。

在致陈独秀的信中，胡晋接对陈独秀引领新文化运动风气之先深表赞赏："今先生所主张之救国主义，独从改革青年思想入手，此诚教育之真精神所寄。必一般青年涤除其数千年来污浊之思想，而发生一种高尚纯洁适于世界二十世纪进化潮流之思想，然后吾国前途之新国民，乃能崭然露头角于新世界，而有以竞存而图强。"②

陈独秀在复函中也表达了与胡晋接的惺惺相惜："先生讲学万山中，不识世俗荣利为何物，所遇门下诸贤，大都洁行而朴学，知先生之德教感人也深矣，溥矣。以硕德名宿如先生者，道破旧式思想之污浊，提倡教育精神之革新，新教育真教育之得见于神州大陆也，当为日不远矣。"③

---

① 　耿云志、欧阳哲生编《胡适书信集》上册，第 331 页。
② 　《新青年》第 3 卷第 3 号，1917 年 5 月 1 日。
③ 　《新青年》第 3 卷第 3 号，1917 年 5 月 1 日。

四　新文化运动在徽州的接受

据余英时先生的考察，"从社会史的观点看，'五四'新文化运动的基础无疑是城市中的新兴知识分子和工商业阶层"。[①] 新文化运动方兴未艾之时，安徽省立二师是徽州最高学府，因办学成绩卓著在皖南乃至安徽都有着极高的声誉。安徽省立二师集聚了彼时徽州最优秀的新兴知识分子群体。新文化运动在安徽省立二师的接受与否和接受程度，在某种程度上成为新文化运动在徽州的缩影。

在民国初年师范教育兴办的进程当中，形成了师范学校校长、教师和师范生"三位一体"的"师范教育群体"。从前述黄宗培《折中的文学革新论》、胡晋接致陈独秀与胡适书札可以看出，以胡晋接、黄宗培为代表的安徽省立二师校长、教师对新文化运动是大力支持的。

黄宗培在《折中的文学革新论》中向胡适提出"不主张纯用白话"和几处可供商榷的细节，但在总体上对胡适和《新青年》诸先生"共张文学革命之帜，推倒众说，另辟新基"持高度肯定的态度，并称赞其"见识之卓，魄力之宏，殊足令人钦佩"。黄氏亦主张文学革新之说，其编辑之师范学校国文读本，"虽所选材料，与胡先生等所主张者容有出入，而其根本主义，务在排除艰深的、晦涩的、骈俪的、贵族的、浮泛的文学，而建设一种浅近的、明了的、通俗的、平民的、写实的文学，则大概趋于一致"。[②]

1917 年 5 月，《新青年》第 3 卷第 3 号发表胡晋接致陈独秀书札，盛赞陈独秀创办《新青年》、引领新文化运动的功绩："以先生之大雄无畏，推翻数千年来盘踞人人脑筋中之旧思想，而独辟町畦，以再造新中国，仆深信大志《新青年》出版之日，乃真正新中国之新纪元也。"

1919 年 12 月 1 日刊行的《新青年》第 7 卷第 1 号载有胡适《新思潮的意义》一文。胡适在文中提出，"新思潮的根本意义只是一种新态度"，即"批判的态度"，尼采提出的"重新固定一切价值"便是对"批判的态度"的最好解释，并总结出"研究问题，输入学理，整理国故，再造文明"十

① 余英时：《中国近代思想史上的胡适》，台北，联经出版事业有限公司，1984，第 31 页。
② 《时事新报·学灯》1918 年 8 月 8 日。

六字范式。胡适在晚年接受唐德刚采访撰写口述历史的时候，把新文化运动称作"中国文艺复兴运动"，仍然用此十六字范式概括"中国文艺复兴的四重意义"："研究问题"是研究当前具体和实际的问题，"输入学理"是从海外输入新理念、新观点和新学说，"整理国故"是对传统学术思想持批判的态度，"再造文明"是上三项综合作用的结果。①

胡晋接 1920 年致胡适书札，对《新思潮的意义》推崇备至。"说'新思潮的根本意义只是一种新态度'，即'评判的态度'，要'重新估定一切价值'。这句话我很信为吾国社会之对症良药。……篇中所提纲要'研究问题，输入学理，整理国故，再造文明'足为青年修养的指针。我对于此时训育学生的方法颇思准酌国情、判别个性为新思潮的指导。使一般青年有真正的觉悟、向上的精神。"

胡晋接对新思潮的宏旨和"中国文艺复兴的四重意义"有着如此精微入理的体认，不恰好证明他是新文化运动坚定的支持者吗？

为什么安徽省立二师的校长、教师对新文化运动的宏旨持大力支持的态度？这与民国初年师范教育勃兴的土壤密切相关。

1912 年，南京临时政府甫一成立即通电各省，重视师范学校的创办，强调"顾欲兴中小学校，非养成多数教员不可。欲养成多数中小学教员，非多设初级、优级师范学校不可。……此时注重师范既能消纳中学以上至学生，复可隐植将来教育之根本，是其当务之急者"。② 从 1912 年至 1922 年，全国中等师范学校由 253 所发展到 385 所，学生从 28525 人发展到 43846 人。③

从宏观的角度分析，一方面，帝制覆灭，共和肇始，自然要行"社会教化"功能，普及共和思想观念；另一方面，创建共和国必然要开启民智，培养具有现代知识结构的一代新人。师范教育在彼时的勃兴，不但是一个政治态度的问题，也是一个知识结构的问题。简而言之，师范教育不但要培养"共和国的信徒"，还要培养"新知识的学究"，这两点兼而有之。

为什么培养"共和国的信徒"需要师范教育？在"共和体制下的教育

---

① 唐德刚译注《胡适口述自传》，广西师范大学出版社，2005，第 171—176 页。
② 中国教育学会教育学研究会编《师范教育学》，福建教育出版社，2013，第 53 页。
③ 《师范教育学》，第 54 页。

重建"阶段，"共和"的色彩在教育政策中最为凸显。南京临时政府教育部通令各省，只采用内容符合共和宗旨的教科书，与共和精神不合的清教科书、参考书一律禁用。中华民国第一任教育总长蔡元培将"新教育宗旨"定义为：注重道德教育，以实利教育、军国民教育辅之，更以美感教育完善其道德。蔡氏进一步解释"道德教育"的含义，乃是"将自由、平等、博爱的知识传播给人民，而使之产生正确的观念"。①

胡晋接 1915 年参加全国师范学校校长会议时，递交提案《关于整顿全国师范教育之意见书》，系统论述了师范教育在培养"共和国的信徒"方面的重要作用。在他看来，国民教育面临重重掣肘："国民多未受真正教育，无道德心以为之根基，实为其最大之一因焉"；"以现代国民之少可用者，则一线希望，不得不集注于第二代国民"。胡晋接此处所言之"道德"或"道德心"，正是蔡元培"道德教育"理念中"自由、平等、博爱"的共和理念。兴办师范教育正是突破此种困境的不二法门："陶铸第二代之国民，必有人焉"，"而师范学校，即以造成此陶铸第二代国民之人为天职者也"。②也正因此，"建立全国师范学校网络被开明的教育家视为维持全国统一的基础"。③

为什么培养"新知识的学究"需要师范教育？诚然，共和体制的建立，亟须弘扬共和精神、普及共和理念、摈弃臣民意识、培养一代新式国民，彼时的执政者、教育家确实从意识形态的角度来认识师范教育的功能。同时，他们更深信开启民智是巩固共和的保障。哥伦比亚大学教育学博士、回国后担任南京高等师范学校和国立东南大学校长的郭秉文一针见血地指出："巩固国家非开通民智不可，稳定的共和在很大程度上要靠公民的智力。"④而师范教育在这方面的功用更是无可比拟。

郭秉文在分析彼时国民教育的重要问题时，将"教员的培养"作为其中的重要环节，并借此论述师范教育的意义："新教育发轫之初，政府、人民选定或创造了现代教育的物质形式，诸如校舍、器具、地图之类等，力

---

① 郭秉文：《中国教育制度沿革史》，储朝晖译，商务印书馆，2014，第 120 页。
② 《安徽省立第二师范学校杂志》第 2 期，1915 年。
③ 丛小平：《师范学校与中国的现代化：民族国家的形成与社会转型（1897—1937）》，商务印书馆，2014，第 92 页。
④ 郭秉文：《中国教育制度沿革史》，第 118 页。

求丰富完备，然而教育当局惟独无法聘请到数量充足、经过良好培训的教员"；"尽管有大量旧学校中的教职员赋闲，也不能在新学校中找到出路，许多中国科举时代的旧学人缺乏新学校教育所需的知识和技能"；"师范学校与师范养成所的毕业生是教员的最大的来源"。[①]

民国初年勃兴的师范教育兼有培养"共和国的信徒"和"新知识的学究"双重使命。在袁世凯复辟帝制、共和政体遭受重创、思想学术万马齐暗之时，陈独秀、胡适等《新青年》诸先生横空出世，新文化运动方兴未艾。培养"共和国的信徒"和"新知识的学究"，与新文化运动的宏旨高度重合，这也正是安徽省立二师校长、教师赞颂支持新文化运动的原因所在。

五　徽州对新文化运动折中、中庸、 节制之态度的原因分析

安徽省立二师校长、教师在总体上坚定地支持新文化运动的宏旨，在微观操作层面，却普遍持折中、中庸、节制的态度。在新文化运动随着时间的推移而愈加激进的时候，特别是在1919—1921年这样一个时间节点，安徽省立二师校方对新文化运动持有的折中、中庸、节制的态度就显得愈加"不合时宜"。这种"不合时宜"发展到激烈而无法转圜的程度，便以冲决网罗之势爆发开来。

正如胡适1924年6月4日致族叔胡近仁的信所说：

> 福保的问题，我以为可先进二师。现在真没有好中学堂！那里不是你说的"机械教育"！二师的危险是很明白的，所以不足怕。易卜生的儿子少时，易卜生送他到俄国去留学。人问，"你是爱自由的人，为什么不送他到美国去？"易卜生说："美国人得着了自由，故不知道自由的真价值。俄国人没有自由，故反能认识自由的意义。"二师虽专制，却是制造革命党的好地方。胡子承不但替胡适之造了许多信徒，还替陈独秀造了无数党员！（但这个消息，你千万不可让子承先生知道!!）福保不妨先去二师，等到他被子承先生开除出来时，他已是自

---

① 郭秉文：《中国教育制度沿革史》，第157—161页。

由的忠心的信徒了。①

胡适劝胡近仁让儿子胡福保上"二师"念书，理由居然是"二师"专制，而专制可以培养"自由的忠心的信徒"。"二师虽专制，却是制造革命党的好地方。胡子承不但替胡适之造了许多信徒，还替陈独秀造了无数党员！"

中共建政后主政华东并任中央政治局委员、国务院副总理的柯庆施，是"二师"学生投身革命的杰出代表。五四运动爆发之后，学生讲演团"救国十人团"的组织动员方式，自北京迅速辐射到交通闭塞的徽州腹地。1919年5月29日，"二师"学生柯庆施参加徽州救国十人团，加入五四爱国运动的洪流，从此走上革命的道路。8月28日，胡晋接致信柯庆施的父亲柯临久："令郎尚惠因思想一时误谬，遂发生许多误会，酿成一种不信仰学校之心理"，"恐心满气亢无受教之余地，若强迫入校非徒无益而害之，不如留家一年，察其思想已否矫正再行斟酌办理为妥"。②

出于严明校纪，更出于让青年人"安心求学"的心理，"二师"对参加学潮的柯庆施采取了一项不大不小的惩戒——"留家一年，察其思想已否矫正再行斟酌办理为妥"，"寄上题目于日内作就，内容须具有恳切忏悔之意思而类悔过书者……日记亦须记就寄来，内容以多忏悔语为佳"，然后校方可以考虑让其返校。校方对柯氏虽言辞严厉，却"法外开恩"，并未直接除名，留有回旋余地，相当于"休学一年"。但这样的"法外开恩"已经无法阻止柯氏追求革命真理的脚步了。

如何解释安徽省立二师校方对新文化运动持有这样折中、中庸和节制的态度？又是何种原因造成了安徽省立二师在五四运动这个节点上的保守和曲折？试从以下三个方面来分析。

（一）追求新旧平衡的核心理念

1914年，黄炎培先生考察浙、皖、赣三省教育时，参观了安徽省立二师，他在考察日记中极力称赞该校："师范学校，余此行所特别注意者。所

① 耿云志、欧阳哲生编《胡适书信集》上册，第330—331页。
② 周文甫主编《斯文正脉：胡晋接先生纪念文集》，第92页。

见可十数，求最足以移我情者，惟斯校乎！"①"余观是校，不觉为之神往，夫所谓输入国民必须之思想学艺，而不破坏其淳朴懿粹之美德。俾异日有文明之启导，无习惯之捍格，与夫注意调查研究乡土历史地理农工矿物，联络各地方小学，此岂仅新安师范学校宜然也哉，而非易数观矣。"②

胡晋接的思想倾向兼有新旧二端，追求新旧二者的平衡。胡晋接在《新思潮之别择》一文中感慨新思潮裹挟下，国人对"解放"与"改造"的混淆："解放与改造必相辅而行，若徒一味主张解放，而不知注重改造，则恐举国大乱而至不可收拾之境矣"，"'解放与改造'，一方言解放，一方即言改造，乃阅者每每但见'解放'二字，而将'与改造'三字略过，以此鼓吹岂非大乱之道？"与"解放"相比，胡晋接更看重"改造"的意义："改字亦含有解放之意义，必先有改而后有造也。"③

新文化运动在发端之时，胡晋接是热情拥护的。但他对输入的新思想、新学艺所能接受的程度，恐怕是以"不破坏其旧时淳朴懿粹之美德"为底线的；一旦冲决了这个底线，破坏了新旧二者的平衡，胡晋接对新思想、新学艺的态度恐怕会发生根本改变。待新文化运动发展到愈加激进的新阶段时，中西文化呈现剧烈的矛盾冲突，特别是五四学生运动之后，学运风潮甚至从北京扩展到徽州安徽省立二师，新思想、新学艺已经对徽州社会旧有的礼俗秩序产生激烈的冲击。面对身边乍起、"吹皱一池春水"的学潮，老派学人出身的胡晋接似乎无法接受这样"礼崩乐坏"的事实。柯庆施等被安徽省立二师除名的悲剧便无法避免。

同样反观黄宗培提出的"折中的文学革新论"，在黄氏看来，刘半农等《新青年》人士"不从事理上研究，而徒肆口谩骂"的言论，着实让人不敢领教，胡适等人提倡文学革命的主张"亦不无偏激之处"，"足贻反对者以口实"，黄氏有的放矢，"请以折中之说进"。

（二）教育不问政治的态度和严格训练的办学方针

胡晋接校长在安徽省立二师的办学上，一直秉持"教育不问政治"的

---

① 《黄炎培考察教育日记》第 1 集，商务印书馆，1914，第 142 页。
② 《黄炎培考察教育日记》第 1 集，第 148 页。
③ 《安徽省立第二师范学校杂志》第 7 期，1920 年。

原则和严格训练的方针。据黄宗培回忆，胡晋接坚持教育是清高的事业，办教育和受教育的人都不应过问政治。五四以后，黄宗培积极参选安徽省议员，胡晋接校长得知之后要黄氏停止这种政治活动，黄氏就以意见不合提出辞职，离开了安徽省立二师。① 面对五四之后的学潮运动，胡晋接在致省教育厅董亨衢厅长的信中慨言："惟学生颇多欢迎新思潮者，方与同人随时利导，示以言论别择的标准、思想革新的指针，以引之归于正轨，不事抑制而亦不敢放任，以此为过渡时代的方法。"②

胡晋接治校风格以严格著称。五四之后胡氏在撰写的《吾国学校宜行严格的训练之理由》一文中，感慨新思潮之下鱼龙混杂、泥沙俱下："教育之功效，固以学生能实行自治为佳；然此时之学生自治，几与民国共和同为空挂一招牌而已。自各校举行学生自治以来，多数学生益流于放肆怠惰。此无可讳言者也。"他继而分析此种乱象的根源在于中国学生自幼没有经历严格的训练，"必从严格的训练养成优良之习惯，方有进步"，"教之育之使成优良之习惯"。③

有军旅生涯的徽州教育学者颜振吾也从兵家的角度，分析胡晋接治理安徽省立二师严格到近乎"专制"的方式："指责子承治校专制，绝非空穴来风，而是铁证如山。但也如同大帅统军，若能章法合理、纪律严明、指挥若定，即使一时蛮干，也可以侥幸打胜仗那样。二师十五年里，成绩是卓然可观的。"④

（三）新文化运动受国内外局势影响而愈加激进

通览《安徽省立第二师范学校杂志》，安徽省立二师在1913—1920年的办学新思潮亦是"风起云涌"，所采用和实施的"村民教育主义""实用教育主义""社会经济教育主义"等层出不穷。黄炎培先生评价的"夫所谓输入国民必须之思想学艺，而不破坏其淳朴懿粹之美德"，诚哉斯言。但在1921年这个分水岭，胡晋接校长一反前期教育新思潮多元化的主张，改为推行"务本教育"。

在1921年10月刊行的《黄山钟》第1期上，胡晋接校长在《本刊宣

---

① 《绩溪文史资料》，第6—7页。
② 《安徽省立第二师范学校杂志》第7期，1920年。
③ 《黄山钟》第1期，1921年10月。
④ 颜振吾：《胡晋接与徽州教育》，周文甫主编《斯文正脉：胡晋接先生纪念文集》，第155页。

言》中对共和十年以来真正缺乏共和的道德痛心疾首：

> 共和建国垂十载，而民生反日困，国事反日非；除山西以模范省著闻外；几无处非争权夺利纷扰不宁之修罗场者，何也？曰：以共和无本故。所谓共和之本者何？即吾民真共真和之心德也。近日海内谈教育者，多偏重知识，而于道德方面略焉。不知共和乃道德名词。真正共和问题，断非徒讲知识可能解决。①

胡晋接认为解决"真正共和问题"，知识和道德二者都不可偏废，并针砭时弊，提出"务本主义"的教育方针："吾校所主张所实行之'务本主张'，以质正于并世前贤，以期望吾国未来之新教育，不事枝叶而反于根本。务以道德为重，寡欲崇俭，退让不争；或可致吾民于真共真和也。……夫'务本主义'本极平庸；然非此殆不足以救时潮末流之失，而为一切教育植其根基。往圣遗言，如亲诏我。若吾校年前所怀抱之各种主义，及今思之，殊病其琐碎支离耳。"②

胡晋接反思安徽省立二师办学前期各种主义的"琐碎支离"，反诸"务本主义"："务以道德为重，寡欲崇俭，退让不争，或可致吾民于真共真和也。"胡晋接教育思想的转向，在某种程度上是受国内外情势的影响。第一次世界大战对欧洲文明的巨大创伤，使胡晋接与包括梁启超在内的一部分人把思想资源反诸东方文明。也正因此，胡晋接在安徽省立二师提出"尽性学佛、尽伦学孔、道学为体、科学为用"的办学方针。

新文化运动与第一次世界大战终结、苏俄社会主义革命同步，与此间国际形势波谲云诡相对应的是，国内思想舆论界也愈加激进。按照罗志田的分析，五四新文化运动中，边缘知识分子一旦自我觉醒，参与意识更高，就要在社会政治生活中起到更大作用；同时青年边缘知识分子自身也受时代激进趋势的影响，随时代而进步；而他们一旦激进起来，速度又比老辈迅猛；由于激进大趋势的驱动，五四以后中国出现老师向学生靠拢的历史现象。③《新

---

① 《黄山钟》第 1 期，1921 年 10 月。
② 《黄山钟》第 1 期，1921 年 10 月。
③ 罗志田：《再造文明的尝试：胡适传（1891—1929）》，中华书局，2006，第 136—137 页。

青年》内容的迅速转变和日益激进，可以为此激进的时代大趋势做一绝好的注脚。

据王汎森对《新青年》的考察，在五四之前，《新青年》的发展大约可以分为以下几个阶段。第一个阶段强调"青年文化"，同时介绍各国的青年文化，这与刊物的名称相符。第二个阶段则刻意批评孔教与军阀因缘化用，并抨击孔子之道与现代生活的不合。第三个阶段提出伦理革命及文学革命。第四个阶段则强调思想革命，认为文学本由文学工具与思想结合而成，除改变文学的工具之外，还应该改换思想。在五四前后，《新青年》中社会主义的成分愈来愈浓，1919 年 5 月的"马克思主义专号"即是一个例证。1921 年以后，《新青年》逐渐成为中国共产党的"机关报"。①

另据柯庆施 1940 年写的自传材料："五四运动以后，我们就看到《新青年》、《新潮》等杂志（开始校长叫我们看《新青年》，后来又不许看，但我们仍买来偷看），受了他们很大的影响，思想上发生了很大的转变，而有了一些新的认识。过去那种仅仅是压迫强制得不舒服而产生的反抗情绪，到了这个时期，好像是加了油（思想上的）一般，使我们的思想与学校当局的思想发生了根本的矛盾，于是冲突更甚。"②

为什么胡晋接校长一开始鼓励学生看《新青年》，五四运动以后又不许看《新青年》？为什么胡晋接的形象，从 1917 年对《新青年》大声讴歌的教育改革家，短短两年即转变为禁止学生看《新青年》的封建专制家长？王汎森的断语可以作为极好的诠释："《新青年》不停地变，新知识分子却不一定能赞同它每一阶段的主张"，"《新青年》像一部急驶的列车，不断地有人上车，不断地有乘客下车，能共乘前一段路的，不一定能共乘后一段路"。③

追求革新，但秉持折中、中庸、节制的革新理念的胡晋接，在日趋困厄的局势面前，回归东方文明和传统智慧，以寻求思想资源。与此同时，五四新文化运动推动整个时代愈加激进。此种情境之下，胡晋接和他主持下的安徽省立二师与时代洪流发生剧烈的碰撞。庶几可以借此作为对新文化运动在徽州接受情况的解读。

①　王汎森：《中国近代思想与学术的系谱》，吉林出版集团有限责任公司，2011，第 245—246 页。
②　汪太戈：《柯庆施在安徽省立二师》，《徽州社会科学》2008 年第 8 期。
③　王汎森：《中国近代思想与学术的系谱》，第 246 页。

全面抗战初期胡适、钱端升出使欧美记

——以《胡适日记全编》和《钱端升日记》为线索

钱元强[*]

一　初识

胡适和钱端升的相识大约是在 1925 年。据钱端升后来回忆，1925 年他在清华任教时，由和他同住的清华大学英文系教授张歆海[①]引见，在新月社[②]认识了胡适，并有过若干交流，虽然他当时并不认为自己是一位"文人"。

第一次的书信往来是 1926 年 11 月 4 日，钱端升致函邀请胡适来清华做校长。当时的清华归北洋政府外交部管，许多从欧美回来的年轻教师觉得当时的清华体制与国际比相对落后，以钱端升、庄泽宣、张歆海、吴宓、陈达、叶企孙为代表的"少壮派"试图改革清华，提升清华的学术地位，实行"教授治校"。各方都曾提到马寅初、王世杰、李四光或丁文江到清华做校长的可能性，但钱端升认为胡适是最有可能让各方接受的选择。

---

[*]　钱元强，北京大学中国政府治理研究中心副主任，全国政策科学研究会理事。

[①]　张歆海（1900—1972），字叔明，原名张鑫海，生于上海，浙江海盐县人。民国作家、文学家、外交官，美国哈佛大学英语文学博士。他历任北京大学英语文学系教授兼系主任、清华大学西洋文学教授。在 1940—1960 年代定居美国期间，著有《蒋介石：亚洲人的命运》《一位中国外交官的信》《传奇性的姨太太》《四海之内》《美国与中国》，致力向西方介绍中国文化。张歆海之妻为韩湘眉，美国芝加哥大学英国文学硕士，与冰心、林徽因、凌叔华一同被称为文界的"四大美人"。

[②]　"新月社"是由胡适、徐志摩、闻一多、梁实秋、陈源等人于 1923 年在北京创建的文学团体，1927 年新月书店在上海设立，1928 年徐志摩、罗隆基、胡适、梁实秋等创立了《新月》月刊。新月社名称以泰戈尔的散文诗《新月集》（*Crescent Moon*）命名。新月社的成立对中国的新文化运动产生了重要的影响。

他在信中说："我有一个不小的建议。去年我已经问过你愿意担任清华校长不愿意。我现在并请你再考虑一下。曹庆五①预备于寒假想到上海商务印书馆做经理去，同时他想请郭鸿声②来替他，这都是他当面同我说的，你不四月来，那就找不出什么适宜的人来了。"③

他继续写道："总之，我以为清华在未来几年内，负有维持北方大学教育的重任，凡有能力做他的校长者，不可不试。校长不是一种有趣的事情，我可承认。"④

胡适思虑再三，担心与旧友张彭春⑤教务长闹摩擦而婉拒了。此事以后，钱端升和胡适开始了 23 年的交往与书信交流。特别是全面抗战初期一起赴美宣传抗战，交往密切，书信频繁。

二　日本蓄谋

抗日战争是中国近代历史上最重要的大事件之一。19 世纪中后叶日本的明治维新效法欧美建立了先进的民用工业和军事工业，使日本经济实力大增。中日甲午战争后，日本通过一项陆海军军备和铁路建设计划，准备

---

① 曹云祥（1881—1937），字延生，又字庆五，浙江嘉兴人，颜惠庆表弟，曾任职民国政府外交部参事，教育家、管理学家，于 1922—1927 年任清华校长。

② 郭秉文（1879—1969），生于今上海青浦，字鸿声。教育家，中国现代大学的开创人。1908 年赴美留学，入哥伦比亚大学攻读教育学；1914 年著《中国教育沿革史》，为中国教育制度史的开山之作，凭此论文获教育学哲学博士学位，是中国的第一位教育学博士。先后任南京高等师范学校教务长、代校长，1919 年正式出任校长，1921 年南京高师改建为国立东南大学（1928 年更名中央大学，1949 年更名南京大学），仍任校长。1923 年起连续三届当选世界教育会副主席兼亚洲分会主席。1925 年，任中华教育促进会会长。一生在教育、文化、经济、外交各界奔波，亲任繁务，举重若轻，被尊为"中国哲人"。

③ 《钱端升致胡适》（1926 年 11 月 4 日），中国社会科学院近代史研究所中华民国史组编《胡适来往书信选》上册，中华书局，1979，第 406 页。

④ 《钱端升致胡适》（1926 年 11 月 4 日），《胡适来往书信选》上册，第 407—408 页。

⑤ 张彭春（1892—1957），字仲述，天津人，张伯苓胞弟。1904 年入天津敬业中学（即天津南开中学前身），1908 年考入保定高等学堂。1910 年考取北京游美预备学堂处（清华学堂前身），作为第二届庚款留美学生。1915 年获哥伦比亚大学教育学院文学硕士学位、教育学硕士学位。1916 年回国。1916—1918 年任南开学校专门部主任兼代理校长。1919 年赴美攻读哲学，1924 年获哥伦比亚大学教育学院教育学博士学位。1923—1926 年任清华学校教务长。1926 年任南开中学主任、南开大学教授。1931 年任教于芝加哥大学。抗日战争全面爆发后，从事中国国民外交活动。1947 年任联合国人权委员会副主席，参与起草《世界人权宣言》。

发动夺取朝鲜和中国东北的战争。

日俄战争后，日本取代俄国获得辽东半岛和南满铁路的控制权，并驻兵奉天、旅顺、长春等铁路沿线。张作霖从奉天省（辽宁）起家，1918年击败吉林督军孟恩远，赶走黑龙江省巡按使毕桂芳，统一了东三省。此时，一战也结束了，当时世界的战略格局是欧洲衰落和美日兴起。

1930年底，日军参谋本部确定三个阶段解决"满洲问题"，即打破现状，建立亲日政权，最后完全占领东北。1931年9月18日夜，日本关东军发动九一八事变，次日，日军侵占沈阳，又陆续侵占了东北三省。1932年3月，日本还策划成立了伪满洲国。然后，日军势力伸向华北，策动"华北自治"，并且增兵制造事端。1937年7月7日又炮制了震惊中外的七七事变。

1937年的八一三事变后，日军对上海的进攻，直接威胁国民政府的首都南京，也威胁到英、美各国的在华利益，这就使国民政府不得不增调军队，实行全面抗战。11月中旬上海淞沪抗战后，国民政府估计南京无法坚守，做出了迁国民政府到重庆以便长期抗战的重大决定。

三　"主战""议和"之争

1932年10月2日，国际联盟发表李顿报告，明确谴责日本侵略中国的行为，拒绝承认伪满洲国，日本退出国联继续其侵略行径。1937年11月3日，《九国公约》签署国①在比京（布鲁塞尔）召开会议，苏联希望各国对日本进行集体制裁，德国希望调停和谈，英国和美国则采取所谓"中立"态度，意大利完全维护日本利益，会议最后通过的宣言也仅是指责日本违反《九国公约》，建议日本停止军事行动，这样的结果形如空文，不起作用。

九一八事变后，美国向日本和中国发照会，对日本侵略"满洲"不予承认，被称为"史汀生主义"。美国虽然对日政策趋向强硬，但美国国内的

---

① 《九国公约》（Nine-Power Treaty）是有关中国领土的条约。1922年，美国发起召集太平洋会议，会中有中国、英国、美国、日本、法国、意大利、葡萄牙、比利时、荷兰九国。2月6日签署《九国公约》，其中保证中国主权独立、土地行政完整。美国重申门户开放、机会均等等。但是，自九一八事变后日本占领东三省，侵略中国，公约形同虚设。

"孤立主义"① 政策和八一三事变后推行的《中立法案》②，使得对日侵华的谴责都只停留在口头上，政府却行动迟缓。

淞沪战争期间，国民政府虽与苏联签订了《中苏互不侵犯条约》，也从苏联获得了军事援助，但历史上中俄许多不平等条约的阴影，还是让国民政府心有余悸。

九一八事变后，国内对抗战有两种态度：一种是"议和"，有所谓的"低调俱乐部"③，认为中国的军事力量远不如日本强大，只能通过谈判与日本周旋，同时致力于军事设备近代化以阻止日本武力吞并中国；另一种是"主战"，主战派代表人物是孙立人、陈绍宽、王耀武、杨虎城、廖耀湘等少壮派，但从当时中日两国的经济实力和军事力量对比来看，战胜日本是相当艰难的。

抗战开始后，日本凭借军事优势希望快胜，但也担心各大国的政治与军事援华，日本速亡中国的企图没能立即实现，各大国对中国的实质援助也没有立即兑现，日本担忧的"持久战"开始了。

---

① "孤立主义"是一种外交政策。它通常由防务和经济文化上的两方面政策组成。在防务上，孤立主义采取不干涉原则，即除自卫战争外不主动卷入任何外部军事冲突；在经济文化上，通过立法最大限度限制与国外的贸易和文化交流。美国孤立主义政策是华盛顿在其总统任满后发表的《告别词》中提出来的："要将美国建成自由进步的伟大国家，最为重要的是应该排除对某些个别国家抱永久且根深蒂固的反感，而对另一些国家则又有感情上的依附；不要与任何外国建立永久的联盟；美国独处一方，远离他国，这种地理位置允许并促使美国能推行一条独特的外交路线，使好战国家不能从美国获得好处，也不敢轻易冒险向美国挑衅。"在此后的一百多年里，美国的领导人忠实地执行了这一政策。孤立主义一直存在于美国的外交当中，并在相当程度上影响着美国建国以来的外交活动。

② 《中立法案》于 1935 年 8 月 31 日美国参众两院联席会议通过。法案规定：在两个或两个以上外国之间，发生战争或战争在进行之中，凡以军械、军火或战备，自美国之任何地方或其属地之任何地方输出而运至该交战国，或运至任何交战国所利用之任何中立国港口者，均为违法。该法案的通过，对当时欧洲的绥靖主义起了推波助澜的作用。1939 年 11 月 3 日通过修正的中立法，废除武器禁运的条款，允许交战国在美国购买军火，但实行"现购自运"的原则。新法案在武器和物资上支持了英法；在东方则有利于日本而不利于中国，因中国无力自运。1941 年 3 月 11 日，美国国会通过罗斯福提出的《租借法案》，中立法至此名存实亡。12 月，美国对德意日宣战后，中立法正式废除。

③ 1932 年"一·二八"事变之后，尤其是 1937 年全面抗战开始后，周佛海常常在南京家中和许多名流讨论时局，都对抗日战争前景持"战必大败"的悲观情绪。于是胡适为这个非正式的组织起了个名字"低调俱乐部"，以表示其成员对当时盛行的"歇斯底里的风气"（指当时国民党主战派及民众的抗战热情）的不满。抗日战争全面爆发后，南京沦陷，低调俱乐部成员一度四散。

四 受命出使

在此国际与国内背景下，国民政府决定以非官方的方式派遣胡适、钱端升①和张忠绂②三位学人赴欧美，向美欧各国朝野说明中国抗战的真相，利用他们在美的良好关系和网络，劝说美国朝野洞察日本的侵略行为，促使美国的远东政策向有利于中国的方面转变，争取游说美国政府切断对日贷款与援助，转而支持中国的抗战。

为什么国民政府会派这三人去欧美宣传抗战呢？首先，九一八事变之后，日本投入大量的人力和财力对外宣传，美国社会一直在听日本的宣传，对真相了解不多。国民政府决定必须积极地开展对国联和美、苏、英等大国的工作，促使其从舆论和物质上支持中国。

其次，抗战初期，美国总统罗斯福因为同情中国，便以中日双方从未正式宣战为由，试图不执行《中立法案》，以便让工业落后的中国采购美国军火，但遭美国国会"孤立主义"派的反对，罗斯福只得妥协，继续禁止美国船只运送军火到交战国，但允许英国船运送美国军火来华。

再次，他们三人都是留美博士，对美国的环境以及政界比较熟悉。胡适在美国有较大的影响力；钱端升研究欧美各国议会制度和政府，且熟悉其运作流程，也有不少人脉关系；张忠绂主要研究"远东国际关系"，1928年以论文《英日同盟》在美获博士学位，也熟悉美国国情。

面对国际和国内错综复杂的形势，王世杰、傅斯年和翁文灏等建议蒋介石以国民政府的名义派胡适到欧美宣传抗战，因为胡适在美国有相当的

---

① 钱端升（1900—1990），字寿朋，生于上海。中国法学家、政治学家、教育家，中国现代政治学和比较宪法研究的开创者之一。17 岁考入北京清华留美预备学堂，1919 年毕业。1924 年获哈佛大学哲学博士学位。主要著作有《法国的政治组织》（1930）、《德国的政府》（1934）、《法国的政府》（1934）、《比较宪法》（1936，与王世杰合著）、《民国政治史》（1939）、《战后世界之改造》（1943）、《中国政府与政治》（英文，1950，美国哈佛大学出版社出版）。

② 张忠绂（1901—1977），字子缨，中国近代著名政治学家、外交家。历任东北大学、南开大学、北京大学政治学系教授，1949 年后赴美，又居香港，病逝于美国。张忠绂著述丰富，有《欧洲外交史》，《中华民国外交史》上、下卷，自传体回忆录《迷惘集》，诗词集《倚竹吟》等遗稿。先后主办过《中央日报》《新闻报》等。

威望，同时要钱端升和张忠绂（时任北京大学政治学系主任）陪同前往。蒋介石于 1937 年 8 月 19 日面见胡适时提出此事。

据钱端升回忆，他是 1937 年 6 月离开南京中央大学受聘于北大，蒋梦麟和胡适希望他加强北京大学法学院的力量，但七七事变后日本入侵北平，他 8 月底从北平到了南京，在拜会时任教育部部长王世杰时，王告诉他，北大、清华将在长沙联合成立一所临时大学，但一时不能上课，希望他和胡适一道去美做些宣传抗战的工作，并已征得了蒋介石和北大校长蒋梦麟的同意。本来钱端升希望一边在临时大学教课，一边与同事办好一份抗战时政刊物（当时还未定名称，就是后来的《今日评论》），但临时大学开课遥遥无期，而且胡适已同意赴美，经过两天考虑，钱端升决定陪同胡适赴美宣传抗战。

为什么国民政府派胡适赴美呢？胡适最初对日是持"主和"意见的，在蒋介石于 1937 年 8 月的国防会议上决定全面抗战后，8 月 13 日淞沪抗战中中国军队的英勇表现改变了胡适的看法，他 9 月 8 日的日记记载："我说，我们八月初做的'在大战前作一度最大的和平努力'工作，是不错的。但我们要承认，这一个月的打仗，证明了我们当日未免过虑。这一个月的作战至少对外表示我们能打，对内表示我们肯打，这就是大收获。谋国不能不小心，但冒险也有其用处。"[1] 这里可看出胡适已从"主和"到"苦撑待变"的转变，对抗战逐渐有了信心。钱端升则是一位坚决的主战派，当时国民政府派三人共同出使，也是一种综合考虑。

在赴美前，蒋介石分别和胡适、张忠绂及钱端升见面，胡适的日记中是这样描述的："谈话不很有结果。……但我们可以明白，他是最明白战争的利害的，不过他是统兵的大元帅，在这时候不能唱低调。"[2] 钱端升在自己的回忆录中提到，他是 1937 年 9 月 8 日与蒋见面的，蒋除了问及北大、清华在北平的情况外，还问了对美国态度的观察，希望这次赴美重点在"发动美国舆论，助我制日"。他回忆行前还见了陈布雷、翁文灏、王世杰和陈立夫等，交流到美后的各种应变。

---

① 曹伯言整理《胡适日记全编》第 6 册，1937 年 9 月 8 日，安徽教育出版社，2001，第 710 页。
② 曹伯言整理《胡适日记全编》第 6 册，1937 年 8 月 19 日，第 705 页。

五　抵美前后

1937 年 9 月 8 日晚"九点出门上船，慰、枚、椿送我们（端升、子缨、祖望）上船。布雷也一定要送上船，后来书贻①也来了，邵力子、彭浩徐也来了"。② 船离开南京经芜湖、安庆、九江，11 日下午抵达汉口，刘驭万③来接船。张忠绂因家事，延后于 10 月底到美国。

13 日下午 2 点，胡适和钱端升乘飞机离开武汉经停长沙到达香港，本欲 16 日飞美，但因天气（台风）原因一直到 20 日早晨才从香港起飞。9 月 18 日他们住在香港半岛酒店，胡适这样记载："今天是第七个'九一八'，我与端升在饭厅上吃晚饭，我说，这七年之中，今回总算是用飞机炮火来纪念'九一八'了，我们应该庆祝一次。我们叫了一瓶白葡萄酒，举杯祝福前方的士兵。"④

20 日下午到吕宋（菲律宾最大岛屿）的马尼拉。在马尼拉拜见了菲律宾总统寇桑后，21 日凌晨 4 点 30 分飞关岛（The Territory of Guam），当时"此岛共有两万人，日本人约二百，中国人只有三家"。⑤ 22 日天未亮起飞，日落时到威克岛（Wake Island），第二个 22 日晨又飞，下午 3 点到中途岛（Midway Island），23 日晨 5 点再起飞，下午 3 点到檀香山（Honolulu），由

---

① 段锡朋（1896—1948），字书贻，江西永新人。1919 年五四运动领袖。1919 年巴黎和会上中国受到不公正对待的消息传回中国，舆论哗然。1919 年 5 月 3 日晚，时任北京大学学生会主席的段锡朋和傅斯年分别被推为天安门大会主席与游行总指挥。1919 年 5 月 4 日，在段锡朋和傅斯年等人的组织下，五四运动爆发。后段锡朋获哥伦比亚大学文学硕士学位，先后在英国伦敦政治经济学院、德国柏林大学、法国巴黎大学游学。1925 年秋归国，任教于国立武昌大学历史系，后转任广东大学（不久更名为中山大学）史学系主任。

② 曹伯言整理《胡适日记全编》第 6 册，1937 年 9 月 8 日，第 711 页。

③ 刘驭万（1896—1966），湖北宜昌人。中华民国政治人物，学者。1920 年毕业于北京清华学校，先后获欧柏林学院文学学士学位、威斯康星大学政治学硕士学位。先后于民国政府铁道部、交通部、经济部任职。1945 年以后，从事外交工作，历任中华民国驻联合国代表，驻韩国、古巴、泰国大使等职。1931 年九一八事变爆发，被聘为太平洋国际学会中国分会干事，1933 年执行干事到 1946 年。

④ 曹伯言整理《胡适日记全编》第 6 册，1937 年 9 月 18 日，第 715 页。

⑤ 曹伯言整理《胡适日记全编》第 6 册，1937 年 9 月 18 日，第 718 页。

于天气原因，滞留一日，25 日晚离开檀香山，终于在 26 日清晨 9 点 30 分抵达美国旧金山。整整 18 天才从南京抵达美国大陆，这或许预示着抗战也会是漫长的。

在抵达旧金山时，"适之来西报早有记载，故华侨、西字报记者及黄总领事朝琴①均来欢迎，且有华人偕数飞机在上空表示欢迎"。② 可见华侨欢迎之盛况和关注抗战的热情。

胡适和钱端升一到旧金山便开展了密集的拜访、沟通活动。每天的上午、下午及晚上均有活动，而且中晚饭都有约谈，大都在凌晨 2 点左右才能休息。会面的包括许多知名人士，其中美国共和党参议院议员、加利福尼亚州州长海勒姆（Hiram W. Johnson）"对中国颇有同情，但不愿做空人情，更不愿做任何可以使美难于避免战争之事"。③ 当时美国的很多精英对中国抗战持同情却不愿介入的态度。

9 月 29 日，胡适在"Commonwealth Club（联邦俱乐部）午餐演说。题为'Can China Win?'（《中国能赢吗?》）他们说，这是空前的大会"。④ 30 日，胡、钱二人访问加利福尼亚大学和斯坦福大学。

10 月 1 日，胡适在旧金山哥伦比亚广播电台发表《中国处在目前危机中对美国的期望》13 分钟演讲，针对美国朝野不愿卷入战争的心理做了情理分析和引导，期望美国成为一个国际和平与正义的实际与积极的领导者。在旧金山奔波 9 天后，他们飞往美国东部继续抗战宣传。

六　不辱使命

10 月 5 日下午，胡适和钱端升从旧金山起飞，胡适记有"飞机很不平，震动的很厉害。我还可支持，端升大吐"。⑤ 6 日早晨到达纽约纽瓦克

---

① 黄朝琴（1897—1972），生于台湾嘉义县盐水港（今台南市盐水区），祖籍厦门，首任台北市市长（1945 年 11 月至 1946 年 2 月）。早年留学日本期间，参加抗日运动。后赴美国，研究国际公法，学成后任职国民政府外交部。

② 《钱端升日记》，1937 年 9 月 26 日。

③ 《钱端升日记》，1937 年 9 月 29 日。

④ 曹伯言整理《胡适日记全编》第 6 册，1937 年 9 月 29 日，第 722 页。

⑤ 曹伯言整理《胡适日记全编》第 6 册，1937 年 9 月 29 日，第 724 页。

（Newark）机场，纽约总领事于焌吉①、孟治和顾毓瑞②来接。

下午钱端升"偕适之见了 R. L. Buell（比尔）哈佛旧识也，及 Roger Greene（顾临）来谈，皆劝勿做宣传及希冀美人参助事。盖 Roosevelt（美国罗斯福总统）昨在芝加哥演说痛诋蔑视条约和人道者，已一扫孤立主义，暂正可静观变化也"，③ 作为时任美国纽约外交政策协会会长的比尔和知华的著名外文家顾临的表态，可见美国的精英仍被"孤立主义"困扰，罗斯福总统却比较有远见。

胡适和钱端升10月8日"半夜后两点上车，赴华盛顿。于焌吉君同我们行"。④ 同日早晨到驻美大使馆，胡适记有"见儒堂⑤大使。与他谈了约半点钟。他开口就诉穷，说他的薪水每月只剩一百九十元，如何够用！"⑥ 钱端升也在10日的日记中记有"来此颇久，但王（儒堂）至今不愿谈多国事，懒乎抑不愿乎，不知也"。⑦ 可见胡适和钱端升到驻美使馆后，对王儒堂的印象相同，或许是他对美外交的不作为，虽然他是蒋介石的同乡，又是蒋介石和宋美龄的证婚人，但在一年内，蒋还是命胡适接替了任职驻美大使只有两年的王儒堂。

10月11日，胡适和钱端升访问了美国国务院。12日上午又到美国内政部访问。当天中午，"适之与王儒堂今午见 Roosevelt（美国罗斯福总统），态度颇诚恳，用意甚佳，云如日本不出席《九国公约》会议，中国可自请

---

① 于焌吉（1900—1968），字谦六，河北文安人，外交官。南开大学毕业后赴美国留学。获纽约大学科学博士学位、哥伦比亚大学哲学博士学位。回国后，担任过外交部条约委员会委员和对外撤销领事裁判权宣传委员。后被派遣出国，先后任驻古巴公使馆二等秘书兼驻夏湾拿领事、代理驻旧金山总领事。1935年4月，又被派往美国任驻纽约总领事。1946年3月起，任国民政府驻意大利大使。其间还曾兼任国民政府驻西班牙大使、驻联合国代表团副团长。

② 顾毓瑞（1908—1994），江苏无锡人，外交官，著名教育家、科学家顾毓琇胞弟。早年就读于中国公学。赴英国伦敦政治经济学院留学。此后又赴美国于1935年进入哥伦比亚大学学习。抗日战争全面爆发后，出任中国驻纽约总领事馆主事。1946年任中国驻美大使馆一等秘书。

③ 《钱端升日记》，1937年10月6日。

④ 曹伯言整理《胡适日记全编》第6册，1937年10月7日，第724页。

⑤ 王正廷（1882—1961），原名正庭，字儒堂，号子白，浙江奉化人。民国政治家、外交官、体育活动家，欧美同学会和中华全国体育协进会的创始人之一。

⑥ 曹伯言整理《胡适日记全编》第6册，1937年10月8日，第725页。

⑦ 《钱端升日记》，1937年10月10日。

退席，请公决方案，以博更大同情云"。①

14 日，胡适、钱端升和王儒堂大使一起拜访了美国国务卿赫尔，认为其"人甚诚，当不至于在九国会中有抑中国以免求和平之事"。② 他的立场同罗斯福总统基本相似。

胡适和钱端升 15 日一同离开华盛顿，胡适到纽约先下车，钱端升则去了波士顿。他们开始在美分头宣传抗战。

钱端升 16 日早晨去哈佛大学拜访他当年的博士生导师何尔康（A. H. Holcombe）教授③，谈了很久，得出结论："美国似及怕采与舆论不容之事。"何尔康认为"不预备日会来参比京会，如日来，则舆论更反日。最惧调解不成，而中又不能支持下去"。谈话中，何尔康"屡问（中国）让步的限度，我告以恐不多，且告以中国是预备抵抗到底的"。④

钱端升 17 日得知 10 月底九国将在比京开会，钱端升马上给胡适发函，罗列了六点意见，望发回国内供参考。18 日在纽约，"李国钦⑤邀了四十个工商业、银行的领袖"来见胡适并宴请，席间胡适讲演 30 分钟。这天张忠绂也到达纽约。

钱端升 19 日晨拜访哈佛大学老校长厄维尔（Lowell），此时厄维尔已 81 岁，身体相当健硕，厄维尔 1923 年在他完成博士学位论文后介绍他到欧洲考察各国议会和图书馆，厄维尔认为"彼意战事不至即在欧发生，但比京会议恐仍无结果"。⑥ 同天他又回哈佛大学拜会新校长，哈佛大学给了很多介绍信帮助钱端升去会见在美可协助中国抗战的重要人物。

从这天以后到 1937 年底的活动情形，《胡适日记全编》均是空白，下

---

① 《钱端升日记》，1937 年 10 月 12 日。

② 《钱端升日记》，1937 年 10 月 14 日。

③ 何尔康，哈佛大学教授，1919 年任哈佛大学政府学系主任，1936 年担任美国政治学会主席，他知名的学生有美国第 35 任总统约翰·肯尼迪和前国务卿基辛格博士等。据钱端升回忆，何尔康教授 1927 年冬至 1928 年春访华休假，由他陪同，在南京见过哈佛校友宋子文、顾杳佛，还见了蒋介石，宋美龄担任翻译，探讨了三民主义、北伐形势和对外政策，回国后在 1930 年出版《中国的革命》和《中国革命的精神》二书。

④ 《钱端升日记》，1937 年 10 月 16 日。

⑤ 李国钦（1887—1961），字炳麟，湖南长沙人，国际军火原料巨商。1910 年毕业于湖南高等实业学堂矿科第一班。后入英国伦敦皇家矿业学院深造。1914 年返国，出任华昌炼锑公司业务部副经理，1915 年底到达美国后，出任华昌炼锑公司纽约分公司副董事长兼总经理。

⑥ 《钱端升日记》，1937 年 10 月 19 日。

面只有通过《钱端升日记》来描述他们的行程了。

钱端升 20 日到纽黑文（New Haven），早晨见到了李方桂①，下午返纽约。21 日和胡适碰面，一起拜会了美国对外关系委员会（Council on Foreign Relation）主席。随后多日与美国各界见面，包括 *The Nation* 主笔和《纽约时报》的茶会等，在和《纽约时报》的总编辑交谈后，《纽约时报》有了批评日本的言论，而不再有非议和怀疑中国抗战的言论。

钱端升 11 月 1 日到纽约城市学院（The City College of New York）发表讲演《中国与中立》（China and Neutrality），听众有三四百人。6 日胡适和钱端升到外交政策协会（Foreign Policy Association）面见美国前国务卿亨利·刘易斯·史汀生，"其对中国同情表出正义，且甚坚强"。② 8 日两人又外出拜访，9 日会见美国国联同志会会长肖特威尔（James G. Shotwell）。

钱端升和张忠绂 11 日晨从纽约赶往华盛顿，除了到使馆外，还拜会了几位参议员，得到信息："彼对远东的事不甚关心，且拟以从众原则。彼意国会对远东事尚无一定意见或动作。"③ 他们也被美国参议院外事委员会主席、参议员彼特曼（Key Pittman）知会，表示"国会不会借中立的事出问题"，请中国放心。此人 1931 年访问过中国，是当时对美国外交政策最有影响力的人物之一。钱端升相信美国"孤立主义"不会长久，因为美国和德意日有最根本的利益冲突。

钱端升和张忠绂 15 日上午到使馆见大使王儒堂，"谈去国会事，允为介绍，但至晚无信来，其乏效率可见也"。下午到下议院拜访。

钱端升 16 日上午拜访参议院参议员小罗伯特·拉福莱特，"彼甚同情，但反战甚激，且谓一切有效办法均可使美卷入战争事"。④ 17 日早晨访美参议院时，钱端升告知议员们："中立法宜于欧者，不见得宜于亚。""午电适之，知孟真（傅斯年）、（高）宗武联名，愿请总统调停，但我意见绝不可

---

① 李方桂（1902—1987），民国语言学家。山西昔阳县人，生于广州。祖父李希莲、父李光宇、外祖父何乃莹均为清朝进士。李是中国在国外专门修读语言学的第一人，1924 年毕业于清华学校后留美，1928 年获芝加哥大学博士学位，1929 年回国后任中央研究院历史语言研究所研究员。1948 年当选中央研究院第一届院士，1950 年代初曾当选美国语言学会副主席。

② 《钱端升日记》，1937 年 11 月 6 日。

③ 《钱端升日记》，1937 年 11 月 12 日。

④ 《钱端升日记》，1937 年 11 月 15—16 日。

能，适之仍重视调停派意见也，子缨即赶回。"① 实际上，抗战中调停派意见不绝于耳，胡和钱刚到美国时，9 月 28 日就接到陶希圣②和高宗武③的电报，希望罗斯福总统为中日间说和，但王世杰、翁文灏、钱端升等一派则认为"抗战到底"必须坚持，不能言和。

九一八事变后，钱端升就认为：对日抗战，敌强我弱，即使抗战也可能丢失华北、华东、华南，甚至西北与西南，但必须抗战下去，因为"与其不战而亡，毋宁战而亡；战而亡必然可以复国，不战而亡则可以永远亡国"。他纵观历史，认为日本同苏联和英美都有矛盾，日本侵华的"胜利"，导致其迟早会同苏联和英美爆发战争，而苏美英又比日强大，中国终将和苏美英一起战胜日本，但需要契机。

钱端升 17 日下午又拜会了参议院外事委员会主席彼特曼。这次会面中彼特曼提出了四点个人意见，即希望"美国断绝与日本的贸易往来"，"虽英云帮忙，仍不可信"，"如战持久，相信必可有 help develop（帮助发展）"，"极讨厌日本，美国应该区分 Victim（受害者）和 Aggressor（侵略者）"。④

钱端升 18 日上午访问参议院军事委员会主席莫里森·谢泼德，此人对华提出两点看法。然后又访"孤立派"健将议员，此议员认为美"或许十几年后，较肯助华"。他上午还访问了众议院外交委员会第二委员所罗门·布罗姆，此人认为应该通过修改"中立法"来助华，"彼谓德意日犹强盗"。下午钱端升又到美国国务院访问，完后又去拜访众议院外交关系委员会主席塞缪尔·D. 麦克雷诺兹，此人来过中国，"彼赞同总统政策，拟均为总

---

① 《钱端升日记》，1937 年 11 月 17 日。

② 陶希圣（1899—1988），名汇曾，字希圣，以字行，笔名方峻峰。湖北黄冈人。16 岁考入北京大学预科，全面抗战前任北大教授、法学院政治系主任。七七事变后，被选为国民参议员，从此弃学从政，进入政坛。抗战初期忧心忡忡，参与了"低调俱乐部"，曾任汪伪中央常务委员会委员兼中央宣传部部长。后与高宗武逃赴香港，揭露汪日签订卖国密约内容。1941 年太平洋战争爆发后去重庆，任蒋介石侍从秘书，起草《中国之命运》《苏俄在中国》等书，《中央日报》总主笔。1988 年 6 月 27 日在台北病逝。

③ 高宗武（1905—1994），浙江乐清人。早年留学日本，1931 年毕业于日本九州帝国大学。回国后任中央政治学校教授，抗战前期进入外交领域，29 岁担任民国外交部亚洲司司长，专门从事对日外交，是当时最年轻的高级外交官。抗战全面爆发后，在香港负责对日情报工作。他在这段时间为汪精卫秘密奔走，并随汪去上海，参与"汪日密约"的谈判。后来又与陶希圣一起逃离上海，制造了轰动一时的"高陶事件"。后又经历了一番巨大波折，从此告别政治，远遁美国。

④ 《钱端升日记》，1937 年 11 月 17 日。

统派人也"。①

钱端升 19 日继续拜访美国参议院，下午再次拜见参议院外事委员会主席彼特曼，他的意见是"继谓望能守，国际趋势会有利于中国，国会的和平派还无捣乱意，此时应避与日本谈判"。② 钱端升这样穿梭式走访议会，应该和他当年在哈佛研究美、英、法、德的议会委员会有密切关系。当晚回波士顿与胡适相会并报告访谈情况。

钱端升 20 日晨到波士顿后，再去哈佛大学，住在费正清（John Fairbank）家。早上陪胡适外访，探听美国对九国会议在比京（比利时首都布鲁塞尔）召开的态度，以便通报国内应变的对策。

下午胡适和钱端升一起观看哈佛大学和耶鲁大学的足球赛，钱端升记有 "H（哈佛）队本弱于 Y（耶鲁）队，竟以 13—6 胜 Y 队，全场大阅，余本谓如 H 可以胜 Y，中也可以胜日，是时，喜可知也"。③ 看球时也不忘国难，渴望中国能战胜日本侵略者。

钱端升 22 日又到哈佛大学拜访了何尔康教授，"彼告今日昨日英美两政府正彼此责备比京会议失败之责任云。彼意我辈亦可大胆宣传"。④ 晚间胡适和钱端升都返回纽约，胡适和张忠绂留守纽约，钱端升则准备西行。

钱端升 11 月 26 日独自到中西部城市进行抗战宣传。第一站安阿伯（Ann Arbor），27 日在密歇根大学发表演讲"战争的起因"（Origin of the War）。

第二站底特律（Detroit），29 日和红十字会、商人、报纸主笔等见面，"综观今日所得，似人民不注意，商人急自己的问题"。

第三站兰辛（Lansing），12 月 1 日访菲律宾前总督弗兰克（Governor Frank，罗斯福总统的好友），"彼意余意对上海事，列强预备硬以示威，至于其它助力，则美国现时政治形势所能容许者不多。函子缨电布雷直告"。⑤

第四站密尔沃基市（Milwaukee），2 日访社会党人丹尼尔（Daniel

---

① 《钱端升日记》，1937 年 11 月 18 日。
② 《钱端升日记》，1937 年 11 月 19 日。
③ 《钱端升日记》，1937 年 11 月 20 日。
④ 《钱端升日记》，1937 年 11 月 22 日。
⑤ 《钱端升日记》，1937 年 12 月 1 日。

W. Horn)，"彼主不战，但谓应想法求资本和共和党与政府一起行动"。①

第五站麦迪逊市（Madison），3 日访威斯康星大学的教授，记"彼云，美所畏者系欧洲各国之是非，对华问题，如英国态度较率直尚不难有合作之行动。又彼主张中国飞机炸日，以促日人反省"。②

第六站明尼阿波利斯市（Minneapolis），5 日与中国学生开会，宣讲宣传抗日的方法和要领。6 日与媒体、杂志主笔探讨，"今晨所见者均劝有具体办法甚要紧"。③ 7 日继续和一些商人及媒体主持人接触，希望商人不要卖废铁给日本，以减少对日本军火工业的支持。

第七站大福克斯市（Grand Forks），8 日到北达科他（North Dakota）州立大学讲"中国政府组织"课，中午在狮子会（Lions Club）讲《中国的进步，1927—1937》（China's Progress，1927－1937）。9 日在北达科他大学讲演《在中国的未宣之战》（The Undeclared War in China），下午访谈，晚上讲胡适的题目《战争背后的问题》（Issues Behind the War）。

第八站第蒙市（Des Moines），11 日与当地主要媒体的主笔、前主笔以及总编、主编见面，宣传中国抗战的正义与决心。

第九站爱荷华市（Iowa City），13 日见爱荷华大学的教授，下午又见牧师会牧师，但牧师多主和者。

第十站托皮卡市（Topeka Kansas），14 日下午见了共和党人的州农委的官员，他们说他们不分正义只是反总统，一切随民意。

这天钱端升记"前日，日炸沉美军舰于南京上游，刻形势或有变化"。④ 他时刻密切关注美国朝野的态度，果然，美国对日轰炸"派南"军舰反应强烈，美国舆论开始趋向反日。据钱端升回忆，从这时开始胡适也认为美将助我抗日，情绪变得乐观起来。胡适 15 日下午打电话给钱端升，说张忠绂要回国了，希望他早日东返。

第十一站堪萨斯市（Kansas City），16 日访问了当地邮报的主笔和新主笔，多为"孤立派"人士，且不甚友好。晚即离开去圣路易斯（St. Louis）。

第十二站圣路易斯市，17 日拜访《圣路易斯邮报》主笔，其对华态度

---

① 《钱端升日记》，1937 年 12 月 2 日。
② 《钱端升日记》，1937 年 12 月 3 日。
③ 《钱端升日记》，1937 年 12 月 6 日。
④ 《钱端升日记》，1937 年 12 月 14 日。

不错，但被告知"民意倾向于和，恐不易有何具体行动"。

第十三站芝加哥（Chicago），18 日上午访芝加哥《每日新闻报》，"彼最亲华，彼劝我们须力抗，无论有无国际援助，又劝如一些团体，须往演说"。下午与驻芝加哥总领事王恭行①见面。19 日返回纽约。25 天的行程十三站抗战宣传，可谓马不停蹄。

回到纽约后，钱端升 20 日去信傅斯年和陈布雷，就美国的"对宣传（抗战）内容，及使馆之不合作有所进言"。② 随后，胡适、张忠绂和钱端升一起拜访了若干要人，圣诞节时钱端升也依然坚持工作，"为适之写一文，名'Whether China Democracy or Dictatorship？'（中国走向民主还是独裁？）"。③

钱端升 28 日到费城（Philadelphia）参加美国政治学年会，讨论了欧洲新宪法、政府对工商业的态度及最高法院与社会立法等议题，还有远东圆桌会议。29 日到纽约后转往纽黑文住李方桂家。1938 年元旦，郭任远④夫妇搬到李家，钱端升与李郭两家一起度过了新年，胡适则在纽约李国钦家过新年。渴望新年的抗战形势能有转机。

钱端升 12 月 3 日从纽黑文回到纽约，胡适"与端、缨久谈。端升甚不耐我们这种不活动的生活，但我们谈了许久，也想不出什么活动的方式。两点半方才散"。⑤

---

① 王恭行（1908—1999），国民政府外交官。祖籍浙江奉化县，生于宁波，是外交家王正廷的堂侄子，出生在基督教家庭，清末著名牧师王际唐之孙。1937 年，王恭行任驻美国芝加哥领事馆副领事。1938 年，升任外交部驻美国南部新奥尔良领事馆总领事。1946—1947年，代表中国参加纽约联合国成立大会。1948 年，任联合国朝鲜半岛临时事务委员会委员，参与筹建韩国。1999 年逝世于芝加哥。

② 《钱端升日记》，1937 年 12 月 20 日。

③ 《钱端升日记》，1937 年 12 月 26 日。

④ 郭任远（1898—1970），广东潮阳人。中国心理学奠基人，曾任复旦大学代校长，浙江大学校长。1949—1970 年寄居香港，是香港大学校董。1970 年病逝于香港，美国著名的心理学杂志《比较生理心理学》发表了题为《郭任远——激进的科学哲学家和革新的实验家》专文，称郭任远对美国乃至世界心理学的贡献是巨大的，"他以卓尔不群的姿态和勇于探索的精神为国际学术界留下一笔丰厚的精神财富"，并以整页刊登他的照片。美国学术界如此评价一位中国心理学家，是绝无仅有的。他也是被选入《实验心理学 100 年》这部书中唯一的中国心理学家。著有《人类的行为》（上卷，1923）、《行为学的基础》（1927）、《行为主义心理学讲义》（1928）、《心理学 ABC》（1928）、《心理学与遗传》（1929）、《行为主义》（1934）、《行为学的领域》（1935）、《行为的基本原理》（1935）。

⑤ 曹伯言整理《胡适日记全编》第 7 册，1938 年 1 月 4 日，第 5 页。

1938 年 1 月 6 日，驻英大使郭复初①来电催胡适去英访问，并宣传抗战。胡适 8 日去了克利夫兰（Cleveland），10 日在美国对外关系学会（Foreign Relations Council）讲演 "China's Struggle For Freedom"（中国为自由而斗争）。

11 日，胡适到奥柏林（Oberlin）讲演 "The War in China & the Issues Involved"（中国的战争及其问题）。14 日赴华盛顿的继续教育协会（Association For Progressive Education）发表演讲 "Education for Peace or War"（教育：面向和平还是战争）。② 20 日回到纽约。

22 日，胡适 "连日函电往来，决定西行计划。与端、缨两人谈。他们都想回去。子缨近日稍好，他想到 Washington（华盛顿）去写文章，我不甚热心，因为他写文章太平凡，怕没有发表之处。端升总恨无可立功，此念使他十分难过。他说，我们去年初到旧金山时，黄总领事背后问他是否我的秘书，他听了'差不多可以哭出来'，只好装做不懂，搪塞过去"。③ 钱端升听了这话觉得二人出来同为国家做事，并不可耻。钱端升先生毕竟比胡适年小九岁，青年人的"不干人居"和"立功之心"流露无遗。

25 日，胡适到王际真（中国《红楼梦》英译第一人）家吃饭，晚上 10 点 30 分坐车西行宣传抗战，钱端升、张之缨和潘学彰等到车站送行。第一站也是安阿伯城，26 日到密歇安大学讲演 "Democracy or Fascism in China?"（中国：民主还是法西斯？）26 日晚又坐车去芝加哥，第二天到中美联谊会（American Friends of China）发表演讲 "Can China Survive?"（中国能幸存吗？）

26 日，胡适 "得张子缨一电，说他得家电不得不归，今日就走了。我不知他走何路，也无法慰问他。他去年早因家事想走，我也不劝他留，后

---

①　郭泰祺（1888—1952），字保元，号复初，湖北省黄州府广济县人，民国外交官。他的父亲郭锡谷早清朝秀才。郭泰祺因才识获得张之洞器重，1904 年公费赴美国留学。1908 年入宾夕法尼亚大学学习政治学。1918 年郭泰祺加入孙中山的护法军政府，任参事兼外父伙长。1919 年郭泰祺、陈友仁作为护法军政府代表奉派参加巴黎和会。曾作为中国代表三度出席国际联盟会议，在国际联盟会议上反对承认伪满洲国并展开辩论。1935 年 5 月，郭泰祺成为第一任中国驻英国大使。抗日战争全面爆发后，郭泰祺多次照会国际联盟，抗议日本的军事行动。1947 年 4 月 27 日，任中华民国出席联合国特别大会全权代表。

②　曹伯言整理《胡适日记全编》第 7 册，1938 年 1 月 14 日，第 13 页。

③　曹伯言整理《胡适日记全编》第 7 册，1938 年 1 月 22 日，第 16 页。

来他决定不走了。端升总嫌没工可做，今年病后也想回去。我对他们说：
本来深知来此无事可做，无功可立，所以当时不肯来。既然来了，必须耐
心住下去，有事就做事，无事就留心研究"。①　胡适比起两位来说似乎更超
然一些，也许与他的阅历和年长有关。

在这期间，钱端升一人留守纽约，中间也去哈佛大学、富兰克林
（Franklin）走了走，保持和胡适的通信，就美国的动向观察交流。同时还
写了一些文章，如"Far East，After the War"（战后的远东）去华盛顿与日
本人对讲。②

胡适则于 1 月 25 日晚离开纽约到安阿伯，去了芝加哥、明尼阿波利斯、
斯博肯（Spokane）、贝林汉姆（Bellingham）、塔克马（Tacoma）、波特兰
（Portland）、旧金山、西雅图、洛杉矶和伊莎卡（Ithaca），再到加拿大的维
多利亚、温哥华、埃德蒙顿、萨斯卡通（Saskatoon）、温尼伯（Winnipeg）、
多伦多、汉密尔顿、伦敦、温索尔（Windsor）、蒙特利尔、渥太华，最后到
美国的布法罗（Buffalo），再回到纽约。这次行程总共 10600 英里，走了 51
天，讲演 56 次，见了美加各界人士，宣传抗战，答疑解惑，甚为成功。

胡适 3 月 18 日晨回到纽约，"端升、于焌吉、许仕廉来接。旅馆中见着
王大使，同早饭"。③　钱端升计划于 4 月初回国，"适之今晨回，晚与之商，
云电翁咏霓④，云将于四月初返国"。⑤

七　英欧之行

后胡适和钱端升又在波士顿、华盛顿和纽约之间往返多次，胡适依然
各处讲演，宣传抗战。

---

① 曹伯言整理《胡适日记全编》第 7 册，1938 年 1 月 27 日，第 20 页。
② 《钱端升日记》，1938 年 2 月 9 日。
③ 曹伯言整理《胡适日记全编》第 7 册，1938 年 3 月 18 日，第 64 页。
④ 翁文灏（1889—1971），字咏霓，又字永年，号君达。浙江省鄞县石塘人，著名学者，是
　中国最早期的地质学家之一。对中国地质学教育、矿产开采、地震研究等多方面有杰出贡
　献。翁文灏曾以名学者之身份在民国政府内任事，在抗战期间主管矿物资源及生产。1948
　年担任行政院长。1951 年从欧洲回到中国，后担任全国政协委员等职。1971 年病逝于
　北京。
⑤ 《钱端升日记》，1938 年 3 月 18 日。

钱端升 23 日接到王世杰电报，"译电乃雪艇欲我去德二月，后朱骝先^①来，骝先特使至德，计必求德接近。在某种程度下之接近固不恶，但我畏无代价之大接近。故欲知些不太 Nazi（纳粹）之人"。^② 24 日，"深晚才终电雪艇，定四月六日去欧"。^③

钱端升 29 日到纽约向比尔辞行，感谢他这次来美后给予的很大帮助，晚上回到华盛顿。第二天又和胡适拜访了林行规^④，然后到使馆辞行。"晚王儒堂约适之、仲述（张彭春）及余便饭，似钱别，饭后略谈红十字会事，借款事。虽不深，但尚为第一次正经。"^⑤

在华盛顿期间钱端升最后又见了美国参议院外事委员会主席彼特曼，表明辞别之意，并为胡适安排好离开后的约会，"告以在美国有物质之助以前，遇中国大国难时，盼以词令助之。彼谓了解余意，愿于必要时帮忙。彼谓美形势及国际形势终必有利于我，不签和约，终不致失败也"。^⑥

胡适认为罗斯福总统所以反日，是一位叫博纳斯（Barnes）的美国人告知"总统的反日政策是由于他在 Harvard（哈佛）时与一个日本同学同住，那人曾对他说日本的国策，R.（罗斯福总统）终身不能忘也"。^⑦

钱端升 4 月 5 日到纽约领馆辞行。6 日早上乘船赴欧，胡适、陈翰笙、潘学彰、于总领事、顾毓瑞夫妇及学生数人送行。胡适也记载了当日送别

---

① 朱家骅（1893—1963），字骝先，浙江省湖州府吴兴县人，地质学家、政治人物，中国近代地质学的奠基人。国民党内亲德国派人士。朱家骅曾任中央研究院总干事、代理院长，还任教育部部长、交通部部长、浙江省政府主席等职。1920—1940 年代中德合作中的重要人物。1930 年 9 月，任中山大学校长，11 月改任国立中央大学校长。1945 年 9 月作为中国首席代表出席联合国教育文化会议。1946 年 11 月联合国教育、科学及文化组织正式成立，朱家骅临时担任中国代表团团长。1963 年 1 月病逝于台北。

② 《钱端升日记》，1938 年 3 月 23 日。

③ 《钱端升日记》，1938 年 3 月 24 日。

④ 林行规（1882—1944），清末民国司法界人士。字斐成，浙江鄞县人。1896 年就读于上海南洋公学，后入读京师译学馆（北京大学的前身）。1904 年，考取官费留学，赴英国就读于伦敦大学伦敦政治经济学院，获得法学学士学位。伦敦大学毕业后，入读林肯大学法学院，继续深造。1911 年，被授予大英帝国大律师执照，就职于林肯思皇家律师事务所。1912 年回国，担任南京临时政府总统府法律顾问。1914 年 1 月至 1916 年 2 月，担任国立北京大学法科学长。1918 年，因不满袁世凯称帝和政府的司法舞弊，毅然辞去公职。自设律师事务所，常为穷人打官司和提供司法援助。1944 年 6 月因病逝世。

⑤ 《钱端升日记》，1938 年 3 月 30 日。

⑥ 《钱端升日记》，1938 年 3 月 31 日。

⑦ 曹伯言整理《胡适日记全编》第 7 册，1938 年 4 月 2 日，第 74 页。

钱端升的心情，"今天端升坐 Queen Mary（玛丽皇后号）往英国，我送他上船。今天忽飘雪，送别殊难为怀"。①

在船上钱端升也去信胡适，抒发情感："昨天是够兴奋的了。一清早起来，见 Ocean Times《大洋时报》载汉口消息，吾师大败日人于台儿庄，斩伐二万人，重炮三千。小弟于是乎雀跃，我兄现不同行，只有我一人喝酒以贺，有如半岛酒店大祝'九一八'纪念之情况。"② 想起他们离开香港前一起的情景，更欢呼抗战前线将士们的英勇。

钱端升 1938 年 4 月 6 日离开纽约，经过 6 天的航行到达英国普利茅斯港（Plymouth），下船后就致电胡适和英国大使郭复初报平安。12 日晨 9 点从南安普顿（Southampton）驱车到伦敦驻英使馆，使馆一秘谭葆慎来接，到使馆后见到老友郭复初，欢谈良久。钱端升 12 日下午"谒见蒋百里③，后于斌④来访"。⑤ 蒋百里和于斌是受国民政府委托到德国和意大利来沟通的，以便应对欧洲政局的变化。"晚上复初宴请哲生（孙科）一行，孙开口诅资本主义，闭口骂英美无用，一味敷衍苏联。"15 日"晚去复初处饭，闻俄方相助甚多"。⑥

钱端升 16 日接待了正在伦敦大学和伦敦政治经济学院留学的周如松、楼邦彦、王铁崖和龚祥瑞，周是学物理的，其他三人都是钱端升欣赏的年

---

① 曹伯言整理《胡适日记全编》第 7 册，1938 年 4 月 2 日，第 76 页。

② 钱端升信十三通，耿云志主编《胡适遗稿及秘藏书信》，黄山书社，1984，第 141 页。

③ 蒋方震（1882—1938），字百里，号詹宁，清浙江杭州府海宁州人，钱学森岳父。民国时期军事理论家，军事教育家，陆军上将，著有《国防论》。1937 年夏，出版代表作《国防论》，认为唯有长期抗战，才能把日本拖垮。1937 年 9 月，以蒋介石特使身份访问意大利、德国。回国后发表《日本人》及《抗战的基本观念》，进一步阐明日本必败，中国必胜。1938 年 8 月代理陆军大学校长，11 月 4 日病逝于广西宜山。国民政府追赠为陆军上将。

④ 于斌（1901—1978），天主教会枢机。祖籍山东省昌邑县，生于清代黑龙江兰西县，洗名保禄，字野声。曾任天主教南京总主教、辅仁大学在台首任校长等。1937 年抗战全面爆发，于斌随政府西迁重庆，主持难民救济工作，发起百辆救护车运动。抗战期间他曾前后八次前往欧美国家，到处发表演说，争取国际上的同情和援助。中国得到的第一批美援就是于斌的功劳。蒋百里将军钦佩其为外交奇才，向蒋中正推荐。1938 年被国民政府聘为国民参政会参政员。由于于斌经常忙于各种政治活动，也被媒体称为"政治主教"。1943 年，于斌赴美国创办中美文化协会，并积极活动，最终促成美国政府修改移民法，逐渐有利于中国人。

⑤ 《钱端升日记》，1938 年 4 月 12 日。

⑥ 《钱端升日记》，1938 年 4 月 14—15 日。

轻政治学者。17 日梁鋆立①来访，然后一起去拜访全英援华会的王礼锡②和熊式一，钱端升赞"王甚有条理，预此间华人最清楚者也"。③ 1938 年 10 月，王礼锡、陆晶清夫妇决定回国参加抗战。全英援华运动委员会为二人设告别酒会饯行，驻英大使郭复初、印度领袖尼赫鲁等人参加。王礼锡即席朗诵英文诗《再会，英国的朋友们！》表达回国参加抗战的心情，英国女诗人华尔纳也在英国广播电台"含着骄傲的热泪"朗诵了这首诗。

再会，英国的朋友们！

我要归去了，

回到我的祖国 ——他在新生，

现在血海中，

正崛起一座新的长城；

他不仅是国家的屏障，

更要屏障正义与和平。

我去了，

我去加一滴赤血，

---

① 梁鋆立（1905—1987），乳名善尧，浙江省新昌新天乡樟花村人。出身书香门第，其父、叔父均为清末举人。就读于上海南洋大学，1926 年卒业于上海东吴大学法科，担任武汉国民政府外交部秘书。1929 年 5 月，梁鋆立被派任驻美华盛顿公使馆秘书，出席第十届国际联盟及国际法编纂会议，任中国代表团技术顾问。1930 年，获美国乔治·华盛顿大学法学博士学位。其间，严词揭露日本侵略行为，列举《国联盟约》《九国公约》等相关条约，逐一指出日本在华军事行动之侵略本质，最终使日本方面理屈词穷退出国联。抗日战争期间，奉派赴欧，开展抗日宣传工作。1939—1946 年，担任驻英大使馆一等秘书。1945 年，他奉派出席了"第二次世界大战伦敦战犯委员会"等国际会议，接着又参加了旧金山联合国制宪会议，是少数几个见证联合国诞生的中国人之一。

② 王礼锡（1901—1939），原名王庶三，江西安福人。社会活动家、诗人、散文家、文学研究者。早年就读于江西心远大学。1929 年在上海组织神州国光社。这一时期写了许多诗，后结集为《市声草》。1930 年去日本，开始编印《读书杂志》。1931 年回沪倡导展开中国社会史的讨论，轰动一时。1933 年去伦敦、巴黎等地考察，写了许多散文和诗，收入《海外杂笔》、《海外二笔》及《去国草》等专集。抗战全面爆发后，在英参加组织全英援华会，任副会长。1938 年回国。1939 年任重庆"文协"派出作家战地访问团团长，写了许多日记，报道战地访问团的情况。北上时，病故于洛阳，蒋介石、周恩来、尼赫鲁等人均发来唁电。

③ 《钱端升日记》，1938 年 4 月 17 日。

加一颗火热的心，

不是长城缺不了我，

是我与长城相依为命。

没有我，无碍中华的新生；

没有中华，世界就塌了一座长城。①

钱端升在 22 日至 26 日参加了英国国联同志会召集的"国际教师会议"（International Conference of Teachers），讨论了"防止战争法"，后连续几日撰写了一万五千字的《美国与中日战争》长文。

胡适 4 月 24 日接到钱端升的电报告知朱家骅的赴欧日期推后，他想回国了。胡适 4 月 26 日发电报给陈布雷，告知政府他和钱端升意见一致，希望在最近国联召开的会议上，在英国提议承认意大利对埃塞俄比亚的主权时，中国投反对票。胡适 5 月 2 日在美国看到一篇精彩的文章 "Where Are You Going? Mr. President"（总统先生，您欲何往？），文中有很详细地阐述美国远东政策的资料，马上买了两份寄给英国的郭复初和钱端升。

钱端升 5 月 2 日下午在伦敦拜会了英国著名学者、工党领袖之一拉斯基②，"彼介绍多人，但未能谈"。4 日英国议员格里夫（Griffes）在众议院请客，席间"彼以为英国反对党无组织，政府甚有法西斯化之危险。据云此次英法磋商，并不满意，应不肯放弃捷克反联俄之主张，使英国大感棘手"。③钱端升回忆说在英国的抗战宣传比美国较为容易一些，中国的抗战也颇得英国各界的同情，这与驻英大使郭复初比驻美大使王儒堂做了更多较深入的工作有关。

---

① 强剑衷：《夫妇作家王礼锡和陆晶清》，《民国春秋》1995 年第 5 期。

② 拉斯基（Harold Joseph Laski, 1893 - 1950），英国工党领导人之一，政治学家，费边主义者，西方"民主社会主义"重要理论家。社会民主主义和政治多元主义的重要思想代表。1893 年 6 月 30 日生于曼彻斯特一个犹太富商家庭。1914 年毕业于牛津大学，后赴加拿大麦吉尔大学和美国哈佛大学任教，1920 年回国。1926 年起在伦敦经济学院教授政治学。一生著述三十多部，内容涉及社会科学许多领域，鼓吹民主社会主义，主张"一步推动，一点一滴改良"的费边主义，反对无产阶级专政。在欧美思想界有着重大的影响，被誉为与罗素、林赛并列的英国三大思想领袖之一。

③ 《钱端升日记》，1938 年 5 月 2 日、4 日。

随后郭复初大使邀请钱端升到瑞士参加国联会议，讨论中日问题和意大利入侵阿比西尼亚（埃塞俄比亚）事件。钱端升5月6日到巴黎后，下午去拜访了孙哲生（孙科）与顾少川（顾维钧），"孙哲生谈及王儒堂骗南京政府事。余劝及重视美英，及不使国内有主和份子起作乱国主张"。同日，报载"国军逼近北平，日军守城严，且有搜，更使我难忘怀"。①

胡适9日电报钱端升，"云咏灏（翁文灏）要其来英，除电复外，并请复初去电欢迎。日来报载北平战事又在卢沟桥，甚以为虑"。②

钱端升陪同郭复初于5月10日上午到日内瓦参加国联所行政院首次会议，先有英国外交大臣讲《英意协定》③；"次由顾少川提请助中国事，文长而无火气，且乏信仰"；④再次，钱端升提议外交部向意大利提出抗议占领阿比西尼亚决议，但英国政府鉴于《英意协定》不做表态，郭复初也不好表态，苏联在这方面表现与国民政府预想差距很大；最后，钱端升在郭复初的引见下和苏联代表李维诺夫⑤做了深入交谈。

国联12日继续讨论阿国事宜，"阿皇亲自出席，甚庄严可敬，而为亡国之君又可悯，甚悉国之不可亡也。英法等意见极不合理。反对者仅苏、中、纽西兰及波利维。我方声明，多次斟酌，总嫌太软，午后极力向顾少川一说，而李维诺夫和复初又主硬，故较佳"。⑥15日讨论西班牙案。16日讨论"瑞士中立案"、"智利求改盟约案"及"中国求助案。关于中国案，通过决议案甚空，但口气甚佳"。⑦会议结束后，钱端升16日离开日内瓦到

---

① 《钱端升日记》，1938年5月6日。
② 《钱端升日记》，1938年5月9日。
③ 《英意协定》，亦称《罗马协定》，系英国和意大利两国政府于1938年4月16日在意大利首都罗马签订，同年11月16日生效。其主要内容为：两国重新确认维护地中海西部原状，两国将互相交换军事情报，英国承认意大利对埃塞俄比亚的占领，意大利表示西班牙内战结束后将全部撤走其在西的"志愿军"。
④ 《钱端升日记》，1938年5月10日。
⑤ 马克西姆·马克西莫维奇·李维诺夫（1876—1951），苏联外交官、革命家。生于沙皇俄国的犹太人银行家家庭。1930—1939年任苏联外交部长。任内积极推行集体安全政策，与西方国家改善关系。1933年成功促使美国承认苏联。1934年使苏联加入国际联盟。1939年二战前夕，因国际局势及苏联外交政策变化，身为犹太人的李维诺夫被莫洛托夫所代替。1941年7月，苏联卫国战争开始了，斯大林再次任命李维诺夫为外交部副部长。同时他也是1941—1943年的驻美大使，并于1942年与美国签订了《租借条约》。
⑥ 《钱端升日记》，1938年5月12日。
⑦ 《钱端升日记》，1938年5月15日。

巴黎，17 日找到刘锴①一起和郭复初商议在英国的抗战宣传。

钱端升 25 日回到伦敦，拜访了英国国联同志会，第二天到中国国联同志分会讲演"美国的情形"。钱端升到英国后，虽然很忙，但觉得力量使不出来，陈布雷来信告知"国内多数人不愿我即回，望我为耳目喉舌云。此种表示真使我苦；苟有事做，何以不留，苟无要事做，徒增精神痛苦而已"。②

胡适 5 月 30 日"得翁、傅一电，要我赴英国。并出席八月 Zurich（苏黎世）的史学会"。③钱端升 31 日又拜访了拉斯基，谈的时间很短，他建议应该改一城市去宣传抗战。

钱端升 6 月 1 日又拜访了工党议员，获得许多信息，"据云工党已逼政府宣言将为守香港而战；又告希特勒又嗾日攻南华以牵英法，德会与七八月中乘机在中欧发展之模样"。④

6 日见工党地方领袖，"彼谓政府不变，难有助力，美则外交方面随英为进退，故更不易有所主动"。⑤接下来的十几天，钱端升根据拉斯基和大使郭复初的介绍又拜访了议员、媒体主笔和大学教授等，一方面宣传抗战，另一方面希望他们能给一些支持，同时也获得了一些有价值的信息。胡适 7 日发长信和电报给钱端升，10 日陈布雷电报胡适表示"九月后仍请留欧美"。⑥

驻英国大使郭复初希望钱端升参加国际红十字大会（每四年举办一次），中红会派林康侯，国民政府派王景春、刘锴和钱端升为政府代表出席。而钱端升正忙于与英国国会议员谈话，会议中途就离开了，他认为应该去做更重要的工作。

---

① 刘锴（1907—1991），别号亦锴，广东中山人，历任民国外交部常务次长、驻加拿大大使、驻联合国常任代表。毕业于英国牛津大学，获硕士学位，肄业于美国哥伦比亚大学。1930年 6 月任国民政府立法院外交委员会秘书，后又任驻国际联合会全权代表办事处二等秘书、驻英大使馆一等秘书等职。1945 年 8 月任外交部常务次长兼联合国战犯审查委员会远东及太平洋分会代表。1947 年 4 月任驻联合国托管理事会代表。1991 年 2 月 12 日于旧金山逝世。
② 《钱端升日记》，1938 年 5 月 28 日。
③ 曹伯言整理《胡适日记全编》第 7 册，1938 年 5 月 30 日，第 112 页。
④ 《钱端升日记》，1938 年 6 月 1 日。
⑤ 《钱端升日记》，1938 年 6 月 3 日。
⑥ 曹伯言整理《胡适日记全编》第 7 册，1938 年 6 月 10 日，第 116 页。

胡适 6 月 24 日晚到纽约的哥伦比亚广播网（Columbia Broadcasting Network）做了 13 分钟的讲演"What Can America Do in the Far Eastern Situation?"（美国在远东局势中能做什么？）① 继续宣传抗战。

钱端升 27 日接王世杰快函，要求暂留欧洲不回。他下午见了剑桥区保守党议员肯尼斯（Kenneth），"据云英人之引《英日联盟》之中断为憾事者仍多，美不可靠，英不能在远东有行动，'不承认主义'不能承不变云云"。②

胡适 27 日在美国的一家教会发表演讲"Forces & the World Order"（武力与世界秩序），这个教会是以"不抵抗"为宗旨的，听众有 1000 人，"今日之问题不是暴力与不抵抗的问题，而在如何组织力量（force），使他成为一种有力的秩序"。③ 胡适 29 日发出三份电报分别给钱端升、郭复初和顾少川，告知他赴欧洲的行程。

1938 年 7 月，国联同志会在丹麦哥本哈根召开国际年会，1936 年已接任中国国联同志会④会长的朱家骅和王世杰发电报让钱端升代表出席，并由驻英国使馆一秘刘锴陪同参加。

钱端升 28 日赶到巴黎，"见顾少川，略及法国之宣传事"，⑤ 晚上又与吴一飞、傅秉常⑥交谈。30 日上午访问法国外交部情报司司长，下午在驻法使馆见法国众议院外交委员会副委员长，"彼代表社会党主外交政策。据云英苏不容易接近，社会党与急进党对西班牙有不一致，彼以为对华采较强

---

① 曹伯言整理《胡适日记全编》第 7 册，1938 年 6 月 24 日，第 125 页。
② 《钱端升日记》，1938 年 6 月 27 日。
③ 曹伯言整理《胡适日记全编》第 7 册，1938 年 6 月 27 日，第 127 页。
④ 1919 年巴黎和会召开，美国总统威尔逊提出国际联盟案。1920 年 1 月《凡尔赛条约》生效，国际联盟成立。3 月，中国成立"中国国际联盟同志会"（简称"中国国联同志会"），汪大燮为理事长，蔡元培、熊希龄、林长民、王揖堂四人为理事。1936 年 3 月，熊希龄辞会长一职，任名誉会长，朱家骅出任会长，中国国联同志会的理事阵容强大，创立时期的理事包括顾维钧、王正廷、吴颂皋、何炳松、周鲠生、杭立武、胡适、厉麟似、徐悲鸿、郭有守、傅斯年、杨公达、褚民谊、蒋复璁、钱端升、谢寿康、罗家伦等。
⑤ 《钱端升日记》，1938 年 6 月 28 日。
⑥ 傅秉常（1896—1965），字褧裳，广东省广州府南海县人，民国政治家、外交官。1919 年，傅秉常任巴黎和会中国代表处秘书。1920 年，任护法军政府财政部、外交部驻香港代表。1943 年任驻苏联大使。1946 年 7 月，成为出席巴黎和会的中国代表。1949 年 3 月，接替吴铁城出任外交部长，但因身在海外，故未能实际就职。1965 年 7 月于台北病逝。

政策不至有问题"。①

7月1日，钱端升访了法国重要媒体主笔后又去见孙科，觉得他对"英美俄法已无歧视"。再去见曾任越南的殖长，被告知越南的军火通道不会关闭，已知会法国政府几件事："（1）日本不能轻易挑衅，前日法英之联合警告然也，（2）中国抵抗越成功则法之远益（法苏强于轴线）及近益俱保（安南）全。且云比京会议事伊主四和平强国较强硬"。② 随后，到使馆看顾维钧，谈得很深入，觉得他能兼顾各方。

2日，钱端升从巴黎到丹麦哥本哈根，4日在大会报到后到使馆与驻丹麦公使吴南如③交流。5日的大会已开始讨论中国问题。6日的大会钱端升第一个发言，"以中国抵抗精神赠同志会同人；颇得会方欢迎"。④ 7日与美国国联同志会总干事长交流，此人极愿帮助中国。

9日上午大会通过了各重要议案，"对中国案实甚缓和"，钱端升"余对中国及西班牙案俱发言"。⑤ 会后钱端升到柏林，11日到驻德使馆见程天放⑥大使，也见了谭伯羽⑦和谭葆端。后又访几位德国教授，他们坦言"德英难和，虽大家不战，而战亦难免，又谓战必爆，若不信，且可不重视"。钱端升评价道："但此种德国不易和平也。"⑧

驻丹麦公使吴南如16日去信告知钱端升，朱家骅和王世杰来电，终于

① 《钱端升日记》，1938年6月30日。
② 《钱端升日记》，1938年7月1日。
③ 吴南如（1898—1975），字炳文，又名南柱、凌虚，江苏宜兴人。1916年考入北京大学法科预科，次年转入天津北洋大学法科，1920年毕业。1925年10月，任驻英国公使馆一秘。历任国民政府外交部欧美司司长、国际司司长、情报司司长。1933年1月，任驻苏联使馆参赞。1936年12月任驻丹麦公使。1943年后，历任外交部礼宾司司长、欧洲司司长。1946年参加巴黎和会，任中国代表团顾问。1975年5月12日在美国病逝。
④ 《钱端升日记》，1938年7月6日。
⑤ 《钱端升日记》，1938年7月9日。
⑥ 程天放（1899—1967），原名学愉，字佳士，号少芝，江西省新建县人，生于浙江杭州，程乔采曾孙。五四运动期间任上海学生会会长，1920年公费留美，1922年获伊利诺伊大学政治学硕士学位，1926年获加拿大多伦多大学政治学博士学位。1929年担任安徽大学校长，1932年任国立浙江大学校长，1935—1938年任驻德国大使，1939—1943年任国立四川大学校长，1949年任国民党中央宣传部长。1967年11月于纽约逝世。
⑦ 谭伯羽（1900—1982），名翊，湖南茶陵人，谭延闿长子。上海同济大学毕业后赴德国留学。1929年回国任上海兵工厂工程师，同济大学秘书长。1934年任驻瑞典使馆代办，后任驻德国商务参事。1942年任经济部常务次长。1946年任交通部政务次长。后寓居美国。
⑧ 《钱端升日记》，1938年7月13日。

同意他返国了。近十个月的欧美抗战宣传使命就要结束，心情既高兴又难舍。驻德国大使程天放 17 日晚给钱端升饯行，并到车站送行，离开柏林返回巴黎。

7 月 13 日胡适也离开美国，走时写信给傅斯年称"国事至此，除'苦撑待变'一途，别无他法"。他在美国共待了 267 天，各处讲演，宣传抗战。"今天离去，当然有恋恋之情。"① 19 日，钱端升早上 5 点就到法国瑟堡（Cherbourg）去接胡适，早上 6 点上船和胡适一起吃早餐，然后坐早上 9 点的火车于下午 1 点到巴黎，驻法大使顾维钧迎接。这天正赶上英王和英后访问巴黎，很是热闹。

八　分手与履新

胡适日记记载，7 月 20 日"下午得纽约转来一电，是蒋先生签名的，其意要我做驻美大使。此电使我十分为难。下午与端升谈此事，亦不能决"。② 这事让胡适有些犹豫，钱端升的日记也有记载："适之接蒋电，嘱为驻美大使，有允意。"③

钱端升和胡适 21 日下午做了出使欧美以来的最后一次交流，接着下午 5 点 50 分钱端升就赶往马赛准备乘"阿拉密斯号"（Aramis）船回国。胡适和使馆的一行人送行，钱端升 22 日早 4 点 50 分就到了马赛，10 点上船，但直到下午才开船。

26 日早 11 点半到埃及塞得港（Port Said），由于天热，钱端升只能在船上写信，晚 11 点离开，27 日早 9 点 30 分时到达埃及东北部苏伊士市（Suez），晚 6 点半离开，在船上"为学生讲'抗战前途'"。④ 当时船上有很多中国学生一起回国，这是钱端升欧美宣传抗战之行的最后一次讲演。29 日船经过苏丹时大沙蔽天，白天天气奇热无比，至晚 12 点半才到吉布提（Djibouti）。8 月 5 日晚到达锡兰（斯里兰卡）的首都科伦坡港（Colombo），9 日晨抵达新加坡（Singapore），在领事馆安排下与新闻界谈话，下午离开，

---

① 曹伯言整理《胡适日记全编》第 7 册，1938 年 7 月 13 日，第 134 页。
② 曹伯言整理《胡适日记全编》第 7 册，1938 年 7 月 20 日，第 138 页。
③ 《钱端升日记》，1938 年 7 月 20 日。
④ 《钱端升日记》，1938 年 7 月 27 日。

12日晨到越南西贡（Saigon），14日清晨4点再启程，16日下午3点到达香港。从1937年9月20日胡适和钱端升离开香港算起，整整300天过去了！漫长的欧美宣传抗战之行告一段落。

钱端升到香港后，先去拜访同行前辈张慰慈①，随后一起去看顾孟余②，还见了宋子文等。拜访蔡元培先生时，蔡先生有病静养，只好作罢。这时蒋梦麟也从昆明到了香港，"孟邻此次专来接余返昆明"，而且"孟邻邀返昆明甚诚"。③钱端升8月21日从香港飞到汉口述职。

胡适接到驻美大使任命后，于1938年10月回到美国华盛顿就任，继续在美国为抗战宣传，在1942年写给王世杰和翁文灏的信中提到，来美已"旅行一万六千英里，讲演百余次"。他向美国各界陈述中国抗战的决心，取得了美国的财政援助，赢得在抗战中宝贵的支持。

后来国民政府希望钱端升到重庆陪都任职，发挥所长，但他以为"挂名做官又不如教书"，还是回到了昆明西南联大任教，并接替周炳琳担任北京大学法学院院长兼政治系主任。

后 记

钱端升回到西南联大教书后，于1939年和1945年两次赴美、加参加太平洋学会的国际会议，与在美的胡适都有互动。胡适1946年回到北京大学担任校长后，他们又成了同事。

---

① 张慰慈（1890—1976），江苏吴江人，字祖训，早年留学美国，哲学博士。曾任北京大学、法政大学、上海东吴大学法律学院、中国公学政治学教授，安徽大学图书馆馆长等职，中国政治学的开拓者，北京大学最早的政治学教授。后任南京中国政治学会干事。其主要著作有《英国选举制度史》（1923）、《市政制度》（1925）、《政治学大纲》（1930）、《政治制度说》（1930）、《政治概论》（1924）、《政治学》（1932）、《宪法》（1933）等。其译著有《现代民治政体》（1931）、《妇女论》（1930）等。

② 顾孟余（1888—1972），原名兆熊，生于河北宛平（今北京市），原籍浙江上虞。幼读译学馆，后留学德国，毕业于柏林大学。1917年回国任北京大学教授兼文科德文门主任，继而任经济系主任兼教务长。1925年12月出任广东大学校长。1926年1月当选中国国民党中央执行委员。1927年3月任中央执行委员会常务委员、宣传部部长，1932年任铁道部部长，1936—1937年任交通部部长。全面抗战期间汪精卫、陈公博投敌，顾孟余力劝无效，即与之分道扬镳。1949年顾孟余定居香港，在香港创办《火道》杂志，后定居美国加州伯克利。1969年赴台，1972年6月病逝于台北。

③ 《钱端升日记》，1938年8月19日。

他们最后一次见面应该是 1948 年 12 月 4 日，钱端升从哈佛大学任客座教授一年后回北大任教，胡适记有"晚上公宴钱端升，主人是北大的行政首领居多，故我们大谈。我最后说，我过了十二月十七日（五十周年纪念日），我想到政府所在地去做点有用和工作，不想再做校长了。不做校长时，我也决不做《哲学史》和《水经注》！至于我能做什么，我自己也不知道"。①

1948 年 12 月 15 日，差两天就满 57 周岁的胡适飞离北平，自此以后他们再也没有见面。

---

① 曹伯言整理《胡适日记全编》第 7 册，1948 年 12 月 4 日，第 726 页。

胡适与林可胜[*]

——兼论对台湾医疗卫生制度的影响

何邦立　汪忠甲[**]

教育与学术乃立国之根本，而科学研究尤为基础。1927 年国民政府定都南京，设立中央研究院为全国最高学术研究机关。翌年 4 月，北大校长蔡元培（1868—1940）应聘为首任院长。蔡元培在任 12 年间，不遗余力推动院务，陆续成立物理、化学、工程、地质、天文、气象、历史语言、心理、社会科学及动植物等十个研究所，分设南京、上海及北平等地，不仅奠定了中央研究院日后发展之基础，亦打开了中国学术研究专门化之端绪。

七七抗战全面爆发，中研院随国民党政权内迁。1940 年蔡元培逝世，由朱家骅（1893—1963）总干事代行院长职务，迄 1958 年辞职，共计主持院务 18 年，其间历经抗日战争及国共内战，各所再三播迁，唯在其主持下，院务仍持续扩展：动、植物研究所分立成所，数学、医学、体质人类学等研究所筹备处亦先后成立。

1945 年 9 月抗战胜利，国立厦门大学前校长萨本栋（1902—1949）由伦敦讲学回到重庆，应聘担任中央研究院总干事。他领导了中央研究院迁回南京的各项工作，并为创建数理中心而四方奔波筹款，新筹建了数学研究所。1948 年 3 月底，第一届中央研究院院士选出，共计 81 人。其中人文组为胡适等 28 人，生物组为林可胜（1897—1969）等 25 人，数理组为萨本栋、翁文灏（咏霓）等 28 人，均为无双国士、一时之选。

---

  *　感谢台北中研院何之行副研究员对本文提供的帮助。
  **　何邦立、汪忠甲，台北"国防医学院"教授。

　　林可胜院士 1943 年曾为中研院筹建医学研究所，1949 年率国防医学院师生由上海江湾赴台，随即于 7 月赴美讲学，长期留美从事生理药理学术研究。胡适（1891—1962）抗战时曾任中华民国驻美大使，后于 1958 年应蒋介石之邀，由美回台担任中研院院长。至于萨本栋，则因胃癌赴美治疗，月余，不幸于 1949 年元月底在美英年早逝，得年 47。

　　被尊称为"中国生命医学之父"的林可胜院士，是在抗战时期对国家立有大功的爱国华侨。[①] 本文特别举出胡适先生与林可胜教授间一段不为人知的史实。

一　红十字会内部风潮

　　1937 年抗日战争全面爆发，国民党军队医护能力严重不足，时任国民政府卫生署署长的刘瑞恒先生倡导战时三合一政策，拟结合红十字会、卫生署、与军医署三方面的力量，作为战地救护的基础。[②] 此时爱国华侨、时任协和医学院生理系主任的林可胜教授，毅然放弃 12 年学术耕耘与获诺贝尔医学奖的机会，为了祖国的存亡，无私地投入战地救护的神圣事业，虽处在尴尬复杂的政治环境下，但林可胜成就了他不朽的人生事业，成为中国国防军事医学的奠基者。[③]

　　1940 年 9 月 7 日，林可胜被蒋介石召到重庆，面谈一个多小时。由于林的中文不佳，宋美龄女士在侧权充翻译。蒋介石此次面谈的重点有三：其一，对林的国际声望，以及争取到国外大量援华物资，包括药品器械、救护车辆及捐赠款项等表示赞赏；其二，指出林可胜缺少中国行政经验，人事管理制度不够健全，总队部，卫生人员训练所，所属各大队、中队、小队，还有四个训练分所，人员庞杂，难免有其他分子混入；其三，责令林可胜回去后好好整顿，并称会命令有关部门派个能干的人到贵阳，成立

---

①　张之：《中国生理学之父——林可胜》，《科学月刊》（台北）第 31 卷第 7 期，2000 年 7 月，第 616—622 页。

②　张玉法主编《中华民国红十字会百年会史（1904—2003）》，台北，台湾红十字总会，2004。

③　张锡钧：《回忆中国生理学先驱林可胜教授》，《生理科学进展》1986 年第 17 期。

政治部协办一切。①

红十字总会救护总队属于民间组织团体，众多的医务工作者不畏艰苦的生活条件，不计待遇，主动追随林可胜参加救护总队工作。救护总队虽人才云集，但其人事经费一直偏低，且历经长期抗战，总会在人事经费上确有压力，为考量实际运作，三周后，林氏之整顿计划出炉。

林可胜的一生，多数时间都在实验室里做学问，并没有多少与人打交道的经验。1940年10月1日，林可胜在未经红十字会总会同意的情况下，递交呈蒋介石报告书，主张救护总队实行军管，此事令红十字会总会许多高层人士感到愤怒，此即所谓的红会内部风潮的开端。②

红十字会虽是以"博爱恤兵"为宗旨的民间机构，但其领导高层并不愿被官方所接收而失去运作的自主性。两者有共同的目标，也有相互矛盾竞合之处。林可胜踏入红十字会，并非红会自愿，实有其战时环境后台与不得不然的需要。基于当时军中医疗护理人员短缺，政府早有将战地救护纳入军管之议，而此乃红十字会总会最忌讳的事。

林可胜的救护总队三年来办得有声有色，成效卓著，加上美国医药援华会及南洋华侨陈嘉庚的人力、物力、财力的资助（南洋华侨机工队等），③海外捐赠资源源源不断，早已引人侧目（六年共计美金6600万）。林可胜是苦干实干型的人，并非官场中人。如今要彻底解决救护总队的人事、财务问题，径自提出军管的主张，本无可厚非，但此举引起红十字会总会强烈的反弹，遂一时暗潮汹涌。加上之前已有人密告他资助延安，诬陷其捐助账目不清。此情此景，林可胜颇不自在，于是决心辞去红会总队长一职。1941年1月林请辞的消息一出，立即引起中外人士的关注。

胡适与北平协和医学院渊源极深，曾出席协和医学院成立典礼，于1929年任协和医学院校董，1932年又任北京大学文学院院长。林可胜1925年来到协和后，教研12载，因此胡适早闻林可胜在科学界的声誉，全面抗战爆发前，两人也有很多交往，可谓相当熟稔。胡适任驻美大使时（1938

---

① 汪犹春：《在红会救护总队部的回忆》，章德华主编《贵阳文史资料选辑》第22辑，1987，第101—106页。
② 张建俅：《抗战时期战地救护体系的建构与其运作——以中国红十字会救护总队为中心的探讨》，《中央研究院近代史研究所集刊》（台北）第36期，2001年，第117—165页。
③ 谢培屏：《南洋华侨机工篇》，《战后遣返华侨史料汇编》第3册，台北，"国史馆"，2005。

年 9 月至 1942 年 9 月），曾在致《民族晚报》主编李少陵的信中评价林可胜说："林先生是第一流的生理学者。"他在胃消化生理方面发现肠抑胃素（enterogastron），享誉国际生理学界。他救死扶伤的志业，更获得美国医药援华会（由纽约爱国华侨创立）与美国红十字会总会的全力支持。

胡适与林可胜两个人惺惺相惜，在抗日战争中，都断然放下单纯的教育、科研事业，以实际行动投身关系民族存亡之战争。对于林可胜在红十字会的表现，胡适在 1941 年 2 月 7 日致陈布雷的电文中予以高度肯定。他说："中国红会近年在国外之信用与声誉，实由林可胜在科学医学界素负重望，又其办理救护事业勤劳清慎，实足令人敬服。"[①]

二　胡适爱才惜才力荐

胡适在大使任内对林可胜爱护有加又十分推重，特别草拟文稿，数电蒋介石荐才、爱才、惜才，促使林可胜在此事发生后，仍受当局爱护信任不衰，不次担负国家医务重任，非胡大使力荐何能如此。2 月 7 日（阳）电文如下：

> 极密。乞呈介公。今日美国红十字会副会长 Swift 特电告适，谓得香港讯，中国红十字会救护总部队总队长林可胜因内部风潮，被迫离职，已定以红会秘书长 C. Pan（按：潘小萼）继任云。Swift 并云，此实为中国最大之不幸之消息云。
>
> 适按中国红会自王儒堂兄（正廷）用其私人刘云舫替换 C. Y. Wu（伍长耀）任驻港办事处，国外已多疑虑。若林可胜去职，国外必有甚不幸之猜测。中国红会近年在国外之信用与声誉，实由林可胜在科学医学界素负众望，又其办理救护事业勤劳清慎，实足令人敬服。
>
> 美国红会亦已决定陆续运送医药救济材料，其总额由罗总统内定为五兆至七百五十万美金，其主任 Norman Davis 与 Swift 两君及其派遣赴华人员贝克等，皆对林可胜绝对信任。故适不敢缄默，特电请公留

---

① 参见周谷《胡适为林可胜辩冤白谤》，《传记文学》（台北）第 75 卷第 3 期，1999 年 9 月，第 21—22 页。

意此事，勿令群小把持破坏我国红会在海内外辛苦造成之荣誉，国家幸甚。将来若能进一步根本改善红会组织，使主持者皆为公忠谋国能得海内外信任之人，则更幸甚。适。阳。①

1941 年 2 月 13 日（元），蒋介石复胡适：

阳电悉。林可胜并无更调之说。即有此事，亦必嘱令该会慰留也。中正。元。印。②

1941 年 2 月 21 日（马），蒋介石再电胡适，告林可胜"左倾"颇甚：

胡大使勋鉴：元电计达。顷据红会人员电复："林可胜此次辞职，纯出自动，红会绝无迫使情事。现值该会举行年会，林君来港出席，当即一致恳留，请其继续服务"等语。但近据密报，林左倾颇甚，且有利用交通工具，阴助延安情事。最近美红会代表贝克向索车辆，林竟以破车搪塞，致贝不满，电美停止接济云，亦可注意。特并知照。中正。马。③

1941 年 2 月 22 日，胡适接重庆传来林可胜极密电：

陈布雷先生顷由胡大使转示外交部二月十九日电及皓日（十九日）尊电谨悉一切，叠蒙最高当局破格爱护，感愧交集，除益自慎重奋发以图报效外，仅请先为致谢是幸。知叩。二十二。④

---

① 参见周谷《胡适・叶公超使美外交文件手稿》，台北，联经出版事业有限公司，2001，第145 页。

② 参见周谷《胡适为林可胜辩冤白谤》，《传记文学》（台北）第 75 卷第 3 期，1999 年 9 月，第 25 页。

③ 参见周谷《胡适为林可胜辩冤白谤》，《传记文学》（台北）第 75 卷第 3 期，1999 年 9 月，第 25 页。

④ 参见周谷《胡适为林可胜辩冤白谤》，《传记文学》（台北）第 75 卷第 3 期，1999 年 9 月，第 25 页。

1941 年 2 月 24 日（敬），胡适认为林可胜人才难得，为中外所器重，再复电陈布雷转呈蒋介石电文，为林可胜辩冤白谤：

> 极密。乞呈介公。元电马电均敬悉。林可胜辞职事，蒙公垂注维持，幸甚。但马电云据密报林左倾颇甚云云，足证实有人造此排挤谗毁之空气。其所云林以破车供贝克，致贝不满，电美停止接济云云，最可证其有意谗毁。盖美红会所得贝克一行人报告，均无不满林可胜之语。
>
> 美红会所需车辆，原定由我政府运输机关供给，本不由林供给也。贝克深感我政府交通工具困难，故曾主张将原定药物暂减去一部分，适与子文均力劝美红会当局勿减损。但此中关键在于交通工具之管理支配。贝克本是交通管理专家，曾任我旧交通部顾问多年。
>
> 鄙意颇盼公电召贝克与林可胜等来渝报告各项救济事业之运输状况，以明真相，并图改善之方。此事关系美红会七百万金之救济工作，实甚重要。林为中外人士所器重，如实有左倾情事，亦可嘱翁咏霓、周诒春诸兄恳切劝导之，乞尊裁。适。敬。①

由于胡适与林可胜无论在战前还是战时交往均相当密切，所以当听说林可胜可能因有人挑拨而遭解职的传言后，胡适明确透露了"小人"是谁，以他对林氏的了解，站在战时中美关系和抗战需要的大局，极力为林可胜辩护，极谏将林可胜留任。

从往返电文中，不难得知中国红十字会总会内部暗潮汹涌。一些老红会领导人物对林空降红会早已不满，引起路线之争的反弹与诬陷。有说林"左倾"，暗中资助共产党，有说林与美国医药援华会有金钱往来，更有说林捐助账目不清。对清廉爱国的华侨林可胜而言，情何以堪？

红会内部查案告一段落，还林捐助账目清白。但不久，红十字会总会乘林可胜亲自带队随远征军去缅甸工作、被日军包围而退往印度之机，派大员接收了救护总队部的材料库。1942 年 8 月，林可胜回到贵阳时，即刻

---

① 参见周谷《胡适为林可胜辩冤白谤》，《传记文学》（台北）第 75 卷第 3 期，1999 年 9 月，第 23—24 页。

再次提出辞呈。总会考虑林之辞职恐影响海外捐款，乃给假半年，其职务暂由秘书长潘小萼兼任。然林辞意甚坚，9月5日三度请辞，总会乃派人前往贵阳办理交接事宜。担任救护总队部总队长5年的林可胜离职后被调往海外，担任中国远征军军医总视察，与美国史迪威将军共事。[1]

林可胜在1942年9月重庆医院开张不及两个月离职，隐伏有救护路线之争。半年不到，红十字会总会即全面改组，胡兰生被任命为红会秘书长兼救护总队长，所有医防队并入救护总队。此后，红会战地救护与平民医疗并重的路线一直延续到抗战胜利。

蒋介石一直相信林可胜的才学、品行和对抗战的贡献，又有胡适的辩护净谏，戴笠的洞察，陈诚的力保，因此蒋介石从来没有要林氏离职的念头。林可胜最后三度主动请辞，完全迫于红会内部的掣肘，深感无力与无奈，有志难以发挥。同时，当林可胜在第一次入缅远征后，他又找到新战场，在滇缅国际战场上扬眉吐气，为国家争得殊荣。

三　戴笠力保

荣独山教授在怀念林可胜的一篇文章中写道：

> 林可胜教授既任中华民国红十字会救护总队部总队长，又兼任军政部战时卫生人员训练所所长，在国内外声名大振。国外捐赠给救护总队部的大量物资，大都是直接给救护总队部而没有经过红十字会总会。林可胜为人正直，不会奉承，因此遭到红十字会总会会长王正廷和秘书长潘小萼的妒忌，借口林可胜去香港时常与国际左派人士接触，贵阳图云关救护总队部运输股又发现共产党宣传品，因而密告林可胜有亲共容共行为。林为此险被逮捕，后经陈诚立保，方得无事。但不久，乘林可胜亲自带队随远征军去缅甸工作被日军包围而退往印度之机，红十字总会派大员来接收了救护总队部的材料库，林可胜回到贵阳时即刻辞去了总队长职务。[2]

---

① 池子华：《红十字与近代中国》，安徽人民出版社，2004，第347—348页。
② 荣独山：《怀念爱国教授林可胜》，《话说老协和》，中国文史出版社，1987，第431—436页。

杨文达先生的口述历史访问记录中写道：

外头不了解林先生，我是他的学生，跟他谈过几次话，知道外头对他的几次误会。第一次是有人向蒋先生告他偏重八路军的卫材供应，说他支持毛泽东，送毛十个救护队。老先生因此调他来质问，林先生说他共组织 140 余救护队，其中派 10 队给毛泽东，于是老先生点点头。第二次误会是因为他在救护总队中做得轰轰烈烈，庞某在红会中力量根深蒂固，因此对林可胜先生甚为忌妒，老先生也因此怀疑他，不明白为什么别人反对他，所以派戴笠暗中监视，戴笠知道林可胜是个爱国的人，遂向陈诚说明实情。①

周美玉先生的口述历史访问记录中有云：

林可胜对八年抗战战区伤患救护，防疫卫生保健，及战时医护人员之养成，均有莫大贡献。而上述工作之得以顺利推展，端赖林氏之个人声望及号召力，以竟其功。红十字会救护总队之卫生器材、药品与经费，得之于海外热心人士之捐助。

救护总队部仓库内海外捐赠药品堆集如山，单只奎宁九一项，即以吨位计。救护总队部对这捐款和赠品都列有清单，以便配置管理，林先生本人分毫不取。可是外头的人不一定这样想，许多人看了眼红，以为这里面一定有很大的甜头。

另一方面，愿意帮助林先生的人虽然多，其中份子也相当复杂。当时来华参加救护工作的还有一些年轻的外国医生，有罗马尼亚人、有英国人、有波兰、也有从印度来的。后来我们知道他们和共产党有关系，可是当时没有人知道他们会是共产党。因为他们都是志愿来中国帮助抗战的。

国军方面的保防人员则对于所有来访的外国人都拍照存档，后来当这些外国医生的真实身份披露出来，它们提出一大本证据，指控林

① 熊秉真访问，郑丽榕纪录《杨文达先生访问纪录》，台北，中研院近代史研究所，1991，第 97 页。

先生与共产党勾结。我们听说为了这件事，当局不让他留在贵阳，他乃辞去红十字会救护总队长及战时卫生人员训练所两处职务，远赴昆明，担任远征军军医总视察。

据说林先生抵达昆明后，当时军统兼任中美特种技术合作所的戴笠先生，曾与他谈过话，表示支持他。戴笠为林先生的事出了很大力气，他说林先生不是共产党，是确实爱国，这样林先生才得以保住性命。我觉得林先生个人很无辜，他心中所想的只是我们国家需要钱、药品、器材、人才等帮助，外国人能够协助我们度过困境的，一概来者不拒，所以才会出这种灾难。①

四　林可胜"左倾"释疑

1930 年代，西班牙内战结束，一批来自东欧的外籍医师来华助战。当时，救护总队有一批从西班牙转来的东欧医生，组成国际医疗队在长沙等地工作。一说为此林可胜被蒋介石戴上红帽子，情况一度非常紧急。当内政部要求他调查异国医生是否可靠，他很快就出具了证明，以事实陈述来自异国的医生们的品德与功绩，强调他们都来自西班牙反法西斯战场，但没把他们是国际共产党员的身份写进去，为中国的战场救护保留下宝贵的人才。

国际援华医疗队的德籍白乐夫医生的说法是，林可胜很珍惜他的医生们，这位华侨学者信奉的是国家至上主义，并不把党派之争放在心上，他不是共产党人，也不是左派，而是一位自由主义者。他是一位非常好的人，在那炮火连天、血肉横飞的年代，医生的数量远远不能满足战场救护的需求，他知道自己最该做的事情，就是动员医生们到前线参加救护，无论他们的国籍是什么。② 这是非常中肯的描述。

此外，1938 年 6 月，由宋庆龄、冯玉祥等中外著名人士联合在香港发

---

① 张朋园访问，罗久蓉纪录《周美玉先生访问纪录》，台北，中研院近代史研究所，1993，第 96—99 页。

② *A Quarter-Century of Service*，ABMAC，1937 – 1962，New York，1962，pp. 1 – 18.

起保卫中国同盟，旨在鼓励全世界爱好和平的人士进一步以医药、救济物资支持中国抗战。当时同盟订下的准则就留有伏笔，援助不受政治原因和地理限制。这样，共产党控制下的地区也就包括在受援范围之内。同时，敌后战斗的地区需要什么救济物资，与香港委员会随时保持紧密联系。换言之，保卫中国同盟是共产党的外围组织。

当时国共建立抗日民族统一战线，但对林可胜而言，两党同为救国，因此海外捐募而来的医疗物资，基于人道至上的原则，或捐赠者的指定，他派遣的医疗队足迹几乎遍及全国各地，除国民党正面战场的各个战区以外，也派出 10 个医疗队赴延安、太行、太岳、江西、皖南等共产党领导的敌后抗日根据地，协助八路军、新四军，为伤病员及群众服务。①

在对捐款与赠品的发放上，林可胜要求必须列有清单以备查。同时，林可胜还坚持国家高于党派，因此在林可胜看来，红十字会的物资不仅应该发给国民党，也应该发给共产党。更何况美国医药援华会捐助的宗旨，是人道至上（Humanity Above All）。② 他是一位固执而坚持理想信念的人。

1941 年 1 月皖南事变发生后，国民党掀起新一轮反共高潮，保卫中国同盟通电谴责蒋介石，与同盟有着某种往来的林可胜自然难逃"阴助"的口实。当这些和王正廷等人的攻讦结合起来，林可胜心里实感不安，极为苦恼。这在王安娜《中国——我的第二故乡》一书中有所描述："每当从前线回来，他们便到我在重庆的家稍事休息和我谈心。用不着说，林博士是个廉洁清白、说干就干的人，但他不够老于世故，对来自政府和国民党的批评，不能坦然处之，结果，他从贵阳被召回。随后，红十字会本身也逐渐腐化，陷入泥沼之中。"③

五　翁文灏居中调解劝导

1941 年 2 月 7 日蒋介石接到胡适电报后，几次致电时任经济部部长的翁文灏，命其劝林可胜务必不要辞职，告知"红十字会救护总队各事务必

---

① 熊秉真：《林可胜传》，台北，"国史馆"，第 123—145 页。
② 林吟：《在血与火中穿行——抗战救护纪实》，贵州人民出版社，2015，第 123—128 页。
③ 王安娜：《中国——我的第二故乡》，李良健、李希贤校译，三联书店，1980，第 303—315 页。

亲自主持，以免异党分子混入职工，设法扰乱"。由于蒋氏的介入，找了王
正廷面询，红十字会总会数日后（15—16 日）在香港举行年会时，在理监
事联合会议上全体一致挽留，林可胜乃打消辞意，林氏第一次被迫辞职风
波，至此告一段落。

胡适对林可胜自由主义的思想及极度爱国的表现知之甚详，知道他绝
非共产党人，亦非同情左派的人士。胡站在中美战时关系大局、中国抗战
现实需要的立场上，再度提出自己的看法，红会七兆金之救济工作，实甚
重要。林为中外人士所器重，如实有"左倾"情势，亦可嘱翁咏霓、周诒
春诸兄恳切劝导之。由于胡适在给蒋的电文中，一再高度评价林可胜的品
德与贡献，指出了林可胜解职可能产生的国际负面影响，蒋介石听进去了。

随后，蒋介石要翁文灏陪同林可胜到重庆陈明实情，当林氏面谒时，
蒋一面安慰林"对彼个人虽有许多告讦，但并不怀疑"，一面又特别警告似
的说必须"注意于严防异党现形"。林则强调根据"救护总队之方针，端在
由全体人员专心担任救护工作，而不应分力于任何政治事项"。

林可胜对此次翁文灏陪同会见蒋介石的印象至为深刻，他在给胡适的
电报中说，"委座对彼谈话意亦同此"，"深觉此言甚为诚实，弟亦曾签呈委
座，陈明林君学有根底，广有声名，忠心为国，故任此职政府宜予以信
任"。同时又觉得"从人格之眼光，敢信林君为公正忠爱之士，惟默察形
势，未知由何原因常有人在委座前对彼告讦，前途如何，自仍不易完全乐
观。以此正人，偏多周折，至可慨叹"。

在蒋介石面前告讦林可胜的，应该就有胡适前面所说的王正廷。这在
翁文灏给胡适的信中再次得到了确证。"惟中国红十字会会长王正廷及秘书
长潘小萼对林君颇为不满"，翁文灏于蒋交代后，亦为此做了些调解工作。
王正廷正是胡适的前任驻美大使，中国著名外交家，因急于为国家筹资，
结果上当受骗，不仅丢了大使一职，还给胡适留下了一堆烂摊子。

1941 年 7 月 15 日，时任经济部部长兼资源委员会主任委员的翁文灏在
致胡适的函电中，说出了国民政府对林可胜不满的原因。他说："究其原
因，林君自言救护总队之方针，端在由全体人员专心担任救护工作，而不
应分力于任何政治事项。现已由军委会派有特务人员驻队考察，如查有轨
外行动者，自可随时惩处云云。"

翁文灏所说的军委会派特务人员驻队考察红十字会一事，在周美玉回

忆录中得到了印证。据周美玉回忆："最后还是戴笠支持林可胜，认为林可胜只是爱国学者并非共产党员。"也正是由于胡适与戴笠的力保，林可胜才得以继续担任中国红十字会总会的总干事。

林可胜是当时世界科学界推崇的中国科学家之一。他是战地救护工作的灵魂人物，在长期抗战中做出了不朽的贡献。但令人遗憾的是，抗战胜利后，南京国民政府所颁发的红十字会勋章名单中，林可胜却缺席了。

六 国防医学院迁台的影响

林可胜在红会救护总队的 5 年干得有声有色，海外捐助医药设施总款项高达 6600 万美金，自然会惹人忌妒，才有支持共产党之密报，诬陷财务不清之罪名，从胡、蒋来往电报中可略窥林处境之复杂与艰辛。原红十字会走的是医院路线，与林走战地救护的理念相左，因此其成员对林可胜因抗日空降入会早有不满，逼得孤军奋战的林可胜不但得不到总会的支持，还多所掣肘，当红十字会总会在重庆又开大型医院，全盘否定了林可胜之路线，林氏不得不请辞，转换跑道。

林可胜因谤而远走异域，任滇缅远征军军医总视察这一闲差。但能者多劳，不及两年，他便在国际上又闯出一番事业，获远征军史迪威将军的器重与赞誉，英美两国分颁勋章，引起国民政府的再度重视。蒋介石一直对军医的改革有所不满，军医的数量完全不能满足部队之需，军医学校八年来毕业军医不及 400 人，因而对战时卫生人员训练所寄予厚望。林可胜再调军医署署长及卫生署副署长，身兼两要职。此时德国已战败，抗战胜利指日可待，林氏不遗余力、未雨绸缪，主掌规划全国医学教育制度，以解决胜利后国家面临的困境。

中国的军医教育，早期走的是德日制，历经军阀割据时期，实乏善可陈。到 1932 年协和医院院长刘瑞恒主掌军医学校，一度改为英美制教育体系，惜刘氏身兼多职，改革未竟全功。1937 年留德张建博士主政十年，安顺军医学校又改回德国制。抗日战争胜利后，经讨论，军医教育制度自有其合并之需要。图云关的卫训所与安顺的军医学校等 1947 年初均于上海江湾复校，6 月，两校合并成为国防医学中心（National Defense Medical Center，NDMC），政府借林可胜的声望让其兼任院长，张建、卢致德副之。至此军医教育一统，由德日制改为英美制。一年后由于政局的丕变，林可胜奉令将国防医学院迁台后飘然赴美，再回学术研究，另创新猷。

在中国现代医学卫生的发展中，洛克菲勒基金会与协和医学院一直扮演重要的角色。刘瑞恒创建的公共卫生事业，不幸因抗日战争而中断。林可胜以卫训所主导培育军医新力量，美国医药援华会提供物资、技术、财力支持，创建长期良好的合作关系。战后组建国防医学院，培训军医人才，1949 年国防医学院迁台，台湾公共卫生体系得以重建。

刘瑞恒、林可胜、卢致德、颜春辉等协和精英，移转了在大陆时期美式公共卫生的理念，将既有的美国医药援华会关系带到台湾。傅斯年任台大校长，力促台大医学院改制及与国防医学院合作，日据时期台湾未曾发展的护理、药学及公共卫生，逐渐在台生根。此阶段美援对战后台湾医学转型发展起了重要作用，并逐步奠定了今日全民健保的基础。

[附记] 2017 年 10 月 15 日，是林可胜先生 120 周年诞辰纪念，笔者仅以本文纪念这位中国生理学之父、国防军阵医学之奠基者、国防医学院创院院长、中央研究院第一届院士。

编后小记

　　1917 年 1 月，胡适在《新青年》发表《文学改良刍议》，发动"文学革命"；同年 9 月，胡适进入北京大学任教。从此，他的名字与新文化运动、北京大学紧密联结在一起。在新文化运动中，胡适介绍实验主义，倡导科学实证精神；宣传易卜生主义，引导个性解放运动；讲授《中国哲学史大纲》，为创建中国哲学史学科提供范式；提倡白话文，为新文学运动铸造理论武器。胡适因其在新文化运动中所发挥的重要领导作用和创造的丰硕实绩，被公认为新文化运动的主要代表。

　　北京大学是胡适长期生活、工作的地方，胡适生前对北大情有独钟。2015 年 7 月我接手胡适研究会会务后，经与各方人士商量，拟定联络海内外同人发起举办"胡适与中国新文化"国际学术研讨会。获得相关部门的正式批准后，我随即与各方联系，拟定会议的第一号通知，于 2016 年 6 月 2 日发出，正式启动了这次会议。

　　根据我个人以往的经验，胡适研究是海内外学界共同关注的课题，这个会议自然应该成为来自各地的学界同人的一个平台、一个纽带，所以我特别表示可以胡适研究会与北京大学历史学系、香港珠海学院、台北胡适纪念馆一起合作的名义来筹划。2016 年 9 月，北京大学人文社会科学研究院创建，其首先开展的一项工作就是主办"胡适与北大"专题展览。人文社会科学研究院院长邓小南教授表示可以承担胡适研讨会的食宿经费，她的鼎力相助，给了我们极大的鼓舞。10 月我利用在香港树仁大学讲课的机会，几次与香港珠海学院潘邦正先生接洽，双方达成默契，大家都表示要办好这次会议。会议筹备至此，可以说已水到渠成。

12 月 17—18 日，由胡适研究会与北京大学人文社会科学研究院、北京大学历史学系主办，香港珠海学院和台北胡适纪念馆协办的"胡适与中国新文化"国际学术研讨会在北京大学举行。会议主要围绕胡适与中国新文化运动、胡适思想诠释、胡适与新文学运动、胡适哲学思想研究、胡适与中国新教育、胡适的人际关系等议题展开。来自中国大陆、香港、台湾，以及美国、日本的八十多位专家学者汇聚一堂，交流胡适研究的心得体会和最新成果。

这次研讨会取得了丰硕的成果。在材料发掘上，不少论文发现了前所未见的新材料，拓展了胡适研究的视野。在问题设置上，很多论文的选题可以说颇具创意，表现了敢于探索的勇气。在观点表述上，由于立足于新的学术制高点，一些作者提出了别具一格的新见。研讨会的主题虽然是讨论"胡适与中国新文化"，但不是胡适的嘉奖会，而是通过对胡适及其思想成就的个案研讨，深化我们对近代中国历史的认识，深化对 20 世纪中国文化发展演变的理解。

为期两天的研讨会可以说是一场海内外学术同人的欢聚，一场相互切磋、互相探讨的学术盛宴。通过这次会议，我们感受到，胡适研究具有持续发展的空间和余地。会后我们决定结集出版论文集，以向学术界展示我们这次研讨会的成果。在各方面的协助和配合之下，参会同人对提交的论文做了修改和完善，我们酌情又吸收了一些新的论文，使内容趋于丰满。2018 年 10 月我申报的"胡适年谱新编"课题获得国家社科基金重大项目的资助，为胡适研究增加了新的动力资源，我们遂将论文集的出版纳入新的研究规划。

在论文集即将出版之际，我们诚挚地感谢参与这次研讨会的海内外同行和朋友，感谢举办这次研讨会的北京大学人文社会科学研究院、北京大学历史学系、胡适研究会、香港珠海学院、台北胡适纪念馆。由于大家的互相配合、共同努力，终于将该会议办成了一次高规格、高质量的学术研讨会！

感谢北京大学社科部、北京大学教育基金会、中关新园等部门对会议热情洋溢的支持，使会议能够顺利进行，也使我们真正感到这次会议选择在北京大学召开是一个正确的决定！

感谢北京大学历史学系，为论文集的出版提供了学科建设的经费资助！

感谢为这次会议帮忙的北京大学人文社会科学研究院工作人员和历史学系的博士生、硕士生团队，他们为我们这次会议提供了一流的服务！

感谢社会科学文献出版社的诸位编辑，他们为保证编辑出版质量和按时出书付出了辛勤劳作！

今年 12 月 17 日是胡适一百三十周年诞辰，本书的出版是我们对这位新文化运动先驱者的纪念。

欧阳哲生

2021 年 10 月 25 日

图书在版编目（CIP）数据

胡适与中国新文化：史事与诠释：全二册／欧阳
哲生主编． -- 北京：社会科学文献出版社，2021.12（2022.10 重印）
（北京大学史学丛书）
ISBN 978 - 7 - 5201 - 9230 - 9

Ⅰ．①胡…　Ⅱ．①欧…　Ⅲ．①胡适（1891 - 1962）-
人物研究　Ⅳ．①B261.5 - 53

中国版本图书馆 CIP 数据核字（2021）第 215355 号

北京大学史学丛书
胡适与中国新文化：史事与诠释（全二册）

主　　编／欧阳哲生

出 版 人／王利民
责任编辑／邵璐璐
文稿编辑／李蓉蓉 等
责任印制／王京美

出　　版／社会科学文献出版社·历史学分社（010）59367256
　　　　　地址：北京市北三环中路甲 29 号院华龙大厦　邮编：100029
　　　　　网址：www. ssap. com. cn
发　　行／社会科学文献出版社（010）59367028
印　　装／唐山玺诚印务有限公司

规　　格／开本：787mm × 1092mm　1/16
　　　　　印张：66.75　字数：1084 千字
版　　次／2021 年 12 月第 1 版　2022 年 10 月第 2 次印刷
书　　号／ISBN 978 - 7 - 5201 - 9230 - 9
定　　价／298.00 元（全二册）

读者服务电话：4008918866